Klett-Cotta im Ullstein Taschenbuch

Klett-Cotta im Ullstein Taschenbuch
Ullstein Buch Nr. 39055
im Verlag Ullstein GmbH,
Frankfurt/Main – Berlin – Wien
Ungekürzte Ausgabe
Umschlagentwurf:
Andreas Brylka

Mit freundlicher Genehmigung
der Verlagsgemeinschaft Ernst Klett –
J. G. Cotta'sche Buchhandlung
Nachfolger GmbH, Stuttgart

Printed in Germany 1983
Druck und Verarbeitung:
Mohndruck Graphische Betriebe GmbH, Gütersloh
ISBN 3 548 39055 2

Februar 1983

CIP-Kurztitelaufnahme der Deutschen Bibliothek

Leschinsky, Achim:

Schule im historischen Prozess : zum Wechselverhältnis von institutioneller Erziehung u. gesellschaftl. Entwicklung / Achim Leschinsky; Peter Martin Roeder. – Ungekürzte Ausg. – Frankfurt/Main; Berlin; Wien : Ullstein, 1983.
(Ullstein-Buch; Nr. 39055 : Klett-Cotta im Ullstein-Taschenbuch)
ISBN 3-548-39055-2

NE: Roeder, Peter Martin: ; GT

Achim Leschinsky
Peter Martin Roeder

Schule im historischen Prozeß

Zum Wechselverhältnis von institutioneller Erziehung und gesellschaftlicher Entwicklung

Klett-Cotta im Ullstein Taschenbuch

Inhaltsverzeichnis

„..., wenn ein Mann sich hinsetzt, um eine Geschichte zu schreiben – und wenn es nur die Geschichte von Jack Hickathrift oder Tom Tumb wäre, (hat) er so wenig als sein Schuhabsatz eine Idee davon..., was für Hindernisse und verwünschte Zufälle ihm in den Weg kommen können – oder zu was für einem Tanze ihn diese oder jene Abschweifung führen kann, ehe alles glücklich vorüber ist. Wenn ein Geschichtsschreiber seine Geschichte so vorwärts treiben könnte, wie ein Maultiertreiber sein Maultier – nämlich in gerader Richtung –, zum Beispiel von Rom gerade nach Loretto, ohne einmal den Kopf zur Seite zu drehen, weder zur Rechten noch zur Linken – so könnte er es allerdings wagen, Ihnen bis auf die Stunde hin vorauszusagen, wann er mit seiner Reise zu Ende kommen werde, – aber das ist, moralisch gesprochen, unmöglich; denn wenn er auch noch so wenig Geist besitzt, wird er mit dieser oder jener Gesellschaft fünfzig Abstecher von der geraden Linie machen, die er durchaus nicht vermeiden kann. Es werden sich ihm beständig Anblicke und Ausblicke bieten, die sein Auge in Anspruch nehmen, so daß er es nicht wird vermeiden können, stille zu stehen, und sie zu betrachten; überdies hat er verschiedene Berichte zu vergleichen,
Anekdoten aufzulesen,
Inschriften zu entziffern,
Geschichten mit zu verweben,
Traditionen zu umkleiden,
Personen zu besuchen,
Lobpreisungen an dieser Türe anzukleben,
Pasquille an jener: – was alles weder bei dem Treiber noch bei dem Maultier notwendig ist. Dazu muß er noch bei jedem Abschnitt in Archiven nachsehen, Listen, Tagebücher, Urkunden und endlose Genealogien nachlesen, zu deren gründlicher Lektüre ihn da und dort die Billigkeit veranlaßt: kurz die Sache nimmt gar kein Ende" (L. Sterne, Leben und Meinungen des Tristam Shandy. 1. Buch, 14. Kapitel. Dt. Ausgabe Frankfurt/Main 1962, S. 32 f.).

1. Einleitung

1.1 Methodische Vorüberlegungen

Es ist seit einigen Jahren fast selbstverständlich geworden, Entwicklung, Zielsetzung und Wirkungsweise von Bildungsinstitutionen in ökonomisch-soziologisch-politischen Kategorien zu beschreiben. Zuweilen ist zumindest der Pädagoge demgegenüber versucht, daran zu erinnern, daß Lehrer in ihrer praktischen Arbeit Gruppen und Individuen gegenüberstehen, denen sie helfen sollen, ihre Identität aufzubauen und sich mit Kenntnissen und Fähigkeiten auszurüsten, die für die Bewältigung ihrer Existenz in wechselnden Lebenssituationen nützlich sind. So angebracht solche Mahnungen aber auch sein mögen, so unzureichend ist diese eher personalistische Perspektive doch für den Versuch, die Funktionen und Strukturen von Bildungssystemen näher zu bestimmen. Denn sie sind offensichtlich mehr als der bloße organisatorische Rahmen, in dem sich pädagogische Beziehungen und Interaktionen zwischen Individuen nach eigenen Gesetzen ereignen.

Versuche, die Gliederung und Zielsetzung von Bildungsinstitutionen primär von Persönlichkeitsmerkmalen der Lernenden – etwa von Höhe und Eigenart ihrer ‚Begabung' – her zu begründen, haben sich als ideologische Rechtfertigungen erwiesen. Mit dem bloßen Wechsel der Perspektive von den gesellschaftlichen zu den Person-bezogenen Funktionen des Bildungssystems läßt sich demnach die Einsicht in den Gegenstand kaum vertiefen. Das Problem scheint vielmehr gerade darin zu liegen, zu verstehen, wie sich beide Funktionen wechselseitig bedingen, wie gesellschaftliche Bedürfnisse, Interessen und Normen sich über die Interaktion zwischen Lehrern und Schülern und deren Gegenstände und Materialien unter den spezifischen Organisationsbedingungen schulischen Lernens in die Fähigkeiten, Kenntnisse und Einstellungen, in die werdende soziale Identität des Lernenden hinein vermitteln.

Geht eine Untersuchung dieser Zusammenhänge zum Beispiel von der These aus, unser Schulwesen diene im wesentlichen der Stabilisierung einer Klassengesellschaft, und begnügt sich nicht damit, die These dogmatisch aus dem Wesen des Kapitalismus abzuleiten, so sieht sie sich einem komplexen Sachverhalt gegenüber, dessen Analyse beträchtliche methodische Schwierigkeiten zu überwinden hat. Um nur einige der unmittelbar ins Auge fallenden Probleme zu nennen: Läßt sich ein einheitliches

Interesse einer herrschenden Klasse definieren, oder besteht sie selbst aus konkurrierenden Fraktionen mit mindestens teilweise divergierenden Interessen? Wie behaupten sich diese Interessen unter je gegebenen Machtverhältnissen gegenüber denen anderer sozialer Klassen und wie bringen sie sich in Konkurrenz zu diesen im staatlichen Handeln zur Geltung; das ist eine offenbar wichtige Frage dort, wo das Schulwesen Sache des Staates ist. Wieweit legen staatliche Regelungen Ziele und Verhalten in Institutionen fest? Welche Möglichkeiten haben die Lehrer, ihre unter anderem in der Ausbildung erlernten Vorstellungen von wünschenswerten Zielen und pädagogischem Verhalten in der Schulsituation zu behaupten? Wie wirken andere gesellschaftliche Faktoren in die Situation hinein, zum Beispiel über die Schüler, ihre Eltern, die Lehrmittel? Wie ist festzustellen, welche Interessen als Ergebnis des Unterrichts in Einstellungen, Kenntnissen und Verhalten der Schüler realisiert werden?
Prinzipiell vergleichbare Probleme ergeben sich bei der Überprüfung alternativer Vermutungen über wesentliche Funktionen des Bildungssystems, etwa der, daß Niveau und Tempo der ökonomischen und technologischen Entwicklung entscheidend von Qualität und Expansion des Bildungswesens abhängig seien. Die Forschungsprobleme sind hier ähnlich komplex, obgleich in dieser These – im Gegensatz zur oben genannten – gesellschaftliche Entwicklungen teilweise als abhängig von schulischen gedacht werden. Eine der Schwierigkeiten des Themas liegt also in der Notwendigkeit, gesellschaftliche Phänomene außerhalb des Bildungswesens mit innerinstitutionellen Tatbeständen in einen Erklärungszusammenhang zu bringen, ohne daß vorweg systematisch geklärt ist, welche Phänomene aus der Betrachtung ausgeschlossen werden können und welchen besonderes Gewicht zukommt. Die zweite Schwierigkeit ist darin zu sehen, daß wir gegenwärtig wahrscheinlich nicht von einer ungebrochenen Abhängigkeit des Bildungswesens von politischen und ökonomischen Faktoren ausgehen können. Vielmehr müssen wir annehmen, daß es selbst an der Hervorbringung und Definition gesellschaftlicher Bedürfnisse und Interessen beteiligt ist.
Wenn wir eine derartige Wechselwirkung erwarten, dann kann das Verhältnis zwischen Bildungssystem und Gesellschaft nicht als ein statisches verstanden werden. Es wäre also der historische Geltungsbereich jeder Aussage darüber näher zu bestimmen.
Schließlich liegen gesellschaftliche Bedürfnisse und Interessen nicht offen vor unseren Augen, sind Normen an sich und in ihrer Wirksamkeit für soziales Handeln umstritten. Bedürfnisse erscheinen dem Betrachter nicht unmittelbar als objektive Gegebenheiten, sondern erweisen sich als in Abhängigkeit von Interessen und Normen vorgängig interpretiert. Da-

bei werden partikulare Interessen nicht selten ideologisch als allgemeine formuliert.

Angesichts derartiger methodischer Probleme scheint die Aussicht gering, zu präzisen Einsichten und begründeten Urteilen über den Gegenstand zu gelangen. Es stellt sich die Frage, wie seine Komplexität überhaupt ohne tiefgreifende Verfälschung so weit reduziert werden kann, daß er analytisch zu bearbeiten ist (das heißt, daß über eine Beschreibung von Phänomenen hinaus funktionale Zusammenhänge, Abhängigkeiten und Wechselwirkungen untersucht werden können). Ein naheliegender Ausweg aus dem Dilemma ist es, den Gegenstandsbereich nur auf Momente der Bestätigung einer Ausgangsthese abzusuchen, zum Beispiel alle Sachverhalte zusammenzustellen, die die Annahme bestätigen, die Funktion der Schule sei es, die Loyalität der Bevölkerung für das herrschende politische System zu sichern. Ein solches Verfahren kann immerhin zur Präzisierung der Ausgangsthese dienen, wenn Sachverhalte dabei nicht vorschnell, nämlich ohne Prüfung alternativer Interpretationen, als Verifikation der Ausgangsannahmen gewertet werden. Und Aussagen auf einem derartigen Geltungsniveau scheinen inhaltlich auch deswegen gerechtfertigt, weil in der Tradition der Forschung über politische oder soziale Funktionen des Schulwesens, wenn überhaupt, meist im Sinne einverständiger Apologie der tatsächlichen Schulpolitik geurteilt wurde. Doch ist damit nicht die skizzierte Gefahr dogmatischer Rechtfertigung von vorgängigen Gewißheiten umgangen.

Es gibt kein methodisches Rezept zur Auflösung dieser Schwierigkeiten, sondern allenfalls einige Maximen, deren Beachtung den Untersucher vor groben Fehldeutungen bewahren könnte: Verzicht auf einen zu umfassenden Erklärungsanspruch, Einschränkung des Untersuchungsfeldes, an dem die allgemeinere Fragestellung überprüft wird, Offenheit für Interpretationen von Sachverhalten, die von den eigenen Vorannahmen abweichen. Auch die Beachtung dieser Prinzipien schützt sicher nicht vor Fehldeutungen; doch muß deshalb nicht überhaupt auf die wissenschaftliche Bearbeitung einer Fragestellung verzichtet werden, bei der es um nicht weniger geht als um die gesellschaftliche Rechtfertigung des Bildungswesens als Ganzes wie jedes einzelnen pädagogischen Aktes in ihm (auch wenn eine methodisch kontrollierte Bearbeitung nur bei rigoroser Einschränkung der Fragestellung wie des Gegenstandes möglich erscheint).

Wir versuchen im folgenden das Problem mit Hilfe einer historischen Analyse zu untersuchen. Dabei gehen wir von einer aktuellen radikalen Kritik der Funktion der Bildungsinstitutionen für Individuen und Gesellschaft aus; die Auseinandersetzung mit ihren Thesen wird uns dazu

dienen, unsere Fragestellung zu explizieren. Anschließend werden wir an der Geschichte der preußischen Elementarschule und – sehr viel gedrängter – der Mittelschule untersuchen, wie sich diese Institutionen unter den je gegebenen politisch-sozialen und ökonomischen Bedingungen entwickelt haben, welche sozialen Funktionen ihnen zugedacht wurden und welche Bedeutung sie unter je gegebenen sozialen Randbedingungen faktisch gehabt haben mögen. Trotz der thematischen und räumlich-zeitlichen Einschränkung, die freilich weit genug bleibt, würde eine chronologische Darstellung der Entwicklungsgeschichte dieser Schulen den Rahmen unserer Fragestellung gesprengt haben. Wir mußten uns also (auch angesichts des Forschungsstandes) damit begnügen, einige wichtige Aspekte der Geschichte dieser Institutionen hervorzuheben.
Von der historischen Darstellung gehen wir abschließend zu einer Erörterung systematischer Analysen der Funktionen des Bildungswesens und seiner Wechselwirkung mit der Gesellschaft über. Diese Analysen beziehen sich explizit auf Bildungswesen und Gesellschaft in ihrer gegenwärtigen Verfassung. Wir werden sie jedoch auch mit den Ergebnissen der historischen Untersuchung konfrontieren, und zwar mit dem Ziel, einerseits diese Befunde zu präzisieren, andererseits aber den Erklärungsanspruch und den Geltungsbereich der systematischen Analysen genauer abzuschätzen.
In dieser Möglichkeit sehen wir zugleich eine Rechtfertigung dafür, uns der Fragestellung auf dem ‚Umweg' über eine historische Analyse zu nähern. Wir gehen davon aus, daß die Beziehungen zwischen Bildungsinstitutionen und dem sie umgebenden sozialen System sich aufgrund von Wechselwirkungen historisch wandeln (daß zum Beispiel das Bildungssystem mit wachsendem sozialem Gewicht zunehmend an der Definition dieser Beziehungen beteiligt ist). Die historische Betrachtung kann damit zugleich der Relativierung wie der präzisierenden Eingrenzung von Urteilen dienen und vielleicht durch die Einsicht in die geschichtliche Veränderung der Funktion von Bildungssystemen auch über Bedingungen für ihre aktive Gestaltung aufklären. Eine zweite Rechtfertigung für unser Vorgehen lag in der Annahme, die Leistung von Bildungsinstitutionen für gesellschaftliche Bedürfnisse und Interessen sowie ihre Abhängigkeit von ökonomischen und politischen Randbedingungen seien in den Phasen der Begründung und Konsolidierung einer Institution deutlicher erkennbar als zu einem Zeitpunkt, an dem sie sich bereits zu einem System von hoher Komplexität entwickelt hat. Wieweit damit das Risiko verbunden ist, aktuelle Probleme und Sachverhalte zu verfehlen, ist eins der Themen des abschließenden Kapitels.
Schon aus den knappen methodischen Bemerkungen geht hervor, daß in

der vorliegenden Arbeit nicht versucht wird, eine Theorie zu entwickeln, die das Verhältnis von gesellschaftlicher Entwicklung und institutionalisierter Erziehung in allgemeiner Form zu bestimmen vorgibt. Unsere Zurückhaltung gegenüber weitergreifenden, auf Verallgemeinerung und Systematik zielenden Aussagen reflektiert nicht nur die Komplexität des Gegenstandes, sondern auch den geringen Wissensstand, von dem die Forschung in vieler Hinsicht noch ausgehen muß. Angesichts der Fülle des zu diskutierenden Stoffes dürfte es wenig hilfreich sein, im folgenden detailliert die Einwände vorzutragen, die uns an Vorgehen, Ergebnissen und Implikationen der bestehenden Literatur angebracht scheinen. Wir werden zwar einige charakteristische Grundzüge des Bildes problematisieren, das in verschiedenen neueren Arbeiten vom Zusammenhang des Bildungswesens mit dem gesellschaftlichen System beziehungsweise von ihrer gemeinsamen Entwicklung entworfen wird, und dabei bestimmte für die Argumentation ‚strategisch' bedeutsame Einzelheiten hervorheben. Doch scheint uns selbst eine solche Kritik so viel an Vorverständnis und -wissen vorauszusetzen, daß wir sie vorsichtshalber aus dem Kontext dieser Einführung herausgelöst haben [1]. Hier muß es genügen, eine wesentliche Konsequenz dieser Auseinandersetzung zu nennen: Wer nicht der Gefahr erliegen will, mit vorschnellen Verallgemeinerungen und Generalthesen den notwendigen Erkenntnisprozeß abzukürzen oder zu verfälschen, wie es bei einem lückenhaften Forschungsstand besonders naheliegt, muß sich zwangsläufig vorerst mit Erklärungen ‚kurzer Reichweite' begnügen.

Wir werden uns darum, wie man uns leicht vorhalten möchte, zum Teil sehr nahe am konkreten Detail bewegen in der Hoffnung, auf diese Weise eine differenzierte Einsicht beziehungsweise theoretische Konzeption vorzubereiten. In diesem Sinne kann uns eine Bestimmung, die einer neueren, thematisch verwandten Untersuchung vorangestellt ist, dazu dienen, die eigene Vorgehensweise noch einmal praktisch am Gegenmodell zu erläutern. Der Autor engt dort die Funktion der von ihm aufgeführten schulgeschichtlichen Fakten auf die Illustration einer ihm bereits bekannten (und offenbar unabhängig von der historischen Forschung ausgemachten) allgemeinen Gesetzmäßigkeit ein (Otten, 1973, S. 16). Im Gegensatz dazu wissen wir vorgängig weder von einer solchen allgemeinen Gesetzmäßigkeit, in der sich Bildungswesen und gesellschaftliches System entwickeln beziehungsweise befinden, noch auch scheint uns der Kenntnisstand in der vorhandenen Literatur für eine ungeprüfte Übernahme ihrer Ergebnisse ausreichend. Das schließt nicht aus,

1 Vgl. Anhang, Exkurs 1: Einige kritische Bemerkungen zur neueren Literatur.

daß die intensive Beschäftigung gerade mit den zahlreichen älteren schulgeschichtlichen Detailstudien außerordentlich gewinnbringend ist.

Zu einer relativ breiten und detailreichen Darstellung sehen wir uns schließlich noch durch einen weiteren Tatbestand genötigt, der sich aus einer verallgemeinernden Einschätzung der bereits vorhandenen ‚historisch-systematischen' Untersuchungen unseres Themenbereichs ergibt. Wenn man verschiedene Einwände gegen einige zentrale Thesen neuerer Arbeiten zusammenfaßt, so erscheint es als eine entscheidende Schwäche auch noch der jüngsten schulgeschichtlichen Literatur, daß die gesellschaftlich-historische Realität im allgemeinen nur recht unzureichend aufgehellt wird. Selbst marxistisch orientierte Arbeiten zeigen – entgegen ihrem Anspruch – in dieser Hinsicht empfindliche Mängel, jedenfalls da, wo es um die Analyse des sozialen und ökonomischen Systems weiter zurückliegender, vor-industrieller Zeiten geht. Insofern sehen wir einen wesentlichen Teil unserer Aufgabe – und gleichzeitig das Recht für eine neue Darstellung – darin, speziell in diesem Punkte eine Lücke schließen zu helfen: Das im engeren Sinne schulgeschichtliche Quellenmaterial, auf das wir zurückgreifen, ist so gut wie durchgängig publiziert und zum überwiegenden Teil bereits bekannt; unsere Hoffnung ist, es im Lichte neuerer sozial- und wirtschaftsgeschichtlicher Forschungsergebnisse vertieft ausschöpfen zu können. Entsprechend breit ist darum aber auch der Raum, den wir der – immer noch grob genug ausfallenden – Skizze historischer struktureller Rahmenbedingungen gewidmet haben, ohne deren Kenntnis ein Urteil über das Verhältnis von gesellschaftlicher Entwicklung und institutionalisierter Erziehung schließlich blaß und haltlos ausfallen müßte.

Die Breite unserer Darstellung sollte allerdings nicht zu einem Irrtum verleiten: sie ist offensichtlich nicht nur als ein knapper Forschungsbeitrag angelegt, der sich an einen kleinen Kreis von Spezialwissenschaftlern richten würde und darum vielfach mit einigen Andeutungen auskäme. Doch verbinden wir mit ihr auch nicht den Anspruch, durch eine integrierte Gesamtdarstellung etwa die übrigen Untersuchungs- und Erklärungsansätze oder weitere Quellenstudien obsolet machen zu wollen. Wenn diese Arbeit von einer gewissen Ausführlichkeit und Detailfreude geprägt wird, dann ist dafür letztlich unsere Überzeugung maßgeblich, daß die Interpretation so komplexer Sachverhalte erst dann als einigermaßen begründet gelten kann, wenn sich ihr auch marginale Einzelheiten stimmig einfügen lassen.

1.2 Radikale Schulkritik

Eine Untersuchung tendiert leicht dazu, ihren Gegenstand wenn nicht absolut zu setzen, so doch für mehr oder weniger selbstverständlich zu halten. So birgt auch unsere Beschäftigung mit dem staatlichen Bildungswesen zunächst einmal die Gefahr in sich, daß bei aller Kritik an einzelnen Aspekten seiner Organisation dieses selbst doch nicht radikal in Frage gestellt wird. So bemerkt Peter Bichsel (1970, S. 9): „Wenn Kritische von einer modernen Schule sprechen, dann wird das die Schule nie als grundsätzliche Kritik begreifen, sondern höchstens als Kritik an der Art, der Technik des Unterrichts. Die Institution als solche kann hier nicht zum Problem werden. So hört denn auch in der Regel der Lehrer während seiner Ausbildung wohl viel von neuen Unterrichtsmethoden, aber wenig bis nichts von grundsätzlich neuen Schulen."

Expansion des Bildungswesens und ihre Begründung

Schon das quantitative Gewicht dieser Institution dürfte zu der Selbstverständlichkeit beitragen, mit der wir sie als notwendige Einrichtung akzeptieren: Nahezu ein Fünftel der gesamten Bevölkerung der BRD steht als Schüler oder Lehrer ganz unmittelbar unter ihrem Einfluß [1]. 1967 beliefen sich die Ausgaben für alle Einrichtungen der Bildung, Wissenschaft und Kunst auf 13,8 Prozent aller öffentlichen Ausgaben (Deutscher Bildungsrat, 1970, Anhang, Tabelle 6c).
Dabei ist zu bedenken, daß es sich bei diesen Zahlen um Momentaufnahmen in einem Zeitraum schneller Expansion des gesamten Bildungssektors handelt. Zwischen 1961 und 1967 sind die Ausgaben für „allgemeinbildende" und Berufsschulen um etwa 50 Prozent angestiegen, die für den gesamten Kultusbereich um etwa 60 Prozent (Deutscher Bildungsrat, 1970, Tabelle 4). Unter Kulturpolitikern ist man nahezu einmütig der Auffassung, daß diese Steigerungsrate keineswegs ausreicht, wenn das Bildungswesen seine gesellschaftliche Funktion wirklich erfüllen soll.
So wird vom Deutschen Bildungsrat und vom Wissenschaftsrat eine Erhöhung des Anteils der Schul- und Hochschulausgaben am Bruttosozialprodukt von 3,4 Prozent im Jahre 1965 auf 6,1 bis 8,3 Prozent im Jahre 1980 gefordert (Deutscher Bildungsrat, 1970, S. 310). Der internationale Vergleich zeigt, daß solche Zielwerte bereits jetzt in einigen anderen Staaten erreicht worden sind, so in der Sowjetunion (Anteil der Bildungsausgaben am Bruttosozialprodukt 1965: 7,2 Prozent) und den USA (entspre-

---

1 Deutscher Bildungsrat, 1970, S. 326. (Die Zahlen beziehen sich auf das Jahr 1968.)

chender Wert für 1965: 5,3 Prozent – Deutscher Bildungsrat, 1970, S. 310). Das heißt: diese Bildungsplanung geht nicht von der Utopie einer Lerngesellschaft aus, sondern von deren Realität zumindest in einigen Ländern; bereits jetzt hat ein Drittel der Gesamtbevölkerung der USA als Lehrer, Schüler oder Student ganz unmittelbar mit dem Bildungswesen zu tun (Hentig, 1971, S. 119 f.).

Die vom Bildungsrat entwickelten Vorstellungen sind in erster Linie als Bemühen zu verstehen, der Bundesrepublik den Anschluß an einen Trend zu ermöglichen, der die Entwicklung des Bildungswesens in allen bedeutenderen Industrieländern kennzeichnet. Die Notwendigkeit solcher Anstrengungen ist emphatisch von Georg Picht (1965, S. 9) betont worden:

> „Eines der tragenden Fundamente jedes modernen Staates ist sein Bildungswesen. Niemand müßte das besser wissen als die Deutschen. Der Aufstieg Deutschlands in den Kreis der großen Kulturnationen wurde im 19. Jhdt. durch den Ausbau der Universitäten und der Schulen begründet. Bis zum 1. Weltkrieg beruhten die politische Stellung Deutschlands, seine wirtschaftliche Blüte und die Entfaltung seiner Industrie auf seinem damals modernen Schulsystem und auf den Leistungen einer Wissenschaft, die Weltgeltung erlangt hatte. Wir zehren bis heute von diesem Kapital ...
> Jetzt aber ist das Kapital verbraucht: Die Bundesrepublik steht in der vergleichenden Schulstatistik am untersten Ende der europäischen Länder neben Jugoslawien, Irland und Portugal ... Bildungsnotstand heißt wirtschaftlicher Notstand. Der bisherige wirtschaftliche Aufschwung wird ein rasches Ende nehmen, wenn uns die qualifizierten Nachwuchskräfte fehlen, ohne die im technischen Zeitalter kein Produktionssystem etwas leisten kann. Wenn das Bildungswesen versagt, ist die ganze Gesellschaft in ihrem Bestand bedroht."

Nachdrücklicher kann die zentrale Bedeutung des Bildungswesens für die kulturelle, industrielle, technologische und wirtschaftliche Entwicklung, ja schon die Existenzerhaltung eines Staates kaum zum Ausdruck gebracht werden. Einige geläufige Argumente für die Notwendigkeit einer schnellen Expansion des Bildungswesens können noch hinzugefügt werden – zu beachten ist allerdings, daß sich mit diesen verschiedenen Argumenten sehr unterschiedliche Konsequenzen für Inhalte und Methoden des Bildungswesens verbinden können: Die Demokratie bedarf um ihrer Funktionsfähigkeit willen eines hohen Maßes an politischer Aufklärung, deren Grundlagen nur dadurch zu sichern sind, daß alle noch in einem Lebensalter von öffentlichen Bildungsinstitutionen erreicht werden, in dem Verständnis für politische Tatbestände prinzipiell vorausgesetzt werden kann. Weiterhin ist immer wieder darauf hingewiesen worden, daß die Schule in zunehmendem Maße Funktionen zu übernehmen habe, die von anderen Institutionen, dem Betrieb, der Kirche und insbesondere der Familie, nicht mehr zureichend erfüllt werden können. Dabei geht es nicht nur um die häufig zu hörende Behauptung, daß beispielsweise die moderne Familie ihre Erziehungsfähigkeit im Vergleich zur traditionellen Großfamilie eingebüßt habe, sondern darum, daß die unser soziales Leben entscheidend beeinflussenden Phänomene gar nicht mehr unmittelbar erfahrbar sind. Sie sind erst auf dem Wege über eine – sei es auch elementare – theoretische Analyse von Informationen erkennbar, die keineswegs jedem zur Hand sind, sondern erst in spezifischen Lehrmitteln oder -systemen verfügbar gemacht werden müssen. Angesichts dieser Einschätzung ist verständlich, daß die öffentliche Kritik am Bildungswesen und an der Kultuspolitik in den letzten Jahren vorwiegend in der Forderung nach mehr Schulen, mehr Universitäten und mehr Lehrern bestand, daß als vordringliche Reformen solche Änderungen an der Struktur des Bildungswesens propagiert wurden, die Barrieren abzubauen geeignet schienen, die die Chance eröffneten, einen möglichst hohen Anteil eines Schülerjahrgangs möglichst lange in den Bildungsinstitutionen festzuhalten, daß also insgesamt expansive Bildungspolitik gleichbedeutend mit progressiver Bildungspolitik wurde (und das nicht erst seit heute).

Ivan Illich: Entschulung der Gesellschaft

In einer solchen historischen Situation (genauer: gegenüber einer solchen – von Liberalen wie von Sozialisten in gleicher Weise vertretenen – Interpretation der historischen Situation) mutet eine Kritik illusionär an, die sich nicht auf einzelne Strukturen oder Verfahren dieses Bildungswesens richtet, sondern es als Ganzes in Frage stellt. Diese Kritik aber gibt es. Sie reicht von Forderungen, die Pflichtschulzeit auf ein Minimum zu reduzieren, das Bildungswesen zu privatisieren und den Schulbesuch über ein System von Gutscheinen zu regeln (Bildungspaß), von denen jeder – wann und wie er will – Gebrauch machen kann (vgl. West, 1968), bis zur Empfehlung, institutionalisierte Lehrer und Erziehung überhaupt abzubauen.
Die Motive dieser Kritik sind vielfältig. Den Empfehlungen von West liegt die Überzeugung zugrunde, es sei notwendig, das Wahrheits- und Wissensmonopol, das der Staat dank seiner Herrschaft über das Bildungswesen habe, zu brechen und die Institution den wechselnden ‚Kundenwünschen' besser anzupassen. Andere sehen im Bildungswesen nichts als ein Instrument zur Ausübung überflüssigen Zwanges, zur Indoktrination der nachfolgenden Generation und zur Verschleierung von Arbeitslosigkeit; als Institution des Lernens sei die staatliche Schule schließlich denkbar ineffektiv. So schreibt Paul Goodman: „Die Vorstellung, daß der

junge Mensch erst einmal zwölf bis zwanzig Jahre lang ‚verarbeitet' werden muß, bevor er in die fortgeschrittene Industriegesellschaft paßt, ist entweder Irrtum oder Betrug ... Was auch immer die erklärte Absicht der Schule ist – faktisch hat sie heute in erster Linie Ordnungsfunktionen zu erfüllen und zu verhindern, daß die Jugendlichen arbeitslos herumlungern. ... Ich bin überzeugt, daß wir Kinder ganz in der freien Wahl ihrer Tätigkeiten erziehen können, ohne sie planvoll zu verarbeiten." Jeder normale Zwölfjährige kann innerhalb von vier Monaten lernen, „was in gegenwärtigen Lehrplänen für die achtjährige Grundschule steht". Auch für die Berufsausbildung leisten Schulen nach Goodman keinen Beitrag. Für Sozialarbeiter, Architekten, Lehrer scheint es ihm „geradezu schädlich, sich Schulqualifikationen zuzulegen. ... Um die technischen Fertigkeiten eines gelernten oder angelernten Arbeiters oder eines mittleren technischen Berufes zu erwerben, braucht man zwischen drei Wochen und einem Jahr in der Berufspraxis – ohne irgendeine voraufgehende Schulung." [2]

Ihre wohl radikalste Form hat die Schulkritik in den Schriften von Ivan Illich gefunden. Er behauptet, „daß eine weitere Verarmung und Entmündigung nur dadurch verhindert werden kann, daß man den Institutionen, die jetzt für Gesundheit, Erziehung und Wohlfahrt zuständig sind, die Geldmittel entzieht" [3].

„Der erste Artikel einer Bill of rights für eine moderne, humane Gesellschaft müßte in Analogie zu dem ersten Zusatzartikel der amerikanischen Verfassung lauten: ‚Der Staat soll kein Gesetz erlassen, das die Einrichtung eines öffentlichen Erziehungssystems zum Ziel hat.' Es soll kein für alle obligatorisches Ausbildungsritual geben" (Illich, 1971 a, S. 8).

Diese Kritik trifft in den Kernbereich unseres Geschichtsbewußtseins und der uns vertrauten Vorstellung von den Bedingungen des Fortschritts der menschlichen Gesellschaft. Wie ist es möglich, als Ursache von Armut und Unmündigkeit anzuprangern, was spätestens seit dem Zeitalter der Aufklärung als wesentliche Voraussetzung für ihre Überwindung gegolten hat? Ist es denkbar, daß seit Generationen die wahren Bedürfnisse der

---

[2] Goodman, 1969, Zitate S. 419–423. – Goodmans Empfehlung, die großen Stadtschulen durch Nachbarschaftsschulen mit je etwa 28 Kindern und vier Erwachsenen zu ersetzen, hat dem sogenannten „Free School Movement" in den USA wichtige Impulse gegeben (vgl. Dennison, 1971). – Einen kritischen Überblick über diese Bewegung bietet H. v. Hentig (1971) in seiner Auseinandersetzung mit der von Illich entwickelten Schulkritik.

[3] Illich, 1971 a, S. 3. – Vgl. neben den von ihm im folgenden genannten Arbeiten auch Illich, 1973. – Wie Illich bezieht auch P. Freire (1973) die Erfahrungen für sein – von Illichs Vorstellungen abweichendes – Alternativprogramm aus der südamerikanischen Situation.

Gesellschaft so grundlegend verkannt worden sind? Daß Erziehungs- und Ausbildungsinstitutionen, statt diese Bedürfnisse zu befriedigen, ihre Befriedigung tatsächlich verhindern?

Ivan Illich argumentiert aus der Erfahrung der Situation lateinamerikanischer Entwicklungsländer, wenngleich sein Verdikt gegen öffentliche Bildungsinstitutionen sich nicht auf diese beschränkt. „Um jedem Bürger der Vereinigten Staaten eine Schulbildung zu vermitteln, wie sie heute nur das wohlhabende Drittel der Bevölkerung genießt, müßten die jährlichen Ausgaben um 40 Milliarden Dollar gegenüber den augenblicklichen Kosten von etwa 37 Milliarden Dollar erhöht werden. Die Summe übersteigt die derzeitigen Rüstungsausgaben für den Krieg in Vietnam. Offensichtlich sind die USA zu arm, um eine allseits gerechte Bildung in diesem Umfang bereitzustellen ... Die Illusionen des einen erkennt man häufig am besten im Lichte der Selbsttäuschungen eines andern. Meine Erörterung der Nutzlosigkeit von Schulbildung in der Dritten Welt ... mag dazu beitragen, die allgemeine Nutzlosigkeit der Bildungseinrichtungen in aller Welt darzulegen“ (Illich, 1970, S. 87).

Sicher verfehlt eine bloße Übertragung von Organisationsformen und Inhalten des Bildungswesens der Industrieländer – schon angesichts der finanziellen Schwierigkeiten der Dritten Welt – die besonderen sozialen und ökonomischen Erfordernisse in Entwicklungsländern. („Nicht nur in Argentinien, sondern auch in Mexiko und Brasilien ist das, was der Durchschnittsbürger für eine angemessene Erziehung hält, durch nordamerikanische Maßstäbe bestimmt“; Illich, 1971a, S. 5.) Die Funktionen solcher Schulen ist nach Illich nicht die allgemeine Verbreitung „gesellschaftlich sinnvoller Qualitäten oder Fähigkeiten“ (Illich, 1971 a, S. 9), sondern die Schaffung und Festigung eines neuen Systems sozialer Ungleichheit:

> „In den Entwicklungsländern wird den meisten schon auf der Schule ein Minderwertigkeitsgefühl gegenüber den besser Ausgebildeten beigebracht. Ihr fanatischer Glaube an die Schule ermöglicht ihre doppelte Ausbeutung: auf der einen Seite werden in zunehmendem Maße öffentliche Gelder für die Erziehung weniger verwendet, auf der anderen Seite wächst bei der Majorität die Anerkennung der Überlegenheit der herrschenden Klasse“ (Illich, 1971 a, S. 5).

Illich steht mit dieser Kritik nicht allein. Auch Beobachter mancher afrikanischer Entwicklungsländer haben festgestellt, daß die Expansion des Bildungswesens zu einer relativen Deklassierung jener Bevölkerungsteile führen kann, die den traditionellen Beschäftigungen (etwa in der Landwirtschaft) nachgehen, und primär jenen zugute kommt, die in den modernen Sektoren der Wirtschaft fachlich qualifizierte Arbeit leisten, insbesondere jedoch dem sich ausweitenden Sektor der öffentlichen Dienstleistungen, in dem gerade die Lehrer einen rasch wachsenden Anteil der Beschäftigten ausmachen. Gleichzeitig werde ein steigender Prozentsatz des Bildungsbudgets für die Sekundar- und Tertiärstufe des Bildungswesens ausgegeben (vgl. K. Gerlach, 1969, 1972, sowie Hoselitz, 1969b, S. 236).

Die zuletzt genannten Kritiker der Bildungsplanung in Entwicklungsländern sehen in ihr einen Mißbrauch des Bildungswesens durch traditionelle oder neue Eliten, die sich seiner bedienen, um ihre Vorrangstellung zu festigen und zu legitimieren. Während sie aber im übrigen die Möglichkeit einer egalitären Bildungspolitik einräumen, „widerstehen" nach Illichs Meinung die Schulen „auf Grund der ihnen immanenten Struktur der gezielten Privilegierung der im übrigen Unterprivilegierten" (Illich, 1971a, S. 4). Gerade das amerikanische Beispiel scheint ihm zu erhärten, daß die Schule selbst bei gewaltigen finanziellen und personellen Anstrengungen soziale Benachteiligungen nicht kompensieren kann.

Illich unterscheidet sich in einem weiteren Punkt erheblich von anderen Kritikern der politischen Funktion der Schule: er schreibt ihr ein derartiges soziales Gewicht zu, daß sie nicht als Abhängige ökonomischer oder politischer Bedingungen erscheint, sondern als deren wichtigste Determinante: „Das Schulsystem ist heute nicht mehr abhängig von einer bestimmten Ideologie der Regierung oder einer bestimmten Organisationsform des Marktes. Die Schule ist zur wichtigsten Komponente des stets komplexer, spezialisierter und bürokratisierter werdenden Systems zur Produktion von Konsumenten geworden." (Illich, 1971a, S. 15) Auch eine ursprünglich egalitäre Gesellschaft würde deshalb durch ein vom allgemein gewordenen „Glauben an Erziehung" (der „neuen Weltreligion") getragenes Bildungswesen in eine Kasten-Gesellschaft verwandelt (Illich, 1971b, S. 600).

Allerdings schränkt Illich diese vernichtende Kritik an der Schule als Institution und der ihr zugehörigen Ideologie zeitlich ein; er nimmt gerade die historische Epoche aus, in der die Grundlagen für die heutige Gestalt und das Ausmaß des öffentlichen Bildungswesens gelegt worden sind. „Um die Mitte des 19. Jahrhunderts war ein junger Mann nach sechs Jahren Schule häufig seinem Boß an Bildung überlegen. In einer Gesellschaft, die weithin von ungeschulten Erfolgsmenschen beherrscht wurde, war das kleine rote Schulhaus in der Tat ein Weg zu gesellschaftlicher Gleichheit. Ein paar Jahre gemeinsamer Schulzeit glichen die Extreme meistens aus. Wer ohne Schulbildung zu Geld und Macht kam, mußte denen, die lesen und schreiben lernten, ohne reich zu werden, eine gewisse Gleichheit zugestehen" (Illich, 1970, S. 91).

Heutzutage, nachdem Bildung für die individuelle Beherrschung technischer Prozesse und die gesellschaftliche Fortentwicklung unumgängliche Voraussetzung geworden ist, nimmt das öffentliche Bildungswesen nach Illichs Ansicht jedoch eine andere Stellung ein. Es monopolisiert alle Lernvorgänge und verwandelt sie in ein mächtiges, wenngleich in der Vermittlung sinnvoller Qualifikationen ineffektives Ritual. Insofern zielt die eigentliche Stoßrichtung der Kritik Illichs gar nicht auf die Bildung einer neuen Klasse von „Kenntnis-Kapitalisten" durch die Schule (Illich, 1971 b, S. 600); denn auch diese sind nichts weiter als „Konsumenten" auf einer höheren Stufe der sozialen Hierarchie. Die Schule ist ihm heute vielmehr die System gewordene Unnatur schlechthin. Sie lehrt die Gleichsetzung von Lernen überhaupt mit schulischem Lernen und entleert dabei die natürliche Umwelt des Heranwachsenden ihres erzieherischen Potentials. Sie beraubt damit diejenigen, die ihrem repressiven Ritual des Aufsteigens in immer höhere Stufen des Systems ausgesetzt sind (Illich, 1970, S. 103), des Wunsches und der Fähigkeit, selbständig zu lernen und schöpferisch zu handeln. Den anderen, die nicht aufsteigen — und das ist die Masse der Bevölkerung —, pflanzt sie wenigstens die Überzeugung von der Rechtmäßigkeit der Herrschaft der Aufgestiegenen ein. Ihr Produkt ist notwendig eine Gesellschaft unmündiger Konsumenten.

Illich hat kein Programm entwickelt, in dem eine annähernd realistische Alternative zur Schule erkennbar wird (dazu Hentig, 1971). Im Grunde läßt seine Kritik keine Alternative im Sinne genereller Regelungen von Erziehungs- und Ausbildungsvorgängen mehr zu: „Die Verschiebung der Erziehung von der Schule auf andere Institutionen der Verbrauchergesellschaft wird unweigerlich zu mehr Unterricht über eine zunehmend entfremdete Welt führen — es sei denn, die Abschaffung der Schule bringt eine Gesellschaft hervor, in der Erziehung ersetzt wird durch eine Situation, in der die Menschen uneingeschränkt Zugang zu einem echten Lernprozeß haben" (Illich, 1971 b, S. 602).

Es ist deshalb nur konsequent, wenn er in der zitierten Vorlesung vor dem Weltkirchenrat zu einer „radikalen Konsumbegrenzung" aufruft (Illich, 1971b, S. 605), zum Verzicht insbesondere auf die im öffentlichen Gesundheits-, Fürsorge- und Bildungswesen organisierten Dienstleistungen. Die „den Götzen des Fortschritts" noch nicht ganz verfallene Dritte Welt könnte den anderen Ländern auf diesem Weg (zurück) vorangehen (Illich, 1971b, S. 606).

So mündet die Konzeption Illichs schließlich in geradezu prophetischen Mahnungen. Seiner prägnanten Kritik an den Auswirkungen des bestehenden Schulwesens, soweit sie das Individuum als Absolventen des ‚Rituals' betreffen, insbesondere aber, was die gesellschaftliche (sozial diskriminierende) Funktion dieses Bildungssystems gerade in den sogenannten Entwicklungsländern angeht, dürfte schwer zu widersprechen sein. Aber selbst wenn Illich zu Recht nicht nur die Institution Schule, sondern auch die ‚naive' Bildungspolitik in ihrem optimistischen Selbstverständnis problematisiert, scheinen seine eigenen Folgerungen und praktischen Vorschläge, die ja weit über den öffentlichen Bildungssektor (bis zur Annullierung sozialstaatlicher Dienstleistungen) ausgreifen, eher dubios. Sie sind irreführend schon insofern, als Illich seine Kritik zur generalisierten Absage an Entwicklung und Perspektiven der modernen Gesellschaft überhöht und dabei tendenziell an den augenblicklichen gesellschaftlichen Bedingungen vorbeianalysiert — an den pädagogischen Bedürfnissen, denen besser entsprochen werden soll, an den Machtverhältnissen, die verändert werden müssen, an vorfindbaren Ansatzpunkten für eine sinnvollere Bildungspolitik. Diese und weitere Gesichtspunkte der Kritik werden von Herbert Gintis in „Towards a Political Economy of Education: A Radical Critique of Ivan Illich's Deschooling Society" entwickelt (Gintis, 1972, vgl. auch ders., 1973). Gintis hebt unter anderem hervor, daß Illich die Funktion der Schule zu einseitig im Hinblick auf die Manipulation von Konsumentenverhalten analysiere — ein Verhalten, dem man unter den gegebenen Bedingungen Rationalität nicht gänzlich absprechen könne —, während in Wirklichkeit „die sozialen Beziehungen der *Produktion* für die Gestalt und Funktion der modernen Schule relevant seien" (Gintis, 1972, S. 86. — Hervorhebung, sofern im folgenden nicht anders vermerkt, vom jeweils zitierten Autor). Eine Anzahl empirischer Untersuchungen lasse erkennen, wie effektiv die Schule auf die spezifische Form sozialer Beziehungen im durch kapitalistische Produktionsverhältnisse bestimmten Produktionsbereich vorbereite[4]. Diese Produktionsverhältnisse und die durch sie bedingte Entfremdung (auch des schulischen Lernens) könnten nicht durch „Entschulung" überwunden werden, sondern nur durch „partizipatorische und rational dezentralisierte Kontrolle ... in Fabrik, Büro, Gemeinde, Schule und den Massenmedien" (Gintis, 1972, S. 77). Illichs „anarchistische" Alternativen dürften kaum geeignet sein, jene Fähigkeiten und Einstellungen hervorzubringen, die Voraussetzung solidarischer Kooperation und Kontrolle sind, sondern zu „sozialem Chaos" führen (Gintis, 1972, S. 90, 93).

Frank Musgrove: Bewahranstalt zum Schutz der Erwachsenen

In jener pauschalen Verzichterklärung, in der Illichs Kritik gipfelte, kann man durchaus ein Eingeständnis dessen sehen, was alles zugleich mit

[4] Vgl. dazu unsere Darstellung von Gintis' eigener Untersuchung in Kapitel 4.

einem öffentlichen Bildungswesen aufgegeben werden müßte. Es schließt sich dann die Frage an, ob dies alles als bloße Fehlentwicklung einzustufen ist, ob nicht schließlich die propagierte Idylle freiwilliger Armut nach unserer historischen Erfahrung zugleich wiederum ein Zeitalter der Hungersnöte und Epidemien sein würde. Damit sind indessen viele der Argumente Illichs gegen die Praxis der Schulen keineswegs widerlegt, und die prinzipielle Kritik an einer zunehmenden „Verschulung" unserer Gesellschaft ist auch ohne Illichs anarchistische Motive und Schlußfolgerungen denkbar, wie etwa die Analyse des englischen Soziologen Frank Musgrove zeigt. Musgroves Kritik am öffentlichen Bildungswesen ist auch darum von besonderem Interesse, weil er – im Unterschied zu Illich – sein Urteil von vornherein auf ein voll ausgebautes Schulsystem im Rahmen einer hochindustrialisierten westeuropäischen Gesellschaft bezieht, auf Verhältnisse also, die den unsrigen im Prinzip entsprechen. Bemerkenswert an seiner Analyse ist schließlich die soziologische und vor allem historische Argumentation, mit deren Hilfe Musgrove – systematischer und haltbarer als Illich – Verbindungen vom kritisierten Bildungssystem zu entsprechenden gesellschaftlichen Interessen zieht beziehungsweise Ursprung und Entwicklung des öffentlichen Schulwesens mehrfach mit der globalen neuzeitlichen Tendenz der Industrialisierung zu verknüpfen versucht. Auch diese Version radikaler Schulkritik soll hier skizziert werden, denn die Frage nach der Notwendigkeit und den Grenzen schulischer Bildung impliziert zugleich eine Untersuchung der pädagogischen Bedürfnisse einer Gesellschaft und zumindest den Versuch einer Antwort, wie sie pädagogisch sinnvoll zu befriedigen seien. Und diese Untersuchung gehört zentral zu unserem Thema.

Allerdings ist es offenbar generell schwierig, von engagierten Kritikern des öffentlichen Bildungswesens etwas über jene gesellschaftlichen Bedürfnisse zu erfahren, auf die pädagogisch sinnvoll reagiert werden kann. Sie sind so davon in Anspruch genommen, den verbreiteten Glauben an die Notwendigkeit und Macht planvoller, institutionell gesicherter Ausbildung als Aberglauben zu denunzieren, daß die Frage, welche objektiven sozialen und ökonomischen Gegebenheiten zu ihrer Entstehung führten, dahinter fast ganz zurücktritt. Daß die Schule bestimmte Kenntnisse und Fertigkeiten an die Jugendlichen vermittelt, welcher Art diese sind und unter welcher Zielsetzung sie den Weg in die Schule finden, bleibt weitgehend außer acht. Hand in Hand damit wird die historische Wirklichkeit eines Zustandes, in dem nur ein Bruchteil der heranwachsenden Generation öffentliche Bildungsinstitutionen besuchen konnte, verdrängt oder ins Idyllische verklärt.

Musgroves in unserem Zusammenhang zentrale These ist, daß langdau-

ernder Schulbesuch nicht — wie gemeinhin angenommen — als Indiz eines verbesserten sozialen Status der Jugendlichen zu verstehen ist, sondern für sie in vieler Hinsicht eine Position geminderter gesellschaftlicher Macht bedeutet. Daten wie die Höhe des eigenen Verdienstes, der Zugang zu hochqualifizierten Berufen und die Zahl der Frühehen brächten viel eher das ökonomische Gewicht zum Ausdruck, das die jugendliche Bevölkerung tatsächlich in der Gesellschaft besitze. Und wenn heute die gesteigerte Bedeutung der Jugend, wie sie aus den entsprechenden Zahlenentwicklungen abzulesen sei, sich gesellschaftlich nicht angemessen geltend macht, so zeigt sich nach Musgroves Meinung gerade darin die Wirkung einer Reihe von Institutionen, die — nur angeblich — speziell ‚jugendlichen Interessen' gelten. Zu diesen Einrichtungen zählt Musgrove in erster Linie das im Laufe der Zeit immer weiter ausgebaute staatliche Bildungssystem (Musgrove, 1968, S. 2, S. 10 f. und S. 58 f.).
Den Beleg für seine Behauptung sucht er mit Hilfe einer historischen Analyse zu erbringen, die zugleich die Schwierigkeiten erklärt, diesen Tatbestand heute zu durchschauen. Nur wenig älter als das staatliche Schulwesen ist nämlich die gesamte Betrachtungsweise, nach der die Jugendlichen als eine eigenständige Gruppe (mit scheinbar spezifischen Kennzeichen und Bedürfnissen) gegen die Kindheit einerseits und die Welt der Erwachsenen, das heißt den Bereich gleichberechtigter Teilnahme am gesellschaftlichen Leben, andererseits abgehoben werden. („Der Jugendliche ist zur selben Zeit erfunden worden wie die Dampfmaschine"; Musgrove, 1968, S. 33.) Unter dem Einfluß bestimmter historischer Veränderungen, die am Beginn des Industriezeitalters stehen, ist mit den Anfängen des allgemeinen Schulsystems nicht nur die institutionelle Basis für die Domestikation des Jugendlichen gelegt worden, sondern zugleich — etwa in Form der Jugendpsychologie oder von Theorien über individuelle und gesellschaftliche Reifungsprozesse (Kulturstufentheorie) — auch die entsprechende Ideologie entstanden, die die Aussperrung einer bestimmten Altersgruppe vom gesellschaftlichen Leben allen, selbst den Betroffenen, bislang plausibel macht (Musgrove, 1968, S. 51 ff.). Die Tatsache, daß eine durchgreifende gesetzliche Regelung des Schulwesens in England erst durch die Erziehungsgesetze zwischen 1870 und 1890 erfolgte, sieht Musgrove in engem Zusammenhang mit der sinkenden industriellen Verwertbarkeit jugendlicher Arbeitskraft und dem folglich abnehmenden ökonomischen und sozialen Status der Jugendlichen. Die Durchsetzung der allgemeinen Schulpflicht erwies sich in dem Augenblick als notwendig, wo eine schnell wachsende Zahl von Jugendlichen (Kindern) weder zur Arbeit ging noch eine Schule besuchte (Musgrove, 1968, S. 74 ff.).

Die ökonomische Begründung für die Notwendigkeit von Schulen ist hier also eine primär negative: sie sind eine Auffangstelle für diejenigen Altersgruppen, deren Arbeitskraft ökonomisch nicht voll verwertbar ist, und ein Mittel, diese Gruppe unter sozialer Kontrolle zu halten. Musgrove ist weit davon entfernt, den bezeichneten gesellschaftlichen ‚Auftrag' der Schule für nur temporär ausschlaggebend – nämlich für die Phase der tatsächlichen Einbürgerung des allgemeinen Schulbesuchs – zu halten. Ihm gilt die Schule vom Prinzip her als ein Instrument der Machtausübung in der Hand der Erwachsenen; demzufolge wäre das öffentliche Bildungssystem treffender als eine ‚Bewahranstalt zum Schutz der Erwachsenen', statt zum Schutz der Kinder bezeichnet. Die Schule erscheint bei Musgrove primär als Ergebnis einer gewaltigen Verschwörung der Erwachsenen, die mit ihrer Hilfe den ökonomischen und sozialen Konkurrenten in ein Ghetto abdrängen, das unter ihrer Kontrolle steht: das Ghetto der Schulpflicht und des Jugendalters, für das es im übrigen keine biologische oder psychologisch haltbare Rechtfertigung gebe. Einen weiteren Beleg für diese These sieht Musgrove in den in der Regel unnötig langen Lehrverträgen, deren wesentlicher Zweck es sei, den jungen Arbeiter in Abhängigkeit zu halten und ihn um den gerechten Lohn für seine meist vollwertige Arbeit zu betrügen (Musgrove, 1968, S. 23 f.).

Der Generationenkonflikt, den Musgrove fast analog zu den ‚modernen' sozialen Klassenauseinandersetzungen interpretiert, äußert sich nach seiner Ansicht nicht so sehr darin, daß die Jungen die Autorität der Alten ablehnen, sondern, wie er in einer empirischen Erhebung nachzuweisen sucht, darin, daß die Alten den Jungen mit Zurückweisung, ja Haß begegnen (Musgrove, 1968, S. 10 f. und S. 86 ff.). Hier liegen die sozialpsychologischen Wurzeln der repressiven Wirklichkeit der Schule. Daß dies Bildungswesen für die heranwachsende Generation selbst – sieht man von der legitimen Vorbereitung einiger ‚Begabter' auf das Universitätsstudium ab – eine positive Funktion erfüllt, wird von Musgrove ernstlich bezweifelt. Die Schule ist nicht der geeignete Ort, soziale Erfahrungen zu vermitteln und soziale Reifung zu fördern. Sie erzieht heute nicht mehr, sondern vermag allenfalls „Experten zu produzieren" (Musgrove, 1968, S. 151 f.). Im übrigen hält sie die Heranwachsenden in strenger Unterwerfung unter ein demütigendes Ritual zu lustloser Aufgabenerledigung und Anpassung an.

Ebensowenig wird diese Institution nach Musgrove damit den objektiven gesellschaftlichen Anforderungen gerecht, das heißt, die Schule erzieht an den wirklichen Bedürfnissen, wie sie sich beispielsweise aus der ökonomischen Entwicklung oder dem technischen Produktionsstandard ergeben, vorbei. Sie verhilft durch ihre strukturbedingten Auslesemechanismen den ungeeigneten Leuten in die gesellschaftlichen Spitzenpositionen (Musgrove, 1968, S. 5 ff.). Die ihrem Ritual Unterworfenen macht sie zu bewegungslosen, anpassungsbereiten und konformen – oder mit sich und ihrer Umwelt zerfallenen – Personen, die auf die Verhaltensweisen und Ansichten der Erwachsenengesellschaft festgelegt sind, noch bevor sie in den Ernst des gesellschaftlichen Lebens entlassen werden (Musgrove, 1968, S. 17 ff. und S. 106 ff.). Nicht einmal den relativen Nutzen, den die gesellschaftlich diskriminierende Abtrennung der Jugend in anderen Gesellschaftsformationen bietet, vermag die hiesige Schulorganisation einzubringen: die Empörung und Unzufriedenheit wird den Ausgeschlossenen, die damit ein Potential raschen sozialen Wandels bereitstellen könnten, durch die Zusicherung von späteren gesellschaftlichen Machtpositionen abgekauft (Musgrove, 1968, S. 125 ff.).

„Die Grammar School sichert denjenigen, die sie erfolgreich durchlaufen, im heutigen Großbritannien einen relativ hohen sozialen Status. Sie verlangt für diesen Dienst einen beachtlichen Preis. Obwohl ihr Prestige hoch ist und sie das Vertrauen der Mehrheit der Eltern aus allen sozialen Schichten genießt, demütigt sie ihre Schüler systematisch, mindert ihre Selbstachtung, produziert Unsicherheit, Zweifel, konfliktreiche soziale Beziehungen, eine negative, ja eine verzweifelnde Anschauung über Leben und Gesellschaft“ (Musgrove, 1968, S. 106).

Bei einer solchen Einschätzung der Leistung der Schule wundert es nicht, daß Musgrove die Tendenz zur Heraufsetzung des Schulpflichtalters auf das 16. Lebensjahr scharf verurteilt (Musgrove, 1968, S. 155), zumal der Erfolg einer solchen Maßnahme von seinem Standpunkt einer Theorie natürlicher Begabungsunterschiede überhaupt mehr als zweifelhaft sein muß. Fortschritte der Bildungspolitik erscheinen nur als Ausdehnung einer illegitimen „Gerontokratie“ (Musgrove, 1968, S. 24). Es bleibt freilich die zentrale Frage ungeklärt, warum die Fortentwicklung des Bildungssystems in den letzten hundert Jahren so außerordentlich schwer durchzusetzen war und noch heute umfassende Reformversuche, wie beispielsweise gerade die Heraufsetzung des Schulpflichtalters, auf massive soziale Widerstände stoßen. (Übrigens können auch die von Musgrove erhobenen empirischen Daten sein pauschales Urteil nicht überzeugend stützen.)

Wir können uns hier nicht im Detail mit diesen Beispielen der Kritik an der „Verschulung“ unserer Gesellschaft auseinandersetzen (Illich, Musgrove). Ihre Darstellung hatte die Aufgabe, die fraglose Selbstverständlichkeit, mit der wir die Notwendigkeit einer Expansion des öffentlichen Bildungswesens hinnehmen („die Vorstellung von einem automatischen Fortschritt durch mehr Schule, mehr Lernen, mehr Wissenschaft, perfektere Technik"; Hentig, 1971, S. 40), einer möglichst explizit vertretenen Gegenmeinung zu konfrontieren.

Einschränkung der radikalen Schulkritik

Im einzelnen kann hier auch nicht die Frage diskutiert werden, ob diese Kritik auf einer umfassenden Analyse der Wirkungen der Schule auf die Schüler aufbaut und ob sie nicht die Schattenseite der implizierten Alternative – frühe Eingliederung ins Erwerbsleben – verharmlost. Doch sollen wenigstens einige Hinweise gegeben werden, in welche Richtung diese Fragestellung weiter verfolgt werden kann: Empirische Untersuchungen, die Schüler und berufstätige Jugendliche gleichen Alters erfassen, deuten darauf hin,

a) daß Schüler in ihrer intellektuellen Entwicklung weiter gefördert werden, während die intellektuelle Entwicklung berufstätiger Jugendlicher stagniert oder gar rückläufig ist[5],
b) daß Schüler vielseitigere kulturelle Interessen entfalten,
c) daß sie in ihrem politischen Urteil sowohl besser orientiert als auch kritischer sind[6].

Die Schule vermittelt (und bewahrt) also nach diesen Untersuchungen ein höheres Maß intellektueller Flexibilität und Mobilität als das Berufsleben. Diese höhere Mobilität bewährt sich auch dort, wo es darum geht, Möglichkeiten der Weiterbildung im späteren Jugend- oder Erwachsenenalter zu nutzen: die Bereitschaft dazu wächst mit der Dauer des Schulbesuchs (Strzelewicz, Raapke und Schulenburg, 1966). Wenn unsere wissenschaftliche und technologische Entwicklung ständiges Um- und Neulernen verlangt, so scheint hier eine der wichtigsten Voraussetzungen für ihre individuelle Bewältigung berührt.

Die oben summarisch aufgeführten Ergebnisse empirischer Untersuchungen erscheinen plausibel, wenn man bedenkt, daß viele der Arbeitsplätze, die die Industrie dem Jugendlichen bietet, durch Monotonie der Tätigkeit, geringe intellektuelle Anforderungen im Vergleich zur Schule, stärkeren Zwang zur Anpassung an die Vorschriften des Systems und strenger ausgebildete Hierarchie der Positionen charakterisiert sind. Es ist

---

[5] Central Advisory Council for Education, 1954; Central Advisory Council for Education, 1963; Coleman u. a., 1966; Vernon, 1962, S. 152 ff.; Wolfe, 1967. Dazu auch Husén u. a., 1969; sowie Husén, 1951.

[6] Befunde wie die hier erwähnten sind zusammengestellt bei Neidhardt, 1970. Vgl. auch den Report von Giesecke, 1967, insbes. S. 36–47, der sich insgesamt auf den 18bändigen „Überblick zur wissenschaftlichen Jugendkunde" (München 1965/66) stützt.

nicht anzunehmen, daß solche Arbeitssituationen als Ort „sozialer Reifung" der Schule überlegen sind (vgl. de Maupeon-Léplâtre, 1965).

Auch dort, wo der Jugendliche als Lehrling eine Berufsausbildung durchläuft, ist die Situation nicht immer günstiger, wie einige kritische Erhebungen zum Lehrlingswesen zeigen (vgl. Lempert und Ebel, 1965; Krumm, 1967; Lempert, 1974). Gerade die Mängel des betrieblichen Ausbildungswesens – Belastung durch berufsfremde Hilfstätigkeiten, unzureichende theoretische Fundierung, mangelnde Systematik, geringe individuelle Förderung, Abhängigkeit vom Lehrherrn – haben zur Forderung nach durchgreifender staatlicher Regelung dieses Bereichs und Aufhebung der Trennung in berufsbildende und allgemeinbildende Schulen geführt[7].

Es scheint also, als führe die Suche nach Alternativen zur staatlichen Schule auf eben jene Probleme, denen diese Institution ihre Expansion mitverdankt. Zudem ist die radikale Schulkritik selbst in der schwierigen Lage, in der Argumentation gegen die Schule teilweise sich auf Tatbestände zu berufen, die ohne den positiven — möglicherweise sogar konstitutiven — Einfluß des allgemeinen Bildungswesens nur schwer denkbar wären. Das ist zum Beispiel der Fall, wenn Musgrove auf den hohen Grad der intellektuellen Kapazität bei Jugendlichen oder auch die historisch beobachtbare Tendenz zum früheren Einsetzen von Reifungsprozessen verweist, gerade um die Absurdität der weiteren ‚Beschulung' dieser Altersgruppe zu demonstrieren (Musgrove, 1968, S. 150 ff.).

Es ist offenbar schwer, aus unserer Gesellschaft, ihrer geschichtlichen Entwicklung und selbst aus dem, was sich bei uns als menschliche Natur darstellt, das öffentliche Bildungswesen wegzudenken. Die Entschulung, die von Kritikern wie Illich propagiert wird, nur als eine rein pädagogische oder bildungspolitische Frage aufzunehmen, bedeutete also ein Mißverständnis. Ebenso ist die radikale Kritik an der Schule ihrerseits ständig in der Gefahr, die Schule für Fehlentwicklungen und Mißstände verantwortlich zu machen, die im Grunde tiefere gesellschaftliche Ursachen haben — Ursachen, die ihrerseits auch die falsche Schule hervorgebracht haben (Hentig, 1971, S. 38 und S. 96). Wie Hentig formulierte, muß die Gesellschaft vor aller „Entschulung" selbst ‚erziehlich' werden, und das bezieht er mit Recht nicht nur auf den Industriebetrieb, sondern zum Beispiel auch auf die Familie (Hentig, 1971, S. 105; vgl. dazu Bleuel, 1971, und Horn, 1967). In Form einer bloßen pädagogischen Propagandakampagne oder einiger pädagogischer Handreichungen ist diese Veränderung der Gesellschaft sicherlich nicht zu denken.

---

[7] Deutscher Bildungsrat, 1969. Zum Mängelkatalog vgl. S. 14–17; Deutscher Bildungsrat, 1970, S. 164 ff.

Differenzierend sei hier allerdings darauf hingewiesen, daß die Analysen Illichs und Musgroves nicht in gleicher Weise von dem Vorwurf erreicht werden, sie griffen sowohl in Hinsicht auf die Berücksichtigung gesellschaftlicher Faktoren zu kurz, die die Entwicklung der Schule beeinflussen, als auch im Hinblick auf die Einschätzung der Konsequenzen der Entschulung. Denn Musgrove bemüht sich mehr noch als Illich, an einigen Stellen die gesellschaftlichen Mechanismen aufzuzeigen, die diese Art Schule und ihre Praxis hervorbrachten und erhalten. Insbesondere in seinen Skizzen der ökonomischen Entwicklung im vorigen Jahrhundert und der sinkenden Nutzbarkeit jugendlicher Arbeit im Zuge eines bestimmten Stadiums der Industrialisierung macht er zutreffend auf die enge Verflechtung von Schule und moderner Gesellschaft aufmerksam. (Es ist allerdings kaum mehr als eine Hypothese, daß sich aus diesem Grunde auch die praktischen Schlußfolgerungen von Illich und Musgrove im Grade ihrer Radikalität entsprechend unterscheiden.) Aber auch bei Musgroves Analyse bleibt der Erklärungswert, den die von ihm namhaft gemachten gesellschaftlichen Faktoren – im wesentlichen ein sozial wie ökonomisch forcierter Generationskonflikt – für die tatsächliche Entwicklung des Schulwesens besitzen, letztlich zweifelhaft.

Ist eine moderne Gesellschaft ohne Schule denkbar?

Man muß aber wohl noch prinzipieller fragen, ob diese Gesellschaft gleichsam natürlich, aus sich heraus die Lernsituationen schaffen kann, die ihre eigene Struktur verständlich machen, oder ob nicht vielmehr schon das zur bloßen Reproduktion dieser Gesellschaft notwendige Wissen so komplex und abstrakt ist, daß es nur in langdauernden systematischen Lernbemühungen gewonnen werden kann. Schon die Vorstellung, was geschähe, wenn an die Stelle universell geregelter öffentlicher Bildungsinstitutionen spontan wahrgenommene Lernsituationen träten, läßt eine sehr umfassende Funktion des staatlichen Bildungswesens erkennbar werden: die Lernsituationen würden nur einen engen Umkreis unmittelbar zugänglicher Phänomene erfassen; sie würden folglich im Bayerischen Wald extrem anders ausfallen als in Hamburg oder im Ruhrgebiet; der Umfang gemeinsamer Lernerfahrungen der Bevölkerung eines größeren Gebietes würde stark reduziert, damit die Kommunikation sehr erschwert. Es könnte sein, daß Gesellschaft und Staat in eine Vielzahl voneinander isolierter Gruppen auseinanderfallen.
Verfolgen wir diese Phantasie noch einen Schritt weiter bis zu dem Einwand, daß es heute keineswegs allein die Schule sei, die einer Bevölkerung gleiche Lernerfahrungen und damit Kommunikationsmöglichkeiten sichere, sondern daß diese Funktion weitgehend durch die Massenmedien übernommen werde und daß es technisch durchaus möglich wäre, sich vor der Provinzialität des Horizonts unmittelbarer Erfahrungen durch häufigen Ortswechsel zu retten. Das würde bedeuten, daß eine entschulte Gesellschaft, um nicht zu zerfallen, im übrigen einen hohen

technologischen Aufwand treiben müßte, der wiederum nur durch universelle Regelungen zu sichern wäre. Es ist nicht auszuschließen, daß diese Regelungen ebenfalls Wirkungen auf die Bevölkerung haben, wie sie jetzt der Schule zur Last gelegt werden (Disziplinierung, Anpassung, voraussehbar konformes Verhalten . . .).

Schließlich bleibt die Frage, über welches Ausmaß an Schulbildung der einzelne verfügen muß, um die so vermittelten Informationen zu verarbeiten. Der Schätzung eines amerikanischen Wissenschaftlers zufolge, beträgt der „Gesamtbetrag an Informationseinheiten (bits), die in einer städtischen Gesellschaft von 5 Millionen Personen weitergegeben werden, . . . 6 X 10^{14} Einheiten. Von diesen werden 3,6 X 10^{14} Einheiten oder 60 Prozent durch Lesen weitergegeben, der Rest durch Radio, Fernsehen, Vorträge und Diskussionen, Filme, Beobachtung der Umwelt und andere Mittel. Mit anderen Worten, der überwiegende Teil an Information in einem größeren westlichen Stadtgebiet wird durch das geschriebene Wort vermittelt. Meier schätzt darüber hinaus, daß sich in San Francisco die Summe der pro Person vermittelten Information auf 10^8 Einheiten jährlich beläuft. In einer Stadt ähnlicher Größe und Wichtigkeit in einem Entwicklungsland beträgt die entsprechende Informationsmenge ungefähr 10^6 Einheiten pro Person jährlich. Die Menge an vermittelter Information in einer städtischen Region ohne Analphabeten ist also hundertmal größer als in der entsprechenden Region eines Landes mit verbreitetem Analphabetismus.“ [8]

Diese Überlegung impliziert zugleich, daß in einer Bevölkerung, die über solche technologischen Mittel noch nicht verfügt, die Schule einerseits wahrscheinlich ein wichtiges Instrument ist, aus relativ autonomen Gruppen so etwas wie eine Gesellschaft und einen Staat herauszubilden. Andererseits kann sich ein allgemeines Schulsystem erst in einer historischen Situation entwickeln, in der solche Tendenzen zur Zentralisierung und Vereinheitlichung bis dahin zerstreuter Herrschafts- und Lebensbereiche bereits vorhanden sind. Es ist also anzunehmen, daß die Entstehung des modernen öffentlichen Bildungswesens in engem Zusammenhang mit der historischen Entwicklung dessen steht, was in einem modernen Sinne Staat und Gesellschaft genannt werden kann. Deshalb ist es konsequent, wenn Illich die Forderung nach Entschulung mit der nach Abschaffung jener Leistungen der öffentlichen Daseinsfürsorge und -vorsorge verbindet, die zu den wesentlichsten Funktionen des modernen Sozialstaates gezählt werden.

---

[8] Hoselitz, 1969 b, S. 241. Er stützt sich auf Richard L. Meier, The Measurement of Social Change. In: Proceedings of the Western Joint Computer Conference, San Francisco 1959.

2. Zur Entwicklung institutioneller Erziehung

Die zuletzt angestellten Überlegungen enthalten zwei Aussagen, die für den Fortgang unserer Erörterung besonders wichtig sind. Zum einen wurde wiederholt vor einem Mißverständnis gewarnt, das sich leicht von der radikalen Schulkritik ableiten könnte: das öffentliche Schulwesen sei insgesamt nichts anderes als ein bloßes ‚Kunstgebilde' oder Produkt einer weitgehenden Fehlentwicklung. Andererseits grenzen wir uns von Auffassungen ab, die das öffentliche Bildungssystem als selbstverständlich oder als eine Art naturhaftes, konstantes Element menschlichen Zusammenlebens einstufen. Unsere Bemerkungen in beiden Richtungen laufen in dem einen Punkt zusammen, daß sie die enge, kaum lösbare Verbindung der öffentlichen Bildungsinstitutionen mit einer Gesellschaftsformation hervorheben, die wir nach ihren Bedingungen und Möglichkeiten kurzweg als ‚modern' bezeichnet haben.
Von diesem Punkt aus scheint es sinnvoll, statt nach Möglichkeiten der ‚Entschulung' nach der Entstehung und Entwicklung dieses öffentlichen Bildungssystems, gewissermaßen nach dem Prozeß der allmählichen ‚Verschulung' zu fragen. Das kann den Vorteil bringen, daß sich die einzelnen politischen Interessen oder ‚Ziele, Normen, Bedürfnisse der Gesellschaft', soweit sie konstitutiv in die Institutionen des öffentlichen Bildungswesens eingegangen sind, einigermaßen klar unterscheiden und am Material belegen lassen. Zudem führt die Frage nach den objektiven sozialen und ökonomischen Gegebenheiten für die Entstehung des öffentlichen Schulwesens mitten in den Prozeß der Herausbildung der modernen Gesellschaft selbst hinein. Damit erhellt sich von der gemeinsamen Entwicklung her der grundsätzliche Zusammenhang des öffentlichen Schulsystems mit spezifisch neuzeitlichen, hochentwickelten Strukturen menschlichen Zusammenlebens. Und nicht zuletzt könnte ein schulgeschichtlicher Abriß dazu dienen, eben diese ‚modernen' politischen, sozialen, ökonomischen Vorgänge, aus denen pädagogische Bedürfnisse hervorgingen, ihrerseits etwas genauer zu fassen und begrifflich zu klären: Wie dem Leser wahrscheinlich schon aufgefallen ist, werden die Begriffe ‚Gesellschaft' und ‚Staat' hier in einem spezifisch historischen Sinne gebraucht und aufeinander bezogen. So erweitert sich der große Bereich unserer Betrachtung zwar um die historische Dimension, aber zugleich sind die historisch orientierten Ausführungen dazu geeignet, den Geltungsbereich unserer Aussagen enger zu definieren und auf bestimmte

Erscheinungen zu beziehen. Zumindest werden die folgenden Abschnitte die Notwendigkeit vor Augen führen, bei der Klärung unseres Themas zu differenzieren.

Klärung der Begriffe

Den Ausgangspunkt für die Erörterung liefert eine, wie uns scheint, recht prägnante Umschreibung der historischen Rahmenbedingungen für die Zeit, in der die Entstehung des öffentlichen Schulwesens anzusiedeln ist. Sie enthält zugleich eine Definition der modernen Begriffe von Staat und Gesellschaft, über die wir uns damit gewissermaßen vorweg verständigen.

„Die Unterscheidung von ‚Staat' und ‚Gesellschaft' ist keine allgemeine, für beliebige geschichtliche Epochen gültige Gegebenheit, sondern eine verfassungsgeschichtlich entstandene und bedingte.

1. Die politische Ordnung des Mittelalters und auch noch die Landesherrschaft der frühen Neuzeit sind dadurch gekennzeichnet, daß in ihr vielfach zerstreute und je begrenzte eigenständige politische Herrschaftsbefugnisse bestehen, ohne daß sich darüber eine umfassende, letztentscheidende politische Herrschaftsgewalt erhebt. Die Unterscheidung, das Auseinandertreten von ‚Staat' und ‚Gesellschaft' wird dadurch vorbereitet, daß diese vielfach zerstreuten politischen Herrschaftsbefugnisse zunehmend bei einer Person bzw. Instanz konzentriert und dort planmäßig zu einer einheitlichen und umfassenden politischen Herrschaftsgewalt organisiert und ausgebaut werden; Gerichts- und Jurisdiktionsbefugnisse, insbesondere das sich ausweitende Gesetzgebungsrecht, die Ausübung von Hoheitsrechten, der Befehl über Polizei und Heer u. a. m. werden dem Anspruch und stufenweise der Realität nach (allein) Sache des Landesherrn bzw. Monarchen und der von ihm Beauftragten, sie können von anderen Personen nur in seinem Namen, als von ihm delegierte (und damit begrenz- und rücknehmbare) Befugnisse ausgeübt werden. Auf diese Weise entsteht aus der herrschaftlich-politisch durchformten und geschichteten Gesellschaft (societas civilis cum imperio) des Mittelalters und der frühen Neuzeit auf der einen Seite die einheitliche und umfassende, gegenüber ihren individuellen Trägern organisatorisch verselbständigte Staatsgewalt, auf der anderen Seite die einheitliche neue Gesellschaft (societas civilis sine imperio) der dieser Staatsgewalt Unterworfenen ...
2. Mit der Konzentrierung und dem organisatorischen Ausbau der bis dahin zerstreuten politischen Herrschafts- und Entscheidungsgewalt ergibt sich zugleich der ... Umbau der alten ‚Gesellschaft'. Denn diese Konzentrierung bedeutet, daß die zahlreichen Zwischengewalten und Statusordnungen der alten Gesellschaft Stück um Stück abgebaut und eingeebnet, ihres herrschaftlichen Charakters entkleidet werden. Die einzelnen werden zunehmend aus der herrschaftlich-politischen Einbindung in die konkreten Herrschafts- und Lebensordnungen der alten Gesellschaft (Grund-, Stadt-, Kirchen-[Kloster-]Herrschaft) freigesetzt; es bleibt – und tritt dadurch besonders hervor – die Herrschaftsbeziehung Monarch (Landesherr) – Untertan, die eine unmittelbare wird und

sich, im Zuge der gedanklichen Verselbständigung der ‚staatlichen' Herrschaftsbefugnis gegenüber der Person des Monarchen, zur Beziehung Staat–Untertan umformt ...

... Diese Umbildung der Gesellschaft macht aus den Ständen, die bis dahin herrschaftlich-politische Bildungen und gegeneinander abgeschlossene Rechtsklassen waren, soziale Schichten.

Der Maßstab, von dem aus ihre unterschiedliche Stellung nunmehr als Privileg erscheint, ist der der rechtlichen Gleichheit, und zwar sowohl in der Unterordnung aller einzelnen unter die eine Staatsgewalt als auch in der Unabhängigkeit der einzelnen im Verhältnis zueinander: die ‚Subjekt'-Stellung im doppelten Sinn." [1]

Gegen diese Darstellung, die eine recht langfristige, vom 17. bis ins 19. Jahrhundert währende Entwicklung zu charakterisieren versucht, läßt sich mit einigem Recht einwenden, daß in ihr die moderne Gesellschaft insgesamt und die sozialen und politischen Transformationsprozesse als bloßes Ergebnis landesherrlicher Zentralisierungsmaßnahmen erscheinen. Insbesondere kommt nicht zum Ausdruck, daß ökonomische Momente diese Entwicklung wesentlich vorangetrieben haben. Ohne nähere Betrachtung der Rolle, die wirtschaftliche Veränderungen in dem geschilderten Umstrukturierungsprozeß im einzelnen gespielt haben, soll wenigstens andeutungsweise auf das Gewicht dieser Vorgänge hingewiesen werden, die ebenfalls am Beginn der genannten Zeitspanne einsetzen.

„Der Tauschverkehr (von Waren und Nachrichten) entwickelt sich nach Regeln, die gewiß auch durch die politische Gewalt manipuliert sind; jedoch entfaltet sich ein weitgeplantes Netz ökonomischer Abhängigkeiten, die sich im Prinzip nicht mehr den, auf Formen der geschlossenen Hauswirtschaft basierenden, vertikalen Abhängigkeitsverhältnissen des herrschaftlichen Systems einordnen lassen." [2] Über die Grenzen der engen lokalen Wirtschaftseinheiten, die nicht zuletzt durch ein eifersüchtig gewahrtes System von Steuern und Abgaben voneinander geschieden sind, beginnt ein intensivierter Warenaustausch hinwegzugreifen. Räum-

---

[1] Böckenförde, 1971, S. 4 f. (Diese Passage ist hier in erster Linie wegen der prägnanten Umschreibung, die sie für die frühneuzeitliche oder vorindustrielle Verfassungssituation liefert, so ausführlich zitiert.) – Zur Problematik der Entstehung und Unterscheidung von Staat und Gesellschaft vgl. die grundlegenden Arbeiten von Brunner, 1965, insbesondere S. 111–133, sowie ders., 1968; darin vor allem die Aufsätze: „‚Feudalismus'. Ein Beitrag zur Begriffsgeschichte", und „Die Freiheitsrechte in der altständischen Gesellschaft". – Aus der zahlreichen Literatur seien hier noch genannt: Angermann, 1963; Hofmann, 1967; Quaritsch, 1970; M. Riedel, 1972; ders., 1975.

[2] Habermas, 1965, S. 25. – Über die wirtschaftlichen Prozesse, die das Erstarken der landesherrlichen Zentralgewalt begleitet haben, vgl. die wirtschaftsgeschichtliche Standardliteratur wie Dobb, 1963; Haussherr, 1960; Sée, 1930, 1936. – Einen brauchbaren Gesamtüberblick zur wirtschaftlichen Entwicklung auch des 18. und 19. Jahrhunderts, auf den hier gewissermaßen vorweg verwiesen sei, gibt ebenfalls Mottek, 1968, 1969.

lich weiter voneinander entfernte Gebiete rücken darüber in einen engeren Zusammenhang; in einzelnen Ländern vollzieht sich eine Art geographischer Arbeitsteilung, so daß die bisherige All- oder Vielseitigkeit der städtischen Produktion einer stärkeren gewerblichen Spezialisierung weicht, die sich an den Bedürfnissen größerer Einzugsgebiete orientiert: so weitet sich die bisherige lokale ökonomische Operationsbasis zur neuen des staatlichen Territoriums.

Mit der Veränderung der Handels- und Verkehrsformen geht schließlich auch die Veränderung der Produktionsweise selbst einher. Nicht nur, daß damit der Trend zur Erschließung und Erweiterung der Handelsmärkte weiter verstärkt und beschleunigt wird, vor allem unterspült die Ausbreitung gewinnorientierten zweckrationalen Wirtschaftens die traditionellen Formen herrschaftlicher und genossenschaftlicher Sozialbeziehungen, von denen die bisherige Lebensordnung getragen war. Die skizzierte Transformation, in der Staat und Gesellschaft auseinandertreten, erhält also auch aus der wirtschaftlichen Sphäre starke Impulse, sei es, daß diese die landesfürstliche Politik erleichtert, sei es, daß sie sie überhaupt erst ermöglicht haben.

Zugleich hat die Politik des fürstlichen Absolutismus [3] ihrerseits wesentlich zur Entfaltung dieser wirtschaftlichen Prozesse beigetragen, da sie eine Stärkung beziehungsweise Vereinheitlichung des landesterritorialen Herrschaftsbereichs bedeuteten. Unter dem Gesichtspunkt des inneren wie äußeren Machtgewinns bewies die landesherrliche Gewalt generell – nicht nur im wirtschaftspolitischen Sektor – eine derart umfassende Aktivität, daß große Bereiche des gesellschaftlichen und politischen Lebens von ihr beeinflußt oder gar gesteuert scheinen, wie das ja auch ihrem Bestreben entsprach, alle politisch relevanten Befugnisse praktisch in einer Hand zu versammeln. Leitbild war die Schaffung einer einheitlichen, straff von oben gelenkten, möglichst leistungsfähigen und rationalen Staats- und Sozialordnung, und in diesem Sinne bildete sich der Absolutismus die Instrumente, die ihm eine weitreichende Kontrolle und Reglementierung erlauben sollten: angefangen von der Begründung einer Steuerverwaltung, die für regelmäßige Einnahmen zu sorgen hatte, über den Aufbau einer zentralisierten Bürokratie und loyalen Beamtenschaft mit wirtschafts- und sozialpolitischen Kompetenzen bis hin zur Organisation eines stehenden Heeres – übrigens Organe, die sich heute geradezu selbstverständlich mit dem Bild des Staates verbinden.

---

[3] Zur näheren Charakteristik sei verwiesen auf die jüngst in zwei Sammelbänden zusammengefaßten Arbeiten: Aretin, 1974; Hubatsch, 1973. – Der ‚klassische' Modellfall, die Entwicklung in Frankreich, wird analysiert in der Darstellung von Elias, 1969 (Bd. 2: „Wandlungen der Gesellschaft. Entwurf zu einer Theorie der Zivilisation").

Über die entscheidenden Motive der gewaltigen Aktionen wird man sich freilich nicht täuschen dürfen; der Aufbau dieser Neuordnung erfolgte ohne Zweifel von den militärischen Bedürfnissen her. Und gerade Preußen, wo die Armee praktisch „das Rückgrat für den sich ausbildenden Staatskörper und für seine Verwaltungsorganisation" darstellte, und die finanziellen Bedürfnisse des Militärs zum „Schwungrad an der Staatsmaschine" wurden[4], nimmt dabei eine besonders extreme Position ein. Man hat das Land für die Zeit von der Mitte des 17. bis zum 18./19. Jahrhundert mit einem „Feldlager im Frieden" verglichen (Heffter, 1969, S. 22–31, insbesondere S. 27), denn hier überbaute und ersetzte eine überstarke Armee die Mängel der Volkszahl, Flächengröße und Wirtschaftskraft.

Um auf die oben zitierte Formel zur Unterscheidung von ‚Staat' und ‚Gesellschaft' zurückzukommen: sie besitzt, wie unsere Bemerkungen vielleicht verdeutlichen konnten, also wohl weniger einen erklärenden als einen deskriptiven Wert aufgrund der Art, in der Charakter und Gewicht der landesherrlichen Initiativen in dem gesamten Umstrukturierungsprozeß dargestellt werden. Für die Zwecke unserer Fragestellung können wir jedoch vorerst von ihr ausgehen und auch in der Richtung bleiben, die sie mit der starken Akzentuierung staatlicher Aktivität vorgibt. Sicherlich ist es nicht ganz unproblematisch, sich dabei so gut wie ausschließlich der preußischen Situation zuzuwenden, wie wir es beabsichtigen. Dennoch gibt es für dieses Vorgehen eine ganze Reihe von Begründungen, nicht zuletzt die, daß der preußische Staat gerade aufgrund der extremen, übersteigerten Anspannung der ihm zur Verfügung stehenden Kräfte zunehmend in die Rolle einer auch flächen- und bevölkerungsmäßig bedeutenden Vormacht hineinwuchs, deren Tradition und Politik in Deutschland vorbildhaft wurden und bis ins 20. Jahrhundert hinein fast alle Bereiche des deutschen öffentlichen Lebens geprägt haben.

Weder besaß der preußische Staat von vornherein eine dominante Stellung unter den deutschen Ländern noch auch nur jene Einheitlichkeit oder Geschlossenheit, die wir heute als mehr oder weniger selbstverständliche Voraussetzung eines Staatswesens ansehen. Wegen der relativen geographischen Unschärfe des Begriffs, aber auch aus terminologischen Gründen ist es insofern nicht unproblematisch, für das 18. wie für das 19. Jahrhundert generell von ‚Preußen' zu sprechen, wie wir es im folgenden tun. – Mindestens noch am Anfang des 18. Jahrhunderts waren die verschiedenen Länder, die das hohenzollern-brandenburgische Haus unter seiner Herrschaft vereinigte, nur äußerlich durch Personalunion, das heißt durch die Identität ihres Landesherrn, miteinander verbunden. So ist es zu verstehen,

[4] Hintze, 1915, S. 220 f., S. 282–287. Ders., 1967 c (darin als eine Art Übersicht: die Abhandlungen „Geist und Epochen der preußischen Geschichte" sowie „Der preußische Militär- und Beamtenstaat im 18. Jahrhundert"). – Auch Schmoller, 1921.

daß Friedrich Wilhelm I. am Anfang seiner Regierungszeit in einer Art Hausgesetz für sich und seine Nachfolger glaubte eigens erklären zu müssen, daß die sämtlichen Fürstentümer und Länder des königlichen Hauses samt den Domänen, Schatullgütern und Forsten (nunmehr) unteilbar und unveräußerlich seien (Hintze, 1915, S. 281). Die Sonderexistenz, die die einzelnen Länder gegeneinander führten, war damit nicht aufgehoben, wie ein Blick auf die zentrale Verwaltungsorganisation des 18. Jahrhunderts lehren könnte, in der das moderne Fachressortprinzip sich nur bedingt gegen die ältere Praxis durchsetzen konnte, nach der jeweils ein Minister für mehr oder weniger alle Belange eines Landesteils verantwortlich war. Vor allem aber war man damals noch weit davon entfernt, die einzelnen ‚Herrschaften' des brandenburgischen Hauses unter dem einheitlichen Namen Preußen zusammenzufassen: als eines von mehreren Landen bestand das Königreich Preußen, das den Kurfürsten von Brandenburg den Königstitel brachte und später ihrem gesamten Herrschaftsbereich den Namen gab, neben der Kur- und Neumark, dem Herzogtum Pommern, dem Bistum Halberstadt oder der Grafschaft Mark (um nur einige weitere Gebiete zu nennen), bis es schließlich der gesamten preußischen Monarchie als eine Provinz integriert war, die uns heute aus der Zeit vor 1945 noch unter dem Namen Ostpreußen geläufig ist.
Zur Wahrung der Einheitlichkeit und im Interesse der Vereinfachung halten wir uns im folgenden an die modernere – freilich nicht aktuelle – Terminologie, die wie die Existenz des preußischen Staates eine historische Erscheinung ist. Nur dem Sprachgebrauch, nicht der Sache nach ist damit von vornherein ein Zustand unterstellt, in dem die partikularistisch voneinander abgesonderten eigenständigen Territorien der älteren Zeit zu Gliedern eines einheitlichen allgemeinen Staatswesens umgeformt waren, das sich im Sinne verwaltungsmäßiger Effizienz in besonderen Provinzen organisierte. Der allen Landesbewohnern gemeinsame Name Preuße (statt Märker, Pommer usw.) war noch am Ende des 18. Jahrhunderts ein Postulat der national beflügelten Berliner Aufklärung. Nicht zu vergessen ist auch, daß Preußen – aufgrund seiner gewaltigen Expansion im 18. und 19. Jahrhundert – je nach der Zeitspanne, von der die Rede ist, geographisch etwas anderes bezeichnet. Die Erweiterung, die der preußische Staat im Verlauf der Entwicklung von einer Art Randfigur der europäischen Szene zur Großmacht erlebte, der etwa zwei Drittel des Kaiserreichs von 1871 angehörte, ist verständlicherweise mit Zahlen, so imposant sie sein mögen, nur unzureichend zu erfassen. Hervorgehoben sei hier nur der Trend der Ausdehnung von Osten nach den ganz anders strukturierten Gebieten im Westen ‚Deutschlands', in das Preußen erst im Verlauf des 19. Jahrhunderts hineinwuchs. Noch an der Wende zum 19. Jahrhundert fielen die westlichen Provinzen mit einem Bevölkerungsanteil von 10 bis 12 Prozent kaum ins Gewicht (vgl. Henning, 1969 b, S. 180). Insofern wir in unserer Betrachtung von einem früheren Zeitraum ausgehen, stehen die sogenannten mittleren und östlichen Provinzen im Vordergrund.

Auch wenn man von der preußischen Besonderheit[5] nicht durchgängig wird absehen können, so ist unsere Intention in den folgenden Abschnitten doch mehr darauf gerichtet, die allgemeineren Entwicklungstenden-

---

[5] In kritischer Berücksichtigung der fatalen Fernwirkungen der preußischen ‚Sonderentwicklung' ist insbesondere die Darstellung geschrieben, die H. Rosenberg (1966) vom Konstituierungsprozeß der Zentralgewalt und bürokratischen Apparatur im Preußen des 17. und 18. Jahrhunderts gegeben hat. Vgl. auch Carsten, 1968.

zen nachzuzeichnen. Das soll allerdings nicht in der globalen Art der bisherigen Bemerkungen geschehen, sondern nur insoweit die Entwicklung des öffentlichen Bildungswesens, auf die wir uns nun konzentrieren, ihrerseits darüber Auskunft gibt. Denn die Entstehung des modernen Schulwesens gehört dem geschilderten Prozeß selbst an, in dessen Verlauf das Gegenüber von einheitlicher politischer Zentralgewalt und ihr unterworfener ‚entpolitisierter' Gesellschaft sich herausbildete.

Verfassungsgeschichtliche Ausgangslage bei der Entstehung des modernen Schulwesens

Ausgehend von dem heutigen Schwergewicht des Bildungswesens und bezogen auf die zentralen Aufgaben, die es für die Organisation menschlichen Zusammenlebens kaum entbehrlich erscheinen läßt, läge es nahe, die gesamte vorhergehende Zeit unter der Perspektive eines ebenso langen wie vergeblichen Wartens auf die schulpolitische Initiative eines Staates zu sehen, der sich endlich doch auf seine pädagogischen Pflichten besonnen habe. Aber der Sachverhalt ist komplexer: ‚Staat—Gesellschaft' im oben bezeichneten Sinne und das öffentliche Bildungswesen beruhen auf denselben historischen Grundlagen; bis zu einem gewissen Grad gehen die Ausbildung von Staat und Schulsystem Hand in Hand (Lange, 1967, S. 287; vgl. auch Roessler, 1961). Denn die Schulgesetzgebung ist ein Teil jenes sich ausweitenden Gesetzgebungsrechts, das die zentrale politische Gewalt in der frühen Neuzeit für sich beansprucht. Seine Geschichte gewährt, wie an den folgenden Beispielen deutlich wird, einige Einblicke in den Prozeß ihrer allmählichen Durchsetzung. Die Beispiele beschränken sich auf Brandenburg-Preußen, wenngleich dadurch die einschneidende Bedeutung der Reformation für die Entwicklung des Schulwesens etwas in den Hintergrund tritt (und die Tatsache unberücksichtigt bleibt, daß im 16. und vor allem in der ersten Hälfte des 17. Jahrhunderts Weimar, Gotha, Sachsen und Thüringen der Markgrafschaft Brandenburg in ihrer schulischen und schulrechtlichen Entwicklung weit voraus waren).

Der ‚reformierte Glaube' wurde für die Landesherrn zu einem der wichtigsten Mittel, Einheit im Bewußtsein der Bevölkerung zu stiften (vgl. Maurer, 1966, S. 77). Dabei kam den protestantischen Fürsten entgegen, daß ihnen in der Folge der Reformation als ‚christlicher Obrigkeit' das Recht oder gewissermaßen sogar die Pflicht zufiel, das neue geistliche Regiment aufzurichten und zu verwalten. Sie haben die Regierungsgewalt über die Kirche bis ins 19. Jahrhundert hinein nicht wieder abgegeben; der Theorie nach erstreckte sich — jedenfalls im 17. und 18.

Jahrhundert — ihre Befugnis nur auf das äußere Kirchenregiment (besser die äußere Kirchenhoheit), das ihnen „mit all seinen Annexa" seinerzeit übergeben war. Praktisch umschloß die Tatsache, daß „das Kirchenrecht ... Staatskirchenrecht" wurde, wie Krawietz etwas weitgehend und unscharf formuliert (Froese und Krawietz, 1968, S. 50), allerdings wesentlich mehr, insofern der Landesherr in die inneren kirchenregimentlichen Funktionen der Bischöfe eingetreten war und auch später auf die Fiktion des bischöflichen Rechtes seine weitreichende Reglementierung der geistlichen Interna gründete [6]. Seine Regierungsgewalt erstreckte sich keineswegs nur auf kirchliche Angelegenheiten im engeren Sinne des Wortes, sondern umfaßte (häufig) auch Bereiche wie Kindererziehung, Ehe-Ordnung, Kranken- und Armenwesen und nicht zuletzt auch die Schule (Froese und Krawietz, 1968, S. 1). Schulordnungen erschienen als Teil der Kirchenordnung.

Vor allem in zweifacher Hinsicht exemplifiziert jener scheinbar banale Vorgang einen grundsätzlichen historischen Einschnitt. Mit dem staatskirchenrechtlichen System war der gordische Knoten mittelalterlicher Kontroversen über das Verhältnis von geistlicher und weltlicher Sphäre zerschlagen. Herrschaftstheorie und -praxis der frühen Neuzeit hatten die mittelalterlich-kuriale Lehre über die Dienstbarkeit des weltlichen Schwertes zugunsten des Staates und der Konstituierung seiner Einheit umgekehrt. Und in dem Maße, in dem die landesherrliche ‚cura religionis' (kirchenrechtliche Oberaufsicht), statt der Glaubenswahrheit zu dienen, vom Interesse an der öffentlichen Ordnung bestimmt und nach Gesichtspunkten politischer Zweckmäßigkeit ausgeübt wurde, erschien die weltlich-öffentliche Ordnung gegenüber der Kirche als autonom, primär und schließlich religiös neutral (Hintze, 1967a, S. 73f.; Quaritsch, 1970, S. 284—305). Auch die Schulordnungen werden nach einiger Zeit unabhängig von den Kirchenordnungen erlassen und lösen — sehr allmählich — das Schulwesen aus dem Zusammenhang der einmal universalen kirchlichen Sphäre. Nicht minder umstürzend aber ist die mit Macht einsetzende Verordnungs- und Gesetzgebungspraxis der Landesherren mit dem Anspruch der Geltung für alle: dem liegt ein neues Denken zugrunde, das in Rechtsverhältnissen einen Gegenstand bewußter menschlicher Gestaltung erblickt (Quaritsch, 1970, S. 155—178).

Allerdings war die landesherrliche Macht zum Erlaß und zur Durchsetzung solcher allgemeingültiger Regelungen, darunter der Schulordnun-

[6] Vgl. dazu Hintze, 1967a. Neueren Datums, aber in den Erkenntnissen wenig über Hintze hinausgelangt ist die Abhandlung von Conrad, 1973. — Die allgemeine Abhängigkeit der protestantischen Kirche vom absolutistischen Staat und ihre wechselnde rechtliche Legitimierung ist auch behandelt bei Fooken, 1967, S. 15ff., S. 48ff., S. 80ff.

gen, keineswegs unangefochten oder unbeschränkt, sondern sie trat in Konkurrenz zu den Rechten der Stände, den herrschaftlichen Privilegien des Adels und der Städte. Die von Markgraf Joachim II. 1540 erlassene brandenburgische Kirchenordnung, die einen kurzen Passus zur Verbesserung beziehungsweise Einrichtung von Schulen „in allen Stedten und Merckten" enthält (Froese und Krawietz, 1968, S. 69), hatte zuvor im Entwurf den Ständen zu Berlin, dem Adel, den Städten und dem Bischof von Brandenburg zur Billigung vorgelegen (Froese und Krawietz, 1968, S. 52).

Es fällt nicht schwer, in diesem Akt einen Reflex der realen damaligen Machtverhältnisse zwischen den Ständen und dem ihnen gegenüber hoch verschuldeten Landesherrn zu entdecken, dessen eigenständige Machtentfaltung schon aus diesem Grunde eingeschränkt sein mußte. Doch kommen in dem Vorgang die spezifischen Probleme der komplizierten frühneuzeitlichen Herrschaftsstruktur – und daraus abgeleitete Regelungen – im Grunde erst sehr unvollkommen zum Ausdruck. Formell konnte der Landesherr nämlich von Anfang an, wenn überhaupt mit einem gewissen Recht, so als ‚christliche Obrigkeit' und vor allem an Bischofs statt, für sich allein die Befugnis zum Erlaß von kirchenrechtlichen Bestimmungen beanspruchen, in deren Bereich, wie erwähnt, auch die Schulordnungen gehörten. Unter diesem Gesichtspunkt läßt sich auch die Kirchenordnung von 1540 als ein „freies Werk der landesfürstlichen Gewalt" betrachten (Hintze, 1967a, S. 66). Es mußte den Landesherrn besonders darum zu tun sein, auf einem derartigen Anspruch zu beharren und sich schließlich (als die formalen Rechtstitel von den faktischen Verhältnissen längst überholt waren) die geistliche Gewalt als ein Attribut ihrer weltlichen Herrschaft zu eigen zu machen. Denn gerade das innere Kirchenregiment eröffnete in gewisser Weise einen Weg über die Grenzen hinweg, die dem Durchdringen landesherrlicher Willensentscheidungen im allgemeinen durch die spezifische, lokal verankerte Herrschaftskompetenz des Adels gesetzt waren. Auf dieser Grundlage hatte es der Adel (in den verschiedenen Territorien mit wechselndem Erfolg) über lange Zeit verstanden, als aktive Korporation Einfluß auf zentrale Belange in der Politik des Landes zu nehmen. Zumindest aber gaben ihm seine lokalen Befugnisse eine Stellung, die seine Zustimmung auch später selbst in Preußen, wo mit den Möglichkeiten einer ständischen Politik während des ausgehenden 17. und beginnenden 18. Jahrhunderts von allen Reichsterritorien vielleicht am gründlichsten aufgeräumt worden war, bei den das gesamte Land betreffenden Entscheidungen unumgänglich machte [7].

[7] Vgl. dazu außer der in den Anmerkungen 3 auf S. 36 bzw. 5 auf S. 38 genannten Literatur Baumgart, 1969; Vierhaus, 1966.

Dabei ist die angedeutete ständisch-adlige Position gegenüber dem Landesfürsten keinesfalls analog dem Muster konstitutioneller Gewaltenteilung aus dem 19. Jahrhundert vorzustellen. Dem Fürsten fehlte in früher Zeit nicht nur die Befugnis, über zentrale Tatbestände des öffentlichen Lebens allein zu verfügen. Selbst die Vorstellung einer einheitlichen und umfassenden, also souveränen Staatsgewalt, in die sich Fürst und Stände hätten teilen können – wie im Konstitutionalismus –, bildete sich eben erst. Das Konzept der souveränen Staatsgewalt wurde gewissermaßen praktisch gefunden, nämlich soweit es den Fürsten gelang, alle politischen Befugnisse tendenziell in ihrer Hand zu konzentrieren beziehungsweise regionale Gewalten als Ausfluß ihrer zentralen Macht erscheinen zu lassen und ihr Land entsprechend durchzuorganisieren. Bis dahin war, wollte der Landesherr über den Kreis seiner Einzelrechte hinausgehen, jeweils über Einzeltatbestände eine Einigung und vertragliche Willensbildung mit den Ständen erforderlich.

Auch als von einer förmlichen Beteiligung der Stände am Zustandekommen wesentlicher Entscheidungen für das Land auf zentraler Ebene längst nicht mehr die Rede war – die letzten ständischen (Plenar-) Landtage der preußischen Monarchie kamen abgesehen von den Huldigungsgelegenheiten zu Anfang des 18. Jahrhunderts zustande (Baumgart, 1969, S. 143) –, konnte aus eigener Herrschaftsbefugnis der Landesherr durchaus nicht die sämtlichen Landesbewohner erfolgreich gegen ihren Willen verpflichten, beispielsweise zum Schulbesuch. Einen direkten statt nur mittelbaren Zugang zu einem Großteil der Bevölkerung mußte er sich erst machtmäßig erzwingen. Denn wie der Landesherr hatten auch die einzelnen Mitglieder der Stände jeweils ihren eigenen kleineren, aber zunächst unabhängigen (‚unabgeleiteten') grundherrlichen und ‚häuslichen' Herrschaftsbereich, der das Leben der von ihnen Abhängigen überwiegend erfaßte und gegen landesherrliche Eingriffe abschirmte.

Noch für das Preußen des gesamten 18. Jahrhunderts gilt, daß in „den Grenzen seines Gutsbezirks . . . der adlige Besitzer der nahezu unumschränkte Herrscher (war). Mit dem Gutsbesitz war die Hoheit über die im Gutsbezirk lebenden bäuerlichen Untertanen in wirtschaftlicher, rechtlicher und politischer Hinsicht verbunden. Ausgestattet mit der Polizeigewalt und mit der Gerichtsbarkeit erster Instanz, die er mittels eines durch ihn selbst bestellten Justitiars ausübte, herrschte der Gutsherr über das Dorf und seine Bewohner, kraft seiner Patronatsstellung führte er die Aufsicht über Kirche und Schule. Wie der adlige Vasall unter dem König stand, war der Bauer direkt dem Gutsherrn untertan; an den Grenzen der Gutsherrschaft endete die direkte landesherrliche Gewalt. Es ergibt sich hieraus die politische Bedeutung der nahezu unumschränkten Herrschaft des adligen Gutsherrn in Haus, Bauernhof und Dorf, in Kirche und Schule. Alle staatliche Politik, die sich auf die Bewohner des platten Landes richtete, soweit sie privater Gutsherrschaft und nicht staatlicher Domänenaufsicht unterstanden, war in der Regel durch gutsherrliche Gewalt mediatisiert. Die Macht der Gutsherren erhielt noch Gewicht dadurch, daß über die Hälfte des Staatsgebiets (allein in der Kurmark, d. Verf.) ‚privater' Gutsherrschaft unterworfen war" (Büsch, 1962, S. 77 f.)[8].

Kompliziert wird die hier angedeutete Situation dadurch, daß die unterschiedlichen (Domänial- oder Guts-)Herrschaftsbereiche durchaus nicht räumlich klar voneinander geschiedenen, geschlossenen Gebietseinheiten entsprachen. Die Befugnisse der einzelnen Grundherren durchdrangen beziehungsweise überlagerten sich vielmehr derart, daß häufig selbst die Einwohner ein und derselben Dorfgemeinde verschiedenen Gerichtsbarkeiten zugehörten, jedenfalls von unterschiedlichen Weisungen und Verpflichtungen abhängig waren. Und auch dort, wo offenbar ein größeres zusammenhängendes Terrain einem einzigen Herrn zu eigen war, finden sich gewissermaßen ‚eingesprengt' immer wieder Land und Leute, für die eine zum Teil weit entfernt lebende Herrschaft die Zuständigkeit besaß. Nicht erst im territorialen Rahmen, sondern bereits auf kleinstem Raum trafen somit aufgrund der ‚Streuung von Herrschaftssphären' Regelungen, die unterschiedslos die Allgemeinheit einbezogen, auf kaum überwindbare Hindernisse.
So erlauben die damaligen fürstlichen Erlasse und Proklamationen, die auf alle Landesbewohner gemünzt waren, nur insoweit einen Rückschluß auf die Wirklichkeit, als sie die Tendenz zum Abbau jener ‚Dualität der Herrschaftssphären' und die vielfältigen Wege zu ihrer Einebnung dokumentieren (Quaritsch, 1970, S. 178–202). Die staatliche Schulhoheit war lange Zeit nur programmatischer Natur.

2.1 Proklamation der Schulpflicht und gesamtstaatliches Schulrecht

In dem folgenden Kapitel steht die Analyse einzelner landesherrlicher Schulgesetzgebungsakte beziehungsweise die Entwicklung der legislatorischen Tätigkeit im Preußen des 18. Jahrhunderts, soweit sie die Institution der Elementarschule betraf, im Vordergrund. Die Beschäftigung mit dieser Seite der Schulgeschichte hat zum Teil korrektive Funktion: Lange Zeit hat man die schulgesetzlichen Regelungsversuche nämlich bereits als aus staatlicher

8 Übrigens scheint es zu diesem Zeitpunkt auch noch ganze „Mediatstädte" gegeben zu haben, die unter einer (adligen) Grundherrschaft standen (Baumgart, 1969, S. 143; Büsch, 1962, S. 5). In Schlesien, das allerdings in dieser Hinsicht das Extrem unter den Ländern im Besitz der preußischen Könige darstellte – den Gegenpol bildete Ostpreußen –, waren noch 1786 nur 7 Prozent der Dörfer in königlichem Besitz (Zorn, 1971 b, S. 598; vgl. die absoluten Zahlen bei Ziekursch, 1927, S. 65).

Machtfülle erlassene Anordnungen angesehen, denen Hindernisse nur von unbotmäßiger Seite in den Weg gelegt worden wären, oder man hat sie gewissermaßen als einen politisch eher unschuldigen Bestandteil der Organisation kirchlichen Lebens interpretiert, in das ein christlicher Herrscher in religiösem Verantwortungsgefühl lenkend eingriff; mit dieser letzten These werden wir uns noch ausführlicher auseinandersetzen. Demgegenüber scheint uns ein angemessenes Verständnis der in den Gesetzestexten dokumentierten Bestrebungen nur möglich, wenn die eigenartige Verfassungs- und Herrschaftsstruktur der Zeit in die Interpretation einbezogen wird.

Bei unserer These, daß die Entwicklung des öffentlichen Schulwesens Teil des Prozesses ist, in dem sich der moderne zentralistische Staat herausbildet, liegt es ohnehin nahe, sich zunächst einmal der Gesetzgebungspraxis zuzuwenden. In dem immer deutlicher erhobenen Anspruch auf die universale Befugnis zur Regelung des gesellschaftlichen und politischen Lebens ist, wie angedeutet, ja insgesamt ein wesentliches Signum der Entfaltung staatlicher Macht zu erblicken. Schon die Analyse der einzelnen Schuledikte erlaubt nun, Art und Stoßrichtung der landesherrlichen Schulinitiative, die im Gewande kirchlicher Amtserfüllung erfolgte, genauer zu fassen. Die Schulinitiative läßt sich bestimmen als **ein** Medium der Auseinandersetzung einer auf Ausweitung ihres Einflusses bedachten Zentralgewalt mit den überkommenen partikularen Machtinstanzen. Mit dieser Frontstellung sind freilich von vornherein auch die Grenzen oder jedenfalls die – strukturellen und langfristigen – Hemmnisse der landesherrlichen Schulpolitik bezeichnet.

Die Mittel, deren sich die absolutistische Staatsgewalt bediente, um diese Schranken zu überwinden, waren im strengen Sinne kein schulpolitisches Spezifikum. Auch in anderen Bereichen suchte sich die Zentralgewalt Einfluß und Wirkungsmöglichkeiten zu verschaffen, indem sie bestehende Institutionen nutzte und in ihrem Sinne umdefinierte: Unter diesem Aspekt läßt sich auch die staatliche Zunftpolitik, insbesondere das Reglement der zünftischen Ausbildungsverhältnisse interpretieren, dessen Konsequenz freilich auch darin liegen sollte, das Bedürfnis nach neuen, zusätzlichen schulischen Institutionen recht fühlbar zu machen.

Der Prozeß, der mit staatlichen Eingriffen und schulpolitischen Initiativen eingeleitet worden war, barg demnach anscheinend eine Art Eigendynamik, die allerdings nicht notwendig unmittelbare schulpraktische Konsequenzen zeitigte. Man kann aber schließlich fragen, ob sich die Bedeutung der – in Preußen-Deutschland relativ früh mit Aufmerksamkeit bedachten – Schule tatsächlich nur in der Aufgabe erschöpfte, die ihr vom Eigeninteresse der landesherrlichen Zentralgewalt vordringlich gestellt wurde. Besaß sie eine weitergehende Funktion, beispielsweise in der Entwicklung einer Gesellschaft, die gemessen am damaligen Niveau anderer Länder als zurückgeblieben gilt? Dies Problem kann im vorliegenden Kapitel nicht gelöst werden; ein Exkurs zur ökonomischen Entwicklung des Bürgertums im 18. Jahrhundert kann es lediglich vorklären helfen.

Mit der „Verordnung, daß die Eltern ihre Kinder zur Schule, und die Prediger Catechisationes, halten sollen“ vom 28. 9. 1717 unternimmt Friedrich Wilhelm I. den ersten Versuch einer gesetzlichen Regelung der allgemeinen Schulpflicht im Königreich Preußen [1]. Die weitere Entwicklung ist charakterisiert durch die immer erneuerte Bekräftigung dieser Vorschrift (was auf die Schwierigkeit ihrer Durchsetzung hinweist), durch Verstärkung und Zentralisierung der Kontrollorgane: 1787 Gründung des ‚Oberschulkollegiums‘, erst 1808 beziehungsweise 1817 Errichtung einer einheitlichen und zur selbständigen Leitung des Unterrichtswesens berufenen Zentralbehörde in Form einer ministeriellen Abteilung beziehungsweise eines Ministeriums, und durch zunehmend detaillierte Vorschriften über Bestellung und Entlohnung der Lehrer, über Inhalt und Methode des Unterrichts sowie über die zugelassenen Lehrbücher (dazu insbesondere das General-Landschulreglement vom 12. 8. 1763).

Der geistliche Arm der Staatsgewalt

In diesem Prozeß wird offenbar die landesherrliche Gewalt über das Schulwesen Zug um Zug verstärkt und entsprechend die selbständige Ausübung des Patronatsrechts durch die privilegierten Gruppen zunehmend eingeengt. Es wird jedoch keineswegs aufgehoben: Die Principia regulativa für (Ost-)Preußen vom 30. 7. 1736, die vor allem Bau und Unterhaltung der Schulen und Entlohnung der Lehrer regeln, bestimmen zwar, daß auch der Adel sich „hiernach zu richten“ habe, stellen es ihm jedoch frei, „die Sache nach ihrem besten Gefallen einzurichten“ (Froese und Krawietz, 1968, S. 94). Schon das Reskript vom 29. 10. 1741 klagt, daß dieser Plan „in den adeligen Dörfern (des Landes, d. Verf.) bisher schlechten Fortgang gehabt“ habe, und fordert die „Hauptämter“ auf, den Adel zur Erfüllung seiner Pflicht „mit Ernst anzuhalten“ (Giese, o. J. [1931], S. 21 f.). Das General-Landschulreglement (1763) stellt immer noch den „äußersten Verfall“ des Schulwesens fest (Froese und Krawietz, 1968, S. 105) und fordert schon im § 2 „diejenige Herrschaften, welchen

[1] Froese und Krawietz, 1968, S. 91. Um dem Leser den Zugang zu erleichtern, sind im folgenden, soweit möglich, die gesetzlichen Vorschriften nicht aus den alten, umfassenderen Sammlungen (Rönne, Vormbaum), sondern aus dieser sicher leichter verfügbaren Zusammenstellung zitiert. – Es spiegelt den damals nur lockeren Zusammenhalt des preußischen Gesamtterritoriums, daß dieses berühmte Edikt – zum Teil mit gewissen Abänderungen – für jede Landschaft gesondert vom Landesherrn (in seiner jeweiligen Funktion als König, Kurfürst, Markgraf, Herzog usw.) erlassen wurde. (Vgl. die Darstellung bei Vollmer, 1909, S. 31–39.) Erst das General-Landschulreglement wurde von vornherein mit dem Geltungsanspruch für den Großteil – immer noch nicht das Ganze – der preußischen Monarchie erlassen. – Die im folgenden angeführten Verordnungen beziehen sich entsprechend durchaus nicht durchgängig auf das gesamte ‚Staats‘gebiet.

wegen des Dienstzwanges und des in Preußen (das heißt Ostpreußen, d. Verf.) sogenannten Schaarwercks die Kinder der Unterthanen auf gewisse Jahre vorzueglich dienen muessen", auf, „nach ihrer Pflicht dahin Sorge zu tragen, daß solche Kinder nicht eher den Schulen entzogen werden, bevor sie im Lesen fertig, im Christentum einen guten Grund geleget, auch im Schreiben einen Anfang gemachet" (Froese und Krawietz, 1968, S. 106). Laut § 13 bleiben zwar „adelige und andere Patronen in ihren Rechten die Küster und Schulmeister zu erwehlen und zu bestellen ungekraenckt", Consistorien und Inspektoren sollen jedoch deren Eignung überprüfen (Froese und Krawietz, 1968, S. 110). Nur für seine „Amts-Staedte und Amts-Doerfer" sowie in „Unserer Chur-Marck" kann der König anordnen, daß allein die bei dem Ober-Consistorial-Rath und Prediger Hecker am „Chur-Märkischen Kuester- und Schulseminario zu Berlin" ausgebildeten Lehrer eingestellt werden dürfen (Froese und Krawietz, 1968, S. 111).

Offensichtlich fehlte der Zentralgewalt Wille und Macht, die Scheidung der Herrschaftssphären (zwischen den fürstlichen Ämtern einerseits und der Vielzahl der grundherrlichen Herrschaftssphären andererseits), wie sie hier in der Schulgesetzgebung des 18. Jahrhunderts zutage tritt, durch eine radikale Änderung der sozialen Gesamtstruktur zu durchbrechen. Die landesfürstliche Herrschaftsgewalt nutzte ihr zunehmendes Machtgewicht (das wesentlich im Steuersystem, im stehenden Heer und im kontinuierlich arbeitenden Verwaltungsapparat seine Grundlage hatte) gegenüber den lokalen Standesherren flexibler, wenn sie, statt die tradierten Mächte zu beseitigen, sie in ihren – den staatlichen – Dienst nahm. Kraft der Bestätigung, mit der die Zentralmacht die herrschaftliche Gewalt der einzelnen Grundherren zu wahren versprach, erfuhren die ‚wohlerworbenen' Rechte dieser lokalen Mächte eine Umdeutung: Die Stellung der Grundherren wurde aus der gesamtstaatlichen Souveränität ‚abgeleitet', dem staatlichen Endzweck untergeordnet und schließlich verfügbar. Am Ende waren die vom gutsherrlichen Adel geübten Hoheitsrechte in Patrimonialgerichtsbarkeit und Polizeiwesen zu staatlich delegierten Rechten umgeschmolzen. Aus einem konkreten Freiheitsstatus wechselte die Gutsobrigkeit in eine Pflichtenstellung, die zunehmend der Kontrolle zentraler staatlicher Behörden unterlag.

Es sollte freilich lange dauern, bis diese Situation wenigstens auf dem Papier landesherrlicher Verwaltungsanweisungen oder Gesetzgebungsakte (wie dem Allgemeinen Landrecht) fixiert war. Wirklichkeit im strengen Sinne ist sie nie geworden, schon weil die dem Adel eingeräumte Position innerhalb des staatlichen Gesamtsystems wiederum auf den Charakter der tatsächlichen oder überhaupt durchführbaren Politik zurückwirkte. Der Verbindung von Adel und Landesherrn, die auf diese Weise angebahnt wurde, lag erkennbar ein Kompromiß zugrunde, der, wie die Adelspolitik insbesondere Friedrichs II. erkennen ließ, auch die Zentralgewalt etwas kostete (vgl. Hintze, 1967 b, S. 45 ff.). Trotz dieser Einschränkungen läßt sich aber gerade auch die landesherrliche Schulpolitik unter der Perspektive der Integration beziehungsweise eingliedernden Überformung der partikularen Gewalten interpretieren (dazu allgemein die Hinweise bei Baumgart, 1969, S. 134; Vierhaus, 1966, S. 338 f., S. 347 f., S. 355 und S. 358 f.): Die schulpolitischen Maßnahmen reflektieren nicht nur den allgemeinen Trend, sie scheinen darüber hinaus zugleich ein besonderes Mittel dieser Politik.

Die Aufmerksamkeit, mit der die preußischen Territorialherren in ihrer ‚Schulpolitik' Visitation und Inspektion bedachten und auszuweiten suchten, weist bereits frühzeitig in die skizzierte Richtung. Im Generalvisitationsedikt von 1710 beispielsweise erging vom König Friedrich I. „an alle unsere Praelaten, Graffen, Herren, denen von der Ritterschaft, Magistraten in Staedten und Flecken, wie auch allen und jeden Unseren Unterthanen, Unser allergnaedigster und ernstlicher Befehl, daß vor denen Visitoribus auff Ihr Erfordern Sie sich nicht allein willig gestellen, auff die Ihnen gethane Fragen auffrichtig und als vor Gott antworten, sondern auch in allen, was zu Beforderung der Visitation dienen kann, Ihnen liebreich an die Hand gehen ..." (Froese und Krawietz, 1968, S. 85). Es waren Organe der kirchlichen Verwaltung, für deren Tätigkeit in dieser Weise das Feld bereitet wurde. Zwar war den (kurmärkischen) Ständen eingeräumt, für die einzelnen Landesteile jeweils einen eigenen Vertreter in die entsprechende Kommission zu delegieren, doch war dem vom Landesherrn deputierten Konsistorialrat „die Direction solcher Visitation" vorbehalten, die unter anderem nach der Existenz von Schulen sowie der Fähigkeit und Führung der Schulmeister forschen sollte und damit praktisch die Ausübung der Patronatsrechte durch die verschiedenen Berechtigten einer Überprüfung oder sogar Beaufsichtigung unterwarf (ebenda).

Ein derartiger Vorgang oder vorsichtiger: der Anspruch, der mit dieser Verordnung erhoben war, zeigt Kirchen und Schulen nicht nur als Gegenstand landesherrlich dirigierter Aufsicht. Er läßt die mit letzterer verbundene Organisation zugleich als ein Instrument erkennen, die aus eigener Machtfülle geübten Rechte der Lokalgewalten staatlich einzufassen und in ihren abgeschirmten Bereich einzuwirken, vor allem auf die von ihnen abhängigen Untertanen Einfluß zu nehmen. Ohne Zweifel liegt gerade in dieser Möglichkeit ein wesentliches Motiv dafür, daß die preußischen Landesherren das innere Kirchenregiment als einen gewichtigen

Teil ihrer Macht wahrten und sich dabei gegenüber der Bevölkerung ihrer Länder trotz konfessioneller Unterschiede (wie der dem reformierten Bekenntnis folgende Große Kurfürst gegenüber Lutheranern und Katholiken) und religiöser Indifferenz (wie Friedrich II.) das ius episcopale oder sogar die (päpstliche) Stellung eines vicarius Jesu Christi anmaßten (Hintze, 1967a, S. 72 und S. 74).
Eine Illustration für die Nutzung dieser geistlichen Befugnis durch die preußischen Könige gegenüber den adligen Patronen findet sich auch in der Geschichte der ostpreußischen Schulreform unter Friedrich Wilhelm I. Der Absicht und der Notwendigkeit, die adligen Gebiete in die von königlicher Seite vorangetriebene Organisation des Elementarschulwesens miteinzubeziehen [2], standen die privilegierten Herrschaftsbefugnisse des Adels im Wege. Die principia regulativa von 1736, Grundlage der Schulgründungen in Ostpreußen, hatten es, wie erwähnt, mit einer Aufforderung an den Adel bewenden lassen, es dem König im Bereich der jeweiligen eigenen Herrschaft gleichzutun. Um aber über den bloßen und kaum sehr wirkungsvollen Appell hinauszukommen, folgte wenig später eine Zusatzbestimmung, in der der Landesherr kraft seiner kirchlichen Kompetenz Anspruch auf vermittelte Mitwirkung und Kontrolle beim adligen Schulpatronat erhob. „Was aber" — so hieß es — „die adligen Schulmeister betrifft, exerciret zwar der Patronus die Jurisdiktion über dieselbe, jedoch dergestalt, daß mit dem Erzpriester und Prediger des Orts jedesmal bei Bestellung eines Schulmeisters wegen seiner Geschicklichkeit gehörig konferiret werde. Was aber seine Capacität, Lehre, Amt und Aufführung bei der Schule anbelangt, bleibet es wie vorstehet dabei, daß der Erzpriester und Prediger über ihn die Aufsicht haben und, wenn es daran fehlet, dahin sehen müssen, daß er abgeschaffen werde." [3] Nicht zufällig rekurrierte das Reskript gerade auch auf die Erzpriester, die Superintendenten der älteren Zeit (in anderen Provinzen, wie der Kurmark, wurden sie als Inspektoren bezeichnet): denn mehr noch als in den Predigern, die aufgrund ihres Bestellungsmodus und auch ihrer wenig geschützten Versorgung vom Gutsherrn nie ganz unabhängig waren, besaß der königliche ‚Bischof' in diesen Personen (über die er selbst die Patronatsrechte ausübte) Aufsichtsorgane, die wegen ihrer Unabhängigkeit eine gewisse Überwachung der adligen Schul- und Kirchenakte auszuüben vermochten [4].

---

[2] Vgl. dazu unten Kapitel 2.3.

[3] Abgedruckt bei von Rönne, 1855, S. 95 f. – Im Zusammenhang der ostpreußischen Schulreform diskutiert bei Reicke, 1910, S. 74.

[4] Es ist in diesem Zusammenhang von Interesse, daß die Inspektorenfunktionen in der Regel von vormaligen Feldpredigern wahrgenommen wurden, die den ausschließlich

Die Organisation des landesherrlichen Kirchenregiments, die sich nach oben über die Konsistorien und die alten kollegialischen Provinzbehörden virtuell bis in die Person des Landesherrn fortsetzte, ist freilich weniger noch als die damalige Fiskal- und Militärverwaltung [5] in der Art eines lückenlosen Instanzenzuges vorzustellen. Im Unterschied zu den wesentlichen Zweigen der Staatsadministration, den Kammer- und Kommissariatsbehörden, die zum Teil entsprechend den Bedürfnissen des Heeres aufgebaut und konsequent aus der Zuständigkeit der tradierten Landesverwaltung gelöst wurden, oblag die geistliche Herrschaft weiterhin auch noch Institutionen, in denen der ständisch-partikularistische Geist adliger Opposition lange Zeit virulent blieb. Auch die Zentralstelle des geistlichen Departements für alle preußischen Lande, zu der die brandenburgische Provinzialinstanz – wie das ihr untergeordnete Konsistorium zum Oberkonsistorium – im 18. Jahrhundert avanciert war, bewahrte diese Struktur und bildete praktisch einen Rumpfteil des alten obersten märkischen Kollegialorgans. Daran wird deutlich, wie weit der preußische Staat bis ins 19. Jahrhundert hinein von einer eigenständigen Kultus- und Kulturverwaltung entfernt war.

Anders als die mangelnde Geschlossenheit dieses Systems dürfte die Tatsache, daß es so gut wie ausschließlich (und bis an die Spitze) von Geistlichen besetzt war, eine weit geringere Behinderung seiner Lenkbarkeit und überhaupt der ihm zugedachten Funktion bedeutet haben. Spannungen ergaben sich aber angesichts der Anforderungen auch aus diesem Sachverhalt. So klagte Zedlitz, lange Zeit Minister der geistlichen Angelegenheiten unter Friedrich II., bei mehreren Anlässen, daß die ihm bei- und untergebenen Oberkonsistorialräte nur beschränkt zur praktischen Verwaltungsarbeit brauchbar wären.

„Mit der Inaktivität mancher geistlicher Herren und mit manchen Halbgeistlichen bin ich . . . nicht recht zufrieden. Die eine Art ist zu ununterbrochenen Geschäften, wenn sie aufs bürgerliche Leben einigen Bezug haben, nicht zu bringen, und die andere Klasse weiß vielleicht soviel, um tadeln zu können – immer ein großer Schritt schon – aber wahrhaftig noch entfernt, und entfernter, als man denkt, von dem Punkte, wo man jedes Gute übersehen kann, und wo man die Mittel sieht, es zu brauchen und ins Ganze mit einzuweben. Es ist schwer mit solchem Gespann das Land zu beurbaren, und man kömmt so wenig vom Fleck . . ." – „Bald möchte man glauben, daß der Teufel oder wer weiß was im Studio der Theologie angekleckt ist, das diese Leute zu den Geschäften des Lebens und zur ununterbrochenen Arbeit untauglich macht" (Zedlitz an Rochow am

vom Landesherrn beherrschten militärischen Apparat durchlaufen hatten, der – sehr zum Leidwesen der geistlichen Konsistorialräte – auch über eine gesonderte kirchliche Organisation verfügte. Vgl. Gedike, 1800, S. 29; Hintze, 1967 a, S. 80 f.

[5] Den detailliertesten Überblick dürfte dazu noch immer Hintze, 1901, bieten.

24. 1. beziehungsweise 11. 3. 1775. In: Rochow, 1910, Bd. 4, S. 85, S. 99, auch S. 116, S. 227).

Indessen kam der Minister doch nicht umhin, den Mitgliedern seines Konsistoriums im gleichen Zusammenhang ihre hohe fachliche Kapazität zu bescheinigen, die sie letztlich unentbehrlich machte; entsprechend ist es wohl kaum ein Zufall, daß das später gegründete Oberschulkollegium wiederum von Konsistorialräten bestimmt wurde[6]. Vor allem aber sprach aus seiner Kritik, die übrigens die geistlichen Herren anscheinend mit einiger Animosität erwidert haben[7], daß der kirchliche Apparat zu diesem Zeitpunkt der staatlichen Landesherrschaft und ihren Zwecken soweit ein- und untergeordnet war, daß lediglich unter dem Gesichtspunkt der Effizienzsteigerung – gemäß den Normen staatlichen Verwaltungshandelns – eine organisatorische Änderung diskutiert wurde.

Besonders stark äußerte sich diese vom Konzept der Staatsräson bestimmte Identität von kirchlicher und staatlicher Funktion bei der untersten geistlichen Instanz – wenn man vom Schulmeister absieht –, nämlich auf der Ebene des einzelnen Landpfarrers. Mit ihm reichte die kirchenregimentliche Organisation prinzipiell in jeden Herrschaftsbereich hinein bis zur Gesamtheit der gläubigen Bevölkerung. Nicht nur aufgrund seiner Vorrechte und der Einkünfte, die wie bei der Obrigkeit weitgehend auf Abgaben und Leistungen der abhängigen Bauern beruhten, sondern auch wegen bestimmter Aufgaben, die er im Zusammenhang mit seiner seelsorgerischen Arbeit zu erfüllen hatte, war der Pfarrer gewissermaßen eine öffentliche Person oder, wie es in der zeitgenössischen Sprache hieß, „ein Glied des allgemeinen Stats-Körpers" [8]. Zu den landesherrlichen Auflagen, die er zu beachten hatte, gehörte etwa die Einhaltung bestimmter Zeiten für Gottesdienst und Predigt oder auch die Wahrung liturgischer Regeln und Gebetsformeln, die allesamt von dem obersten irdischen Herrn festgelegt wurden. Vor allem unterlag der Inhalt der Predigt obrigkeitlichem Reglement und strenger Überwachung:

[6] Vgl. dazu – wie zum gesamten hier in Rede stehenden Komplex – die Bemerkungen von Fooken, 1967, S. 131 ff. – Zur Gründung des OSK siehe Heinemann, 1974, S. 152 ff.
[7] Zum Beispiel Büsching an Rochow am 28. 1. 1776. In: Rochow, 1910, Bd. 4, S. 135.
[8] Krünitz, 1793, Bd. 61, S. 142. – In dem Artikel „Landpfarrer, Landprediger", dem dieses Zitat entnommen ist, gibt Krünitz auf etwa 400 Seiten, offenbar vor allem für den Geistlichen selbst, einen denkbar ausführlichen Überblick über die nötigen Fähigkeiten, die Vorbereitungen für den Pfarrberuf, die Situation des Predigers und vor allem auch Anweisungen und Ratschläge für eine würdige Führung des Amtes und des eigenen Hauses samt den dazugehörigen Pflichten (ebenda, S. 9–403). – Die Arbeit an dieser außerordentlich weitangelegten Enzyklopädie, die schließlich 242 Bände umfaßte, hat übrigens fast ein Jahrhundert gedauert; Krünitz, der Begründer des Unternehmens, verstarb, nachdem er mehr als 70 Bände in etwa 25 Jahren allein geschrieben hatte, bei der Bearbeitung des Stichworts „Leiche".

„wofern ein Prediger direkte oder indirekte was gegen die Regierungsart sagen sollte", sollte er, so hatte bereits Friedrich Wilhelm I. bestimmt, kassiert werden (zitiert nach Hintze, 1967a, S. 81). Mit seinen Ausführungen hatte der Geistliche den landesherrlichen Willen aktiv zu unterstützen, wie insbesondere im Zusammenhang der Verpflichtung deutlich wird, die Edikte und Verordnungen des Landesherrn (jährlich in einem vorgeschriebenen Turnus) von der Kanzel zu verlesen oder wenigstens ihre Bekanntmachung durch Küster beziehungsweise Schulmeister im Anschluß an den Gottesdienst anzuzeigen. Dabei verstand sich die dringende Empfehlung eigentlich von selbst, „daß die Prediger jede Gelegenheit einer Edicten-Bekanntmachung ... dadurch nutzbarer machen mögen, daß sie die Gemüther ihrer Zuhörer durch die aus ihren Vorträgen gezogenen Ermahnungen zur Aufmerksamkeit auf die landesherrschaftlichen Vorschriften, auf deren Nutzen für sie alle, und den Schaden im Nichtbenutzungsfalle, ermuntern. Ein geschickter und seinen Pflichten treuer Mann wird auch ohnehin schon aus jedem Vortrage der christlichen Lehre bald mehr bald weniger Stoff finden und nutzen, seinen Zuhörern Gehorsam und Treue gegen die Obrigkeit, Vorsorge und Liebe des Nächsten, Regelmäßigkeit und Ordnung in allen Handlungen zu predigen, ihnen diese Tugenden annehmlich, und sie in deren Ausübung fest zu machen" (Krünitz, 1793, Bd. 61, S. 286, S. 297).

Die politischen Entscheidungen des Landesherrn oder die verschiedenen strafrechtlichen Vorschriften wurden somit nicht nur religiös verbrämt, sie erreichten die Bevölkerung von vornherein und jedenfalls auf dem Lande weitgehend nur über das Medium der Religion und die kirchliche Organisation. Insofern war es nicht nur auf die Materie oder den besonderen Anlaß zurückzuführen, sondern entsprach dem allgemeinen Usus, daß das General-Landschulreglement von 1763 die Verfügung enthielt, sein umfangreicher Inhalt müsse „öffentlich von den Cantzeln verlesen werden, damit (ihm) ueberall ein alleruntertaenigstes Genuegen geschehen moege" (Froese und Krawietz, 1968, S. 121) [9].

---

[9] Übrigens zählte das GLR noch am Ende des 18. Jahrhunderts zu den landesherrlichen Verordnungen, die jährlich mindestens einmal – in diesem Fall ‚gegen Michaelis' – der Gemeinde vom Prediger in Erinnerung zu bringen waren. Vom Geistlichen selbst zu verlesen waren offenbar die Gesetze kirchenrechtlichen Inhalts und die Gesetze, „auf deren Contravention eine Lebens-Strafe gesetzt ist", wie es in einem Reskript Friedrich Wilhelms I. an das berlinische Consistorium aus dem Jahre 1724 hieß (diese und andere Verordnungen abgedruckt bei Krünitz, 1793, Bd. 61, S. 282–285). Nach dem „Versuch eines Geschäfts-Calenders für einen Kirchen-Inspektor und Prediger der Churmark Brandenburg; auch in anderen Provinzen brauchbar" aus dem Jahre 1792 gehörten dazu an erster Stelle Verordnungen wider den Kindermord, gegen die Selbstjustiz, bezüglich der Desertion usw. Zu den anderen Vorschriften, die nur anzuzeigen und anschließend vom Küster zu verlesen waren, zählten vor allem die Gesinde-Ordnung, Armen- und Bettler-

Der schulpolitische Fortschritt, der sich mit dem GLR verband, lag gewissermaßen auf der allgemeinen Linie der landesherrlichen Gesetzgebung: es repräsentierte ein weitergehendes Stadium der beschriebenen Eingliederungspolitik gegenüber der adligen Lokalautonomie. Denn das GLR brachte nicht nur den staatlichen Anspruch auf Überwachung gutsherrlicher Schulverwaltungsfunktionen unmißverständlich zum Ausdruck (Froese und Krawietz, 1968, S. 110 ff.). Vor allem fügte es mit der Ausdifferenzierung der Bestimmungen (bis in Inhalt und Methode des Unterrichts hinein) die Ausübung gutsherrlicher Patronatsgewalt tendenziell in staatlich bestimmte allgemeine Regeln und engte mithin den ursprünglichen Handlungsfreiraum auf den Bereich der Willkür ein (dazu auch Clausnitzer, 1901, S. 355).

Beispiel Zunftwesen

Übrigens bediente sich die absolutistische Staatsgewalt prinzipiell der angedeuteten ‚funktionalistischen Sozial-Politik‘ [10], wenn es um die Ausschaltung herrschaftlicher oder genossenschaftlicher Zwischenmächte der tradierten Ordnung ging, die der Durchsetzung einer zentralistischen Politik im Wege standen. Auch das Zunftwesen wurde mit Hilfe detaillierter Gewerbeordnungen, die die überlieferten Verbundenheitsformen rational durchgliederten, vom staatlichen Machtzentrum abhängig gemacht. Hier deutet sich auch das ökonomische Motiv dieser Zentralisierungspolitik an: Man begann zu erkennen, daß das Zunftwesen zu einem Hemmschuh bei der Entwicklung neuer Produktionsformen geworden war; die jetzt erlassenen Gewerbeordnungen sollten die Merkmale des Zunftwesens abbauen, die diese hemmende Wirkung verursachten, und die Zünfte in die neue kameralistische Wirtschaftsentwicklung einfügen.
Nach dem Vorgang des bekannten Reichs-„Patent(s), wegen Abstellung der Mißbräuche bey den Handwerckern“ vom 16. 8. 1731, das Friedrich Wilhelm I. am 6. 8. 1732 in seinen zum Reich gehörigen Landen hatte publizieren lassen, kassierte er 1734 „aus Landesherrlicher Macht und

---

gesetze, Strafandrohungen gegen Wilddiebe und schließlich auch wirtschaftspolitische Verbote, wie zum Beispiel das Edikt „Wider das Tragen fremder Tücher und anderer außer Landes verfertigten wollenen Waren aus dem Jahre 1719“ (vgl. Krünitz, 1793, Bd. 61, S. 287–296). Nicht berücksichtigt sind die jeweils aktuellen Verordnungen, deren Bekanntmachung nur einmal zu erfolgen hatte. – Übrigens haftete der Pfarrer sozusagen persönlich dafür, daß sich keines seiner Gemeindekinder im Übertretungsfall mit Unkenntnis der Bestimmungen entschuldigen konnte.

[10] Den Terminus verwendet G. Birtsch (1971, S. 84) für die Charakterisierung jener landesherrlichen Politik, partikulare Sonderrechte und Privilegien im Sinne eines gesamtstaatlichen Auftrags umzudefinieren.

Kraft" alle alten Privilegien der Zünfte. Und über insgesamt 63 kurmärkisch-brandenburgische Generalprivilegien verwirklichte er seine Absicht: „neue und nach denen jetzt mahligen Verfassungen eingerichtete Innungs-Articul zu ertheilen, über deren Inhalt Wir von denen darzu geordneten Collegiis und Bedienten genau gehalten, auch darüber und darwider nichts gestattet wissen wollen, immassen wenn von denen Gewercken darüber oder darwider unter dem Vorwand einer alten Observantz, Handwercks-Gebrauchs, oder vermeinten löblichen Herkommens das geringste vorgenommen, oder gesuchet werden wollte, wir solches nachdrücklich und dem Befinden nach am Leibe ohne Nachsicht werden bestrafen lassen" [11].

Das in den Gildebriefen getroffene strenge Reglement über die Erlangung der Meisterwürde und die Lehrlingserziehung – auf die auch in anderen staatlichen Verordnungen besondere Aufmerksamkeit gewandt wurde – verdeutlicht, daß die Zünfte „mit der politisch-juristischen zugleich ihre didaktische Autonomie" verloren (Stratmann, 1969, S. XXIII). Bei der Lehrlingsausbildung zielten die Vorschriften über die Aufnahmevoraussetzungen, über die Höhe und Entrichtung des Lehrgeldes, Dauer und Ablauf der Lehrzeit, über Examina und Freisprechung bis hin zur Kontrolle der Lehrqualitäten von Meistern insgesamt auf eine Objektivierung der Lehre. Sie trugen dazu bei, die Beziehungen der Zunftmitglieder untereinander zu funktionalisieren. Unter der Wirkung des staatlichen Eingriffs begann sich so der Bezugsrahmen der Handwerkslehre von der geschlossenen Lebenswelt der eigenständigen Zunftgenossenschaft zur staatlich dirigierten, funktionsteilig organisierten Gesamtgesellschaft zu erweitern. Nicht der ‚ehrbare Handwerker' als Mitglied des Innungszirkels war Ziel der Ausbildung, sondern der ‚brauchbare Untertan', der zudem gegenüber technischen Neuerungen aufgeschlossen war. Doch dieser Anforderung zeigte sich die zünftige Handwerkslehre, der nun die ehemals eigene Aufgabe in der veränderten Gestalt eines öffentlichen Auftrags gestellt war, nicht gewachsen. Bislang beherrschte sie der ehrwürdige Grundsatz – in einer Formulierung von 1523 – „kein Handwerksmann soll etwas Neues erdenken oder erfinden oder gebrauchen" (Stratmann, 1969, S. XXXI). Vor allem aber waren die spezifisch fachlichen Inhalte eingebettet gewesen in eine umfassendere Lebens- und Charakterbildung für den zunftgenössisch definierten Lebenskreis und traten an Bedeutung hinter der vornehmlichen Aufgabenstellung zurück, „dem Lehrburschen mit gutem Beyspiel eines christlichen, tugendhaften

[11] Stratmann, 1969, S. 53. – Vgl. zum Komplex dieser Gesetzgebung Schmoller, 1898 c, Proesler, 1954. – Zur zünftischen Berufsausbildung: Stratmann, 1967.

und sittlichen Lebens vorzuleuchten", wie es in einem „Handbuch für alle Handwerksmeister" aus dem Jahre 1784 hieß (Stratmann, 1969, S. 141)[12].

Von den Prinzipien der imitatio und repetitio führte kein gradliniger Entwicklungsweg zu den Erfordernissen einer Erziehung zur „Industrie" oder gar beruflichen Mobilität. Das angedeutete Dilemma der Lehrlingserziehung ist nicht von der gesamten Situation des Zunftwesens zu trennen. Die Krise der „Gewercke", die nicht zuletzt den Anlaß für das staatliche Eingreifen gebildet hatte, wurde durch die Art der staatlichen Intervention insgesamt eher noch vorangetrieben. So anpassungsfähig und rechtskonservierend die Gewerbepolitik des Absolutismus erscheint: das Verfahren, den Zünften ihre gewohnheitlichen Funktionen zu nehmen und mit der anderen Hand als gesamtgesellschaftlich bezogene Auflage zurückzugeben, rührte an den Kern der handwerklich ständischen Lebenswelt. (Wenn trotzdem bis ins 20. Jahrhundert hinein zunftartige Organisationen eine gewichtige Rolle spielten, verdankten sie diese Bedeutung – anders als die preußischen Rittergutsbesitzer – nicht so sehr dem eigenen Beharrungsvermögen, sondern in erster Linie stärkeren politischen und sozialen Interessen, die sie als stabilisierendes Moment gegen die allzu mobil werdende Gesellschaft und daraus entstehende Demokratisierungsansprüche aufrechterhielten.)

In unserem Zusammenhang ist hier insbesondere der Umstand wichtig, daß die absolutistische Zentralgewalt mit ihrer politischen Strategie nicht nur den Aufbau eines allgemeinen staatlichen Schul- und Ausbildungssystems erst ermöglichte, sondern daß sie zugleich das Bedürfnis nach einer solchen Bildungsinstitution förderte. In dem Maße, in dem der Absolutismus Hand an die alten Verhältnisse legte, in denen vielfältig auch Erziehungsfunktionen wahrgenommen worden waren oder jeweils autonome, stiftungsmäßige Erziehungsinstitutionen wirkten, schuf er selbst zunehmend die Notwendigkeit für eine umfassende schulpolitische Initiative. So taucht gerade angesichts der forcierten Misere des Zunftwesens immer wieder die Forderung auf, die Lehre ganz in eigens zu errichtende Schulen – sogenannte Manufakturhäuser – zu verlegen und durchzuorganisieren[13]. Inwieweit der Staat allerdings solche Konsequenzen aus der von ihm beschleunigten Entwicklung zu ziehen bereit war, erwies sich als höchst fraglich.

---

[12] Zu dem Ganzen auch J. Bergmann, 1971; sowie ders., 1973. – Zur Lebenswelt der Zünfte vgl. Wissell, 1971 und 1974.

[13] Vgl. die von G. H. Zincke (1753) und J. H. Justi (1760/61) entwickelten Vorstellungen. In Auszügen in: Stratmann, 1969, S. 77 und 79 ff.

Im „Allgemeinen Landrecht für die Preußischen Staaten", der weitangelegten verfassungsähnlichen Rechtskodifikation aus dem Jahre 1794, gelangte die skizzierte schulpolitische Entwicklung zu einem gewissen Abschluß. Für die Dauer von über hundert Jahren, bis hinein ins 20. Jahrhundert, bildeten die Bestimmungen des ALR weithin Grundlage des preußischen Schulrechts, da ein umfassendes und einheitliches Unterrichtsgesetz — trotz mehrfacher Anläufe — nie verabschiedet worden ist. Einzelnen schulrechtlichen Vorschriften kam für diese Zeit sogar programmatische Bedeutung zu: Fast ein Jahrhundert hindurch haben progressive Schulpolitiker sich auf dieses Gesetz berufen, um ihren Argumenten für die Förderung vor allem der Volksschule durch den Staat und für eine fachlich-staatliche Schulaufsicht staatsrechtliches Gewicht zu verleihen.

Präambelartig erklärt der § 1 des ‚von niedern und höhern' Schulen handelnden Titels (II, 12): „Schulen und Universitäten sind Veranstaltungen des Staats . . ." (Froese und Krawietz, 1968, S. 127). Wie aus den folgenden Paragraphen ersichtlich, war damit durchweg das Recht staatlicher Oberaufsicht begründet, die bei der Genehmigung zur Errichtung von Schulen einsetzt, die Kontrolle über Lehrkräfte, Lehrplan und Unterrichtsverhältnisse einschließt und sich bis zur Möglichkeit erstreckt, „schädliche Unordnungen und Mißbräuche" abzustellen (Froese und Krawietz, 1968, S. 127). Sicherlich hatte das Gesetz damit keineswegs schon alle Schulen für Staatsanstalten erklärt oder ausschließlich dem Staat das Recht vorbehalten, Schulen zu errichten. Aber zweifellos ist in den gesetzlichen Bestimmungen die schulpolitische Entwicklung der folgenden Zeit, die ja in der Tat der staatlichen Schule eine immer stärkere Bedeutung verlieh, bereits zu erkennen. Unter den früheren Verhältnissen war nicht einmal die Unterscheidung zwischen „Privat-Schul- und Erziehungsanstalten" und „öffentlichen" beziehungsweise staatlichen Schulen, wie sie im ALR enthalten ist (Froese und Krawietz, 1968, S. 127), sicher gewesen, weil ihr die reale Grundlage, das Gegenüber von Staat und Gesellschaft im modernen Sinne, fehlte. Öffentliche Aufgaben, wie wir heute sagen würden, wurden ja von den verschiedensten Instanzen wahrgenommen, wie am sinnfälligsten die Organisation der politischen Gewaltausübung beziehungsweise die Streuung der Herrschaftssphären vor Augen führen [14]. Entsprechendes galt aber auch für den Bereich der Schule. Weder hatten die vielfältigen bestehenden Schulen nur den Status freier, vertragsmäßig begründeter Zweckgründungen im staatlich definierten Freiraum, noch gab es die staatliche Zentralgewalt, die einheit-

[14] Vgl. oben die einleitenden Teile zu 2.

lich alle Untertanen mit ihren Maßnahmen, wie etwa Schulveranstaltungen, erreicht hätte. Nun sollten jedoch „auf dem Lande und in kleineren Städten, wo öffentliche Schulanstalten sind", Privatschulen „ohne besondere Erlaubnis" nicht geduldet werden (Froese und Krawietz, 1968, S. 127). Und insgesamt brachte die weitreichende Aufsicht, die das Landrecht über die Privatschulanstalten errichtete, die öffentliche Schule von vornherein in die Rolle des Schrittmachers und der Norm der Schulentwicklung. Insofern (unter den genannten Einschränkungen) sieht Eduard Spranger mit Recht im ALR den Beleg dafür, daß sich „am Schluß des Aufklärungsjahrhunderts" die Überzeugung „durchgerungen" habe, der Staat sei „der virtuelle Gründer aller Schulen" [15].

Der rechtliche Begriff der „öffentlichen Schule" repräsentierte allerdings im ALR noch mehr einen Anspruch als die Realität, in der das Verhältnis der staatlichen Obergewalt zu den einzelnen Schulen höchst unbestimmt blieb. Bei der Verwaltung und Aufsicht über die öffentlichen ‚gemeinen Schulen', „die dem ersten Unterrichte der Jugend gewidmet sind" (Froese und Krawietz, 1968, S. 128), begegnet uns das bekannte Prinzip des fürstlichen Absolutismus, sich überlieferter und noch wirksamer Autoritäten zu bedienen und sie in seinem Sinne nutzbar zu machen. § 12 II, 12 stellte die staatlichen Elementarschulen unter die „Direction der Gerichtsobrigkeit eines jeden Orts, welche dabey die Geistlichkeit der Gemeinde, zu welcher die Sache gehört, zuziehen muß" (Froese und Krawietz, 1968, S. 128).

In den Städten bildete der Magistrat die Gerichtsobrigkeit, auf dem Lande wurde sie durch den Gutsherrn verkörpert. Nominell war also unmißverständlich festgelegt, daß der Adel und die (nicht mehr regierenden, sondern staatlich anerkannten, ALR II, 13) Kirchen [16] als Vollzugsorgane der Staatsbehörden tätig zu werden hatten. Andererseits findet in dieser Verquickung partikularer Gewalten und staatlicher Funktionen der außerordentlich langwierige und mühselige Entwicklungsprozeß des Schulwesens eine plausible Erklärung. Das 19. Jahrhundert hat nicht ausgereicht, das öffentliche Schulwesen wenigstens von diesen – besonders im Falle der preußischen Rittergutsbesitzerklasse – retardierenden Einflüs-

---

[15] Spranger, 1949, S. 33. – Zur allgemeinen Interpretation des ALR siehe insbesondere Koselleck, 1967, S. 23–149; auch Birtsch, 1968. Zu den schulrechtlichen Bestimmungen des ALR vgl. auch A. H. G. Meyer, 1971, S. 21–44, sowie Fooken, 1967, S. 135 ff.

[16] Dazu die ausführliche Interpretation von Conrad, 1973, S. 47 f., S. 59 ff., sowie Fooken, 1967, S. 83 ff. In beiden Fällen scheinen übrigens, da so gut wie ausschließlich – diese oder andere – gesetzliche Verlautbarungen für die Bestimmung des Verhältnisses von absolutistischem Staat und protestantischer Kirche herangezogen werden, der Einfluß der Aufklärung über-, die Relevanz politischer Machtinteressen unterbewertet.

sen zu befreien und in eine staatlich unmittelbar gesicherte Unabhängigkeit zu bringen.
Das veranschaulichen einige Zahlen. Im Jahre 1903 (!) waren beispielsweise von 83 903 Lehrerstellen immer noch 12 602 ‚nach Gesetz oder Herkommen' durch die Patrone, die dazu inzwischen aber der behördlichen Bestätigung bedurften, besetzt worden; das sind 15 Prozent aller vorhandenen Schulstellen. Ebensowenig war der preußische Staat anfangs in der Lage oder später im Zuge der sich sozial verschärfenden Entwicklung gewillt, den kirchlichen Einfluß auf das Schulwesen zu beschränken. Von alters her waren zahlreiche Lehrerstellen mit dem kirchlichen Amte des Küsters verbunden beziehungsweise lehrten die Küster in der Schule. Im Jahre 1891 betrug der Anteil dieser Stellen im preußischen Staat insgesamt etwa ein Fünftel, auf dem Lande fast ein Drittel. 1906 waren von den 84 638 Stellen 14 534, also 17,2 Prozent dauernd mit niederen Kirchenämtern vereinigt, und diese Stellen machten ohne wesentliche Verringerung ihrer absoluten Zahl 1911 noch immer 10,8 Prozent (16,6 Prozent auf dem Lande) der Gesamtstellenzahl aus [17]. Noch wichtiger ist, daß um die Jahrhundertwende fast die gesamte unmittelbare Schulaufsicht durch Geistliche im Nebenamt ausgeübt wurde: 1899 war das Amt des Ortsschulinspektors, wie aus ministeriellen Angaben hervorgeht, unbestrittene Domäne der Geistlichkeit. Sie stellte auch die Kreisschulinspektoren, nach Zahlen aus dem Jahre 1909 zu 80 Prozent (Loening, 1909, S. 95). Friedrich Paulsen erhoffte sich in dieser Hinsicht am Vorabend des Ersten Weltkrieges „die fortschreitende Verweltlichung und Verstaatlichung des Bildungswesens" noch von der Zukunft (Paulsen, 1912, S. 171 ff.).

Es dürfte nicht schwerfallen, durch weitere Beispiele aus dem schulrechtsgeschichtlichen Material zu belegen, daß die staatliche Schulpolitik auf der Ebene der elementaren Land- und Stadtschulen der allgemeineren Durchsetzung landesherrlicher Zentralgewalt gegenüber ständischen Institutionen diente [18]. Eine schwierigere Aufgabe, die wir hier nur anregen können, wäre es dagegen, die nachreformatorische staatliche Schulpolitik auf dem Gebiet des höheren Schulwesens unter der bisher entwickelten Fragestellung anhand weiterer Literatur zu untersuchen. Auch für diesen Sektor ist wiederum die Fülle staatlicher Edikte bemerkenswert – meist ebenfalls zunächst im Rahmen von Kirchenordnungen –, ebenso der Ver-

[17] Vgl. Loening, 1909, S. 86, S. 131. – Die übrigen Zahlen stammen aus Berechnungen aufgrund des in der „Preußischen Statistik" veröffentlichten Materials.

[18] Vgl. zum Beispiel noch das katholische Schulreglement vom 18. 5. 1801 für Schlesien. In Auszügen abgedruckt bei Giese, o. J (1931), S. 53–59; auch Froese und Krawietz, 1968, S. 133–135. Umfangreiches Material bieten L. v. Rönne, 1855 (das erwähnte Reglement Bd. 1, S. 149 ff.); Vormbaum, 1860–64. Vgl. auch Paulsen, 1919 [3], Bd. 1, Kap. 5, 6 von Teil II und Teil III, Kap. 5 und 6.

such, über die Regelung der Schulaufsicht die Durchsetzung der Verordnungen zu kontrollieren. Freilich sieht sich die staatliche Schulpolitik hier ganz anderen Bedingungen gegenüber als beim Elementarschulwesen. So zum Beispiel war in die bereits bestehenden städtischen Lateinschulen nicht ohne weiteres hineinzuregieren; die betroffene städtische Bevölkerung hatte eigene Vorstellungen von den wünschenswerten Inhalten des Unterrichts und insbesondere über die materiellen Aufwendungen für diese Schulen. Eine Zeitlang, vor allem im 17. Jahrhundert, versuchte der Adel, in den Ritterakademien eine seinen ständischen Interessen entsprechende Schulform zu erhalten. Neben das staatskirchliche Schulrecht tritt deshalb als eigene Form der landesherrlichen Schulpolitik in diesem Sektor die Gründung staatlicher Schulen, der großen Landesschulen, der Fürstenschulen, die als Musterschulen die weitere Entwicklung bestimmen sollten (dazu auch Heubaum, 1905).
Trotz solcher Unterschiede und obwohl sich die Schulpolitik in diesem Sektor an andere Gruppen der Bevölkerung richtete, sind Übereinstimmungen mit den Tendenzen der landesherrlichen Elementarschulpolitik nicht zu verkennen.

Die komplizierten Anfänge des modernen Schulwesens, die hier in einigen Grundzügen skizziert wurden, hat Friedrich Paulsen zusammenfassend als „Übergang der Volksschule von der Kirche an den Staat" charakterisiert. „Im 16. Jahrhundert war die Volksschule noch wesentlich ein Anhang der Kirche, am Ende des 18. Jahrhunderts ist sie in allen deutschen Ländern aus einem ecclesiasticum zu einem politicum geworden . . ." (Paulsen, 1912, S. 85).
Unzweifelhaft ist diese Auffassung nicht unberührt von den schulpolitischen Auseinandersetzungen an der Wende zum 20. Jahrhundert, in denen progressive Schulpolitiker im kirchlichen Einfluß gewissermaßen die Restelemente eines feudalen Schulwesens zu bekämpfen meinten. Im übrigen scheint uns aus Paulsens einprägsamer und vielfach wiederholter Formulierung [19] eine in der Schulgeschichtsschreibung verbreitete Fehlinterpretation zu sprechen. Die Schule ist weder im hohen Mittelalter noch in der nachreformatorischen Epoche ein „ecclesiasticum" in dem Sinne gewesen, daß sie von der Kirche, verstanden als Institution einer freien Glaubensgemeinschaft, zu kirchlichen Zwecken gegründet und erhalten worden wäre. Schon unsere kurze Schilderung dürfte verdeutlicht haben: Die seit der Reformation einsetzende Schulgesetzgebung ist innerhalb eines vom Landesherrn bestimmten Kirchenrechts Teil der Bemühungen der politischen Zentralgewalt, ihre Ziele gegenüber partikularen Gewalten und Privilegien durchzusetzen und damit deren traditionelle Grundlagen allmählich abzubauen. Gerade das ALR spiegelt diese Auseinandersetzung noch sehr deutlich in einer gewissen Unentschiedenheit zwischen Durchsetzung des Staatsgedankens und des Individual-

[19] Vgl. zum Beispiel Lemberg, Bauer und Klaus-Roeder, 1971, S. 1. – Kritisch zu dieser These auch Fooken, 1967, passim, insbes. S. 201 f.

rechts einerseits und der Aufrechterhaltung traditioneller Gewalten und ständischer Privilegien andererseits (Koselleck, 1967, S. 23–149; A. H. G. Meyer, 1971, S. 21–44) [20].

Darin zeigt sich auch wohl die andere gesellschaftliche Entwicklung, die Deutschland im Vergleich zu Holland und England genommen hatte: Das langsamere ökonomische und politische Erstarken des Bürgertums nämlich, dessen politische Philosophie von der Freiheit des Individuums und der Gleichheit aller erst Gesellschaft in einem modernen Sinne zu definieren erlaubte: als Inbegriff sozialer Beziehungen, deren Subjekte letzten Endes Individuen sind, nicht aber privilegierte Korporationen oder Gruppen. Während in der vorbürgerlichen Epoche landesherrliche Rechte auf ein und demselben Territorium in Konkurrenz zu denen anderer Gruppen und Institutionen treten, kann sich nun, da der dritte Stand (das Bürgertum) sich zum Ganzen erklärt, der moderne Staat als jene politische Institution herausbilden, die der Idee nach Inhalt und Grenzen der Individualrechte dem Ganzen gegenüber sichert und mit den Interessen des Ganzen vermittelt.

---

[20] An anderer Stelle hat Paulsen selbst das Verhältnis Staat – Kirche – Schule in ähnlicher Weise charakterisiert, wie das hier geschieht: So heißt es in seiner „Geschichte des Gelehrten Unterrichts" im Kapitel über die „protestantischen Schulen um 1580": „Das Schulregiment ist in den protestantischen Gebieten mit dem Kirchenregiment selbst an die weltliche Obrigkeit übergegangen . . ." (Paulsen, 1919, Bd. 1, S. 331) – und noch prägnanter in einer Bemerkung zur Braunschweig-Wolfenbüttelschen Schulordnung von 1651: „Man sieht, die weltliche Obrigkeit hat die geistliche Gewalt, der Staat hat die Kirche ganz in sich aufgenommen . . ." (Paulsen, 1919, Bd. 1, S. 497). – Am entschiedensten dürfte Heppe die These vom religiös-kirchlichen Ursprung des Elementarschulwesens vertreten haben. Mit einer Vielzahl von Belegen, die insbesondere auch auf die Entwicklung im nicht-preußischen Deutschland Bezug nehmen, hat er in seiner ausführlichen Darstellung der ‚Geschichte des deutschen Volksschulwesens' (Heppe, 1858–1860) den Nachweis zu erbringen versucht, „daß es das confessionelle Interesse war, welches die Errichtung eines der ganzen Landeskirche in allen ihren Pfarrgemeinden angehörenden Volksschulwesens veranlaßte" (Heppe, 1858, Bd. 1, S. 26 ff.). Eine Auseinandersetzung mit der These Heppes kann in unserem Zusammenhang allenfalls implizit erfolgen: Was die Motive von Schulgründungen und auch die reale Entwicklung des Elementarschulwesens angeht, kommen wir, gerade insofern unsere Darstellung von der allgemeinen ‚Verfassungs'situation ausgeht, zu anderen Ergebnissen. Nicht fehlen soll an dieser Stelle allerdings der Hinweis auf die Arbeit von Menzel, 1958, in der – anhand sächsischen Materials – die Interpretation des Zusammenhangs von der Entstehung der (ländlichen) Elementarschule und katechetischen Unterweisungsformen im Gefolge der Reformation erheblich modifiziert wird. Vor dem Hintergrund eines erweiterten Verständnisses der Reformation, die nicht nur als ‚Befreiung des Christenmenschen', sondern auch als (sich in Wiedertäuferbewegungen und Bauernkrieg manifestierende) ‚Loyalitätskrise' der überkommenen Herrschaft begriffen wird, erkennt Menzel die Elementarschule als eine zwar religiös ausgerichtete und kirchlich organisierte, letzten Endes aber politisch motivierte Institution des territorial-staatlichen Landesherrn. Freilich teilt er hinsichtlich des Erfolgs, vor allem auch der Durchsetzungskraft der landesherrlichen Schulpolitik die – wie uns scheint – zu optimistische Einschätzung der realen Schulentwicklung in den älteren Arbeiten (wie etwa der Heppeschen).

Es ist eine naheliegende Hypothese, daß – eben weil dieser Prozeß als ökonomisch-politischer in Deutschland langsamer vonstatten ging – hier der Schule eine besondere Bedeutung in ihm zukam, und daß von daher die vergleichsweise intensiven Bemühungen der Landesherren um allgemeine schulrechtliche Regelungen verständlicher werden (vgl. Froese und Krawietz, 1968, S. 26 f.) [21].

Exkurs zur ökonomischen Entwicklung des Bürgertums

Den ökonomischen Bedingungen des untersuchten Prozesses soll später nachgegangen werden. Wir beschränken uns hier auf einige Hinweise und historische Belege zu der obigen These über die Entwicklung des Bürgertums in Preußen (Deutschland). Diese Entwicklung läßt sich als ein Weg charakterisieren, der von relativer politischer Selbständigkeit des kaufmännischen und gewerblichen Bürgertums im Schutz zünftischer und städtischer Privilegien zum allmählichen Abbau oder häufiger noch zur Neuformulierung dieser Privilegien im Sinne der landesherrlichen Wirtschafts- und Gesellschaftspolitik führt, wobei der Bürger selbst weitgehend in den Dienst dieser Politik gestellt wird. Erst im 19. Jahrhundert vollendet sich die Emanzipation des gewerblichen und kaufmännischen Bürgertums aus dem Schutz, aber auch Zwang landesherrlicher Privilegien und Monopol-Garantien. Einige Indikatoren lassen ermessen, wie langsam – im Vergleich zu den westeuropäischen Ländern – hierzulande der Bürger auf dem Wege zur selbständigen gesellschaftlichen Macht vorankam:

1. Die Wirtschaft Preußens ist auch am Ende des 18. Jahrhunderts noch durch ein erhebliches Übergewicht des landwirtschaftlichen Sektors bestimmt. In diesem bleibt – trotz der Bedeutung bürgerlicher Pächter (auf den landesherrlichen Domänen und adligen Gütern) für den technischen Fortschritt in der Landwirtschaft – aufgrund der Wirtschafts- und Sozialverfassung doch der großagrarische Adel die bestimmende Kraft, entschieden bevorzugt besonders durch Friedrich II. (Büsch, 1962). Deutliches Indiz dafür ist das Verhältnis zwischen Land- und Stadtbevölkerung. Nach der „Generaltabelle von denen Einwohnern, in sämtlichen Königlichen Provintzien, Schlesien ausgenommen, in anno 1778" lebten von den dort erfaßten knapp 3,5 Millionen Menschen nur 28,3 Prozent in Städten. Nach einer Aufstellung von Bassewitz hat sich dieses Verhältnis im Jahre 1804/1805 noch zugunsten des Landes verschoben

[21] Diese These hat schon Lorenz von Stein in seinen bildungs- und verwaltungsgeschichtlichen Arbeiten ausgesprochen (Stein, 1883/84).

(Hinze, 1963, S. 39). Anderen zeitgenössischen Schätzungen zufolge arbeiteten um 1800 etwa 77 Prozent der Beschäftigten im „primären Sektor“ (überwiegend Landwirtschaft; vgl. Henning, 1971b, S. 103). Henning selbst schätzt dagegen aufgrund einer eingehenden Analyse diesen Anteil auf etwa 65 Prozent (Henning, 1971b, S. 115) [22].

Der Anteil der Stadtbevölkerung an der Gesamtbevölkerung (um 1800 in Preußen rund 10 Millionen) verleitet allerdings noch zu einer quantitativen Überschätzung des „Bürgerstandes“. Die Mehrzahl der Städte, die ihren Namen nicht im Sinne einer ökonomischen oder sozialen, sondern verwaltungs- und steuerrechtlichen Definition trugen, war viel zu klein, als daß sich in ihnen ein selbständiges Bürgerbewußtsein und bürgerliche Kultur hätten entfalten können. Der Dreißigjährige Krieg und die Epidemien der folgenden Jahrzehnte hatten die Bevölkerung zahlreicher Städte auf einen Bruchteil der ursprünglichen Einwohnerzahl reduziert.

Wenige Beispiele mögen das Ausmaß der Verheerung andeuten: Die Einwohnerzahl der Landeshauptstadt Berlin-Cölln sank von 12 000 im Jahre 1600 auf 6000 im Jahre 1640 und stieg bis 1700 auf nur 29 000. Magdeburg, das 1680 seine Reichsunmittelbarkeit aufgeben mußte und an Brandenburg fiel, wurde noch schrecklicher verwüstet. Von den 26 000 Einwohnern der Altstadt waren 1644 nur noch 2464 übriggeblieben. 1681 war die Einwohnerzahl auf erst 8000 gestiegen. Spandau hatte 1620 etwa 3600 Einwohner, nach dem Kriege etwa 1500 (Hinze, 1963, S. 23 ff.). Auch um 1800 noch war die Kleinstadt mit bis zu 2500 Einwohnern der vorwiegende Typ (75 Prozent aller Städte). Weniger als 5000 Einwohner hatten 85 Prozent aller Städte Mitteleuropas (Henning, 1971 b, S. 154). Bedeutendere preußische Städte wie Brandenburg zählten damals 12 500 Einwohner, Emden 10 645. Potsdam ist mit seinen knapp 27 000 Einwohnern (darunter etwa ein Drittel „Militärpersonen“ und ihre Familien) schon zu den Großstädten zu rechnen. Nur wenige erreichten um 1800 höhere Einwohnerzahlen: so zum Beispiel Königsberg mit 53 000, Breslau mit 57 500, die Hauptstadt Berlin schließlich mit 172 000 Einwohnern (Henning, 1971 b, S. 150–162).

Auch die weitere Entwicklung verlief zögernd: Bis 1855 nahm die städtische Bevölkerung nur wenig stärker zu als die ländliche [23]. Eine stärkere Verschiebung zugunsten der Stadt scheint erst 1840 eingesetzt zu haben (Schmoller, 1870, S. 191 ff.). Noch 1864 lebt die Hälfte der städtischen

[22] Zur volkswirtschaftlichen Bedeutung der Landwirtschaft am Ende des 18. Jahrhunderts vgl. unten ausführlicher: Kapitel 3.1 beziehungsweise 3.2.

[23] Vgl. Schmoller, 1870, S. 191. – Zur Entwicklung des Verhältnisses von Stadt- und Landbevölkerung in Preußen vgl. auch: Skalweit, 1954.

Bevölkerung in Orten unter 10 000, etwa ein Viertel in Städten unter 4000 Einwohnern (Schmoller, 1870, S. 193 f.). In diesen Kleinstädten wiederum ging ein beträchtlicher Prozentsatz der Bevölkerung einer landwirtschaftlichen Arbeit nach. Für die Zeit um 1800 nennt Henning für Gebiete wie die Uckermark mit einer durchschnittlichen Stadtgröße von 2750 Einwohnern einen Anteil von 32,9 Prozent der Beschäftigten, die im „Primärsektor" tätig waren (Henning, 1971b, S. 150).

Das gewerbliche Bürgertum seinerseits war im ausgehenden 18. Jahrhundert keineswegs günstig gestellt. Klein- und Kleinstbetriebe überwogen. „In Preußen und Brandenburg entfielen damals auf 4 Meister 3 Gesellen. Über die Hälfte der deutschen selbständigen Meister dürfte als Alleinmeister gearbeitet haben" (Zorn, 1971a, S. 539).

2. Auch die politisch-rechtliche Verfassung der preußischen Städte war der Selbständigkeit des Bürgertums weniger förderlich als etwa die der Reichsstädte, in denen im Handel groß gewordene Bürgerfamilien auch politisch das Heft in der Hand hatten. Die ursprünglich sehr weitreichenden handels-, wirtschafts-, zoll- und steuerpolitischen Rechte der Städte waren in harten Auseinandersetzungen im Verlaufe des 16. und 17. Jahrhunderts zunehmend von der kurfürstlichen Staatsverwaltung übernommen worden. Mit der Verwaltungs- und Steuerreform unter Friedrich Wilhelm I. ist dieser Prozeß durch die Einsetzung staatlicher Steuer- und Fabrikkommissare zu Beginn des 18. Jahrhunderts, die Neuordnung der städtischen Magistrate und die Durchsetzung der indirekten Steuer (Akzise) zum Abschluß gekommen. Den Städten blieben Gerichtsverwaltung und Polizei, also Institutionen, die ausschließlich der Erhaltung der inneren Ordnung dienten. „Die staatliche Verwaltungsreform beruhte", so stellte Schmoller fest, „auf Unterdrückung der alten korporativen Selbständigkeit. Die Idee der Rechtsgleichheit und des Staatsbürgerrechts konnte nur auf den Ruinen der alten Stadtfreiheit erblühen." [24]

Man wird Schmollers Urteil zustimmen müssen, wonach diese Konzentration städtischer Privilegien in der Hand des Landesherrn eine wesentliche Grundlage für die Entwicklung der modernen politischen und Wirtschaftsgesellschaft geschaffen hat, auch wenn man einschränkt, daß diese Politik sich nicht auf das Recht gleicher Staatsbürger, sondern auf die Gehorsams- und Steuerpflicht städtischer, bürgerlicher Untertanen richtete. Für das Selbstbewußtsein des deutschen Bürgers dürfte es von gro-

---

[24] Schmoller, 1921, S. 145; vgl. auch Schmoller, 1898 d (darin die Aufsätze: Das Merkantilsystem in seiner historischen Bedeutung; städtische, territoriale und staatliche Wirtschaftspolitik; sowie: Die Handelssperre zwischen Brandenburg und Pommern im Jahre 1562. Dazu auch Vierhaus, 1966, S. 340.

ßer Bedeutung gewesen sein, daß sich die Privilegien des Adels zäher hielten. Zwar hatte Friedrich Wilhelm I. versichert: „Ich ruiniere die Junkers ihre Autorität und stabilire die Souveränität wie einen Rocher von Bronce“ (Zorn, 1971b, S. 584). Tatsächlich aber wurde die von ihm und seinem Sohn Friedrich II. erreichte Konsolidierung der Souveränität des preußischen Königs auch dadurch erkauft, daß der grundbesitzende Adel im eigenen lokalen Herrschaftsbereich alle wesentlichen Privilegien behielt, daß die gewaltige Last der militärisch bedingten Steuern und Kontributionen auf die Schultern der Bürger und Bauern abgewälzt wurde, daß die soziale und politische Vorrangstellung des Adels als des „ersten Standes“ noch im Allgemeinen Landrecht wiederum bekräftigt wurde.

Die „Bürgerlichen Trauerspiele“, von Lessings „Emilia Galotti“, 1772, bis hin zu Schillers „Luise Millerin“ („Kabale und Liebe“, 1784), zeigen nur die eine Seite der Reaktion des Bürgertums auf seine soziale und politische Deklassierung gegenüber dem Adel: ein revolutionäres Pathos, das sich auf die Gleichheit menschlicher Vernunft und menschlichen Gefühls beruft und eine verkommene Hofschranzenkaste an den universellen Prinzipien bürgerlicher Rechtschaffenheit mißt: „Wir wollen sehen, ob die Mode oder die Menschheit auf dem Platz bleiben wird“ (Schiller). Das arrivierte Bürgertum jedoch zog es vor allem dann im 19. Jahrhundert vor, sich an die „Mode“ – an den Lebensstil des Adels nämlich – anzupassen und eigene politische Ansprüche zurückzustellen (vgl. Landes, 1968, insbes. S. 110 ff.).

3. Trotz der skizzierten sozialen Situation, der hohen steuerlichen Belastung, der Kriegseinwirkungen usw. gelang es auch dem preußischen Bürgertum, im Laufe des 18. Jahrhunderts ein beträchtliches ökonomisches Potential aufzubauen. Zum Teil geschah dies auf der Grundlage einer älteren städtischen und gewerblichen Kultur, wie sie in den westlichen Provinzen noch aus vorpreußischer Zeit erhalten war, zum Teil durch die Entwicklung großer Manufakturen und des ‚Verlags‘[25] in der Textilindustrie und auch anderen Industriezweigen, schließlich und nicht zuletzt ging es auf jüdische Bürger im Bankwesen zurück. Vor allem aus kapitalintensiven Gewerben – Kleineisenindustrie, Kupferschmiede, Pa-

[25] Die Organisation des sogenannten Verlags bezeichnet ein Durchgangsstadium in dem Prozeß, in dem eine wachsende Zahl von kleinen Warenproduzenten ihre Selbständigkeit verliert. Ein (kaufmännischer) Unternehmer stellte den einzelnen Handwerkern (Webern, Spinnern) das Rohstoffmaterial und nahm ihnen darüber hinaus Absatz und Vertrieb der Ware ab (mit der sie den angelieferten Rohstoff bezahlten). Formell blieb ihnen ihre Autonomie, doch konnte davon tatsächlich keine Rede mehr sein, wenn auch die Produktionsmittel (Werkzeuge, zum Beispiel der Webstuhl) dem Unternehmer gehörten. Dazu H. Krüger, 1958, S. 176–182.

piermühle, Glas- und Keramikbrennerei – konnte der Aufstieg vom Handwerker zum Fabrikanten und Unternehmer gelingen [26].

Ein Indikator für das wachsende bürgerliche Wirtschaftspotential ist der zunehmende Aufkauf von Rittergütern: 13 Prozent der Großgrundbesitzer der Kurmark waren um 1800 Bürgerliche (Baumgart, 1969, S. 141; Zorn, 1971b, S. 588), nicht ganz 10 Prozent betrug der Anteil damals im gesamten Preußen. 1856 dagegen waren von den Ritter- und kreistagsfähigen Gütern (über 500 ha) nur noch 56 Prozent in adliger Hand [27].

Dieser wirtschaftliche Aufschwung ist im 18. Jahrhundert zweifellos auf einen kleinen Kreis von bürgerlichen Kaufleuten, Fabrikanten, Verlegern, Manufaktureignern, Domänenpächtern beschränkt geblieben. Das „Allgemeine Landrecht" versucht denn auch ausdrücklich, eine Schicht des gehobenen Bürgertums vom niederen abzugrenzen, und zählt zu ihr neben den höheren Staatsbeamten Gelehrte, Künstler, Kaufleute und Eigentümer größerer Fabriken sowie Leute, „welche gleiche Achtung mit diesen in der bürgerlichen Gesellschaft genießen" (ALR § 32 II 1). Diese Abgrenzung schien bezeichnenderweise deshalb erforderlich, weil zu bestimmen war, welcher Teil des Bürgertums für eine noch standesgemäße Adelsehe in Frage kam. Sie ist ein Symptom für den Pakt gegenseitiger Anerkennung, den das gehobene Bürgertum mit dem absoluten Staat und den in ihm bewahrten Resten der Feudalgesellschaft zum jeweils eigenen Vorteil geschlossen hatte – weit entfernt vom Geist des „bürgerlichen Trauerspiels".

4. Wenn das zweifellos vorhandene ökonomische Potential dieses Bürgertums nicht entschiedener in politische Macht umgesetzt wurde, so dürfte dies nicht zuletzt darauf zurückgehen, daß Landesherr und Staat hier die wirtschaftliche Entwicklung stark beeinflußten, stärker jedenfalls, als das in England und Holland der Fall gewesen war. Handel und gewerbliche Wirtschaft gehörten zwar nicht zu den erstrangigen Prioritäten der preußischen Politik des ausgehenden 17. und des 18. Jahrhunderts. Zunächst ging es hier um Festigung der königlichen Souveränität nach innen,

---

[26] Vgl. Redlich, 1968; Zorn, 1971 a, S. 536 ff. Vgl. Schmoller, 1898 d, S. 457–529. Vgl. im übrigen auch Hoffmann, 1969.

[27] Rosenberg, 1973, S. 291 ff. – Nur unzureichend drücken diese Zahlen das Gewicht aus, das das Bürgertum bereits im 18. Jahrhundert im landwirtschaftlichen Sektor hatte. Trotzdem gilt für die Pächter der landesherrlichen und Adelsgüter, was im Text über die allgemeine Haltung des ökonomisch gewichtigen und sozial arrivierten Bürgertums ausgeführt wird. Aufgrund der obrigkeitlichen Stellung, die sie teils als „Beamte" (wie die landesherrlichen Domänenpächter hießen), teils auf dem adligen Gut einnahmen, verbanden sie technischen Neuerungsgeist und wirtschaftsrationales Verhalten meist mit weitestgehender Loyalität gegenüber dem System, dem sie ihre Stellung und Prosperität zu verdanken hatten. (Vgl. dazu H. H. Müller, 1965, Teil IV, S. 152–192.)

um Gebietserwerb und machtpolitischen Status nach außen und damit um den Aufbau eines im Verhältnis zur Bevölkerung riesigen Heeres. Es ging um „Peuplierung“ eines immer noch dünnbesiedelten Landes durch Förderung der Einwanderung verfolgter religiöser Minderheiten, durch Abwerbung im Ausland usw. (Hinze, 1963). Aber wo immer Wirtschaft und Handel in den Dienst dieser Ziele zu stellen waren, wo sich wie bei der Aufnahme der Hugenotten „Peuplierung“ und Einrichtung neuer Gewerbezweige verbinden ließen, wo die Einführung von Gewerben eine stabilere Existenzgrundlage für die Bevölkerung oder Sicherung staatlichen Bedarfs oder Erhöhung des Steueraufkommens versprach, griffen die preußischen Könige aktiv in die wirtschaftliche Entwicklung ein. Die ökonomischen Theorien der Zeit gingen keineswegs spurlos an ihnen vorüber.

Es ist durchaus umstritten, welche Bedeutung dieses Eingreifen für die wirtschaftliche Entwicklung Preußens hatte; sicher aber geschah es auf so vielfältige Weise, daß es den ökonomisch erfolgreichen Bürger zugleich an den Staat band. Wenige Belege sollen diese These hier illustrieren, über die grundlegende Voraussetzung hinaus, daß die Konzentration der Herrschaft über das Territorium in der Hand des Landesherrn eine wesentliche Grundlage für einen das ganze Territorium umfassenden Markt schuf (zum Beispiel durch den Abbau von Binnenzöllen, bevorrechtigten Zollmeilen um die Städte, Stapelprivilegien und ähnliches).

Große Bedeutung kam im 18. Jahrhundert der Tatsache zu, daß der Landesherr über einen großen Teil der Grundstoffe verfügte, die für die gewerbliche Industrie notwendig waren. So war bis nach der Jahrhundertwende Holz der wichtigste Brennstoff für die Glas- und Keramikindustrie. Ein großer Teil des Waldes war aber in fürstlicher beziehungsweise staatlicher Hand. Auf der Grundlage dieses Besitzes waren sowohl eine fortschrittliche Forstwirtschaftspolitik als auch eine Steuerung der Einrichtung gewerblicher Betriebe mit hohem Holzverbrauch möglich[28]. Zugleich waren im Steinkohlenbergbau, vor allem aber in der Eisenverhüttung, die staatlichen Betriebe führend in Ausstattung und Produktion (Zorn, 1971a, S. 541 ff.).

Auch in die Entwicklung von Manufakturen und Fabriken griffen die preußischen Könige selbst ein: durch die Gründung staatlicher Betriebe – wie im Falle des Berliner Lagerhauses (Wollweberei für Armeetuche, die 1713 vom Kriegsrat von Krautt begründet wurde), das wie andere staatlich gegründete Betriebe schließlich an einen Privatunternehmer ver-

---

[28] Vgl. Rubner, 1968; zum allgemeinen Problem der Bedeutung der Regierungen für die Industrialisierung neben dem bereits genannten Artikel von Landes auch die Abhandlung von Bendix, 1968, besonders S. 229 ff.

pachtet wurde –, durch finanzielle Beteiligung an einem neuen Unternehmen, durch direkte finanzielle Förderung eines neuen Gewerbezweiges, zum Beispiel der Seidenindustrie unter Friedrich II., durch Anwerbung und Unterstützung von Arbeitskräften, insbesondere bereits geschulten Fachkräften, schließlich durch Konzessionen, Privilegien, Monopolgarantien für den einzelnen Unternehmer. Auch wo der Staat nicht fördernd eintrat, wirkte er doch aufgrund des Innungsrechts, das eine genaue Spezifizierung der Organisation der Produktion (Zahl der Gesellen pro Meister zum Beispiel), von Art und Qualität der Produkte, des Umfangs der Handelsbeziehungen teils ermöglichte, teils verlangte, tief in die Entwicklung ganzer Zweige der gewerblichen Wirtschaft ein (vgl. Hinze, 1963, S. 73–198; H. Krüger, 1958, S. 63–166; Schmoller, 1870, S. 23–46)[29].

Es soll hier nicht behauptet werden, daß die Entwicklung der gewerblichen Industrie und des Handels im Preußen des 18. Jahrhunderts Ergebnis staatlicher Initiativen, Förderungsmaßnahmen und Richtlinien gewesen ist, wohl aber, daß sie eng mit diesen verzahnt und in sie eingebunden war. Die Beziehung war so eng, daß die ökonomische Selbständigkeit immer prekär blieb und das Bewußtsein eines unabhängigen eigenen Status sich wohl nur schwer entfalten konnte. Andererseits erwies sich die Allianz mit dem absolutistischen Staat zumindest für das höhere Bürgertum (zu dem ja auch die höheren Staatsbeamten gehörten) wohl als so vorteilhaft, daß sich auch von daher eine bürgerliche Opposition mit ausreichender ökonomischer Macht gegen diesen Staat kaum bilden konnte.

Wenden wir uns nach diesem Exkurs über die Situation des Bürgertums im absolutistischen Preußen-Deutschland noch einmal unserer These über die Rolle des Schulwesens in diesem Zusammenhang zu, um sie ein wenig genauer zu fassen. Offenbar war die sich ausweitende direktive Staatstätigkeit, die tief in fast alle gesellschaftlichen Bereiche eingriff, ein bestimmendes Merkmal der preußischen beziehungsweise ‚mitteleuropäischen' Entwicklung während der frühen Neuzeit bis ins 19. und 20. Jahrhundert hinein – ganz im Gegensatz zu den westeuropäischen Ländern wie England, Holland oder Frankreich. Wie der absolutistische Staat, aufgrund seines Macht- und Besitzvorteils und mittels gezielter Maßnahmen zur Handels- und Gewerbepolitik, seine Aktivität und sein Gewicht im Prozeß der wirtschaftlichen Entwicklung zur Geltung brach-

---

29 Vgl. auch Schmoller, 1898 d (darin die Aufsätze: Die Russische Kompagnie in Berlin 1724–1738; sowie: Das brandenburgisch-preußische Innungswesen von 1640–1806). Siehe auch J. Bergmann, 1971.

te, so ist wohl auch die frühzeitige schulpolitische Initiative, für die sich in den genannten westeuropäischen Ländern praktisch keine Parallele findet, als Teil derselben staatlichen Dynamik zu werten. Nicht nur organisatorisch, sondern auch inhaltlich standen die vom Landesherrn unternommenen Vorstöße in einer Verbindung — mindestens insoweit Schulpolitik ebenso wie Wirtschaftspolitik der Konsolidierung der landesherrlichen Souveränität nach innen wie nach außen dienen konnten. Die der Begründung eines öffentlichen Schulwesens gewidmete Aufmerksamkeit war auch nicht ohne direkten Bezug zu wirtschaftlichen Zielsetzungen — wir werden diesen Zusammenhang im folgenden noch genauer zu untersuchen haben. Im übrigen aber sollten wie die wirtschaftspolitischen Maßnahmen — insbesondere die Eingriffe in alte korporative Rechte bei Stadtbürgertum und Zünften — auch die Schulen dazu beitragen, alle Einwohner in mehr oder weniger direkte Abhängigkeit von der zentralen Gewalt zu bringen. Diese vereinheitlichte dabei die althergebrachten Verhältnisse und legte damit schließlich in einem weiteren Sinne auch den Grund für freiere soziale Beziehungen: für die bürgerliche Gesellschaft im modernen Sinne [30].

Es wäre aber falsch, die hier angedeutete Beziehung des Bildungssystems zur wirtschaftlichen Bewegung, insbesondere zur politischen und gesellschaftlichen Fortentwicklung der Lebensverhältnisse in egalitärer, bürgerlicher Richtung, allzu eng und unmittelbar zu verstehen. Wie schon festgestellt, verstand der absolutistische Staat es im ökonomischen Bereich recht gut, das bürgerliche Potential an sich zu binden beziehungsweise die bürgerliche (Ober)schicht mit ihrer wirtschaftlichen Förderung zugleich in einen Rahmen zu fügen, der für politische Ansprüche gegenüber der absolutistischen Herrschaft und der Prädominanz des Adels nur wenig Raum ließ. Es ist undenkbar, daß das Schulwesen eine Wirkung entfaltete, die diese Disposition veränderte. Und noch eine Einschränkung ist angebracht: Nur ein Bruchteil der damaligen Schulen kam nach Zielsetzung und Ausrüstung spezifisch bürgerlichen Ansprüchen entgegen und konnte direkt der wirtschaftlichen und politischen Entfaltung des Bürgertums nutzen. Keinesfalls hätte das Elementarschulwesen diese Funktion erfüllen können. Das zeigt sich schon, wenn wir der Frage nachgehen, welchen inhaltlichen Aufschluß die Schulgesetzgebung über die Tendenzen der landesherrlichen ‚Volksschulpolitik' gibt.

---

[30] Siehe oben, S. 47 ff.

2.2 Die Inhalte des Elementarunterrichts

Die Ausführungen über den Lehrkanon der preußischen Elementarschule fallen, obwohl sie sich nicht auf das 18. Jahrhundert, sondern auch auf weite Strecken des 19. Jahrhunderts beziehen, vergleichsweise knapp aus: So eng und scharf die Grenzen dessen gezogen waren, was in der Elementarschule gelehrt werden sollte, so kurz ist in gewissem Sinne auch seine Darstellung abzumachen. Freilich wird das von uns dabei gewählte Verfahren, das sich auf die Analyse von gesetzlichen Bestimmungen beziehungsweise amtlichen Verlautbarungen beschränkt, einigen Lesern zu Recht nicht ganz unproblematisch scheinen: Nicht ohne weiteres und keineswegs durchgängig läßt sich von Vorschriften und Richtlinien auf das schließen, was in der Schulwirklichkeit tatsächlich geschah. In einigen Fällen – darauf gibt es auch hin und wieder Hinweise, wie das nächste Kapitel zeigen wird – ist durchaus denkbar und sogar wahrscheinlich, daß der Unterricht der Kinder breiter angelegt war als von der Behörde vorgesehen; die Abweichungen werden in bestimmten Situationen, wie beispielsweise in der ersten Hälfte des 19. Jahrhunderts, als das Schulwesen im Zuge der preußischen Reform überhaupt in eine gewisse Bewegung geraten war, quantitativ, mehr aber wohl noch qualitativ beachtlich gewesen sein.

Nichtsdestoweniger waren bezogen auf den Zeitraum die Wandlungen, die im Lehrplan der preußischen Elementarschule eintraten, außerordentlich gering: Die Stabilität behördlicher Vorstellungen, die von amtlichen Stellen selbst beschworene Kontinuität, vor allem aber auch die Restriktionen, mit denen partielle Fortschritte in der Praxis gerade abgefangen wurden, sprechen in dieser Hinsicht eine ausreichend deutliche Sprache. Ohne daß Wandlungsansätze und tatsächliche Modifikationen gänzlich heruntergespielt werden müßten, soll im vorliegenden Kapitel in erster Linie diese langfristige Fortdauer der Beschränktheit der mit der Elementarschule verbundenen Bildungsabsichten aufgewiesen werden. Der von ihnen abgesteckte Rahmen dürfte in der Realität eher noch enger ausgefallen sein; denn weit häufiger als überboten, wurden die gestellten Anforderungen, soviel wir wissen, unterschritten.

In der brandenburgischen Kirchenordnung von 1540 wird die Notwendigkeit des Schulunterrichts mit der „Erhaltung Christlicher Religion und guter Pollicey“ begründet (Froese und Krawietz, 1968, S. 69). Zum Verständnis dieser Funktionsbestimmung der Schule ist es wichtig, sich die umfassende Bedeutung des Begriffs „Polizei“ in seiner damaligen Verwendung klarzumachen: Er stellt ein begriffliches Pendant dar zur Entstehung einer entpolitisierten Gesellschaft und der Zentralisierung der Politik im fürstlichen Staat; mit ihm sind die organisatorischen Vorkehrungen und Praktiken bezeichnet, mit deren Hilfe der Landesherr die öffentlichen Belange regelt. „Gute Polizei“, das heißt nach den Worten des Polizeiwissenschaftlers Justi: „das gesamte Vermögen des Staats durch gute innerliche Verfassungen zu erhalten und zu vergrößern und der Republik alle innerliche Macht und Stärke zu verschaffen, deren sie nach ihrer Beschaffenheit nur immer fähig ist“ (Stratmann, 1969, S. 13). In eine moderne Terminologie übersetzt, könnte man den obigen Passus so formulieren: Schulen sind eine notwendige Bedingung für das rationale Funktionieren von zentraler Verwaltung, die gesamtgesellschaftlich definierte Ziele durchzusetzen sucht.

In der Visitations- und Konsistorialordnung für die Kurmark von 1573 läßt sich dieselbe Auffassung in der Aufforderung an Pfarrer und Eltern erkennen, die Kinder vor dem „Gottlosen Muessiggang“ zu bewahren und sie in der Schule zu „Gottesfurcht und guter Disziplin“ erziehen zu lassen (Froese und Krawietz, 1968, S. 70 f.). Es ist wohl ein Zugeständnis an die dürftige Realität der Elementarbildung, wenn auf dem Lande der Küster wenigstens einmal wöchentlich mit „den Leuten, sonderlich aber den Kindern und Gesinde“ den kleinen Katechismus Luthers lesen, beten und Psalmen singen soll (Froese und Krawietz, 1968, S. 70). Gottes Furcht, gute Disziplin und Künste werden auch in einem churfürstlichen Erlaß zur Errichtung einer „gemeinen Schule“ in Berlin als Erziehungsziele genannt (Froese und Krawietz, 1968, S. 75 f.).

Dem Problem der dogmatischen Reinheit des Unterrichts gilt insbesondere die Instruktion von 1600, die den Unterricht erneut auf den Lutherischen Katechismus und „die reine Lehre Augspurgischer Konfession“ festlegt (Froese und Krawietz, 1968, S. 78 f.). Es beherrscht auch die Generalschulordnung für das Herzogtum Kleve und die Grafschaft Mark von 1687: „Die Schul-Dieners sollen der Evangelisch-Lutherischen Religion nicht allein zugetan seyn, sondern auch die Jugend darinnen erziehen, zum Gehorsam, auch Ehrerbietung gegen ihre Eltern, Obrigkeit, Prediger ...“ (Froese und Krawietz, 1968, S. 80). (Die „Schulmeister müssen sich vor allen unnuetzen und der Gottseligkeit hinderlichen Neben-Meinungen und Irrtuemern hueten“, heißt es im Reglement betreffend die deutschen Privatschulen in Berlin von 1738 – Froese und Krawietz, 1968, S. 99.)

Das Preußisch-brandenburgische Generalvisitationsedikt von 1710 nennt neben dem Katechismus das Lesen und Schreiben als notwendige Inhalte des Schulunterrichts. Das Generaledikt vom 28. 9. 1717 führt noch das Rechnen auf (Froese und Krawietz, 1968, S. 86, 91).

Solche Schulziele scheinen im Bewußtsein des Gesetzgebers keineswegs gleichberechtigt gewesen zu sein. Deutlich wird das schon daran, daß im

Edikt von 1710 das Rechnen nicht erwähnt wird. Einen noch klareren Einblick in die Rangfolge der Prioritäten gewährt die Verordnung betreffend das Schulwesen in der ‚Neumarck' vom 26. 12. 1736. Hier wird bestimmt: nur wer „fertig lesen koenne und in den Grund-Articulen des christlichen Glaubens unterrichtet sey", solle zu Konfirmation und Abendmahl zugelassen werden. Kenntnisse in beiden Gebieten werden hier auch als Kriterien zur Festlegung der Schulpflicht verwandt. „Wie auch mit solchem Schulgehen so lange unausgesetzt continuiret werden muß, bis die Kindern fertig lesen koennen und das noethige im Christenthum gelernet haben" (Froese und Krawietz, 1968, S. 96). Nur mit „faehigen Kindern, da an vielen Orten bisher wenig gefunden worden, die ihren Namen schreiben koennen, muß auch das Schreiben und Rechnen, so viel als noethig und thunlich ist, geuebet werden" (Froese und Krawietz, 1968, S. 97). Ähnlich verfährt die Landschulordnung für Minden und Ravensberg, die fertiges Lesen und das „noethige vom Christenthum" zu den verpflichtenden Inhalten des Unterrichts erklärt, den Unterricht in Schreiben und Rechnen dagegen von „Gelegenheit und Gutbefinden der Eltern und Vormuender" abhängig macht (Froese und Krawietz, 1968, S. 103).

Noch das General-Landschulreglement von 1763 läßt eine solche Rangfolge der Prioritäten, die zugleich eine methodische Reihenfolge ist, erkennen. Zwar fordert es, den Schulbesuch (zwischen dem 5. und 13. oder 14. Lebensjahr) so lange fortzusetzen, bis die Kinder „nicht nur das noethigste vom Christenthum gefasset haben, und fertig lesen und schreiben sondern auch von demjenigen Red und Antwort geben koennen, was ihnen nach den von Unseren Consistoriis verordneten und approbirten Lehr-Buechern beygebracht werden soll" (Froese und Krawietz, 1968, S. 105 f.). Im § 2 über die Verpflichtung der Patronatsherren heißt es dagegen, die dienstpflichtigen Kinder dürften nicht eher „den Schulen entzogen werden, bevor sie im Lesen fertig, im Christenthum einen guten Grund gelegt, auch im Schreiben einen Anfang gemachet". Lesen und Schreiben sind der Inhalt der Wiederholungsstunde am Sonntag (§ 6). Lesen und „richtige und hinlängliche Begriffe" von den „Grundwahrheiten der Evangelischen Religion" sind die Voraussetzung für die Zulassung zur Konfirmation und Kommunion (§ 26).

Trotz der bis ins Methodische hinein detaillierten Regelung des Schultags durch die Bestimmungen des GLR ist vom Rechnen nur am Rande die Rede, im § 17 nämlich, wo das Schulgeld danach festgesetzt wird, ob das Kind lesen lernt, bereits lesen kann, oder schließlich auch „schreibet und rechnet". Sehr genau wird demgegenüber die Einführung in Katechismus und die Bibel geregelt. Auch den Patronatsherren wird ausdrücklich befohlen, an ihren Schulen keine als die approbierten Lehrbücher und Bibeln zu verwenden (§ 20). Ein eigener Paragraph ist der „Disciplin" gewidmet, die ohne „übermäßige Strenge" die „Eigenliebe" als Quelle aller Sünden erkennbar werden lassen und den „Eigensinn" brechen soll (§ 22 – Froese und Krawietz, 1968, S. 105–121).

Das General-Landschulreglement faßt also noch einmal die Regelungen der Edikte der vorangegangenen Epoche zusammen, vereinheitlicht durch detailliertere, auch methodische Anweisungen, betont die nunmehr in einem Oberkonsistorium gipfelnde Hierarchie der Kontrollinstanzen, erhebt den Anspruch auf Durchsetzung gesamtstaatlicher Regelungen gegenüber dem Recht der Patronate in schärferer Form, aber es bringt eigentlich nichts Neues. Die Rangfolge der schulischen Lernziele bleibt erhalten: beherrschender Lehrinhalt bleiben der Katechismus und einige darüber hinausreichende Kenntnisse der Grundlagen des christlichen Glaubens. Die Schule unterstützt die Funktion der Kirche und arbeitet ihr vor. In der vom Landesherrn regierten ‚Staatskirche' ist dies zugleich eine eminent politische Funktion: Glaube und kirchliches Leben einigen die Bevölkerung eines Territoriums geistig und sozial. Sie rechtfertigen die Herrschaft der von Gott gesetzten Obrigkeit; ihre dogmatische Reinheit, auf deren Wahrung auch die Schule immer wieder verpflichtet wird, ist die wichtigste innere Garantie für die politische Einheit des Territoriums. An zweiter Stelle in der Rangfolge der Schulziele steht die Erziehung zur Disziplin. Das heißt primär: Erziehung zur Achtung vor der Autorität der Eltern und der Obrigkeit, zur Demut; Brechen des Eigenwillens, strikte Bindung an die Verhaltensmaximen und -regeln, die nicht zuletzt in den Kirchen- und Schulordnungen kodifiziert sind.

Unter den schulischen Lernzielen im engeren Sinne steht an oberster Stelle das Lesen. Es ist nicht nur, wie schon Valentin Ickelsamer 1527 in seinem Buch über „die rechte weis aufs kürzist lesen zu lernen" schrieb, die Bedingung dafür, daß jeder „Gottes Wort und etlicher Gotgelerten menner auslegung darueber selbs lesen und desto bas darynn urteilen moege" (ohnehin ist vom selbständigen Urteil in den Ordnungen für die „gemeine Schule" der Epoche nicht die Rede; es bleibt bei der disziplinierten Rezeption vorwiegend der dogmatischen Inhalte des Glaubens). Das Lesen ist überhaupt die entscheidende Voraussetzung dafür, daß der Landesherr seine Intentionen der gesamten Bevölkerung unmittelbar kommunizieren kann. Es ist das nur eine Einweg-Kommunikation, doch auch so ist Lesenkönnen die allgemeine Bedingung für das Funktionieren zentralisierter Verwaltung, für „gute Pollicey" – eine Voraussetzung, die dann zum Beispiel Rochow am Ende des 18. Jahrhunderts mit seinem Lesebuch „Der Kinderfreund" zur Bekämpfung des Aberglaubens und zur Verbreitung nützlicher Kenntnisse im Dienst einer rationellen Landwirtschaft unter seinen Bauern zu nutzen suchte.

Es ist in diesem Zusammenhang bemerkenswert, daß eine explizite ökonomische Begründung für die Notwendigkeit der gemeinen Schule in den untersuchten Schulordnungen der Epoche fehlt, obgleich der Gedanke daran dieser Zeit keineswegs völlig fremd war. So enthält zum Beispiel der Gothaer Schulmethodus in der Ausgabe von 1672 Anweisungen über den Unterricht in den natürlichen und anderen Wissenschaften (vgl. Günther u. a., 1969, S. 140). Nach dem Schulplan des Comenius sollte in der „Muttersprachschule" den 6- bis 12jährigen ein allgemeiner Begriff von allen Handwerken vermittelt werden. Darüber hinaus wird Unterricht im Messen und in der Naturkunde gefordert.

Es bedarf also einer Erklärung dafür, daß Unterrichtsgegenstände, die in engerem Zusammenhang mit der wirtschaftlichen Tätigkeit der Bevölkerung stehen, in den untersuchten Schulordnungen nicht erwähnt werden. (Selbst das Rechnen bleibt, wie ausgeführt, ganz am Rande; allenfalls der Hinweis auf den am kurmärkischen Küster und Schulseminar in Berlin zu erlernenden Seidenbau – § 14 des General-Landschulreglements – ist hier anzuführen.) Wir sehen in der Unterlassung einen Hinweis, daß die Masse der Landbevölkerung nicht als Subjekt wirtschaftlicher Entwicklung, sondern als Objekt der fürstlichen Wirtschaftspolitik gesehen wird. Um diese zu ermöglichen, genügen Disziplin, Gewöhnung an Arbeit und Lesen. Das heißt, die ökonomische Begründung für die Schule ist, soweit tatsächlich vorhanden, in der Auffassung impliziert, der Schulunterricht sei „zu erhaltung . . . guter Pollicey auffs hoechst von noethen" (Froese und Krawietz, 1968, S. 69).

Über diese Situation geht auch das Allgemeine Landrecht von 1794 noch nicht hinaus, wenn es festlegt, daß „Schulen und Universitäten . . ., den Unterricht der Jugend in nützlichen Kenntnissen und Wissenschaften zur Absicht haben" (§ 1, II, 12; Froese und Krawietz, 1968, S. 127). Denn am Ziel der Brauchbarkeit war in der Perspektive der staatlichen Obrigkeit der gesamte, nicht nur der schulische Erziehungsvorgang orientiert, wie etwa aus der gesetzlichen Definition des elterlichen Erziehungsauftrages hervorgeht: „Die Eltern sind schuldig" – so bestimmte das ALR – „ihre Kinder zu künftigen brauchbaren Mitgliedern des Staates in einer nützlichen Wissenschaft, Kunst oder Gewerbe, vorzubereiten" (§ 108, II, 2 – Stratmann, 1969, S. 173). Welchen Stellenwert in dem so umschriebenen Gesamtrahmen (dessen Einhaltung übrigens die ländliche Obrigkeit kontrollieren sollte, § 126, II, 7; A. H. G. Meyer, 1971, S. 32) dann die Elementarschulbildung einnahm, war eine Frage, die gewissermaßen unterhalb der Ebene des vom ALR Geregelten blieb. Es

scheint, daß noch für längere Zeit die Schule gegenüber anderen Erziehungsfeldern, wie beispielsweise Familie oder Betrieb, nur eine relativ nebengeordnete Rolle bei der Vermittlung ökonomisch relevanter Fähigkeiten spielte.
Dieser Sachverhalt ist im Zusammenhang damit zu sehen, daß überhaupt die Ausweitung und Vertiefung der Kenntnisse der Bevölkerung, sowie sie über das bescheidenste Ausmaß hinausging, nicht dem schulischen Aufgabenkreis zugerechnet wurde, sieht man von wenigen besser ausgerüsteten Schulen mit kompetenten Lehrern ab. Ganz im Gegenteil wachte die preußische Regierung während des gesamten 19. Jahrhunderts mit geradezu allergischer Aufmerksamkeit darüber, daß die engen Grenzen, die in dieser Hinsicht dem Bildungsauftrag der Volksschule gezogen waren, unbedingt eingehalten wurden.
Wo der Toleranzbereich endete und was der Staat sich positiv von seinen Volksschulen erwartete, findet sich einigermaßen präzise und vor allem, wie es scheint, wirksam in dem Aufgabenkatalog formuliert, den der Kultusminister von Altenstein 1829 mit Zustimmung des Königs aufstellte: nach amtlichen Aussagen besaßen die folgenden Grundsätze über das ganze 19. Jahrhundert hin für die preußische Schulpolitik maßgebliche Gültigkeit. „Die Volksschulen", so schrieb Altenstein, „haben nach meiner Ansicht nur dahin zu wirken, daß das Volk

1. den christlichen Glauben einfach und dem Evangelio gemäß, aber mit Lebendigkeit und Innigkeit auffasse und ergreife;
2. in diesem Glauben den Grund und Antrieb zu einem sittlichen und durch festen christlichen Glauben glücklichen Leben finde;
3. innerhalb des ihm von Gott angewiesenen, beschränkten Kreises klar und wahr denke;
4. seine Gedanken in diesem Kreise kurz und bündig auszusprechen;
5. fremde, seine Sphäre berührende und betreffende Gedanken leicht und richtig aufzufassen vermöge;
6. daß es lesen, schreiben, rechnen und singen lerne;
7. daß es seinen Regenten und sein Vaterland liebe, mit dessen Einrichtungen, Gesetzen usw. nach Bedürfniß und Maßgabe seines Standpunktes bekannt, mit seinem Zustande zufrieden sei und in seiner Sphäre ruhig und befriedigt lebe;
8. die unerläßlichen gemeinnützigen Kenntnisse von der Natur, deren Behandlung und Benutzung, Gesunderhaltung des Leibes usw. erlange;
9. daß es in Summa mit einem kräftigen, gewandten Leibe, geweckten Geiste und richtigen Gefühle Gott, dem Könige und dem Vaterlande und sich selbst dienen könne und wolle."

Es wäre falsch, wenn man in dieser Zielbestimmung für die Volksschule ein unter den damaligen Verhältnissen besonders konservatives schulpolitisches Programm erblicken wollte. Aus dem zusammenfassenden Satz, mit dem Altenstein, durchaus kein Angehöriger der preußischen Reaktion, seinen Bericht abschloß, ist vielleicht zu ersehen, wo die schulpolitische Front zu den Konservativen damals verlief. „Nach diesen Grundsätzen ist mir die Volksbildung freilich etwas anderes, als ein notdürftiger Unterricht in den bloßen Vehikeln der Kultur: Lesen, Schreiben, Rechnen; doch glaube ich, daß die angegebenen Punkte auch das Landvolk keineswegs aus der ihm von Gott und Menschen angewiesenen Sphäre hinausheben, sondern im Gegenteil dieselbe ihm lieb und wert zu machen vermögen" (Volksschulwesen 1891, 1893, S. 95).
Aber auch wenn diese Beteuerung vermuten läßt, daß der skizzierte Zielkatalog im 19. Jahrhundert noch zum Teil als zu weitgehend empfunden wurde, so ließ der zuständige Minister doch keinen Zweifel daran, daß die Schule die statische gesellschaftliche Ordnung und die bestehende politische Herrschaft keineswegs gefährden oder in Frage stellen dürfe, sondern letztlich zu stabilisieren habe. Obwohl der Staat dabei in einen offenen Zwiespalt zu seiner schulpolitisch – mindestens gegenüber den feudalen Gewalten – eher aktiven Rolle geriet, scheute die Verwaltungsspitze von vornherein vor Restriktionen nicht zurück, wo sie dies Interesse im Ansatz bedroht sah.
So hob beispielsweise ein königliches Circular-Rescript vom 29. 3. 1822 den ‚regen Sinn' beifällig hervor, der sich für das Elementarschulwesen betätige; aber gleichzeitig wies das Schreiben die lokalen Behörden auf die Notwendigkeit hin, diese Tätigkeit staatlich einzufangen, „damit nicht aus dem gemeinen Mann verbildete Halbwisser ganz ihrer künftigen Bestimmung entgegen, hervorgingen" (Rönne, 1855, Bd. 1, S. 642 f.). Und wenn Friedrich Wilhelm III. in einer Kabinettsordre 1829 vor dem „Übel der Überbildung für die Lehrer und Zöglinge der Volksschule" warnte und „eine zu weite Ausdehnung" des Unterrichts für gefährlich erklärte (Heckert, 1847, S. 86), gab er bereits das entscheidende Stichwort für eine ganze Ära preußischer Schulgeschichte, die gemeinhin erst mit den Namen des Kultusministers von Raumer und seines Geheimen Rats von Stiehl verbunden wird.
Die ‚Reaktion' kam nach der mißlungenen Revolution von 1848, für die der preußische König nicht zuletzt die in seinen Augen hochfahrenden und unzuverlässigen Elementarschullehrer verantwortlich machte, auch schulpolitisch verstärkt zum Tragen. Sie betrat keine eben neuartigen oder originellen Wege, sondern nahm im Grunde die bereits bestehenden Tendenzen auf und verschärfte sie. Dazu zählte neben einem stren-

gen behördlichen Reglement der Schule vor allem die rigorose Begrenzung des schulisch vermittelten Bildungsniveaus. Die Regulative über die Einrichtung des Evangelischen Seminar-, Präparanden- und Elementarunterrichts vom Oktober 1854 beschränkten „das Lern- und Wissensgebiet (der Seminaristen) in seiner Ausdehnung auf das Notwendigste" und sahen es für die Volksschulen „an der Zeit, das Unberechtigte, Überflüssige und Irreführende auszuscheiden und an seiner Stelle dasjenige nunmehr auch amtlich vorzuschreiben, was von denen, welche die Bedürfnisse und den Werth einer wahrhaft christlichen Volksbildung kennen und würdigen, seit lange als notwendig gefühlt, von treuen und erfahrenen Schulmännern als dem Volks wahrhaft frommend und als ausführbar erprobt worden ist" (Froese und Krawietz, 1968, S. 171, 231).
Danach umfaßte das spärliche Bildungsprogramm der preußischen Elementarschule im wesentlichen nur Religion (wöchentlich 6 Stunden), Lesen und Schreiben (12 Stunden), Rechnen (5 Stunden) und Gesang (3 Stunden), während der Unterricht in den sogenannten Realfächern, das heißt im naturkundlichen und historisch-sozialkundlichen Bereich, vollkommen unbedeutend war[1].

[1] Die Stiehlschen Regulative sind mit diesem kurzen Hinweis nur sehr unzureichend gekennzeichnet: positiv hatten sie auch als eine Art einheitsstiftendes Moment Bedeutung, da sie zum erstenmal das preußische Elementarschulwesen sowie die Lehrerausbildung einer zusammenhängenden inhaltlich bestimmten Regelung unterwarfen, freilich unter konservativ-reaktionärem Vorzeichen. Ex negativo offenbart dieser Tenor der Bestimmungen allerdings gerade auch das Gewicht, das fortschrittlichere Bestrebungen – hingewiesen sei hier nur auf Diesterweg – im damaligen Schulsystem bereits erlangt hatten. Pädagogisch wie politisch traten kirchliche Organisation und religiöse Bestimmung der Schule damit erkennbar nicht mehr als allgemeine, sondern parteiliche Regulierung der Schule in Erscheinung, auch wenn die ergriffenen Maßnahmen auf der Linie der traditionellen staatlichen Schulpolitik lagen. (Und es ist ohne Zweifel gerade darin eine Erklärung zu sehen, warum die Regulative bis heute als ein besonderer Einschnitt empfunden worden sind.) Vgl. Jeismann, 1966, S. 423–447. Krueger, 1970. – Vorwiegend die Fortdauer bestimmter Charakteristika der preußischen Schulpolitik sollen unsere wenigen Hinweise im Text verdeutlichen, falsch wäre es aber, aus ihnen die Aussage abzuleiten, es seien bis ans Ende des 19. Jahrhunderts keine wesentlichen Veränderungen für die Situation der Elementarschule eingetreten. Dies gilt insbesondere für die im Text nur angedeutete Ablösung der Regulative durch die sogenannten Falkschen Bestimmungen von 1872, die mit der Einführung beziehungsweise stärkeren Gewichtung der Realien (Geschichte, Geographie, Naturkunde) eine nicht unerhebliche Modifikation des Volksschulunterrichts zur Folge hatten. Vgl. die Arbeit von Berg, 1973, insbes. S. 61–88. Nichtsdestoweniger behielt der Religionsunterricht ein außerordentliches Gewicht, wie kritische Zeitgenossen einer euphoristischen Apologetik der staatlichen Schulpolitik entgegenhielten. Es sollte nach einer kurzen, kaum länger als 10 Jahre dauernden Übergangsphase sogar wieder verstärkt werden (Berg, 1973, S. 219). Von dem insgesamt 9600 Unterrichtsstunden währenden Schulleben des preußischen Volksschülers entfielen nach einer Rechnung E. Sacks aufgrund der Falkschen Bestimmungen 1600, rund ein Sechstel, auf den Religionsunterricht (vgl. E. Sack, 1961, hier S. 50). (Die Berechnung wurde von W. Liebknecht in seine Kampfschrift: „Wissen ist Macht – Macht ist Wissen" mit der 2. Aufl. von 1875 übernommen. – Vgl. Liebknecht, 1968.)

Die hier angedeutete ‚Kontinuität‘ ist auch zum Ende des 19. Jahrhunderts hin nicht abgerissen. Auch ohne daß die weitere schulpolitische Entwicklung in Preußen (der ‚Wandel‘ zur liberalen Ära Falk) skizziert wird, kann dies ein prägnantes Zitat belegen, das dem Zusammenhang einer im Auftrag des ‚Ministeriums der geistlichen, Unterrichts- und Medicinalangelegenheiten‘ angefertigten Denkschrift über „Die öffentlichen Volksschulen im preußischen Staate“ aus dem Jahre 1883 entstammt. In einer zusammenfassenden Darstellung der Denkschrift umschreibt einer der Autoren die spezifische Aufgabe der preußischen Volksschule folgendermaßen:

„Die Schule erzieht durch den Unterricht, ja sie übt nur in dem Maße erziehliche Kraft, in welchem sie diesen ernstlich betreibt; aber all ihr Unterricht verliert den besten Teil seines Wertes, wenn er nicht erziehlich wirkt. Dazu jedoch, daß er Das vermöge, ist erforderlich, daß Ordnung und Pünktlichkeit in der Schule herrsche, daß jeder Zögling bezüglich der Treue, mit welcher er seine Pflichten erfüllt, geprüft werden könne, daß der Vortrag des Lehrers alle Schüler erreiche und allen Etwas biete, vorzüglich aber, daß sich eine persönliche Beziehung zwischen dem Lehrer und seiner Schülern bilde ... Nur wenn die durch den Unterricht gewährte intellektuelle Erkenntnis auf religiöse-sittliche Grundlage gestellt, wenn sie geschützt wird und durch gesteigertes Pflichtgefühl, durch angewöhnten und anerzogenen Sinn für Pietät, für Achtung vor dem Gesetz und der staatlichen Rechts- wie der sittlichen Weltordnung, kurz, nur wenn die geistige Schulung durch religiös-sittliche Erziehung die höhere Weihe erhält und dem höheren Wissen ein geschärftes Gewissen beigesellt wird – nur dann hat die Schule ihre Aufgabe gelöst, der Unterricht versittlichend gewirkt. Und in dieser Richtung nehmlich bewegen sich die Ziele unserer preußischen Volksschule; darin liegt unbedingt der Schwerpunkt des Volksschul-Unterrichts“ (Petersilie, 1883, S. 61 – zum Teil wiederholt in: Volksschulwesen 1891, 1893, S. 133).

Es nimmt nach dieser Aussage nicht wunder, wenn der nämliche Autor gemeinsam mit dem Verfasser der entscheidenden Lehrplanbestimmungen vom Ende des 19. Jahrhunderts: den Falkschen Bestimmungen, wenige Jahre später voller Stolz eingesteht, daß die preußische Volksschule im Grunde noch immer nach dem Altensteinschen Programm arbeite (Volksschulwesen 1891, 1893, S. 95).

Der Wert, den man von offizieller Seite nach wie vor dem Religionsunterricht gegenüber der — inzwischen erweiterten — Wissensvermittlung beimaß, ist nicht zu verkennen; seine soziale und ökonomische Relevanz erläuterte der Hinweis: „Der Kampf mit dem Leben, welchem unsere arbeitende Bevölkerung ausgesetzt ist, ist so ernst: die Versuchungen, welche sie täglich zu bestehen hat, sind so mächtig und vielgestaltig; die Entbehrungen bisweilen auch die Leiden, welchen sie ausgesetzt ist, sind so drückend, daß sie reicher innerer Güter bedarf, um trotz derselben sich nicht nur aufrecht halten, sondern auch sich freudig betätigen zu können." (Petersilie, 1883, S. 64.)

Bis weit in die zweite Hälfte des 19. Jahrhunderts hinein dominieren also, wie das Zitat vermuten läßt, in der preußischen Volksschule Unterrichtsgegenstände, die nur indirekt auf die wirtschaftliche Tätigkeit der Bevölkerung bezogen sind – so lautet die eine Beobachtung, die wir aus dieser Schilderung der hauptsächlichen Lehrinhalte im Elementarschulwesen festhalten können. Der Frage nach dem Zusammenhang des Bildungswesens mit der wirtschaftlichen und technischen Entwicklung werden wir uns jedoch erst später genauer zuwenden. Im Kontext dieser Überlegungen verdient eine zweite Erkenntnis Aufmerksamkeit. Die beschriebenen Phänomene, wie die einseitige Akzentuierung des schulischen Vermittlungsauftrages auf die Verhaltensziele Disziplin, Unterordnung, Ausdauer, das schließlich bewußt niedrig gehaltene Bildungsziel, die bis zur Abwehr gesteigerte Skepsis gegenüber weitergreifenden schulpolitischen Eigeninitiativen, beweisen die Grenzen des Interesses, das der absolutistische (oder scheinkonstitutionelle) Staat dem öffentlichen Bildungswesen entgegenbrachte. Die Reichweite seiner Anstrengungen für das Schulwesen dürfte, insgesamt gesehen, relativ genau der Begriff des ‚Untertan' markieren: der einzelne ist definiert durch den Status der Unterwerfung unter den souveränen Staat – oder wie ein staatsrechtliches Standardwerk noch im Jahre 1919 (!) formulierte: „in erster Linie Objekt ... und dem Staate durch Pflicht verbunden" (G. Meyer, 1919, Bd. 4, S. 946).

Einerseits setzt die Entstehung des modernen Bildungswesens in Verbindung mit dem landesherrlichen Bestreben ein, durch die vielfachen autonomen Herrschaftsbeziehungen hindurchzugreifen und die einzelnen Landesbewohner in ein unmittelbares Objekt-, Pflichten- und Gehorsamverhältnis zur Zentralgewalt zu bringen. Die Entwicklung stößt andererseits auf Vorbehalte und Schranken, wo die Schule dem Fortschritt zum Staatsbürger, der selbständig seine Freiheitsrechte und die Mitwirkung an der staatlichen Willensbildung beansprucht, Vorschub zu leisten droht.

Einen erkennbaren Niederschlag finden diese Grenzen des staatlichen Interesses an Ausbau und Vervollständigung des öffentlichen Bildungssystems in den Prioritäten des allgemeinen Haushalts. Allerdings ist dabei, wie aus der folgenden Darstellung ersichtlich, immer auch die schwer entscheidbare Frage der ökonomischen Grenzen einer staatlichen Bildungspolitik zu berücksichtigen.

2.3 Die Entwicklung der preußischen Landschule im 18. Jahrhundert

Daß die Schwierigkeiten steigen, wenn man von der Interpretation von Texten zu Aussagen über die Realität überzugehen versucht, ist eine gängige Weisheit. Wenn wir gleichwohl an sie erinnern, geschieht das unter dem Hinweis auf besondere Umstände: Zum einen ist ein Großteil des Materials, das authentisch Auskunft über die tatsächlichen schulpolitischen Maßnahmen der preußischen Landesherrn beziehungsweise den Zustand des Elementarschulwesens am Ende des 18. Jahrhunderts zu geben erlaubte, im letzten Kriege verlorengegangen. Die Basis unserer folgenden Ausführungen werden darum ältere schulgeschichtliche Darstellungen sein, deren Autoren über das ursprüngliche Quellenmaterial noch verfügten. Ihr Urteil über Intensität und Erfolg der zentralstaatlichen Schulpolitik ist allerdings, wie uns scheint, entsprechend ihren Prämissen in den meisten Fällen zu positiv ausgefallen. Nur aus wenigen Arbeiten, insbesondere denen Vollmers (1909, 1918), spricht ein kritischer Sinn, doch selbst in ihnen sind die strukturellen Rahmenbedingungen, die Stoßrichtung und Effekte des landesherrlichen Schulinteresses determinierten, nur unzureichend berücksichtigt.
Zum anderen resultiert aus eben der Art dieses Bedingungsgefüges, in dem sich die schulpolitischen Aktionen während des 18. Jahrhunderts entfalteten, daß jeder Versuch eines auf Generalisierung bedachten Überblicks über die Schulverhältnisse – gleichgültig auf welcher Basis – mit Problemen belastet ist. Die frühneuzeitliche Herrschaftsstruktur, die sich ja wesentlich als eine ‚Partialisierung' von Machtsphären und Lebensverhältnissen begreifen läßt, mußte notwendigerweise regionale Unterschiede beziehungsweise eine prinzipielle Uneinheitlichkeit der Schulentwicklung verstärken; Aussagen über **den** Stand des Elementarschulausbaus am Ausgang des 18. Jahrhunderts werden von daher kaum möglich sein. Auf einige allgemeinere Hinweise, die entsprechend mit Vorbehalt zu lesen sind, da ihre Ausdifferenzierung nach Landesteilen noch viel zu grob ausfällt, wollten und konnten wir dennoch nicht verzichten; zum Teil haben wir diese Schwierigkeiten auch durch eine konkrete exemplarische Vertiefung der Analyse zu umgehen versucht.
Dies gilt insbesondere für den ersten Abschnitt des folgenden Kapitels, in dem wir uns etwas eingehender mit der Geschichte der ostpreußischen Schulreform in ihrem sozialen und politischen Kontext befassen. Dieser Darstellung kommt eine doppelte Aufgabe zu. Sie soll unsere These über die Funktion, die der Schule im Prozeß der Konstituierung der zentralen Staatsgewalt zugedacht wurde, an einem Beispiel der tatsächlichen preußischen Schulpolitik verdeutlichen und soll sie zugleich modifizieren beziehungsweise ergänzen: In den Grenzregionen des gesamtstaatlichen Territoriums, die interessanterweise, wie es scheint, (phasenverschoben) im Mittelpunkt des schulpolitischen Interesses standen, gedachte man die Schule vor allem als ein Instrument der ‚Prussianisierung' zu nutzen.
Von einer eigentlich aktiven Schulpolitik des Landesherrn und ihren Erfolgen (die dann von einer anschließenden Stagnationsphase wieder aufs Spiel

gesetzt wurden) ist im übrigen nur in diesem ersten Teil des Kapitels die Rede. Alle anderen Abschnitte dienen mehr oder weniger explizit dazu, nachdem die Diskontinuität sowie die geringen Effekte der schulpolitischen Entwicklung im 18. Jahrhundert herausgestellt wurden, in mehr systematischer Form die Hemmnisse und Schwierigkeiten zu erörtern, die einem rascheren und konsequenteren Elementarschulausbau – nicht zuletzt von der zentralen Administration selbst – in den Weg gelegt wurden. Dabei haben sich Wiederholungen oder Überschneidungen mit vorhergehenden Ausführungen nicht immer vermeiden lassen; wir dachten, sie dem Leser, sofern damit in wesentlichen Fragen eine Präzisierung der Argumentation ermöglicht wurde, durchaus zumuten zu können.

Die landesherrlichen Initiativen selbst sind durch die wenigen bislang gegebenen Belege (aus einer Fülle von auch die Schule betreffenden Reglements, Edikten, Visitationsanordnungen seit der Mitte des 16. Jahrhunderts) sowohl in ihrer inhaltlichen Tendenz als auch in ihrer Durchsetzungskraft zweifellos nur unzureichend charakterisiert. Wir werden dazu also noch ergänzende Hinweise geben müssen, insbesondere hinsichtlich der Frage, welchen Rang die preußischen Fürsten der Elementarschule unter den Aufgaben ihrer praktischen Politik einräumten. Und da der tatsächliche Entwicklungsstand des Schulwesens nicht nur von der politischen und ökonomischen Durchsetzungskraft der landesherrlichen Dekrete im gesamten Staatsterritorium abhängt, sondern auch von der ökonomischen Situation und dem damit verbundenen Interesse der unmittelbar Beteiligten – also der Eltern, der Gemeinden und der Patronate –, werden wir auch diese Aspekte im Auge behalten müssen.

Die mangelhafte Durchsetzungskraft der zentralen schulpolitischen Initiativen zeigt sich zunächst darin, daß die die Schule betreffenden Anordnungen immer wieder in identischer Form wiederholt werden müssen. Das gilt etwa für die Aufforderungen, Küster- oder Schulhäuser zu bauen, die Küster zum Unterricht anzuhalten, Lehrer einzustellen, eine kontinuierliche Kontrolle der Schularbeit (zum Beispiel in Form der Inspektion durch den Pfarrer) zu gewährleisten. Oft genug geschieht dennoch auch nach mehrmaliger Anordnung nichts[1]. In die gleiche Richtung deutet der Befund, daß man auch in der zweiten Hälfte des 18. Jahrhunderts noch keineswegs von einer gleichmäßigen Entwicklung des

[1] Zahlreiche Beispiele dafür finden sich in: Clausnitzer, 1901; Reicke, 1910; Vollmer, 1909; ders., 1918; Wienecke, 1913; Notbohm, 1959. Die folgenden Angaben sind vielfach den genannten Werken entnommen; auf weitere Literatur wird jeweils an Ort und Stelle verwiesen.

Schulwesens im preußischen Staatsgebiet sprechen kann, die verschiedenen Provinzen vielmehr auf einem sehr unterschiedlichen Niveau des Schulausbaus stehen.

Die Prussianisierungsfunktion der Elementarschule

Nicht unwesentlich zu dieser Disparität trug allerdings bei, daß das landesherrliche Interesse an Schulgründungen beziehungsweise einem forcierten Ausbau des Schulwesens selbst je nach Region sehr unterschiedlich war. Bei einem Überblick über die preußische Elementarschulpolitik im 18. Jahrhundert fällt besonders auf, daß die zentral gesteuerten Aktivitäten, sofern sie mit einiger Energie und Konsequenz betrieben wurden — jedenfalls über den Rahmen der Verkündigung von Erlassen hinausgingen —, sich gerade auch auf die (zum Teil eben annektierten) Grenzgebiete richteten, die verschiedentlich starke ethnische Minderheiten beherbergten oder überwiegend von ‚nicht-deutscher' Bevölkerung bewohnt waren. Offenbar wurde der Organisation von Schulen durch die preußischen Landesherrn zwar nicht ausschließlich, aber doch in besonderem Maße eine Bedeutung im Zusammenhang ihrer Befriedungs- und Integrationspolitik zuerkannt, der sich die Schulen — und die Kirchen — als ein weiteres Instrument der ‚Prussianisierung' einfügen ließen. Die Anstöße zu einer derartigen schulpolitischen Praxis sind (wie generell die vergleichsweise starke Aufmerksamkeit, die die Grenzprovinzen jeweils für eine gewisse Zeitspanne genossen) aus der spezifischen Situation abzuleiten, der sich der um seine Konsolidierung ringende Absolutismus bis über das 18. Jahrhundert hinaus konfrontiert sah.

Der historischen Vielfalt partikularer, quasi-autonomer Herrschaftsbereiche, die dem Eingriff der landesherrlichen Gewalt nur bedingt geöffnet waren, entsprach eine relative Schwäche der zentralen Macht, der kaum ein funktionierender Verwaltungsapparat zur Verfügung stand. Beides setzte dem Ziel der Arrondierung und dauerhaften Abgrenzung eines geschlossenen größeren Territoriums besondere Schwierigkeiten entgegen. Zu den kulturellen, sprachlichen, religiösen Unterschieden zwischen den verschiedenen Regionen, die es zu vereinigen galt, traten Probleme, die aus der allgemeinen damaligen Verfassungsstruktur resultierten: in deren Rahmen befanden sich ganze Bevölkerungsgruppen als eine Art „Mediatuntertanen' nur in einem vermittelten Verhältnis zur landesherrlichen Staatsgewalt. Umgekehrt macht es gerade der Hinweis auf die generelle frühneuzeitliche Herrschaftsordnung wahrscheinlich, daß die Problematik, vor die sich die preußischen Könige in den annektierten Grenzgebieten gestellt sahen, nur graduell von der innerhalb ihrer Stammländer

abwich. Denn im Sinne einer Stärkung ihrer Macht mußte es ihnen hier wie dort um den Abbau jener ‚Dualität der Herrschaftssphären', an der ihre landesherrliche Gewalt sich brach, zu tun sein. Zumindest mußten sie danach streben, die gewohnten herrschaftlich-politischen Einbindungen jedes Einwohners so weit umzudefinieren, daß diese der direkten Beziehung und Verpflichtung eines disziplinierten preußischen Untertans gegenüber seinem Landesherrn Raum gaben.
An den Grenzen des Territoriums, zumal wenn es sich um fremdsprachige, neu dazugewonnene und entlegene Gebiete handelte, mußte dieses Interesse naturgemäß besonders virulent sein. Entsprechend haben die preußischen Könige, abgesehen von der Kurmark und Pommern, der Schule hier eine auch materiell nennenswerte Aufmerksamkeit gewidmet. Beispiele dafür sind die schulpolitischen Initiativen Friedrichs II. in Westpreußen, insbesondere dem Netzedistrikt, oder in Schlesien, das Friedrich am Anfang seiner Regierungszeit aus dem habsburgischen Machtbereich an Preußen gebracht hatte. Aber auch schon die Maßnahmen Friedrichs I. zugunsten des Schulwesens im Gebiet der Lausitzer Wenden im Jahre 1710 (Vollmer, 1909, S. 10 f., auch S. 42 f. über die Sprachpolitik Friedrich Wilhelms I. gegenüber den Wenden) und selbst der Ausbau der ostpreußischen Landschule, der Friedrich Wilhelm I. den Titel des Vaters der preußischen Volksschule eingebracht hat, lassen sich diesen Bemühungen zuzählen. Vielleicht weniger wegen des Widerhalls, den die ostpreußische Schulreform in der älteren borussischen Geschichtsschreibung gefunden hat[2], als vielmehr, weil diese Aktion — von ihrem Aufwand und Ausmaß her — praktisch den Beginn der landesherrlichen Schulpolitik markiert, scheint eine eingehendere Beschäftigung mit der Schulorganisation in Ostpreußen am Anfang des 18. Jahrhunderts gerechtfertigt.

Das Beispiel der ostpreußischen Schulgründungen

Die Bedingungen für eine günstige wirtschaftliche und kulturelle Entwicklung waren, seit Ostpreußen 1618, zunächst als polnisches Lehen,

[2] Motive und Wirkung der schulpolitischen Aktivität wurden – aufgrund eines oft recht großzügigen Umgangs mit den Quellen – meist grandios überschätzt. Das Darstellungsschema, das diese Literatur bevorzugte, läßt sich verkürzt etwa in dem folgenden Satz zusammenfassen: Getrieben von tiefer religiöser Überzeugung und der Liebe zum armen Volk überwindet der Monarch Eigensinn und Pflichtvergessenheit der Stände, um mit großer Tatkraft ein breit angelegtes Schulwesen aufzubauen, das von heute auf morgen Kultur, Religion und – die preußische Vormacht begründet. Als ein Beispiel: C. Müller, 1902. Bemerkenswert an dieser Soziallegende ist, daß ihr gleichermaßen wissenschaftliche Literatur wie die Schulgeschichtsbücher verpflichtet schienen. – Seriöser, aber im Grundtenor der skizzierten Auffassung verwandt sind die Darstellungen, die sich auch in den folgenden beiden Schulgeschichten finden: Thilo, 1867, S. 16–26; Lewin, 1910, S. 48–53.

an die brandenburgisch-hohenzollernsche Herrschaft gefallen war, in diesem Land außerordentlich eingeschränkt. Kriege und Seuchen verwandelten das Gebiet, dessen blühenden Zustand man einst gerühmt hatte, in einen öden, menschenleeren Landstrich: so bezahlte die Provinz im schwedisch-polnischen Krieg 1656/57 die Lösung aus dem polnischen Lehensverband mit der Zerstörung von 250 Städten und Dörfern und dem Opfer von mehr als 100 000 Menschenleben. Noch schwerer war die Bevölkerungseinbuße, als in den Jahren 1709/10 die Pest, der „Würgeengel des Mittelalters", der damals ein letztes Mal Europa heimsuchte, in dem Land wütete. Dabei entfalteten sich die Wirkungen dieser Katastrophen um so ungehinderter, als weitergreifende Hilfsmaßnahmen von den Auseinandersetzungen erstickt worden sein dürften, in denen der Landesherr – zum Teil mit militärischer Gewalt – gegen den Widerstand der Stände seine Anerkennung durchsetzte.

Die Schul- beziehungsweise Kirchenordnungen des 17. Jahrhunderts spiegeln diesen Zustand: Die Aufforderung zur Inspektion der Schulen und zur Überwachung des Schulbesuchs, die das Visitationsedikt des großen Kurfürsten von 1666 aussprach, hat wohl kaum reale Konsequenzen gehabt: im Jahre 1699 wurde sie mit wenigen Veränderungen wiederholt. Eine Verordnung von 1712 verlangte schließlich nicht mehr, als daß die Dörfer je nach Einwohnerzahl im Winter einen oder zwei Schüler für die zentrale Schule am Kirchorte stellten. Und auch diese Forderung dürfte wegen der Größe der Kirchspiele – mit bis zu 90 Dörfern und entsprechenden Schulwegen von maximal 5 Meilen – häufig nicht erfüllbar gewesen sein (Vollmer, 1909, S. 22–24)[3].

Erst unter der Herrschaft Friedrich Wilhelms I. hat die Entwicklung des ostpreußischen Elementarschulwesens eine positivere Wendung genommen, wenngleich die entscheidende Regelung, die principia regulativa, und die königliche Stiftung des sogenannten mons pietatis, die die Schulreform materiell absicherten, erst vom Ende seiner Regierung, dem Jahre 1736, datierten. Mit der Festlegung der Verbindlichkeiten für den Unterhalt der Landschulen und ihrer Lehrkräfte sowie dem königlichen Zuschuß, der – in Form von jährlich 2000 Talern Zinsen aus dem Spendenfonds in Höhe von 50 000 Talern – anfangs für den Aufbau der Schulen, später für die Aufbesserung der Lehrerbesoldungen verwendet werden sollte, war die Grundlage für eine ungemein rasche und – ange-

[3] In dem sogenannten Samland nördlich von Königsberg waren es beispielsweise noch im Jahre 1732, wie aus einer genauen Analyse von geistlichen Kommissionsberichten hervorgeht, kaum 10 Prozent der Kinder im schulfähigen Alter von 5 bis 12 Jahren, die für ein paar Wochen im Winter die Kirchschulen (!) besuchten. Von den gewöhnlichen Dorfschulen ist in den Angaben keine Rede. Reicke, 1910, S. 23, S. 104.

sichts der desolaten Verhältnisse – umfangreiche Schulorganisation geschaffen (Froese und Krawietz, 1968, S. 93 f.; Vollmer, 1909, S. 76, S. 181; ders., 1918, S. 14).

Ihr Erfolg läßt sich gewissermaßen vorwegnehmen; 1742, am Abschluß ihrer Arbeit, gab die Schulkommission, die seinerzeit aus Anlaß der verschiedenen Reformpläne ins Leben gerufen war, dem jungen Friedrich II. die folgende Übersicht über ihre bisherige Tätigkeit: Von den beiden Teilen Ostpreußens hatte das „Königsberger Departement bis zum Jahre 1736 320 Kirch- und 64 Dorfschulen besessen; durch die Schulgründung der Jahre 1736/39 war ihre Zahl um 499, durch die letzte Revision um weitere 73, im ganzen also um 572 vermehrt worden. In Litauen (dem anderen Landesteil) waren im Jahre 1736 neben 65 Kirchschulen nur 5 Dorfschulen vorhanden gewesen; das Reformwerk hatte dieser Landschaft bis 1739 270, die Revision 42, beide zusammen also 312 Schulen gebracht, von denen aber ... noch 23 zu erbauen waren. In einem Zeitraum von etwa 6 Jahren war also die stattliche Zahl von 884 Landschulen in der Ostmark gegründet worden." Viele der vorhandenen 454 Schulen waren „derart baufällig (gewesen), daß ihre Ausbesserung fast einer völligen Erneuerung gleichkam". Von den 322 Schulen, „die der Adel auf seinen Gütern zu errichten hatte", war etwa die Hälfte fertiggestellt worden (Vollmer, 1918, S. 11)[4].

Die genannten Zahlen machen nicht ohne weiteres deutlich, daß sich die Bemühungen Friedrich Wilhelms I. von den ins Jahr 1718 zurückreichenden Anfängen bis zur gesetzlichen Absicherung der ostpreußischen Schulreform so gut wie ausschließlich auf den *kleineren* nordöstlichen Landesteil, den seit 1736 eigenständigen sogenannten Kammerbezirk Litauen, jedenfalls insbesondere auf die Schulgründungen in den litauischen und polnischen Grenzämtern konzentrierten (Vollmer, 1909, S. 40–84). Doch offenbar vornehmlich für diese Bezirke war nach dem Willen des Königs der schon erwähnte Fonds des mons pietatis bestimmt (Vollmer, 1918, S. 8; vgl. auch Terveen, 1954, S. 111), während der Geltungsbereich der im engen Zusammenhang damit erlassenen principia regulativa von 1736

---

[4] Nach Notbohm, 1959, S. 43, handelt es sich bei den 1736 vorhandenen 454 Schulen, von denen der Kommissionsbericht spricht, ebenfalls um ein Ergebnis der Reformtätigkeit unter Friedrich Wilhelm I., und zwar gingen sie auf Gründungen aus der Zeit nach 1718 zurück. In der Tat setzten die Bemühungen um die ostpreußische Landschule etwa mit dem Jahre 1718 ein; doch scheinen sie sich so lange auf der Ebene von mehr oder weniger zuverlässigen Projekten bewegt zu haben, bis die Bereitstellung von Mitteln ihnen reale Gestalt gab. Insofern verdienen Notbohms Angaben, mit großer Vorsicht aufgenommen zu werden; nicht zuletzt spricht gegen sie die Überlegung, daß sonst bis zum genannten Zeitpunkt im ganzen Ostpreußen überhaupt keine Schule existiert haben dürfte. Vgl. dazu Düsterhaus, G.: Das ländliche Schulwesen im Herzogtum Preussen im 16. und 17. Jahrhundert, Diss. phil. Bonn 1975.

immerhin noch im selben Jahr auf das sogenannte deutsche (Königsberger) Departement Ostpreußens ausgedehnt wurde (Vollmer, 1909, S. 76 f.). Wie sehr der König diese Provinz anderen – schulpolitisch wahrscheinlich nicht weniger bedürftigen – Landesteilen voranstellte, verdeutlicht schlagender noch als die Einmaligkeit seiner Schulstiftung (die im Vergleich zu andersbestimmten Aufwendungen gar nicht so beträchtlich war) eine andere Tatsache: Er ließ zweimal über alle in seinem Besitz befindlichen Länder – bis auf Ostpreußen selbst und das kleine katholische Geldern – eine außerordentliche Kirchensteuer ausschreiben, die lediglich der Finanzierung des ostpreußischen Schulbaus diente (Vollmer, 1909, S. 90 f., S. 181 f.). Die 9000 bis 10 000 Taler, die auf diese Weise zusammenkamen, waren im Grunde nicht mehr und nicht weniger als ein direkter Zuschuß der gesamten Monarchie für den Schulbau auf den landesherrlichen Domänen Ostpreußens. Den ostpreußischen Adel erreichte nur die königliche Aufforderung, bei dem in die allgemeinen Planungen mit einbezogenen Schulbau innerhalb seines eigenen Herrschaftsbereichs selbständig für die Finanzen zu sorgen.

Anders als in den übrigen Provinzen – Ostpreußen bildet in dieser Hinsicht den Gegenpol zu Schlesien [5] – war im ostpreußischen Gebiet der Besitz des Landesherrn allerdings besonders umfangreich. Nach Angaben, die sich auf das Ende des 18. Jahrhunderts beziehen, betrug der Anteil der landesherrlichen Grundherrschaft im deutschen Departement gut die Hälfte, im litauischen Bezirk sogar 86,5 Prozent der gesamten landwirtschaftlichen Nutzfläche. Lediglich 7 Prozent der Bauernstellen lagen hier im adligen Herrschaftsbereich, im gesamten Ostpreußen unterstand ein knappes Fünftel der Bauern adliger Kontrolle [6]. Insofern bezogen sich die schulpolitische Initiative Friedrich Wilhelms I. und die genannten finanziellen Zuwendungen von vornherein auf den Großteil der ostpreußischen Landbevölkerung. Erst recht gilt das nach diesen Angaben für das preußische Litauen, wo das offenbar besonders aktive schulpolitische Interesse des Königs in einen sinnfälligen Zusammenhang zu weitergreifenden und aufwendigeren Maßnahmen trat, die unter dem Namen des ‚Retablissement Litauens' bekannt geworden sind. Um diesen Zusammenhang sichtbar zu machen, müssen wir etwas weiter ausholen.

Den Anspruch, der sich mit der bis dahin unerhört intensiven Neuord-

[5] Vgl. dazu oben, Anm. 8, S. 76.

[6] Henning, 1969 c, S. 8 f. und S. 42. Nähme man die landlosen, unterbäuerlichen Familien hinzu, deren Zahl insbesondere seit der Jahrhundertmitte sprunghaft anwuchs, verschöbe sich das Verhältnis zugunsten des Adels. Trotzdem ist sicher, daß weit mehr als die Hälfte der Bevölkerung unter königlicher Domänenherrschaft stand, auch und gerade zur Zeit Friedrich Wilhelms I. Vgl. auch Henning, 1969 a, S. 1–4; ders., 1964.

nung eines ganzen Landesteils verband, kennzeichnet kaum etwas treffender als das impulsive Marginale des Königs selbst: „Ich will Preussen traktieren als wen ich es vom feinde eropert hette da keine Verfassung ist die soll Neu gemachet werden“ (zitiert nach Terveen, 1954, S. 28). Falsch wäre, ‚Verfassung‘ dabei ausgehend vom Konstitutionsbegriff späterer Zeit auf die Bedeutung von Verwaltungs- und Entscheidungsstruktur einzuengen, allerdings besaß gerade dieser Bereich im Reformwerk ein außerordentliches Gewicht. Wie ein roter Faden durchzieht die gesamte Regierungstätigkeit Friedrich Wilhelms I. das Bemühen, das hohe Maß an Selbständigkeit, das der ostpreußische Adel gegenüber der preußischen Monarchie besaß, einzuschränken und die ständische Opposition, die sich (bestärkt durch die ordensstaatliche Tradition des Preußenlandes) lange gegen einen direkten Einfluß des Landesherrn auf das ostpreußische Territorium wenden konnte, zu brechen. Durch eine langwierige Reorganisation der Domänenverwaltung mußte erst der Bereich der eigenen landesherrlichen Grundherrschaft, der Domänenbesitz, dem Einfluß des ansässigen Adels entzogen werden. Den ersten grundsätzlichen Schritt in dieser Richtung tat der König bereits mit einer seiner ersten Amtshandlungen in Preußen, mit der (auf Provinzialebene) seine Kammerverwaltung aus der Abhängigkeit von der adlig dominierten ostpreußischen ‚Regierung‘ gelöst wurde (Terveen, 1954, S. 23). Nur allmählich und in Ansätzen gelang unter seiner Regierung darüber hinaus der Aufbau einer königlichen Landesverwaltung, die die wesentlichen Befugnisse über das Land dem preußischen Landesherrn in Berlin oder Potsdam sicherte und dem Willen der Zentrale unterworfen war (vgl. dazu Mertineit, 1958).

Es war schon im Zusammenhang dieser Bemühungen folgerichtig, wenn Friedrich Wilhelm seine besondere Aufmerksamkeit Litauen, den an die polnische ‚Adelsrepublik‘ angrenzenden Gebieten im Norden, und auch den östlichen Ämtern zuwandte. Denn der ostpreußische Adel unterhielt seit der früheren polnischen Lehenshoheit über Ostpreußen mit den Magnaten jenseits der Grenze zum Teil enge Beziehungen, die einer Behauptung des königlichen Primats nicht günstig waren. Vor allem aber bestand in weiten Teilen dieser Bezirke ein Großteil der Bevölkerung aus Litauern und Polen, die, selbst wenn sie in ihrer Mehrheit zu den königlichen Immediatuntertanen zählten, durch Sprache und Konfession dem landesherrlichen Patron fremd und mehr ihren traditionellen regionalen und ethnischen Bindungen verhaftet blieben. Maßnahmen wie die militärische Besetzung und Markierung der polnisch-litauischen Grenze, die Unterbindung eines lokalen Wirtschaftsaustauschs im Grenzbereich oder auch das Verbot für die preußischen Grenzbewohner, im Polnischen

Äcker und Wiesen zu besitzen – „soll nit sein, dieses macht meine Bauer halb preußische, halb polnische Herzen“ (Friedrich Wilhelm I.) –, signalisieren zwar eine bewußte preußische Politik, die darauf abzielte, die königliche Machtsphäre durch eine Abgrenzung und Unterbrechung der Kommunikation nach außen zu sichern. Aber über ihre Stringenz und ihren Erfolg wird sich Friedrich Wilhelm schwerlich getäuscht haben. Denn gleichzeitig galt es seiner Regierung als eine ihrer wesentlichen Aufgaben, das in der Folge der Pest von 1709/10 verödete und entvölkerte Litauen mit Hilfe einer umfassenden Einwanderungspolitik zu ‚repeuplieren‘ [7].

Von den mutmaßlich 600 000 bis 700 000 Einwohnern, die Ostpreußen am Anfang des 18. Jahrhunderts hatte, soll mindestens ein Drittel dieser Seuche zum Opfer gefallen sein, allein die litauischen Ämter hatten mit dem Tod von 160 000 bis 200 000 Menschen den schwersten und wirtschaftlich ruinösesten Verlust zu tragen (Skalweit, 1906, S. 10; Terveen, 1954, S. 18, S. 53, S. 173, S. 178). Abgesehen vom Ausmaß der Katastrophe war der in diesem Bezirk besonders umfangreiche Domänialbesitz des Landesherrn Anlaß für das Bemühen, zuallererst hier und möglichst rasch die ungeheure Bevölkerungseinbuße auszugleichen, brachte sie doch – aus dem vom König bevorzugten fiskalischen Blickwinkel – eine empfindliche Einkommensminderung [8]. Zwar gelang es bis zum Ende der Regierungszeit Friedrich Wilhelms I. nicht vollständig, die Bevölkerungsziffer wieder auf den alten Stand zu bringen (Skalweit, 1906, S. 285). Aber die Zahl der Neuangesiedelten, die zum Teil mit dem Versprechen von Vergünstigungen und finanzieller Unterstützung aus dem Ausland angeworben und innerhalb des Zeitraums von knapp 30 Jahren im entlegenen Litauen auf brachliegende Stellen gewiesen wurden, war für die damalige Zeit groß genug, um beträchtliche Verwaltungsprobleme zu schaffen.

So groß dabei der Anteil derjenigen war, die aus dem deutschsprachigen Raum beziehungsweise dem Gebiet des ‚Reiches‘ kamen – berühmt geworden ist der Zug der vertriebenen Salzburger nach dem litauischen

---

[7] Außer der bereits genannten Literatur vgl. zu dem gesamten Komplex: Skalweit, 1906. Das obige Zitat Friedrich Wilhelms ebenda, S. 280, siehe auch S. 336. Einen Überblick gibt Schmoller, 1873, S. 48; Terveen, 1954, S. 39 f., S. 78.

[8] Um das Ausmaß des Schadens zu erfassen, muß man wissen, daß der Gesamtetat der preußischen Länder unter Friedrich Wilhelm I. anfangs zu 40 Prozent, schließlich zu 50 Prozent von den Domäneneinkünften getragen wurde, zu denen die ostpreußischen Ländereien aufgrund ihrer Größe einen recht wesentlichen Posten beigesteuert haben dürften. A. F. Riedel, 1866, S. 61, und Beilage XI. – Vgl. hinsichtlich der Einkünfte der Domänenkasse allerdings die einschränkenden Bemerkungen auf S. 218. Das ökonomische Motiv der ostpreußischen Schulinitiative hebt auch Gans, 1930, S. 28–36, hervor.

Ostpreußen (Zahlen und die ältere Literatur bei Terveen, 1954, S. 72 f., S. 74 f.) –, die Mehrzahl der neu angesetzten Bauern stellten ‚Preußen' (das heißt die dort ansässige Bevölkerung), Litauer und Polen, die zum Teil dem Ostpreußischen selbst, zum Teil den angrenzenden litauischen und polnischen Gebieten entstammten (Terveen, 1954, S. 54, S. 179, S. 182). Nach einer Tabelle aus dem Jahre 1736 stellten von 11 833 Bauernfamilien, die im königlichen Domänialbereich des Kammerbezirks Litauen siedelten, allein die Litauer (und Polen) mit rund 8000 Familien knapp 70 Prozent – die städtische Einwanderung, die ländlichen Lohnarbeiter und die auf adligem Land Ansiedelnden, bei denen mit Sicherheit ebenfalls die ‚deutschen' Familien in der Minderheit blieben, sind in diesen Angaben unberücksichtigt[9].

Man hat die Aufwendungen Friedrich Wilhelms I. für das Retablissement Litauens auf etwa 3½ Millionen Taler, für das gesamte Ostpreußen auf knapp 6 Millionen Taler geschätzt (Schmoller, 1873, S. 70; Skalweit, 1906, S. 295; Terveen, 1954, S. 176)[10]. Neben dieser Summe nehmen sich die Schulausgaben für diesen Bezirk vergleichsweise bescheiden aus, insbesondere wenn man sich vor Augen führt, daß für das Schulwesen nur die Zinsen, nicht die volle Summe der 50 000-Taler-Stiftung zur Verfügung standen. Aber offenbar vermochten allein die Verhältnisse Ostpreußens, speziell Litauens, den König überhaupt zu veranlassen, über die übliche bloße Verordnungspraxis hinaus auch finanzielle Opfer für das Schulwesen zu bringen. Im Rahmen des ostpreußisch-litauischen Retablissements, das prinzipiell aus dem abgelegenen und verödeten Land erst einen ökonomisch leistungsfähigen und lenkbaren Bestandteil des preußischen Gesamtstaats machte, haben wir drei Tätigkeitsfelder der königlichen Verwaltung betont: das Zurückdrängen ständischen Einflusses auf die inneren Regierungsgeschäfte, die Konsolidierung des Terrains gegen außen und schließlich die Kolonisation[11]. Von allen dreien her lassen sich

[9] Skalweit, 1906, S. 284; Schmoller, 1898 a, S. 588. Unklar bleibt allerdings bei beiden Autoren, ob sich die genannten Zahlen auf den gesamten Bauernbestand der königlichen Domänen im Litauischen Bezirk oder nur auf die ‚neu auf Huben angesetzten' Bauernfamilien beziehen. Aber selbst wenn das erstere zuträfe, würden die litauischen Familien unter den Neuansiedlern die Mehrheit stellen. Skalweit schätzt, daß mit Sicherheit 4000 litauische gegenüber 3700 Salzburger, Schweizer, Nassauer und anderen deutschen Familien zu den Kolonisten zu zählen sind.

[10] Zur Höhe des Gesamtetats vgl. Exkurs 2 im Anhang.

[11] In den genannten Maßnahmen erschöpfte sich das Retablissementwerk nicht. In seinen Zusammenhang gehören beispielsweise die Bemühungen um die Einführung der ‚Deutschen Wirtschaft' im Domänialbereich beziehungsweise eine den Einwohnern ganz und gar ungewohnte bis in alle Einzelheiten reichende Reglementierung der landwirtschaftlichen Arbeit (Terveen, 1954, S. 54–59). Auch die Reihe von Stadtgründungen in jener Zeit diente abgesehen vom militärischen Zweck wirtschaftlichen Zielen; zusätzlich zu den Verbindungen, die das Land mit den mittleren Provinzen verketteten, sollte die

unschwer Verbindungen zur Schulreform ziehen. Ihr ging übrigens auch eine Reorganisation und im geringeren Maße eine Vermehrung der Kirchen parallel: etwa 50 Kirchen sollen unter Friedrich Wilhelms Regierung im Litauischen teils neu begründet, teils neu gebaut worden sein (Skalweit, 1906, S. 236; Terveen, 1954, S. 141, spricht nur von 11 Kirchen).

Den zwingendsten Anstoß gab dieser Förderung der Kirchen und dem Aufbau eines elementaren Schulwesens zweifellos die Tatsache, daß in den Grenzbezirken ein Großteil polnischer und litauischer Bevölkerung lebte, der im Zuge der Kolonisation noch ständig einen Zustrom von jenseits der Grenze erhielt. Das dauerhafte Mißtrauen Friedrich Wilhelms I. gegenüber den Ansiedlungen aus dem Polnischen und generell den ‚nichtdeutschen' Untertanen (Schmoller, 1898a, S. 586; Skalweit, 1906, S. 257f., S. 280, S. 336; Terveen, 1954, S. 37, S. 175, S. 183) zeigt deutlich, wie wenig befriedigend der König diese Situation empfand. In der Tat drohten ihm die andersgläubigen fremdsprachigen Bauern allzuleicht wieder verlorenzugehen – bei den Neuangesiedelten sollen nach einer Schätzung von 100 etwa 50 wieder entlaufen sein (Skalweit, 1906, S. 285; Terveen, 1954, S. 77) –, solange nicht zu der äußerlichen Markierung der Grenze und den derben, aber lückenhaften Zwangsmitteln eine innere, religiös fundierte Bindung der Untertanen trat, die dem preußischen Territorium erst eine dauerhaftere Geschlossenheit sicherte[12]. Cha-

---

Verbesserung der Binnenstruktur den internen Wirtschaftsaustausch beleben – im Sinne einer Isolierung von der fremdstaatlichen Nachbarschaft, deretwegen dann auch der Ausbau der Wasserstraßen unterbleiben sollte! (Terveen, 1954, S. 39–44, S. 47.)

[12] Vgl. in diesem Zusammenhang ein Kabinettschreiben Friedrich Wilhelms vom 10. 10. 1738, wo er schreibt: „Anlangend die besorgende desertiones der Untertanen nach Polen, so habe ich längst gesaget, daß die Litauer nichts nutze sind. Dahero das beste ist, daß ihr diese Leute, insonderheit die Römisch-Katholischen, da weg nehmet und mitten im Lande wieder ansetzet, hingegen wieder gute teutsche protestantische Bauren an jener Stelle in denen Gränzörtern hinsetzet, welche nicht weglaufen werden." Zitiert nach Skalweit, 1906, S. 336. – Es ist seit Knapps Untersuchungen bekannt, daß Teile der preußischen Verwaltung und schließlich der König selbst in diesem Zusammenhang – und gleichzeitig auch, weil man sich eine wirtschaftliche Leistungssteigerung erhoffte – beabsichtigten, die offenbar besonders krasse Form der Leibeigenschaft der ostpreußischen Domänenbauern aufzuheben, die vielen von ihnen die polnischen Verhältnisse attraktiver erscheinen lassen mußten als das Zwangsleben unter dem königlich-preußischen Herrn (Knapp, 1887, hier Bd. 2, S. 3ff.). Nicht nur in älteren Darstellungen (Gans, 1930, S. 30f.), sondern bis heute (Aumüller, 1974, S. 52) werden die entsprechenden Überlegungen gern in engen Zusammenhang mit den schulpolitischen Maßnahmen gebracht. Freilich sollte man dabei nicht übersehen, daß die Aufhebung der Leibeigenschaft beziehungsweise die Besserung der bäuerlichen Besitzrechte für das 18. Jahrhundert in Ostpreußen schlicht papierne Erklärung geblieben sind (dazu kritisch schon Knapp, 1887, Bd. 2, S. 92f.). Fragwürdig waren die entsprechenden Proklamationen darüber hinaus schon vom Prinzip her, weil sie nur darauf zielten, den Zustand der Kurmark in Ostpreußen einzuführen, mit anderen Worten den grandiosen Akt einer ‚Befreiung

rakteristischerweise gingen mit den schulpolitischen Aktivitäten in den litauischen Bezirken unter der Regierung Friedrich Wilhelms darum auch von Anfang an Bemühungen einher, die deutsche Sprache in beziehungsweise über Kirchen und Schulen in Preußisch-Litauen einzuführen und durchzusetzen. Zugleich wurden litauische Übersetzungen des bis dahin der Bevölkerung gar nicht greifbaren Katechismus, ja selbst der Bibel besorgt und neben einer Reihe religiöser Erbauungsbücher mit staatlicher Subvention verbreitet (Vollmer, 1909, S. 42f.; Terveen, 1954, S. 89 f., S. 132 f., S. 140). So widersprüchlich dies doppelte Vorgehen zunächst scheinen mag, unter der übergreifenden Zielsetzung, auf die durch Sprache und Tradition abgeschirmten Einwohner des Landstrichs Einfluß zu gewinnen und ihnen bestimmte Wertvorstellungen einzupflanzen, die sich politisch nur günstig auswirken konnten, fügen sich die sprachpolitischen und die Übersetzungsmaßnahmen ohne weiteres zusammen.
Eine Rolle spielte bei der Sorge für Kirchen und Schulen im litauischen Bezirk sicherlich auch das verschiedenen ‚deutschen' Ausländergruppen gegebene Versprechen des Königs, für die entsprechenden Institutionen im neuen Land aufzukommen (Vollmer, 1909, S. 57). Aber es finden sich genügend Beispiele dafür, daß der preußische Staat gegebenenfalls vor einer Rücknahme derartiger Zusicherungen nicht zurückschreckte (Skalweit, 1906, S. 255; Terveen, 1954, S. 54; Mertineit, 1958, S. 135). Entscheidender dürfte auch hier das eigene Interesse des Landesherrn gewesen sein, die Vielzahl der zum Teil mißtrauischen und störrischen Menschen, die innerhalb relativ kurzer Zeit und unter großen persönlichen Schwierigkeiten ins abgelegene Litauen verpflanzt wurden, über Kirche und Schule als treue Untertanen und Steuerzahler auf sich zu verpflichten[13]. Angesichts des Plans einer Ausweitung des Retablissements auf die südlichen polnischen Ämter Ostpreußens und entsprechender Kolonisationsmaßnahmen – Friedrich Wilhelm sprach kurz vor seinem Tode von der Anwerbung weiterer 50 000 auswärtiger Siedler, mit denen sich die Gesamtzahl der Kolonisten in Ostpreußen seit der Pest

zur Erbuntertänigkeit' darstellten (vgl. dazu die Dokumente bei Knapp, 1887, Bd. 2, zum Beispiel S. 9f., S. 13, S. 21f., S. 28). Über die wahre Bedeutung der betreffenden Veränderung hätte der König nach Skalweits Meinung eigentlich selber mit der kräftigen Marginale urteilen müssen, mit der er sonst Scheinprojekte kennzeichnete: „Wind, Wind, Wind!" (Skalweit, 1906, S. 204–209). – Es weckt grundsätzlich falsche Vorstellungen, wenn man in diesem Kontext vom „Bündnis" des absoluten Monarchen mit den Bauern gegen den Adel spricht (Aumüller, 1974, S. 53).

[13] Es scheint von mehr als nur marginaler Bedeutung, daß unmittelbar nach der Ankunft des etwa 15 000 Köpfe zählenden Salzburgerzuges in Ostpreußen eine eigens errichtete Kommission umherreiste, die den Neuankömmlingen den Eid auf den Landesherrn abnahm – übrigens nicht ohne Schwierigkeiten, da die Salzburger bei dieser Gelegenheit besondere Vergünstigungen ertrotzen wollten. Terveen, 1954, S. 74.

verdoppelt hätte (Mertineit, 1958, S. 34 f., S. 133, S. 145, S. 152) – mußte ein entsprechendes Motiv besonderes Gewicht gewinnen. Daß es (ganz abgesehen von den Streitigkeiten zwischen den Siedlergruppen – Terveen, 1954, S. 181) im Verhältnis zur preußischen Obrigkeit ohne Spannungen auch bei den westlichen Einwanderergemeinden nicht abging, verdeutlicht das folgende Beispiel, das zugleich über die durch und durch staatliche Funktion der Kirche Aufschluß gibt:

1722 kam es zum Konflikt mit der etwa um 1711 angesiedelten Schweizerkolonie im litauischen Departement. Entgegen der bei der Einwanderung gegebenen Zusicherung sollten nach des Königs Willen die Schweizer, die bis dahin lediglich Abgaben an den König zu entrichten hatten, nunmehr auch zu Diensten auf den königlichen Gutsbetrieben, dem sogenannten Scharwerk, verpflichtet werden. Zwar ‚mit Tränen im Auge', aber entschlossen kündigten Abgesandte der Schweizer daraufhin den königlichen Verwaltungsbeamten ihren nachhaltigen Widerstand an: freiwillig würden sie ihren Ruin nicht auf sich nehmen, den das Scharwerken, wie bereits bei den umliegenden Gemeinden ersichtlich, bedeute. Da das gewaltsame Vorgehen, das Friedrich Wilhelm gegen diese „Rebellen, solch Schelmkrop" daraufhin anordnete, letztlich seinen eigenen Interessen schadete – die Schweizer galten gemeinhin als gute Bauern –, verlegte sich Dohna, Mitglied der ostpreußischen ‚Regierung', auf ein geschickteres Mittel. Gewissermaßen auf dem Dienstweg – die Kirche gehörte in den Kompetenzbereich der alten ‚Regierung' – übermittelte er dem Schweizerprediger die Anordnung, die Sache nach von ihm gegebenen Richtlinien zum Gegenstand einer Predigt zu machen, um auf diese Weise die halsstarrigen Schweizer doch noch willig zu stimmen. Wir sind heute über den Inhalt der Anweisung, auch über den Erfolg der Predigt unterrichtet, die schließlich dahin wirkte, daß eine Schweizer Deputation Dohna erklärte, sich dem Willen des Königs fügen zu wollen, und beim König Abbitte leistete. Denn der Prediger hatte gemäß Dohnas detaillierter Vorschrift: „seinen verirrten Schafen (vorgestellt), daß Gott Könige einsetzet und in ihre Hände Gewalt giebet, Sie also nichts ohne des Höchsten Willen tun ... also man ohne rebellion dem Willen und Befehl derjenigen sich nicht widersetzen kann, die wie Unser König wahrhaft Säulen der Kirche sind; dass ... wann sie auf ihrer Widerspenstigkeit verharret, (die Kolonie) sich und ihre famillen ins äußerste Elend stürzen, und Gott darüber Schwere Verantwortung von Ihnen fordern würde ...". Derart ‚kräftigen Motiven' hatte die Gemeinde, wie der Geistliche an Dohna berichtete, nicht Widerstand zu leisten vermocht; die meisten hätten sofort zu weinen angefangen[14]. – Man wird die Bedeutung der Kirche für die Ausbreitung und Wahrung des staatlichen Einflusses, nach dieser Begebenheit zu urteilen, nicht unterschätzen dürfen. Daß für die Schulen nichts anderes gilt, dafür spricht die enge verwaltungsorganisatorische und innere Verbindung der beiden Institutionen.

Nicht zuletzt wird auch jener Impetus des Königs, der sich gegen den lange vorherrschenden ständischen Einfluß selbst auf den eigenen Amts-

[14] Skalweit, 1906, S. 266–268. Der Briefwechsel zwischen Dohna und dem Prediger ist auf S. 328 f. abgedruckt.

bereich richtete, dem Ausbau der Schul- und Kirchenorganisation vorangeholfen haben. Kaum anders denn als Teil eines grundlegenden ‚machtpolitischen' Konflikts ist der hinhaltende Widerstand des Adels gegen die landesherrlichen Maßnahmen auch auf dieser Ebene zu interpretieren (Notbohm, 1959, S. 35) – angefangen vom Einspruch gegen Bestellungs-, Aufsichts-, Weisungsbefugnis der Superintendenten beziehungsweise des Konsistoriums gegenüber dem Adel und seinen Geistlichen (Terveen, 1954, S. 90 f.) bis hin zum Versuch, beim Ausbau des Schulwesens ‚freye Hand' zu bekommen. Ebensowenig war es wohl allein religiöse Vorliebe für die Pietisten, die den König dazu veranlaßte, für die Bestellung auf eine ostpreußische Pfarrstelle neben der Zustimmung des Konsistoriums – in dem der adlige Einfluß immer virulent blieb – eine Prüfung der Kandidaten durch die Königsberger Fakultät obligatorisch zu machen (Terveen, 1954, S. 116 f., S. 161; Notbohm, 1959, S. 24 f.)[15].

Von Friedrich Wilhelm I. erfahren wir über die Motive seiner litauischen Schulreform wenig mehr als die knappe Aussage: „Denn wenn ich baue und verbessere das Land und ich machte keine Christen, so hilfet mir alles nit." Was er darunter gefaßt haben mag, erläuterte des Königs oberster Beamter im litauischen Departement dagegen ausführlich, wenn er schrieb: „In den Schulen würden die Untertanen einmal lernen, dem Könige zu geben, was des Königs ist, und Gott, was Gottes ist, und daß ihnen gleich in der Jugend eingepräget werde, was die Schrift erfordert: fürchtet Gott, ehret den König, und sich endlich einmal über das bestän-

[15] Mochten auch die Zielsetzungen des Halleschen Pietismus ursprünglich universaler sein, er ist unter Friedrich Wilhelm I. zu einer Art Staatsreligion geworden. Dabei fügte den preußischen Absolutismus und die religiöse Bewegung A. H. Franckes um so fester zusammen, daß auch ihre jeweiligen Gegner, Ständegewalt und alte lutherische Orthodoxie, eine enge Koalition bildeten: Politische Auseinandersetzung und kirchlicher Konflikt durchdrangen einander, wie gerade die Vorgänge in Ostpreußen unter der Herrschaft Friedrich Wilhelms I. besonders sinnfällig demonstrieren. Vgl. dazu vor allem Hinrichs, 1971, S. 231–300. (Über die Schulreform aus dieser Sicht: S. 237–241, S. 271–278.) – Siehe auch die ältere Darstellung von Borrmann, 1913. – Die Wirkung des Pietismus blieb nicht auf einzelne Provinzen beschränkt: Noch vor Ablauf der ersten fünf Jahre seiner Regierungszeit setzte Friedrich Wilhelm I. fest, daß ausschließlich Theologen aus Halle die Posten der Feldprediger einnehmen sollten; bei der Bedeutung, die diesen Stellen für die innerkirchliche Verwaltung zukam (vgl. oben Anm. 4, S. 48 f.), lief die Maßnahme darauf hinaus, die gesamte lutherische Kirche dem Einfluß des staatstreuen Pietismus zu öffnen (Hinrichs, 1971, S. 155 ff.). Ein frühes Dokument der Affinität, die die Franckesche Erweckungsbewegung mit dem preußischen Landesherrn verband, ist schließlich der Plan, den Francke am Anfang des 18. Jahrhunderts zu einer umfassenden inneren Reform Brandenburg-Preußens entwarf; nicht den geringsten Platz nahmen darin die Vorschläge ein, die partikularen Gewalten in Kirchen- und Justizverwaltung zu brechen (Deppermann, 1961, S. 148 ff., S. 172 ff.).

dige Nehmen und Fordern ein Gewissen machen mögen." [16] Nun bezog sich der letzte Passus nicht etwa auf die Dienste und Abgaben, die der König ‚beständig' einforderte, sondern war spezifisch auf die ostpreußischen Kolonisten gemünzt, die beim König um Vergünstigungen und Erleichterungen für eine Reihe von Jahren nach der Ansiedlung (und bei Mißwachs) nachsuchten. Geht man von dieser Äußerung aus, so differierte die Zielsetzung jener litauischen Schulgründungen schwerlich von einer mehr auf die Kernländer bezogenen Schulpolitik des Landesherrn, für die das Motiv bestimmender gewesen sein mag, längst ansässige Bauern und Tagelöhner aus dem Bereich der adligen Gutsherrschaft in die landesherrliche Einflußsphäre zu heben. Das Ziel eines willfährigen Untertanen, der für die Weisungen und Forderungen des Landesherrn zugänglich war, gab gewissermaßen die generelle schulpolitische Richtlinie.

Wesentlich in Richtung einer Intensivierung der zentralen Maßnahmen und Aufwendungen für das Schulwesen wirkte es offenbar, wenn die Landesherren der Schule im Rahmen ihrer Grenz- und Integrationspolitik die Funktion einer ‚Prussianisierung' der Bevölkerung zudachten [17]. Soviel läßt sich aus unserer Darstellung der ostpreußischen Schulgründungen verallgemeinern, denen charakteristischerweise unter Friedrich Wilhelm I. auch nicht der Schatten einer weiteren Schulinitiative in den übrigen Teilen der Monarchie gefolgt (oder vorangegangen) ist (Vollmer, 1909, S. 93–98). Die Bedeutung der Prussianisierungspolitik für die Entwicklung des Elementarschulwesens im 18. Jahrhundert lag also nicht so sehr in einer spezifischen schulischen Zielsetzung, die sich etwa mit dieser Politik verbunden hätte, sondern vielmehr darin, daß sich in die-

---

[16] Zitiert nach Skalweit, 1906, S. 234. Ähnlich offenbar der König auch selbst im Jahr 1721. Terveen, 1954, S. 31. Terveen bleibt an der Oberfläche, im übrigen auch den Beweis schuldig, wenn er sich mit der Erklärung begnügt: „Das litauische Retablissement (war) für den König ganz wesentlich auch ein Bau am Reiche Gottes auf Erden", ebenda S. 5. Denn was besagt des Königs Aussage (aus der Proklamationsurkunde seiner ostpreußischen Schulstiftung; Lewin, 1910, S. 52), wenn, wie wahrscheinlich, ihm das Reich Gottes just in der – etwas vollkommeneren – Gestalt seines brandenburgisch-preußischen Staates vorschwebte.

[17] Bezeichnend scheint uns in diesem Zusammenhang das Urteil, das der bekannte und einflußreiche Berliner Oberkonsistorialrat Süßmilch über den Erfolg der ostpreußischen Schulmaßnahmen um die Mitte des Jahrhunderts fällte. Von Interesse ist dabei freilich weniger, daß er 1756 positive Auswirkungen glaubte konstatieren zu können, als vielmehr, was er zu diesen zählt, wenn er feststellt: „Der alte eigensinnige Litauer ist durch die achtzehnjährige Bemühung Friedrich Wilhelms I. um das Schulwesen fast ein ganz anderer Mensch in der bürgerlichen Gesellschaft geworden, kennt und übt auch jetzt die Pflichten gegen die Obrigkeit, und besonders die in den Schulen gebildete Generation. Welch schöne Belohnung der darauf gewandten Kosten!" (Zit. nach Heubaum, 1905, S. 169; auch Thilo, 1867, S. 25 f.)

sem Zusammenhang in starkem Maße entschied, ob etwas oder jedenfalls wieviel für den Aufbau von Landschulen getan wurde.

Hemmfaktoren der Schulentwicklung

Im übrigen enthält unsere Skizze der ostpreußischen Schulreform eine Reihe von Hinweisen auf Bedingungen, die praktisch überall den erfolgreichen Ausbau des Schulwesens hemmen mußten. An erster Stelle ist dabei die komplizierte Herrschaftsstruktur zu nennen, die den adligen Kompetenzen ein außerordentlich großes Gewicht verlieh. Selbst in Ostpreußen zeigte sich trotz des Überwiegens königlichen Besitzes frühzeitig, daß eine wirksame Organisation des elementaren Schulwesens nicht zu erreichen war, ohne daß auch die adligen Gebiete mehr oder weniger direkt in die Planung einbezogen wurden (wozu andererseits den königlichen Instanzen gerade die hinreichenden Befugnisse fehlten). Zu eng waren aufgrund der Streuung der Herrschaftssphären landesherrliche und Gutsbezirke ineinander verschränkt, als daß sich in den Schulkreisen die königlichen und die adligen Besitzungen hätten wirklich voneinander scheiden lassen.

Wie eine genaue Analyse der Besitz- und der Schulverteilung im samländischen Gebiet Ostpreußens nördlich Königsberg (das zum deutschen Departement zählte) zeigt, griffen – wenigstens auf dem Papier – die Schulbezirke großenteils über die Grenzen der unterschiedlichen, adligen und königlichen Herrschaftsbereiche hinweg. Schulen, für deren Errichtung und äußere Verwaltung ein adliger Gutsherr aufkam, hatten die Kinder königlicher Untertanen aufzunehmen, in noch viel höherem Maße aber waren adlige Gemeinden zu königlichen Schulbezirken geschlagen. Der Absicht, Einfluß auf die vom Adel abhängige Bevölkerung zu gewinnen, mußte eine derartige Regelung sicherlich entgegenkommen. Nicht zu übersehen sind aber die Hemmnisse, die sich daraus für den Fortgang und den Gesamterfolg der Schulorganisation ergaben: Denn das Tempo der Entwicklung bestimmte der langsamere adlige Partner, dem – nach allem, was wir über die Haltung des ostpreußischen Adels unter Friedrich Wilhelm I. wissen – vielleicht weniger die Geldmittel als jedenfalls die Motive und die Bereitschaft fehlten, wie königliche Instanzen für Schulen zu sorgen oder die abhängige Einwohnerschaft einigermaßen energisch zum Schulbesuch anzuhalten [18].

---

[18] Die hemmende Wirkung des Adels heben die anläßlich einer Revision des litauischen Schulretablissements eingeforderten Berichte der Inspektoren beziehungsweise Erzpriester, wie sie in Ostpreußen hießen, besonders hervor (vgl. Notbohm, 1959, S. 41). Kunheim, Leiter der mit dem Schulaufbau betrauten Kommission, faßte den Tenor

Wenn noch am Ende der Regierungszeit Friedrich Wilhelms I. die Schulreform unvollendet steckenzubleiben drohte, so trug dazu wohl maßgeblich die von offener Weigerung bis zur schleppenden Nachlässigkeit reichende Haltung des Adels bei. Denn ihm war aufgrund der Streulage der Herrschaften ein weit größerer Einfluß auf die Sache eröffnet, als dies nach der rein quantitativen Besitzverteilung zu vermuten wäre (Reicke, 1910, S. 11, S. 75, S. 99–103; Vollmer, 1909, S. 61).

Daneben gab noch ein anderer Umstand dem ostpreußischen Adel die Möglichkeit, seine Opposition gegen den Ausbau der Schulen auf dem Lande besonders wirksam zur Geltung zu bringen. Wie schon erwähnt, lag eines der Hauptinteressen, aber auch eine der wesentlichen Schwierigkeiten für die ostpreußische Retablissementspolitik des Landesherrn in dem Aufbau einer einflußreichen, zentral gesteuerten Provinzialverwaltung, deren erfolgreiche Organisation wohl erst im Zuge der preußischen Reform am Anfang des 19. Jahrhunderts gelungen sein dürfte. Gerade die oft nur halbherzigen oder abwertenden Stellungnahmen in den Schulangelegenheiten, die der alten ‚Regierung' in Ostpreußen nach der Herauslösung wichtiger Ressorts aus der früheren Machtfülle als ein Teil der ‚geistlichen Sachen' geblieben waren, verrieten den Einfluß adliger Argumentationen (zum Beispiel Vollmer, 1909, S. 42 f., S. 46–48, S. 56). Nicht von ungefähr kam auch das königliche Mißtrauen gegen die untergeordnete Instanz, das Konsistorium, da seine Mitglieder zuweilen mehr im Sinne ihrer Standesgenossen votierten, als daß sie den bischöflich-landesherrlichen Anweisungen Folge leisteten (Terveen, 1954, S. 116 f.; Notbohm, 1959, S. 24 f.). Gravierender war aber der Mangel, daß die einzelnen (zum Teil neu geschaffenen) Verwaltungsorgane, die den königlichen Willen repräsentierten, kaum einheitlich handelten, sondern sogar entsprechend ihren Ressortinteressen verschiedentlich gegeneinander arbeiteten.

Die langwährende Anlaufperiode, in der die ostpreußische Schulreform nicht über Projekte hinausgelangte, verlängerte sich nicht zuletzt auch, weil eine Reihe von Plänen am Einspruch der Kammer-(und Kassen)verwaltung scheiterten. Diese richtete ihre Stellungnahmen an dem doppelten fiskalischen Kriterium aus, wieweit die erforderliche Aufwendung kurzfristig eine möglichst hohe Rendite erzielte oder wenigstens die wichtigste staatliche Einkommensquelle: der preußische Bauer, nicht durch zu-

---

dieser Aussagen gegenüber dem jungen König Friedrich II. dahin zusammen: „daß derselbe (der Adel) aufgebracht worden, sich dem Werk zu opponieren, in der Hoffnung, es würde unter SKM Regierung das Schulwesen aufhören, und also auch der Adel nach der alten Weyse die Schulen und Schulmeister als unnöthige und der Wirtschaft hinderliche Dinge füglich entbehren können", ebenda.

sätzliche Belastungen für die Schule in seiner ohnehin prekären steuerlichen Leistungsfähigkeit gefährdet wurde (Vollmer, 1909, S. 62; ders., 1918, S. 66). Der endgültige General-Schulenplan von 1736 sowie wenig später die Durchführung einer ergänzenden Revision, die schon in die Regierungszeit Friedrichs II. fiel, wurden der Kammer von der Schulkommission in zähen Auseinandersetzungen förmlich abgerungen (Vollmer, 1909, S. 68–78). In ihrem Verlauf mußten einzelne Mitglieder der Kommission, obwohl sie sich ebenfalls auf königliche Weisungen berufen konnten, geradezu um ihre Existenzgrundlage bangen (Vollmer, 1918, S. 3–16).

Der Fortgang der ostpreußischen Schulentwicklung beweist die Grundsätzlichkeit der geschilderten institutionellen Auseinandersetzung, in der letztlich auch die innere Interessendivergenz der landesherrlichen Politik zum Ausdruck kam. Zugleich läßt er einen dritten Hemmfaktor der Schulentwicklung erkennen: den Mangel an finanzieller Förderung, den — aufgrund der Instabilität des landesherrlichen Interesses — das bisher so bevorzugte Schulwesen Ostpreußens nun mit dem anderer Provinzen teilte. Unklar ist, wieweit sich die Situation in der Folge des siebenjährigen Krieges (1756—1763) in Ostpreußen verschärfte. Beim siegreichen Einmarsch des russischen Heeres, das über längere Zeit das ostpreußische Gebiet besetzt hielt, waren zahlreiche Schulen zerstört worden. Doch scheint sich das russische Oberkommando zu gewissen Wiederaufbauleistungen bereit gefunden zu haben. Selbst wenn diese Bemühungen unzureichend blieben, dürften sie sich praktisch im Rahmen dessen bewegt haben, was die königlich preußische Landesverwaltung für die Masse der Landschulen aufwandte [19].

Denn Kirchen und Schulen, überhaupt die schulpolitischen Belange, teilten in der weiteren Entwicklung das Schicksal Ostpreußens, das unter der Regierung Friedrichs II. insgesamt an die Peripherie des staatlichen Interesses rückte. Schwerlich war dieser landesherrliche Perspektivenwechsel

[19] Vollmer, 1918, S. 38–40, behauptete sogar, daß sich die Zahl der Landschulen am Ende des Krieges nicht vermindert, sondern noch vergrößert hatte. Wesentlich skeptischer schätzt Notbohm, 1959, S. 59 f., die Maßnahmen der russischen Militärverwaltung ein. Entsprechend findet sich in seiner Darstellung auch kein Hinweis darauf, daß die russische Okkupationsverwaltung in den Jahren 1758–62 tatsächlich die Summe von 26 000 Talern zur Organisation des Schulwesens aufgebracht habe, von der Vollmer (1918, S. 236) berichtet. Seinen Angaben zufolge scheint es eher, daß im Zuge eines Wiederaufbauprogramms in der Nachkriegszeit, für das Friedrich II. 100 000 Taler aus seiner Dispositionskasse bewilligte (Mertineit, 1958, S. 94 f.), in den Jahren 1768–70 25 000 Taler auf Kirchen- und Schulreparaturen verwandt worden sind (Notbohm, 1959, S. 59 f.). Wie eine detaillierte Aufschlüsselung dieser Bauetatsumme beweist, kam der Betrag in erster Linie einigen ausgewählten zerstörten Kirchen-, Pfarr- und Wirtschaftsgebäuden zugute; nur vereinzelt wurden auch Kirchschulen in den Wiederaufbau einbezogen, von der Masse der Dorfschulen ganz zu schweigen (Notbohm, 1959, S. 199).

allein auf die geographische Randlage des Landes zurückzuführen, von der nach unseren bisherigen Überlegungen ja gerade ein wesentlicher Anreiz zur aufwendigen politischen wie ökonomischen oder besser fiskalischen Integration der Region in das gesamtpreußische Territorium ausgegangen war, obwohl sicher auch militärische Erwägungen Friedrich II. veranlaßt haben, sich stärker auf die mittleren Provinzen zu beziehen. In hohem Maße hing die ‚Vernachlässigung' der ostpreußischen Provinz damit zusammen, daß andere Grenzgebiete wie Schlesien oder später Westpreußen die Aufmerksamkeit des Königs fesselten (Mertineit, 1958, S. 39–52). Was die ostpreußische Schulentwicklung anlangt, brachte die fast ein halbes Jahrhundert währende friderizianische Ära nach der intensiven Begründungsphase also eine Epoche des „Stillstands und Rückschritts" (Notbohm, 1959, S. 187). Von einer Erweiterung des ländlichen Elementarschulwesens läßt sich nur unter Vorbehalt sprechen; gefährdet war schon die Wahrung des Bestehenden, wie es beispielsweise Höhe und Art der Lehrerbesoldung oder die Ausstattung des Reparaturbaufonds beweisen.

Die Bereitstellung von Mitteln für die Instandhaltung der Schulen war in Ostpreußen schon deshalb besonders wichtig, weil beim Neubau der Schulgebäude nach der erklärten Absicht Friedrich Wilhelms lediglich auf eine Haltbarkeit von „nicht länger als 20 Jahre(n)" abgestellt worden war: „Die Posterität möchte alsdann auch sorgen, wenn neue Gebäude zu errichten wären" (zitiert nach Terveen, 1954, S. 116). Insofern überantwortete die Einschränkung staatlicher Reparaturzuschüsse auf die Kirchschulen unter Friedrich II. die Masse der leicht gebauten Dorfschulen der geringen Leistungsfähigkeit und Bereitschaft meist mittelloser Gemeinden, das heißt im Grunde dem Verfall [20]. Aber auch die Unterhaltung der Kirchschulbauten war nur mangelhaft gesichert, da die Mittel, die ihnen aus dem entsprechenden Fonds – gegenüber Kirchen, Pfarr-, Pfarrwitwen-, Präcentor-, Glöcknerhäusern sowie deren Wirtschaftsgebäuden schwerlich an erster Stelle – zugewiesen wurden, allzu spärlich bemessen waren. Dem deutschen Departement stand für diesen Zweck seit den Tagen Friedrich Wilhelms ein festes jährliches Quantum von 3200 Talern zur Verfügung (Notbohm, 1959, S. 61), während im litauischen Bezirk erst seit 1753 eine regelmäßige Summe von 1500 Talern aus der staatlichen Kasse sowie die Einkünfte aus vier eigens dafür

[20] Schon die Revision aus dem Jahre 1741 fand eine Reihe der gerade neu errichteten Schulen aufgrund ihrer überaus leichten Bauweise in baufälligem Zustand. Besonders kraß veranschaulichte diesen Befund das Beispiel eines Kirchspiels, wo vier der insgesamt fünf Landschulen, die erst im Jahre 1738 errichtet worden waren, bereits wieder zusammenzustürzen drohten (Vollmer, 1909, S. 93).

ausgeschriebenen Kollekten (!) zur jährlichen Disposition gestellt waren (Notbohm, 1959, S. 74). Insgesamt waren diese Beträge so knapp, daß die einzelnen Kirchengemeinden ihre Teilsummen bei der Kasse über eine Reihe von Jahren stehenließen und zu kumulieren hofften, um überhaupt eine hinreichende Baufinanzierung für ihre jeweiligen Vorhaben zu garantieren. Wenn dann noch die Kammer, die zuständige Kassenverwaltung, diese Mittel unter der Hand einfach anderen Zwecken zuführte, bestätigte sich vollends der letztlich geringe Stellenwert, der dem kirchlichen und schulischen Bereich von staatlicher Seite real zugebilligt wurde (Notbohm, 1959, S. 64 f.). Freilich war in diesem Fall nicht nur die durchgängige Maxime maßgeblich, nach der die Aufwendungen für Kirchen und Schulen wegen ihres geringen unmittelbaren, schon gar nicht finanziellen Nutzens zu den vernachlässigungswerten Investitionen zählten [21].

Die ostpreußischen Kammern handelten gewissermaßen unter dem Zwang, den das extreme fiskalische Interesse des Königs auf sie insgesamt übte: denn er entzog ihrem angesichts des Aufgabenfeldes schmalen Etat, aus dem sie in eigener Regie alle außerordentlichen Maßnahmen und Verbesserungen in der Provinz, unter anderem die Unterhaltung der

---

21 Abgesehen von den militärischen Präferenzen scheint gerade dies auf den unmittelbaren, in klingender Münze sich auszahlenden Ertrag gerichtete Denken für die Starre und Einseitigkeit der preußischen Strukturpolitik verantwortlich, die wesentliche Bereiche darüber vernachlässigte. An die Grenzen der staatlichen Ressourcen ist der preußische Fiskus über die Bildungspolitik nie geraten – darüber wird die Aussage aber nicht falsch, daß der gesellschaftliche Reichtum nur eine bestimmte, gegenüber den heutigen Verhältnissen noch immer unscheinbare Ausprägung eines Bildungssystems zugelassen hätte. Ein schlagendes Indiz für die viel weitergehenden Möglichkeiten des preußischen Staates ist die Tatsache, daß es Friedrich II. trotz seiner das Land erschöpfenden Kriege gelang, einen Staatsschatz zu thesaurieren, der den jährlichen Etat um ein Mehrfaches überstieg (vgl. Anhang, Exkurs 2). Bezeichnend ist auch die Situation, in der sich die ostpreußische Finanzverwaltung am Ende der friderizianischen Regierungszeit befand. Kaum in der Lage, ihren laufenden Verpflichtungen, etwa den Remissionsforderungen der Bevölkerung (s. u.), nachzukommen, sah sie sich der königlichen Verordnung konfrontiert, die gewaltige Summe von mehr als 100 000 Talern in unmittelbar und hoch verzinsliche Meliorationsprojekte zu stecken. Angesichts dieser Bedingung raschen Gewinns blieb der Kammer nicht anderes, als das Geld auf Scheinmeliorationen, eher schon Spekulationen zu verwenden, wichtige Siedlungs- und längerfristige Meliorationen aber zu unterlassen (Mertineit, 1958, S. 168). – In diesen Zusammenhang gehört auch, daß die 100 000 Taler, die Friedrich II. 1772 zur Einführung der ‚englischen Wirtschaft‘ in der Kurmark als Kreditsumme für Pächter und adlige Landwirte bereitstellte, offenbar nicht einmal zur Hälfte untergebracht wurden. Über die Hälfte des Geldes mußte – zu einem niedrigen Zinssatz – auf der Bank eingelagert werden, bis die Überlastung der Bank (!) schließlich die Überweisung der Summe in die Kasse des Fiskus (für a. o. Ausgaben) erzwang. Das Schulwesen partizipierte insofern an dieser Entwicklung, als für seine Finanzierung die Zinsen vorgesehen worden waren; immerhin erklärte sich die Finanzverwaltung angesichts der Sachlage wenigstens bereit, die entsprechende Summe aus dem laufenden Etat zur Verfügung zu stellen (Vollmer, 1918, S. 146 f.).

Kirchen- und Schulgebäude, finanzieren sollten, im Verlauf seiner Regierung rund die Hälfte an Mitteln (Mertineit, 1958, S. 86, S. 97). Auch so dringenden Verpflichtungen wie den Remissionsforderungen, die die Landwirte der Domänen, aber auch Adlige und freie Bauern (Köllmer) bei Mißwachs, Hagel- und Brandschäden usw. als eine Art Steuerrückzahlung zu fordern berechtigt waren, sahen sich die Kammern bald nicht mehr gewachsen[22]. Insofern verschärfte die Situation Ostpreußens, dessen regionalpolitische Rolle unter Friedrich II. gewissermaßen auf die einer finanziell ergiebigen Staatspfründe beschränkt war, die generell prekäre Schulfinanzierung.

Ein Blick auf die Lehrerversorgung zeigt erneut die Differenz zwischen den gewöhnlichen Dorf- und den wesentlich besser gestellten Kirchschulen und verstärkt den Eindruck, daß sich in dieser Zeit ein ernst zu nehmendes Schulleben nur bei den letzteren entwickelt haben dürfte. Nach einem Revisionsbericht aus dem Jahre 1767 fanden sich bei den angeblich insgesamt 1800 Landschulen (Notbohm, 1959, S. 51) – beim Tode Friedrich Wilhelms I. lag die Planziffer bei 1660 Schulen (Notbohm, 1959, S. 43 f.; Vollmer, 1918, S. 11) – 494 Kirchschullehrer (Notbohm, 1959, S. 148). Anders als in den übrigen Landesteilen wurde ein wesentlicher Teil dieser Stellen von Theologen, Kandidaten für ein späteres Predigtamt, versehen; mehr als die Hälfte der ostpreußischen Kirchschullehrer (295) zählte zu diesem Zeitpunkt zu den Studierten, deren Anteil – nicht zufällig – sich besonders hoch im litauischen Bezirk stellte. Das (jährliche) Gehalt, das diese einem normalen Dorfschulmeister unendlich überlegenen Lehrer bezogen, läßt erahnen, was seinerzeit als optimal betrachtet werden mußte. So bescheiden sich die Summe von durchschnittlich etwa 38 Talern gegenüber den Jahreseinkünften des ostpreußischen Pfarrers in Höhe von schätzungsweise 140 Talern ausnimmt, im Vergleich zu dem kärglichen und noch ungesicherten (!) Einkommen eines Dorfschullehrers, das auf 21 Taler geschätzt worden ist (Notbohm, 1959, S. 192), garantierte es (mit Hilfe einer bescheidenen landwirtschaftlichen Eigenproduktion) noch das Lebensminimum. Noch am Ende der Regierungszeit Friedrichs II. erreichte die übergroße Mehrheit der ostpreußischen Lehrer in ihrer Versorgung nicht die Norm von 33 Ta-

[22] Vgl. die Angaben bei Mertineit, 1958, S. 141, für das Etatjahr 1754–55, wo der Königsberger Kammer ein Betrag von 11 300 Talern fehlte, um Remissionsfordernde, die sich ohne Beihilfe auf ihren Höfen nicht halten konnten, zu unterstützen. Trotz einer Verschärfung des Remissionsreglements (1779) konnte die Königsberger Kammer im Jahr 1781/82 nur ein Drittel der notwendigen Remissionszahlungen an Domänenpächter und -bauern leisten, während für die entsprechenden Forderungen von seiten des Adels und der Freien, in Höhe von 25 011 Talern, 10 004 Taler aufgebracht wurden (Mertineit, 1958, S. 98–100).

lern, die bereits 1734 als unbedingt erforderlich erkannt war, die aber gegenüber den seitdem wesentlich gestiegenen Lebenshaltungskosten bereits weit zurückgeblieben sein dürfte (Notbohm, 1959, S. 165). Offenbar bewegte sich der Landschullehrer mit seinem Einkommen noch weit unter dem Lebensstandard von Handwerkern, auch des Großteils wenigstens der landesherrlichen Bauernfamilien und zum Teil selbst von Tagelöhnern, die – allerdings vielfach nur mit Hilfe von Nebenverdienst – die für den Unterhalt einer durchschnittlich fünfköpfigen Familie unbedingt notwendigen etwa 60 Taler zusammenbringen konnten (Henning, 1969 a, S. 226–234; ders., 1969 c, S. 39–42, S. 162)[23].

Angesichts dieser Notlage scheint es für die ostpreußische Schulpolitik besonders bezeichnend, daß die Regierung sich weigerte, die Forderung des General-Landschulreglements nach Festsetzung eines erhöhten Schulgeldes durchzusetzen, das einen wesentlichen Einkommensfaktor für die Lehrer darstellte (Vollmer, 1918, S. 76 ff.). Die schulpolitische Initiative ist zu diesem Zeitpunkt in Ostpreußen im wesentlichen auf die Proklamation von Erlassen reduziert: 1766 ergeht die Bestimmung, daß in den Dörfern Hirten anzustellen seien; ihr parallel läuft die Anordnung, die Lehrer sollten entlegene Dörfer wenigstens mittwochs und sonnabends besuchen, um dort Schule zu halten (Vollmer, 1918, S. 79). Doch waren nicht nur ‚entlegene Dörfer', wie der Erlaß eingesteht, sondern auch manche der Kleinstädte noch Ende der 60er Jahre ganz ohne Elementarschule (Vollmer, 1918, S. 239).

Wir können somit zum Abschluß unserer Beschäftigung mit der ostpreußischen Schulentwicklung im 18. Jahrhundert eine weitere allgemeine Erkenntnis formulieren, die unsere Aussage über die Prussianisierungsfunktion der preußischen Landschule und ihren Stellenwert zu ergänzen vermag. Der beobachtete Stillstand, wahrscheinlich Rückschritt im ostpreußischen Schulwesen zum Ende des Jahrhunderts läßt keinen Zweifel, daß die Vorstellung eines raschen oder auch linearen Fortschritts der Schulentwicklung unzutreffend ist. Nicht nur die Wechselhaftigkeit des landesherrlichen Interesses, sondern auch die Art der Hindernisse, die der

[23] Allerdings ist der Hinweis angebracht, daß sich die Bauern des Adels – aufgrund ihrer stärkeren Dienstbelastung – im Durchschnitt weit schlechter standen als die königlichen Bauern; ihr Einkommen dürfte in etwa den genannten Durchschnittseinkünften der Lehrer entsprochen haben (Henning, ebenda; zu den Bevölkerungsanteilen der beiden Gruppen vgl. unsere Angaben oben, S. 84). – Über die dürftigen Einkommensverhältnisse der ostpreußischen Landschullehrer am Ende des 18. Jahrhunderts vgl. auch die zeitgenössischen Angaben, die in dem Aufsatz von Schwartz, 1930, S. 57 f. und S. 69, wiedergegeben sind. Die von Schwartz verarbeiteten Materialien beziehen sich im übrigen hauptsächlich auf die desolate Lage des gehobenen städtischen Schulwesens am Ende des 18. Jahrhunderts.

Schulausbau (wie die letzten Ausführungen veranschaulicht haben dürften) zu überwinden hatte, waren dafür verantwortlich, daß das Schulwesen als eine breite, selbstverständliche Institution der Gesellschaft nicht Fuß fassen konnte und die Sicherung seines Bestandes lange Zeit prekär blieb.
Insofern findet sich in einer Übersicht über den regional unterschiedlichen Entwicklungsstand des Elementarschulwesens in der zweiten Hälfte des 18. Jahrhunderts nur bedingt jene regionale Gewichtsverteilung der landesherrlichen Impulse zum Aufbau von Schulen wieder, von der zu Anfang die Rede war. Um dem Leser wenigstens in etwa einen Eindruck vom Niveau des Schulausbaus in anderen Ländern der preußischen Monarchie zu vermitteln, sei im folgenden – trotz der Schwierigkeit, daß keine zureichenden quantitativen Angaben vorliegen – eine grob skizzierende Übersicht versucht.

Stand der Entwicklung in anderen preußischen Landesteilen

Schon die Situation in Westpreußen, das der preußische Staat im Ergebnis der ersten polnischen Teilung 1772 annektiert hatte, veranschaulicht, wie wenig das Interesse unmittelbar durchschlug, das der Landesherr – wiederum im Sinne der ‚Prussianisierung' – in die Begründung von Schulen investierte[24]. Im Jahre 1774 waren von den 322 für erforderlich deklarierten Landschulen nur 135 vorhanden (Vollmer, 1918, S. 177). Für den Bau der Schulhäuser standen – infolge der insbesondere von den Kammerbehörden vertretenen staatlichen Spar-

---

[24] Exemplarisch sei hier die Absichtserklärung Friedrichs II. zitiert, die gewissermaßen ganz am Anfang der westpreußischen Schulpolitik des Königs stand. Aus einer Kabinettsordre, die während einer Inspektionsreise durch das eben annektierte westpreußische Gebiet von Friedrich formuliert wurde, stammt der Auftrag, „daß, um den gemeinen Mann um so eher von der polnischen Sclaverei zurückzubringen und zur preußischen Landesart anzuführen, ... (der zuständige Kammerpräsident) demnächst dahin sehen und bedacht sein soll, daß, so wie ehedem im Cottbußschen und Oberschlesien geschehen, teutsche Schulmeister in den kleinen Städten und auf den Dörfern mit angesetzet und die Einwohner mehr und mehr mit Teutsche melirt werden" (zitiert nach Grüner, 1904, S. 85 f.). – Die entscheidende Direktive für eine Schulpolitik auf dem platten Lande des westpreußischen Gebietes formulierte eines der maßgeblichen Mitglieder einer Kommission, die 1788 vom Oberschulkollegium mit der Untersuchung des dortigen Schulwesens beauftragt wurde, später einmal wie folgt: Statt weitreichender ‚Aufklärung' wären hier nur mit einem eher traditionellen Lehrprogramm Erfolge zu erzielen, in dem bei jeder Gelegenheit „der Jugend der große Vorzug der jetzigen Regierung vor der Despotie, unter der das Volk zu polnischen Zeiten geseufzt, fühlbar zu machen und so die Grundlage zu seinem wahren Patriotismus zu legen (sei), an dem es in Westpreußen noch so sehr fehlt" (Schwartz, 1926, S. 58). Anscheinend hat sich das OSK diesem Votum mehr oder weniger umstandslos angeschlossen (Schwartz, 1926, S. 64); die realen Erfolge bleiben gleichwohl in jeder Hinsicht gering.

samkeit – keine staatlichen Mittel zur Verfügung; er konnte letztlich nur langsam aus (wegen Nichtbesetzung von Stellen) eingesparten Lehrergehältern vorangetrieben werden (Vollmer, 1918, S. 243 ff.). In manchen Bezirken Westpreußens besuchten noch 1784 weniger als 1 Prozent der Kinder die Winterschule; die Durchsetzung der Sommerschule war kaum mehr als eine Illusion (Vollmer, 1918, S. 243). Von 90 Schulzen königlicher Ortschaften eines westpreußischen Landkreises konnten nur 20 eine 1785 umlaufende Anordnung, das Schulgeld betreffend, als Zeichen der Kenntnisnahme mit eigenem Namen unterschreiben (Vollmer, 1918, S. 247).

Auch in den mittleren Provinzen scheinen die Verhältnisse kaum günstiger, wie einige Angaben aus Pommern und der Neumark verdeutlichen. In Pommern stand noch 1783, als mit v. Massow ein ernsthaft um die Schule bemühter Mann die Leitung des Konsistoriums übernahm, das Schulwesen in einigen Kreisen ganz am Anfang seiner Entwicklung. Das heißt, es gab keine Sommerschule, an vielen Orten – zum Teil wegen der mit dem Fischfang verbundenen Arbeiten – auch keine Winterschule. In anderen Kreisen hatten fast alle Orte ein eigenes Schulhaus – die wichtigste Voraussetzung zur Durchsetzung der Schulpflicht. Ob Schulen bestanden, hing fast ausschließlich von der Bereitwilligkeit der adligen Patrone ab (Vollmer, 1918, S. 259 ff.)[25].

In der Neumark waren am Ende der Regierungszeit Friedrich Wilhelms I. (1740) wahrscheinlich mehr als ein Drittel der Orte ganz ohne Schule. Selbst im Jahre 1801 hielten nur 188 der 300 königlichen Dörfer einen Schulmeister und nur in 125 gab es ein Schul- oder Küsterhaus (Vollmer, 1909, S. 36). Wo Schulen bestanden, beschränkte sich auf dem Lande der Schulbesuch offenbar meist auf die viermonatige Winterschule. Selbst in einigen der vielen Kleinstädte fehlte eine Sommerschule. In den meisten existierten Winkelschulen. Von der neumärkischen Kleinstadt

[25] Für die Feststellung, daß das 18. Jahrhundert nicht nur allmählichen Fortschritt oder Stagnation in der Schulentwicklung kannte, sondern auch regelrechte Rückschritte bringen konnte, sprechen auch Angaben über das pommersche Schulwesen. Das aus schwedischem Besitz 1720 an Preußen gefallene Vorpommern (westlich der Oder), dem ältere Nachrichten ein im Vergleich mit den übrigen pommerischen Landesteilen bereits nennenswertes Elementarschulwesen bezeugten, hatte nach den Ergebnissen einer Revision aus dem Jahre 1768 seinen schulpolitischen Vorsprung gegenüber den hinterpommerschen Bezirken weitgehend eingebüßt. Zwar fand sich die Zahl der Schulen westlich der Oder weit mehr in Einklang mit der Zahl der Dörfer als in Hinterpommern (Vollmer, 1909, S. 66). Im ganzen machten sich aber in beiden Landschaften die gleichen Schwierigkeiten bemerkbar. Gravierend war besonders der Mangel an geeigneten Unterrichtsräumen, die im vorpommerschen Gebiet, soweit sie nicht überhaupt fehlten, vor Baufälligkeit zusammenzustürzen drohten – offenbar deswegen, weil „seit der preußischen Besitzergreifung im Jahre 1720 überhaupt nichts mehr für ihre Erhaltung getan“ worden war (Vollmer, 1918, S. 112).

Schivelbein wird berichtet, daß bei 1300 Einwohnern nur 8 Knaben die Schule besuchen (Vollmer, 1918, S. 274 ff.)[26].

Wenden wir uns abschließend dem Kernland Preußens zu, der Kurmark, in der die Schulverhältnisse sich gegenüber denen der anderen Gebiete noch am günstigsten dargestellt haben dürften. Der Versuch, sich von der Situation des kurmärkischen Elementarschulwesens ein gewisses Bild zu machen, gibt zugleich Gelegenheit, noch einmal auf die These vom religiös-kirchlichen Ursprung der Landschule einzugehen. Nach Wienecke (1913, S. 16 f.) verdankt „die evangelische Volksschule der Kurmark ... ihre Entstehung der Reformation" – zwar nicht in dem Sinne, daß sie eine „unmittelbare Schöpfung der Reformation" gewesen sei; sie habe sich vielmehr „aus der durch die Kirchenordnungen von 1540 und 1573 befohlenen katechetischen Unterweisung der Jugend entwickelt". Tatsächlich scheinen sich jedoch nach Wieneckes eigener Darstellung nur sehr allmählich, und zwar primär in den größeren Kirchdörfern, Schulen entwickelt zu haben, sei es in der Form, daß der Küster in seinem Haus unterrichtete, sei es, daß ein eigener Lehrer angestellt wurde. Das gilt auch für die Zeit des beginnenden 30jährigen Krieges, also etwa ein Jahrhundert nach der Reformation, was kaum für einen sehr engen Zusammenhang zwischen diesem Ereignis und der Entwicklung des staatlichen Schulwesens spricht.

In den Städten der Kurmark bestanden durchweg schon vor der Reformation Parochialschulen (Wienecke, 1913, S. 16). Sie waren Lateinschulen. Es ist jedoch nicht unwahrscheinlich, daß sie auch von Schülern besucht wurden, die nur in der Muttersprache lesen und schreiben sollten. Jedenfalls weisen darauf Verordnungen der ersten beiden preußischen Könige hin, die sich am Anfang des 18. Jahrhunderts gegen den ‚Mißbrauch des Studierens' richteten. Sie gingen davon aus, daß praktisch alle städtischen Kinder, deren Eltern das Schulgeld aufbringen konnten, dieselbe Bank in den Lateinschulen drückten, ob sie nun das Ziel hatten, später zu studieren, oder ob sie künftige Handwerkerlehrlinge waren. Den letzteren freilich sollte nur ein Unterricht in den Elementarkenntnissen zuteil werden; der Zugang zu den oberen Klassen war ihnen nach der Vorschrift dieser beiden Verordnungen zu verwehren (Vollmer, 1909, S. 98).

Neben den Parochialschulen bestanden „Winkelschulen", also weder lizensierte noch vom Magistrat unterstützte und überprüfte, sondern ausschließlich vom Schulgeld der Eltern existierende Schulen. Wenn Wie-

[26] Über die Situation des neumärkischen Schulwesens am Ende des 18. Jahrhunderts vgl. Schwartz, 1905, insbes. S. 1–56.

necke (1913, S. 31) auch zu den städtischen Elementarschulen feststellt: „Infolge der Reformation machte sich ein Bildungsbedürfnis in allen Ständen bemerkbar“, so zeigt wiederum seine eigene Darstellung, daß hier der Zusammenhang zwischen Reformation und Schulgründungen eher noch lockerer ist als auf dem Lande. Denn die zahlreichen Winkelschulen dienten zweifellos nicht der katechetischen Unterweisung, sondern verdankten ihre Existenz – trotz wiederholter Verbote – dem Bedürfnis der Bürgerfamilien, ihre Kinder für wenig Schulgeld in die Fertigkeiten des Lesens, Schreibens und Rechnens einzuweisen.

Die erste urkundlich bezeugte städtische Elementarschule der Kurmark wird 1551 in Stendal von einem Schreib- und Rechenmeister errichtet, der zwar auch in Religion zu „informieren“ versprach, dessen primäre Aufgabe jedoch sicher die Vermittlung der Kulturtechniken gewesen ist. Mit einem Kollegen, der sich ebenfalls Schreib- und Rechenmeister nennt, macht er 1564 eine Eingabe an den Rat der Stadt, in der er um das Verbot zweier Winkelschulen, deren eine von einem Küster betrieben wird, ersucht (Wienecke, 1913, S. 31). Solche von Schreib- und Rechenmeistern gehaltenen Schulen werden auch aus anderen Städten bezeugt, und auch die Lateinschulen der kleinen und kleinsten Städte sind nach Wienecke primär ‚deutsche Schulen‘ gewesen. Gleichwohl bleibt erstaunlich, wie lange nach zeitgenössischen Zeugnissen sich selbst in diesen Institutionen, die doch auf die praktischen Bedürfnisse nicht gerade der anspruchsvollsten sozialen Schichten zugeschnitten sein sollten, der lateinische Unterricht (in seinen rudimentärsten Formen) einen Platz und die religiöse Unterweisung sogar eine bedeutende Stellung haben bewahren können (Vollmer, 1909, S. 145 ff.).

Wenn in vielen Städten Küster die Funktion des Lehrers der Elementarschule ausübten (Wienecke, 1913, S. 39), so ist auch daraus nicht ohne weiteres ein enger Zusammenhang zwischen Reformation und Entstehung des Schulwesens zu folgern. Wo der Magistrat aus Armut oder Sparsamkeit nicht einen eigenen Lehrer im eigenen Schulhaus anstellen sollte oder konnte, blieb für diese unsicher und schlecht entlohnte Arbeit oft nur der Küster als des Lesens und Schreibens kundiger Mann übrig, der zugleich froh sein konnte, sein armseliges Einkommen durch diese Doppelfunktion wenigstens etwas zu steigern.

Wie stark die kurmärkische Elementarschule durch den 30jährigen Krieg gelitten hat, läßt sich nicht sagen. Unter der Regierung des ‚Großen Kurfürsten‘ ist wenig für sie geschehen. Visitationen wurden angeordnet, aber nicht durchgeführt (Wienecke, 1913, S. 38 ff.). Einzelne adlige Patrone erließen Schulordnungen und sorgten für Küsterschulen in ihren Dörfern (Wienecke, 1913, S. 41). Am Ende des 17. Jahrhunderts scheinen wieder in der Mehrzahl der ‚Mutterdörfer' und in einigen Filialdörfern Schulen bestanden zu haben (Wienecke, 1913, S. 40).

Erst unter dem Nachfolger des Großen Kurfürsten scheint sich die Lage der Elementarschule erheblich verbessert zu haben – eine Entwicklung, die von Wienecke (1913, S. 49 f.) wie von Vollmer (1909, S. 7 f.) teilweise auf den Pietismus zurückgeführt wird. Jedenfalls kommt Wienecke nach Durchsicht der Protokolle der großen Visitation von 1710 zu dem Ergebnis: „es bestanden in allen Mutterdörfern und in den meisten Filialdörfern Schulen, und fast in allen Orten hielt man nicht nur im Winter, sondern auch im Sommer Schule" (Wienecke, 1913, S. 52)[27].

Nicht wenige der Schulen, vor allem in den entlegenen Filialdörfern, dürften sogenannte ‚Reiheschulen' gewesen sein: ein für die Wintermonate ‚gemieteter' Schulmeister hielt seinen Unterricht im Wechsel in einem der Elternhäuser, um dafür wenig mehr als Verköstigung und Nachtlager zu erhalten (Wienecke, 1913, S. 54 ff.).

Unter Friedrich Wilhelm I., dem ‚Vater der preußischen Volksschule', ist nach Wienecke im kurmärkischen Schulwesen kein bemerkenswerter Fortschritt erzielt worden (auch das besonders unterentwickelte Landschulwesen der Altmark wurde kaum gefördert), und zwar weder im Hinblick auf die Vermehrung von Schulen und Lehrerstellen noch auf die Qualität des Unterrichts (Wienecke, 1913, S. 69). Zwei der wichtigsten Edikte unter dem Regiment des ‚Soldatenkönigs' (die Proklamation der Schulpflicht von 1717 und die im Zuge einer allgemeinen Wiederauflage dieses Edikts in verschiedenen Landesteilen erfolgende Verordnung für die Mark Brandenburg von 1736) machen denn auch die Einschränkung, den Eltern die Schulpflicht nur an Orten aufzuerlegen, „wo Schulen seyn" (Froese und Krawietz, 1968, S. 91). Er selbst hat, wie bereits gesagt, lediglich in Ostpreußen den Schulausbau durch die Bereitstellung von eigenen Mitteln und den Versuch einer Unterhaltsregelung für Schulen und Lehrer wirksam betrieben. Im übrigen scheint es, als habe Wienecke aus den Visitationsberichten von 1710 ein eher zu positives Bild des kurmärkischen Schulwesens herausgelesen: Vollmer (1909, S. 34 f.) stellt fest, daß in der ganzen Kurmark im Jahre 1750 in 1841 Dörfern nur 1372 Küster oder Schulmeister gezählt wurden. Eine von Zedlitz 1771 durchgeführte Erhebung ergab, „daß von den 1973 Ortschaften des Landes etwa der neunte Teil, 213, ohne Lehrer waren und 163 keine ständigen, sondern nur sogenannte Winterschulmeister

---

[27] Vgl. dagegen – mit diesem Gesamturteil nicht übereinstimmend – Wienecke, 1913, S. 54. Vgl. Vollmer, 1909, S. 11 f.

besaßen" (Vollmer, 1918, S. 147)[28]. Zur Behebung dieser Notlage stand dem kurmärkischen Oberkonsistorium ein staatlicher Zuschuß von nur 4000 Talern jährlich zur Verfügung (ebenda).

Den Erhebungen des Oberkonsistoriums und zugleich kurmärkischen Provinzialschulkollegiums aus dem Jahre 1799 zufolge fehlte immer noch eine Schule in 387 Orten, „unter welchen jedoch sehr viele wirklich keine eigene Schule bedürfen, dagegen dies Bedürfnis bei mehreren allerdings sehr dringend ist"[29]. Und unmittelbar vor dem Zusammenbruch der preußischen Monarchie im Jahre 1806 kam ein Zeitgenosse aufgrund der Zählung von 588 königlichen und 1060 adligen, zusammen 1648 Schulstellen auf dem Lande der Kurmark, zu dem Schluß, daß noch immer ein Fünftel der kurmärkischen Dörfer keine Schule besitze (Clausnitzer, 1901, S. 417; Vollmer, 1909, S. 35) — ganz abgesehen davon, daß er Schulen, die auch im Sommer den Unterricht fortsetzten, „fast nirgends" fand (Vollmer, 1909, S. 164).

Diese Angaben deuten darauf hin, daß hier im Laufe eines Menschenalters kaum ein Fortschritt im Ausbau des Elementarschulwesens zu beobachten war. Will man den letzten Zahlen folgen, so waren beispielsweise in den letzten 30 Jahren des 18. Jahrhunderts gerade 51 Stellen in der Kurmark neu begründet worden. Nach den Befreiungskriegen war immer noch mehr als ein Drittel der schulfähigen kurmärkischen Kinder ohne Unterricht (vgl. Thiele, 1912, S. 182). Auch hier sprechen also die Befunde für die Berechtigung der generellen Annahme, daß die Entwicklung des Elementarschulwesens nicht nur regionalen, sondern auch zeitlichen Schwankungen unterworfen war.

Selbst das Elementarschulwesen der Großstadt Berlin war in denkbar schlechter Verfassung. Nach der Erhebung von 1788 bestanden im Berliner Viertel, der Cöllnischen Vorstadt, der Friedrichs- und Dorotheenstadt insgesamt 234 Schulen, wobei die relativ groß erscheinende Zahl für das Ausmaß der Schulbildung der Berliner Bevölkerung wenig aussagekräftig ist. Unter diesen Schulen waren allein 102 Winkelschulen, die nicht nur existieren konnten, weil sie billiger waren als die vom Magistrat anerkannten Schulen, sondern auch deshalb, weil die Lehrer der letzteren teilweise unfähig waren, ihrer Aufgabe zu genügen (Vollmer, 1918, S. 280ff.).

Die Beispiele für die regional unterschiedliche Entwicklung des Elementarschulwesens bringen uns einer Antwort auf die eingangs gestellte Fra-

---

[28] Nach Clausnitzers — aus derselben Akte gewonnenen — Angaben umfaßte die Kurmark im Jahre 1771 insgesamt 1 997, und zwar 1 315 adlige und 682 königliche Dörfer; gänzlich ohne Lehrer waren davon 237 Ortschaften. Clausnitzer, 1901, S. 417.

[29] Schulwesen, 1800, S. 15. — Über den Zustand des märkischen Schulwesens am Ende des 18. Jahrhunderts ähnlich skeptisch Thilo, 1867, S. 51 f.

ge nach der Durchsetzungskraft der landesherrlichen schulpolitischen Initiativen und nach dem Rang, den die Schulpolitik unter den politischen Aufgaben einnahm, ein Stück näher. Die in manchen Gebieten des Staates (so im Bistum Magdeburg) schon im 17. Jahrhundert angeordnete Schulpflicht ist noch am Ende des 18. Jahrhunderts, am Ende also einer Epoche hoher Machtentfaltung dieses Staates und seiner absoluten Regenten, keineswegs allgemein durchgesetzt. Die bestehenden Schulen befinden sich in einer Notlage, deren tatsächliches Ausmaß erst ganz sichtbar wird, wenn man die Armut und Unwissenheit der Mehrzahl der Lehrer und die erbärmlichen äußeren Umstände des Schulehaltens sich vergegenwärtigt.

Belastung der Bevölkerung und Schulinteresse

Die Stiftung des „mons pietatis“ und die Einrichtung einer speziellen Schulkommission für die Provinz Preußen zeigen, was sich hier selbst mit geringen Mitteln – nämlich 2000 Talern jährlich zu nutzender Zinsen – und einer entschieden arbeitenden Verwaltung erreichen ließ. Das preußische Elementarschulwesen war im übrigen ökonomisch fast durchweg auf das Schulgeld gegründet, das von einer verarmten, in Kriegen dezimierten, durch enorm hohe Steuern belasteten und auf dem Lande meist zu schweren Diensten gezwungenen Bevölkerung erbracht werden mußte. Schon die Kosten des Schulbaus waren wesentlich von den Gemeinden zu tragen, erst recht die Besoldung des Lehrers. Wie wenig die Bevölkerung in der Lage und bereit war, zusätzlich zu anderen, drückenderen Lasten auch noch diese zu tragen, dokumentiert besonders klar die Tatsache, daß es bis zum Ende des 18. Jahrhunderts nicht möglich war, einen einheitlichen Schulgeldsatz in allen Provinzen durchzusetzen. In der Regel bestanden vielmehr auch in ein und derselben Provinz unterschiedliche, in ihrer Höhe kaum kontrollierbare Schulgeldsätze.
An Versuchen, zu einer einheitlichen Regelung zu kommen, hat es schon im 17. Jahrhundert nicht gefehlt (vgl. Wienecke, 1913, S. 64 ff.). Die Ordnung für das Schulwesen des Herzogtums Magdeburg von 1716 bekräftigt bereits erlassene Schuledikte, die ein wöchentliches Schulgeld von 6 Pfennigen für jedes Kind festlegen (Petrat, 1962, Anhang S. 5). Die „Verordnung, daß die Eltern ihre Kinder zur Schule und die Prediger die Catechisationes halten sollen“, vom 28. September 1717 verallgemeinert diese Bestimmung auf den gesamten Staat Preußen. „Falls aber die Eltern das Vermögen nicht hätten: So wollen wir, daß solche Zwey Dreyer aus jedes Orts Allmosen bezahlet werden sollen“ (Giese, o. J. [1931], S. 17).

Daß tatsächlich viele Eltern weder ihre Kinder zur Schule „hielten" noch das Schulgeld bezahlten, belegt das für die Mark Brandenburg „Erneuerte Edict, daß die Eltern ihre Kinder fleißig zur Schule schikken sollen", vom 19. 12. 1736: „Wir dennoch aus denen einlauffenden Visitations-Berichten der Chur-Märckischen Inspectoren mit Mißfallen wahrnehmen müssen, daß diesem unserem heilsamen Edicte nicht nachgelebet werde, und die Jugend dahero in großer Unwissenheit so wohl im Lesen, Schreiben und Rechnen, als auch in denen zu ihrer Seelen Heil und Seeligkeit nöthigen Stücken sich befinde" (Petrat, 1962, Anhang S. 17). Erneuert wird in diesem Edict auch die Forderung, „6 Pfennige wöchentliches Schul-Geld" zu zahlen. Im gleichen Jahre war mit den „Principia regulativa" für Ostpreußen die bis dato ausführlichste Regelung der finanziellen Grundlage des Schulwesens getroffen worden. Sie betraf nicht nur das Schulgeld, sondern auch die von der örtlichen Kirche beziehungsweise deren Patron zu zahlenden Beihilfen und die Naturalvergütungen für den Schulmeister.

Wie sehr auch diese Verordnung Papier blieb, zeigt sowohl das 1741 unter Friedrich II. erlassene „Reskript an die Preußische Regierung" (Ostpreußen), das den Adel ermahnt, endlich zügig den Bau der Landschulen zu fördern, und einen Mindestsatz von 10 Talern Schulgeld jährlich neben Weidefreiheit und Naturalvergütungen festlegt (Giese, o. J. [1931], S. 21 f.), als auch die Landschulordnung von 1754 für Minden-Ravensberg. Denn diese verzichtet wiederum auf eine einheitliche Regelung des Schulgeldes (wie schon der Entwurf von 1727 [!], auf den sie zurückgeht) und verweist statt dessen auf die ortsüblichen Beträge[30]. Das „General-Landschulreglement von 1763" greift für die jüngeren Kinder, die noch mit dem Lesenlernen beschäftigt sind, auf den alten Schulgeldsatz von 6 Pfennigen zurück und stuft im übrigen das Schulgeld nach Alter und ‚Lernziel'.

Obgleich die Schulgeldforderungen in den zitierten Verordnungen durch Androhung scharfer Strafen bei Versäumnissen unterstützt wurden, leistete die Bevölkerung – gerade auf den Erlaß des GLR hin – teilweise erbitterten Widerstand. Denn mitnichten war der Schulgeldsatz der Verordnung von 1717, an den das GLR sich anzuschließen schien, in allen preußischen Landesteilen wirklich eingeführt worden. Schon die Umrechnung in die landesübliche Münze hatte, wie in Kleve-Mark nach 1717, eine Verringerung des gesetzlichen Schulgeldsatzes zur Folge gehabt, die von den behördlichen Instanzen stillschweigend geduldet wur-

---

[30] Vollmer, 1918, der den Entwurf von 1727 im Anhang wiedergibt und nachweist, daß er die Grundlage noch für das General-Landschulreglement ist, S. 34.

de. In anderen Ländern wie in Magdeburg, wo die Einführung des Einheitssatzes von 6 Pfennigen bereits einmal im 17. Jahrhundert gescheitert war, hatte die Regierung selbst (in der revidierten Kirchenordnung von 1739) ein wöchentliches Schulgeld in Höhe von 4 Pfennigen für zulässig erklären müssen. Und prüft man die ostpreußischen ‚principia regulativa', die ein nach Bevölkerungs- oder Einkommensgruppen abgestuftes Schulgeld kannten, so findet sich, daß der am stärksten heranzuziehenden Gruppe, den Domänenpächtern, ein Schulgeldbetrag abverlangt wurde, der noch unter dem Satz lag, den das Edikt von 1717 eigentlich von allen Einwohnern forderte (Vollmer, 1909, S. 118 ff.).
Realiter drohte also das GLR für verschiedene Landesteile mit einer Erhöhung des Schulgeldes, über die denn auch heftige Klagen einliefen. Mindener Bauernschaften hoben hervor, „daß die Einführung dieser Beträge gerade die Ärmsten, die Heuerlinge, am schwersten treffe; es sei also zu fürchten, daß diese ganz aus dem Lande fortziehen oder gar ihre Kinder in die katholischen Schulen schicken würden" (Vollmer, 1918, S. 64). Auch in Ostfriesland und in Magdeburg, wo die Klagen über ein ‚überhöhtes' Schulgeld bereits eine Tradition aus dem 17. Jahrhundert hatten, sowie in Halberstadt weigerten sich Gemeinden, dem Reglement in diesem Punkt zu folgen (Vollmer, 1918, S. 64 ff., S. 67 ff.; auch Clausnitzer, 1901, S. 359, S. 361, S. 362; Heubaum, 1905, S. 328 ff.).
Es liest sich wie ein Eingeständnis, daß die Schulreglements so ernst nicht gemeint seien, wenn das Geistliche Departement 1764 verfügte, daß die Schulgeldsätze „nur dort in Kraft treten sollten, wo der Schulmeister kein auskömmliches Gehalt besitze, und auch später noch wurde dieser Grundsatz wiederholt" (Vollmer, 1918, S. 83). Eine derart dehnbare Bestimmung erlaubte offenbar die Umgehung jeder einheitlichen Regelung. Noch am Ende des Jahrhunderts wird daher, wie das Oberkonsistorium 1799 feststellt, in der Kurmark „das Schulgeld ... nach höchst verschiedenen Sätzen bezahlt" (Schulwesen, 1800, S. 22) – und das nicht einmal regelmäßig. Dabei muß man sich vergegenwärtigen, daß der Minimalsatz des General-Landschulreglements nicht über die am Beginn des Jahrhunderts festgelegten Minima hinausgegangen war, obgleich von einer Stabilität der Kaufkraft des Geldes im 18. Jahrhundert keine Rede sein kann (vgl. Abel, 1972, S. 33). Dennoch ist auch 1799 „auf die Erhöhung des durch das General-Landschulreglement von 1763 festgesetzten Schulgeldes ... nicht zu rechnen. Sie würde um so größere Schwierigkeiten haben, da schon jetzt die saumselige oder verkümmernde Entrichtung desselben fast überall die Schulhalter zu Beschwerden veranlaßt" – so das kurmärkische Oberkonsistorium (Schulwesen, 1800, S. 6).
In der Schwierigkeit, die Schulpflicht (vor allem die Sommerschule) und

den einheitlichen Schulgeldsatz durchzusetzen, drückt sich wahrscheinlich nicht nur die materielle Notlage der Eltern aus. Diese waren schließlich in der Regel auf Mitarbeit ihrer Kinder in der Landwirtschaft oder auf deren sonstigen Verdienst angewiesen, und schon das niedrige Schulgeld war für sie kaum erschwinglich. Darüber hinaus aber bestand wohl auch ein verbreitetes Desinteresse an der Schule und den durch sie vermittelten Fähigkeiten. Aus Magdeburg wird zum Beispiel berichtet, daß der Unwillen der Bevölkerung sich nicht nur gegen die Schulsätze des General-Landschulreglements richte, sondern gegen die darin festgesetzten erhöhten Leistungsanforderungen an die Kinder (Vollmer, 1918, S. 68). Nicht selten scheinen die Eltern von der Möglichkeit Gebrauch gemacht zu haben, ihre Kinder der Schule zu entziehen, sobald sie lesen gelernt hatten (Vollmer, 1918, S. 33 f.).

Selbst solche Verbesserungen des Schulwesens, deren finanzielle Last nicht von den Gemeinden getragen werden mußte, stießen gelegentlich auf Widerstand. So weigerten sich die Gemeinden des Amtes Draheim in Pommern, dem Bau neuer Schulen und der Anstellung besser bezahlter Lehrer zuzustimmen, obwohl Lehrergehälter und Materialien für den Schulbau aus öffentlichen Mitteln gestellt werden sollten, die Gemeinden dagegen den Platz für das Schulhaus und einen Garten anzubieten und beim Schulbau Hand- und Spanndienste zu leisten hatten (Vollmer, 1918, S. 170). Einen Hinweis auf den Stand der Schulbildung in dieser Landschaft bietet die Tatsache, daß von den 16 Unterzeichnern des Widerspruchs aus einem der beteiligten Dörfer nur drei mit ihrem Namen unterschreiben konnten (ebenda).

Oft genug haben die Reformer der Elementarschule über den Aberglauben, die Unwissenheit, den Traditionalismus der Landbevölkerung geklagt, so Rochow, als er mit seinem Versuch scheiterte, den Handarbeitsunterricht einzuführen (Vollmer, 1918, S. 288), oder Gedike, der vom Argwohn und Mißtrauen der Landleute gegen neue Schulpläne spricht (Gedike, 1800, S. 424). Der Konsistorialrat Süßmilch (1707–1767) gar war der Ansicht, daß die „Dummheit", der „Eigensinn", der „Stolz" – allerdings nicht nur des Bauern, sondern auch des Pächters und Landedelmanns – harte staatliche Zwangsmaßnahmen notwendig machten, wollte man mit dem Ausbau des Schulwesens vorankommen (Vollmer, 1918, S. 49).

Daß die schleppende Entwicklung des Landschulwesens *auch* auf mangelndes Interesse der Bevölkerung zurückzuführen ist, zeigt etwa die Tatsache, daß es jüdischen Bevölkerungsgruppen ohne jede staatliche Förderung gelungen war, gut arbeitende Schulen zu erhalten (Vollmer, 1918, S. 197). Auch das städtische Elementarschulwesen, dem die preußische

Regierung vor allem unter Friedrich II. kaum Aufmerksamkeit geschenkt hatte – die großen Edikte galten alle dem ländlichen Schulwesen (vgl. Massow, in: Gedike, 1800, S. 371 f.) –, war in seiner Entwicklung zumindest hinter dem ländlichen Schulwesen nicht zurückgeblieben. Besonders die hartnäckige, alle Verbote überdauernde Existenz der Winkelschulen deutet darauf hin, daß die Stadtbevölkerung zwar ebenfalls häufig kaum in der Lage war, die Lasten eines öffentlichen Schulwesens zu tragen, andererseits die Notwendigkeit einer Elementarbildung durchaus erkannte und sie eben für weniger Geld von den privaten Winkelschulmeistern zu erlangen suchte. Für die Lehrlinge hatte ohnehin das „Generalprivileg" von 1734 bestimmte Elementarkenntnisse zur Bedingung gemacht, und tatsächlich dürften sie in vielen Fällen als eine praktische Notwendigkeit für die Ausübung eines Handwerks erkannt worden sein.

Im Unterschied dazu muß es für die Landbevölkerung schwierig gewesen sein, überhaupt ein Interesse an der Schule zu entwickeln. Für die leibeigenen Bauern und generell für die arme Landbevölkerung war mit der Schulbildung nicht die geringste Aussicht verbunden, ihre drückende ökonomische und rechtliche Lage zu verändern. Im Gegenteil bedeutete die Schulpflicht für sie den Entzug dringend benötigter Arbeitskräfte und das Schulgeld nur eine zusätzliche materielle Belastung. Für sie waren eigentlich nur religiöse Motive denkbar, die diese Belastung erträglich erscheinen lassen konnten. Wo man doch versuchte, die Schule als ein Mittel sozialen Aufstiegs zu nutzen, war der Staat schnell mit Verboten bei der Hand: So wurde 1765 für Schlesien eine „drakonische Verfügung" erlassen, die die Kinder von Bauern, Gärtnern usw. vom Besuch der höheren Schule ausschloß (Vollmer, 1918, S. 98). Überhaupt war bei den für das Schulwesen Verantwortlichen auch im 18. Jahrhundert die Überzeugung verbreitet, daß eine Elementarschule, die es den Kindern der Bauern und Tagelöhner ermögliche, aus ihrer sozialen Sphäre aufzusteigen, ihre Aufgabe verfehle (Vollmer, 1918, S. 216 ff.; Massow, in: Gedike, 1800, S. 136 ff., S. 374 ff.).

Friedrich II. hat diese ‚herrschende Meinung' in einem Gespräch mit dem Freiherrn von Zedlitz (der sie teilte) unumwunden ausgesprochen: Es ist „auf dem platten Lande genug, wenn sie ein bisgen lesen und schreiben lernen; wissen sie aber zu viel, so laufen sie in die Städte und wollen Sekretairs und so was werden; deshalb muß man auf'n platten Lande den Unterricht der Leute so einrichten, daß sie das Notwendige, was zu ihrem Wissen nötig ist, lernen, aber nach der Art, daß die Leute nicht aus den Dörfern weglaufen, sondern hübsch dableiben" (Vollmer, 1918, S. 216).

Wie die zeitgenössischen Schilderungen der Landschule zeigen, waren ohnehin nicht sehr viele Schulen in der Lage, die Elementarkenntnisse des Lesens, Schreibens und Rechnens in einer Weise zu vermitteln, daß die Schüler sie als Grundlage des Besuchs höherer Schulen hätten nutzen können. Letztere gab es überdies nur in wenigen Städten (die ganze Kurmark hatte 1799 acht „Gelehrte Schulen" und sechs Mittelschulen, nach der Definition des Oberkonsistoriums waren das Stadtschulen mit 3 bis 4 Lehrern). Die Bemerkung des Königs zeigt, daß man diesen Zustand sogar für wünschenswert hielt. Sie macht zugleich klar, daß für Friedrich II. die Vermittlung der Elementarkenntnisse eine durchaus untergeordnete Aufgabe der Landschule war. Deren primäre Funktion bezeichnete er in dem gleichen Gespräch wie folgt:

„Daß die Schulmeister auf dem Lande die Religion und die Moral den jungen Leuten lehren, ist recht gut, und müssen sie davon nicht abgehen, damit die Leute bei ihrer Religion hübsch bleiben und nicht zur katholischen übergehen; denn die evangelische Religion ist die beste und weit besser als die katholische; darum müssen sich die Schulmeister Mühe geben, daß die Leute Attachement zur Religion behalten, und sie soweit bringen, daß sie nicht stehlen und morden." [31]

Die Landschule sollte demnach in erster Linie als eine staatliche Institution zur Disziplinierung der Bevölkerung und zur Festigung der die Herrschaft ideologisch absichernden Religion wirken. Unter diesen Umständen drängt sich die These auf, daß der verbreitete Widerstand der Bevölkerung gegen die Schulpflicht sich auf eine richtige Einschätzung ihrer aktuellen Interessen gründete. Diese mußten sich gegen eine zusätzliche Disziplinierung richten, die durch keinerlei greifbare Vorteile aufgewogen wurde. Überspitzt formuliert: die betroffenen gesellschaftlichen Gruppen konnten objektiv kein Interesse an der Entwicklung eines derartigen Schulwesens haben; allein der Staat konnte an seiner Ausdehnung interessiert sein, weil sie zugleich eine Ausdehnung und institutionelle Sicherung seiner Herrschaft über eine unterworfene und ausgebeutete Bevölkerung war. Zumindest in den von Preußen eroberten Gebieten mit nichtdeutscher (beziehungsweise nichtevangelischer) Bevölkerung, in Oberschlesien und Westpreußen zum Beispiel, ist die Einsicht in einen solchen Widerspruch zwischen eigenem und staatlichem Interesse bewußtes Motiv für den Widerstand gegen die Ausdehnung der Elementarschule gewesen (Vollmer, 1918, S. 88–100, S. 174–193).

Wir werden in Relativierung dieser These noch zu erörtern haben, ob es nicht doch auch über das staatliche Interesse hinaus eine ‚objektive' Not-

---

[31] Die Erklärungen Friedrichs II. zu Schule und Bildung sind zusammengestellt in der Sammlung von Bona-Meyer, 1885. Die obigen Zitate ebenda, S. 170.

wendigkeit der Ausdehnung der Elementarschule gegeben hat. Einerseits könnte, wie zum Beispiel Kurt Hinze meint, eine Disziplinierung der Bevölkerung schon um der Entwicklung neuer Produktionsformen willen erforderlich gewesen sein, und andererseits ist möglicherweise in der Elementarbildung eine freilich nicht hinreichende Bedingung der Aufklärung breiterer Bevölkerungsschichten zu sehen.

Landesherrlich-staatliche Mittel für die Landschule

Die zitierte Bemerkung Friedrichs II. deutet bereits die Richtung und die Grenzen des staatlichen Interesses an der Elementarschule an. Sie zeigen sich deutlicher, wenn man Umfang und Art der ökonomischen Förderung der Landschule durch den Staat untersucht. Zunächst ist festzuhalten, daß sich die aufs Schulwesen gerichtete Aktivität der Hohenzollern bis ins 18. Jahrhundert auf den Erlaß von Edikten beschränkte, die das Ziel hatten, zur Gründung von Schulen anzuhalten und die Erhaltung der Schulen und den Inhalt des Unterrichts zunehmend einheitlich zu regeln. Die Schulpolitik ist Bestandteil des „evangelischen Kirchenregiments“ der Landesherren und insofern mittelbar auf Sicherung und Ausdehnung der Verfügungsgewalt des Fürsten über das gesamte Staatsterritorium gerichtet. Seine zusätzlichen materiellen Leistungen für die Schule konnten sich auf die mit dem Patronat verbundenen beschränken (Stellung von Materialien für den Schulbau, Bereitstellung eines Grundstücks), wo er Patronatsrecht ausübte.
Der Erfolg dieser Politik der Edikte ist, wie wir sahen, begrenzt gewesen. Bis ans Ende des 18. Jahrhunderts war eine Vereinheitlichung des Elementarschulwesens nicht gelungen, und zwar weder im Hinblick auf die materielle Sicherung noch auf Inhalt und Qualität des Unterrichts. Einige der Gründe dafür sind genannt worden: Widerstand der adligen Patrone gegen zusätzliche Belastungen und Eingriffe in ihren unmittelbaren Herrschaftsbereich; Armut und Desinteresse der Landbevölkerung; aber eben auch die mangelnde Bereitschaft der Hohenzollern, die Durchführung ihrer Edikte materiell abzusichern[32].
Auch Friedrich Wilhelm I., dem die preußische Landschule die erste größere finanzielle Zuwendung verdankt, hatte kurz nach seinem Regierungsantritt erklärt, es komme ihm darauf an, den Status quo im Schulwesen zu erhalten; von Reformwillen konnte bei ihm keine Rede sein (Vollmer, 1909, S. 26). Man darf dem Schulpflichtedikt von 1717 also

---

[32] Vgl. zum folgenden unsere Angaben über Höhe und Verteilung des preußischen Gesamtetats in jener Zeit im Anhang, Exkurs 2.

keine herausragende Bedeutung beimessen (Vollmer, 1909, S. 81 ff.). Erst gegen Ende seiner Regierungszeit entschloß er sich nach langem Zögern zur Stiftung des „mons pietatis" in Höhe von 50 000 Talern, mit deren jährlichen Zinsen (2000) dank sparsamer und geschickter Verwaltung allerdings viel für die ostpreußische Landschule getan wurde. Nach den ursprünglichen Plänen der mit der Schulreform betrauten Kommission wäre freilich ein Kapital in Höhe von 300 000 Talern erforderlich gewesen – eine Summe, die sich gegenüber dem schon singulären „mons pietatis" gänzlich unrealistisch ausnimmt. In Wahrheit wäre sie gerade das Anderthalbfache dessen gewesen, was den Soldatenkönig wahrscheinlich sein eigentliches Faible, die ‚Langen Kerls' seiner Riesengarde, pro Jahr kostete. So aber hatte sich das Schulwesen einer ganzen Provinz mit einer Summe zu behelfen, die schon der Aufbau eines einzigen Waisenhauses – der Franckeschen Stiftung in Halle – verschlungen hatte (Vollmer, 1909, S. 84).

Erst eine Generation später, am Ende des Siebenjährigen Krieges und nach 23jähriger Regierungszeit, fand sich sein Sohn Friedrich II. bereit, für die Elementarschule wieder nennenswerte Beträge bereitzustellen. Dem Konsistorialrat Hecker, der sich 1752 an den König mit der Bitte wandte, ihm jährlich 2500 Taler zur Erhaltung des Berliner Lehrerseminars zu gewähren, gab Friedrich nur einen Zuschuß von 600 Talern aus der Amtskasse der Mark Brandenburg, obgleich doch auch er wissen mußte, daß die Ausbildung von Lehrern die wichtigste Voraussetzung für eine Hebung der Elementarschule war und in den Kernprovinzen Preußens kein anderes Institut dafür zur Verfügung stand (Vollmer, 1918, S. 25). Summen dieser Größenordnung hat der König gelegentlich, freilich selten genug, etwa für die Aufbesserung von Lehrergehältern in einer Stadt oder einem Distrikt bereitgestellt. Sie standen in keinem Verhältnis zum dringendsten Bedarf. Die Regierung der Neumark hatte 1765 zum Beispiel festgestellt, daß zur Aufbesserung der Lehrergehälter auf 204 königlichen und 407 Stellen adligen oder städtischen Patronats neben Naturalmitteln 20 000 Taler erforderlich waren. „Die Behörde sagte sich aber selbst, daß wenig Hoffnung vorhanden sei, jene Summe zu erhalten – und das wurde ihr sofort von Berlin her bestätigt" (Vollmer, 1918, S. 107).

Die erste größere finanzielle Hilfe erhielt die kurmärkische Landschule 1771, die pommersche Landschule seit 1773, Westpreußen seit 1776. Aufbringung und Verwendung dieser Mittel sagt einiges über den Rang, den die Schulpolitik in den Augen des Königs einnahm: 1771 hatte die kurmärkische Städtekasse einen Überschuß von 100 000 Talern erzielt. Friedrich beschloß, dieses Geld den Edelleuten, Domänenpächtern und

Ackerstädten zur Einführung der „englischen Wirtschaft" (Anbau von Klee und Stallfütterung) zu einem Zinssatz von 4 Prozent zu leihen[33] und aus den Zinsen ausreichend dotierte Lehrerstellen einzurichten, die mit tüchtigen Lehrern zu besetzen seien, nachdem man die Unfähigen kurzerhand entlassen habe. Für die Schule war diese Hilfe tatsächlich völlig ungenügend, wie eine einfache Rechnung erweist: von den 4000 Talern Zinsen waren nur 33 Stellen mit dem von Friedrich auf 120 Taler festgesetzten Gehalt auszustatten. Zur gleichen Zeit waren von den 1973 Orten der Kurmark 213 ohne Lehrer, weitere 163 hatten nur Winterschulmeister. In den übrigen 1597 Dörfern bezogen nur 49 Lehrer mehr als 100 Taler Gehalt, über die Hälfte erhielt 30 Taler und weniger, 111 Schulmeister mußten von jährlich 5 Talern und weniger leben (Vollmer, 1918, S. 145–148). Ganz offenbar konnte die beschlossene Hilfe die Lage der Lehrer (und mit ihnen der Schulen, die unter unterbezahlten und unterqualifizierten Lehrern litten) nicht wesentlich verändern. Es wundert deshalb nicht, daß auch am Ende des Jahrhunderts noch 888 kurmärkische Lehrer weniger als 40 Taler Gehalt beziehen – das sind mehr als 50 Prozent – und daß 184 Lehrer, fast 12 Prozent, weniger als 10 Taler und nur 195 Lehrer mehr als 100 Taler beziehen (Schulwesen, 1800, Tabelle S. 35–38)[34].

---

[33] F. E. von Rochow hielt noch im Jahre 1773 für möglich, aber auch für nötig, daß Friedrich II. die Summe, die er für das kurmärkische Schulwesen zur Verfügung stellte, auf 500 000 Taler erhöhen würde, und zwar sollte die Hälfte dieses Kapitals „zur Besoldung der besseren Schulbedienten" und die andere Hälfte „zu Anbauung besserer Schulhäuser" in der Kurmark verwendet werden. Rochow in einem Brief an Zedlitz (damals Minister der geistlichen Angelegenheiten in Preußen) am 24. Januar 1773 (in: Rochow, 1910, Bd. 4, S. 37).

[34] Ähnliche Angaben macht Bassewitz in seiner Beschreibung der Kurmark vor dem Zusammenbruch von 1806, Clausnitzer, 1901, S. 417.

Zum Einkommen anderer ländlicher Bevölkerungsgruppen vgl. unsere Angaben S. 99. Nach Henning, 1969 c, S. 164, entsprechen die bäuerlichen Einkommen in Brandenburg in ihrer Höhe durchschnittlich den Einkünften der landesherrlichen Bauern in Ostpreußen, die gerade über das Existenzminimum verfügten. Im Einzelfall konnten sie allerdings weit unter dieser Minimalgrenze liegen; so zitiert H. H. Müller das Beispiel einer märkischen Bauernfamilie, der lediglich ein Einkommen von 37 Talern verblieb (H. H. Müller, 1967, S. 162).

Das Elend der bäuerlichen Lage mußte die Situation des Landschullehrers nur verschärfen: am ehesten ließen sich an den (Natural)Abgaben gegenüber dem Schulmeister, der zwar den Großteil seiner Einkünfte daraus bezog, aber kaum Macht besaß, sie einzufordern, Einsparungen im Sinne der Sicherung des eigenen Existenzminimums vornehmen. Wie der zeitgenössische Bericht eines Predigers (dessen Stand diese bäuerliche Haltung auch zu spüren bekam) über die Schulverhältnisse seiner Inspektion klagt, erwiesen sich die Bauern geradezu als Meister in der „Kunst des Subtrahierens", wenn es um die Bemessung der Abgaben für Lehrer und Schule (wie Holzlieferungen, Getreide, Kochspeise usw.) ging. Die Küster unter den Schullehrern standen sich dabei offenbar nicht allein deswegen besser, weil ihnen höhere Leistungen zustanden, sondern weil ihnen

Die Hilfe für das pommersche Schulwesen hatte ihre Basis wieder in einer großzügigen Unterstützung des Adels durch den König: den adligen Gutsherrn Pommerns waren 1770 380 000 Taler zur Verbesserung ihrer Güter zugegangen, 1772 wiederum 372 000 Taler. Von den 1773/74 gewährten weiteren 250 000 Talern sollten nun ab 1775 die Zinsen von nur 2 Prozent an die Schulkasse gehen. Der Adel bat jedoch um weiteren Aufschub der Zinszahlung, so daß erst seit 1777 etwa 4600 Taler jährlich der Landschule zugute kamen. Vollmer führt aus, daß damit das Gehalt von 80 Lehrern auf 80 Taler aufgebessert wurde. Er stellt diesen Betrag zugleich in ein anschauliches Verhältnis zum tatsächlichen Bedarf: von den 1200 Lehrern der Pommerschen Landschule verfügten mindestens 500 über ein Einkommen von nur 5 bis 10 Talern (Vollmer, 1918, S. 160, S. 166 f.).

Dem westpreußischen Schulwesen sollte mit etwa 10 000 Talern Zinsen von Geldern geholfen werden, die Friedrich zum Ankauf polnischer Güter vorgesehen hatte (Grüner, 1904, S. 90 f.). (Zum Vergleich: In den 12 Etatjahren von 1775/76 bis 1786/87, das heißt etwa vom Zeitpunkt der Annexion bis zum Todesjahr Friedrichs II., betrugen die außerordentlichen Aufwendungen für Westpreußen 6,7 Millionen Taler! – Mertineit, 1958, S. 170.) Insbesondere sollten aus Schlesien evangelische Lehrer angeworben werden, die nicht nur des Deutschen, sondern auch des Polnischen kundig und bereit waren, für 60 Taler jährlich zu arbeiten. Zuvor war der Versuch gescheitert, eine Praktik zu übernehmen, die Schlabrendorff in Schlesien zur Finanzierung der Landschule und des Breslauer Seminars eingeführt hatte, nämlich den katholischen Geistlichen das Gehalt ihres ersten Amtsquartals abzunehmen (Vollmer, 1918, S. 177 ff.). Unterstützung der Schule und Güterankauf waren in ihrer politischen Zielsetzung genau aufeinander abgestimmt: Es ging um die Prussianisierung der den Polen geraubten Gebiete; auch die Aufgabe der Schule, den evangelischen Glauben zu sichern, wird hier in ihrer politischen Funktion sehr deutlich, die Loyalität der Bevölkerung gegenüber dem preußischen „vicarius Jesu Christi" zu festigen.

Das westpreußische Beispiel zeugt übrigens von einer bestimmten Kon-

---

eine größere Zahl von Einnahmequellen aufgrund ihrer kirchlichen Dienste die Möglichkeit gab, die unzureichende Erfüllung ihrer jeweiligen Ansprüche auszugleichen. Den übrigen Schullehrern blieb als einziger Ausweg (wollten sie nicht betteln) die Ausübung eines Handwerks, das freilich (in Verkehrung unserer Vorstellungen) die eigentliche Hauptbeschäftigung ausmachte. Vgl. zum Beispiel den Erfahrungsbericht des Inspektors Bauer, 1798. Darstellungen wie die zitierten machen jedenfalls wahrscheinlich, daß es sich bei den im Text angeführten Zahlen über die Höhe der Lehrergehälter – selbst wenn sie verschwindend gering sind – nur um Sollwerte handelt. Detailliertere Angaben über die Situation des Landschullehrers siehe bei Sauer, 1970.

tinuität der preußischen Politik, die bis ins 20. Jahrhundert führt. Es ist jedenfalls auffällig, daß die von der friderizianischen Regierung verknüpften Maßnahmen auf dem kulturellen Gebiet (Religion, Sprache, Schule) und dem agrarischen Sektor auch die Mittel der allerdings ungleich militanteren Germanisierungsbestrebungen im wilhelminischen Preußen-Deutschland abgaben. Ihren vorläufigen Höhepunkt im Jahrzehnt vor dem Ersten Weltkrieg bildete charakteristischerweise neben einem Gesetz, das zur Enteignung polnischen Besitzes ermächtigte (und dem 1886 die Gründung einer sogenannten Ansiedlungskommission zum Aufkauf polnischen Besitzes vorangegangen war), die gesetzlich verfügte weitgehende Verbannung der polnischen Sprache aus allen öffentlichen Bereichen und gerade auch die Forcierung des deutschen Einflusses in der Schule – gegen einen Widerstand der Bevölkerung, der bis zu größeren Schulstreiks reichte. Nun ist es allerdings nicht nur die unterschiedliche Schärfe des Vorgehens, die es verbietet, die preußisch-deutsche Nationalitätenpolitik um die Jahrhundertwende mit den westpreußischen Aktionen Friedrichs in eine direkte Analogie zu bringen. Seinen Maßnahmen fehlt ganz sicher jener die spätere Ostmarkenpolitik prägende Wesenszug eines bereits depravierten und rassistisch bestimmten Nationalismus, der weite Kreise der deutschen Bevölkerung zu mobilisieren geeignet war – darum wäre auch der Terminus ‚Germanisierung' für die ältere Zeit im Grunde unzutreffend. Und ebensowenig wird Friedrich sich, wie später die Politiker des kaiserlichen Deutschland, von seinem Vorgehen in Westpreußen den Effekt einer allgemeinen innenpolitischen Integration von sozial divergierenden Interessen erhofft haben [35]. Selbst wenn sich die im weitesten Sinne territorialen Interessen der preußischen Macht an den östlichen Gebieten im Laufe der Zeit wenig verschoben haben, so waren doch auch diese Motive im 18. Jahrhundert durch die spezifische Verfassungsstruktur gekennzeichnet, mit der der Absolutismus im Sinne seiner Staatsbildung innen wie außen zu kämpfen hatte.

Vorläufige Zusammenfassung

Die hier gegebenen Beispiele erlauben ein vorläufiges Resümee über die Stärke des Interesses der preußischen Landesherren an der Elementarschule:

1. Zwar brachte Friedrich II. wesentlich höhere Summen für diesen Zweck auf als Friedrich Wilhelm I., den man trotzdem als den „Vater

[35] Zur Polenpolitik im kaiserlichen Deutschland vgl. Wehler, 1968; auch Böckenförde, 1972. Allgemeiner: Broszat, 1972. – Zur Schulpolitik um die Wende vom 19. zum 20. Jahrhundert vgl. Korth, 1963; Heinemann, 1975.

der preußischen Volksschule" gelobt hatte. Dennoch waren sie verschwindend klein, nicht nur gegenüber dem tatsächlichen Bedarf, sondern auch gegenüber den Aufwendungen für andere Zwecke. Als Beispiele wären die Unterstützung des gutsherrlichen Adels oder die etwa 2 Millionen Taler zu nennen, die Friedrich zur Förderung der kurmärkischen Seidenindustrie ausgab (vgl. H. Krüger, 1958, S. 127), von den gewaltigen Summen, die das Militär verschlang, ganz abgesehen[36].

2. Die Gelder für die Schule wurden nicht als produktive Investitionen verstanden. Nach Meinung der Hohenzollern bestand höchstens ein sehr vermittelter Zusammenhang zwischen Elementarschulsystem und Wirtschaftssystem, insoweit nämlich die Elementarschule jenes Pflichtgefühl und jene Disziplin einpflanzte, die ein Abgleiten in Kriminalität verhinderten und zweifellos allgemein der wirtschaftlichen Verwertung der Arbeitskraft dienlich waren (Vollmer, 1918, S. 131 f., S. 241, S. 244, S. 302). Eine direkte ökonomische Rechtfertigung der Schule sah man nur dort gegeben, wo unmittelbar produziert wurde, sei es, daß Lehrer und Schüler sich neben dem Unterricht dem Seidenbau widmeten (von den 5000 bis 6000 Pfund Seide, die nach 1784 jährlich produziert wurden, sollen zwei Drittel auf Konto der Lehrer gegangen sein)[37], Flachs oder Wolle spannen, Strümpfe strickten usw. Die zum Beispiel vom Freiherrn von Rochow vertretene Auffassung, es bestehe ein enger Zusammenhang zwischen Elementarbildung, Aufklärung und wirtschaftlichem Verhalten der Bevölkerung, spielte offenbar für die Schulpolitik der Hohenzollern keine Rolle. Es war also nur konsequent, wenn sie die verfügbaren Kapitalien in Investitionen anlegten, die sie für produktiv hielten, und allenfalls die Zinsen dieser Kapitalien der Schule zuwendeten[38].

3. Die Praxis, die finanzielle Förderung der Schule an irgendwelche gerade fälligen „produktiven" Investitionen anzuhängen, führte zu einer nicht nur ungenügenden, sondern insgesamt zufälligen materiellen Sicherung. Selbst für die königliche Stiftung, die als einzige des 18. Jahrhun-

---

[36] 1786, im letzten Regierungsjahr Friedrichs II., beliefen sich die Aufwendungen für das Militär auf zwei Drittel des Staatshaushalts; sie lagen damit relativ bereits unter dem Anteil, der zuvor auf sie entfallen war. Vgl. Exkurs 2 im Anhang.

[37] Über den Seidenbau der Lehrer und Geistlichen – eine Befähigung, die Friedrich II. auch in seinem politischen Testament hoch einschätzt – vgl. Schmoller und Hintze, 1892, B. 3, S. 131 f., S. 275 ff.; auch Behre, 1905, S. 249 ff. – Zum Mißerfolg dieses Lieblingsprojekts der friderizianischen Gewerbeförderung vgl. Mieck, 1969.

[38] Inwieweit diese (in der Praxis dokumentierte) Einschätzung von der Bedeutung der Schule für die wirtschaftliche Entwicklung berechtigt war, dazu hoffen wir im Kapitel 3 einige ausführlichere Hinweise geben zu können.

derts von vornherein für das Schulwesen bestimmt war, den mons pietatis Friedrich Wilhelms I., gab ein äußerer Anlaß den letzten Anstoß. Erst die Genesung von einer schweren Krankheit machte den König zu der Spende einer größeren Summe bereit, nachdem bereits mehrfach zuvor die ostpreußischen Schulprojekte an seinem sprichwörtlichen Geiz gescheitert waren (Vollmer, 1909, S. 181). Diese Förderungspraxis ist also ein Indiz dafür, daß es zumindest bei den Landesherrn so etwas wie einen Plan zum einheitlichen Ausbau des Schulwesens nicht gegeben hat, obgleich seit der Mitte des 18. Jahrhunderts mit den Konsistorien der Verwaltungsapparat dafür zur Verfügung gestanden hätte und es an Ansätzen zu einer einheitlichen Bestandsaufnahme über den Zustand der Elementarschule nicht gefehlt hat (zum Beispiel durch die sogenannten „Schulkataloge", umfangreiche Listen, in denen der Lehrer Schulbesuch und Wissensstand jedes Schülers festhalten sollte – Vollmer, 1918, S. 100 ff.).

Einen weiteren Hinweis auf die Planlosigkeit der preußischen Elementarschulpolitik ebenso wie auf den mangelnden Willen der Könige, ihre eigenen Edikte materiell abzusichern, geben die Angaben über den Zustand derjenigen Schulen, über die der Landesherr selbst das Patronat ausübte: Aus Pommern kommen gerade hinsichtlich der Amtsdörfer Klagen, „daß dort die Erlasse auf dem Gebiet der Schule sehr saumselig befolgt wurden, und in der hinterpommerschen Synode Kolbatz, deren Schulen durchweg in einem befriedigenden Zustand waren, bildeten allein die sechs königlichen Dörfer eine traurige Ausnahme" (Vollmer, 1918, S. 113, S. 259). Auch in der Neumark sollen Vergleiche „zwischen den Schulen adligen und königlichen Patronats meistens zuungunsten der letzteren" ausgefallen sein (Vollmer, 1918, S. 274). Berichte aus der ersten Hälfte des 18. Jahrhunderts lassen generell erkennen, daß der Stand des Schulwesens in den königlichen Dörfern vor dem der Dörfer unter adligem Patronat schwerlich einen Vorzug hatte – abgesehen von den Maßnahmen in Ostpreußen (Vollmer, 1909, S. 97).
Für die Kurmark um 1799 zeigt die in Gedikes „Annalen" wiedergegebene „Klassifikation der Dorfschulen nach ihrem Ertrage", daß die Lehrer auf den 588 königlichen Stellen insgesamt nur wenig besser gestellt waren als ihre Kollegen auf den 1062 Stellen unter adligem und sonstigem Patronat: In beiden Gruppen mußten mehr als die Hälfte der Lehrer (278 königliche gegenüber 609 sonstigen Patronats) mit einem Gehalt unter 40 Talern auskommen. Über 80 Taler erbrachten 148 königliche und 176 Stellen sonstigen Patronats. Der Anteil der besser dotierten Stellen war also unter den königlichen höher (Gedike, 1800, S. 35–38).

4. Aus dieser Darstellung ergibt sich, daß die materielle Last des Schulwesens im wesentlichen von der unmittelbar beteiligten Bevölkerung getragen wurde, hier und da unterstützt durch Stiftungen eines frommen oder aufgeklärten adligen Patrons. Man kann also durchaus die Folgerung ziehen, daß die immerhin erreichte Ausdehnung des Schulwesens *trotz* der Planlosigkeit und des Geizes der königlichen Bildungspolitik gelungen war.

Neben der Geringfügigkeit der zentralen Unterstützung des Schulausbaus verdient allerdings gleichzeitig das politische Interesse der Landesherren hervorgehoben zu werden, das auf die Begründung von Schulen wirkte und dem Schulwesen insbesondere im Rahmen von territorialstaatlichen Integrationsmaßnahmen – gegenüber einer anderssprachigen und -religiösen Bevölkerung – eine gewisse Bedeutung einräumte. In den polnischen Gebieten wurde die Schule praktisch als ein Instrument der Prussianisierung eingesetzt, wie durch den Umstand unterstrichen wird, daß auch in den rein polnischen Dörfern als die wichtigste Qualifikation des Lehrers galt, daß er des Deutschen mächtig war (Vollmer, 1918, S. 40 f., S. 88 ff., S. 194). Das oberste Ziel aller landesherrlichen Schulpolitik, an den Grenzen wie in den Stammprovinzen, war die Erziehung eines disziplinierten Untertanen, der sich seiner Pflichten – zu gehorchen und zu arbeiten – bewußt war; es blieb für das ganze 18. Jahrhundert in voller Geltung. Wie Friedrich 1769 erklärte, hätten die Schüler einen „vernünftigen und deutlichen Unterricht in der Religion" zu erhalten, damit ihnen richtigere Begriffe von ihren Pflichten beigebracht würden. „Die mehrsten Bauernkinder bleiben darüber in der größten Unwissenheit, und dieser Dummheit, um mich so auszudrücken, muß notwendig am ersten abgeholfen werden" (Vollmer, 1918, S. 131). Die Idee, daß die Elementarschule auch die Funktion der Aufklärung haben könnte, war insbesondere Friedrich II. fremd: „Le vulgaire ne mérite pas d'être éclairé!" (Vollmer, 1918, S. 296). Der Aussage des Propstes Süßmilch, auf den Dörfern bestünde häufig die Not, daß die geschriebenen Verfügungen der Landräte weder gelesen noch verstanden werden könnten, dürfte er darum weit größere Beachtung geschenkt haben (Clausnitzer, 1901, S. 352).

Schließlich wurde seit der Jahrhundertmitte immer häufiger die Forderung an die Schule herangetragen, der Verbesserung der wirtschaftlichen Situation der Bevölkerung zu dienen, indem neben dem Unterricht Seide, Wolle oder Garn produziert wurde. Vor allem der schulische Seidenbau

scheint eine beträchtliche Ausdehnung gehabt zu haben. Wir werden uns mit der Einwirkung wirtschaftlicher Überlegungen auf die Schulentwicklung noch einmal beschäftigen. Gewissermaßen vorab läßt sich freilich mußmaßen, daß entsprechende Pläne mit der gleichen Inkonsistenz ins Werk gesetzt wurden wie die übrigen das Schulwesen betreffenden Verordnungen. Noch am Ende des 18. Jahrhunderts verfügte Preußen nur über eine sehr geringe Zahl von sogenannten „Industrieschulen“ [39].
Manche Historiker haben sich gefragt, warum Friedrich II. der Elementarschule erst nach dem Siebenjährigen Kriege eine gewisse Aufmerksamkeit schenkte, nachdem er sich mehr als 20 Jahre seiner Regierungszeit so gut wie gar nicht um sie gekümmert hatte. Man hat daraus den gerade bei diesem König naheliegenden Schluß gezogen, militärische Erwägungen seien die Ursache seines plötzlichen Interesses gewesen. Der Freiherr von Wessenberg, selbst einer der besten Kenner der Elementarbildung, bemerkt dazu: „Vor Beendigung des 7jährigen Krieges hatte der eigene Vorteil des Militärdienstes den König von der Notwendigkeit einer Verbesserung der Volksschulen überzeugt. Man hatte nämlich Mühe, unter den Eingeborenen der preußischen Regimenter zu Unteroffizieren Subjekte zu finden, die schreiben und rechnen konnten“ (Wessenberg, 1835, S. 106). Vollmer stellt diese These in einen Zusammenhang mit der königlichen Order von 1779, nach der bei der Neubesetzung von Stellen vor allem Invaliden zu berücksichtigen seien (1918, S. 218 ff.):

„so erscheinen zwei sonst schwer vereinbare Handlungen Friedrichs, die Reform von 1763 und die Reaktion von 1779, unter einem einheitlichen Gesichtspunkt: damals hätte der König sich die Volksschule als Vorbereitungsanstalt für künftige Unteroffiziere gedacht, später als Versorgungsinstitut für die untauglich gewordenen. ... Ferner wird die Ansicht Wessenbergs auch durch ein Gutachten des Propstes J. P. Süßmilch bestätigt; denn von selbst würde der geistliche Herr wohl kaum darauf gekommen sein, als eine Folge des vernachlässigten Schulunterrichts den Umstand hervorzuheben, daß die Regimenter keine guten Feldwebel erhalten könnten. Endlich erklärt sich auf diese Weise am ungezwungensten die Tatsache, daß der König bei seiner Reform immer nur das dem Kantonreglement (preußisches Wehrpflichtsystem – d. Verf.) unterworfene platte Land, nicht die Städte im Auge hatte, obwohl es dort um den Elementarunterricht durchaus nicht besser,

[39] Vgl. Gedike, 1800, S. 39 ff., S. 45 f., wo das Oberschulkollegium auf die fehlenden Fonds verweist, um die an und für sich begrüßenswerte Einrichtung von Industrieschulen zu fördern (1793), und S. 61, wo König Friedrich Wilhelm in einer Kabinettsordnung vom Dezember 1798 dem Minister von Massow mitteilt, daß die von der kurmärkischen Städtekasse jährlich erübrigten 1 000 Taler „besonders für anzulegende Industrieschulen auf dem platten Lande ausgesetzt“ werden sollten. Auf S. 423 f. stellt Gedike selbst fest, daß Industrieschulen „in unserem Staat, verglichen mit Böhmen, Hannover und einigen anderen Ländern, in gar geringer Anzahl vorhanden sind“. – Vgl. dazu auch unten unsere Angaben in Kapitel 3.4.

nach der Ansicht mancher Zeitgenossen sogar noch schlechter stand als auf dem Dorfe“ (Vollmer, 1918, S. 47)[40].

Dafür ließen sich allerdings auch andere Gründe nennen: die Tatsache, daß Preußen in erster Linie Agrarland war, daß die wirtschaftliche Kraft der Hohenzollern selbst sich wesentlich auf ihren Landbesitz gründete, daß der auf diesem Sektor besonders geizige König allenfalls bereit war, Geld in die Schulen der eigenen Dörfer zu investieren, daß bei der Peuplierungspolitik notwendig die stabile Besiedlung von Agrarland im Vordergrund stand, daß der einzige Stand, für den Friedrich Achtung empfand, der Adel, von der Ausbeutung der Landbevölkerung lebte, also auch von deren Disziplinierung durch die Schule profitieren würde, schließlich, daß Friedrich den Zustand des städtischen Schulwesens im ganzen als ausreichend empfand (Vollmer, 1918, S. 83). Insgesamt wird man auch zu dieser Frage der militärischen Nebenziele der Schulpolitik Friedrichs sagen müssen, daß sie zwar das Urteil über deren Widersprüchlichkeit und Zufälligkeit erhärten, weil jedem einsichtigen Zeitgenossen klar war, daß die Hebung der Elementarschule von der Qualifikation der Lehrer und vom Vorhandensein ausreichend dotierter Stellen für solche Lehrer abhing. Gerade die besser dotierten königlichen Gnadenstellen aber sollten den invaliden Unteroffizieren angeboten werden. Andererseits ist auch dieses ‚Projekt‘ nicht mit der Zielstrebigkeit verfolgt worden, daß es praktisch eine größere Bedeutung für die Schule erhalten hätte. Die Zahl der tatsächlich zu Lehrern gemachten Invaliden ist offensichtlich gering geblieben.
Auch der vorstehende Überblick reicht nicht aus, um ein anschauliches Bild vom Zustand des preußischen Schulwesens am Ende des 18. Jahrhunderts zu geben. Festzuhalten ist, daß dessen Entwicklung höchst uneinheitlich war, insgesamt erst einen relativ niedrigen Stand erreicht haben konnte, da nur ein Bruchteil der Stellen ausreichend dotiert war, die Entwicklung der Seminare in Stettin, Berlin, Breslau und andernorts außerordentlich langsam und keineswegs stetig verlief, es also an ausgebildeten Lehrern fehlte und im Normalfall das Schulmeisteramt nebenberuflich neben einem Handwerk ausgeübt wurde, daß die Schulhäuser häufig in einem völlig desolaten Zustand waren usw. Trotzdem ist an manchen Schulen auch im 18. Jahrhundert bereits ein gründlicher Unterricht erteilt worden; viele dagegen bieten nach zeitgenössischen Berichten

[40] Auszüge des mehrfach erwähnten Gutachtens des Oberkonsistorialrats Süßmilch sind abgedruckt bei Lewin, 1910, S. 74 f.

das Bild vollständiger Verwahrlosung, und zwar im Hinblick auf den Schulraum ebenso wie hinsichtlich der Person des Lehrers[41].

2.4 Die Expansion des öffentlichen (Elementar-)Schulwesens

Im vorliegenden Kapitel soll die schulpolitische Entwicklung, die ebenso wie ihre öffentlich-staatlichen Anfänge während des 18. Jahrhunderts auch in ihren späteren Stadien lange Zeit verklärt oder wenigstens überschätzt worden ist, anhand einer Reihe von älteren Unterrichtsstatistiken für das 19. Jahrhundert nachgezeichnet und schließlich in einer schmalen Linie bis zur Gegenwart verfolgt werden. Doch geschieht das nicht unter der primären Zielsetzung, ein problematisches Geschichtsbild von der preußischen Bildungspolitik zu korrigieren. Dem Leser soll in erster Linie ein Eindruck von der wirklichen Situation des Elementarschulwesens bis an die Schwelle der modernen schulpolitischen Entwicklung und unserer aktuellen Vorstellungswelt vermittelt werden, die kaum über den Einschnitt der Weimarer Republik zurückreicht. Auch wenn die Zuverlässigkeit der Angaben bis zum Beginn des letzten Drittels des 19. Jahrhunderts noch einigermaßen fragwürdig und unsicher bleibt, sind wir aufgrund der zeitgenössischen Statistik für den gesamten Zeitraum in der Lage, einige quantitative Aussagen zur Bildungssituation zu machen, die im übrigen auch das Bild bestätigen, das wir vom Zustand des preußischen Schulwesens am Ende des 18. Jahrhunderts entworfen haben.
Ein Problem unseres Überblicks über die Entwicklung der Landschule im 18. Jahrhundert bestand ja in dem Mangel an präzisen quantifizierenden Angaben; die Kameralstatistik mit ihren detaillierten Gesamtüberblicken ist (selbst wenn ihre ersten Ansätze weiter zurückreichen) erst eine Errungenschaft des 19. Jahrhunderts. Insofern sind wir bei der Erörterung der Schulsituation dieser Zeit in der glücklicheren Position, nunmehr ausführlich mit Zahlen aufwarten zu können. Freilich entbindet gerade diese Möglichkeit nicht von der Pflicht, jeweils erst genau zu prüfen, inwieweit die verfügbaren Daten wirklich Aufschluß über die Schulwirklichkeit bieten. Eine Konsequenz, die sich aus einer entsprechend ausführlichen Beschäftigung mit dem erreichten Zahlenmaterial und seiner Aussagekraft ergibt, wird dem Leser bald selbst auffallen: Was unsere Darstellung darüber an Genauigkeit und (in bestimmten Partien) Ausführlichkeit gewinnen mag, büßt sie in bezug auf Geschlossenheit und Anschaulichkeit ein.
Statt einer Präsentation fertiger Ergebnisse erwartet den Leser im folgenden Kapitel darum die Anstrengung, mit uns gemeinsam durch die Analyse des zusammengetragenen Materials (zu einigen bildungsstatistischen Grundindi-

---

[41] Vgl. dazu auch die allerdings mehr auf die städtischen Schulverhältnisse bezogenen zeitgenössischen Erfahrungsberichte, die in der Arbeit von Möller, 1969, S. 50–54, wiedergegeben werden. – Vgl. im übrigen Engelsing, 1973 b, S. 69–89.

katoren) hindurch nach allgemeinen Rahmenbedingungen der Schulentwicklung zu forschen. Gewissermaßen implizit enthalten die verschiedenen Belege, in denen sich der anfangs schleppende schulpolitische Fortschritt und der erst spät einsetzende Ausbau des Elementarschulwesens in Preußen spiegeln, den Beweis dafür, wie wenig Entwicklung und Struktur des Bildungswesens aus sich selbst oder allein aus einer staatlichen Initiative abgeleitet werden können. Mehrfach und unter verschiedenen Gesichtspunkten werden wir in dem folgenden Abriß auf den Einfluß stoßen, den gesellschaftliche Faktoren auf das System der öffentlichen Bildungseinrichtungen ausgeübt haben. Welche Faktoren dies sind und wie sie auf Veränderungen im Schulwesen, insbesondere auf den merklichen Schub im Ausbau des Elementarschulwesens in den siebziger Jahren des 19. Jahrhunderts im einzelnen gewirkt haben, darüber können hier nur Vermutungen angestellt werden.

Nach unserer Übersicht über die Landschulsituation des 18. Jahrhunderts läßt sich der schulische Entwicklungsverlauf grob und vorläufig durch zwei allgemeine Aussagen negativer Art kennzeichnen: Es wäre offensichtlich irreführend, den Ausbau des modernen Bildungswesens bis hin zu seiner heutigen Bedeutung als einen einsinnigen, zwangsläufig fortschreitenden Prozeß zu verstehen. Entsprechend wird man sich davor hüten müssen, den Aufbau dieser Institution mit der Herausbildung und dem Erstarken der staatlichen Zentralgewalt – so wenig er davon unabhängig gesehen werden kann – praktisch in eins zu setzen.
Gerade hinsichtlich der Entwicklung in Preußen halten sich bis heute entsprechend idealisierende Vorstellungen. Froeses emphatische Charakteristik des preußischen Staates, die er aus einer Analyse der schulrechtlichen Vorschriften glaubt ableiten zu können: „Er ist ein Erziehungsstaat. Gerade und erst darin zeigt sich sein Charakter als Aufklärungsstaat" (Froese und Krawietz, 1968, S. 26 f.), steht nur als ein Beleg für viele andere. Im 19. Jahrhundert besaßen derartige Darstellungen für das autoritäre Regiment gewissermaßen politisch-propagandistischen Nutzwert, da es hoffen mochte, mit der Gloriole besonderer – auch schulpolitischer – Fürsorgeleistungen den unzeitgemäßen und rückschrittlichen Charakter des preußischen Staates bemänteln zu können. Als Ausdruck dieses offiziösen Schulgeschichtsbildes muß man etwa die selbstgefällige Äußerung werten, die sich 1876 anläßlich eines weitmaschigen Überblicks über das preußische Volksschulwesen in der amtlichen statistischen Zeitschrift findet, daß nämlich „in einem Culturstaate, wie dem preußischen ... der allgemeine Schulzwang längst nicht mehr blos auf

dem Papiere steht, sondern durchweg, so zu sagen in das Blut des Volkes übergegangen ist“ [1].

Ging es allerdings um die genaue Beleuchtung der wirklichen Situation der preußischen Volksbildung, beispielsweise um die Zahl der Analphabeten, so finden sich – über denselben Sachverhalt in derselben Zeitschrift – Darstellungen, die die reale Entwicklung wesentlich eher wiedergeben dürften als der obige Satz. Obwohl „die allgemeine Schulpflicht“, wird dann (1893) eingestanden, „in den alten Landestheilen der Monarchie schon bald nach dem Beginne des vorigen Jahrhunderts – durch Allerhöchsten Kabinetsbefehl vom 28. September 1717 –, in allen Teilen des jetzigen Staatsgebietes seit mehr als 50 Jahren eingeführt worden ist, wirklich durchgeführt und wirksam kontrolliert wird die Erfüllung der Schulpflicht ... erst seit zwei Jahrzehnten ...“ [2].

Aus einer Vielzahl von Indikatoren, die die äußere und innere Organisation des preußischen Elementarschulwesens betreffen, ist die Berechtigung dieser recht kritischen Einschätzung abzulesen. So führt schon die Überlegung, daß die elementare Voraussetzung für die Realisierung der allgemeinen Schulpflicht in der Garantie einer ausreichenden Zahl von Schulen und Schulplätzen liegt, auch für das 19. Jahrhundert auf ein fühlbares Problem der Schulentwicklung. In Anbetracht des damals überwiegenden Mangels an Schulgebäuden hatten die berühmten Schulpflichtedikte Friedrich Wilhelms I. von 1717 beziehungsweise der Mitte der dreißiger Jahre des 18. Jahrhunderts (vgl. Vollmer, 1909, S. 62–67) den Eltern die Verpflichtung zum Schulbesuch ihrer Kinder ja meist nur an Orten auferlegt, „wo Schulen seyn“ (Froese und Krawietz, 1968, S. 91). Seitdem hatte der Schulbau nur bedingt Fortschritte gemacht, weil, wie hervorgehoben, ein direktes und einigermaßen energisches Vorgehen des Landesherrn an den Hemmnissen der allgemeinen Verfassungsstruktur und des eigenen Fiskalismus scheiterte, der der Schulpolitik keine Priorität einräumte. So sorgte nach dem Urteil eines viel später lebenden Beobachters die exzeptionelle Regelung, die Friedrich Wilhelm I. für die Schulgründungen in Ostpreußen am Anfang des 18. Jahrhunderts getroffen hatte, offenbar trotz der späteren schulpolitischen Stagnation dafür, daß ostpreußische Bezirke einen spürbaren Vorsprung in der Statistik des Schulbesuches gegenüber anderen, ähnlich schwach bevölkerten und wirtschaftlich wenig begünstigten Gebieten wahrten (J. G. Hoffmann, 1843, S. 163). Einen Eindruck von der Langfristigkeit der allge-

[1] Statistische Correspondenz, S. LXV. Zeitschrift des königlich preußischen statistischen Bureaus 16 (1876).

[2] Statistische Korrespondenz, S. I. Zeitschrift des königlich preußischen statistischen Bureaus 33 (1893).

meinen schulischen Mangelsituation vermittelt es, wenn offizielle Schulstatistiken nachwiesen, daß aufgrund unzureichender Schulversorgung noch nicht einmal am Ausgang des 19. Jahrhunderts alle Kinder ihrer Schulpflicht genügen konnten. Obwohl die Maßstäbe für die Überfüllung recht großzügig bemessen waren – hinsichtlich der Klassenfrequenz galt bei einklassigen Schulen die Zahl von 150, bei mehrklassigen die Zahl von 120 Schülern als oft genug durchbrochene Toleranzgrenze –, wurden im Jahre 1882 im preußischen Staate noch knapp 10 000 Kinder bei der Aufnahme in die öffentlichen Volksschulen abgewiesen (Petersilie, 1883, S. 63; Volksschulwesen 1891, S. 138). Bis 1891 fiel diese Zahl der vom Schulbesuch ausgeschlossenen Schulpflichtigen auf etwa ein Drittel und erreichte damit einen prozentual vollkommen unerheblichen Wert (Volksschulwesen 1891, S. 138).

Schulunterhaltung

Daß Fälle dieser Art konstant in ärmeren oder besonders bevölkerungsreichen Bezirken (in Westpreußen, Schlesien, Rheinland) relativ am häufigsten auftraten, deutet auf einen empfindlichen Punkt der preußischen Schulpolitik des 19. Jahrhunderts. Er läßt sich, anders als für den vorhergehenden Zeitraum, vielleicht weniger in dem absoluten Mangel an Geld als in der Verteilung der Kosten für das allgemeine Schulwesen identifizieren. Die Zentralgewalt suchte, wie wir sahen, der von ihr verkündeten Schulpflicht praktische Gestalt zu geben, indem sie den davon betroffenen Untertanen zugleich die Verpflichtung auferlegte, die Schulen weitgehend selbst zu errichten und zu unterhalten. Dabei erfolgte der Rekurs auf die Untertanen so gut wie ausschließlich unter dem finanziellen Interesse, gleichgültig auf welchem Wege der absolutistische Staat seine einzelnen Mitglieder zum Schulunterhalt heranzog: Denn weder mit der Zwangsmitgliedschaft jedes erwerbstätigen oder über ein Einkommen verfügenden Einwohners in den sogenannten Schulsozietäten, denen die finanzielle Verantwortung für die lokalen Schulen zukam, noch mit der Auflage, Schulgeld für den Schulbesuch der eigenen Kinder zu zahlen, waren in der Regel Rechte verbunden, wie etwa ein nennenswerter Einfluß auf relevante Schulangelegenheiten. Im Grunde diente die Beteiligung der Untertanen dazu, die zentralen Vorentscheidungen über das Schulwesen finanziell abzustützen und verwaltungsmäßig auszufüllen, wie die staatlich verfügte Regelung der Schulverwaltung und die tatsächliche Entwicklung bis ins 20. Jahrhundert zur Genüge beweisen.

Die Hauptlast insbesondere der Elementarschulen trugen bis ins 20. Jahrhundert hinein im Prinzip lokale Verbände, die sogenannten Schulsozietäten, Schulverbände, wie sie später hießen, als sie in den politischen Gemeinden aufgegangen waren (vgl. Tabelle 2 im Anhang). Ihnen oblag insgesamt zum größten Teil – wobei die Höhe ihres Kostenanteils je nach Art des Postens variierte – „die Beschaffung, Unterhaltung und Erweiterung der für die Schule und die Lehrer erforderlichen Gebäude, freien Plätze, Gärten und Dienstländereien, sowie der Lehr- und Lernmittel, soweit letztere nicht für den einzelnen Schüler von dessen Eltern usw. zu beschaffen sind, ferner die Beschaffung der Besoldungen und Pensionen für die Lehrer und Lehrerinnen, der Umzugs- und Einführungskosten für dieselben und die Witwenkassen-Beiträge bzw. die Kosten für die Hinterbliebenen der Volksschul-Lehrer" (Petersilie, 1883, S. 73).

Um die Mitte des 19. Jahrhunderts betrug nach ministeriellen Angaben der Anteil, den die ‚Gemeinden, Schulsocietäten und sonstigen Verpflichteten' zur Gesamtfinanzierung des Elementarschulwesens mit Einschluß der öffentlichen Mittelschulen aufbrachten, fast 75 Prozent, während der Beitrag des Staates nicht einmal ein Zwanzigstel ausmachte. Allein das Schulgeld deckte mit 22,8 Prozent der Einnahmen zu diesem Zeitpunkt wesentlich mehr Kosten ab. (Sonstige Einnahmen, die der Finanzierung der Schulen dienten, werden im folgenden vernachlässigt, so daß die Summe der einzelnen Prozentwerte nicht immer 100 erreicht[3].)

Als zum Ende des Jahrhunderts hin die Bedeutung der schuleigenen Einnahmen (aus ‚Stiftungs- und Kirchenvermögen' und aus dem Schulgeld) abnahm, modifizierte sich auch das Verhältnis der von den Gemeinden beziehungsweise dem Staat beigebrachten Aufwendungen für das Elementarschulwesen, ohne daß allerdings eine grundlegende Veränderung eingetreten wäre. Zu den über 101 Millionen Mark, die 1878 insgesamt an die Unterhaltung der öffentlichen Volksschulen in Preußen gewendet wurden, steuerten die Einnahmen aus Schulgeld und eigenen Einkünften des stiftungsmäßigen Schul- und Kirchenvermögens usw. mit 12,9 Prozent beziehungsweise 7,8 Prozent zusammen noch immer einen größeren Anteil bei als die 12,2 Prozent Staatsmittel. Die Gemeinden, Societäten usw. stellten im Mittel der siebziger Jahre allein fünfeinhalbmal mehr Geld als der staatliche Fiskus (Petersilie, 1883, S. 88; ders., 1882).

---

[3] Siehe Tabelle 2 im Anhang; vgl. dazu auch E. Engel, 1869, S. 178.

Seit Beginn der neunziger Jahre belief sich dann der Anteil des Staates an der Deckung der Gesamtkosten für das öffentliche Elementarschulwesen auf etwa ein Drittel – 1891 zahlte der Staat von den insgesamt etwa 177 Millionen 33,7 Prozent, 1911 übernahm er 30,9 Prozent von den sprunghaft auf 450 Millionen gesteigerten Gesamtaufwendungen. Den Gemeinden war jedoch von der relativen Last wenig abgenommen; mit einem Beitrag, der zwischen der Hälfte und zwei Dritteln des Gesamtaufwandes lag, mußten sie weiterhin den Löwenanteil aufbringen: Die 50,8 Prozent des Jahres 1891 bezifferten sich auf fast 90 Millionen, 1911 bedeuteten 62,4 Prozent aufgrund des Gesamtzuwachses die Summe von rund 279 Millionen Mark (Volksschulwesen 1891, S. 212 ff.; 1911, S. 156 ff., S. 286). Aus den absoluten Zahlen ist damit sogar eine erheblich verschärfte Belastung der Gemeinden abzulesen (selbst wenn der prozentuale Anteil sich nicht mehr wesentlich veränderte): der Zuwachs der Gesamtaufwendungen schlug in erster Linie bei den Gemeinden zu Buche.

Von den vielen Konsequenzen, die sich aus einer derartigen Schulfinanzpolitik ergeben mußten, sei hier nur eine angedeutet: Obwohl der staatliche Anteil Zuschüsse insbesondere für die ärmeren Landgemeinden enthielt, ließ sich eine wirksam ausgleichende Umverteilung der Mittel zwischen den ganz verschiedenen leistungsfähigen Regionen nicht vornehmen. Ein Ergebnis war, daß sich das Schulwesen in den verschiedenen Landstrichen des preußischen Staates – je nach Bevölkerungsdichte, Siedlungsweise, wirtschaftlichen Verhältnissen usw. – höchst unterschiedlich entwickelte. Von einer einheitlichen Situation des öffentlichen Elementarschulwesens in Preußen ist darum noch am Beginn des 20. Jahrhunderts nur mit großem Vorbehalt zu sprechen. Trotzdem – das ‚Kommunalprinzip' änderte nichts an dem Grundsatz, daß das öffentliche Elementarschulwesen eher eine zentralstaatliche als eine kommunale Angelegenheit war, die eine geschickt aufgebaute Verwaltung wesentlich von oben steuerte, mit einem Wort: „Gemeindeschulen in Staatshand" (Roeder, 1966).

Daß die staatliche Zentralgewalt in Preußen von vornherein die Schulkosten, zum großen Teil oder ganz, praktisch als zusätzliche Last auf die Schultern der Einwohner abwälzte, ist nicht unabhängig von der allgemeinen Rechts- und Sozialverfassung zu sehen, die wir anfangs geschildert haben. Bereits die ‚Principia regulativa' von 1736, eine Art frühes Schulunterhaltungsgesetz, enthalten im Grunde das Eingeständnis, daß die damals finanzstärkste Gruppe, der Adel, zu Schullasten nicht verpflichtend heranzuziehen war. Daran haben die folgenden Regelungen nichts Wesentliches zu ändern vermocht; das General-Landschulreglement umging dieses Problem, und das ALR verpflichtete den Gutsherrn nur zu zwei leichten finanziellen Auflagen, denen er zudem nach eigenem Gutdünken nachkommen konnte (Froese und Krawietz, 1968, S. 129). Bis ins 20. Jahrhundert hinein hat der wirksame Widerstand der preußischen Rittergutsbesitzer gegen die Übernahme finanzieller und sozialer Verpflichtungen, die ihrer Stellung entsprochen hätten, fortgedauert. Der eigentliche Fortschritt, den der Beginn des 19. Jahrhunderts brachte, besteht vielmehr darin, daß die bekannten Reformgesetze von 1808 – Begründung der städtischen Selbstverwaltung, Aufhebung der persönlichen Unfreiheit und der Gutsuntertänigkeit der ländlichen Bevölkerung sowie die Loslösung der Landgemeinden aus dem Verbande des Ritterguts – dem Staat überhaupt erlaubten, aus der Quelle, die er für seine Schulpolitik angezapft hatte, reichlicher zu schöpfen. Aber es hat weitere 100 Jahre gedauert, bis die höchst unterschiedliche Rechtslage in den einzelnen Landesteilen einheitlich durch das Volksschulunterhaltungsgesetz vom 28. 7. 1906 geregelt wurde, wenn auch in höchst problematischer Weise. § 1 Abs. 1 bestimmte: „Die Errichtung und Unterhaltung der öffentlichen Volksschulen liegt ... den bürgerlichen Gemeinden und selbständigen Gutsbezirken ob“ (Froese und Krawietz, 1968, S. 184).

Staatszuschüsse

Will man das Prinzip dieser Regelung verstehen, muß man sich auch vor Augen halten, daß – jedenfalls anfänglich – die finanziellen Ressourcen der staatlichen Zentralgewalt objektiv den Lasten, die aus dem öffentlichen Schulwesen entstanden, nicht gewachsen waren. Welches Ausmaß die Belastung gesamtgesellschaftlich darstellte beziehungsweise wie ungewohnt und bis dahin undenkbar der Aufbau einer solchen Institution war, veranschaulicht vielleicht die Rechnung, die J. G. Hoffmann, Direktor des statistischen Büros und durchaus engagierter und kritischer Schulpolitiker, zu Beginn der vierziger Jahre des 19. Jahrhunderts aufstellte. Um den enormen Aufwand und die Schwierigkeiten bei der Begründung des öffentlichen Schulunterrichts zu erläutern, schätzte er nicht nur die ‚unmittelbaren‘ Kosten, die die Unterhaltung der Lehranstalten erforderte, sondern veranschlagte auch noch die ‚mittelbaren‘ – wesentlich höheren – Lasten, da die Schule die Kinder bis zum 14. Lebensjahr dem gesellschaftlichen und wirtschaftlichen Leben entzog. „Die Gesamtheit der Einwohner des Preußischen Staates würde demnach“ – so lautete sein Ergebnis – „theils an dem unmittelbaren Aufwande ($7^1/_4$ Millionen), theils an verlorener Nutzung ($14^4/_9$ Millionen) den Elementarunterricht der Kinder mit noch über $21^1/_2$ Millionen Thaler jährlich erkaufen" (J. G. Hoffmann, 1843, S. 153 f.). Der Staat schien zu diesem Zeitpunkt kaum reich genug, um die von Hoffmann auf 7½ Millionen bezifferten unmittelbaren Kosten des öffentlichen Elementarschulwesens zu tragen, obwohl die ‚Gesellschaft' mit den mittelbaren Lasten schon die Hauptbürde der Gesamtkosten übernahm.

Gegen Ende des 19. Jahrhunderts setzten preußische Schulstatistiken gern den Gesamtaufwand für die Volksschulen oder das gesamte öffentliche Schulwesen in Beziehung zum „gesamten Sollaufkommen der directen Staatssteuern", nicht zuletzt, um die volle Übernahme der öffentlichen Schulkosten in den staatlichen Haushalt als unrealistisches Ansinnen zu kennzeichnen. Danach hätten beispielsweise die Gesamtkosten für die preußischen Volksschulen im Jahre 1878 allein 63,6 Prozent der Einnahmen aus den direkten Staatssteuern verschlungen, nimmt man die Beiträge für Mittel- und höhere Mädchenschulen hinzu, sogar 67,7 Prozent (Petersilie, 1883, S. 88 f.). Und nach einer Schätzung für das Jahr 1891 wäre nur knapp die Hälfte der Erträge aus der direkten Besteuerung für die übrigen Aufgaben des öffentlichen Haushalts verblieben, wenn die Aufgaben für den gesamten öffentlichen Unterricht ausschließlich aus diesen Einkünften bestritten worden wären (Volksschulwesen 1891, S. 213). Das sind eindrucksvolle Indizien für die ‚öffentliche Armut' des preußischen Staates, gerade gegenüber so wichtigen Bereichen wie dem staatlichen Bildungssystem. Andererseits wird man nicht verkennen dürfen, daß diese Zahlen keinen objektiven Maßstab für die mögliche Leistungskraft des preußischen Fiskus darstellen: die Steuerpolitik (der geringe Ertrag der direkten Steuern, das Verhältnis von direkten und indirekten Steuern) hatte sozusagen eine soziale Schlagseite zugunsten der Interessen, auf die der Aufbau eines öffentlichen Schulwesens, wie angedeutet, in vielfacher Hinsicht stieß.

Auffällig ist schließlich, daß diese staatliche Mangelsituation die einzelnen Stufen des öffentlichen Bildungswesens und sogar die jeweiligen Schultypen höchst unterschiedlich betraf. Aus einer Übersicht über die preußischen Haushaltspläne (vgl. Anhang, Tabelle 1) geht nicht nur hervor, daß der preußische Staat erst sehr langsam — und in deutlich wahrnehmbaren Sprüngen — dem gesamten öffentlichen Bildungswesen eine auch finanziell spürbare Wichtigkeit zuerkannte. Kaum 2 Prozent seiner ordentlichen Ausgaben verwandte Preußen noch in der Mitte des vorigen Jahrhunderts auf Schulen und Universitäten, während Armee und Marine fast 30 Prozent des ordentlichen Haushalts beanspruchten.

Eine genauere Aufschlüsselung des ordentlichen Bildungsetats (dazu auch Anhang, Tabelle 1a) beweist zudem, wie kraß der Staat das Interesse an den einzelnen Bildungsinstitutionen zu dieser Zeit noch abstufte. Der anfängliche Schein einer relativ ausgewogenen Verteilung der finanziellen Mittel auf Elementarschulbereich, höhere Lehranstalten und Universitäten um die Mitte des Jahrhunderts trügt, vergegenwärtigt man sich nur den gerade damals streng hierarchischen Aufbau des Bildungswesens. So erfuhren die eigentlichen Elementarschulen (ohne die Lehrerbildungsanstalten und die eher sozialpädagogischen Institutionen wie Waisenhäuser oder Rettungsanstalten usw.) bis in die sechziger Jahre geringere staatliche Unterstützung als die höheren Schulen, obwohl das elementare Schulwesen um die Mitte des vorigen Jahrhunderts etwa 16mal so viel Kinder aufzunehmen hatte wie der damals sogenannte mittlere Unterricht, der neben mittelschulähnlichen Institutionen auch die Oberschulen umfaßte. Auf den höheren Lehranstalten im engeren Sinne, die übrigens für Mädchen unzugänglich blieben, befand sich nicht einmal ein Zwanzigstel der Zahl der männlichen Elementarschüler (errechnet nach E. Engel, 1869, S. 102 ff., S. 116). Insbesondere aber widmete der Staat der Bildungsinstitution mit den wenigsten Benutzern, der Universität – die Zahl der Studenten schwankte um einen Wert von 0,4 Prozent der Elementarschüler –, den größten Teil seiner Bildungsaufwendungen; die bereitgestellte Summe lag um mehr als das Doppelte höher als die Mittel für die eigentlichen Elementarschulen und überstieg noch den staatlichen Aufwand für den gesamten Bereich des ‚niederen Unterrichtswesens'. (Bei diesen Zahlenverhältnissen bleibt allerdings unberücksichtigt, daß zwangsläufig der Aufwand pro Schüler steigt, je höhere Bildungs- und Ausbildungsziele die jeweiligen Schulinstitutionen verfolgen.) Selbst als sich, wie Tabelle 1 und Tabelle 1a (im Anhang) zeigen, schon in den folgenden Jahrzehnten des 19. Jahrhunderts das Mißverhältnis in der staatlichen Schulfinanzierung wesentlich gebessert hatte, lag im Jahre 1891 der staatliche Anteil an den Aufwendungen für das Elementarschulwesen noch unter dem durchschnittlichen Prozentsatz, den die gesamtstaatliche Kasse zur Deckung der Kosten für das gesamte öffentliche Bildungssystem beisteuerte (errechnet nach Volksschulwesen 1891, S. 212 ff.).

Gesellschaftlich war, wie die Zahlen wahrscheinlich machen, die längerfristige Bevorzugung, die die oberen Bildungsanstalten seitens der öffentlichen Zentralgewalt in Preußen genossen, nicht ohne Relevanz. Ihren einseitigen sozialen Akzent offenbart diese Prioritätsverteilung schon, wenn man in Betracht zieht, daß das öffentliche Bildungssystem, und zwar gerade in seinem ‚mittleren' Bereich (den höheren Lehranstalten), damals zu einem wesentlichen Teil von Einkünften aus dem Schulgeld getragen wurde, das heißt aus Mitteln, die von den jeweiligen Erziehungspflichtigen für jeden einzelnen Schüler aufzubringen waren. Die

Ausgaben für die höheren Schulen Preußens – das zeigt Tabelle 2 (im Anhang) – wurden im späteren 19. Jahrhundert sogar zur Hälfte durch die sogenannten eigenen schulischen Einnahmen abgedeckt, die in diesem Falle hauptsächlich aus dem Schulgeld stammten. Solange das Aufkommen aus dem Schulgeld für die Finanzierung der höheren Lehranstalten eine derart zentrale Bedeutung hatte, die sich notwendig in entsprechend hohen Schulgeldsätzen (pro Schüler) niederschlagen mußte, blieb der Großteil der Bevölkerung vom Besuch der weiterführenden Schulen und der Universitäten ausgeschlossen. Damit kam, was die öffentliche Hand in relativer Übervorteilung der Elementarschulen für die höheren Bildungsinstitutionen ausschüttete, in erster Linie den sozial und ökonomisch privilegierten Kreisen zugute. Diese staatliche „Subventionierung der gesellschaftlichen Oberschichten" erwies sich um so deutlicher als ein durchgängiges Prinzip der preußischen Schulfinanzpolitik, als auf der Stufe der Universitäten und Hochschulen, wie Tabelle 2 (im Anhang) zeigt[4], der relative Anteil der privaten Beteiligung in erheblichem Maße wieder sank (vgl. Borchardt, 1965, S. 389).

Das Schulgeld

Dem Schulgeld kam für die Masse des Volkes also die Bedeutung einer Art Schranke zu, die – im Zusammenhang mit anderen finanziellen und sozialpsychologischen Faktoren – den Zugang zum höheren Schulwesen versperrte. Besser gesagt, wenn man das Gewicht des Schulgelds dabei vorsichtiger einstuft: die Schulgeldforderung seitens des Staates und ihre spezifische Handhabung bei den höheren Lehranstalten waren gewissermaßen das offizielle Siegel auf dem Tatbestand eines nicht durchlässigen, sondern gemäß der Klassengesellschaft des 19. Jahrhunderts dichotomischen Bildungswesens. Bei den Erziehungs- und Ausbildungsaufwendungen, die Eltern für ihre Kinder aufzubringen hatten, insbesondere wenn diese weiterführende Schulen besuchen sollten, schlugen die Unterhaltskosten natürlich noch gravierender zu Buche als das Schulgeld – zumal unter den damaligen Einkommensverhältnissen: Aber wer konnte wohl pro Kind, das die Gymnasial- oder Realanstalt besuchen sollte, auch nur den durchschnittlichen Schulgeldsatz von 90 bis 100 Mark jährlich aufbringen (Petersilie, 1886, S. 207), wenn noch am Ende des 19. Jahrhunderts gerade einem guten Viertel aller preußischen Haushalte ein Jahres-

---

[4] Die dort nachgewiesenen Einnahmen der Universitäten gehen etwa bis zur Jahrhundertwende noch nicht einmal zur Hälfte auf Einkünfte aus Kolleggeldern und Studiengebühren zurück. 1911 wurden dagegen zwei Drittel der Universitätsausgaben von Kolleggeldern und Studiengebühren getragen.

einkommen über 900 Mark zur Verfügung stand? (Statistisches Jahrbuch 1912, S. 318.)

Die stark selektive und sozial diskriminierende Funktion dieser Gebühr, zumal in Preußen beziehungsweise Norddeutschland, wo die Schulgeldsätze durchschnittlich höher lagen als in den übrigen Reichsteilen, war damals kein ängstlich gehütetes Geheimnis. Ebensowenig wie der geringe Beitrag, den die zentrale Kasse zur Unterhaltung des staatlichen Bildungswesens beisteuerte, läßt sich offenbar das Verfahren, die Kosten für das Lehrpersonal direkt von den ‚Benutzern' der öffentlichen Bildungsinstitutionen zu erheben — und das war wenigstens anfänglich der Zweck der Schulgeldforderung —, einfach als bloße Konsequenz einer objektiven ökonomischen Mangelsituation angemessen erfassen. Jedenfalls war der öffentlichen schulpolitischen Diskussion am Ende des 19. Jahrhunderts das Schulgeld auch als wirksames bildungs- und sozialpolitisches Steuerungsinstrument in der Hand des Staates vertraut. 1886 konstatierte in einem preußischen Amtsblatt der Geheime Rat Petersilie, bedeutender preußischer Bildungsstatistiker seiner Zeit, neben anderen Gründen, die für ihn die Erhebung der Schulgeldgebühr von allen Benutzern gerade so selbstverständlich machten, „wie zum Beispiel die Erhebung der Postgebühr bei Gebrauch der Postanstalten", auch die „Thatsache ... daß der Bedarf an Trägern der auf höheren und Fachlehranstalten zu erlangenden Bildung ein verhältnismäßig geringer ist; einer Überproduktion an solchen darf daher aus staats- und wirthschaftspolitischen Rücksichten so wenig Vorschub geleistet werden wie umgekehrt die Hebung der allgemeinen Bildung als Grundbedingung jeder nationalen, politischen und wirtschaftlichen Entwicklung thunliche Förderung zu beanspruchen hat. Die Bemessung der Schulgeldsätze bildet hierbei eine nicht unwichtige Handhabe." Unter ausdrücklichem Bezug auf die aktuelle Diskussion nahm Petersilie „die offenkundige Überfüllung der gelehrten sowie derjenigen Berufsarten, welche eine höhere allgemeine oder Fachbildung voraussetzen, und die unleugbaren Gefahren eines in Folge dessen heranwachsenden ‚gebildeten Proletariats'" zum Anlaß, „eine erhebliche Schulgelderhöhung" auf den Oberschulen zu befürworten. Und zwar war seiner Meinung nach „fast eine Verdoppelung der Schulgeldeinnahmen zu rechtfertigen" (Petersilie, 1886, S. 191, S. 207).

Nun bezogen sich derart drastische (und letzten Endes wohl kaum realistische) Vorschläge in der öffentlichen Diskussion naturgemäß von vornherein nur auf das weiterführende Schulwesen[5]. Die Elementarschulbil-

[5] Sie sind im übrigen nicht unabhängig von der wirtschaftlichen Situation zu sehen, die durch eine langfristige, in mehreren Wellen verlaufende Depression in den Jahren 1873 bis 1896 gekennzeichnet war. In ihrer Folge ergaben sich in der Tat für eine Reihe von

dung nahm in diesen Überlegungen einen grundsätzlich anderen Platz ein, wie schon die zitierte Argumentation eines erklärten Anwalts prinzipieller Schulgeldforderungen erkennen läßt. Das ergab sich aus der offiziellen Zielsetzung der preußischen Volksschule, beispielsweise dem Altensteinschen Programm von 1829, das nach einer offiziellen Denkschrift bis zum Ende des 19. Jahrhunderts Gültigkeit behielt (Volksschulwesen 1891, S. 95)[6]. Von daher war es praktisch ausgeschlossen, die Kosten der untersten Stufe des öffentlichen Bildungssystems in vergleichbar starkem Maße durch Privatmittel abzudecken, wie es bei den Oberschulen geschah.

Politische und ökonomische Motive wie das Ziel, Disziplin und Loyalität in der Bevölkerung zu verbreiten, lassen auch auf ein gewisses Interesse der Zentralgewalt schließen, daß diese Art Schulbildung gerade den ärmeren Bevölkerungsteilen nicht von vornherein unerreichbar blieb. Es scheint nicht ganz zufällig, daß für die finanzielle Last des Elementarschulwesens über das ganze 19. Jahrhundert hin im wesentlichen lokale Verbände, Schulsozietäten und schließlich politische Gemeinden aufzukommen hatten. Zwar war auch dieses Verfahren weit davon entfernt, die Kosten so erfolgversprechend und gerecht auf die Gesamtheit zu verteilen, wie es bei einer Schulfinanzierung aus hauptsächlich staatlicher Besteuerung der Fall gewesen wäre. Aber soweit derartige öffentlichrechtliche Körperschaften wie die Sozietäten die ‚Schullast' trugen, richteten sich die Forderungen bereits an einen weiteren Kreis als – wie im Falle des Schulgeldes – die Eltern der Schulpflichtigen[7].

---

industriellen Berufsgruppen Beschäftigungsprobleme; betroffen waren insbesondere auch die Absolventen der technischen Hochschulen, die Techniker und Ingenieure, die bislang im Zuge der industriellen Expansion eine außerordentlich günstige Position auf dem Arbeitsmarkt hatten vorfinden können. Im Zusammenhang mit dem wachsenden Zustrom zu Gymnasien und Universitäten – insbesondere in Studienrichtungen, die Aussicht auf eine spätere Beschäftigung im Staatsdienst eröffneten – wurde die genannte Krisenerscheinung in der allgemeinen Panik- und Krisenstimmung, die diese Jahre beherrschte, zur Gefahr eines Überangebots an qualifizierten Arbeitskräften stilisiert. Dabei verweist schon das Schlagwort vom „akademischen Proletariat“, das in die von staatlicher Seite angeheizte Diskussion gebracht wurde, auf den (politischen) Charakter der Gefahren, die man heraufziehen sah (diskutiert bei Titze, 1973, S. 251–258). – Zur Krise im allgemeinen: Rosenberg, 1967; Wehler, 1969, S. 43–111.

[6] Siehe oben, S. 73

[7] Es ist in diesem Zusammenhang vielleicht ganz interessant, daß in Voraussicht der hemmenden Wirkung, die von einer Schulgeldforderung für den Schulbesuch ausging, sich bereits am Anfang des 18. Jahrhunderts die mit den ostpreußischen Schulgründungen betraute Kommission für die Einrichtung einer (progressiven) Schulsteuer ausgesprochen hatte, die durch die Belastung aller ‚Wirte' eine gerechtere Lastenverteilung und zugleich dem Lehrer eine größere Sicherheit seiner Einkünfte gewährleistet hätte (Vollmer, 1909, S. 57–59, S. 77, S. 121). Die Einführung der Schulsteuer scheiterte damals am Einspruch der Kammer (Finanzverwaltung), die in ihr eine neue zusätzliche Kontribution erkannte, die die Zahlungsfähigkeit des Bauern beeinträchtige oder gar übersteige. Nichts anderes

Nach den schulrechtlichen Vorschriften des ALR (Froese und Krawietz, 1968, S. 129) hätte, was die Elementarschulen Preußens anbetrifft, zusätzlich kein Schulgeld erhoben werden sollen. Allein, seinen allgemeinen Bestimmungen kam zumeist von vornherein nur subsidiäre Geltung gegenüber den herkömmlichen provinzialrechtlichen Satzungen zu, die gerade in dieser Hinsicht entgegengesetzte Regelungen vorsahen, dabei allerdings noch im hohem Maße voneinander abwichen. Gegenüber den Provinzen Posen oder Schleswig-Holstein beispielsweise, wo der Besuch der Elementarschule frühzeitig weitgehend unentgeltlich war, wurden in Hannover, Sachsen oder Pommern die Gesamtkosten des niederen Schulwesens zu einem wesentlichen Teil — 1878 noch zu etwa einem Fünftel — aus den Schulgeldeinnahmen erbracht. Und wenn innerhalb der Provinzen in den Kreisen, ja innerhalb der Schulbezirke und Gemeinden bis zu den einzelnen Schulen hinab unterschiedliche Regelungen bestanden (Petersilie, 1886, S. 197—200), so belegt diese Uneinheitlichkeit einmal mehr, wie sehr die allgemeine Verbreitung der öffentlichen Schulbildung von der Herausbildung eines die gewachsenen Differenzen und Partikularitäten einebnenden Staates abhängig war — dessen internen Machtzuwachs der Ausbau der elementaren Schulen andererseits auch fördern sollte. Eine einheitliche Regelung, zumal in der Art, wie sie das gegenüber den lokalen Gewohnheiten weitgehend ohnmächtige ALR vorgesehen hatte, ließ für Preußen aber noch fast hundert Jahre auf sich warten. Der Grund lag wohl nicht zuletzt darin, daß die gesamte Elementarschulpolitik — darauf hatte uns schon das frühzeitig ausgegebene Stichwort von der Gefahr der ‚Überbildung' geführt[8] — zunehmend von den tiefgreifenden gesellschaftspolitischen Auseinandersetzungen geprägt wurde, die sich seit dem Anfang des 19. Jahrhunderts kontinuierlich verschärften.

Die Forderung nach völliger Schulgeldfreiheit ging für lange Zeit fast ausschließlich an die Opposition über, während die Regierung streng auf die ‚sorgfältigste Konservirung' des Schulgelds — insbesondere nach der Revolution von 1848 — bedacht war, über Verordnungen es in einzelnen Landesteilen sogar wiedereinzuführen trachtete. Zur finanzpolitischen Rechtfertigung diente das Argument, daß damit den von der Bürde

galt freilich für die (in Ostpreußen wenigstens ebenfalls progressive) Schulgeldforderung — nur mit dem Unterschied, daß diesem Problem lediglich der einzelne Lehrer, nicht der staatliche Fiskus, konfrontiert war. Insofern über die Fixierung im ALR sowie die Verfassungsreform am Beginn des 19. Jahrhunderts die Einrichtung von Schulsozietäten ermöglicht wurde — und damit tendenziell auch das Schulgeld aus seiner Rolle als Haupteinkommensquelle für den Lehrer verdrängt wurde —, war also bereits ein wichtiger Fortschritt eingetreten.

[8] Siehe dazu oben, S. 74.

der hauptsächlichen Schullast bedrückten Gemeinden Erleichterung geschaffen werde. Ein Blick auf die Tabelle 2 (vgl. Anhang) zeigt freilich den zentralen Fiskus als den eigentlichen Nutznießer, denn letztlich entband er sich dabei von der Notwendigkeit, den Gemeinden beim Unterhalt der öffentlichen Elementarschulen stärker unter die Arme zu greifen: Der staatliche Anteil an den Gesamtlasten sollte später auffälligerweise in dem Maße steigen, in dem die Bedeutung der sogenannten eigenen schulischen Einnahmen sank.

Wie stark und dauerhaft diese Tendenz zur Beibehaltung oder gar Einführung des Schulgelds für den Besuch der öffentlichen Elementarschulen während des 19. Jahrhunderts vorhielt, erhellt aus einer anderen Tatsache: Gerade am Anfang der siebziger Jahre wurden in einer Reihe von weiteren deutschen Staaten per Gesetz (wie etwa in Hamburg) die frühere Unentgeltlichkeit des Schulbesuches aufgehoben oder die hergebrachten niedrigeren Schulgeldsätze gesteigert (Petersilie, 1886, S. 200–206). Die preußische Regierung setzte sich also sowohl in Gegensatz zur Mehrheit der deutschen Staaten als auch zu ihrer bisherigen Politik, als sie in den achtziger Jahren das Schulgeld in den Volksschulen gezielt aufzuheben begann und schließlich im Jahre 1888 gesetzlich beseitigte. Gleichgültig, wie optimistisch man diesen Schritt interpretiert – sicherlich war er nicht einem reinen Sieg von Vernunft und Demokratie zu verdanken[9].

Es bleibt die Tatsache zu konstatieren, daß über außerordentlich lange Zeit, nämlich über rund 170 Jahre seit der ersten Verkündigung der allgemeinen Schulpflicht, selbst die öffentliche Elementarschule in einem beträchtlichen Maße von privater Hand getragen wurde. Zwar fehlen uns für den größten Teil dieser Zeitspanne die Angaben, aber die im Anhang, Tabelle 2, zusammengestellten Zahlen aus der zweiten Hälfte des 19. Jahrhunderts sprechen für sich, insbesondere ein Vergleich des zen-

[9] Schon ein Kaiserwort aus der Zeit (1889), wie das von der Schule als „Hauptkampfplatz" bei der „Bekämpfung der sozialdemokratischen Tendenzen", kann skeptisch stimmen, insofern es bestätigt, daß die staatliche Bildungspolitik, zumal was die Elementarschule anging, noch immer als wichtiges Mittel in der grundlegenden sozialen Auseinandersetzung genutzt wurde. Die Vermutung liegt gar nicht so fern, daß die spezifisch neue Krisensituation, in die Preußen-Deutschland seit den siebziger Jahren durch das unaufhaltsame Erstarken der organisierten sozialdemokratischen Arbeiterschaft geriet, und vor allem die Wahl einer neuen Strategie der innenpolitischen Auseinandersetzung seitens der Regierung auch gewisse Modifikationen der Bildungspolitik zur Folge hatte, mit denen vielleicht auch die Einführung der Schulgeldfreiheit in Zusammenhang gebracht werden kann. Vgl. den berühmt-berüchtigten Allerhöchsten Erlaß vom 1. 5. 1889. Abgedruckt in: Centralblatt, 1890, S. 703–715. Zitat auch bei Heinemann, 1972, S. 353. Dazu auch Berg, 1973, S. 102 ff.; Titze, 1973, S. 226 ff.; Voigt, 1973, S. 182 ff.; am ausführlichsten König, 1972.

tralstaatlichen Anteils mit dem Beitrag, den die Eltern über das Schulgeld zum Gesamtaufwand beisteuerten.

Zeitgenössische Statistiker haben das erstaunliche Ergebnis errechnet, daß um 1880 in Preußen jährlich insgesamt (das heißt für alle Schulen zusammengenommen) etwa 25 Prozent des Volkseinkommens (rund 2,4 Milliarden Mark) in Erziehungs- und Ausbildungszwecke ‚investiert' worden seien. Dabei sind nicht nur die Aufwendungen für die Schulen, sondern die noch viel erheblicheren Unterhaltskosten für die in der Ausbildung befindlichen Kinder mit in Anschlag gebracht. Vor allem geht aus den Kalkulationen aber hervor, daß dieser immense Betrag ganz überwiegend (bis auf etwa 1,5 Prozent des Sozialprodukts) durch die private Seite aufgebracht worden sein muß (Borchardt, 1965, S. 385 f.). Schon von dem Ausmaß an finanziellen Opfern her, die den Eltern also mit dem Unterhalt ihrer schulpflichtigen Kinder abverlangt waren, scheint die Behauptung bestimmter Schulgeldapologeten nicht haltbar, daß „gerade die (ja noch zusätzliche, d. Verf.) Bezahlung des Unterrichts die Wertschätzung desselben erhöh(t)e" (Petersilie, 1886, S. 196). Das Gegenteil dürfte der Fall gewesen sein: Der Schulbesuch, auch ein nicht gerade langdauernder, dürfte nur um so mehr als Last statt als lohnenswerte oder gar staatlich geförderte Angelegenheit empfunden, die allgemeine Ausbreitung selbst der elementaren öffentlichen Bildung eher noch behindert als gefördert worden sein (obwohl die Schulgeldsätze für den Besuch der Volksschule gegenüber denen der höheren Lehranstalten vergleichsweise gering waren und beispielsweise im Jahrzehnt vor dem Erlaß das Schulgeld 10 Mark pro Jahr und Kind nicht überstieg).

Zumindest für die letzten Jahrzehnte, in denen in Preußen von den Eltern der Elementarschüler noch Schulgeld erhoben wurde, läßt sich an der Frage des Schulgelds in der Volksschule beziehungsweise der starren Haltung der preußischen Regierung jener eigenartige Widerspruch beobachten, mit dem die konservative Bildungspolitik des absolutistischen oder scheinkonstitutionellen Staates behaftet war: Die Schule, die positiv den Auftrag hatte, die bestehende gesellschaftliche und politische Ordnung zu erhalten und eine konservative, quietistische Gesinnung zu erzeugen, unterlag gleichzeitig staatlichen oder besser: von staatlicher Seite aufrechterhaltenen Einschränkungen, die ihre Wirksamkeit beeinträchtigen mußten und offenbar aus einem grundsätzlicheren Mißtrauen gegenüber Bildung und Schule herrührten. Was an negativer Programmatik der Schulpolitik in der bereits erwähnten rigorosen Eingrenzung der Bildungskanons von Elementarschule, Lehrer- und Präparandenseminar nach der 48er Revolution zutage trat, spiegelt sich in der Aversion gegen die Schulgeldfreiheit beziehungsweise den Bestrebungen zur Wiedereinführung des Schulgeldes in der Volksschule vielleicht noch deutlicher. Nicht daß der Staat mit dem Schulgeld selbst die ausschlaggebende Ursache für den lange Zeit geringen Schulbesuch und die außerordentlich schleppende Durchsetzung der allgemeinen Schulpflicht geschaffen hätte – wohl aber bekundete, wie uns scheint, die Konservierung des Schulgelds das staatliche Desinteresse daran, daß die Elementarschule wirklich alle Bevölkerungsteile ganz erreichte beziehungsweise alle Schulpflichtigen ihren gesamten Kursus durchliefen [10].

Schulbesuchsstatistik

Einer Täuschung verfiele, wer aus den Proklamationen der allgemeinen Schulpflicht, wie sie die preußischen Könige mit Beginn des 18. Jahrhunderts verkündeten, direkt auf die Erziehungswirklichkeit oder auch nur die Bereitschaft der absolutistischen Landesherrn schließen wollte, für die durchgängige Verwirklichung des Schulzwangs besonders energische Anstrengungen zu unternehmen. Der lange Zeit prekäre Zustand des öffentlichen Schulwesens, von dem schon sein schwaches finanzielles Fundament zeugt, wird durch die ersten offiziellen Schulstatistiken, die sich auf den gesamten preußischen Staat zu Anfang des 19. Jahrhunderts beziehen, nur zu gründlich bestätigt.

Nach den ältesten Nachrichten, die, vom statistischen Bureau gesammelt, für den gesamten preußischen Staat vorliegen, waren es im Jahre 1816 von etwa 2,2 Millionen Schulpflichtigen gerade 1,3 Millionen, das heißt etwa 60 Prozent der Kinder, die die öffentlichen Schulen Preußens besuchten. Während in Sachsen, der preußischen Provinz mit der traditionell höchsten Schulbesuchsquote, zum damaligen Zeitpunkt bereits mehr als vier Fünftel der Schulfähigen einigermaßen regelmäßig dem Unterricht folgten und nur noch eine Minderheit den Schulen fernblieb, gab es einige Landesteile, in denen der Schulbesuch sich weit unter dem gesamtpreußischen Durchschnitt bewegte und das Verhältnis von Schulsäumigen zu Schulbesuchern sich umkehrte: Im Rheinland entzogen sich die

---

[10] Es ist allerdings notwendig hinzuzusetzen, daß von vornherein (seit der Erhebung von Schulgeld beziehungsweise der Verkündung der Schulpflicht 1717) für die Kinder der Armen und ‚Bedürftigen' zu einem bestimmten Prozentsatz Befreiungen vom Schulgeld in der Elementarschule, später, im Falle besonderer Begabung, auch für den Besuch der höheren Lehranstalten vorgesehen waren. Wir haben im Interesse eines zusammenfassenden Überblicks diese Ausnahmebestimmungen vernachlässigt, zumal sie regional sehr verschiedenartig, jeweils an komplizierte Voraussetzungen gebunden waren und zum guten Teil ihre Wirksamkeit überhaupt fraglich blieb, da das Verfahren und die Kosten dem vielfach stiftungsmäßig organisierten, höchst unzureichenden Armenwesen überwiesen waren.

Hälfte der Kinder im schulpflichtigen Alter, in Westpreußen 60 Prozent dem Schulbesuch, und die Provinz Posen, wo gerade ein Fünftel der Schulpflichtigen die öffentlichen Schulen tatsächlich besuchte, bot ein den sächsischen Verhältnissen geradezu entgegengesetztes Bild (Dieterici, 1848, S. 47 f.). Wenn man Zahlenangaben auf Bezirks-, Kreis- oder Gemeindeebene hinzunähme – sofern sie für diesen Zeitpunkt vorliegen [11] –, würde sich der Eindruck von einem höchst uneinheitlichen, insgesamt mangelhaften Zustand des öffentlichen Schulwesens wesentlich verstärken. Knapp hundert Jahre nach der ersten Verkündung der allgemeinen Schulpflicht, so ergibt die Bilanz entsprechend dem Bild, das wir von der Elementarschule des 18. Jahrhunderts uns machen konnten, waren in Preußen vielfach kaum mehr als die ersten Grundlagen vorhanden: Die wesentliche Entwicklung, das heißt die einheitliche generelle Durchsetzung des Schulbesuchs, stand noch bevor.

Erst zur Mitte des 19. Jahrhunderts ist ein Wandel zu verzeichnen, der es erlaubt, von einem der Tendenz nach allgemeinen öffentlichen Schulsystem zu sprechen. 1846 hatte die Schulbesuchsquote auch in der Provinz Posen, dem nach wie vor schulärmsten Landesteil, die gesamtpreußische Durchschnittsmarke des Jahres 1816 überstiegen und fast 70 Prozent erreicht. Insoweit sich die verschiedenen Gebiete dem Ideal der Einschulung aller Schulpflichtigen mehr oder weniger annäherten, glichen sich auch die bislang zum Teil erheblichen regionalen Unterschiede aus.

---

[11] Erwähnenswert ist die regionale Erhebung des damaligen Direktors für den öffentlichen Unterricht am Niederrhein Grashof, nach der in den Regierungsbezirken Düsseldorf, Köln, Cleve und Aachen 1816 etwa 40 Prozent der schulpflichtigen Kinder tatsächlich Unterricht in den öffentlichen Schulen erhielten – also 10 Prozent weniger als für die gesamte Provinz Rheinland oben angegeben (A. H. G. Meyer, 1971, S. 330). Erst acht Jahre später scheint im Regierungsbezirk Aachen etwa die Hälfte der Kinder im schulfähigen Alter tatsächlich zur Schule gegangen zu sein: von 66 611 34 140, obwohl Räume nur für 28 606 zur Verfügung standen! (Volksschulwesen 1891, S. 31 ff.) – Es liegt im übrigen nahe, den schulpolitischen Vorsprung der Provinz Sachsen, wie er aus den im Text genannten Zahlen spricht, mit der Verteilung der Machtbefugnisse bzw. den günstigeren sozioökonomischen Verhältnissen in Zusammenhang zu bringen, die diesen Landesteil vor den übrigen mittleren und östlichen Provinzen auszeichneten. Aus der geringeren Verbreitung der Gutsherrschaft und dem relativ hohen Besitzanteil des Landesherrn könnte man etwa schließen, daß der – vielfach retardierende – Einfluß des Adels schwächer zum Tragen kam. Einen anderen gewichtigeren Faktor für die Möglichkeiten einer frühzeitigen Elementarschulexpansion wird man eventuell darin sehen können, daß sich in Sachsen – nicht zuletzt aufgrund der guten Böden, die auch bäuerlichen Betrieben eine Überschußproduktion gestattete – ein ausgeprägtes Mittel- und Großbauerntum erhalten hatte, das seinen Zusammenhang in intakten und aktiven bäuerlichen Gemeinden besaß. Derartige Hinweise sind freilich weder vollständig noch in irgendeiner Weise abgesichert. Vgl. K. Bielefeldt. Das Eindringen des Kapitalismus in die Landwirtschaft, unter besonderer Berücksichtigung der Provinz Sachsen und der angrenzenden Gebiete. Berlin 1911. A. Zander. Die wirtschaftliche Entwicklung der Provinz Sachsen im 19. Jahrhundert. Diss. jur. Halle 1934.

Offenbar war allerdings Sachsen, wo — nach Ausweis der Statistik — 1846 etwa 95 Prozent der Schulpflichtigen tatsächlich die öffentlichen Schulen besuchten, diesem Zustand beträchtlich näher als die ostelbischen Landesteile. Bezogen auf den gesamten preußischen Staat war die Gesamtzahl der ihrer Schulpflicht genügenden Kinder innerhalb der 30 Jahre von 1816 bis 1846 auf 82 Prozent gestiegen; ein Fünftel, von 3,1 Millionen Kindern 550 000, blieb dem Schulunterricht fern oder verließ jedenfalls die Schulen vor der Zeit: eine beachtliche Zahl, aber wenigstens eine Minderheit, der zu dem Zeitpunkt überall im Lande eine Mehrheit von eingeschulten Kindern gegenübergestanden zu haben scheint (Dieterici, 1848, S. 47 f.)[12]. Im übrigen sind Dietericis Berechnungen nicht ganz korrekt – abgesehen von den möglichen Erhebungsfehlern, die überhaupt nur eine vorsichtige Interpretation der Statistiken aus jener Zeit zulassen. Dieterici bringt nämlich alle Schulkinder, nicht nur diejenigen im schulpflichtigen Alter, in Anschlag, um das Maß zu errechnen, in dem in den einzelnen Provinzen der Schulpflicht genügt wurde. Allerdings vernachlässigt er die schulfähigen Kinder, die (zu Hause oder in besonderen Schulen) Privatunterricht erhielten, und schafft damit möglicherweise wieder einen rechnerischen Ausgleich für etwas zu günstig geschätzte Schulbesuchsquoten.

Einen recht aufschlußreichen Hinweis auf die allgemeinen Schwierigkeiten, die einer raschen Entwicklung des öffentlichen Schulwesens, insbesondere der Verallgemeinerung des Schulbesuchs entgegenstanden, enthält der auffällige Umstand, daß gerade die Hauptstadt Berlin zu den Gebieten des preußischen Staates zählte, die in der Schulstatistik überaus schlecht dastanden (Rittershausen, 1864). Im strengen Sinne besaß die Stadt am Anfang des 19. Jahrhunderts bis auf wenige Armenschulen gar kein öffentliches Elementarschulwesen; an seiner Stelle existierten vielmehr über lange Zeit hinweg vorwiegend konzessionierte Privat- und Parochialschulen, die von den frühen amtlichen Erhebungen wahrscheinlich als öffentliche Schulen gewertet sind. Von 30 334 schulpflichtigen Kindern besuchten danach im Jahre 1816 nur 13 144, also gut zwei Fünftel, wirklich die sogenannten öffentlichen Schulen Berlins. Und selbst in den folgenden Jahrzehnten, als in Berlin wie in allen preußischen Lan-

---

12 Die Zahlen stammen aus Erhebungen vom Jahresende (Dieterici, 1848, S. 34). Bei den gegebenen Schulverhältnissen, unter denen die Durchführung der Sommerschule noch immer ein besonderes Problem darstellte (vgl. dazu die Bemerkungen in Kap. 2.3 und unten S. 411), handelt es sich also um eine Statistik, die den Schulbesuch beziehungsweise die bildungspolitischen Fortschritte, die sein Wandel signalisieren sollte, recht günstig darstellen dürfte. – Statistiken für das Jahr 1840, die auch Angaben für die einzelnen Regierungsbezirke enthalten, weisen als die niedrigste Schulbesuchsquote im preußischen Staate 56 Prozent für den Bezirk Bromberg/Posen nach (J. G. Hoffmann, 1843, S. 161).

desteilen die Schulbesuchsquote rascher als bislang in die Höhe kletterte, blieb in der Metropole Preußens die relative Zahl derer, die ohne jeden Unterricht aufwuchsen oder sich ihm im schulpflichtigen Alter vor der Zeit entzogen, ganz besonders groß. Auf rund 40 Prozent der Schulpflichtigen scheint sich noch gegen Ende der dreißiger Jahre das Kontingent der schulsäumigen Kinder belaufen zu haben (J. G. Hoffmann, 1839, S. 60 ff.), 1846 war es immerhin ein knappes Drittel, das den Schulen fernblieb: mehr selbst als im Durchschnitt der geographisch wie politisch entlegenen Provinz Posen (Dieterici, 1848, S. 47 f.).
Sogar dort also, wo es die Machtfülle ermöglicht hätte oder aus Gründen des Prestiges, wie man denken könnte, ein energischer Nachdruck geboten gewesen wäre, griff die absolutistische Zentralgewalt gegen die verschiedenen lokalen Gewalten, denen die Sorge für die Schulen übertragen war, nicht wirklich durch. Ein geharnischter Protest wie der Beckedorffs, der im Kultusministerium Mitte der zwanziger Jahre das Ressort der Elementarschulen verwaltete, gegen einen derart vernachlässigten Zustand des Berliner Schulwesens ist zwar bemerkenswert. Doch verdient seine Klage, daß „die Hauptstadt, die auch in dieser Hinsicht den übrigen Städten zum Muster dienen sollte, ... der geringsten Landstadt" nachstände, im Grunde vor allem wegen der Singularität und Wirkungslosigkeit dieser Intervention Erwähnung (A. H. G. Meyer, 1971, S. 223 bis 228, S. 227). Die Gründe für die schleppende Schulentwicklung können hier nicht im einzelnen analysiert werden. Doch wirft es ein Schlaglicht auf die schulpolitische und -verwaltungsmäßige Praxis jener Zeit, wenn das königliche Provinzialschulkollegium in Berlin eine „außerordentliche Zunahme" des Schulbesuchs in den auslaufenden sechziger Jahren „theils aus dem Fortfall des Schulgelds in den Elementarschulen, ganz besonders aber aus der durch ihre Reorganisation hervorgerufenen bedeutend größeren Wirksamkeit der Schulkommissionen" erklärt. Wie aus der näheren Erläuterung hervorgeht, war offenbar erst zu diesem Zeitpunkt ein sicheres Verfahren gefunden, die einzelnen Schulpflichtigen (nach Namen und Wohnort) überhaupt zu erfassen und ihren regelmäßigen Schulbesuch zu kontrollieren [13].
Doch weder die finanziellen Barrieren, die für den Großteil der Bevölkerung schon den Besuch der Elementarschulen zu einer Last machten, noch die Nachlässigkeit und Gleichgültigkeit, die die lokalen Behörden gerade dem ‚niederen' Unterrichtswesen gegenüber an den Tag legten; auch nicht das anfängliche Gewirr von Zuständigkeiten, das einzelne schul-

[13] Auszug aus dem Verwaltungsbericht des Königlichen Provinzial-Schulkollegiums in Berlin über das Elementarschulwesen der Stadt Berlin für die Jahre 1868, 1869, 1870. In: Centralblatt, 1872, S. 39–48, S. 43 f.

politische Initiativen vorzeitig abfing, oder die inkonsequente Haltung der staatlichen Verwaltungsspitze, die sich augenscheinlich nur zögernd an die strengere Durchsetzung der Schulpflicht machte – keines dieser einer raschen Aufwärtsentwicklung des öffentlichen Schulwesens hinderlichen Momente scheint, für sich genommen, schon das entscheidende Hemmnis für die Verallgemeinerung des Schulbesuchs dargestellt zu haben. Nach dem berufenen Urteil des alten Hoffmann ließen die schulstatistischen Daten für die preußische Hauptstadt vor allem eins „nicht übersehen ..., daß Berlin keineswegs von den Nachtheilen verschont bleibt, welche die Benutzung von Kinderarbeiten in den Fabriken erzeugt. Verhindert dieser verderbliche Mißbrauch auch den Schulbesuch nicht gänzlich, so kürzt er denselben doch beträchtlich ab, und mindert dadurch die Zahl der gleichzeitig die Schule besuchenden Kinder" (J. G. Hoffmann, 1843, S. 158).

Nach einer kritischen Bestandsaufnahme der preußischen Schulverhältnisse nahm Berlin damit durchaus keine Ausnahmestellung ein. In anderen industriellen Ballungsgebieten, etwa in einzelnen rheinischen Regionen, wo die Beschäftigung von schulpflichtigen Kindern in den Fabriken zum Teil noch größere Lücken im Schulbesuch bewirkte, „wiederholt(e) sich dieselbe Erscheinung" (ebenda). Bis zur Jahrhundertmitte etwa stießen hier wie auch in anderen, weniger entwickelten Landstrichen die Realisierung der Schulpflicht und die Ausdehnung des Schulbesuchs wohl in erster Linie auf den Widerstand wirtschaftlicher Interessen, die mit den Ansätzen zur Industrialisierung in einigen Produktionsbereichen (Textil, Bergbau, Eisen) verbunden waren. Hunger und Elend zwangen aber auch auf dem Lande die Bevölkerung vielfach dazu, die Kinder vorzeitig zu Hilfeleistungen heranzuziehen oder zur Arbeit zu schicken, um das Existenzminimum zu sichern. Insofern konnte die Vorstellung, daß die produktive Arbeit der Kinder Vorrang vor der Schule habe, über lange Zeit breiten Rückhalt finden. Praktisch haben ihr auch die verschiedenen lokalen Schulobrigkeiten und die staatliche Schulverwaltung Verständnis entgegengebracht, war doch selbst Süvern, Humboldts ehemaliger Mitarbeiter und der entscheidende Beamte der preußischen Kulturverwaltung zur Zeit der preußischen Reform, mit vielen leitenden Beamten von der Notwendigkeit der Kinderarbeit unter den gegebenen wirtschaftlichen Bedingungen überzeugt und hielt ein striktes staatliches Verbot für undurchsetzbar und wirtschaftlich ruinös (A. H. G. Meyer, 1971, S. 71 f.).

Einer genaueren Analyse entgeht nicht, daß auch die rechtlichen Vorschriften und Proklamationen der Schulpflicht genügend vage und durchlässig formuliert waren, ja geradezu darauf abgestimmt schienen, der

Kinderarbeit, wo sie faktisch bestand, Raum zu geben. Während des ganzen 19. Jahrhunderts bereitete es amtlichen Stellen einige Schwierigkeiten, für den gesamten Staat die genauen Grenzen des schulpflichtigen Alters zu präzisieren. Nur in der Regel bestand für jedes Kind die Schulpflichtigkeit über rund acht Jahre, vom vollendeten 6. bis zum Ende des 14. Lebensjahres, wie man während der achtziger Jahre gewöhnlich rechnete (Petersilie, 1883, S. 47). Besser spräche man übrigens nur von einer Unterrichtspflicht, denn den (wohlhabenderen) Eltern stand ausdrücklich zu, ihre Kinder zu Hause privat unterrichten zu lassen. Zum Teil erklärt sich diese Unsicherheit, was die Dauer der Schul- oder Unterrichtspflicht angeht, aus der überlieferten und lange Zeit nicht überwundenen Uneinheitlichkeit der preußischen Länder: Herkommen, provinzialrechtliche Bestimmungen oder einzelne staatliche Verfügungen setzten hier manchmal bis zur Ebene der Regierungsbezirke hinab Beginn und Ende der Schulpflicht unterschiedlich fest. Selbst die größeren Gesetze, die mit Allgemeinheitsanspruch formuliert waren, bewiesen jedoch in diesem Punkte eine auffällige Unschärfe. Das alte – noch im 19. Jahrhundert gültige – General-Landschulreglement von 1763, das im § 1 die Eltern streng verpflichtete, ihre Kinder „wo nicht eher doch hoechstens vom fuenften Jahre ihres Alters in die Schulen (zu) schicken, auch damit ordentlich bis ins dreyzehnte und vierzehnte Jahr (zu) continuieren", eröffnete in den folgenden Artikeln zugleich die Möglichkeit für Unterbrechungen des Schulbesuchs oder den vorzeitigen Dispens von der Schulpflicht überhaupt (Froese und Krawietz, 1968, S. 105 f.).

Den meist wirtschaftlichen Bedürfnissen, auf die dabei Rücksicht genommen war, schien sich das ALR sogar noch flexibler anzupassen. Denn nur noch der Beginn des schulfähigen Alters „nach zurückgelegtem Fünften Jahre" war fixiert, der Entlassungstermin aber in das Ermessen des zuständigen Geistlichen gestellt. „Der Schulunterricht muß so lange fortgesetzt werden", hieß es, „bis ein Kind, nach dem Befunde seines Seelsorgers, die einem jeden vernünftigen Menschen seines Standes nothwendigen Kentnisse gefaßt hat" (Froese und Krawietz, 1968, S. 130). Nach evangelischer ‚Sitte' galt das Konfirmationsalter als der geeignete Zeitpunkt; entsprechend haben die zitierten frühen Schulstatistiken ihren Berechnungen auch eine etwa neunjährige Dauer der Schulpflicht zugrunde gelegt. Praktisch dürfte dieser Grundsatz aber häufig durchbrochen[14] und unter dem Druck ökonomischer Not ein derart frühzeitiger Übertritt der

[14] Einer ministeriellen Konferenz im Jahre 1872 entstammt die Aussage, daß „die katholischen Geistlichen ihr Recht zum Theil so ausgeübt hätten, daß sie die erste Zulassung zum heiligen Sacramente als den Zeitpunkt des Austritts aus der Schule angesehen hätten", Centralblatt, 1872, S. 393.

Kinder in das Erwerbsleben ermöglicht worden sein, daß nach dem Urteil von Zeitgenossen der Schulunterricht gegebenenfalls auf einen zwei- bis dreijährigen Elementarkurs schrumpfte (A. H. G. Meyer, 1971, S. 40). Für diesen Fall vorzeitiger Erwerbstätigkeit oder Mithilfe in der Familie war im ALR der postulierte Schulzwang deutlich eingeschränkt und die Regelung gefunden, daß „zum Besten (dieser) Kinder ... am Sonntag, in den Feierstunden zwischen der Arbeit, und zu anderen schicklichen Zeiten, besonderer Unterricht gegeben werden" sollte (Froese und Krawietz, 1968, S. 130). In die gleiche Richtung wies schließlich die Verpflichtung, die zunächst für die zünftischen Lehrherren ausgesprochen war, ihrerseits des Lesens, Schreibens und der Religion unkundige Lehrlinge „bis zur Erlangung dieser Kenntnisse zur Schule zu halten", das heißt zum Besuch der vorgesehenen Sonntags- und Abendkurse anzuhalten (Stratmann, 1969, S. 177). Sicherlich hat ein nicht unwesentlicher Prozentsatz derer, die in den zitierten Statistiken als ‚schulsäumig' geführt werden, auf diese fragmentarische und völlig unzureichende Art mit der Schule Bekanntschaft gemacht. Doch würde es zu weit führen, wollte man hier auf die praktischen Probleme eingehen, die mit dieser offenen Rechtslage verknüpft waren, etwa auf die Institutionen der Industrie-, Fabrik- oder Sonntagsschulen oder die Ansätze zur gesetzlichen Einschränkung der Kinderarbeit, wozu übrigens die letztgenannte Klausel die erste rechtliche Handhabe bot[15].

In unserem Zusammenhang verdient vorerst Interesse, daß die regional unterschiedliche und gesetzlich dehnbare Fixierung der Schulpflicht den staatlichen Behörden die Gelegenheit verschaffte, sich oder jedenfalls der Öffentlichkeit das Ausmaß zu verheimlichen, in dem Kinder einem regulären Schulbesuch entzogen blieben. Seit der Mitte des 19. Jahrhunderts finden sich in den amtlichen preußischen Schulstatistiken zum größten Teil einigermaßen willkürliche, zu niedrige Angaben über die Zahl der Schulpflichtigen, bei deren Berechnung man von der bisherigen Interpretation der gesetzlichen Bestimmungen offensichtlich abwich. Nach einer derartigen Darstellung betrug in den Jahren 1859/61 angeblich allein der Anteil der (öffentlichen und privaten) Elementarschüler bereits 96 Prozent der Kinder im schulpflichtigen Alter — eine ganz unwahrscheinliche Schulbesuchsquote, die auch von späteren, nicht eben einwandfreien amtlichen Erhebungen in Frage gestellt ist (Statistische Nachrichten, 1864). Denn für 1871 bezifferte man den Prozentsatz aller Kinder, die

[15] Zur Kinderarbeit in Preußen vgl. die Arbeit von A. H. G. Meyer, 1971. Mehr auf das Ende des 19. Jahrhunderts sind die Ausführungen von Berg, 1974, S. 387 ff., bezogen. — Vgl. auch unten, Kapitel 3.7.

in den öffentlichen Volksschulen oder anderweitig Unterricht empfingen, nur mit etwa 92 Prozent der Schulpflichtigen, und selbst in diesem Fall bedürfte die Zahl einer wesentlichen Korrektur. Immerhin, diese nicht ganz zuverlässigen Angaben weisen aus, daß damals noch etwa 21 000 Kinder ‚ohne triftigen Grund' dem Unterricht fernblieben und 23 500 vorzeitig von der Schulpflicht dispensiert waren[16]. Elf Jahre später scheint nur noch die letzte Gruppe statistisch ins Gewicht gefallen zu sein (Petersilie, 1883, S. 47): Die allgemeine Schul- beziehungsweise Unterrichtspflicht war, wenigstens formal, im wesentlichen durchgesetzt.

Zur inneren Situation der Elementarschule

Schulbesuchsstatistiken lassen nur recht allgemeine und beschränkte Aussagen über die Expansion des öffentlichen Bildungswesens zu, zumal wenn Erhebungsmängel oder, wie seit der Jahrhundertmitte, zweifelhafte Schätzungen den Wert des Zahlenmaterials beeinträchtigen. Einen anschaulicheren Eindruck von den immensen Anstrengungen, die für den Aufbau dieser Institution vonnöten waren, und von den nur sehr allmählich erzielten Fortschritten vermitteln andere Informationen: Hierfür eignen sich eher Angaben über die Ausstattung der Schulen (wie sie sich an Klassenfrequenzen, Lehrer-Schüler-Relationen oder auch der Stellung der Lehrer ablesen lassen) und Nachrichten über ihren elementaren Bildungseffekt, gemessen an der Alphabetisierungsrate[17]. Derartige Zahlen dürften auch der Gefahr einer allzu optimistischen Beurteilung des Fortschritts vorbeugen, der sich mit der Durchsetzung der Schulpflicht ankündigte[18].

---

[16] Statistische Correspondenz, S. LXVI. Zeitschrift des königlich preußischen statistischen Bureaus, 1876.

[17] Angaben dazu finden sich für das Ende des 19. Jahrhunderts auch in großer Zahl in der Arbeit von Berg, 1973, S. 122 ff., S. 163 ff. – Soweit möglich für das gesamte 19. Jahrhundert, jedenfalls aber bis weit in das erste Drittel zurück, hat Lundgreen, 1973, S. 150 ff., Zahlenreihen aus dem lückenhaften Material zu bilden versucht, um die Entwicklung des Bildungsniveaus möglichst exakt zu fassen und zu wirtschaftlichen Faktoren in Beziehung setzen zu können. Eine Vielzahl von Daten findet sich übrigens auch schon zusammengestellt in der – allerdings schwer greifbaren – Veröffentlichung von Machule, 1907.

[18] In diesem Zusammenhang scheint uns die ketzerische Behauptung nicht unangebracht, daß für einen beträchtlichen Teil der Schulen die in der Mitte des Jahrhunderts erlassenen ‚Stiehlschen Regulative' (vgl. oben, S. 75) kaum einen eigentlichen Rückschritt, sondern eher noch eine programmatische Vorgabe bedeutet haben dürften. Damit soll nicht der reaktionäre Charakter dieser Verordnungen bzw. der hinter ihnen stehenden Absichten bestritten, sondern der desolate Zustand angedeutet werden, in dem sich ohne Zweifel viele Landschulen aufgrund verschiedener Ursachen noch befanden. Dazu zum Beispiel die Schilderung bei Krueger, 1970, S. 9–30.

Vor allem ergibt ein Vergleich der verschiedenen Datenreihen, daß die beobachtete Ausweitung des Schulbesuchs in der ersten Hälfte des 19. Jahrhunderts nicht unbedingt Hand in Hand mit einer entsprechenden organisatorischen Verbesserung der Elementarschulen verlief. Aus den Zahlen spricht zunächst das Gegenteil: Mit der Steigerung der Schülerzahl, die von 1816 bis 1846 allein in den Elementarschulen sich gut verdoppelte, konnte die Vermehrung der Lehrer, die in dieser Zeitspanne um 40 Prozent zunahm, nicht Schritt halten. Die Folge war, daß um die Jahrhundertmitte in den preußischen Elementarschulen durchschnittlich nicht mehr 54, wie noch 1816, sondern 80 Kinder auf eine Lehrkraft kamen, die Unterrichtssituation sich von daher gesehen also verschlechtert hatte (Dieterici, 1848, S. 36 f.). Wie die bislang genannten Daten verdeutlichen, liegt ein nicht unwesentliches Erklärungsmoment für diese ungünstige Entwicklung darin, daß sich die Probleme der Ausweitung des Schulbesuchs für die preußische Unterrichtsverwaltung durch das rasche Wachstum der Bevölkerung buchstäblich multiplizieren mußten: die effektive Vermehrung der Schülerzahlen überstieg die Anhebung der relativen Schulbesuchsquote um ein Vielfaches.

In qualitativer Hinsicht war allerdings seit Beginn dieser Periode ein einschneidender Wandel eingetreten, durch den negative Wirkungen aus der ungünstigen Lehrer-Schüler-Relation zum Teil aufgefangen wurden, jedenfalls ein direkter Vergleich der internen Unterrichtsbedingungen über diesen Zeitraum erschwert wird. Denn die rasche Gründung oder Neuorganisation von Lehrerseminaren, insbesondere während der preußischen Reformära am Anfang des 19. Jahrhunderts – von 28 im Jahre 1825 bestehenden Anstalten sind allein 17 nach 1808 ins Leben gerufen worden (Volksschulwesen 1891, S. 67) –, garantierte erstmals in breiterem Maße, daß für die Lehrerstellen an den Elementarschulen überhaupt ein einigermaßen qualifiziertes Personal zur Verfügung stand. Insofern mit diesem Schritt zu einer obligatorischen speziellen Berufsausbildung eigentlich erst die Lehrtätigkeit als ein spezifischer Beruf beziehungsweise die ‚Lehrerschaft' als ein Stand von besonderen Fachleuten konstituiert wurde, markierte die Einführung grundsätzlich einen wichtigen Abschnitt in dem für die moderne Gesellschaft insgesamt charakteristischen Prozeß der Spezialisierung und der Differenzierung der Arbeitsteilung. Bislang waren die Funktionen der Elementarschullehrer nämlich häufig nur im Nebenberuf wahrgenommen – davon gingen einzelne königliche Verordnungen geradezu aus – und ohne jede nennenswerte Vorbildung ausgeübt worden. Wenn nach dem Zeugnis Hoffmanns bis über die Wende zum 19. Jahrhundert hinaus in der Regel „Handwerkergesellen, besonders die Dorfschneider, den Elementarunterricht neben ihrem Gewerbe trieben, alternden Bedienten und Militairinvaliden Elementarschulen als Versorgungsstellen übertragen wurden, auch wohl sittlich wenig zuverlässige Leute mit halber Bildung in Ermangelung eines besseren Unterkommens sich dem Volksunterrichte zuwandten" (J. G. Hoffmann, 1843, S. 180 f.), so ist der Wert und die Art der Bildung, die diese Schulen in der Regel vermittelten, leicht zu ermessen [19]. Nun brachte die mit den Seminaren eingeleitete Veränderung jedoch beileibe keinen rasanten oder vollkommenen Umschwung in den ersten Dezennien des neuen Jahrhunderts. Einmal rückte der aus den Seminaren hervorgehende Nachwuchs naturgemäß nur langsam in die Schulen ein. Da die Notwendigkeit bestand, die Lehrerstellen angesichts der rapide wachsenden Schülerzahlen ständig zu vermehren, konnten die Seminare den Bedarf zudem von vornherein nicht decken. Dies war um so weniger möglich, als in der Entwicklung der Lehrerbildungsanstalten bald überhaupt eine Verlangsamung eingetreten zu sein scheint: nur zum Teil spiegelt sich dieser Prozeß in der ungeklärten Zahl der Seminargründungen bis zur Mitte des Jahrhunderts wider. An der Zahl der Seminaristen, die zeitgenössischen Angaben zufolge im Jahre 1828 sich auf 1500 belaufen hatte (Volksschulwesen 1891, S. 78 ff.) und bis 1849 auf 2000 stieg, läßt sich hingegen ablesen, daß der Elan der Reformzeit in der vormärzlichen Reaktionsphase zurückgedrängt wurde [20]. Welcher Unterstützung

[19] Zur Geschichte und Entwicklung des Lehrerberufs im Elementarschulbereich siehe vor allem die ältere Arbeit von K. Fischer, 1898. – Eine Übersicht bietet Bungardt 1959, vgl auch W. Fischer, 1961.

[20] Man könnte auf einen regelrechten Stillstand schließen, wollte man der Angabe glauben, die immerhin einer amtlichen, vom Ministerium autorisierten Denkschrift entstammt, daß in der gesamten Zeit von 1828 bis 1846 lediglich ein Seminargebäude errichtet, aber nicht einmal bezogen worden sei (Volksschulwesen 1891, S. 80). Doch findet diese Aussage keine Entsprechung in der Entwicklung der Seminaristenzahlen und trifft zugleich auf konträre Darstellungen, die auf eine Fortdauer der Seminargründungen im alten Umfang schließen lassen, freilich wegen ihrer inneren Unstimmigkeit ebenfalls nur beschränkt Glaubwürdigkeit besitzen. So zählt K. Fischer gegenüber dem Stand von 28 Seminaren bis 1837 schon 17 weitere Seminargründungen, denen bis 1859 schließlich noch 3 hinzuzufügen seien. Doch sind in seine Angaben auch sogenannte Hilfsseminare mit eingegangen, wie an seiner Aussage abzulesen ist, daß der preußische Staat beim Tode Friedrich Wilhelms III. im Jahre 1840 – „38 Schullehrerseminare" besessen habe (K. Fischer, 1898, S. 161). Nach der Zahl der Seminaristen zu urteilen – die Fischer selbst anführt –, kam diesen sogenannten Hilfsseminaren keine große Bedeutung zu. Die Zahl von 38 Seminaren hat dann auch Tews, 1914, S. 96, in seine Darstellung übernommen. Daß wohl doch weit weniger Seminargründungen in dem genannten Zeitraum zustande kamen, machen die Zahlen wahrscheinlich, die in der „Encyclopädie des gesammten Erziehungs- und Unterrichtswesens", Bd. 10, Gotha 1875, S. 81 (Art. „Volksschullehrerseminar"), genannt werden. Danach sind von 1827 bis 1846 8 neue Seminare in Preußen errichtet worden. – Vgl. auch Thilo, 1867, S. 305 f.

schulpolitische Initiativen vor der Mitte des Jahrhunderts gerade von amtlicher Seite versichert sein konnten, dokumentiert eine Kabinettsordre Friedrich Wilhelms IV. aus dem Jahre 1844, wonach „einem zwölf Jahre dienenden Unteroffiziere, wenn er für das Schulamt Neigung und Fähigkeit zeigt, auf seinen Wunsch ein zweimonatlicher Urlaub zur Vorbereitung in einem Schullehrerseminare bewilligt und derselbe, sofern seitens des Seminars darauf angetragen wird, hiernächst auch auf fernere vier Monate mit ganzem Gehalte kommandiert werden kann" [21]. Aus dieser Anweisung sprach nicht nur die Intention, die Praxis der Seminarbildung gewissermaßen in den Rahmen der alten Verhältnisse zurückzuholen. Sie offenbarte zugleich, wie gering die Tätigkeit des Elementarschullehrers überhaupt damals noch geschätzt wurde. In der Tat war die Stellung dieser Lehrer in ganz wesentlichen Punkten über die offenbar nur kurzfristige Reformperiode kaum oder gar nicht verändert worden: ihre ökonomische Lage war nach wie vor kümmerlich, ihre soziale Position unsicher und erniedrigend, wie die Institution der Küsterschulen oder das – sicherlich extreme – Beispiel der ‚Reihe- oder Wanderschulen' vielleicht verdeutlichen können.

Bis über die Jahrhundertmitte hielt sich in einzelnen Gegenden, wo die Gemeinden zu klein und zu arm waren, um eine eigene reguläre Schule zu unterhalten, der Usus, daß der Lehrer in etwa wöchentlichem Turnus von Haus zu Haus zu ziehen hatte, in den Wohnstuben der einzelnen Gemeindemitglieder jeweils das Unterrichtslokal aufschlug und entsprechend Verköstigung und Quartier fand. Auf eine förmliche Anstellung konnten diese meist ungeprüften ‚Lehrkräfte' nicht hoffen. Auf ein Jahr, oft nur für das Winterhalbjahr, erhielten sie einen Kontrakt von den Gemeinden, die dabei – nach amtlichem Zeugnis – „größtenteils nicht auf ihre Befähigung sahen, sondern denjenigen wählten, der am wenigsten Lohn forderte, und von dem sie erwarten konnten, daß er die strafbaren Schulversäumnisse am willigsten übersehen würde, statt sie vorschriftsmäßig anzuzeigen" (Volksschulwesen 1891, S. 56).

Es bedurfte bereits amtlicher Eingriffe, um den Lehrern für ihr dürftiges Auskommen eine einigermaßen kontinuierliche und gleichmäßige Auszahlung des Schulgeldes zuzusichern, das ihnen sonst die Eltern nur für

---

[21] Zitiert nach Andreae, 1909, Bd. 9, S. 825. – Zur Reaktion in der Schulpolitik Preußens seit spätestens 1820 vgl. Nipperdey, 1968. – Die Restauration erfaßte damals bekanntermaßen alle Bereiche des Lebens, auch und gerade, in der Gegenbewegung zur aufgeklärten und rationalistischen Theologie, die protestantische Kirche, mit der das Schulwesen eng verbunden war. Dazu jüngst: Bigler, 1974. – Vgl. im übrigen die ältere Arbeit von F. Fischer, 1939, über Nicolovius. (Nicolovius war hoher Beamter im preußischen Unterrichtsministerium, Mitarbeiter von Humboldt und Süvern und nicht anders als diese einer der Protagonisten der preußischen Reformzeit in diesem Bereich.)

die Tage gezahlt hätten, in denen sie ihr Kind tatsächlich zur Schule schickten. Einen raschen Erfolg grundsätzlicherer Maßnahmen, wie sie die staatliche Schulverwaltung seit 1818 gegen diese Schulen anstrengte, verhinderten die demographischen und sozialen Verhältnisse, aber wohl auch die Tatsache, daß der Reformeifer der Behörden bald für längere Zeit erlahmte. So fanden sich beispielsweise in der Altmark, einem der Gebiete, in dem das Institut der Reiheschulen besonders verbreitet war, von den etwa 150 derartigen Schulen aus dem Jahre 1816 knapp 30 Jahre später noch 88, sogar 1855 noch 78. Wie der amtliche Bericht für diesen Zeitpunkt fortfährt, hatten „53 Lehrer ... noch Reihetisch", die Mehrzahl bezog ein Gehalt von 25 bis 30 Talern jährlich (nach der Parität von 1873 etwa 75 bis 90 Mark), die ihnen zur zusätzlichen Unterstützung zugewiesene Landdotation hatte die „Mehrzahl der Gemeinden ... in ihrem (eigenen) Nutzen verpachtet" (Volksschulwesen 1891, S. 57 f.).

Verbreiteter, darum von größerem Gewicht als diese nun zweifellos im Schwinden begriffenen Schulen, war die Erscheinung, daß die Lehrstellen mit dem Amte eines Küsters verbunden waren. Gegenüber den geschilderten elenden Verhältnissen boten solche Posten wahrscheinlich eine vergleichsweise bessere Position. Aber die durch die kargen Bezüge erzwungene Übernahme von niederen Kirchendiensten, die daraus resultierende Überbelastung, die die bescheidensten Bildungsansprüche zunichte machte, und schließlich die unmittelbare Abhängigkeit vom Geistlichen mußten auf die Dauer die soziale Stellung dieser Lehrer und ihr Ansehen in der Gemeinde erheblich mindern. Dazu trug noch bei, daß hinsichtlich der Unterhaltung der sogenannten Küsterschulen zwischen Kirchenverwaltung und Schulgemeinde verwickelte und häufig strittige Absprachen bestanden, an die nicht einmal das preußische Volksschulunterhaltungsgesetz von 1906 rühren mochte (Loening, 1909, S. 97). Andererseits ist nach allem, was wir über die Situation des Lehrers im 18. Jahrhundert in Erfahrung gebracht haben, die Behauptung nicht unberechtigt, daß der Lehrer zu einer akzeptierten sozialen Position – und ökonomisch haltbaren Stellung – nur kraft seiner kirchlichen Dienste gelangte: ohne den Schatten kirchlicher Würde, der damit auf ihn fiel, wäre sein sozialer und ökonomischer Status in der Gemeinde anfangs noch weit weniger reputierlich gewesen[22].

Wenn selbst an der Wende zum 20. Jahrhundert noch immer mehr als ein Sechstel der Lehrerstellen an den preußischen Elementarschulen an ein kirchliches Amt gekettet war, so läßt sich vielleicht erahnen, wie es zuvor,

---

[22] Vgl. dazu S. 57 und Anm. 34, S. 114 f.

während des früheren 19. Jahrhunderts, um den sozialen Status eines Großteils der Lehrerschaft bestellt gewesen sein muß. Diese miserable Situation der Lehrer ist nicht nur deswegen bemerkenswert, weil sie den äußerlich unzureichenden Ausbau des öffentlichen Bildungswesens einmal mehr charakterisiert. Bedeutsam erscheint sie vielmehr vor allem, weil sich die Annahme aufdrängt, daß diese soziale und ökonomische Mangelsituation bis in die Klassenstube wirken mußte, etwa wenn man an die pädagogische Leistungsfähigkeit dieser Lehrkräfte denkt.

Was die ökonomischen Verhältnisse der Elementarschullehrer im allgemeinen anlangt, so urteilten auch amtliche Stellen am Ende des 19. Jahrhunderts, daß in den zwanziger Jahren „ein preußischer Volksschul-Lehrer, namentlich auf dem Lande, kaum so viel wie ein Tagelöhner (verdiente), über dessen sociale Stellung auch die seinige noch immer wenig hinausragte" (Petersilie, 1883, S. 77). Ganze 322 Mark erhielten die Lehrer im Durchschnitt an Jahreseinkommen – laut einer Erhebung für 1820/21 –, doch scheint dabei die auch später ansehnliche Differenz zwischen Stadt und Land besonders einschneidend. Während die kleine Gruppe der in der Stadt tätigen Lehrer durchschnittlich auf ein jährliches Gehalt von 638 Mark rechnen konnte (allerdings war hier auch die Lebenshaltung kostspieliger), bezog das Gros der Lehrer ‚auf dem platten Lande' durchschnittlich Einkünfte in Höhe von nur 258 Mark; mehr als ein Drittel von ihnen blieb selbst unter 180 Mark im Jahr (Petersilie, 1883, S. 77; Volksschulwesen 1891, S. 191 f.). Die bildungspolitische Stagnations- oder Reaktionsphase in den folgenden Jahrzehnten hat nur sehr allmähliche Verbesserungen für die materielle Lage der Volksschullehrer gebracht. Aus offiziösen Darstellungen stammt dazu der illustrierende Hinweis, daß „selbst in der Rheinprovinz ... um das Jahr 1834 ein Lehrer (im Kreis Wetzlar), welcher 12½ Thaler Einkommen hatte, ‚wozu er sich noch 24 Thaler durch Steinklopfen verdiente' keine vereinzelte Erscheinung" darstellte (nach der Parität von 1873: etwa 40 beziehungsweise 70 Mark – Petersilie, 1883, S. 77; Volksschulwesen 1891, S. 194)[23].

Erst in den siebziger und achtziger Jahren des 19. Jahrhunderts setzte eine merklich veränderte, beschleunigte Entwicklung ein, die charakteristischerweise das gesamte preußische Elementarschulwesen erfaßte und in

[23] Am Ende der 30er Jahre entsprach das Gehalt einem Gegenwert von 2000 kg Roggen (dem gewöhnlichen Brotgetreide) jährlich. Der Verdienst war demnach bestenfalls als ärmlich oder dürftig, nicht aber als ausreichend zu bezeichnen. Wie sollte, wenn er auch sein gesamtes Geld auf den Kauf von Brot hätte verwenden können, dieser Lehrer sich und seine Familie von den knapp 40 kg Getreide pro Woche versorgen? (Abel, 1967, S. 344.)

deren Verlauf auch die Besoldungen der Lehrer wesentlich angehoben wurden. Vereinzelt hatte die Staatsregierung bereits seit Jahrhundertmitte den lokalen Unterhaltsträgern Staatshilfe gewährt und bestimmte – unzureichende – Beträge im Gesamtetat für diesen Zweck ausgesetzt. So problematisch ein direkter Vergleich der Einkommensverhältnisse über einen längeren Zeitraum von 50 bis 70 Jahren auch ist (da die Veränderung von Kaufkraft und Geldwert unberücksichtigt bleibt), es signalisierte doch eine nennenswerte Verbesserung der ökonomischen Situation für die Elementarschullehrer, wenn im Jahre 1878 ihr durchschnittliches Jahresgehalt gegenüber 1820/21 auf das Dreieinhalbfache (Petersilie, 1883, S. 77 f.) gestiegen war. 1891 betrug es mehr als das Vierfache, nämlich 1451 Mark. Dabei waren insbesondere auch die Unterschiede zwischen Stadt und Land besser ausgeglichen worden (Volksschulwesen 1891, S. 194 f.).

Die erhöhte Wertschätzung, die (Elementar-)Lehrer und Schule in diesem Zeitpunkt erfuhren, kommt insbesondere auch darin zum Ausdruck, daß die angedeutete Einkommenssteigerung die der übrigen Beschäftigten weit überflügelte. Nach Angaben, die sich allerdings auf die Entwicklung in einer etwas späteren Zeitspanne im gesamten Deutschen Reich beziehen, wuchs das allgemeine Arbeitseinkommen je Beschäftigten in der zweiten Hälfte des 19. Jahrhunderts (von 1857 bis 1911) um 185 Prozent, während die Einkünfte der Volksschullehrer um 347 Prozent anstiegen. Real (also unter Berücksichtigung der veränderten Kaufkraft) entsprach das bei den Lehrern einem Anstieg um 224 Prozent gegenüber dem Wachstum des Realeinkommens bei den übrigen Beschäftigten um etwas mehr als das Doppelte[24].

Nicht minder bedeutsam war, daß in diesen Jahrzehnten die Stellung der Volksschullehrer insgesamt endlich der der übrigen beamteten Staatsdiener in Preußen angeglichen wurde. Der Staat garantierte ihnen beispielsweise nun ein fixes Diensteinkommen, regelte die Hinterbliebenenfürsorge und sicherte vor allem die Altersversorgung: Bis dahin hatte der jeweilige Nachfolger dem Emeritus ‚ad dies vitae‘ einen Teil seines Gehalts abtreten müssen.

Zu den wichtigsten Veränderungen, die den siebziger Jahren den Charakter einer grundsätzlichen bildungspolitischen Zäsur verleihen, zählt insbesondere auch die Reorganisation der Seminare. Augenfälliger als der qualitative Wandel, der in der Ausbildung der Lehrer unter dem Einfluß des Herbartianismus einsetzte, waren dabei noch die vordem nur nach-

[24] Vgl. W. G. Hoffmann, 1963, S. 124 f. Freilich ist darauf hinzuweisen, daß eine Durchschnittsgröße wie „das allgemeine Arbeitseinkommen“ wegen der heterogenen Größen, die sie zusammenfaßt, keine unproblematische Vergleichsziffer darstellt.

lässig betriebene Vermehrung und Erweiterung der Anstalten[25]. In den zwölf Jahren von 1870 bis 1882 wurde die Zahl der jeweils in der Ausbildung befindlichen Seminaristen allein fast verdoppelt. Setzt man ihre Zahl in Relation zur Bevölkerungszahl, so ergibt sich ein dreimal günstigeres Verhältnis als 1825 (dem gewissermaßen ersten Höhepunkt der Förderung der Lehrerbildung), namentlich aber zeigt sich, daß diese Steigerung den Bevölkerungszuwachs weit übertraf (Petersilie, 1883, S. 71). Schon diese Zahlen deuten darauf hin, daß sich auch in den Schulen die Situation verbessern mußte: was ökonomisch und sozial die Attraktivität der Lehrerposten an den Elementarschulen anging, was die Vorbereitungs- und Weiterbildungsmöglichkeiten für die einzelnen Lehrer anbetraf oder generell ihre pädagogische Qualifikation und Leistungsfähigkeit.

In der Zeit also, in der der Schulzwang in Preußen endgültig realisiert wurde, begannen sich schließlich auch quantitativ die schulinternen Verhältnisse zu bessern. Auf eine Lehrkraft entfielen an den preußischen Elementarschulen im Jahre 1882 durchschnittlich nicht mehr, wie bis in die sechziger Jahre hinein, etwa 80 (E. Engel, 1869, S. 102 f.), sondern ‚nur' noch 72 Kinder; in der Stadt waren es 64 und 77 Schulkinder auf dem Lande, wo nicht zuletzt aus demographischen Gründen traditionell und bis heute schlechtere Bedingungen vorherrschen (Petersilie, 1883, S. 59). Zwar gibt es insbesondere nach der zuletzt genannten Durchschnittszahl kaum einen Zweifel, daß auch diese Verhältnisse den einzelnen Lehrer bis über die Grenzen seiner physischen Kraft belasten mußten, im strengen Wortsinn von einer Besserung also schwerlich die Rede sein kann. Doch ließe sich belegen, daß die Entwicklung der Lehrer-Schüler-Relationen seitdem einen zwar nicht gleichmäßigen, aber grundsätzlich positiven Trend beibehielt, überhaupt – wenn man derartigen Daten folgt – ein mehr oder weniger kontinuierlicher Fortschritt im Ausbau des Elementarschulwesens zu verzeichnen ist.

Ausbau des Klassensystems und Klassenfrequenz

Wieweit damals – vor nicht hundert Jahren – der ‚innere' Zustand des preußischen Volksschulwesens allerdings noch von heutigen Vorstellungen entfernt war, kann differenzierter noch eine Aufschlüsselung der Schülerzahlen mit Hilfe der Klassenverhältnisse veranschaulichen. Eine solche Analyse bringt insofern Vorteile, als – seit Anfang des 19. Jahr-

[25] Dazu sowie insgesamt zu den teilweise bereits erwähnten Wandlungen der Situation des Lehrers in der damaligen Zeit vgl. insbesondere auch Berg, 1973, S. 164 ff.

hunderts – für die tolerierte beziehungsweise angestrebte Frequenz in den Unterrichtsklassen amtliche Richtwerte vorliegen, auf die sich das jeweils tatsächlich erreichte Niveau der Klassenstärke beziehen läßt. Zudem gab die Zahl an aufsteigenden Klassen, aus denen sich eine Elementarschule im Sinne von Unterrichtsstufen zusammensetzte – in diesem Sinne unterschied man zwischen ein-, zwei- und mehrklassigen Schulen –, ein gewisses äußeres Maß ab für die Güte des dort vermittelten Unterrichts.

Die offiziöse preußische Schulstatistik ging selbst von der „Annahme (aus), daß sowohl der Besuch einer vollkommener organisierten mehrklassigen Schule wie auch der Unterricht in nicht überfüllten Klassen bessere Bildungs- und Erziehungserfolge zeitigt, als die gegenteiligen Unterrichtsbedingungen", und zögerte ihrerseits nicht, aus entsprechenden Unterlagen „bis zu einem gewissen Grade wenigstens auf die Schattirungen im Bildungsstande und den Umfang der Grundlegung sittlicher Lebensanschauung in der ... die Schule besuchenden Bevölkerung zu schließen" (Volksschulwesen 1891, S. 124). Demnach waren es laut der Erhebung von 1882 94 Prozent der städtischen Elementarschüler, die in den Genuß besseren Volksschulunterrichts kamen, da sie, wie es hieß, eine vollausgestaltete drei- oder mehrklassige Anstalt besuchten. Für die ländliche Bevölkerung lagen die Verhältnisse wesentlich ungünstiger; nur ein Fünftel erhielt in vergleichbar ausgebauten Volksschulen Unterricht, während über die Hälfte, nämlich 53 Prozent, in den unter erheblich schlechteren Bedingungen arbeitenden einklassigen Schulen – mit nur einer Lehrkraft – eingeschult war. Von der gesamten Schülergeneration an den preußischen Elementarschulen kamen darum nur etwa drei Siebentel in den Besitz der qualitativ besseren Volksschulbildung, sofern dafür allein der Besuch mehrklassiger Anstalten bürgen konnte (Petersilie, 1883, S. 56).

Stellt man zusätzlich die Frequenzverhältnisse in Rechnung, verringerte sich der genannte Prozentsatz noch einmal beträchtlich. Als amtlicher Richtwert für die Besetzung der Klassen galt – übrigens schon seit 1827 – in einklassigen Schulen die Zahl von 80 Schülern, in mehrklassigen Anstalten eine Klassenstärke von 70 Schulkindern. Allerdings wäre es falsch, in diesen Zahlen für die Praxis mehr als nur halbwegs verbindliche Anhaltspunkte zu sehen. „Die normale Zahl", erklärte eine Ministerialverfügung hinsichtlich der einklassigen Schulen 1872, „ist 80 und schließt nicht aus, daß ein Lehrer auch mehr Schüler unterrichten kann und muß, weil es nicht wohl angeht, unter allen Umständen bei mehr als 80 Schülern einen zweiten Lehrer anzustellen. In einzelnen Landestheilen ist sogar die Zahl der Schulkinder, welche ein Lehrer zu unterrichten hat, gesetzlich auf 100 und selbst 120 festgesetzt, und thatsächlich werden in allen Landestheilen häufig 100 und mehr Schüler von Einem Lehrer mit Erfolg unterrichtet" (Centralblatt, 1872, S. 368). Erst wo derartige Größenordnungen überschritten waren, das heißt die Klassen in den einstufigen Schulen 150 und mehr Schüler umfaßten beziehungsweise in den mehrklassigen Schulen die Klassenstärke die Zahl von 120 und darüber erreichte, bezeichneten die staatlichen Behörden eine Abhilfe als besonders dringlich oder ‚unbedingt geboten' und drängten nachdrücklicher auf Maßnahmen, deren Erfolg freilich zum guten Teil von der Leistungsfähigkeit und -willigkeit der lokalen Schulverbände abhing (Volksschulwesen 1891, S. 139).

Im Jahre 1882 waren es nur noch 3 Prozent der preußischen Elementarschüler, die derart extreme Unterrichtsbedingungen vorfanden. Doch zeigt eine Bilanz nach dem strengeren Maßstab der amtlichen Richtwerte, daß gerade eben über die Hälfte der Schulkinder – auf dem Lande wie in der Stadt – unter sogenannten normalen Verhältnissen ihren Volksschulunterricht erhielt (Petersilie, 1882, S. 62). Im ganzen Staat gab es keinen Bezirk ohne überlastete Schulen, „deren Überfüllung den Unterrichtsbetrieb aufs äußerste stört(e)" – und wenn in einzelnen, sei es besonders armen und dünnbesiedelten oder stark bevölkerten und industriereichen Regionen ein besonders hoher Anteil von Schülern in überfüllten Klassen unterrichtet wurde, so bestätigte dies erneut den langanhaltenden Einfluß der verschiedenen schon erwähnten ökonomischen und sozialen Hemmfaktoren.

So kritisch dieses Zahlenbild war, so wenig nimmt es im Grunde wunder, daß die amtlichen Stellen in ihren Berechnungen nicht noch einen Schritt weitergingen. Über den Prozentsatz an Schülern, die unter damals wirklich einwandfreien äußeren Bedingungen hinsichtlich Klassenfrequenz und Schulaufbau die Volksschule besuchten, findet sich in den statistischen Übersichten auffälligerweise keine präzise Angabe. In der Tat hatte nur eine schmale Minorität die Gelegenheit, in ‚voll ausgebaute' mehrstufige Anstalten mit normal eingerichteten Klassen zu gehen: 862372 von den insgesamt 4,4 Millionen Schulkindern, das heißt knapp ein Fünftel, erhielten einen Elementarunterricht, dessen äußerer Rahmen nach den damaligen Umständen als optimal angesehen werden konnte, für heutige Maßstäbe freilich kaum akzeptabel wäre. Lediglich in den Städten war der Ausbau des Elementarschulwesens so weit fortgeschritten, daß für jeden zweiten Volksschüler ein entsprechender Platz zur Verfügung stand. Auf dem Lande mußte sich die übergroße Mehrheit, etwa 93 Prozent, mit einem Schulunterricht abfinden, der schon rein äußerlich entweder durch überfüllte Klassen oder aufgrund mangelhafter Differenzierung gehandikapt war (errechnet nach Petersilie, 1883, S. 58). An diesem Bildungsgefälle zwischen Stadt und Land hat sich so rasch nichts ändern können. Zehn Jahre später waren es 12 Prozent der ländlichen Elementarschüler, zwei Drittel in der Stadt, die die genannten günstigeren Unterrichtsbedingungen vorfanden. Wollte man also von derartigen Daten, wie es die zeitgenössischen Statistiker vorschlugen, auf die Qualität der Volksschulbildung schließen, so wäre im Jahre 1891 insgesamt noch nicht ein Drittel der preußischen Elementarschüler „in den Besitz der besseren Bildung durch die Schule gelangt" (Volksschulwesen 1891, S. 127).

Alphabetisierungsgrad

Einen direkteren, freilich gröberen Indikator für den Bildungsstand der preußischen Bevölkerung zur damaligen Zeit liefern die Versuche, bei verschiedenen Gelegenheiten wie Rekruteneinstellung oder auch Eheschließung die Verbreitung der elementarsten Schulkenntnisse (Lese- und Schreibfähigkeit) zu ermitteln. Nach den alljährlich vorgenommenen Recherchen bei den Ersatzmannschaften – wie sie seit 1865 veröffentlicht wurden — befanden sich beispielsweise unter den Eingezogenen des Jahres 1871/72 nur gut 3 Prozent Analphabeten, und innerhalb der nächsten drei Jahrzehnte verringerte sich dieser Anteil noch so weit — jedes Jahrzehnt um etwa ein Prozent —, daß um die Jahrhundertwende so gut wie kein Wehrpflichtiger in der ausgehobenen Mannschaft nachgewiesen wurde, der nicht im Besitz dieser elementaren Fertigkeiten zu sein schien [26].

Doch verdienen diese Angaben mit einiger Vorsicht aufgenommen zu werden, zumal wenn man sie auf die Verhältnisse der Gesamtbevölkerung übertragen wollte. Wie selbst das preußische statistische Bureau eingestand, lieferten die beim Militär durchgeführten Untersuchungen letzten Endes nicht einmal für die männliche Bevölkerung im wehrpflichtigen Alter repräsentative Ergebnisse: denn sowohl die Freiwilligen, zu denen schwerlich Analphabeten zählten, als auch insbesondere die Ausgemusterten beziehungsweise Zurückgestellten, „unter denen sich wahrscheinlich viele Analphabeten befanden", blieben dabei unberücksichtigt [27]. Auch garantierte die Art der Erhebung kaum für eine aus-

[26] Jährliche Nachweise im Centralblatt, 1865 ff. – Zum folgenden vgl. auch Engelsing, 1973 a, S. 96–116, der im übrigen eine Fülle weiterer Daten zur Entwicklung des Elementarschulwesens im 19. Jahrhundert liefert.

[27] Statistische Correspondenz, S. II. Zeitschrift des königlich preußischen statistischen Bureaus, 1893.

reichende Objektivität der Befunde; die Kriterien der in der Regel von einem Leutnant und Unteroffizier vorgenommenen Prüfung wurden personell und regional unterschiedlich streng gehandhabt und waren dazu noch zeitlich Veränderungen unterworfen (Brämer, 1871, S. 371 ff.; Religionsbekenntnis und Schulbildung . . ., 1874, S. 151).

Daß die Aussagekraft dieser relativ günstig erscheinenden Resultate höchst eingeschränkt war, enthüllte schon ein Vergleich mit der – seit 1882 ebenfalls jährlich ermittelten – Zahl der Eheschließenden, die nicht in der Lage waren, die Heiratsurkunde mit ihrem Namen zu unterzeichnen. Während die Militärbehörden im Jahre 1882 unter den Ersatzmannschaften nur noch 2 Prozent Analphabeten registrierten, ergab die standesamtliche Zählung, daß zu diesem Zeitpunkt rund 5 Prozent der Eheschließenden, etwa 4 Prozent der männlichen und 6 Prozent der weiblichen Brautleute, nicht einmal ihren eigenen Namen schreiben konnten, insgesamt über 20 000 Personen also als „Analphabeten schwerster Gattung" bezeichnet werden mußten[28]. Es ist so gut wie gewiß, daß unter den übrigen Eheschließenden noch viele waren, die zwar ihren Namen, aber sonst nichts zu schreiben vermochten, bei einer Prüfung nach strengeren Maßstäben sich die Zahl der Analphabeten also wesentlich vergrößert hätte.

Die Differenz, in der sich aber selbst diese Angaben zu den Ergebnissen der militärischen Bestandsaufnahmen bewegten, zeigte sich konstant auch in den folgenden Jahrzehnten. 1890, als der Anteil der Analphabeten unter den eingezogenen Rekruten bereits unter einen statistisch unerheblichen Wert von nicht 1 Prozent gesunken war, wiesen die standesamtlichen Unterlagen noch immer einen mehr als doppelt so hohen Prozentsatz der Eheschließenden – von den Männern 2 Prozent und 3 Prozent der Frauen – als krasse Analphabeten aus. In den ostelbischen Landesteilen erreichte diese Quote damals sogar noch über 10 Prozent, obwohl gegenüber dem Zustand acht Jahre zuvor schon ein merklicher Fortschritt eingetreten war: seinerzeit hatte es in der Provinz Preußen offenbar mehr als einem Sechstel der neuvermählten Eheleute an der geringsten Schreibfertigkeit gefehlt, und in Posen hatten jeder fünfte Mann und jede vierte Frau die Heiratsurkunde unterkreuzen müssen[29]. Solche Zahlen lassen ahnen, wie niedrig in einzelnen Regionen des preußischen

---

[28] Statistische Correspondenz, S. I f. Zeitschrift des königlich preußischen statistischen Bureaus, 1893.

[29] Errechnet nach Statistische Correspondenz, S. I f. Zeitschrift des königlich preußischen statistischen Bureaus, 1893, und Statistische Correspondenz, S. II. Zeitschrift des königlich preußischen statistischen Bureaus, 1900.

Staates das Bildungsniveau des ‚Volkes' noch zum Ende des 19. Jahrhunderts gewesen sein muß.

Präzise fortlaufende Informationen über das Ausmaß, in dem die Beherrschung der elementaren Kulturtechniken in der Bevölkerung verbreitet war, oder zuverlässige Daten über die Entwicklung des Volksbildungsgrades im Preußen des vorigen Jahrhunderts liefern uns die genannten Statistiken jedoch im Grunde nicht. Für die früheren Jahrzehnte fehlen derartige Nachweise so gut wie gänzlich, sind jedenfalls nicht unmittelbar zugänglich, vor allem aber ist ihr Aussagewert generell, sachlich oder methodisch, eingeengt. Ähnliche Bedenken ließen sich selbst gegen die erste und — auffälligerweise — einzige umfassende Untersuchung zur elementaren Schulbildung erheben, die im Jahre 1871 im Zusammenhang einer Volkszählung in Preußen durchgeführt wurde. Aus diesen Ermittlungen ging das offenbar für die preußischen Behörden unerwartete, wie der Formulierung des statistischen Bureaus zu entnehmen war, „höchst überraschende Gesamtresultat" hervor, daß unter der gesamten über 10 Jahre alten Bevölkerung von 18,6 Millionen damals 2 260 277 Personen erklärtermaßen nicht schreiben und lesen konnten und bei weiteren 277 572 die Schreibe- und Lesefähigkeit zumindest zweifelhaft war[30]. Das hieß, 13,7 Prozent der preußischen Einwohner im Alter über zehn Jahre waren praktisch ohne die elementarste Schulbildung (wenn man, wie übrigens auch das statistische Bureau, beide Gruppen zusammennahm); unter der männlichen Bevölkerung befand sich mehr als ein Zehntel Analphabeten, fast ein Sechstel unter der weiblichen Einwohnerschaft. Den recht glimpflichen, ja eigentlich glanzvollen Eindruck von der Situation des öffentlichen Elementarschulwesens, den die jährlichen Berichte über den Bildungsstand der Reservemannschaften zu erwecken geeignet waren, stellten diese Zahlen gründlich in Frage.

Und das weit weniger schmeichelhafte Bild hellte sich auch nicht auf, wenn man nach den einzelnen Regionen zu differenzieren versuchte. Zwar erwies sich, daß die westlichen Provinzen dabei besser als der preußische Staat in seiner Gesamtheit abschnitten, angefangen beim Rheinland, wo insgesamt knapp 9 Prozent Analphabeten gezählt wurden, bis zum „Musterland" Hohenzollern, das mit nur 2,8 Prozent die niedrigste Quote an Lese- und Schreibunkundigen hatte. Doch war demgegenüber die Alphabetisierung der Bewohner der östlichen Landesteile, wie nach dem vorher Gesagten zu vermuten, extrem weit zurückgeblieben: In Ostpreußen war der Anteil an Analphabeten unter der Bevölkerung zehn-

[30] Religionsbekenntnis und Schulbildung . . ., 1874, S. 147 ff.; Jahrbuch für die amtliche Statistik, IV, 1876, 1. Hälfte, S. 58–60; 2. Hälfte, S. 166.

mal so hoch wie in Hohenzollern, und von den Einwohnern Westpreußens und Posens konnten fast zwei Fünftel gar nicht schreiben und lesen. Am schlechtesten war es um die Frauen in der Provinz Posen bestellt, gerade 56 Prozent schienen nach den amtlichen Angaben im Besitz der Anfangsgründe des Lesens und Schreibens.
Verschärft werden die zitierten Ergebnisse noch durch den Umstand, daß auch im Falle dieser Erhebung die Kriterien dessen, was als Schreib- und Lesekundigkeit gelten konnte, recht vage formuliert waren beziehungsweise nicht gerade streng angewandt worden zu sein scheinen (Religionsbekenntnis ..., 1874, S. 174). Sachkundige kritische Zeitgenossen, wie der Pädagoge Eduard Sack, kamen darum in Anbetracht der amtlichen Zahlen zu weit radikaleren Aussagen. Sack erklärte es aufgrund seiner Erfahrungen und Kenntnisse für eine „unbestreitbare Tatsache, daß von den etwa 86 Prozent der über 10 Jahre alten Personen, welche (nach der amtlichen Statistik) als solche bezeichnet werden, die Schulbildung haben, der größere Teil bloß sehr notdürftig schreiben und lesen" konnte. Nur ein kleiner Prozentsatz der preußischen Bevölkerung, so schätzte er, war zu einem verständigen, freizügigen Umgang mit Wort und Schrift imstande und besaß dazu noch einige elementare Grundkenntnisse. „Dieser Bruchteil für den ganzen Staat dürfte auf höchstens 20 Prozent, für einige Provinzen schwerlich auf mehr denn fünf Prozent zu schätzen sein" (E. Sack, 1961, S. 174 f.).
Es tut diesem Urteil keinen Abbruch, mildert vielleicht aber seinen Tenor, wenn man ihm die wichtige Feststellung an die Seite stellt, daß sich die Zahl der erklärten Analphabeten und wohl entsprechend auch die der praktisch Ungebildeten mutmaßlich höchst ungleich auf die verschiedenen Altersklassen verteilte. Wie eine Stichprobe aus dem amtlichen Erhebungsmaterial – das im Grunde eine durchgängige Aufschlüsselung nach dem Alter ermöglicht hätte – zeigte, fanden sich, je älter die Personen, desto mehr, die weder lesen noch schreiben konnten; umgekehrt war die Tendenz zu einer rapiden Abnahme der Analphabeten unter den jüngeren Leuten unverkennbar (Religionsbekenntnis..., 1874, S. 151f.). Zum Teil wenigstens (wenn man diese Unterschiede nämlich nicht allein damit erklären will, daß mit zunehmendem Alter früher einmal erworbene Schreib- und Lesefähigkeiten verlorengegangen seien) erlaubt diese Beobachtung noch einmal einen Rückschluß auf den desolaten Zustand des öffentlichen Elementarschulwesens in den früheren Dezennien des 19. Jahrhunderts, wo ein beträchtlicher Teil der Jugend überhaupt keine oder nur eine ganz verkürzte Bekanntschaft mit der Schule machte und den übrigen aufgrund der Ausstattung der Schulen nur ein magerer Unterricht zuteil wurde.

Andererseits verweist die offenbar gesteigerte Alphabetisierungsrate unter der jüngeren Bevölkerung nachdrücklich auf den qualitativen und quantitativen Ausbau des preußischen Elementarschulsystems, der mit den siebziger Jahren noch wesentlich beschleunigt wurde. Die allgemeine Schulpflicht – und zwar über ihre gesamte Dauer – wirklich durchzusetzen und schließlich, wie es damals endlich in Angriff genommen wurde, auch die inneren Schulverhältnisse zu verbessern, hieß die Erscheinung des Analphabetentums über kurz oder lang so gut wie vollständig aus dem öffentlichen Leben zu verbannen – wie dies ja auch, bei aller Unzulänglichkeit, die militärischen und standesamtlichen Bestandsaufnahmen zur Jahrhundertwende hin erkennen lassen. Überhaupt war die damals einsetzende Entwicklung des öffentlichen Bildungswesens schwerlich noch mit derart groben Instrumenten wie den Nachrichten zum Verhältnis von Schulpflicht und Schulbesuch oder Analphabetenstatistiken zu charakterisieren, die nach unserem heutigen Verständnis lediglich defiziente Verhältnisse, nicht eigentlich bildungspolitische Errungenschaften in einem anspruchsvolleren Sinne zu erfassen geeignet sind.

Es gibt außer der erwähnten Teilauswertung der Daten von 1871 auch andere Zeugnisse, die direkte Aussagen zum Bildungsniveau der preußischen Bevölkerung noch vor jener qualitativen und quantitativen Verbesserung des Elementarschulwesens beinhalten. Eines davon stellt die beigefügte Tabelle dar, die die Ergebnisse einer Aufnahme zur Schulbildung der Ersatzmannschaften aus den ost- und westpreußischen Bezirken im Jahre 1844 wiedergibt.
Aufgrund zweier Umstände ist der Aussagewert der Tabelle für die Situation im gesamten Staat Preußen eingeschränkt. Einerseits handelt es sich um eine Rekrutenstatistik, die, wie wir im Text dargestellt haben, günstigere Ergebnisse als eine Erhebung zum Volksbildungsstand der Gesamtbevölkerung zutage fördert. Andererseits sind – das wird dem Leser aufgefallen sein – die Schulverhältnisse in den west- und ostpreußischen Gebieten schlechter gelagert, als es dem gesamtstaatlichen Durchschnitt entspricht. Sicherlich ist es kaum angängig, diese beiden in ihren Wirkungen gegensätzlichen Tatbestände einfach gegeneinander aufzurechnen. Trotzdem liefert diese Tabelle einen Einblick in den damaligen Stand der Volksschulbildung; insbesondere zeigt sich, wie wenig es für den Bildungsstand der Bevölkerung unmittelbar besagte, wenn die Kategorie derer, die ‚ohne allen Unterricht' aufwuchsen, sich verringerte. Nur 8 Prozent der ost- und westpreußischen Rekruten hatten damals keinerlei Bekanntschaft mit der Schule gemacht, aber nur von einem Fünftel der Rekruten konnte man annehmen, daß sie auf eine wenigstens elementare Stufe des Wissens gelangt waren.
Danach ist zweifelhaft, ob der Großteil der Schüler über eine längere Dauer, etwa über 3–4 Jahre hinaus, am Schulunterricht teilgenommen hat. Zugleich kann die Abstufung des jeweiligen ‚Schulerfolgs' ein Licht auf die innere Situation der preußischen Elementarschule werfen beziehungsweise noch einmal verdeutlichen, daß die Hauptfunktion der preußischen Volksschule damals schwerlich in der Vermittlung von Kenntnissen bestanden hat.
Es wäre interessant, ähnliche Statistiken für andere Landesteile aus dieser Zeit

Schulbildung der Ersatzmannschaften aus den ost- und westpreußischen Bezirken im Jahre 1844 [a]

Regierungsbezirke	Gesamtzahl der Rekruten	Es können lesen: Druckschrift	Es können lesen: Gedrucktes und Geschriebenes	Es können schreiben: etwas	Es können schreiben: leserlich und richtig	Mit den Anfangsgründen des Rechnens vertraut	Ohne allen Unterricht
Königsberg							
abs.	1 904	592	179	513	90	455	75
%	100	31,1	9,4	27,0	4,7	23,9	3,9
Gumbinnen							
abs.	1 518	523	181	422	56	256	80
%	100	34,5	11,9	27,8	3,7	16,9	5,3
Danzig							
abs.	865	271	44	118	30	288	114
%	100	31,3	5,1	13,6	3,5	33,3	13,2
Marienwerder							
abs.	787	284	70	133	23	140	137
%	100	36,1	8,9	16,9	2,9	17,8	17,4
Ost- und Westpreußen							
abs.	5 074	1 670	474	1 186	199	1 139	406
%	100	32,9	9,3	23,4	3,9	22,4	8,0

[a] Zur Interpretation: Die Fähigkeiten addieren sich nach rechts hin, das heißt, wer mit „den Anfangsgründen des Rechnens vertraut" war, konnte sowohl lesen als auch „leserlich und richtig" schreiben; umgekehrt stand derjenige, der nur in der Lage war, Druckschrift zu lesen, fast auf einer Stufe mit den Rekruten, die „ohne allen Unterricht" aufgewachsen waren.
Quelle: Centralblatt für die gesamte Unterrichtsverwaltung in Preußen, 1859, S. 756.

zu sichten; sie haben uns jedoch nicht zur Verfügung gestanden. Die angeführten Daten verdanken wir nur dem kuriosen Umstand, daß das preußische Kultusministerium am Ende der 50er Jahre, um sich der oppositionellen Angriffe der Liberalen zu erwehren und die Erfolge der eigenen Schulpolitik hervorzuheben, diese Tabelle veröffentlichte, die den mangelnden Erfolg der liberalgesonnenen Reformer vor der Revolution dokumentieren sollte.

Relativer Schulbesuch seit 1871 (vgl. Tabellen 3–8 im Anhang)

Der in den Tabellen 3 bis 8 im Anhang skizzierte Überblick zum ‚relativen Schulbesuch' dürfte einzelne wichtige Tendenzen, die die Expansion des staatlichen Schulsystems innerhalb der letzten hundert Jahre (bis zur Gegenwart) kennzeichnen, weit differenzierter dokumentieren.

Methodisch hat das Verfahren, den Anteil der Schüler an der jeweiligen altersspezifischen Bevölkerungsgruppe zu errechnen, nicht nur den Vorteil, den Einfluß demographischer Veränderungen auszuschalten. Es bietet vor allem die Möglichkeit, das zunehmende politische und gesellschaftliche Gewicht, das die Institutionen des öffentlichen Bildungswesens im Laufe dieser Zeit erhalten haben, quantitativ, und zwar in vergleichbaren Daten, zu veranschaulichen. Sicherlich zwingt ein so weitgespannter Vergleich, der sich auf ein Material von höchst unterschiedlicher Qualität und Zuverlässigkeit stützt, zu einer Reihe von Einschränkungen und Ungenauigkeiten, die von vornherein den Geltungsbereich der errechneten Zahlen weitgehend auf den von Annäherungswerten einengen.

Bei der Berechnung des relativen Schulbesuchs früherer Zeit stellt sich zum Beispiel ein gravierendes Problem insofern, als für die Jahre 1871–1931 (unsere Tabellen) keine statistischen Angaben über die jeweiligen Altersstufen der ‚Schulbevölkerung' vorliegen. Die in den Tabellen vorgenommene altersgemäße Aufteilung der Schüler beziehungsweise Studenten ist statt dessen mit Hilfe des Datenmaterials über die Verteilung nach Schularten und Klassenstufen erfolgt, ausgehend von der Tatsache, daß der Besuch der einzelnen Schultypen oder Klassenstufen innerhalb bestimmter maximaler und minimaler Altersgrenzen erfolgt. Extremwerte mußten bei diesem Verfahren also für die genannte Zeitspanne unberücksichtigt bleiben. Beispielsweise wurde davon ausgegangen, daß alle Studenten bis 1931 nicht älter als 25 Jahre waren – eine Annahme, die mit vorrückender Zeit immer unwahrscheinlicher wird. Trotzdem ließen sich solche Ungenauigkeiten nicht vermeiden, wollte man in etwa die Vergleichbarkeit der Daten über die letzten hundert Jahre sichern. Aus diesem Grunde ist etwa in der ersten Alterskohorte auch schon die fünfjährige, nicht erst die sechsjährige Bevölkerung berücksichtigt. Wie wir wissen, galt in verschiedenen Teilen Preußens noch am Ende des 19. Jahrhunderts diese Altersgruppe als schulpflichtig. Übrigens sind die Schwankungen des relativen Schulbesuchs in der Gruppe der 5- bis 14jährigen, wie sie sich über den beobachteten Zeitraum hin feststellen lassen, hier nicht zu interpretieren; es wäre aber wohl falsch, in diesen Zahlen den Nachweis zu erblicken, daß nach 1871 beziehungsweise 1891 noch einmal die Erfüllung der allgemeinen Schulpflicht gefährdet gewesen wäre.

Trotz dieser Einschränkungen reichen solche Angaben für den Zweck einer weitmaschigen Übersicht aus, die vielleicht zu weiteren, genaueren Überlegungen anregen kann. Eine eingehende Interpretation des bildungspolitischen Entwicklungsverlaufs bis zur heutigen Zeit ist an dieser Stelle nicht möglich.

Zudem sind die Schwierigkeiten bei einer zahlenmäßig einigermaßen exakten, systematischen Darstellung der institutionellen Expansion zum Teil selbst nichts anderes als der direkte Ausdruck wesentlicher Veränderungen, denen das öffentliche Schul- und Hochschulsystem im Laufe dieses Zeitraums unterzogen war. So entstanden beispielsweise die Berufsschulen erst etwa seit der Jahrhundertwende, gewissermaßen als ein neukonstituierter Schultyp zwischen dem allgemeinbildenden Schulwesen und der Fachschule. Beide Institutionen durchliefen zwar ebenfalls eine rasche Aufwärtsentwicklung, überflügelt wurden sie aber vergleichsweise noch von dem Anteilszuwachs, den die Berufsschulen (Fortbildungsschulen, wie sie damals genannt wurden) aufzuweisen hatten. Im Jahre 1911 besuchten rund 10 Prozent der 14- bis 20jährigen in Preußen derartige Anstalten, knappe 60 Jahre später waren es von derselben Altersgruppe in der Bundesrepublik etwa viermal so viel, die in den verschiedenen Berufsschulen Unterricht erhielten. In unseren Tabellen schlägt sich diese Entwicklung, wenn man so will, in der Unstimmigkeit nieder, daß die entsprechenden Zahlen für die Berufsschüler aus den Anmerkungen der Tabellen 5 und 6 zu einer eigenen Rubrik in den Bestandsaufnahmen für die Nachkriegszeit (Tabellen 7 und 8) aufrücken.

Die Steigerung des relativen Schulbesuchs in den älteren Jahrgängen, besonders der Gruppe der 14- bis 20jährigen, ist wohl insgesamt einer der sinnfälligsten Trends in der Expansion des Bildungswesens während der letzten hundert Jahre. Auch beim allgemeinbildenden Schulwesen ist die fortlaufende Erweiterung mit der Zunahme der Schüler dieser Altersgruppe sehr eindrucksvoll zu belegen. Von einer Quote von etwas über 1 Prozent im Preußen des Jahres 1871 erhöhte sich nämlich der relative Anteil der Schüler entsprechenden Alters an den allgemeinbildenden Schulanstalten auf knapp 30 Prozent; mit anderen Worten: Ende dieser sechziger Jahre besuchte in der Bundesrepublik Deutschland immerhin fast jeder Dritte, nicht mehr, wie etwa hundert Jahre zuvor in Preußen, nur jeder 78. unter der 14- bis 20jährigen Bevölkerung eine Schule entsprechenden Typs. Was diese erhebliche Ausweitung der allgemeinbildenden Schulen zusätzlich so bedeutsam macht, ist die Tatsache, daß mit ihr zugleich eine Art struktureller Veränderung einherging. Denn, wie die erhöhten Schulbesuchsziffern für die älteren Jahrgänge signalisieren, waren es gerade die im 19. Jahrhundert so gut wie unzugänglichen Oberschulen, die vermehrt frequentiert und ausgebaut wurden.

Zwischen den verschiedenen Zügen des allgemeinbildenden Schulwesens verschoben sich in diesem Prozeß also die Relationen, und zwar derart, daß ein prinzipieller Wandel im Verhältnis der Elementarschulen zu den höheren Lehranstalten sichtbar wird. Aus den zwei hierarchisch gegeneinander abgesetzten, schroff geschiedenen Schulinstitutionen der Vergangenheit wurden mit der Zeit überhaupt erst – wenigstens dem Ansatz nach – miteinander verbundene Glieder eines Schul‚systems‘, in dem feste Übergangsregelungen ein gewisses Maß an – jedenfalls gegenüber den früheren Verhältnissen – erhöhter Durchlässigkeit garantieren. Organisatorisch bedeutete in diesem Prozeß, um einen wesentlichen

Punkt zu nennen, insbesondere die obligatorische Einführung der gemeinsamen vierjährigen Grundschule für alle Kinder am Anfang der Weimarer Republik einen tiefen Einschnitt. Man kann den unmittelbaren sozialen Effekt der Maßnahmen, mit denen die formalen Schranken für den Zugang zu weiterführenden Schulen schließlich so gut wie ganz beiseite geräumt wurden, skeptisch beurteilen. Dennoch ist nicht zu übersehen, daß zunehmend mehr Elementarschüler, darunter vermutlich auch mehr Kinder aus sozial schwachen Bevölkerungsgruppen, auf die höheren Lehranstalten überwechselten. Und letzten Endes – dies ließe sich ebenfalls anhand der Tabellen belegen – erhielten (und erhalten) dabei auch die Hochschulen und Universitäten einen wachsenden Zustrom von den Oberschulen.

Insgesamt gehen also mehrere Tatbestände oder Entwicklungsstränge mit unterschiedlichem Gewicht und verschiedenen Bezugspunkten in die generelle Aussage ein, daß die Entwicklung des öffentlichen Bildungswesens in der jüngeren Vergangenheit vorwiegend durch eine fortlaufende Verlängerung der rechtlichen und tatsächlichen Schulbesuchsdauer gekennzeichnet ist. In unseren Tabellen läßt sich diese Tendenz ziemlich einfach an der relativen Zunahme der gesamten ‚Schulbevölkerung' verfolgen: Während im Jahre 1871 von den damals knapp 10 Millionen 5- bis 25jähriger in Preußen etwa 42 Prozent irgendeine Schule oder Hochschule besuchten, erfaßten die einzelnen Institutionen des öffentlichen Bildungswesens in der Bundesrepublik um die Jahreswende 1968/69 fast zwei Drittel der ungefähr 16,3 Millionen starken Bevölkerung desselben Alters. Das heißt, gegenüber 1871 waren – relativ gesprochen – um die Hälfte mehr Kinder beziehungsweise Jugendliche als Schüler oder Studenten damit beschäftigt, sich in den verschiedenen Bildungseinrichtungen ‚auf das Leben vorzubereiten'.

Ebenso interessant wie diese ein Jahrhundert überspannenden Angaben, in denen sich der unbestreitbar gewachsene Einfluß des öffentlichen Bildungssystems abzeichnet, ist freilich, was wir aus den Tabellen über das höchst unterschiedliche Tempo dieser Entwicklung erfahren. Zwar kann eine derart weitmaschige Übersicht gar keine direkten Aufschlüsse über die präzisen Einschnitte oder gar über die genauen Ursachen von Sprüngen oder Verzögerungen beim Ausbau des Bildungswesens liefern. Doch wird der Leser beispielsweise anhand eines Vergleichs der Zahlen zum relativen Schulbesuch der 14- bis 20jährigen in Tabelle 5 und 6 selbst auf den mutmaßlichen bildungspolitischen Aufschwung der Weimarer Jahre stoßen, auf den auch die relative Steigerung des staatlichen Bildungsetats in dieser Zeit weist (Tabelle 1). Auch den auffälligen Umstand, daß anscheinend das Niveau der Entwicklung von 1931 in vielen Punkten erst Ende der fünfziger Jahre in der BRD wieder erreicht worden ist, wird man unschwer registrieren und zum Teil auch erklären können – übrigens wechselt dabei ja auch die Vergleichsbasis (von Preußen zur BRD). Besonders bemerkenswert ist aber wohl, daß sich allein in den zehn Jahren von 1958/59 bis 1968/69 der relative Schulbesuch der 5- bis 25jährigen Bevölkerung noch einmal in dem Maße wie in den vorhergegangenen rund 90 Jahren erhöht hat. Daran wird deutlich, daß gerade in jüngster Zeit die Expansion des öffentlichen Bildungswesens besonders rasch vorangeschritten ist. Trotz allen Rückstands gegenüber anderen Nationen oder bildungspolitischer Restriktionen hierzulande – so könnte man aufgrund dieser spürbaren Beschleunigung schließen – vollzieht sich also auch in der Bundesrepublik real die Entwicklung zu jener ‚Lerngesellschaft', deren Gefahren und Irrtümer von der radikalen Schulkritik so emphatisch beschworen werden – ganz im Gegensatz zu den optimistischen Erwartungen und Ansprüchen, die landläufig an sie geknüpft werden (vgl. Kapitel 1.2).

Zusammenfassende Interpretation

Wir wollen an diesem Punkt den einigermaßen gewagten statistischen Überblick über die Expansion des öffentlichen Schulwesens abschließen, nachdem uns die letzten Überlegungen wieder an die Gegenwart herangeführt haben. Den Leser mögen Vielfalt und Detailliertheit der angeführten Daten und Gesichtspunkte irritiert haben. Doch vermittelt eine solche Darstellung auch gewissermaßen empirisch eine Vorstellung davon, wie wenig geradlinig, wie heterogen der Entwicklungsverlauf war, bis das öffentliche Bildungswesen seinen gegenwärtigen Platz einnahm.
An einigen Punkten sind wir in der statistisch orientierten Darstellung dieser anfangs nur sehr schleppenden Expansion noch einmal auf die Spuren des oben mehr verfassungsgeschichtlich geschilderten Prozesses der Entstehung von ‚Staat und Gesellschaft' gestoßen, dem die Anfänge des öffentlichen Bildungswesens selbst angehören. Beispiele sind die regional uneinheitlichen Regelungen der Schulfinanzen (Schulgeld) beziehungsweise der Schulpflichtdauer oder auch die regional unterschiedliche Ausgangslage beim Aufbau von Elementarschulen. Die historisch gewachsene Partikularität der früheren Verhältnisse schlug gewissermaßen durch die Decke der verschiedenen – auch bildungspolitischen – Vereinheitlichungsmaßnahmen des Staates hindurch, noch immer wahrnehmbar bis zum Ende des 19. Jahrhunderts.
Generell problematisieren oder besser relativieren die Fakten, die bei der Durchsicht der älteren Unterrichtsstatistiken zum Vorschein kommen, die

Tragkraft und die Reichweite dieser staatlichen bildungspolitischen Initiative. Dies gilt auch, wenn deren unleugbares Gewicht im Prozeß der Begründung eines öffentlichen Schulwesens oben relativ ausführlich herausgestellt worden ist. Wie etwa das merkwürdige Gebaren bei der Schulfinanzierung zeigt und die unterschiedliche Aufmerksamkeit für die einzelnen Schularten oder insgesamt der stark schwankende Verlauf der Expansion des Schulsystems verdeutlichen, ist es wohl unmöglich, die Entwicklung beziehungsweise den jeweiligen Zustand der Bildungseinrichtungen allein (oder vorwiegend) aus einem staatlichen Handeln abzuleiten, das von anderen Faktoren isoliert wäre. Erst recht nicht hat sich das staatliche Interesse, das lange nur recht eingeschränkter Natur war, als konsistent, innerlich widerspruchsfrei oder gar über die gesamte Zeit hinweg als unveränderlich erwiesen. Der Wechsel vom absolutistischen System zum halbkonstitutionellen Staat (am Anfang des 19. Jahrhunderts), vollends vom weiterhin obrigkeitsstaatlichen Kaiserreich zur politischen Demokratie (Weimar) bedeutete immer auch einen bildungspolitischen Einschnitt.

In der Fülle statistischer Angaben und veranschaulichender Einzelbilder zeichnen sich einige grundsätzliche Probleme ab, an denen der wesentliche Einfluß gesellschaftlicher Faktoren auf die Entwicklung des öffentlichen Bildungssystems sichtbar wird. So greift die verschiedentlich berührte Frage nach den objektiven ökonomischen Grenzen einer expansiveren Bildungspolitik in den früheren Jahrhunderten deutlich über den Bereich der staatlichen Mittelverfügung hinaus; im Grunde verlangte eine derartige Fragestellung nichts Geringeres als eine umfassende Untersuchung der sozialen und wirtschaftlichen Verhältnisse sowie der ökonomischen und technischen Möglichkeiten einer bestimmten Gesellschaftsformation. Dabei bemißt sich der materielle Reichtum einer Gesellschaft schwerlich direkt nach dem Lebensstandard des Gros der Bevölkerung, von der am Anfang des 19. Jahrhunderts nahezu die Hälfte am Rande des Existenzminimums vegetierte. Ebensosehr fällt die Leistungsfähigkeit der vermögenderen Gruppen ins Gewicht, derjenigen – mit den Worten des alten Hoffmann – „welche für Bodenrente, Zinsen von Kapital, und Gewinn aus gewerblichen Unternehmungen den größten Theil“ von den Früchten der Arbeit der Volksmasse bezogen (J. G. Hoffmann, 1843, S. 182).

Wieweit die öffentliche Hand allerdings willens oder in der Lage war, diese Kreise zu entsprechenden Abgaben heranzuziehen, ist eine zusätzliche Frage: von der Widerspenstigkeit der preußischen Großagrarier gegen die Übernahme finanzieller Verpflichtungen, nicht zuletzt hinsichtlich der Bildungseinrichtungen, war schon die Rede. Das führt unmittelbar zu dem nächsten für die Entwicklung des Bildungswesens wesentlichen Problem: Eine zum Teil skeptische, gleichgültige oder sogar abwehrende Haltung gegenüber einer progressiven Entfaltung der Elementarschule nahmen nicht etwa nur agrarische Gruppen oder konservative Regierungskreise ein, sondern in der Regel auch die frühe Unternehmerschaft, das liberale Wirtschaftsbürgertum[31]. Solange die Wirtschaft in den zur Industrialisierung übergehenden Produktionsbereichen mit der Elementarschule um die Arbeitszeit und -kraft der Kinder konkurrierte, so kann man schließen, war jeder bildungspolitischen Initiative zum Ausbau des Elementarschulwesens und zur rigorosen Verwirklichung der Schulpflicht von vornherein ihre Durchschlagskraft genommen. Den komplizierten Zusammenhang von Schule und Wirtschaft, Arbeits- und Bildungswelt wird man eigens noch einmal thematisieren müssen.

Ebenso verdient das weitere — davon nicht unabhängige — Problem gesonderte Aufmerksamkeit, daß die soziale Klassengliederung in der Bildungspolitik und in der Struktur des öffentlichen Bildungssystems gewissermaßen wiederkehrt. Zwischen den Ebenen des ‚höheren' und ‚niederen' Unterrichtswesens lag, etwa was die verschiedenartige Zielsetzung oder auch die ungleiche Ausstattung angeht, eine soziale Distanz; nicht zuletzt spiegelt sich das in dem höchst unterschiedlichen Maß an Eifer und Mitteln, die der Staat im 18. und 19. Jahrhundert auf den Ausbau und die Förderung der höheren Lehranstalten und des ‚Volks'-schulwesens verwandte. So hat also gerade dieser letzte Abschnitt zur Expansion des öffentlichen Bildungswesens mehrfach auf die konstitutive Bedeutung geführt, die gesellschaftliche Faktoren für die Entwicklung und Struktur der Bildungseinrichtungen besitzen. Gewissermaßen vom Bildungswesen aus hat sich damit die Notwendigkeit einer ausgreifenderen, mehr systematischen Analyse dieser verschiedenen gesellschaftlichen Anforderungen und Bedürfnisse herausgestellt. Andererseits liegen in dem bei dieser Gelegenheit ausgebreiteten unterrichtsstatistischen Material zur unmittelbaren Situation des Schulwesens im 19. Jahrhundert und dem grob skizzierten Entwicklungsverlauf bereits einige grundlegende Informationen vor, von denen eine gezieltere Analyse des Einflusses gesellschaftlicher Faktoren auf das Bildungswesen — beispielsweise des Zusammenhangs der bildungspolitischen mit der wirtschaftlichen Entwicklung — ausgehen kann.

Dazu gehört insbesondere der erstaunliche Tatbestand, daß trotz des relativ frühen Zeitpunkts, an dem in Preußen die öffentliche Unterrichts-

[31] Über die Ausnahme, die der rheinische Unternehmer Friedrich Harkort in diesem Zusammenhang darstellte, ist viel geschrieben worden. Dazu zuletzt — von Idealisierungen nicht gänzlich frei — Jeismann, 1972 b.

pflicht proklamiert wurde, erst in der zweiten Hälfte des 19. Jahrhunderts das Elementarschulwesen regelrecht ausgebaut und einigermaßen systematisch gefördert worden ist. Die einzelnen statistischen Daten, die die siebziger beziehungsweise achtziger Jahre als einen grundsätzlichen bildungspolitischen Einschnitt in Preußen[32] — scheinbar ähnlich wie in England oder Frankreich — kennzeichnen, müssen hier nicht noch einmal wiederholt werden. Ganz offenbar waren die Elementarschulen der letzte Teil des öffentlichen Bildungswesens, den der Staat funktionsgemäß organisierte (etwa hinsichtlich einer klaren Definition des Schulpflichtalters oder einer gesetzlichen Regelung der Kostenverteilung) und ausstattete, — weit später als Universitäten und höhere Lehranstalten.

Vor allem aber erfolgte diese Konsolidierung erst nach der in Preußen-Deutschland ohnehin verspäteten Phase der ‚Industriellen Revolution' in den 50er Jahren, nach dem Durchbruch zu industriellem Aufschwung und dem modernen Wirtschaftswachstum, das nur noch in seinem Tempo, nicht mehr grundsätzlich Schwankungen unterworfen war. Wie schon aus dieser letzten Bemerkung zu schließen ist, erledigte die damit einsetzende wirtschaftliche Entwicklung das bis dahin relevante Problem der objektiven materiellen Grenzen einer expansiveren Elementarschulpolitik, je weiter die Zeit vorrückte, um so zweifelsfreier. Dies gilt um so mehr, als die gewaltige industrielle Expansion, die in den letzten Jahrzehnten des 19. Jahrhunderts mit dem Aufstieg der elektrischen und chemischen Industrie einen erneuten Schub in der Produktivitätsentwicklung brachte, eine aktivere Schulpolitik im Bereich des Elementarschulwesens wohl nicht nur

---

[32] Vgl. dazu auch die Tabellen 1, 1 a und 2 im Anhang. Alle drei Tabellen weisen für die siebziger Jahre eine spürbare Erhöhung der Bildungsaufwendungen in Preußen aus. Es dürfte den Aussagewert der dort angeführten Daten noch erhöhen, wenn man sie zur Gesamthöhe des damaligen Volkseinkommens in Beziehung setzt. Danach war der Anteil der Gesamtaufwendungen für das Elementarschulwesen, der im Jahre 1864 bei 0,58 Prozent des sogenannten Nettosozialprodukts gelegen hatte, 1878 auf 1,06 Prozent gestiegen. Das Wachstum dieser Rate dauerte fort, wenngleich nicht in demselben Tempo: bis 1888 hatte sich der Anteil der gesamten Elementarschulkosten auf 1,34 Prozent erhöht — auf das gesamte öffentliche Bildungswesen entfielen zu diesem Zeitpunkt 1,78 Prozent des Volkseinkommens —, etwa 20 Jahre später betrug der Prozentsatz für die Elementarschulen 1,65 Prozent. (Errechnet nach W. G. Hoffmann und W. Müller, 1959, S. 86 f.) Zum Anteil des staatlichen Haushalts am Volkseinkommen, der nach einer längeren Stagnation ab 1880 der interventionsstaatlichen Tendenz entsprechend ebenfalls anstieg, vgl. die Angaben bei W. G. Hoffmann, 1965, S. 108; siehe auch seine Tabelle über die Ausgaben für Schulen und Hochschulen seit 1861 für das damalige Deutsche Reich, S. 728. Dazu auch die Aufstellung bzw. Ausführungen bei Witt, 1974, insbes. S. 568 f. — Es ist an dieser Stelle darauf hinzuweisen, daß sich unsere Aussagen lediglich auf einer relativ äußerlichen deskriptiven Ebene bewegen und weit entfernt bleiben von einem Versuch einer systematischen Verknüpfung von Volkswirtschaft und Bildungswesen, wie sie auf der Basis von wachstumstheoretischen Ansätzen die Arbeit von André, 1971, versucht. — Vgl. auch Lundgreen, 1973.

ermöglicht, sondern mit einem steigenden Bedarf an qualifizierten Arbeitskräften geradezu verlangt haben dürfte. Und schließlich wird man sich auch vor Augen führen müssen, daß der tiefgreifende strukturelle Wandel zum Industriestaat, zumal die Durchsetzung der kapitalistischen Produktionsweise keineswegs krisenfrei verlief, die sozialen Spannungen zu einem zentralen innenpolitischen Thema machte. Allein nach dem, was bislang über die preußische Schulpolitik gesagt wurde, scheint es kaum zweifelhaft, daß in dieser veränderten Situation ein besonders wichtiges Motiv für die Intensivierung des Ausbaus der Elementarschulen anzutreffen ist.

Im Unterschied zu den höheren Ebenen des Bildungswesens hatten die Elementarschulen in den unmittelbar Betroffenen bisher keinen Anwalt von Einfluß und Gewicht besessen. Die obrigkeitsstaatliche Politik ließ – nicht zuletzt mit Hilfe des niederen Unterrichtswesens – den Volksmassen nur die Rolle des Objekts staatlicher Anweisungen und gesellschaftlicher Prozesse. Nunmehr meldete sich die ‚Volksschulpopulation' selbst zu Wort; anfangs über die erst recht vielfältigen Arbeitervereine, die großenteils noch unter dem kleinbürgerlich-demokratischen Einfluß standen, schließlich vor allem über die von Lassalle, Marx und Engels geprägte sozialdemokratische Arbeiterpartei. Von Anfang an gehörte zu ihren Forderungen die nach Verbesserung und Veränderung des Elementarunterrichts, ganz abgesehen von praktischen Bestrebungen, entsprechend der Tradition der Arbeiterbildungsvereine in eigener Initiative (und Institution) über den öffentlichen Unterricht hinaus beziehungsweise ihm entgegen das notwendige Maß an Bildung und Kritikvermögen zu vermitteln [33]. In diesem Sinne enthielt das Eisenacher Programm, unter dem sich im Jahre 1869 die marxistische Gruppe (mit einem Teil der Lassalleaner) konstituierte, die Punkte „Trennung der Kirche vom Staat und Trennung der Schule von der Kirche – Obligatorischer Unterricht in Volksschulen und unentgeltlicher Unterricht in allen öffentlichen Bildungsanstalten! – Verbot der Kinderarbeit" [34]. Modifiziert finden sich entsprechende Passagen auch in den späteren Parteiprogrammen von Gotha, 1875, – das bei Gelegenheit des Zusammenschlusses der politischen Arbeiterbewegung formuliert wurde – und Erfurt, 1891 (Mommsen, 1960, S. 314, S. 352). Selbst wenn die damit erhobenen Forderungen zu den unmittelbaren Zielen gezählt wurden, gab sich freilich die sozialdemokratische Arbeiterbewegung nur bedingt der Illusion hin, die Schule aus dem restriktiven Einfluß des obrigkeitsstaatlichen Systems lösen zu können.

---

[33] Vgl. dazu die Arbeiten von Balser, 1959; dies., 1972; Birker, 1972.

[34] Zitiert nach Mommsen, 1960, S. 312. – Zur Programmatik der Bildungsarbeit vgl. auch die erwähnte Schrift von Liebknecht, 1968. (Die erste Aufl. erschien 1872.)

Entsprechend ist die Schulentwicklung zum Ende des 19. Jahrhunderts hin nicht als unmittelbare Konsequenz der sozialdemokratischen Ansprüche zu begreifen. Kaum im Sinne der Sozialdemokratie, eher ihr präventiv entgegen hatten liberale Schulpolitiker schon lange die besitzenden Klassen zu einem verstärkten Ausbau des Elementarschulwesens aufgerufen. So hatte ihnen zum Beispiel Hoffmann bereits im Jahre 1842 vorgehalten, „ihr Einkommen (hänge) wesentlich von dem Verstande und der Gesittung des Arbeiterstammes ab ... und selbst die Sicherheit für Leben und Eigentum, deren sie genießen, (werde) kräftiger als es Polizeianstalten allein vermögen, durch die Sittlichkeit des Volkes verbürgt" (J. G. Hoffmann, 1843, S. 182). Doch hatten derartige Empfehlungen nur beschränkt Gehör gefunden. Wäre es unberechtigt zu vermuten, daß diese Devise nun verschlug und praktische Konsequenzen zeitigte, zu einem Zeitpunkt, als eine wachsende Masse von Arbeitern sich anschickte, aus der traditionellen Bevormundung und Unterprivilegierung auszubrechen? Im nächsten Abschnitt ist auf der Ebene der Real- und Mittelschulen darzustellen, wie soziale Interessen und staatliche Sozialpolitik mit dem Schulwesen zusammengingen.

2.5 Die Mittelschule (Realschule)

Das folgende Kapitel geht von der Untersuchung der preußischen Elementarschulgeschichte ab, die Gegenstand der vorhergegangenen und auch der weiteren Teile des Buches ist. Noch weniger als im Falle der Elementarschule kann hier der Anspruch erhoben werden, etwa eine erschöpfende Darstellung der Entwicklung der Mittelschule und ihrer Vorläufer seit dem 18. Jahrhundert zu geben. Das vorliegende Kapitel hat in erster Linie die Aufgabe, an einem bestimmten Schultyp zu zeigen, wie das Bildungswesen auf eine bestimmte historische Situation und die in ihr auftretenden Bedürfnisse gesellschaftlicher Gruppen reagiert.

Stand am Anfang unserer historischen Betrachtung die Frage nach den politisch-staatlichen Interessen an der Elementarschule im Mittelpunkt, so führten die weiteren Untersuchungsschritte und insbesondere das voraufgegangene Kapitel zunehmend vor Augen, in welch starkem Maße gesellschaftliche Faktoren auf die Schulentwicklung Einfluß übten. Die Erörterung dieses Problems soll im folgenden am Beispiel der Mittelschule vertieft werden. Für die Untersuchung gerade dieses Schultyps sprach die Überlegung, daß sich aus den Abschnitten seiner Entwicklung ein Aufschluß über Beziehungen zwischen Entwicklungen im sozialen, auch wohl ökonomischen Bereich und im Bildungswesen direkter und leichter noch als im Falle der Elementarschule müßte gewinnen lassen: Bereits in die konstituierenden Programme der vormaligen Realschule, in deren Traditionsbereich die eigentliche Mittelschule

gehört, sind vor allen politischen explizit soziale und wirtschaftliche Interessen eingegangen. Schließlich haben wir uns für diesen Schultyp auch entschieden, weil seine Entwicklung gewissermaßen an ein Ende gekommen zu sein scheint, insofern nämlich die Mittelschule in der Gesamtschule als ein besonderer Schultyp aufgehoben wird. Dies wird uns die Möglichkeit geben, in unseren Erörterungen unmittelbar an die Gegenwart anzuschließen.
Freilich zwingt das Mißverhältnis von Stoffülle und zur Verfügung stehendem Raum nicht nur zur Einengung der Perspektive, sondern auch zu Beschränkungen in der Darstellungsweise. Was wir im folgenden aus der ‚Vorgeschichte' und Entwicklung der Mittelschule berichten, bietet nicht mehr als einige wenige Querschnittsanalysen, in denen relativ starke, notwendig vereinfachende Typisierungen vorgenommen werden. Daß dieses Vorgehen überhaupt möglich ist, liegt an der Existenz einer Reihe recht brauchbarer Vorarbeiten, in denen die Geschichte der Real- und Mittelschule intensiver untersucht worden ist; wir haben diese Arbeiten in einigen Punkten zu ergänzen versucht. Einen bedauerlichen Mangel teilen unsere Ausführungen dabei allerdings mit ihnen: An verschiedenen Stellen wäre eine weitaus genauere Untersuchung der objektiven sozialen und ökonomischen ‚Hintergrund-Prozesse' wünschenswert gewesen, um die tatsächliche Funktion der Mittelschule, ihre Veränderungen und Entwicklungshemmungen besser erklären und kritischer überprüfen zu können. Eine solche ‚Ergänzung' hätte aber eine unangemessene Erweiterung des Untersuchungsfeldes bedeutet, wahrscheinlich sogar eine neue, breitere Untersuchung. Für unseren Zweck scheinen die Belege, die im folgenden beigebracht werden, ausreichend.

Wenn heute von einer ‚Aufhebung' der Mittelschule gesprochen werden kann, dann muß man sich nicht mit dem Verweis auf die Existenz von Gesamtschulen begnügen. In den letzten Jahrzehnten ist diese ‚Aufhebung' in der Schulpolitik einiger Bundesländer bereits dadurch vorbereitet worden, daß zum Beispiel die Hauptschule und die Realschule beziehungsweise Mittelschule in ihren Lehrplänen einander angeglichen werden. In manchen Ländern sind Mittelschulen als Mittelschulzüge organisatorisch mit der Hauptschule (Volksschuloberstufe) verbunden; teilweise ist der Übertritt in die Mittelschule erst mit dem 7. Schuljahr möglich. Die Einführung des Fremdsprachenunterrichts in der Hauptschule fördert diese Angleichung ebenso wie die Verlängerung der Pflichtschulzeit.

Zur sozialen Funktion der Mittel-(Real-)schule heute

Dieser Angleichungsprozeß wirft ein in unserem Zusammenhang interessantes Problem auf: Wenn es richtig ist, daß Schultypen gewissermaßen institutionelle Antworten auf bestimmte soziale Bedürfnisse sind, dann dürfte die ‚Aufhebung' eines solchen Schultyps nicht ohne Schwierigkeiten vonstatten gehen, und es ist damit zu rechnen, daß seine Funktionen in irgendeiner Weise von den Nachfolgeinstitutionen übernommen werden. Tatsächlich haben sich an vielen Orten Realschullehrerverbände und Eltern entschieden gegen die Angleichung der Realschule an die Hauptschule, insbesondere gegen die organisatorische Verbindung mit Hauptschulen gewehrt. Auch von der Entwicklung des Schulbesuchs her erweist sich die Mittelschule als attraktive und expansive Schulform: Die Schülerzahl hat sich zwischen 1950 und 1967 um 218,3 Prozent vermehrt, während die Zahl der Gymnasiasten in diesem Zeitraum um 79 Prozent wuchs.

Relativer Schulbesuch in der 7. Jahrgangsstufe 1963 bis 1973

	1963	1964	1965	1966	1966/67	1967
Realschule	13,1	13,9	14,7	16,5	16,9	18,5
Gymnasium	16,3	17,0	17,4	18,9	20,7	21,3
Hauptschule	67,0	65,3	64,0	60,6	58,1	56,0
Gesamtschule	—	—	—	—	—	—
Sonderschule	3,6	3,8	3,9	4,0	4,3	4,2

	1968	1969	1970	1971	1972	1973 [a]
Realschule	18,3	19,6	20,4	20,7	22,9	21,9
Gymnasium	20,7	21,7	22,2	21,8	23,7	24,7
Hauptschule	56,5	54,2	52,5	50,8	45,8	45,5
Gesamtschule	—	—	0,1	1,5	1,7	2,3
Sonderschule	4,5	4,5	4,8	5,2	5,9	5,6

[a] 1973 ohne Schülerzahlen in Berlin

Einen Überblick über die quantitative Entwicklung der Realschule im Vergleich zu den übrigen Schularten gibt für die Bundesrepublik die nebenstehende Tabelle. Sie verdeckt allerdings erhebliche Unterschiede zwischen den Ländern. So schwankte der Anteil der Realschüler an allen Schülern des 7. Schuljahrs 1973 zwischen 33,2 Prozent in Schleswig-Holstein beziehungsweise 30,7 Prozent in Hamburg, den beiden Höchstwerten, und 16,1 Prozent in Rheinland-Pfalz, 16,6 Prozent im Saarland, 19,2 Prozent in Nordrhein-Westfalen, 21,2 Prozent in Hessen, den vier Ländern mit den niedrigsten Werten.

Die Sozialstatistik der baden-württembergischen Realschule bietet einen ersten Anhaltspunkt dafür, welche Funktion dieser Schultyp hat[1]. Kin-

[1] Vgl. Anhang, Tabelle 9: Anteil der Schüler/-innen in den verschiedenen Schularten nach Ausbildung, Beruf, Schichtzugehörigkeit des Vaters für Baden-Württemberg im Jahre 1967/68.

der der Oberschicht beziehungsweise aus Akademikerfamilien sind mit jeweils etwa 2,5 Prozent nur schwach vertreten. Stark überrepräsentiert ist dagegen die Mittelschicht der Beamten, Angestellten und selbständigen Gewerbetreibenden. Die Realschule ist zugleich die einzige allgemeinbildende Schule, in der auch Mädchen überrepräsentiert sind. Es ist also einerseits die Mittelschicht, und zwar vor allem wohl derjenige Teil, der nach anderen Schichtmodellen als untere Mittelschicht eingestuft wird, der in der Realschule die geeignete Institution zur Erhaltung des sozialen Status sieht. Andererseits deutet der im Vergleich zum Gymnasium relativ hohe Prozentsatz an Arbeiterkindern beziehungsweise Kindern aus der Unterschicht darauf hin, daß die Realschule auch als Mittel des Aufstiegs aus der Arbeiterklasse gewählt wird. Andere Untersuchungen weisen darauf hin, daß diejenigen Arbeiterfamilien, die ihre Kinder in die Realschule oder ins Gymnasium schicken, nicht repräsentativ für die Gesamtgruppe sind, sondern eine Schicht besonders aufstiegsorientierter und qualifizierter Arbeiter darstellen. Eine nicht geringe Rolle scheint für diese Aufstiegsorientierung auch die Schulbildung der Mutter zu spielen. Die Konzentration des Aufstiegsstrebens auf die Realschule statt aufs Gymnasium deutet zugleich darauf hin, daß letzteres vielen Arbeitereltern noch fremder, entfremdender und anspruchsvoller erscheint (Geißler, Krenzer und Rang, 1967; Peisert und Dahrendorf, 1967; Rolff, 1972).

Ein Indiz für die Aufstiegsorientierung dieser Gruppe von Arbeitern und Arbeiterkindern ist die Tatsache, daß Realschüler aus Arbeiterfamilien sehr viel häufiger in kaufmännische Berufe übergehen als Hauptschüler aus Arbeiterfamilien, die in höherem Maße die gewerbliche Berufsschule besuchen. Allgemein zeigt sich das relativ hohe Bildungsaspirationsniveau der Realschüler und ihrer Familien darin, daß in Baden-Württemberg fast 28 Prozent aus der 10. Realschulklasse in allgemeinbildende Schulen übergehen und daß 16 Prozent derjenigen, die in Berufsschulen übergehen, die höhere Berufsfachschule besuchen. Aus der 9. Klasse der Hauptschule gingen demgegenüber nur 0,2 Prozent der Schüler in allgemeinbildende Schulen über.

Für die männlichen Realschüler aus der Oberschicht hat dieser Schultyp in hohem Maße die Funktion eines Sekundärmechanismus zur Erlangung der Hochschulreife: fast 73 Prozent von ihnen gehen aus der 10. Klasse der Realschule ins Gymnasium über. Die Sozialstatistik der Schülerinnen zeigt, daß hier die Mittelschicht in noch stärkerem Maße überrepräsentiert ist.

Ein weiterer Beleg dafür, daß die Mittelschule — gewissermaßen unabhängig von den im Lehrplan sich dokumentierenden Institutionszielen —

statusbezogene soziale Funktionen erfüllt, kann darin gesehen werden, daß in den Bundesländern, in denen das Mittelschulwesen weniger gut ausgebaut ist, andere Institutionen diese Funktion wenigstens teilweise übernehmen. So besuchen zum Beispiel in Hessen besonders viele Schüler eine Berufsfachschule, deren Abschluß dem der Mittelschule gleichwertig ist. Während im Bundesdurchschnitt im Jahre 1972 5,6 Prozent der 15- bis 18jährigen die Sekundarstufe I mit dem Berufsfachschulabschluß beendeten, waren es dort 13,2 Prozent. Der in diesem Land vergleichsweise geringere Anteil von Mittelschülern wird also durch einen anderen Schultyp kompensiert. Auch einige der übrigen Länder mit weniger gut ausgebautem Mittelschulwesen haben dafür ein über dem Bundesdurchschnitt liegendes Angebot an Berufsfachschulen, wenn man die Abschlußquoten als ein Indiz dafür nehmen darf, so Rheinland-Pfalz und das Saarland (7,7 Prozent; 6,2 Prozent). In beiden Ländern wird zugleich überdurchschnittlich häufig der Abschluß der Sekundarstufe I durch den Abgang aus der Obersekunda des Gymnasiums erworben, der dem Abschluß der Mittelschule formal gleichwertig ist: Im Bundesdurchschnitt gilt dies für 2,7 Prozent aller 15- bis 18jährigen, in Rheinland-Pfalz für 4 Prozent, im Saarland für 3,5 Prozent. Weit über dem Bundesdurchschnitt liegt das Saarland auch im Anteil der Absolventen einer Berufsaufbauschule.

Insgesamt deuten also die Schulstatistiken darauf hin, daß Aufstiegsorientierung bestimmter Unterschichtgruppen und der Wunsch nach Erhaltung des sozialen Status bei bestimmten Gruppen der unteren Mittelschicht die sozialen Kräfte sind, denen die relativ starke Expansion der Realschule nach dem Kriege zu verdanken ist. Demgegenüber ist es bemerkenswert, daß in den pädagogischen Rechtfertigungsversuchen für die Notwendigkeit der Real- oder Mittelschule dieser Gesichtspunkt so gut wie gar keine Rolle spielt. Diese Rechtfertigungsversuche stützen sich teilweise auf eine sehr vereinfachende Vorstellung der Gliederung beruflicher Funktionen in unserer Gesellschaft, teils auf Vorstellungen über die Begabungsstruktur der Bevölkerung.

Die begabungspsychologische Rechtfertigung geht vom Vorhandensein dreier Begabungstypen aus, eines theoretischen, eines der praktischen Begabung und eines sowohl theoretisch als auch praktisch Begabten. Diesem letzteren Typus soll die Realschule gerecht werden. Abgesehen von der problematischen wissenschaftlichen Grundlage einer solchen Typologie ist kaum zu erkennen, wo der Lehrplan der Mittelschule auf besondere Förderung praktischer Fähigkeiten gerichtet ist. Die Mittelschule erscheint vor allem dort, wo die Schüler zwei Fremdsprachen wählen, eher als eine verkürzte Form der höheren Schule.

Die ‚soziologische' Rechtfertigung der Mittelschule nimmt an, daß es in allen Sektoren beruflicher Tätigkeit drei Arten von Funktionen gibt: 1. entwerfende, planende und leitende Funktionen, 2. ausführende Funktionen und 3. vermittelnde, nämlich zwischen Planern und Ausführenden stehende Funktionen. Diesen letzteren ist wiederum als Vorbereitungsinstitution die Mittelschule zugeordnet[2].

Die Sozialstatistik der Realschule und Mittelschule legt eine andere Interpretation ihrer Funktion nahe. Die Entscheidung für diesen Schultyp ist nicht eine Entscheidung für bestimmte berufliche Funktionen, sondern sie ist primär die Entscheidung für einen bestimmten sozialen Status. Die unsere Gesellschaft prägende Hierarchie sozialer Positionen schafft sich im Schulwesen ihre Entsprechung in einer Hierarchie von Schultypen und Schulabschlüssen. Es ist primär diese Wechselwirkung zwischen sozialen Statusorientierungen und der Gliederung des Schulwesens, aus der sich die besondere soziale Funktion der Mittelschule ergibt[3].

Definition des Terminus ‚Mittelschule'

Geht man an die Anfänge der Geschichte dieser Institution zurück, so zeigt sich jedoch, daß diese Funktion der Statussicherung beziehungsweise

[2] Eine Kritik dieser Begründungen der Mittelschule liefern Brandau, 1959, und H.-P. Freytag, 1969. Auch Derbolav (1960) weist die begabungspsychologischen Rechtfertigungen in seinem Versuch einer systematischen Begründung der pädagogischen Aufgabe der Realschule als kaum haltbar und für eine Bestimmung der Institutionsziele unergiebig zurück, während er die soziologischen mit gewissen Modifikationen akzeptiert: „die Realschule ist eine Stätte gehobener Allgemeinbildung, aber einer solchen, die auf die Berufsfelder des ‚denkenden Praktikers', d. h. der gewerblich-industriellen und administrativen Beschäftigungen mittlerer Leistung und Verantwortlichkeit orientiert ist und sich dort zu bewähren hat" (Derbolav, 1960, S. 31). In der Konsequenz seiner Überlegungen schlägt er jedoch eine Organisationsform der Realschule vor, die sich von der bestehenden nicht unerheblich unterscheidet, nämlich eine siebenjährige, in Unter-, Mittel- und Oberstufe gegliederte Schule, bei der die Oberstufe stärker als bisher auf ein Berufsfeld bezogen sein sollte. Vgl. auch Keeser, 1963, der zwar die Leistung der Mittelschule in ihrer „soziologisch hochbedeutsamen Vermittlerfunktion als Zwischenstufe für Aufstieg und drohenden Abstieg" hervorhebt, sie aber andererseits mit dem Argument rechtfertigt, „ein dreigliedriger Oberschulaufbau" werde den Unterschieden der „kindlichen Bildungsfähigkeit und Bildungswilligkeit besser gerecht ... als eine Zweiteilung"; außerdem entspreche „die überkommene Dreiteilung ... der mannigfaltigen funktionalen und rangmäßigen Differenzierung innerhalb der Berufsfelder" (Keeser, 1963, S. 62). Die naheliegende Frage, ob derartige Begründungen nicht eine sehr viel weiter gehende Differenzierung notwendig erscheinen lassen bzw. ob sich mit dem formalen Hinweis auf unterschiedliche Lernvoraussetzungen und funktionale Differenzierung im Beschäftigungssystem nicht fast beliebige Differenzierungsfragen rechtfertigen ließen, wird nicht gestellt.

[3] Daten über die soziale Struktur der verschiedenen Institutionen des Schulwesens findet der Leser in zahlreichen Darstellungen. Verwiesen sei hier auf die folgenden Arbeiten: Floud, 1967; Hopf, 1969; Geißler, Krenzer und Rang, 1967; Husén und Boalt, 1968; Peisert und Dahrendorf, 1967; Postlethwaite, 1968; Preuß, 1969; Robinsohn u. a., 1970, Bd. 1; Roeder, Pasdzierny und Wolf, 1965; Sander, Rolff und Winkler, 1967.

der Ermöglichung sozialen Aufstiegs nicht immer das primäre Institutionsziel gewesen ist. Bevor wir uns diesen Anfängen, nämlich der Realschule des 18. Jahrhunderts, zuwenden, sei auf ein methodisches Problem aufmerksam gemacht: Es ist keineswegs selbstverständlich, in ihr die Vorläuferin unserer heutigen Mittel- oder Realschule zu sehen!

Die Mittelschule ist in Preußen erst durch den Normallehrplan von 1872 einheitlich geregelt worden. Mittelschulähnliche Institutionen bestanden jedoch seit langem, und es ist keineswegs immer eindeutig festzustellen, welche der in vielen Variationen vorhandenen Stadtschulen, Bürgerschulen, Hauptschulen oder auch Mittelschulen diesem Typus der mittleren Bildung zuzuordnen sind, welche also als Vorgänger der Mittelschule von 1872 bezeichnet werden dürfen. Wir entscheiden uns, ohne das hier näher begründen zu können, im Anschluß an andere Autoren für folgende Eingrenzung: als Mittelschulen beziehungsweise als Vorläufer der Mittelschulen werden solche Institutionen bezeichnet, die inhaltlich über die Elementarbildung hinausführen, institutionell von der Elementarschule und den unmittelbar zur Universität führenden Schulen abgegrenzt sind und nicht, wie Gewerbe- oder Fachschulen, Institutionen einer speziellen Berufsausbildung darstellen. Nicht ausgeschlossen sind damit Institutionen, die allgemein auf Tätigkeiten im gewerblichen und Handelssektor vorbereiten. Innerhalb dieser Eingrenzung erscheint es vertretbar, in den Realschulen (und Realschulplänen) des frühen 18. Jahrhunderts die Anfänge des Mittelschulwesens zu sehen, ohne zu verkennen, daß auch andere Bildungsinstitutionen hier ihren Ursprung haben (vgl. dazu H.-P. Freytag, 1969, S. 19–22; Brandau, 1959; Maassen und Schöler, 1958, 1959; dies., 1960/61; auch Derbolav, 1960).

Wenn wir im folgenden Abschnitt versuchen, Motive und Zielsetzung von Realschulen des 18. Jahrhunderts darzustellen, müssen wir uns auf die Programme ihrer Verfechter stützen. Denn die Geschichte der Schulen selbst müßte erst noch – aus weit verstreuten und lückenhaften Quellen – geschrieben werden.

Realschulprogramme des 18. Jahrhunderts

Die Zielsetzung der Realschulen deutet sich schon in den klangvollen Namen an, die ihre Programmatiker und Gründer ihnen gaben. Der bedeutende Mathematiker Erhard Weigel schreibt 1681 eine „Kunst- und Tugendlehr von Trivial- und Kinderschulen". Christoph Semler, der sich als Schüler Weigels bezeichnete, Prediger und Inspektor der „deutschen Schulen" in Halle, entwickelt in den Jahren 1705 bis 1739 seine Pläne für eine „Mathematische Mechanische und Oeconomische Realschule" (so die Ankündigung von 1739, Maassen und Schöler, 1959, Bd. 1, S. 29 f.). Schon der erste Plan war von Leibnitz in seiner Eigenschaft als Präsident der Königlich Preußischen Sozietät der Wissenschaften positiv begutachtet worden (Maassen und Schöler, 1959, Bd. 1, S. 26). Die von Johann Julius Hecker 1747 in Berlin begründete erste wirkliche Schule dieses Typus trägt den Namen „Oeconomisch-Mathematische Real-Schule". Nach dem Vorbild von Weigel und Semler entwirft der Merkantilist Jakob Paul Marperger in den ersten Jahrzehnten des 18. Jahrhunderts das Programm einer „Mechanischen Werck-Schul" (H.-P. Freytag, 1969, S. 42—44). Der mit Hecker befreundete Professor an der Ritterakademie in Erlangen Johann Gottfried Groß veröffentlicht 1739 den Plan eines „seminarii oeconomico politici d. i. einer solchen Schulanstalt darinne die zu Hof-, Civil-, Cameral- und Militair-Bedienungen, zur Handlung, Marine Oeconomie, zu Künsten und anderen dergleichen Lebensarten gewidmete, nicht studierende Jugend zu erziehen seyn mögte" (Maassen und Schöler, 1959, Bd. 1, S. 31) [4].

Lehrplan

Vier Schwerpunkte hat demnach der Lehrplan dieser Schulart: die Mathematik (einschließlich der Geometrie) und ihre Anwendungen, die mechanischen Künste samt den ihnen zugrunde liegenden technologischen Erkenntnissen und den wichtigsten technischen Geräten, den ökonomisch-politischen Gegenstandsbereich (das heißt Kenntnisse, die zu rationellem Wirtschaften und Verwalten nötig sind), schließlich die übrigen „Realien": Naturgeschichte, physikalische und chemische Kenntnisse. Hinzu treten neue Fremdsprachen, Deutschunterricht, Moral- und Religionsunterricht. Die Bedeutung der Mathematik für die neue Schule (und zwar nicht nur die Realschule im engeren Sinne) ist am umfassendsten von Erhard Weigel charakterisiert worden:

---

[4] Einen etwas anderen, aber in der Aussage vergleichbaren Titel teilt Wallner aufgrund einer handschriftlichen, im steiermärkischen Landesarchiv aufbewahrten Abschrift der Veröffentlichung von 1739 mit (Wallner, 1909). Wallner bietet nicht nur eine ausführliche Inhaltsangabe des Großschen Projekts, sondern veröffentlicht auch die der Handschrift beiliegenden Gutachten des jesuitischen Rektors der Universität Graz, eines Gleisdorfer Piaristenrektors und des Rates der k.k. Kammer in Graz, Johann Franz Penitsch, und vermittelt dadurch ein recht genaues Bild der kritischen und positiven Aufnahme, die Groß bei seinen Zeitgenossen fand. Auch der Lehrplan des auf Anregung des böhmischen Provinzials der Piaristen gegen den ursprünglichen Widerstand der steiermärkischen Ordensbrüder zu errichtenden „Seminarii Politici für diejenige Jugend, welche vom 9. biß in das 17. des Alters zu Hof-, Staats-, Kriegs-, Handlungs- und Wirtschaftsdiensten tauglich und fertig sein sollen" ist bei Wallner wiedergegeben. Realisiert wurde dieses eng an Groß angelehnte Projekt jedoch wahrscheinlich aus Geldmangel oder wegen des Ausbruchs des Siebenjährigen Krieges nicht.

„Die Tätigkeit des Geistes sag ich / die besteht im Rechnen: Rechnen aber heist / nicht nur mit Ziffern spielen / oder nur mit Symbolen grüblen: sondern Rechnen heist / aus vorgegebenen gewissen Posten und Wahrheiten / es seyn Innhalts- oder Zielungs Posten und Wahrheiten / ein verlangtes Facit mit Nachdencken forschen /" (Weigel, 1689; zitiert nach H.-P. Freytag, 1969).

„Denn Gott will haben, daß die Menschen keine Abergläuber, sondern Rechner seyn, und rechenschaftlich alles thun, auch endlich Rechenschaft von allen geben sollen. Derowegen müssen alle Schulen Rechen-Schulen seyn hauptsächlich, und das Sprechen nur als einen Werckzeug treiben."

Auch den Anwendungsaspekt sieht Weigel deutlich, damit schon auf spezielle Probleme einer Realbildung im damaligen Verständnis eingehend:

„Was auch die Negotien insonderheit anlangt / so ist diss ein sehr schädlicher defect der Schulen / dass die Knaben / die ein Handwerck / eine Werck-Kunst / oder eine Handlung und Haushaltung / lernen sollen / keinen Grund zur Prax / (den uns die Mathematischen Grund-Lehren geben) sondern nur Verhinderung von den Sprechregeln (die auch ihnen mit den andern eingeplanet werden) in die Werckstatt aus der Schul mitbringen / und desswegen so viel ungeschickte Handwercksleut / sich befinden: da in denen Landen / wo die Jugend in der Muttersprach zu Mathematischen Vortheln angewiesen wird / die Künste und Handwercke / die Manufacturn und andere Negotien weit besser als alhier floriren. Und diss ists / was Teutschland arm / und die Ausländer reich bissherr gemacht" (Weigel, 1689, S. 54 f.; H.-P. Freytag, 1969, S. 30).

Unverkennbar ist die Kritik an der zeitgenössischen Latein- und Trivialschule, die durch ihren Verbalismus, durch die Vermittlung bloßer „Sprechregeln" eine vernunftgemäße Berufspraxis eher verhindert. Deutlich wird auch, daß hier neben dem einzelwirtschaftlichen bereits volkswirtschaftliche Gesichtspunkte die Kritik und den Neuentwurf leiten. Daß es nicht um spezielle Berufsbildung, sondern um eine allgemeine Grundlegung intellektueller, moralischer und praktischer Bildung geht, tritt am eindrucksvollsten in der Analogie zwischen dem Rechnen und dem Rechenschaftgeben hervor.

Der zweite Schwerpunkt des Lehrplans wird in J. J. Heckers „Sammlung der Nachrichten ..." der Berliner Realschule wie folgt zusammengefaßt:

„Unter den nützlichen Sachen, welche wir der Jugend wollen beibringen lassen, nennen wir zuerst die Mechanik. In dieser Klasse empfängt die Jugend einen Unterricht von Werkstätten, Instrumenten und Handwerksgeräten, von Kupfer-, Messing- und Eisenhämmern, von allerhand Arten der Uhren, von Getreide-, Papier-, Wasser-, Roß-, Wind-, Walk- und Handmühlen, vom Pfluge und von anderen zum Ackerbau erforderlichen Instrumenten etc. ... Wir werden zu diesem Zweck auch manchmal die künstlichen Handwerker und Professionen hierselbst besuchen, um zu sehen, was bei jeder Kunst und bei jedem Handwerk Ausnehmendes und Denkwürdiges zu beobachten ist ... Von den Sachen, die wir nicht wirklich sehen und betrachten können, werden wir uns allerhand Risse, Zeichnungen, Kupferstiche und Modelle zulegen. Eben zu diesem Zweck wird man der Jugend das bei so vielen Handwerkern höchst nötige Zeichnen und Reißen beizubringen suchen ..." [5]

Die Darstellung des ökonomisch-politischen Schwerpunktes entnehmen wir dem Plan von Johann Gottfried Groß, mit dem derjenige Heckers in den Grundzügen übereinstimmt (allerdings unter Vernachlässigung des politischen Aspekts): In der „Staaten- und Zeitungsklasse" ist nach Groß

„a) eine historische und genealogische,
b) eine geographische und
c) eine politische Erkenntnis der vornehmsten Reiche und Staaten, besonders unseres deutschen Vaterlandes"

zu lehren. Auf dem Lehrplan der „Rechts- und Polizeiklasse" stehen:

„a) die Gründe des Naturrechts nebst beigefügten Anmerkungen, wo, was und wie die Obrigkeit, unter welcher man lebt, in ihren öffentlichen Konstitutionen oder Polizeiordnungen und Gesetzen besonders determiniert ...,
b) ein solcher Auszug aus dem deutschen Lehnsrecht und was wohl bei Kauf und Verkauf von Gütern in acht zu nehmen ist,
c) das Nötigste vom Wechselrecht ...
d) noch ein solcher Auszug aus dem Kirchenrecht ...
e) etwas von der Prozeßordnung ...
f) eine kurze Beschreibung der vornehmsten Kollegien und Gerichte, item in der Hofhaltung, der Akademien, der Innungen, Zünfte und anderen Sozietäten, wie solche nämlich eingerichtet, ferner von der Beschaffenheit der Steuern und Gaben; der Zölle und Akzisen etc., item des Münzwesens, des Postwesens... Das deutsche Staatsrecht kann bei der politischen Abhandlung von Deutschland mitgenommen werden."

Die ökonomischen Lehrgegenstände im engeren Sinne sind bei Groß einer „Handlungs- und Commerzienklasse" und der „Wirtschafts- und ökonomischen Klasse" zugeordnet. Die erstere unterrichtet unter anderem über Handelskompagnien, über Waren wie Mineralien und Textilien, über Münzwesen, Maße und Gewichte, Buchhaltung, Wechselrecht. Als Gegenstände der zweiten Klasse nennt Groß „allerlei gute Lehren und Unterweisungen ..., sowohl was zur Hauswirtschaft als zur Landwirtschaft gehört" [6].

Die Naturwissenschaften sind in dem Fachklassensystem von Groß einer „Physik oder Naturklasse" zugeordnet. Der Unterrichtsstoff reicht von

---

[5] Hecker, 1749, zitiert nach Maassen und Schöler, 1959, Bd. 1, S. 37. Ähnliche Kataloge finden sich bei Semler, Groß und anderen Verfechtern des Realschulgedankens.

[6] Groß, 1739, hier zitiert nach Maassen und Schöler, 1959, Bd. 1, S. 33–35, der dem Abdruck des Planes in G. H. Zincke, Leipziger Sammlungen 1740/44, Bd. 1, folgt. Zum genauen Titel der ursprünglichen Veröffentlichung vgl. Brandau, 1959, S. 110. Brandau legt seiner Interpretation den Neudruck dieser Ausgabe in: Beck, 1932, zugrunde.

Gesundheitsregeln, Wetterkunde, Astronomie bis hin zu den „nützlichsten philosophischen Lehren, zum Beispiel von der Erkenntnis des höchsten Gottes selbst aus der Natur“ (Maassen und Schöler, 1959, Bd. 1, S. 34).

Bemerkenswert ist die Begründung, mit der Gottfried Christoph Harles in seinen „Gedanken von den Realschulen“ (Bremen 1766) die Naturwissenschaften einführt. Er verbindet das pragmatische Motiv des Kampfes gegen den Aberglauben der „Ungelehrten“ durch Vermittlung von genaueren Naturkenntnissen mit dem allgemeinen Bildungsziel intellektueller Schulung und Aufklärung des Menschen über die Welt und sich selbst. In der Abschlußklasse (15- bis 16jährige Schüler) ist seinem Plan zufolge die Naturlehre mit der Mathematik zu verbinden, „weil in der angewandten Mathesi viele Kapitel vorkommen, die in der Naturlehre abgehandelt, auf Versuche aufgebaut und ausgebreitet werden ... Die Physik lehrt erst recht den Menschen, was er sei. Sie lehrt ihn die Wundergeschenke der Natur genau zu zergliedern und zu betrachten und führt ihn dadurch zur Erkenntnis seiner selbst.“ [7]

Diese wenigen Belege müssen hier zunächst genügen, um einen Eindruck von den Motiven, aber auch vom historischen Hintergrund dieser Schulgründungen und -pläne zu geben.

Motive

Am deutlichsten tritt vielleicht hervor, daß die Realschulpläne von einem neuen Wissenschaftsverständnis geprägt sind, das man empiristisch und rationalistisch nennen kann. Einerseits bestimmt die Anschauung die Methode des Unterrichts vor allem im gewerblich-ökonomischen und im naturkundlichen Sektor des Lehrplans (Semler: „Die Anschauung ist immer der höchste Grad der Erkenntnis.“ – Maassen und Schöler, 1959, Bd. 1, S. 29). Andererseits wird die Mathematik zum Vorbild für ein Nachdenken ausgehend von grundlegenden Wahrheiten und Axiomen (Weigel). Es ist ein Wissenschaftsverständnis, das sich insbesondere in der Mathematik und den Naturwissenschaften bewährt hat, aber keineswegs auf sie beschränkt bleibt, sondern auf die politischen (Kameral-, Polizei-) Wissenschaften übergreift. Zu erschließen ist aus den wenigen Zitaten wohl auch, in welchem Maße die unmittelbare praktische Relevanz dieses neuen Wissenschaftsverständnisses von den Zeitgenossen Weigels und

---

[7] Vgl. die Auszüge aus G. Chr. Harles, 1766, in: Maassen und Schöler, 1959, Bd. 1, S. 38–44. (Zitat dort S. 44.) Harles kannte Groß persönlich und war mit dessen Plänen genau vertraut und versteht seine eigenen Vorstellungen als Weiterentwicklung dieser Pläne. Er kannte auch die Berliner Realschule und einige an anderen Orten nach ihrem Vorbild eingerichteten Schulen. (Maassen und Schöler, 1959, Bd. 1, S. 38.)

Heckers gewürdigt wird. Nie zuvor scheint im Bewußtsein breiterer Bevölkerungsschichten die Überzeugung so ausgeprägt gewesen zu sein, daß die bloße auf sich gestellte Praxis blind, ja rückschrittlich sei, und daß es die Chance, aber auch die Verpflichtung der Wissenschaft sei, diese Praxis zu lenken und auf ein immer höheres Niveau der Rationalität zu heben. Hier liegt wahrscheinlich das stärkste allgemeine Motiv für die Gründung von Realschulen ebenso wie von wissenschaftlichen Akademien.

Klar ersichtlich ist aus den Realschulplänen die Hoffnung, daß Mathematik und Naturwissenschaften die theoretischen Grundlagen bieten, die es ermöglichen, Technologien und Produktionsmittel überhaupt auf einen neuen Stand zu heben. Deutlich wird aber auch, daß sich die Forderung, soziale Praxis theoretisch zu begründen und damit rationaler zu gestalten, keineswegs auf diesen ökonomisch-technologischen Sektor beschränkt, sondern auf die moralische und rechtliche Regelung sozialer, politischer und ökonomischer Beziehungen ausgedehnt wird. So ist nach Groß die Belehrung über Obrigkeit, Polizeiordnungen und Rechtsgebiete mit den „Gründen des Naturrechts“ zu verbinden. Und die „Moral- und Sittenklasse“ zielt seinem Plan zufolge nicht nur auf die Vermittlung von Anstandsregeln „bei den gewöhnlichen Zusammenkünften und auch bei Solennitäten“, sondern auf eine pragmatische, philosophische und psychologische Grundlegung des tugendhaften und vernünftigen Verhaltens:

> „da man, weil die Menschen nicht nur tugendhaft, sondern auch in ihrem Tun vorsichtig und vernünftig handeln sollen, würde zu traktieren haben von der Seele überhaupt, von dem Verstand, Vernunftlehre und von der brauchbaren Metaphysik ... von dem Gedächtnis, dem Willen, dem Gewissen, von den Begierden, Neigungen und Affekten, von den Temperamenten, der Schädlichkeit und Schändlichkeit der Laster ...“

Die Vorstellung einer theoretischen Grundlegung und damit Verbesserung der Praxis herrscht also auch hier im Bereich der moralischen Unterweisung. Ausdrücklich wird festgestellt, daß diese wissenschaftliche Grundlegung etwas anderes ist als eine Erziehung durch geoffenbarte Religion und „Anweisung zum Christentum“. Damit „hat unsere Schule eigentlich nichts zu tun, ... Denn unser Zweck ist nur, unsere Jugend aus dem Status der Roheit (status bestialitatis) in den Status der Menschlichkeit (status humanitatis) zu bringen ... und sie so zu brauchbaren Menschen zu machen“ (Groß in Maassen und Schöler, 1959, Bd. 1, S. 34).

Der in diesen Plänen immer wieder auftauchende Begriff der Brauchbarkeit bezeichnet nicht nur den allgemeinen pragmatischen Charakter dieser Schulreform. Er stellt sie explizit in den Zusammenhang einer auf ökonomischen Fortschritt und rationelle Verwaltung gerichteten staatlichen Politik. Daß die Realschule, wie J. J. Hecker formuliert, „ohne Widerspruch einen sehr starken Einfluß in das gemeine Wesen hat, und nicht nur fast allen Ständen des Staates, sondern auch sogar dem Haupt desselben zu wichtigen Nutzen gereichen muß“, ist eine auch in vielen staatswissenschaftlichen Veröffentlichungen der Zeit zum Ausdruck gebrachte Überzeugung (Maassen und Schöler, 1959, Bd. 1, S. 37).

In diesen Schriften der J. J. Becher, P. J. Marperger u. a. wird zugleich sehr klar ausgesprochen, daß vor allem die Praxis der Berufsausbildung durch die Zünfte sich zunehmend als Hemmschuh einer auf ökonomische Effizienz gerichteten staatlichen Politik erwies. Es besteht offenbar ein weitreichender Consensus darüber, daß die traditionelle Berufsbildung auch der sich mit der Einrichtung von Manufakturen – wenngleich noch vereinzelt – anbahnenden Entwicklung neuer Produktionsformen nicht mehr gerecht wird, ja daß das Handwerk generell, dank seiner theorielosen Ausbildung, hinter den durch die neue Technologie gegebenen Möglichkeiten zurückbleibt, statt sie selbst zum Nutzen der Gesellschaft tatkräftig zu fördern. Die Gründung von Realschulen ist also zugleich Reaktion auf die „Krise der Berufserziehung“ (vgl. Stratmann, 1967, bes. S. 31–35, S. 65). Kritiker zünftischen Handwerks verweisen auf sie als Vorbild und Anreger moderner Formen der Berufsausbildung. So beklagt der Kameralist G. H. Zincke den „Schlendrian“ und „Mangel an Einsicht“ der zünftischen Lehre und stellt die Forderung auf:

„Es muß untersucht und ausgemacht werden, was ein Lehrling bey einem jeden Handwercke, jeder Kunst oder Profession eigentlich zu lernen habe“, wie lange ein Fauler und wie lange ein „Fähiger oder Fleißiger“ dazu brauche. „Also würde man für jede Gattung dieser Leute eigene Lehr-Methoden haben können und müssen.“ Er fügt an diese Stelle eine Anmerkung hinzu: „Dieses ist das Werck guter Real-Schulen, welche in diesen allen das gantze Werck dem Policey-Wesen erleichtern können und werden“ (Stratmann, 1969, S. 78).

Ähnlich vermutet J. H. L. Bergius, „daß ein Lehrling, der vorher in einer Realschule einen guten Grund in der Theorie geleget, und einen guten Verstand und fähigen Kopf hat, da bey aber allen Fleis anwendet, in einem Jahr auch das schwereste Handwerk erlernen kann“ (Stratmann, 1969, S. 104)[8].

Wir dürfen annehmen, daß der hier sich andeutende Zusammenhang für die Begründung von Institutionen des Bildungswesens paradigmatisch ist:

[8] Vgl. auch die bei Stratmann (1969, S. 168) in Auszügen wiedergegebene Hamburger Preisschrift von J. A. Weiss, die ebenfalls an die Stelle einer „blos mechanischen“ Handwerkslehre ein Lernen „durch deutlicher Begriffe“ fordert, das „zum Nachdenken, Selbst-Erfinden und Verbesserungen fähig“ macht, und der in den Realschulen einen bedeutenden Schritt in Richtung auf dieses Ziel sieht.

Die ökonomische und technologische Entwicklung, die Entwicklung jener Wissenschaften, die ihre Grundlage bilden, erreichen einen Stand, an dem die Nutzung technologischer Möglichkeiten und die Entwicklung neuer Produktionsformen durch die traditionellen Formen des Lernens aufgrund unmittelbarer Erfahrung im Produktionsprozeß nicht mehr gelingen kann. Die Einsicht, daß an ihre Stelle ein theoriebegründetes, methodisch geplantes Lernen treten müsse, entfaltet sich in einer Gesellschaft, die Handel und Gewerbe nicht mehr als die Sache einzelner, rechtlich definierter und privilegierter Gruppen sieht, sondern als eine der Bedingungen für die Wohlfahrt der ganzen Gesellschaft und somit als Gegenstand gesamtstaatlicher Politik. Die Gründung oder zumindest staatliche Förderung von Schulen, die diese Funktion übernehmen, drängte sich den Zeitgenossen als Konsequenz solcher Einsicht unmittelbar auf.

Das gilt insbesondere in einer historischen Situation, in der keine der bestehenden Schularten solche gesellschaftlichen Bedürfnisse zu befriedigen geeignet war. „An Schulanstalten finden wir in Deutschland bis jetzt zwei Hauptarten“, schreibt J. J. Hecker, „nämlich die eine in größeren Städten, wo man die Jugend, welche sich mit der Zeit auf Universitäten einer von den vier bekannten Fakultäten widmen will, in den dazu nötigen Vorbereitungswissenschaften unterrichtet, und die andere in kleineren Städten und auf dem Lande, wo man sich wegen der Umstände bloß begnügen muß, der Jugend die Gründe des Christentums beizubringen und sie zum Lesen und etwa auch zum notdürftigen Schreiben und Rechnen, wenn's hoch kommt, anzuweisen ...“ (Maassen und Schöler, 1959, Bd. 1, S. 37).

Schon etwa ein Jahrzehnt zuvor hatte J. G. Groß auf den „beklagenswürdigen Mangel“ hingewiesen, „daß wir zwar dreierlei Art Jugend, aber gleichwohl nur zweierlei Art öffentlicher Schulen haben, und das welches hierbei das meiste ist, nicht nur die schlechteste und geringste Gattung, sondern vielmehr diejenige, welche dereinst recht das Werk des gemeinsamen Wesens ausmacht, hierunter leer ausgeht“ (Maassen und Schöler, 1959, Bd. 1, S. 31).

Die zitierte Stelle macht auf einen weiteren wesentlichen Aspekt der Gründung von Realschulen aufmerksam: es ist primär ein bestimmter Stand in dieser Gesellschaft, der für sich die neue Schulart fordert, nämlich das in Gewerbe und Handel, aber auch in „allerhand anderen honetten Lebensarten und Bedienungen“ tätige Bürgertum. Und dieser Stand beginnt sein Selbstbewußtsein zu gewinnen, beginnt sich als die den Fortschritt des „gemeinen Wesens“ tragende soziale Klasse zu erkennen. Hier deutet sich an, was in der Französischen Revolution dann als politische

Forderung artikuliert wird: der „Dritte Stand" versteht sich als das Ganze der Nation. Die Realschulpädagogik, die weit über den ökonomischen-technologischen Bereich hinausreicht, auch wenn sie hier einen Schwerpunkt ihres Interesses ausbildet, kann deshalb als eine erste Stufe der bürgerlichen Pädagogik gelten, die freilich bereits auf eine „pädagogische" Tradition bis hin zu Ratke und Comenius zurückgreifen kann.

Als Beleg für unseren Hinweis auf die pädagogische Tradition, in der die Realschulprogramme stehen, ließe sich zum Beispiel auf einige Passagen der „Großen Didaktik" des Johann Amos Comenius (nach der Ausgabe Amsterdam 1657 in deutscher Übersetzung herausgegeben von A. Flitner, Düsseldorf 1954, insbes. S. 36–39: Kap. 5, S. 58 f.: Kap. 10, S. 193–196: Kap. 29, S. 199 f.: Kap. 30) verweisen. Doch sind bei aller Übereinstimmung auch die Divergenzen zur Realschulprogrammatik nicht zu übersehen.
Identifizieren lassen sich beide Konzepte in dem Anspruch, eine umfassende Grundbildung zu vermitteln, die alles enthält, was der Mensch zu seiner intellektuellen und moralischen Entwicklung und als Vorbereitung auf die Berufspraxis braucht. Darüber hinaus bestimmt beide die Einsicht, daß die Realien, die Mathematik und die Naturwissenschaften zu diesem Grundkanon gehören (handwerkliche Grundfertigkeiten, Verständnis der ‚wirtschaftlichen und politischen Verhältnisse', Anwendungen der Mathematik zum Beispiel).
Unterschiede liegen vor allem darin, daß der Plan des Comenius in starkem Maße theologisch und religiös motiviert ist, entsprechend religiöse Inhalte des Unterrichts stärker betont werden. Dagegen steht hinter den Realschulplänen bereits sehr ausgeprägt die Idee einer wissenschaftlich begründeten Staatskunst und Ökonomie und einer rational (nicht theologisch) begründeten Moral. Stärker ausgeprägt scheint hier auch das Interesse, mit Hilfe der Realschule den technischen, ökonomischen und sozialen Fortschritt unmittelbar zu fördern. Auch hinsichtlich der vorgesehenen Stellung und sozialen Funktion der jeweils vergleichbaren Institution im Gesamtaufbau des Schulwesens bestehen Abweichungen.
Die „Muttersprachschule" des Comenius ist eine von allen zu durchlaufende Stufe eines bereits gesamtschulähnlichen Schulsystems, die Realschule dagegen stärker von den ständischen Interessen des Bürgertums bestimmt, das sich allerdings bereits als der Kern des „gemeinsamen Wesens" versteht. Das Ziel der allgemeinen Berufsbildung für spezifisch bürgerliche Berufe wird demzufolge in ihren Lehrplänen stärker betont. Dieser ‚Bürgerschule' gegenüber erscheint die „Muttersprachschule" als erster ausgeführter Plan einer wirklich ‚allgemeinen Volksschule', die ständische Interessen bereits negierte.
Direkteren Einfluß auf die frühen Realschulpläne dürfte August Hermann Francke gehabt haben. Johann Julius Hecker war sein Schüler, Johann Christoph Semler sein Amtsbruder in Halle. Zweifellos kannte dieser den zunächst nicht realisierten Plan Franckes, den Realienunterricht auszudehnen, als er 1708 seine „mathematische und mechanische Realschule bei der Stadt Halle" gründete. Auch Groß hatte unter anderem in Halle Theologie studiert und war eine Zeitlang Praeceptor am Paedagogium der Franckeschen Stiftungen gewesen. Gerade sein Projekt verrät jedoch an keiner Stelle mehr den religiösen Geist des Pietismus. Bei Francke wird die erziehende, aber auch die Rekreationsfunktion der praktischen Arbeit wie des Realunterrichts stark betont. Er ist zeitlich offenbar außerhalb des eigentlichen Unterrichts, dessen Schwerpunkt die religiöse Unterweisung

war, angesiedelt worden. Das spräche gegen die Annahme eines systematischen Unterrichts, wie er in den Realschulplänen intendiert war. Deren Nähe zu manchen Vorschlägen Franckes ist jedoch offensichtlich [9].

Nur wenige Jahrzehnte nach der Gründung der ersten Realschulen liegt die Pädagogik des Bürgertums in den einflußreichen Schriften des Abtes Friedrich Gabriel Resewitz voll entfaltet vor (Brandau, 1959, S. 175 bis 184). Und Resewitz setzt bereits ausdrücklich Bürgerbildung gleich mit Nationalbildung überhaupt: „... der gesittete Mittelstand ist in den Augen der Vernunft der Kern der Nation; in ihm findet man den Nationalcharakter, von seiner Bildung hängt der Zustand des Ganzen ab, und seine Sitten und Denkungsart haben wieder den nächsten und wirksamsten Einfluß auf den großen Haufen." [10]

Von der Analyse der allgemeinen sozialen und der ökonomischen Bedeutung des Bürgertums geht der in dem Buch über „die Erziehung des Bürgers" entwickelte Plan für das Bildungswesen aus. Eine eigene Realschule findet sich darin nicht mehr. Die Zielsetzungen der Realbildung werden jedoch in den von Resewitz vorgeschlagenen Schultypen, den „Land- und Ackerschulen", „Handwerkerschulen" und den „Erziehungsanstalten, wo die gesittete Jugend zu ihren künftigen Geschäften vorbereitet" wird, auf je spezifische Weise übernommen (Resewitz, 1773, S. 54 ff.; Brandau, 1959, S. 179).

Probleme bei der Realisierung

Tatsächlich haben die Realschulen des 18. Jahrhunderts in der von Semler, Groß, Hecker und anderen konzipierten Gestalt sich nicht halten können (Brandau, 1959, S. 121; H.-P. Freytag, 1969, S. 52 ff.). Das mag, wie schon Zeitgenossen bemerkten, darauf zurückzuführen sein, daß sie sich mit der Verbindung von grundlegender Berufsausbildung und allgemeiner Bürgerbildung zu umfassende Ziele gesetzt hatten.

Gerade diese Verbindung führte zu damals offenbar didaktisch noch nicht zu bewältigenden Problemen. Es fehlte die Voraussetzung einer systematischen Darstellung der Grundlagen und Grundkenntnisse einer Vielzahl gewerblicher Tätigkeiten. Man hatte diese Notwendigkeit erkannt, wie etwa Johann Beckmanns „Anleitung zur Technologie" (1777) zeigte, das Problem aber nicht so zu lösen vermocht, daß die erstellte Systematik der Handwerke auch als didaktische Grundlage einer allgemeinen Berufsgrundbildung dienen konnte. Voraussetzung dafür wie-

[9] Menk, 1968; Keck, 1968, S. 11 ff.; H.-P. Freytag, 1969, S. 35 ff.
[10] Resewitz, 1773, S. 165. Vgl. Brandau, 1959, S. 178; Roessler, 1960.

derum war eine Verwissenschaftlichung, insbesondere Mathematisierung der Technologie, die erst das 19. Jahrhundert erreichte (vgl. Stratmann, 1969, S. XXXV–XXXVII, und die Auszüge aus Beckmanns „Anleitung zur Technologie", Stratmann, 1969, S. 119–129). Weiterhin dürfte die ökonomische Situation des Bürgers in meist kleinen, durch Steuern schwer belasteten und politisch unselbständigen Städten die Durchsetzung dieser Schulform verhindert haben.

Der schnelle Zerfall der Realschulen dürfte aber auch dadurch zu erklären sein, daß die soziale Schicht, an die sich ihre Gründer wandten, in Wirklichkeit viel zu heterogen war, um sich mit einem einzigen Schultyp zu begnügen. Sie reichte schließlich vom Handwerker bis hin zum Großkaufmann und Manufaktureigner. Schon Resewitz engt seinen Begriff des „gesitteten Bürgerstands" ein, auf „Künstler, Kaufleute, Manufacturisten, große Haus- und Landwirthe und so weiter" (Resewitz, 1773, S. 54, Brandau, 1959, S. 179), das heißt, er bezeichnet eindeutig eine „höhere", besitzende Schicht des Bürgertums, die für die Erziehung der Jugend einer eigenen Schule bedarf.

Eine solche ‚soziologische' Begründung für die Notwendigkeit einer bestimmten Schulform findet sich im ausgehenden 18. Jahrhundert an vielen Stellen. Philanthropinisten wie Trapp und Basedow haben diesen Aspekt hervorgehoben. Er bestimmt auch die Strukturüberlegungen des Schulplans, den der preußische Minister von Massow 1800 unter dem Titel „Ideen zur Verbesserung des öffentlichen Schul- und Erziehungswesens mit besonderer Rücksicht auf die Provinz Pommern" in Gedikes „Annalen des Preußischen Schul- und Kirchenwesens" veröffentlichte. Auch bei Massow ist die Realschule für Kinder einer gehobenen Schicht des Bürgertums gedacht (allerdings als die auch von späteren „Gelehrten" bis zum 15. Lebensjahr zu besuchende Mittelstufe eines einheitlichen Schulsystems), und er befaßt sich ausführlich mit der Schwierigkeit, diese „höhern Stände" von der Klasse „des gemeinen Mannes" abzugrenzen. Als wichtigstes Kriterium der Abgrenzung dient ihm der Anteil geistiger Arbeit an der Berufstätigkeit: die „höhern Stände" widmen sich Beschäftigungen, „die hauptsächlich in Kopf- und Geistesanstrengung bestehen" (Gedike, 1800, S. 125; Brandau, 1959, S. 209). Und als die auf diese soziale Schicht bezogene Schulart versteht sich die Realschule des 19. Jahrhunderts. Sie ist eine „höhere Schule" neben dem Gymnasium.

Der Zerfall der Realschulidee. Formen der Realschule im 19. Jahrhundert – Institutionen der höheren Bildung

Die Realschule des 19. Jahrhunderts ist nur in einigen Fällen direkt aus den alten Realschulen hervorgegangen. Paulsen hat darauf hingewiesen,

daß vor allem die vielen städtischen Lateinschulen, die den Ansprüchen der seit der Prüfungsordnung von 1812 energischer durchgesetzten Reform des Gelehrtenschulwesens nicht genügten, in Realschulen umgewandelt wurden (Paulsen, 1921, Bd. 2, S. 544 ff.). Die Brücke zwischen den beiden sonst stark unterschiedenen Schultypen ist wohl nur in der etwas stärkeren Betonung der Naturwissenschaften (Realien) und der neueren Sprachen zu sehen.
Diese Realschule verfolgt an teilweise anderen Unterrichtsgegenständen — solchen nämlich, die für die Berufspraxis der genannten Schicht größere Bedeutung haben, wie neuere Fremdsprachen und Naturwissenschaften — das gleiche Ziel wie das Gymnasium: Vermittlung einer möglichst umfassenden Allgemeinbildung. Den gleichen Charakter und Lehrplan hat die „höhere Bürgerschule" des 19. Jahrhunderts. In beiden Schulen bleibt der Lateinunterricht ein zentrales Fach. Mit ihm steht und fällt die endgültig erst im 20. Jahrhundert errungene formelle Gleichberechtigung mit dem Gymnasium (Zugang zu allen Studienrichtungen).
An die Teilnahme am Lateinunterricht sind so gut wie alle ‚Berechtigungen' geknüpft, die diese Schulen verleihen, das heißt neben der Zulassung zur Universität (seit der Jahrhundertwende) das Recht zu einem verkürzten, einjährigen Militärdienst und der Zugang zu verschiedenen höheren und mittleren Beamtenlaufbahnen — abgesehen von der Qualifikation für den Besuch weiterführender Fachschulen (R. Meyer, 1968). Zu diesen ‚Berechtigungen' sind noch einige Bemerkungen erforderlich. So verwirrend das Berechtigungswesen im einzelnen organisiert war, letzten Endes gab es über das ganze 19. Jahrhundert hin die Grundlage ab für eine hierarchische Abstufung des höheren Schulwesens: an der Zahl und Art der Berechtigungen, die durch den Besuch der oberen Klassen oder das Abschlußzeugnis einer bestimmten Schule oder Schulart erworben werden konnten, bemaß sich die Position und Wertschätzung dieser Schule gegenüber den anderen höheren Lehranstalten. Kompliziert wird eine Analyse dieses Sachverhalts für uns heute insbesondere deswegen, weil mit den laufenden Verschiebungen hinsichtlich der Berechtigungen meist auch eine grundlegende Veränderung in der gesamten Organisation des höheren Schulwesens, ja selbst in der Gestalt und Definition der einzelnen Schultypen einherging. Von *der* Realschule kann man für das 19. Jahrhundert nur unter Einschränkungen reden, nicht einmal von einem System bestimmter historisch stabiler Realschultypen kann die Rede sein. Dies gilt zumindest bis zum Ende der sechziger Jahre des 19. Jahrhunderts, strenggenommen bis zur Jahrhundertwende.
Zu diesem Zeitpunkt unterschied man aufgrund einer klaren Regelung zwischen Realanstalten mit Latein und ohne Latein beziehungsweise zwi-

schen Realvollanstalten und nicht vollständigen Realanstalten. Auf der Ebene des Gymnasiums mit neunjähriger Lehrdauer existieren als Vollanstalten das Realgymnasium (seit 1882, mit Latein; in etwa identisch mit der sogenannten Realschule 1. Ordnung von 1859) und die Oberrealschule (ohne Latein). Nur den 6jährigen Unter- und Mittelbau dieser Schulen bildeten – entsprechend dem Verhältnis von Progymnasium und Gymnasium – die unvollständigen Anstalten des Realprogymnasiums (hervorgegangen aus der ‚Höheren Bürgerschule') und der Realschule (ebenfalls hervorgegangen aus der ‚Höheren Bürgerschule' und damals zum Teil auch noch so genannt). Wenn im folgenden Abschnitt von *der* Realschule des 19. Jahrhunderts die Rede ist, so ist das nicht bezogen auf die nur 6jährige Oberschule, sondern geschieht in dem umfassenden Sinne einer Bezeichnung für alle diese als höhere Lehranstalten rangierenden Realschulen[11].

Der Ursprung dieser Anstalten aus der Realschule des 18. Jahrhunderts deutet sich, wie gesagt, nur in dem größeren Gewicht der modernen Fremdsprachen und der Naturwissenschaften an. Auch das politische Motiv, das der Realbildungsidee des 18. Jahrhunderts zugrunde lag – insofern dies Konzept in seiner pragmatischen und rationalen Orientierung das zunehmende Selbstbewußtsein des bürgerlichen Standes und den bürgerlichen Anspruch auf Veränderung der gesellschaftlichen Verhältnisse zur Geltung brachte –, findet sich nur verdeckt in der Realschule am Anfang des 19. Jahrhunderts wieder. Wie allerdings schon aus der Heftigkeit zu ersehen ist, mit der die anhaltenden Auseinandersetzungen um die Einrichtung von entsprechenden Anstalten geführt wurden, hatte die Realschule – jedenfalls anfangs – ihre politische Brisanz nicht vollständig eingebüßt. Nur unter Berücksichtigung dieses Sachverhalts scheint erklärlich, warum dem Schultyp auf lange Zeit hartnäckig die staatliche Unterstützung versagt und – was die Berechtigungen anbetraf, die über ihn zu erreichen waren – die Gleichstellung mit dem Gymnasium vorenthalten wurde. Allergische Äußerungen seitens der Realschulgegner lassen im Ansatz erkennen, wo und warum man von diesen Schulen politisch unliebsame Wirkungen gewärtigte.

Thiersch, Reorganisator des höheren Schulwesens in Bayern, sah Ende der dreißiger Jahre aus den Realschulen „wahre Kinder der Zeit, Umwälzungsmenschen, die alles bessern wollen, nur nicht sich selbst", hervorgehen (Paulsen, 1921, Bd. 2, S. 440; vgl. auch Alt u. a., Teil 1, 1970b, S. 91 f.). Und im Preußen der ‚romantischen Reaktion' (1840–1848) motivierte

---

[11] Zur Information vgl. die Artikel aus Baumeister, 1897, S. 5–77; und Knabe, 1908; Keck, 1968. – Dazu auch die Übersichten bei Lundgreen, 1973, S. 153; D. Müller, 1971, S. 227–229.

der für das Bildungswesen zuständige Minister Eichhorn die strikte Ablehnung realschulfreundlicher Reformpläne mit der von diesen Schularten angeblich ausgehenden Gefahr der Überqualifikation. „Hatten die Söhne Französisch, Englisch, Lateinisch, Chemie und Physik, Geschichte und Geographie, Produktenkunde, höheres Rechnen und Buchhalterkunst gelernt, dann wollten sie natürlich den Mützenhandel des Vaters nicht fortsetzen. Sie suchten Dienste in den großen Handelsstädten und fanden keine. Der intelligentere Teil der Umsturz- und Fortschrittspartei besteht aus diesen Unglücklichen und aus den Zöglingen der Gymnasien und Universitäten, die nicht zu Staatsstellen kommen konnten" (zit. nach Paulsen, 1921, Bd. 2, S. 469).
Nun stellten sich die angedeuteten Konsequenzen, politische Unzufriedenheit und soziale Unruhe, wohl weniger ein, weil der Aufstieg über die Real- und Bürgerschulen, wie Eichhorn behauptete, keinem ökonomischen oder objektiven gesellschaftlichen Bedürfnis entsprochen hätte. Die Gefahr ging für die Regierenden eher davon aus, daß über solche etwa durch Eröffnung von Realschulen geförderten gesellschaftlichen Mobilisierungstendenzen das überkommene, im buchstäblichen Sinne festgeschriebene staatliche und gesellschaftliche System offenkundig in Frage gestellt wurde. Insbesondere waren in Preußen die politische Struktur und gerade die Position der Verwaltungsbürokratie auf spezifische Weise mit der Zweigliederigkeit des öffentlichen Schulwesens — Gymnasium einerseits und Elementarschulen andererseits — verknüpft.
Die Wurzeln dieser Verbindung reichen bis in den Prozeß der schrittweisen Machtentfaltung der landesherrlichen Zentralgewalt beziehungsweise der Herausbildung des einheitlichen modernen Staates zurück und können hier nur skizziert werden. Am komplizierten Entstehungsprozeß des öffentlichen Bildungswesens, genauer an den frühen Schulordnungen bis zum ALR war uns eine der Konsolidierungsstrategien des fürstlichen Absolutismus aufgefallen: kraft seiner Machtüberlegenheit hatte er die tradierte ständische Ordnung zu seinem Vorteil modifiziert, in seinen Dienst gestellt und dabei herkömmliche Privilegien lokaler Gewalten im Sinne eines gesamtstaatlichen Endzwecks erneuert [12]. Parallel dazu verlief eine zweite staatsbildende Privilegienpolitik, die bedeutsame Vorrechte an bislang von der Herrschaft weitgehend ausgeschlossene bürgerliche Kreise vergab. Ohne die regionale ständische Gesellschaftsgliederung selbst direkt anzugreifen, hob die staatliche Zentralgewalt aus den überlieferten partikularen Lebenseinheiten eine bürgerliche Oberschicht heraus, die zu ihr dadurch in ein unmittelbares, ‚staatsbürgerliches' Ver-

[12] Vgl. oben S. 46 ff.

hältnis trat und als Amtsschicht zur Verfügung stand. Zwar wurde damit eine weitere Gruppe in eine geradezu standesmäßige Vorzugs- und Ausnahmestellung gebracht, aber sie erhielt ihren Vorrang – zumindest der Idee nach – gerade aufgrund des Gegensatzes zur alten, vielfach verschachtelten ständischen Privilegienordnung: Auch wenn man in den ‚Eximierten' nicht schon eine Art Vorhut des einheitlichen und verallgemeinerten Staatsbürgertums erblicken mag, sie standen jedenfalls im Dienst einer Politik, die die überkommenen ständischen Bindungen und Unterschiede schließlich auflösen sollte. (Ihren Namen trug diese Gruppe übrigens aufgrund ihres primären Vorrechts, aus der Klammer der ständischen beziehungsweise lokalen Gerichtsbarkeit befreit und direkt den königlichen Obergerichten unterstellt zu sein.)

Die praktischen Implikationen dieser Konstruktion einer zum ‚Staatsdiener' berufenen Schicht, wie sie im ALR deutlich auszumachen ist, waren freilich höchst ambivalent. Durch die Vorrechte, die der Staat nicht nur in der großen landrechtlichen Kodifikation (1794), sondern noch im Vormärz, das heißt während der zwei Jahrzehnte vor der Revolution von 1848, auf dem Verordnungs- und Gesetzgebungswege der Amts- und Bildungsschicht zuerkannte (wie exemtes Gerichtsforum, Wehrpflichterleichterungen, Steuerbefreiungen, spezifische Strafmaße, staatlicher Ehrenschutz, Konnubium, das heißt das Recht auf Einheirat in den Adel), zog er einen scharfen Schnitt durch die Gesellschaft. Die Privilegien, die eine bürgerliche Minderheit in staatliche Ränge bis zu politischer Entscheidungsgewalt emportrugen und tendenziell dem Adel gleichstellten, wirkten zugleich als Schranke gegen die Masse des nachdrängenden Bürgertums. Die im Vormärz an Bedeutung gewinnende gewerbliche Mittelschicht mußte diese Ausgrenzung um so mehr als Übervorteilung empfinden, als tendenziell alle ständischen Einbindungen abgebaut, eingeebnet und in einer freien Wirtschaftsgesellschaft aufgehoben wurden. In dem Maße, in dem die vielfältigen lokalen Herrschaftssphären und genossenschaftlichen Abkapselungen ihren eigenständigen, ‚unabgeleiteten' Charakter einbüßten, alle Verhältnisse faktisch staatsunmittelbar wurden, verlor der privilegierte Status der ‚gebildeten Stände' seinen ursprünglichen Sinn, mehr noch: galt als ständisches Relikt, das zu energischer Opposition provozierte.

Wie schon aus dem Begriff der ‚gebildeten Stände' zu ersehen, lag die wesentliche Qualifikation, die die bürgerliche Oberschicht zu ihrer staatlichen garantierten Vorzugsstellung zu berechtigen und befähigen schien, im Kriterium der akademischen Bildung [13]. Auch von dieser Seite kam

[13] Rosenberg (1966, S. 182ff.) hebt zu Recht hervor, daß im Ideal der ‚Bildung'

dem Bildungswesen und der preußischen Bildungspolitik also große politische Bedeutung zu. Insbesondere aber findet die beharrlich gewahrte Dichotomie des öffentlichen Schulsystems vor diesem Hintergrund eine gewisse Erklärung; offensichtlich „zerteilte sich das allgemeine Bildungssystem (nämlich) ... entlang den Exemtionsgrenzen, die das Landrecht sozial fixiert hatte" (Koselleck, 1967, S. 445 f.).

Die Eröffnung eines dritten Weges neben Elementar- und Gelehrtenschule, der womöglich gar noch Ebenbürtigkeit mit dem Gymnasium beanspruchen konnte, mußte das bis zur Revolution überdauernde Zuteilungsprinzip der Vergünstigungen und politischen Bevorrechtigungen in Frage stellen. „Die Streuung und Verbreitung der Bildung nagten am Monopol der staatlichen Intelligenz, woran der Führungsanspruch der Beamten haftete" (Koselleck, 1967, S. 446). Und wenn man gerade in der preußischen Reaktionszeit am Vorabend der Revolution mit solcher Vehemenz den Realschulen entgegentrat, so lag das durchaus auf einer Linie mit der gesamten Politik der preußischen Regierung, die sich dem überalterten Staatsgebäude entfremdende, mobile bürgerliche Gesellschaft in den vorgezeichneten ständischen und ständeartigen Formationen einzufangen. Insofern lief das Engagement für die Realanstalten und den Ausbau bestehender Bürgerschulen auf das allgemeinere politische Votum hinaus, aus den vorgezeichneten Bahnen des Beamtenstaates auszubrechen beziehungsweise überhaupt die bürgerlichen Bedürfnisse und Ansprüche ungehemmter und wirksamer zur Geltung zu bringen. Realschulpläne gehörten zum Arsenal der vormärzlichen Opposition gegen eine Regierung, die, wie die Vertreter der Realschulidee ihr vorhielten, „der ganzen Entwicklung der Zeit, welcher jene Schulen dienen wollten, mit Mißtrauen und Widerwillen" gegenüberstand und es „als ihre Aufgabe (ansah), dem vorwärtsdrängenden wirtschaftlichen Leben, besonders am Rhein, mit Hemmen und Bremsen entgegenzutreten" (Paulsen, 1921, Bd. 2, S. 469 f.). Etwas von diesem optimistischen, nationalliberalen Selbstverständnis — dafür steht ein Mann wie Friedrich Paulsen —, aber auch die Zurückhaltung, auf die diese Anstalten bei politisch Konservativen stießen, hat sich die Realschule bis ins späte 19. Jahrhundert bewahrt — weit über die Zeit hinaus, als der Streit zwischen Gymnasium und Realschule einen gewisser-

---

die Bürokratie ihrerseits nicht nur ein Instrument besaß, ihren Anspruch auf Gleich- oder Vorrangigkeit gegenüber dem Adel zu markieren, sondern darüber hinaus auch ihre Emanzipation von der autokratischen Herrschaft des Monarchen zu betreiben. Die entsprechende Passage der Arbeit Rosenbergs ist auch abgedruckt in der Teilübersetzung, die unter dem Titel: ‚Die Überwindung der monarchischen Autokratie' in dem Sammelband von Aretin, 1974, S. 182–204, S. 187 ff., erschienen ist. – Zur Genese des Beamtenstandes vgl. im übrigen die Arbeiten von Hintze, 1962, sowie ders., 1964. Dazu auch Vierhaus, 1966, S. 356 ff.

maßen verfassungsrechtlichen Bezugspunkt verlor: denn die Privilegien für die ‚Eximierten' wurden in der Revolution von 1848 beseitigt.

Der Kampf um die Gleichstellung zwischen Realschule und Gymnasium schlägt sich in der pädagogischen Theorie in der Auseinandersetzung um den allgemeinbildenden Charakter des Realunterrichts nieder. Die Forderung, daß die Rechtfertigung für den Unterricht in den Realien und für die Realschule überhaupt nicht in deren praktischem gesellschaftlichen Nutzen gesucht werden dürfe, sondern allein darin, daß auch an den Realien Bildung der Individualität des Schülers möglich sei, ist von Friedrich Immanuel Niethammer ausführlich erörtert und begründet worden (Niethammer, 1808; Brandau, 1959, S. 143–154). Noch 1877 hielt man es jedoch für notwendig, die Realschule gegen das Mißverständnis zu enger Praxisbezogenheit in Schutz zu nehmen:

„Von den Reallehranstalten wird nun einmal im großen Publicum angenommen, daß sie vorwiegend praktischen Zwecken in die Hände arbeiten, und daß die durch ihren Besuch erworbene Bildung mit größerer Leichtigkeit im Leben nutzbar angelegt werden könne, eine Meinung, wofür sich eine Grundlage allerdings weniger im Geiste ihrer Organisation und ihres Lehrplans als in ihrem Namen findet. Aus dieser Anschauung heraus hat sich denn freilich auch die durchaus irrthümliche Ansicht gebildet, als vergesse die Realschule über dem Praktischen die Pflege des Idealen, des Guten und Schönen –, ein Vorwurf, der leider wirksam genug ist, um ihrer Entwicklung vorerst noch manches Hemmnis zu bereiten" (Petersilie, 1877, S. 100).

Eine begrifflich fundierte scharfe Abgrenzung zwischen beruflicher Ausbildung und allgemeiner Bildung gewinnt seit der Humboldt-Ära am Beginn des 19. Jahrhunderts zunehmendes Gewicht für die Struktur des öffentlichen Bildungswesens. Was in der Realschule des 18. Jahrhunderts noch als eine Einheit konzipiert war — allgemeine, intellektuelle, moralische, politische und vorberufliche Bildung —, tritt nun in verschiedenen Schultypen auseinander.

Das von Friedrich Niethammer verfaßte ‚Allgemeine Normativ der Einrichtung der öffentlichen Unterrichtsanstalten in dem Königreich Bayern' (aus dem Jahre 1808) spiegelt diese allgemeine Tendenz bereits in recht anschaulicher Weise: In dem von ihm entworfenen System unterscheiden sich ‚Realschule' und ‚Realinstitut' in mehrfacher Hinsicht von den alten Realschulprogrammen des 18. Jahrhunderts.

Denn bei Niethammer sind Realschule und Realinstitut eindeutig dem Bereich des höheren Schulwesens eingeordnet. Insofern entsprechen sie der Stellung der preußischen Realanstalten im späten 19. Jahrhundert. Das Realinstitut steht jedoch hinsichtlich der Berechtigung zum Hochschulbesuch von Anfang an gleichberechtigt neben dem Gymnasialinstitut. – Ziel der beiden Schulen ist Vermittlung einer umfassenden Allgemeinbildung unter Ausschluß der alten Sprachen. Betont werden der mathematisch-naturwissenschaftliche Bereich, die modernen Sprachen;

darüber hinaus enthält der Lehrplan Fächer mit berufsvorbereitender Orientierung. Daß der Kanon der allgemeinbildenden Fächer bis in diesen Bereich hineinreicht, verbindet Niethammers Normativ mit den Realschulprogrammen des 18. Jahrhunderts. Auch der Hinweis, daß der Besuch des Realinstituts durch Fortbildungskurse wenigstens annähernd ersetzt werden könnte, zeigt die stärkere Orientierung dieses Schultyps auf gewerbliche und kaufmännische Berufe.
Andererseits tritt in Zielsetzung und Lehrplan die berufsvorbereitende Funktion – im Verhältnis zur Realschule des 18. Jahrhunderts – stark in den Hintergrund. Insofern beginnt sich hier ein für das 19. Jahrhundert charakteristischer Begriff der Realschule als allgemeinbildender höherer Lehranstalt durchzusetzen. Bezeichnenderweise ist so auch die Schülerschaft der Realschulen Niethammers sozial auf diejenigen eingegrenzt, deren Eltern die Mittel für einen längeren Schulbesuch aufbringen können. Der Kreis der potentiellen Schüler scheint dagegen bei den alten Realschulprogrammen weitergespannt gewesen zu sein. Ihr Begriff von Bürgertum erfaßte ebenso den gewerblich tätigen Kleinbürger wie den Kaufmann und Fabrikanten. Neu – und den pädagogischen Vorstellungen des 19. Jahrhunderts eher entsprechend – war demgegenüber bei Niethammer die Betonung der individuellen Anlagen des Schülers als Kriterium für die Schullaufbahnentscheidung.

Institutionen der mittleren Bildung

Die Berufsausbildungsziele der alten Realschule werden — allerdings bei wesentlich stärker spezialisierter Berufsorientierung — mit Beginn des 19. Jahrhunderts zunehmend von gewerblichen und Handelsfachschulen übernommen (H.-P. Freytag, 1969, S. 54ff., S. 124ff.). Innerhalb des anderen Bereiches des allgemeinbildenden Schulwesens gewinnen die Institutionen der höheren Schulbildung ein Übergewicht — von diesen Realanstalten war bislang die Rede. Jener Sektor einer ‚mittleren Bildung', den die alte Realschule ebenfalls abzudecken versprach, und der soziologisch vor allem Schichten des Kleinbürgertums ansprach, bleibt damit allerdings ohne eine eigene Bildungsinstitution. Das gilt jedenfalls — mit der Einschränkung, daß einige Städte mittelschulähnliche Institutionen unterhielten — für Preußen [14].
In diesem Zusammenhang ist bemerkenswert, daß Bildungsinstitutionen, die ursprünglich für die Bedürfnisse dieser Schicht gedacht oder ihr zumindest leichter zugänglich waren, sich durch Aufstieg in eine ‚höhere'

[14] Anders verlief die Entwicklung in Schleswig-Holstein, wo die – nach der Schulordnung von 1814 – an die Elementarschule anknüpfende Hauptschule der städtischen Bürgerschule Realschulfunktion übernahm, und in Nassau, wo das Edikt von 1817 Realschulen „für die männliche Jugend" vorsah, „um in denselben die für Handwerker, Künstler und ein landwirthschaftliches oder anderes Gewerbe in großer Ausdehnung künftig zu treiben bestimmte Individuen nöthige erweiterte Bildung als allgemeine Vorbereitung zu ihrem künftigen bürgerlichen Beruf zu erwerben" (Froese und Krawietz, 1968, S. 140).

Kategorie ihrer ursprünglichen Aufgabe entzogen. Realschulen zweiter Ordnung (das heißt Schulen mit einem siebenjährigen Kursus und der Wahlfreiheit von Latein, wie sie 1859 ermöglicht wurden) stiegen schnellstens auf zu Realschulen erster Ordnung, also voll zu ausgebauten höheren Lehranstalten. Ein besonders eklatantes Beispiel für diesen Prozeß ist die Verwandlung der Provinzialgewerbeschulen und anderer gewerblicher Bildungsinstitute in Oberrealschulen (1878) oder in technische Hochschulen.

„Die gegenseitige Durchdringung von Naturwissenschaft und Technik sowie standespolitische Interessen von Lehrern und Absolventen führten um die Jahrhundertmitte zu rascher Akademisierung dieser Schulen, die zugleich Momente der neuhumanistischen Bildung als ‚Allgemeinbildung' in ihre Lehrpläne aufnahmen. Die rigorose Reduktion des Stipendienwesens, Einführung von Schulgeld, die Erhöhung der Aufnahmequalifikationen bis hin zum Abitur waren die sozial relevanten ‚Begleiterscheinungen' dieses Prozesses. Damit wurde, ganz im Gegensatz zur ursprünglichen Intention, Facharbeitern, Handwerkern und Kleingewerbetreibenden endgültig der Weg zur höheren technischen Bildung abgeschnitten." [15]

Sehr anschaulich wird diese Entwicklung in einem Diskussionsbeitrag zur Frankfurter Generalversammlung des Vereins für Socialpolitik (1884) von Karl Bücher demonstriert: „Meine Herren, Sie befinden sich hier in den Räumen der Polytechnischen Gesellschaft. Dieselbe ist im Jahre 1816 begründet worden zur Beförderung des Wohles der arbeitenden Klassen. Diese Gesellschaft hat vor etwa 30 Jahren eine Schule gegründet, die als Gewerbeschule in ähnlicher Weise wie die Beuthsche Organisation in Preußen wirken sollte, zum Theil auch als Vorbereitungsschule für den Besuch einer höheren technischen Lehranstalt. Sehr bald ist man dazu gekommen, dieser Schule nebst der später errichteten Handelsschule eine Vorschule zu geben. Diese Vorschule nebst der Handels- und Gewerbeschule fand einen eifrigen Direktor, der nichts sehnlicher wünschte und nichts eifriger betrieb, als die ganze Schule umzugestalten zu einer Realschule 1. Ordnung mit aufgesetzten Fachklassen – auf der einen Seite eine höhere Gewerbeschule, auf der anderen Seite eine Art Handelsakademie, wie Sombart dieselbe wünscht. ... Es stellte sich nun heraus, daß die Mittel der Gesellschaft, die zum großen Teil durch die Erträge der Sparkasse aufgebracht waren, anstatt ‚zum Wohle der arbeitenden Klassen' verwendet zu werden, zur Erhaltung einer Schule verwendet wurden, welche vorzugsweise, ich kann sagen, fast ausschließlich von den Kindern der Frankfurter Geldaristokratie besucht wurde" (Verein für Socialpolitik, 1884, S. 131).

Nehmen wir nun unseren einschränkenden Hinweis auf das Bestehen mittelschulähnlicher Institutionen wieder auf: Vor allem in den ersten Dezennien des 19. Jahrhunderts scheinen solche Stadtschulen, niedere

[15] Kocka, 1969, S. 166 f. Vgl. auch Blankertz, 1969, S. 86 ff.; sowie das Referat von Generalsekretär Bueck auf der Generalversammlung des Vereins für Socialpolitik 1884 (siehe den nächsten Abschnitt über die Mittelschule von 1872). Vgl. auch Schmoller, 1890, S. 247 f., S. 259 ff. – Auch D. Müller, 1971, S. 228 f.

Bürgerschulen und Mittelschulen auch in Preußen trotz fehlender gesetzlicher Grundlage und ungenügender staatlicher Förderung in größerer Zahl bestanden zu haben. Über ihren Lehrplan wissen wir freilich wenig mehr, als daß er über das Niveau der Elementarschule hinausging. Immerhin gab es 1822 in Preußen 447 „Mittelschulen für Söhne" mit 1038 festangestellten, 197 „Hülflehrern" und 47598 Schülern. Hinzu kamen 263 „Mittelschulen für Töchter" mit insgesamt 34 194 Schülerinnen, die von 469 festangestellten und 190 Hilfslehrern unterrichtet wurden. Die Schulen waren demnach im Durchschnitt klein mit einer mittleren Schülerzahl von 106 bei den „Söhnen" und 130 bei den „Töchtern", und auch mit Lehrern nicht gerade großzügig besetzt: 2,76 Lehrer pro „Mittelschule für Söhne" und 2,5 Lehrkräfte für die durchschnittliche „Töchterschule". Verglichen mit der Elementarschule waren diese Verhältnisse allerdings günstig zu nennen. Dort kamen im gleichen Jahr 1822 auf eine Schule 70 Schüler und Schülerinnen und 1,09 Lehrkräfte.

Die tatsächliche Bedeutung dieser Mittelschulen läßt sich aus dem Vergleich mit den Gymnasien annähernd erschließen: 1822 existierten in Preußen 129 Gymnasien mit 952 festangestellten Lehrern, 291 Hilfslehrern und 24 344 Schülern. Auf 100 Elementarschüler kamen 3,28 Gymnasiasten, dagegen 6,4 Mittelschüler und 5 Mittelschülerinnen (Statistik nach E. Engel, 1869, Tabellen IA und IB).

Die weitere Entwicklung verlief allerdings keineswegs besonders günstig für die Mittelschule. Zwar stiegen die absoluten Schülerzahlen noch für einige Jahre an; ab 1834 ist jedoch ein starker Rückgang sowohl der absoluten als auch – bei wachsender Bevölkerung – der relativen Schülerzahlen festzustellen: 1864 kamen auf 100 Elementarschüler nur noch 3,67 Mittelschüler gegenüber 3,38 Gymnasiasten. Den letzteren sind noch 1,91 Schüler an höheren Bürger- und Realschulen und 0,28 Schüler an Progymnasien hinzuzuzählen, wenn man sich die Relation zwischen höherer und Mittelschule im ganzen vergegenwärtigen will (E. Engel, 1869).

Man wird aus diesen Zahlen jedoch nicht schließen dürfen, daß in Preußen kein Bedürfnis nach einer Realschulbildung mittleren Niveaus bestanden habe. Dagegen spricht schon die hohe Zahl derjenigen Schüler, die Gymnasium oder Realschule nur bis zum Ende der Schulpflichtzeit beziehungsweise bis zum Abschluß der Sekunda besuchten – offenbar von Anfang an nicht mit dem Ziel, die Reifeprüfung abzulegen, sondern aus dem Wunsch, günstigere Schulverhältnisse anzutreffen als in der Elementarschule und gegebenenfalls die Berechtigung zum ‚einjährigen Freiwilligendienst' zu erwerben.

Von einem so verständigen Kenner des preußischen Schulwesens am An-

fang des 19. Jahrhunderts wie dem Direktor des statistischen Bureaus Johann Gottfried Hoffmann stammt die Aussage, daß es sogar „der größere Teil der Schüler" war, der „aus der Tertia oder selbst Quarta (des Gymnasiums) zum mechanischen Erlernen von Gewerben übergeht" – abgesehen von denjenigen, die die Einjährigen-Berechtigung erstrebten. Nach Hoffmanns Meinung rekrutierten sich die beiden oberen Gymnasialklassen vorwiegend aus Schülern, die ihren Unterricht bislang zu Hause oder in Privatanstalten empfangen hatten (J. G. Hoffmann, 1843, S. 170 f.). Im Zuge der weiteren Entwicklung (des lehrplanmäßigen Ausbaus des Gymnasiums usw.) haben sich sicher beide Quoten – die des Zustroms zur gymnasialen Oberstufe von außen und die der vorzeitigen Abgänger – verringert, aber auch dann kam der ‚Mittelschulfunktion' der Oberschulen noch eine nennenswerte Bedeutung zu (vgl. dazu Petersilie, 1877, S. 103 ff. und S. 108 f. – noch heute ist der Abgang aus der Untersekunda des Gymnasiums keine ungewöhnliche Erscheinung).
Der negative Entwicklungstrend der Mittelschule dürfte eher daraus zu erklären sein, daß erstens diese Schulart nur geringe staatliche Förderung erfuhr (wie ja auch die Realschule des 19. Jahrhunderts im Gegensatz zu den Gymnasien fast ausschließlich von den Gemeinden und nicht vom Staat getragen wurde) und daß zweitens die bestehenden Schulen auch für das Kleinbürgertum nicht attraktiv genug waren – nicht zuletzt deshalb, weil sie keinerlei Berechtigung verliehen.

Das Fehlen von Berechtigungen bedeutete, daß der Abschluß der Mittelschule zum Beispiel nicht zum Besuch der oberen Klassen höherer Lehranstalten qualifizierte und damit den Zugang zum Hochschulsektor eröffnet hätte. Auch der Zugang zu Beamtenberufen bei Bahn und Post war an höhere Qualifikationen gebunden. Die am lebhaftesten umstrittene Berechtigung war jedoch die zum ‚einjährigen Freiwilligendienst' bei im übrigen dreijähriger allgemeiner Wehrpflicht. Sie war (seit 1868) mit dem Abschluß der Untersekunda eines Gymnasiums beziehungsweise (seit 1888) der übrigen höheren Realschulanstalten zu erreichen, nicht jedoch über die Mittelschule. Ein solcher Schulabschluß war jedoch nicht die einzige Voraussetzung: der ‚Einjährige' hatte für seine Uniform, Bewaffnung und Verpflegung selbst aufzukommen. Das war teilweise mit beträchtlichen finanziellen Belastungen verbunden. So hatten zum Beispiel die bei der Kavallerie eintretenden Freiwilligen 400 Mark für die „Berittenmachung" zu zahlen (Blankertz, 1969, S. 107). Bücher hatte deshalb zweifellos recht, wenn er diese Berechtigung „ein Privileg nicht der Bildung, sondern des Geldsacks" nannte (Verein für Socialpolitik, 1884, S. 132).

Das relativ geringe Prestige dieses Schultyps zeigt sich auch darin, daß die Mittelschule in preußischen Schulstatistiken und in der Gliederung der Schulverwaltung ausdrücklich dem „niederen Schulwesen" zugerechnet wurde und erst ab 1886 vollständig und einheitlich statistisch erfaßt wurde. Mit den umfassenden Konzepten einer Real- und Bürgerbildung des 18. Jahrhunderts hatten diese Schulen inhaltlich ohnehin nur wenig mehr gemein. Das gilt auch für die durch die Verfügung von 1872 vereinheitlichte Mittelschule.

Die preußische Mittelschule von 1872

Die Mittelschule ist konzipiert als eine über die Elementarschule (Klasse 1–4) hinausführende Anstalt mit fünf Klassen und den Fächern Deutsch, Rechnen (einschließlich Raumlehre), Naturbeschreibung, Naturlehre, Geographie, Geschichte, einer obligatorischen modernen Fremdsprache, Zeichnen, Gesang, Turnen. Darüber hinaus sprach das Ministerium die Empfehlung aus, die örtlichen beruflichen Möglichkeiten der Schüler im Lehrplan zu berücksichtigen: „Wo die lokalen Verhältnisse eine besondere Berücksichtigung des Ackerbaus, Fabrikwesens, Bergbaues, Handels oder der Schiffahrt in dem Lehrplane bedingen, sind die erforderlichen Änderungen in demselben vorzunehmen" (Maassen und Schöler, 1959, Bd. 1, S. 103).

Die Frage, welche gesellschaftlichen Bedürfnisse und Kräfte hinter der rechtlichen Fixierung dieses Schultyps standen, läßt sich aus der zeitgenössischen Diskussion annähernd erschließen. „Eine beachtenswerthe Anregung zu einer planmäßigen Ordnung des mittleren Schulwesens" ging offenbar von einer Denkschrift des Berliner Stadtschulrats Dr. Hofmann aus dem Jahre 1869 aus[16]. Nach Hofmann ist es eine bestimmte, sozial umschreibbare Gruppe, deren Bedürfnissen und Möglichkeiten das bestehende Bildungswesen in keiner Weise Rechnung trägt: es ist der „mittlere Bürgerstand", genauer, „der niedere Gewerbestand". Seine Vermögensverhältnisse legen es nahe, die Kinder mit dem 15. Jahre in eine Lehre zu geben, erlauben ihm aber auch das finanzielle Opfer des Schulgelds. Das lasse es geraten erscheinen, die Mittelschule als neunjährigen Kursus vom 6. bis zum 15. Lebensjahr anzulegen. Der Lehrplan soll zwar „nützliche Kenntnisse" vermitteln. Die Schule soll jedoch keine Fachschule sein. „Allgemeine Bildungsanstalt und Fachschule fallen hier zusammen, und die Lehrgegenstände, deren Kenntnis im Berufsleben wohl verwendet werden kann, verdienen hier vorzüglich Beachtung, auch wenn sie weniger als andere zur Ausbildung der Geisteskräfte sich eignen." Tatsächlich entspricht der von Dr. Hofmann entworfene Lehrplan im wesentlichen dem der Verfügung von 1872.

---

[16] Das wenigstens stellen die Bearbeiter des amtlichen Quellenwerks „Preußische Statistik", Bd. 120, fest. Volksschulwesen 1891, S. 219. Dem dort S. 219–221 wiedergegebenen Gedankengang der Denkschrift entnehmen wir das Folgende.

Daß die Mittelschule höhere Ziele erreichen kann als die allgemeine „Gemeindeschule", obgleich „die Unterrichtszeit wenigstens der gesetzlichen Anforderung nach in beiden Schulen gleich ist", liegt nach Hofmanns Auffassung darin begründet, daß erstens „ihre Schüler die Schule regelmäßiger besuchen und mehr Anregung zu geistiger Tätigkeit zu Hause finden", und zweitens die Klassen kleiner und „die Lehrkräfte und die Lehrmittel besser sind als in der Gemeindeschule". Zumindest in den drei Oberklassen soll der Unterricht von an der Universität wissenschaftlich vorgebildeten Lehrern erteilt werden.
Eine Kommission, die Unterrichtsminister Falk zur Vorbereitung der Verfügung von 1872 einberufen hatte, kam in den wesentlichen Punkten zu ähnlichen Ergebnissen wie Hofmann. Auch sie hob hervor, daß die Mittelschule für die Kinder des „mittleren Bürgerstandes", insbesondere des „Handwerkerstandes", bestimmt sei (Volksschulwesen 1891, S. 221 f.). K. Schneider und A. Petersilie kommen dann 1893 aufgrund ihrer Darstellung dieser Entwicklung zu folgender zusammenfassenden Charakterisierung des „Wesens der eigentlichen Mittelschule":

„Sie unterscheidet sich von den höheren Lehranstalten dadurch, daß sie eine kürzere Schulzeit zuläßt, von ihren Leitern und Lehrern nicht akademische Bildung fordert und deswegen auch mit einem geringeren Kostenaufwande errichtet und unterhalten werden kann; ferner ist sie nicht ausschließlich für Knaben bestimmt, sondern es giebt auch Mädchen-Mittelschulen und sogar solche, in welchen Knaben und Mädchen nebeneinander unterrichtet werden. Andererseits erwirbt sie ihren Schülern keine Berechtigungen.
Von der Volksschule unterscheidet sich die Mittelschule dadurch, daß sie berechtigt ist, Schulgeld zu fordern, und daß infolge dessen ihr nur Kinder zugeführt werden, die nach Lage ihrer häuslichen Verhältnisse die Gewähr für ungestörten, regelmäßigen Schulbesuch geben, die Mittel zur Anschaffung eigener Schulbücher und Zeit für häusliche Wiederholungen und Übungen haben; sodann verfolgt ihr Lehrplan zugleich weitergehende Ziele auch in den Lehrgegenständen der Volksschule und fügt diesen den Unterricht in wenigstens einer fremden Sprache zu. Damit hängt es zusammen, daß von ihren Lehrern eine höhere Lehrbefähigung gefordert wird als von den Volksschullehrern, und daß die Schülerzahl in den einzelnen Klassen niedriger bemessen wird" (Volksschulwesen 1891, S. 223).

Es ist auffällig, daß in diesen Begründungen und Charakterisierungen kein eigenes, klar bestimmbares Bildungsziel für die Mittelschule formuliert wird, ihr Lehrplan sich vielmehr als ein Kompromiß zwischen dem der Volksschule und dem des Realgymnasiums darstellt. Als das beherrschende Motiv erscheint der Wunsch, der Misere der allgemeinen Elementarschule zu entfliehen und mit Hilfe einer eigenen Schule den „mittleren Bürgerstand" gegen die unteren Klassen der Bevölkerung abzugrenzen und ihn sozial zu konsolidieren. In diesem Zusammenhang ist hervorzuheben, daß der Plan Hofmanns die Mittelschule aus eigenen Elementarklassen hervorgehen läßt. Es ist anzunehmen (wenn auch aus den uns verfügbaren Quellen nicht eindeutig zu belegen), daß nicht wenige Schulen tatsächlich so organisiert waren: nach der Erhebung von 1891 hatten von den insgesamt 167 städtischen „öffentlichen Knaben-Mittelschulen" Preußens immerhin 48 Schulen 7 und mehr „aufsteigende Klassen", weitere 25 Schulen hatten 6 aufsteigende Klassen. In beiden Fällen waren also der fünfklassigen Mittelschule Vorklassen offenbar unmittelbar zugeordnet. Diese Regelung scheint besonders bei den großen Schulen die vorherrschende gewesen zu sein: Von den insgesamt 36 655 städtischen Mittelschülern wurden allein 23 690 in Schulen mit 7 und mehr aufsteigenden Klassen unterrichtet, weitere 6365 Schüler in den Schulen mit 6 aufsteigenden Klassen. Demnach sind etwa 80 Prozent aller städtischen männlichen Mittelschüler an Schulen mit eigenen Vorklassen unterrichtet worden (Volksschulwesen 1891, S. 118 f., Tabellenteil). Bei den Mädchen-Mittelschulen waren es sogar mehr als 90 Prozent (Volksschulwesen 1891, S. 164 f., Tabellenteil).

Bei den Privatanstalten finden sich niedrigere Relationen: 53 Prozent der städtischen Privatschüler und etwa 70 Prozent der städtischen Privatschülerinnen besuchten 1891 eine Anstalt mit Vorschulklassen (Volksschulwesen 1891, S. 240 f., Tabellenteil). Es verdient aber überhaupt in diesem Zusammenhang Beachtung, daß gerade auf dem Mittelschulsektor ein besonders großer Anteil von privaten Schulen existierte, das heißt Anstalten, die von vornherein, nicht zuletzt wegen der erhöhten Kosten, größere soziale Exklusivität garantierten.

Übrigens beeinflußten auch bei den öffentlichen Mittelschulen finanzielle Faktoren die Zugangsmöglichkeit. Nicht nur die (schulgeldpflichtige) Vorschule, sondern auch das teilweise beträchtliche Schulgeld für den Besuch der Mittelschule selbst wirkten notwendig als Barriere gegen die Aufnahme von Kindern aus der Unterschicht. Dabei konnte verschärfend wirken, daß mit dem Gesetz vom 14. 6. 1888 der Besuch der Volksschule, bis auf wenige Ausnahmen für nichteinheimische Kinder, kostenlos wurde. Im Jahre 1886 hatten Einnahmen aus dem Schulgeld noch fast 10 Prozent der Unterhaltskosten für die Elementarschulen abgedeckt, 1891 betrug der Anteil des Schulgeldes nicht einmal mehr 1 Prozent (Volksschulwesen 1891, S. 166 f.).

Demgegenüber erbrachten im selben Jahr die Schulgelder bei den öffentlichen Knaben-Mittelschulen etwa 39 Prozent der für den Unterhalt notwendigen Einnahmen. Nimmt man alle öffentlichen Mittelschultypen zusammen, so waren es sogar 45 Prozent des Gesamtaufwands, die vom Ertrag des Schulgeldes in Höhe von fünfeinhalb Millionen Mark gedeckt wurden (Volksschulwesen 1891, S. 260, S. 266). Das war eine Quote der

privaten Beteiligung, die der für die höheren Lehranstalten durchaus gleichkam[17]. 1911 war der Anteil des Schulgeldes zwar auf 41 Prozent der Unterhaltskosten für die preußischen Mittelschulen gesunken, infolge der allgemeinen Kostensteigerung entsprach das aber inzwischen einem Betrag von 10 Millionen Reichsmark (Volksschulwesen 1911, S. 156 ff.).
Es spricht einiges dafür, daß die Mittelschule nicht nur der Konsolidierung einer in Handel und Gewerbe beschäftigten Kleinbürgerschicht und ihrer Abgrenzung gegen die Klasse der Arbeiter diente, sondern zugleich die Funktion hatte, die soziale Sphäre des gehobenen Bürgertums gegenüber einer unteren Mittelschicht dadurch abzugrenzen, daß die höhere Schule von deren Kindern im wesentlichen freigehalten wurde. Dieser Gesichtspunkt wird zum Beispiel im einleitenden Referat des Generalsekretärs Bueck vor der Generalversammlung des Vereins für Socialpolitik im Jahre 1884 sehr klar formuliert.

Diese Tagung des Vereins in Frankfurt/Main stand unter anderem unter dem Thema „Die Einwirkung der Organisation unserer höheren und mittleren Schulen auf das soziale Leben und die Erwerbstätigkeit der Nation" (Verein für Socialpolitik, 1884). Man wird in dieser Diskussion keine erschöpfende Auskunft über die gestellte Frage erwarten; ebensowenig steht der Verein für Socialpolitik für die gesamte öffentliche Meinung im damaligen Kaiserreich. Immerhin repräsentieren aber die Stimmen der einzelnen Teilnehmer, die bis auf wenige kontroverse Punkte zu diesem Komplex eine relativ einhellige Meinung zum Ausdruck bringen, einen gewichtigen Teil jener deutschen Öffentlichkeit vor der Jahrhundertwende. Initiiert und über die gesamte Dauer seines Bestehens (1873–1936) beeinflußt war der Verein von der Gruppe der sogenannten Kathedersozialisten. Diese die damaligen Hochschulen beherrschende wissenschaftliche Richtung war in erster Linie von bürgerlichen Ökonomen und Sozialwissenschaftlern liberaler bis konservativer Färbung getragen, die eine vorsichtige soziale Reformpolitik befürworteten, um die aus dem ‚Manchesterkapitalismus' hervorgehenden sozialen Mißstände abzustellen, gleichzeitig aber weiteren Erfolgen der Sozialdemokratie und der Gefahr einer ‚sozialistischen Revolution' vorzubeugen (zu ihnen zählten so bedeutende Gelehrte wie A. Wagner, G. Schmoller, L. Brentano, M. Weber, W. Sombart). Damit ist aber nur die eine Seite des Vereins für Socialpolitik gekennzeichnet. Der Verein war, wie es bei der Gründung hieß, ins Leben gerufen worden als „eine praktische Organisation ... (zum Zweck), eindringlicher auf die öffentliche Meinung und Gesetzgebung zu wirken". Insofern verbreitete er reformerische Anschauungen „in Verbindung mit Vertretern der Praxis – insbesondere Beamten aus dem Staatsapparat, Pressevertretern und gleichgesinnten Unternehmern"[18].
Für die gesellschaftliche Relevanz der Tagungen beziehungsweise Diskussionen des Vereins spricht bereits die Tatsache, daß ein Mann wie Axel Henry Bueck Mit-

[17] Vgl. S. 131 ff.

[18] D. Fricke (Hrsg.): Die bürgerlichen Parteien in Deutschland. Handbuch der Geschichte der bürgerlichen Parteien und anderer bürgerlicher Interessenorganisationen vom Vormärz bis zum Jahre 1945, Bd. 2, Leipzig 1970, S. 735–742; S. 736.

glied des Vereins blieb und wie hier als Referent auftrat. Man kann Bueck ohne Zögern als eine der entscheidenden politischen Figuren des deutschen Kaiserreiches bezeichnen. Seine eigentliche Bedeutung erlangte er in Zusammenhang mit den mächtigen Interessenorganisationen von Wirtschaft und Industrie, die sich in den 70er Jahren des vorigen Jahrhunderts herausbildeten. 1873 wurde Bueck Generalsekretär des sogenannten Langnamvereins (Verein zur Wahrung der gemeinsamen wirtschaftlichen Interessen in Rheinland und Westfalen), im Jahre 1874 übernahm er außerdem die Geschäftsführung der inzwischen gegründeten Nordwestlichen Gruppe des ‚Vereins Deutscher Eisen- und Stahlindustrieller'. Beide Organisationen bildeten das Machtzentrum der vorwiegend im Ruhrgebiet zusammengeballten Schwerindustrie (Kohle, Eisen, Stahl), die wirtschafts- und sozialpolitisch einen zunehmend härteren Kurs steuerte. Der im Jahre 1884 54jährige Bueck erreichte erst drei Jahre später den Zenit seiner Laufbahn: er wurde 1887 Geschäftsführer des mächtigsten und konservativsten industriellen Interessenvereins, des Zentralverbandes Deutscher Industrieller (1876–1919). Dort sollte er als Prototyp des mächtigen Interessensyndikus eine außerordentlich aktive Rolle spielen[19].

Allerdings geht Bueck bereits davon aus, daß die Mittelschule die ihr zugedachte Funktion nur sehr unzureichend erfüllt, weil sie keine Berechtigung verleiht: deshalb ströme den höheren Schulen „eine Unmasse von Schülern zu, die nach dem Bildungsgrade und der sozialen Stellung ihrer Eltern für diese Schulen absolut nicht geeignet waren" (Verein für Socialpolitik 1884, S. 83). Bueck erklärte weiter, „... die meisten der hier ins Auge zu fassenden Schüler sollten nach den gegebenen Verhältnissen eigentlich in der praktischen Arbeit, im gewerblichen Leben bleiben ...". Die höhere Schule lenke sie jedoch „von ihrer natürlichen Laufbahn" ab und vermittle ihnen eine Halbbildung, die dazu führe, daß diese Schüler „diejenigen Kreise vermehren, die heute den Staat und die Gesellschaft durch ihre Unzufriedenheit bedrohen. (Sehr richtig!)" (Verein für Socialpolitik 1884, S. 84)[20].

Eine „soziale Gefahr" stellen jedoch nach Meinung der Diskussionspartner von Bueck nicht nur diejenigen dar, die durch den Besuch einer höheren Schule der Sphäre ihrer sozialen Herkunft entfremdet werden, sondern auch die Absolventen des niederen Unterrichtswesens selbst, die erfahren müssen, daß ihr Schulabschluß ihnen mangels Berechtigung keine Karriere eröffnet. So stellt der Hamburger Redakteur Dannenberg in seinem Diskussionsbeitrag fest:

„Die jetzigen Einrichtungen aber schneiden die Karriere der unteren Stände ab und halten diese Leute in einer niedrigeren Stellung zurück, nicht weil diese Leute nicht tüchtig sind, sondern weil man sie nicht höher steigen lassen will. Daher die

[19] Neue Deutsche Biographie, Bd. 2, S. 723 f.

[20] Vgl. auch das Korreferat von Dr. Stürenburg, der ebenfalls die Notwendigkeit hervorhebt, durch den Ausbau des Mittelschulwesens und die Steigerung seiner Attraktivität das Gymnasium zu entlasten (Verein für Socialpolitik, 1884, S. 110 ff.).

Tatsache, daß man im subalternen Beamtenstande so viele Unzufriedene findet, die trotz allen Talentes nicht weiter kommen können ... Und dann wundre man sich noch über das Umsichgreifen der Sozialdemokratie in den unteren Schichten des Beamtenstandes. Gerade die fähigsten Köpfe werden ihr zuerst in die Arme getrieben" (Verein für Socialpolitik 1884, S. 140).

Es ist nicht ersichtlich, welchen Anteil der „mittlere Bürger- und Handwerksstand" selbst an der Gründung der preußischen Mittelschule genommen hat, die ihm hier als die seinen Lebensbedingungen adäquate Schulform zugedacht wurde. Man kann das höchstens indirekt daraus erschließen, daß das von dieser sozialen Schicht aufgebrachte Schulgeld die wesentliche materielle Grundlage ihrer Existenz war. Der Zeitpunkt – das Jahr 1872 – läßt immerhin vermuten, daß die Mittelschulverfügung auch als eine, allerdings frühe, Reaktion des Staates auf die wachsende Agitation des sich in seiner Existenz bedroht fühlenden Kleingewerbes zu interpretieren ist, also als Teil einer staatlichen ‚Mittelstandspolitik'. Schon 1873 gelang mit der Gründung des „Vereins selbständiger Handwerker und Fabrikanten" in Leipzig der erste Versuch einer wirkungsvollen zentralen Vertretung der Interessen dieser Gruppen, die durch massiven Druck beträchtlichen Einfluß auf die staatliche Gesetzgebung gewannen, bis hin zur Restauration der Innungen (vgl. Winkler, 1971).
So wichtig das Motiv der sozialen Abgrenzung und Konsolidierung des ‚mittleren Bürgerstandes' für die Begründung der Mittelschule gewesen sein mag und so wenig auch spezifisch berufliche Ausbildungsziele ihren Lehrplan bestimmten, so wäre ihre Existenz wohl kaum zu sichern gewesen, wenn sie nicht auch inhaltlich objektiven gesellschaftlichen Bedürfnissen entgegengekommen wäre. Schließlich existierte die Mittelschule fast ausschließlich von Schulgeldern und Gemeindezuschüssen. (Dies weisen die Erhebungen von 1891 und 1911 deutlich aus.) Für das Vorhandensein eines Bedürfnisses nach ‚mittlerer Bildung' spricht auch die schon erwähnte hohe Zahl von Privatschulen im Mittelschulsektor.
Die Relationen trügen allerdings, blickt man nur auf die Anzahl der Schulen; denn im Jahre 1891 standen den 550 öffentlichen Mittelschulen mehr als doppelt so viele private Anstalten gegenüber, die wesentlich kleiner waren. Trotzdem: von den insgesamt 212 138 Schülern und Schülerinnen, die damals in Preußen überhaupt zur Mittelschule gingen, besuchten 80 868, das heißt fast 40 Prozent, private Schulen (Volksschulwesen 1891, S. 308 f.). Zwanzig Jahre später hatte sich das Bild nicht sehr wesentlich verändert. Die Privatschüler stellten 1911 mit einem Viertel der Gesamtzahl derer, die an einer zu den Mittelschulen zählenden Anstalt Unterricht erhielten, noch immer einen hohen Anteil (Volksschulwesen 1911, S. 88, Tabellenteil).

Auch diese Zahlen verlangen eine Einschränkung: Läßt man die Mädchenschulen beiseite, zumal auch die höheren Mädchenschulen statistisch unter dem Begriff Mittelschule rangierten, und berücksichtigt nur die Knaben-Mittelschulen, so verschieben sich die Verhältnisse doch wesentlich zugunsten der öffentlichen Anstalten. Die Zahl der öffentlichen und privaten Schulen ist 1891 fast identisch (um 190), aber fast viermal so viele Schüler, nämlich 37 931 gegenüber 10 923, besuchen die öffentlichen Schulanstalten (Volksschulwesen 1891, S. 116, S. 240, Tabellenteil).

Vor allem die ungünstigen Verhältnisse der Elementarschule und die geringe Aussicht auf ihre Verbesserung machen verständlich, daß das Kleinbürgertum seine Ressourcen nicht primär in berufsbildende Fachschulen, sondern in eine Schulart investierte, die eine gehobene grundlegende Allgemeinbildung zu vermitteln versprach. Das um so mehr, als diese Allgemeinbildung inzwischen auch jene Gegenstände umfaßte, die für die gewerbliche Wirtschaft wie für den Handelssektor grundlegend waren: Mathematik und Naturwissenschaften und wenigstens eine Fremdsprache.

Die Bedeutung einer solchen grundlegenden Allgemeinbildung für das gewerbliche Leben ist von Bueck in dem schon zitierten Referat mit einem Hinweis auf England bekräftigt worden:

„Ich glaube nach meiner jetzt schon langjährigen Beobachtung des wirtschaftlichen Lebens annehmen zu dürfen, daß die englische Nation nicht in der Lage ist, ihre hohe wirtschaftliche Stellung aufrecht zu erhalten, und zwar weil ... die große Masse selbst der besser situierten Kreise, unter Hintansetzung der allgemeinen Bildung lediglich in der Fachbildung ihre Befriedigung gesucht hat" (Verein für Socialpolitik, 1884, S. 80).

Bueck sieht durchaus auch den Zusammenhang zwischen der Notwendigkeit, die Mittelschule zu fördern, und dem ungenügenden Zustand des Elementarschulwesens:

„Ich glaube, daß die Entwicklung und Organisation unseres Schulwesens unsere sozialen Verhältnisse und die Erwerbstätigkeit der Nation dadurch ungünstig beeinflußt haben, daß durch die Jahrhunderte und bis heute für die Vorbildung und Ausbildung der unteren Volksklassen sowohl, wie namentlich des sog. Mittelstandes, nicht das Genügende geschehen ist. Die Folgen des Umstandes, daß eine Mittelschule gefehlt hat, sind verschärft durch die bis vor kurzem noch ganz mangelhaften Leistungen der Volksschule" (Verein für Socialpolitik, 1884, S. 91).

Dennoch wurde die Mittelschule auch nach ihrer offiziellen ‚Gründung' im Jahre 1872 nicht zu der Schule des ‚mittleren Bürgerstandes': Die Erhebung von 1891 weist 48 920 männliche Schüler an den (verschiedenen) öffentlichen Mittelschulen aus, das sind nur etwa 5000 mehr, als 1864 (vor den Expansionskriegen) im kleineren alten Preußen gezählt wurden. Zwanzig Jahre später hatte sich die Zahl der Mittelschüler zwar auf 92 053 gesteigert, also knapp verdoppelt, in der gleichen Zeitspanne hatte aber auch die Zahl der Jugendlichen im Alter von 5 bis 14 Jahren um ein Drittel zugenommen (Volksschulwesen 1911, S. 88, Tabellenteil)[21]. Petersilie und Schneider sprechen deshalb mit Recht von der „auffällig geringen Benutzung der Anstalten, insbesondere seitens der männlichen Jugend" (Volksschulwesen 1891, S. 245).

Der Untersuchung von W. Fischlein zufolge fällt es auf, „daß sich die Handelskammern um die Mittelschulen im Sinne der Terminologie der preußischen Bestimmungen von 1872 . . . nur wenig gekümmert haben" (Fischlein, 1968, S. 71). „Die Realschule, soweit sie die Berechtigung zum einjährigen Militärdienst gewährte, fand bei Handel und Industrie stärkere Beachtung. Sie wurde weithin als die beste Vorschule des Kaufmanns angesehen" (S. 73).

Tatsächlich scheint das Fehlen solcher ‚Berechtigungen', soweit sich von der schulorganisatorischen Seite die Entwicklungshemmnisse ausmachen lassen, das stärkste Hindernis für die Ausbreitung der Mittelschule gewesen zu sein. Unter den Zeitgenossen besteht darüber ein weitgehender Consensus, wie etwa die Verhandlungen des Vereins für Socialpolitik in vielen Beiträgen zeigen. Schon Hofmann hatte in seiner Denkschrift die Einrichtung von Mittelschulen nur dann als sinnvoll bezeichnet, wenn ihnen die Berechtigung zum einjährigen Dienst zugestanden würde. Andererseits waren offensichtlich die verschiedenen (standespolitischen, vielleicht auch militärischen) Interessen zu stark, die sich dagegen sperrten, das bislang weitgehend den gesellschaftlichen Oberschichten vorbehaltene Privileg des Einjährig-Freiwilligen zu verallgemeinern und prinzipiell den ‚mittleren' Bevölkerungskreisen zugänglich zu machen. Ruth Meyer faßt ein Hauptergebnis ihrer Untersuchung über „Das Berechtigungswesen in seiner Bedeutung für Schule und Gesellschaft im 19. Jahrhundert" in der Feststellung zusammen: „Es ist dem Berechtigungskampf zuzuschreiben, daß sich in Preußen kein eigentliches Mittelschulwesen entwickelte . . ." (R. Meyer, 1968, S. 765).

Mit der Verfügung von 1872 hatte die Mittelschule im wesentlichen die Gestalt gewonnen, die sie bis heute hat (vgl. Brandau, 1959, insbesondere

---

[21] Der wesentlich ungünstigere Eindruck, den ein Vergleich der Gesamtzahlen aller Mittelschüler liefert – von 212 138 Schulbesuchern im Jahre 1891 stieg die Zahl bis 1911 nur auf 242 889 –, basiert wahrscheinlich zu einem wesentlichen Teil auf Veränderungen in der Schulorganisation. Die ‚höheren Mädchenschulen', die 1891 noch zum niederen oder mittleren Schulwesen gerechnet worden waren, hatten sich zum größeren Teil zu Lyzeen, also Oberschulen, weiterentwickelt, allerdings verblieb ein ungeklärter Prozentsatz dieser Anstalten auch noch 1911 im Verband des niederen Unterrichtswesens (Volksschulwesen 1911, S. 84, 89, Tabellenteil).

S. 39–45 und S. 299–358; H.-P. Freytag, 1969, besonders S. 305–315). Wir können deshalb den Exkurs über ihre Geschichte hier abbrechen.

Aus der im folgenden abgedruckten Protokollpassage der Konferenz, die im Juni 1872 – also kurz vor dem ministeriellen Erlaß zur Begründung der Mittelschule – abgehalten worden war, sind noch einmal mit der sozialen Funktionsbestimmung zugleich die sozialen Hemmnisse abzulesen, die der Mittelschule von Beginn an in den Weg gelegt waren.

„Ein Theil der Versammlung betonte, daß das Ziel der Mittelschulen nur eine für den mittleren Bürgerstand ausreichende Vorbildung sein solle: dieselben sollten dazu dienen, den Mittelstand, welcher im Schwinden begriffen, zu kräftigen und ihm die nöthige Bildung zu geben, damit er das verlorene Terrain wiedergewinnen könne. Es wurde bemerkt, daß eine in Barmen gegründete mittlere Gewerbeschule bald zu einer höheren geworden sei, welche nur mit ihren unteren Classen dem mittleren Bürgerstand diene. Deshalb, wurde gesagt, dürfe das Ziel der Mittelschulen nicht so hoch gesteckt werden, daß etwa ihren Schülern die Berechtigung zum einjährigen Militärdienst gegeben werden solle. Die Ertheilung dieser Berechtigung sei um so schwerer zu erlangen, als die Militärverwaltung mit ihren desfallsigen Ansprüchen immer mehr in die Höhe gehen müsse, weil die Regimenter mit einjährig Freiwilligen überfüllt würden. Ein Mitglied der Versammlung wünschte dagegen der Mittelschule wenigstens die Aussicht zu erhalten, daß ihren Schülern später die Berechtigung zum einjährigen Militärdienst ertheilt werden könne. Die Berechtigung zum einjährigen freiwilligen Militärdienst, wurde gesagt, setze nicht mehr Kenntnisse voraus, als man in der Mittelschule erwerben könne; die Eltern würden ihre Kinder nicht so frühzeitig aus der Schule nehmen, wenn die Aussicht auf die Erwerbung jener Berechtigung bestände, und die bedeutende Anzahl von Schülern, welche nur um diese Berechtigung zu erlangen, die unteren Classen der Gymnasien überfüllten, sich den Mittelschulen zuwenden. ... Die Commission hatte die verschiedenen Ansichten über das Ziel der zu erreichenden Bildung dadurch zu vereinigen gesucht, daß sie (in einer vorbereiteten thesenartigen Beschlußvorlage, d. Verf.) die Fassung gewählt: (Die Mittelschule) – verzichtet vorläufig – auf Erlangung der den höhern Schulen zuerkannten Berechtigungen" (Centralblatt, 1872, S. 385–455; S. 426 f.).

Die Mittelschule wird auf dieser ‚Gründungskonferenz' geradezu in den Rahmen eines sozialpolitischen Konzepts gerückt, das die Förderung und Stützung des ‚Mittelstandes', sowohl gegenüber dem vordringenden Großbetrieb als auch gegenüber der wachsenden Zahl der Arbeiterklasse, zum Ziel hat. Doch zeigt sich in der scharfen Trennung von Mittel- und Oberschulen – insbesondere wenn man die Mittelschule zur Auffangstelle für die bisherigen Schüler der unteren Oberschulklassen erklärt –, daß in die Mittelschule unmittelbar auch die sozialen Interessen der Oberschicht investiert waren. Insgesamt scheinen sich in der Gründung dieses Schultyps damals allgemein neu belebte Vorstellungen von einer hierarchischen, ständeartigen Gesellschaftsformation zu spiegeln.

Die Unstimmigkeiten anläßlich der Berechtigung zum Einjährig-Freiwilligen Dienst geben jedoch einen Einblick in die Schwierigkeit der Lösung. Offensichtlich erklärte sich nur der kleinere Teil der Konferenzteilnehmer dafür, dieser Berechtigung – bislang Emblem der Besitzenden – ihre soziale Exklusivität zu nehmen, um sie als schulpolitisches Steuerungsinstrument, gewissermaßen als Köder für die Mittelschulen zu verwenden. In der Kompromißlösung war das Scheitern beziehungsweise die Tatsache, daß die Mittelschule vor 1872 nur einen begrenzten Erfolg haben sollte, schon vorweggenommen[22].

Zusammenfassung

Deutlich wird geworden sein, daß sich die Mittelschule nur begrenzt auf die Tradition der Realschule des 18. Jahrhunderts berufen kann. Damals war es um die Konstituierung einer umfassenden Bürgerbildung gegangen. Es galt, die neuen Wissenschaften, die eine rationale Begründung nicht nur des technischen Fortschritts, sondern auch der Regeln sozialen Verhaltens im privaten ebenso wie im politischen und ökonomischen Sektor zu liefern versprachen, in den Kanon allgemeiner Grundbildung aufzunehmen. Diese selbst sollte damit aus dem bloßen praktischen Nachvollzug auf ein neues Niveau methodischer Regelung und theoretischer Durchdringung von Lernprozessen gehoben werden.

---

[22] Einen Beleg dafür, daß unsere Analyse der sozialen Funktion der Mittelschule nicht die Realität verfehlt, liefert die Untersuchung von R. W. Keck über die „Geschichte der Mittleren Schule in Württemberg"; denn bei aller Eigenständigkeit der Entwicklung des Schulwesens in diesem Land zeigen sich doch sehr deutliche Parallelen zu Preußen. Keck sucht u. a. den Nachweis zu führen, daß die Entstehung der Mittelschule eng mit der Herausbildung einer sozialen Mittelschicht zwischen gehobenem Bürgertum und ländlicher und städtischer Unterschicht verbunden ist. Während auch in Württemberg Real- und Gewerbeschulen sich in der ersten Hälfte des 19. Jahrhunderts als Teil des höheren Schulwesens entwickeln, bleibt dem „niederen Gewerbestand" als Alternative zu der ungenügend entwickelten Elementarschule nur die „niedere Realschule", die vielfach einklassige Lateinschule und die Schulprivat, d. h. lizensierter, über den Lehrplan der Elementarschule hinausgehender Sonderunterricht. Das Volksschulgesetz von 1836 weist die Realien dem Fortbildungsunterricht der Sonntagsschule zu; 1855 werden, dem preußischen Vorbild entsprechend, Geschichte, Naturgeschichte, Pädagogik, Didaktik sogar aus der Lehrerbildung ausgeschlossen (Keck, 1968, S. 226). Kein Wunder also, daß die Volksschule auch für eine untere Mittelschicht wenig anziehend sein konnte. Dem Bedürfnis nach vermehrtem und verbessertem Unterricht suchte man durch die Einrichtung von Realklassen an den Lateinschulen und – seit 1864 – durch die Förderung von den niederen Realschulen gleichgestellten Mittelschulen Rechnung zu tragen.

Keck bringt eine Fülle von Hinweisen darauf, daß die württembergische Mittelschule im wesentlichen eine Fortentwicklung der Volksschule um die Realfächer gewesen ist und von Zeitgenossen (wie die „niedere Realschule") primär als eine „gehobene Volksschule" verstanden wurde. Nach Meinung vieler Pädagogen und liberaler Schulpolitiker sollte ihr Lehrplan eigentlich der aller Volksschulen – oder doch zumindest der städtischen – sein. Keck charakterisiert sie als „elitären Teil der Volksschule" für „eine Sammlung aller sich bürgerlich fühlenden Volksteile von unten um den mittelständischen Kern Württembergs, das Handwerk" (Keck, 1968, S. 198). Wie in Preußen grenzt also die Mittelschule das Kleinbürgertum schulisch gegen die Unterschicht wie gegen die bürgerlichen Oberschichten ab; wie dort ist sie zugleich der erste Schritt zur institutionellen Verallgemeinerung eines neuen Verständnisses von allgemeiner Grundbildung, die sich nicht mehr auf die Einführung in die kulturellen Grundtechniken und die religiöse Unterweisung beschränkt, sondern – freilich in elementarer und oft ideologisierter Form – in jene Wissensgebiete hineinreicht, die die gesellschaftliche Entwicklung im 19. Jahrhundert zu bestimmen beginnen.

Man kann in diesem Programm einen bildungstheoretischen oder bildungspolitischen Vorgriff auf eine bürgerliche Gesellschaft sehen. Diese selbst kündigte sich allerdings in den deutschen Ländern erst an einigen Stellen unter der Decke absolutistischer, ja zum Teil noch feudalistischer Herrschafts- und Rechtsformen an. Und das Scheitern der umfassenden Realschulidee dürfte auch damit zusammenhängen, daß es dieses Bürgertum als Zentrum und Kraftquelle nicht nur der ökonomischen, sondern auch der politischen Entwicklung noch nicht gab.

Gescheitert ist die Realschule zunächst in dem Sinne, daß das Gesamtkonzept realistischer Bildung sich nicht in einer Schulform verwirklichen ließ. Die von ihm ausgehenden Impulse wirkten mit unterschiedlicher Stärke in die verschiedenen Bildungsinstitutionen hinein: am spätesten und am schwächsten wohl in die Elementarschule. Auch der Gedanke einer ökonomisch-technologischen Grundbildung hat sich nur in der eingeschränkten Form gewerblicher und kaufmännischer Fachschulen sehr allmählich und partiell durchsetzen können. Der nachhaltigste Einfluß ist vielleicht im Eindringen des mathematischen und naturwissenschaftlichen Unterrichts nicht nur in die neuen Formen der Realschule, sondern auch ins traditionelle Gymnasium und die Stadt-, Rektorats- und Bürgerschulen zu sehen, die teils als unmittelbare Vorläufer der preußischen Mittelschule von 1872 gelten können. Auch die im Laufe des 19. Jahrhunderts zunehmende Ausbreitung des neusprachlichen Unterrichts ist in diesem Zusammenhang noch einmal hervorzuheben.

Das Entscheidende dürfte sein, daß sich in diesem Prozeß ein neuer Begriff grundlegender Allgemeinbildung oder allgemeiner Grundbildung entfaltet. Hinsichtlich der Gegenstandsbereiche unterscheidet sich der Lehrplan der Mittelschule von 1872 von dem der Volksschule dieser Zeit nur durch die Aufnahme mindestens einer Fremdsprache und berufsbezogener Kurse in den Abschlußklassen. Der Volksschule fehlten jedoch die materiellen Grundlagen und die zureichend ausgebildeten Lehrer, um diesen Lehrplan zu realisieren. Das Kleinbürgertum der Städte stand damit vor dem Zwang, diese der modernen Industriegesellschaft des ausgehenden 19. Jahrhunderts entsprechende allgemeine Grundbildung selbst zu finanzieren. Es hat das in nicht unbeträchtlichem Ausmaß geleistet (von den 1,7 Millionen Mark für die Besoldung der Lehrer an Knaben-Mittelschulen zum Beispiel wurden aus Schulgeld 1891 allein 1,2 Millionen aufgebracht. Die Gemeinden steuerten weitere fast 400 000 Mark bei, der Staat nur etwa 23 000 Mark. Die Gemeinden trugen auch die Hauptlast der „sächlichen Unterhaltungskosten"; Volksschulwesen 1891, S. 250). Sie haben sich damit die Möglichkeit der Abgrenzung und Konsolidierung des eigenen Standes gegenüber den Unterschichten erkauft. Erst die

Gesamtschule schafft heute – in Ausstattung und Qualifikation der Lehrer – die institutionelle Voraussetzung dafür, daß dieser Lehrplan einer allgemeinen Grundbildung für das Leben in der Industriegesellschaft in die Reichweite aller Kinder und Jugendlichen gerückt wird. Er ist inzwischen um den politisch-sozialwissenschaftlichen Bereich erweitert worden, der ebenfalls im Konzept der alten Realschule des 18. Jahrhunderts bereits enthalten war. Die damals entworfene technologisch-ökonomische Grundbildung ist als Bestandteil des allgemeinbildenden Unterrichts zumindest in der bürgerlichen Schule nach wie vor umstritten.

Zu Beginn dieses Kapitels war festgestellt worden, daß das Aufgehen der Mittelschule in der Gesamtschule offenbar kein komplikationsloser Vorgang ist, und ein Rückblick auf die Geschichte der Institution erlaubt einige Thesen darüber, wo die Komplikationen liegen. Wir hatten mehrfach Belege dafür gebracht, daß in die Mittelschule bis in die Gegenwart hinein starke soziale Interessen investiert sind; für die untere Mittelschicht ist sie ein Instrument, den sozialen Status zu festigen, aber auch sich selbst gegen die Unterschicht abzugrenzen, für Teile der Arbeiterschaft ein Mittel sozialen Aufstiegs, für die obere Mittelschicht schließlich erfüllt sie seit ihrer Gründung den Zweck, die Institutionen der ‚höheren Bildung' weitgehend von den Kindern der Unterschicht und des Kleinbürgertums freizuhalten. (Dabei ist natürlich ihre Funktion mit diesen Zwecken nicht erschöpfend bezeichnet.)

Es fehlt auch nicht an Entwicklungen, die die Position der Mittelschule in unserem Schulwesen stützen, so die Entscheidung, ihren Abschluß mit der Berechtigung zum Besuch der Fachoberschule zu verbinden. Überhaupt scheint der Lehrplan der Mittelschule mit seiner starken Betonung des mathematisch-naturwissenschaftlichen Fachbereichs (in einigen Ländern auch mit der durch Wahlpflichtdifferenzierung geschaffenen Möglichkeit, andere Schwerpunkte zu wählen, zum Beispiel den sprachlichen, den wirtschaftlich-sozialkundlichen oder den technisch-künstlerischen) neben dem Angebot intensiven Unterrichts in einer oder zwei Fremdsprachen zum Vorbild für manche Neukonzeptionen der Sekundarstufe I geworden zu sein.

Die Gesamtschule verspricht jedoch mindestens eine der oben genannten sozialen Funktionen effektiver zu erfüllen, nämlich die, sozialen Aufstieg zu erleichtern, soweit das über Bildungsinstitutionen möglich ist. Darauf weist zumindest die von Fend u. a. (1974) durchgeführte Erhebung der Schulziele von Schülern des 9. Schuljahrs in Gesamtschulen und im dreigliedrigen Schulsystem hin, die wir in der folgenden Übersicht wiedergeben:

Diese Zahlen besagen, daß der Hauptschulabschluß für die Gesamtschüler

Schulabschlußerwartungen von Schülern des neunten Schuljahrs unterschiedlicher sozialer Herkunft im Gesamtschulsystem und im traditionellen System. Angaben in Prozent.

		N =	Hauptschulabschluß	Realschulabschluß	Abitur
GS	Oberschicht	107	9,4	31,1	59,4
	Mittelschicht	466	10,0	47,6	42,4
	Unterschicht	268	15,9	57,6	26,5
TS	Oberschicht	78	15,4	33,3	51,3
	Mittelschicht	333	32,4	42,7	24,8
	Unterschicht	195	55,0	34,0	11,0

nur noch eine geringe Attraktivität hat – im Durchschnitt erwarten ihn 12,2 Prozent gegenüber 38,2 Prozent der Schüler im traditionellen Schulsystem –, daß für die Mehrzahl (48,1 Prozent der Gesamtschüler gegenüber 38,5 Prozent im traditionellen System) vielmehr ein dem Realschulabschluß vergleichbares Schulziel erstrebenswert scheint. Schließlich steigt auch der Anteil der Schüler, die erwarten, das Abitur zu erreichen, von 23,2 Prozent im traditionellen System auf 39,7 Prozent unter den Gesamtschülern. Die verschiedenen sozialen Schichten sind an dieser Umorientierung hinsichtlich des erwarteten Schulabschlusses nicht in gleichem Umfang beteiligt. Im integrierten Schulsystem verändert sich vielmehr das Aspirationsniveau vor allem der Schüler aus Unter- und Mittelschicht.

Auch die Funktion des Statuserhalts dürfte die Gesamtschule ebenso wie die Mittelschule erfüllen – jedenfalls, wenn man nicht im Aufstieg ‚von unten' eine Gefährdung des eigenen Status sieht. Das freilich scheint – wie die Abgrenzungsfunktion der Mittelschule ‚nach unten' und ‚von oben' zeigt – die historische Regel zu sein. Die Möglichkeit eines ‚massenhaften' Aufstiegs über Institutionen des Bildungswesens unterminiert gewissermaßen prinzipiell die Vorstellungen von Aufstieg und Status in einer Hierarchie sozialer Positionen. Es ist hier nicht zu erörtern, ob in den Gesamtschulkonzepten dieses Ziel eines weitgehenden Ausgleichs gesellschaftlicher Unterschiede bewußt anvisiert worden ist. Vielmehr kommt es uns auf den Hinweis an, daß die Abgrenzungsfunktion der Mittelschule eine Konsequenz der gesellschaftlichen Ungleichheit ist und daß der Widerstand gegen die Gesamtschule wesentlich von der Furcht motiviert ist, sie werde diese Funktion nicht erfüllen.

Aus diesen Überlegungen folgt eine weitere These, die sich auf die Entwicklung der Gesamtschule selbst bezieht: Es ist zu erwarten, daß sich auch in ihr Strukturen durchsetzen, die die Abgrenzungsfunktion der traditionellen Schultypen im dreigliedrigen Bildungswesen in modifizierter (und sicher quantitativ abgeschwächter) Form übernehmen. Hier ist insbesondere an Formen der Leistungs- und Neigungsdifferenzierung zu denken, die – obgleich primär an Kriterien der Schulleistung und des Interesses der Schüler orientiert – sich doch zugleich auch als Formen der sozialen Selektion erwiesen haben. Tendenziell dürfte sich in der Gesamtschule die soziale Schichtung der Gesellschaft, die bisher ihr schulorganisatorisches Korrelat in den gegeneinander abgegrenzten Schultypen hatte, in den Leistungs- und Neigungskursen und ihnen zugeordneten Abschlüssen mit unterschiedlicher „Berechtigung" reproduzieren. Widerstand gegen die Gesamtschule kommt im übrigen auch aus Lehrerkreisen, vor allem von Lehrern der höheren Schule. Diese Tatsache weist darauf hin, wie gewichtig auch im Bildungswesen selbst das Interesse ist, einen gehobenen Status zu wahren und ‚nach unten' abzugrenzen.

3. Die Elementarschule im Zusammenhang der wirtschaftlichen Entwicklung

Im Verlauf der bisherigen Betrachtung haben sich bereits zahlreiche Hinweise zum Konnex der wirtschaftlichen Entwicklung und dem – ungleichmäßigen – Wachstum der öffentlichen Bildungsinstitutionen ergeben. Sie sind im Zusammenhang mit bestimmten ‚bildungsökonomischen' Thesen oder Prämissen aus der aktuellen bildungspolitischen Diskussion (zum Beispiel ‚Schule als Qualifikations- beziehungsweise Dequalifikationsinstanz der Ware Arbeitskraft') möglicherweise dazu angetan, unangemessene Erwartungen in Richtung auf eine grundlegende oder gar systematische Darstellung in diesem Abschnitt zu wecken. Umgekehrt dürften unsere bisherigen Überlegungen, insofern sie die Komplexität der Beziehungen zwischen Inhalten, Struktur, Expansion des allgemeinbildenden öffentlichen Schulwesens und ökonomischen Vorgängen oder Bedürfnissen veranschaulichen, angesichts der damit gegebenen Schwierigkeiten einer Analyse die Notwendigkeit einer Präzisierung der Fragestellung (wie der Geltungsansprüche von Aussagen) plausibel machen.

In der Tat wird die grundsätzliche Bedeutung wirtschaftlicher Faktoren für die Gestaltung des Schulwesens schon dadurch unterstrichen, daß die Skizze der Entwicklung des Elementar- und Mittelschulwesens mehrfach den Rahmen rein schulgeschichtlicher und staatspolitischer Betrachtung zerbrach und in wesentlichen Punkten auf den Einfluß ökonomischer Bedingungen führte. So läßt sich etwa der außerordentlich langsam voranschreitende Auf- und Ausbau der preußischen Elementarschule nur unter Berücksichtigung des Phänomens der Kinderarbeit und – nicht unabhängig davon – der schwierigen Frage nach den ökonomischen Potenzen der vor- beziehungsweise frühindustriellen Gesellschaft interpretieren. Und bei der Mittelschulentwicklung waren es unter anderem höchstwahrscheinlich wirtschaftliche beziehungsweise eng damit zusammenhängende Entwicklungen der Technologie, die die Realschule im 19. Jahrhundert in eine von der ursprünglichen Konzeption weit wegführende Richtung drängten. Doch zeigt gerade das letzte Beispiel nicht anders als unsere vorherigen Ergebnisse, wie unangemessen die Annahme wäre, daß sich die Einflüsse aus der ökonomischen Sphäre im Bildungswesen isoliert oder unvermittelt geltend machten. Offenbar überlagern sich politisch motivierte Impulse beziehungsweise Restriktionen und soziale Interessen – etwa Statuserwerb oder kollektive Statussicherung, deren Gewicht für die

Schulorganisation die Geschichte der Real- und Mittelschule belegt – in ihren Wirkungen mit denen, die von wirtschaftlichen Prozessen ausgehen. Nicht zu übersehen ist auch der Impetus ideologischer Momente, der die Entwicklung des Schulwesens beeinflußte und – wie etwa aufklärerische Ideen in der preußischen Reformära – Zielpunkte der Schulorganisation bestimmte.

Schon aufgrund ihres wechselseitigen gesellschaftlichen Zusammenhangs lassen sich dabei die verschiedenen genannten Einflüsse kaum als voneinander unterscheidbare Faktoren fassen; erst recht fällt dies schwer für Perioden, in denen – aufgrund des staatlichen Machtvorteils – politischer und wirtschaftlicher Bereich in hohem Maße einseitigem, identischem Einfluß unterliegen beziehungsweise politische, wirtschaftliche, auch soziale Bedürfnisse in ihrer staatlichen Interpretation für die Schule ineinander aufgehen. Entsprechendes scheint nach unserer bisherigen Analyse für die Elementarschule des 18. und frühen 19. Jahrhunderts zuzutreffen, in deren Zielsetzung sich in gewissem Maße von vornherein politische und ökonomische Motive durchdringen: der im Sinne ‚guter Polizei' regierbare Untertan, den verschiedene Schulordnungen anvisierten, hatte sich ebenso als willfähriges Objekt herrschaftlicher Ansprüche wie als gefügiges Werkzeug wirtschaftlicher Erfordernisse zu erweisen. Denn in der Tat bestimmte, wie angedeutet, im absolutistischen Preußen in hohem Maße das staatliche Handeln die wirtschaftliche Entwicklung – zumindest insoweit sie sich in den Dienst der Konsolidierung der landesherrlichen Souveränität stellen ließ.

Sowenig also die Wirkung ökonomischer Faktoren aus dem Zusammenhang anderer Einflüsse auf die Schulentwicklung durchgängig zu lösen ist, sowenig scheinen ökonomische Prozesse insgesamt ein homogenes Feld abzugeben, aus dem kontinuierlich gleichgerichtete Impulse auf das Bildungswesen wirken. Ganz grob zu unterscheiden wäre etwa zwischen positiven, das heißt fördernden oder beschleunigenden, und restriktiven Einwirkungen. Dabei ist uns bisher das wirtschaftliche System weit häufiger als ein wesentlicher Hemmfaktor der Schulexpansion begegnet, als daß sich positiv Hinweise auf eine Situation fanden, in der ‚die Wirtschaft' mit gezielten Ansprüchen als der entscheidende Schrittmacher der Institutionalisierung beziehungsweise des Ausbaus der allgemeinbildenden Schulen fungierte. Doch bedarf es offensichtlich noch einer genaueren Prüfung der Frage, inwieweit sich ökonomische Teilvorgänge in Anstöße für die Organisation von Bildungsprozessen übersetzten. Nicht zu übersehen, wenngleich im einzelnen schwer zu fassen, ist freilich schon aufgrund unserer bisherigen Kenntnis jene mehr indirekte Förderung, die der Aufbau öffentlicher Bildungsinstitutionen durch die wirtschaftliche

Entwicklung erfuhr; denn erst die langfristige Überwindung der kollektiven Armut und weitverbreiteten Not einer agrarwirtschaftlichen Gesellschaftsformation im Zuge des industriellen Aufschwungs schuf die objektive materielle Voraussetzung für eine Organisation des Bildungswesens, das wirklich die Allgemeinheit der Bevölkerung erreichte und zunehmend länger in sich aufnahm. Nicht nur erweiterte sich angesichts der wachsenden Ressourcen auf staatlicher und kommunaler Ebene der bildungspolitische Spielraum. Vor allem zerfiel mit der allmählichen Einkommensverbesserung nach der Phase der industriellen Revolution – wie sich aus der Entwicklung des Schulbesuchs schließen läßt – die unglückliche Koalition zwischen dem Gewinninteresse unternehmerischer Gruppen und dem Elend der Eltern, die die Kinderarbeit fast bis ans Ende des 19. Jahrhunderts in bestimmten Sektoren Bedeutung behalten ließ.

Gerade von den letzten Aussagen her bietet sich eine weitere Differenzierung mit der Frage an, inwieweit das Bildungssystem gewissermaßen in der Folge beziehungsweise als ein Resultat wirtschaftlicher Anstrengungen oder aber seinerseits auch als eine Bedingung ökonomischer Prozesse sich konstituierte. Der erfolgreiche Aufbau öffentlicher Schulen erscheint nach unserer bisherigen Darstellung mit dem wirtschaftlichen Aufschwung zur kapitalistischen Industriegesellschaft noch sehr äußerlich verknüpft. Darüber hinaus aber finden sich bei den Real- und Mittelschulen einige Anhaltspunkte für die Erkenntnis, daß das Bildungswesen, jedenfalls in einzelnen Teilen, eine wesentliche Bedeutung gerade dadurch erhielt, daß es der wirtschaftlichen Entwicklung nachfolgte. So liegt es durchaus auf der Linie unserer bisherigen Ergebnisse, wenn man hinter dem beobachteten Trend der ‚Akademisierung' – in dessen Verlauf sich Institutionen mittlerer Bildung und gewerblicher Fortbildung in Oberschulen und zum Teil Hochschulen verwandelten – auch das besondere Bedürfnis bürgerlicher Gruppen vermutet, ihre ökonomisch erworbenen Positionen mit Hilfe von Bildung zu etikettieren und in einem weiteren Sinne sozial abzusichern. Das Schulsystem übernahm dabei also die Aufgabe, den wirtschaftlichen Differenzierungsprozeß, der eine Kluft zwischen Unternehmern und Handwerkern beziehungsweise zwischen diesen und den Arbeitern geschaffen hatte, zu sanktionieren: Es bestätigte gewissermaßen die neue Differenzierung und verfestigte sie auch seinerseits. Freilich ist nicht einmal bei der von derartigen Interessen beherrschten Begründung der Mittelschule zweifelsfrei zu unterstellen, daß sich die Funktion des Bildungswesens darin erschöpft hätte.

Bei dem Wirkungszusammenhang von Schulbildung und wirtschaftlichem Sektor hat uns indessen die andere Seite, die Bedeutung, die das Bildungssystem seinerseits als Faktor der wirtschaftlichen Entwicklung hat(te), nur am Rande beschäftigt. Im wesentlichen sind wir nicht über die Einsicht hinausgekommen, daß – nach der Analyse der Elementarschulentwicklung, insbesondere der Inhalte ihres Unterrichts, zu schließen – die Qualifikationsleistungen der Schule nicht nur und vielleicht nicht einmal überwiegend auf der Ebene der Vermittlung anwendbarer Kenntnisse zu suchen sind. Vielmehr scheint der Ausprägung bestimmter Wertordnungen und Verhaltensmuster durch die Schule kein geringeres Gewicht zuzukommen.

Gemessen allein an den Divergenzen in dem Verhältnis von ‚Erziehung' und ‚Unterricht', die ein grober Vergleich von Elementar- und Mittel- oder Realschule zutage fördert, erbrachten die einzelnen Schularten – gemäß ihrer sozialen Orientierung – recht unterschiedliche, abgestufte Befähigungen. Doch ist vorerst nicht einmal ein Teilabschnitt der wirtschaftlichen Entwicklung konkret genug dargestellt, als daß man den denkbaren Nutzwert und Beitrag der einzelnen Bildungsinstitutionen für den wirtschaftlichen Fortschritt untersuchen oder insgesamt ihre Einpassung in den Wirtschaftsablauf inhaltlich genauer fassen könnte. In welcher Weise zum Beispiel entsprachen die Lerneffekte der frühen preußischen Elementarschule, die ja sehr einseitig durch soziale Lernziele akzentuiert war, der Struktur wirtschaftlicher Arbeitsanforderungen? Oder inwieweit vermochten sie, in der Vorwegnahme ökonomischer Bedürfnisse, allgemein auf Veränderungen der Arbeitsformen vorzubereiten, die die langwierige Übergangsphase zum modernen industriellen Wirtschaftswachstum begleiteten? Der folgende Abschnitt stellt darum eine notwendige Ergänzung und Verbreiterung der Analyse dar, der wir die frühe preußische Elementarschulentwicklung bisher vorwiegend unter verfassungsgeschichtlichen Aspekten unterzogen haben. Ohne den Rahmen deskriptiver Bemerkungen wesentlich zu überschreiten, werden wir uns dabei ausführlicher dem Problem stellen, wieweit den Bildungsinstitutionen, insbesondere dem Elementarschulwesen, bei seiner Begründung und allmählichen Ausweitung im 18. Jahrhundert die Aufgabe zugedacht worden oder zugekommen ist, als eine Art Vorlauf ökonomischer Wandlungen zu fungieren.

Die alternative Formulierung dieser Frage führt uns auf eine letzte vorläufige Unterscheidung im Zusammenhang von Bildungsprozessen und Wirtschaftsentwicklung: Sie betrifft die Differenz solcher funktionalen Beziehungen oder Einwirkungen, die sich faktisch (nicht zufällig, aber gewissermaßen naturwüchsig) herstellen, von jenen, die gewollt und geplant sind – und möglicherweise im Bereich der bloßen Absicht steckenbleiben. Schon was wir über die Organisation der Elementarschulen wissen, die gerade auch wegen jener erst zu überwindenden ökonomischen

Mangelsituation bis weit in die zweite Hälfte des 19. Jahrhunderts hinein lückenhaft und dürftig blieb, bietet ein Korrektiv gegen eine Fehleinschätzung wie die, die das Elementarschulwesen gewissermaßen zur Determinante des wirtschaftlichen Aufschwungs erklärt.

Diese mangelnde Realisierung proklamierter Schulvorhaben steht zugleich als Indiz für ein weiterreichendes Problem: Wie wir sahen, bietet das soziale System des Absolutismus des 18. und frühen 19. Jahrhunderts, in dem unsere Betrachtung im folgenden wiederum einsetzt, allenfalls von ferne den Eindruck einer zentral gelenkten Geschlossenheit. Seine Realität entspricht durchaus nicht einem Steuerungssystem, in dem – wie der Magnet sein Feld beherrscht – die Beziehungen der einzelnen Sektoren und ihre Entwicklung (im Sinne eines zentral definierten Endzwecks) vollständig reguliert und geplant werden. Prekär ist selbst die Integration der staatlichen Instanzen[1], die in ihren Interessen einander zum Teil entgegenarbeiteten. Es wäre daher eine illusionäre Annahme, daß die Rolle des Bildungssystems im Wirtschaftsprozeß gemäß einer verbindlich formulierten Perspektive bis ins einzelne bewußt gestaltet worden sei.

Die ökonomisch gerichteten oder motivierten Intentionen, die zeitgenössische Entscheidungsinstanzen oder einflußreiche Einzelpersonen mit dem Bildungswesen verbinden, sind unterschiedlich, und nur bedingt besitzen sie Aussagekraft für den tatsächlichen Wirkungszusammenhang von Schulbildung und Wirtschaftssystem. Doch bildet das Geflecht dieser heterogenen Absichten und begrenzten Einsichten einen wesentlichen Ausgangspunkt oder besser notwendigen Umweg bei der Suche nach den realen Beziehungen von wirtschaftlicher Entwicklung und Bildungswesen. Historisch vermittelt sich das Verhältnis von Bildung und Wirtschaft über die partikularen – ebenso interessenbestimmten wie unzureichenden oder vorläufigen – ideologischen Konstruktionen und Bilder, die sich die Zeitgenossen etwa von den wirtschaftlichen Bedürfnissen oder der denkbaren ökonomischen Relevanz einzelner Schulinstitutionen machen. Diese Vorstellungen legen sie auch ihren ‚bildungspolitischen Entscheidungen' zugrunde, und insofern erweisen sich die konkreten – durchaus wechselhaften – Entwicklungen des Schulwesens von derartigen komplexen ‚Interpretationen' als keineswegs unabhängig. Verände-

[1] Vgl. dazu insbesondere E. Kehr, 1965 (auch in: Wehler, 1973). Hier sind, ähnlich wie später von Rosenberg, 1966, die Beziehungen zwischen Adel, Monarchie, Bürokratie beziehungsweise auch die internen Verhältnisse innerhalb der Administration um die Wende zum 19. Jahrhundert konsequent unter dem Gesichtspunkt eines gegenseitigen politischen Machtkampfes interpretiert. – Zu der insgesamt noch lückenhaften Verwaltungsorganisation zu jener Zeit auch die Bemerkungen bei Vierhaus, 1966, S. 340.

rungen an der ökonomischen Basis der Gesellschaft wirken nicht durch sich, sondern durch die Transformationen menschlicher Erkenntnis und Praxis auf die anderen Subsysteme der gesellschaftlichen Organisation. Mit dieser Aussage ist nicht die Behauptung verbunden, Wirkungszusammenhänge ergäben sich nur über bewußtes und zielgerichtetes Handeln; sie zielt zunächst nur auf die Bedeutung des ‚intermediären Gliedes' in den Relationen zwischen den einzelnen gesellschaftlichen Subsystemen, das man im weitesten Sinne als — von äußeren Faktoren keineswegs unabhängiges — menschliches Verhalten, Tun und Denken bezeichnen kann. In bildungspolitischen Initiativen und den in ihnen explizierten Einschätzungen und Perspektiven dokumentieren sich nicht nur die verschiedenen ökonomischen Interessen, die in die Organisation des Bildungswesens eingehen; zugleich verweisen sie auch auf den Zusammenhang der ökonomischen Zielvorstellungen mit anderen: politischen, sozialen Motiven und den durchaus wechselnden Rangplatz, den die wirtschaftlichen Überlegungen einnahmen.

Freilich kann unsere Untersuchung bei der Darstellung des Erwartungshorizontes verschiedener handelnder Personen nicht stehenbleiben. Ihre Aussagen, Planungen oder auch realen Schulversuche verweisen, vielleicht nicht immer unmittelbar, selbst auf den gesellschaftlichen Zusammenhang, in den sie verstrickt sind. Entsprechend beginnen wir mit einer groben Skizze der wirtschaftlichen Ausgangssituation an der Wende zum 18. Jahrhundert. Sie aber läßt uns die Frage nach dem Verhältnis von wirtschaftlicher Entwicklung und Institutionalisierung von Schule von vornherein anders stellen, als es unseren aktuellen Vorstellungen entspricht: von der Seite der Landwirtschaft her.

3.1 Die Bedeutung der Landwirtschaft in der vorindustriellen Gesellschaft

Dem vorliegenden Kapitel und auch den beiden folgenden kommt die Aufgabe zu, den sozial- und wirtschaftsgeschichtlichen Rahmen für eine Analyse der Schulpläne und -versuche abzustecken, die am Ende des 18. Jahrhunderts unter deutlich wirtschaftlichen Gesichtspunkten ins Leben gerufen worden sind. Diese Vorbereitung mag relativ breit erscheinen, obgleich sich die folgenden Abschnitte in vielem mit Andeutungen oder grob verallgemeinernden Aussagen begnügen und darüber hinaus dem Fachhistoriker vielleicht wenig Neues bieten. Abgesehen aber von der Schwierigkeit eines jeden Versuches, ökonomische Prozesse und bildungspolitische Vorgänge analytisch in Beziehung zu setzen, veranlaßt uns ein für die betrachtete Zeitepoche spezifisches Problem der historischen Perspektive zu derart ausführlichen Darlegungen.

Der Charakter jener Zeit um die Wende zum 19. Jahrhundert, die gewissermaßen vor der Schwelle zur Ära der modernen Industriegesellschaft liegt, ist von recht gegensätzlichen Zügen bestimmt: Im Rückblick wird man freilich viele der damaligen Vorgänge, auch die im Elementarschulwesen einsetzenden Entwicklungen, als vorausweisende Elemente einer späteren, uns näheren Epoche erklären. Man wird möglicherweise sogar geneigt sein, diese verschiedenen Tendenzen schließlich zum dominanten Signum einer Gesellschaftsformation zu erheben, die damit ihrem Übergang in eine modernere Gestalt notwendig entgegentrieb. So unerklärt bei dieser Art Interpretation das eigentliche Movens der geschichtlichen Entwicklung in der Regel zu bleiben pflegt, so einseitig und überanstrengt muß das Verständnis der einzelnen Phänomene wirken, auf die sie sich im einzelnen stützt; die schulhistorische Forschung in diesem Bereich bietet dafür leicht eine Reihe von Beispielen (vgl. Exkurs 1).
Um der Gefahr entsprechender Fehldeutungen einigermaßen sicher auszuweichen, scheint uns kein anderer Weg möglich als eine Art bewußter ‚historistischer' Wendung: Wir richten den Blick nicht von vornherein auf den (industriegesellschaftlichen) Zielpunkt, sondern auf die Bedingungen und Eigenarten des vorindustriellen Ausgangsstadiums jenes langfristigen geschichtlichen Transformationsprozesses, in dem es die Bedeutung und mögliche Funktion der Elementarschule zu bestimmen gilt. Das vorliegende Kapitel leistet seinen Beitrag dazu, indem es an einer Reihe von Indikatoren die Dominanz des landwirtschaftlichen Sektors in der vorindustriellen Wirtschaft beziehungsweise Gesellschaft nachweist. Agrarische Probleme gaben diesem gesellschaftlichen System sein spezifisches Gepräge; von ihnen mußte entsprechend auch der Problemhorizont der Zeitgenossen entscheidend bestimmt werden.

Man denkt meist nicht so sehr an den Agrarsektor, wenn heute in einem allgemeineren Sinne von der ‚Wirtschaft' und ihrer Rolle im gesellschaftlichen Prozeß die Rede ist. Erst ein Blick über die sogenannte Nord-Süd-Barriere hinweg, die global den Bereich der Industrieländer von der Zone der Entwicklungsländer trennt, ändert die Perspektive. Er zeigt genug Beispiele dafür, daß die Landwirtschaft zentrale Bedeutung als Faktor der ökonomischen Entwicklung, ja der Lebensfähigkeit eines Landes und seiner Bewohner besitzt – die zahlreichen Meldungen über die Konsequenzen von Mißernten, über Hungerkatastrophen und Seuchen in diesen Teilen der Welt verdeutlichen es. Doch wenn eine Betrachtungsweise, die die Landwirtschaft zum Ausgangspunkt nimmt, zunächst befremdlich wirken mag, so läßt sich dieser Eindruck auch historisch relativieren: Die Randstellung, die der agrarwirtschaftliche Bereich – mit einer Reihe von Abstufungen, etwa bei Ländern wie Dänemark oder der

Schweiz — gegenwärtig in unserem Raum tatsächlich einnimmt, ist das Produkt einer vergleichsweise kurzfristigen, spezifisch industriegesellschaftlichen Entwicklung, die in gewisser Weise paradoxe Züge trägt. In dem Maße, in dem die Landwirtschaft etwa seit dem Beginn des 19. Jahrhunderts — in Wechselwirkung mit dem industriellen Aufschwung und vor allem über gesteigerte Arbeitsproduktivität und wachsenden Kapitaleinsatz, die in eine gewaltige Ertragssteigerung ausmündeten — ihre Leistungsfähigkeit erhöhte, verlor sie an Gewicht gegenüber der Summe der übrigen Wirtschaftsbereiche, deren Entfaltungsmöglichkeiten sie zuvor weitgehend definiert hatte (Übersicht bei: Henning, 1968). Entsprechend haben sich der Charakter und die volkswirtschaftliche Reichweite der Probleme gewandelt, die den agrarischen Sektor beschäftigen. An die Stelle des Zwangs zur Steigerung der geringen Produktivität, die auf die gesamte vorindustrielle Wirtschaft wie eine Klammer wirkte, scheint heute bei uns gewissermaßen die umgekehrte Schwierigkeit getreten, die strukturelle Anpassung der Landwirtschaft an das Faktum sprunghaft gesteigerten Produktionswachstums zu bewältigen, von dem neben der Tendenz zur Agrarüberproduktion eine Gefährdung der Rentabilität von Klein- und selbst Mittelbetrieben ausgeht (vgl. T. Bergmann, 1973).
Dabei werden die erforderlichen Umstellungen, die den Bereich bäuerlicher ‚Wirtschaft' — praktisch wie einen Produktionszweig unter anderen — weitgehend dem Gesetz ökonomischen Kalküls unterwerfen, unter anderem durch bestimmte agrarpolitische Leitbilder erschwert, die in den Verbandsorganisationen zum Teil noch verankert scheinen. Die damit zusammenhängenden Traditionsmuster dürften langfristig aber vor allem das Bild der Landwirtschaft in der Öffentlichkeit beeinflußt haben. Denn mehr als ein Jahrhundert lang wurde die Erhaltung einer breiten bäuerlichen Bevölkerung vornehmlich als ein Gebot konservativ-restaurativer Gesellschaftspolitik diskutiert. Der ‚Bauernstand' wurde, seit er im Gefolge der gescheiterten Revolution von 1848 zur natürlichen Stütze von Thron und Altar verklärt worden war, so gut wie ausschließlich zum Garanten sozialer Ordnung und politischer Stabilität stilisiert. In derartigen ideologiebefrachteten Vorstellungen, die im Zusammenhang mit dem Nationalsozialismus schließlich ihre rassistische Ausprägung erfuhren, treffen wir zugleich auf einen zweiten historischen Ursachenkomplex, der uns heute den Agrarsektor vielfach von seinen wirtschaftlichen Bezügen gelöst sehen läßt (vgl. dazu Conze, 1972, und Muth, 1968). Es scheinen die negativen Reflexe jener überaus mächtigen Ideologiebildung, wenn sich beim Stichwort Landwirtschaft zunächst einmal die globale Vorstellung von Rückständigkeit und Reaktion einstellt oder die Beschäftigung mit landwirtschaftlichen Problemen in die Nähe von Zivilisationsfeindschaft

und Kulturkritik rückt, die in der Tat älteren, gerade auch historischen Agraruntersuchungen häufig zugrunde lagen[1].

Agrarische Bewegung und fiskalisches Interesse

Demgegenüber waren viel weniger ideologische Motive als vielmehr eine realistische Einschätzung und nüchterne ökonomische Überlegungen dafür ausschlaggebend, daß die Landwirtschaft – insbesondere während der zweiten Hälfte des 18. und zu Beginn des 19. Jahrhunderts – für die ‚Gesellschaft' im Zentrum des Interesses stand. Die Gründung zahlreicher ökonomischer Vereinigungen, die sich insbesondere die Förderung des Landbaus zum Ziel setzten, oder die Fülle agrarwirtschaftlicher Literatur, die mit der Absicht praktischer Wirksamkeit den Versuch einer ersten empirisch-wissenschaftlichen Durchdringung der Landwirtschaft verband, dokumentieren sinnfällig die rege Aufmerksamkeit, die der Agrarsektor in jener Zeitspanne genoß: praktisch keine Institution oder Person des ‚öffentlichen Lebens' kam umhin oder hätte es gescheut, sich mit landwirtschaftlichen Problemen zu befassen. Auf den Schwärmereien kaum zugänglichen Friedrich II. geht das Wort zurück: „Die Landwirtschaft ist die erste aller Künste; ohne sie gäbe es keine Kaufleute, keine Dichter und Philosophen. Nur das ist wahrer Reichtum, was die Erde hervorbringt." (Zitiert nach Abel, 1971, S. 512.)

Wie die gesamte agrarische Bewegung jener Jahre ist eine derartige Äußerung, der sich zahllose weitere Indizien für das allgemeine landwirtschaftliche Interesse gerade der führenden Kreise an die Seite stellen ließen[2], nicht unabhängig von der damaligen Konjunkturlage der Landwirtschaft zu verstehen. Doch hatte sie zweifellos auch darin ihren Grund, daß „im Ackerbau die Grundkraft des Staates" lag beziehungsweise wenigstens zu einem wesentlichen Teil auf der Landwirtschaft „das

---

[1] Entsprechende Auffassungen bestimmen auch die einschlägigen erziehungsgeschichtlichen Arbeiten aus der früheren Zeit. Trotz umfassender Materialkenntnis zeichneten sie die agronomische Bewegung beziehungsweise die landpädagogischen Bestrebungen des späten 18. und frühen 19. Jahrhunderts letzten Endes als weltanschaulich motivierte Reaktion auf den wirtschaftlichen und sittlichen Verfall, den damals angeblich Urbanisierung und industrielle Zivilisation (!) in ihrer Abkehr von den gesunden Grundlagen der bäuerlich-ländlichen Lebenswelt heraufgeführt hätten. Nicht zufällig entwarfen sie damit für die untersuchte historische Epoche, jedenfalls tendenziell, ein Bild, das sich auch die zeitgenössische nationalsozialistische Agrarpolitik zu geben versuchte. Vgl. A. Eichler, 1933; Hippel, 1939. – Kritisch zu diesen beiden Arbeiten auch Werres, 1965, S. 21–28.

[2] Dazu gehört beispielsweise die uns heute skurril anmutende Tatsache, daß Jefferson, amerikanischer Präsident am Anfang des 19. Jahrhunderts, sich nicht nur an das englische Board of Agriculture, sondern auch an die Pariser Akademie der Wissenschaften mit seinen Grundsätzen wenden konnte, wie das Streichbrett eines Pfluges beschaffen sein müßte. Vgl. Haushofer, 1963, S. 104.

gesamte Gebäude von der Wohlfahrt des Staates" ruhte, wie es die zeitgenössische kameralistische Staats- und Volkswirtschaftslehre formulierte[3].

Das traf schon insofern zu, als die Finanzkraft der altpreußischen Zentralgewalt selbst überwiegend durch das Aufkommen des ‚platten Landes' und agrarwirtschaftliche Abgaben bestimmt war. Zu den ältesten und – nach Umfang und Verfügungsmöglichkeiten – wichtigsten Einnahmequellen, über die die Institution des absolutistischen Territorialstaates verfügte, gehörten die Einkünfte, die den jeweiligen Landesherrn als den größten Landeignern ihrer Territorien aus dem eigenen Landbesitz, den sogenannten Domänen, zuflossen. Die uneingeschränkte Verfügung über regelmäßige Steuerleistungen der Untertanen, deren Bedeutung im staatlichen Gesamtetat im Verlauf des 18. Jahrhunderts rasch zunahm, war erst ein Ergebnis der Konsolidierung der internen landesherrlichen Souveränität, die den Ständen das Recht der Bewilligung oder Verweigerung von jeweils neu auszuhandelnden Steuern entwunden hatte. Allein die Hälfte der staatlichen Gesamtausgaben unter Friedrich Wilhelm I. wurde aus den Einkünften der General-Domänen-Kasse bestritten, und noch zum Ende des 18. Jahrhunderts trug sie mehr als ein Viertel, fast ein Drittel des preußischen Gesamtetats – mit einem Volumen, das sich gegenüber der Ära des Soldatenkönigs noch verdoppelt hatte (A. F. Riedel, 1866, S. 61, S. 122, S. 178 f. und S. 226 sowie die Beilagen XI, XIV, XIX). Allerdings gewähren die überlieferten Rechnungen dieser einen der beiden Hauptstaatskassen nur einen ungefähren, nicht ganz richtigen Eindruck vom Gewicht der unmittelbar landwirtschaftlichen Erträgen entstammenden Staatseinnahmen: Aufgrund der lange Zeit außerordentlich unvollkommenen staatlichen Haushaltsführung in Preußen ist die gesamte Struktur der Staatseinkünfte weitgehend ein Geheimnis für Zeitgenossen wie Historiographie geblieben (vgl. Exkurs 2 im Anhang). Erst mit dem Beginn des 19. Jahrhunderts liegen – anfangs noch auf der Basis von halb-offiziösen Veröffentlichungen – Angaben vor, die eine bestimmtere Aufgliederung der staatlichen Ressourcen

---

[3] Justi in einer preisgekrönten Preisschrift für die bayerische Akademie der Wissenschaften aus dem Jahre 1761 (Abhandlungen der Churfürstlich-baierischen Akademie der Wissenschaften Bd. 4, Teil 2. München 1767, S. 57 ff.), hier zit. nach H. H. Müller, 1969, S. 85; vgl. auch H. H. Müller, 1972 b. Die erste Aussage stammt von Rochow, der unter dem Einfluß der physiokratischen Theorie stand, nach der dem Landbau die absolute Priorität unter allen wirtschaftlichen Aktivitäten zukam – eine Auffassung, die auch in der entschiedenen Äußerung Friedrichs II. mitschwingt, sowenig dieser sonst zu den Anhängern physiokratischer Lehren zu zählen ist. F. E. von Rochow, „Versuch eines Schulbuches für Kinder der Landleute, oder Unterricht für Lehrer in niedern und Landschulen". Berlin 1772. In: Rochow, 1907, Bd. 1, S. 7.

nach den einzelnen Finanzquellen erlauben. Danach erbrachte der staatliche Grund- und Gutsbesitz noch im Jahre vor dem preußischen Zusammenbruch gegen das napoleonische Frankreich wahrscheinlich eine Summe von 8,7 Millionen Talern, bei dem geschätzten Gesamtvolumen von etwa 30 Millionen Talern mithin fast 30 Prozent der gesamten ‚reinen' Staatseinnahmen, die übrigens noch in der Mitte des vorigen Jahrhunderts zu mehr als einem Zehntel auf die Einkünfte aus Domänen und Forsten zurückgingen[4].

In Anbetracht der Tatsache, daß die königlich-preußische Domänenverwaltung um 1800 über etwa 11 Prozent der land- und forstwirtschaftlichen Betriebsflächen im gesamten Staatsgebiet verfügte (Abel, 1971, S. 514), erwies sich der agrarische Besitz als ein außerordentlich profitabler Faktor in der staatlichen Haushaltsrechnung. Die genannten Relationen lassen zugleich das Gesamtpotential des Agrarsektors erahnen, an dem der Staat – mittelbar – gerade auch über den wachsenden Steueranteil partizipierte. Über weite Strecken des 18. Jahrhunderts hinweg überstieg nach sachverständigen Schätzungen die Summe der ländlichen Grundsteuer, der sogenannten Kontribution, die Einkünfte aus der städtischen ‚Akzise', deren Erträge sich freilich infolge steigender Konsumtion und gewerblicher Entwicklung laufend erhöhten. Gemeinsam mit den ‚Domänengefällen' erzielte das Steueraufkommen des Landes aber auch noch im Jahre 1805/06 einen weit größeren Betrag als das städtische System von Zolleinnahmen beziehungsweise Gewerbe- und Verbrauchsbesteuerung, dessen Gewinn (mit etwa 9,5 Millionen gegenüber rund 15 Millionen Talern) um mehr als die Hälfte übertroffen wurde (vgl. Schmoller, 1898 b, S. 151).

Beschäftigungsstruktur und demographische Verteilung

Die Agrarproduktion bildete zu diesem Zeitpunkt gewissermaßen den Kern des Volkseinkommens: Der weitaus überwiegende Teil der etwa 10 Millionen Köpfe zählenden Bevölkerung in der preußischen Monar-

[4] Vgl. Borchard, 1968, S. 22f., S. 33, S. 36. – Die Zahlen des Jahres 1805 sind von Borchard einer Darstellung Krugs entnommen, dem die umfassendsten Informationen über die Situation im preußischen Staat der Jahrhundertwende zu verdanken sind, insbesondere aufgrund seiner „Betrachtungen über den National-Reichthum des preußischen Staates und über den Wohlstand seiner Bewohner" (Krug, 1805). – Krugs Angaben hinsichtlich der Höhe der staatlichen Gesamteinnahmen von 1805 weichen übrigens nicht unwesentlich von den ‚amtlichen' (unaufgliederbaren) Rechnungen ab, wie sie A. F. Riedel aufgeführt hat (auf dessen Veröffentlichung sich auch die entsprechenden Etatzahlen in unserem Exkurs 2 im Anhang stützen). Vgl. im übrigen die Zusammenstellung der Gesamt- und Domäneneinnahmen des preußischen Staats am Beginn des 19. Jahrhunderts bei Gropp, 1967, S. 19f.

chie lebte und arbeitete auf dem Lande. Aus den Zahlensammlungen zeitgenössischer Statistiker und Verwaltungsbeamter ist das Bild einer Gesellschaft zu rekonstruieren, in der im Durchschnitt fast vier Fünftel der ‚Erwerbstätigen', wie wir heute sagen würden, in und mit der Landwirtschaft (einschließlich Gartenbau und Fischerei) beschäftigt waren (Henning, 1971b, S. 103).

Mit der geschätzten Relation war in etwa die Reichweite der Agrarsphäre bezeichnet, doch kaum ihr exaktes (sektorielles) Gewicht bestimmt. Zu den charakteristischen Merkmalen dieser vor- beziehungsweise frühindustriellen Epoche gehörte nämlich auch ein noch relativ geringer Grad an Arbeitsteilung. Sei es, daß darin ein Teil jener traditionellen Universalität der für den Eigenbedarf produzierenden Hauswirtschaft überdauerte, sei es, daß die Not der Verhältnisse gewissermaßen einen Zusatzverdienst erzwang (vgl. Skalweit, 1942, S. 16 ff.; 1954, S. 2): eine Vielzahl der Beschäftigten verrichtete neben den auf ihren Beruf gerichteten Tätigkeiten auch noch andere Arbeiten, und gerade die Nutzung von Grund und Boden ergänzte sich mit gewerblichen Beschäftigungen für das Gros zu einer meist dürftigen Lebensgrundlage. Auch Lehrer und Geistliche, die man nach der modernen Einteilung dem ‚tertiären Sektor' privater und öffentlicher Dienstleistungen (Administration) zuordnen würde, bezogen bis weit ins 19. Jahrhundert ihr Einkommen zum Teil aus einer Landdotation, die sie häufig genug selbst bewirtschafteten. Schon insofern sind die früheren Schätzungen zur Beschäftigten- und Wirtschaftsstruktur der damaligen Zeit mit einem nicht unerheblichen Unsicherheitsfaktor behaftet.

Eine strengere Analyse kommt darum zu dem Ergebnis, daß angesichts der bereits erreichten Bedeutung gewerblicher Aktivitäten und Dienstleistungen auf den Bereich der Landwirtschaft an der Wende zum 19. Jahrhundert nur ein Beschäftigtenanteil von insgesamt knapp zwei Drittel der arbeitenden Bevölkerung entfiel (Henning, 1971b, S. 115). Auch in dieser Quote spiegelt sich die dominierende Stellung des Agrarsektors, insbesondere wenn man dagegenhält, daß sich in der Bundesrepublik heute gerade jeder 11. oder 12. Berufstätige von einer Arbeit in der Landwirtschaft ernährt (T. Bergmann, 1973, S. 182). Für einige Landesteile signalisieren selbst die restriktiven Berechnungen ein erdrückendes Übergewicht der Agrarwirtschaft. Gewerblicher Sektor und Dienstleistungen nahmen in den östlichen Gebieten der preußischen Monarchie wie Ostpreußen oder Pommern kaum mehr als 15 bis 25 Prozent der Beschäftigten (gemessen in Vollarbeitskraft-Äquivalenten) auf und bewegten sich damit zumeist noch ganz im Rahmen einer Produktion, die auf den örtlichen, über lokale Märkte vermittelten Grundbedarf ausgerichtet war

(Henning, 1971b, S. 129—135). Während die westlichen — im damaligen Preußen allerdings kaum ins Gewicht fallenden — Besitzungen zum Teil bereits eine Beschäftigtenstruktur aufwiesen, die weitgehend von exportorientierter gewerblicher Produktion gekennzeichnet war, scheint es fast noch zu hoch gegriffen, wenn man den Anteil der gewerblichen Tätigkeit in der Mark Brandenburg um 1800 auf etwas mehr als ein Drittel der Beschäftigtenzahl beziffert. Dabei wurde gerade hier die Gründung und der Ausbau gewerblicher Unternehmungen von einer merkantilistisch oder fiskalisch interessierten Staatsverwaltung begünstigt und aktiv gefördert[5]. Trotz einer beträchtlichen Ausweitung des gewerblichen Sektors, die relativ das Wachstum der sich innerhalb der nächsten 50 Jahre verdoppelnden Bevölkerung überflügelte, behauptete die Landwirtschaft im brandenburgischen Raum noch um die Mitte des vorigen Jahrhunderts — mit einem Beschäftigtenanteil von etwa 60 Prozent — ihre Stellung als der führende Wirtschaftszweig. Seine weiterhin tragende Bedeutung bringen deutlicher noch als die Erwerbsstatistiken der zentralen Provinz die entsprechenden Daten für den Gesamtstaat zum Ausdruck: über 8 Millionen der damals rund 16 Millionen zählenden Einwohner des preußischen Staates (dessen Terrain sich inzwischen wesentlich um relativ entwickelte Gebiete im Westen Deutschlands erweitert hatte) wurden zu diesem Zeitpunkt zur landwirtschaftlichen Berufsbevölkerung gerechnet[6].

‚Konkurrenz durch Gleichartigkeit': Stadt und Land

Dem Bild einer traditionalen agrarisch bestimmten Wirtschafts- und Sozialordnung, die gegen 1850 freilich längst von einer Reihe divergierender Entwicklungen unterspült war und spürbar ins Wanken geriet, entsprach die regionale Verteilung der Bevölkerung auf Stadt und Land: Nach wie vor trat die Einwohnerzahl der preußischen Städte — aufgrund nur geringfügiger relativer Verschiebungen innerhalb eines Jahr-

---

[5] Vgl. Büsch, 1971 a, S. 17 f. – Zur – vielfach recht einseitigen – Begünstigung der gewerblichen Entwicklung im hohenzollernschen Stammland vgl. Hinze, 1963, passim, sowie H. Krüger, 1958, insbes. S. 111–120. – Die weitaus differenziertere Wirtschaftsstruktur der westlichen Industrienationen ist überblicksartig charakterisiert bei Landes, 1965, 1973.

[6] Vgl. die Angaben bei Büsch, 1971 a, S. 76 f., S. 96 f., die weitgehend der offiziellen zeitgenössischen Darstellung „Tabellen und amtliche Nachrichten über den preußischen Staat für das Jahr 1849. Hrsg. von dem statistischen Bureau zu Berlin. 6 Bde. Berlin 1851–55" – nach einer kritischen Bearbeitung – entnommen sind. – Ausführlicher zur Entwicklung Brandenburgs: Büsch, 1970. – Nach amtlicher Verfügung wurden die im ländlichen Haushalt lebenden Kinder und Familienangehörigen generell als landwirtschaftliche Beschäftigte gezählt!

hunderts – um weit mehr als die Hälfte hinter der ländlichen Bevölkerung zurück[7]. Doch stimmten charakteristischerweise demographische Verteilung und Beschäftigtenstruktur nur bedingt überein. Die Agrarsphäre reichte, auch wenn dort der gewerbliche Sektor prinzipiell ein stärkeres Gewicht besaß, bis in die (mehr verwaltungsrechtlich als ökonomisch oder sozial definierten) Städte hinein und prägte vielfach entscheidend den Charakter des städtischen Lebens, das wenig mit heutiger Urbanität gemein hatte.

In den durchschnittlich 800 bis 3000 Einwohner zählenden Klein- und Kleinststädten, zu denen am Ausgang des 18. Jahrhunderts die überwiegende Mehrzahl der städtischen Siedlungen in Mitteleuropa gehörte, entfiel – nach modernen Kriterien einer sektoriellen Aufgliederung – auf den Agrarbereich oft ein Anteil von mehr als einem Viertel, in den östlichen Gebieten Ostelbiens sogar bis zu zwei Fünftel der Beschäftigten. In Wirklichkeit muß ein weit größerer Prozentsatz der Bevölkerung einen Teil des Lebensunterhalts mit landwirtschaftlichen Arbeiten bestritten haben (Henning, 1971b, S. 149–154). Entsprechend dürften daher auch die Bewohner der Städte Brandenburgs, wo sich – unter dem Einfluß der Großstadt Berlin – das Verhältnis von städtischer und ländlicher Bevölkerung schon um 1800 vergleichsweise besonders günstig stellte und im kurmärkischen Zentrum bereits die Proportion von 3:4 erreichte, noch weitgehend unter einem landwirtschaftlichen Zuschnitt gelebt haben[8].

---

[7] Vgl. die Angaben bei Sombart, Bd. II, 2, 1921, S. 626. – Für die Zahlenverhältnisse zur Jahrhundertwende siehe unsere Bemerkungen auf S. 60f. – Dazu auch Skalweit, 1954, S. 5f., der – in Revision der seinerzeit von J. G. Hoffmann interpretierten amtlichen Erhebung in Preußen aus dem Jahre 1837 (J. G. Hoffmann, 1839) – zu dem Ergebnis kommt, daß am Ende des ersten Drittels des 19. Jahrhunderts in Preußen im Grunde noch immer nicht mehr als 14 Prozent, bestenfalls 20 Prozent der Einwohner zur eigentlichen Stadtbevölkerung zu zählen sind.

[8] Vgl. Hinze, 1963, S. 38; Skalweit, 1942, S. 6; 1954, S. 2f. – Zahlen auch bei H. H. Müller, 1967, S. 24. – Vgl. als anschauliches Beispiel die Schilderung, die der Domänenpächter Fromme dem auf der Durchreise befindlichen ‚Alten Fritz' von seiner Wirtschaftslage gibt: Seine tierischen Produkte verkauft er nach Berlin statt ins benachbarte Städtchen Ruppin, denn die Bürger dort „leben nicht delikat ...", vor allem sie „halten (selbst) Kühe, soviel als sie zu ihrem Aufwand brauchen" (Fontane, 1966, Bd. 1, S. 398f.). In den Beschreibungen zweier Reisen, deren Kürze der Berichterstatter offenbar mit der bezeichnenden Schreibwut und Gelehrsamkeit des 18. Jahrhunderts wettzumachen hoffte, liefert der Oberkonsistorialrat Büsching genaue Angaben über die Verhältnisse in den Berlin benachbarten Landkreisen der Kurmark. Unter den Städten im weiteren Umkreis Berlins ist danach um die damalige Zeit keine, die nicht eine ganz beträchtlich ausgedehnte Landwirtschaft aufwiese (wie Viehbestand und Umfang der jährlichen Aussaat verdeutlichen). Von einigen, und zwar keineswegs den geringsten Landstädten wie Kyritz (1925 Einwohner), Wusterhausen (1669 Einwohner), Neuruppin (3918 Einwohner) oder Nauen (2168 Einwohner) heißt es sogar ausdrücklich, daß „sie ihre meiste Nahrung von Ackerbau und Viehzucht" haben. Vgl. Büsching, 1780, S. 198, S. 230, S. 282, S. 448; ders., 1775. – Vgl. im übrigen die detaillierte Analyse von Vetter, 1969.

Nicht nur aufgrund ihrer Verbindung zur ländlichen Umgebung bewahrten also die (klein)städtischen Siedlungen eine enge Verknüpfung mit der Landwirtschaft. Umgekehrt hatte aber auch das ‚platte Land', trotz einer lange Zeit hinderlichen Steuerverfassung und einschränkender Gewerberegelungen, einen gewissen Anteil an der Entfaltung der gewerblichen Wirtschaft, die ja ohnehin im allgemeinen, auch bei überörtlicher Auftragsbeziehung, in vielen Zügen noch durchaus handwerklichen Charakter behielt (Skalweit, 1942, S. 50 ff.; 1954, S. 3). Die vielfältigen gewerblichen Organisationsformen — von der Werkstatt über Verlagswesen und Manufaktur bis zur Fabrik, wobei die genaue Unterscheidung den Zeitgenossen einige Schwierigkeit bereitete — lagen (auch bei einer großen Beschäftigtenzahl) insgesamt weit unter dem technischen und organisatorischen Niveau industriebetrieblicher Produktion heutigen Stils. In einigen ländlichen Bezirken, gerade im Westen Preußens, war der sekundäre Sektor sogar bedeutender als in den durchschnittlichen Städten bestimmter ostelbischer Gegenden oder jedenfalls gleich wichtig. Gewerbliche Beschäftigungsquoten von mehr als 40 Prozent, wie sie sich für die Dörfer des Herzogtums Berg um Barmen-Elberfeld beziehungsweise der preußischen Landesteile Minden-Ravensberg um die Wende zum 19. Jahrhundert errechnen lassen, bezeugen die Existenz einer ländlichen ‚Industrie', die nicht für die Befriedigung des örtlichen Grundbedarfs, sondern für den Export produzierte (Henning, 1971b, S. 136—138; vgl. auch Hömberg, 1968, und Steinkamp, 1970).

Zu einem wesentlichen oder sogar überwiegenden Teil bestand die gewerbliche Ausfuhr aus diesen Regionen in Textilien, und Textil- und Bekleidungsgewerbe spielen auch da eine wichtige Rolle, wo zu diesem Zeitpunkt die Bedeutung des gewerblichen Sektors um ein Vielfaches geringer war, wie in den mittleren und östlichen Teilen des preußischen Staates. Neben einem umfangreichen Nahrungs- und Genußmittelgewerbe, das die landwirtschaftlichen Produkte weiterverarbeitete, sorgten in erster Linie diese beiden Sparten dafür, daß um die Mitte des 19. Jahrhunderts — unter allerdings veränderten Bedingungen — die über das Land verstreuten gewerblichen Unternehmungen in der Provinz Brandenburg insgesamt häufig einen größeren Beschäftigtenkreis erfaßten als die Gewerbe in den Städten dieses Bezirks (Büsch, 1971a, S. 94; Skalweit, 1954, S. 6 ff.).

Naturgemäß war der Zusammenhang der gewerblichen Produktion mit dem Agrarbereich auf dem Lande noch allgemeiner und direkter als in den Städten: Nur in seltenen Fällen (bis vielleicht auf das ländliche Grundbedarfshandwerk) bestand eine deutliche personelle Trennung zwischen den verschiedenen Betätigungen. Vielmehr boten gewerbliche ‚heimindustrielle' Arbeiten für die Mehrheit der ländlichen Bevölkerung (wo sich die Chance einer entsprechenden Beschäftigung ergab) eine wertvolle, oft bitter notwendige Ergänzung ihres aus der landwirtschaftlichen Tätigkeit stammenden Einkommens. Je geringer die eigenbewirtschaftete Fläche war, wie bei der umfangreichen und noch wachsenden unterbäuerlichen, landarmen oder landlosen Schicht, um so mehr dienten solche Arbeiten als die eigentliche Hauptnahrungsquelle.

An der ansehnlichen Textilproduktion des bergischen und westfälischen Gebiets um 1800 hatte im Grunde die Gesamtheit der agrarischen Bevölkerung teil. Männer und Frauen, Kinder und Greise drängten sich nach dem Bericht von Zeitgenossen vor allem im Winter in den engen Stuben um Spinnräder und Webstühle zusammen und wetteiferten in der Arbeit (Henning, 1971 b, S. 137 f.). Zwar erreichte in den östlichen Gebieten (bis auf Böhmen und Schlesien[9]) die hausgewerbliche Textilproduktion oder Anfertigung von Wäsche, Kleidung usw. im Wechsel mit landwirtschaftlicher Arbeit nicht ein nachweisbar gleichartiges Ausmaß, doch sprechen für ihre Wichtigkeit und Verbreitung in den preußischen Kernprovinzen doch eine Reihe von Nachrichten. Besonders beeindruckend belegt dies der Konkurrenzkampf der städtischen, vor allem Berliner Manufakturunternehmer um ländliche Spinnarbeitskräfte, der in der zweiten Hälfte des 18. Jahrhunderts angesichts des ‚Gespinst'-Mangels entbrannte. Er erstreckte sich über den Umkreis des Fabrikationszentrums hinaus auf weite Kreise des brandenburgischen Landes bis nach Pommern und veranlaßte schließlich die Regierung, einzelnen Unternehmern Privilegien auf bestimmte ländliche Gegenden zu erteilen[10]. In dieselbe Zeit fiel die Begründung einer Reihe von ländlichen Kolonien, sogenannten Spinndörfern, in denen der preußische Staat in- und ausländische Familien mit der ausdrücklichen Verpflichtung ansetzte, neben ihrer landwirtschaftlichen Beschäftigung Spinn- und Webearbeiten (in erster Linie für die Berliner Manufakturiers) zu übernehmen (Hinze, 1963, S. 152 f.; H. Krüger, 1958, S. 134–139; Vogler 1965).

Bei aller Bedeutung, die die gewerbliche Betätigung im einzelnen für die lokale Wirtschaftsstruktur oder auch das Individualbudget vieler ländlicher Familien hatte, war sie freilich – gerade auf dem Lande – dem

---

[9] Vgl. dazu unten, S. 262 f.

[10] Hinze, 1963, S. 143–152. Der Bevölkerungsstatistiker und Konsistorialrat Süßmilch schätzte die Zahl der Webstühle Berlins nach der Mitte des 18. Jahrhunderts auf etwa 5 000 und die der Menschen, die durch sie beschäftigt waren, auf etwa 35 000, von denen jedoch nur der kleinere Teil in der Stadt lebte; „... der kluge Fleiß unserer Kaufleute läßet, bis auf 24 Meilen von hier, auf dem Lande und in kleinen Städten spinnen". – Damit war jedenfalls die weitere Umgegend Berlins in erheblichem Maße in die gewerbliche Produktion mit einbezogen. – Süßmilch, 1775, S. 52.

Gewicht nach der Landwirtschaft völlig untergeordnet. Gewerbliche Tätigkeiten wurden hier oft substitutiv ergriffen und ausgeübt, wie ihr häufiger Nebenerwerbscharakter, insbesondere in relativ gewerbeintensiven Regionen, zeigt. Sie ergänzten unzureichende Beschäftigungs- und Einkommensmöglichkeiten in der Landwirtschaft und standen jedenfalls unter dem unmittelbaren Einfluß des agrarischen Produktionsgeschehens. Gerade die Abhängigkeit von der Agrarwirtschaft wies das Gewerbe noch als Teil der überkommenen, vorindustriellen Wirtschafts- und Gesellschaftsordnung aus, in der nicht die gewerbliche Produktion, sondern der primäre Sektor ‚strategische' Funktion besaß. Die aufgeführten Beispiele zeigen allerdings die ländliche Bevölkerung von einer Seite, die über ihrem vorherrschenden Aufgabenkreis leicht übersehen wird: Es verstärkte noch das ökonomische und soziale Gewicht dieser Gruppe, daß sie zum Teil auch als gewerblicher Faktor in Erscheinung trat; vor allem bildete sie aber durch die Agrarproduktion das Rückgrat der Volkswirtschaft.

Selbst in Gebieten mit einem ausgedehnten — adligen oder königlichen — Gutsbesitz wie in den preußisch-ostelbischen Ländern verfügten die bäuerlichen Familien durchschnittlich etwa über die Hälfte des gesamten Landes. An eigentlicher Nutzfläche bewirtschafteten sie häufig noch weit mehr, wie beispielsweise in der Kurmark, wo zum Ende des 18. Jahrhunderts wohl mindestens zwei Drittel der landwirtschaftlichen Nutzfläche auf die bäuerlichen Höfe beziehungsweise Dorfgemeinschaften entfielen[11]. Dazu kam, daß die Bauern im Zuge der ihnen gutsherrlich abverlangten Dienste auch einen großen Teil der Gutsflächen des Adels oder des Landesherrn bearbeiteten. Diese Bevölkerungsgruppe hatte also mit ihren Wirtschaften während des 18. Jahrhunderts auch zahlenmäßig das Übergewicht; gegen Ende des Jahrhunderts wurde sie allerdings in der Regel bereits von der wachsenden Schicht der besitzarmen oder besitzlosen Leute überflügelt[12]. Zumindest bis dahin bildete sie die Grundkraft der damaligen Agrar- und damit Gesamtwirtschaft: Gesellschaft und Staat lebten letztlich von der Arbeit ihrer Bauern, die physische Unterdrückung, rechtliche Diskriminierung und soziale Unterprivilegierung in der Rolle eines ‚Lasttiers' der Geschichte hielten. Dieser Einsicht haben sich auch die preußischen Herrscher nicht ganz verschlossen, wie ein Wort

---

[11] H. H. Müller, 1967, S. 45. Im deutschen Departement Ostpreußens, dem Königsberger Kammerbezirk, entfiel zu diesem Zeitpunkt nach den Berechnungen Hennings knapp die Hälfte auf die bäuerlichen Wirtschaften. Henning, 1969 a, S. 2.

[12] Vgl. die Angaben Hennings für den Kammerbezirk Ostpreußen, wo sich das Verhältnis der Anzahl der bäuerlichen Familien zu der der unterbäuerlichen Gruppen wie 100:160 stellte. Henning, 1969 a, S. 3 f. Einen Überblick über die verschiedenen Gebiete gibt Henning, 1969 b, S. 175–180. Vgl. dazu auch Franz, 1970, S. 214 ff.

Friedrichs II. zeigt, das freilich nicht zu Illusionen über die hohenzollernsche Politik verführen sollte: Die Bauern seien diejenige „Klasse von Leuten, welche die mehreste Achtung verdienen, zu denen Lasten des Staates das mehreste beitragen, den ganzen Staat mit Lebensmitteln und Bedürfnissen versorgen, der Armee einen großen Teil der Rekruten und allen übrigen Klassen von Untertanen einen Zuwachs von neuen Mitgliedern von Bürgern liefern“ [13].

Regulator der Volkswirtschaft: agrarische Bindung von Arbeitskraft und Kaufkraft

Die utilitaristisch motivierte Hochschätzung eines ganzen Standes, die sich in der zitierten Äußerung bekundet, war vor dem Hintergrund der hier mit einigen Zahlen angedeuteten Realität nur zu begründet. Budgetziffern, demographische Verteilungsraten und Beschäftigungsquoten vermitteln allerdings – abgesehen von ihrer nicht ganz unanfechtbaren Aussagekraft [14] – nur ausschnittartige, zudem abstrakte Eindrücke, die sich nicht ohne weiteres zu einem Bild des wirtschaftlichen und gesellschaftlichen Zusammenhangs fügen. Sofern bislang im wesentlichen von (einzelnen) Verhältnissen, weniger von Prozessen die Rede war, ist der Stellenwert der Agrarwirtschaft in der damaligen spezifisch ‚vor-industriellen‘ Sozial- und Wirtschaftsordnung belegt, aber nicht hinreichend gekennzeichnet worden. An dieser Stelle kann der Versuch einer entsprechenden Darstellung freilich nicht über Andeutungen hinausgehen.
Stark vereinfacht läßt sich das beschriebene strukturelle Übergewicht des Agrarsektors auch in der Weise ausdrücken, daß im Durchschnitt praktisch zwei Bauernfamilien (ohne Hilfskräfte) gerade die Nahrungsmittel für sich und eine andere nichtlandwirtschaftlich tätige Familie erzeugten (Henning, 1969 a, S. 224). Durch die Belastungen, die ihnen in Form von übermäßigen Abgaben und Diensten auferlegt waren, wurde zweifellos ein nicht unwesentlicher Teil der bäuerlichen Arbeitsleistung ‚abgeschöpft‘. Aber auch bei Ausnutzung sämtlicher technischer Möglichkei-

[13] Aus der „Instruktion für die Mindenschen, Ravensburgischen und Tecklenburgischen Landräthe“ (1766), in: Acta Borussica. Behördenorganisation und allgemeine Staatsverwaltung im 18. Jahrhundert, Bd. 14, Berlin 1934, S. 159.

[14] Ein so wichtiger Indikator für die Wirtschaftsstruktur wie die mengen-, vor allem wertmäßige Produktion ist beispielsweise – aufgrund mangelnder Quellenangaben – ganz außer acht geblieben; dabei ist unter heutigen Gegebenheiten vielfach der Beitrag beschäftigungsarmer, kapitalintensiver Wirtschaftszweige zum Volkseinkommen (Sozialprodukt) heutzutage höher als der kapitalschwacher extensiver Gewerbebranchen wie etwa seinerzeit der Textil- beziehungsweise Bekleidungsindustrie. Vgl. auch Büsch, 1971 a, S. 58 f.

ten der damaligen Produktionsmethoden wäre – nach einer rein theoretischen, weil von den politischen und gesellschaftlichen Machtverhältnissen abstrahierenden Schätzung – am Ende des 18. Jahrhunderts der mit Abstand größte Teil aller Arbeitskräfte durch die Notwendigkeit gebunden worden, das gesellschaftlich unentbehrliche Quantum an Nahrungsmitteln und landwirtschaftlich erzeugten Rohstoffen zu beschaffen (Henning, 1971 b, S. 165 f.). Von den relativ engen Grenzen der Produktivität bei der Erzeugung der unmittelbar lebenswichtigen Güter rührte also das geringe Maß an gesellschaftlicher und auch gewerblicher Ausdifferenzierung her, das der agrarischen Gesellschaft ihr Gepräge und ihren statischen Charakter gab. Bedeutsamer noch ist, daß in ihnen zugleich eine der entscheidenden wirtschaftlichen Barrieren für die Entwicklung zu der modernen Industriegesellschaft lag, die sich in Preußen-Deutschland seit der Mitte des 19. Jahrhunderts etablierte.

Solange nicht ein kleinerer Prozentsatz an Arbeitskräften – für eine wachsende Bevölkerung – die notwendige Menge an Nahrungsmitteln und Rohstoffen zu produzieren vermochte und damit einen größeren Teil von Menschen freisetzte, waren auch die Chancen einer Industrialisierung im Sinne einer Ausdehnung des gewerblichen Sektors nicht gegeben. Den Zeitgenossen war die Abhängigkeit des gesellschaftlichen Fortschritts beziehungsweise ökonomischen Wandels von einer erweiterten Ernährungsgrundlage sowie einem entsprechenden Arbeitskräftereservoir kein ungeläufiges Problem, wie das Beispiel Albrecht Thaers beweist, der seine bahnbrechenden theoretischen wie praktischen Bemühungen um die Agrarwirtschaft am Anfang des 19. Jahrhunderts unter anderem mit dem Hinweis auf die erforderliche gewerbliche Expansion motivierte. „Mein Bestreben geht allerdings dahin", erklärte er, „mit weniger Einsatz und weniger Arbeit immer mehr Korn zu gewinnen. Und dies – nicht von einer gegebenen Ackerfläche mehr Korn zu gewinnen – muß das Bestreben der höheren Landwirtschaft in unserem Staate sein. Wir müssen es dahin bringen, daß ein Mensch für zwei andere wenigstens Nahrungsmittel gewinnt, damit letztere andere Industriezweige betreiben und zur Disposition des Staates stehen können. Dies können wir nicht erreichen, wenn wir einen Acker mit Getreide bestellen, der uns höchstens das dritte Korn, oft nicht die doppelte Einsaat gibt" (Thaer, 1815, S. 331).

Freilich wirkte die landwirtschaftliche Entwicklung, die Thaer postulierte, nicht unmittelbar oder ausschließlich auf den Arbeitsmarkt. Einer direkten Ausweitung der Beschäftigtenzahlen stand die angespannte Situation des gewerblichen Sektors selbst entgegen. Phänomene wie Überbesetzung mit Arbeitskräften beziehungsweise latente Unterbeschäftigung in verschiedenen Handwerksbranchen zeigten bereits am Ende des

18. Jahrhunderts, daß die Ausdehnungsmöglichkeiten für die gewerbliche Produktion traditioneller Art in vielen Regionen erschöpft waren, insofern auch die Aufnahmefähigkeit für gewerbliche Produkte außerordentlich eingeengt blieb (Henning, 1971b, S. 133; vgl. auch ders., 1970c, S. 165; Kaufhold, 1970, S. 62 f.). Nicht zuletzt deshalb war das Handwerk über die ganze erste Hälfte des 19. Jahrhunderts – trotz steigender Zuwachsrate – nur bedingt in der Lage, den bei rasch wachsender Bevölkerung verstärkten Zustrom an Arbeitskräften aufzufangen (Kaufhold, 1971, S. 189 ff.). In gewisser Weise hatte der Expansion des Gewerbes erst eine – räumliche, vor allem personelle – Erweiterung der Nachfrage nach gewerblichen Erzeugnissen vorauszugehen: Die sich in Teilbereichen konstituierende Massenproduktion erzwang Massenkonsum, der wiederum eine entsprechende Einkommenslage in der Bevölkerung zur Bedingung hatte. Dabei mußte, wie schon der Umfang der ländlichen respektive landwirtschaftlichen Bevölkerung erkennen läßt, dem Agrarsektor eine wichtige Rolle zufallen, und es war in der Tat von nicht unerheblicher Bedeutung für die Phase der frühen Industrialisierung, inwieweit eine intensivierte Agrarwirtschaft auch die gewerblichen Absatzbedingungen verbesserte, zunächst indem sie einen ländlichen Markt für die Industriegüter schuf (vgl. Borchardt, 1972a, S. 219 f.).
Sicherlich waren die Veränderungen und Fortschritte in der Landwirtschaft seit der zweiten Hälfte des 18. Jahrhunderts weder hinreichende noch autonome Bedingung des industriewirtschaftlichen Aufschwungs. Eher verknüpfen sich landwirtschaftliche Produktionssteigerung und Bedeutungsgewinn der nichtagrarischen Sektoren in einem Prozeß gesamtwirtschaftlichen Wachstums, in dem die Landwirtschaft aber einen wichtigen Faktor darstellte[15]. Von ihren komplexen Aufgaben schienen auch die Zeitgenossen wenigstens einen ungefähren Begriff zu besitzen, wenn sie – bei aller Anerkennung des gewerblichen Reichtums – den „Ackerbau als die Mutter der Fabriken“ würdigten (Süßmilch, 1775, Teil II, S. 4 f., S. 64, S. 549–574). Hinsichtlich der „Konservation derer Untertanen“ wollte entsprechend auch Friedrich II. die „Vorsorge nicht allein auf die Städte, sondern vornehmlich auf das platte Land mit gerichtet“ sehen, „weil ohne die Wohlfahrt des letzteren die Absicht in Ansehung derer erstern unmöglich erreicht werden“ könne[16].

[15] Vgl. zu diesem Problem Kuznets, 1972; Hartwell, 1972, und (unter dem vorwiegenden Aspekt der südostasiatischen Entwicklungsländer) Boserup, 1972. (Alle Aufsätze in: Braun u. a., 1972, insbes. S. 20 f., S. 26, S. 57, S. 310 f.)

[16] Aus der „Erneuerte(n) Instruction vor das General-etc.-Directorium“ (1748). In: Acta Borussica. Behördenorganisation und allgemeine Staatsverwaltung im 18. Jahrhundert. Bd. 7, 1904, S. 599 f. – Hinweis bei Büsch, 1962, S. 6. – Unerwähnt geblieben ist hier die Funktion der Landwirtschaft für die Akkumulation industriellen Kapitals. Trotz der

Derartige Einsichten wurden allerdings nicht ausschließlich unter dem Aspekt der Gewerbeförderung formuliert, schon gar nicht mit der langfristigen Perspektive einer ökonomischen Umstrukturierung, die bereits industriegesellschaftliche Verhältnisse anvisiert hätte. In ihnen reflektierte sich die unmittelbare Erfahrung der regulierenden Kraft des Agrarbereichs, der das gesamte Produktions- wie Marktgeschehen des vorindustriellen Wirtschaftssystems weitgehend determinierte (und insofern auch alle Versuche einer ökonomischen Weiterentwicklung beeinflußte). Neben dem Einfluß von Kriegen und Handelskonjunkturen, die sich mit der Ausweitung des gewerblichen Sektors beziehungsweise überregionaler Wirtschaftsbeziehungen auch im ‚rückständigen' Preußen-Deutschland allmählich bemerkbar machten, unterlagen Wirtschaftsablauf und Lebenshaltung noch am Ende des 18. und bis weit ins 19. Jahrhundert hinein in erster Linie den Impulsen der agrarischen Entwicklung: Ihre – kurzfristigen – Schwankungen bestimmte der Wechsel der jeweiligen Ernteergebnisse, die entsprechend dem landwirtschaftlichen Produktionsniveau weit mehr als heute von natürlichen, gesellschaftlich zufälligen Faktoren abhängig waren.

Auf diese Weise variierten auch die allgemeinen Konjunkturbewegungen mit dem (keinem festen Rhythmus folgenden) Erntezyklus[17]. Schlechte Ernten hatten im Geld- und Güterkreislauf eine tiefreichende Krise zur Folge, ein guter Ernteausfall bedeutete allerdings nicht immer einen Aufschwung der allgemeinen Konjunktur. Bis zur Mitte des vorigen Jahrhunderts blieb darum die wirtschaftliche Reproduktion der bloßen Existenz für die Mehrzahl der Bevölkerung höchst ungesichert und von der Gunst der Natur abhängig. Stabilität der wirtschaftlichen Lage oder gar kontinuierliches Wirtschaftswachstum mußten den Zeitgenossen utopisch erscheinen. Wie sollte sich ihnen angesichts der Permanenz von Krisen und Not die Agrarsphäre nicht als die Basis des gesellschaftlichen Lebens

---

enormen Summen, die den Grund- beziehungsweise Gutsherren in Form von Grundrente beziehungsweise später den Ablösungen zuflossen, scheint nach neueren Forschungen der Beitrag des landwirtschaftlichen Vermögens für die Industriefinanzierung relativ gering. Erst nachdem Gütermarkt und Obligationenhandel weniger gewinnträchtig schienen, erfolgte der Übergang zu gewerblichen Beteiligungen. Vgl. Winkel, 1971; 1970. Diskutiert auch bei Borchardt, 1972 a. – Vgl. auch Henning, 1971 a, S. 57–81.

17 Zum vorindustriellen ‚Erntezyklus' bzw. den damit verbundenen Krisen der Teuerung (vom ‚type ancien', wie sie in der Forschung genannt werden), aber auch des agrarischen Absatzes siehe Labrousse, 1933, S. 543–567; ders., 1944, S. XIII–XVI, S. 172–184. (Die Einleitungspassage ist auch greifbar in dem Abdruck bei E. Schmitt (Hrsg.), Die Französische Revolution. Anlässe und langfristige Ursachen. Darmstadt 1973, S. 48–98, S. 54 ff.) Überblicksartig Landes, 1950. – Für Deutschland vgl. vor allem Abel, 1974, S. 37–41, S. 267–301.

einprägen, das in einem ganz anderen: direkteren und fühlbareren Sinne als heute auf der Auseinandersetzung mit der Natur gründete?

Wesentlich über die Preise des Getreides, das das weitaus wichtigste Nahrungsmittel abgab, lösten in den häufigen Not- und Teuerungsjahren die Ausfälle in der Agrarproduktion eine Kette von Reaktionen aus, die die städtischen Haushalte, die allgemeinen Einkommensverhältnisse und die gewerbliche Entwicklung zu erfassen pflegten und oft das gesamte Leben in ein unvorstellbares Elend rissen. Mißernten oder Ernteausfälle trieben, wie preußische Statistiker im Rückblick schätzten, alle vier oder fünf Jahre die Getreidepreise empor (Teuteberg, 1973, S. 330; dazu auch Abel, 1974, S. 271). Ohne der Mehrzahl der Bauern einen Ausgleich für die Einkommensverluste zu gewähren, die ihnen durch die (oft gänzliche) Einbuße an verkaufbaren Mengen entstanden, raubten die Preissteigerungen den städtischen Haushalten meist ihre gesamte Bewegungsfreiheit. Die erhöhten Ausgaben für Lebensmittel, für die ohnehin der Großteil der Einkünfte aufgebracht werden mußte (Henning, 1971b, S. 105; vgl. Saalfeld, 1964; Abel, 1974, S. 295), nahmen nunmehr das gesamte Budget in Anspruch und überschritten in ernsten Situationen für viele die Grenzen der zur Verfügung stehenden Mittel. Diese verminderten sich zudem noch häufig durch einen anderen Umstand: Der allgemeine Kaufkraftschwund senkte die Nachfrage nach gewerblichen Erzeugnissen und Dienstleistungen, die gegenüber den unentbehrlichen Nahrungsmitteln die Güter eines ‚elastischen' Bedarfs darstellten. Die entsprechenden Absatzstockungen führten zu einer Einschränkung der Arbeitsmöglichkeiten, die vielen, die gerade jetzt um eine Beschäftigung dringend nachsuchten, Arbeitslosigkeit, jedenfalls eine Lohnsenkung brachte. Damit waren städtische und ländliche Schichten, wo sie die meist gänzlich unzureichende Unterstützung der Obrigkeit im Stich ließ, hilflos einer Not preisgegeben, von der uns heute nur die Krisen der ‚Dritten Welt' eine Vorstellung vermitteln. Erst bessere Ernten – mit sinkenden Lebensmittelpreisen und wachsenden Einkommensmöglichkeiten – brachten Hunger und Not wieder zum vorläufigen Abklingen.

Aber auch dabei konnten sich für den Agrarsektor wie für die Gesamtwirtschaft negative Folgen ergeben: Den Krisen des Mangels standen durchaus auch solche des Absatzes, des ‚Unwerts' landwirtschaftlicher Produkte gegenüber. Ein Preisverfall infolge mehrerer überreicher Ernten bedeutete verminderte Kaufkraft der Landwirtschaft, die als größter Wirtschaftssektor erheblichen Einfluß auf die gesamtgesellschaftliche Nachfrageentwicklung hatte. Ihre Schwächung blieb nicht ohne nachteilige Folgen für die übrigen Sektoren. Sicherlich war das Ausmaß der Not (und wohl auch ihre Reichweite) in diesem Falle geringer als bei den schrecklichen Hungerkrisen, von denen die letzte Deutschland im Jahr 1846/47 heimsuchte. Aber der Gedeih der Landwirtschaft entschied doch im vorindustriellen System in ganz besonderem Maße über Wohl und Wehe der gesamten Volkswirtschaft[18]. Es war insofern nicht nur interessengebundene Übertreibung, wenn aufgeschlossene Agrarpächter am Ende des 18. Jahrhunderts die Notwendigkeit agrikultureller Verbesserungen mit dem Hinweis auf „die Glückseligkeit" der gesamten übrigen Gesellschaft begründeten:

„Der Staat! Sollte der nicht so ansehnlich mit gewinnen, als ihm der große Vorrat von Getreide p.p. Gelegenheit geben würde, andere Länder, daran es fehlt, damit zu versorgen und das Geld davon einzunehmen oder ins Land zu ziehen? Die Städte! Die Handelsleute und Bürger! Würde nicht der Bauer und Landmann, der durch die Menge seiner Ernten sich in besserer Verfassung sehe, sich von jenen anderen, was zur Leibesnotdurft und Bequemlichkeit gehört, mehr anschaffen? Würden nicht jene auf den Jahrmärkten ungleich mehr lösen, wenn der gemeine Mann nur Geld hätte? Und so müßten auch die Königlichen Gefälle mehr profitieren und die Landesfabriken mehr Absatz bekommen. Diese Folgen scheinen mir Wahrheiten zu sein, wenn der Zweck der Stallfütterung durchgehends errichtet werden könnte. Und ich führe sie um deswillen an, weil es Wahrnehmungen sind, die jedermann, der in Gemeinschaften darauf acht hat, also finden wird und die dem Versuch zur Einführung der Stallfütterung ein außerordentliches Gewicht geben werden. Doch ich will diese Gedanken, inwiefern sie gegründet sind, hohen Staatsmännern gänzlich submittieren!" (zit. nach H. H. Müller, 1969, S. 218 f.; vgl. auch ders., 1972 a, S. 88).

Die Gewißheit, in den ‚höchsten Kreisen' für diese Frage Aufmerksamkeit zu gewinnen, war nicht unberechtigt. Allerdings bedarf es noch der Erläuterung, warum in den letzten Jahrzehnten des 18. Jahrhunderts das Problem der Landwirtschaft so gebieterisch auf die Tagesordnung rückte, daß sich von den Hofdamen bis zu den Wissenschaftlichen Akademien, von den geistlichen Herren bis zu den Landesfürsten, zu schweigen von den Landleuten, alle – wie schon die Zeitgenossen bemerkten – wie in einem Fieber mit landwirtschaftlichen Details beschäftigten, die aus der heutigen Perspektive grotesk anmuten.

3.2 Agrarkonjunktur und Subsistenzkrise. Die soziale und ökonomische Situation am Ende des 18. Jahrhunderts

Weit ausführlicher als im vorigen Kapitel, das zunächst allgemein Einfluß und Reichweite der Agrarsphäre in den Verhältnissen der vorindustriellen Ge-

---

[18] Zu diesen, insbesondere aber den längerfristigen Krisen des vorindustriellen Zeitalters vgl. die grundlegenden Ausführungen von Abel, 1966 a, insbes. S. 22 ff. – Eine Kurzfassung seiner wichtigsten Ergebnisse bringt das Bändchen Abel, 1972.

sellschaft zu dokumentieren hatte, ist im folgenden von agrarwirtschaftlichen Konjunkturbewegungen die Rede: Von ihnen erst erhielt die Zeit am Ausgang des 18. Jahrhunderts in Preußen-Deutschland ihre spezifische Dynamik. Zusammen mit diesen ökonomischen Trendschwankungen behandeln wir das damalige soziale Herrschaftssystem, die sogenannte Agrarverfassung, deren Interpretation, erfolgte sie isoliert, statisch und aussageschwach bleiben müßte. Denn erst im Prozeß des längerfristigen konjunkturellen Geschehens sollte sich die ganze Macht und Bedeutung jener zahlreichen Bindungen erweisen, durch die die Mehrzahl der ländlichen Bevölkerung in Abhängigkeit von der zahlenmäßig schwachen privilegierten Adelsklasse gehalten wurde. Je länger, je mehr zeigte sich zum Ende des 18. Jahrhunderts hin, daß die damals einsetzende wirtschaftliche Krise, die nur den wenigen sozial wie ökonomisch Mächtigen direkte Vorteile einzubringen vermochte, in ihren Bedingungen und Wirkungen entscheidend durch die tradierte Herrschaftsverfassung bestimmt wurde. Wenn auch in unterschiedlicher Weise und in verschiedenem Ausmaß, so wurden doch generell die Wirtschafts- und Lebensmöglichkeiten aller übrigen gesellschaftlichen Gruppen von den Krisenerscheinungen in schwere Mitleidenschaft gezogen.

Die regionalen und temporären Disparitäten, zum Teil selbst die allgemeine soziale Differenzierung in den Erscheinungen der Not, die sich vor der Wende zum 19. Jahrhundert sprunghaft ausbreitete, kommen in unserer Darstellung notwendigerweise zu kurz. Das komplexe Gefüge der relevanten Variablen – wie etwa agrarisches Erzeugungsvolumen, Anbauschwerpunkte, bäuerliche Marktintegration und Belastung, Bevölkerungsdichte, Erwerbsstruktur, Einkommensverteilung und Kaufkraftniveau, schließlich Verkehrs- und Transportbedingungen – bietet wohl Erklärungen dafür, daß die Möglichkeiten zur Bewältigung eklatanter Wirtschaftseinbrüche selbst in engbenachbarten Gebieten recht unterschiedlich ausfielen. Dies genauer zu untersuchen, würde unsere Ziele und Möglichkeiten weit übersteigen; Voraussetzung wäre eine Reihe von regional eingegrenzten Detailstudien.

Die allgemeine Tendenz zur Verschlechterung der Lebensbedingungen am Ende des 18. Jahrhunderts scheint uns, zumal für die Schichten des sogenannten niederen Volkes, hinreichend belegt und bezeugt. Sie spiegelt sich in den Überlegungen der Zeitgenossen, die auf der Suche nach Abhilfe auch die Schule in ihre Erwägungen einbezogen. Deshalb setzen wir uns am Ende dieses Kapitels etwas grundsätzlicher mit einem entscheidenden Zug des zeitgenössischen Bewußtseins auseinander: Im Unterschied zu uns, die wir heute von dem ‚Fortgang der Geschichte' wissen, mußte den Menschen damals – vor jenem epochalen Übergang zu industriewirtschaftlichem Wachstum – die sich zuspitzende Krisensituation nicht nur bedrohlich, sondern auch in ihrem Ausgang ungewiß erscheinen. Nur eine historische Betrachtungsweise, die dieser Tatsache Rechnung trägt, dürfte eine geeignete Grundlage für das Verständnis jener Schulreformversuche und ihres Hintergrunds abgeben, von denen in den weiteren Kapiteln die Rede sein soll.

„Gegen 1750 machte die Nation, übersättigt mit Versen, Tragödien, Komödien, Opern, Romanen und noch romantischeren Reflexionen über die Moral und die theologischen Streitereien, über die Gnade und die Verzückungen, ... sich (endlich) daran über das Getreide nachzudenken. Man vergaß selbst die Weinberge, um nur von Weizen und Roggen zu sprechen. Man schrieb nützliche Dinge über die Landwirtschaft; alle Welt las sie, mit Ausnahme der Bauern. Man stellte fest, wenn man aus der Opéra Comique kam, daß Frankreich Getreide in Hülle und Fülle zu verkaufen hätte."[1]

Dem maliziös gekennzeichneten Enthusiasmus der Agronomie erlag in jener Zeit nicht nur Frankreich; die agrarische Bewegung, der sich auch Voltaire selbst nicht zu entziehen vermochte, ergriff in der zweiten Hälfte des 18. Jahrhunderts mit derselben auffälligen Plötzlichkeit die gesamte westeuropäische Welt. Das nicht kulturell, nur militärisch prominente Preußen, für dessen herrschende Klasse von jeher der Export landwirtschaftlicher Güter eine große Rolle gespielt hatte[2], nahm teil an den Erscheinungen einer Agrarkonjunktur, die sich freilich nur am Rande in den von arkadischen Schwärmereien durchsetzten Interessenbezeugungen der höfischen Kreise für den Agrarsektor widerspiegelte (Abel, 1966a, S. 190; 1971, S. 511 f.; 1972, S. 34). Anders als es die euphorischen Reaktionen des großgrund- beziehungsweise gutsbesitzenden Adels vermuten lassen, war der langfristige konjunkturelle Aufschwung des ‚strategischen' Sektors der vorindustriellen Gesellschaft ein zutiefst zwiespältiges Phänomen. Gerade in der zunehmend rascher ansteigenden Agrarkonjunktur des späten 18. Jahrhunderts kulminierte eine Entwicklung, von deren düsterem Hintergrund sich die optimistisch, teilweise spielerisch wirkenden Aktionen einer privilegierten Minderheit einigermaßen grell abhoben.

Der ‚säkulare' Trend der Agrarwirtschaft Mitte des 18. Jahrhunderts

Im Kern seiner Wirkungen war – in gröbster Vereinfachung – der konjunkturelle Aufschwung, den die Landwirtschaft insbesondere in den beiden letzten Jahrzehnten des 18. Jahrhunderts nahm, durchaus mit

---

1 Voltaire in seiner Einleitung zum Dictionnaire Philosophique (1764); hier zit. nach Kulischer, 1971, Bd. 2, S. 40 f.

2 Über die Ostseehäfen hatte sich schon früh ein bedeutender Getreidehandel nach den Ländern der europäischen Nordwestecke entfaltet, deren merkantiler Aufschwung den Export noch steigerte. Im Grunde vollzog sich hier eine gesamteuropäische Arbeitsteilung: Der frühkapitalistischen Entwicklung der Niederlande und Englands korrespondierte die ausgebildete Agrarkultur im europäischen Osten, der die Funktion einer ‚Kornkammer' erhielt. – Im ausgehenden 18. Jahrhundert kam rund die Hälfte der englischen Getreideeinfuhr, das heißt jährlich 150 000 Tonnen, aus den preußisch-deutschen Häfen der Ostsee. Vgl. Abel, 1967, S. 328.

einer auseinandergezogenen, lang anhaltenden Mangelkrise zu vergleichen, wie sie gewöhnlich in der Folge von Mißernten auftrat. Jedenfalls war er von einer außerordentlichen Anspannung der allgemeinen Einkommens- und Versorgungssituation begleitet, deren kurzfristige Veränderungen von dem schwankenden Ausfall der jährlichen Ernten reguliert wurden. Für die längerfristige Entwicklung war allerdings, wie überhaupt für die säkularen Auf- und Abwärtsbewegungen der Agrarwirtschaft im vorindustriellen Zeitalter, nicht die damals kaum auszugleichende Unbeständigkeit klimatischer Faktoren verantwortlich. Dahinter stand vielmehr ein anderes, jedoch eng verwandtes Problem: Die geringe agrarische Produktivität, die den Ertrag landwirtschaftlicher Arbeit mehr oder weniger hilflos den wechselnden Einflüssen der Natur auslieferte, setzte auch dem insgesamt zur Verfügung stehenden Nahrungsspielraum starre und recht enge Grenzen. Das Maß, in dem dieser ‚vorgegebene' Spielraum durch eine zunehmende oder rückläufige Bevölkerung ausgeschöpft wurde, entschied über den meist lange Zeitspannen währenden Auf- oder Abschwung des agrarischen Wirtschaftssektors, dessen Wechsellagen den gesamten volkswirtschaftlichen Prozeß in Mitleidenschaft zogen. So verband sich mit einer globalen Stockung oder Abnahme der Bevölkerung, wie sie in Mitteleuropa für das 14./15. beziehungsweise 17. und (frühe) 18. Jahrhundert in der Folge von Seuchen und Kriegen zu verzeichnen war, zugleich eine Milderung der Versorgungslage, aber auch ein Niedergang landwirtschaftlicher Anstrengungen. Umgekehrt verschärfte sich mit wachsender Bevölkerung der Druck auf die Grenzen der Versorgungskapazität, die, weil sie durch intensivierte landwirtschaftliche Bemühungen kaum hinauszuschieben waren, eine Beschneidung der Nachfrage zu erzwingen schienen. Eben dieser Situation, die Zeitgenossen (wie Malthus, aber auch Ricardo) ihre Theorien einer drohenden Überbevölkerung entwickeln ließ, gingen die westeuropäischen Länder am Ende des 18. Jahrhunderts in raschen Schritten entgegen[3].

[3] Abel, 1966 a, insbesondere S. 265–269; 1974, S. 119 ff., S. 191 ff. Die Bevölkerungsbewegung fungiert in Abels Theorie der ‚langen Wellen' des vorindustriellen Zeitalters übrigens durchaus nicht als unabhängige Variable der agrarwirtschaftlichen Entwicklung. Ebenso wie sich – seiner Darstellung zufolge – im Zusammenhang einer langfristigen Zunahme der Bevölkerung ein Anwachsen und eine Ausweitung der landwirtschaftlichen Aktivitäten ergaben, wirkten auch die agrikulturellen Entwicklungen auf die Bevölkerungskurve (Abel, 1966 a, S. 32). Im kurzfristigen Zyklus der (Miß)ernten schwankte auch die Zahl der Eheschließungen (Abel, 1972, S. 52, S. 56; 1974, S. 265 f., S. 287 f.). – Vgl. zu diesem Problem Habakkuk, 1973. – Siehe insbesondere den Bericht über die neuere englischsprachige Forschungsliteratur zur demographischen Entwicklung und ihren Regulierungsmechanismen in der Vorphase der eigentlichen Industrialisierung von Medick, 1974; den differentiellen Einfluß sozialer Faktoren und vor allem den Zusammenhang der demographischen Entwicklung mit den strukturellen Veränderungen in der Landwirtschaft am Ende des 18. Jahrhunderts versucht Harnisch, 1975, zu erweisen.

Seit etwa der Mitte des Jahrhunderts, früher noch im deutschen Gebiet, trat nach einer längeren Spanne der Stockung oder verminderten Wachstums, über das sich die schweren Verluste des Dreißigjährigen Krieges allmählich ausgeglichen hatten, eine rapide Steigerung der Bevölkerungszahlen ein. Von 1740 bis zur Jahrhundertwende vermehrte sich die Bevölkerung des gesamten Mitteleuropa wahrscheinlich um mehr als die Hälfte (Abel, 1971, S. 511). In einzelnen Ländern, wie dem preußischen Territorium, lag die Steigerungsrate noch weit höher: Zwischen 1740 und 1805 wuchs hier die Bevölkerung – ohne Berücksichtigung der zahlreichen Gebietserweiterungen und Annexionen – auf mehr als das Doppelte, im Besitzstand von 1748 auf rund 180 Prozent, von 3,2 Millionen auf 5,7 Millionen Einwohner (Abel, 1971, S. 511; 1974, S. 192; Behre, 1905, Tabellenanhang). Dabei verteilte sich je nach den regionalen Ausgangsbedingungen der Zuwachs recht unterschiedlich auf Stadt und Land. Gegenüber der vergleichsweise ‚urbanisierten' Kurmark, wo die Städte mehr als die Hälfte des Bevölkerungszuwachses aufnahmen (der sich dort in den letzten vier Jahrzehnten des 18. Jahrhunderts insgesamt auf etwa 40 Prozent belief), hatte beispielsweise in der unmittelbar angrenzenden Neumark in erster Linie das Land die (um insgesamt 60 Prozent) steigende Bevölkerung zu tragen (H. H. Müller, 1967, S. 23 f.).
Der Zunahme der ländlichen Bevölkerungszahl ging in diesem Gebiet, dessen Struktur der der übrigen preußischen Länder zweifellos näherkam als die der Kurmark, eine recht krasse Verschiebung im ländlichen Schichtungssystem parallel. Während in der Kurmark die Zahl der unterbäuerlichen, landlosen Dorfbewohner (‚Einlieger') im letzten Drittel des 18. Jahrhunderts um etwa zwei Fünftel stieg, wuchs in der Neumark diese Sozialgruppe, deren Angehörige sich nur mühsam als Tagelöhner durchschlugen, auf das Zweieinhalbfache an (H. H. Müller, 1967, S. 79, S. 182; Henning, 1969b, S. 177 f.). Insgesamt beobachteten die Zeitgenossen eine überproportionale, geradezu sprunghafte Ausdehnung der Schichten, denen mangels ausreichender Bodenausstattung und sicherer Beschäftigung gewissermaßen von vornherein kaum das kümmerlich genug bemessene Existenzminimum zur Verfügung stand (Franz, 1970, S. 214 bis 227). Dem preußischen Staat mochte dies überaus schnelle Wachstum der Bevölkerung im Sinne seiner Peuplierungspolitik willkommen sein, die Reichtum an Menschen für die Grundlage des staatlichen Wohlstands nahm. Es barg jedoch, wie sich in der sozialen Veränderung und der Spannung zwischen Bevölkerung und Bodenraum zeigte, Probleme, die im Rahmen der bestehenden Produktionsverhältnisse empfindliche Krisenerscheinungen auslösten.
Mit der Zunahme der Bevölkerung hielten die Leistungen der Wirtschaft

nicht Schritt. Zwar stieg infolge einiger Anstrengungen die agrarische Produktion, überproportional dazu stieg aber unter den damaligen Bedingungen noch, wie es sich die zeitgenössischen Nationalökonomen erklärten, der gesamtgesellschaftlich erforderliche Aufwand an Arbeit, deren Entlohnung nach den Gesetzen einer gewinnorientierten Wirtschaft immer hinter dem erzielten Getreidepreis zurückbleiben mußte[4]. In der Tat öffnete oder besser erweiterte sich damals zwischen Löhnen und Getreidepreisen eine Schere: In der gleichen Richtung wie die Bevölkerungskurve bewegten sich in ihrer langfristigen Tendenz auch die Getreidepreise, die Grundpreise der vorindustriellen Wirtschaft; entgegengesetzt entwickelte sich die Kaufkraft der Löhne. Ihr nominales Wachstum blieb, sofern sie nicht sogar sanken, weit hinter dem der Preise für die Agrarprodukte zurück (Abel, 1966 a, S. 182–189; 1971, S. 524; 1974, S. 194 f.). Von etwa 1740 bis zum ersten Jahrzehnt des 19. Jahrhunderts erhöhten sich die Preise des wichtigsten Brotgetreides in allen westeuropäischen Ländern in der Regel auf etwa das Doppelte, in ‚Deutschland' beliefen sich nach der Wende zum 19. Jahrhundert die Kosten für Roggen auf etwa 210 Prozent des Preises aus dem frühen 18. Jahrhundert. Geradezu in die Höhe schnellten die Getreidepreise – vor allem in Norddeutschland, aber auch in den ostdeutschen Gebieten – während der letzten Jahrzehnte des 18. Jahrhunderts: In Königsberg oder Danzig, erst recht in Berlin hatten die Käufer für dieses entscheidende Nahrungsmittel in den achtziger Jahren trotz der damals bereits angezogenen Tendenz noch wenig mehr als die Hälfte des Preises bezahlt, der im Durchschnitt des späteren Zeitraums von 1800 bis 1810 erreicht wurde (Abel, 1966 a, S. 286–289)[5].

Demgegenüber wuchsen die Löhne nur unerheblich: Durch Stagnationen (hinter denen sich im einzelnen durch die kurzfristigen Fluktuationen des Agrarlebens ohne Zweifel regelrechte Lohnsenkungen verbargen) über längere Zeit hinweg auf demselben Niveau gehalten, erreichte ihre Zuwachsrate im allgemeinen bis 1810 kaum 20 bis 30 Prozent (Abel, 1966a, S. 184 f.; Saalfeld, 1967, S. 167). Selbst wo die Arbeitseinkommen aufgrund der regional unterschiedlichen und nach Gewerben streuenden Entwicklung den Agrarpreisen enger folgten, reichten sie in der Regel nicht

---

[4] Vgl. die Darstellung der Theorie des abnehmenden Bodenertrags sowie der Konträrbewegung von Lohn und Grundrente bei Ricardo, 1959, S. 50–69, S. 77–94. Erläutert bei Dietzel, 1901, S. 42–49. – Vgl. die Bemerkungen Abels, 1966 a, S. 189, zum – historischen – Nutzwert dieser Theorien.

[5] Vgl. auch Saalfeld, 1967, S. 166 ff. – Aufgrund der zehnjährige Durchschnitte ermittelnden Berechnungen sind die eigentlichen Gipfel der Preiskurve eingeebnet, freilich auch die durch gute Ernten hervorgerufenen kurzfristigen Preisabschläge außer acht geblieben.

hin, um die gesteigerten Lebenshaltungskosten aufzufangen[6]. Bei der meist schon in der ersten Hälfte des 18. Jahrhunderts angespannten Ausgangslage mündete diese langfristige Einkommensverschlechterung für die Mehrheit der arbeitenden Bevölkerung in eine permanente Mangelsituation, die sich mit den Erntezyklen jeweils akut zuspitzte. Auch die gewerbliche Produktion, die – gerade in ihren fortgeschrittensten Organisationsformen – überwiegend Konsumgüter erzeugte, wurde (obwohl sich durch die niedrigen Löhne die Kostenstruktur auf der Angebotsseite ‚günstig' gestaltete) durch die Einschränkung der Massenkaufkraft nicht gerade gefördert. Vielleicht nicht so einschneidend fühlbar wie bei den kurzfristigen Mangelkrisen[7], in denen das wirtschaftliche Leben jäh kollabierte, aber in der langfristigen Tendenz um so auswegloser, wie es schien, geriet die vorindustrielle Gesellschaft mit der Verknappung der Subsistenzmittel in weiten Teilen in ein tiefes Elend, vor dessen Ausmaß die Zeitgenossen die Augen nicht verschließen konnten.

Gewinne und Belastung: die ungleichen Konsequenzen

Unruhe mußte dieser Vorgang schon deswegen auslösen, weil sich mit ihm eine gegenläufige Entwicklung verband. Dem Prozeß der „wachsenden ... Verarmung der von ihrer Hände (und Köpfe) Arbeit lebenden Menschen" (Abel, 1972, S. 20), der auch mittlere, selbst obere Einkommensgruppen ergriff, entsprach die Bereicherung derer, denen die emporgeschnellten Agrarpreise zugute kamen. „Das Mißverhältnis der Glücksgüter", schrieb ein deutscher Nationalökonom im Jahre 1805, „wird in unseren Tagen täglich größer und die ärmere Klasse fühlt es desto tiefer, je mehr ihr die Bereicherung der Gutsbesitzer und Pächter in die Augen springt, die nach der Verschiedenheit des Geschmacks, der Erziehung, der Grundsätze und der individuellen Konvenienz sich entweder durch Sammeln und Anhäufen von Schätzen und Kapitalien oder durch einen übertriebenen Luxus im Essen, Trinken, Schmausereien, Kleiderpracht, kostbaren Hausgerätschaften und Equipagen, hohem Spiel usw. äußert. Welche fürchterlichen Explosionen endlich aus solchen Mißverhältnissen entstehen, lehrt nicht nur die ältere, sondern auch die allerneueste Zeitgeschichte ..." (Bucher, 1805, S. 34 – Hinweis bei Abel, 1966a, S. 188).

---

[6] Vgl. den detaillierten Überblick über die Berliner Verhältnisse bei H. Krüger, 1958, S. 300–362.

[7] Das Auftreten dieser von Mißernten hervorgerufenen Teuerungen mit ihren weitreichenden Folgen für die Gesamtwirtschaft und die Bevölkerung häufte sich freilich in diesen Zeiten einer sich anspannenden Versorgungslage. Vgl. die Chronik der verschiedenen Hungerkrisen im 18. Jahrhundert seit 1750 bei Abel, 1974, S. 195–266.

Die Situation, die viele ins Elend führte, brachte einer Minderheit von Landbesitzern außerordentliche Gewinne und setzte sich bei ihnen entsprechend in Luxus, aber auch vermehrte Wirtschaftsaktivitäten um[8]. Es war gerade die mangelnde Leistungsfähigkeit des Agrarsektors, der der Landwirtschaft eine nachhaltige Konjunktur bescherte.

Insofern bedarf unsere vorige generalisierende Aussage über die Verknüpfung der agrarischen mit der gesamtwirtschaftlichen Entwicklung einer präzisierenden Ergänzung: Offenbar lösten die jeweiligen Tendenzen der landwirtschaftlichen Produktion, deren Einflüsse charakteristischerweise alle übrigen gesellschaftlichen Sektoren erreichten, dort nicht durchgängig gleichartige oder gleichgerichtete Wirkungen aus. Bestimmte Teilgruppen blieben von den lang-, aber auch kurzfristigen Mangelsituationen nicht nur verschont, sondern vermochten aus ihnen sogar Nutzen zu ziehen. Die Grenzlinie, wo die überwiegend negativen Folgen in Gewinne und eher belebende Impulse umschlugen, deckte sich zwar nicht ohne weiteres mit der Scheidung von Stadt und Land. Doch war jedenfalls der städtischen Bevölkerung in ihrer überwiegenden Mehrheit immer die schreckliche Seite des ‚Januskopfes' der vorindustriellen Krisenerscheinungen zugewandt[9].

Die städtische Not

Die Lohn- und Gehaltsempfänger hatten, soweit sie ihren Nahrungsbedarf nicht durch eigene Landnutzung weitgehend decken konnten, um 1800 den überwiegenden Teil des erarbeiteten Geldes für Lebensmittel und den übrigen unmittelbaren Bedarf aufzuwenden. Dies galt jedenfalls für die große Masse und aufgrund der niedrigen Einkommen selbst in Jahren normaler Ernten (dazu Achilles, 1974).

Im Budget eines Berliner Maurers, dessen Verdienst – bei ganzjähriger Beschäftigung – eine Höhe von 104 Talern erreichen konnte und ihn etwa gegenüber den Textilarbeitern noch auf eine relativ gehobene Stufe stellte (H. Krüger, 1958, S. 322 ff.; dazu Abel, 1967, S. 336 f.), standen ganze 6 Prozent für den Kauf von Kleidung und Gütern des weiteren Bedarfs zur Verfügung. Miete, Licht und Heizung sowie die Ernährung verschlangen alles übrige Geld. Drei Viertel des Jahreslohns mußten (bei einer fünfköpfigen Familie) allein für Nahrungsmittel

[8] In diesen Zusammenhang gehört auch der spekulative – zum Teil mit hohen Verschuldungen verbundene – Güterhandel, den der Adel, aber auch – trotz gesetzlicher Einschränkungen – Bürgerliche in den ostelbischen Bezirken um die Wende zum 19. Jahrhundert betrieben. Dazu z. B. Abel, 1966 a, S. 202 f.; Büsch, 1962, S. 145 ff. Siehe auch die älteren Arbeiten von Martiny, 1938, und Weyermann, 1910.

[9] Vgl. dazu die – zwar auf die kurzen Mangelkrisen bezogenen, im Prinzip aber auch auf das säkulare Geschehen zutreffenden – Bemerkungen bei Abel, 1974, S. 112 ff., S. 211 ff., S. 264 f., S. 280 ff., S. 342 f.

ausgegeben werden, von denen das Brot mit einem Anteil von 44 Prozent der Einkünfte den weitaus größten Posten in Anspruch nahm (Abel, 1966 a, S. 229 f.; 1971, S. 525; Saalfeld, 1964)[10]. Wie sollte, wenn selbst normale Jahre kein (Not-) Polster ließen, die Familie ihr Auskommen in den durch Mißernten bedingten Teuerungen finden, die gerade das erste Jahrzehnt des 19. Jahrhunderts brachte? Im Vergleich dazu entfällt heute bei einem Vier-Personen-Arbeitnehmerhaushalt kaum ein Drittel der Gesamtausgaben auf Lebensmittel; dabei wiegen die Kosten für ‚Brot und Nährmittel' mit nur 4 Prozent der insgesamt zur Verfügung stehenden Summe am leichtesten (Abel, 1972, S. 14 f., 1974, S. 395 f.). Abgesehen von der beträchtlichen Erweiterung des individuellen Spielraums, die das Gros der Bevölkerung heute gegenüber Preisschwankungen der Lebensmittel weit unempfindlicher macht als damals, haben sich auch die Nahrungsgewohnheiten erheblich verschoben.

Ausweichmöglichkeiten zur Fristung der Existenz konnten bei der ohnehin beschränkten Konsumfähigkeit weniger im Verzicht auf gewerbliche Gebrauchsgüter liegen als vor allem im Übergang zu relativ billigerer, schlechterer Nahrung, soweit die Not nicht bis zu täglichen Entbehrungen und dauerhafter Unterernährung ging. An die Stelle schmackhafter, eiweißreicher, konzentrierterer Nahrungsmittel, die noch im Spätmittelalter für breite städtische Bevölkerungskreise erschwinglich gewesen waren, trat generell voluminöse, kohlehydratreiche und fettarme Kost, die als einzige bei dem allgemeinen Preisauftrieb und dem dürftigen Einkommen der niedrigeren städtischen Schichten den täglichen Kalorienbedarf zu decken versprach.

Die gesamte landwirtschaftliche Produktion war an der Wende zum 19. Jahrhundert – freilich nicht nur aus diesen Gründen – auf diese Bedürfnisstruktur eingestellt: Im Gegensatz zu den heutigen Verhältnissen, unter denen die tierischen Erzeugnisse den Großteil der landwirtschaftlichen Produktion ausmachen, standen damals die pflanzlichen Produkte wie Getreide, Haupterzeugnis der preußisch-deutschen Landwirtschaft um 1800, und Blatt- beziehungsweise Hülsenfrüchte im Vordergrund (Abel, 1966 a, S. 236–240; Teuteberg, 1973, S. 327 f.)[11]. Insbesondere erschien der mit Beginn des 19. Jahrhunderts rasch zunehmende Anbau von Kartoffeln den Zeitgenossen als *das* Rettungsmittel in der dauernden Nahrungsnot – zahlreiche Literaten, darunter Matthias Claudius und Johann Heinrich Voss, widmeten in jener Zeit der Kartoffel begeisterte Strophen (Haushofer, 1963, S. 86). Nur bei äußerst seltenen Gelegenheiten dürfte auf den Tisch der erwähnten (fiktiven) Berliner Maurerfamilie Fleisch gekommen sein; pro Kopf der Familie erlaubte der schmale Verdienst gerade den Kauf von 8,5 kg Fleisch im Jahr – in der Bundesrepublik übersteigt der Fleischverzehr pro Kopf

---

[10] Zum Problem der Einkommensentwicklung vgl. auch Saalfeld, 1970. Dazu auch die faktenreiche Darstellung über die städtischen Einkommensverhältnisse beziehungsweise die Kaufkraftentwicklung am Ende des 18. Jahrhunderts bei Möller, 1969, S. 101–116, insbesondere S. 106 f.

[11] Ausführlicher zu diesem Problem Teuteberg und Wiegelmann, 1972. – Dazu für die kleinbürgerlichen Schichten in der Stadt auch Möller, 1969, S. 125–138.

und Jahr längst das Achtfache, nämlich weit über 60 kg (Abel, 1966a, S. 230; Saalfeld, 1964, S. 35). Brotwassersuppe und Kartoffeln bestimmten weitgehend den kümmerlichen Speisezettel des städtischen Volkes, auch wo die Not nicht am schwersten drückte.

Angesichts eines derartigen Lebensstandards nicht einmal besonders schlecht situierter Schichten besitzt die Unterscheidung zur Bedürftigkeit für unser Bewußtsein wenig Aussagekraft. Die Grenzen zwischen Armut und Elend verwischten sich zudem in den verschiedenen Notjahren, wenn die insgesamt rasch in die Höhe kletternden Lebensmittelpreise die Zahl derer, die sich unter keinen Umständen mehr aus eigener Kraft zu behelfen wußten, schnell anwachsen ließen. Schon in nicht besonders kritischen Situationen erreichte die Größe dieser Gruppe ein erschreckendes Ausmaß.

Eine Hilfsaktion leitete beispielsweise die königlich-preußische Verwaltung aus Anlaß der Not der Berliner im Winter 1800/01 ein. Dabei ergab sich, daß nach den Berechnungen selbst der amtlichen Stellen 10000 bis 15000 erwerbsfähige Personen für den eigenen Unterhalt beziehungsweise den ihrer Familien nicht mehr aufkommen konnten. Unter den Empfängern der verteilten Lebensmittelkarten, die – gegen einen ermäßigten Preis – zum Bezug von ‚Kommißbrot' berechtigten, bildeten die rund 1000 Almosenempfänger, deren Verpflegung schon zuvor unentgeltlich durch die Armenhäuser erfolgte, noch die kleinste Gruppe. Bedeutender war schon der Anteil der kleinen Beamten, der Aktenhelfer, Kopisten und Boten, deren schlechte Bezahlung weder zum Leben noch zum Sterben reichte. Das größte Kontingent von Unterstützungsbedürftigen (mit wahrscheinlich mehr als 10000 Personen, von denen allerdings nur die Hälfte in die Aktion effektiv einbezogen wurde) stellten aber die Textilarbeiter und die ‚ärmeren Professionisten' (Handwerker), die nicht genug Arbeit fanden [12] oder zu gering entlohnt wurden, um sich selbst durchzubringen. Nimmt man die Familienangehörigen hinzu, so konnten von der gesamten Berliner Zivilbevölkerung, die damals etwa 150000 Köpfe zählte, sicherlich 30000 bis 40000 Menschen, das heißt ein Fünftel bis ein Viertel, aus dem eigenen Einkommen beziehungsweise dem der Familie nicht einmal den dringendsten Lebensbedarf decken (Abel, 1966a, S. 228f., vgl. ders., 1963, S. 328f.). Es ist den Schilderungen von Zeitgenossen zufolge nicht übertrieben, wenn man – bis auf die wenigen Offiziere, die ausschließlich der Adel stellte – auch die gesamte umfangreiche Garnison Berlins mit zum Kreis derer rechnet, die am Rande des Abgrunds vegetierten, der sich jedesmal in den Teuerungsjahren öffnete (Hinze, 1963, S. 171–180) [13].

Wenn die Ernten in stärkerem Maße ausblieben, wie in den Jahren 1803/1804 oder in der schrecklichen Krise von 1816/1817, die einzelne Hungerrevolten und in verschiedenen Gegenden antisemitische Ausschrei-

---

[12] Siehe oben, S. 230.

[13] Vgl. auch die Schilderung in K. F. von Klödens Jugenderinnerungen (Klöden, 1911). Klöden wuchs als Sohn eines Unteroffiziers in dem Elend der Berliner Kasernen um die Wende zum 19. Jahrhundert auf.

tungen auslöste (Abel, 1974, S. 314–343), stieg die Flut des Elends in den Städten noch höher und erfaßte auch mittlere Einkommensgruppen. Doch während in den Städten gehungert wurde, füllten sich die Taschen der Landeigner, die aus den erhöhten Verkaufspreisen Vorteile zogen und die – auch bei den kurzfristigen Erntezyklen – mit dem vermehrten Erlös den Verlust an verkaufbarer Menge ausgleichen konnten. So hieß es beispielsweise in den Thaerschen Regionalberichten über die Stimmung unter den mecklenburgischen Großlandwirten im Jahre 1818: „Nach so vielen trüben Jahren (die durch reiche Ernten empfindliche Preisabschläge gebracht hatten, d. Verf.) sind die beiden letzten für Mecklenburg recht günstig gewesen. Alles lebt daher wieder auf, gewinnt ein heiteres Aussehen und blickt mit froher Hoffnung in die Zukunft ... Bei den Fortschritten der Bevölkerung in Europa, womit der Ackerbau noch nicht Schritt hält, dürfen wir wohl um den Absatz nicht besorgt sein" (zit. nach Abel, 1966a, S. 210). In der Prognose trog die Herren ihr ausgeprägter Geschäftssinn. Die Äußerung illustriert aber den Mechanismus der längerfristigen Disparität von Agrarkonjunktur und städtischem Lebensstandard im vorindustriellen Zeitalter. Ähnlich hatte ein Zeitgenosse bereits einige Jahrzehnte zuvor konstatiert – ohne dabei die verheerenden Wirkungen der extremen Mißernten in den Jahren 1771/72 zu beschönigen, die für viele eine geradezu traumatische Erfahrung bedeutet haben mögen: „Wem sind nicht jene schrecklichen teueren Jahre bekannt, die zu Anfang der siebziger Jahre fast die ganze europäische Welt ... so hart bedrückten? ... Doch jeder mag glauben, was er wolle, diese Teuerung war es, die die Landwirtschaft wieder zum Brausen brachte" (L. H. H. von Engel, 1798, S. 124 – Hinweis bei Abel, 1966a, S. 24; 1974, S. 269).
Auch die letzte Stellungnahme bedarf einer Korrektur: Nach Meinung des Autors hatten alle landbesitzenden oder sogar landbearbeitenden Schichten von der mit der Verknappung der Lebensmittel einhergehenden Preissteigerung profitiert. Gewinne trug sie aber lediglich einer schmalen Schicht von Großlandwirten ein. Die Masse der bäuerlichen Bevölkerung teilte damals das Schicksal der städtischen Menge: sie fristete in dumpfer Not ein mühevolles Leben.

Das Elend der Bauern

Den Bauern selbst waren die strukturellen Ursachen dafür, daß sie von den ‚Vorteilen' der Agrarkonjunktur abgeschnitten blieben, nicht ganz unbekannt. So schrieb eine märkische Dorfgemeinde zu Beginn der siebziger Jahre des 18. Jahrhunderts an die zuständigen Kammer-(Finanz-)

Behörden, daß „auch der jetztige hohe Getreidepreis für uns kein Gewinn ist, weil uns eines Teils wenig zum Verkauf übrig bleibt, anderen Teils aber der etwas mögliche Gewinn davon, durch die ebensosehr gestiegenen Preise aller Lebensmittel und aller Wirtschafts-Sachen völlig aufgezehrt wird" (zitiert nach H. H. Müller, 1967, S. 52). Die Mehrzahl der Bauern konnte von den eigenen Produkten viel zu wenig auf den Markt bringen, um aus der Verknappung der Nahrung Gewinn zu ziehen. Bei Mißernten verschlang der Ertragsausfall häufig die gesamte Marktquote oder brachte die vielen kleineren Stättenbesitzer sogar in eine Lage, in der sie zur Ernährung ihrer Familien beziehungsweise Aufrechterhaltung ihrer Wirtschaft, sofern sie es überhaupt vermocht hätten, eigentlich noch Getreide und andere Lebensmittel hätten ankaufen müssen. Aber auch die langfristige Erhöhung der Agrarpreise in der zweiten Hälfte des 18. Jahrhunderts, die auf die Nachfrage der wachsenden Bevölkerung zurückging, schlug in den bäuerlichen Betrieben vergleichsweise wenig zu Buche. Denn der Umfang der Produktion, der den Bauern zu ihrer eigenen Verfügung stand, wurde durch eine Reihe von Faktoren meist stark eingeschränkt. Auf der einen Seite hatte die bäuerliche Bevölkerung als das letzte Glied der feudalen Rechts- und Sozialordnung Dienste und Abgaben gegenüber einer Vielzahl von Berechtigten zu leisten, in erster Linie gegenüber den jeweiligen Grund- und Gutsherrschaften sowie der landesherrlichen Obrigkeit. Diese Lasten schmälerten den Ertrag der bäuerlichen Arbeit, gleichgültig, ob sie natural oder in Form von Geld erbracht wurden. Auf der anderen Seite behinderten die gewissermaßen festgeschriebene Größe und die beschränkte Leistungsfähigkeit der bäuerlichen Betriebe für die Masse der Einwohner des ‚platten Landes' die Möglichkeiten einer entscheidenden Weiterentwicklung durch vermehrte Naturalerträge (Henning, 1969b, S. 171)[14]. Im Rahmen der traditionellen Agrarverfassung, die auf diese Weise für eine höchst ungleiche Verteilung der Bürden und der Vorteile sorgte, schien für den überwiegenden Teil der Menschen der Weg zu einem durchgreifenden wirtschaftlichen Erfolg versperrt.

Nicht alle Familien, die sich von der Landwirtschaft ernährten und dabei nicht zur privilegierten Klasse der (meist adligen) Grund- oder Gutsherren zählten,

[14] Vor allem Henning, 1970a. – Siehe dazu auch die Bemerkungen von Berthold, 1970. – Während so die großen Wirtschaften des Adels, der Pächter beziehungsweise des Königs im Zuge der Agrarkonjunktur einen erheblichen Aufschwung nahmen, wurden die bäuerlichen Betriebe das Opfer ihrer mangelnden Expansionsmöglichkeiten und der weitestreichenden Ausschöpfung ihrer Dienst- und Abgabenverpflichtungen, die im Zusammenhang mit den wirtschaftlichen Verbesserungen auf den Gütern – jedenfalls in verschiedenen Regionen – gerade anstiegen. Für Schlesien vgl. die Ausführungen von Ziekursch, 1927, S. 27ff., S. 85ff. – Allgemein über die konjunkturelle Benachteiligung der Bauern auch Abel, 1974, S. 174ff., S. 267ff.

betrafen die Hemmnisse und Belastungen der alten Produktionsweise in der gleichen Art: Regional ergaben sich entsprechend der vielgestaltigen Ausprägung der vorindustriellen Agrarverhältnisse schon auf kleinstem Raum bedeutsame Unterschiede. Im größeren Maßstab war vor allem eine charakteristische Verschiebung unter den Faktoren zu beobachten, die das Einkommen und die Lebensführung der ländlichen Bevölkerung determinierten. Dem Bemühen, ein hinreichendes Einkommen aus der eigenen Stelle zu gewinnen, setzten für die Mehrzahl der Bauern in den Gebieten westlich der Elbe und des Böhmerwaldes in erster Linie die Zersplitterung des Besitzes, die Überbesetzung mit Arbeitskräften, insgesamt also die zu geringe Landausstattung Hindernisse entgegen. Im Osten Preußen-Deutschlands entzogen dazu noch die Abgaben, besonders die Dienste, die die Herrschaft für sich forderte, den bäuerlichen Betrieben dringend benötigte Ressourcen. Überhaupt war die ländliche Bevölkerung unterhalb der Ebene des landbesitzenden Adels damals weit davon entfernt, eine homogene Gruppe zu bilden. Unterschiede bestanden gemäß dem sozialen Status, den dem einzelnen seine Position als Besitzer eines freien oder Lehnsguts, einer vollbäuerlichen Stelle, als Kossät (Halbbauer), Hintersasse oder Tagelöhner verlieh. Eine noch eingehendere und unübersichtlichere Differenzierung (weil Bezeichnung und Bedeutung mit den unterschiedlichen landschaftlichen Rechtskreisen wechselten) bedingte die Abstufung der personen- und besitzrechtlichen Stellung – um nur die wichtigsten Gruppierungen zu nennen – in (erbliche oder unerbliche) Lassiten, Erbzinser und -pächter oder freie, nicht erbuntertänige Besitzer, von denen allein die letzten sich tatsächlich – damals alles andere als eine Selbstverständlichkeit – ihrer persönlichen Freiheit erfreuten (Abel, 1971, S. 500; für die Verhältnisse in der Mark Brandenburg H. H. Müller, 1967, S. 27–33). Dabei beeinflußten die Intensität und das Maß an rechtlicher Abhängigkeit (ebenso wie die Frage, ob die Herrschaft vom Adel oder vom König ausgeübt wurde) in der Regel auch das Gewicht der Belastung, das die abhängige Bevölkerung zu tragen hatte (Henning, 1969c, S. 29–37, S. 114 f.; Henning, 1970a, S. 178). Ein besseres Besitzrecht, das heißt eine relativ ungeschmälerte, dauerhafte Verfügungsgewalt der Bauern über ihren Besitz, war in einigen Landschaften verbreitet. Dort fanden sich auch die wenigen Zonen bäuerlicher Wohlhabenheit, wie bei den norddeutschen Bauern in Dithmarschen, deren aufwendige Lebensführung auch bei einigen Höfen im südlichen und westlichen Deutschland (zum Beispiel Hohenlohe) wiederkehrte (Abel, 1966a, S. 201 f.; 1971, S. 501). Auch die freien Großbauern Ostpreußens, die sogenannten Kölmer, oder die preußischen Kolonisten, die im Zuge der mit großem Aufwand betriebenen Meliorationsmaßnahmen in den Oder-, Warthe- und Netzebrüchen angesiedelt wurden, konnten aufgrund ihrer freieren Rechtsstellung beachtliche ökonomische Fortschritte erzielen (H. H. Müller, 1967, S. 34, S. 146, S. 152) [15]. Doch entschieden weder die rechtlichen noch die sozialen Merkmale unvermittelt oder isoliert über die wirtschaftliche Lage der ländlichen Bevölkerung. Im ganzen scheinen die Fälle, in denen bäuerliche Familien über größere Vermögen verfügten, eher die Ausnahme. Der Tendenz nach lebte die über-

[15] Vgl. ebenfalls die bei Fontane wiedergegebene Aussage des Domänenpächters Fromme über den ‚guten Stand' seiner Bauern, die im erst kürzlich trockengelegten Rhinbruch (bei Fehrbellin) lebten: In ihrer Gesamtheit hätten sie ein Kapital von 50 000 Talern aufzuweisen; ein einzelner habe bis zu seinem Tode elftausend Taler gehortet. Fontane, 1966, S. 398.

wiegende Mehrzahl der Menschen auf dem Lande zu Beginn des 19. Jahrhunderts hart an der Grenze des Existenzminimums[16].

Den engen Rahmen der Versorgungs- (und Beschäftigungs)möglichkeiten setzte schon die im allgemeinen allzu geringe Fläche, die die ländlichen Familien zu ihrem eigenen Nutzen bearbeiten konnten. In Preußen stellten in diesen Jahren nach einer zeitgenössischen Bestandsaufnahme allein die klein- und unterbäuerlichen sowie landlosen Schichten, die über wenig oder keine Ackerfläche, allenfalls einen (Feld-)Garten verfügten, etwa zwei Drittel der ländlichen Gesamtbevölkerung. Lediglich 37,5 Prozent der Familien saßen auf vollbäuerlichen Stellen, zu denen in einigen Landesteilen sogar die Höfe der Halbbauern gerechnet worden waren. Nicht berücksichtigt waren bei dieser Schätzung rund 200 000 Familien, die im wesentlichen als landlose Gesindearbeitskräfte ihren Unterhalt gesucht haben dürften (Henning, 1969b, S. 180; 1970a, S. 167). Innerhalb eines ganzen oder nur halben Jahrhunderts hatte sich die ländliche Besitzstruktur, in der vielfach noch während der ersten Hälfte des 18. Jahrhunderts die groß- und mittelbäuerlichen Betriebe überwogen hatten, zugunsten der landarmen Stätten verschoben. Zurückzuführen war die einschneidende Veränderung darauf, daß der Boden, der sich (tatsächlich und rechtlich) in zusätzliche Nutzfläche umwandeln ließ, gegen Ende des 18. Jahrhunderts immer knapper zu werden begann: Anscheinend wurde im Zuge des rasanten Wachstums der Bevölkerung, die ernährt, aber auch auf dem Lande beschäftigt werden mußte, die Grenze des kulturfähigen Bodens erreicht, der zu vergeben war.

Im Durchschnitt hatte sich am Ende dieser Entwicklung der größte Teil der ländlichen Bevölkerung mit weniger als fünf Hektar (individueller) Nutzfläche je Familie zu begnügen (Henning, 1969b, S. 190; 1970a, S. 171). Freilich erzwang nicht nur die Ausschöpfung der natürlichen Kapazität die immer dürftigere Landausstattung. Auch die überkommene Agrarverfassung schmälerte die Ausdehnungsmöglichkeiten, da die zahlreichen herrschaftlichen und genossenschaftlichen Berechtigungen – jedenfalls für die untertänige Dorfgemeinschaft – nur eine extensive Bodennutzung zuließen. Allein der Übergang zu intensiveren Nutzungssystemen, der eine Aufhebung der verwahrlosten gemeinschaftlichen Weideflächen und eine Einschränkung der jährlich brachliegenden Felder mit sich brachte, ermöglichte einen weiteren Zuwachs an Ackerfläche, wie er

[16] Vgl. über die desolate Lage der bäuerlich-ländlichen Bevölkerung am Ende des 18. Jahrhunderts auch die Schilderungen bei Biedermann, 1880 (Neudruck Aalen 1969), insbes. Bd. 1, S. 236–253, Bd. 2, S. 508. – Für Preußen vor allem aber Knapp, 1887, Bd. 1, S. 67–80.

in Preußen-Deutschland nach den Agrarreformen im Verlauf der ersten Hälfte des 19. Jahrhunderts zu verzeichnen war[17].

Die stark eingeengte und im Verhältnis zur heutigen Praxis lockere Bodenbewirtschaftung behinderte nicht nur die Erweiterung der Nutzungsfläche. Der geringen Produktivität war es auch zuzuschreiben, daß in vielen Gebieten selbst ein umfangreicherer Hofbesitz, als er im Durchschnitt bei der Mehrzahl der ländlichen Familien vorhanden war, keine ausreichende Versorgung gewährleistete. Um allein die wirtschaftliche Reproduktion des Betriebes, das heißt den Bedarf an Saatgut und Futtergetreide (ohne den an gewerblichen Betriebsmitteln), und die Ernährung der (durchschnittlich fünf- bis sechsköpfigen) Familie zu sichern, war, wie man heute schätzt, je nach Bodengüte und Ertragslage im Westen Deutschlands eine individuelle Nutzfläche im Umfang von mindestens 3,5 bis 4 Hektar, in den ostelbischen Gebieten dagegen ein Acker- und Gartenbesitz von etwa 8 Hektar erforderlich. Nur dadurch, daß auch die ländliche Bevölkerung auf minderwertigere Nahrung (wie Blatt- und Hülsenfrüchte, vor allem auf Kartoffeln, die weniger Anbaufläche als Getreide in Anspruch nahmen) auszuweichen versuchte, war der Mangel an hinreichender Fläche notdürftig zu kompensieren (Henning, 1969b, S. 188–191; 1970a, S. 171–178).

Die landarmen Leute in den Gebirgsgegenden oder im pommerschen und märkischen Sand, die auf kargem Boden um ihre Existenz ringen mußten, brachten es mit den mühseligsten Anstrengungen gerade dahin, mit „Brotwassersuppe mit etwas Milch geschmälzt“ zum Frühstück, mit „gequellte(n) Kartoffeln mit Sauermilch“ zu Mittag und zu Abend wiederum mit „Brotwassersuppe“ den Magen zu füllen, wie es beispielsweise von den Bauern im Spessart berichtet wurde (Abel, 1963, S. 326, S. 330). Nach dem Urteil preußischer Pächter, die sich im Zusammenhang ihrer scharf kalkulierenden Wirtschaftsführung in der Regel einen guten Einblick zu verschaffen wußten, konnten bäuerliche Betriebe auf den schlechteren Böden – auf die sie meist von der Herrschaft abgedrängt waren (Saalfeld, 1967, S. 160) – gerade notdürftig bestehen, wenn sie eine Größenordnung von 1,5 bis 6 Hektar hatten; ein Einkommen, mit dem mehr als der nötige Lebensbedarf zu bestreiten war, hielt man in der Mark erst bei der Gruppe für gegeben, die Höfe mit etwa 12 bis 20 Hektar Nutzfläche besaß (H. H. Müller, 1967, S. 50). Die Gründe für die Notwendigkeit

[17] Innerhalb von fünf Jahrzehnten vergrößerte sich in Deutschland die jährliche Anbaufläche auf diese Weise um knapp das Doppelte. Vgl. Henning, 1968, S. 54 f. Allerdings hatte daran auch die Kultivierung von Ödlandflächen einen bemerkenswerten Anteil, die von den gemeinschaftlichen Flächen nur undeutlich geschieden waren. – Zu diesem Problem insgesamt: Ipsen, 1972.

einer derartigen Betriebsgröße (die allein vollbäuerliche Stellen aufweisen konnten) waren aber nur zum Teil in der geringen Ertragsfähigkeit der bäuerlichen Wirtschaft jener Zeit zu suchen.
Aufgrund ihrer unterlegenen Stellung in der Feudalgesellschaft hatte die Masse der ländlichen Familien immer auch einen wesentlichen Prozentsatz ihrer Produktion und ihrer Leistungen — praktisch unentgeltlich — der ‚Herrschaft' zu überlassen. Der Verpflichtung lag nicht primär ein gegenseitiges Rechts- oder Vertragsverhältnis zugrunde; die verschiedenen Rechtstitel, die die Forderungen begleiteten und gewissermaßen erklärten, umkleideten nur das höchst einseitige, krasse Gewaltverhältnis, dem sich die bäuerliche Bevölkerung zu beugen hatte.

Von den unterschiedlichen Rechtsansprüchen her löste sich der Empfängerkreis in eine fiktive Vielzahl von Instanzen auf, hinter denen sich jedoch weitgehend eine einheitliche Gruppe, oft ein und dieselbe Person verbarg. Den insgesamt wohl gewichtigsten Teil der bäuerlichen Abgaben bildeten die steuerlichen Leistungen, die die landbesitzende Bevölkerung – bis auf den mit wenigen regionalen Ausnahmen privilegierten Adel – an den Landesherrn zu entrichten hatte (Büsch, 1962, S. 21–25, S. 84 f.). Sofern die Bauern unmittelbar unter königlicher Herrschaft standen, floß im wesentlichen auch der übrige Teil ihrer Abgaben in die landesherrlichen Kassen; andernfalls war es der adlige Gutsherr, dem die weiteren Leistungen zugute kamen. Als dem Gerichtsherrn, vor allem als Grundherrn, der das ‚Obereigentum am Boden' innehatte, und schließlich – insbesondere in den östlichen Gebieten – als dem Leibherrn, der die Belastungen der von ihm abhängigen Personen faktisch bis zur Grenze ihrer physischen Leistungskraft ausdehnen konnte, standen ihm Gebühren, Steuern oder auch ein Teil der bäuerlichen Naturalerträge zu. Dazu leiteten sich vielfach auch aus der Ausübung von kirchlichen Befugnissen als Patronatsherr Forderungen des Gutsherrn ab. Neben all dem bezogen auch Pfarrer und Schulmeister, wie bereits ausgeführt, einen nicht unwesentlichen Teil ihrer Einkünfte aus den Leistungen der ländlichen Bevölkerung, die durch diese Abgaben – zumal sie für ihren eigenen Lebensbereich nicht ganz und gar verloren waren – allerdings noch am wenigsten belastet wurde (Henning, 1969 c, S. 42–45, S. 99–104).

In der Regel empfingen in Preußen während der zweiten Hälfte des 18. Jahrhunderts nur die kirchlichen Personen noch Abgaben in naturaler Form, während die Herrschaft bereits dazu übergegangen war, die ursprünglichen Naturalverpflichtungen der bäuerlichen Betriebe in Geldabgaben umzuwandeln (Henning, 1969c, S. 138 f.). Bis dahin war die Wirtschaft zahlreicher untertäniger Bauern aufgrund der umfangreichen Naturalleistungen, die direkt an die berechtigten Guts- beziehungsweise Grundherren abgeführt wurden, nur bedingt in das Marktgeschehen der vorindustriellen Gesellschaft integriert gewesen. Nunmehr aber ergab sich für die Masse der bäuerlichen Bevölkerung, um die hohen monetären Forderungen befriedigen zu können, geradezu der Zwang zum Verkauf ihrer landwirtschaftlichen Produkte auf dem Markt — oft über das Maß hinaus, das ihrer Wirtschaft zuträglich war beziehungsweise bei angemessener Ernährung der eigenen Familie disponibel gewesen wäre (H. H. Müller, 1967, S. 147 f.). Insofern brachte die Veränderung für den Bauern wenig Vorteile: Auf vermitteltere Weise zwar, aber praktisch unverändert wurde den ländlichen Familien ein beträchtlicher Teil ihres Arbeitsertrages entzogen, insbesondere, wenn die Höhe der in Geld zu erbringenden Leistungen der Bewegung der Agrarpreise folgte. Im Gegensatz zu den landesherrlichen Steuern, die in Preußen seit Beginn des 18. Jahrhunderts praktisch unverändert blieben, glichen sich nämlich die Geldforderungen der Gutsherren zum Teil den steigenden Getreidepreisen an. Was selbst Bauern mit einem größeren Hofbesitz über die erzwungene Marktquote hinaus zu ihrem eigenen Gewinn feilbieten konnten, bewegte sich darum oft in engen Grenzen. Dies galt um so mehr, als Personal- und Sachaufwand, den ihre Wirtschaft zu tragen hatte, zusätzlich noch durch Dienstleistungen vermehrt wurde, die dem Landes- beziehungsweise dem Gutsherren zu erbringen waren.

Vorwiegend in den ostelbischen preußischen Gebieten verfügte der Adel über großflächige Eigenbetriebe. Soweit er sie nicht insgesamt verpachtet hatte, bewirtschaftete er sie auf eigene Rechnung und Verantwortung, wobei er aufgrund seiner umfassenden Herrschaftsbefugnisse das Land durch die Zwangsarbeit der abhängigen Bauern bestellen ließ. Er unterschied sich darin von der westlichen oder südlichen ‚Grundherrschaft', die vornehmlich von der Rente lebte, die ihr die untertänige Bevölkerung in Form der Natural- und Geldabgaben leistete. Mit der wirtschaftlich aktiven Stellung des ‚gutsherrlichen' Adels verband sich eine besonders intensiv ausgeprägte herrschaftliche Position, denn noch wichtiger als die keineswegs niedrigen Abgaben mußte unter diesen Umständen die Einforderung von Dienstleistungen der Untertanen sein (Annalen 1797, Bd. 3, S. 131).

Soweit der Gutsherr kein eigenes Gesinde hielt, konnte er praktisch alle Arbeiten für seinen Betrieb auf die Bauern abwälzen, die dem Gute zugehörten. Denn diese hatten nicht nur ihre eigene Arbeitskraft, sondern – jedenfalls die Besitzer größerer Stellen unter ihnen – auch Gespanne und Geräte zu stellen. Daneben waren, auch von den freieren Bauern, noch Wege- und Brückenbauten sowie Kirch- und Schulbauten auszuführen, und für Militär- und Postzwecke kamen Vorspanndienste hinzu (Henning, 1969 c, S. 7–15, S. 105–107). Die folgende Aufzählung, die der aufgeklärte Gutsherr Rochow am Ende des 18. Jahrhunderts von den bäuerlichen Hofdiensten oder Fronen gab (in Ostpreußen Scharwerk genannt), konnte nicht einmal Vollständigkeit beanspruchen, wenn auch nicht jeder zu allen Arbeiten verpflichtet war: „Es gibt deren bestimmte, nämlich auf gewisse Arten von Diensten und gewisse Wochentage; und unbestimmte auf alle Arten von Diensten und Tage der Woche. Sie werden theils mit Spannvieh zu Wagen, Pflug oder Egge, theils mit der Hand zu allerlei oekonomischen Arbeiten geleistet. Ferner werden sie in gewöhnliche und außerordentliche Dienste geteilt. Wenn sich die gewöhnlichen gemeiniglich von der Feldbestellung verstehen, so sind die außerordentlichen die Abgewinnung und Einbringung des Getreides, das Verfahren desselben nach gewissen Grundsätzen, die Baufuhren bei den herrschaftlichen Wirtschaftsgebäuden, und die Reisefuhren, nebst dem Botenlaufen nach der Reihe, dem Schaafscheeren, dem Jagd- und Weinbergdienste." [18] Schwerer noch als über die Art der im einzelnen anfallenden Dienste lassen sich über ihren Umfang allgemeine Aussagen machen: Die Belastung der Bauern schwankte regional, aber auch zeitlich außerordentlich stark. In Extremfällen hatte praktisch die gesamte untertänige Familie ebensoviel oder noch mehr auf den Gutsflächen wie auf dem eigenen Hof zu arbeiten (Kulischer, Bd. 2, 1971, S. 96), in anderen Situationen beschränkten sich die Ansprüche auf die Mithilfe bei der Ernte oder der Feldbestellung (Abel, 1971, S. 498 f.; Henning, 1969a, S. 89 ff.; 1969c, S. 50–61; H. H. Müller, 1967, S. 32 f.). In einer Reihe von Fällen wurden, vor allem bei Domänen des Landesherrn, während der zweiten Hälfte des 18. Jahrhunderts auch die Dienste bereits in Geldabgaben umgewandelt; jedenfalls aber wurde gewöhnlich nicht mehr der gesamte Umfang des Herrenlandes durch die fronenden Bauern bestellt, da mit dem Anwachsen der landarmen beziehungsweise landlosen Schichten zunehmend Lohnarbeitskräfte zur Verfügung standen. Sie waren, wie die Gutsherren und Pächter erkannten, weit effektiver einzusetzen als die Zwangsarbeit leistenden Bauern (H. H. Müller, 1967, S. 35 f.) [19]. Doch war man von einer ausschließlichen Gesinde-, erst recht von einer freien Arbeitsverfassung im allgemeinen noch weit entfernt.

Im Durchschnitt der brandenburgisch-preußischen Gebiete überwog noch gegen Ende des 18. Jahrhunderts eine Dienstbelastung der bäuerlichen Stellen, die 15 bis 40 Prozent ihrer Arbeits- und Zugkräfte beanspruchte. In einzelnen Regionen, wie zum Beispiel Pommern, hatten vor allem die Bauern des Adels, die wohl überall stärker belastet waren, noch höheren Arbeitsanforderungen zu genügen (Henning, 1969c, S. 41 f., S. 50—61, S. 116—119). Ganz abgesehen von der sozialen Kluft, die sich unmittelbar darin äußerte, daß eine Minderheit von Herren über die Masse der ländlichen Bevölkerung praktisch wie über inventarisierte Arbeitstiere verfügen konnte, verschärfte der Dienstzwang auch ökonomisch den Abstand zwischen den Gütern und den bäuerlichen Wirtschaften. Die Kosten nicht nur für die Arbeitskräfte, sondern auch für Gerät und Zugvieh waren, soweit die Gutsflächen durch Fronarbeit bestellt wurden, vom gutsherrlichen Betrieb auf die Bauernhöfe verlagert. Was die Herrschaft dadurch an Sach- und Lohnaufwand einsparte, der sonst vom eigenen

---

[18] Vgl. zum Beispiel H. Harnisch, 1969. – Die Unterscheidung der Agrarverfassung nach Grund- und Gutsherrschaft geht im wesentlichen auf die Forschungen von Knapp, 1887, zurück. – Dazu ausführlicher Lütge, 1967, S. 182 ff.

[19] In dieser Richtung argumentierte auch Rochow in seiner zitierten Rede vor der märkischen ökonomischen Gesellschaft, in der größere Landwirte, Prediger, Pächter und Beamte auf den dringend notwendigen Fortschritt in der Landwirtschaft zu wirken versuchten.

Produktionsergebnis abzutragen gewesen wäre, konnte sie auf dem Markt als zusätzlichen Gewinn gegenüber den abhängigen Bauern realisieren, deren ohnehin weniger einträgliche Betriebe noch das häufig für das Scharwerk erweiterte Gesinde und Vieh zu erhalten hatten (Henning, 1969c, S. 116, S. 144 f., S. 158 f.; H. H. Müller, 1967, S. 32 f.).

Selbst größere Höfe, die in der Regel zwei Hufen, das heißt etwa 34 Hektar umfaßten (Henning, 1969 a, S. 8 ff.; H. H. Müller, 1967, S. 31 f.), wurden auf diese Weise in ihrer Leistungsfähigkeit stark eingeengt: Rein rechnerisch erforderten im Zusammenhang ihrer üblichen Dienstverpflichtungen allein die menschliche Ernährung, Viehfutter und Saat mehr als die Hälfte des gesamten (Getreide-) ernteertrags, von dem ihnen bei vermehrter Dienstbeanspruchung (respektive Gesinde-, Tier-, Gerätehaltung) sogar nur noch 30 Prozent blieben. Bei schlechteren Ertragsverhältnissen, wie sie etwa in Ostpreußen vorherrschten, entsprach die Quote dessen, was diese Großbauern theoretisch noch als Überschuß auf den Markt bringen konnten, einem Anteil zwischen 35 und – bei starker Dienstbelastung, wie sie allerdings seltener vorkam – sogar nur 10 Prozent der Ernte, sofern man den Nahrungsmittelbedarf ausschließlich in Getreide umrechnet. Tatsächlich mußte auch hier auf schlechtere Kost ausgewichen werden, weil eine bestimmte Marktquote gehalten werden mußte (Henning, 1969 c, S. 132 f.). Denn der Erlös aus der verkauften Ernte stellte noch keinen Gewinn dar, vielmehr waren davon die steuerlichen Abgaben sowie der Erwerb notwendiger Betriebsmittel zu bestreiten, die nicht alle im eigenen Haushalt selbst hergestellt werden konnten.

Ganz sicher befanden sich die Familien mit relativ umfangreichem Besitz in einer weit weniger angespannten Situation als die Masse der übrigen Landbevölkerung, da sie wenigstens partiell an der Agrarkonjunktur des späten 18. Jahrhunderts teilhatten. Aber schon die in jener Zeit nicht seltenen Ernteschwankungen konnten, wenn sie einen Ausfall von 30 bis 40 Prozent brachten, auch den Wirtschafts- und Versorgungsspielraum dieser Höfe einengen. Bei größeren oder häufigeren Unglücksfällen, wie aufeinanderfolgenden Ernteschäden, Viehseuchen, der durch arbeitsunfähige Familienmitglieder bedingten Überbesetzung des Hofes usw., zeigten sich die mittleren und größeren Betriebe abhängiger Bauern anfällig für Krisen, an deren Ende nicht selten der Ruin des Hofes stand [20]. Die wenigen genauen Betriebsrechnungen, die aus jener Zeit erhalten sind, weisen aus, daß diese Höfe, jedenfalls bei Notlagen, im Grunde zusetzten und sich über Wasser hielten, soweit und solange sie — von altersher — entsprechend in ‚gutem Stande' waren [21]. Demgegenüber erforderte die

---

[20] Vgl. das bei Henning, 1969 a, S. 231 f., zitierte Beispiel.

[21] Vgl. den Bericht bei Abel, 1967, S. 250 ff.; 1971, S. 499 f., über die mehr als 20 ha Nutzfläche umfassenden Meierhöfe im Raum Hildesheim; zu den dortigen kleineren Köttern Henning, 1969 c, S. 142 f., S. 164 f. Weitere Betriebsrechnungen bei Abel, 1967, S. 254 f.; vgl. auch H. H. Müller, 1967, S. 162, über die Belastung eines 35-Hektar-Hofes in der Mark, dessen Daten vom berüchtigten Wöllner überliefert wurden.

Lage der kleineren erbuntertänigen Stellenbesitzer einen ständigen Balanceakt am Rande des wirtschaftlichen und physischen Untergangs; sie lebten selbst in guten Zeiten, wie ein preußischer Kammerrat von der Mehrzahl der märkischen Bauern urteilte, nur ‚von der Hand in den Mund' [22].

Eindringlich belegt diese Aussage die Rechnung, die ein hoher Finanzbeamter vortrug, als er dem Thronfolger im Jahre 1774/75 den Betriebshaushalt eines kleineren Bauern in Tempelhof darstellte. Den bloßen Geldforderungen von seiten des Königs, des Guts- und Gerichtsherrn, der Kirche und der Dorfgemeinde in Höhe von rund 20 Talern standen aus einem Ackerland im Umfang von etwa 7,5 ha Einnahmen gegenüber, die (nach Abzug von Saatgut und Eigenbedarf) gerade knapp 10 Taler betrugen. „Der Bauer würde, nach diesen angeführten Umständen" – so hieß es in dem Vortrag – „nicht bestehen können, wenn er sich nicht auf eine andere Art soutenierte, zum Beispiel daß er auf eine Hufe fast ein Drittel mehr aussäet, als ihm zur Kontribution (der landesherrlichen Grundsteuer, d. Verf.) angeschlagen, daß er aus dem Viehstand Geld erwirbt und sich sonst durchzubringen sucht (wozu ihm die Nähe Berlins noch relativ günstige Gelegenheit gab, d. Verf.). Aber er muß allen Fleiß anwenden und sich kümmerlich behelfen, wenn er sich ehrlich ernähren und durchbringen will, zumal wenn er sonst nichts anderes, als sein eigenes Wohnhaus und Hofgebäude, so er selbst noch in Würden unterhalten muß, nebst dem dazugehörigen Acker im Vermögen hat. Er kann daher keine Unglücksfälle, als Mißwachs, Hagelschaden, Mäusefraß, Überschwemmungen etc. übertragen, daferne ihm nicht alsdann durch Remission unter die Arme gegriffen wird, um ihn noch in etwas zu unterhalten." (Zit. nach Mehring, 1972, S. 146–148. – Dienstverpflichtungen und andere Auflagen sind hier übrigens noch nicht einmal berücksichtigt.)

Angesichts der desolaten Verhältnisse, die sie in den verschiedenen Territorien antrafen, waren schließlich viele Zeitgenossen überzeugt, daß sich die Lage für die Masse der Menschen in der zweiten Hälfte des 18. Jahrhunderts merklich verschlechtert habe. So glänzend sie die Ertragslage der großen adligen Güter und der Besitzungen des Landesherrn einschätzten, so düster malten sie die Aussichten für den ‚gemeinen Mann'. Belastungen und Arbeit des Landbewohners sah ein schlesischer Justizrat damals zum Beispiel langfristig noch immer weiter steigen, „indes sich seine Kräfte dazu mindern": denn in einer Art Teufelskreis wären unter den gegebenen Bedingungen Erhöhung der Ansprüche auf der einen und Verringerung der Leistungsfähigkeit auf der anderen Seite miteinander verbunden (Ziekursch, 1927, S. 156–159).

---

[22] Die Aussage geht zurück auf das Jahr 1768, hier zit. nach Knapp, 1887, Bd. 1, S. 72. Vgl. auch H. Harnisch, 1970, S. 191.

Es war kein naturgegebenes Schicksal, das die Masse der ländlichen wie auch der städtischen Bevölkerung auf einer Stufe niederhielt, auf der noch nicht einmal die einfachsten Bedürfnisse gesichert waren: In der vermeintlichen Erschöpfung der natürlichen Subsistenzmittel, der Begrenzung von Nahrung und Boden, der geringen Ertragsfähigkeit beziehungsweise eingeengten Produktivität der Agrarwirtschaft wirkte die soziale und wirtschaftliche Organisation, deren gravierende Nachteile in den krassen Vorteilen einer Minderheit nur am ehesten erkennbar wurden. Die in der Agrarverfassung liegende Übervorteilung der abhängigen Bauernfamilien wurde, wenigstens nachdem der Staat die Regulierung der gutsherrlich-bäuerlichen Verhältnisse in Angriff genommen hatte, in Preußen auch von amtlichen Stellen offen benannt. Aus einem Bericht der Regierung im Jahre 1809 über die Situation der Bauern des pommerschen Adels stammt die Aussage: „Wenn man die Nutzungen, welche die Herrschaft von den Bauerngütern bezieht, Dienste, Natural- und Geldabgaben und insbesondere die ersteren nach der Rücksicht, was sie die Belästigten kosten, in Anschlag bringt und mit den Nutzungen vergleicht, welche die Inhaber der Stellen davon beziehen, so ist in der Regel nichts gewisser, als daß die Herrschaften den größten Anteil an den Produkten der Höfe haben, die Inhaber derselben aber nur als Dienstboten, welche mit einem kärglichen Deputate ausgestattet werden, zu betrachten sind." (Zitiert nach Knapp, 1887, Bd. 1, S. 75 f.)
Auf diese Weise zogen nach einer (auf Stichproben beruhenden) Schätzung in Mitteleuropa am Ende des 18. Jahrhunderts etwa vier Fünftel der nichtadligen Bevölkerung des Landes aus ihrer landwirtschaftlichen Tätigkeit ein derart geringes Einkommen, daß damit allein auch der nötigste Lebensbedarf nicht zu bestreiten war (Henning, 1969c, S. 172 f.). Überschüsse konnte nur eine verschwindend kleine Gruppe erzielen (Abel, 1971, S. 528 f.). In den östlichen, gerade auch preußischen Gebieten war die Landausstattung besser als im Westen; deshalb lag hier (gegenüber dem mitteleuropäischen Durchschnitt) der Anteil der Familien wahrscheinlich höher, denen ihre Stellen ein eben noch hinreichendes, labiles Auskommen gewährten, das etwa das Niveau der städtischen Handwerker und kleineren Beamten erreichte (Henning, 1969b, S. 191)[23]. Doch

[23] Strenggenommen blieben die Einkünfte dieser bäuerlichen Familien unter dem Lohn eines Handwerkers, der – wie der oben angeführte Berliner Maurer – gemessen an Getreideäquivalenten allein dasselbe oder mehr verdiente, was die in der Regel drei Arbeitskräfte einer bäuerlichen Familie erzielten (Abel, 1966a, S. 229). Nach dem Schema Schmollers wäre der Kornlohn dieser Gruppen, das heißt die in Getreideäquivalenten ausgedrückte Kaufkraft der Einkünfte, der zwischen 35 bis 70 Kilogramm pro

vermochten sich zum Teil auch die landärmsten Schichten in West- oder Süddeutschland effektiv noch besser zu versorgen, insofern ihnen die stärkere gewerbliche Entfaltung in diesen Regionen zusätzliche Einkommensquellen erschloß. Im Grunde war die überwiegende Mehrheit der ländlichen Familien durch die Forderungen, die sich an sie richteten, und den dauernd drückenden Mangel gezwungen, Nebenbeschäftigungen nichtlandwirtschaftlicher Art zu ergreifen.

Bis in den Bereich mittel- und großbäuerlicher Betriebe reichte am Ende des 18. Jahrhunderts der Zwang, durch regelmäßigen oder saisonalen Zuerwerb das kärgliche Einkommen aufzustocken. Von den durchaus nicht kleinen Hofbesitzern eines ostpreußischen Dorfes hieß es zum Beispiel in einem Bericht aus dem Jahre 1781, daß „durch das Gespinst und Verkauf von Leinwand ... denen Einsassen zwar ein kleiner Zugang (erwächst), allein die Vermögensverhältnisse derselben sind doch nur mittelmäßig" (zit. nach Henning, 1969b, S. 192). Andere Kammerbeamte bestätigten, daß an anderen Orten die verschiedenen bäuerlichen Besitzgruppen Spinnarbeiten und die Herstellung von Leinwand „fast gewerbsmäßig" betrieben, „so ihnen sehr zu statten kommt und wodurch ihre Umstände nach hiesiger Art (!) nicht die schlechtesten sind" (Henning, 1969a, S. 231; 1969c, S. 162, S. 168 ff.).

Bei den Arbeiten, an denen sich vorwiegend Frauen und Kinder beteiligten, in den beschäftigungsarmen Monaten des Winters aber die gesamte Familie, stand in der Regel die Textilproduktion im Vordergrund. Im preußischen Osten hatte besonders in Schlesien, das eine stark von unter- und kleinbäuerlichen Schichten geprägte Agrarstruktur aufwies, die heimgewerbliche Textilherstellung und speziell die Leinwandfertigung große Bedeutung. Ihr Niedergang im Zuge der aufkommenden industriellen Produktion am Beginn des 19. Jahrhunderts sollte das politisch-soziale Bewußtsein in Deutschland entscheidend beeinflussen [24]. Je nach den regionalen Bedingungen konnten vereinzelt aber auch andere gewerbliche Beschäftigungen als Mittel der Einkommensbeschaffung dienen (Henning, 1969b, S. 192). Dabei ging es nicht um verlockende Aussichten auf eine gewinnträchtige Betätigung. Vielmehr war der Versuch, Not und Elend abzuwehren und den meist erbärmlichen Status zu behaupten, ausschlag-

---

Woche schwankte, als „ärmlich" oder „dürftig" und noch nicht als „ausreichend" zu qualifizieren. Vgl. Schmoller, 1914, S. 4 f. – Absolut gesehen streuten die bäuerlichen Einkünfte dieser Gruppe damals um etwa 60 Taler. Dazu und zum Vergleich mit übrigen, zum Teil ländlichen Erwerbsgruppen siehe Henning, 1969 a, S. 232 f.; 1969 c, S. 38 ff., S. 162–166. Vgl. dazu auch oben, S. 99.

[24] Vgl. dazu auch oben, S. 223. Über Schlesien siehe noch die Hinweise S. 262 f. Zum schlesischen Weberaufstand von 1844 vgl. die Schilderung des radikalen Publizisten Wilhelm Wolff. Abgedruckt in: Jantke und Hilger, 1965, S. 157–178.

gebend dafür, daß man sich zu dem ohnehin großen Arbeitssoll noch eine weitere, stumpfsinnige Arbeit suchte, deren Entlohnung zudem äußerst dürftig war. Denn die Zahl derer, die einen derartigen Zuverdienst dringend benötigten, und somit die Zahl der potentiellen Arbeitskräfte, war, gemessen an dem Umfang des gewerblichen Sektors, unverhältnismäßig groß (Henning, 1969b, S. 177).

Die Frage des Zusatzverdienstes führt auf eine Reihe eigenartiger, für die damalige Zeit charakteristischer Widersprüche, in denen sich die tiefe Krise der vorindustriellen Gesellschaft am Ende des 18. Jahrhunderts abzeichnet. Wie der schlechte Lebensstandard und die verbreitete Einkommensnot anzeigen, hätte die Überzahl der ländlichen (aber auch der städtischen) Existenzen einer zusätzlichen Beschäftigung bedurft, um unter halbwegs erträglichen Verhältnissen das Leben zu fristen. Und in vielen Fällen ermöglichten dem Landvolk in der Tat allein die Nebentätigkeiten sein kümmerliches Dasein (Sombart, 1921, Bd. 2, S. 1061 ff.). Gleichzeitig machte sich aber im gewerblich-manufakturiellen Bereich gerade auch Preußens ein deutlicher Mangel an Arbeitskräften bemerkbar (Sombart, 1921, Bd. 1, S. 788 ff.).

Die Schwierigkeiten lagen dabei nicht nur in der Gewinnung von Facharbeitskräften, die – entsprechend dem empirisch-vorwissenschaftlichen Stand der Technik – mit ihrer persönlichen, auf Berufserfahrung beruhenden Qualifikation unumgängliche Voraussetzung für den Betrieb einer größeren gewerblichen Unternehmung waren. (Nicht den geringsten Beitrag zur Gewerbeförderung leistete der preußische Staat darum mit seiner gezielten Abwerbungs- und Einwanderungspolitik, die durch Ansiedlung ‚ausländischer' Fachkräfte praktisch die technischen Erfahrungen aus dem entwickelteren Westen importierte – Hinze, 1963.)[25] Auch der Bedarf an Arbeitern für die wenig anspruchsvollen Hilfsverrichtungen, die wie das Spinnen ausgelagert werden konnten und dem ländlichen Nebengewerbe entgegenkamen, wurde nicht hinreichend gedeckt. Wie erwähnt, hatte der Mangel an Gespinst für die teilmechanisierte und -zentralisierte Weberei[26] zu jener Zeit in Preußen zur Folge, daß die königliche Verwaltung den verschiedenen Manufakturunternehmern im Sinne eines Monopols das Arbeitspotential ganzer Landstriche Brandenburgs und Pommerns zuwies, deren gesamte Kapazität – nach den Klagen der Unternehmer zu urteilen – auf diese Weise ausgeschöpft schien (Hinze, 1963, S. 52–54, S. 143–152; Krüger, 1958, S. 200 ff.; Vogler, 1965, S. 11 ff.).

---

[25] Siehe dazu auch oben, S. 65.

[26] Auf einen Webstuhl wurden je nach Qualität von Produkt und Rohstoff zwischen fünf und zehn Spinner gerechnet. Süßmilch, 1775, Bd. 2, S. 46 ff.; Hinze, 1963, S. 52.

Und doch war die Zahl der Unter- und Unbeschäftigten beziehungsweise der (weiteren Verdienstes) Bedürftigen außerordentlich groß, wie schon die vielen Edikte gegen das Bettler- und Vagabundenunwesen erkennen lassen [27]. Ein Indiz findet sich auch in der „Geschichte seiner Schulen" des märkischen Gutsherrn Rochow. Er berichtet kurz vor der Wende zum 19. Jahrhundert, daß in seinen Dörfern keines der Mädchen (und der Jungen) hatte stricken und nähen können, bis sie alle regelmäßig nach Einführung einer ‚Industrieschule' (wahrscheinlich gegen Ende der 70er Jahre) darin durch eine aus Sachsen stammende Tagelöhnerfrau unterwiesen wurden. Nach der Reaktion der Eltern zu schließen, waren auch bei ihnen diese Fertigkeiten nicht vorhanden und nicht einmal das Spinnen verbreitet [28]. Es liegt nahe, daraus zu folgern, daß wichtige Möglichkeiten für einen Zusatzerwerb hier nicht genutzt wurden.

Die Situation war also gekennzeichnet durch eine allgemeine Unausgewogenheit, in der Beschäftigungsmangel auf der einen Seite und Überangebot an Arbeit auf der anderen einander nicht ausglichen. Ein wichtiger Grund dafür war sicherlich die nur begrenzte verkehrsmäßige Erschließung des Landes, die Verbindung und Verständigung zwischen den verschiedenen Regionen behinderte und in ihrer hemmenden Wirkung auch durch eine tiefgestaffelte Verlagsorganisation nicht zu unterlaufen war (H. Krüger, 1958, S. 204–206) [29].

Das Beispiel der Rochowschen Untertanen, die unweit der Manufakturzentren Potsdam und Berlin lebten, zeigt jedoch, daß daneben noch andere Faktoren eine Rolle spielten. Soweit nicht die Übernahme gewerblicher Ne-

---

[27] In Brandenburg-Preußen wurden im Zeitraum von 1700 bis 1789 nach einer Zählung Sombarts allein 50 derartige Verordnungen erlassen. Sombart, 1921, Bd. 1, S. 791. Ähnlich hatte es schon im 16. Jahrhundert, das für breite Bevölkerungskreise eine spürbare Einengung ihrer Lebensmöglichkeiten gebracht hatte, eine wahre Flut von Erlassen und grausamsten Strafandrohungen gegen das Bettelunwesen gegeben. Abel, 1974, S. 28.

[28] F. E. von Rochow: „Geschichte meiner Schulen" Schleswig 1795. In: Rochow, 1909, Bd. 3, S. 7–55, S. 25.

[29] Generell muß die Verkehrssituation als ein wesentlicher Entwicklungsfaktor begriffen werden. So verschärften oder bedingten im einzelnen die unzureichenden Transportmöglichkeiten das Auftreten der kurzfristigen Teuerungskrisen, da auf diese Weise ein Ausgleich zwischen den durchaus nicht immer gleichmäßig betroffenen Gegenden erheblich erschwert wurde. Auch entschied die Verkehrslage (sowohl im gesamteuropäischen Maßstab als auch innerhalb eines kleinräumigen Gebiets) in hohem Maße über die Produktionsrichtung sowie den ökonomischen Status der ansässigen Bauern (Abel, 1966 a, S. 103 ff.; Saalfeld, 1967, S. 164–171); selbst kleinere Stelleninhaber konnten in der Nähe größerer Ballungszentren aufgrund der besseren Absatzchancen und der ausgefächerten Nachfrage ein weit akzeptableres Auskommen finden, als sich ihre Klassengenossen an der Peripherie dieser Zonen erhoffen konnten. Vgl. in diesem Zusammenhang Henning, 1970 b. Grundlegend ist die agrarische Standortlehre entwickelt worden in dem Werk von Thünen, 1910. – Hinweise auf differenzierende Wirkung des Verkehrsfaktors sind bislang unterblieben, um dem Leser das Verständnis der komplexen Zusammenhänge nicht zu erschweren.

benbetätigung für die ländliche Bevölkerung zu den herrschaftlichen Auflagen gehörte – in diesen Fällen gewährte sie freilich kein oder nur ein vermindertes zusätzliches Einkommen –, mußte die den Menschen im Zusammenhang agrarischer Dienstleistungen abverlangte Arbeit Zeit und Möglichkeit einschränken, noch gewerbliche Heimarbeit auszuüben. Darüber hinaus machten sich auch subjektive Schwierigkeiten geltend: den Betroffenen gingen offensichtlich vielfach die elementarsten Befähigungen ab, in ihrer Not Abhilfe zu schaffen; dabei fehlte es vielleicht mehr noch als an den – einfachen – Fertigkeiten an der nötigen Orientierung und der Bereitschaft, deren Mangel angesichts der zum Teil verzweifelten Umstände und des geringen Lohnanreizes dieser Beschäftigungen allerdings nur zu plausibel scheint.

Der Weg aus der Krise

Aus dem Wissen über die weitere Entwicklung lassen sich rückblickend die verbreitete verdeckte Beschäftigungslosigkeit und die nebenberufliche Heimindustrie auf dem Lande gleichermaßen als Zeichen der allgemeinen Notlage erklären. Weder konnte der mühsame Zuerwerb den desolaten Status der Familien auf die Dauer wirksam ändern, noch auch schien im gegebenen gesellschaftlichen Rahmen überhaupt eine wesentlich weitergehende Ausdehnung der gewerblichen (damals vorwiegend Konsumgüter erzeugenden) Produktion denkbar. Dieser machten, wie schon die Krisenanfälligkeit der oft nur kurzlebigen preußischen Manufakturbetriebe zu erkennen gibt, die Probleme des Absatzes mindestens ebensosehr zu schaffen wie die Arbeiterfrage [30]. Solange nicht die Produktivität der landwirtschaftlichen und gewerblichen Arbeit stieg – und dies war nicht nur eine Frage der technischen Mittel, sondern eher noch der sozialen Verfassung – und darüber sich langfristig auch Einkommen und nichtlandwirtschaftliche Nachfrage erhöhten, bewegte sich das gesellschaftliche System für die Masse seiner Mitglieder praktisch in einem Zirkel von Elend und Beschäftigungsnot (Henning, 1971b, S. 133, S. 167).
Es verschärft den Eindruck von der tiefgreifenden Krise in jener Zeit, wenn man sich vor Augen führt, daß die scheinbar ausweglose Situation, die zeitgenössische Wirtschaftstheoretiker zu einer Reihe pessimistischer Grundannahmen veranlaßte, in vergleichsweise kurzer Zeit aufgebrochen werden konnte. Schon bis zur Mitte des 19. Jahrhunderts bewirkten eine bessere Ausnutzung der natürlichen Kräfte des Bodens und vor allem ein

---

[30] Vgl. dazu auch die allgemeinen Bemerkungen in Kapitel 3.1. Zu den preußischen Manufakturbetrieben Hinze, 1963, S. 243 f.; H. Krüger, 1958, S. 154 f., S. 157, S. 296 f.

verstärkter Landesausbau, wie sie die rechtlichen und sozialen Rahmenveränderungen nach 1800 ermöglichten, eine merkliche Steigerung der landwirtschaftlichen Produktion, die auch das anhaltende Bevölkerungswachstum überholte. Während sich in dieser Phase in Deutschland die Zahl der Menschen um etwa die Hälfte (von 25 auf 37,6 Millionen) vermehrte, wurde der Umfang der landwirtschaftlichen Nettoerzeugung verdoppelt. Im Ergebnis war damit, so muß man trotz der Pauperisierungserscheinungen in der ersten Hälfte des 19. Jahrhunderts folgern, die Versorgung, deren zyklische Engpässe nach den Hungerjahren 1846/47 ganz ausblieben, weit besser gesichert als am Beginn dieser Periode (Henning, 1968, S. 53 ff.).

Spektakulärer noch waren im Verlauf des 19. Jahrhunderts die Veränderungen im gewerblich-technischen Bereich, die schon die Zeitgenossen mit dem Begriff der ‚Industriellen Revolution' belegten. Ihre in unserem Zusammenhang wichtigste Konsequenz bestand in der langfristigen Steigerung des Pro-Kopf-Einkommens, die in einer Art Kettenreaktion gleichzeitig die Bedingung für das jeweils weitere Wachstum mit hervorbrachte. Damit war eine Art qualitativer Sprung erfolgt, der für unsere Breiten das Problem agrarisch bestimmten Mangels in Vergessenheit geraten ließ, sieht man von den katastrophenartigen Einbrüchen ab, wie sie die Kriege unseres Jahrhunderts darstellen. Sicherlich beunruhigte die vor- und frühindustrielle Pauperisierung von Handwerkern und Bauern im rückständigen Deutschland während der zwanziger bis vierziger Jahre des 19. Jahrhunderts die Zeitgenossen aufs äußerste (Jantke und Hilger, 1965), und der Wandel setzte sich dagegen nur sehr allmählich durch. Aber auf die Dauer verlor in der Tat die Landwirtschaft den dominierenden Einfluß, den sie bislang auf Löhne, Preise, Realeinkommen und Wirtschaftskonjunktur ausgeübt hatte, an die gewerbliche Wirtschaft (Abel, 1966a, S. 244–251, S. 268; 1972, S. 76; Braun u. a., 1972; 1973)[31].

Bis dahin hatte dieser Sektor nur eine sekundäre Bedeutung und, wie dargestellt, vielfach sogar subsidäre Funktion gehabt, insofern die gewerbliche Nebenbeschäftigung das Existenzminimum sichern sollte, das das landwirtschaftliche Einkommen für sich nicht mehr gewährte. Die gesamtwirtschaftlich überragende Bedeutung der Landwirtschaft ergab sich gerade aus ihrer mangelnden Leistungsfähigkeit: Ihrer unzureichenden Produktivität, die durch die feudale Agrar- und Sozialverfassung beschränkt und die damit verbundenen Belastungen gemindert wurde, war

---

[31] Zur industriellen Revolution vgl. den Überblick von Borchardt, 1972b, sowie Henning, 1973.

es zuzuschreiben, daß zum Ende des 18. Jahrhunderts hin bei der Masse der Bevölkerung der Lebensstandard schrumpfte und — trotz aller partiellen Fortschritte, die in dieser Zeit zu beobachten waren — Geld- und Güterkreislauf zu stocken drohten. Vor ihrem Übergang in das industriekapitalistische Stadium hatte sich diese Gesellschaft gewissermaßen durch ein Nadelöhr zu zwängen, auf das sich der Lebensraum im Zuge des rasanten Bevölkerungswachstums einengte und das in herkömmlichen Kategorien unpassierbar scheinen mußte. In diesem Sinne hat Sombart für die Zeit vom „drohenden Ende" des sozialen und wirtschaftlichen Systems, ja, der europäischen Kultur gesprochen, das sich auch in der absehbaren Erschöpfung der wichtigsten gebräuchlichen Energie- und Rohstoffe (wie Holz und Textilfasern) abzuzeichnen schien (Abel, 1971, S. 526; 1972, S. 67 ff.; 1974, S. 308 f.; Sombart, 1921, Bd. 2, S. 1137 ff.).

Das Bild vom historischen Wandel: Kontinuität oder Wende?

Die Vorstellung einer geradlinig aufsteigenden Entwicklung, auf die sich im Rückblick leicht die gesamte Vorgeschichte der industriellen Gesellschaft reduziert, erscheint auf diesem Hintergrund denkbar realitätsfern und irreführend. Auf den Grundzug einer angeblich allmählichen Zunahme und Ausweitung der gewerblichen Produktion läßt sich der Geschichtsverlauf nicht zusammendrängen. Schon gar nicht eröffnete sich für die Zeitgenossen die Perspektive eines langfristigen stetigen Wandels zu einer ihnen nicht vorstellbaren Industriegesellschaft, deren positive Möglichkeiten weit den Rahmen dessen übersteigen sollten, was man sich angesichts der vertrauten Krisenerscheinungen realistischerweise erhoffen konnte. Selbst wenn man sich von einer mit allen Mitteln zu fördernden gewerblichen Entfaltung wesentliche Vorteile versprach, blieb im rückständigen Deutschland damals das Bild, das man von der Zukunft entwarf, in hohem Maße den aktuellen Erfahrungen einer agrarisch geprägten Gesellschaft verhaftet. Noch Friedrich Lists (1840/1961) Auffassung von den Erfordernissen einer gesunden industriellen Sozialstruktur beispielsweise lag fernab von einem ihnen wirklich angemessenen Begriff; und Bruno Hildebrand, ein anderer Begründer der bürgerlichen Nationalökonomie in Deutschland, glaubte in der Mitte des vorigen Jahrhunderts für das industrialisierte England eine Entwicklung prophezeien zu können, an deren Ende die „im Ackerbau tätige Bevölkerung . . . wieder ins Gleichgewicht mit der gewerbetreibenden" getreten sein würde (Hildebrand, 1848/1922, S. 193 f.).

Weniger noch als die Vorstellung eines fortlaufenden Aufstiegs böte die formal entgegengesetzte Auffassung eines kontinuierlichen Niedergangs, der sich über den kapitalistischen Industrialisierungsprozeß hinweg möglicherweise bis heute fortsetzte, eine geeignete Grundlage für das Verständnis der skizzierten historischen Erscheinungen. Wie schon die wenigen vergleichenden Hinweise zu den veränderten Lebensbedingungen gezeigt haben dürften, wäre ein derartiges Verlaufsmodell anhaltenden Abfalls aus den verklärten vorindustriellen Epochen eines ungeteilten Menschseins nicht sehr glaubwürdig. Den globalen Rückschritt hat seinerzeit vor allem eine romantisch-reaktionäre Opposition beschworen, die Kritik an den tiefgreifenden Mängeln insbesondere der frühen Industriegesellschaft nur um den Preis einer Verharmlosung und Glorifizierung des agrarischen Zeitalters zu formulieren wußte[32]. Davon unterscheidet sich die These, daß sich gerade aufgrund der gewaltig gesteigerten Wirtschaftskraft und Leistungsfähigkeit in der modernen kapitalistischen Gesellschaftsordnung die sozialen Widersprüche – in einem qualitativ anderen Sinne als in der feudalen und agrarischen Vergangenheit – zugespitzt haben: Die materiellen Veränderungen haben inzwischen eine vernunftgeregelte, die Bedürfnisse aller berücksichtigende Organisation menschlichen Zusammenlebens aus dem Reich der Träume und idealer Wunschbilder in den Bereich der konkreten Utopie gerückt, nicht nur weil sie entsprechende Möglichkeiten bieten, sondern auch weil ihr vervielfachtes Destruktionspotential auf die Dauer nicht anders zu bewältigen scheint.

Einzig der Begriff eines Bruches der Kontinuität verdeutlicht hinlänglich den grundsätzlichen Charakter des komplizierten Wandlungsprozesses, der über die Schranken der agrarischen Gesellschaft schließlich hinwegführte. Seit dem Beginn des 16. Jahrhunderts bereits hatte sich – mit einer Unterbrechung im späten 17. Jahrhundert[33] – die agrarisch-feudale Welt in Mitteleuropa dem Ende ihrer Möglichkeiten genähert (Abel, 1966a, S. 235 ff.; 1972, S. 17 f., S. 62 ff.; 1974, S. 397 f.). Diesen Schluß legt eine Reihe von Erscheinungen nahe, die im ausgehenden 18. und beginnenden 19. Jahrhundert schließlich die Not in Stadt und Land in einem ungeheuren Ausmaß anwachsen ließen. Die Überwindung der Krise

[32] Vgl. Hartwell, 1973, der die heutige wissenschaftliche Kontroverse um den Lebensstandard des englischen Arbeiters in der Frühphase der Industrialisierung (1800–1850) in den weiteren, geistesgeschichtlichen Rahmen der prinzipiellen Auseinandersetzungen stellt, die den Weg der Industrialisierung begleiteten. Der Debatte der englischen Historiker ist – gleichgültig, welche Position man teilt – jedenfalls so viel zu entnehmen, daß die langfristige Besserung der Lebensverhältnisse unter der Wirkung der Industrialisierung möglicherweise erst spät und keinesfalls in Form eines gleichförmigen Fortschritts einsetzte. – Wesentliche Beiträge aus dieser Kontroverse finden sich bei Fischer und Bajor, 1967. – Für Deutschland vgl. jetzt Saalfeld, 1974.

[33] Vgl. dazu auch oben, S. 234.

brachte mehr als nur eine vorübergehende Entlastung. Insofern sich die scheinbar natürlichen Grenzen gesellschaftlicher Entfaltung als aufhebbar erwiesen, wurden die gesamten Arbeits- und Lebensverhältnisse auf eine neue Grundlage gestellt. Sicherlich nicht abrupt, aber auf lange Sicht verband sich auf diese Weise mit den tiefgreifenden Veränderungen, die in Preußen-Deutschland im wesentlichen erst im 19. Jahrhundert einsetzten, ein genereller historischer Richtungswechsel: Den agrarischen Krisenreigen des endemischen Elends löste die Aussicht auf eine anhaltende Verbesserung der menschlichen Existenzbedingungen ab.

Es wäre allerdings eine naive Betrachtungsweise, würde man die europäischen Gesellschaften unvermittelt aus dem agrarischen Zeitalter in die Phase des industriell bestimmten Aufschwungs hinübertreten sehen. Die grundsätzliche wirtschaftliche und soziale Umstrukturierung war nicht das Ergebnis eines jähen, voraussetzungslosen Umschwungs. In dem Erosionsprozeß der überkommenen Ordnung bereitete eine Reihe von Veränderungen gewissermaßen schrittweise, wie sich freilich erst im nachhinein erschließen ließ, den Boden für die neue Epoche. Unter dem eingeschränkten Aspekt der Suche nach den Voraussetzungen der industriellen Wende ist es daher legitim, die Krise des feudal-agrarischen Systems zugleich als eine langwierige Vorbereitungsphase des vergleichsweise raschen Wandels zu begreifen, den während des 19. Jahrhunderts – in einer gewissen Abfolge – alle europäischen Nationen durchlebten.

Entsprechend hat bereits Karl Marx die Vorgänge, die in England seit dem 16. Jahrhundert die Verelendung breiter Volksmassen förderten, konsequent als Teil einer Entwicklung erklärt, die schließlich – auf einer höheren Stufe – in den industriellen Kapitalismus ausmündete; soweit die krisenhaften Verschiebungen in der agrarischen Sozialstruktur die Masse der Menschen in die Rolle potentieller Lohnarbeiter drängten, fungierten ihre verschiedenen Ursachen für Marx als wesentliche Vorbedingungen der kapitalistischen Produktionsweise, die erst auf der Ebene der dadurch geschaffenen Verhältnisse einen Ansatz fand. Im Licht der sich entfaltenden Eigenart des kapitalistischen Systems ließen sich die Tendenzen der vorausgegangenen Zeit, die die Zeitgenossen noch mit dunklen Ahnungen erfüllen mußten, als die Züge eines ‚unumgänglichen' – gleichwohl krisenreichen und gewaltsamen – Durchgangs zur Gegenwart entschlüsseln, die mit einer tiefgreifenden Umstrukturierung ihren Anfang nahm[34]. Seitdem hat sich die Zahl der Modelle vervielfacht, die Voraussetzungen und Art des Übergangs von der agrarisch zur industriell

[34] Vgl. K. Marx, Das Kapital. Bd. 1, Kapitel 24: Die sogenannte ursprüngliche Akkumulation (MEW, 1973, Bd. 23, S. 741 ff.).

bestimmten Gesellschaft zu klären versuchen. Das Problem derartiger Ansätze liegt nicht allein in der Schwierigkeit, *den* Satz von wirklich hinreichenden Bedingungen ausfindig zu machen, die sich zudem nur bedingt aus dem historischen Kontext isolieren lassen. Ihre Stimmigkeit verlieren sie vielmehr vor allem da, wo sie Geschlossenheit anstreben und noch den Umschwung als Folge eines mit mechanischer Zwangsläufigkeit ablaufenden Geschehens erscheinen lassen. Auf diese Weise werden letzten Endes auch sprunghafte Bewegungen, die zwar nicht voraussetzungslos sind, aber fundamentale Brüche darstellen, in das Kontinuum einer vermeintlich ebenso unablässigen wie unabänderlichen Fortentwicklung zurückgeholt (so Holzkamp, 1974, insbes. S. 33 ff.).

Die historische Notwendigkeit des Übergangs zur industriellen Gesellschaft hatte, so banal es klingt, ihren Ausgangspunkt lediglich darin, daß die ‚Not', auf die sich die feudal-agrarische Welt aufgrund ihrer unzureichenden Reproduktionsbedingungen zubewegte, ‚gewendet' werden mußte[35]. Gewiß ist es sinnlos, über alternative Möglichkeiten zu spekulieren, die für diese gesellschaftliche Lebenseinheit ebenfalls bestanden hätten, einschließlich ihres Unterganges in dieser oder jener Form. Nicht weniger willkürlich aber scheint eine Überinterpretation der historischen Notwendigkeit im Sinne eines ex post argumentierenden Determinismus. Es war nicht einfach das automatische Resultat einer Vielfalt von Gesetzlichkeiten und Kräften, die gleichsam untergründig zielgerichtet arbeiteten und ineinandergriffen, daß in der Tat eine neue Grundlage menschlicher Lebens- und Produktionsweise gewonnen wurde. Die Überwindung der Not gründete in der gesellschaftlichen Praxis von Menschen, die im — nie verzerrungsfreien oder vollständigen — Bewußtsein der Situation sich tätig mit den sozialen und natürlichen Krisenerscheinungen auseinandersetzten: Nur über ihre Handlungen setzte sich der geschichtliche Wandel durch.

Das heißt auch nicht, daß die Anstrengungen und Maßnahmen der Zeitgenossen etwa das Werk eines absolut freien Willens gewesen wären. Vielfach wurden ihnen ihre Entscheidungen von der Realität aufgenötigt; in unterschiedlichem Maße kamen vielfältige Bedingungen den ‚notwen-

[35] Der Einwand richtet sich nicht gegen die Marxsche Darstellung, die sich stark absetzt von der Behauptung eines mechanischen Geschichtsdeterminismus. Er bezieht sich auf eine verkürzte Interpretation der Bedeutung und Wirkungsweise jener gewissermaßen in der Krise vorwärtsweisenden Faktoren, unter denen die tendenziellen Veränderungen der Arbeitsorganisation einen wichtigen Platz einnehmen. Dabei wird leicht in der scheinbar eigengesetzlichen technischen Entwicklung – der man womöglich unterschiedslos auch den Menschen subsumiert – die dynamische Kraft lokalisiert, die schließlich ‚zwangsläufig' die hinderliche Sozial- und Wirtschaftsverfassung hätte hinwegsprengen müssen. – Diese Tendenz haben die Überlegungen von W. Jonas, 1963.

digen' Aktionen entgegen, die in die Richtung eines neuen Wirtschafts- und Sozialsystems führten. So sind beispielsweise die verstärkt in der zweiten Hälfte des 18. Jahrhunderts einsetzenden Dienstbefreiungen, in denen sich der wichtige Übergang zur ‚freien Arbeitsverfassung' ankündigte, nicht unabhängig von dem verstärkten Bevölkerungswachstum jener Zeit zu sehen. Die Zunahme der landlosen und landarmen Schichten erhöhte das Angebot an Arbeitskräften auf dem Lande. Damit wurde — wenigstens auf die Dauer — die Einschränkung der Freizügigkeit, ja, überhaupt die Abhängigkeit der Bauern für die östlichen Gutsherren entbehrlich, die sich bislang auf diese Weise die Arbeitskräfte für die Bewirtschaftung ihres Landes gesichert hatten (Henning, 1968, S. 47 f.). Indessen beweist der anhaltende Widerstand gegen die Bauernbefreiung, daß diese für die folgende Entwicklung konstitutiven Strukturreformen sich keineswegs zwingend aus den veränderten demographischen Umständen ergaben. Ähnlich vermittelt war die Wirkung, die auf diese Gruppe von der angespannten Ernährungslage ausging: Gerade den Mitgliedern der Klasse, die in ihrer Gesamtheit die Erhaltung der überkommenen Agrarverfassung bewirkte, versprachen die für sie günstigen Absatzbedingungen noch eine beträchtliche Gewinnsteigerung, wenn sie die Intensität ihrer Wirtschaft zu erhöhen verstanden, was häufig nur unter — wenigstens partiellen — Veränderungen in den traditionellen Rechts- und Wirtschaftsverhältnissen zu erreichen war. Auch dabei ist eine Einschränkung angebracht: Wie schon die Tatsache erkennen läßt, daß vorwiegend nur die bürgerlichen Domänenpächter — ihrer Gewinnorientierung entsprechend — derartige Fortschritte einleiteten (H. H. Müller, 1965; ders., 1967, S. 108 ff., S. 131 ff.), war dieser Anreiz weit davon entfernt, wie ein geschlossener Mechanismus zu funktionieren.

Der Wandel, der sich in der vorindustriellen Gesellschaftsformation vorbereitete, reichte freilich tiefer, die agrarischen Impulse zur Industrialisierung griffen weiter, als diese Hinweise vermuten lassen. Für England hatte – nach der Einschätzung einiger Forscher – schon die mit dem Rückgang beziehungsweise der Stagnation der Gesamtbevölkerungszahl verbundene säkulare Agrardepression des späten 17. und frühen 18. Jahrhunderts (Abel, 1966a, S. 152ff.) wesentliche strukturelle Veränderungen gebracht: Durch agrikulturelle Verbesserungen beziehungsweise regionale Differenzierung der Produktion war dort damals eine nennenswerte Steigerung der agrarischen Gesamterzeugung erzielt worden, die langfristig Ernährungslage und (gewerbliche) Kaufkraft, überhaupt das Wachstum des gewerbstätig-städtischen Bevölkerungsanteils zu sichern vermochte (von dessen Existenz wiederum die Einkommensbedingungen in der Landwirtschaft abhängig waren). Darüber hinaus aber waren in einer Vielzahl ländlicher Gebiete, die aufgrund natürlicher Nachteile oder ungünstiger Verkehrslage im Prozeß des agrikulturellen Fortschritts ihre Wettbewerbsfähigkeit einbüßten, Zonen einer intensiven heimgewerblichen Tätigkeit entstanden. Diese wurde zunehmend Existenzgrundlage für die landarmen und ehemals kleinbäuerlichen Schichten, die von der Landwirtschaft nicht mehr zu leben vermochten (Jones, 1968). Nicht zufällig wurden diese gewerbeintensiven Regionen des Landes, in denen überwiegend textile Arbeiten betrieben wurden, zu einem wesentlichen Teil später zu den Zentren der sich etablierenden kapitalistischen Industrie. Ihre Existenz veränderte aber, schon bevor die eigentlich industrielle Entwicklung einsetzte, nachdrücklich das Bild einer traditionalen Agrargesellschaft.

Auch auf dem Kontinent hatten sich seit dem ausgehenden Mittelalter eine Reihe von weitflächigen Bezirken konzentrierter gewerblicher Warenproduktion herausgebildet. Teile der Niederlande gehörten dazu, auch alpenländische Gebiete (wie zum Beispiel das Züricher Oberland); im deutschen Wirtschaftsraum wurden vor allem Gegenden des Rheinlandes, westfälische Landstriche, insbesondere aber die gebirgigen Grenzregionen Schlesiens und Sachsens die Heimat eines intensiven ländlichen Gewerbes, das sich zwar von der agrarischen Produktion nicht löste, diesen Gebieten aber einen eigenen Charakter gab. In Schlesien hatte die ländliche Leineweberei – meist im Verein mit einer schmalen landwirtschaftlichen Eigenproduktion betrieben – bereits am Ausgang des 16. Jahrhunderts an Ausdehnung und Produktionsvolumen das zünftische Leinengewerbe der dortigen Städte überrundet und ruiniert[36]. Die ökonomische und soziale Bedeutung, die diese ländliche ‚Heimgewerbe-Industrie' in der Folgezeit errang, reichte weit; sie sollte im Bewußtsein der Zeitgenossen noch wachsen, als – unter den veränderten Bedingungen einer Agrarkonjunktur – die Situation am Ende des 18. Jahrhunderts die ländliche Bevölkerung weithin vor die Notwendigkeit stellte, sich ein nicht-landwirtschaftliches Zusatzeinkommen zu beschaffen.

Daß mit einer allgemeineren Aufnahme gewerblicher Aktivitäten auf dem Lande beziehungsweise ihrer Verdichtung in bestimmten Regionen, in denen sich gesamt- wie betriebswirtschaftlich vielfach das Verhältnis von Agrarwirtschaft und gewerblicher Beschäftigung umkehrte, schon der Boden des herkömmlichen agrarischen Systems verlassen wurde, ist unmittelbar einleuchtend. Gerade das schlesische Beispiel zeigt zwar, daß die sich entfaltende Gewerbetätigkeit durchaus noch in den Rahmen der feudalen Produktionsverhältnisse integriert war[37]. Neben die herrschaftlichen Abhängigkeiten – etwa Spinnfron und Weberzins – traten aber bereits neue, die das kapitalistische Verhältnis von Verlegerkaufmann und Kleinwarenproduzenten bestimmten. Am schlagendsten zeigt sich der Grad der Veränderung vielleicht in der Tatsache, daß die verschiedenen ländlichen Produktionsgebiete – je länger, je mehr – in einen Weltmarkt verflochten wurden, der bis nach Nord- und Südamerika reichte. Schon im 16. Jahrhundert gelangte schlesische Leinwand über Spanien in die überseeischen Kolonien; bis zum Ende des 18. Jahrhunderts wurde das Leinen aus den Gebirgstälern des Erzgebirges – neben dem westfälischen – zu einem der Hauptexportartikel, mit dem ‚Deutschland' (über die norddeutschen Hansestädte) an dem atlantischen Handel mit der Neuen Welt partizipierte: Etwa die Hälfte des schlesischen Leinens ging auf dem damaligen Höhepunkt dieser Entwicklung nach Spanien und Spanisch-Amerika (Kossok, 1961). In diesem Zusammenhang wird auch verständlich, warum die

---

[36] Vgl. die übersichtsartige Darstellung von Lewald, 1961, S. 607 ff. – Dort Hinweise auf die gesamte ältere Literatur.

[37] Vgl. dazu die ältere Diskussion über den ‚grundherrlichen' Charakter des hausindustriellen Leinengewerbes in Schlesien zwischen Brentano, Sombart, Grünhagen, Ziekursch. Referat und Angaben bei Lewald, 1961, S. 604–607.

preußischen Landesherren trotz ihrer fiskalisch motivierten Begünstigung des städtischen Gewerbes überall frühzeitig die Leineweberei auf dem Lande förderten: hier bestand Aussicht auf einen von Außenmärkten gestützten Absatz, der in der Tat vielen ein kümmerliches (Zu-)Brot zu geben vermochte (Skalweit, 1942, S. 34–40). Diese Verbindung der eigenen, eng umschränkten Welt mit der Ferne mag im subjektiven Horizont des verzweifelt gegen die Not arbeitenden Landbewohners gar nicht wahrgenommen worden sein; doch weder ökonomisch noch sozial konnte sie langfristig für die vorindustrielle Gesellschaft ohne Konsequenzen bleiben.
Die Dynamik, in die diese gewerbeverdichteten Regionen unter anderem über ihre weitreichenden Handelsbeziehungen gerieten, mußte allerdings nicht notwendig zum Übergang in die Phase industriellen Wachstums führen. Gerade die tiefe Krise des ‚hausindustriellen' Textilgewerbes in Schlesien zu Beginn des 19. Jahrhunderts zeigt, daß am Ende der Entwicklung unter dem Druck äußerer Marktveränderungen und innerer, sozial bedingter Anpassungsschwierigkeiten auch der Ruin der vormaligen Gewerbekultur stehen konnte. Aufgrund derartiger Vorgänge, die in anderen Gewerbelandschaften Parallelen fanden, bezeichnen Göttinger Wissenschaftler dieses Übergangsstadium zwischen traditionellen Agrar- und den westlich-kapitalistischen Industriegesellschaften – dem die Expansion eines extensiv betriebenen ländlichen Heim- oder Nebengewerbes ein entscheidendes Signum gab – im Anschluß an neuere englischsprachige Untersuchungen mit dem besonderen Begriff ‚Protoindustrialisierung': Weder barg das labile System, das sich in Europa etwa vom Ende des 16. bis zur Mitte des 19. Jahrhunderts an verschiedenen Stellen etablierte, schon alle notwendigen Voraussetzungen für die Industrialisierung, noch auch entsprach es schlicht der überlieferten Struktur einer Agrargesellschaft (Kriedte, Medick und Schlumbohm, 1974).

So hatte sich der sozioökonomische Rahmen für die Zeitgenossen am Ende des 18. Jahrhunderts merklich verschoben. Wenn sie auf Veränderung der vorgefundenen Bedingungen sannen, so geschah dies ebensowenig unabhängig von äußeren Impulsen, wie wenn sie mit allen Mitteln auf die Vermehrung der Erträge und Ausbreitung gewerblicher Nebenarbeit, überhaupt auf die Steigerung der Produktivität, drängten. An der Frage, wieweit die Wirtschaft durch höhere Leistungsfähigkeit den Druck des Bevölkerungsproblems verkraftete, das durch die Produktionsverhältnisse extrem verschärft wurde, entschied sich die Zukunft dieser Gesellschaft. Doch kann es kaum die Perspektive der kommenden Industriegesellschaft gewesen sein, die die verschiedenen technischen Verbesserungen (die im agrarischen Bereich Bodennutzung, Anbauverhältnisse, Gerätschaften usw. erfaßten) und die Kritik an der hinderlichen Sozial- und Wirtschaftsverfassung lenkte. Maßgeblich aus einer Situation, die von der fundamentalen Subsistenzkrise bestimmt wurde, und zum Teil sicherlich in dem dunklen Empfinden, daß man in diesem System gewissermaßen mit dem Rücken zur Wand stand, wurden die Maßnahmen ergriffen, die schließlich eine grundlegende Wende im gesellschaftlichen Reproduktionsprozeß einleiteten. Im Kontext dieser vielfältigen Aktivitäten sind auch die intensiveren Bemühungen um das elementare Bildungswesen zu sehen, dem man eine seltsam komplexe Funktion zumutete: So groß waren die Anforderungen der krisenhaft zugespitzten Situation an die Menschen, daß einige Zeitgenossen meinten, nur ein ‚neues Menschengeschlecht' könne ihnen gewachsen sein.

3.3 Agrarischer Fortschritt und bäuerliche Qualifikation

Krisen sind im allgemeinen zwiespältige Phänomene: Selbst wo die Mehrzahl der Menschen Opfer zu bringen hatte und die Masse des Elends wuchs, fanden sich doch noch immer Gruppen, die unbetroffen blieben oder sogar einen zumindest relativen Prosperitätsgewinn verzeichnen konnten. Ambivalent sind Krisen aber nicht nur hinsichtlich der objektiven Auswirkungen auf die Lage verschiedener gesellschaftlicher Schichten, sondern ebenso hinsichtlich der Konsequenzen, die sie langfristig in der Handlungsbereitschaft und dem Verhalten der betroffenen Bevölkerungskreise zeitigen. Während Perioden einer unproblematischen wirtschaftlichen Entwicklung nicht selten als Phasen der Stagnation oder des Verfalls technisch-ökonomischer Möglichkeiten gelten, erscheinen Krisen in einem längerfristigen Sinn gerade als Antriebsaggregate für notwendige Fortschritte und die Durchsetzung längst fälliger Verbesserungen. Entsprechend wollten zeitgenössische Betrachter am Ende des 18. Jahrhunderts die verschiedenen, in gewissen Abständen auftretenden Landplagen durchaus nicht von vornherein als ein Unglück ansehen, sondern erklärten sie zum Teil wegen ihrer aufrüttelnden Wirkung auf moralischen Sinn und ökonomische Regsamkeit des Landmanns schlicht für eine segensreiche Geißel der Menschheit.

Daß Not und erlittene Einbußen freilich nicht zwangsläufig Einstellungen und Verhaltensweisen hervorrufen, die der Betrachter als positiv bewertet, daß eine solche Umsetzung vielmehr von einer Reihe wiederum äußerer Faktoren abhängig ist, bleibt in derartigen Äußerungen relativ unbeachtet. Nur wo die Umstände dem Gewinninteresse oder Selbstbehauptungswillen einen objektiven Rückhalt boten, konnte man erwarten, daß temporäre Ausfälle mit erhöhten wirtschaftlichen Anstrengungen kompensiert wurden; bei der Masse derer, die ins Elend gerieten, war dies nicht der Fall. Hier sollten nun nach der Auffassung einiger Zeitgenossen Schulen helfen, bei den Armen die nötige Bereitschaft zum Handeln zu wecken und ihnen die dazu unentbehrlichen Fähigkeiten zu vermitteln.

Daß die pädagogischen Bemühungen eines Rochow oder Pestalozzi in der großen Krise zu Beginn der siebziger Jahre des 18. Jahrhunderts ihren Auslöser besaßen, ist keine unbedingt neue Erkenntnis. Allerdings ist bisher versäumt worden, sie konsequent in diesem Zusammenhang zu diskutieren. Erst so aber scheint ein Urteil über ihre Erwartungen, Prämissen und objektiven Erfolgschancen möglich.

Wohl die schwerste, jedenfalls die ausgedehnteste Hungerkrise des 18. Jahrhunderts brachten die katastrophalen Mißernten zu Beginn der siebziger Jahre: Im gesamten Mitteleuropa schnellten infolge der Verknappung die Nahrungsmittelpreise in die Höhe – verschiedentlich um mehr als das Zehnfache –, stockte der Absatz der gewerblichen Produktion, die vielen in Stadt und Land selbst in normalen Jahren nur ein dürftiges Auskommen ermöglichte, steigerte sich das Elend in einem geradezu verzweifelten Ausmaß. Geistliche und Beamte, vereinzelt auch Angehörige der vor allem betroffenen niederen sozialen Schichten selbst (wie der kleine Garnwarenhändler Ulrich Bräker aus der Schweiz), gaben anschauliche Berichte davon. Da die Hilfsaktionen der Obrigkeit, wie die damals als musterhaft geltende Getreidemagazinierung in Preußen, die Not nur zu lindern, keinesfalls zu beheben vermochten, ernährten sich die Menschen zum Teil von Laub, Gras, Insekten oder sogar von Tierkadavern (Abel, 1972, S. 46–54; 1974, S. 200–257)[1]. Zu dem Hunger traten noch Krankheiten und Seuchen, die unter der von Unterernährung geschwächten Bevölkerung schwere Opfer forderten. Zeitgenossen verglichen darum die Teuerungsjahre von 1770 bis 1772 in ihren verheerenden Wirkungen mit den Pestepidemien des 17. Jahrhunderts. Allein in der Kurmark, die im Zuge des allgemeinen Bevölkerungswachstums „in guten Jahren wohl 7000 Geborne mehr als Gestorbne hat(te)", soll sich die Zahl der Einwohner im Jahre 1772 um 15 687 Menschen vermindert haben; für die gesamten preußischen Lande bezifferte man den Bevölkerungsrückgang (innerhalb dieses einen Jahres) auf etwa 36 000 Personen (Büsching, 1775, S. 325; 1780, S. 80 f., S. 113). Weit höher noch waren die Verluste, die aus anderen Staaten gemeldet wurden (Abel, 1974, S. 252–254), beispielsweise aus Kursachsen, wo die Hungersnot dieser Jahre allein 150 000 Menschen hinweggerafft zu haben scheint (Eichler, 1933, S. 112).

---

1 Zur Entwicklung in Berlin finden sich einige Angaben bei Krüger, 1958, S. 328 ff. – Vgl. Bräker, 1969. In Auszügen abgedruckt in: Emmerich, 1974, Bd. 1, S. 47–53. Bräkers anschauliche Schilderung der Teuerung und ihrer Folgen in seinem Schweizer Heimatort läßt sich wahrscheinlich mit geringen Abstrichen auch auf preußische Regionen, etwa Schlesien oder das minden-westfälische Gebiet (mit starkem ländlichen Nebengewerbe), übertragen. Im übrigen ist seine Autobiographie auch insofern interessant, als sie über die Verhältnisse im preußischen Militär berichtet, unter das Bräker zu Beginn des Siebenjährigen Krieges geraten war. Ein Ausschnitt der entsprechenden Schilderung findet sich bei Enzensberger u. a., 1972, Bd. 1, S. 24–27. Zur Not des Jahres 1771 vgl. dort auch die zeitgenössischen Berichte S. 27 f., S. 29 f.). – Zur preußischen Getreidemagazinierung Skalweit, 1931.

In diesem folgenreichen Kriseneinbruch, der durch das Ausbleiben der Ernten verursacht wurde, drängten sich in dramatischer Weise die Tendenzen zusammen, die das gesamte ausgehende 18. Jahrhundert bestimmten. Aufgabe und Leistungsfähigkeit der Landwirtschaft, deren Weiterentwicklung durch eine Reihe gesellschaftlicher Faktoren beengt wurde, strebten, wie dargestellt, so weit auseinander, daß Versorgungs- und Beschäftigungslage für viele Menschen gefährdet wurden. Gerade in dieser Situation lag aber auch – schon aufgrund der Gewinnchancen für die herrschende Minderheit – ein starker Anreiz zur Ausdehnung und Intensivierung der landwirtschaftlichen Produktion, wie sie in der Tat während der zweiten Hälfte des 18. Jahrhunderts zu beobachten waren. Entsprechend läßt sich auch die Hungerkrise zu Beginn der siebziger Jahre von ihrer längerfristigen Wirkung her „als eine ökonomische Potenz" oder besser noch als eine Art Katalysator des notwendigen agrarischen Fortschritts begreifen (H. H. Müller, 1967, S. 71). Die Erfahrungen existenzgefährdenden Mangels und umgekehrt die Beobachtung einer beträchtlichen Erlössteigerung auf seiten der Gutsherrn und -pächter, deren Einkünfte häufig gerade stiegen, wenn ringsum die Bevölkerung hungerte (Abel, 1966a, S. 24; 1972, S. 45; 1974, S. 213 ff.), bahnten landwirtschaftlichen Verbesserungen den Weg, denen man zuvor zum Teil ablehnend oder mit Vorbehalten gegenübergestanden hatte (Abel, 1974, S. 239 f.).

Besonders nachdrücklich belegt dies die Geschichte des Kartoffelanbaus: Zu größerer Verbreitung verhalfen dieser Nutzpflanze, die insbesondere nach Beginn des 19. Jahrhunderts *die* Kost der armen Leute abgeben sollte (Abel, 1972, S. 64 f.; Henning, 1973, S. 53), erst die Hungerjahre 1770–1772, in denen man die zuvor vielfach für giftig erklärte Kartoffel als Ersatz des mangelnden Getreides schätzen lernte[2]. Innerhalb von 30 Jahren steigerten sich Aussaat und Ernte um das Fünf- bis Sechsfache (Abel, 1971, S. 520; H. H. Müller, 1967, S. 71); allerdings ist über dieser gewaltigen Zunahme nicht zu vergessen, daß auch um die Jahrhundert-

[2] Die Stärke der Vorurteile, die sich gegen die Kartoffel richteten, verdeutlicht auch die Tatsache, daß man noch um die Jahrhundertwende in Journalen der Berliner Aufklärung über die Frage streiten konnte, ob häufiger ‚Kartoffelgenuß zum Selbstmord beitrüge' (Denkwürdigkeiten und Tagesgeschichte der Mark Brandenburg 8, 1799, S. 998 f., S. 1213–1216). Unsinnig erscheint die Frage übrigens nur hinsichtlich der in ihr behaupteten kausalen Verknüpfung; ein statistischer Zusammenhang ist dagegen nicht auszuschließen, insofern unter den Selbstmördern in der Tat besonders viele gewesen sein können, denen ihre verzweifelte Lage keine andere Nahrung als die relativ billigste: die Kartoffel, ermöglichte. – Auch Thaer fühlte sich um diese Zeit offenbar noch genötigt, unter Hinweis auf seine ärztlichen Erfahrungen die gute Verträglichkeit der Kartoffel eigens hervorzuheben (Thaer, 1801, Bd. 1, S. 407 f.; vgl. auch Kulischer, 1971, Bd. 2, S. 49 f., S. 57).

wende dem Anbau der Kartoffel in Preußen wahrscheinlich erst rund 1 Prozent der Ackerfläche, etwas mehr in der Kurmark, Ostpreußen und Pommern gewidmet waren (H. H. Müller, 1967, S. 83; Henning, 1968, S. 57 f.; Saalfeld, 1967, S. 144).

Höhere Widerstandskraft gegenüber klimatischen und anderen Schadenseinflüssen, stärkere Nährwertergiebigkeit und nicht zuletzt die bessere Nutzbarkeit des Bodens, die damit ermöglicht wurde, brachten neben der Kartoffel damals eine ganze Reihe von Pflanzen bei den Landwirten verstärkt ‚in Aufnahme'. Zwar blieb die landwirtschaftliche Produktion weiterhin vor allem auf die Getreideerzeugung, insbesondere den Roggenbau, ausgerichtet, aber ein wachsender Anteil der Ackerfläche wurde mit Früchten wie Erbsen, Bohnen, Wicken, Klee, Kohl, Kartoffeln, Rüben, auch Hanf, Hopfen, Flachs oder Tabak bestellt, die die zeitgenössische Kameralistik und Landbauwissenschaft unter dem bezeichnenden Begriff der Garten- oder Brachfrüchte zusammenfaßte (Abel, 1967, S. 220; Saalfeld, 1967, S. 143 f.). Nicht alle, nicht einmal der wesentliche Teil dieser Pflanzen waren — wenigstens anfangs — für die menschliche Ernährung bestimmt, sie dienten vielfach (auch die Kartoffel) als Futter für das Vieh, das durch den Mißernten folgenden Mangel gleichfalls betroffen war. So trugen nach der Überzeugung des preußischen Generaldirektoriums maßgeblich „die traurigen Aspekte in Ansehung des Viehfutters" während der Krise von 1770—1772 dazu bei, daß auf märkischen Höfen und Gütern in der Folgezeit „mehr Kohl und Winterrüben" gepflanzt wurden (zit. nach H. H. Müller, 1967, S. 77). Aber die mit dem vermehrten Anbau von Blattgewächsen und Sonderkulturen einhergehenden Veränderungen kamen, insofern sie den Übergang zu effektiveren Bodennutzungssystemen, überhaupt zur intensiven Acker- und Viehwirtschaft heutigen Stils einleiteten, auch der menschlichen Versorgung zugute.

Zum damaligen Zeitpunkt herrschte in Preußen – wenngleich nicht ausschließlich – noch das System der Dreifelderwirtschaft vor, das seinen Namen der Aufteilung der gemeinschaftlichen Dorfflur in drei ‚Schläge' (oder ein Vielfaches davon) verdankt. In jährlichem Wechsel folgten (entsprechend der überwiegenden Orientierung auf die Getreideerzeugung) auf den Feldern, in denen der einzelne Bauer oder Herr jeweils eines, meist mehrere Stücke besaß, Winterkorn, Sommerkorn und Brache. Das Vieh lebte, soweit es nicht kostbares Futtergetreide erhielt, von der ebenfalls der Dorfgemeinschaft eignenden unaufgeteilten Allmende, den Wiesen-, Wald- und Weidenflächen, die das Ackerland in der Regel umschlossen (Abel, 1971, S. 502 f.; H. H. Müller, 1967, S. 46 ff.). Dieser äußerlichen ‚Randstellung' entsprach die Unterordnung der Viehzucht unter den Ackerbau, für den das Vieh als Zugkraft, vor allem aber Dunglieferant benötigt wurde. Gerade von diesen Funktionen her rückte es damals immer mehr in den Mittelpunkt des Interesses der agrarisch versierten Öffentlichkeit.
Denn nur solange ein bestimmtes Verhältnis zwischen Ackerzone und Außen-

ländereien gewahrt blieb, stand auch ein für das Funktionieren dieses Wirtschaftssystems unabdingbarer Viehbestand zur Verfügung. Mit wachsender Bevölkerung und steigendem Kornbedarf hatten sich aber die Äcker auf Kosten der Weideflächen so weit ausgedehnt, daß der nötigen Viehhaltung die Futtergrundlage entzogen wurde. Damit eröffnete sich der für die Krise bezeichnende Zirkel von unzureichender Düngung und dürftigen Erträgen, die wiederum – bei der angespannten Ernährungslage – eine Verbesserung der Viehhaltung unmöglich machten. „An Futter fehlt es immer", so sah es ein aktiver Pächter aus dem Berlin benachbarten Lankwitz, „also kann auch nur wenig und schlechtes Vieh gehalten, schlechter Dünger gemacht und wenig Korn gewonnen werden. Das Ackerland wird nur dünne und völlig unzureichend gedünget, und da der Fruchtwechsel wegfällt, vielmehr immer Korn auf Korn gesäet wird, so beraubet man ihm endlich die meisten Wachsthumskräfte, welche eine jede Pflanze für sich besonders in der Erde findet und sich zueignet, daß daher öfters kaum die Bestellungskosten gewonnen werden können..." (Denkwürdigkeiten 10 [1800], S. 929–953, S. 938). Mit dem ‚Fruchtwechsel' war bereits das Prinzip der künftigen, noch heute gängigen Bodennutzung angesprochen, wo in jährlicher Folge (und ohne periodische Bodenruhe) Korn- und Blattfrucht wechseln (zu denen man die oben genannten Futterkräuter und Hackfrüchte zählt). Aber nur vereinzelt hatten sich vor der Wende zum 19. Jahrhundert dies intensivste System der Ackerbewirtschaftung oder auch die sogenannte Koppelwirtschaft (bei der in mehrjähriger Rotation Acker- und Weidenutzung des Bodens aufeinanderfolgten) durchgesetzt; in der Regel bewegte sich der Fortschritt aus dem produktionstechnischen Mangelkreislauf in bescheidenerem Rahmen. Ohne an der Dreifelderwirtschaft prinzipielle Änderungen vorzunehmen, ging man dazu über, das brachliegende Feld oder wenigstens Teile der Brache zu bestellen, gegen deren Wert für die Ertragskraft des Bodens die fortgeschrittenen Landwirte erste Zweifel artikulierten. Baute man hier Futterpflanzen, so ließ sich die Viehhaltung steigern und mit dem vermehrten Düngeranfall langfristig auch die Ertragsleistung auf den Getreidefeldern erhöhen: Das war der Sinn der Kleepropaganda in jener Zeit, deren Faszinationskraft ihrem bekanntesten Agitator sogar den Adelstitel einbrachte (vgl. Schröder-Lembcke, 1954; dies., o. J.).

Die Schrift, die wie damals keine zweite in Deutschland dafür sorgte, daß der künstliche Kleewiesenbau zum allgemeinen Symbol des Fortschritts wurde, und die damit zugleich den europäischen Ruhm ihres Verfassers begründete, war übrigens die prämierte Antwort auf eine Preisfrage über den Futterkräuterbau, die die Berliner Akademie der Wissenschaften für das Jahr 1783 ausgeschrieben hatte (H. H. Müller, 1969, S. 155–200). Entlang den wenigen agrarökonomischen Wettbewerbsthemen dieser Institution, deren Engagement Stellenwert und Dringlichkeit der ‚Agrarfrage' für die zeitgenössische Welt dokumentiert, ist in etwa die Abfolge der wichtigsten produktionstechnischen Veränderungen zu beobachten, die – wenigstens partiell – zur Intensivierung der Landwirtschaft während der letzten Jahrzehnte des 18. Jahrhunderts in Preußen eingeleitet wurden (H. H. Müller, 1972b, S. 200–206)[3]. In den Augen fortschrittlicher Landwirte bildete die Bestellung des Brachfeldes mit Futterpflanzen nur die Vorstufe für die Einführung der Sommerstallfütterung des Viehs, das auf den meist ungepflegten gemeinschaftlichen Weiden nur unzureichendes Futter fand. Ihr widmete die Aka-

[3] Über die Preisaufgaben und Aktivitäten der Akademie vgl. die allgemeine Darstellung von Harnack, 1900, insbes. Bd. 1, S. 396 ff.

demie 1788 die nächste einschlägige Preisaufgabe, bei deren Beantwortung die Parteigänger der Stallhaltung unter Hinweis auf die erhöhte Dungleistung infolge kontrollierter Fütterung die Mistställe geradezu zum „Magazin der Lebensnahrung" oder zur „animalischen Retorte" verklärten (H. H. Müller, 1969, S. 200 bis 245; 1972 a)[4]. Erst auf der nächsten Stufe erfolgte der Übergang zu den intensiveren Anbauformen, die das System der Dreifelderwirtschaft sprengten; nach den Erfahrungen mit der Koppelwirtschaft, in deren märkischer Variante längst die Klee-Einseitigkeit durch einen vielfältigen Hackfruchtanbau abgelöst worden war, forschte die Preisfrage des Jahres 1792 (H. H. Müller, 1969, S. 245–282). Mit der sogenannten verbesserten Dreifelderwirtschaft war also nur ein erster, allerdings von einer ganzen Reihe von Landwirten vollzogener Schritt getan. Vornehmlich dieser Praxis war es zuzuschreiben, daß in Deutschland um 1800 etwa 14 Prozent der Ackerfläche mit den verschiedensten Brachfrüchten bestellt wurden und im allgemeinen maximal nur noch ein Viertel (nicht mehr ein Drittel oder mehr) des Bodens periodisch ungenutzt blieb (Abel, 1967, S. 306–314; 1971, S. 519 f.; H. H. Müller, 1967, S. 52–60, S. 82 f.; Saalfeld, 1967, S. 145).

Den Landwirten brachte der Anbau der verschiedenen Blattfrüchte beziehungsweise die schrittweise Einrichtung einer ‚dichteren' Ackernutzung (die auch von Verbesserungen der Gerätschaften begleitet wurde) eine ganze Reihe von Vorteilen. Faktisch vergrößerte sich die Anbaufläche und wuchs das Produktionsvolumen dadurch, daß nunmehr auch auf Feldern geerntet wurde, die zuvor turnusmäßig brachgelegen hatten. Darüber hinaus war der Weg gefunden, die schwindende Ertragsfähigkeit der Böden zu erhalten oder sogar zu steigern, da der Zusammenhang von Futter- beziehungsweise Hackfruchtanbau und Viehhaltung eine bessere tierische Düngung ermöglichte. Zugleich wurde man darauf aufmerksam, daß auch bodenphysiologisch, und weil sie eine sorgfältigere Bodenbearbeitung verlangten, von den einzelnen Brachfrüchten eine günstige Wirkung auf die nachfolgenden Getreideeinsaaten ausging. Die merklichen Ertragssteigerungen, die die scharf kalkulierenden, gewinnorientierten Pächter und adligen Gutsbesitzer auf ihren Ländereien verzeichneten (H. H. Müller, 1965, S. 164; 1967, S. 105 f.), mußten sie für weitere landwirtschaftliche Verbesserungen recht aufgeschlossen machen.
Auf einem ganz anderen, elementaren Niveau lag dagegen der Nutzen, den sich die kleinen Stellenbesitzer, die Masse der landarmen Schichten von der agrikulturellen Umstellung erwarten konnten. Ihnen eröffneten der vermehrte Anbau von Hülsen- oder Hackfrüchten, die im Nährwertertrag viel ergiebiger als das Getreide waren, in erster Linie die Chance einer ausreichenden Ernährung der eigenen Familie auf ihrem im allgemeinen recht schmalen Besitz[5]. Was die Großlandwirte an ‚Reformmaß-

[4] Vgl. die enthusiastischen Bemerkungen, die am Ende von Kapitel 3.1 zitiert sind.
[5] Vgl. dazu oben die Hinweise zu Betriebsgrößenstruktur und Nutzungssystem in Kapitel 3.2.

nahmen' unter dem Gesichtspunkt der Gewinnmaximierung einleiteten, geschah bei den kleinen Leuten – in wesentlich kleinerem Zuschnitt – im Interesse der puren Existenzsicherung. Von großer Bedeutung waren hier auch die sogenannten Handels- und Manufakturpflanzen wie Hanf, Hopfen, Flachs oder auch Tabak sowie intensive Sonderkulturen wie der Wein- oder Obstbau und der – in Preußen von der Obrigkeit forcierte – Seidenbau. Im Extremfall verlegte sich die Familie ausschließlich auf die Erzeugung von Färbekräutern (wie Krapp oder Waid) oder anderer Spezialprodukte, insbesondere aber solcher gewerblicher Rohstoffe, die – wie der Flachs – mit den eigenen Arbeitskräften im Winter noch weiterverarbeitet werden konnten, zum Beispiel durch Spinnen und Weben. (Theoretisch konnte sich so eine unterbäuerliche Familie sogar mit nicht einmal einem Hektar Ackerland durchbringen; Thünen, 1910, S. 309; Henning, 1969b, S. 190 f.)
Aber auch, wenn die Produktion von Nahrungsmitteln überwog, wie das meist der Fall war, dürften derartige Nutzpflanzen für die bedrängten kleineren Landeigner von einiger Attraktivität gewesen sein. Sie konnten hoffen, damit ihre wirtschaftliche Notlage durch den Verkaufserlös oder durch Eigenproduktion des häuslichen Bedarfs besser zu meistern und auch gegenüber dem Elend der jähen Erntekrisen stärker gewappnet zu sein.

Hindernisse des Fortschritts

Allerdings setzten sich die Veränderungen in Anbau und Bodennutzung bis zum Beginn des 19. Jahrhunderts nur unter Schwierigkeiten und jedenfalls nicht in dem Maße durch, wie es die Situation (die den verschiedenen Gruppen so heterogene Anreize zum Handeln bot) eigentlich erfordert hätte. Der landwirtschaftliche Fortschritt stieß auf Hemmnisse in der tradierten, zum Teil rechtlich fixierten Wirtschafts- und Sozialverfassung, die die Bewegungsfreiheit insbesondere der benachteiligteren ländlichen Schichten einengte. An der Verbesserung ihres desolaten Status hinderte die Masse der nichtadligen Bevölkerung auf dem Lande häufig gerade die vielfältige herrschaftliche Unterdrückung, die erst für das Ausmaß ihres Elendes verantwortlich war[6]. Gutsherrschaftliche Anrechte auf Beteiligung an der Nutzung des Bodens, durch Ansprüche auf die bäuerliche Arbeitskraft oder auch Abschöpfung des Gewinnertrags, den die abhängigen Wirtschaften als Investition für Neuerungen benötigt hätten, setzten den geschilderten Verbesserungen der landwirtschaftlichen

[6] Vgl. dazu oben S. 242.

Produktionsmethoden bei vielen Betrieben enge Grenzen (H. H. Müller, 1967, S. 160 f.). Doch liefern die herrschaftlichen Einschränkungen allein noch keine hinreichende Erklärung dafür, daß für die bäuerlichen und landärmeren Besitzgruppen gerade die ‚Gärten' der bevorzugte Ort waren, wo sie — wenn überhaupt — zu intensiveren Nutzungsformen übergingen. Auf diesen Landabschnitten, zu denen nicht selten über den kleinen Hausgarten hinaus auch ganze Feldgärten in der Nähe des Dorfes zählten, die wie Ackerland genutzt werden konnten (Abel, 1967, S. 220 f.; H. H. Müller, 1967, S. 48), waren die einzelnen Besitzer auch frei von den Bindungen der wirtschaftlich aktiven Dorfgemeinschaft (Abel, 1967, S. 307 f.; 1971, S. 519).

Die eigentliche Dorfmark, Ackerfeld und Viehland, unterlag im System der Dreifelderwirtschaft Regelungen, die, weil sie nur ein gemeinschaftliches Handeln zuließen, ein Abweichen von der relativ extensiven Bodennutzung stark erschwerten. Aufgrund der engräumigen Verschachtelung der einzelnen Äcker innerhalb der Schläge (‚Gemengelage') mußten die Felder alle in gleicher Weise und in strenger Abfolge (‚Flurzwang') bearbeitet und genutzt werden. Jegliches intensivere Anbausystem setzte – schon zur Verringerung des Arbeitsaufwands – eine Flurbereinigung voraus, das heißt die Zusammenlegung des zersplitterten Besitzes zu einem eigens zugänglichen Stück, wie das am Ende des 18. Jahrhunderts in der Regel nur die Ritter- und Domänengüter für sich durchgesetzt hatten (Abel, 1967, S. 301; 1971, S. 517; H. H. Müller, 1967, S. 61 f.). Aber auch schon die Bestellung der Brache stieß auf Schwierigkeiten, weil sie mit dem althergebrachten Recht der Gemeinde (und der Herrschaft) kollidierte, das Vieh auf den abgeernteten beziehungsweise brachliegenden Schlägen die Nahrung suchen zu lassen, die es auf der Allmende allein nicht fand (Abel, 1967, S. 289 f., S. 307; 1971, S. 513). Soweit die individuellen Besitzungen nicht aus der dörflichen Feldmark ausgesondert waren – wie häufig bei den Kleinstbesitzern, die ihr Stück Land außerhalb unter ‚Gartenrecht' bebauten –, hatte die Gemeinschaft an ihnen eine Vielzahl von Nutzungsrechten, die die private Verfügungsgewalt des einzelnen fesselten, „Das Haupthinderniß ... (der) wohlthätigen Naturverbesserung bleibt demnach immer im ganzen genommen" – so hieß es bei dem erwähnten Pächter aus Lankwitz – „die Gemeinheit (wie man die gewohnheitsmäßigen Berechtigungen zusammenfassend benannte, d. Verf.) und die damit verbundene Stoppelhüthung. So lange diese nicht aufhört, ist auch an keine verbesserte Landwirtschaft zu denken" (Denkwürdigkeiten 10 [1800], S. 939). Allenfalls teil- und zeitweise war daher – vor den gesetzlichen Regelungen hinsichtlich der Aufhebung der ‚Gemeinheiten' vom Anfang des 19. Jahrhunderts (Abel, 1967, S. 299 bis 303; 1971, S. 517; Haushofer, 1963, S. 49–54) – das Brachland in der Gemarkung zu bestellen.

Weil sie sich im Zusammenhang ihrer privilegierten Ausgangsposition die nötige rechtliche Handlungsfreiheit zu schaffen wußten und auch den entsprechenden ökonomischen Rückhalt besaßen, waren es somit vornehmlich die großen adligen und königlichen Gutswirtschaften, die auf ihren Ländereien entscheidende produktionstechnische Verbesserungen einführen konnten. Besonders die Domänenpächter, „die hohe Schule aller fähigeren Landwirte" (Schmoller, 1898b, S. 169), aber auch die Pächter adliger Höfe, die damals zu einem großen Teil wie die königlichen Vorwerke in der Hand kapitalkräftiger und regsamer bürgerlicher Landwirte waren, erzielten – gefördert durch landesherrliche Mittel – beachtliche und gewinnreiche Fortschritte in Bodenkultur, Viehhaltung und Arbeitstechnik (H. H. Müller, 1965; 1967, S. 108 ff., S. 131 ff.)[7]. Wenn auch seltener und in bescheidenerem Ausmaß, gab es wichtige agrikulturelle Veränderungen auch in bäuerlichen Betrieben, besonders da, wo die Besitzer unter freieren rechtlichen Bedingungen und günstigeren sozialen und auch verkehrsmäßigen Umständen wirtschafteten (H. H. Müller, 1967, S. 142 ff.)[8]. Aufmerksame Zeitgenossen bestätigten, daß selbst Angehörige der landarmen Schichten (die ja oft nicht den ‚gemeinheitlichen' Beeinträchtigungen unterlagen) sich um eine intensive Bewirtschaftung ihrer kleinen Flächen bemühten. Dennoch war das Elend gerade dieser breiten Bevölkerungsteile unermeßlich groß, und selbst bei größerer Regsamkeit blieb man in eine gegenüber Unglücksfällen und Krisen äußerst anfällige Notlage eingespannt. Die Masse der auf dem Lande lebenden Menschen befand sich am Ende des 18. Jahrhunderts ohne Zweifel in einer Situation bestürzender Hilflosigkeit.

Schon die ersten Schritte zur Steigerung der landwirtschaftlichen Produktivität und des Ertrags ihrer kleinen und kleinsten Betriebe wußte die ländliche Bevölkerung in der Regel nicht mitzuvollziehen. Generell erwies sich die Mehrzahl der ‚armen' Leute nach dem Urteil der gestrengen Zeitgenossen den Problemen, die ihnen ihre bedrängte Lage aufgab, nicht im erforderlichen Maße gewachsen. Ackerbau und Viehhaltung verharrten im Kreislauf der alten Wirtschaftsweise; für die einzelnen Familien steigerten sich die Schwierigkeiten der Ernährung eher, als daß sie abnahmen. Doch hielten sich die Betrachter in der Regel weniger lange bei der Beschreibung der Armut auf als bei der Bezeichnung dessen, woran es den Landleuten zu ihrem Auskommen mangelte. Vor allem klagte man darüber, daß sich bei dem bäuerlichen Volk zu der hypostasierten Un-

[7] Büsch, 1962, S. 148 f., bringt die Neuerungsbestrebungen auch bei Adligen vor der Wende zum 19. Jahrhundert in engen Zusammenhang mit der Einrichtung der landschaftlichen Kreditwerke, die im Zuge der Beleihung der einzelnen Güter und der schwunghaften Güterspekulation jener Zeit Taxationsgrundsätze für den Wert eines Betriebes erstellt hatten. – Die Kreditinstitute, die ausschließlich dem Adel vorbehalten waren, sind nur ein Indikator für die auch finanziell beträchtliche Begünstigung der Großlandwirte durch den Landesherrn: Wie ausgeführt, waren die Aufwendungen, die Friedrich II. für das Elementarschulwesen bewilligte, in der Regel die Zinsbeträge von riesigen Summen, die der König diesen Gruppen für Meliorationen und Reformen auf ihren Wirtschaften zur Verfügung gestellt hatte (vgl. dazu oben, S. 113 f.).

[8] Eine Zusammenfassung seiner wichtigsten Ergebnisse bringt H. H. Müller, 1964.

fähigkeit, die wirtschaftliche Situation zu bewältigen, noch Unwillen und Widersetzlichkeiten gesellten. Nur gegen argwöhnische Vorbehalte oder halsstarrigen Protest (nicht allein beim einfachen Volk) waren verschiedentlich Neuerungen in den Gerätschaften, dem Anbausystem und – ganz besonders – der Nutzung der Allmende durchzusetzen, die doch allesamt eine Intensivierung der Wirtschaft versprachen.

Schubart, der Protagonist des Kleebaus in Deutschland, ist wegen seines Engagements für die Bauern ein unverdächtiger Zeuge. Er berichtete zum Beispiel von Schwierigkeiten bei dem Versuch, auf seinem Gut die Brache mit Klee, aber auch mit Runkelrüben zu bestellen. „Alles hinderte mich: Verwalter, Hofemeister, Knechte und Mägde, ja selbst meine eigenen Untertanen, und mehr andere Leute, die doch für des Landes Wolfahrt sorgen sollen ... weils was neues war, das sie nicht gesehen hatten und nicht begreifen konnten. Mein Leben wurde mir sauer gemacht ....“ (zit. nach Schröder-Lembcke, o. J., S. 54). In den zahlreichen Prozessen, die gegen den wenig kompromißbereiten Schubart angestrengt wurden, verlor er zumeist, weil sich seine Gegner aufs Herkommen berufen konnten (Abel, 1971, S. 513). Andere Zeugen – darunter ein Geistlicher – berichteten von Fällen, in denen aktivere Gemeindemitglieder oder sie selbst vergebliche Anstrengungen unternommen hatten, die Dorfgemeinschaft vom allgemeinen Vorteil einer intensiveren Nutzung und der Aufteilung der verkommenen Allmende zu überzeugen (Abel, 1967, S. 290 f.; 1971, S. 516)[9].

Das zeitgenössische Ungenügen am ‚gemeinen‘ Mann

Insgesamt hing für die fortschrittsbewußten zeitgenössischen Beobachter das wirtschaftliche Desaster der niederen Stände eng mit ihren geistigen und charakterlichen Eigenschaften zusammen: Ihre Lage empfanden sie nicht durchgängig als Impuls zum Handeln und konnten darum offensichtlich nicht die nötigen Konsequenzen aus ihr ziehen, und Ratschlägen, Verordnungen, Veränderungen gegenüber zeigte sich der einfache Mann gänzlich unaufgeschlossen. „Der Bauer“, urteilte Krünitz in Übereinstimmung mit vielen anderen, die von der Entwicklung beunruhigt waren, „ist dem Alten ganz ergeben und jede Neuerung, sie habe Nahmen wie sie wolle, ist ihm verdächtig“ (Krünitz, 1793, Bd. 61, S. 64, S. 462). Genauer noch bezeichnete der zitierte Domänenpächter aus Lankwitz aufgrund eigener Erfahrungen den Stein des Anstoßes: Längst hätte die Landwirtschaft auf dem „höchsten Grad der Verbesserung ... (sein) können, wenn die Landleute mehr ihre Vernunft gebrauchen wollten; allein viele arbeiten, ohne zu denken, und befolgen die Gebräuche ihrer

[9] Hierher gehören auch die zeitgenössischen Berichte über die nur schwer zu besiegende Skepsis gegenüber der Kartoffel. Von Schwierigkeiten bei der Einführung neuer englischer Pflüge und Drillmaschinen berichtet H. H. Müller, 1967, S. 89, der den Widerwillen der Bauern und Tagelöhner allerdings auch mit der mangelnden Geschicklichkeit und Produktionserfahrung in Zusammenhang bringt.

Vorfahren maschinenmäßig. Wäre es möglich, sie dahin zu bringen, den Zweck ihrer Geschäfte jedesmal zu überlegen, so könnte man sie fort arbeiten lassen, da die Erfahrung in Kurzem sehr einfache und gute Methoden hervorbringen würde. Allein so bleibt der Fortgang wirklicher Verbesserungen durch eine knechtische unüberlegte Anhänglichkeit an alte Methoden und Gebräuche, und durch den Geist des Mißtrauens unter den Landwirten selbst gehemmt" (Denkwürdigkeiten 10 [1800], S. 931). Die Unzugänglichkeit der meisten der Landbewohner und ihre Manier der Wirtschaftsführung entsprangen nach dieser Diagnose derselben fehlerhaften Geisteshaltung. Ganz in diesem Sinne erklärte ein anderer Autor: „Beobachtungsgeist und Denkkraft sind in den Bauernhütten aus ihrem langen Schlummer noch nicht erwacht, noch immer huldigt der Landmann dem Aberglauben und dem Vorurtheil." Und er fügte veranschaulichend die Erfahrung hinzu, daß bei dem kleinen Bauern „selbst durch die deutlichsten Demonstrationen, daß er durch diese oder jene Veränderung in seiner Wirtschaft ansehnlich gewinnen werde, ... der ... sonst so sehr rege und lebhafte Trieb des Eigennutzes nicht in Bewegung gesetzt werden" könne (Denkwürdigkeiten 5, 1798, S. 323–346; S. 342).

Um Verbesserungen in seinem Betrieb einzuführen, mußte der einzelne überhaupt – durch Fakten oder die ‚wohlmeinende Obrigkeit' – ansprechbar sein. Dazu aber fehlte dem gemeinen Mann nach dem Empfinden der Zeitgenossen häufig auch noch der moralische Wille. Rohheit und Trägheit, überhaupt eine Unzahl von Lastern, insbesondere Trunksucht, Gewalttätigkeit und Streitlust, die die Unbehilflichkeit und Armut noch steigern mußten, sah man auf dem Lande verbreitet. Auch kühlere Köpfe wie der Oberkonsistorialrat Büsching erregten sich über die allgemeine „Geringschätzung der Religion (unter der ländlichen Bevölkerung), ihre Gedankenlosigkeit, thierische Sinnlichkeit und muthwillige Leichtsinnigkeit" (Büsching, 1780, S. 50). Doch wollten wenige der aufgeklärten Autoren aus diesen Befunden eine so radikale Schlußfolgerung ziehen wie der geistliche Inspektor in der märkischen Prignitz, der 1776 urteilte, „daß mit bloßen Worten, liebreichen und gründlichen Vorstellungen, und ohne Zwang, nichts bey (den Bauern) auszurichten sey ... (denn) sie sind ... eigensinnig, widerspenstig, argwöhnisch, haften an Vorurteilen, und hassen alles, was sie für Neuerungen ansehen" (Büsching, 1780, S. 346)[10]. Aus dem Mangel an Verständigkeit wurde auch die moralische Verstocktheit der niederen Schichten abgeleitet; so lief alles auf die eine Erkenntnis zu, daß dem Übel nicht abzuhelfen wäre, solange „der Bauer ... mit dem

[10] Ausdrücklicher Widerspruch gegen derartige Thesen findet sich zum Beispiel bei Krünitz, 1794, Bd. 62, S. 163 f., im Artikel ‚Land-Schule, Land-Industrie-Schule'.

Kopf nichts weiter anzufangen (wußte), als daß er den Hut darauf setzte, und mit den Händen, daß er das Essen damit angreife“ [11].

Man wird in derartig pauschalen Aussagen [12] unschwer das bürgerliche Unverständnis gegenüber der traditionalen Lebensauffassung der niederen Schichten erkennen, die, wie Sombart einmal formuliert hat, noch nach dem Glauben handelten, „daß man wirtschafte, arbeite, um zu leben, nicht lebe, um zu wirtschaften, zu arbeiten“ (Sombart, 1921, Bd. 1, S. 807; ähnlich Hinze, 1963, S. 42 f.). Doch muß man die Äußerungen fortschrittsbewußter Gutspächter, Beamter, auch Geistlicher nicht allein auf den subjektiven Horizont der Autoren, sondern auch auf die Realität beziehen, und sie stellte in der Tat die herkömmliche ‚Idee der Nahrung‘, auf der diese ‚mittelalterliche‘ Mentalität basierte, gründlich in Frage. Der vertrauensvollen Überzeugung, daß eine für alle hinreichende und mit einem überschaubaren Maß an Aufwand zu beschaffende Versorgung gewährleistet sei, wurde faktisch der Boden entzogen.

Die angeführten apodiktischen Urteile über bäuerliche Stumpfheit, Indolenz und Trägheit [13] enthielten auch meist nicht die Behauptung der grundsätzlichen, unabänderlichen Inferiorität der bäuerlichen und landarmen Bevölkerung in moralischer und geistiger Hinsicht. Sie dienten insoweit nicht der Legitimierung der Untertänigkeit wie die gleichartigen Klagen, die von reaktionärer Seite erhoben wurden [14]. Wenn die Autoren den verbreiteten Unverstand und die innere Haltlosigkeit der Landleute brandmarkten, dann übten sie Kritik im Interesse der Allgemeinheit (mit dem ihr eigenes freilich nicht selten verschmolz) und im Interesse der Betroffenen selbst, wie sie sich rechtfertigten. Sie nahmen Anstoß an den existenzgefährdenden Konsequenzen dieser Mängel, deren Aufhebung sie für ebenso nötig wie möglich hielten. Im gemeinen Mann entdeckten sie, wenngleich nicht durchgängig den gleichwertigen Menschen, so doch den

---

[11] Der Bote aus Thüringen 1788. 4. Stück, S. 546. Zit. bei Grathoff, 1937, S. 101; Grathoff bringt auf den S. 81–103 eine Fülle von Belegen über eine derartige Einschätzung der moralischen Eigenschaften beziehungsweise geistigen Fähigkeiten der Bauern. – Beispiele entsprechender zeitgenössischer Klagen über das bäuerliche Fehlverhalten auch bei Werres, 1965, S. 105–107.

[12] Eine Parallele findet sich in heutigen Vorurteilen gegen die Bevölkerung von südlichen und insbesondere Entwicklungsländern, vgl. dazu Thompson, 1973, S. 100 f., S. 102 f. Auch Boserup, 1972, S. 323, S. 326.

[13] Ihnen könnten noch zahllose andere ähnliche Bemerkungen hinzugefügt werden. Hingewiesen sei hier nur noch auf entsprechende Aussagen in den „Denkwürdigkeiten“ 4 (1797), S. 1086; 5 (1798), S. 644–649, S. 665–675, S. 952–957. Auch Bauern selbst, wie zum Beispiel der ungewöhnlich regsame kleine Landwirt, der sich an dem Concours der Berliner Akademie in der Frage der Stallfütterung beteiligte, bestätigten den Hang ihrer Klassengenossen zum Aberglauben und ihre Verdunkelung durch Vorurteile. H. H. Müller, 1963, S. 256.

[14] Kritisch dazu: Jacobeit, 1969; vgl. H. H. Müller, 1964, S. 629 f.; 1967, S. 108 f.

ökonomischen Faktor, der eine verstärkte Hinwendung und Aufmerksamkeit verdiente[15]. Entsprechend lag ihrer harten Kritik die Überzeugung von der Wandelbarkeit und wenigstens begrenzten Besserungsfähigkeit der bäuerlichen Natur zugrunde.

All jene überaus scharfen Beurteilungen des Bauern, die beispielsweise Krünitz formulierte, gingen von derartigen Grundsätzen aus. Selten scheint das Gros der gemeinen Bauersleute, Häusler und Tagelöhner unnachsichtiger charakterisiert als in dem Bild, das Krünitz von der statusbedingten gesellschaftlichen Einsamkeit des Landgeistlichen entworfen hat: Gegen eine Umgebung von „hämischen, tükkischen und auf ihn lauernden Menschen", die „vorsetzlich undankbar sind", „ihn ins Angesicht vorsätzlich zu beleidigen" streben und „einzig darauf bedacht sind, ihn zu bevortheilen" (Krünitz, 1793, Bd. 61, S. 58), hat sich der Pfarrer auf dem Lande, der „unter allen Lehrern gewiß die düstersten, rohesten und ungelehrigsten Köpfe vor sich" hat (S. 24), mit Selbstbeherrschung und ‚weisem Ernst' zu wappnen (ähnlich S. 93, S. 96, S. 414, S. 420 f.). Und doch ist über derartigen Aussagen – auch von den Aufgaben her, die Krünitz dem Geistlichen zuweist – nicht die explizite Einsicht aufgegeben, daß unter allen Deformationen nur „das am meisten vernachläßigte Menschen-Geschlecht" agierte, das bessere Achtung verdiente (S. 138 f., S. 627 f.).

Die pädagogische Initiative

Die gängige Erfahrung zeigte den Zeitgenossen, daß zusätzlich zu den vielen objektiven Schwierigkeiten in der Lage der ländlichen Bevölkerung auch subjektive Hemmnisse gerade die, die es am nötigsten gehabt hätten, an einer situationsgerechten Anpassung ihrer Lebens- und Wirtschaftsweise hinderten. Weder partizipierten sie hinlänglich an den agrikulturellen Neuerungen, noch bewiesen sie genügend Beweglichkeit, um sich mit zusätzlichen, nichtlandwirtschaftlichen Betätigungen fortzuhelfen. Besonders bei Unglücksfällen oder in den Wirtschaftseinbrüchen bei Mißwachs wurde, da die Mehrheit des Landvolkes statt mit vermehrter Aktivität und Aufnahmebereitschaft mit apathischer Verzweiflung oder bleibender Skepsis reagierte, diese mangelhafte Disposition deutlich empfunden. Insofern dürfte auch die schreckliche Krise der beginnenden siebziger Jahre von den wenigsten unter dem Aspekt ihrer ökonomisch beflügelnden (Fern)wirkung erlebt worden sein. Die erwähnten schweren Bevölkerungsverluste in Stadt und Land spiegeln gewissermaßen nur die Extremfälle; in diesen Jahren wuchs bei den ohnehin „beklemmten Zeiten" (Zedlitz)[16] vor der Wende zum 19. Jahrhundert vor allem auch die Zahl der Existenzen, die nur durch Betteln noch ihren Unterhalt zu fin-

---

[15] Zur zeitgenössischen Aufwertung des Bauern auf literarischer Ebene vgl. Dedner, 1972; Gagliardo, 1968; Conze, 1972, S. 415 f.

[16] Zedlitz an Rochow am 17. 1. 1773. In: Rochow, 1910, Bd. 4, S. 31.

den hofften. Rochow berichtete noch Jahre später, daß auf seinen Gütern (nahe Brandenburg) täglich im Durchschnitt 30 Bettler, manchmal bis zu 90, um Almosen bäten – und er fügte mit der von Penibilität und Nützlichkeitsstreben beseelten Rechenfertigkeit jener Zeit eine Aufstellung darüber bei, welch schwere „Kontribution“ seine Bauern mit dieser Unterstützung der Bettler noch zusätzlich zu tragen hätten[17].

Es war darum wohl kein Zufall, daß diese einschneidende Krise von 1770–1772 auch den Anstoß für pädagogische Bemühungen gegeben hat. In der Schweiz wurde Pestalozzi, den die Mißernten selbst als praktizierenden Landwirt in tiefe Not stürzten, durch die Erfahrungen jener Jahre zu seinen pädagogischen Versuchen auf dem Neuhof in der Nähe von Zürich bestimmt (A. Eichler, 1933, S. 113 ff.). In Preußen veranlaßten die Notjahre Friedrich Eberhard von Rochow, die ‚Aufklärung des Landvolks‘ programmatisch und praktisch voranzutreiben[18]. In der „Geschichte meiner Schulen“ berichtete er rückblickend:

„Als in den Jahren 1771 und 1772 sehr nasse Sommer einfielen, viel Heu und Getreide verdarb, Teuerung entstand, auch tödliche Krankheit unter Menschen und Vieh wütete, da tat ich nach meiner Obrigkeitspflicht mein mögliches, den Landleuten auf alle Weise mit Rat und Tat beizustehen. Ich nahm einen ordentlichen Arzt für die Einwohner auf meinen Gütern an, der unentgeltlich von ihrer Seite sie gegen ein jährliches Gehalt von mir mit freier Medizin versehen und heilen sollte. Sie erhielten schriftliche Anweisungen und mündlichen Rat, wie durch allerlei Vorkehrungen und Mittel, wobei sie freilich auch ihrerseits tätig sein mußten, dem Fortgang der Epidemie zu steuern sei. Aber böse Vorurteile, Verwöhnungen und Aberglauben nebst gänzlicher Unwissenheit an Lesen und Schreiben machten fast alle meine guten Absichten fruchtlos.

Sie empfingen zwar die Mittel, die ich bezahlte, nahmen sie aber nicht ein.....
Die einfachsten Vorkehrungen und Reinigungsanstalten, die ich ihnen mündlich und schriftlich empfahl, waren ihnen teils zu mühsam, teils hatten sie sie vergessen, und das Schriftliche konnten sie nicht lesen.

Dagegen brauchten sie heimlich die verkehrtesten Mittel, liefen zu Quacksalbern, Wunderdoktoren, sogenannten klugen Frauen, Schäfern und Abdeckern, bezahlten dort reichlich und starben häufig dahin.

In tiefer Demut möchte ich an diesem kundbaren Beispiel denen Regenten und Landesvätern der Völker den hohen und unschätzbaren Wert der Aufklärung durch bessere Schulen hier (nochmals) an das Herz legen“ (Rochow, 1909, Bd. 3, S. 9 f.)[19].

---

[17] Rochow an Zedlitz (1775). In: Rochow, 1910, Bd. 4, S. 88.

[18] Auch in Schaumburg-Lippe intensivierten sich die pädagogischen Bemühungen um den ‚gemeinen Mann‘ – nach der Darstellung von Wehrmann, 1972, S. 50 ff. – charakteristischerweise im Zusammenhang mit den Ereignissen zu Beginn der siebziger Jahre des 18. Jahrhunderts; vgl. dort auch die Bemerkungen über die Lage der Landbevölkerung und das Ausmaß der Armut.

[19] Vgl. auch die Darstellung Rochows gegenüber Iselin am 26. 11. 1776, in der er ebenfalls die Bedeutung der Hungerkrise vom Beginn der siebziger Jahre für sein praktisches pädagogisches Engagement hervorhob. Rochow, 1910, Bd. 4, S. 165.

Für Rochow selbst lag in dieser Episode nicht nur das auslösende Moment, sondern gewissermaßen das ganze Grundmotiv seines pädagogischen Ansatzes begründet, dem er in verschiedenen Schulbüchern für die Kinder und Lehrer der ländlichen Elementarschulen, vor allem aber in den unter seiner Aufsicht stehenden eigenen Patronatsschulen um Reckahn herum Gestalt gab. Denn diese die eigene Not noch steigernde Unverständigkeit seiner Untertanen exemplifizierte nur den allgemeinen Mangelkomplex, an dem er Staat, Gesellschaft und Wirtschaft seiner Zeit insgesamt leiden sah: „Der Dumme (der für ihn den Hauptteil der Bevölkerung ausmachte, d. Verf.) denkt . . . nicht gehörig weder vor noch nach, weiß sich nicht zu helfen, kann guten Rat nicht würdigen und wird eben darum ein Opfer der Ereignisse“ (Rochow, 1909, Bd. 3, S. 10). Ähnlich wurde nunmehr aufgrund von Erfahrungen, die nicht nur die Hungerkrise von 1770–1772 gewährte, die vermehrte Bildung des gemeinen Mannes vielfach als das Gebot der Zeit begriffen.

Doch weder erschöpften sich die Maßnahmen, die die Zeitgenossen zur Bewältigung der wirtschaftlichen Schwierigkeiten ergriffen, in pädagogischen Bemühungen, noch beschränkten sich die Begründungen, die für „die Aufklärung durch bessere Schulen“ gegeben wurden, auf die Klage über die menschliche Unzulänglichkeit. Selbst wenn die Kritik derart an der kollektiven Psyche der Landleute, Tagelöhner, überhaupt der Armen ansetzte, sah man die gerügte Geisteshaltung der niederen Schichten nicht vollständig isoliert von den objektiven Faktoren, die ihre Lage bestimmten. Zu offensichtlich hing die Kenntnislosigkeit und charakterliche Schwäche, die man auf dem Lande verbreitet fand, mit der völligen Vernachlässigung der „niederen Menschenclasse“ durch die Herrschaft zusammen, die den Bauern oft nicht einmal „dem Vieh gleich“ achtete (Krünitz, 1793, Bd. 60, S. 368)[20]. Und woher sollte bei mangelnder Förderung der geistigen Fähigkeiten das Wissen oder Verständnis dieses Bevölkerungsteils von den notwendigen agrikulturellen Verbesserungen kommen? „Oekonomische Schriften lieset er nicht; Beyspiele sieht er nicht; fremde Länder bereiset er nicht; gute Unterweisungen hat er nicht“ (Krünitz, 1793, Bd. 61, S. 425). Gesetzt auch, es fehlte nicht an der erforderlichen Anregung, so wußte man doch, daß Hindernisse in der feudalen Wirtschafts- und Sozialverfassung den Bauern in seinen Handlungsmöglichkeiten eng umstellten.

Hinter der „störrigen Beharrlichkeit beim Alten“ erkannte man oft die „Besorgniß, unnütze Zeit und Kosten zu verschwenden, womit der Landmann oft sehr haushälterisch umgehen muß“ (Denkwürdigkeiten 2

[20] Vgl. dazu auch die Kritik eines Zeitgenossen, die A. Eichler, 1933, S. 52, wiedergibt.

[1796], S. 825); denn spekulative Fehlplanungen, wie sie in Kreisen der adligen ‚Unternehmer' und Pächter nicht einmal selten waren (Abel, 1967, S. 323 f.), hatten bei der bedrängten Lage selbst größerer bäuerlicher Wirtschaften unbedingt den ökonomischen Ruin zur Folge (Jacobeit, 1969, S. 72)[21]. Überhaupt mußte man in einem weiteren Sinne Trägheit, Auflehnung und Abstumpfung — zumindest teilweise — als adäquate Reaktionen auf den Druck der äußeren Situation interpretieren. „Wie will der Landmann Zeit, Mittel und Mut haben, etwas Wichtiges zur Verbesserung seiner Grundstücke zu unternehmen, wenn er auf die elendeste und kümmerlichste Art leben und bei aller sauren Arbeit und dürftigen Lebensart kaum die Abgaben entrichten kann, welche ihm die Regierung auferlegt . . .", hatte bereits der Polizeiwissenschaftler Justi gefragt[22]. Nicht alle, die die Entwicklung besorgt verfolgten, wagten ein derart offenes Wort gegen die Agrarverfassung. Aber daß schonungslose Ausbeutung und Fesselung im alten Feudalsystem die fatale Mentalität des bäuerlichen Volkes zumindest mitverursachten, war unter aufgeklärten Geistern ein offenes Geheimnis (Conze, 1972, S. 415 ff.).

Die Strategie der Veränderung: Struktur- oder Bildungspolitik?

Die Hintergründe der beklagten Charakterschwäche, die in der anhaltenden Krise zutage trat, entgingen also denen, die sie zum Ausgangspunkt pädagogischer Maßnahmen machten, nicht ganz. Am deutlichsten hat das vielleicht der Göttinger Prediger Arnold Wagemann in seiner umfassenden Aufstellung der physischen, moralischen und politischen Ursachen

---

[21] Vgl. auch die anschauliche Bemerkung, die Pestalozzi in seiner ‚Abhandlung über den Bauern' diesem Problem widmet: „Der Mensch, insonderheit der Bauer, geht wie ein blindes Roß gern im alten Gleis. Er traut sich nur langsam auf neuen Straßen, und er hat auch seine guten Gründe, warum er so ist, daß man es ihme nicht leicht verargen kann; denn man führt ihne oft gar kreuz und quer, wenn man etwas neues mit ihme probieren will, daß er allen Menschenverstand müßte verlohren haben, wenn er dennoch immer gar leicht und gern auf unbekannten Straßen reiten würde" (Pestalozzi, 1927, Bd. 8, S. 62). — Ein recht gutes Beispiel für den berechtigten Widerstandsgeist der bäuerlichen Bevölkerung liefert die Geschichte des preußischen Seidenbaus, zu dem die friderizianische Verwaltung mit großem Aufwand, aber vergleichsweise geringem Erfolg Geistliche, Lehrer, aber auch Bauern und landarme Schichten nötigte. Anders als die staatlichen Stellen immer wieder versicherten, verlangte die Seidenzucht bestimmte Kenntnisse und Erfahrungen, vor allem aber einen so hohen Arbeitsaufwand, daß sie als disponible Nebenbeschäftigung faktisch ungeeignet war. Dazu kam, daß klimatische Einflüsse und Krankheiten den Gewinnertrag höchst unsicher machten. Insofern war es — nach dem Urteil einer älteren Fachdarstellung — kein Zeichen von Torheit, sondern von Klugheit, daß die bäuerlichen Gruppen damals dem Seidenbau gegenüber — trotz staatlicher Prämien — Zurückhaltung bewahrten (Mieck, 1969, S. 486–489).

[22] J. H. G. von Justi, Abhandlung von denen Hindernissen einer blühenden Landwirtschaft. 1760. Zit. nach Abel, 1963, S. 322.

ausgesprochen, die dem bäuerlichen Stand ein so wenig erfreuliches Wesen gaben: „Antheil an ... (der) Verbildung (des Bauern) zur Trägheit" sprach er vor allem den vielen ‚Gemeinheiten' zu, die dem einzelnen zugunsten von Herrschaft und Dorfgemeinde die volle Nutzung seines Landes verwehrten; ebenso lähmten ihn „übertriebene Abgaben" (da „das Gefühl der anhaltenden Beschwerde ihn abspannet"); „Frohnen" schließlich, die dem Untertänigen abgepreßten Dienstleistungen auf dem herrschaftlichen Betrieb, galten Wagemann für die meisten Fälle geradezu als „Schule der Trägheit" (A. Wagemann, 1791, S. 72, S. 86, S. 92, S. 101). Sollten die von ihm proklamierten pädagogischen Anstrengungen wirklich anschlagen, waren also auch nicht unwesentliche gesellschaftliche Veränderungen vonnöten, so hat Wagemann konsequent gefolgert: „Die erste Bedingung, unter welcher ... (die in der bäuerlichen Klasse pädagogisch geweckten) Kräfte zur Anwendung kommen können, ... (ist), daß man die Hindernisse, welche sich hiebey finden, weg räume. Man muß also den Bauer so setzen, daß er nach einem vernünftigen Plane, seine Wirthschaft führen kann" (A. Wagemann, 1791, S. 282)[23].

Sowohl in ihrer Zielsetzung, die sich gleichermaßen auf die Besserung der ländlichen Situation und Hebung der agrarischen Produktivität richtete, als auch hinsichtlich ihrer Wirksamkeit wurden die Bemühungen um die Bildung des gemeinen Mannes somit von ihren Protagonisten an direkte Eingriffe in die bestehende Agrarverfassung gebunden, die eine Hebung des bäuerlichen Status zur Folge hatten. Und wo die erforderlichen Machtmittel vorhanden waren, wie bei dem Gutsherrn Rochow, da liefen – wenigstens im eigenen Herrschaftsbereich – den praktischen Versuchen einer pädagogischen Einflußnahme auf die untertänige Bevölkerung charakteristischerweise entsprechende sozial- und wirtschaftspolitische Maßnahmen parallel. Dazu gehörte einmal eine gegenüber der üblichen Praxis intensivierte Unterstützung der Armen in den Rochowschen Dörfern (durch die Begründung einer dauerhaften Armenkasse, durch Sicherstellung der unentgeltlichen medizinischen Versorgung und durch die in mehrfacher Hinsicht vorteilhafte Einrichtung, den Landarmen jeweils ein Stück Brache des herrschaftlichen Landes zur Bestellung zuzuweisen – Büsching, 1775, S. 222; Rochow, 1789, S. 11 f.). Vor allem aber machte sich Rochow als adliger Landwirt dadurch einen Namen, daß er schon frühzeitig auf seinen Gütern bis zum einzelnen Bauern hinab die Aufhebung der ‚Gemeinheiten' sowie die Separation, das heißt die Auftei-

---

[23] Fast identisch äußert sich Krünitz, Bd. 29, 1783, S. 736, als er (im Artikel „Industrie") die Möglichkeiten erörtert, die ‚Industrie' im Lande aufzumuntern. – Zum Begriff siehe unten.

lung der Feldflur, durchgesetzt hatte[24] und schließlich auch die Dienstverpflichtungen seiner Untertanen in Geldabgaben umwandelte, da er ihre paralysierende Wirkung auf die bäuerliche Arbeitsmoral und darum auch geringe Effizienz erkannte[25].

Solche Veränderungen in der traditionellen Wirtschafts- und Sozialverfassung, die sich übrigens mit eben dem deckten, was A. Wagemann (1791, S. 282–287) zur Lösung der dem Bauern hinderlichen ‚Bande' forderte, waren ohne Zweifel wichtige Schritte auf dem Wege zu einer selbständiger wirtschaftenden Existenz des abhängigen Bauern. Doch scheute man bezeichnenderweise in Wort und Tat sichtlich vor der unumschränkten Befreiung der Untertanen zu Eigentum und persönlicher Unabhängigkeit zurück. Sie wurde in Preußen auf allgemeiner Basis erst nach der Wende zum 19. Jahrhundert, in der besonderen politischen Krisensituation des ersten Jahrzehnts, gesetzlich fixiert und eingeleitet und sollte – in unvergleichlich höherem Maße als die pädagogischen Bemühungen – den anvisierten Aufschwung der agrarischen Produktion erst wirklich veranlassen (Henning, 1968, S. 46–53; 1973, S. 37–59; Ipsen, 1972; Koselleck, 1967, S. 487–559).

In der Vorstellung der Rochows, Wagemanns und vieler anderer Vertreter vermehrter Bildungsanstrengungen am Ende des 18. Jahrhunderts verteilte sich das Gewicht der Faktoren, die über den ökonomischen Engpaß hinweghelfen sollten, anders: Was die von ihnen projektierten Strukturmaßnahmen von einer entschiedenen Auflösung des feudalen (herrschaftlichen und genossenschaftlichen) Verbandes trennte, sollte gewissermaßen die pädagogische Aktion, die verstärkte Einwirkung auf den leeren Kopf und das wüste Herz des Landmanns wettmachen. Nur zur Hälfte lagen für A. Wagemann, der diese Bestimmung „leicht mit der Genauigkeit zu geben (glaubte), welche hier erfordert wird", die „Ursachen eines gewissen Grades der bäurischen Trägheit" bei dem „zu schwehr gefühlte(n) Druck" objektiver Belastungen, die er zudem durch die genannten Veränderungen für hinreichend gemindert hielt (A. Wagemann, 1791, S. 74)[26]. Die vorsichtige Erweiterung des Gesichtskreises

[24] Vgl. seinen Bericht in den Annalen der Märkischen ökonomischen Gesellschaft, Bd. 1, Heft 2 (1795), S. 60–70, S. 69 f.

[25] Vgl. Annalen der Märkischen ökonomischen Gesellschaft, Bd. 3, Heft 1 (1797), S. 131–137. – Zu der durch die Dienstbelastung geförderten – bewußten oder unbewußten – Gleichgültigkeit der Bauern gegenüber ihrer Arbeit vgl. die Äußerung eines Zeitgenossen über die holsteinischen Bauern bei A. Eichler, 1933, S. 52 f.; siehe auch H. H. Müller, 1967, S. 144. – Über Rochows Unternehmungen unterrichten die Biographien von F. Jonas, in: Rochow, 1910, Bd. 4, S. 386–436, insbesondere S. 400–410, und Vahlbruch, 1928, insbesondere S. 18 f., S. 26 f., S. 47 f.

[26] Übrigens liefert die Beobachtung Wagemanns, daß die Schriften über die – von ihm besonders befürworteten – Gemeinheitsaufhebungen sich insbesondere im Jahre 1774

der niederen Schichten durch eine entsprechende Vermehrung und Organisation der Schulen und die Sorge um eine „gleichförmige Fortbildung der Alten" würden „leicht" den gesamten Rest des Berges abtragen, unter dem die Wirtschaft des Landes darniederlag.

In diese – nicht immer so klar explizierte – überaus hohe Meinung, die die Zeitgenossen von der Macht der Erziehung hatten, ging ohne Zweifel die realistische Erkenntnis ein, daß die Lethargie und Unbeweglichkeit, die den Bauern und Tagelöhnern in ihrer Mehrheit durch zahlreiche niederdrückende Erfahrungen zur zweiten Natur geworden waren, verschärfend auf das Elend ihrer Lage zurückwirkten. Auch wußte und diskutierte man [27], daß die Fähigkeit zu einer freien Wirtschaftsführung keineswegs das mechanische Resultat materieller sozialer Rahmenveränderungen war, wie es die bäuerlichen Schwierigkeiten nach den Agrarreformen vom Anfang des 19. Jahrhunderts dann unter anderem auch bewiesen (Koselleck, 1967, S. 495, S. 502). Doch offenbarte dieses Konzept, das den strukturellen Verbesserungen des Status von Bauern und Landarmen eine vergleichsweise so geringe Funktion einräumte, in erster Linie die sozialen Grenzen, innerhalb deren man argumentierte. Das soziale und wirtschaftliche System sollte im Grunde nur um seine verderblichen Auswüchse gestutzt und praktisch rationalisiert werden, seinen Rahmen selbst gedachte man nicht zu überschreiten (oder hütete sich zumindest, in seinen Vorschlägen offen über ihn hinweg zu zielen) [28]. Dabei schienen pädagogische Maßnahmen zur Bewältigung der zugespitzten Schwierigkeiten gerade darum besonders attraktiv, weil sie radikale Eingriffe, die den erbitterten Widerstand der Privilegierten hervorrufen mußten, zu ersparen – und darüber hinaus auch abzuwenden versprachen (zum Beispiel A. Wagemann, 1791, S. 18 f., S. 360).

Je weniger man den Kern der bestehenden sozialen Ordnung anzutasten wagte, um so höher mußten sich die Ansprüche an die – nur pädagogisch zu beeinflussenden – Eigenschaften der vielen schrauben, die unter

häuften, ein anschauliches Beispiel für die mobilisierende Wirkung der Krise vom Beginn der siebziger Jahre. Er selbst bemerkt dazu: „man kömmt sehr leicht auf den Gedanken, daß die Jahre der Theurung in Deutschland welche kurz vorher gingen, die nähere Veranlassung dazu gegeben haben mögen. Gemeiniglich bessert man nach der Feuers-Brunst die Löschungs-Anstalten" (A. Wagemann, 1791, S. 77).

27 Vgl. etwa das Votum des Freiherrn vom Stein in seinem ‚Generalbericht über den Zustand der Provinz (Minden) vom 10. 3. 1801'. Abgedruckt bei: Conze, 1957, S. 101.

28 Zurückhaltung empfahl sich insbesondere nach dem Beginn der Französischen Revolution, die in Deutschland bei den herrschenden Kräften eine heftige Reaktion auslöste, zumal zu ihren ersten Resultaten (1789) die Aufhebung der feudalen Untertänigkeit gehörte. Im Jahre 1793 folgte die Beseitigung der bis dahin noch bestehenden Ablösungsverpflichtung: Die feudalen Belastungen waren im revolutionären Frankreich entschädigungslos gestrichen (Kulischer, 1971, Bd. 2, S. 426 ff.).

diesen Verhältnissen zu überleben hatten. Insofern dabei im Grunde ‚moderne' Einstellungsmuster und kognitive Anforderungen formuliert wurden, ergab sich ein doppeltes Paradox: Um ihrer pragmatischen Absicht willen haftete den pädagogischen Projekten etwas Irreales an, und im Interesse einer modifizierenden Bewahrung des Alten postulierten sie Verhaltensweisen und Dispositionen, die bereits auf die Industriegesellschaft vorwiesen.

3.4 Industrieschulen – Institutionen einer Pädagogik der Armut

Die Einrichtung der Industrieschulen, die am Ende des 18. Jahrhunderts in der sich entfaltenden schulpädagogischen Debatte weithin Anklang fand, scheint so klar und eindeutig den Anfängen des industriellen Kapitalismus zuzuordnen wie so leicht keine andere der damals eingeführten oder wenigstens angestrebten Veränderungen auf der Ebene des Elementarschulwesens. Für das Recht einer derartigen Interpretation spricht offenbar nicht bloß der Name dieser neuen Schulanstalten, sondern vor allem ihr Programm: Die postulierten Verhaltensmuster und Einstellungen, die die Industrieschulen im Volke wecken sollten, ähneln weitgehend – wenngleich mit charakteristischen Abweichungen – dem rigiden Tugendkodex, der in der berühmt-berüchtigten Ausformung durch Benjamin Franklin geradezu zum Inbegriff des kapitalistischen Geistes und der liberal-bürgerlichen Mentalität geworden ist.
Dennoch zeigt sich bei näherer Analyse, daß die Industrieschulen durchaus noch als Bestandteil des vorindustriellen Systems oder besser einer ‚protoindustriellen' Ordnung zu gelten haben. Die Motive für die Konzeption derartiger Schulen und die praktischen Lernziele, auf die sie hinarbeiten sollten, waren in erster Linie von dem Kontext einer agrarisch geprägten Wirtschaft ‚vorgegeben', in der die Bewältigung einer in jähen Teuerungskrisen kumulierenden langfristigen Verarmung das Hauptproblem darstellte. Statt sie bereits als direkte Antwort auf die Bedürfnisse der heraufziehenden Industriegesellschaft zu fassen, wird man demnach die Beziehung der Industrieschulen zum System des industriellen Kapitalismus nur als sehr vermittelt begreifen können.
Das vorliegende Kapitel soll vor allem diese These plausibel machen, die uns in Gegensatz zu den im allgemeinen in der Literatur vertretenen Anschauungen bringt. Dabei beschränkt sich unsere Analyse vorwiegend auf die Programmatik und die detaillierten Unterrichts- beziehungsweise Arbeitspläne, wie sie von Vertretern der Industrieschulpädagogik im norddeutschen Raum vorgetragen worden sind. Über die eigentlich praktischen Industrieschulunternehmen wird entsprechend der Tatsache, daß sie im preußischen Gebiet anscheinend recht selten waren, wenig ausgeführt; wir können hierfür auf die vorhandenen, zum Teil regional orientierten Darstellungen verweisen, von denen uns hauptsächlich die Art trennt, in der die Industrieschule allgemein auf den historisch-gesellschaftlichen Kontext bezogen wird.

Was von den praktischen Konsequenzen der Industrieschulpädagogik zu berichten ist, reicht freilich aus, schließlich auch den eigenartigen Mangel herauszustellen, den diese Schulreform in der Einschätzung ihrer Realisierungschancen bewies. In den verschiedenen Artikulationsformen, die der Industrieschulgedanke bei seinen Protagonisten fand, läßt sich von der Aufstellung der programmatischen Ziele über ihre Umsetzung in ein konkretes Schulkonzept bis hin zur tatsächlichen Unterrichts- oder vielmehr Arbeitspraxis gewissermaßen eine stufenweise Abfolge ausmachen, in der eine fast zwangsweise Angleichung an die Bedingungen der vorgefundenen Realität erfolgte. Auch wo beim Versuch der Verwirklichung durch diese Anpassung am Ende von den ursprünglichen Ansprüchen wenig geblieben war, behaupteten sich, wie es scheint, noch Illusionen: Sie betrafen nun nicht mehr nur das Urteil über die möglichen Wirkungen der Schule, sondern trübten auch die Wahrnehmung dessen, was faktisch in diesen Institutionen an Unterdrückung und Ausbeutung betrieben wurde.

‚Industrie' war schon einer der entscheidenden Begriffe, die die zeitgenössische kameralwissenschaftliche und pädagogische Diskussion beherrschten. Aber er besaß inhaltlich eine ganz andere, umfassendere Bedeutung als heute, wo er die großgewerbliche mechanisierte oder maschinelle Produktion im Unterschied zu den übrigen Wirtschaftssektoren (Landwirtschaft, Handel usw.) bezeichnet. Noch bis weit ins 19. Jahrhundert hinein – bis etwa zu dem Zeitpunkt, an dem die unsere Gesellschaft prägende großgewerbliche Fabrikation sich tatsächlich durchsetzte – diente ‚Industrie' als eine sozialpsychologische Kategorie, die mit dem Wort ‚Gewerbefleiß' nur unzureichend gekennzeichnet ist [1]. Eine genaue Definition bereitete auch den Zeitgenossen einige Schwierigkeiten. Die Ausführlichkeit, mit der sich Krünitz in seiner Enzyklopädie diesem Begriff zuwandte, spiegelt diese Schwierigkeit ebenso wie die der Sache zuerkannte Wichtigkeit. „In der gemeinen Sprache übersetzt man dieses Wort" – so referierte Krünitz – „bald durch Geschicklichkeit, bald durch Arbeitsamkeit, Arbeitstrieb, Betriebsamkeit, Emsigkeit, Gewerbsamkeit, Kunstfleiß und dergleichen. In der Finanzsprache aber erschöpft keines dieser deutschen Wörter völlig den Begriff, den der Franzose mit dem Worte industrie verbindet, nämlich den Begriff eines erfinderischen Fleißes, wobey man alle Vorteile seiner Kunst oder seines freyen Gewerbes zu der Absicht anwendet, sich vermittelst seiner Arbeit ein solches Aequivalent zu verschaffen, wodurch sich alle Bedürfnisse befriedigen lassen" (Krünitz, 1783, Bd. 29, S. 708–747, S. 708 f.).

---

[1] Vgl. dazu Eulen, 1967.

Offenbar wuchsen mit den Erwartungen, die sich an diesen Begriff knüpften, auch die Komplikationen für eine eindeutige Bestimmung seines Bedeutungsgehaltes: Denn in der ‚Industrie' sammelten sich fast alle die positiven Befähigungen, Einstellungen und Fertigkeiten der Person, die den einzelnen praktisch in jeder Situation seine Existenzgrundlage finden ließen und die insofern auch den gesellschaftlichen Fortbestand zu garantieren vermochten, den die Krise an die Fähigkeit zur Fortentwicklung gebunden hatte[2]. ‚Industrie' war der Inbegriff einer besonderen, nämlich rationellen Lebensführung, die sich in jeder denkbaren (keineswegs etwa nur gewerblichen) beruflichen Beschäftigung äußerte und bis in alle Einzelheiten des Alltags hineinwirkte. Jener ruinösen Abstumpfung und fraglosen Beharrung im Alten, die die beunruhigten Zeitgenossen insbesondere in den niederen Schichten verbreitet fanden, war in dem Ideal des ‚industriösen' Menschen gewissermaßen ihr genaues Gegenbild entworfen; aus seiner Perspektive erfolgte die Kritik an den empirischen Subjekten, deren unangemessenes Verhalten nach der allgemeinen Überzeugung ja zu einem großen Teil die mißliche Lage verschuldete. Aus diesem Grunde schienen ökonomisch-sozialer Fortschritt, Veränderung der überkommenen, lähmenden Mentalität und die — von Eingriffen in die Sozial- und Wirtschaftsverfassung unterstützte — Erziehung zur ‚Industrie' für die damalige Zeit geradezu zu Synonymen zu verschmelzen[3].

Die prinzipielle Neuartigkeit der Ansprüche, die sich mit dem Begriff der ‚Industrie' verbanden, hat eine der emphatischsten Programmschriften der Industriebildung dadurch zu charakterisieren versucht, daß sie ihnen die Haltung des Fleißes konfrontierte. Fleiß war beim zeitgenössischen Leser sicherlich nicht von vornherein negativ besetzt; gegenüber dem ‚industriösen' Lebensverständnis erwies sich aber selbst diese nach den gestrengen zeitgenössischen Urteilen selten genug anzutreffende Tugend als Modus einer traditionellen Existenzweise, die den Verhältnissen im Grunde nicht gerecht wurde (Sextro, 1785, S. 34—40). Vom einzelnen war in dieser Situation mehr noch gefordert als die beharrliche Ausübung seines gewöhnlichen Berufsgeschäfts oder die ordentliche Führung der ländlichen Wirtschaft, da die Normen und Usancen in dem gesamten ökonomischen Bereich selbst einem rapiden Wandel unterlagen. Was neben „Anstrengung und Eifer" die ‚industriöse' Haltung vor allem aus-

---

[2] Vgl. dazu oben, Kapitel 3.2.

[3] Vgl. Alt, 1948, insbesondere S. 28–40; Alt, 1970 a, S. 65 f.; Bendokat, 1934; Iven, 1929, S. 55–64, S. 97–116. Auch A. Eichler, 1933, S. 58–62.

zeichnete, war daher die Fähigkeit, sich aus den vorgegebenen Bahnen zu lösen und neue, ungewohnte Wege zu gehen. Zu der rastlosen Agilität, die der Mehrheit der Bevölkerung ihre Lage abverlangte, verhalf erst eine gewisse geistige Beweglichkeit und Willigkeit, über den hergebrachten Tätigkeitskreis in mehrfacher Hinsicht hinauszugehen. Dem Ideal nach begnügt sich ‚Industrie', wie es bei Sextro hieß, nicht (wie der ‚Fleiß') mit einem „einzigen Berufswerke", sondern betreibt eine Reihe von Nebenbeschäftigungen; wo sich Möglichkeiten zur Verbesserung der Produktionsmethode bieten, greift sie sie begierig auf; Zeit und Kräfte unterwirft sie bis ins einzelne einem genauen Kalkül, das die eigene Arbeitskapazität bis an die äußerste Grenze der Belastbarkeit auszuschöpfen erlaubt, und sie orientiert Leben und Arbeit nicht am erfüllten Augenblick, sondern an der ungewissen Zukunft. Allein eine derartige äußerste Anspannung aller Kräfte verhieß eine Existenz, die vielleicht einigen Wohlstand zu erwerben erlaubte, vor allem aber – insbesondere bei „kommende(n) Unglücksfälle(n) oder ... andere(n) unerwartete(n) Ereignisse(n)" – „in vielen Bedürfnißangelegenheiten (sich) selbst zu helfen" vermochte. „Industrie also sucht hervor, breitet aus, bildet, schafft, regelt, veredelt, will immer vorwerts – der schaffenden, bildenden, zerstörenden und wieder bildenden Natur nach. Der Fleiß nutzt nur, was da ist, bleibt still im Kreise, arbeitet nach dem Herkommen, zählt und thut, was er kann, nach seinem ererbten hölzernen Maaßstabe, mit dem ehrlichsten Glauben, daß er nicht mehr könne, und daß kein andrer Maaßstab in der Welt sey" (Sextro, 1785, S. 39)[4].

Die trügerisch-behäbige Beschränktheit aufzugeben, wie sie noch den ‚Fleiß' kennzeichnete, verlangten nicht allein die ungünstigen äußeren Umstände; die Begründung einer ‚industriösen' Gesinnung und Betätigung wurde auch auf einer anderen Ebene gesucht: In dem nimmermüden, klugen Einsatz aller Kräfte sollte sich, wie Sextro klarer als andere Zeitgenossen hervorhob, zugleich die allgemeine „Bestimmung des

---

[4] Ähnlich, wenngleich eingeschränkter war die Bestimmung, die A. Wagemann (1791, S. 8) dem Begriff der ‚Industrie' als „Verwendung der Zeit und Kräfte zu den besten Zwekken, nach dem Gesetze der Sparsamkeit" gegeben hat. – Sextros plastische Gegenüberstellung scheint den Zeitgenossen nicht ungeläufig gewesen zu sein. Etwa um dieselbe Zeit, möglicherweies unabhängig von Sextro, faßte der Generalsuperintendent in Lippe, J. L. Ewald, sein Urteil über den dortigen Landmann in den Worten zusammen, daß sich bei ihm „wenigstens noch so viel Fleiß findet, als zu seinem Ackerbau durchaus erfordert wird ..., aber man vermißt doch noch sehr jenen Geist der Betriebsamkeit, der darauf sinnt, mehr Produkte zu erzielen, alles besser zu nutzen, vorteilhafter umzutauschen, jene Industrie, die nicht damit zufrieden, so viel zu tun, als notwendig getan werden muß und sonst immer getan ward, sondern die den Wert jeder Stunde kennt, jede Stunde nutzt und jede Kraft braucht, so gut sie irgend gebraucht werden kann" (zit. nach Wehrmann, 1972, S. 62 f.).

Menschen (erfüllen, die) nicht einige, sondern allmöglichste Aufregung, Bildung, Übung und Anwendung der Kräfte seines Geistes – und Körpers" forderte (Sextro, 1785, S. 3, S. 136). Als eine bloße ideologische Überhöhung ökonomisch motivierter Überlegungen wäre diese Aussage nur sehr unzureichend charakterisiert. Denn praktisch wurden mit ihr all jene Anforderungen, die aus der wirtschaftlichen Situation abzuleiten waren, in die menschliche Natur hineingenommen und von dort als Anspruch gegen eine Gesellschaft gekehrt, deren Struktur ihnen gegenüber gravierende Mängel erkennen ließ. Mehr Anspruch als Wirklichkeit barg damals schon allein die Behauptung einer formal gleichartigen Bestimmung des Menschen, die alle Mitglieder der Sozietät wie ein gemeinsames Band vereinte und auch dem ‚gemeinen Mann' eignete, der auf dem Lande, wie Schubart es einmal ausgedrückt hat, häufig nur als „ein Tier mit Menschengesicht" geachtet und traktiert wurde (A. Eichler, 1933, S. 51). Noch weitaus kritischer mußten die naheliegenden Konsequenzen wirken, die sich im Zusammenhang mit der inhaltlichen Definition dieser menschlichen Bestimmung ergaben. Zur ‚Industriosität', die gewissermaßen das durchgängige Gestaltungsprinzip sämtlicher Schulanstalten abgab, sollten grundsätzlich alle Bürger, jedenfalls auch der ‚mittlere Stand' gebildet werden – über die höheren Stände schwieg man sich vielsagend aus (Sextro, 1785, S. 47–63). Und tendenziell wurde die „Uebung, Erweckung aller Kräfte" bereits in das gesellschaftliche Recht jedes Menschen „in jeder gesitteten Verbindung" umgemünzt (Sextro, 1785, S. 4, S. 8).

Doch hat sich ein Mann wie Sextro beeilt, allzu brisanten Schlußfolgerungen von vornherein selbst die Spitze zu nehmen. Die allgemeine ‚industriöse' Bestimmung des Menschen brach sich in den Abstufungen der ständischen Ordnung, die religiös sanktioniert und unangetastet blieb. Nur „in und nach seinem vom höchsten Urheber begrenzten Kreise" sollten sich bestimmungsgemäßer „Reitz, Uebung und Anwendung der Kräfte nach allen Seiten und Gegenden", insgesamt jene Bildung des einzelnen zur ‚Industrie' vollziehen, die demnach faktisch für die verschiedenen Bevölkerungsklassen eine recht unterschiedliche Bedeutung annahm (Sextro, 1785, S. 3 f., S. 41 f.)[5]. Bei dem höchst ungleich bemessenen Freiraum, den die unveränderten sozialen Rahmenbedingungen ließen, war realistischerweise eine Steigerung von „Erwerb- und Unternehmungsgeist ... mehr Handlungslust und Kommunikation mit Menschen, mehr Veredlung der Natur in allen ihren Theilen, und den Produkten umher,

[5] Die ständische Einschränkung ihres für die bäuerliche Bevölkerung formulierten ‚Industrieprogramms' bringen etwa auch A. Wagemann, 1791, S. 9–25, und Krünitz, 1794, Bd. 62, Artikel „Land-Schule, Land-Industrie-Schule", S. 1–219, S. 20, zum Ausdruck.

mehr nützliche Verbesserung und Entdeckung in den Gewerbearten und Künsten, mehr Wohlstand ..." nur von der ‚Industriosität' der ‚mittleren Stände' zu erhoffen (Sextro, 1785, S. 114). Entsprechend breit angelegt und akzentuiert war auch das ihnen zugedachte Bildungsprogramm, das starkes Gewicht auf die Begriffs- und Verstandesbildung legte, theoriegeleitete und erkenntnisvertiefende praktische Betätigungen vorsah und bis zur Verfeinerung der sinnlichen Geschmacksbildung reichen sollte (Sextro, 1785, S. 47–63, S. 115)[6].

Dagegen waren die Ziele für die gemeinen Volksklassen, deren ‚Industriosität' (wie schon aus der allgemeinen Begriffsbestimmung ersichtlich) besonderen Vorrang hatte, viel enger gesteckt. Nicht eine freie und aktive Gestaltung ihrer Umwelt wurde von ihnen erwartet, viel schien schon gewonnen, wenn sie die Fähigkeit erlangten, die vorgegebenen Bedingungen ihrer bedrängten Lage zu bewältigen. Unter Verzicht auf eine umfassend angelegte Orientierung blieben alle vorgesehenen Veranstaltungen zur Industriebildung dieses Bevölkerungsteils unmittelbar bezogen auf die konkreten Probleme, die sich aus seiner Situation ergaben. Es sollten die Ansatzpunkte und Mittel aufgezeigt, die Lebenshaltung geformt und die Kräfte stimuliert werden, die die Masse benötigte, wenn sie ihre Belastungen aushalten und mehr noch schaffen sollte, als sie nach ihren tradierten Normen für möglich erachtete. „Dereinst", so hieß es bei Sextro, würde „durch jene eigne Bildung der Volksjugend zur angemessenen Industrie ... (auch) die fruchtbarste Kultur dieses großen Theils der Menschheit" erreichbar (Sextro, 1785, S. 119 f.). Doch vorerst beschränkte er sich auf die Aussicht, daß die „also gebildeten Subjekte vor den gemeinsten Quellen der Armuth und des Verfalls im geringen Stande nicht nur gewarnt, sondern auch wirklich bewahrt" seien (Sextro, 1785, S. 123). Denn alle (subjektiven) Ursachen, die den einzelnen der Not und dem Elend auslieferten: die „Unwissenheit, Dummheit, Langsamkeit und Trägheit in ... (den) Verrichtungen, ... (der) Mangel der Zeitoekonomie, der Geschicklichkeit und Kraftuebung an mehreren Gegenständen, ... (der) Mangel der Erwerb- und Sparkunst auf unvorhergesehene Fälle und das kommende Alter" hatten der ‚Industrie' Platz zu machen, die, weil sie Erfolg versprach, auch „die Zufriedenheit mit dem Stande und der Arbeit befördern" würde (Sextro, 1785, S. 18, S. 124 bis 128). So kann man in dem Begriff der ‚Industrie' die vielleicht umfassendste Zielvorstellung aller zeitgenössischen pädagogischen Bemühungen um den gemeinen Mann sehen. Dank der ‚Industrie' sollte er die

[6] Vgl. dazu auch die Ausführungen über die „Realschulprogramme des 18. Jahrhunderts" in Kap. 2.5.

der Krise entsprechende Fungibilität aufbringen und seine Existenz zu fristen lernen – in der Stadt und auf dem Lande, wo ja die weitaus überwiegende Mehrheit der Bevölkerung lebte und im Elend vegetierte [7].

Drückendste Armut und die geforderte Betriebsamkeit lagen dicht beieinander: Ein sehr eindrucksvolles Beispiel dessen, was die Zeitgenossen von einer ‚industriösen Haltung' erwartet haben könnten, liefert uns die Schrift eines kleinen Dorfschullehrers und Angehörigen der besonders notleidenden landarmen Schichten, der sich an dem von der Berliner Akademie für das Jahr 1783 ausgeschriebenen Preiswettbewerb über die Frage der Futterkräuter beteiligt hat [8]. Allein die Tatsache, daß sich „ein armer Gärtner", wie der Verfasser sich selbst bezeichnete, dieser hochgeachteten Institution gegenüber zu Wort meldete, zeugte von einer ungewöhnlichen geistigen Regsamkeit. Denn in der Regel entfaltete sich die ‚akademische' Öffentlichkeit (auch in diesen unmittelbar praxisorientierten Themenbereichen) weit oberhalb des sozialen und intellektuellen Horizonts der Bevölkerungsmehrheit (H. H. Müller, 1969; 1972b), die schon von den entsprechenden Kommunikationsmedien so gut wie gänzlich ausgeschlossen blieb. Nur „von ohngefähr" hatte der Landmann in der kurmärkischen Prignitz von dem Concours Kenntnis erhalten, als er im Dezember 1782 „bey jemand ... eine Berliner Zeitung von 1780 den 6. Junii" (!) fand, in der die Preisfrage mitgeteilt war. Das allgemeine Interesse der Akademie an nützlichen Versuchen in der Landwirtschaft hatte bei ihm eine ganz persönliche Dimension: „von der Gärtnerey muß ich leben – so beschrieb er seine Lage –, denn mein gantzes Schulgehalt ist eine freye Wohnung, 6 Morgen Land, und 6 Thaler Schulgeld". Dabei signalisierte die erst kürzlich erworbene Schullehrerstelle (bei einer neuen Kolonie) bereits einen gewissen sozialen Aufstieg, zuvor hatte er seine vierköpfige Familie nur von einem kleinen Stück Gartenland durchbringen müssen, das ihm nicht einmal das Halten von Vieh erlaubte. Angesichts des erforderlichen Existenzminimums [9] brachte aber auch die neue Position mit dem geringen Landbesitz, der zudem vorwiegend aus Sand bestand, verschwindend wenig. Nicht zufällig war es ihm darum (des notwendigen Nebenverdienstes wegen) eine Selbstverständlichkeit, daß die ‚Frauens-Leuthe' noch vor aller Hausarbeit zu spinnen hätten.

„Sorgen der Nahrung" also trieben den Mann, alle erdenklichen Möglichkeiten zu nutzen und rastlos neue Versuche zu unternehmen, deren Ergebnis er der Akademie in gemeinnütziger Absicht unterbreitete. Auf diese Weise glaubte er zwölf verschiedene Lösungen des gestellten Problems propagieren zu können; sie sind für uns das Indiz einer bewunderungswürdigen Unbeugsamkeit, aber auch Ausdruck der blanken Verzweiflung, denn offenbar richtete sich das ganze Bestreben darauf – gleichgültig wie –, den Hunger von Vieh und Menschen zu stillen. Besonders erschütternd werden die eigentlichen Motive durch die Art freigelegt, in der der Verfasser den vielfachen Nutzen der – mit Knolle und

---

[7] Sextros Gedanken richteten sich zweifellos in erster Linie auf den städtischen Bereich (Göttingens); ihr Geltungsanspruch ging allerdings darüber hinaus, daran ließ schon die Vielzahl von Industrieschulgründungen keinen Zweifel, die unter dem Einfluß Sextros bzw. der beiden Wagemanns, der Begründer der göttingischen Industrieschule, im benachbarten Umland zustande kommen sollten. Vgl. dazu die Angaben unten, S. 320, Anm. 59.

[8] Vgl. dazu oben, S. 268.

[9] Vgl. dazu oben, S. 99.

Blättern (!) verwerteten – Kartoffel anpreist. Eine ihm bekannte Frau, wußte er zu berichten, „erhält (allein von den Kartoffeln ihres kleinen Sandgartens) ihre Kuh . . . ., von den Blättern kocht sie im Frühjahr Kräuter-Kohl, von den Knollen macht sie sich Trinken, welches recht gut für den armen Mann schmeckt und den Durst löscht, und das Überbleibsel davon gibt sie ihrer Kuh auf das Futter. Die Stengel davon geben Feuerwerk, sonderlich wo nicht viel Holz ist, und ich glaube das man sie ein Jahr zu Bohnen-Stangen nutzen kann, wenn die Bohnen so stehen, das sie der Wind nicht zu sehr faßen kann, also hat dieses Gewächs 4 fachen Nutzen." Die Not machte erfinderisch und ließ neben den bewährten Futterpflanzen wie Esparsette und Klee oder auch dem Kohlrabi die Verwendung von ‚wildem Beyfuß', dem Bitterling, Löffelkraut, selbst der Quecke, also reinen Unkräutern, praktizieren und anempfehlen – bloß, weil das Vieh davon „begierig fraß". Darüber hinaus gingen die Vorstellungen ins Projektieren über, wie der (auch eigens dem Generaldirektorium eingereichte) Vorschlag andeutet, die Chausseen mit wilden Kastanien zu besäumen, da sie den Futtermangel beheben würden und die Schweinemast erleichterten. Klarer noch zeigt die Bitte, mit der der zum Kleinstlandwirt avancierte Mann am Schluß seiner Schrift bei der Akademie einkam, das Abrutschen ins hilflose Spekulieren: Um sein Land mit (damals hoch besteuertem) Salz düngen zu können, sollte ihn die Akademie bei dem Vorhaben unterstützen, das ‚Herings-Holtz' der Kaufleute aus dem nicht fernen Wittstock verbilligt zu erhalten, er werde „gewiß es nicht anders als zum Düngen . . . gebrauchen".

Jener nicht nachlassenden findigen ‚Strebsamkeit' fehlten offensichtlich das notwendige Korrektiv an Kenntnissen und ein gehöriger Schuß Realismus, aber hätte eine realistische Sicht der Lage im Grunde nicht auch lähmende Resignation zur Folge haben müssen? Von seinem Standpunkt der „Gesunde(n) Vernunft" sah dieser ‚industriöse' Kleinstbauer die Landwirtschaft seiner Umgebung gehemmt durch die Unbeweglichkeit der überkommenen Betriebsführung. „Zu wünschen wäre es, das der Landmann von allen blinden Vorurtheilen befreyet wäre, aber leider der Aberglaube wird wohl bleiben so lange die Welt stehet"; nach seiner Beobachtung hielt er auch „große Pächter . . . und große erfahrene Wirthe" in seinem Bann. Der wesentliche Erkenntniszuwachs, den sich der angehende Schulmeister aus den ihm nunmehr zugänglichen Büchern (?) für seine Schüler trotzdem erhoffte, war aber auch für ihn selbst vonnöten [10].

Motive der Erziehung zur ‚Industrie': Das Problem der Armut

Dem Selbstverständnis nach konnte es kaum ein bewußter Vorgriff auf eine künftige Zeit sein, wenn das spezifische Programm der pädagogischen Bewegung am Ende des 18. Jahrhunderts quantitativ und qualitativ weit über das wenige hinauszielte, was bislang für die Bildung des

---

[10] Der Hinweis auf dieses Dokument findet sich bei H. H. Müller, 1969, S. 197–200. Das Original, das uns für unsere Bemerkungen gedient hat, findet sich im Archiv der Akademie der Wissenschaften der DDR zu Berlin unter der Signatur K 50 Nr. 15. Im übrigen findet sich ein Abdruck in der bezeichneten, inzwischen veröffentlichten (1975) Arbeit Müllers. Hinweise auf zeitgenössische ‚idealtypisierende' Beispiele ländlicher ‚Industrie' siehe auch bei Werres, 1965, S. 107–109.

Volkes getan wurde[11]. In Zielsetzung und Begründung war es zunächst einmal konsequent aus den Bedingungen einer krisenbestimmten Gegenwart abgeleitet. Generell hat es den Anschein, daß sich das Konzept der verschiedenen Maßnahmen zur Veränderung und auch zur radikalen Umwälzung der feudalen Gesellschaftsordnung weit weniger an der schönen Vision der „befreiten Enkel" (W. Benjamin) als an der harten Notwendigkeit entfaltet und durchgesetzt hat, den akuten Kampf um das Überleben von Kollektiv und Individuen zu entscheiden. Nur durch den Versuch der Bewältigung der wirtschaftlichen Nöte und sozialen Schwierigkeiten hindurch eröffnete sich der Weg zu einer andersartigen Organisation menschlichen Zusammenlebens, die für jeden einzelnen schließlich ein menschenwürdiges Dasein und darüber auch eine unerhörte Entfaltung der humanen Kräfte in Aussicht stellte.

Ein Beispiel bietet gerade einer der geradlinigsten deutschen Aufklärer, Johann Heinrich Campe, der die Industriebildung in den weitgespannten Rahmen einer Reihe von Forderungen integrierte, die bereits mehr oder

---

[11] Dies aber ist im Grunde die These, von der so gut wie alle Arbeiten zur Industrieschulpädagogik ausgehen. Häufig erscheinen die hier skizzierten Vorschläge und Versuche geradezu als die bewußte pädagogische Strategie der Industrialisierung, die doch – selbst wenn der Blick nach England wanderte – für die damaligen deutschen Verhältnisse kaum eine verpflichtende Perspektive abgab. (Vgl. die Arbeiten von Alt, 1948; 1970; Godefroid u. a., 1974, S. 81–114; auch Iven, 1929; Koneffke, 1968, 1971; vor allem Altvater, 1971, sowie Aumüller, 1974.) – Was in dieser Beziehung die Arbeit von Krämer, 1963, verschiedentlich an Einsichten enthält, geht ihr auf eine andere Weise: durch die zutiefst kulturkritisch-konservative Auffassung der industriegesellschaftlichen Entwicklung, gründlich verloren. Als das regierende Prinzip der Zeit – und zugleich das auslösende historische Moment der ‚Industrialisierung' – wird von Krämer eine fortschreitende Rationalisierung bezeichnet, die die gewachsenen Lebensbeziehungen destruierte, ‚herkömmliche Autoritäten in Denken und Handeln' ausschaltete und den Menschen ihre ‚Geborgenheit' (‚in der Gliedschaft der Familienkette', auf der ‚heimatlichen Scholle', ‚in Sitte und Brauchtum') nahm (1963, S. 53–55). Auf diese Weise sind nicht nur die Verarmungserscheinungen seit Mitte des 18. Jahrhunderts mit dem – im Zuge von beginnender Industrialisierung und fortschreitender Handelsverflechtung qualitativ verschärften – Pauperismus des Vormärz gleichzusetzen (1963, S. 20 ff.), mit einer derartigen Interpretation ist darüber hinaus auch schon vorab festgelegt, wo die Antwort der Erziehung auf die soziale Frage gesucht werden wird. Ihre entscheidende Aufgabe hat die Schule danach nur dort erfüllt, wo sie als erzieherisch umsorgter Raum dem an das bloße Heute, an Gewinn und Prestige, verlorenen ‚Proleten' inneren Halt, Verantwortungsgefühl und ‚existentielle Seinserfahrung' (wieder)zugeben vermochte (1963, S. 165 ff.). Es ist deutlich, daß in diesem Rahmen nicht zutreffend über Motive, Zielsetzung und Scheitern der Industrieschulbewegung geurteilt werden kann (1963, S. 56–79), in der dem Ökonomischen der vorrangige Platz eingeräumt war. Insgesamt wird man die Studie von Krämer nur mit Vorsicht zur Klärung des historischen Verhältnisses von Gesellschaft und Erziehung heranziehen, besser selbst als Dokument einer bestimmten, sozial klar vorbelasteten Position (dazu z. B. S. 34 f., S. 36, S. 40, S. 42 f., S. 45 f., S. 47, S. 49, S. 56) auswerten, die Schule und Pädagogik in Deutschland in diesem Spannungsfeld tatsächlich lange ungebrochen eingenommen haben.

weniger offen im Sinne einer rationalen bürgerlichen Neuordnung über das absolutistische Herrschaftssystem hinwegstrebten. Ausgangspunkt seiner Überlegungen und Vorschläge aber war die unerträglich angespannte, miserable Situation. Treffsicher – wenngleich nur auf der Ebene der Erscheinungen – erkannte er in der immer steiler sich öffnenden Schere von „Luxe und Bedürfnißvermehrung" beziehungsweise „Schlaffheit, Entnervung, Kränklichkeiten, Indolenz und Arbeitsscheue . . . die ergiebige Hauptquelle des vermehrten vielfachen Elendes unserer Zeiten, worunter die Menschheit beinahe zu erliegen droht". Dabei zeichnen sich hinter seinen Worten die Konturen jener tiefen Krise ab, wie wir sie eingangs charakterisiert haben: „die Preise der Dinge steigen mit jedem Jahre . . .", so wachsen bei den ‚verfeinerten' Klassen Aufwand und Ansprüche, „indeß (auf der anderen Seite) Erwerb und Einnahme in den meisten Familien, wo nicht geringer, doch noch die nemlichen sind, die sie vielleicht vor funfzig, vielleicht vor hundert Jahren und darüber waren; drückende Nahrungssorgen, Kummer über die Schuldenlast und – was hier besonders beherziget zu werden verdient – eine fast unwiderstehliche Versuchung zu Betrug, Ungerechtigkeiten und Schurkereien sind die traurigen Folgen davon" [12]. Auf diese Weise sah Campe die Entwicklung mit ihrer in sich gegenläufigen Tendenz von Aufwandssteigerung und realer Lebensverschlechterung einem dramatischen Höhepunkt zutreiben, wenn nicht unmittelbar Abhilfe geschaffen würde.

„Um gemeinschaftlich einem allgemeinen – Bankerotte der Menschheit vorzubauen", kannte er „keine andere Tugend . . ., welche in unsern Tagen gepredigt und auf alle Weise befördert zu werden mehr verdiente, als – *Sparsamkeit, Fleiß, Industrie* und wohlgeordneter *Erwerbstrieb*". Und er fügte erläuternd hinzu: „Da es nicht mehr bei uns steht, die Menschen wieder simpel, frugal und bedürfnißfrei zu machen: so bleibt uns nichts mehr übrig, als zu versuchen, ob wir sie nicht emsiger, industriöser und erwerbsamer machen können, damit Einnahme und Ausgabe einigermaßen wieder ins Gleichgewicht kommen mögen" (Campe, 1786, S. 4f.). Ein entsprechendes Motiv steht nicht nur hinter der Forderung nach einer allgemeinen und vollkommenen Toleranz, die – wie in der Tat die Einwanderung der religiösen Minderheiten in Preußen zeigt (Hinze, 1963) [13] – unter anderem „Wachstum an Industrie, Macht und öffentlichem

[12] Campe, 1786 (Reprint hrsg. von H. J. Heydorn und G. Koneffke, 1969), Bd. 1, S. 2f. – Die Einleitungen Koneffkes zu dieser und anderen Editionen von Industrieschulpädagogen (z. B. Sextro und A. Wagemann) sind übrigens gesondert greifbar in Heydorn und Koneffke, 1973, Bd. 1. – Vgl. zu den Krisenerscheinungen selbst oben, Kap. 3.2.

[13] Vgl. dazu die Bemerkungen in dem Exkurs zur ökonomischen Entwicklung des Bürgertums (Kapitel 2.1) sowie die Hinweise zum Ausmaß der Kolonisation im Zuge des ostpreußisch-litauischen Retablissements (Kapitel 2.3).

Wohlstand" versprach (Campe, 1786, Bd. 1, S. 132 f.). Ob durch die Beteiligung psychologisch geschulter Fachleute an den Regierungsgeschäften oder die Organisation einer das gesamte Land erfassenden ‚patriotischen Gesellschaft' ein Potential gemeinnützigen Geistes erschlossen werden sollte, das technische Verbesserungen fördern würde (Campe, 1786, Bd. 2, S. 10 ff., S. 28 ff.), oder ob Ausbildung und Aufgabenbereich des Landgeistlichen aufs Ökonomische umorientiert werden sollten (Campe, 1786, Bd. 1, S. 32 ff.)[14]: alle Vorschläge, die Campe mit einer Dedikation an den neuen König Friedrich Wilhelm II. dem Publikum unterbreitete, legitimierten sich vorrangig als Mittel, die äußeren Hemmnisse und inneren, subjektiven Barrieren der dringend gebotenen Produktivitätssteigerung beiseite zu räumen[15]. Die nicht ohne nationales Pathos geforderte „Verwandlung der Volksschulen in Industrieschulen" (Campe, 1786, Bd. 1, S. 6 ff.) war nur die erste – und unverdächtigste – in der Reihe jener Maßnahmen, die schließlich auch den (ebenfalls ökonomisch motivierten) Ausbau der bislang weitgehend vernachlässigten Töchtererziehung umfassen sollten (Campe, 1786, Bd. 2, S. 43 ff.).

Vielleicht nicht so scharfsichtig wie Campe, aber im Prinzip identisch haben auch die anderen Initiatoren einer neuen pädagogischen Aktivität die gesellschaftlichen und wirtschaftlichen Rahmenbedingungen beurteilt, die ihnen die Sorge um die ‚Industrie' des Volkes so dringlich machten. Von einem bedrohlichen „Verfall der ... Menschheit", den er vornehmlich in sozialpsychologischen Kategorien beschrieb, sprach auch Sextro, selbst wenn er dabei die komplementäre Seite luxurierender Prachtentfaltung deutlich aussparte und eigens auf den gleichzeitigen Ansatz zu einem Fortschritt in „Cultur und Ausbildung der Menschheit" hinwies (Sextro, 1785, S. 5, S. 21, S. 28, S. 32). Seine Darstellung ließ keinen Zweifel, wo er die bestimmende Tendenz seines Zeitalters erblickte und entsprechend das Motiv seines Programms der ‚Industriosität' verankerte: Der ansteigenden Flut des Elends, die hilflose Unterbeschäftigung noch anwachsen ließ, sollte Einhalt geboten werden, denn „jene Armuth nagt im Verborgenen an der Wurzel des Stammes, worauf viel ruhet. Ueberdem nimmt sie täglich zu. Aus dem Mittelstande selbst sinken allmählig immer mehrere auf jenem Wege ... zu dieser Armuth herunter" (Sextro, 1785, S. 20)[16]. Nur um Nuancen unterschied sich von

[14] Dazu unten die näheren Erklärungen über „Möglichkeiten und Funktionen des Landgeistlichen" in Kapitel 3.5.

[15] Gleichwohl erschöpfte sich, wie die wütende Reaktion von konservativem Adel und geistlicher Orthodoxie auf die Campesche Schrift bewies, ihre Bedeutung nicht darin. Vgl. dazu Fooken, 1967, S. 147 ff., und Herrmann, 1971.

[16] In diesen Zusammenhang gehört der bezeichnende Vorschlag Sextros, die Kinder nicht nur in den ihrem Stande entsprechenden ‚Geschäftungen und Verrichtungen des häus-

dieser Einschätzung das Bild, das Rochow von den sozialen und ökonomischen Zuständen zeichnete, um auf eine Reform des niederen Bildungswesens und insbesondere „auf Verbindung der Industrieschulen mit den niedern Stadt- und Landschulen von Staats wegen“ zu dringen[17]. Gegenüber der „Teuerung der notwendigen Bedürfnisse zum Leben (und der Produktionsmittel, wie er an anderer Stelle hinzufügte), mit Nahrungslosigkeit oder Verfall des Handels und der Gewerbe verbunden“, legte die Mehrheit der Menschen ein erschreckendes Unvermögen an den Tag (Rochow, 1909, Bd. 3, S. 62, S. 65). „Verschwendung“, „Trägheit“, Kränklichkeit und „Unwissenheit oder Unbekanntschaft mit der Natur und den mannigfaltigen Erwerbsmitteln“ machten sie zum Opfer der Situation, die doch im Gegenteil eine Steigerung der menschlichen Widerstandskraft forderte. Wo die Ausgaben sich erhöhten, mußten, wie Rochow gleich Campe formulierte, die von jeher spärlichen Einnahmen gesteigert werden. „Muß also nicht die Kraft zum Tragen verstärkt werden, wenn die Last sich vermehrt hat?“ (Rochow, 1909, Bd. 3, S. 65.) Wenn die strukturelle Not schon nicht oder kaum durch äußere Eingriffe zu beheben war – so könnte man diesen Gedankengang Rochows übersetzen, der sich bei der Frage nach der kausalen Verschränkung der hier nebeneinandergestellten realen und subjektiven ‚Ursachen der Armut‘ nicht lange aufhielt –, so sollten die Menschen wenigstens mit ihr zu leben und sich darin selbst zu behelfen lernen.

Staatliches Interesse und pädagogischer Impetus

Es ist nicht zu übersehen, daß auch äußerlich-institutionell der Konnex der ‚Industrieerziehung‘ mit dem Phänomen der wachsenden Armut recht eng war. Der Geistliche Sextro und seine Amtskollegen, die Gebrüder Wagemann, die als *die* Promotoren des Industrieschulgedankens im deutschen Sprachgebiet am Ende des 18. Jahrhunderts gelten müssen[18],

---

lichen und bürgerlichen Lebens‘ zu schulen, sondern sie auch für den Stand vorzubereiten, „der der geltenden gesellschaftlichen Ordnung gemäß eine Stufe niedriger, nicht aber . . . . (für den), der höher ist“ (Sextro, 1785, S. 42). Statt die Hoffnung auf einen sozialen Aufstieg zu wecken, sollte für die sehr viel realistischere Möglichkeit vorgesorgt werden, daß das Unglück der Zeit auch mittelständische Schichten in den jämmerlichen Stand der Armut zwang. Gerade auch aus diesen Gründen fordert Sextro wie Campe eine intensivere Erziehung des weiblichen Geschlechts (Sextro, 1785, S. 118 f.).

17 F. E. von Rochow, „Über die Notwendigkeit einer zweckmäßigern Einrichtung der niedern Stadt- und Landschulen in Rücksicht auf die Armenanstalten“. In: Annalen der märkischen ökonomischen Gesellschaft 2 (1796), S. 1–11. Abgedruckt auch in Rochow, 1909, Bd. 3, S. 60–67. Zitiert wird nach der letztgenannten Ausgabe: ebenda S. 65.

18 Unberücksichtigt bleiben hier im Interesse der regionalen Beschränkung die praktischen Versuche und Vorstellungen, die in anderen Ländern damals entwickelt wurden. An

leiteten nacheinander in Göttingen das Amt der Armenpflege, in deren Rahmen auch die bekannte, 1784 gegründete Göttingische Industrieschule organisiert wurde (Trost, 1930, S. 44 f., S. 49, S. 50–53). Von der Seite des Armenwesens oder jedenfalls in engem Zusammenhang damit erfolgte schließlich auch in Preußen, speziell in der Kurmark, der staatlich-offizielle Anstoß zur Anlage von Industrieschulen, der vornehmlich auf das Land zielte. Offenbar angeregt von den Wagemanns, auf die er sich explizit bezog, forcierte der preußische Staatsminister von Voß, ‚Chef des Departements der Kurmark und der General-Direktion der Land-Armen- und Invaliden-Verpflegung', zu Beginn des letzten Jahrzehnts vor der Wende zum 19. Jahrhundert die Einrichtung von Bildungsanstalten, die das Landvolk endlich zu den bislang vermißten Verhaltensweisen und Einstellungen, in erster Linie zu der „Arbeitsamkeit", zu bringen versprachen, wie sie von der allgemeinen Situation verlangt war [19].

Sein Schreiben, in dem er die eigentlich zuständige Schulbehörde, das seit 1787 bestehende Oberschulkollegium, um ihre „Beistimmung' zur Gründung zweier Versuchsschulen ersuchte, liest sich wie die amtliche Zusammenfassung der zeitgenössischen Klagen über die Mentalität der ländlichen Bevölkerung und ihre bedrohlichen Folgen. Nicht zufällig war sie freilich verkürzt um den Hinweis auf die strukturellen Bedingungen der miserablen Lage der niederen Schichten, die etwa ein Krünitz, Wagemann oder auch Rochow mehr oder weniger offen in ihre Analyse und den Kanon erforderlicher Gegenmaßnahmen einbezogen. So groß wie die Unbildung ist das Elend auf dem Lande, lautete im Fazit die Erkenntnis, die der Minister im Namen des Generaldirektoriums zum Ausdruck brachte. „Die bekannte Unwissenheit des größten Theils des Landvolks und dessen Neigung zum Müßiggang" machte Voß dafür verantwortlich, „daß der Landmann bei dem allgemeinen Fortschreiten der Landeskultur in seiner Nahrung zurückbleibt ... (und) durch den geringsten

---

erster Stelle standen dabei zweifellos die Unternehmungen des Probstes Kindermann in Böhmen (seit dem Ende der 70er Jahre), von denen eine große Wirkung auf andere Gebiete ausging. Doch sprechen einige Indizien dafür, daß der Einfluß des Göttinger ‚Industriezentrums' auf Preußen stärker und direkter war (Gans, 1930, S. 117 f.); dies ist der Grund, daß die Ideen Wagemanns, Sextros und Campes (der sich ja wesentlich auf Sextro bezieht) in unserer Darstellung so ausführlich zu Wort kommen. Über den süddeutschen Raum informiert insbesondere die Arbeit von Neukamm, 1956. Zur Vorgeschichte derartiger Konzepte vgl. die Arbeiten von H. Brödel (z. B. 1931 und 1932).

[19] Von großer Bedeutung für die Wirkung der Wagemannschen und Sextroschen Ideen war neben den bereits erwähnten Schriften das von L. G. Wagemann seit 1788 herausgegebene „Göttingische Magazin für Industrie und Armenpflege". Darauf verweist auch Voß, vgl. dazu die bei Gedike, 1800, S. 39–75, unter dem Titel „Ueber die mit Landschulen zu verbindenden Industrieschulen in der Kurmark" abgedruckten Dokumente, ebenda S. 43.

Unfall in hülflose Umstände geräth, nach und nach verarmt, und dem Staat als Bettler zur Last fällt"[20]. Dabei formulierte seine Kritik an den wesentlichen Schwächen der Menschen auf dem Lande die offenbar als entscheidend betrachteten Anforderungen, die sich seitens der Obrigkeit an die ländlich-bäuerliche Bevölkerung richteten: Positiv gewendet ergaben die Rügen praktisch das Programm, das der neuen „Bildung zur Industrie' auf den Weg gegeben wurde. „Die Anhänglichkeit an alte, besonders landwirthschaftliche Vorurteile, die Abneigung gegen nützliche Verbesserungen und Vorschläge, und der Mangel an Willen, Kenntnis oder Uebung, außer seinem Hauptgewerbe sich mit andern nützlichen Arbeiten zu beschäftigen und dadurch einen Nebenverdienst zu erwerben", galten als die Faktoren, die die Masse der ländlichen Familien in die Krise von Armut, Beschäftigungsnot und Hunger hineinführten und die beseitigt werden mußten, wenn für die vielen einzelnen eine Besserung eintreten sollte (Gedike, 1800, S. 39).
Hinter einer derartigen Initiative standen freilich nicht karitative Erwägungen; das offizielle Interesse an Industrieschulen oder überhaupt an Maßnahmen zum Abbau der Verarmungserscheinungen beruhte auf handfesteren Motiven, die sich gewissermaßen auch in Geldbeträgen ausdrücken ließen und insofern dem preußischen Staat weit mehr entsprachen als soziale Mitgefühle, wie sie Geistliche oder andere engagierte Zeitgenossen bewegen mochten. Der Staat, genauer der Fiskus, und die adlige Obrigkeit trugen nicht leicht an der Last, die die Armen oder die hart am Lebensminimum lavierenden Existenzen ihnen aufbürdeten, wie das Generaldirektorium sich ausgedrückt hatte. Für eine auf rasche und hohe Rendite fixierte Administration, wie sie die preußische Kammerverwaltung insbesondere repräsentierte[21], mußten die Aufwendungen, die die Herrschaft nach altem Recht aufgrund ihrer Unterstützungsverpflichtung zugunsten der in Not geratenen Untertänigen zu leisten hatte (Abel, 1974, S. 241; H. H. Müller, 1967, S. 26), einen doppelt schweren Verlust darstellen. Zwar konnte und wollte man mit den bereitgestellten Summen keine auch nur annähernd hinreichende Versorgung der Individuen gewährleisten, aber schon die eher als berechtigt oder notwendig eingestuften Zahlungen, die die Obrigkeit zugunsten der notdürftigsten Fortführung der Wirtschaft des einzelnen aufbringen sollte, erreichten eine nennenswerte Höhe. In vielen Fällen waren fast jährlich Unterstützungen an Brot- und Saatgetreide zu leisten oder andere Zuschüsse zu ge-

[20] Voß am 13. 9. 1793 für das Generaldirektorium. In: Gedike, 1800, S. 39–45, S. 39f.
[21] Die Geschichte der ostpreußischen Schulreform etwa liefert dafür reiches Anschauungsmaterial (Kapitel 2.3).

währen (zum Beispiel Henning, 1969a, S. 224), obwohl Adel und landesherrliche Stellen entsprechende Forderungen nur zum Teil erfüllten und sich im einzelnen anscheinend durch Verschärfung der Regelungen schützten[22]. Viel gravierender als die positiven Beihilfen schlugen die einzuräumenden Steuernachlässe oder insgesamt die Verluste, die durch die allzu geringe Zahlungsfähigkeit weiter Kreise entstanden, zu Buche. Die dringend anempfohlene Sorge darum, den bäuerlichen Untertan nur ja in „kontribuablem Zustand zu halten", wie sie in den amtlichen Schriftstücken immer wiederkehrt (Büsch, 1962, S. 56 ff.), hatte neben dem militärpolitischen hier ihren zweiten, staatswirtschaftlichen Beweggrund.

Dem entsprach auch generell das Verhalten der Obrigkeit gegenüber Verarmungserscheinungen, die die einzelnen Existenzen bedrohten. In der Regel urteilte und handelte sie hier nach dem Grundsatz, daß sie selbst damit um die ihr eigentlich zustehenden Leistungen geprellt und das vorhandene ökonomische Potential nicht gehörig ausgeschöpft werde. Von der Maxime der absolutistischen Politik, daß eine große Bevölkerungszahl Macht und Wohlstand eines Staates verhieß, rückte man erkennbar auch unter dem Zeichen der Krise nicht ab, in der die wachsende Menschenmenge die allgemeine Armut steigerte. Die Richtigkeit dieser Leitregel unter den erschwerten Umständen zu erweisen, wurde gewissermaßen den Individuen, den Bauern, Tagelöhnern und Arbeitern zugemutet, deren Arbeitsfähigkeit mit den Schwierigkeiten zu wachsen hatte. Bekämpfung der Armut und Förderung des ökonomisch-staatlichen Nutzens beziehungsweise Vermehrung der Einkünfte waren somit im Grunde nur zwei Seiten derselben Sache. Dieser in ökonomischen Größen kalkulierenden Denkweise der entscheidenden Stellen entsprach es, wenn die einzelnen Vertreter einer ‚Bildung zur Industrie' – bei ihrer kritischen Einschätzung der Situation an diese Interessen anknüpfend – eine Erhöhung des Gewinns, ja Blüte und Reichtum des Landes in die Zukunft projizierten[23].

In der Tat war die Erwartung nicht abzuweisen, daß mit einer Eindämmung der krassen Verarmung gerade auf dem Lande zugleich reichlichere Einkommensquellen für die Landesherrschaft erschlossen werden

---

[22] Vgl. dazu oben, S. 98, Anm. 22.

[23] Vgl. zum Beispiel Sextros bekanntes Wort: „Der Staat befindet sich wohl, der *fleissige* Diener, Bürger und Landbauer hat: der Staat wird blühender, mächtiger, steigt empor – wo Industrie herrscht" (Sextro, 1785, S. 40). Für die augenblickliche Lage konnte nach Sextros eigener Analyse so wenig wie vom allgemeinen ‚Fleiß' von gesellschaftlichem ‚Wohlbefinden' die Rede sein. – Den staatswirtschaftlichen Vorteil stellen auch Krünitz (1783, Bd. 29, S. 710 ff.) oder Rochow – zum Beispiel in der „Geschichte meiner Schulen" (1795), in: Rochow, 1909, Bd. 3, S. 10 – in Rechnung. – Vgl. dazu auch Iven, 1929, S. 32 f.

konnten. Die Nebenarbeit, auf deren Förderung das preußische Generaldirektorium so deutlich abhob, stellte nicht nur für die Mehrheit der insgesamt einkommensschwachen Bevölkerung auf dem Lande *das* Mittel dar, den notwendigsten Lebensbedarf zu beschaffen; vielmehr versprach ihre Intensivierung auch einen Folgeimpuls für die textilen Manufakturen, die durch den Gespinstmangel in ihrer Produktion behindert wurden. Charakteristischerweise wurden die Mittel, die in der Kurmark für die Begründung der ersten beiden als Musterschulen konzipierten ländlichen ‚Industrieanstalten' bewilligt wurden, dem Prämienfonds entnommen, den Friedrich II. zum Zweck der Beförderung des Flachsbaus und der Spinnerei auf dem Lande (im Jahre 1775) eingeführt hatte (Ulbrecht, 1911, S. 86). Nicht minder profitabel aber mußten die Bemühungen um eine größere Agilität der ländlichen Mehrheit von der Seite der landwirtschaftlichen Produktion her erscheinen. Das galt nicht nur in dem Sinne, daß leistungsstärkere (fronende oder freie) Arbeitskräfte für die Großwirtschaften zu erhoffen waren, deren Effektivität und Fortentwicklung vielfach durch Unbeweglichkeit und Gleichgültigkeit der Bauern oder Tagelöhner beeinträchtigt war [24]. Vor allem besaß die Einwirkung auf den Landmann und sein Wirtschaftsverhalten Bedeutung für eine mögliche Lösung der fundamentalen Subsistenzkrise, deren Mangelerscheinungen das Bild des ausgehenden 18. Jahrhunderts so düster färbten. Sofern vermehrte Arbeitsamkeit und Aufgeschlossenheit der ländlichen Bevölkerung insgesamt tatsächlich eine Teilhabe am agrarischen Fortschritt zu sichern vermochten, zeichnete sich die Chance ab, das Problem einer unzureichend leistungsfähigen Landwirtschaft im ganzen zu beheben. Da die bäuerlichen Wirtschaften mit ihrem großen Nutzflächenanteil [25] die Grundlage der Agrarproduktion abgaben, stellte ihre Konsolidierung und Produktivitätssteigerung eine Lockerung der ehernen Klammer in Aussicht, die Menschen und Wirtschaft der vorindustriellen Gesellschaft einengte. Erst aus diesem Sachverhalt bezieht der Appell Rochows zur vertieften Bildung des Landmanns „diese(r) eigentliche(n) Stärke des Staatskörpers", seinen vollen Sinn (Rochow, 1909, Bd. 3, S. 11) [26]. Rochow hat

[24] Von Rochow wird etwa berichtet, daß er aus Ursache oder jedenfalls im Zusammenhang mit dem Ungeschick seiner Leute über 9 000 Schafe und auch eine kostspielige Obstbaumplantage verlor – woraus sich unschwer eine spezifisch persönliche Motivation für seine Schulinitiative ergeben haben dürfte (Büsching, 1775, S. 229; F. Jonas, 1909, S. 401, S. 403).

[25] Vgl. dazu die Hinweise in Kapitel 3.1.

[26] Und um so schwerer wog die – sicherlich nicht vereinzelte – Feststellung Rochows gegenüber dem Minister Zedlitz, „daß gewisse Gegenden und Dörfer bei dem schlechten und jährlich aus ökonomischen Ursachen schlechter werdenden Betrieb ihrer Landwirtschaft der bettelnden Armut entgegen" gingen (Rochow, 1910, Bd. 4, S. 37).

es dabei nicht unterlassen, auch auf die finanziellen Vorteile für die landesherrliche Kasse hinzuweisen. „Nehmt", so rechnete er in einem Beispiel vor, „im Staat eine Million Ackerbürger und Bauern an, die jeder zu zwanzig Scheffel Aussaat jährlich an Land bestellen. Ihre Unwissenheitsfehler, Mangel an Vordenken und Nachdenken, verhindern sie, mehr als das vierte Korn zu gewinnen, tut achtzig Millionen Scheffel, während bei einsichtsvollerer Kultur das sechste Korn gewonnen werden könnte, tut hundertundzwanzig Millionen Scheffel. Sind diese vierzig Millionen Scheffel minus im ersten Falle eine Kleinigkeit für den Staat? Welche Finanzkunst vermag dieses minus zu ersetzen?" [27]

Der industriepädagogische Ansatz – Hoffnung oder Illusion?

Insofern war gerade auf dem Lande der Anspruch nicht unberechtigt, der sich mit der Bildung zur ‚Industrie' und Aufklärung des Volkes verband: „die Quellen der Armut zu verstopfen . . ., das Armwerden (selbst) seltener zu machen", wie Rochow für viele andere formulierte[28]. Unrealistisch wurde er erst dadurch, daß die gesellschaftlichen Rahmenbedingungen der Misere nicht hinreichend in die Veränderung einbezogen wurden und die Lösung weitgehend von Bildungsanstalten erwartet wurde, die doch, wie die Lage des preußischen Elementarschulwesens am Ende des 18. Jahrhunderts insgesamt zeigt[29], weit eher selbst das schlechte Produkt der prekären Verhältnisse als das Medium ihrer Veränderung waren. Darum nahm auch das Bemühen um den gründlichsten, tiefgreifendsten Ansatz, soweit er sich vorwiegend auf pädagogische Anstrengungen konzentrierte, diesen Projekten nicht den Charakter des Illusionären und Vergeblichen.

Gegenüber dem, was bislang über eine Vielzahl von Anweisungen, Verboten oder praktisch auf dem Wege der Gewalt geschah, verhieß ‚Bildung' allerdings noch einen größeren Erfolg im Kampf gegen das

---

[27] F. E. von Rochow, „Vom Nationalcharakter durch Volksschulen" (1779), in: Rochow, 1907, Bd. 1, S. 313–353; S. 347. – Charakteristisch ist auch die umfängliche, am Exempel bis ins zahlenmäßige Detail gehende Vorteilsberechnung, die Wagemann für die bäuerliche Industrie aufmacht: in erster Linie werden die pflanzlichen und tierischen Produkte vermehrt, darüber hinaus erhöht sich durch die Nebenarbeit des Landmanns sein Einkommen und schließlich werden auf diese Weise auch die Landesmanufakturen begünstigt, die Material und Arbeitskräfte finden. Wagemann, 1791, S. 348–360.

[28] Vgl. auch die Passagen aus seinem Briefwechsel. Rochow, 1910, Bd. 4, S. 131 (1776), S. 300, S. 302 (1786), S. 316 (1790). – Ähnlich ist die Formel L. G. Wagemanns: „Verminderung der Bettler kann nicht anders als durch Vermehrung der Industrie bewirkt werden." Göttingisches Magazin. Bd. 1 (1788), S. 3. – Vgl. Gans, 1930, S. 115, S. 117, S. 119 f.; Iven, 1929, S. 62.

[29] Vgl. dazu oben, Kapitel 2.3.

Elend. In den Zucht- und Arbeitshäusern, in denen die Bettler, deren man habhaft wurde, mit drakonischer Strenge und unter den unwürdigsten Bedingungen zur Arbeit gezwungen wurden, erkannten auch die Zeitgenossen das bloße Pendant zur Armut. Abgesehen davon, daß nur die extremen Fälle hier erfaßt wurden, lag ihre Wirkung in der Strafe und Abschreckung statt in der Vorbeugung, wie sie eigentlich angestrebt wurde [30]. Ganz anders, umfassender und grundlegender schien dagegen die allgemeine Organisation entsprechender Bildungsanstalten die Aufgabe zu erfüllen, den einzelnen und den Staat vor Not oder Schaden zu bewahren. Durch ‚frühzeitige Bildung' würden alle, gerade die Angehörigen der besonders gefährdeten niederen Schichten, zu einem Zeitpunkt erfaßt und geprägt, wo ihr Geist noch willig, ihr Charakter noch formbar und nicht durch den Ungeist der Umstände und der Alten zu falschen, kaum korrigierbaren Verhaltensweisen verbildet war. Der realen schlechten Umwelt gedachte man die Individuen durch die Institutionalisierung einer künstlichen, aber realitätsgerechter wirkenden Umwelt zu entreißen. Durch den sozialisierenden Effekt von Schule (Unterricht und Arbeit) sollten andere, neue Menschen gebildet werden, die aufgrund ihrer ‚Industrie' Not gar nicht erst aufkommen ließen oder ihrer aus eigener Kraft Herr wurden. „Solchergestalt" sah der Minister Voß „das Uebel nicht am Stamm, sondern an der Wurzel" angegriffen (Gedike, 1800, S. 41).

Weit eindringlicher noch hat Campe das Prinzip der Industrieschulen verkündet, weil für ihn darin gleichzeitig der Aufruf zum allgemeinen schulpolitischen Handeln begründet lag. „Will man eine Nation umformen, will man verständige, kluge, gewandte, emsige und wackere Menschen bilden: so gebe man die Alten auf, und schränke seinen Fleiß auf denjenigen Stoff ein, der noch bearbeitet werden kann, weil er noch nicht abgehärtet ist. In den Schulen, oder nirgends kann eine Nation zur Industrie, wie zu jeder andern moralischen und politischen Tugend gebildet werden ... In den Schulen, ihr Fürsten! in den Schulen, ihr Väter des Staats! in den Schulen oder nirgends muß man die Werkstatt anlegen, wenn man Menschen veredeln, Gewerbe, Künste und Wissenschaften befördern, und Nahrung und öffentlichen Wohlstand seines Landes erhöhen will!" (Campe, 1786, Bd. 1, S. 16 f.) [31]

Wie schon die leidenschaftliche Argumentation Campes erkennen läßt, hinter der die Kritik an der „unverzeihlichen" Vernachlässigung der

---

[30] Zu den Zwangsanstalten der Armenversorgung vgl. H. Eichler, 1970. – Siehe auch Hinze, 1963, S. 155–171; Sombart, 1921, Bd. 1, S. 818–823.

[31] Vgl. auch Sextro, 1785, S. 44 ff.; Rochow, 1909, Bd. 3, S. 62, S. 65; A. Wagemann, 1791, S. 228 f.

wichtigsten und zahlreichsten Klasse der Menschheit aufscheint (Campe, 1786, Bd. 2, S. 43 ff.), konnten gemäß der Spannweite des Begriffs ‚Industrie' die weiteren Erwartungen, die sich an die Organisation entsprechender Schulen knüpften, um wichtige Nuancen differieren. Nach dem Plan des märkischen Pfarrers Dapp, dessen Einrichtung von dem Generaldirektorium als Musteranstalt finanziell unterstützt wurde, waren die Industrieschulen der Ort, wo dem gemeinen Mann auf dem Lande von früh auf in erster Linie „Arbeitsliebe und Arbeitsgeschiklichkeit" anerzogen werden sollten, die ihn für seinen Stand und seine Lage ‚willig', ‚geschikt' und ‚brauchbar' machten[32]. Nur insoweit interessierte hier der Mensch, als er auf das Niveau an Kenntnissen, Fertigkeiten und Verhaltensformen gehoben werden sollte, das es ihm ermöglichte, den ihm zugewiesenen Platz endlich auszufüllen. Aber nicht für alle gingen in dieser schlichten Weise die menschlichen Qualitäten der niederen Klasse in der Fungibilität für die harten Anforderungen von Staat und Wirtschaft auf. Für den frühen Pestalozzi, der sich noch entschiedener als ein Rochow oder Campe an dem Schicksal des einfachen Landvolks engagierte, erfüllte sich erst in der Fähigkeit des einzelnen, durch alle Zumutungen seiner bedrängten Lage hindurch inneres Glück und ausgewogene Zufriedenheit zu finden, das humane Wesen dieser Klasse. Darauf hatte sich seiner Überzeugung nach die Bildungsarbeit zu richten: dem ‚armen Mann' mußte mit dem spezifischen Wissen und Geschick vor allem die Kraft und Festigkeit vermittelt werden, die vielfältigen ihm abverlangten Tätigkeiten auf den festen Punkt seines Hauses und seiner Familie zu integrieren, gerade insofern er mehr als das leere Substrat der Ansprüche war, die sich von außen an ihn richteten (Pestalozzi, 1927, Bd. 8, S. 193 ff.).

In dieser am weitesten gefaßten Bildungsbestimmung schwang unübersehbar noch die kritische Distanz gegen eine Entwicklung mit, in der die ‚industriöse' Ausschöpfung aller ‚Fähigkeiten' dem armen Volk aufgrund seiner puren Existenznot abgefordert wurde, die im wesentlichen nur das Komplement herrschaftlichen Wohllebens darstellte. Pestalozzis zusammenfassende Einschätzung der tiefen Krise des Landes sei hier noch einmal angeführt. Die Aussage, mit der er 1782 die Ursachen und Konsequenzen der Notlage – nicht nur der Züricher Umgebung – andeutet, führt in besonders eindrucksvoller Weise die Universalität der Probleme vor Augen, deren Lösung die Zeitgenossen am Ende des 18. Jahrhunderts gerade auch von einer verbreiterten und veränderten Bildungsorganisation erhofften.

[32] Dapp am 29. 3. 1796. In: Gedike, 1800, S. 47–61, S. 52 f.; Ulbrecht, 1911, S. 87 f.

„Der Bauer kann in keinen schreklichern Zustand verfallen, als er in einem Land ist, wo die Bevölkerung ausgedähnt groß, und wenig baar Geld und der Güterabtrag (= Ertrag, d. Verf.), in Geld berechnet, also auch gering, und er dabey in seiner Haushaltung nichts anderweitiges zu verdienen, hingegen aber dennoch auf der andern Seite Jedermann viel baar Geld von ihm will. Und der einfache Abtrag des Landerwerbs ist in unsern Tagen dem Bauern halt darum nicht mehr befriedigend, weil seine obern Stände allgemein auf einem Ton sind, welchen der Landmann, der ... am End den Ton aller Leute doch zahlen muß, durch den bloßen Ertrag seines Landeigenthums ohne Fabrikverdienst nicht erstreiten mag" (Pestalozzi, 1927, Bd. 8, S. 207)[33].

Kritik der ‚Lernschule'

Die Einführung der gewerblichen Arbeit in die allgemeine ‚Volksschule' war das augenfälligste (wenngleich nicht einzige) Merkmal der Reorganisation, die den Wandel zur Industrieschule bezeichnete. Uns mag die dabei angestrebte Verbindung von Unterricht und produktiver Arbeit revolutionär und weit vorausweisend erscheinen; die Zeitgenossen glaubten mit diesem Schritt dem einen sehr realen Umstand Rechnung zu tragen, auf den gerade das obige Urteil verwies: Für die Masse der kleinen Leute auf dem Lande war – unbeschadet der unterschiedlichen Agrarverfassung in Mitteleuropa und selbst der regional höchst ungleichen Gewerbekonzentration – der ‚Zusatz des Fabrikverdienstes', hinter dem man nicht etwa Fabrikarbeit heutigen Stils, sondern lediglich eine – meist verlagsmäßig organisierte – gewerbliche Betätigung der Familien vermuten darf, „ein unumgängliches Bedürfniß ihrer jetzigen Lage geworden" (Pestalozzi, 1927, Bd. 8, S. 200)[34]. Wenn die Landleute zu der rastlosen Beschäftigung gebracht werden sollten, die dem ‚industriösen' Bauern seine Existenz gab, dann schien die Arbeit selbst die beste Vorbereitung. Doch blieb die Argumentation bei dieser noch recht allgemeinen Erkenntnis nicht stehen. In der näheren Begründung für die entsprechende Erweiterung des schulischen Aktionsbereichs ergaben sich Einsichten, in denen sich bereits eine weiter angelegte pädagogisch-psychologische ‚Theorie' entfaltete. Die bisherigen Schulen selbst, und nicht etwa nur der grundlegende Mangel an Bildungsanstalten für den gemeinen Mann, wurden in die Erklärung der allgemein beklagten Verfallserschei-

---

[33] Vgl. auch Pestalozzi, 1954, S. 92. – Zur Pädagogik und Politik Pestalozzis vgl. Rang, 1967, sowie Froese u. a., 1972. Bedauerlicherweise ist in den genannten Arbeiten – auch der von Rückriem, 1972, der auf der Ebene von Literaturhinweisen der Rangschen Darstellung ihre sozialhistorischen Mängel nachweisen möchte – nicht die zweifellos beste und gründlichste Arbeit über die damaligen realen Verhältnisse im Züricher Oberland berücksichtigt worden: Braun, 1960. – Vgl. im übrigen auch Friedrich, 1972; Krause-Vilmar, 1975.

[34] Vgl. dazu oben, Kapitel 3.2, „Einkommensnot und Zusatzarbeit".

nungen auf dem Lande, der Verarmung sowie der geistigen und moralischen Verkommenheit der Menschen einbezogen. Nach dem Urteil eines Sextro mußten in ihrer übergroßen Mehrheit die „niedern Schulen", „die (doch) Seminarien der Religiosität und Industrie seyn sollten, ... (geradezu als) Seminarien des Müssigganges, der Trägheit, der frühzeitigen Trennung der Religion vom Leben, des Sittenverderbens, der Schwäche und – Armuth (gelten). Man denke sich nun ein Land, das über eine halbe Million Einwohner, und etwa 3000 solche Schulen in Städten und Dörfern hat – welche Seminarien!" (Sextro, 1785, S. 25 f.) Statt Abhilfe zu schaffen, schien ein Ausbau der Schulen in ihrer alten Form nicht nur nutzlos, sondern drohte aufgrund der multiziplierenden Wirkung der Bildungsinstitutionen sogar eine Verschlimmerung zu bewirken. Am unverblümtesten hat sich Campe zu dieser Quintessenz bekannt, indem er an die „allgemeine Erfahrung" mit den gegenwärtigen Schuleinrichtungen appellierte: „Bisher waren unsere Volksschulen recht eigentlich dazu eingerichtet, träge, schwerfällige, faule und stupide Menschen zu bilden; und wer wagts, zu läugnen, daß der Erfolg dem Zwecke entsprochen habe?" (Campe, 1786, Bd. 1, S. 16)[35]

Die Kritik richtete sich auf die allzu eingeengte Auswahl der Lehrinhalte, den trockenen Mechanismus der Anforderungen (vorwiegend Auswendiglernen), überhaupt die falsche Einseitigkeit der alten Schule, die, wenn schon auf die geistige, so ganz sicher auf die körperliche Entwicklung der Kinder und ihre Bedürfnisse keinerlei Rücksicht nahm. Entscheidend aber war für die Kritiker, daß die alltägliche Unterrichtspraxis durch ihre Organisation und Methoden die expliziten Erziehungsziele auch des vernünftigsten Unterrichts unterlief und zunichte machte.

Die Erfahrungen, die die Schüler, um ein modernes Schlagwort zu gebrauchen, alltäglich im Sinne des ‚hidden curriculum' machten, widerlegten all das, was ihnen im Unterricht inhaltlich ‚gelehrt', ‚empfohlen', ‚geprediget' und eingebläut wurde. „Man lehrt", schrieb Sextro, „Beten und Arbeiten sey Menschenberuf – und doch macht man hier den Kindern das Beten allein zum Beruf ... Gelehrt wird in der Stunde, da sie zur Aufmerksamkeit und Uebung angehalten werden: – Im Schweiß deines Angesichts etc. und die Stunde darauf lernen sie in der That: ohne Schweiß deines Angesichts – wirst du doch genährt" (Sextro, 1785, S. 67, S. 71; auch Rochow, 1910, Bd. 4, S. 315 f. – 1790).

Das Problem, auf das diese letzte Äußerung abzielte, bestand in dem Mangel, daß „ein einziger Lehrer sich eine(m) so grossen Hauffen Kin-

---

[35] Vgl. auch Krünitz, 1793, Bd. 61, S. 625 f.; 1794, Bd. 62, S. 6 f.; Rochow, 1909, Bd. 3, S. 63 f.; A. Wagemann, 1791, S. 228 ff.; auch Dapp und Voß, in: Gedike, 1800, S. 41 f., S. 47 f. Entsprechend die Denkwürdigkeiten 3 (1797), S. 13–36, S. 13 f.

der, als gewöhnlich in einer solchen Schule versammeln", gegenübersah (Sextro, 1785, S. 68; Campe, 1786, Bd. 1, S. 7; Krünitz, 1793, Bd. 61, S. 133). Auch eine (selten genug anzutreffende) kompetente Fachkraft wurde durch die fast ausschließlich einklassige Organisation der Elementarschule vor außerordentliche Schwierigkeiten gestellt. Die große Anzahl der Schüler[36] und die bei insgesamt geringem Niveau doch breite Leistungsspanne ließen dem Lehrer meist nur die Möglichkeit, die verschiedenen Abteilungen (der ABC-, der Buchstabier-, der Leseclasse usw.) sich der Reihe nach vorzunehmen und die übrigen mehr oder weniger gewaltsam zur Ruhe und zum Stillsitzen anzuhalten. Nicht der geringste Teil von Schultag und -zeit mußte auf diese Weise zugebracht werden, und entsprechend ließen sich nach dem Urteil der kritischen Zeitgenossen die unglücklichen Folgen dieser ‚unnatürlichen' Einzwängung der geistigen und körperlichen Bedürfnisse der Kinder gar nicht schwarz genug zeichnen. Die Gewöhnung „zu einer höchst schädlichen Unthätigkeit ..., die (die Menschen später) zu arbeitsscheuen Müßiggängern macht" (Dapp in: Gedike, 1800, S. 48), galt als der schwerwiegendste Effekt dieser Schulorganisation, die aus diesem und anderen Gründen jeden Lern- und Erziehungserfolg in Frage stellte. Denn daß sie „Überdruß und Ekel" gegen den gesamten Schulunterricht (Krünitz, 1794, Bd. 62, S. 7) erzeugte, „Muthwillen" und Aufsässigkeit begünstigte (Voß in: Gedike, 1800, S. 42) und nach und nach „zur Trägheit, zur Stumpfheit an allen Sinnen, zu einem gänzlichen Mangel an Aufmerksamkeit und zu einer brutalen Gedankenlosigkeit verstimmt(e)" (Campe, 1786, Bd. 1, S. 10), war im Grunde kaum leichter zu nehmen.

Eben diese Mängel versprach die Umwandlung oder besser die Verbindung der ‚Lernschule' mit einer ‚Arbeitsschule' wenigstens zu einem Großteil zu beheben. In dem Konzept der ‚Industrieschule' trafen sich gewissermaßen die situationsbedingten Erfordernisse und allgemeinere pädagogische Maßregeln, gerade insofern die Ansprüche, die Staat und Wirtschaft in der gegebenen Lage an den einzelnen stellten, und die menschliche Bestimmung beziehungsweise Befähigung – dem Anspruch nach – kongruent gedacht wurden. ‚Für das Leben' im Sinne des eigenen und des allgemeinen gesellschaftlichen Vorteils schien der gemeine Mann besser gebildet, wenn neben den Unterricht die Arbeit trat. Mit der Erweiterung des schulischen Programms kam auch der ‚angeborne Tätigkeitstrieb' der Kinder zu seinem Recht, war zu stärken und zu kanalisieren; ebenso sollte die dauernd abwechselnde Beschäftigung die

[36] Zu Klassenfrequenzen und Lehrer-Schüler-Relationen noch am Ende des 19. Jahrhunderts vgl. oben die Bemerkungen in Kapitel 2.4, „Ausbau des Klassensystems und Klassenfrequenz".

Aufmerksamkeit wecken und nicht abtöten (zum Beispiel Campe, 1786, Bd. 1, S. 12; A. Wagemann, 1791, S. 230). Vor allem aber würde damit von früh auf an die Stelle von Apathie die so nötige Gewöhnung zur unablässigen Arbeit treten. Denn indem die im Unterricht ausgesprochene Verpflichtung zu Arbeitsamkeit und Fleiß unmittelbar in die Tat umzusetzen war, schloß sich endlich die verhängnisvolle Kluft zwischen Schulalltag und Lernzielen, die die bisherigen Schulanstrengungen um ihren Erfolg brachte (zum Beispiel Sextro, 1785, S. 75; Voß in: Gedike, 1800, S. 42 f.). Und nicht zuletzt erwarben sich die Kinder durch die „Anführung" in der Schule, die der häuslichen an Gründlichkeit und Umfang weit überlegen war, die notwendigen Kenntnisse und Fertigkeiten für die verschiedenen Arbeiten, die ihnen schon jetzt, erst recht bei ihrem späteren Lebensunterhalt zustatten kamen (zum Beispiel Dapp in: Gedike, 1800, S. 50 f.). „So würde endlich", hoffte Campe, „aus so eingerichteten Schulen eine Generation von Menschen hervorgehn, welche sich eben so durch Fleiß, Aufmerksamkeit, Emsigkeit und Industrie auszeichneten, als die meisten jetztlebenden Mitglieder der niedrigen Volksclassen sich durch Schwerfälligkeit, Trägheit, Ungeschicklichkeit und thierische Gedankenlosigkeit auszuzeichnen pflegt" (Campe, 1786, Bd. 1, S. 12)[37].

Organisation und Art der Arbeit in der ländlichen Industrieschule

Es gab eine Vielzahl von organisatorischen Modellen, auch praktischen Ansätzen für den Betrieb einer Industrieschule; im Grundmuster waren sie weitgehend identisch. Doch differierte in der Regel nicht nur die tatsächliche Ausführung von dem eigentlichen Plan. Schon die aufs Detail angelegten Vorschläge selbst stellten die weitreichenden pädagogischen Zielvorstellungen in Frage, die gerade die Industrieschule auf die allgemeine Förderung der Kräfte und Fähigkeiten der menschlichen Person verpflichteten. Unter der Belastung, die Art und Umfang der vorgesehenen Arbeitsleistungen während der Schulzeit mit sich brachten, mußte die physische und geistige Natur der Kinder eher ersticken als an Kraft gewinnen. Die ökonomischen Zwänge, die doch durch ‚Industrie' und ‚Industrieschulen' aufgefangen werden sollten, regierten bis ins einzelne

[37] Vgl. im übrigen die bei Krünitz, 1794, Bd. 62, im Artikel „Land-Schule, Land-Industrie-Schule" passim wiedergegebenen Zielbestimmungen, die von den verschiedenen Protagonisten realer Industrieschulversuche genannt wurden. Krünitz' Darstellung kann als die beste Übersicht über die zeitgenössischen Industrieschulprojekte gelten; einen Großteil seines Materials hat er dem Wagemannschen „Göttingischen Magazin" (1788 ff.) entnommen.

noch die Struktur dieser Schulprojekte selbst, ihre pädagogischen Möglichkeiten und auch – ihre Realisierungschancen.

Nur kurz und in Anlehnung an ein Beispiel, in dem die breite Ausrichtung der Industrieschule auf dem Lande besonders gut zum Ausdruck kommt, soll hier die – anderswo besser und umfänglicher dokumentierte – Anlage einer solchen Institution skizziert werden[38]. Die tägliche Schulzeit wurde praktisch zwischen Arbeit und Unterricht geteilt. In einigen Fällen gleichzeitig, öfter aber wechselweise und, soweit vorhanden in einem anderen Raum, erfolgte für die Schüler, die dabei in etwa nach dem Stande ihres Wissens in Klassengruppen eingeteilt wurden, der Lehrbetrieb und die Ausübung praktischer Arbeit, die meist von einer zweiten Person, in der Regel der Frau des Schulmeisters, beaufsichtigt wurde. Auch bei den Arbeiten, von denen allenfalls die ABC-Schützen befreit blieben, ergab sich gemäß der Art und dem Schwierigkeitsgrad der Tätigkeiten eine Ordnung unter den Kindern. Sie sollte vielfach noch bis zu einer genauen Placierung der einzelnen Schüler vorangetrieben werden, je nach Geschick, Geschwindigkeit und Akkuratesse des einzelnen. Im Vordergrund standen die Arbeiten der Erzeugung und Weiterverarbeitung von Textilien, in erster Linie das Spinnen von Flachs, Wolle, Baumwolle oder Werg (‚Hede'), auch das Stricken, Nähen und Flicken von Kleidungsstücken und anderem. Darüber hinaus wurden Rohstoffe wie Holz, Weiden oder Leder bearbeitet und daraus Produkte eines lokal verbreiteten Spezialgewerbes oder Gegenstände des täglichen Bedarfs gefertigt. Selbst scheinbar wertlose Gegenstände sollten die Kinder verwerten lernen.
Doch bildeten diese Tätigkeiten, zu denen auch regelrecht gesundheitsschädliche Arbeiten (wie etwa wegen der Staubluft das überaus verbreitete Spinnen und Vorbearbeiten der Wolle) gehörten, nur im Winter die Hauptbeschäftigung der Schüler, die unter „genauer Disciplin, möglichster Stille und scharfer Subordination", vor allem ohne jede Unterbrechung vonstatten gehen sollte und manchmal von dem Vortrag „nützlicher Wahrheiten" vorwiegend religiösen Inhalts begleitet wurde. Im Sommer erhielten die Kinder praktische Anweisungen im Land- und Gartenbau. Zu diesem Zweck sollte ein spezieller Schulgarten, manchmal zusätzlich noch ein ‚Industrie-Garten' für die Halbwüchsigen, die nicht mehr die Schule besuchten, von der gemeinschaftlichen Allmende abgetrennt werden, wo die Kinder unter der Leitung des Schulmeisters Erfahrungen mit einer verbesserten Agrotechnik und intensivierten Bodenkultur sammelten. Auch Küchenpflanzen, vor allem aber Hülsenfrüchte und die wichtigen Futterkräuter und Hackfrüchte oder „was der Boden sonst an Gemüsen, Körnern und Kräutern zu tragen vermag", wurden gepflanzt; ebensolchen Raum beanspruchten die intensiven Sonderkulturen wie die Obstbaumzucht, vereinzelt der Weinbau, auch der Seidenbau (mit Maulbeerbaumpflanzungen und Seidenraupenzucht), und schließlich der Anbau der Handels- und Manufakturpflanzen wie Hopfen, Flachs oder Färbekräuter. Da jeder Schüler für ein Teilstück des ‚Gartens' verantwortlich war, erwarb er sich durch die eigene Tätigkeit von der Saat bis zur – feierlich zu begehenden – Ernte im Umgang mit diesen für den agrarischen Fortschritt zentralen Bodenfrüchten die nötigste Kenntnis, die sich auch auf Methoden der Bodenbearbeitung,

---

[38] Vgl. dazu die Arbeiten, insbesondere die ältere, heute leider nur schwer greifbare Darstellung, von Alt, 1948, 1970. – Neuerdings auch, allerdings in einem von unserer Darstellung abweichenden Interpretationsrahmen (vgl. dazu Exkurs 1 im Anhang), die Arbeit von Aumüller, 1974, S. 64 ff.

Düngung und Schädlingsbekämpfung erstreckte. Für den Hochsommer, die eigentliche Erntezeit, wurden die Kinder auch von dieser Arbeit, nicht aber dem – verkürzten – Unterricht befreit, damit sie ihren Eltern, „wo (diese) ihre Hilfe am meisten nöthig haben, . . . zu Hause oder auf dem Felde zur Hand gehen könn(t)en“ [39].

Nach Art und Abfolge der einzelnen Beschäftigungen nahm die Industrieschule offenbar für die Schüler bereits den Turnus eines ‚erfüllten‘ Erwachsenenlebens auf dem Lande vorweg, das wie ausgeführt sowohl von landwirtschaftlicher als auch gewerblicher Arbeit bestimmt wurde. Gerade auch mit der schulischen Entlastung der Kinder während der Haupterntezeit suchte man wohl nicht nur die notwendige Anpassung an eine Situation, in der der Schulbesuch sowieso weitgehend stockte [40]; zugleich äußerte sich darin das Bemühen, auch noch den letzten und gewiß nicht unwesentlichen Komplex der ländlichen Arbeit dem Schulprogramm sinnvoll einzufügen. Auf diese Weise versprach die Industrieschule wirklich komplett dem Auftrag nachzukommen, den besonders pointiert der Fürstbischof von Würzburg formulierte, daß „die Kinder beyderley Geschlechts mehr dazu gebildet werden, was sie einstens ihrer Bestimmung nach seyn, und womit sie sich zeitlebens beschäftigen und ernähren müssen“ [41].

Die entscheidenden Verbesserungen der Bodennutzung, in denen der wesentliche agrikulturelle Fortschritt der Zeit beschlossen lag, waren so — dem Programm nach — der jungen Generation der Landbevölkerung von früh auf nahezubringen (A. Wagemann, 1791, S. 121–206). Der Rahmen, in dem das geschah, entsprach zugleich dem Ort, an dem auch

---

[39] Vgl. insbesondere den Resewitz zugeschriebenen Plan, der anonym in seiner Zeitschrift „Gedanken, Vorschläge und Wünsche zur Verbesserung der öffentlichen Erziehung als Materialien zur Pädagogik!“, Bd. 2 (1779), 3. Stück, S. 20 ff., veröffentlicht wurde. Er ist wiedergegeben in dem genannten Artikel von Krünitz über Land-Industrie-Schulen, 1794, Bd. 62, S. 9–20. Auch Gans, 1930, S. 110–113, referiert diesen Plan, der freilich nur einer unter vielen war. Vgl. dazu auch die zitierten Schriften von Sextro, Wagemann, Dapp, Rochow, 1909, Bd. 3, S. 65 f.; ebenso Krünitz, 1783, S. 739–747. – Auch Trost, 1930, S. 56 ff.

[40] Vgl. dazu oben S. 101 f., S. 105, S. 411 f.

[41] Aus der Verordnung über Anlegung der Industrie-Schulen im Hochstifte Würzburg vom 26. 5. 1789. Abgedruckt bei Krünitz, 1794, Bd. 62, S. 149–154, S. 151. Von Interesse in diesem Zusammenhang ist auch der Briefwechsel Rochows mit F. L. von Erthal, dem Würzburger Fürstbischof, um die Jahreswende 1790/91, siehe Rochow, 1910, Bd. 4, S. 314–325. – Ähnlich, wenngleich nicht so allgemein gefaßt wie in der Würzburger Verordnung, hieß es auch in einem Immediatbericht des preußischen Generaldirektoriums vom 2. 12. 1798 über die märkischen Industrieschulen, daß „darauf Bedacht genommen werden muß, die Dorfjugend in Zeiten zum geschäftigen Leben zu gewöhnen und in den für ihre künftige Bestimmung nützlichen Beschäftigungen, als Spinnen, Strikken, Nähen, Baumzucht, Gärtnerei, Seidenbau etc. zu unterrichten und zu üben . . . .“ (abgedruckt bei Gedike, 1800, S. 63–66, S. 64 f.).

später Bauer oder Tagelöhner am ehesten zu einer intensiven Bodenkultur übergingen. Erklärlicherweise wurde auf die Anlage von Intensivkulturen besonderes Gewicht gelegt, denn es galt als „sehr leicht zu beweisen", wie Krünitz aussprach, „daß der Land-Mann, wenn er seine Gärten fleißig bearbeitet, manche schlechte Aernde durch den Gewinn an Obst einiger Maßen ersetzen kann" (Krünitz, 1793, Bd. 61, S. 476). Für die vielen Klein- und Kleinststellenbesitzer lag ja hier überhaupt eine der wenigen Chancen, ein ihre Existenz abstützendes Einkommen zu finden. Darauf verwies unter anderem die Erläuterung des Pfarrers Dapp in seinem Industrieschulplan, daß „sich der Landmann durch bessere Benutzung der Gärten, zumal in der Gegend von Berlin, ... (generell) eine nützliche Quelle des Erwerbs eröffnen (könne), die er bisher nicht geachtet hat" (Gedike, 1800, S. 53)[42].

Das praktische Modell der Industrieschule sollte somit, wie ihre Initiatoren erhofften, einer ganzen Generation die Kenntnis und Gewohnheit einer agrarischen Wirtschaftsweise vermitteln, die, wenn sie wirklich allgemeine Praxis wurde, zumindest langfristig eine gewaltige Stärkung des individuellen und gesamtstaatlichen Potentials in Aussicht stellte: Die allgemeine Produktion würde vermehrt und die anfällige ‚Wirtschaft' des einzelnen so weit konsolidiert werden, daß die charakteristischen Erntekrisen, die das Leben der vorindustriellen Gesellschaft zum Erliegen brachten, weniger einschneidend wirkten und überhaupt das bedrohlich anwachsende Elend weiter zurückzudrängen war.

Die umfängliche Unterweisung in dem Kanon gewerblicher Beschäftigungen bildete gewissermaßen nur die zweite Seite dieser Zweckbestimmung. Wo die ländliche Familie noch nicht oder unzureichend „neben ihrem Hauptgewerbe ... mit der Spinnerei und andern nützlichen Arbeiten sich zu beschäftigen gewohnt" war – wie es der Minister Voß vorbildlich „in einigen westphälischen Provinzen, in Schlesien und einem Theil von Sachsen etc." verwirklicht fand (Gedike, 1800, S. 40)[43] –, da sollte die Industrieschule diese Gewohnheit einer rastlosen Betätigung einschleifen. „An Neben-Arbeiten . . . wodurch die Zeiträume ausgefüllet werden

[42] In der Realität gab es eine Reihe von Beispielen, wo diese Möglichkeit genutzt wurde, wie Büsching in seinem Bericht über das Dorf Alt-Schöneberg deutlich macht, in dem sich die Bauern durch einen intensiven Gemüse- und Gartenbau sowie den Handel mit tierischen Produkten auf den städtischen Bedarf eingestellt hatten. Seine Schilderung verdeutlicht gleichzeitig die Schwierigkeiten, die selbst bei der geringen Entfernung von 2 bis 3 Meilen zur Stadt das Transportproblem bereitete: Die Mägde, Bauers- oder Tagelöhnerfrauen liefen beispielsweise mit ca. 25 Litern Milch um Mitternacht los, um gegen 5 Uhr morgens in Berlin einzutreffen. Büsching, 1775, S. 45 ff.

[43] Auf die Tatsache, daß sich die Industrieschulbewegung offenbar an dem Bild bestimmter gewerbeintensiver Regionen orientierte, werden wir kurz noch einmal in Kapitel 3.7 eingehen.

könnten, die von den Beschäftigungen bey dem Ackerbau und der Vieh-Wartung leer bleiben", genauer: an ihrer Ausübung, sah auch A. Wagemann (1971, S. 166) es bislang bei dem Gros der ländlichen Bevölkerung fehlen, das deshalb – und mit ihm letztlich der Staat – ständig vom Bettel bedroht schien. Nach dem Empfinden der Zeitgenossen lag allein in der unablässigen Nutzung jeder von der eigentlichen Landarbeit freien Zeit, insbesondere während des Winters, wenn sie auf die Fertigung des eigenen Haushalts- und Wirtschaftsbedarfs oder auf die Weiterverarbeitung der angepflanzten gewerblichen Rohstoffe verwandt wurde, der Schlüssel zu einer Besserung dieser Situation. Sofern die Kinder durch die fortdauernde Übung in der Schule sich also die Liebe und das nötige Geschick zu den „gewöhnlichste(n), dem Landmanne zur Unterhaltung seines künftigen Lebens nützlichste(n)" gewerblichen Arbeiten zu eigen machten[44], würden sie später „wo nicht reichliche Erwerbs-Zweige doch wenigstens Beyhülfen zum besseren Wohlstande", mithin die unabdingbaren Mittel für ein hinreichendes Auskommen finden, das die Landwirtschaft, erst recht „im Nothfall" der Erntekrise oder des Unglücks, für sich allein nicht mehr gewährte (A. Wagemann, 1791, S. 246 f.)[45].

Erziehung zur gewerblichen Nebenarbeit

„Unter Industrie des Landmannes" wollte Rochow denn auch in diesem Sinne geradezu „die nutzbare Verwendung ... (der) ganzen Nebenzeit (verstanden wissen), die ... (dem Bauern) von seinen eigentlichen Berufsgeschäften, Schlaf und Essen abgerechnet, übrig bleibt"[46]. Auch die Zeiten, die bislang der Ruhe und Entspannung vorbehalten oder im angeprangerten Müßiggang vertan wurden, sollten produktiv und gewinn-

[44] Vgl. das Gutachten des Predigers Riemann aus Neu-Küstrinchen über die Anlage von Industrieschulen vom Oktober 1792. Abgedruckt bei Krünitz, 1794, Bd. 62, S. 156–169, S. 166.

[45] Vgl. auch die bei A. Eichler, 1933, S. 25 ff., referierten Preisschriften, die auf das Thema: „Von der besten Auferziehung der Jugend auf dem Lande, in Absicht auf den Landbau" eingingen, das die ökonomische Gesellschaft zu Bern im Jahre 1764 ausgeschrieben hatte. Zumindest in einigen dieser Abhandlungen scheint sich das Votum gefunden zu haben, den künftigen Landmann im Sinne seiner wirtschaftlichen Existenzfähigkeit frühzeitig mit gewerblichen Arbeiten vertraut zu machen. – Es kann als ein Indiz für die anhaltende Gleichartigkeit der bäuerlichen Lage gewertet werden, wenn der hannoversche Abgeordnete und spätere Landwirtschaftsminister Stüve in einer Denkschrift „Über die Lasten des Grundeigenthums und Verminderung derselben in Rücksicht auf das Königreich Hannover" aus dem Jahre 1830 erklärte, „daß die Bauern nur mit Hilfe von Nebenbeschäftigungen wie Spinnen, Weben und Frachtfahren und durch Sparsamkeit und Betriebsamkeit in der Lage sind, den erhöhten steuerlichen Anforderungen nachzukommen". Zit. nach Dick, 1963, S. 194.

[46] F. E. von Rochow, „Der Landmann in Rücksicht auf seine Industrie". In: Annalen, Bd. 3, (1797), S. 84. – Vgl. auch Rochow, 1909, Bd. 3, S. 66.

bringend mit Arbeiten gefüllt werden, zu denen die Industrieschule durch ihre besondere Organisation schon die Kinder anhalten konnte. Allerdings war bei diesen Beschäftigungen von vornherein eine Grenze zu beachten, über die sie nach den zeitgenössischen Vorstellungen nicht hinausgehen durften. Keinesfalls sollten die „Zeit", die „Sorgfalt", die „Anstrengung und Aufmerksamkeit" vermindert oder gefährdet werden, die dem Landmann seine Hauptbeschäftigung abforderte. Eine Umkehrung des Verhältnisses von gewerblichen Nebenarbeiten und landwirtschaftlichem Haupterwerb schien weder im Interesse des einzelnen noch des Staates zu liegen. Denn die Landwirtschaft „ist und bleibt auf immer das vornehmste Gewerbe der meisten Staten, und wird es noch immer mehr werden", bekundete selbst einer der bedeutendsten Ökonomen in Deutschland des späten 18. Jahrhunderts, der Göttinger Professor Beckmann, in einer Abhandlung, die er eigens der Frage der „schicklichsten Nebengewerbe für die Landleute" widmete. Seine Worte bezeichnen noch einmal die Perspektive, unter der auch noch die weiterblickenden Zeitgenossen am Ende des 18. Jahrhunderts dachten, handelten und pädagogische Projekte planten.

„Eine Ehre, ein Glück", sah Beckmann für sein Jahrhundert darin, „daß man endlich dieses (Prinzip vom Primat der Landwirtschaft, d. Verf.) ohne weitern Beweis und ohne Widerspruch behaupten kann. Ganz Deutschland, ganz Europa würde den verlachen, der Mittel lehren wollte, alle Bauern zu Bürgern, oder welches einerley ist, alle Gewinner (die Erzeuger der primären Materialien, d. Verf.) zu Verarbeitern und Kaufleuten zu machen. Auch für den Bauern selbst ist und bleibt sie das Haupt-Geschäft, dem alle andere Arten des Verdienstes nachstehen und untergeordnet seyn müssen" (Beckmann, 1779, zit. nach Krünitz, 1793, Bd. 60, S. 498). Entsprechend hatte nach Beckmanns Überzeugung die aufgeklärte Landesherrschaft auf die Wahl der geeigneten Nebengewerbe und auch die Art Einfluß zu nehmen, in der der Landmann ihnen nachging. Nur Arbeiten, die hinsichtlich der Fähigkeiten und Gerätschaften geringen Aufwand erforderten, andererseits auch nicht ‚zu bequem und einträglich' waren und den Bauern dadurch von seiner Wirtschaft abzulenken drohten, böten sich als wirklich hilfreiche Tätigkeiten an. Dabei mußten sie sich vor allem einigermaßen dem wenig gleichförmigen Arbeitsrhythmus des Landwirts einfügen lassen, und ihre Produkte mußten im Lande ohne Schwierigkeiten absetzbar sein. Was schien – soweit die ländliche Familie nicht für den eigenen Bedarf produzierte – diesen Bedingungen im allgemeinen besser zu genügen als die Erzeugung und Bearbeitung von Textilien: das Spinnen, Kämmen oder Weben, die gewerblichen Beschäftigungen, die in der Industrieschule auch am stärksten verbreitet waren?[47] Für diese Arbeiten, die von der ganzen Familie nach oder neben dem Tagwerk zu betreiben waren, fand sich leicht ein Verleger, der den Absatz bei den immer über Rohstoff- und Gespinstmangel klagenden Manufakturen sicherte. Ohne daß eigentliche Spinnarbeiter oder Manufakturisten herangezogen werden mußten (Krünitz, 1794, Bd. 62, S. 5), die von dem geringen Arbeitsentgelt kaum leben konnten (Resewitz in: Krünitz, 1794, Bd. 62, S. 14), waren dann auch noch für die Fabriken und Handlungsanstalten günstige Wirkungen zu erwarten[48]. Was den abverlangten, aber eben nur nebenberuflichen Beschäftigungen an ‚Künstlichkeit' abging, das machte gewissermaßen die Vielzahl der Tätigkeiten wett, die das Landvolk beherrschen sollte. Je breiter das Spektrum an Fertigkeiten war, über die der einzelne wenigstens ungefähr verfügte, um so besser schien er in einer Situation bestehen zu können, in der auch der gewerbliche Güterabsatz weitgehend von dem Zyklus der Ernteausfälle bestimmt wurde. Wenn in dem einen Bereich, in dem er bisher sein (Zu-)Brot verdient hatte, aufgrund der instabilen Nachfrage die Arbeit stockte, dann besaß der ‚industriöse' Bauer oder Tagelöhner nach den Zielvorstellungen der Zeitgenossen Kraft und Kenntnisse in anderen Geschäften genug, „daß er sich im Nothfall bald hinein werfen kann" (A. Wagemann, 1791, S. 247; auch Sextro, 1785,

---

[47] Vgl. im übrigen das umfangreichere Arbeitsverzeichnis bei Beckmann. Krünitz, 1793, Bd. 60, S. 514.

[48] Vgl. auch das von Krünitz, 1794, Bd. 62, S. 101–103, abgedruckte Ausschreiben des hannoverschen Konsistoriums aus dem Jahre 1790, in dem das sich mit der Anlage der Industrieschulen und der Nebenarbeit der Landleute verquickende Interesse der Gewerbeförderung besonders gut greifbar ist. Um das feine Wollspinnen als für die Manufakturen unentbehrliche Nebenbeschäftigung auf dem Lande einzubürgern, erklärte sich das Commerzcollegium bereit, pro Amtsbezirk jeweils die erste Bildungsanstalt, die vorzüglich das Spinnen der Wolle in ihren Arbeitskanon aufnahm, mit einer Prämie zu unterstützen. (Dazu auch Trost, 1930, S. 96 f.) – Man muß sich freilich davor hüten, diese Art von Gewerbeförderung als Motiv der Industrieschulpolitik aus dem Zusammenhang zu lösen und überzubewerten. Hinter dem Übergang der Industrieschulen des göttingischen Kreises zur Kammgarnspinnerei, wie er sich in den Jahren vor dem angeführten Edikt vollzog, stand beispielsweise die herbe Erfahrung, daß damals eine Vielzahl von in der Tuchmacherei beschäftigten Arbeitern durch eine Krise im Wollhandel ihr Brot verloren hatte, zum Spinnen aber nicht die entsprechenden Fähigkeiten miteinbrachte (Trost, 1930, S. 61 f.). Mit anderen Worten, es handelte sich wieder darum, prospektiv, eventuell auch (über den Einfluß der Kinder auf die Eltern) kurzfristig das Problem des Beschäftigungsmangels zu beheben. – An einigen Stellen war sogar ausdrücklich darauf verzichtet, über die Industrieschulen „zur Zeit unbekannte – in manchen Orten und Gegenden nicht herkömmliche – als gewöhnliche Nahrungs-Zweige, bisher nicht getriebene Hand-Arbeiten einzuführen . . . : hierzu", hieß es in der Verordnung über die Anlegung der Industrie-Schulen im Hochstifte Würzburg aus dem Jahre 1798, „würde alles, und vorzüglich die Jugend, noch zu wenig vorbereitet seyn" (Krünitz, 1794, Bd. 62, S. 149–154, S. 150). Es ist somit sinnwidrig und falsch, wenn Aumüller, 1974, S. 90, u. a. gerade diese Anweisung zum Beleg einer gegenteiligen Behauptung macht, die sich in den Gesamtrahmen ihrer Interpretation gut einfügt.

S. 18, S. 91, S. 100)[49]. Durch die unausgesetzte Übung des Kindes in einer Reihe einförmiger und mechanischer Arbeitstechniken oder untergeordneter Hilfstätigkeiten[50] ließ sich schwerlich die vielseitige Förderung geistiger und körperlicher Kräfte erreichen, von der die Protagonisten der Industrieschule sprachen; eher schon war damit die praktische Grundlage für die Disponibilität zu schaffen, die der gemeine Mann bei seiner schweren Lage in dem von der Krise gezeichneten Ende des vorindustriellen Zeitalters benötigte.

„Suche du Arbeit, wenn sie dich nicht sucht, so wirst du nicht allein niemals müßiggehen, sondern auch gewiß nicht leicht über Mangel an Arbeit zu klagen haben", lautete die Devise, die Rochow in seinem Lesebuch, dem „Kinderfreund" (1779), der Jugend als einen Handlungsvorsatz einzuprägen suchte und die er der Erfahrung der strukturellen Beschäftigungsnot auf dem Lande beschwörend entgegenstellte (in: Rochow, 1907, Bd. 1, S. 217 f.). In diesem komplexen Sinne sollte nach dem Willen ihrer Protagonisten die Industrieschule gerade mit ihrer gewerblichen Ausrichtung dafür sorgen, daß die ständig am oder unter dem Existenzminimum lavierende Landbevölkerung ohne zusätzliche Hilfe ihr Brot fand und ihre sowie des Landes Wirtschaft aufrechterhielt — oder, gemessen am vorhandenen Zustand, voranbrachte[51].

Wiederum war es Rochow, der den daraus hervorgehenden allgemeinen Vorteil in einem sinnfälligen Rechenexempel veranschaulichte. Im Rückblick erscheint als beklemmendes Bild eines trostlosen Lebensschicksals,

---

[49] Vgl. auch L. G. Wagemann im Göttingischen Magazin 1 (1788), S. 62.

[50] Vgl. dazu die bei Krünitz, 1794, Bd. 62, abgedruckte, einem böhmischen Bauernlehrbuch entnommene Aufzählung der „Land- und Bauernarbeiten, mit welchen man im Fall der Noth sein Brod auch neben der Feldarbeit verdienen kann" (S. 201 f.). Empfohlen wurde zum Beispiel „allerley Körbeflechten und ausbessern" oder „Besen binden", aber auch „Menschenhaare sammeln, und den Perückenmachern verkaufen" oder „alle große(n) Beine und Knochen sammeln, und an Drechsler verkaufen".

[51] Der Gesichtspunkt der Selbstversorgung von Personenkreisen, die sonst zur Last fielen, stellte auch bei den Industrieschulgründungen im Militärbereich und in der städtischen Sphäre ein zentrales Motiv dar. Vgl. Wienecke, 1907. In den Denkwürdigkeiten 3 (1797) bezeichnete der Bericht über die „Garnisonsindustrieschule und die Industrie- und Erwerbsanstalten für die Soldatenkinder und gemeinen Soldaten" in Neuruppin als deren Zielbestimmung die „Erleichterung des immer nöthiger werdenden Nebenverdienstes für den gemeinen Soldaten" (S. 491–510, S. 491). Siehe auch Denkwürdigkeiten 4 (1797), S. 1118; 5 (1798), S. 279. In erster Linie dürften sich diese Maßnahmen auf die geworbenen Soldaten und ihre Familien gerichtet haben, die – während die Kantonisten meist für zehn Monate des Jahres in die ländliche Heimat beurlaubt wurden – als sogenannte Freiwächter bei Handwerkern und Manufakturisten sich durchbringen mußten, da der Sold für den Großteil des Jahres von den Kompagniechefs einbehalten wurde (Büsch, 1962, S. 19 f., S. 28 ff., S. 115 f.; Hinze, 1963, S. 171–180). – Über die Berliner Erwerbsschulen vgl. „Geschichte der im Jahre 1793 gegründeten Erwerbsschulen in Berlin", 1843. Denkwürdigkeiten 2 (1796), S. 863–867, S. 1231–1256; 4 (1797), S. 752–754; 6 (1798), S. 973–977. – Auch Gans, 1930, S. 116 f., S. 120–126.

was den Zeitgenossen für den gemeinen Mann auf dem Lande als ein Ideal gegolten hat. Nicht eine Stunde in dem mindestens 50jährigen Arbeitsleben eines ‚industriösen‘ Angehörigen der niederen Klasse sollte offenbar ungenutzt verstreichen.

Von den insgesamt 7200 Stunden, auf die Rochow die rund 300 Arbeitstage des Jahres umrechnete, entfielen nach seiner Veranschlagung (bei einer durchschnittlich achtstündigen Arbeitszeit pro Tag) auf die eigentliche landwirtschaftliche Berufstätigkeit 2400, auf „Schlaf, Anzug und Reinigung“ täglich 7, unter Einschluß des Essens 9, mithin zusammen 2700 Stunden: „die ganze Summe der Arbeits-, Schlaf- und Eßstunden beträgt 5100. Es bleiben also des Jahrs noch 2100 Stunden übrig. Nimmt man nun an, daß man in jeder von diesen übrig gebliebenen Stunden durch Nebenarbeiten nur $1/2$ Pfennig verdiente (und man kann gewiß mehr verdienen!) so macht dies im Jahre 3 Rtlr. 8 Gr. 6 Pf., und vom 10. Jahre angefangen, in 50 Jahren 182 Rtlr. 7 Gr. für einen Menschen Gewinn, den er sonst nicht hätte. Hätte nun eine Gemeinde nur 50 solcher Leute, so würde derselben Nebenverdienst in 50 Jahren 9114 Rtlr. 14 Gr. betragen. Wahrlich keine Kleinigkeit für den Staat!“ (Rochow, 1909, Bd. 3, S. 66.)

Eine derartig mechanisch im Takt von Arbeit und Schlaf alternierende Existenz bot zwar praktisch keine andere Aussicht als die Sicherung ihrer bloßen Fortdauer[52]. Doch erblickte man in ihr wohl das denkbar beste

[52] Der Geldertrag aus der 50 Jahre unablässig durchgehaltenen zusätzlichen Arbeit erreichte mit der von Rochow herausgestrichenen Höhe gerade etwas mehr als das Dreifache dessen, was eine normale Familie im Jahr unbedingt zum Leben benötigte (vgl. dazu oben, S. 99). In der Realität mochte der Verdienst aus den Nebenarbeiten pro Tag und Woche – beim Spinnen wohl etwa um das Doppelte oder Dreifache (Krüger, 1958, S. 319 f.) – höher liegen als von Rochow veranschlagt, aber den kurzfristigen Mehrverdienst dürfte auf die Dauer die von den Umständen erzwungene geringere Leistungsintensität aufgezehrt haben: denn wie hätte sich wirklich ein solches Engagement durchhalten lassen, wie es Rochow in seinem Exempel unterstellte? Weder von der Höhe her noch nach ihrem eigentlichen Zweck war die so erarbeitete Summe ein anlegbarer Vermögenswert; sie war ein dringlich erforderter Zusatz zum Lebensunterhalt beziehungsweise, wo Rücklagen gemacht werden konnten, ein Fonds für den Krisenfall. – Ansätze zu einer bis zum Grotesken durchrationalisierten Wirtschafts- und Lebensweise fanden sich übrigens tatsächlich. Am bekanntesten ist wahrscheinlich in dieser Richtung der Schweizer Bauer Kleinjogg geworden, dem die Berichte des Züricher Stadtarztes Hirzel über ‚die Wirtschaft eines philosophischen Bauern‘ (1761, 1785) zu internationalem Ruf verhalfen und dessen Hof damals zum Wallfahrtsort der großen Welt avancierte. Nicht nur landwirtschaftliche Fortschrittlichkeit und Experimentierbereitschaft zeichneten diesen Mann in den Augen der bürgerlichen und adligen Reformer aus, auch noch sein fanatischer Eifer gegen die überlieferten Lebensformen zugunsten eines spartanischen Daseins, das ausschließlich der Arbeit gewidmet war, erregte Bewunderung. Hirzel beispielsweise glaubte den Grundsatz Kleinjoggs allgemein anempfehlen zu sollen, seine Kinder, solange sie nicht auf dem Felde mitarbeiteten, nur am Boden essen zu lassen, da „ein Mensch, solange er nicht arbeitet und der Gesellschaft keinen Nutzen schaffet, noch als ein Thier anzusehen sey“. Kleinjogg bewahrte denn auch seine Kinder vor der Schule, von der er – bei ihrer Organisation – nur die Ansteckung zum Müßiggang erwartete. Vgl. Hauser, o. J., S. 41 f., S. 46; ders., 1961, S. 211 bis 217; Hippel, 1939, S. 19–37. – Vgl. übrigens auch Sextros Vision vom Lohn, den die ‚industriöse‘ Arbeit für sich selbst bietet (Sextro, 1785, S. 137–142).

konkrete Ergebnis der (gemeinen) Industrieschule, die mit ihrem Einfluß auf Charakter, Kraft und Geistesbildung die pädagogische Vorbereitungsarbeit leisten sollte. Faktisch unterwarf sie freilich vielfach die Kinder, die laut Rochows Aussage schon im Alter von 10 Jahren als volle Arbeitskräfte zählten, bereits von früh auf einem kaum weniger erbarmungslosen Reglement. Denn meist waren nur in Verbindung mit den am Profit interessierten Verlegern und Manufakturen die Einrichtung und der Betrieb einer Industrieschule tatsächlich zu organisieren, soweit entsprechende Anstalten überhaupt zustande kamen. Schon in den detaillierteren Vorstellungen, die die Programmatiker der Industrieschule hinsichtlich der Auswahl und der Art der schulischen Arbeiten entwickelten, waren ja die Abstriche an dem Konzept nicht zu übersehen, die eine Anpassung an die realen Verhältnisse bedeuteten. Erst recht zwang die Realität der Industrieschulbewegung aber ihr Gesetz auf, wo es um die Verwirklichung dieser Pläne ging: Denn eine Gründung der Schulen im erhofften Umfang wurde weitgehend verhindert, und die ins Leben gerufenen Einrichtungen kamen meist ‚verlegten Werkstätten' gleich, in denen die Schüler in ein frühzeitiges Ausbeutungsverhältnis gepreßt waren (Alt, 1948, S. 57 ff.; Aumüller, 1974, S. 94 ff.).

Hinsichtlich der genauen Ausgestaltung der vorgestellten Industrieschulanstalten beziehungsweise der inneren Organisation ihres Betriebs mochte man in den Plänen einen überaus nüchternen Wirklichkeitssinn an den Tag legen; in Fragen der Finanzierung des vorgeschlagenen Projekts blieben die meisten Vertreter des Industrieschulgedankens mehr oder weniger Phantasten. Von der Schärfe dieses Gegensatzes, der damals viele Pläne durchzog, zeugen etwa auch die Ausführungen des Braunschweigischen Predigers Lachmann, der, wie schon der Titel seiner Schrift von 1802 verriet, nicht nur die Notwendigkeit des „Schulindustriewesens" demonstrieren, sondern vor allem die „Theorie eines *allgemein anwendbaren* Schulindustriewesens" entwickeln wollte (Lachmann, 1802, S. 8; Hervorhebung durch die Verfasser). Die weitgehende Zielsetzung, die etwa ein Sextro, Campe oder in anderer Weise ein Pestalozzi mit dem Begriff der ‚Industrie' verbanden, hatte sich zwar nicht ganz verloren, war aber von vornherein von pragmatischen Erwägungen stark in den Hintergrund gedrängt: Dem umfassenden Anspruch, bei allen Kindern auf die „Verbesserung des sittlichen Gefühls im Gleichgewicht mit der Ausbildung des Verstandes und des Körpers" zu wirken (1802, S. 41; S. 20; S. 81), kam bei Lachmann erklärtermaßen für die verschiedenen sozialen Klassen ein höchst unterschiedlicher Sinn zu. Die Schüler der Bürger- und Landschulen, auf deren Umwandlung in Industrieanstalten Lachmann sein besonderes Augenmerk gerichtet hatte, konnten danach nur auf eine Erziehung gemäß ihrer bürgerlichen Bestimmung hoffen, die da „Anstrengung zu nützlichen Körpergeschäften, bei mäßigen Genüssen" oder noch deutlicher Zwang zu „einförmigen Arbeiten" hieß (1802, S. 29–36). Auf diesen Zweck wurden Lerninhalte und Lehrart im Lachmannschen Entwurf einer funktionsgerechten Industriebildung konsequent herabgestimmt; der Appell an das Gefühl, die emotionale Fundierung der Moral schienen ihm bei dem ‚sinnlichen Menschen' in den niederen Erwerbsklassen eine wirksamere Grundlage für ein erfülltes Leben als intellektuelle Förderung (1802, S. 91 ff., S. 120 ff., insbes. S. 125). An Vergnügungen war dem künftigen Landmann oder Arbeiter neben ‚unschuldigen Ergötzungen' an erster Stelle die Freude zu vermitteln, die Lernen und die fortgesetzte Ausübung von Arbeiten gewährten, die nach Art und Niveau sein späteres Leben ausfüllen würden (1802, S. 184 ff.). Auch Maßregeln für die Erhaltung der Gesundheit sollten nicht nach allgemeinen, einheitlichen Grundsätzen, sondern von vornherein nur in der eingeschränkten Form getroffen werden, die durch die – ohnehin gesundheitsgefährdende – künftige Tätigkeit (zum Beispiel als Bergmann unter Tage oder als zur Unbeweglichkeit verurteilter Heimarbeiter) vorgezeichnet wurde (1802, S. 163 ff.). Frühzeitige Gewöhnung an den (herkömmlichen und) zukünftigen Bestimmungskreis war gewissermaßen das charakteristische Stichwort, das Lachmanns Vorschläge beherrschte (1802, S. 32, S. 132 f.): darauf stellte schließlich auch seine Anregung ab, Arbeit und Unterricht nicht nur wechselweise, sondern gleichzeitig von den Kindern in der Schule betreiben zu lassen (1802, S. 52 f., S. 63 ff., S. 116 ff., S. 128 ff.).

Für diese Organisation von Unterricht und Arbeit sprach nicht zuletzt die Überlegung, daß auf diese Weise die Kosten für die Einrichtung der Anstalten am niedrigsten zu halten waren (Lachmann, 1802, S. 242). Der Sorge um Kostenaufwand und Rentabilität galt ein Großteil der Gesichtspunkte, die Lachmann für Auswahl und Organisation der Arbeiten in der Industrieschule formulierte. Mindestens auf demselben Niveau wie die Erwägungen hinsichtlich der pädagogischen Eignung rangierten dabei solche, die sich auf die Beschaffung des nötigen Kapitals sowie der Materialien und vor allem die Absatzmöglichkeiten der gefertigten Produkte bezogen (1802, S. 100 ff.). Wenn es aus solchen Gründen notwendig war, hielt es Lachmann im Endeffekt auch für gerechtfertigt, selbst gesundheitsschädliche Arbeiten in den schulischen Tätigkeitskanon zu übernehmen (1802, S. 178 f.): er hatte freilich nicht unrecht, wenn er sich darauf berief, daß derartige Beschäftigungen in der Realität zumindest von den Erwachsenen in den Kreisen betrieben werden müßten, die er im Auge hatte.

So erwies sich das Lachmannsche Programm in vielen Punkten als recht ‚realitätsnah', mochte von daher auch skeptischen Instanzen akzeptabel erscheinen; ihm lagen überdies praktische Erfahrungen mit einem staatlich geförderten Industrieschulversuch in Braunschweig zugrunde (1802, S. 78 f.). Wo es aber um die allgemeine Umsetzung seiner Vorschläge beziehungsweise um das Problem der Finanzierung eines allgemeinen Industrieschulwesens in Stadt und Land ging, verließen Lachmanns Vorstellungen den Boden der Realität. Von der Umwandlung überflüssiger beziehungsweise der Aufteilung zu großer Kirchen war in diesem Zusammenhang die Rede; Kirchhöfe sollten den Grund und Boden für Lehrerwohnungen, Industriegärten und Spielplätze geben (1802, S. 252 ff.); das Schulgeld zu einer allgemeinen, vom Staat eingezogenen Abgabe werden (1802, S. 262 ff.). Vor allem aber regte Lachmann an, durch eine umfassende Säkularisierung aller bestehenden geistlichen Stiftungen die Mittel für die notwendige Schulreform zu gewinnen (1802, S. 266 ff.). Man mag ihm heute unter Vorbehalt in der Aussage beipflichten, die Aufwendungen für Personal, auch Einrichtung eines allgemeinen Industrieschulwesens hätten die nicht überstiegen, die für ein gewöhnlich organisiertes – verbessertes – Schulwesen in derselben Ausdehnung vonnöten gewesen wären (1802, S. 256); allein – wo existierte damals eine solche breite Schulorganisation überhaupt?

Um 1800 war für Preußen zu konstatieren, daß die Industrieschulinitiativen bei dem großen allgemeinen Nutzen, den sie versprachen, eine vergleichsweise geringe Wirkung erzielt hatten, weil sie auf das entscheidende Hindernis aller Elementarschulpolitik am Ende des 18. Jahrhunderts trafen: den Mangel an finanziellen Mitteln (Denkwürdigkeiten 10, 1800, S. 915–918). Dabei war mit den meisten Industrieschulplänen nicht zuletzt die Hoffnung verbunden gewesen, daß diese Einrichtungen weit weniger als das alte ‚Lern'-Schulwesen von dem Problem der Geldnot tangiert würden. Verschiedene Projekte, die zum Ende der Regierungszeit Friedrichs II. im Sinne einer Gesamtreorganisation des bislang äußerst lückenhaften Bildungswesens entwickelt wurden, vermitteln den Eindruck, daß sie gerade deswegen den Industrieschulen einen besonderen Platz einräumten, weil diese sich finanziell – wenigstens zum Teil – selbst (und andere Bildungsanstalten mit) zu tragen versprachen (Vollmer, 1918, S. 292 ff.). Die Produkte, die die Kinder mit ihrer gewerblichen und agrarischen Arbeit in der Schule erzeugten, sollten an die Einwohner des Orts, auf benachbarten Märkten und Messen (Ulbrecht, 1911, S. 90) oder an die Manufakturisten verkauft werden (A. Wagemann, 1791, S. 250). Sie schienen damit langfristig die Mittel einbringen zu können, die eine Rückerstattung der für die Einrichtung vorgeschossenen Gelder oder doch wenigstens fortlaufende Instandhaltung und Ergänzung des Inventars erlaubten (Resewitz in: Krünitz, 1794, Bd. 62, S. 12; Dapp in: Gedike, 1800, S. 60). Auch das in den meisten Fällen überaus kärgliche Einkommen des Lehrers sollte damit direkt oder vermittelt aufgebessert werden, weil die für die Arbeitsstunden eingestellte Kraft, die vielfach aus dem Erlös der Kinderarbeit bezahlt wurde, in der Regel die Frau des Schulmeisters war (Resewitz in: Krünitz, 1794, Bd. 62, S. 13; Riemann ebenda, S. 165). Und schließlich ließ sich darauf rechnen, daß die Kinder ihren Eltern mit ihrem Verdienst auf direktestem Wege auch das Schulgeld wieder hereinbrachten und darüber hinaus frühzeitig selbst die Last ihres Unterhalts trugen (Ulbrecht, 1911, S. 88; Sextro, 1785, S. 123 f.).

Die Möglichkeit noch größerer, auch materieller Vorteile, die das mangelhafte Interesse an der Schule sowie das allgemeine Mißtrauen gegen jede Neuerung in der Landbevölkerung überwinden helfen würden (Riemann in: Krünitz, 1794, Bd. 62, S. 163), erhoffte man sich aber von einer anderen Regelung. Sie bestand nach der Überzeugung der Industrieschulpädagogen für die Eltern und für den Staat dann, wenn die Kinder unter der besseren und breiteren Anleitung der Schule aus selbst gestellten Materialien für sich selbst beziehungsweise die eigenen Familien produzieren würden (Dapp in: Gedike, 1800, S. 52; Sextro, 1785, S. 120 f.). Gegen eine allzu starke oder gar ausschließliche Ausrichtung der kindlichen Arbeit auf den unmittelbaren, für die Anstalt geschäftsmäßig kalkulierbaren Gewinn regten sich nämlich bei allen Initiatoren Bedenken (Dapp in: Gedike, 1800, S. 54, S. 56; Sextro, 1785, S. 81 f.). Weder schien die Teilbesoldung der Lehrkraft aus dem Arbeitserlös der Kinder geeignet, die dürftige Schulmotivation von Eltern und Kindern zu beheben oder eine einigermaßen ausgewogene Unterrichtung der Schüler zu garantieren [53], noch war gar der Erfolg der schulischen Arbeit gewährleistet, wenn die Anstalt im Interesse der Rentabilität in die Abhängigkeit von privaten Unternehmern geriet. „Am leichtesten" ist freilich, hieß es zum Beispiel bei Resewitz, die Organisation des Arbeitsbetriebs mit Hilfe des Verlegers. „Wie könnte ich aber einen Vorschlag thun, der so vielem Mißbrauche unterworfen ist? Ich möchte nicht gern an der Grausamkeit Schuld seyn, welche ein Jude oder ein anderer Entrepreneur, dem die Hände der Kinder verhandelt worden sind, an ihnen auszuüben pflegt, wenn sie ihm die geforderte Zahl nicht liefern, oder er das Recht hat, die Güte und Qualität der Arbeit willkürlich herabzusetzen. Doch solcher Grausamkeit nicht einmahl zu gedenken, so erstickt die damit verbundene sclavische Behandlung, wie jede dieser Art, allen Eifer zur Betriebsamkeit, macht Arbeit und Erwerb, von Jugend auf verdrießlich und zuwider (und) flößt unausbleiblichen Haß gegen das Vaterland ein ..." (Resewitz in: Krünitz, 1794, Bd. 62, S. 18). Allenfalls unter bestimmten Kautelen schien eine derartige Lösung zulässig; doch galt es als weitaus besser, wenn die Industrieanstalten durch eine zureichende Unterhaltung aus öffentlich-landesherrlichen Mitteln von dem Zwang entlastet würden, auf diese Weise gewissermaßen für sich selbst zu sorgen. Damit war die Argumentation, wenn auch auf Umwegen, doch an dem Punkt angelangt, über den damals keine, auch nicht die anspruchsloseste positive Schulpolitik hinauskam.

Der Appell verklang bei den entscheidenden staatlichen Stellen in Preußen weitgehend ungehört: Soweit es zu Gründungen kam, gingen sie in der Regel auf private Initiativen zurück, die denn auch häufig genug Rückhalt bei Unternehmern suchten [54]. Selbst die geringfügigen Summen,

---

[53] Vgl. A. Wagemann, „Gedanken über Industrieschulen, in welchen die Kinder für die Lehrerin arbeiten müssen". In: Göttingisches Magazin 3 (1792), S. 27 ff. Auch bei Krünitz, 1794, Bd. 62, S. 211–218.

[54] Vgl. zum Beispiel die Industrieschule in der Marienburg, auf die der Konsistorialrat Meierotto bei einer Inspektionsreise im Jahre 1792 ins ferne Westpreußen traf: Sie wurde von einem Barchentfabrikanten verlegt (Schwartz, 1926, S. 72). – Auch Rochow begründete offenbar eine Industrieanstalt in seinen Dörfern (Rochow, 1909, Bd. 3, S. 25),

die ab 1793 vom Generaldirektorium aus dem Spinnprämienfonds jährlich in Höhe von vielleicht 200 Talern (!) für zwei ‚Musteranstalten' in der Kurmark gewährt wurden, waren offensichtlich von vornherein nur vorübergehend und mit der Absicht bewilligt worden, bald andere Interessenten oder Finanzquellen für diese und weitere Industrieschulen zu mobilisieren (Voß in: Gedike, 1800, S. 45). Insofern steuerte die preußische Verwaltung einen den Einsichten der Industrieschulprotagonisten praktisch entgegenlaufenden Kurs, wie vollends die Auseinandersetzung zwischen Dapp und dem Generaldirektorium im Jahre 1799 verdeutlichte. Dieses verlangte von ihm – wenn es auch schließlich am Widerstand des Pfarrers scheiterte –, er sollte die bislang staatlich unterhaltene Industrieschule durch den Kontrakt mit einem Unternehmer finanzieren (Ulbrecht, 1911, S. 89)[55].

Auch die Position der pädagogischen Vertreter des Industrieschulkonzepts war freilich einigermaßen ambivalent. Dem Pfarrer Dapp[56] beispielsweise, der sich um des pädagogischen Erfolgs der Schule willen ihrer ‚Verwandlung in eine Fabrik' energisch widersetzte, galt die Verlagsarbeit der Kinder während der Schulzeit in einer anderen Organisationsform als weit weniger problematisch. Gegen die Regelung, daß die Kinder die Wolle zum Spinnen und Kratzen aus den Berliner Wollmanufakturen (dem Lagerhaus oder der Herzstädtischen Fabrik) über das Elternhaus bezogen und auf dessen Rechnung in der Schule bearbeiteten, erhob Dapp, wie schon aus seinem Plan ersichtlich ist, keine Be-

über deren Arbeitsorganisation wir allerdings nichts erfahren. Engagierte Prediger wie der Inspektor Bauer aus Zossen – er hat viele Aufsätze in den „Denkwürdigkeiten" zu Schulfragen verfaßt – oder der Pfarrer Riedel, dessen Schule schließlich neben der von Dapp vom Generaldirektorium finanziert wurde, scheinen sogar auf eigene Kosten Einrichtungen begründet zu haben (Ulbrecht, 1911, S. 89 f.; S. 91 f.). Vgl. auch den Bericht über eine von der ‚Patronin' ins Leben gerufene Industrieschule auf dem Lande (im märkischen Kreise Züllichau nahe der schlesischen Grenze) in den Denkwürdigkeiten 8 (1799), S. 835–838. Auch Garnisonsschulen, wie zum Beispiel die in Neuruppin, kamen mit quasi privaten Mitteln (vom Feldprediger beziehungsweise den Offizieren) zustande, weiteten sich aber schließlich geradezu zu Industrieunternehmen aus (Denkwürdigkeiten 3, 1797, S. 491–510; Wienecke, 1907, S. 66).

[55] Ähnlich geriet auch die Göttinger Industrieschule von L. G. Wagemann, da die staatlichen Subventionen nicht hinreichten, nach der Anlaufphase zu Beginn der neunziger Jahre in die Abhängigkeit von Göttinger Manufakturen (Trost, 1930, S. 76, S. 85). Ein wesentlicher Effekt war, daß sich die Breite der ausgeübten Tätigkeiten in der Schule recht schnell verlor; zu ihnen hatte damals übrigens (aus der Erwägung heraus, daß der städtische Tagelöhner in Göttingen tatsächlich Möglichkeiten besaß, auf diese Weise seine Situation zu verbessern) auch Gartenarbeit gehört (Trost, 1930, S. 62 f., S. 67).

[56] Über die Person Dapps, seine theologischen Anschauungen sowie pädagogischen Bemühungen vgl. auch Aner, 1919 und 1920. – Dapp hat selbst in einem von ihm in den Jahren 1805–1817 herausgegebenen „Gemeinnützigen Magazin für Prediger auf dem Lande" mehrfach über seine Einrichtung Bericht erstattet.

denken (Gedike, 1800, S. 58; Ulbrecht, 1911, S. 88). Wahrscheinlich spielte dabei nicht zuletzt die Erwägung eine Rolle, daß die Kinder seiner armen Gemeinde ohnehin (soweit die Familien rührig waren) in dieses System eingespannt wurden und die Arbeit dann besser noch und langfristig gewinnbringender in der Industrieschule verrichten könnten (Gedike, 1800, S. 49 f., S. 52). Nur die krassesten Erscheinungsformen der kindlichen Überbeanspruchung und Ausbeutung, wie sie sich im Bild einer zentralisierten Kindermanufaktur besonders abschreckend sammelten, sollten demnach anscheinend von der Industrieschule ferngehalten werden; der aus den gesellschaftlichen Verhältnissen hervorgehende Zwang zur frühzeitigen unablässigen Arbeit wurde so wenig wie ihre häufigste Organisationsform, der Verlag, ernsthaft in Frage gestellt: Für sie war die Landbevölkerung, weil daran ihr eigenes Schicksal und in gewisser Weise auch das der Herrschaft hing, nur tüchtiger zu machen. Was ließ sich auf pädagogischem Wege auch anderes erreichen?

Bezeichnend für die unfreiwilligen Implikationen dieses pädagogischen Realismus war es auch, daß selbst Campe bekundete, es sei im „Nothfall“ mangelnder öffentlicher Unterstützung, wenn nur die Industrieschulprojekte auf diese Weise zustande kämen, „doch immer besser“, die Kinder arbeiteten für die Manufakturisten „als für gar keinen“. Dabei verwies er leichthin auf das wohl anrüchigste Beispiel unternehmerischer Hilfsbereitschaft, die Tätigkeit des preußischen Hoffaktors V. Ephraim, der in dem Potsdamischen Waisenhaus, wie zeitgenössische Berichte ahnen lassen, ein und zeitweise mehrere wirklich mörderisch florierende Unternehmungen unterhielt (Campe, 1786, Bd. 1, S. 19 f.)[57]. Je weiter die Industrieschulpläne ins Detail gingen und je näher die Projekte der Realität rückten, in der sie wirken sollten, um so mehr machten sie gewissermaßen ihren Frieden mit ihr. Der Zwang zum Kompromiß drohte die humanen ‚Vorgriffe‘, pädagogischen Einsichten und die vorausweisende Kritik aufzuzehren, die ihre Zielvorstellungen zweifellos enthielten. Als konkreter Bestandteil der krisenhaften Realität büßten die Industrie-

[57] Zur Situation im Waisenhaus in Potsdam vgl. die zusammenfassende Darstellung bei Gans, 1930, S. 70–77; Hinze, 1963, S. 164–169; auch H. Krüger, 1958, S. 144 f. Besonders bekannt und wegen ihres geschäftlichen Erfolges richtungweisend war die seit 1743 dort bestehende ‚Brabanter Kantenklöppelei‘, die ab 1749 von Ephraim und Gumpertz in der Weise übernommen wurde, daß diese eine geringe Pacht für die nötigen Räume zahlten und acht sogenannte Faktoressen anstellten, die jeweils bis zu 200 Mädchen beaufsichtigten und bei der Arbeit anleiteten. Die Kinder erhielten für ihre täglich bis zu neun Stunden dauernde Arbeit, hinter der die Schule weit zurücktrat, einen äußerst geringen Lohn. Auf die Zustände im Waisenhaus wirft die Statistik des Jahres 1778 ein gewisses Licht, als von etwa 2 000 Kindern 300 bis 400 wegen Überlastung dauernd krank waren und 200 starben. Wegen der Gesundheitsgefahren wurde die Kantenklöppelei für die Kinder schließlich im Jahre 1795 geschlossen.

anstalten jedenfalls jenen hoffnungsvollen Glanz ein, der sie als reales Mittel einer Überwindung der Not hatte erscheinen lassen. Nicht Campe, nicht Rochow, aber andere unentwegt schulengagierte Bürger begrüßten — ohne sich von der staatlichen Prioritätsverteilung irre machen zu lassen — auch noch die 1000 Taler freudig, die Friedrich Wilhelm III. im Jahre 1798 für die Anlage von Industrieschulen auf dem platten Lande der Kurmark bewilligte[58]: Die 15 Einrichtungen, die nach dem Erachten von Oberschulkollegium und Kammer teils in Dörfern, teils in kleinen Ackerstädten davon gerade ins Leben gerufen werden konnten, sind aufgrund der staatlichen Nachlässigkeit nicht einmal alle zustande gekommen (Gedike, 1800, S. 61–75; Ulbrecht, 1911, S. 91–95). In Preußen ist die Industrieschule — nach dem, was wir wissen — kein nennenswerter Bestandteil des öffentlichen Elementarschulwesens geworden[59].

---

[58] Der illusionäre Pragmatismus einiger aufgeklärter Bürger in Berlin ging so weit, daß sie die Mittel „zur höchst nöthigen Verbesserung des Landschulwesens in der Mark Brandenburg", die, wie sie sahen und sogar noch zu erklären wußten, der Staat resp. der Landesherr nicht beibrachte, in der Höhe von bis zu 10 000 bis 12 000 Talern jährlich (!) durch Begründung einer Schulkasse aufbringen wollten, in die private Spenden fließen sollten. Im Effekt kamen nicht einmal die ersten 100 Taler zusammen, die der Initiator des Vorschlags für das Minimum eines anlegbaren Kapitals erklärt hatte (Denkwürdigkeiten 2, 1796, S. 1291–1296; 3, 1797, S. 13–36; 4, 1797, S. 1316; 5, 1798, S. 695–709; 6, 1798, S. 866–869, S. 993–995, S. 1124 f., S. 1311–1314; 7, 1799, S. 44–70, S. 127, S. 253). Vgl. dazu auch oben, S. 120, Anm. 39.

[59] Auch in anderen preußischen Provinzen sind damals wohl mit öffentlicher Subvention Musteranstalten begründet worden, aber ebensowenig wie die kurmärkischen Versuche zu allgemeiner Verbreitung gekommen (Gans, 1930, S. 126). Auch die Aussage, daß fast alle Garnisonsschulen in den neunziger Jahren mit Industrieschulen verbunden worden seien (Gans, 1930, S. 124 f.), scheint uns anfechtbar: Im Jahre 1799 ist in einer königlichen Zirkularverordnung (von Friedrich Wilhelm III.) den zuständigen Regimentsstellen die Anlage von Industrieschulen bzw. ihre Verbindung mit den Schulanstalten der Garnison — nach dem Vorbild der Ruppinschen Einrichtung — empfohlen, nicht einmal strikt aufgetragen worden (Rönne, Bd. 1, 1855, S. 89 ff.), ein Beweis, wie uns scheint, daß vorhergehende Anordnungen kaum befolgt worden sind. Und gerade in Preußen dürfen schulpolitische Absichtserklärungen nicht schon für bare Münze genommen werden; „die Bedeutung (dieses militärisch dirigierten Schulwesens) innerhalb des Staates" getraute sich auch Gans nicht abzuschätzen (dazu auch Alt, 1948, S. 19; Wienecke, 1907). — In anderen Territorien konnten sich die Industrieschulen freilich weitaus stärker als in Preußen etablieren, auch vorwiegend allerdings in Verbindung mit Unternehmern, die die Arbeit der Kinder verlegten. Die wohl größte Verbreitung haben diese Anstalten in Böhmen gefunden, wo sie auf die Initiative des Probstes Kindermann, später ‚von Schulstein', eingerichtet wurden; bedeutsam an der Kindermannschen Organisation war unter anderem besonders, daß frühzeitig die überall sonst für diese Zwecke gänzlich unzureichende Lehrerbildung praktisch einbezogen wurde. Vgl. dazu die Berichte im Göttingischen Magazin 1 (1788), S. 277 ff.; Krünitz, 1794, Bd. 62, S. 138 ff. Ebenda finden sich auch Aussagen über den Erfolg der Industrieschulbewegung im Hannoverschen (um Göttingen herum), Würzburg usw. Vgl. auch Alt, 1948, S. 18 f., S. 92 f.; 1970, S. 75; Iven, 1929, S. 100–110, S. 114–116; Neukamm, 1956; Trost, 1930, S. 96–100; Wehrmann, 1972, S. 323–354, insbes. S. 338, S. 350 mit weiteren Literaturhinweisen. — Vgl. im übrigen Andacht, 1938; Lamers, 1918; Reuß, 1926.

3.5 Unterricht und Beispiel – Aufklärung über praktischen Nachvollzug

Das folgende Kapitel vermittelt als ein notwendiger Umweg in der Argumentation einen gewissen Einblick in Art und Ausmaß der Bemühungen, die arbeitende Bevölkerung in den sogenannten niederen Schichten unmittelbar zu größerer Agilität und aufgeklärterer Praxis zu bewegen, deren Förderung man realistischerweise nicht allein einem in seinem Bestand recht prekären Elementarschulwesen überlassen konnte. Die ‚aufgeklärte Obrigkeit' sollte ihrerseits durch die Tat und insbesondere das praktische Beispiel wirken; so wollten es viele und verwirklichten es auch manche Zeitgenossen, die in entsprechender Position waren, und, wie insbesondere die Geistlichen, über einigen Einfluß in der Bevölkerung verfügten. Was dabei im einzelnen erreicht wurde, bedürfte spezieller Untersuchungen; wir beschränken uns auf einige Hinweise.

Über partielle Erfolge konnte schließlich, soviel wir sehen, auch das Verfahren nicht hinausführen, das auf die Überzeugungskraft unmittelbarer Anschauung abgestellt war. Sofern dabei für das Scheitern nicht nur der Zwang der äußeren Verhältnisse verantwortlich war, machte sich auch eine innere Unstimmigkeit geltend: Selbst die Wirksamkeit praktischer Demonstrationen hatte offenbar bei den Individuen bestimmte Fähigkeiten zur Voraussetzung, die wiederum am ehesten durch systematisches Lernen und konsequentes, frühes Training zu erwerben waren. So war man am Ende doch wieder auf die Institution verwiesen, die man gerade zu umgehen gehofft hatte.

Freilich ist diese Erkenntnis, anders als es im folgenden erscheinen kann, nicht das Ergebnis eines stringenten Diskussionsprozesses unter den Zeitgenossen gewesen; insofern schafft der Zusammenhang unserer Darstellung ein Artefakt. Nur an einigen Stellen wurde die entsprechende Einsicht damals explizit formuliert – und noch seltener sollte es bleiben, daß daraus ernsthaft und vor allem tatkräftig die praktischen Konsequenzen gezogen wurden.

Angesichts des geringen Erfolgs der Industrieschulprojekte scheint es nachträglich nur zu berechtigt, daß eine Reihe von Autoren daneben von vornherein in ihr Konzept weitere Maßnahmen aufnahm, die auf die Änderung von Mentalität und Verhalten des Landvolks und damit auf die dringliche Steigerung seiner Leistungsfähigkeit wirken sollten. Wie schon Krünitz – wenigstens im Ansatz – erkannte, barg das Modell einer perfekten Schul(re)organisation durch die Faszination, die von ihm ausging, die Gefahr, daß die wesentlichen Rahmenbedingungen aus dem Blickfeld schwanden, die doch das ländliche Elementarschulwesen im allgemeinen erst so schlecht machten, wie es wirklich war. Wollte man nicht auf „Wunder“ hoffen, die vielleicht ein Rochow in seiner Machtposition für einen begrenzten Kreis vollbringen konnte, mußte ein „Mittel-Weg“ gefunden werden, der sich von den vorhandenen Institutionen nicht zu weit entfernte (Krünitz, 1793, Bd. 61, S. 132, S. 664).

Notwendigkeit und Hemmnis einer ‚Erwachsenenbildung‘

Dazu kam, daß auch die beste Schule, blieb sie für sich isoliert, den gewünschten Erfolg nicht erreichen konnte. Ohne gleichzeitige strukturelle Eingriffe, die nach der – immer noch idealistischen – Überzeugung A. Wagemanns ja ebensoviel Gewicht haben sollten wie die pädagogischen Maßnahmen zur Beförderung der ländlichen ‚Industrie‘, hielt eine Vielzahl von „Banden“ die Aktivität des Landvolks weiterhin gefesselt, die die Industrieschule im künftigen Landmann erwecken sollte (A. Wagemann, 1791, S. 282 f.). Den verbessernden Einfluß der Schule erstickte aber auch schon die unmittelbare elterliche Umgebung der Kinder, solange „die eingeschränkten und verkehrten Urtheile und die mancherlei Unarten der Erwachsenen“ in ihrer Wirtschafts- und Lebensführung – denen die junge Generation doch nicht völlig durch die Schule entzogen werden konnte – ungehindert fortdauerten (Dapp in: Gedike, 1800, S. 47 f.; A. Wagemann, 1791, S. 274 f.). Gerade im Interesse der Jugendbildung, deren unbedingten Vorrang Campe mit seiner Aufforderung, die ohnehin ‚unverbesserlichen‘ Alten aufzugeben (Campe, 1786, Bd. 1, S. 16) [1], überschwenglich unterstrichen hatte, konnte die „Belehrung der Alten“ nicht außer acht gelassen werden (A. Wagemann, 1791, S. 274). „Die Bemühung“, erklärte auch Sextro, „erwachsene Menschen von fernerem Verfall und von der Irrbahn, worauf sie der ansteckenden Rohheit und Verwilderung sich nähern würden, zurück zu halten, muß, so viel möglich, mit jeder Veranstaltung zur Bildung der jungen Menschheit gleichen Schritt halten. Sonst wächst die Macht der Hindernisse im Verborgenen, die die erwartete wohlthätige Wirkung der Jugendbildung zerstören könnten“ (Sextro, 1785, S. 28) [2].

Die Schule selbst konnte die zusätzliche Aufgabe einer Einwirkung auf die Erwachsenen generell kaum übernehmen, wenngleich man sich im einzelnen viel davon versprach, über die öffentliche Erziehung der Kinder – beispielsweise indem die in der Schule antrainierten Tätigkeiten nach

---

[1] Vgl. auch oben, S. 300.

[2] Vgl. auch die – allerdings etwas zurückgenommene – Stellungnahme Rochows in seiner „Beantwortung der Frage, welche die Akademie der Wissenschaften zu Berlin fürs Jahr 1783 aufgegeben hat: welches ist die beste Art, sowohl rohe als schon kultivierte Nationen, die sich in mancherlei Irrtümern und Aberglauben befinden, zur gesunden Vernunft zurückzuführen?“ In: Braunschweigisches Journal 1 (1788), S. 45–64, S. 129–149. Abgedruckt auch in Rochow, 1909, Bd. 3, S. 433–444, S. 442.

Möglichkeit auch auf die häusliche ‚Freizeit' der Kinder ausgedehnt wurden — in das Elternhaus hineinzuwirken (Sextro, 1785, S. 80, S. 88 ff.). Den oft andersartigen Gewohnheiten der Eltern oder ihrem offenen Widerspruch war das Kind, selbst wenn es die Vernünftigkeit des in der Schule Vermittelten klar gefaßt hatte, letzten Endes doch immer unterlegen (A. Wagemann, 1791, S. 275 f.). Insbesondere in dem entscheidenden Bereich der Ökonomie mußte man bei der beklagten Neuerungsfeindlichkeit der Bevölkerung befürchten, daß jeder schüchterne Ansatz zu einer rationelleren Betriebs- und Lebensweise, den die Kinder mitbrachten, halsstarrig unterdrückt wurde. „Der Bauer-Junge", wußte Krünitz, „muß pflügen, wie sein Vater gepflügt hat, sonst regnet es Schläge" (Krünitz, 1793, Bd. 61, S. 753 f.). Man war daher auf Mittel und Wege bedacht, direkt an die erwachsene wirtschaftende Generation heranzukommen und dabei gleichzeitig ihre hartnäckige Unzugänglichkeit zu unterlaufen.

Bezogen auf die reale Wirtschaftslage war der Einflußnahme auf die bereits herangewachsenen Altersgruppen des Landvolks, wenn schon wegen der außerordentlichen Schwierigkeiten nicht der Vorrang, so doch jedenfalls ein weit größeres Gewicht zu geben, als es einer bloß flankierenden Maßnahme für die Schulinitiative entsprach. Wenn die Flut des Elends immer größere Menschenmengen erfaßte und auch schon den Mittelstand bedrohte[3], waren dann die Umstände wirklich dazu angetan, im Extremfall „diese (gegenwärtige ältere) Generation ihrem Schicksal (zu) überlassen, und (zu) erwarten . . ., daß der Saame welcher unter die Kinder ausgestreuet ist, in der folgenden Generation Früchte bringe?" (A. Wagemann, 1791, S. 276.) Offenbar zwang die Situation dazu, möglichst unmittelbar und in jeder einigermaßen erfolgversprechenden Weise sich des „schnelleren Verbreitens der industriösen Behandlung aller Gegenstände" anzunehmen.

Allerdings waren die Schwierigkeiten nicht gering, die die Bevölkerung dem Versuch im allgemeinen entgegensetzte, sie zu einer im Sinne der Zeit besseren Wirtschafts- und Lebensweise zu bewegen. Ein Bedürfnis hierfür bestand jedoch, da die bloße Anwendung von Gewalt oder ihre in zahllosen Verordnungen variierte Androhung insgesamt wenig fruchtete. Den entscheidenden Mangel im Bewußtsein des ‚gemeinen Mannes' erblickten die fortschrittsbewußten Zeitgenossen ja viel weniger in den falschen Vorstellungen an sich, denen er anhing, als vielmehr in der geringen Offenheit für rationale Korrekturen, die damit einherging und die Bevölkerung wie mit einer Mauer umgab. Aufgrund der geringen Bildung

[3] Vgl. etwa oben, S. 293, die Bemerkungen Sextros.

waren die Vorurteile und schlechten Gewohnheiten in den niederen Volksklassen geradezu ‚unausrottbar', wie es dem Sinne nach der preußische Minister Voß formulierte (Gedike, 1800, S. 41), jedenfalls so tief eingewurzelt, daß ihnen durch einfache Belehrung in einem Alter, in dem generell die Aufnahmebereitschaft abnahm, nicht beizukommen schien.
In der Tat erzielte die Fülle von populären Traktaten, Flugblättern, Hausväterbüchern oder Kalendern, mit denen man sich an den Bauern wandte, eine vergleichsweise geringe Wirkung. „Unser Land-Mann bedient sich bey seiner Wirthschaft des Lichtes nicht, welches ihm der gemeinnützige Gelehrte angezündet hat", konstatierte ein Krünitz lakonisch (Krünitz, 1793, Bd. 60, S. 371). In dem betrieblichen Zuschnitt, den sie bei ihrem Leserkreis glaubten voraussetzen zu können, offenbarten viele Schriften als ihr eigentliches Leitbild den größeren Landwirt und nicht den Bauern, dessen Dispositionsfähigkeit objektiv durch seine persönliche und wirtschaftliche Unfreiheit äußerst eingeengt war (Conze, 1972, S. 425 f.; Muth, 1968, S. 81 f.). Aber auch scheinbar niedriger ansetzende Broschüren oder Zeitschriften überstiegen noch den Bildungs- und Lebenshorizont der Bevölkerungsmehrheit auf dem Lande. Man fand füreinander weder den rechten Ton – das hielten die Autoren sich gegenseitig vor[4] – noch die Zeit, die der Landmann zum Lesen gebraucht hätte; ebenso fehlte das Geld gerade denen, die der Anleitung nach dem zeitgenössischen Empfinden am ehesten bedurften: sie gaben es statt für Lektüre wohl eher für das existentiell Unentbehrliche aus (A. Wagemann, 1791, S. 279 f.). Und schließlich mußten derartige Unternehmungen an dem weitgehenden Analphabetismus in der ländlichen Bevölkerung scheitern – den viele Zeitgenossen bei aller Sorge um die ‚rechte Aufklärung' des Landvolks im Blick auf die revolutionäre Selbständigkeit des französischen Volkes auch nicht in allzugroße Leselust umgewandelt sehen wollten (dazu Krünitz, 1793, Bd. 60, S. 421, S. 537).

Insbesondere weil der eigentliche Adressatenkreis schon aufgrund dieser mangelnden elementaren Befähigung nicht erreicht wurde, ist auch der interessante Versuch der ‚Bauernzeitungen' eingegangen, die in der zweiten Hälfte des 18. Jahrhunderts von verschiedenen Seiten – öffentlichen Stellen, ökonomischen Gesellschaften, Privatleuten wie Lehrern, Konsistorialräten, Buchdruckern – ins Leben ge-

[4] Vgl. beispielsweise die bei Grathoff, 1937, S. 24 f., wiedergegebene zeitgenössische Kritik, die die Herausgeber von moralischen Wochenschriften für den Landmann an der hölzernen Gelehrsamkeit und Lebensfremdheit der üblichen Wirtschaftsliteratur übten, von der sie nur die Intention als löblich gelten ließen. (Ebenda auch S. 48 f.) – Bei Krünitz, 1793, Bd. 60, S. 379 f. beziehungsweise S. 395 ff., finden sich in den Aufsätzen, die er aus renommierten bürgerlichen Zeitschriften übernahm, ganze Passagen, die sich kritisch mit diesem Problem beschäftigen.

rufen wurden (Grathoff, 1937)[5]. Sie hatten sich zur Aufgabe gemacht, dem Landmann in seiner häufig elenden Lage (dazu Grathoff, 1937, S. 27) durch Belehrungen, Hinweise, aber auch unterhaltende Erzählungen die Fehler seiner bisherigen Lebensweise sichtbar zu machen und die moralischen und wirtschaftlichen Maßregeln zu vermitteln, die er benötigte. In breitangelegter, unsystematischer Folge wechselten in den periodisch erscheinenden Blättern Artikel über den landwirtschaftlichen Haushalt, Gesundheits- und Krankheitsregeln, Bienenzucht, Kartoffelbau, neue Produkte und ‚Nahrungswege' usw. mit exemplarischen Erzählungen zur Kindererziehung, den vornehmsten Lebenspflichten, dem Vorteil des Fleißes oder über ‚die Glückseligkeit' des Landmannes (Grathoff, 1937, S. 22–29, S. 38); es ist ein symptomatisches Indiz für die weitgehende Übereinstimmung der Bemühungen, daß eine solche Geschichte (über „das ordentliche Dorf") aus einer Bauernzeitung in Rochows „Kinderfreund" Eingang gefunden hat, wie aus einer späteren Darstellung über Bauernzeitungen erkennbar wird (Grathoff, 1937, S. 87 f.; Rochow, 1907, Bd. 1, S. 253 f.)[6].

Namentlich genannt seien hier nur zwei Zeitungen aus dem Preußischen: Das „Gemeinnützige Volksblatt", das (in monatlicher Folge) von 1798 bis 1803 von der Märkischen Ökonomischen Gesellschaft zu Potsdam herausgegeben wurde, wandte sich in der geschilderten thematischen Vielfalt an die Landleute der Berliner Umgebung. In den einzelnen Beiträgen beziehungsweise fiktiven Bauerngesprächen, von denen viele von Rochow geschrieben sein sollen, hatte landwirtschaftliche Aufklärung offenbar Vorrang, vor Hinweisen zur allgemeinen Lebensführung, auch verfassungsmäßigen Belehrungen zum ALR (Schultze, 1964 b, S. 237 f.). Umfassender noch war das Programm der „Schlesischen Volkszeitung", die seit dem Jahre 1789 auf Betreiben des Provinzialministers Hoym von der ‚Ökonomisch-patriotischen Sozietät' in Schlesien für die „Niedrigen Klassen der Einwohner hiesiger Provinz" herausgegeben wurde (zit. nach Grathoff, 1937, S. 50). Neben „Anweisungen zur regelmäßigen Industrie" (in der allgemeinen Wirtschafts- und inneren Haushaltsführung), „Unterricht zur Erhaltung und Wiederherstellung der Gesundheit bei Mensch und Vieh" sowie „Berichtigungen der Begriffe des gemeinen Mannes" sollte das Blatt durch wenige sorgfältig ausgewählte politische Nachrichten auch für die „Einprägung rechtschaffener Gesinnung in Ansehung der moralischen und politischen Verhältnisse" sorgen (zit. nach Grathoff, 1937, S. 41). Dabei zielte man darauf ab, wie Hoym nach Berlin berichtete, die in verschiedenen Regionen der Provinz kursierenden Flugblätter zu verdrängen, deren politisierende Effekte in diesem erst vor kurzem annektierten Landesteil mit einer starken polnischen Bevölkerung besonders gefürchtet wurden:

---

[5] Vgl. auch Füsser, 1934. Die Arbeit, die im wesentlichen der Geschichte der „Dorfzeitung" aus Hildburghausen in Thüringen (1818–1932) und der „Bauernzeitung aus Frauendorf" in Bayern (mit ihren verschiedenen Fortsetzungen: 1819–1893) gewidmet ist, enthält auch eine Bibliographie der älteren Bauernzeitungen, die allerdings nicht den Anspruch auf Vollständigkeit erhebt (S. 177–187).

[6] Die Erzählung findet sich in dem „Bauernfreund aus Niedersachsen" (Lemgo 1775), S. 10 ff.; auch Rochow hat am Anfang der siebziger Jahre eine Reihe von Erzählungen für die Landleute verfaßt und an die Bevölkerung unter dem Titel „Der Bauernfreund" verkaufen lassen (Jonas in: Rochow, 1910, Bd. 4, S. 417). Sämtliche Exemplare dieser Sammlung, die dem späteren Lesebuch für die Kinder, dem „Kinderfreund", zur Vorlage diente, gelten seit langem als verloren.

Nicht zufällig erschien denn etwa ein Viertel der (rund 40 000 Exemplare erreichenden) Auflage in polnischer Sprache (Grathoff, 1937, S. 51 f.) [7].

Sofern aber nicht wie in diesem Fall mit öffentlicher Finanzhilfe, ja geradezu durch staatliche Pression – die Volkszeitung wurde den Gemeinden durch die Steuerbehörden zugeteilt – der Vertrieb durchgeführt wurde, fristeten die Bauernzeitungen ein kümmerliches Dasein. Nur kurz, oft nicht einmal ein ganzes Jahr, vermochte sich ein derartiges Blatt zu halten, das bei einer Auflage zwischen 500 und 1000 Exemplaren in der Regel regional verbreitet wurde, denn die Nachfrage stand in keinem Verhältnis zur Produktion (Grathoff, 1937, S. 43 ff.) [8]. Nicht wesentlich anders dürfte sich der Erfolg der zahlreichen utopischen Bauernschriften und aufklärerischen Dorfromane – mit Ausnahme der wenigen Fälle, in denen diese Literatur öffentlich gefördert wurde, wie etwa das bekannte Beckersche „Noth- und Hülfsbüchlein" [9] – gestaltet haben, jedenfalls soweit sie für die Landbevölkerung selbst bestimmt waren (Hippel, 1939, S. 54 ff.).

---

7 Vgl. dazu auch die Ausführungen über das Prussianisierungsmotiv der preußischen Elementarschulpolitik in Kapitel 2.3. Zur Situation in Schlesien siehe auch Michalkiewicz, 1973.

8 Auch die „Schlesische Volkszeitung" mußte nach 14 Jahren (im Jahre 1803) ihr Erscheinen einstellen. – Das „Gemeinnützige Volksblatt", dessen Anschaffung Kirchenpatronen und Stadtmagistraten durch königlichen Kabinettsbefehl im Jahre 1798 empfohlen war, scheiterte schon in einem kürzeren Zeitraum – nicht zuletzt auch, weil das Interesse der Herausgeber und denkbaren Autoren spürbar nachgelassen hatte.

9 Becker, 1788 (Teil 2 erschien 1798). Nach Beckers eigenem Zeugnis wurden innerhalb von knapp 25 Jahren mehr als eine halbe Million Exemplare dieser Schrift abgesetzt (Hippel, 1939, S. 81), für deren Verbreitung Erlasse wie der von Friedrich Wilhelm III. aus dem Jahre 1798 sorgten, daß aus den Mitteln der landesherrlichen Patronatskirchen in der Kurmark jeweils mehrere Exemplare gekauft und an die Schulkinder der Gemeinde verteilt werden sollten. Denkwürdigkeiten 6 (1798), S. 1326 f. Daraus ist freilich nur bedingt auf den tatsächlichen Erfolg bei den Landleuten zu schließen, wie es etwa Becker selbst tat. Dazu zu Recht kritisch Wittmann, 1973, S. 160 f., der ausführlich die verschiedenen äußeren und subjektiven Schranken für die „Leselust" der ländlichen Bevölkerung hervorhebt, von denen der verbreitete Analphabetismus nur die sichtbarste – und wirksamste – Barriere darstellte. Von Wittmanns eigenen diesbezüglichen Aussagen her läßt sich im übrigen seine These, im letzten Jahrzehnt des 18. Jahrhunderts sei unter dem Einfluß ‚vortechnischer' industrieller Veränderungen und der Französischen Revolution allgemein eine Steigerung der Rezeptionsbereitschaft und Lesefreudigkeit der ländlichen Schichten zu beobachten, mit einigen Fragezeichen versehen. In den (neben-) gewerbsintensiven Regionen, auf die Wittmann sein Urteil dabei insbesondere gründet (1973, S. 176 ff.), hatten, wie etwa in Schlesien oder Westfalen, entsprechende ökonomische und sozialstrukturelle Veränderungen schon zu wesentlich früheren Zeiten eingesetzt, ohne daß dies offenbar die Chancen für Verleger und Autoren merklich gesteigert hatte. Und hinsichtlich der Fernwirkungen der Französischen Revolution, die sicherlich an vielen Stellen unmittelbare Reaktionen in der ländlichen Bevölkerung hervorrief, wird man sich verschiedentlich die Frage stellen müssen, wieweit aus den Aussagen der bürgerlichen Zeitgenossen beziehungsweise der Obrigkeit, auf deren Zeugnis man dabei angewiesen ist, tatsächlich eine allgemeine Mobilisierung der ländlichen Bevölkerung oder nur der Einfluß der revolutionären Ereignisse auf das Wahrnehmungsmuster von bäuerlichen Revolten eher traditionellen Charakters abzulesen ist. Die verschiedenen objektiven Hemmnisse für die Aufnahmebereitschaft der ländlichen Schichten, angefangen von der Schule bis zu den sozialen und ökonomischen Repressionen, auf die Wittmann zuvor ausführlich eingeht, waren damals jedenfalls im allgemeinen noch in Kraft.

Wenn die gewöhnlichen Medien rationaler Aufklärung bei der Masse des Landvolks weitgehend versagten, so war nach der Überzeugung vieler Zeitgenossen doch noch ein anderer Weg gangbar, um die dringlichen produktionstechnischen Verbesserungen, zum Teil auch die gewünschten Verhaltensweisen, der Bevölkerung nahezubringen. Gegen schriftliche Hinweise, allgemeine Ratschläge oder gar offene Kritik erwies sich durchgängig die „Liebe des gemeinen Mannes zum Alten und Hergebrachten" als weitgehend immun, aber es schien, als sei sie in der Praxis selbst durch unmittelbare Demonstration zu unterlaufen. Auf langjährige Erfahrungen berief sich ein engagierter Beobachter der ländlich-bäuerlichen Verhältnisse bei der Aussage: „Es (sei) allerdings etwas Charakteristisches der Bauern, daß sie gerne bei der Methode, bei dem Glauben ihrer Väter bleiben; aber man hat auch Beispiele in Menge, daß sie bald und willig bessere Wirtschafts-Einrichtungen nachahmten, so wie sie sich sinnlich von deren Nutzen überzeugt hatten." [10] In fast gleichlautenden Urteilen wurde diese Erkenntnis auch von anderen Seiten zusammengefaßt: hinsichtlich seiner Kenntnisse und Fähigkeiten mochte „der Bauer ... der dümmste Landwirt (sein)", formulierten märkische Kammerbeamten beispielsweise (bezüglich der Umgegend von Berlin), er „ist doch fähig, sich durch den Augenschein von dem Nutzen des Klees zu überzeugen (zit. nach H. H. Müller, 1967, S. 154). Ehe das Landvolk sein (nicht immer unberechtigtes) Mißtrauen [11] und seine Unbelehrbarkeit aufgibt, muß es den Vorteil der kleinsten Veränderung mit Augen sehen und Händen greifen können, kurz „sinnliche Beweise haben", bekundete auch einer der entschiedensten Protagonisten des agrotechnischen Fortschritts, Albrecht Thaer [12].

Sinnlicher Anreiz und direkte Erfahrungen schienen bei der ländlichen Bevölkerung den praktischen Erfolg zu gewährleisten, der allen verbalen, abstrakteren Appellen oder Anordnungen versagt blieb. Denn auf der Ebene der sinnlichen Wahrnehmung, so erklärten sich die Zeitgenossen, stellte sich keines jener Probleme, die meist schon in elementarer Weise die anderen Anstrengungen um ihren Effekt brachten. Während die wohlmeinendsten Hinweise an leseunkundigen Augen, tauben Ohren und

---

[10] Annalen des Ackerbaus, 1 (1805), S. 179 f. – Hinweis bei H. H. Müller, 1967, S. 154.

[11] Vgl. dazu oben, S. 278 f.

[12] Annalen der Niedersächsischen Landwirtschaft, 2 (1800), S. 23. – Hinweis bei H. H. Müller, 1969, S. 239. – Zur Überlegenheit der Beispiele bei den Bauern gegenüber „allen Vorschriften und Empfehlungen" vgl. auch den oben erwähnten Pächter aus Lankwitz in seinem Aufsatz in den Denkwürdigkeiten 10 (1800), S. 943.

abergläubischem Unverstand häufig genug unbeachtet vorübergingen [13], setzten praktische Demonstrationen auf dem niedrigeren, scheinbar voraussetzungslosen Niveau unmittelbarer Anschaulichkeit an: „Beyspiele", hieß es, „unterrichten mehr als eine trockne Unterweisung, weil Behauptung und Beweis vereinigt sind, und keine Widerrede gestatten." [14] Dabei sollte der sinnliche Eindruck, der ohnehin an Plastizität der logischen Argumentation immer überlegen war, auf den gemeinen Mann um so intensiver wirken, je weniger dieser einer kritischen gedanklichen Distanzierung fähig war. Eben weil die Welt der Erscheinungen ihn ganz umfing, war nach der Formulierung eines Zeitgenossen das „‚Ich habs gesehen' ... dem sinnlichen Menschen mehr als ein mathematischer Beweis", der Schlüssigkeit ja nur im Medium kritischer Verstandestätigkeit gewann [15].

Die diesen Thesen zugrundeliegende Überzeugung hat A. Wagemann auf eine allgemeinere Formel gebracht, indem er sich auf die damals von vielen behauptete Analogie von bäuerlichen Wesenszügen und kindlichem Charakter bezog: „Beide (Kind und Landmann) sind vom Sinnlichen sehr abhängig, weil es ihnen an Kenntnissen fehlt, die sie über das Sinnliche hinaus erheben könnten: Beyspiele sind für sie deswegen eines der vorzüglichsten Bildungs-Mittel" (A. Wagemann, 1791, S. 28). Mit dem Kinde schienen die erwachsenen Landleute auch den ‚Nachahmungstrieb' zu teilen, ohne den auf eine breitere Wirkung dieser Art praktischer Aufklärung schwerlich zu hoffen war (A. Wagemann, 1791, S. 215, S. 281). Sosehr sich Krünitz im allgemeinen dem Verfahren widersetzte, „von dem Kinde geradezu den Schluß auf den Bauer" zu machen (Krünitz, 1793, Bd. 61, S. 138), in diesem einen Punkt bekräftigte auch er die gängige Einsicht: „Der Bauer ist nicht zu Erfindungen, wohl aber zur Nachahmung aufgelegt" (Krünitz, 1793, Bd. 61, S. 436). Im übrigen fand er den Vergleich in doppelter Hinsicht unzutreffend: Weder ließ sich der Landmann durchgängig wie ein Kind behandeln, noch besaß er vor allem dessen Perspektive, die ja eben durch eine ihm gänzlich abgehende Offenheit und Bildsamkeit definiert war; die Unmündigkeit, die den Umgang

---

[13] Vgl. dazu die Rochowsche Erfahrung mit seinen Untertanen in der Krise von 1770–1772, Kapitel 3.3.

[14] P. C. W. Köster: „Vorschlag, wie mehr Aufklärung unter das Landvolk, und die Landwirtschaft auf das geschwindeste in Aufnahme zu bringen sey." In: Journal von und für Deutschland 1790, S. 193 ff. Abgedruckt bei Krünitz, 1793, Bd. 60, S. 378–387, S. 380.

[15] Vgl. die bei Krünitz, 1793, Bd. 60, S. 387–395, wiedergegebenen Vorschläge „zur Aufklärung des Landmanns", die unter Bezug auf den oben zitierten Aufsatz Kösters im Journal von und für Deutschland 1791, S. 149 ff., erschienen. Das Zitat findet sich bei Krünitz, 1793, Bd. 60, S. 395.

mit dem ‚gemeinen Mann' so schwer und unerfreulich machte, bestand auf Dauer.

Gerade diesem Einspruch gegen eine vorschnelle Gleichsetzung der zu bildenden mit der gänzlich ‚verbildeten' Generation ist zu entnehmen, daß das Interesse an diesem Weg, doch noch eine bessere Wirtschafts- und Lebensart unter das Volk zu bringen, letztlich nur den handgreiflichen Ergebnissen galt, die er unmittelbar zu versprechen schien. Die praktischen Schlußfolgerungen aus der geistigen und moralischen Verfassung der Erwachsenengeneration auf dem Lande enthielten zugleich eine weitgehende Einschränkung eigentlich vorhandener Ansprüche: Auf die verständige Einsicht, zu der die Kinder bei rechter Bildung, in glücklicherem häuslichen Milieu und unter modifizierten sozialen Bedingungen noch finden konnten, mußte bei dem Großteil der Erwachsenen so gut wie ganz verzichtet werden. „Denken, Vergleichen, Abstrahiren ist durchaus nicht die Sache unserer Land-Leute, und wird es nie seyn", bei Fortdauer der gegebenen Verhältnisse, konstatierte Krünitz nicht ohne Bitterkeit (Krünitz, 1793, Bd. 61, S. 93). Solange eine – freilich recht einseitig gedachte – wirkliche Verständigung an der geringen Fassungskraft und mangelnden Bereitschaft der niederen Schichten scheiterte, galt die resignative Folgerung: „Der große Haufen der Menschen wird mehr durch Beyspiele, als durch Lehren, geleitet, und Erfahrungen sind die besten Beweise" (Büsching, 1780, S. 283 f.).

Für die Durchsetzung rationellerer Wirtschaftsformen und die Steigerung der ökonomischen Leistungsfähigkeit in der niederen Klasse der Bevölkerung erschien es demnach unerläßlich, daß anschauliche Demonstrationen oder gewinnversprechende Versuche zu den Belehrungen traten, die den Eltern oder den Kindern zugedacht waren. Als ‚Unterricht und Beispiel' wurde dieser kombinierte Weg von allen Seiten befürwortet. Wo immer ökonomische Gesellschaften, öffentliche Institutionen oder einzelne ‚patriotische' Zeitgenossen nach Möglichkeiten zur Einwirkung auf das Landvolk suchten, kamen sie in der Regel zu dem Schluß, daß die gegebenen ‚Mittel für die Aufklärung unter der Ländlichen Bevölkerung' ermunternde Beispiele und nützlicher Unterricht seien[16]. Auf praktisch gleichlautende Stimmen aus dem Ausland, etwa aus Frankreich, konnte man dabei verweisen[17], und sogar von bäuerlicher Seite selbst, wo sie

---

[16] Dazu Krünitz, 1793, Bd. 60, S. 379, S. 387 f., S. 392; Krünitz (selbst), 1793, Bd. 61, S. 416, S. 425.

[17] Vgl. etwa den „Auszug aus den Gesetzen der landwirtschaftlichen Gesellschaft im Languedoc" in den Ephemeriden der Menschheit, 8 (1778), S. 82 ff., aus dem A. Eichler, 1933, S. 24, zitiert. Siehe auch das Programm einer landwirtschaftlichen Gesellschaft in der Bretagne, das – mit erkennbarer Zustimmung – von einer zeitgenössischen „wissenschaftlich-landwirtschaftlichen Bauernzeitung", dem „physikalischen und ökono-

einmal zu Wort kam, wurde ein derartiges zweifaches Vorgehen für notwendig erachtet, begleitet freilich noch von realen Eingriffen in die Wirtschaftsverfassung.

Dem gemeinen Mann allein „bloß die Sache (der notwendigen Verbesserungen seiner Wirtschaft) überlassen", hieß es in einer bäuerlichen Preisschrift der Berliner Akademie, „ihn (sic!) mündlich und schriftlich die besten Regeln – Anweisungen oder Befehle zu geben, ist vergeblich, seinen Zweck zu erreichen. Er ist noch voll von Vorurteilen – sein Hang an alte Gewohnheiten ist zu groß. Aber dies ist im Grunde noch das wenigste, was Schwierigkeiten verursacht seinen eigenen und den Zustand des Staates, dessen Hauptstütze er ist, um ein großes zu verbessern. – Milde Unterstützung durch Belehrung, durch Beispiele, Befreiung aus den schadlichen Menschen, welche umhergehen ihn auszuzehren ..., Abschaffung wiedriger Verfassungen p. sind Erfordernisse welche den Weg zur Aufnahme der Ackerkultur bahnen" (H. H. Müller, 1963, S. 256, auch S. 260).

Dabei war der Unterricht vorwiegend, aber nicht ausschließlich der jungen Generation vorbehalten: Auch bei den Alten sollte auf Belehrungen – durch mündliche erläuternde Hinweise oder einige wenige sorgfältig ausgewählte Schriften – nicht völlig verzichtet werden. Und wenn die Vielzahl der kursierenden Traktate, Flugschriften oder Zeitungen nicht den „gemeinen Landmann", sondern „die vorzüglichere Classe der Landwirthe, ... Pächter, Prediger, Guts-Besitzer und Edelleute" erreichte, versprach man sich von ihnen doch eine vermittelte Wirkung auf das Gros der Landbevölkerung: nur daß an diese das Wissen, das jene Personengruppen erwarben (die „die wahren Lehrer des gemeinen Landmanns seyn"), in der Form von praktischen Beispielen gelangte [18]. Die Unternehmungen selbst, zu denen die fortschrittsbewußten, sozial arrivierten ‚Landwirte' auch von der vielfältigen Literatur angeregt wurden, sollten durch ihre Ausstrahlung die Lücke schließen helfen, die den Funken des agrarischen Fortschritts bislang, wie es schien, nicht auf die Masse der Landleute überspringen ließ. In diesem Sinne wollten einige Zeitgenossen in den agrotechnischen Verbesserungen, die sich in einzelnen Regionen auch bei den kleinen Leuten durchzusetzen begannen, bereits die tatsächlichen Beweise dafür sehen, daß „Unterricht Beyspiele, und daß Beyspiele Nachahmung, folglich daß Unterricht Aufklärung befördere, und dies so gar langsam nicht" (bei Krünitz, 1793, Bd. 60, S. 388).
Soweit die ländlichen Honoratioren oder die lokale Obrigkeit nicht schon faktisch und im eigenen Interesse dafür sorgten, daß auch ihre (vielfach

mischen Patrioten" (aus Hamburg), abgedruckt wurde (3, 1758, S. 14): Grathoff, 1937, S. 38. Vgl. auch Grathoff, 1937, S. 93.

[18] Vgl. zum Beispiel den bei Krünitz, 1793, Bd. 60, S. 403–422, wiedergegebenen Artikel aus dem 28. und 29. Stück des Wittenbergischen Wochenblattes vom Jahre 1792 „Vom guten Verstande der Landleute" (Zitat ebenda, S. 420).

abhängige) Umgebung Neuerungen von ihnen übernahm, erwuchs ihnen hierin nach der Ansicht vieler Zeitgenossen eine wesentliche Aufgabe. Personen, die „die Hochachtung und das Zutrauen“ des gemeinen Volkes genossen, könnten durch „vorsichtig gewählte zum glücklichen Erfolg geleitete“ Versuche selbst die halsstarrige Anhänglichkeit des einfachen Mannes an das Herkommen überwinden (A. Wagemann, 1791, S. 288 f.): In dieser Weise sollte bei der Masse der Bevölkerung das eindrucksstarke Beispiel den Unterricht ersetzen.

Eine ganze Reihe von Fällen, in denen die Aktivität der besser gestellten Großlandwirte ganze bäuerliche Gemeinden in Bewegung brachte, schien die Richtigkeit dieses Konzepts zu dokumentieren. Doch trugen alle derartigen Berichte in Zeitschriften, Reiseerzählungen oder Handbüchern einen stark appellatorischen Charakter: Indem sie die beispielhaften Ergebnisse des Vorgehens einzelner lokaler Autoritäten hervorhoben, verrieten sie doch implizit gleichzeitig, wie weit das Land im allgemeinen noch von einem befriedigenden Status entfernt war. Der agrarische Fortschritt pflanzte sich keineswegs selbsttätig von den – zum Teil recht aufwendigen – Unternehmungen der Vorwerke oder adligen Gutsbetriebe auf die bäuerliche Dorfmark und die Feldstriche der Landarmen fort. Es bedurfte meist besonderer Veranstaltungen, um die einfachen Leute von der Überlegenheit neuer Verfahren oder dem Vorteil ‚industriöser Bearbeitung der Landesproducte‘ zu überzeugen (A. Wagemann, 1791, S. 289), und dazu fand sich die dünne Schicht der profitabel wirtschaftenden Landeigner nicht ohne weiteres bereit – oder nur, wenn es unmittelbar im eigenen Interesse lag.
So findet sich unter den zeitgenössischen Schilderungen erfolgreicher Initiativen der Bericht einer märkischen Dorfgemeinde, wo der Mangel an Wiesenland den allgemein zu beobachtenden Kreislauf von Viehfuttermangel und dürftigen Erträgen besonders kraß zur Wirkung brachte. „Vieh und Acker wurden immer schlechter“, konstatierte der Berichterstatter. Den Anstoß zum Handeln empfing der Pächter des adligen Gutes offenbar erst durch die Tatsache, daß ihm selbst bei den Spanndiensten der Vollhufner (die dazu das eigene Vieh zu stellen hatten) durch die Schwäche der Zugtiere empfindliche Nachteile entstanden. Nachdem Vorstellungen und Bitten, in die Brache Klee einzusäen und somit durch ‚künstlichen Wiesenbau‘ den Heumangel zu beseitigen, bei den Bauern immer wieder auf taube Ohren gestoßen waren, griff der Pächter schließlich zu einer List, um das von ihm schon länger praktizierte System auch bei der Gemeinde durchzusetzen. Unter dem Vorwand, den eigenen Futterbedarf auf den Gutsfeldern nicht decken zu können, erwarb er sich in einem Pachtvertrag von jedem einzelnen Stellenbesitzer die Erlaubnis, in das jeweilige Brachfeld oder einen Teil davon Klee einsäen zu dürfen. Als dann der Klee aufgegangen war und die erste Ernte bevorstand, ließ er den Bauern die Wahl zwischen der Pachtsumme oder dem Klee selbst. Es gab nach den Worten des Berichterstatters keinen, der auf das kostbare Viehfutter verzichten wollte, das ihm auf diese Weise praktisch umsonst zufiel. Und die günstigen Erfahrungen des folgenden Winters, in dem sonst vielfach Notschlachtungen erforderlich waren oder das Vieh, wie man allgemein klagte, doch so schwach wurde, daß es im Frühjahr am Schwanz auf die Weide geschleppt werden mußte, taten ein übriges, die ‚Besömmerung‘ der Brache in dieser Gemeinde künftig einzubürgern (Denkwürdigkeiten 5, 1798, S. 343–346).

In anderen Fällen – etwa in einem königlichen Dorf im Amte Zossen südlich Berlins – war noch die praktische Vermittlung durch ein Mitglied der bäuerlichen Gemeinschaft selbst vonnöten, bevor sich die Mehrheit zu neuartigen, zum Teil ungewöhnlichen Verfahren entschloß. Auf den sandigen Böden des Amtes, die im Bereich dieser Gemeinde gerade die zweifache Aussaat ergaben, so daß die Besitzer meist ‚ganz und gar heruntergekommen' waren, erwies sich die Düngung mit Wasserpflanzen aus einem benachbarten See als eine nützliche Hilfsmaßnahme. Die Kenntnis einer derartigen Möglichkeit hatte der Pächter der königlichen Amtsfischerei aus dem Mecklenburgischen mitgebracht, und er erzielte damit auf seinen Feldern immerhin eine Steigerung der Geteideerträge um das Doppelte. Doch erst als ein Kossät (Kleinbauer), der mit der Wirtschaft des Pächters (und dem See) in nähere Berührung kam, weil er sich im Nebengewerbe bei der Fischerei verdingt hatte, auf seinen Feldstücken diese Düngungsart mit Erfolg anwandte, gaben die anderen ihre Zurückhaltung auf. Schon wenige Jahre später glaubte der Berichterstatter eine merkliche Besserung der allgemeinen Lebensumstände in diesem Dorf zu erkennen, die er wesentlich auf die günstige Wirkung der verbesserten Düngung des Landes zurückführte (Denkwürdigkeiten 2, 1796, S. 823–827).

Geradezu planmäßig schien dieser Weg, die einfachen Landleute durch sinnfällige Demonstrationen von der Unterlegenheit ihrer herkömmlichen beziehungsweise dem Vorteil einer rationellen Wirtschaftsweise zu überzeugen, durch die landesherrliche Einrichtung von Mustergütern beschritten, die die notwendigsten agrikulturellen Verbesserungen in einem größeren Umkreis fördern sollten. Solche Betriebe, die freilich nichts anderes waren als ausgewählte Domänenvorwerke oder die Güter namhafter Landwirte, rückten bereits in die Nähe der schulischen Ausbildung, weil auf ihnen vor allem die Söhne der Bauern in einer Art Lehre (von 1 bis 2 Jahren Dauer) die neuen Wirtschaftsverfahren kennenlernen sollten. Für das Jahr 1768 war beispielsweise die hinterpommersche Kammer beauftragt, aus jedem ihrer Ämter ein oder zwei Bauernsöhne auf die Güter eines der bekanntesten damaligen ‚Agrarunternehmer', des Herrn von Brenkenhoff, in der Neumark zu schicken, „damit sie den Acker unter Aufsicht der dortigen Anhaltischen Wirtschafter selbst bestellen, die Ernte einbringen, und dasjenige, was davon ausgedroschen wird, selbst sehen, mithin völlig überzeugt werden, daß der wenige Einschnitt (Ernte, d. Verf.) in Hinterpommern einzig und allein von der schlechten Ackerbestellung herrühre" (A. F. Riedel, 1843, S. 149 f.; Hinweis bei Gans, 1930, S. 69). Freilich ist mehr als zweifelhaft, wieweit die künftigen untertänigen Bauern die ‚stets ins Große' gehenden Unternehmungen Brenkenhoffs oder auch das der modernen Wechselwirtschaft bereits nahekommende komplizierte System seiner ‚anhaltischen Wirtschaft' in dem beschränkten Rahmen ihres eigenen Betriebs umsetzen konnten (Abel, 1967, S. 323 f.; H. H. Müller, 1967, S. 58 ff.). Fraglich ist aber auch schon, ob eine derartige Regelung überhaupt dauerhaft durchgeführt worden ist.

Vorschriften und Vorschläge zur ‚Landes-Polizei'

Immerhin hat ein ähnliches Vorgehen zur Förderung der rechten Wirtschafts- und Lebensweise auf dem Lande, bei dem bestimmte amtliche Personen aus dem adligen oder bäuerlichen Stand durch ihr eigenes Handeln als Mittler zwischen Theorie und Praxis fungierten, Eingang in die offiziellen Verlautbarungen und Edikte des preußischen Staates gefunden. Das weite Tätigkeitsfeld der Landräte, in denen sich die absolutistische Gewalt (im Kompromiß mit adligen Selbstverwaltungsansprüchen) wichtige Organe der umfassenden ‚Landespolizei' herangebildet hatte, besaß in diesem ökonomischen Aufgabenbereich einen wesentlichen Schwerpunkt. Schon bezüglich ihrer „allgemeinen Pflichten" hieß es beispielsweise in der „Instruction für die Landräthe in der Kurmark" aus dem Jahre 1766, daß „denn die Landräthe ihr hauptsächliches Augenmerk dahin gerichtet seyn lassen müssen, den Land-Mann zu guter Ordnung in der Oekonomie, Feld- und Gartenbau, auch Viehzucht, als der größten Stärke des Landes zu animieren, und demselben, nach Beschaffenheit der Umstände, jeden Orts und Gelegenheit, dazu Anweisung zu geben" [19]. Bis ins Detail waren dabei neben den militärischen und fiskalischen Aufträgen die Punkte in der Wirtschaft des platten Landes umrissen, um die sich der Landrat besonders zu kümmern hatte; der Tätigkeitskatalog, der auf diese Weise zustande kam, ähnelte nicht zufällig dem Arbeitsprogramm der Industrieschulen. So sollte der Landrat auf die vermehrte Pflanzung von Obstbäumen in den Gärten der einfachen Leute und an den Straßen sehen, zu Bienenzucht oder Seidenbau anregen, die Erzeugung von Futterkräutern, weil damit dem folgenreichen Mangel an Viehfutter abgeholfen werden konnte, und — wegen ihrer breiten Verwendbarkeit — den Anbau von Brach- und Gartenfrüchten wie der Kartoffel vorantreiben. Auch Hanf-, Hopfen- und Flachsbau sowie die Färbekräuterkulturen waren zu fördern, da sie dem gemeinen Landmann eine zusätzliche „gute und große Revenue" gäben — insbesondere wenn dieser den Rohstoff selber mit seiner Familie weiterverarbeitete [20]; und es fehlte denn auch nicht „die Poussirung der Spinnerei" unter den landrätlichen Obliegenheiten, der ganz besonderes Augenmerk, gerade auch bei der Jugend, zu widmen war (Krünitz, 1793, Bd. 61, S. 536–540).

Um diesen Verpflichtungen in der vorgeschriebenen Weise nachzukommen, genügte es nicht, wenn der Landrat einschlägige Anweisungen auf dem üblichen Wege ergehen ließ; häufige Kontrollen, notfalls Zwangsmittel, vor allem aber auch praktisches, demonstrativ wirkendes Engagement wurden von ihm erwartet, damit „die Schläfrigkeit der Leute" einer verständigen wirtschaftlichen Aktivität wich. Insofern er dazu nicht allein in der Lage war, sah die Instruktion vor, daß sich der Landrat der Mitwirkung der Schulzen, der königlichen Ämter sowie der adligen Herrschaften versicherte, so daß sie gemeinsam bei den gewünschten Verbes-

---

[19] Abgedruckt bei Krünitz, 1793, Bd. 61, S. 518–543, S. 520 (im Artikel „Land-Rath").
[20] Vgl. dazu oben, S. 270.

serungen auf ihren Wirtschaften „mit gutem Exempel ihren Einsassen vorgehen" (Krünitz, 1793, Bd. 61, S. 539–540). Das Vorbild der durch Stand oder Amt herausgehobenen Personen sollte den gemeinen Mann bei der agrotechnischen Umstellung, aber auch der Separation und Allmendenteilung – bei denen die bäuerlichen Gemeindemitglieder vielfach nur widerstrebend ihren Zusammenhalt aufgaben –, von seinem Mißtrauen heilen und zur Nachfolge reizen.

Angesichts derartiger offizieller Reglements bewegten sich die Entwürfe, die die Zeitgenossen für eine optimale Organisation der ‚Landespolizei' entwickelten, nicht gänzlich jenseits des Realitätshorizontes, wenn sie den verschiedenen Trägern obrigkeitlicher Gewalt auf dem Lande in diesem Sinne geradezu eine Schlüsselrolle für ‚die Ermunterung von Fleiß und Industrie' des Landvolks zuwiesen. Doch war der Weg von den amtlichen Absichtserklärungen oder Dekreten, wie die gesamte preußische Elementarschulpolitik jener Zeit nur zu gut dokumentiert, zu ihrer praktischen Durchsetzung gewöhnlich recht langwierig und schon da ungewiß, wo er über die Stationen tatkräftiger adliger Mithilfe lief. Neben den adligen Landräten und Gerichtsherrschaften, deren Eigenständigkeit nur schwer in die Pflicht zu nehmen war, sollten darum nach dem Willen kritischer Zeitgenossen eher noch die ‚Beamten', die bürgerlichen Pächter der königlichen Vorwerke, durch eine musterhafte Wirtschaft, durch gezielte Versuche und eingängige Erläuterungen das Landvolk aus seinen eingefahrenen Routinen herausführen (Krünitz, 1793, Bd. 61, S. 428 f., im Artikel „Land-Polizey"; A. Wagemann, 1791, S. 318 f.).

Schon aus den angeführten Beispielen ist ersichtlich, daß sich diese in der Regel besonders agile, rationell wirtschaftende Gruppe in manchen Fällen in der Tat der gestellten Aufgabe angenommen hat. Aus der Preisschrift eines Pächters stammt das bezeichnende Wort, daß „gute und wohlgeordnete Beispiele des Landmanns mächtigwirkende Philosophie" seien[21]. Auf den Erfolg, den sie versprach, schien im einzelnen auch die staatliche Kammerverwaltung nicht ganz verzichten zu wollen; davon zeugt der Fall des Pächters vom Amt Neustadt an der Dosse (nordwestlich von Berlin), der bei der Anlage von Kolonien, die aufgrund der Urbarmachung von Dosse- und Rhinbruch (in der Mitte der siebziger Jahre) zu besiedeln waren (Büsching, 1780, S. 252 ff.), nach eigener Aussage selbst „eine Kolonie von fünfundsiebzig Morgen (zugewiesen erhielt), um den andern Kolonisten mit gutem Exempel vorzugehen" [22].

---

[21] Abhandlungen über die allgemeine Stallfütterung des Viehes und die Abschaffung oder Beibehaltung der Brache, wovon die Königliche Akademie der Wissenschaften der ersten des Herrn Predigers Gottfried Ludewig Graßmann in Pommern den Preis zuerkannt, Berlin 1788, S. 108. Hinweis bei H. H. Müller, 1970, S. 240.

[22] Vgl. den Bericht des Amtmanns Fromme (vom Jahre 1779) über die Inspektionsreise Friedrich II. in dieses Gebiet. Fontane, 1966, Bd. 1, S. 403.

Eine ganz besondere Rolle aber war den Predigern auf dem Lande dabei zugedacht. „Keine Person im Staate", urteilte mit vielen anderen damals der Geistliche A. Wagemann, hätte „mehr Verbindlichkeit und mehr Gelegenheit zur Beförderung der ländlichen Industrie ... als gerade der Land-Prediger!" (A. Wagemann, 1791, S. 331)[23]. Zu seinem Aufgabenbereich zählten die aufgeklärten Zeitgenossen nicht nur die Sorge um das Seelenheil, sondern ebensosehr ‚um das zeitliche Wohl' seiner Pfarrkinder; denn ein wahrhaft gottesfürchtiges Dasein sollte sich bei ihnen nicht in der gläubigen Gewißheit der religiösen Wahrheiten erschöpfen, sondern fand im Sinne einer praktischen Religion seinen wirklichen Ausdruck erst in den gottesgefälligen Handlungen und rechten Verhaltensweisen des einzelnen, unter denen Fleiß und ‚Industrie' — gegenüber der verbreiteten sündhaften Untätigkeit — einen besonderen Platz einnahmen. Wenn der Pfarrer auf dem Lande also seine geistlichen Pflichten richtig versehen wollte, hatte er Erwachsene und Kinder neben dem, was sie glauben, „vorzüglich (zu lehren) was sie thun sollen", um ihrem, wie es hieß, gottgewollten irdischen Stand gerecht zu werden (A. Wagemann, 1791, S. 328). Nicht minder konnten die karitativen Funktionen, die traditionell mit der Institution der Kirche sich verbanden, ihn dazu führen, seinen Wirkungskreis bis in den wirtschafts- und sozialpädagogischen Bereich auszudehnen.
Keine andere Funktion bot einen ebenso optimalen Rahmen für eine praktische Einflußnahme auf die ländliche Bevölkerung. Die Religion war damals insgesamt das Medium, das die weitesten Bevölkerungskreise zu erreichen erlaubte. Entsprechend genoß der Pfarrer, wenn es ihm nicht sichtlich an Wissen oder Würde fehlte, leicht ein Ansehen, das seinen Empfehlungen und Handlungen ein besonderes Gewicht verlieh. Der häufige Umgang, den er praktisch mit allen Menschen seines Sprengels als ‚öffentliche Amtsperson' oder persönlich als Seelsorger pflegte, verschaffte ihm eine Vertrautheit mit den einzelnen, die nach der Versicherung der Geistlichen selbst den einfachen Mann nicht selten seinen Rat auch in praktischen Belangen suchen oder wenigstens leichter annehmen ließ (A. Wagemann, 1791, S. 324). Dabei konnte er die Gelegenheiten, die ihm Gespräche bei Hochzeiten, Kindstaufen, Krankenbesuchen usw. zu ökonomischen Hinweisen oder Vorschriften boten, um so

[23] Charakteristischerweise war es auch in den Bauernzeitungen häufig der Pfarrer, der im fiktiven Dialog mit einem Landmann Belehrungen gab (Grathoff, 1937, S. 39). Vollzählig versammelt sind die entscheidenden ökonomischen Multiplikatoren in der Zeitung „Das Dorfkonvent", in dem Amtsrat, Pächter, Pfarrer mit dem Kantor (einem aufgeschlossenen, noch unerfahrenen Städter) sowie dem Dorfnachbarn Frühauf konferieren, der immer die neuesten Geschichten aus dem Krug mitbringt (Grathoff, 1937, S. 26 f.).

besser nutzen, als er sich zuvor durch eingehende Beobachtung einen Überblick über die Lage der einzelnen hatte verschaffen können (Krünitz, 1793, Bd. 61, S. 754; A. Wagemann, 1791, S. 326).

Dieses konkrete Wissen um die jeweiligen Verhältnisse, die Kenntnis der ‚Denkungs-Art' und der Fähigkeiten des Landmanns und schließlich die Vertrautheit mit der Sprache der einfachen Leute hatte der Landgeistliche allen anderen Amtsträgern voraus, die als Multiplikatoren der agrarwirtschaftlichen Neuerungen und industriösen Verhaltensweisen fungieren konnten. Mit den Gutsobrigkeiten und Beamten verbanden den Pfarrer sein Stand und seine intellektuelle beziehungsweise kulturelle Kompetenz, mit den Bauern seine Amtsgeschäfte und seine Lage (A. Wagemann, 1791, S. 329). Schon örtlich gesehen, vor allem aber auch sozial, stand der Geistliche somit der Klasse der Ackerwirte, Kleinstbauern und Tagelöhner am nächsten: „Der Prediger bleibt", wie Krünitz versicherte, „für seine Gemeinde ... immer der nächste Vorgänger, und von ihm lernt der Bauer am liebsten, der mit ihm ein und eben dasselbe Gewerbe betreibt" (Krünitz, 1793, Bd. 61, S. 32)[24]. Das beste Bildungsmittel besaß der Geistliche dementsprechend in seiner eigenen Wirtschaft, die er schon aus Eigeninteresse tunlichst intensiv gestaltete, weil er aus ihr den Großteil seines Lebensunterhalts bezog. Auf den Pfarräckern, dem Feldgarten und in der eigenen Haushaltsführung konnte er seinen wirtschaftlichen Anregungen nicht nur Nachdruck verleihen, sondern überhaupt die überzeugendste Wirkung entfalten. „Hat(te) er sich ... (wirklich) gründliche ökonomische Kenntnisse erworben", erklärte ein Landgeistlicher aus dem Ostpreußischen aufgrund der eigenen Erfahrung, „kann er dem Land-Manne selbst, einige Gelegenheit zu neuem Erwerb anzeigen, und von der Sicherheit, durch Beyspiele, die er auf seinem eigenen Acker angestellt, überführen."[25]

Möglichkeiten und Funktionen des Landgeistlichen

Allerdings waren die beiden entscheidenden Voraussetzungen für die Beeinflussung der Wirtschaftsweise durch das eigene Beispiel: die eigene Wirtschaft des Pfarrers und die notwendige Versiertheit für ihre optimale Nutzung, in der Realität weder ohne weiteres gegeben noch unum-

---

[24] Vgl. auch die bei Krünitz, 1793, Bd. 60, S. 395–403, abgedruckten „Gedanken, wie neue Verbesserungen und nützliche Vorschläge am leichtesten unter dem Land-Manne einzuführen seyn möchten" aus dem 81. und 82. Stück der „Gelehrten Beyträge zu den braunschweigischen Anzeigen vom Jahre 1769"; insbesondere S. 399 f.

[25] Vgl. das Schreiben eines Landpredigers im 1. Quartal der Annalen des Königreichs Preußen 1792, S. 110 ff. Abgedruckt bei Krünitz, 1793, Bd. 61, S. 186–190, S. 187.

stritten. Nicht ohne Grund erklärte Campe, der abgesehen von den Industrieschulen auf die Wirkung der Landgeistlichen als ökonomische Schubkraft setzte, „eine zweckmäßigere Vorbereitung" der künftigen Landprediger für das „zweite Mittel zur Beförderung der Industrie" (Campe, 1786, Bd. 1, S. 26 ff.). Bislang waren viele Landpfarrer schon aufgrund ihrer mangelhaften oder, wie die Kritiker urteilten, zweckwidrigen Ausbildung nicht einmal ihren geistlichen Funktionen in der erforderlichen Weise nachgekommen und hatten mit ihrem Fehlverhalten den ganzen Stand der Geistlichkeit in einen zweifelhaften Ruf gebracht (A. Wagemann, 1791, S. 321)[26]. Auch kirchliche Instanzen, wie der bekannte Propst Süßmilch, zeichneten um die Mitte des Jahrhunderts von der Verfassung der Geistlichkeit ein ziemlich trübes Bild, das freilich mit der Zeit einer merklich günstigeren Beurteilung durch die Umwelt wich (Hintze, 1967a, S. 82 f.).

Noch viel weniger gewährleistete der Ausbildungsstand des angehenden Predigers die Erfüllung eines erweiterten Tätigkeitskreises, in dem noch die Aufgaben eines Rechtshelfers und medizinischen Praktikers übernommen werden sollten und außerdem die eines ökonomischen ‚Vorbildes', das „die Haushaltung, den Ackerbau und die sonstigen Gewerbe seiner Gemeinde verbessern" half (Campe, 1786, Bd. 1, S. 33). Erst dann wurde nach den neuen Maßstäben der Landgeistliche seinem Amt gerecht, wenn er als „der Vater, der Lehrer, der Arzt, der Rathgeber und das Vorbild seiner Gemeinde (agierte) ...; (überhaupt), damit ich alles zusammenfasse, das allerehrwürdigste und allernützlichste Werkzeug ... (würde), um wahre practische Gottesfurcht, zweckmäßige Aufklärung, gute Sitten, Ordnung, Fleiß, Industrie, Bevölkerung und öffentlichen Wohlstand zu befördern" (Campe, 1786, Bd. 1, S. 32, S. 34)[27].

Wenn der einzelne Pfarrer diesem Ideal wirklich sich annähern sollte, bedurfte es nicht nur einer Ausweitung, sondern einer einschneidenden Veränderung seiner Ausbildung. An die Stelle der verknöcherten Schultheologie mit Griechisch und Hebräisch, Dogmatik, Polemik, Logik und Metaphysik bisheriger Konvenienz mußten, wie Campe mit deutlicher

---

[26] Vgl. als ein extremes Beispiel öffentlicher Kritik die Komödie von J. Chr. Krüger (eines gescheiterten preußischen Kandidaten der Theologie) „Die Geistlichen auf dem Lande" (1743), die trotz ihres Verbots eine größere Verbreitung fand (Nachdruck mit einem Nachwort von J. Jacobs, Stuttgart 1970). Die beiden Hauptfiguren, die Landgeistlichen Muffel und Tempelstolz, sind Musterbeispiele der Dummheit, Lasterhaftigkeit, Habgier und bewußten Vernunftfeindschaft.

[27] Vgl. zu dieser von aufgeklärten Geistlichen selbst formulierten Auffassung ihres Amtes – auch Campe war zum Theologen gebildet und als Pfarrer tätig gewesen – unter anderem die Hinweise, die Aner, 1919/20, S. 20 ff., zum Selbstverständnis der beiden märkischen Landgeistlichen Dapp und Treumann gibt. – Zur Rolle der Landprediger siehe auch Wehrmann, 1972, S. 110–124; Fooken, 1967, S. 100–103.

Spitze gegen die Orthodoxie postulierte, die Schulung ‚des gesunden Menschenverstandes', neben aufgeklärte Religion und Religionsgeschichte pädagogische und sozialpsychologische („anthropologische") Kenntnisse treten. Nicht zuletzt erforderte ein derart breit definierter Amtsbereich außer medizinischem Grundwissen und entsprechenden Fertigkeiten aber „eine genaue Bekanntschaft mit der Naturhistorie des Vaterlandes, viel physicalische und mechanische Kenntnisse und Geschicklichkeiten, viel theoretische und practische Kenntnisse der Oekonomie, der Landwirthschaft, der Künste und Handwerke, besonders solcher, deren der Landmann nicht entrathen kann" (Campe, 1786, Bd. 1, S. 77).

Wie vollends dieser umfangreiche Wissenskatalog für den künftigen Landprediger enthüllt, lief der so pragmatisch scheinende Vorschlag, die Geistlichkeit systematisch in das Gefüge einer ‚Landespolizei' zu integrieren, die der Verarmung durch ökonomische Impulse entgegenwirkte, letztlich auf eine recht grundlegende Veränderung des Pfarramtes hinaus [28]. Die Vorstellungen Campes fanden bei Adel und orthodoxer Kirche ein empörtes Echo, um so mehr, als er sich auf einen einigermaßen kompromißlosen Kritiker der bestehenden Machtverhältnisse: den ‚Radikalen' Bahrdt, berufen hatte. Diese Reaktion zeigt, wie unrealistisch der Gedanke an so weitgehende institutionelle Veränderungen war (Fooken, 1967, S. 147 ff.; Herrmann, 1971, S. 177 f.) [29].

Solange freilich der Landgeistliche seine Einkünfte im wesentlichen aus der kircheneigenen Pfarrwirtschaft bezog, war ein frühzeitig erworbenes, praxisbezogenes Verständnis wenigstens der „ersten Elemente der Oekonomie-Wissenschaft" geradezu ein Gebot der eigenen Lebenserhaltung und schon deshalb eine „unentbehrliche Kenntniß" (Krünitz, 1793, Bd. 61, S. 30 f.). Weil es damit offenbar in vielen Fällen haperte, vor allem der Amtsantritt der angehenden Pfarrer durch Schwierigkeiten auch finanzieller Art bei der Übernahme des Betriebs samt Inventar

---

[28] Vielleicht am weitesten ging in dieser Hinsicht Krünitz in seinem Entwurf eines landespolizeilichen Reglements, nach dem der Landpfarrer unter dem landrätlichen ‚Polizey-Directorium' die Funktionen eines ‚Polizey-Inspectors' bekleiden sollte. Zu seinen Pflichten gehörte zusätzlich zur Aufsicht über Bauwesen, Straßen und Wege, sowie der Leitung von Armen-, Krankenfürsorge- und Schulanstalten u. a. die vorbildliche Führung seiner Wirtschaft, die seine Gemeinde – nachweislich (!) – zum Modell zu nehmen hatte. Ackerbau, Viehzucht, Wiesenbau, Gartenkulturen sollte der Geistliche bei den Bauern seines Sprengels von Amts wegen in einen vernünftigen Zustand bringen. Um dazu schon die Schulkinder anzuleiten, ihnen auch die nötige Folgsamkeit für später beizubringen, war von Krünitz schließlich vorgesehen, daß „der Inspector Lehrer und Lernende wöchentlich wenigstens ein Mahl in seine eigene Wirtschaft . . . (führte), ihnen die Handgriffe und den Nutzen des Gehörten in der Ausübung . . . (zeigte) und sie, nach Beschaffenheit der Umstände, selbst Hand anlegen" ließ (Krünitz, 1793, Bd. 61, S. 454–464).

[29] Der Verweis auf Bahrdt, 1785, findet sich bei Campe, 1786, Bd. 1, S. 27.

vom Amtsvorgänger überaus kompliziert wurde, war auch die entgegengesetzte Radikallösung vorgeschlagen worden: Einige Zeitgenossen hatten verlangt, daß den Predigern die eigene Wirtschaft genommen würde. Ihnen schien es für Amt und Person des Geistlichen weit besser, wenn er sich frei von den Lasten einer landwirtschaftlichen Betriebsführung und durch ein stabiles Einkommen gesichert ausschließlich seinen geistlichen Aufgaben widmete[30].

Die zahlreichen Entgegnungen, die diese Vorschläge zur Folge hatten, lassen abermals die Relevanz erkennen, die die Agrarwirtschaft bei der zugespitzten Krisensituation der zweiten Hälfte des 18. Jahrhunderts im zeitgenössischen Bewußtsein besaß: Allzu schwer wurde von vielen, darunter einer ganzen Reihe von Pfarrern, der Druck der landwirtschaftlichen Entwicklung auf die Gesellschaft und auch ihren eigenen Stand empfunden, als daß ihnen eine derartige Existenzweise des Geistlichen, die dem Prinzip moderner Arbeitsteilung entsprochen hätte, denkbar oder zulässig erschienen wäre. Allein schon um dem Prediger ein gleichbleibendes Einkommen zu sichern, empfahl sich die Beibehaltung der Pfarrwirtschaft, die er selbst mit Hilfe der (gegen Entgelt) zu Spann- und Handdiensten verpflichteten Gemeindemitglieder betrieb. Da unter der langfristigen, von Mangelkrisen angeheizten Teuerung die Lohn- und Gehaltsempfänger besonders zu leiden hatten[31], schien am ehesten der eigene Landbesitz – sofern er von den Belastungen der Feudalherrschaft frei war – die Aufrechterhaltung eines gewissen Lebensstandards zu garantieren. Überdies kam es den im engeren Sinn geistlichen Aufgaben sehr zugute, wenn die landwirtschaftliche Betätigung der Prediger „ein Gesellschafts-Band zwischen ihnen und ihren Pfarrkindern" knüpfte (Krünitz, 1793, Bd. 61, S. 32) und diese ihrem Pfarrer aufgrund seines erwiesenen praktischen Sachverstandes wie keiner außenstehenden Amtsperson „Achtung", „Vertrauen" und „Liebe" entgegenbrachten (Campe, 1786, Bd. 1, S. 68f., S. 79; Krünitz, 1793, Bd. 61, S. 31f.; A. Wagemann, 1791, S. 324ff.)[32].

---

[30] Vgl. die von Krünitz referierte und durch den Abdruck einer Reihe von zeitgenössischen Beiträgen recht ausführlich dokumentierte Kontroverse in dieser Sache (Krünitz, 1793, Bd. 61, S. 148–216). Ein Kristallisationspunkt der Debatte, die der Gerichtspräsident von Benekendorf ausgelöst hatte, war die Frage im „Leipziger Intelligenzblatt" aus dem Jahre 1792 (S. 163): „Ob und in wie fern der schwere Anfang neu angehender Prediger zu erleichtern sey? da durch Trennung der Land-Wirthschaft von geistlichen Ämtern allerdings der äußerste Nachtheil zu befürchten steht" (Krünitz, 1793, Bd. 61, S. 190).

[31] Vgl. dazu oben die Hinweise in Kapitel 3.2.

[32] Zahlreiche Belege für diese Überzeugung finden sich in den bei Krünitz, 1793, Bd. 61, S. 162–216, abgedruckten zeitgenössischen Aufsätzen, darunter dem des oben erwähnten Landpredigers aus dem Ostpreußischen, ebenda S. 187.

Vor allem aber stieß der Gedanke einer Einziehung der Pfarrgüter wegen des negativen allgemeinwirtschaftlichen Effekts auf Widerspruch. Bei allen Unzulänglichkeiten im einzelnen und trotz der geringen Aussicht, die Geistlichkeit formell mit ‚landespolizeilichen' Aufgaben betrauen zu können, schien im ganzen doch keine Sozialgruppe „geschickter, dem Land-Manne eine verbesserte Acker-Cultur durch gute Beyspiele annehmlich zu machen, als die (der) Dorf-Pfarrer"[33]: so formulierte ein kameralwissenschaftliches Handbuch die weitverbreitete Überzeugung. Andere betrachteten den selbst wirtschaftenden Prediger zugleich deshalb als unentbehrlich, weil sie einen ökonomisch wichtigen Informationsprozeß auch in umgekehrter Richtung glaubten beobachten zu können. „Der Pfarrer ist noch am ersten im Stande, dem Bauer seine Geheimnisse abzulernen", erklärte ein Autor und vertrat dabei die Ansicht, „daß das Meiste von dem Wissenschaftlichen, wozu sich seit einiger Zeit die Land-Wirthschaft erhoben hat, daher schreibe, daß die Pfarrer die erprobten Erfahrungen der Land-Leute mit dem Auge der Vernunft betrachtet haben" (Krünitz, 1793, Bd. 61, S. 182). Der Verzicht auf eine derart wichtige Schaltstelle für die Beeinflussung der schwer zugänglichen Landbevölkerung, deren gewohnheitsmäßig herausgebildete Kunstregeln auf demselben Weg in die öffentliche Diskussion gelangen konnten, wurde angesichts der gespannten Lage als schädlich, ja gefährlich empfunden.

In der Tat konnte man auf beachtliche Beispiele geistlicher Aktivität bei der – theoretischen und praktischen – Förderung der Wirtschaft des Landes verweisen. Ein Indiz liefert schon das deutlich gewordene Ausmaß, in dem sich Geistliche an dieser Diskussion über ihre ökonomische Rolle selbst beteiligt haben[34]. Unter den Schriftstellern, die in der Flut agrarwirtschaftlicher Literatur während der zweiten Hälfte des 18. Jahrhunderts zu einer wissenschaftlichen Grundlegung von Landbau und Viehzucht beitrugen, erwarb sich eine ganze Reihe von Pfarrern einen bedeutenden Ruf. Die Abhandlungen beispielsweise des Pfarrers Mayer aus dem süddeutschen Kupferzell, eines Germershausen, Graßmann aus dem Preußischen oder des holsteinisch-dänischen Pastors Lüders wurden oft mehrfach aufgelegt und demnach überaus häufig gelesen (Abel, 1967, S. 284)[35]. Dabei richtete sich das

[33] Pfeifer, 1776, Bd. 2, 2. Teil, S. 293. – Hinweis bei Krünitz, 1793, Bd. 61, S. 163, auch S. 732 f.

[34] Vgl. auch L. G. Wagemann: „Über Mitwirkung der Prediger, besonders auf dem Lande, zur Beförderung der Industrie und einer zweckmäßigen Armenpflege unter ihren Eingepfarrten." In: Göttingisches Magazin, Bd. 4, S. 43. Im übrigen fällt gerade bei der Durchsicht dieser Zeitschrift beziehungsweise dem Krünitzschen Überblick ins Auge, wie weit die gesamte Industrieschulbewegung vom Engagement der Geistlichen bestimmt wurde. – Zur Funktion, die die weltlichen Interessen offene Landgeistlichkeit im Konstituierungsprozeß auch der bürgerlichen Öffentlichkeit eingenommen hat, siehe die – auf die englische Entwicklung bezogenen – Bemerkungen von Schöffler, 1958, S. 204–214.

[35] Mayer, 1769–1786; ders., 1793. Germershausen, 1783–1786; ders., 1778–1781; ders., 1795–1799. Graßmann, 1792; vgl. auch seine zitierte Preisschrift zur Frage der Stallfütterung. Lüders, 1761, 1763, 1767 und 1769. – Vgl. dazu im übrigen Krünitz, 1793,

Interesse dieser Autoren nicht nur darauf, ihr Wissen der Gruppe der erfahrenen und experimentierfreudigen Großlandwirte bekannt zu machen, die gemäß der privilegierten Verteilung von Besitz und Bildung recht exklusiv blieb. Vermittelt war ihr Adressat auch der Bauer, auf dessen Bedürfnisse und beschränkte Fassungskraft sie zuweilen ihre Schrift schon in der Weise zugeschnitten hatten, daß sie dem aufgeklärten Leser als ein Gesprächsleitfaden oder sogar ein wortgetreues Modell für seine Unterhaltungen mit den einfachen Leuten der eigenen Umgebung dienen konnte [36].

In ihrem unmittelbaren Wirkungskreis besaßen die Geistlichen aber naturgemäß ihre kräftigsten Möglichkeiten, die Tätigkeit des einfachen Mannes „zu wecken, richten und (zu) leiten" (A. Wagemann, 1791, S. 323). Die Predigten selbst gaben ihnen vielfach Gelegenheit, ihrer Gemeinde in allgemeiner Form oder teilweise auch bis ins konkrete Detail die Pflicht zu einer ‚vernünftigen Oekonomie' einzuschärfen. In sein damals viel gerühmtes „Predigtbuch für christliche Landleute zur häuslichen Andacht, und zum Vorlesen in der Kirche" (Berlin 1788) hatte der erwähnte Pfarrer Dapp beispielsweise neben eher politischen Themen wie „vom Gehorsam gegen die Obrigkeit", den der Pastor ja auch von Amts wegen zu fördern hatte [37], Predigten „Über den Werth des Landlebens und seiner Arbeiten" und „von der nützlichen Anwendung der Zeit" aufgenommen (Krünitz, 1793, Bd. 61, S. 97–100). Einige andere Prediger taten noch den weiteren Schritt und forderten – handelten wohl auch entsprechend –, daß turnusmäßig „anstatt des geistlichen Unterrichts von der Kanzel (den Zuhörern) eine Anweisung ... (erteilt würde), wie sie zum Beispiel ihre Gesundheit erhalten ... die Kinder erziehen, ihre Ländereyen bestellen, ihr Vieh vernünftig warten ..." [38]. Von böhmischen Geistlichen wird berichtet, daß sie die berühmte Kleepreisschrift Schubarts, die dieser auf eigene Kosten vertreiben ließ, in den Kirchen verlesen, erklärt und zu ihrer Anwendung aufgemuntert hatten [39]. In Bayern sollen die Pfarrer laut lan-

---

Bd. 60, S. 376. – In diesem Zusammenhang verdient schließlich auch Erwähnung, daß die Gründung der bereits erwähnten Märkischen Ökonomischen Gesellschaft, als deren Vorsitzender lange Zeit Rochow fungierte, im wesentlichen auf das Betreiben von Germershausen zustande kam, der Prediger in der Nähe von Treuenbrietzen in Brandenburg war. Schultze, 1954, S. 234 f.

36 Dies gilt beispielsweise für Lüders, 1763, der Dialogform und schlichten Charakter dieser Abhandlungen unter Hinweis auf die eigenen Erfahrungen rechtfertigte. „Der vieljährige Umgang mit dem Landmann hat mich auf den Gedanken gebracht, man müsse von der Kraft seines Verstandes nicht mehr fordern, als er mit Augen sehen und mit Händen greiffen kann. Dadurch macht man ihn aufmerksam, sich selbst aber beliebt" (Lüders, 1764, S. 21). – Zu Lüders vgl. Böhme, 1926, S. 48 ff. Auch Schröder-Lembcke, 1954, S. 27 ff. – Über das Verfahren, Handreichungen für die ‚Multiplikatoren' zu verfassen, siehe auch Wittmann, 1973, S. 163.

37 Vgl. dazu oben, Kapitel 2.1. – Zu Dapps Predigten vgl. auch die Charakteristik von Aner, 1919/20, S. 94, S. 25 ff.

38 Vgl. „die Anfrage die medicinischen und oekonomischen Predigten betreffend" im 20. Stück der Neuen Miscellaneen. Leipzig 1785, S. 189 ff. Abgedruckt bei Krünitz, 1793, Bd. 60, S. 403–408. – Krünitz selbst schlug übrigens vor, daß der Landgeistliche voll und ganz die Funktion des Tierarztes übernehmen sollte. Krünitz, 1793, Bd. 61, S. 53.

39 Schubart, 1786, S. 109. Der Berliner Preisschrift hatte Schubart einen „gutgemeinten Zuruf an alle Bauern die Futtermangel leiden" vorangestellt. Hinweis bei H. H. Müller, 1970, S. 165–170. Die Schubartsche Schrift ist zugänglich über die inzwischen (1975) im Druck erschienene Habilitationsschrift von H. H. Müller, 1969. Vgl. dazu oben, S. 268.

desherrlichem Auftrag von 1770 dem Landvolk nach dem Gottesdienst „aufgeklärten und praktischen Unterricht im Ackerbau" erteilt haben (Schlögel, 1954, S. 335; dazu Werres, 1965, S. 147). Und in Lippe schließlich ermahnte das Konsistorium um die Jahrhundertwende die Geistlichkeit bereits – aus der Befürchtung heraus, das ‚Ansehen der Predigten' könne Schaden nehmen –, die sicher nützlichen ökonomischen, technologischen und diätischen Belehrungen aus dem Gottesdienst auf schicklichere Gelegenheiten zu verlagern (Wehrmann, 1972, S. 122 f.).

Doch je enger der Kontakt war, den der einzelne Prediger mit seinen Gemeindegliedern unter ökonomischer Zielsetzung hergestellt hatte, je direkter er – etwa durch Ratschläge oder sein praktisches Vorgehen – auf seine Umgebung Einfluß nahm, um so schwerer ist es für den Historiker nachträglich, die effektive Wirkung der Geistlichkeit zu erfassen, besonders auf allgemeiner Ebene. Zeitgenössische Hinweise auf die Erfolge von Pfarrern im kleinen Umkreis finden sich in der damaligen Literatur freilich häufig. Neben dem Seidenbau, bei dem die Prediger (gemeinsam mit den Küstern und Lehrern und aufgrund eines besonderen landesherrlichen Auftrags) jedenfalls in der Kurmark ein starkes Engagement an den Tag legten (Behre, 1905, S. 252; Büsching, 1775, S. 190 f.), scheint vor allem der Obst- und Gartenbau von ihnen tatkräftig gefördert worden zu sein. Aus der Neumark stammt der Bericht von einem Pfarrer, der durch die profitable Anlage einer Baumschule allmählich seine Gemeinde und – unter Mitwirkung der benachbarten Amtskollegen – schließlich auch seine weitere Umgebung zu einem Zentrum derartiger Unternehmungen gemacht hatte (Denkwürdigkeiten 3, 1797, S. 481 bis 491). Auch Büsching fand im Umkreis von Berlin Geistliche, die mit ihrem Obstgarten, aber auch in der Einführung der Stallfütterung „den Einwohnern (ihres Pfarrbezirks) ein gutes Beispiel zur vernünftigen Nachahmung gegeben" hatten (Büsching, 1780, S. 134, S. 168). Und Krünitz ging, um das Gewicht der Initiative der Geistlichen zu dokumentieren, bis zu der Behauptung, daß nicht die in Aussicht gestellten Belohnungen, sondern allein „die Versuche, die einige Prediger, durch einige Glieder ihrer (jeweiligen) Gemeinde unterstützt, machten", bewirkt hätten, daß die Verordnung des dänischen Monarchen zur Teilung der ‚Gemeinheit' im Holsteinischen während der siebziger Jahre einigen Erfolg gehabt habe (Krünitz, 1793, Bd. 60, S. 375).

Die Grenzen praktisch-sinnlicher Aufklärung

Aber selbst diese Gruppe, die die Zeitgenossen für geradezu prädestiniert zur Beeinflussung des ländlichen Wirtschaftsverhaltens hielten, mußte bei ihren praktischen Vorstößen häufig ein ähnliches Scheitern erleben wie rührige Gutsbesitzer und -pächter. Sogar die sinnfälligsten Demonstrationen eines allgemeinen und für jeden sich auszahlenden Nutzens verfehlten den Eindruck bei Gemeindegliedern, die hartnäckig an den überlieferten Handlungsnormen festhielten: von dem Ärgernis der verwilderten Allmende wollten, wie etwa der Pfarrer Block zu berichten wußte, trotz seiner exemplarischen Kultivierungsversuche seine Bauern nicht lassen [40]. Die Ursachen solcher Mißerfolge lagen dabei offenbar nicht nur auf der Seite der Geistlichkeit oder der lokalen Autorität, denen es in diesem Fall – wie vielfach auch sonst – nicht an der nötigen Kompetenz und dem Willen fehlte. Die Schwierigkeiten mußte man bei der Landbevölkerung suchen: in derselben geistigen und charakterlichen Verfassung, die man durch das unmittelbar praktische Vorleben und Vormachen als Hemmfaktor von ‚Industrie' und agrarischem Fortschritt auszuschalten gehofft hatte.

Anders als verschiedene Zeitgenossen meinten, die auf die unmittelbar eingängige Kraft der Anschauung setzten, bedeutete das Sehen und Erfassen neuer Methoden beziehungsweise veränderter Lebensweisen selbst eine kognitive Leistung, die bestimmte Anforderungen stellte. Die ‚Vorgänge', mit denen die ländliche Bevölkerung durch die Anwendung neuer Verfahrensarten seitens der Honoratioren gezielt konfrontiert wurde, mußten letzten Endes durch jeden einzelnen Betrachter selbst strukturiert und in gewisser Weise auch rational verstanden werden, wenn sie nicht magischen oder personenbezogenen Kräften zugeschrieben werden sollten. Mit dem bloßen Eindruck war nicht viel erreicht, weil die gemeinen Leute ja das Gesehene auf ihr eigenes Handeln übertragen sollten. „Ueberdies" – so wandte dazu noch ein Zeitgenosse ein – „reizt das Beyspiel zwar zur Nachahmung, aber nicht immer zum Denken; dieses ist es aber, was zu einem glücklichen Fortschritt in der Land-Wirthschaft so unumgänglich nöthig ist" (Krünitz, 1793, Bd. 60, S. 380). Das Wesen der verlangten Wirtschafts- und Lebensweise lag gerade in der Rationalität, mit der man die natürlichen Ressourcen einsetzte, Zeit und Kräfte disponierte, auf wechselnde Situationen reagierte. Und nur auf der Basis der dazu erforderlichen praktischen Denkkraft ergab sich schließlich auch jene Aufnahmebereitschaft, die eine produktive Verarbeitung neuer Erfahrungen erlaubte. Erst wenn dazu der Grund gelegt war, konnte man auf einen durchgängigen Effekt praktischer Demonstrationen hoffen.

Letzten Endes war man damit doch wieder bei der Elementarschule angekommen, der hier eine entscheidende Aufgabe zufallen mußte. Anscheinend hat Rochow dieses Problem gesehen, jedenfalls hat er es erahnt und die entsprechende Konsequenz gezogen: „Sowie der Acker zuvor ... (muß) bearbeitet werden, bevor er mit Nutzen besäet werden darf, so müßten auch wohl die bessern Landschulen früher da sein als ökonomische Gesellschaften (oder die Veranstaltungen der aufgeklärten Obrigkeit, d. Verf.). Denn diese, dafern sie auch auf den Landmann ... und durch diesen auf den allgemeinen Landeswohlstand wirken sollen, setzen schon dessen Belehrbarkeit und Prüfungsfähigkeit voraus. Nun Voraussetzungen sind nicht Wirklichkeiten." [41]

---

[40] Block, 1774, Bd. 3; Hinweis bei Abel, 1967, S. 290; 1971, S. 513.

[41] F. E. von Rochow: „Unentbehrlichkeit der Rechenkunst in der Landwirtschaft." In: Annalen der Märkischen Ökonomischen Gesellschaft zu Potsdam, 3 (1801), S. 60–65.

3.6 Das Konzept einer rationalen Elementarbildung – Die Pädagogik Rochows

Das vorliegende Kapitel gilt der ausführlichen Darstellung des Programms, das mit dem Namen des preußischen Gutsherrn und Pädagogen Friedrich Eberhard von Rochow verbunden ist. Seine Gedanken und Vorschläge für eine verbesserte Elementarschulbildung sind nicht bloße Theorie geblieben; in einer Reihe von Schulen, die jeweils in Rochows eigenem Machtbereich gegründet wurden, hat dies Konzept – modellartig – die tatsächliche Unterrichtsführung bestimmt. Mochte dabei auch die Breitenwirkung seiner Bemühungen nicht dem entsprechen, was Rochow anfänglich erhofft hatte, so ist doch unbestreitbar, daß sein Einfluß weit über einen bloß regionalen Umkreis hinausreichte und daß sein Konzept verschiedentlich – nicht nur in Preußen – Anstoß für schulpolitische beziehungsweise praktische Neuerungen war.

Schon dieser Sachverhalt würde es rechtfertigen, die Rochowsche Pädagogik in die Darstellung einzubeziehen; besonders gewinnbringend erscheint ihre Betrachtung aber aus inhaltlichen Erwägungen: So konsequent wie bei kaum einem anderen der damaligen Reformversuche wird in dem Konzept Rochows jenes Grundübel der Zeit aufgegriffen beziehungsweise seiner Beseitigung Rechnung getragen, das für die aufgeklärten Zeitgenossen ‚Mangel an Rationalität' – in Verhalten und Einstellungen – der sogenannten gemeinen Leute hieß. Dennoch haben die Rochowschen Bemühungen unter diesem Gesichtspunkt weder in der Masse älterer Literatur noch bei jüngeren Autoren, wie uns scheint, die angemessene Beachtung gefunden; die eigentliche Bedeutung Rochows deckt sich weder mit dem Bild des selbstlos auf Fürsorge bedachten Aufklärers noch mit dem des preußischen Junkers, den vor seinen Standesgenossen lediglich das Raffinement auszeichnete, mit pädagogischen Mitteln den privilegierten Status absichern zu wollen.

Vor dem Hintergrund der zeitgenössischen Erfahrungen mit der Besserung der ‚gemeinen' Wirtschaft, die charakteristischerweise, wie noch einmal zu zeigen sein wird, immer wieder auf das Problem der weithin mangelnden Rezeptionsbereitschaft beziehungsweise -fähigkeit führten, hatte Rochow in seinem Entwurf Ernst gemacht mit der Erkenntnis, daß dementsprechend die Verständigkeit insbesondere der ‚niederen Schichten' vorrangiges Ziel aller

---

Auch Rochow, 1909, Bd. 3, S. 450–452, S. 451 f. – Zu den ökonomischen Gesellschaften vgl. die Arbeit von Hubrig, 1957. – In ganz ähnlicher Weise wie das Verfahren der Beispiele führte auch das Prämiensystem, mit dem Obrigkeiten oder ökonomische Gesellschaften die Landleute zu agrarischen Neuerungen und ‚industriösen' Leistungen anzureizen suchten, auf die Notwendigkeit der Schulbildung: Wetteifer und Ehrgeiz, wie sie die Prämien voraussetzten, mußten der Bevölkerung eigentlich erst anerzogen werden. Beispiele derartiger Prämien, die für die gemeine Bevölkerung ausgesetzt wurden, finden sich bei A. Eichler, 1933, S. 28 f., vor allem aber bei Krünitz, 1811, Bd. 117, S. 197–202 (im Artikel „Preisfrage"): es handelt sich um eine Liste von Belohnungen, die vom Generaldirektorium im Jahre 1800 für den Zeitraum 1801–1805 auf bestimmte, genau definierte agrarische Verbesserungen ausgesetzt wurden.

Bemühungen sein müsse. Die Elementarschule sollte die Instanz werden, in der mit einer kategorial-logischen Bildung für den ‚gemeinen Mann' die allgemeinste und grundlegende Voraussetzung zum Erwerb weiterer Kenntnisse und zur Bewältigung von Lebenssituationen geschaffen werden sollte. Die ausführliche Darstellung des entsprechenden Unterrichtskurses wird uns zugleich noch einmal die Gelegenheit geben, darauf zu verweisen, wie stark sich dieser Reformversuch von der üblichen Unterrichtspraxis der bestehenden Elementarschule abhob.
Auf religiöse Inhalte, die in diesen Schulen allgemein im Vordergrund standen, hat auch die Rochowsche Schule nicht verzichtet; daher werden wir uns den damit verbundenen Fragen eingehend widmen müssen. Zu eng war schließlich damals der Zusammenhang von Schule und Kirche beziehungsweise Theologie, Aufklärung und (früher) Pädagogik, als daß er in der Erörterung jener Schulreformpläne heute gänzlich ausgespart werden könnte. Art und Inhalt des Religionsunterrichts, wie er nach Rochows Vorstellungen in der Elementarschule stattzufinden hatte, und schließlich auch die Kritik, mit der Rochow sich auch dabei von der vorgefundenen Praxis absetzte, werden hier freilich nicht aus einem spezifisch religiösen Interesse analysiert; ihre Bedeutung erschöpfte sich zudem schon damals nicht in ihrer theologischen Funktion. Der politische Stellenwert, der der religiösen Unterweisung in Schule und Kirche traditionellerweise zukam, wurde schon in einem anderen Zusammenhang erörtert und kann darüber hinaus wohl auch allgemein als bekannt vorausgesetzt werden. Auch in dem Entwurf Rochows war dementsprechend, wie zu zeigen sein wird, vorgesehen, durch die religiöse Verklärung der gesellschaftlichen Verhältnisse die Urteilsfähigkeit, die dem Volk in der Schule vermittelt werden sollte, in einer entscheidenden Dimension zu neutralisieren.
Mindestens ebenso bedeutsam erscheint uns aber der an der Rochowschen Pädagogik erkennbare Versuch, im Medium der Religion eine tiefgreifende Veränderung der kollektiven ‚Lebens- und Weltanschauung' zu fördern, die im Sinne der Aneignung der Welt und der Freisetzung menschlichen Handlungspotentials auf eine rationale Basis gehoben werden mußte. Die Gedanken, die Rochow dabei leiteten, waren gewiß nur zum geringsten Teil seine eigenen; sein Verdienst besteht eher darin, der Schule in diesem Transformationsprozeß einen Ort zugewiesen zu haben. Was wir von diesen Überlegungen referieren, läßt sich zugleich als ein Beitrag zur Geschichte der Entwicklung der kulturellen Deutungssysteme und Weltbilder verstehen, die die Entstehung der ‚modernen' Gesellschaft begleitet haben.

Wenn ein Exempel für die Verbesserung der landwirtschaftlichen Produktion beziehungsweise der bäuerlichen ‚Industrie' bei den Landleuten die gewünschte Wirkung erzielen sollte, war nach dem Urteil A. Wagemanns auf Art und Durchführung des Versuches besondere Mühe zu verwenden und darauf zu achten, daß sich die rechten Personen mit dem nötigen Geschick und Ansehen in der Gemeinde damit befaßten. Über den tatsächlichen Erfolg entschied schließlich aber auch die „Empfänglichkeit derer welche unterrichtet werden“ (A. Wagemann, 1791, S. 289). Ohne ein Mindestmaß an intellektueller und moralischer Verständigkeit bei jedem einzelnen stießen in der Tat die anschaulichsten Demonstrationen einer vorteilhaften Wirtschaftspraxis ins Leere. Der Entschluß zu entsprechendem Handeln, die Fähigkeit, das Wahrgenommene zu begreifen, selbst die Bereitschaft zum Hinsehen, die dabei erfordert wurden, waren bei dem Gros der Bevölkerung aber nicht zu erwarten. Häufig genug endete somit auch der pragmatische Weg einer praktischen Belehrung vor der Schranke bäuerlicher ‚Einfalt‘, die auch den Versuchen einer mündlichen oder schriftlichen Unterweisung entgegenstand beziehungsweise viele Landleute daran hinderte, eigene Erfahrungen nutzbringend umzusetzen.

Das Kernproblem der unausgebildeten Vernunft des ‚gemeinen Mannes‘

Es fehlte, wenn man wie die Zeitgenossen das Problem vorwiegend als ein individuelles ansah, der Bevölkerung weitgehend an Einsicht und Verständnis, um derartige Anregungen zu einer veränderten Wirtschafts- und Lebensführung aufzunehmen und zu verarbeiten. Als Kern aller Schwierigkeiten, diese Menschen aus ihren Gewohnheiten zu lösen, erkannten die Zeitgenossen – je länger sie darüber nachdachten, um so klarer –, daß das Volk nicht oder nur unzureichend über allgemeines rationales Grundvermögen verfügte. Wie Krünitz einmal kritisch bemerkte, hätte die ‚deutsche‘ Landwirtschaft seinerzeit in Bodenaufteilung, Ackernutzung und Viehzucht schon vorbildlich aussehen müssen, wenn die zahllosen Bemühungen ‚wahrhafter‘ Patrioten und der ökonomischen Gesellschaften tatsächlich gefruchtet hätten. Doch weder praktische Beispiele noch Belehrungen überwanden das Beharrungsvermögen des Landmanns, der auch angesichts der Verheißung sicheren Gewinns oft unbeweglich blieb; „denn seine Einsichten reichen nicht hin, die Gründe, worauf diese Vortheile beruhen, gehörig zu beurtheilen, und sich davon zu überzeugen“ (Krünitz, 1793, Bd. 60, S. 371). Ebensowenig brachte die Mehrheit der Bevölkerung die erforderliche Distanz gegenüber den tradierten Wirtschafts- und Lebensregeln auf, um sie hinsichtlich ihrer Angemessenheit und ihres Erfolges selbständig einer fortlaufenden Kritik zu unterziehen beziehungsweise sie umzugestalten. So konstatierte Krünitz bei den ‚niederen Schichten‘ insgesamt einen Mangel an „Lust und Kraft . . ., (Veränderungen) gehörig zu prüfen, und darnach das Bessere für sich zu wählen“ (Krünitz, 1793, Bd. 61, S. 628)[1].

[1] Vgl. dazu die Hinweise auf die zeitgenössischen Urteile ähnlicher Art in Kapitel 3.3.

Darauf aber kam es bei der Durchsetzung und Handhabung ‚industriöser' Wirtschaftsformen gerade an. Erst wenn die Nachteile beziehungsweise Unterlegenheit der hergebrachten Verfahrensweisen grundsätzlich begriffen waren, konnten sich neue Methoden in den jeweiligen Arbeitsbereichen durchsetzen. Dabei sollten freilich nicht an die Stelle der bisherigen Gebräuche neue Verhaltensregeln treten, denen der Landmann wiederum starr und „maschinenmäßig" Folge leistete. Mit dem Begriff von ‚Industrie' und rationeller Wirtschaft verband sich vielmehr der Anspruch auf eine flexible, auf die jeweiligen Umstände abgestellte Anwendung bestimmter Verfahrensgrundsätze, zu der sich trotz seines engen Kenntnishorizonts auch der kleinste Landmann verstehen mußte. Das Spezifische der neuen rationellen Wirtschaftsführung erläuterte der Verfasser einer Preisschrift für die Berliner Akademie implizit an dem Beispiel des Kleebaus, der durchaus nicht schon für sich etwa den agrarischen Fortschritt verbürgte: Nur dann war der Erfolg gesichert, „wenn bei der Saat mehr die Witterung, die Äcker und solche Dinge, welche mit denselben verbunden sind, zu Rate gezogen würden als ein abergläubiges Tagewählen und eingebildete, belachungswerte Regeln. Zur Wirklichkeit eines solchen Betragens aber wird bei den Landwirten eine bessere Kenntnis des Zusammenhangs ... der Dinge notwendig. Die Erlangung dieser setzt ... (wiederum) bei ihnen richtigere Begriffe von der Vernunft zum Voraus" (zit. nach H. H. Müller, 1969, S. 185 f.). Mindestens dieser hier geforderten elementaren Begrifflichkeit oder einfacher Denkschemata, die erlaubten, Erscheinungen der Umwelt (in einem zweckrationalen Sinne) zu verknüpfen, Erfahrungen zu strukturieren und auch Anweisungen von anderer Seite zu integrieren, bedurfte das sogenannte gemeine Volk, das unter dem Druck der sich zuspitzenden Entwicklung stand. Denn die traditionellen Normen und Institutionen, die unter anderem auch kollektive Maßregeln für die Formen des Wirtschaftens geliefert hatten, erwiesen sich in zunehmendem Maße bei der Bewältigung der individuellen und gesellschaftlichen Probleme als unzureichend; dafür bildeten die allgemeinen Verarmungserscheinungen ein recht klares Indiz.

Die dadurch geschaffene Situation bedeutete in gewisser Weise einen grundsätzlichen Einschnitt. Das traditionelle System der Dreifelderwirtschaft, dessen defizienter Turnus um die Wende zum 19. Jahrhundert noch die Mehrzahl der bäuerlichen Betriebe kennzeichnete – sieht man von der wachsenden Gruppe der Landarmen einmal ab –, wäre als eine bloß extensive Technik der Bodennutzung nur oberflächlich charakterisiert. Seine Eigenart lag eher darin, daß es die technischen Funktionen im engen Zusammenhang mit sozialen Beziehungen regulierte: Die Dorfgemeinde bewirtschaftete die Feldmark praktisch gemeinsam; auch wenn der Acker unter die einzelnen Mitglieder aufgeteilt war, blieben diese durch ein Geflecht von gegenseitigen Rechten und Pflichten aufeinander angewiesen. Hufenverfassung und Flurordnung, Gemengelage und Flurzwang bildeten gewissermaßen die ökonomischen Glieder eines Sozialverbands, der dem einzelnen Halt gab, für Ausgleich unter seinen Mitgliedern sorgte und Hilfe und Schutz gerade auch für die wirtschaftlich Schwächeren bot. Insofern wechselte mit dem Übergang zu Formen intensiverer Bodennutzung, die die Steigerung der agrarischen Leistungsfähigkeit verlangte, der einzelne Landmann nicht nur die Technik; an der Aufhebung der Allmenden oder der Separation, die mit der Intensivierung einhergingen, ist gleichzeitig die Auflösung des alten institutionellen Zusammenhalts abzulesen, der nicht nur in wirtschaftlichen Belangen den traditionellen Orientierungsrahmen für die einfache Bevölkerung abgegeben hatte. Nunmehr weitgehend auf sich allein gestellt, benötigte der einzelne, um handeln und sich wirtschaftlich behaupten zu können, ein Mehr an Wissen, insbesondere eigene rationale Einsicht, wenn er nicht bei tabuisierten Regeln Zuflucht suchen sollte. Die Klage der Zeitgenossen über den Hang des Bauern zum Aberglauben dokumentiert, daß die Mehrheit diesen Ausweg wählte. Der Tatsache, daß die notwendige Veränderung der Arbeitsprozesse die soziale Lebenswelt destruierte, in die diese bislang eingebettet waren, mußte von seiten der Subjekte durch die Ausweitung beziehungsweise Förderung entsprechender zweckrationaler Denkschemata Rechnung getragen werden, die ihnen ein optimales Wirtschaftsverhalten ermöglichten.

Ein gewisses grundlegendes Denkvermögen forderte auch schon die ‚Ökonomie' des Vermittlungsprozesses selbst. Bei den neuen wirtschaftlichen Verhaltensanweisungen ließen sich ja nicht alle denkbaren Differenzierungen – im Hinblick auf besondere Umstände oder wechselnde Situationen – praktisch vorweg simulieren. Um in diesem Sinne unvorhergesehene Entwicklungen oder krisenhafte Engpässe zu meistern, mußte der einzelne über eine geistige Beweglichkeit verfügen, die auf selbständiger Überlegung und auf Realitätssinn gegründet war. Was den Zeitgenossen wie Sextro, Campe oder A. Wagemann bei dem Begriff ‚Industrie' vorschwebte, zielte nicht zuletzt auf diese Befähigung [2]. Wohl nicht in ihrer ganzen Bedeutung, aber doch in etwa dem Inhalt nach ist diese entscheidende Erkenntnis den aufgeklärteren Köpfen nicht entgangen. Solange es bereits an der notwendigen *Grundlage,* nämlich einer hinreichenden Schulung des Verstandes, bei dem einzelnen fehlte, war es um die Erfolgsaussichten aller anderen Bemühungen, den gemeinen Mann zu effizienterem Wirtschaften zu befähigen, schlecht bestellt. Unabhängig davon, in welchem Maße dafür auch die

[2] Vgl. dazu Kapitel 3.4.

realen Verhältnisse verantwortlich gemacht wurden, schien es nur zu plausibel, daß einzelne Zeitgenossen – trotz der Einsicht in die Schwierigkeiten einer Reform – in ihren Überlegungen immer wieder auf die Institution einer weitgehend veränderten Elementarschule zurückkamen. Auf jeden Fall sollte sich die kommende Generation, in ihrem eigenen wie im staatlichen Interesse, den Anforderungen gewachsen zeigen; dafür reichte es, wie die Erfahrungen deutlich machten, nicht aus, die herkömmlichen Verhaltensweisen mit anderen Mitteln nur zu modifizieren.

„Die vernünftige Bildung der Landes-Einwohner", erklärte etwa Krünitz, der an anderer Stelle durchaus seine Skepsis gegen eine allzu anspruchsvolle Programmatik bekundete[3], „bereitet dieselben zu, aller guten Lehren empfänglich zu werden, und den Starrsinn zu verscheuchen, mit dem alle Verbesserungen gemeiniglich von dem Land-Manne aufgenommen werden" (Krünitz, 1793, Bd. 61, S. 479). Nicht so sehr durch das positive Wissen, das die Schule zu vermitteln erlaubte, als vielmehr durch den Auftrag, mit der Förderung der Bildsamkeit dafür gewissermaßen den Boden zu bereiten, wurde hier die schulische Funktion bestimmt. Dabei verbarg sich hinter dem, was Krünitz im Gegensatz zur gängigen Schulpraxis eine „vernünftige Bildung" nannte, kein geringer Anspruch. Eine Reorganisation des gewöhnlichen Schulwesens auf dem Lande, die nach Maßgabe dieser Zielsetzung erfolgte, war in ihrer Bedeutung durchaus der Aufnahme praktischer Arbeit in das Programm der allgemeinen ‚Volks'-Schule vergleichbar. Nach dem Willen der Industrieschulpädagogen sollte beides ja auch Hand in Hand gehen: „richtige praktische Begriffe" gehörten für Sextro beispielsweise wesentlich zu dem Ideal des ‚industriösen' Menschen, den die reformierten Schulinstitutionen hervorbringen sollten (Sextro, 1785, S. 42). Ähnlich wurde es selbst in dem Schreiben des preußischen Generaldirektoriums (aus dem Jahre 1793), das sich mit der Einrichtung von Industrieschulen befaßte, „für die Landespolicei ... (als) ein Gegenstand von der größten Wichtigkeit (erklärt), mehr geläuterten Begriffen bei dem Landvolk Eingang zu verschaffen" (Voß bei Gedike, 1800, S. 39). Die geforderte Betriebsamkeit, die hinsichtlich der Spannweite ausgeübter Tätigkeiten oder auch in der Aufteilung von Zeit und Kräften den Rahmen des Herkömmlichen verließ, konnte nur aus einem Verständnis erwachsen, in dem die traditionellen Bindungen einer gewissen rationalen Unvoreingenommenheit gewichen waren. Doch sprach aus einer derartigen Erklärung von offizieller Seite zugleich offenkundig das Bemühen, daß dem Landvolk auf diese Weise die richtigen Überzeugungen von seiner

[3] Vgl. oben, S. 321f.

politisch und gesellschaftlich untergeordneten Stellung nicht verlorengehen beziehungsweise gründlicher als bislang eingepflanzt werden sollten.

Entsprechend eng zog man allgemein die Grenzen einer ‚angemessenen Volksaufklärung', zu der sich jeder entsprechende zeitgenössische Vorschlag zu bekennen hatte – ohne daß dabei im einzelnen bedeutsame Unterschiede ausgeschlossen waren. Wie etwa A. Wagemann an dem Modell eines Arbeiters in einer Uhrmacherwerkstatt erläuterte, wäre es ein unsinniges, ja gefährliches Vorhaben, dem, der nur die Feder herzustellen hatte, Aufschluß über die komplizierte Einrichtung der gesamten Uhr zu geben, an der er arbeitete. Wenn sich seine Belehrung dagegen nur auf seine Verständigungsfähigkeit, auf die Schulung von Sprache, Begrifflichkeit, Umgang mit (allgemeinen) Regeln sowie das elementare Sachwissen bezog, das er gewöhnlich für die Bearbeitung der Materialien benötigte, würde sich diese Aufhellung seines Verstandes nur vorteilhaft ‚auszahlen'. Politisch lag diesem Konzept eingestandenermaßen die Überzeugung zugrunde, daß sich in der Bevölkerung gegen Unzufriedenheit und potentielle Unruhe schwerlich eine wirksamere Barriere errichten ließe als durch die Förderung einer begrenzten (praktischen und intellektuellen) Kompetenz, die es erlaubte, einen jeweils engen, genau umrissenen Lebensbereich zu meistern. „Man bilde", formulierte A. Wagemann seine Empfehlung, den gemeinen Mann „zur Receptivität allgemeiner Begriffe, suche ihm genau bestimmte gründliche Ideen über sein Geschäft insbesondere beyzubringen, denn wird er weniger in Zweifel über die Richtigkeit seines Verfahrens gerathen, wird die Belehrungen über sein Geschäft aus eigener Erfahrung abziehen, einzelne Anweisungen nützen, und jede müssige Spekulation verabscheuen" (A. Wagemann, 1791, S. 25). Recht eingeschränkt war demnach der Gebrauch der Vernunft, der in diesem Sinne für die Mehrheit der Bevölkerung vorgesehen wurde. Immerhin war aber der rationale Anspruch, der weit über die durchschnittliche Schulwirklichkeit der Zeit hinauszielte, bei A. Wagemann nicht völlig aufgegeben – schon weil er die spezifischen Anforderungen nicht aus dem Auge verlor, die sich für die Masse der Bevölkerung aus ihrer ökonomischen und sozialen Zwangslage ergaben.

Rochows Ansatz und seine schulorganisatorische Konsequenz

Von beinahe den gleichen Erwägungen waren auch Rochows Entwürfe bestimmt, in denen das Problem der ‚rechten Bildung' breiter Volksschichten klar im Mittelpunkt stand. Der Unterbau aller weitergehenden (wirtschaftlichen oder politischen) Unterweisung des einfachen Volkes und die allgemeinste Voraussetzung seiner Beeinflußbarkeit wurden, so erkannte auch Rochow, allein durch die Schulung der elementaren Verstandeskräfte geschaffen. Auch in der ,Industrieschule' mußten demnach neben den verschiedenen praktischen Betätigungen und der Vermittlung der speziellen Kenntnisse, die für die spätere Ausübung der Berufsgeschäfte unerläßlich waren, seiner Auffassung nach „mannigfaltige Übungen" der kindlichen Ratio ihren Platz haben. Soweit die anderen Leistungen darauf aufbauten, bildeten diese Übungen sogar „die Hauptsache des ganzen Schulunterrichts", wie er in einem Vortrag der Märkischen ökonomischen Gesellschaft in der Mitte der neunziger Jahre erklärte (Rochow, 1909, Bd. 3, S. 66). Damit wiederholte er ein Prinzip seines Schulprogramms, das er im wesentlichen bereits zwanzig Jahre zuvor formuliert hatte[4]. Von Anfang an betonte Rochow nachdrücklich, daß ohne Hebung des geistigen Niveaus der niederen Schichten die Besserung ihrer Situation und agrarischer Fortschritt nicht im erforderlichen Maße zu erreichen seien. Seine pädagogischen Bemühungen und eigenen schulpraktischen Unternehmen repräsentieren einen der konsequentesten zeitgenössischen Versuche, von dieser Seite dem Problem zu begegnen, das die Misere in der Bevölkerung der ,Herrschaft' aufgab[5].

„Lehrempfänglich", „lernwillig" und schließlich „lernbegierig" wollte, wenn man es auf eine Formel bringen will, die Rochowsche Schule die Kinder machen (Rochow, 1909, Bd. 3, S. 161), damit sie dann auch als Erwachsene besser zu lenken seien oder mittels ihrer geschärften Sinne und kraft eigenen Verstandes selbständig zu den rechten Verhaltensweisen fänden (Rochow, 1907, Bd. 1, S. 331). Durch das Medium von Unterricht und Erziehung sollte der zunehmenden Verarmung begegnet werden, die Rochow – wie viele seiner Zeitgenossen – vorwiegend als eine Folge vernachlässigter Bildung ansah. Denn soweit die Mehrheit der Bevölkerung überhaupt von der bestehenden Schulorganisation erfaßt wurde, erwarb

[4] Vgl. dazu oben, Kapitel 3.3.

[5] Über Rochow (1734–1805), den preußischen Gutsherrn, und seine pädagogischen Aktivitäten vgl. außer der bereits in Kapitel 3.3 genannten Literatur Heinemann, 1974, S. 111–151; Werres, 1965, S. 222–265; ferner Kieser, 1955. Von den älteren Darstellungen (dazu die Angaben bei Werres, 1965) sei hier neben Gans, 1930, S. 87–98, und Lewin, 1910, S. 124–129, nur hingewiesen auf Bünger, 1899, S. 145 ff.; Fechner, 1889, S. 129–144; Pinloche, 1914, S. 361–370; Thilo, 1869, S. 203–218. Es ist, soweit Rochow in aktuell bezogenen oder thematisch weiter gespannten Darstellungen heute Erwähnung findet, anscheinend üblich geworden, in seinen Bestrebungen immer einen bestimmten, ihn charakterisierenden Widerspruch auszumachen: zwei Seelen sieht man bei ihm gewissermaßen im Kampf liegen. Was der ,Anhänger der französischen Revolution' und der ,bürgerlich-fortschrittlich gesonnene Reformer' an pädagogischer Initiative entfaltet, wird durch den ,preußischen Junker' im Interesse der ,Sicherung und Verbesserung seiner ökonomischen Position', wenn nicht zunichte gemacht, so doch gehemmt und umgebogen (vgl. dazu beispielsweise Zenke, 1972, S. 77 ff.). Unsere Darstellung zielt demgegenüber darauf ab, den inneren Zusammenhang der Rochowschen Überlegungen und Maßnahmen herauszustellen.

sie in der Regel, wie Rochow kritisierte, von Anfang an nur Verhaltensmechanismen, die sie später daran hinderten, trotz gegebenen Anlasses die einmal eingeschlagenen Bahnen des Herkommens verlassen zu können. In gedankenlosem Drill und dem Zwang zur Reproduktion unverstandener (religiöser) Inhalte erschöpfe sich für die Vielzahl der Landkinder der gewöhnliche Unterricht; statt daß er dazu genutzt werde, durch Schulung in der (hochdeutschen) Sprache, durch Denkübungen, durch Einprägung wichtiger Begriffe und Grundsätze den „gemeinen Menschenverstand" herauszubilden. Nach Rochows Auffassung mußte das Gros der Schüler lebensuntüchtig aus der Schule hervorgehen, solange diese ihnen vorenthielt, was ihnen ihren mühseligen Weg allein erleichtern konnte[6].

Aber nicht nur die einzelnen Menschen, sondern auch den Staat sah Rochow durch die Unbildung Schaden nehmen; die „Dummheit des Volkes" schien ihm weder im wirtschaftlichen Interesse noch in politischer Hinsicht unerheblich. Denn nur der verständige Untertan, der durch seinen Verstand die nötigen Einsichten gewann, beugte sich zuverlässig einer sozialen Ordnung, die, wie Rochow nicht verschwieg, dem ‚gemeinen Mann' abforderte, soviel er nur tragen konnte. Bereits ganz am Anfang seines schulpolitischen Engagements formulierte er die Sätze, die in Form einer Situationsanalyse die Spannweite seiner Motive erkennen lassen: „Neben den Mühseligkeiten ihres Standes werden (die Landleute) von der schweren Last ihrer Vorurteile gedrückt. Ihre Unwissenheit in den nötigsten Kenntnissen beraubt sie der Vorteile und Ersetzungen, welche die für alle Stände gnädige Vorsehung Gottes auch dem ihrigen gegönnt hat. Sie wissen weder das, was sie haben, gut zu nutzen, noch das, was sie nicht haben können, froh zu entbehren. Sie sind weder mit Gott noch mit der Obrigkeit zufrieden. Gott tadeln sie durch Murren über die Einrichtung seiner Welt und halten ihn für einen Stiefvater, der parteiisch mit seinen Kindern verfährt. Die Obrigkeit aber sehen sie bei jeder nötigen Einschränkung ihrer eigennützigen Wünsche und Handlungen als einen harten Statthalter an, der das zur befohlenen Pflicht hat, ihnen das Leben zu verbittern. Daher ist ihre Religion meistenteils der verderblichste Fatalismus" (Rochow, 1907, Bd. 1, S. 3). So wie die uneinsichtige Hinnahme von Elend und Not die Menschen gegenwärtig der Herrschaft und Welt entfremdete, würden sie sich kraft erworbener Einsicht und Agilität ihr gegenüber künftig aufgeschlossen und ausgeglichen zeigen. Über dem „geschickten Bauern", dem „fleißigen Arbeiter", dem „treuen Dienstboten"

---

[6] F. E. von Rochow: „Versuch eines Schulbuches für Kinder der Landleute oder zum Gebrauch in Dorfschulen". (1772) In: Rochow, 1907, Bd. 1, S. 1–87, S. 3 f. Im folgenden zitiert als Versuch, 1. beziehungsweise 3. Aufl. (in: Rochow, 1909, Bd. 3, S. 217–333). Vgl. auch Rochow (aus dem Jahre 1790), S. 323 f.; ferner 1909, Bd. 3, S. 10 f.

usw., den es zu bilden galt, hat Rochow offensichtlich nicht den gefügigen Untertan vergessen, der die Obrigkeit „als eine göttliche Einrichtung (verehrte) und ... sich über gemeinnützige Anordnungen bedeuten“ [7] ließ. Freilich kennzeichnete es das Konzept dieser ‚Idealrollen‘, die Rochow ganz unter der Perspektive eines auf Effizienz und Stabilität ausgerichteten autoritären Systems umriß, nicht unwesentlich, daß die Chance ihrer Realisierung gerade an die Ausbildung des ‚Verstandes‘ der breiten Bevölkerung gebunden wurde. Von vornherein bewahrte sich das Rochowsche Programm damit – wie nicht nur diese Bedingung selbst, sondern die zwiespältigen Reaktionen in der damaligen Öffentlichkeit verdeutlichen – neben seinem immanenten zugleich einen systemkritischen Anspruch: Nur um den Preis einer Veränderung bestehender Determinanten, wie der – begrenzten – Aufhebung der herkömmlichen Unbildung des Volkes, die keineswegs in allen ihren Konsequenzen abzuschätzen war, schien die Funktionsfähigkeit der bestehenden, höchst ungleichgewichtigen Sozial- und Wirtschaftsordnung garantiert. Dabei tangierte die von Rochow geforderte Revision durchaus die ideologischen Grundlagen der feudalen Welt. Wenn die breiten Bevölkerungsschichten innerhalb ihres Bereichs zum eigenen Denken erzogen werden sollten, so lag diesem Ziel notwendig die (damals keineswegs unumstrittene) Annahme zugrunde, daß auch sie von Natur aus zur Vernunft befähigt seien. „Ich denke doch nicht“, formulierte Rochow schon in Vorwegnahme konservativer Einwendungen, „daß man den Verstand eines Bauernkindes und seine Seele für Dinge einer andern Gattung hält als den Verstand und die Seelen höherer Stände“ (Rochow, 1907, Bd. 1, S. 4). Die „vernünftige“ Seele betrachtete er als das entscheidende Merkmal, das den Menschen vom Tier unterschied, wie er an zahlreichen Stellen hervorhob [8]; von der Ausbildung der dem einzelnen damit gegebenen Fähigkeiten, genauer gesagt, von den objektiven Möglichkeiten für ihre Ausbildung hing es also ab, ob und wieweit der einzelne sein Dasein als Mensch verwirklichen konnte. In diesem Sinne ist denn auch das drastische Wort über die ländlichen Verhältnisse zu verstehen, in denen ein Angehöriger des einfachen Volkes in der Regel „als ein Tier unter Tieren“ aufwachsen müsse (Rochow, 1909, Bd. 3, S. 10). Geradezu zwangsläufig mündete die anthropologische Grundprämisse somit in Aussagen der politischen Dimension.

---

[7] F. E. von Rochow: „Handbuch in katechetischer Form für Lehrer, die aufklären wollen und dürfen“. (1783, 1789) In: Rochow, 1908, Bd. 2, S. 1–30, S. 28; vgl. auch 1907, Bd. 1, S. 4 f.; 1909, Bd. 3, S. 220.

[8] Vgl. z. B. die späteren Aufsätze in der Berlinischen Monatsschrift vom Jahre 1804: „Aufgabe für mein eigenes Nachdenken oder meine Art zu studieren“ beziehungsweise „Duplik über Vernunft und Verstand“. In: Rochow, 1909, Bd. 3, S. 196–201 beziehungsweise S. 210–214.

Der harschen – freilich allgemein gebliebenen – Kritik am gesellschaftlichen Zustand entsprachen die positiven Schlußfolgerungen Rochows, die um wichtige Nuancen prononcierter ausfielen, als sie ein Krünitz (1793, Bd. 60, S. 364 f.; 1793, Bd. 61, S. 625 f.), ein Sextro (1785, S. 3, S. 8)[9] und erst recht ein A. Wagemann (1791, S. 17) in dieser Sache wagten. Nach Rochows Auffassung erfüllte der Staat mit dem aufwendigen Aufbau einer umfassenden Schulorganisation erklärtermaßen seine Verpflichtung gegenüber den Mitgliedern des gesellschaftlichen Verbandes und folgte dabei weniger einer ‚freien' Entscheidung aus pragmatischen Zweckmäßigkeitserwägungen. Wenn auch der einfachste Landbewohner – so Rochow – „vernünftig geboren ist, das heißt die den Menschen vor den Tieren auszeichnende Gabe bekommen hat, verständig werden zu können, so scheint er auch ein Recht und der Staat die Pflicht zu haben, ihn daran nicht absichtlich zu hindern"[10]. Zumindest tendenziell wurde auf diese Weise die Machtvollkommenheit der absolutistischen Herrschaft auf eine neue Legitimationsgrundlage gestellt und für die Realisierung von Menschenrechten in Dienst genommen, die sich mit bestimmten politischen Ansprüchen verbanden.

Weil aber die Menschen – obschon nicht in allen ihren ‚Fähigkeiten' – in der Grundbegabung der Vernunft einander gleich waren, lag es nahe, auch den Unterricht bis zu einem gewissen Grade nach inhaltlich identischen Prinzipien auszurichten und schließlich sogar gemeinschaftlich zu organisieren. In seinen Zielvorstellungen ist Rochow dieser Konsequenz denn auch nicht ausgewichen: „von der Hütte bis zum Palast", so erläuterte er einmal in einem Topos der Zeit, erstrecke sich der Geltungsbereich seiner Instruktionen, soweit sie sich auf Lehrart und grundlegende Unterrichtsinhalte bezögen (Rochow, 1909, Bd. 3, S. 211). Über einen bestimmten Wissenskanon, zu dem er neben der Beherrschung „der Lehr- und Befehlssprache des Vaterlandes" die Kenntnis „gemeinnütziger Dinge . . . (sowie) des Menschen selbst nach Leib und Seele" zählte, mußten seiner Überzeugung nach „vom Handarbeiter . . . bis zum Gelehrten und vom Gehorchenden bis zum Befehlenden" alle Mitglieder des staatlichen Verbandes verfügen (Rochow, 1908, Bd. 2, S. 20). Für die Masse der Bevölkerung war damit zugleich der Horizont umrissen, über den sie nach Rochows Willen weder hinausgelangen sollte noch mußte, während die mittleren und gelehrten Stände mit dieser Ausbildung nur den notwendigen Grundstock ihrer weitergehenden Kenntnisse erwarben. Bis zu dieser Stufe aber war, schon unter dem Gesichtspunkt einer rationellen Organisation, der Unter-

[9] Vgl. auch oben, S. 287.

[10] F. E. von Rochow: „Noch ein Wort über die Verbesserung der Landschulen". (1799) In: Rochow, 1909, Bd. 3, S. 166–169, S. 167; ähnlich 1908, Bd. 2, S. 20.

richt für alle Kinder gemeinsam und in der gleichen Weise zu erteilen. „Alle Kinder brauchen Unterricht und Ausbildung, um verständige Menschen zu werden", hieß es in einem Rochowschen Aufsatz. „Dazu (dient) die erste Schule." [11]

Freilich ist dieser Schulaufbauplan Rochows, in dem er das Modell eines dreifach gegliederten Bildungswesens entwarf („Kinder"-, „Jünglingsschulen" und „Universität") aus erklärlichen Gründen weitgehend Fragment geblieben. In den Augen der herrschenden Kreise, die in jener Zeit weit weniger radikale ‚Nationalerziehungspläne' und Gesamtorganisationsversuche (zum Beispiel Massow, 1800) zur Aussichtslosigkeit verurteilten, mußten derartige Entwürfe im Grunde die gesamten Rochowschen Bemühungen diskreditieren [12].

Wo lag, so mußte jeder nicht einmal besonders reaktionäre Zeitgenosse fragen, der die ständische Gliederung der bestehenden Gesellschaftsordnung nicht in Frage gestellt sehen wollte, in einer derartigen allgemeinen Schulorganisation noch eine wirksame Schranke gegen die Gefahr einer sozialen Mobilisierung, die aus jeder ‚Überbildung' resultieren mußte? [13] Wie ließ sich der Bauernsohn, das Kind armer Tagelöhner oder eines städtischen Paupers noch auf das Schicksal des entbehrungsreichen, unterprivilegierten Daseins verpflichten, das seine Eltern und Großeltern fristeten, wenn es mit den Kindern der begüterten Klassen gemeinsam die Schulbank gedrückt hatte? Was hinderte den von vornherein deklassierten Absolventen einer derartigen Schule daran, eines Tages eine bessere Position und weitergehende Rechte zu verlangen? Das Grundproblem, auf das diese Fragen zielten und das sich bei einer derartigen Argumentation sofort stellen mußte, bestand in der Schwierigkeit, ein zuverlässiges Korrektiv zu finden, um die Ausdehnung des egalitären Prinzips der pädagogischen Maßnahmen auf die ganz anders strukturierte soziale und politische Sphäre zu verhindern. Die Lösung, die Rochow parat hatte, indem er gerade auch in diesem

---

[11] F. E. von Rochow: „Versuch eines allgemeinen Schulplans". (1800/1802) In: Rochow, 1909, Bd. 3, S. 188–193, S. 189.

[12] Vgl. O. Gerlach, 1932. (Ein Teildruck der Arbeit, die sich speziell mit Rochows Gedanken beschäftigt, ist unter dem Titel „Die Nationalerziehung im 18. Jahrhundert, dargestellt in ihrem Hauptvertreter F. E. v. Rochow", Marienwerder 1929, erschienen.) Zu den Plänen der Zeit vgl. aber insbesondere König, 1960, zu Rochow S. 200–208. – Über das Schicksal der Massowschen Pläne siehe Heubaum, 1902; ders., 1904. Einen kurzen Abriß gibt Gans, 1930, S. 140 ff. Welche soziale Sprengkraft diesen Forderungen Rochows übrigens noch für lange Zeit innewohnte, zeigt sich unter anderem auch an der Tatsache, daß die Herausgeber der Rochowschen Schriften zu Beginn des 20. Jahrhunderts diesem Prinzip eines einheitlichen Unterrichts- und Schulaufbaus glaubten eigens widersprechen zu müssen (Rochow, 1909, Bd. 3, S. 168).

[13] Vgl. die Ausführungen Friedrichs II. zur Schulpolitik oben in Kapitel 2.3. Ein bezeichnendes Beispiel für diese Art Argumentation liefert der als Schulreformer durchaus ernst zu nehmende L. Beckedorff (1825), S. 26–32.

Sinne die Bildung des Verstandes empfahl, mag vielen Zeitgenossen nur als ein Paradox erschienen sein (z. B. Rochow, 1907, Bd. 1, S. 346–348). Schulung des Verstandes, Ausbildung der Denkkraft, von der sich Rochow – ähnlich anderen Aufklärern (z. B. Krünitz, 1793, Bd. 61, S. 133 f., S. 626 f.) – gleichzeitig wirtschaftliche Agilität und politische Bescheidung der einfachen Bevölkerung versprach (Rochow, 1909, Bd. 1, S. 357), umschrieb demnach aber ein Programm, das offensichtlich viele Facetten besaß. Bis heute enthält der Begriff der ‚Verständigkeit', der auch Rochow bei der Kennzeichnung seiner Bestrebungen nicht fremd war (z. B. Rochow, 1907, Bd. 1, S. 335; 1908, Bd. 2, S. 13), etwas von jenem komplexen Sinn, den ‚Volksaufklärung' generell in der Gedankenwelt der Zeit mit ihrem rationalistischen Glauben an die Einheit von Tugend und Wissen hatte. So hatte es auch eine recht weite Bedeutung, wenn in einer autorisierten Beschreibung der Rochowschen Schule (in Reckahn) und ihrer Lehrart die Verstandesbildung der Kinder als das bestimmende Prinzip des Unterrichts dargestellt wurde; dahinter stand explizit das doppelte Ziel sowohl einer „besseren sittlichen Ausbildung" als auch der „Beförderung einer größeren Brauchbarkeit der Kinder nach ihrer besondern künftigen Lage". Doch behaupteten in der Tat Übungen der allgemeinen Denkfähigkeit (im engeren: kognitiven Sinne) und Sprachschulung in dem entsprechenden Lehrkanon einen besonderen Platz [14]. Es war dies vielleicht der gravierendste, aber nicht einzige Punkt, in dem die Rochowsche Pädagogik über die bestehende Schulpraxis hinausging.

Die „Übungen zur Erweckung der Aufmerksamkeit und des eigenen Nachdenkens"

Überzeugender und aussagekräftiger noch als die allgemeinen Schriften, mit denen sich Rochow an die aufgeklärte Öffentlichkeit und die politischen Instanzen wandte, bezeugen seine praktischen pädagogischen Bemühungen, welches Gewicht in seinem Konzept der speziellen Bildung der geistigen Kräfte der Kinder beigemessen wurde. In seinen Lehrbüchern für

[14] Vgl. Riemann, 1798, S. 7–11. – Die erste Auflage dieser Schrift erschien im Jahre 1781 unter dem Titel „Versuch einer Beschreibung der Reckanschen Schuleinrichtung", mit einem Vorwort von Rochow (abgedruckt in: Rochow, 1907, Bd. 1, S. 349–353). Sie verdankte ihre Entstehung ursprünglich einem längeren Besuch des Autors in der Reckahnschen Schule, den dieser, damals Lehrer am Potsdamischen Waisenhause, auf Veranlassung der zuständigen Schulkommission durchgeführt hatte. Seine schriftlich festgehaltenen Beobachtungen, die Riemann (später Prediger in Neu-Küstrinchen; vgl. oben, Anm. 44, S. 309) schließlich in einem Abriß der Rochowschen Methode darlegte, sollten – wie auch Rochow hoffte – Interessenten und Lehrern zur Information und wohl auch als Anweisung dienen.

die Hand des Lehrers oder die der Kinder[15] sowie – nach den Beschreibungen zu urteilen – in dem tatsächlichen Unterricht der unter seiner Aufsicht stehenden Schulen, die er im Verlauf der siebziger Jahre in seinen (drei) Dörfern installiert hatte[16], spielten Denk- und Sprachtraining jeweils eine große Rolle. Dem Unterricht im engeren Sinn (Lesen, Schreiben oder Rechnen und insbesondere der religiösen Belehrung) hatten, wie es in der detailliertesten Darstellung der Rochowschen Schule hieß, „Übungen zur Erweckung der Aufmerksamkeit und des eigenen Nachdenkens" bei den (in die Schule eintretenden) Kindern vorauszugehen (Riemann, 1781, S. 2; 1798, S. 46 ff.; Rochow, 1907, Bd. 1, S. 336 ff.)[17]. Aber auch im Verlauf der weiteren Schulzeit waren, obwohl diese Aufgabe vielfach in anderen Unterrichtseinheiten mit übernommen wurde, „besonderen Verstandesübungen" spezielle Stunden vorbehalten (Riemann, 1781, S. 32 ff., S. 112 ff.; 1798, S. 93 ff. und S. 130 ff.).

---

[15] Im wesentlichen sind hier sein „Versuch eines Schulbuches für Kinder der Landleute oder zum Gebrauch in Dorfschulen" (1772, 1776, 1790, 1810) (vgl. oben Anm. 6) sowie „Der Kinderfreund. Ein Lesebuch zum Gebrauch in Landschulen", 2 Bde. (1776/1779), zu nennen. In: Rochow, 1907, Bd. 1, S. 133–312. Im folgenden zitiert als Der Kinderfreund I, II. Dieses Lesebuch, das helfen sollte, „die große Lücke zwischen Fibel und Bibel auszufüllen" (Rochow, 1907, Bd. 1, S. 135), hat außerordentlich zahlreiche (vielfach von anderen Autoren mehr oder weniger stark modifizierte) Auflagen erlebt; die letzte, die von Rochow selbst bearbeitet (und auf einen Band gekürzt) worden ist, erschien unter dem Titel „Der Kinderfreund oder erster Unterricht im Lesen und bei dem Lesen". (1805) In: Rochow, 1909, Bd. 3, S. 333–383. Im folgenden zitiert als Der Kinderfreund von 1805. Andere Unterrichtshilfen Rochows wie das „Handbuch in katechetischer Form für Lehrer, die aufklären wollen und dürfen". (1783, 1789) In: Rochow, 1908, Bd. 2, S. 1–30, oder die „Materialien zum frühen Unterricht in Bürger- und Industrieschulen". (1797) In: Rochow, 1909, Bd. 3, S. 145–160, haben nicht diese Verbreitung gefunden.

[16] Vgl. die Angaben Rochows in der „Geschichte meiner Schulen". (1795) In: Rochow, 1909, Bd. 3, S. 7–55, S. 13 ff. – Einen kurzen Bericht über die Rochowschen Schulen enthält auch Büsching, 1775, S. 230–246, S. 287–296.

[17] Es scheint kaum ein Zufall, daß in der Überschrift, die Riemann über seine Beschreibung der begrifflichen Schulung der Kinder in der Rochowschen Anstalt setzte, der Titel eines der verbreitetsten und beliebtesten Gymnasiallesebücher der Zeit anklang; es handelte sich um die „Vorübungen zur Erweckung der Aufmerksamkeit und des Nachdenkens" (1768, 1771, 1780) von Johann Georg Sulzer, Professor am Joachimsthalschen Gymnasium in Berlin. In diesem Buch war freilich auf einem ganz anderen Niveau und mit umfassenderem Anspruch, als es die Rochowsche Pädagogik konnte und wollte, der Versuch unternommen worden, das Material für die formale Schulung der seelischen Fähigkeiten der Schüler bereitzustellen; nicht den geringsten Raum nahm dabei das Bemühen ein, auch das ästhetische Empfinden der Kinder zu schulen (vgl. dazu Roeder, 1961, S. 46–49). Das elementare Übungsprogramm Rochows gewann seine Bedeutung daraus, daß in ihm für das niedere Schulwesen ein unübersehbarer Ebenenwechsel vollzogen wurde: Erstmals schien es mit einem Teil seiner Ziele und Inhalte nunmehr (wenigstens entfernt) Anschluß an die Bemühungen zu gewinnen, die auch die höheren Schulen bestimmten. Eine Beziehung zwischen Rochow und Sulzer herzustellen, scheint auch deswegen nicht illegitim, weil Rochow Sulzer selbst in den Katalog seiner pädagogischen Gewährsleute aufgenommen hat (Rochow am 4. 11. 1775 an Nösselt. In: Rochow, 1910, Bd. 4, S. 118).

Als Anleitung zum „richtigen Denken“ hat Rochow das Ziel dieses Unterrichts bezeichnet; dazu zählte für ihn, wie er einmal kursorisch zusammenfaßte, „recht hören, recht sehen, aufmerken, beobachten, vergleichen, unterscheiden, dann urteilen (und) rück- und vorwärts schließen“ (Rochow, 1909, Bd. 3, S. 23; ähnlich S. 168 sowie S. 337 [Der Kinderfreund von 1805]). Soweit diese einzelnen Fähigkeiten nach Rochows Auffassung jeweils aufeinander aufbauten, gab die Aufzählung zugleich die Abfolge der Unterrichtsschritte wieder, über die das Kind schließlich zu einem Maß an Urteilsvermögen gelangen sollte, das es zukünftig zur Orientierung, für sein Handeln sowie für (weitere) Belehrung benötigte. Letztlich sollte der Lehrgang in der Schule damit vor allem der „natürlichen“ Entfaltung des menschlichen Geistes, die ja notwendig von sinnlichen Eindrücken ihren Ausgang nehme, fördernd zu Hilfe kommen (Riemann, 1798, S. 46–48). Doch sind bei dieser Unterrichtssequenz, vergegenwärtigt man sich die Klagen über die geistige Disposition der Bevölkerungsmehrheit, kaum die gesellschaftlichen Bedürfnisse zu übersehen, denen sie ebenso Rechnung trug. Ein beträchtlicher Gewinn konnte in der damaligen Situation (wie die Zeitgenossen sie beurteilten) schon darin liegen, daß „sehende Augen“ und „hörende Ohren“ auch beim einfachen Volk anzutreffen waren (Rochow, 1907, Bd. 1, S. 338).

Psychologische Annahmen, wirtschaftliche Erwägungen und didaktische Überlegungen gingen also in die Entscheidung ein, das Training der Wahrnehmungsfähigkeit des Kindes ganz an den Anfang des Unterrichtskurses zu stellen. Im ersten Schuljahr bildete es praktisch die ausschließliche Beschäftigung der Kinder, die während dieser Zeitspanne überhaupt nur jeweils kurz und mehr oder weniger für sich unterrichtet werden sollten[18]. Dabei wurden die Kinder vom Lehrer im wesentlichen dazu angehalten, die Gegenstände ihrer unmittelbaren eigenen Umgebung beziehungsweise allmählich die ihrer weiteren Umwelt präzis zu benennen und schließlich in einem weiteren Schritt deren Eigenschaften detailliert zu beschreiben[19]. Auf diese Weise wollte man die Aufmerksamkeit der Kinder stimu-

[18] Im Grunde war die Rochowsche Schule auf diese Weise bereits in drei aufsteigenden Klassen organisiert, die nach Eingangsvoraussetzungen und Unterrichtsinhalten klar voneinander geschieden waren. Nur aus Gründen der Auslastung des einen Lehrers, der für eine einzelne Schule zur Verfügung stand, wurde darauf verzichtet, daß die Schulanfänger wirklich getrennt von der sogenannten 1. Classe ihren Unterricht erhielten; sie wurden aber nur kurz in die Schule genommen, um auf alle Fälle zu verhindern, daß sie die Lehrstunden, die nicht für sie bestimmt waren, zwischen Passivität und Aufsässigkeit schwankend absaßen: Die Schule sollte ihnen nicht zum Ort der Langeweile und Trägheit werden, als den ihn die Mehrzahl der Schulkinder in Stadt und Land zum Schaden der Allgemeinheit erleben mußte. So ist es nicht ganz abwegig, in der Rochowschen Schule bereits die ersten Ansätze zu einer inneren Differenzierung des Unterrichts zu sehen, die die Landschulen bis in die Gegenwart praktiziert haben. In der Kritik an der vorherrschenden einklassigen Schulorganisation wich die Rochowsche Argumentation kaum von der ab, die die Industrieschulpädagogen ins Feld führten. (Vgl. oben, Kapitel 3.4; ferner Riemann, 1781, Vorrede; 1798, S. 19–24.)

[19] Vgl. auch Rochow, 1907, Bd. 1, S. 12 (Versuch, 1. Aufl.); Riemann, 1798, S. 52–57.

lieren und ihre Beobachtungsgabe schärfen; gleichzeitig ergab sich jedoch die Möglichkeit, die Nomenklatur von Begriffen zu erweitern und sie insbesondere mit dem Hochdeutschen frühzeitig vertraut zu machen. Der Lehrer hatte den Auftrag, fortlaufend die aus der Umgangssprache stammenden Benennungen durch Bezeichnungen der Lehr- (und Befehls)sprache zu ersetzen (Riemann, 1798, S. 50 f.). Zwar war der Anfängerunterricht somit vornehmlich auf den Erwerb gewisser formaler (Grund)fähigkeiten abgestellt, doch erfolgten in seinem Rahmen zugleich schon inhaltliche Belehrungen: Die Kenntnis des Kindes von seiner Umwelt vertiefte sich bei diesen Übungen schon deswegen, weil es lernte, sich aufgrund spezieller Informationen des Lehrers über „Herkunft, Nutzen und Gebrauch der Dinge", die es umgaben, Gedanken zu machen (Riemann, 1798, S. 58 f.). Sowohl was dies materiale Wissen anlangte, das die Kinder sich allmählich aneigneten, als auch hinsichtlich der Wahrnehmungsleistungen wurden, wenn die Anfänger darin eine gewisse Fertigkeit erworben hatten, die Grundlagen für den Übergang zur nächsthöheren Stufe der Verstandesschulung geschaffen. Er fiel mit dem Beginn des regulären Schulunterrichts zusammen.

Erst auf dieser Ebene setzten die eigentlichen begrifflichen Übungen ein, da die Kinder sich nun vorwiegend darin üben sollten, ihre Sinneseindrücke aufeinander zu beziehen und zu verbinden. Durch „Unterscheiden" und „Vergleichen" waren immer wieder „Ähnlichkeiten" und „Unähnlichkeiten" der Gegenstände aufzusuchen und anzugeben (deren spezielle Eigenschaften sie zuvor zu beschreiben gelernt hatten) (Riemann, 1798, S. 93–96). Anhand einfacher Beispiele wurden die Kinder aber vor allem mit den Kategorien von „Ursache und Wirkung" sowie „Zweck und Mittel" vertraut gemacht; vor allem deshalb hat man den gesamten Lehrgang geradezu als „Kinderlogik" beziehungsweise „Vernunftlehre" bezeichnet (Riemann, 1798, S. 96–98). Die alltäglichsten Erfahrungen wie der Zusammenhang von Essen und Sättigung, Wärme und Heizung oder Saat und Ernte dienten anfangs zur Veranschaulichung; doch wurde nicht darauf verzichtet, von vornherein auch das Verhältnis von schulischer Aufmerksamkeit und Schul- beziehungsweise Lebenserfolg als entsprechendes Beispiel einzuführen, schon weil man sich davon wesentlichen Einfluß auf das Verhalten der Schüler versprach [20].

Zunehmend ließen sich, da die Schüler in dieser Phase lesen lernten, auch Geschichten aus den Schulbüchern für diesen Unterricht heranziehen; so finden sich im „Kinderfreund" eine ganze Reihe von Stücken, deren Verwendungszweck allein schon durch die Titel wie „Ähnlich und unähnlich", „Ursach und Wirkung", „Endzweck und Mittel", „Das Bild oder der Schein betrügt" oder auch „Vom Wesentlichen und Zufälligen" zu erkennen ist [21]. Unter anderem mit Hilfe dieser Texte sollte der Lehrer schließlich, wie es Rochow in seinem „Versuch" demonstriert hatte [22], allmählich eine Art populärer Kritik der Urteilskraft entwickeln: „Irrtum", „Unglaube", „Leichtgläubigkeit", „Aberglaube" wurden wie „Wahrheit", „Gewißheit", „Glaube", „Wahrscheinlichkeit" jeweils an praktischen Beispielen verdeutlicht. Ihre Unterscheidung folgte, gleichgültig, ob sie auf subjektive Verzerrungen abhob oder die objektiven Schwierigkeiten der Erkenntnis herausstellte, immer dem einen Kriterium, das mit dem Schema von Ursache – Wirkung oder

---

[20] Rochow, 1907, Bd. 1, S. 14–16 (Versuch, 1. Aufl.); 1909, Bd. 3, S. 240 f. (Versuch, 3. Aufl.).

[21] Rochow, 1907, Bd. 1, S. 133–312 (Der Kinderfreund I, 16, 17, 20, 63; II, 15).

[22] Rochow, 1907, Bd. 1, S. 17–26 (Versuch, 1. Aufl.); 1909, Bd. 3, S. 245–256 (Versuch, 3. Aufl.).

Zweck – Mittel gegeben war: Die adäquate Erfassung des Kausal- oder Zweckverhältnisses in einer gegebenen Situation mußte den Kindern als das eigentliche Ziel beziehungsweise die höchste Form ihrer Erkenntnis erscheinen.

Der zweiten, oberen Classe war es dann vorbehalten, dieses begriffliche Instrumentarium[23] im Umgang mit Texten nutzbar zu machen und es sich durch die fortlaufende Anwendung anzueignen. Meist anhand des „Kinderfreundes" wurden den Schülern Fälle, die, wie es hieß, „im gemeinen Leben vorzüglich praktisch sind", aus der natürlichen Welt oder dem sozialen Verhaltensbereich vorgegeben, und diese sollten dabei, „weil darauf überall soviel ankommt", wo immer es anging, „den wirklichen oder nur scheinbaren, wahren oder fälschlich angenommenen Zusammenhang zwischen Ursach und Würkung" aufdecken, um durch derartige Analyse „nun recht eigentlich ... zum richtigen Denken und Urtheilen" zu finden (Riemann, 1798, S. 131 f.). Von der Art der Aufgabenstellung her wird verständlich, daß sich die Verstandes- und Begriffsschulung nun zunehmend in den (schmalen) naturkundlichen, den allgemeinen Lektüre- (‚Deutsch'-) oder auch den Religionsunterricht verlagerte. So boten schließlich die überaus ausführlichen Besprechungen der Stücke aus dem universalen Rochowschen Lehr- und Lesebuch, die sogenannten Katechisationen, die der Lehrer jeweils im Anschluß an die Lektüre zur Klärung des Inhalts durchführen sollte, die Gelegenheit, bei der die Schüler – freilich in bestimmten inhaltlichen Bahnen – eigenes Denken übten und (kausallogisches) Begriffsvermögen erwarben[24]. Soweit daneben noch eine besondere Verstandesschulung stattfand, beschränkte sie sich auf gelegentliche Begriffserklärungen und einen Sprachunterricht, in dem Wortfamilien vorgestellt wurden (Riemann, 1798, S. 133–136)[25].

Übrigens hat in vergleichbarer Form – obschon weit weniger extensiv – auch A. Wagemann in seinem Konzept des „Lehrunterrichts" in der Industrieschule logisch-begriffliche Übungen für die Kinder, insbesondere die Schulanfänger, vorgesehen. Mittels anschaulicher Demonstrationen, die beim Betrachter leicht Sinnestäuschungen provozierten, sollten die Kinder frühzeitig auf „die Begriffe von Gleichheit und Aehnlichkeit... ja vom Wesentlichen und Zufälligen" geführt werden (A. Wagemann, 1791, S. 259 f.). Der Zweck derartiger Operationen entsprach den Zielen, die Rochow mit seinem geschilderten Lehrgang verfolgte: Es galt, das rationale Urteilsvermögen – das die Erwachsenen so sehr vermissen ließen – bereits im frühesten Alter bei den Kindern zu wecken.

---

[23] Die oben erwähnten „Materialien zum frühen Unterricht in Bürger- und Industrieschulen" Rochows bestehen aus nichts anderem als Definitionen und Veranschaulichungen der sieben Begriffe: Möglichkeit, Wirklichkeit, Ursache, Wirkung oder Folge, Endzweck, Mittel, Beschaffenheit (Rochow, 1909, Bd. 3, S. 145–160). Auch in dem (für die Hand des Lehrers) bestimmten „Katechismus der gesunden Vernunft oder Versuch, in faßlichen Erklärungen wichtiger Wörter" von Rochow (1786, 1790, 1806). In: Rochow, 1908, Bd. 2, S. 37–97, nehmen die Erläuterungen dieser Begriffe einen breiten Raum ein.

[24] Riemann, 1798, S. 77–82 und S. 84–93; Rochow, 1909, Bd. 3, S. 225–228 (Vorrede zur 2. Aufl. vom Versuch). – Riemann, 1798, hat in den Anhang seiner Darstellung zwei Katechisationen aufgenommen, die er wortgetreu in der Reckahnschen Schule protokolliert haben will. Sie finden sich auch bereits in der ersten Auflage seiner Schrift: Riemann, 1781, S. 23–31 und S. 97–112.

[25] Vgl. zu dieser Unterrichtssequenz auch Rochows allgemeinere Bemerkungen über die notwendige Lehrart: Rochow, 1907, Bd. 1, S. 6 ff. und S. 336–343; 1909, Bd. 3, S. 222 ff. (Einleitung und erste Kapitel des Versuchs, 1. beziehungsweise 3. Aufl.); 1909, Bd. 3, S. 212 f.

Man wird die Bedeutung, die der mehr oder weniger systematischen Verstandesschulung und Begriffsvermittlung in Rochows oder auch Wagemanns Programm zukam, nicht leicht überschätzen können[26]. Für Rochow selbst bildeten, wie er einmal erklärte, jene paarweisen Kategorien von „Ursache und Wirkung", „Endzweck und Mittel" geradezu die „vier Säulen", auf denen seine „allgemeine Volks- und Menschenlehre" aufbaute. Die Vermittlung dieser Kategorien beziehungsweise das fortlaufende Training ihrer Anwendung stellten praktisch das zentrale Element seiner Konzeption von Volksaufklärung und Elementarschule dar, die sich – wie damals wohl alle zeitgenössischen Vorschläge zur (Re)organisation des Bildungswesens – als Lösung des Problems der gesellschaftlichen Krise verstand. Im Endeffekt sollten durch die rechte Unterrichtung der Menschen „die Quellen des vielfachen, aus Unwissenheit dessen, was doch zu wissen unentbehrlich ist, entspringenden Elendes" ausgetrocknet werden[27]. Damit sprengte Rochow zwar ebensowenig wie etwa die Industrieschulpädagogen den Rahmen illusionärer Vorstellungen, denen zufolge die Ursache wie die Beseitigung sozialen Elends vornehmlich als eine Sache individueller Bildung erschienen, doch folgte sein Programm weitaus konsequenter, als es von anderen Aufklärern damals realisiert wurde, der grundsätzlichen Erkenntnis, daß sowohl hinsichtlich des (weiteren) Lernens in der Schule – dem Erwerb speziellen Teilwissens oder besonderer Fertigkeiten – als auch für das (spätere) Verhalten im Leben – die flexible Anwendung der Kenntnisse – wenigstens eine rudimentäre Bildung der allgemeinen geistigen Fähigkeiten des Menschen erforderlich wurde[28].

---

[26] Schon nach dieser kurzen Darstellung der für die Rochowsche Schule charakteristischen Unterrichtssequenz läßt sich erkennen, daß die angestrebte schulische Unterweisung nicht nur auf der inhaltlichen, sondern auch auf der methodischen Ebene eine gravierende Veränderung der herkömmlichen Praxis darstellte. Die Fähigkeit zur Einsicht, auf die Rochow abstellte, ließ sich nicht auf dem Wege mechanischen Drills ohne Rücksicht auf unterschiedliche individuelle Dispositionen erreichen. Ziel und Stoff bedingten eine ‚Individualisierung des Lernvorgangs', die sich freilich nach heutigen Maßstäben recht bescheiden ausnimmt: Immerhin erschien es Rochow als unumgänglich, daß jeder Schüler einzeln – gemäß seinen Fähigkeiten – vom Lehrer angesprochen und beispielsweise in den (katechetischen) Besprechungen der Lesebuchlektionen mit Fragen geprüft beziehungsweise angeregt werden sollte; keine der Veränderungen des Unterrichtsinhalts, über die im folgenden noch berichtet wird, wäre Rochow ohne diese Verbesserung des Unterrichtsverfahrens praktikabel erschienen (Riemann, 1798, S. 50 f. und S. 239 f.; Rochow, 1909, Bd. 3, S. 225–228). Vgl. auch z. B. Krünitz, 1793, Bd. 61, S. 134 f.

[27] F. E. von Rochow: „Besprechung des Kinderfreundes". (1781) In: Rochow, 1907, Bd. 1, S. 354–359, S. 356.

[28] Dieser Aspekt kommt in der kurzen Analyse, die Lemm der Rochowschen Pädagogik unter dem Titel „Zum Eindringen des Kapitalismus in die Landwirtschaft und dessen Auswirkungen auf die Arbeitserziehung gegen Ende des 18. Jahrhunderts" gewidmet hat (Lemm, 1970), gar nicht zum Tragen. Es ist aber fraglich, ob der Ansatz Rochows als eine – von der allgemeinen abgehobene – spezielle (geistige und sittliche) Arbeitserziehung zutreffend charakterisiert ist.

Nur scheinbar war der Kanon dieser Grundschulung lediglich formaler oder abstrakter Art; mit den Kategorien von „Ursache und Wirkung“ (und entsprechend „Zweck und Mittel“) sollte der Mensch nach dem Rochowschen Konzept letztlich den entscheidenden Schlüssel zur Wirklichkeitsbewältigung erwerben. Die natürliche – und auch die soziale – Welt besaß, so war es nach Rochows Auffassung schon den Kindern zu vermitteln, nämlich eine durch und durch gleichförmige rationale Struktur, die sich – theoretisch wie praktisch – nur einem entsprechenden Denken eröffnete. „Alle Dinge“, hieß es etwa in dem „Versuch eines Schulbuches für Kinder der Landleute oder zum Gebrauch in Dorfschulen“, „die man sehen, hören, schmecken, fühlen und riechen kann, sind Ursachen oder Wirkungen von anderen Dingen und so, wie man sie ansieht oder stellt, Ursach und Wirkung zugleich.“ „Wie auf einer Leiter“, ließ Rochow den Lehrer erklären, könne man in dem universalen Kausalnexus „herauf- und heruntersteigen“ [29]. So erlaubten erst die kausallogischen Begriffe dem einzelnen aufgrund ihrer vorgängigen Entsprechung zur objektiven Realität (die von Rochow nicht weiter problematisiert wurde), die Vielfalt der sinnlich erfahrenen Erscheinungen zu ordnen, zu begreifen und auch zum eigenen Vorteil praktisch zu beherrschen. Im Rahmen eines einheitlich-rationalen Weltbildes (das durch die frühzeitige Vermittlung dieses logischen Schemas zugleich eingeführt werden sollte) stellen diese Kategorien somit den allgemeinsten Grundstock an erforderlichem Orientierungswissen und Bedingung eines freien individuellen Handlungs-, besser Verfügungspotentials dar. „Unterricht im Denken“, wie er sich insbesondere in den Aufmerksamkeits- und begrifflichen Übungen vollzog, besaß demnach für Rochow immer auch direkte praktische Relevanz. „Denken lernen“ hieß denn auch in der Konsequenz eine Haltung annehmen, die sich durch (zweckrationales) Denken in allen Situationen auszeichnete: „Ihr sollt also“, prägte der Lehrer der Rochowschen Schule seinen Schülern als Grundsatz ein, „durch den Schulunterricht oder die Lehre verständig werden und so viel als möglich in jeder wichtigen Sache den Grund finden, worauf ihr fest stehen könnt, damit euch eure erlangte Kenntnis Nutzen schaffe.“ [30]

Vor allem mußte sich eine derartige Verhaltensmaxime, wenn sie sich allgemein durchsetzte, auch im wirtschaftlichen Bereich (für den einzelnen und die Allgemeinheit) vorteilhaft auszahlen. Rochow und seine Anhänger haben die erhebliche ökonomische Bedeutung dieser Art Verstandesbildung überaus deutlich hervorgehoben. Bereits bei den ersten Anwendungsübun-

---

[29] Rochow, 1907, Bd. 1, S. 16 (Versuch, 1. Aufl.); 1909, Bd. 3, S. 242 (Versuch, 3. Aufl.).
[30] Rochow, 1907, Bd. 1, S. 17 (Versuch, 1. Aufl.).

gen der eingeführten begrifflichen Grundschemata wurden, nicht nur weil man sich damit im Erfahrungshorizont der Kinder bewegte, in starkem Maße Beispiele aus der landwirtschaftlichen Arbeit herangezogen. Die „Erkenntnis der genauen Verbindung zwischen Ursache und Wirkung", hieß es dazu in der Riemannschen Beschreibung der Schule zu Reckahn, müsse „sowohl in der ganzen Religion als auch in allen Geschäften des gemeinen Lebens, und besonders . . . beim Ackerbau" als ein unverzichtbares Erfordernis betrachtet werden. In der Tat gab es ja für die aufgeklärten Zeitgenossen keinen anschaulicheren und erdrückenderen Beweis für die „schädliche(n) Irrthümer und falsche(n) Schlüsse, (die) daraus entstehen, wenn man nicht einsieht, wie beydes (Ursache und Wirkung nämlich, d. Verf.) immer in dem genauesten Verhältnisse zu einander steht" als die desolate Wirtschaftsführung und die Neuerungsfeindlichkeit der einfachen Bevölkerung auf dem Lande (Riemann, 1781, S. 114)[31]. Schon von der geringen Macht eines Verstandes aber, der nur mit den kategorialen Werkzeugen von „Ursache und Wirkung" zu operieren gelernt hatte – das schien gleichsam auf der Hand zu liegen –, mußte der Schleier magischer Vorstellungen zu zerreißen und der Bann unbefragbaren Herkommens zu lösen sein.

Eben mit Hilfe der Begriffe von Ursache und Wirkung, die auf diese Weise gleichzeitig auch mit Realität gefüllt wurden, setzte Rochow Lehrern wie Kindern auseinander, daß der Landmann häufig im falschen „Vertrauen auf das was doch nicht helfen kann, zu tun (versäumte), was wirklich helfen könnte". Statt daß er „abergläubische Wirkungen ohne hinreichende Ursachen erwarte: als gute Ernten ohne gehörige Ackerbestellung . . . oder kräftiges Vieh von gewissen törichten Gebräuchen ohne die nötige Wartung und Pflege", sollte er die erwünschten Wirkungen (Zweck) durch die richtigen Ursachen (Mittel) herbeiführen, „z. B. (durch) den Anbau nützlicher und dem Boden angemessener Futterkräuter (sowie) die Stallfütterung mit wenigerm aber einträglicherm Vieh . . . So hängt denn", schloß er, „der allgemeine Wohlstand mit der Lehre von Ursach und Wirkung zusammen" (Rochow, 1909, Bd. 3, S. 155 f. und S. 168 f.).

Die Widerlegung der „vielen abergläubischen Meinungen, die so häufig unter den Landleuten herrschen", bestimmte nach Riemanns Darstellung einen wesentlichen Teil der Denkübungen für ältere Schüler (Riemann, 1781, S. 115; 1798, S. 132), sie bildete schon für sich einen direkten Beitrag zur bäuerlichen Qualifikation. Einem entsprechend aufgeklärten Verstande ließen sich dann aber auch die speziellen Kenntnisse nahebringen, die die

[31] Vgl. im übrigen auch den Abdruck der Riemannschen Schrift (in der 2. Aufl. von 1792) bei Krünitz, 1793, Bd. 61, S. 918–1020, S. 964.

bäuerliche Bevölkerung für eine Umstellung ihrer Wirtschaftsweise benötigte; in der Rochowschen Schule knüpfte diese Vermittlung an die begrifflichen Übungen an (Riemann, 1798, S. 138).

Zwar nicht in Form eines kontinuierlichen fachlichen Unterrichts, vielmehr „beiläufig", dabei aber durchaus mit dem Anspruch der Präsentation wichtiger Grundlagen sollte nach Rochows Vorstellungen in der (Land)schule bereits eine (theoretische) Einführung der Kinder in ihr künftiges landwirtschaftliches Tätigkeitsfeld erfolgen. „Von der Landwirtschaft als einem Berufe und Grundsätze(n), worauf es bei allen Arten der Landwirtschaft ankommt", handelte eines der umfangreichsten Kapitel des „Versuchs eines Schulbuches"[32]; es bot dem Lehrer als Grundlage für seinen Unterricht „eine kurze wahre Theorie des Acker- und Gartenbaues" (Rochow, 1909, Bd. 3, S. 66), in die nach Art der traditionellen „Hausväterliteratur" gleichzeitig Vorschriften sozialer Natur, etwa die Pflichten im Haushalt und gegen die Obrigkeit, aufgenommen waren. Den jeweiligen Stoff für diese „landwirtschaftliche Berufskunde" lieferten jedoch die verschiedenen Lektionen aus dem „Kinderfreund", in deren ausführliche Besprechungen sich die notwendigen zusätzlichen Sachinformationen vom Lehrer jeweils anschaulich einbringen ließen. Über „die Stallfütterung des Rindviehes", die „Aufhebung der Gemeinheiten", Brachanbau und Wechselwirtschaft sowie den Obstbau, „die Bienenzucht", den „Seidenbau" oder über einzelne Arbeitsgeräte wie „den neuen Pflug" wurden die Kinder auf diese Weise belehrt. Daneben kamen auch einzelne Regeln der Wirtschaftsführung wie die Art der Futterverteilung über den Winter, die Organisation der Tierhaltung und Milchwirtschaft, die Notwendigkeit von Investitionen oder die Kautelen bei der Pachtung zur Sprache[33]. In enger sachlicher Verbindung standen damit Mitteilungen naturkundlichen Inhalts[34] und schließlich auch die Anweisungen, die den Kindern zur Erhaltung ihrer Gesundheit beziehungsweise für den Fall der Erkrankung gegeben wurden[35]. Bezeichnenderweise wurde es in jenen realkundlichen Lesestücken aber nicht unterlassen, jenseits der speziellen Probleme auch eigens den „Nutzen des richtigen Denkens" überhaupt zu thematisieren[36], in dem der künftige Bauer oder Tagelöhner die allgemeinste, doch zugleich wirksamste Garantie für ein halbwegs erträgliches Leben und wirtschaftlichen „Erfolg" finden sollte.

Gegenüber dem konkreten Detailwissen und praktischen Fertigkeiten blieb das ständige „Vor- und Nachdenken", das die Schule prinzipiell eingewöh-

---

[32] Rochow, 1907, Bd. 1, S. 72–87 (Versuch, 1. Aufl.); 1909, Bd. 3, S. 313–331 (Versuch, 3. Aufl.)

[33] Rochow, 1907, Bd. 1, S. 133–312 (Der Kinderfreund I, 51, 75; II, 18, 19, 22, 23, 30, 31, 33, 52–66).

[34] Rochow, 1907, Bd. 1, S. 133–312 (Der Kinderfreund I, 71–78; II, 4); Rochow, 1907, Bd. 1, S. 64–67 (Versuch, 1. Aufl.); 1909, Bd. 3, S. 305–308 (Versuch, 3. Aufl.).

[35] Rochow, 1907, Bd. 1, S. 133–312 (Der Kinderfreund I, 53, 54; II, 37–45); Rochow, 1907, Bd. 1, S. 68–71 (Versuch, 1. Aufl.); 1909, Bd. 3, S. 308–312 (Versuch, 3. Aufl.); Riemann, 1798, S. 136 ff. Die Argumentation gegen die verbreitete Quacksalberei auf dem Lande baute übrigens ebenso wie die Bekämpfung der wirtschaftlichen Vorurteile auf dem Schema von Ursache und Wirkung auf. Vgl. dazu auch den Aufsatz eines Zeitgenossen in den Denkwürdigkeiten 5 (1798), S. 323–346.

[36] Rochow, 1907, Bd. 1, S. 133–312 (Der Kinderfreund I, 51; II, 16, 17).

nen sollte, allemal die Hauptsache. Nur dann wurden die neu vermittelten Maßregeln nicht wiederum zu einem Gefängnis für das individuelle Handeln, wenn sich nicht, wie es in einer der Rochowschen Gedankenführung kongenialen Äußerung A. Wagemanns formuliert war, „die Idee verbreitet(e), daß man wohl etwas gut machen könne, ohne sich der Gründe bewust zu seyn, nach welchen man verfährt" (A. Wagemann, 1791, S. 227). Und umgekehrt würde sich nur derjenige, der gelernt hatte, sein (wirtschaftliches) Tun an zweckrationalen Gesichtspunkten zu orientieren, der neuen Verfahrensweisen richtig bedienen. Das hieß beispielsweise, in Anpassung an die wechselnden Marktbedingungen den jeweiligen Arbeitsaufwand für bestimmte Erzeugnisse und den erzielbaren Erlös gegeneinander abzuwägen (Rochow, 1909, Bd. 3, S. 158)[37]. Flexibilität im Handeln und Dispositionsfähigkeit hingen wie die Aufnahmebereitschaft jeweils von der Fähigkeit zu einer rationalen Urteilsbildung ab. Für das Verhalten etwa des „kluge(n) Wirt(s) bei der Teuerung" gab es so wenig wie für jede andere Krisensituation eine konkrete allgemeingültige Anweisung: Eine angemessene Handlungsweise ließ sich nur exemplarisch vorstellen (Rochow, 1907, Bd. 1, S. 133–312 – [Der Kinderfreund I, 57]). Der einfache Mann mußte erst einmal lernen, der Instanz seines Verstandes zu trauen und dessen Macht zu nutzen, wenn tatsächlich bloß aufgrund der gedanklich-zwingenden Vorwegnahme der Konsequenzen existentiell bedeutsame Entscheidungen (wie etwa bei Gemeinheitsteilungen und Separation) getroffen werden sollten.

Kritik am überkommenen (religiösen) Deutungssystem: die Konstituenten ‚christlicher Lethargie'

Allerdings war die grundsätzliche Handlungsbereitschaft, die die aufgeklärten Zeitgenossen für das ‚gemeine Volk', vor allem im Begriff der ‚Industriosität', zum Leitbild erhoben hatten, nicht schon in dieser Fähigkeit zur selbständigen Einsicht garantiert, wie sie nach Rochows Vorstellungen (durch die Elementarschule) zu fördern war. Die unverstellte

---

[37] Vgl. im übrigen als ein plastisches Beispiel für die entsprechende moderne, das heißt durchgängig rationale Wirtschaftsauffassung, die sich schon damals in bäuerlichen Kreisen fand, die mehrfach erwähnte Preisschrift eines Bauern über die Frage der Stallfütterung: Gleich zu Anfang definierte der bäuerliche Verfasser in einer Art Exposition des Rahmens seiner Erörterungen als grundsätzliche „Absicht (jedes Landmanns) ... jährlich aus allen Grundstücken den mögligst größten Nuzen zu ziehen", danach bestimmte er das angemessene Verhalten als Organisation der optimalen Mittel für diesen Zweck. Ob die Stallfütterung als ein solches Mittel dann in Frage kam, entschied ein rationaler Diskurs, in dem unter Einbeziehung der jeweiligen lokalen Umstände Vor- und Nachteile einander gegenübergestellt werden mußten. H. H. Müller, 1963, S. 248 ff.

Erkenntnis der eigenen prekären Lage beziehungsweise ihrer sozialen Ursachen konnte den Angehörigen der niederen Klasse – sofern sie ihn nicht zu politisch unerwünschten Aktionen führte – vollends in die Resignation treiben und noch mehr Apathie hervorrufen. Den Impetus zum Handeln konnten aber nicht nur objektive Bedingungen schwächen; dessen Stärke und Richtung wurden auch durch prinzipielle subjektive Voreinstellungen bestimmt, die ihrerseits durch Ideologien, im wesentlichen durch das religiöse System gesteuert wurden. Erst im Zusammenhang mit einer entscheidenden Modifikation der überkommenen ‚Welt- und Lebensanschauung', wie man vielleicht das kollektive Grundverständnis von der Rolle des Menschen in der (physikalischen und sozialen) Welt bezeichnen könnte, das seinerzeit weitgehend durch zentrale Glaubensauffassungen konstituiert wurde, konnte das zu vermittelnde zweckrationale Denken (das dem notwendigen Veränderungsprozeß freilich selbst schon zugehörte) tatsächlich vom einzelnen in die entsprechende Praxis umgesetzt werden.
Jene unserem Handeln wie selbstverständlich zugrundeliegenden gedanklichen Voraussetzungen, nach denen die den Menschen umgebenden Verhältnisse nicht so sehr eine Schranke als vielmehr ein Betätigungsfeld für (präventive, verfügende oder kommunikative) Aktivitäten darstellen, sind ja nichts weniger als eine historische Invariante. Aus dem Blickwinkel einer stark schematisierten geschichtlichen Entwicklung können sie gleichsam als die mühsam gewonnene Mitte zwischen zwei Positionen erscheinen, die heute nur noch latent fortwirken: Der Spielraum menschlicher Aktivität eröffnete sich praktisch zwischen den extremen Polen einer (kosmischen) Teleologie, nach der der Gang der Welt vorgezeichnet und der Mensch als ihr Teil in den Status von Hinnahme oder Kontemplation gebannt war, und der Vorstellung einer permanenten – durch Zufall oder göttliche Willkür bedingten – Unbeständigkeit, die den Menschen ebenfalls in den Fatalismus oder zur Weltentsagung trieb, bei der die Hoffnung auf ein jenseitiges Leben für die leidvollen Erfahrungen irdischer Not entschädigte[38].

---

[38] Vgl. zu dem im Wechselverhältnis mit sozialen Veränderungen einhergehenden Wandel religiöser Weltinterpretationen neben den ‚klassischen' Abhandlungen Max Webers über die „protestantische Ethik und den Geist des Kapitalismus" (Weber, 1965; dazu neuerdings Seyfarth und Sprondel, 1973) die Arbeiten von Blumenberg, 1966 und 1974 (insbesondere den Abschnitt: Theologischer Absolutismus und humane Selbstbehauptung, 1966, S. 75–200); ferner Groethuysen, 1927 und 1930 (insbesondere Bd. 1); neuerdings auch Döbert, 1973. – Merkwürdigerweise ist gerade der sich innerhalb der religiösen Deutungssysteme vollziehende Wandel in den einzelnen Aufsätzen des von A. Nitschke 1975 herausgegebenen Sammelbandes ausgespart, der nichts Geringeres verspricht als – den konfigurationstheoretischen Annahmen der Autoren entsprechend – die epochale und über die verschiedenen Lebensbereiche hinweg gleichsinnige Veränderung der menschlichen Lebenswelt im Verlauf der Industriellen Revolution zu erfassen.

Auf dieses Problem sah sich auch Rochow verwiesen, wenn er seinen Zielvorstellungen wirklich Durchbruch verschaffen wollte. Dabei können seine theologischen und religionspädagogischen Überlegungen zwar schwerlich Originalität in dem Sinne beanspruchen, daß sie allein seiner Gedankenwelt entstammten[39]. Auch stand hinter ihnen bei ihm so wenig wie bei seinen aufgeklärten Zeitgenossen nur das nüchterne Motiv der Generierung eines neuen kollektiv verbindlichen Deutungssystems, das – angesichts der Krise – generell intensivierte Aktivitäten freisetzen sollte. Doch hat Rochow in der Tat die Hemmnisse, die die überkommenen religiösen Überzeugungen für die Entfaltung einer gewissen psychischen Widerstandsfähigkeit gegen die (natürlichen und sozialen) Unbilden der eigenen Lage darstellten (obgleich der dogmatische Inhalt dieser ‚Lehren' den einfachen Leuten nur wenig bewußt sein konnte), recht genau zu bezeichnen gewußt. Der Versuch, gerade auch hierin, unter anderem durch die Schule, auf eine Änderung hinzuwirken, entsprach allerdings nur dem prinzipiellen Ansatz der Rochowschen Konzeption, in der die objektiven Schwierigkeiten, die den Selbstbehauptungswillen des gemeinen Mannes lähmen mußten, systematisch unterbewertet waren. Rochows Vorstellungen und praktische Vorschläge, die er gewissermaßen gegen eine ‚christliche Lethargie' entwickelte, können aber als ein weiterer gewichtiger Punkt gelten, in dem sich sein pädagogisches Programm von der gängigen Schulpraxis und der kirchlichen Orthodoxie weit absetzte.

„Solange unser Volksunterricht", erklärte Rochow, „noch so organisiert ist, daß zahlreiche Menschenklassen sich einbilden müssen, der mit göttlicher Weisheit gebaute Leib sei nichts als eine verächtliche Hülle, keiner Ausbildung und Vorsorge wert – die Welt ein Jammertal und ... nur eine Herberge für kurze Zeit – das Leben selbst, unstreitig die größte aller Wohltaten Gottes, weil ohne sie alle übrigen Wohltaten nicht existieren könnten, nur ein elend und jämmerlich Ding, – solange wird und kann auch Nationalstupidität, deren Gefährtin gewöhnlich die Armut ist, kein Ende nehmen" (Rochow, 1909, Bd. 3, S. 62). Es waren nach Rochows Überzeugung nicht nur die Lücken im Lehrangebot der gewöhnlichen Schule dafür verantwortlich zu machen, daß der gemeine Mann für die Geschäfte seines mühevollen Lebens schlecht gerüstet war. Stumpf machte schon jener – von Kanzel wie Katheder erteilte – Religionsunterricht selbst, neben dem das erforderliche Verständnis für all das gar nicht aufkommen

[39] Vgl. außer der im folgenden einzeln genannten Literatur zum geistesgeschichtlichen Hintergrund der deutschen Aufklärung die Arbeiten von Hazard, 1949; Schöffler, 1967; ferner die einer der Zentralfiguren oder besser dem Organisator der deutschen Aufklärung gewidmete Arbeit von Möller, 1974, über den Verleger, Publizisten und Geschichtsschreiber Friedrich Nicolai.

konnte, was die besseren Schulen zusätzlich an lebenspraktischem Wissen bieten mochten. Formuliere man die Grundannahme aus, die der üblichen religiösen Unterweisung unausgesprochen zugrunde liege, dann könnte es scheinen, klagte Rochow, „als ob die Schulkinder der niedern Stadt- und Landschulen sämtlich schon am Konfirmationstag diese Erde wieder verlassen sollten" (Rochow, 1909, Bd. 3, S. 64).

Statt den jungen Menschen auf sein irdisches Leben hin zu verpflichten und ihn gleichzeitig für die Entbehrungen seines Daseins zu wappnen, förderte die religiöse Lehre zumeist von vornherein eine Geringschätzung des irdischen Lebens. Nicht selten geschah dies ganz direkt durch die erklärte Abwertung der bloß irdischen Belange, die sich gegenüber dem Ziel der reinen Vereinigung mit Gott geradezu als der gefährliche Gegenstand potentiellen Götzendienstes hinstellen ließen. Deutete man die menschliche Sphäre aber nur als einen Verhängniszusammenhang, dann würden, wie Rochow kritisierte, „Ungeschicklichkeit, grobe Sitten und Untauglichkeit zu Geschäften und zum nützlichen Fortkommen in der menschlichen Gesellschaft" geduldet oder sogar systematisch gefördert[40].

Als Mißbrauch der Religion hat denn auch beispielsweise Sextro diese Lehrweise gekennzeichnet, da die christliche Verkündigung „zwar die erhabene Genügsamkeit des Gelingens und Resignation bey jedem Eifer im Erwerb, aber nicht die Genügsamkeit des Strebens nach edlem Gut lehre; ... sie vielmehr die Regsamkeit aller Kräfte, den wahren Strebgeist ohne Ende verbreite" (Sextro, 1785, S. 10). Durch das Beten allein, erklärte übereinstimmend Rochow, werde der einzelne die himmlische Glückseligkeit letztlich so wenig erlangen, wie er damit sein irdisches Schicksal meistere. Zum frommen Gebet müsse – gemäß der bekannten Maxime „ora et labora" – notwendig die Arbeit treten. Denn nicht durch den gleichmütigen Rückzug von der Welt zeichne sich der Mensch vor Gott für die Gnade künftiger Seligkeit aus; nur durch tatkräftiges Wirken an dem Platz, auf den er durch höhere Fügung gestellt worden sei, bereite er sich auf ein besseres Los im Jenseits vor. Aus dem verengten Gesichtswinkel des irdischen Lebens mochte die qualvolle Anstrengung, die der Alltag dem einzelnen abforderte, nur als ein unumgängliches Übel erscheinen, hinsichtlich der Sphäre des jenseitigen Lebens und der Alternative von ewiger Verdammnis oder Glückseligkeit mußte sie dagegen noch als höhere Verpflichtung und eigenes ‚Anliegen' gelten. In diesem Sinne bildete die Regel des „bete und arbeite", die den Kindern von früh auf durch die religiöse Unterweisung eingeprägt werden sollte, für Rochow geradezu die praktische Quintessenz jener tieferen Wahrheit, daß „des Menschen Weg zum Himmel über diese Erde gehe" (Rochow, 1907, Bd. 1, S. 92).

---

[40] F. E. von Rochow: „Vergleichung der alten und neuen Lehrart bei Unterweisung der Jugend" (1778). In: Rochow, 1907, Bd. 1, S. 88–92, S. 92. – Diese Kritik zielte vornehmlich gegen den weltflüchtig-schwärmerischen Pietismus, der damals, wie es scheint, gerade in den niederen Schichten verbreitet war (Möller, 1969, S. 214–230). Freilich muß man hinzusetzen, daß es eine Reihe recht verschiedener pietistischer Strömungen gab: der weltaktive Pietismus Hallescher Prägung, dessen missionarischen Unternehmungsgeist man einmal als ‚weltweiten Reichgotteskapitalismus' bezeichnet hat, wäre damit schwerlich zu treffen gewesen. Dazu Hinrichs, 1964, S. 171–184.

„Treue im Beruf", so heißt es in einer „Instruktion für seine ‚Lehrer'", sei „entweder selbst tätiges Christentum ... oder (erleichtert) solches doch sehr ..., und überall (macht) Brauchbarkeit und Geschicklichkeit zu den täglichen Geschäften des Lebens es eigentlich möglich ..., sein Licht, nämlich die in uns wohnenden guten Gesinnungen, vor den Leuten leuchten zu lassen, indem sie alsdann am ersten und leichtesten bewogen werden, die christliche Tugend als eine der schätzbarsten Eigenschaften zu betrachten und nachzuahmen"[41]. Wer dereinst ein „Bürger des Himmels" werden sollte, mußte also zuvor „nützlicher Bürger dieser Erde" gewesen sein[42]. Abgesehen von dem religiösen Verdikt über die weltliche Sphäre beeinträchtigte mehr noch das vermittelte Gottesbild die Entfaltung agiler Weltzugewandtheit, die Rochow und vielen Zeitgenossen unbedingt erforderlich schien. Bei der noch vorherrschenden Glaubensdogmatik war die bange Frage nicht unberechtigt, ob denn dieser Gott, von dem die Prediger und Schullehrer berichteten, die Mühsal eines geschäftigen Lebens tatsächlich lohnen werde[43]. Was der einfache Mann über Gott häufig erfuhr, entrückte diesen mehr dem menschlichen Verständnis, als daß es ihn näherbrachte, weckte eher beklemmende Gefühle statt vertrauensvolle Zuversicht. Von früh auf nämlich wurde den Kindern in der Schule – sofern von dieser Art Religionsunterricht überhaupt etwas hängenblieb –, wie Rochow mit einiger Schärfe konstatierte, von einer „barbarischen Geistlichkeit" vor allem „krasse Furcht für Gott recht geflissentlich empfohlen und sinnvoll gemacht"[44].

---

[41] Rochow, 1910, Bd. 4, S. 143–148, S. 143; auch abgedruckt bei Riemann, 1798, Beilagen.

[42] Rochow, 1910, Bd. 4, S. 147. Vgl. dazu auch den kontroversen Briefwechsel Rochows mit dem – orthodoxen – Oberkonsistorialrat Silberschlag (1774), wo – unter dem Interesse der richtigen schulischen Religionsvermittlung – von beiden Verfassern das schwierige Verhältnis bestimmt wurde, in dem nach ihrer jeweiligen (unterschiedlichen) Auffassung das „blutige Opfer Christi" und die individuelle Leistung eines gottseligen Lebens bei der derzeitigen Erlösung des Menschen zu denken seien. Die Bedeutung, die einer klaren Gewichtung in dieser Alternative für die praktische Lebensführung zukommen mußte, wurde von beiden Autoren klar erkannt; nur hat der orthodoxe Silberschlag den Vorwurf, daß „die Lehre von der Erlösung (jedes reuevoll-gläubigen Sünders durch Christi Sühneopfer, d. Verf.) faule Christen mache", charakteristischerweise geringer veranschlagt als den Fehler einfordernder menschlicher Selbstgerechtigkeit vor Gott (Rochow, 1910, Bd. 4, S. 63–76). Zur allgemeinen Veränderung des Christusbildes (vom Erlöser zum vorbildlichen Lehrer des Menschen) im Zuge der aufgeklärten Theologie vgl. Philipp, 1963. – Dazu auch Wehrmann, 1972, S. 244–246.

[43] Schon angesichts des Erlösungsdogmas (vgl. letzte Anmerkung) ergab sich in der orthodoxen Religionslehre, wie Rochow gegenüber Silberschlag hervorhob, ein Riß in der Gottesvorstellung, die nicht nur den Lehrer der Religion, sondern auch jeden – aufgeweckteren – Gläubigen irritieren mußte: Wo lag trotz der ‚beruhigenden' Erlösung durch das Opfer Christi für diesen Gott eigentlich die Grenze des Zulässigen, wenn er schon schrecklich genug war, um der Sühne willen den eigenen schuldlosen Sohn aufzuopfern? (Rochow, 1910, Bd. 4, S. 73).

[44] Rochow, 1907, Bd. 1, S. 323; Rochow an Nösselt am 4. 1. 1775. In: Rochow, 1910, Bd. 4, S. 117–123, S. 120.

Es war das Bild eines unerbittlichen und despotischen Gottes, mit dem die verbreitete Orthodoxie schon die Kinder konfrontierte und das sie bei den Gläubigen in den sonntäglichen Predigten ständig wachzuhalten suchte. In dieser allmächtigen Herrschermacht über Himmel und Erde konnte der einzelne nicht das dem Menschen zwar prinzipiell unerreichbare, aber doch innerlich vertraute Ideal von Vollkommenheit erblicken; die Gestalt Gottes blieb nach der überkommenen Lehrweise vielmehr ein dem Menschen fremdes und unfaßliches Gegenüber. Ja, die jedem menschlichen Fassungsvermögen sich sperrende Unbegreiflichkeit dieser Kraft, die den einzelnen gleichsam in die Kapitulation des Glaubens zwang, bildete recht eigentlich das wahre Prädikat ihrer Göttlichkeit. Vor den unerforschlichen Ratschlüssen des Herrn, der allgegenwärtig dem, der von ihm scheinbar unbemerkt und kurzzeitig abfiel, mit physischer Vernichtung und ewiger Verdammnis drohte, hatte sich der Gläubige in tiefer Demut zu beugen[45].
Dieses Gefühl vollständiger Anheimgabe, in dem die Konsequenz aus der unendlichen Unterlegenheit des Menschen gegenüber seinem Gott gezogen war, hatte man seit alters her als das Mysterium der „christlichen Liebe" verklärt. Für Rochow und für die gesamte aufgeklärte Theologie war diese Interpretation, weil sie den unmenschlichen Reflex eines extremen Gewaltverhältnisses darstellte, nur der Inbegriff einer verkehrten, unwahren Beziehung des Menschen zu Gott, die eben nur von zerknirschter Furcht getragen wurde. „Von der Liebe Gottes", klagte Rochow, „wie er sich nirgends unbezeugt gelassen, wie er Vater sei alles Seins, wie er durch alle seine Anstalten nichts als unser Wohl bezweckt, wie er jedes einzelne von ihm um des größeren Wohls verhangene Weh mit Herrlichkeit aufwiegen werde, und also aus seiner Einrichtung zwar zeitliches Leiden, aber kein Verderben entspringe – kurz mit inniger Wonne über Gott, mit dem für junge weiche Seelen so bildenden Ton der Freude über die Oberherrschaft Gottes, unter dessen Zepter der Gerechtigkeit es der Fromme so gut hat und einst noch besser haben wird, von solchen Hymnen schallet kein Hörsaal wieder" (Rochow, 1910, Bd. 4, S. 120).

Weder Schule noch Kirche (noch die theologischen Fakultäten und Konsistorien)[46] lehrten – bis auf wenige Ausnahmen – eine Religion, die den

[45] Blumenberg, 1966, S. 120 f., S. 138; Groethuysen, 1927, Bd. 1, S. 143 ff. Auch wenn sich die Erscheinungsformen im einzelnen veränderten, war dieser „theologische Absolutismus", wie Blumenberg das orthodoxe Gottesbild bezeichnet hat, nicht etwa ein spezifisches Phänomen des 18. Jahrhunderts und ebensowenig auf eine Konfession beschränkt. Seit dem Mittelalter, in dem unter dem Vorzeichen des Nominalismus die Vorstellung des gleichsam selbstherrlichen Gottes auf die Spitze getrieben war, wurde von verschiedenen Positionen aus zugunsten humaner Autonomie eine Gegenbewegung formiert, die sich – da selbst nicht einheitlich – freilich nur auf langwierigem Wege durchzusetzen vermochte. Bis an das Ende des 18. Jahrhunderts bildeten jedoch in der Front gegen den ‚alten Gott' die neologische Theologie, der rationale Deismus, die atheistische Aufklärung und selbst die Jesuiten, wie ihre Auseinandersetzung mit den Jansenisten in Frankreich zeigt (Groethuysen, 1927, Bd. 1), eine einheitliche, allerdings brüchige Koalition. Vgl. zu Art und Bedeutung der orthodoxen Theologie im protestantischen Deutschland jener Zeit die mit zeitgenössischen Beispielen belegten, ausführlicheren Bemerkungen von Weigl (unveröffentlichtes Manuskript), S. 13 ff., S. 33 ff.

[46] Vgl. dazu auch die sich auf Barths Ausführungen stützende Kritik Campes an der orthodoxen Ausbildung der Geistlichkeit. Campe, 1786, Bd. 1, S. 35. – Vgl. auch Anm. 26 auf S. 337.

Menschen mit einer hinlänglichen Gewißheit über seinen irdischen Weg und mit einer gewissen Hoffnung hinsichtlich seines jenseitigen Schicksals ausrüstete. Wie aber sollte der einzelne vorausdenken, längerfristige Pläne fassen, überhaupt weitsichtiger handeln, wenn ihn ein übermächtiger Gott jederzeit durch unvermutete Interventionen die Nichtigkeit der menschlichen Existenz und die Irregularität dieser seiner Welt fühlen lassen konnte? Die Ohnmacht, in der sich der Mensch dieser unwägbaren Allmacht gegenübersah, mußte sich notwendig als Gleichmut oder ängstliche Resignation vom Verhältnis zu Gott, dem Urheber alles Seins, auf die Beziehung zu seiner Schöpfung, der Natur, übertragen. Hinter jedem Vorgang, der aus dem Rahmen des Gewohnten oder Vorhergesehenen fiel, ließ sich somit im Extremfall der direkte Eingriff der höheren, unkontrollierbaren Gewalt vermuten; Naturkatastrophen oder persönliche Unglücksfälle konnten immer auch Strafen für Sünden sein. Oder es waren die Geister des Gegenreichs zu fürchten, die den Gläubigen bedrohten und vom Pfad eines gottseligen Lebens abzudrängen versuchten. Die Aufklärung über die Welt und ihre (natürlichen) Gesetze, wie sie in den wenigen besseren Elementarschulen, auch in den Rochowschen Anstalten, erfolgte, schien bei dieser Art ‚Aberglaube', den überkommene Dogmen und christliche Riten im Volke nährten, zunichte zu werden.

„Wenn z. E. die Lieder und Liturgien" in der Kirche, bemerkte Rochow, „von Nachtgespenstern und Teufelsrachen reden, welche die Menschen zu äffen, zu schrecken und zu fressen geschäftig sind: so kommt freilich die in der Schule zur Vordertür hinausphilosophierte Furcht wieder zur Hintertür in die Menschen hinein, und die Religion macht Bärenhäuter, da sie allein echten Mut geben sollte. Wer z. E. die Teufel aus Täuflingen austreiben hört, der kann freilich nicht vermeiden, sich zu fragen, wie sie doch hinein gekommen. Und das beste Resultat dieser fatalen Untersuchung ist, wenn er über das Zurückbleiben der Theologen bei dem sichtbaren Fortschritt aller andern Gelehrten seufzet" (Rochow, 1909, Bd. 3, S. 443)[47]. Die geforderte Anpassung der religiösen Dogmatik an die Entwicklung, die sich in anderen – weltlichen – Bereichen vollzog, bedeutete aber im Grunde nichts Geringeres als den Sturz des alten Gottes(bildes), unter dessen Last die menschliche Handlungsfreiheit verkümmerte.

---

[47] Zur Glaubenswelt der kleinbürgerlichen Bevölkerung des 18. Jahrhunderts beziehungsweise den mit christlichen Vorstellungen verwobenen abergläubischen Ansichten und Praktiken des Volkes vgl. die materialreiche Darstellung von Möller, 1969, S. 214–248. – Es war übrigens nicht einfach, die tradierten, von Rochow als so gänzlich zweckverfehlend kritisierten Kirchenbräuche durch aufgeklärtere Riten abzulösen. Die Einführung eines neuen Gesangbuches, das an die Stelle des alten ‚Porst' mit seinen bußfertigen Gesängen über die ‚Ewigkeit der Höllenstrafen' und das ‚Blendwerk des Teufels' treten sollte, löste zu Beginn der achtziger Jahre des 18. Jahrhunderts in Berlin, aber auch auf dem platten Lande in Preußen zum Teil heftigen Widerstand aus, der durchaus nicht nur von orthodoxen Geistlichen getragen wurde (Möller, 1969, S. 221 ff.).

In dieser Hinsicht war es eine Kampfansage, wenn Rochow seiner Kritik die programmatische Erklärung anschloß: „Das reine Evangelium Jesu ist eine fröhliche, nicht eine den Verstand tötende und das Herz beklemmende Botschaft“ (Rochow, 1909, Bd. 3, S. 443).

Vor allem war es ein Dogma, das nach aufgeklärtem Empfinden fallen mußte, weil es auf die menschliche Handlungsfähigkeit einen geradezu paralysierenden Einfluß ausübte. Die Lehre von der ‚Erbsünde‘, die den Menschen praktisch von Natur aus mit dem Fluch des Bösen belud, tauchte nämlich alles, was der Mensch tat oder unterließ, letztlich in Schuld und Strafwürdigkeit[48]. Die Annahme, daß schon dem unschuldigen Kind (seit der Verfehlung Adams und Evas) „die Sünde seiner Voreltern“ zugerechnet würde, wie Rochow bissig kritisierte, sei so recht dazu angetan, die Vorstellung eines „höchst gerechten Gott(es)“ in den Herzen der Menschen heimisch zu machen (Rochow, 1907, Bd. 1, S. 90).

Dem orthodoxen Schreckensbild eines Herrn, der mit furchtbarer Gewalt über die reuevolle Demut seiner Gemeinde wachte, gehörte die Überzeugung von der menschlichen Urschuld freilich aufs engste zu. Denn gegenüber einem Wesen, das Gottes Auge permanent durch die sündhafte Häßlichkeit seiner Existenz beleidigte, selbst wenn es von der Wurzel seiner Verschuldung konkret nichts wußte, war noch die größte Strenge, mit der Gott es traf, gerechtfertigt. War der Mensch erst von dem Gefühl seiner grundsätzlichen Schuld vor Gott durchdrungen, so war für ihn alles Leid und Elend, das ihm begegnete, als der konsequente Ausdruck oder die adäquate Folge seines eigenen Vergehens zu interpretieren. Die erdrückende Allmacht, mit der die orthodoxe Lehre das Bild Gottes ausstattete, fand in der tiefen Erniedrigung des Menschen, der aus eigener Kraft keine Änderung zum Guten vermögen sollte, die folgerichtige Entsprechung (Groethuysen, 1927, Bd. 1, S. 192 ff.).

So kann es auch wenig verwundern, daß die pädagogischen Reformversuche damals an keiner Stelle – weder auf der Ebene der niederen Schulen noch auf der des höheren Bildungswesens – von den Orthodoxen ausgingen, sondern nur von ihren erklärten Gegnern vorangetrieben wurden[49]. Jeder

---

[48] Zur Polemik der aufgeklärten Theologie des 18. Jahrhunderts gegen das Konstrukt der Erbsünde vgl. Aner, 1929, S. 50 ff., S. 158 ff., S. 298 ff.; ferner Cassirer, 1932, S. 182 bis 214, insbesondere S. 188, S. 212 f.

[49] Wohl fast alle prominenten Mitglieder der sogenannten philanthropinistischen Schule, allen voran Basedow und Barth, aber auch Salzmann oder Campe, hatten ob ihrer aufgeklärten religiösen Überzeugungen den Widerstand der Orthodoxen erfahren müssen und wohl mehr deswegen als aufgrund ihres „lockeren und unsteten Lebenswandels“ um Erfolg, Ansehen und die Existenzgrundlage zu fürchten gehabt. Pinloche, 1914, S. 35 ff., S. 263 ff., S. 322 f. – Schon an Einzelheiten von Barths Schicksal läßt sich beispielhaft zeigen, welchen Machtfaktor die orthodoxe Geistlichkeit noch im letzten Drittel des 18. Jahrhunderts darstellte. (Allgemein dazu Flygt, 1963.) Von Rochow ersucht, dem verfolgten Barth (der schließlich in Halle Zuflucht gesucht hatte) eine feste Anstellung zu geben, erwiderte Zedlitz, immerhin Minister, mit dem charakteristischen Hinweis auf die „Klerisei“, die man nicht vorsätzlich gegen sich aufbringen dürfe. „Die

ernsthaften erzieherischen Bemühung liegt ja notwendig die Überzeugung von der Besserungsfähigkeit der menschlichen Natur oder, wie es in der Sprache der Zeit hieß, von der weitgehenden Perfektibilität des Menschen zugrunde. Und umgekehrt: Wenn man sich wirklich die Annahmen zu eigen gemacht hatte, daß der Mensch grundsätzlich „Anlagen zu allem, was gut ist", freilich auch was böse ist, mit auf die Welt brachte, wie Rochow formulierte: „wie wichtig ... (mußte) nicht dadurch der elterliche Stand sowie der Stand des Lehrers" werden[50]!

So wird es Rochow wohl nicht ungern gesehen haben, daß von der berufenen Seite eines Berliner Oberkonsistorialrats der ‚Pelagianismus' hervorgehoben wurde, der insbesondere die Erzählungen im zweiten Teil seines „Kinderfreundes" beherrsche[51]. Wo die Einsicht geteilt wurde, daß, wie es der Kirchenmann Dietrich bei dieser Gelegenheit ausdrückte, „in der Tat nichts Gott Unanständigeres (zu) denken (sei), als daß er Menschen zur Verantwortung ziehen sollte, daß sie das nicht gewollt, was sie doch nicht haben wollen können", da galt diese Bezeichnung als eine Art Auszeichnung[52].

Das Prinzip pädagogischer Einwirkung basierte praktisch auf der Abschwächung des Verdikts von der Erbsünde. Erst recht war um des spezifischen Bildungszieles willen, das die Rochowsche und auch die Industriepädagogik verfolgte, eine konsequente Destruktion dieses für den alten Glauben zentralen Dogmas erforderlich: Wenn der Mensch das ganze Elend seiner Lage und schließlich das gesamte Übel in der Welt seinem

---

Silberschläge (vgl. Anm. 42, d. Verf.) würden sich berechtigt halten zu schreien, wenn wir einem Mann den Unterricht, das Bilden der Lehrer auftrügen, der die göttliche Natur Christi leugnet. Ich halte es für Pflicht, das Fersenstechen des Aberglaubens nicht zu achten, wenn ich den Weg über die Schlange nehmen muß; allein wenn ich vorbeigehen, und doch an Ort und Stelle kommen kann, warum soll ich das Beest erst zischen machen; es ist ja doch eine Teufels Musik." (Zedlitz am 7. 8. 1779. In: Rochow, 1910, Bd. 4, S. 246.)

Zedlitz war auch scharfsichtig genug, in der Schrift Rochows „Vom Nationalcharakter durch Volksschulen" (in: Rochow, 1907, Bd. 1, S. 313–348) „einige Stellen" zu entdecken, die dieser „der Silberschläge wegen beigesetzt" habe, wozu, wie er Rochow ironisch konzedierte, „Sie Ihre Ursache gehabt haben mögen" (Zedlitz am 19. 7. 1779. In: Rochow, 1910, Bd. 4, S. 237).

Erinnert sei hier auch an die Auseinandersetzung, die Lessing damals mit dem streitbaren Sprecher der protestantischen Orthodoxen, dem Hauptpastor Goeze in Hamburg, führte; sie endete, wie Lessing immer schon gefürchtet und Goeze gefordert hatte, mit dem Eingriff der Obrigkeit, die Lessing den Maulkorb der Zensur vorhängte. – Hingewiesen sei schließlich noch auf das satirische Bild, das Nicolai von Denkweise und Einfluß der protestantischen Orthodoxen im letzten Drittel des 18. Jahrhunderts zeichnete: Nicolai, 1773/1775.

50 F. E. von Rochow: „Stoff zum Denken über wichtige Angelegenheiten des Menschen" (1775). In: Rochow, 1907, Bd. 1, S. 93–132, S. 97–99.

51 Zum Beispiel Rochow, 1907, Bd. 1, S. 133–312 (Der Kinderfreund II, 1, 3).

52 Dietrich am 5. 12. 1778. In: Rochow, 1910, Bd. 4, S. 216. Vgl. im übrigen auch Rochows Ausführungen in seinen „Berichtigungen. Zweiter Versuch" (1794). In: Rochow, 1908, Bd. 2, S. 289–396, S. 318 f.

eigenen Dasein schlechthin zuzumessen hatte, war auch an eine praktische Veränderung der Bedingungen dieser Realität im Grunde nicht zu denken. Die existentielle Schuld, mit der die Augustinische Lehre den Menschen belastete, implizierte für ihn letztlich den „Verzicht darauf, eine Wirklichkeit durch Handeln zu seinen Gunsten zu verändern, deren Ungunst er sich (vorab immer) selbst zuzuschreiben hatte“ (Blumenberg, 1966, S. 89). Zwar hat Rochow diese letzte kritische Konsequenz nicht direkt ausgesprochen. Aber wie bei all den verschiedenen (auf den ersten Blick verwirrenden) Auseinandersetzungen, die die Aufklärer mit den Vertretern der Orthodoxie um einzelne Dogmen führten, ging es zweifellos auch bei der strikten Ablehnung des Gedankens von der Erbsünde im Kern um den Kampf gegen Heteronomie und gegen den systematischen Zwang zur Selbstverleugnung des Menschen (Cassirer, 1932, S. 182)[53]: Zu energischer Gestaltung seiner Umwelt beziehungsweise ‚industriöser Hingabe‘ an die Pflichten war nur zu stimulieren, wer sich wohl Versäumnisse vorrechnen lassen mußte, nicht aber zu unentrinnbarem Versagen verurteilt war, und wer im irdischen Leben oder im Jenseits auf Anerkennung seiner Anstrengung hoffen konnte[54].

Die Religion orthodoxer Lehrart bildete somit ein widerspruchsvolles System von Mysterien (dazu auch Rochow an Zedlitz am 27. 2. 1773. In: Rochow, 1910, Bd. 4, S. 41). Was die gewöhnlichen (Elementar)schulen davon vermittelten, reduzierte es dazu in der Regel wohl auf eine kompilatorische Ansammlung von Glaubensformeln, die für den einzelnen, soweit sie nicht das Gefühl von Bedrohung hinterließen, weitgehend inhaltsleer geblieben sein dürften. Durch die „unverständliche Methode im Religionsunterricht“ (Rochow, 1907, Bd. 1, S. 90) wurden die Glaubensinhalte noch weiter verdunkelt. Zwar stand in den niederen Bildungsanstalten die religiöse Unterweisung im Mittelpunkt, aber bei der vorherrschenden Unfähigkeit der Lehrer und angesichts der in den Schulen vorherrschenden organisatorischen Mängel folgte daraus eher eine Gefährdung des Glaubens, jedenfalls der Verstandesentwicklung. Wenn weithin ‚wütender Aberglauben‘ und ‚Irreligiosität‘ anzutreffen waren, dann hatte

[53] Über die Auseinandersetzung bezüglich dogmatischer Fragen zwischen Orthodoxen und zeitgenössischen Neologen: also etwa über die Macht beziehungsweise Existenz des Teufels, die Ewigkeit der Höllenstrafen, die Lehre von der Prädestination, die Doppelnatur Christi, die Bedeutung seines Opfertodes, Trinitäts- und Abendmahlslehre oder schließlich die Frage der Symbolischen Bücher unterrichtet am umfassendsten Aner, 1929, S. 173–178, S. 234–235, S. 300–305.

[54] Vgl. die zusammenfassende Kritik Rochows an der „bequem gemachten Religion“ der Vertreter der Orthodoxie, die als Prediger mit ihrem Gerede von Erbsünde, Christi Blutopfer, ewigen Höllenstrafen und menschlicher Weltentsagung, sofern sich das Volk von ihnen nicht vollends einschüchtern ließ, letztlich die beliebtesten, weil harmlosesten Beichtväter stellten. Rochow, 1907, Bd. 1, S. 122.

daran, wie Rochow mehrfach äußerte, auch die verbreitete Lehrart, „die unselige Verwirrung undenkender Kinderköpfe mit Mysterien“, einen wesentlichen Anteil (Rochow, 1910, Bd. 4, S. 111, S. 113, S. 119 f.). Statt mit der Einprägung „sehr erklärbarer und verstehbarer Lehren ... (wie sie eigentlich) das meiste Geschäft des Lehrers sein sollte, diesen Glauben zuerst recht möglich zu machen“, beginne und ende der gewöhnliche Religionsunterricht „mit Einschärfung des Glaubens bloß allein an die Geheimnisse“ (Rochow, 1907, Bd. 1, S. 323).

Unangemessen hoch schien schon der Stellenwert, den die starr festgehaltenen, abstrakten Bekenntnisgrundsätze (aus Katechismus und Heilsordnung) im Unterricht auch der kleinsten Kinder einnahmen, worauf sich Rochows Vorwurf gründete, daß man auf diese Weise bestenfalls theologische Federfuchser, nicht aber praktische Christen heranziehe (Rochow, 1910, Bd. 4, S. 112)[55]. Auf die Mehrheit der Schüler mußte allein die übliche Trinitätslehre des athanasischen Glaubensbekenntnisses, das als die unumgängliche erste Grundlegung für das religiöse Verständnis galt, in der Weise wirken, daß aus ihren Köpfen „aller gesunde Menschenverstand vertilgt wurde“ (Rochow, 1910, Bd. 4, S. 119). Die Vorstellung von drei göttlichen Vollkommenheiten, die gleichzeitig eine einzige Person darstellten, war – zumindest für Kinder – so unbegreiflich (Rochow, 1907, Bd. 1, S. 89 f.) wie die Lehre von der göttlichen und menschlichen Doppelnatur Christi oder das, was der Wortlaut der geheiligten Glaubensartikel über Abendmahl und Taufe besagte (Rochow, 1910, Bd. 4, S. 119 f.). Sofern dabei – unter Bezugnahme auf isolierte Bibelsätze – überhaupt Beweise geliefert wurden, ließen sie nach Rochows Kritik oft „mit dem, was bewiesen werden soll, auch die entfernteste Relation ... nicht“ erkennen (Rochow, 1907, Bd. 1, S. 88).
Letztlich konnten sich auf diese Weise die verschiedenen Widersprüche, die das orthodoxe System ohnehin kennzeichneten, nur bis zur heillosen Verwirrung steigern. Dies galt um so mehr, als hinter jedem Spruch, hinter jedem Artikel, der gelehrt werden sollte, nicht nur der Zwang körperlicher Strafen, sondern bei erkennbarer Ungläubigkeit die Drohung „ewiger Verdammnis“ stand (Rochow, 1907, Bd. 1, S. 323 f.). Im Grunde ging so am besten allen Schwierigkeiten aus dem Wege, wer nur das Pensum, sei es was es wolle, aufzusagen oder herunterzubeten vermochte. Weil Lehrer wie Schüler den inhaltlichen Anforderungen kaum nachkommen konnten, beschränkte sich der übliche Religionsunterricht denn faktisch auf das bloße Auswendiglernen von Kirchenliedern, von Katechismus und sprachlich schwer verständlichen Sprüchen aus der Bibel, wobei die beiden Schriften nicht selten (in Auszügen) als die einzigen oder hauptsächlichen Schulbücher auch noch für die Buchstabier- und Leseübungen herhalten mußten (Rochow, 1907, Bd. 1, S. 88)[56]. Als das Kernstück des schulischen Unterrichts war die religiöse Unterweisung weithin geradezu die Schule des Unverstandes; von auf-

[55] Vgl. auch den späteren Aufsatz Rochows „Über den frühen Gebrauch des Lutherischen Katechismus bei dem Schulunterricht kleiner Kinder“ (1799). In: Rochow, 1909, Bd. 3, S. 181–185. – Zur zeitgenössischen Kritik am üblichen Katechismusunterricht vgl. auch Fooken, 1967, S. 112–115. Dort auch zur zeitgenössischen Polemik gegen die Orthodoxie S. 170–175.

[56] Vgl. in diesem Zusammenhang auch die bekannte zeitgenössische Kritik an dem Betrieb der damaligen Dorfschulen von Pfarrer J. F. Schlez, 1795.

geklärter Seite widersprach wohl niemand, als Rochow konstatierte: „So ... ist die ganze Religion eines unter solcher Zucht erwachsenen Kindes das Geschwätz eines Papageien. Es versteht ein solches Kind weder, was es lieset, singt, betet oder hersagt, noch auch, was es in der Kirche hört, wohin es so früh als möglich geführt wird, und nur Mienen, Gebärden und Gebräuche sieht, welche es schnell, teils nachmachen, teils als Hauptsachen selbst, nicht aber als Zeichen kennen und eben daher nicht verstehen lernt" (Rochow, 1907, Bd. 1, S. 120, auch 1909, Bd. 3, S. 64)[57].

‚Aufgeklärte' Religion und menschliche Handlungsfähigkeit

An einer derartigen Kritik von Methode und System der herkömmlichen Religionslehre sind das positive Programm und die praktisch-pädagogischen Maßregeln, wie sie Rochow demgegenüber für notwendig hielt, schon weitgehend abzulesen. Wenn man wollte, daß sich der Glaube des breiten Volkes ‚aufkläre', das heißt sowohl von den Gefühlen her, die er hervorrief, als auch hinsichtlich seines rationalen Gehalts hellere Züge annehme, dann lag es auf der Hand, daß schon (und gerade) die ersten Anfänge der religiösen Unterweisung in einem positiven Sinne Herz und Verstand der Kinder ansprechen mußten. Didaktische Überlegungen, nach denen die allmähliche Entwicklung der kindlichen Fassungskraft und die der Sache inhärente Logik jeweils zu berücksichtigen und aufeinander zu beziehen sind (Rochow, 1910, Bd. 4, S. 109, S. 114), erhielten erst dann in religionspädagogischen Überlegungen ihren festen Platz, wenn die prinzipielle Vorentscheidung getroffen war, daß „der Glaube der echten Christen ... nicht

[57] Wegen des treffenden Spottes und auch weil sie als ein Indiz für die Allgemeinheit des Phänomens gelten kann, sei hier kurz auf die kleine Szene verwiesen, die der Engländer L. Sterne damals in seinem weitverbreiteten, auch in Deutschland (zum Beispiel Rochow) bekannten Roman „Leben und Meinungen des Tristram Shandy" diesem Problem gewidmet hat: Daß der Korporal Trim, wie sein Herr bei einer Diskussion behauptete, noch bei vorangeschrittenem Alter angeblich den gesamten Katechismus „Wort für Wort" beherrschte, ließ sich, so ist zwischen den Zeilen dieser Passage zu lesen, unter den herrschenden Umständen schon als die Krone des Erfolgs einer ‚guten Erziehung' betrachten. Doch vermochte Trim in der geschilderten Situation nicht die freundliche Aufforderung des (zufällig anwesenden) Pfarrers, sondern nur der energische Kommandoton seines Herrn dazu zu bringen, sein Können durch das Aufsagen des fünften Gebots unter Beweis zu stellen. „Ich muß mit dem ersten anfangen", erläuterte der Korporal. „Euer Hochwürden haben nicht bedacht, ... (setzte er hinzu), während er seinen Stock wie eine Muskete über die Schulter nahm und in die Mitte des Zimmers marschierte, um seine Lage zu erläutern, – daß es genau dasselbe ist, als wenn man exerzierte." Und nachdem er mit Hilfe der Präsentation seines fiktiven Gewehrs seinem Argument die nötige Anschaulichkeit verliehen hatte, schloß er überzeugend: „Euer Hochwürden sehen, wie eine Bewegung aus der anderen hervorgeht." – So ist es denn eher ein unerwartetes Ergebnis, daß Trim mit dem schließlich aufgesagten Gebotsartikel auch noch Sinn und praktische Konsequenzen zu verbinden wußte. Die Wette, die ein skeptischer Gesprächsteilnehmer und der wohlmeinende Pfarrer darüber abschließen, geht überraschend zugunsten des Pfarrers aus (Sterne, 1962, 5. Buch, 32. Kapitel, S. 309 f.).

auf den Ruinen der Vernunft gebaut ..., sondern mit ihr verbunden werden müsse" (Rochow, 1907, Bd. 1, S. 92). Das Vertrauen und die Zuversicht, die die Beziehung des Christen zu Gott und sein Verhältnis zur Welt bestimmen sollten (Rochow, 1910, Bd. 4, S. 121), begründete nur ein System, das wenigstens in seinen Grundzügen nachvollziehbar und dem Menschen in seinen Aussagen verständlich schien.

Um die Wahrheit dieser Religion zu begreifen, bedurfte der einzelne nach Rochows Auffassung freilich bestimmter geistiger Voraussetzungen, die lernend zu erwerben waren. ‚Beweisen' ließ sich die Existenz eines (gütigen) Gottes nur dem Kind, das zuvor „eine kleine Bekanntschaft mit dem, was überall beweisen heißt" (Rochow, 1910, Bd. 4, S. 113), gemacht hatte, besser noch: in irgendeiner Weise das göttliche Wirken erfahren hatte. Jene ausführlichen Übungen, in denen Aufmerksamkeit, Beobachtungsgabe und kategoriale Denkfähigkeit der Schüler trainiert wurden, bildeten nach Rochows Vorstellungen also nicht nur die Grundlage ihres späteren ‚weltlichen' Orientierungsvermögens, sie sollten gleichermaßen als Vorstufe der religiösen Erziehung dienen. „Gelegentlich und beyläufig", wie es in der Riemannschen Darstellung hieß (Riemann, 1798, S. 111), würde der gute Lehrer in diesen Sprach- und Denkunterricht, der sich anfangs ganz im unmittelbaren Vorstellungshorizont der Kinder bewegte, auch religiöse Belehrungen einstreuen (Rochow, 1907, Bd. 1, S. 88 f.).

Über die didaktischen Erwägungen hinaus, die für dieses Vorgehen sprachen, war es in einem tieferen Sinne auch durchaus folgerichtig, daß religiöse Unterrichtung und elementare Weltaufklärung auf diese Weise ineinandergriffen: In der (von Vorurteilen) unbelasteten beruflichen Tätigkeit, zu der das in der Schule vermittelte rationale Urteilsvermögen den einzelnen befähigen sollte, materialisierte sich für Rochow wie für die gesamte aufgeklärte Theologie erst das rechte Christentum. Mit „Einsicht und Geschicklichkeit" die (unverschuldeten) Schwierigkeiten der eigenen Lage meistern, hieß erklärtermaßen „seinen Stand christlich führen" (Rochow, 1907, Bd. 1, S. 92). Insofern konnte Riemann dann durchaus auch den ‚Unterricht in der Religion' als den eigentlichen Mittel- und Zielpunkt der Rochowschen Schule bezeichnen, ohne daß darüber der tiefe Gegensatz zur herkömmlichen Schulpraxis eingeebnet worden wäre (Riemann, 1798, S. 183; Rochow, 1910, Bd. 4, S. 144). Doch gab es daneben noch eine andere: inhaltliche Klammer, durch die kategoriale Schulung, deren Material die Beobachtung der (natürlichen) Umwelt lieferte, und religiöse Vorbildung zusammengehalten wurden. Die Ratio des wahren, allmächtigen Gottes, dessen Wirken sich, wie das Kind bei diesem Vorgehen implizit lernte, grundsätzlich kausallogischen Begriffen eröffnete, mußte letztlich auch die rationale Struktur der Welt verbürgen, in der ein von verstandesmäßiger Einsicht getragenes Handeln möglich und nötig war. Statt der radikalen Verunsicherung, die die knechtische Gottesfurcht des ‚alten' Glaubens brachte, erfuhr der Mensch durch einen Gott, den man mit Kopf und Sinnen sollte fassen können, gewissermaßen eine stimulierende Bestätigung seiner Möglichkeiten.

Im konkreten Verlauf des Unterrichts wurde freilich – nach dem (zirkulären) Muster aller derartiger Gottesbeweise – zunächst die wohlgeordnete Einrichtung der (natürlichen) Welt zum Anschauungs- und Beweismittel der Existenz eines überaus weisen und gütigen Schöpfers[58]. Aus der fortschreitenden Durchdringung der Realität, die die erworbene Begrifflichkeit erlaubte, sollten die Schüler für sich die erste und entscheidende Gewißheit vom Dasein eines Gottes gewinnen. „Durch die Belehrungen von Ursach und Würkung, die sie bisher bekommen haben" – so erläuterte Riemann das Prinzip – „bringt man . . . (die Kinder endlich) dahin, daß sie den Gedanken von Gott selbst finden lernen, indem man sie von Ursach zu Ursach immer höher hinauf steigen lehrt" (Riemann, 1798, S. 111). Am Ende jeder langen Kausalkette, die sich hinter der Welt der Erscheinungen ausmachen ließ[59], lernte der Schüler der Rochowschen Schule ‚eine einzige erste Ursache' erkennen. „Wenn ihr erst nachdenken könnt", versicherte der Lehrer gemäß den Anleitungen im „Versuch" seinen Kindern, „so werdet ihr finden, daß der menschliche Verstand sich nicht eher beruhigt, als bis er eine erste Ursach aller Dinge und nur eine einzige erste Ursach glaubt. Und diese erste Ursach nennen wir Gott" (Rochow, 1909, Bd. 3, S. 242). In der perfekt ineinandergreifenden Gesetzlichkeit der Natur, in der „die Himmel . . . die Ehre Gottes und die Erde seiner Allmacht Werke erzählen" (Rochow, 1910, Bd. 4, S. 144), hatte danach ihr Urheber das sinnfälligste Zeugnis seiner Existenz und seiner idealen Eigenschaften gegeben.
Erst nachdem die Kinder sich diese Auffassung zu eigen gemacht hatten, sollte die religiöse Unterweisung nach Rochows Plan in einem weiteren Schritt zur Darstellung der eigentlichen – biblischen – Offenbarung übergehen: „dieses ist ihr wichtigstes Studium und (somit anders als in den gewöhnlichen Elementarschulen, d. Verf.) das letzte, welches sie mit ihren erwachsenen Schülern treibt" (Rochow, 1907, Bd. 1, S. 90). Aber auch dabei sicherten Auswahl der wesentlichen Glaubensinhalte beziehungsweise Art ihrer Einführung und Begründung, daß das Prinzip der Rationalität des christlichen Glaubens nicht in Frage gestellt wurde (Riemann, 1798, S. 183–190; Rochow, 1907, Bd. 1, S. 90 f.; S. 340–343). „Kein Mensch", so hieß es im „Versuch" als ein Grundsatz, der durchaus auch für die Ohren der Kinder bestimmt war, „wird Lehrsätzen glauben, wovon er gar nichts versteht. Das Verstehen gehet allemal vor dem Glauben her. Denn ohne Gedanken an die zu glaubende Sache ist kein rechter Glaube möglich, und was ich gar nicht verstehe, darüber kann ich auch nichts denken" (Rochow, 1909, Bd. 3, S. 250, S. 271)[60].

---

[58] Mit der frühaufklärerischen Physikotheologie (und ihren englischen Wurzeln), die Gottes Existenz und Eigenschaften aus den Erscheinungen seiner Schöpfung (bis hin zu Schnecken und Steinen) begründete, befaßt sich die Arbeit von Philipp, 1957.

[59] Vgl. oben, S. 362.

[60] Es war eine naheliegende Konsequenz dieses Vorgehens, in dem – wenn vielleicht auch nicht auf der theologischen, so doch auf der pädagogischen Ebene des Volksunterrichts –

Für die Aktivierung des humanen Handlungspotentials hatte allerdings die Überzeugung – soweit es gelang, sie dem einzelnen einzupflanzen –, daß „Gott ... täglich in der herrlichen Ökonomie der Natur denjenigen ... (sich offenbare), die (nur) darauf achthaben" (Rochow, 1907, Bd. 1, S. 339), wohl die größte Bedeutung. Was immer aus der Heiligen Schrift im Unterricht darüber hinaus von Handlungs- und Denkweisen Gottes beziehungsweise Jesu berichtet werden konnte (die, wie es noch heute heißt, ‚größer seien als alle – menschliche – Vernunft'), ergänzte im allgemeinen nur das Bild von wohlwollender Vollkommenheit, das auch ein wacher Blick auf die Dinge dieser Welt entdeckte. Gott sollte im wesentlichen sein, was die Natur bei einer genauen, vorurteilslosen Betrachtung ihrerseits an Eigenschaften zu erkennen gab. „Im Studium der Natur", so verkündete Rochow in einem seiner Unterrichtsbücher für die Hand des Lehrers, „liegt also die wahre Theodicee."[61] Die Erscheinungen der natürlichen Welt regierte aber nicht Willkür, sondern Beständigkeit, nicht ungeklärte Widersprüchlichkeit, sondern harmonischer Gleichklang; unverbrüchliche ‚Ordnung' und ‚höchste Zweckmäßigkeit' mußte nach der aufgeklärten Überzeugung eines Rochow – unter der rechten Anleitung – der verständige Mensch finden, ob seine Analyse beim planetarischen System oder dem Mikrokosmos der menschlichen Natur einsetzte. „Alles, was beisammen ist", ließ er beispielsweise den Lehrer seine naturkundlichen Belehrungen vor den Kindern zusammenfassen, „schickt sich auch zueinander, die Erde zu den Himmelskörpern, die zu ihr gehören, der Mensch zu der Erde, die er bewohnt, seine Gliedmaßen zu seinen Trieben, zu seinen Nahrungsmitteln,

---

die Vernunft nicht nur als formales Beweismittel der (tieferen) geoffenbarten Glaubenswahrheit, sondern zunehmend zur Bestimmung des mitgeteilten Glaubensinhalts selbst herangezogen wurde, daß die konfessionellen Unterschiede gleichgültiger wurden und überhaupt zurücktraten. Rochow war sich dieser Tatsache sehr deutlich bewußt und hat ihr in seinen organisatorischen Vorschlägen häufig Ausdruck verliehen. Am besten schien ihm – unter Hinweis auf den späteren Konfirmationsunterricht des Predigers –, wenn „der Landschullehrer alles positiven Religionsunterrichts nach dem Katechismus . . . (ganz) enthoben" werde beziehungsweise wenn nur „Kenntnisse von Gott aus seinen Werken und darauf gegründete, das Herz erwärmende, den Willen lenkende, gewissenhaft machende Moral" Unterrichtsgegenstand der Schule würden (Rochow, 1909, Bd. 3, S. 166). Seine eigenen Schulbücher, insbesondere den „Kinderfreund", aber auch den „Versuch" hat Rochow darauf abgestimmt; schon im Vorwort der ersten Auflage des „Versuchs" hieß es zum Beispiel, es sei „alles das sorgfältig gemieden, was zwischen den verschiedenen Gemeinden der Christenheit streitig sein kann" (Rochow, 1907, Bd. 1, S. 7; auch 1909, Bd. 3, S. 229 f., S. 336; 1910, Bd. 4, S. 41, S. 364 f., S. 366 f., S. 371). Der grundsätzliche Plan, die gesamte Schule aus den Händen einer konfessionell geprägten Kirchenverwaltung zu lösen, ließ sich schwerer realisieren (Rochow, 1907, Bd. 1, S. 130–132; auch 1910, Bd. 4, S. 300 f.); die Begründung des Oberschulkollegiums war nicht mehr als ein erster Schritt. Vgl. dazu auch O. Gerlach, 1932; Heinemann, 1974.

[61] F. E. von Rochow „Summarium oder Menschen-Katechismus in kurzen Sätzen" (1796). In: Rochow, 1909, Bd. 3, S. 69–92; S. 89. (Von daher erhielt der naturkundliche Unterricht geradezu eine religiöse Aura; vgl. Riemann, 1798, S. 136 f.)

zu seiner Lebensart."[62] Aus allen Vorgängen oder Beziehungen, die der Mensch erkenne, spreche, wie Rochow erklärte, das „richtige Verhältnis der Dinge" zueinander. Mit dem Begriff ‚Verhältnis', mit dessen Hilfe der Mensch seine Umgebung nach Zahl, Maß und Gewicht ordnete, sah Rochow das göttliche Wirken in seinem Kerngehalt selbst bezeichnet, da Gott es gewesen sei, der die gesamte Materie bei der Schöpfung dauerhaft in die richtige Proportion gebracht habe (Rochow, 1909, Bd. 3, S. 283–286 – [Versuch, 3. Aufl.])[63]. Jener Gott, der vordem wie eine ständige Drohung neben oder über der Welt (als nur einer beliebigen Manifestation seiner unbegrenzten Möglichkeiten) gestanden hatte (Blumenberg, 1966, S. 118 ff.), rückte also, weil er in der festgefügten Gesetzlichkeit der Natur zu fassen war, gleichsam hinter sie zurück. Ihn band, wenn man seiner Existenz sich auf diese Weise versicherte, in seiner ‚Aktionsfreiheit' das kunstvolle Harmoniesystem der Welt, das er einst am Anfang der Zeiten selbst geschaffen haben sollte[64].

Freilich gab nicht nur die ineinandergreifende Regelhaftigkeit der Natur das Gepräge; beglückend war für den Menschen in der Sicht der Aufklärung insbesondere die Entdeckung, daß ihre Prozesse – soweit der Mensch sie wahrnehmen konnte – noch auf ihn als das höchste, weil vernünftige, unter den Geschöpfen zugeordnet schienen. Auch Rochow wollte auf diese Auffassung starkes Gewicht gelegt sehen. So wie etwa die Beschaffenheit der Bodenfrüchte, die Organisation ihres natürlichen Wachstums, der Wechsel von Sonne und Regen oder die Abfolge der Jahreszeiten dem Menschen untergründig planvoll bei der Beschaffung seiner Nahrungsmittel entgegenkämen[65], so sollten auch vielfältige andere Naturvorgänge bezeugen, daß Gott es mit seinen Kindern gut gemeint haben müsse (Rochow, 1909, Bd. 3, S. 89). „Daß ihr lebt, gesund seid, eßt, trinkt, schlaft, daß ihr Häuser und Kleidung habt, worin ihr euch vor dem Wetter decken könnt", so hieß es im Rochowschen Schulbuch, „das hat Gott zu eurem Besten veranstaltet" (Rochow, 1909, Bd. 3, S. 246). Auch Krünitz hat einmal diese Auffassung in Worte gekleidet, von der er meinte, daß sie in einer ‚indu-

---

62 Rochow, 1909, Bd. 3, S. 306. Vgl. auch Rochow, 1907, Bd. 1, S. 65 (Versuch, 1. Aufl.). Zum naturkundlichen Unterricht siehe die Geschichten 76 und 77 aus dem „Kinderfreund" I sowie 4, 20 und 98 aus dem „Kinderfreund" II. In: Rochow, 1907, Bd. 1, S. 133–312.

63 Vgl. auch Rochow, 1907, Bd. 1, S. 47–50; 1908, Bd. 2, S. 95; 1909, Bd. 3, S. 368 (Der Kinderfreund von 1805).

64 Die deistische Konsequenz, nach der das Wesen Gottes schließlich ganz im System der Welt aufging, lag nahe, aber sie blieb deutlich ausgespart: Die Person Gottes war ein Faktum, an dem Rochow so wenig wie die große Mehrheit der aufgeklärten Zeitgenossen in Deutschland – anders als in Frankreich – rütteln wollte.

65 Rochow, 1907, Bd. 1, S. 133–312 (Der Kinderfreund I, 8); 1909, Bd. 3, S. 262 f., S. 307 f. (Versuch, 3. Aufl.).

striösen' Bevölkerung unbedingt verbreitet sein müsse: Gott hat „auf der Erde gleichsam ein großes Magazin für die Menschen angelegt, und dasselbe mit allem versehen, was zu unserer Nothdurft und Bequemlichkeit gehört; er füllet es auch ohne Unterlaß wieder an, wenn es einen Abgang erlitten hat ... (Die) Schuldigkeit (des Menschen) ist nur zuzugreifen, hinzunehmen und zu genießen, was er uns darbiethet" (Krünitz, 1783, Bd. 29, S. 728).

Doch reichte die Perfektion dieses Systems keineswegs so weit, daß der Mensch zu seinem ‚Glück' der Notwendigkeit eigener, oft mühseliger Anstrengung enthoben sein sollte. Ebensowenig wie dieser Gott durch voluntaristische Interventionen störend in die kausale Ordnungsstruktur der Welt eingreifen würde, bewahrte die Menschen ein scheinbar geschlossener, keines Eingriffs bedürftiger Kreislauf der Natur vor den Konsequenzen von Müßiggang oder handlungslähmender Uneinsichtigkeit: Wenn er nur gewollt hätte, erläuterte Krünitz pointiert, Gott hätte „das Brot so gut auf den Bäumen wachsen lassen (können), als die Aepfel, aber was hätten wir alsdann in der Welt zu thun, und womit wollten wir uns beschäftigen?" (Krünitz, 1783, Bd. 29, S. 728). Dem Menschen fiel, was durch die zweckmäßige und stabile Einrichtung der Welt zu erlangen war, nicht einfach in den Schoß. „Gottes Segen, der da reich machen sollte ohne Mühe", ruhe, so lernte der Schüler, nicht auf der geduldigen Erwartung, sondern ausschließlich auf der fleißigen Arbeit, die „Verdruß und Sorgen" verscheuche (Rochow, 1907, Bd. 1, S. 133–312 – [Der Kinderfreund II, 96]).

Grundsätzlich wirke Gott in seiner Schöpfung und insbesondere soweit es den Menschen betreffe „nur mittelbar oder durch Mittelursachen" – so lautete die immer identisch formulierte Quintessenz der Gottes- und Welterklärung in den Unterrichtsbüchern Rochows, von der sowohl beruhigende Gewißheit als auch Anreiz zu tätiger Unruhe ausgehen konnten[66]. Denn sie enthielt im Grunde diese doppelte Aussage: Statt durch direkte Demonstrationen seiner Macht, die den Menschen in ihrer Gewalt überwältigen mußten, sollte sich Gottes Herrschaft in der verläßlichen Kontinuität einer Welt realisieren, die so, wie ihr Gesetz dem menschlichen Verstand erkennbar, grundsätzlich dem Menschen dienstbar war. Doch versprach die Welt, so wie sie eingerichtet war, nicht schon von selbst, sondern nur bei energischer Arbeit dem Menschen Nutzen und vielfältige Befriedigung seiner Bedürfnisse. Die Zweckmäßigkeit der Natur und „die fleißige, verständige Arbeit" des Menschen schienen von diesem Gott, den die Rochowsche Schule vorstellte, gewissermaßen aneinander gebunden. Ohne eigene, tat-

[66] Rochow, 1907, Bd. 1, S. 133–312 (Der Kinderfreund I, 8, 31, 75); 1909, Bd. 3, S. 242 (Versuch, 3. Aufl.), auch S. 125.

kräftige Anstrengung gefährdete der Mensch immer sein irdisches Schicksal, ein passiv verdämmertes Leben setzte darüber hinaus auch sein jenseitiges Los aufs Spiel: Am Ende aller Zeiten würde über Verdammnis oder Heil danach befunden werden, ob sich der Mensch des Vermögens, mit dem Gott ihn ausgestattet, und der Gelegenheiten, die ihm geboten waren, bedient hatte (Rochow, 1909, Bd. 3, S. 260 f. – [Versuch, 3. Aufl.]). Von Gott, der durch seine weise Einrichtung der Welt dem Menschen ein Handlungsfeld geschaffen hatte, war die menschliche Arbeit damit gleichzeitig schon zur (höheren) Pflicht gemacht (Rochow, 1907, Bd. 1, S. 133–312 – [Der Kinderfreund II, 2]).

Wie bei der gesamten deistischen Aufklärung war auch bei Rochow das Wesen Gottes in eine Position gerückt, in der es praktisch als die universale Bedingung der menschlichen Möglichkeiten fungierte: Die Welt eröffnete sich dem Menschen, da die Prinzipien seiner Vernunft und seines Handelns (durch den Akt der Schöpfung) in die gesetzliche Ordnung der Natur schon vorab hineingelegt schienen. An einer derartigen göttlichen Wirkungsmacht fand die menschliche Behauptungsfähigkeit die Stütze, die ihr die Willkür des orthodoxen Gottes ausdrücklich vorenthalten hatte. Rochow hat denn auch der alten Lehre „von der menschlichen Ohnmacht“, die für ihn geradezu zur „Ketzerei“ geworden war (Rochow, 1910, Bd. 4, S. 122), konsequent eine andere Devise entgegengesetzt. Durch ihren schlichten, rhythmischen Wortlaut mochte sie sich nach seinem Kalkül um so tiefer einprägen: „So tue nur, o Mensch, das Deine, gewiß wird Gott das Seine tun“ (Rochow, 1909, Bd. 3, S. 331 – [Versuch, 3. Aufl.]).

Den beflügelnden Effekt, den die Verbreitung eines derartigen naiven Gott- und Weltvertrauens in der Bevölkerung nach sich siehen sollte, haben verschiedene Zeitgenossen mit einem Blick auf die angespannte Situation der Zeit als wesentliches Ergebnis geschätzt. Krünitz etwa erklärte einmal freimütig, daß sich der Geist der ‚Industrie‘ kaum im erforderlichen Maß und Tempo werde einbürgern können, wenn er nicht auch durch ein (verändertes) religiöses Verständnis verankert würde. Lediglich „ein Christ“, meinte er, „dessen Seele durch das Vertrauen auf Gott und die Freude an ihm aufgeheitert ist, hat eine innerliche Stärke, die ihn zu allen Arbeiten und Geschäften geschickt macht.“

Die Kraft zu kontinuierlicher Betätigung, die das Ideal der ‚Industrie‘ fordere, bringe der gemeine Mann praktisch nur auf, wenn er sich sagen könne, daß bei seinem Bemühen notwendig auch er „Antheil an aller Glückseligkeit (habe), die... (Gott) für seine Geschöpfe bestimmt hat. Ich darf mich mit Recht darum bemühen, ich kann dabey seines Segens und Verstands versichert seyn... Und nun arbeite, schwitze, wache und bestrebe (ich) mich mit frohem Muthe, bin vergnügt und dankbar, wenn ich etwas erwerbe, gelassen, wenn ich etwas verliere, und nie verzagt, wenn ich auch die größten Hindernisse vor mir finde. Habet laborans collaborantem Deum" (Krünitz, 1783, Bd. 29, S. 729 f.)[67].

Das Paradoxe war an dieser Lösung, daß eine Entwicklung, in der jegliche Sicherheit in die verbürgte Ratio der Weltordnung durch die sich häufenden Erscheinungen des ökonomischen Mangels, des breiten Elends und offensichtlicher sozialer ‚Unausgewogenheit' in Frage gestellt wurde – und vielen Aufklärern entsprechende Vorstellungen geradezu absurd geworden waren –, durch die (Wieder)belebung eines grundsätzlich optimistischen Gott- und Weltbildes zu meistern sein sollte. Doch lag auch noch darin für das Volk, dessen Denk- und Handlungsfähigkeit durch den orthodoxen Glauben in der Entfaltung weitgehend behindert war, ein gesellschaftlicher Fortschritt. Aber das Krisenbewußtsein, das zum Teil die bürgerlichen Zeitgenossen erfaßt hatte[68], hätte sich dabei der Masse der Bevölkerung gleichsam nur als die Affirmation einer festen und strukturierten Weltordnung mitgeteilt, die bei allem Anreiz zum Handeln dem Freiheitsspielraum des einzelnen zugleich immer schon Grenzen setzte. Bekanntermaßen hat sich in ‚Deutschland' die Überzeugung von der Vollkommenheit der Welt auch in den sozial arrivierten Kreisen der Aufklärer länger gehalten als anderswo. Dafür ist nicht zuletzt Rochow selbst ein Beispiel, wenngleich seine Einsichten, speziell seine Kritik oder Skepsis, eben doch viel weiter gingen als die, die er oder andere dem niedrigen Volk zugestehen wollten. Den einfachen Leuten diesbezüglich Zweifel zu erlauben oder das desillusionierende Bild einer dem Menschen entfremdeten widrigen Wirklichkeit vorzustellen und ins Bewußtsein zu heben, würde, so mochte man fürchten, bei diesen Menschen mit ihren ohnehin trüben Erfahrungen die Resignation nur steigern oder andere: gegenteilige, nicht minder unliebsame Konse-

---

[67] In keinem anderen Sinne sind die Passagen aus den Rochowschen Unterrichtsbüchern zu verstehen, in denen (exemplarisch) ein Gottvertrauen vorgeführt wurde, auf das prinzipiell Verlaß zu sein schien. Statt mit dem Schicksal zu hadern, was nur mißgünstig mache und den Menschen seelisch aushöhle, zeige der rechte Gläubige ein Verhalten, das Zuversicht mit emsiger Selbsthilfe verbinde: „dabei ... (verläßt) er sich auf Gott, der ihm das Leben gegeben hatte und es ihm auch gewiß gnädig erhalten würde" (Rochow, 1907, Bd. 1, S. 133–312 – Der Kinderfreund I, 21 sowie 19, 44; 1909, Bd. 3, S. 276 f.).

[68] Man ist versucht, gerade in einem der Werke, in dem die Überzeugung von der planvollen Einrichtung der Welt die geschlossenste Darstellung fand, jedenfalls aber in der zeitgenössischen Aufnahme dieses Traktats von Süßmilch über die ‚göttliche Ordnung in den Veränderungen des menschlichen Geschlechts' (1742, 4. Aufl., 1775 ff.), die Reaktion auf die Irritationen zu sehen, die die sichtbaren Verschiebungen im Gleichgewicht der Natur damals auslösen konnten. Denn die Bevölkerungsbewegung, deren Dynamik gerade die Grenzen des Nahrungsspielraums zu sprengen schien, mußte hier zum angestrengten Nachweis der beruhigenden Zweckmäßigkeit dienen, mit der ein weiser Gott die Struktur der Welt auf den Menschen zugeordnet habe. – Es scheint nicht unmöglich, gerade in dem forcierten Festhalten an optimistischen ‚Deutungsmustern' eine tiefe Verunsicherung auszumachen, die im Grunde zu einer Neuorientierung zwang.

quenzen zeitigen. Für Vorsicht bei der Aufklärung sprachen den Zeitgenossen zweifellos immer auch politische und soziale Motive.

Die Rechtfertigung der gesellschaftlichen Welt: Die ‚Soziodizee'

Der Glanz, von dem nach dieser Lehre die göttliche Einrichtung der Natur überstrahlt war, fiel fast zwangsläufig auch auf die bestehende soziale Welt, deren Härten der Segen eines guten und wohlmeinenden Gottes ganz ähnlich zu decken vermochte. Galt die Natur als der Inbegriff eines Systems perfekt ineinandergreifender Funktionen, so ließ sich entsprechend die Realität der politischen und gesellschaftlichen Machtverteilung als eine sinnvolle, göttlich legitimierte Ordnung vorstellen, die im Sinne des allgemeinen Besten organisiert war und den idealen Prinzipien der Vernunft und Gerechtigkeit zumindest weitgehend nahekam. „Gott sei also gelobt dafür", hieß es bei Rochow in konsequenter Ausweitung auf die gesellschaftliche Sphäre, „daß er nach seiner höchsten Weisheit die Welt so eingerichtet hat, wie sie ist, und auf Ordnung allenthalben Glückseligkeit folgen läßt" (Rochow, 1909, Bd. 3, S. 279 – [Versuch, 3. Aufl.]). Jedem, der sich diese Sichtweise zu eigen gemacht hatte, mußte es dann ein Greuel sein, die Legitimität bestehender Einrichtungen anzuzweifeln oder auf grundsätzliche Veränderungen zu sinnen. Es gab (und gibt) schließlich keine wirksamere Garantie für die Aufrechterhaltung von Herrschaftsverhältnissen als die Überzeugung der eigentlich Benachteiligten, daß die bestehende die beste aller menschlichen Welten sei. Durch die Vermittlung einer derartigen Ideologie leistete die Schule jedenfalls einen wesentlichen Beitrag dazu, das Aktivitätspotential, das sie nach Rochows Intention zu wecken hatte, gleichzeitig zu kanalisieren und einzubinden.

So könnte es scheinen, daß also Rochows schulische Bemühungen letztlich doch nur in die Erziehung des gehorsamen, fügsamen Untertans mündeten, den auch die gewöhnlichen Elementarschulen in Stadt und Land hervorbringen sollten. Der entscheidende Unterschied, der in diesem Punkt die Rochowsche Pädagogik einigermaßen ambivalent hielt, lag, wie schon erwähnt, in dem Weg, auf dem dieses Ziel erreicht werden sollte: Rochow sah die Verstandesbildung, die das Landvolk zunächst im Interesse seiner wirtschaftlichen Mobilität genießen sollte, seinem Ansatz getreu weniger als Belastung denn als Grundstock der politischen Disziplinierung an. Erst im Zusammenhang einer längeren, keineswegs unkomplizierten Lernsequenz konnte das präsentierte Bild einer zweckmäßig gestuften Gesellschaft, in der jeder seinen rechten – allerdings ungleich ausgestatteten – Platz hatte, auf den einzelnen so überzeugend wirken, daß es für sein Handeln nach Rochows Einschätzung auch auf Dauer bestimmend wäre.

In der umständlichen Art der Legitimation der gesellschaftlichen Verhältnisse lagen aber gleichzeitig Gefahren: Die verklärende Darstellung der sozialen Wirklichkeit konnte für diese nicht gänzlich folgenlos bleiben. Denn der Anspruch der Vernunft, der auf diese Weise für die bestehende gesellschaftliche Realität erhoben wurde, ließ sich schließlich auch einmal als Postulat gegen sie wenden: Wenn alles, was konkret bestand, gerecht und richtig war, dann war auf die Dauer der Umkehrschluß nicht leicht abzuweisen, daß, was für die Menschen gut und gerecht sei, in die Tat umgesetzt werden müsse. Rochow selbst hätte eine derartige Konsequenz aus erklärlichen Gründen kaum verstanden – auch die Verantwortung für die politischen Folgen mit Entrüstung abgelehnt –, aber er hat ihr indirekt Vorschub geleistet. Dies muß bei Rochows einschlägigen Unterrichtsvorstellungen, die zweifellos auf eine Stabilisierung der feudalen Herrschaftsordnung zielten, gleichzeitig mit bedacht werden[69].

[69] Wie breit der Verständnishorizont Rochows in diesem Sinne angelegt war, zeigt etwa auch die Tatsache, daß Rochow im Jahre 1792 einen der ersten großen Nationalerziehungspläne des revolutionären Frankreich, den Entwurf Mirabeaus von 1791, ins Deutsche übertragen und veröffentlicht hat. („Herrn Mirabeaus des ältern Diskurs über die Nationalerziehung. Nach seinem Tode gedruckt und übersetzt, auch mit einigen Noten und einem Vorbericht begleitet von F. E. von Rochow"; 1792. In: Rochow, 1908, Bd. 2, S. 131–164. – Rochows Übersetzung ist auch der Ausgabe dieses Plans von Alt, 1949, S. 33–60, in den von ihm herausgegebenen „Erziehungsprogrammen" der französischen Revolution. Mirabeau, Condorcet, Lepeletier, zugrunde gelegt.) Überhaupt zeichnet es Rochow aus, daß er sich gegenüber der Revolution in Frankreich lange Zeit eine gewisse Unvoreingenommenheit bewahrte: Bei aller Distanz, mit der er wie die meisten seiner aufgeklärten deutschen Freunde der französischen Republik (und erst recht später dem Jakobinismus) gegenüberstand, hat er doch 1792 die ursprüngliche Berechtigung dieser Revolution als eines Protests gegen feudale Pflichtvergessenheit, Verschwendung und Unrecht durchaus anerkannt (z. B. Rochow, 1908, Bd. 2, S. 268 f.). Wenn er dabei gleichzeitig gegen das (konservativ-reaktionäre) Argument zu Felde zog, ‚die Aufklärung' habe den Umsturz verschuldet, so geschah dies freilich nicht zuletzt im Interesse seines eigenen Programms, in dem Aufklärung des Volkes gerade als Stütze des obrigkeitlich-preußischen Systems deklariert wurde. Insofern glaubte Rochow auch konsequenterweise die entsprechende Aussage Mirabeaus, in der dieser in liberaler Selbstgewißheit „der Gelehrsamkeit und der Philosophie" das Verdienst an der Beendigung der vorrevolutionären Mißstände zugesprochen hatte, korrigieren zu müssen (Rochow, 1908, Bd. 2, S. 150). Doch ging darüber die tiefe Übereinstimmung nicht verloren, die Rochow gerade in diesem einen Punkt mit Mirabeau verband: Denn kaum anders als Rochow verhieß dieser in der durch Aufklärung bewirkten „Moral der Armen" den „Wohlhabenden" „die ganze Sicherheit und die Fortdauer" ihrer „Genüsse" (Rochow, 1908, Bd. 2, S. 160; vgl. dazu auch Alt, 1949, S. 24). So könnte es scheinen, daß die beiden Konzepte nur in Nuancen differierten: Rochows Programmatik bekannte sich lediglich eindeutiger zu der systemerhaltenden Funktion des (Volks)bildungswesens, auf die auch eine bürgerlich-liberale Gesellschaft beziehungsweise der konstitutionelle Absolutismus Mirabeaus nicht verzichten konnte. Den Rahmen der Rochowschen Gedanken bildete ein ebenso aufgeklärter wie schrankenloser Absolutismus; übrigens stand auch Mirabeau nach seinem Tode (1791) im Verdacht, sich für die Wiedereinführung eines derartigen Absolutismus eingesetzt zu haben. Jedenfalls verliert sich bei näherem Hinsehen einiges von der scheinbaren inneren Gegensätzlichkeit der

Die Welt des Menschen sollte nach Rochows Willen für den Absolventen seiner Schule nicht mehr das unüberwindbare ‚factum brutum' sein, über dem die permanente Drohung eines unfaßbar strafenden Gottes stand[70]. Der gemeine Mann sollte vielmehr aus der (religiösen) Unterweisung das Gefühl mitnehmen, daß dieser Ordnung, die ihm sichtlich die schwersten Belastungen auferlegte, eine Art zwingender Logik zugrunde lag. Selbst wenn die genauen Konturen des gesellschaftlichen Aufbaus, insbesondere die Stellung der oberen Schichten, nur unklar zu erkennen waren, sollte ihm dessen wesentliches Prinzip vertraut und begreiflich erscheinen. Die Vielfalt der „Stände in der Welt Gottes" faßte der Rochowsche Lehrer für die Kinder darum in die simplere Unterscheidung zusammen zwischen „solche(n) Menschen, die andern befehlen, und solche(n) Menschen, die andern gehorchen müssen. Die, so befehlen, heißt man Eltern, Herrschaften, Obrigkeiten, Vorgesetzte; die, so gehorchen, sind Kinder, Beamte, Untertanen oder Knechte" (Rochow, 1909, Bd. 3, S. 279 – [Versuch, 3. Aufl.])[71]. Doch teilte jene Machtdifferenz die Gesellschaft angeblich nicht einfach in zwei – recht unterschiedlich große – Gruppen; über das Wechselverhältnis von Herrschaft und Gehorsam war scheinbar, wie schon die heterogene Aufzählung deutlich machen konnte, in hierarchischer Abfolge eine jede gesellschaftliche Gruppe mit der nächsthöheren oder -niedrigeren wie durch eine Kette verbunden. „Wer dem einen befiehlt, muß doch auch für seine Person wieder andern gehorchen", verkündete der Lehrer als Grundsatz. „Z. E. Ihr müßt euren Eltern gehorchen, aber eure Eltern müssen eurer Gutsherrschaft gehorchen, und diese Herrschaft muß wieder dem Landesherrn gehorchen, und Gott müssen alle Menschen gehorchen" (Rochow, 1909, Bd. 3, S. 279). Die Herrschaft, deren Prinzip auf diese Weise das gesellschaftliche System in allen seinen Bereichen durchwirkte, kulminierte letztlich in der landesherrlichen Spitze, über der nur noch die Instanz Gottes waltete. Aber auch jene, die am unteren Ende der sozialen Stufenleiter nur als Objekte der Herrschaft anderer lebten – „alle Menschen konnten nicht Herren oder Vornehme sein" (Rochow) –, schienen

---

politisch-pädagogischen Konzeptionen Rochows. So sind auch jene ‚Noten', die er abmildernd und erläuternd dem Mirabeauschen Text hinzufügte, nicht ausschließlich Zugeständnisse an die Zensur. Die Aussage Rochows über die freiheitsstiftende Kraft der Religion – „Wenn ich um Gottes Ordnung willen auch dem wunderlichen Herrn gehorchen will, bin ich da nicht innerlich frei?" (Rochow, 1908, Bd. 2, S. 140) – ist auch in der folgenden Darstellung leicht wiederzufinden.

70 Vor dieser Instanz war etwa noch der Widerstand jener Schweizer Gemeinde zusammengebrochen, die in Litauen am Anfang des 18. Jahrhunderts gegen die – rechtswidrigen – Anordnungen Friedrich Wilhelms I. sich zur Wehr gesetzt hatte. Vgl. oben, S. 90.

71 Vgl. auch den ähnlichen, nur etwas kürzer gehaltenen Abschnitt „Von der Gesellschaft und der Obrigkeit, von Gesetzen und Soldaten" in der 1. Auflage des „Versuchs". In: Rochow, 1907, Bd. 1, S. 43–46.

an ihr durch die elterliche Gewalt, die sie über die eigene Familie ausübten, noch zu partizipieren. (Und strenggenommen setzte sich das – traditionale – Modell dieser Herrschaft als die Gewalt, die der menschliche Geist über Körper und Triebe hatte, bis in das einzelne Individuum fort; Brunner, 1968, S. 38 f., S. 111–117.)

Der Bereich der Macht, der den meisten Menschen blieb, war erklärtermaßen unvergleichlich schmaler als der der politischen Obrigkeit; der tiefere Zweck des Regiments, das Haus-, Guts- und Landesherr jeweils führten, sollte ein und derselbe sein. Ohne daß ein einzelner oder allenfalls einige wenige für die Mehrheit Anordnungen träfen und mit Strenge über ihre Einhaltung wachten, würde nämlich allenthalben ein bedrohliches Chaos entstehen: „ein jeder würde für sich nur sorgen, und dann ginge alles zugrunde oder wäre schon längst zugrunde gegangen" (Rochow, 1909, Bd. 3, S. 279).

Die häusliche Sphäre als vorrangiger Erfahrungsbereich der Kinder war im Hinblick auf derartige Gefahren nicht anders einzuschätzen als die politische Sphäre. Nur unter dem einheitlichen Kommando der Eltern, so führte der Lehrer den Kindern vor Augen, erbringe beispielsweise der einzelne Haushalt jene elementaren Leistungen wie die „warme Stube im Winter", das „Essen" und das „Kleid auf dem Leibe" (Rochow, 1909, Bd. 3, S. 279). Entsprechend garantiere auch auf der Ebene des Dorfes (oder des Landes) erst die „ordentliche Obrigkeit" dafür, daß die „Rechtschaffenen" mit ihren Vorschlägen, die ihnen und der Allgemeinheit dringend erforderliche Vorteile bringen sollten, gegen die Trägen und Widerspenstigen durchdringen könnten (Rochow, 1907, Bd. 1, S. 133–312 – [Der Kinderfreund I, 70]).

Für die Menschen sollte es nach Rochows Willen keinen Zweifel geben, daß hinter dieser grundsätzlichen Disparität der Machtverteilung, die die Unordnung fernhielt, letztlich die Autorität Gottes stand: „Diese Ordnung hat der höchstweise Gott gemacht", lernten die Schüler als eine Art Grundwahrheit (Rochow, 1909, Bd. 3, S. 279). Aber dabei erfuhren sie zugleich, daß das soziale System im eigenen Interesse des Menschen so angelegt sei, wie es war; mehr noch: von Menschen selbst in grauer Vorzeit eingerichtet worden sei. In die biblische Geschichte der menschlichen Entwicklung hatte Rochow das naturrechtliche Konstrukt eines Gesellschaftsvertrags projiziert; aufgrund dieses Vertrages hätten die (ehemals gleichberechtigten) Menschen angesichts der notvollen Erfahrung destruktiver Anarchie einst Staat, Gesetze sowie „Richter, Obrigkeiten, Fürsten und Könige" sich selbst geschaffen (Rochow, 1909, Bd. 3, S. 280 f.). Offenbar galt sowohl für die natürliche als auch die soziale Welt jener grundlegende Satz, daß Gott nur ‚mittelbar' in ihren Ablauf eingreife: Allein über die konstruktive Entscheidung von Menschen, die hinlänglich Einsicht besaßen, habe die göttliche Ordnung sich durchsetzen können, die gerade durch ihre – (wie es nun scheinen konnte) vermeintliche – Unausgewogenheit der gesamten Menschheit den Fortbestand und dem einzelnen Nutzen und Frieden sicherte. Nur aufgrund der aufmerksamen Strenge der Herrschaft und der willigen Einordnung der untertänigen Mehrheit sollte diese segensreiche Einrichtung der Welt aber auch erhalten werden können. „Jeder Mensch“ hatte, ob „Herr oder Diener, (somit) als Gottesmitwirker am Wohl des Ganzen“ mitzuweben, hat Rochow einmal formuliert (Rochow, 1909, Bd. 3, S. 125). Wenn es für die Mehrheit der Menschen in diesem Sinne eine erste Pflicht gab, dann die des Gehorsams gegen jene, denen von Amts wegen die Herrschaft über sie gegeben war: Ihnen zu folgen, hieß gleichsam Gott zu folgen, der „die Menschen durch Obrigkeiten“ regiere[72].

Rochow hat es nicht unterlassen, diese Konsequenz seinen Schülern (und Lehrern) mit aller Deutlichkeit einzuschärfen: „Seid also untertan oder gehorsam der Obrigkeit, die Gewalt über euch hat“, hieß es im „Versuch“, „denn es ist keine Obrigkeit, oder sie ist von Gott verordnet. Und laßt euch diese Einrichtung, welche von Gott herkommt und die beste ist, die gemacht werden konnte, gefallen! Danket Gott, daß ihr die Vorteile der Gesellschaft genießen könnt! Denn ihr haben wir Ruhe und Sicherheit, Kirchen und Schulen, Lehrer und Prediger, auch viele nützliche Erfindungen und Bequemlichkeiten des Lebens zu danken. Aber ohne Gesetze und Obrigkeit kann ... keine Gesellschaft bestehen“ (Rochow, 1909, Bd. 3, S. 283). Denen, die unter der ‚Bürde‘ ihrer prominenten Stellung das Wohl der gesamten Gesellschaft verbürgten, sollte immer der erste Gedanke des Volkes gehören.

Freilich wußte Rochow sehr wohl, daß für das einfache Volk eine Reihe von Nachteilen jene Annehmlichkeiten überwog, die aus dem vertragsmäßigen Zusammenschluß zur Gesellschaft hervorgehen sollten – abgesehen davon, daß es erst lernen mußte, diese Vorzüge (wie beispielsweise die Schule) als solche zu empfinden. Schon die Dienste und Abgaben für die Gutsherrschaft, deren strikte Einhaltung Rochow den künftigen Bauersleuten und Hintersassen in diesem Zusammenhang als geheiligte Schuldigkeit empfahl (Rochow, 1909, Bd. 3, S. 328 f. – [Versuch, 3. Aufl.]), bewiesen ein soziales Mißverhältnis, das von keinem Rechtstitel zu decken war. So nahm denn Rochow nicht ohne sehr realen Hintergrund von vornherein in sein Programm das erklärte Ziel auf, den Menschen dahin zu bringen, daß er auch durch die Erfahrung offensichtlichen Unrechts nicht an der festgefügten Ordnung des gesellschaftlichen Systems irre werde. Der gemeine Mann, wie er ihn wollte, so schrieb Rochow bereits im Vorwort seines ersten Schulbuchs, „betet für ... (die Obrigkeit) noch dann, wenn er

[72] Rochow, 1907, Bd. 1, S. 133–312 (Der Kinderfreund I, 46, 70); 1909, Bd. 3, S. 88 f.

leidet und entschuldigt sie, weil er weiß, daß es auch schwerere Pflichten gibt, je höher die Stände sind. Er gehorcht dem guten Herrn und auch dem wunderlichen." [73] Trost gebe ihm nämlich nicht nur die Hoffnung, daß ihm sein (unverschuldetes) irdisches Unglück im Jenseits mehrfach vergolten werde. Die Vorstellung von der perfekten Ordnung der Welt sollte in den Köpfen der Bevölkerung vielmehr so weit getrieben werden, daß, wie die Privilegierung einer Minderheit, auch noch Unrecht, Not und Elend des Menschen als stimmige Funktionen eines integrierten positiven Systems erschienen.

Im Werden und Vergehen der dem Menschen dienstbaren Natur hatte man ja das anschaulichste Beispiel dafür, daß alles „und selbst das Übel" seinen Nutzen habe (Rochow, 1909, Bd. 3, S. 308 – [Versuch, 3. Aufl.]): aus dem Schaden des einen erwuchsen die Vorteile des anderen, und häufig konnte gerade aufgrund dieses Prinzips der Mensch von der Natur profitieren. Kaum anders, lernten die Kinder bei Rochow, verhalte es sich in der menschlichen Gesellschaft.
Ihnen, denen ein entbehrungsreiches, mühseliges Leben vorausbestimmt war, wurde der Satz mit auf den Weg gegeben, daß „das Leiden nützlich ... (sei) aus vielen Gründen, oft dem, der es leidet, oft auch dem, der leiden sieht und mitleidet" (Rochow, 1909, Bd. 3, S. 278 – [Versuch, 3. Aufl.]). Denn dies biete der glücklicheren Umgebung ja gleichsam eine Gelegenheit, die christliche Gesinnung unter Beweis zu stellen (sic!) [74]; auch schütze Unglück nicht selten die Betroffenen vor einem noch größeren Übel: Zum Beleg verwies Rochow auf die Geschichte einer Familie, die die plötzliche, anfangs leichtfertig beklagte Krankheit des Mannes davor geschützt habe, an einem Fest teilzunehmen, dessen Gäste alle einer Feuersbrunst zum Opfer fielen [75].

Wenn angesichts der überaus harten Realität das (zu weckende) Vertrauen in „die dem Menschen zugewandte Ordnungsstruktur" der Welt (Blumenberg) nicht bald erschüttert werden sollte, dann mußte es anders gesichert werden als durch jenen platten ‚Optimismus', der die Existenz des Übels im Bereich des menschlichen Lebens schlicht in Abrede stellte. Die plötzlichen Unglücksfälle, auch die dauernde Not mußten – wenigstens in Ansätzen – erklärt und dadurch, daß gewissermaßen noch der Gegensatz in das System einer grundsätzlich sinnvollen und guten Welt hineingeholt wurde, in ihrer Grausamkeit gemildert werden. Dabei sollte nicht etwa der gesamte desolate Zustand, unter dem die Mehrheit der Bevölkerung litt, gerechtfertigt werden, da nach Rochows Überzeugung dafür ja in

---

[73] Das vollständige Zitat findet sich nur in dem in der 3. Auflage abgedruckten „Vorwort zur ersten Auflage" (Rochow, 1909, Bd. 3, S. 220; vgl. demgegenüber Rochow, 1907, Bd. 1, S. 5. Dazu auch Bd. 1, S. 133–312 – Der Kinderfreund I, 39).

[74] Dazu siehe beispielsweise Rochow, 1907, Bd. 1, S. 133–312 (Der Kinderfreund I, 26; II, 11).

[75] Rochow, 1907, Bd. 1, S. 133–312 (Der Kinderfreund II, 13); 1909, Bd. 3, S. 278 (Versuch, 3. Aufl.).

hohem Maße die „Dummheit" der Menschen[76] selbst verantwortlich zu machen war. Aber auch wenn man alle erdenklichen Anstrengungen ergriffen hätte, die desolate Lage zu bessern, wäre ja noch ein – strukturell bedingter – ‚Rest' an materiellem Elend geblieben. „Es gibt auch notwendiges Leiden", ließ Rochow den Lehrer erklären und darauf verweisen, daß „in Gottes Entwurf aller Ursachen und Wirkungen ... dieses mit (gehörte)" (Rochow, 1909, Bd. 3, S. 277 – [Versuch, 3. Aufl.]). Was so vorgeplant war, konnte dann auch, selbst wenn es im einzelnen uneinsichtig blieb, gleichsam rechtens scheinen. So fügten sich die widrigen Gegebenheiten des menschlichen Lebens schließlich in eine Ordnung, deren partielle Mängel letztlich auch noch die Erklärung dafür lieferten, daß die irdische Welt nur die Vorstufe des paradiesischen Jenseits sei. Hatte man aber gelernt, die Sache von der richtigen Seite aus anzusehen: das heißt die nackte Existenz für ein Glück und die wunderbare Natur für einen beständigen Freudenquell zu halten, dann gewann man daraus schon für dieses zeitliche Leben die beruhigende Gewißheit, die Rochow den Kindern einprägen ließ: „Es ist mehr Gutes als Böses in der Welt" (Rochow, 1907, Bd. 1, S. 133–312 – [Der Kinderfreund I, 62; II, 20, 77]).
Eine derartige Auffassung, wie Rochow sie seinen Schulbüchern und Unterrichtsanweisungen zugrunde legte, geht inhaltlich nicht auf ihn zurück; es scheint vielmehr, als hätte eine bestimmte Form bürgerlichen Selbstverständnisses, das seinerzeit gegen die beengende Dogmatik des Mittelalters artikuliert war, nunmehr – zu einem Zeitpunkt, als das Bürgertum sich in seinen fortgeschritteneren Kreisen davon zu lösen begonnen hatte – mit einigen akzentuierenden Vereinfachungen an das sogenannte niedere Volk gelangen sollen.

In der Leibniz-Wolffschen Philosophie lag gewissermaßen das begriffliche System vor, das aufgrund seines universalen Geltungsanspruchs die überkommenen Deutungsmuster des ‚theologischen Absolutismus' abzulösen vermochte; wesentlich innerhalb seines Rahmens hatte sich im Deutschland des 18. Jahrhunderts ein bürgerliches Bewußtsein artikuliert, über dessen Bedeutung am besten die Tatsache belehrt, daß wesentliche Anschauungen sedimentiert noch in unserem Lebensverständnis fortwirken. Dabei ist freilich hinzuzufügen, daß das entscheidende Vermittlungsorgan, über das diese ‚weltanschauliche' Neuorientierung seinerzeit die Kreise des bürgerlichen Publikums erreichte, die sogenannten Moralischen Wochenschriften, nur in Ausnahmefällen auf das Niveau eines philosophischen Diskurses gelangte. Das Räsonnement dieser Journale, die – orientiert am englischen Beispiel – mit so bezeichnenden Titeln wie „Der Vernünftler", „Der Patriot", „Die vernünftigen Tadlerinnen", „Biedermann" oder auch „Der Mann ohne Vorurtheil" in der ersten Hälfte und um die Mitte des 18. Jahrhunderts den literari-

[76] Vgl. oben, S. 278.

schen ‚Markt‘ überschwemmten, war meist anschaulicher und pragmatischer[77]. Fast scheint es, als habe hinter dem Verzicht auf eine direkte Auseinandersetzung mit philosophisch grundlegenden Texten förmlich eine programmatische Absicht der Wochenschriften gestanden: Mit der teilweise offen eingestandenen Ablehnung von Systematik und schwieriger Begrifflichkeit (Martens, 1971, S. 213) traf man die kirchliche Orthodoxie noch stärker als die alte Schulphilosophie.
Alle jene wesentlichen Inhalte, die die Rochowsche Pädagogik an das einfache Volk vermitteln wollte, waren auf dieser Ebene schon vorgeprägt. Die Grundannahmen und Verhaltensweisen, die ein gottesfürchtiges Leben nach dem Modell altchristlicher oder pietistischer Überzeugung bestimmen sollten, wurden in den Wochenschriften deutlich als obsolet verworfen. An ihre Stelle war die Vorstellung einer Welt getreten, deren vortreffliche Einrichtungen, wenn sich der Mensch ihrer nur richtig zu bedienen wußte, aufgrund der Güte ihres Schöpfers die menschliche ‚Glückseligkeit‘ notwendig herbeiführen müßten. Not und Leid sollten demgegenüber nur vorübergehender Natur sein; von dieser Auffassung ließ sich die Aufklärung in Deutschland – anders als in Frankreich – auch nicht durch das Schlüsselereignis des Erdbebens von Lissabon (1756) abbringen, dessen Folgen nur schwer mit dem Bild einer in sich stimmigen positiven Weltordnung zu vereinen waren. Der grundsätzliche Optimismus, der die Aussagen über Gott, Welt und menschliche Natur (bis in die zweite Hälfte des 18. Jahrhunderts) durchzog, äußerte sich offenbar in einem Plädoyer für eine Existenz, in der der einzelne sich tatkräftig in den Besitz der Güter dieser Welt zu setzen und in wohltemperierter Frömmigkeit mit ihren Annehmlichkeiten zu leben wußte. Mit anderen Worten: Die praktischen Lehren, die in diesem Medium bürgerlicher Selbstverständigung entwickelt wurden, korrespondierten sichtlich den real vorhandenen Möglichkeiten, die bürgerlicher Wohlstand eröffnete (Martens, 1971, S. 168–342).
Somit vollzog sich, wo – wie bei Rochow – der Kanon dieser Überzeugungen der Aufklärung des ‚gemeinen Volkes‘ zugrunde gelegt wurde, eine nicht unbeträchtliche Veränderung; inhaltlich mochte der Tenor der Aussagen unverändert erscheinen, ihr Wirklichkeitsgehalt war, da sie dabei von ihrer sozialen Basis abgelöst wurden, jedoch ein anderer geworden.

Die doppelte Tendenz des dabei vermittelten Vorstellungsgehalts läßt sich auf der Ebene der zugehörigen Metaphorik besonders gut erkennen: Für dieses umfassende Weltbild war damals der Vergleich mit dem Modell eines gigantischen automatisierten Uhrwerks, dessen Pendel von Gott gleichsam im Schöpfungsakt einmal in eine seitdem fortlaufende, gleichförmige Bewegung gesetzt war, durchaus gebräuchlich[78]. Mit dem Konstrukt einer derartigen ‚Weltmechanik‘ war einerseits dem Bedürfnis des (bürgerlichen) Menschen nach einem klar strukturierten, kalkulierbaren Handlungsfeld Genüge getan, das vor externen Störungen oder unerwarteten Interventionen bewahrt bleiben sollte. Andererseits aber ließ der rigide Mechanismus des geschlossenen Systems dem Menschen gleichzeitig nur eine eng definierte ‚Rädchen- oder Federfunktion‘, die mit dem An-

[77] Dazu Martens, 1971. – Allgemein zur Funktion bei der Konstituierung bürgerlicher Öffentlichkeit vgl. Habermas, 1965, S. 54 f.; vgl. auch Koselleck, 1973.
[78] Auch Rochow zog diesen Vergleich heran (1909, Bd. 3, S. 102 f.).

spruch auf freie Gestaltung der eigenen Umwelt zuerst nur wenig gemein hatte (Blumenberg, 1966, S. 188)[79]. Insofern war es nicht erstaunlich, daß dieses Vorstellungsmuster früher oder später nach bürgerlichem Verständnis ausgedient hatte. Was dieses Weltbild hingegen für die Artikulation bürgerlicher Selbstbehauptung auf Dauer untauglich machte, konnte es als Grundlage einer vorsichtigen Volksaufklärung gerade als besonders geeignet erscheinen lassen: Jene überaus enge Verklammerung, die auf diese Weise zwischen den Zielen wirtschaftlicher Mobilität und politischer Unterordnung herzustellen war, entsprach aus der Sicht der Zeitgenossen offenbar genau den Anforderungen, die die Sicherung des Fortbestands der – konkreten – gesellschaftlichen Ordnung an die Menschen stellte. Nur wenn die angestrebte Erweiterung des Horizonts der einfachen Leute nicht umschlug in eine kritische Distanz zum bestehenden System, versprachen die entsprechenden Bildungsanstrengungen ein Erfolg zu werden: Da nicht zuletzt die Festschreibung der – gewissermaßen durchrationalisierten – Feudalordnung die Ansprüche an die wirtschaftliche Leistungsfähigkeit der Bevölkerung so hochschraubte[80], bildete eine quietistische Haltung geradezu einen unumgänglichen Bestandteil der ökonomischen Tauglichkeit des ‚gemeinen Mannes', der widerspruchslos eben ‚zu *allem* guten Werk geschickt sein' mußte.

In diesem Sinne stellte Rochow den pädagogischen Impulsen, die auf eine erhöhte wirtschaftliche Beweglichkeit der Landbevölkerung zielten, konsequent einen Kodex integrativer Verhaltensnormen an die Seite. Die zahllosen Rädchen, durch die das Laufwerk des gesellschaftlichen ‚Mechanismus' in Gang gehalten wurde, sollten reibungsloser laufen, keinesfalls aber dadurch in ihrer Verankerung gelockert werden: Gesteigerte Leistungs- und Anpassungsfähigkeit der niederen Klasse hatten einander zu ergänzen. Neben die Verpflichtung zum absoluten Gehorsam gegen die Obrigkeit trat darum noch die Aufforderung zur Mäßigung, Bescheidenheit, Demut, Pflichttreue und einem grundsätzlich friedlich gestimmten Verhalten; denn erst eine Bündelung dieser Eigenschaften bei jedem einzelnen versprach eine Erhöhung der gesamtgesellschaftlichen Effizienz[81].

Große Teile des Rochowschen „Kinderfreundes"[82] beabsichtigten nichts anderes als die variationsreiche Illustration der entsprechenden Verhaltenstugenden oder -verfehlungen, in denen die Kinder jeweils vorbildliche beziehungsweise abschrekkende Exempel für ihre künftige Lebensführung finden sollten. Dadurch, daß

---

[79] Vgl. dazu auch A. Meyer, 1969; Stöcklein, 1969, insbes. S. 77 ff. – Siehe auch Borkenau, 1932.

[80] Vgl. oben, S. 282 f.

[81] Vgl. dazu auch die Bemerkungen von Lundgreen, 1970; insbesondere S. 103 ff.

[82] Vgl. in diesem Zusammenhang auch die Arbeit von Schäfer, 1968, 1969, 1971.

nichts, was aus dem sozialen Verhaltensbereich berichtet wurde, von der Bewertung nach dem strengen Maßstab einer rigorosen (Untertanen)moral ausgenommen blieb, erhielt das Buch freilich auf weite Strecken, so will es heute scheinen, einen schier unerträglich pedantischen, jedenfalls aber höchst unwirklichen Charakter. Eines guten Kindes Vorsätze, wie sie dabei exemplarisch vorgestellt wurden, umfaßten ein Maximalprogramm, bei dem jede menschliche Schwäche durch strahlende Tugend verdrängt war: Schon mit dem aufmerksamen, achtungsvollen Verhalten in der Schule realisierte es ein Leben, über dem außer dem Gelöbnis von Fleiß, Zufriedenheit und Gottvertrauen die Maxime stand: „Ich will alles gern und willig tun, was meine Eltern, meine Lehrer und meine Herrschaft mir befehlen.“ [83] Sofern es gelang, solchen Prinzipien treu zu bleiben, sollte Belohnung auch nicht erst im Jenseits winken: „das Glück des Tugendhaften“ begann „schon hier auf Erden“, wie programmatisch an anderer Stelle verkündet wurde [84]. Schon der Vollzug eines vorbildlichen Lebens versprach eine tiefe innere Ausgeglichenheit, darüber hinaus verhieß er gesellschaftliche Anerkennung bei den Leuten – und bei der Herrschaft, die damit wohlwollend gestimmt wurde. Um dies zu veranschaulichen, bediente Rochow sich im „Kinderfreund“ der Autorität eines alten Bauern, dem er folgende ‚Lebensweisheit‘ als Vermächtnis für die Nachkommen in den Mund legte: „Bleibt fromm und redlich, hütet euch vor Neid und Geiz, liebet Gott über alles, weil ihr alles von ihm habt; seid wohltätig gegen die Armen, fleißig in eurem Beruf und ehrerbietig und gehorsam gegen eure Obrigkeit. Seid friedfertige Nachbarn und Eheleute und erziehet eure Kinder zu verständigen und rechtschaffenen Menschen durch gute Lehren und vornehmlich durch euer eigenes gutes Beispiel. So werdet ihr mit Ehren alt werden und einst wie ich den Tod gelassen erwarten können; denn ich getröste mich nach Gottes Wort eines bessern Lebens.“ [85] Was diesem Lob des einfachen Lebens, das in den verschiedenen Erzählungen angestimmt wurde [86], angesichts des harten Schicksals der Mehrheit der Menschen an Realitätsgehalt fehlte, wurde durch die sehr reale Bedeutung wettgemacht, die den darin enthaltenen Verhaltenspostulaten für das gesellschaftliche Zusammenleben zukam.

Die Besserung der Leistungsmoral oder, wie es in der Sprache der Zeit hieß, die ‚Veredlung der Gesinnung‘ in der Bevölkerung sollte notwendig aus der Verstandesbildung (mit) resultieren – das war gewissermaßen der feste Grundsatz der aufklärerischen Bemühungen nicht nur eines Rochow [87].

---

[83] Rochow, 1909, Bd. 3, S. 333–383 (Der Kinderfreund von 1805, 12, 49).

[84] Rochow, 1907, Bd. 1, S. 133–312 (Der Kinderfreund I, 58).

[85] Rochow, 1907, Bd. 1, S. 133–312 (Der Kinderfreund I, 79).

[86] Zum Beispiel Rochow, 1907, Bd. 1, S. 133–312 (Der Kinderfreund I, 5, 12, 14, 23, 24, 27, 45, 48, 64; II, 78). Weiter ins Detail zu gehen, kann – schon aufgrund der vorliegenden Arbeit von Lundgreen, 1970 – hier unterbleiben. Erwähnt sei nur noch, daß natürlich nicht darauf verzichtet wurde, diese Sittenlehre im einzelnen auch mit Hilfe der biblischen Autoritäten zu vertiefen. In Riemanns Beschreibung der Rochowschen Pädagogik, die in den späteren Auflagen zu einem Unterrichtshandbuch für den interessierten Lehrer umgearbeitet war, fand sich darum beispielsweise zu den verschiedenen Tugenden (von der „Aufmerksamkeit und Lernbegierde“ bis zum „Exempel von treuen Dienern“) eine Art Bibelkonkordanz, die jeweils auf die geeignetsten Geschichten und Erzählungen verwies (Riemann, 1798, S. 204 ff.).

[87] Zum Beispiel Rochow, 1908, Bd. 2, S. 3. Allgemein dazu Heimpel-Michel, 1928; ferner Stuke, 1972, insbesondere S. 255 ff.

So erfuhren die Kinder in der Rochowschen Schule, daß man durch das „richtige Denken und Urteilen" auch in sittlicher Beziehung „das Wahre vom Falschen besser unterscheiden, nach jenem sich mehr richten und vor dem Irrtum, der aus falschen Vorstellungen von einer Sache entspringt, mehr und mehr sich hüten" lerne[88]. „Je mehr Gutes ... (der Mensch) lernt, je folgsamer wird ... (er) auch", lautete das Prinzip (Rochow, 1909, Bd. 3, S. 239). Diesem lag die Auffassung zugrunde, daß jene Tugenden, die aus dem Kind einen ‚guten Christen' und ‚gehorsamen Untertan' machten, weil die Grundsätze der moralischen Welt letztlich denselben rationalen Regeln folgten wie die reale Welt, nicht weniger erlernbar und nicht anders zu erwerben seien als technische Kenntnisse. Darüber hinaus gelang es scheinbar auch noch, Wissen und Moralkodex auf der inhaltlichen Ebene eng miteinander zu verknüpfen und als zwei Seiten eines einheitlichen Ganzen zu vermitteln: Die Einsicht in die Perfektion jener Ordnung der Welt, deren rationale Struktur die Kinder im Unterricht sehen und begreifen lernten, ließ folglich keine andere Handlungsweise zu als die vollständige Übernahme der zugedachten Aufgaben, deren Erledigung das Gute in der Welt noch zu mehren versprach. Die Vorstellung von der Harmonie der materiellen Natur und der sozialen Interessen, bei der „alle(n) Stände(n) ... ihre eigenen Lasten und Beschwernisse", desgleichen aber auch ihre Vorzüge zuteil wurden (Rochow, 1909, Bd. 3, S. 313 – [Versuch, 3. Aufl.]), bildete somit gewissermaßen das Konstituens der idealen Verständigkeit, die (in des Wortes doppelter Bedeutung) den einfachen Mann auszeichnen sollte.

Nicht alles sollte stumpf als gegeben hingenommen werden: aber wem die Überzeugung von der durchgängig funktionsgerechten Organisation der ihn umgebenden Welt eingepflanzt war, der würde im Endeffekt genau die ‚gebremste Aktivität' an den Tag legen, die im eigenen eng gesteckten Wirkungskreis rastlos und umsichtig zupackte, ohne sich dabei durch den Blick auf die bequemen Privilegien anderer verunsichern zu lassen[89]. Derartig vorgebildete Menschen konnten zugleich bis in alle Einzelheiten durch ihre Oberen gelenkt werden; denn sie schienen klug genug, um in Erkenntnis der Grenzen ihres Wissens das Bedürfnis nach zusätzlicher Anleitung zu entwickeln, und zugleich genügend naiv, um im Glauben an das grundsätzliche Wohlwollen der übergeordneten Instanzen deren Anweisungen und Ratschlägen bedingungslos Folge zu leisten[90]. Eine also aufgeklärte Bevölkerung, hieß es in einer knappen Erläuterung, in der Rochow seine

[88] Rochow, 1909, Bd. 3, S. 226 (Versuch, 3. Aufl.).
[89] Siehe auch Rochow, 1907, Bd. 1, S. 133–312 (Der Kinderfreund II, 77).
[90] Rochow, 1909, Bd. 3, S. 245, S. 252 f., S. 261 (Versuch, 3. Aufl.); 1907, Bd. 1, S. 133 bis 312 (Der Kinderfreund I, 16, 18; II, 6, 39).

Bestrebungen für die Öffentlichkeit zusammenfaßte, sei – im Gegensatz zur bisherigen Unfähigkeit, „durch Vorstellungen allein und ohne den Druck der Übermacht bewogen zu werden" – „geschickt, willig zum Guten, daher gelehrig, leicht zu bedeuten oder lenkbar durch verständige Gründe (und) zuvorkommend dem Verdruß, so aus Zwang entsteht" (Rochow, 1907, Bd. 1, S. 357). Ganz ähnlich äußerte sich der Geistliche auf den Rochowschen Gütern, der Prediger Rudolph; als er nach den Wirkungen der zu Beginn der siebziger Jahre dort eingeführten Schulbildung befragt wurde, bezeichnete er es als den wesentlichen Erfolg, daß sich im Laufe der folgenden 25 Jahre mit der Zunahme der Kenntnisse auch „die rohe Immoralität" unter den Menschen spürbar verringert habe; durchgängig finde man „die Leute bedeutsamer" (Riemann, 1798, S. 263)[91].

Nicht ganz zu Unrecht konnte Rochow somit für sich beanspruchen, für die Übel der Zeit eine konsequente pädagogische Lösung gefunden zu haben: In allen Punkten war sein Programm auf die Ausbildung der Ratio des Volkes abgestellt, nichtsdestoweniger war darauf Bedacht genommen, daß die Autorität der Herrschaft nicht in Frage gestellt wurde. Auf diese Weise schien es zu glücken, in der Bevölkerung alle jene (subjektiven) Voraussetzungen zu schaffen, deren Mangel für das häufige Scheitern der zeitgenössischen Bemühungen verantwortlich zu machen war.

Rochows Erfolg: die Reaktion in der Öffentlichkeit

Rochow wurde nicht müde, die prinzipiellen Vorzüge dieser Art Volksaufklärung in seinen verschiedenen Schriften hervorzuheben. Gegenüber den zahlreichen Kritikern, die mit Blick auf das revolutionäre Frankreich vor den Folgen zu weitgehender Verstandesschulung für das einfache Volk warnten, beharrte er darauf, daß die Klugheit, die er verbreitet sehen wollte, gerade die Willfährigkeit sowohl in ökonomischer als auch in politischer Hinsicht einschließe, die das ungebildete Volk vermissen lasse. „Die allgemeine Aufklärung über alle Beweggründe, die den Menschen mit Gott, seinen Geboten wie mit seiner Einrichtung in der Welt und daher mit seinem eignen Standpunkt in derselben zufrieden, mäßig, treu, gerecht auch willig macht, zu geben Ehre, dem Ehre, und Schoß (= Steuer, d. Verf.), dem Schoß gebührt – wie sollte gerade diese allgemeine Aufklärung Unruhe wirken, da sie allein geschickt ist, durch innern Frieden der Seele gewiß auch den äußern Frieden zu befördern" (Rochow, 1908, Bd. 2,

[91] Vgl. auch den Aufsatz von J. Stuve (aus der Berlinischen Monatsschrift, Bd. 10, 1787, S. 330 ff.; auch abgedruckt bei Krünitz, 1793, Bd. 61, S. 1022–1028), in dem Rochow gegen ungerechtfertigte Angriffe bezüglich der demoralisierenden Konsequenzen seiner Aufklärung in Schutz genommen wurde.

S. 267f.). Gefährlicher als der Mensch, dem mit einem vermehrten Wissen zugleich ein Bewußtsein von der ‚Notwendigkeit‘ seiner Position gegeben war, sei doch derjenige, der durch seine Rohheit und ‚Stupidität‘ gänzlich unberechenbar sei. Gegen die Behauptung, daß Aufklärung das System gefährde, setzte Rochow den Anspruch, daß sie gerade den einzig wirksamen Garanten für dessen Fortdauer biete. Bei dieser Zielbestimmung konnte Rochow auch der Unterstützung vieler anderer Zeitgenossen gewiß sein, die einer Intensivierung der pädagogischen Bemühungen das Wort redeten: Becker, Krünitz oder – erst recht – Wagemann haben niemals einen Hehl daraus gemacht, daß die von ihnen befürwortete ‚Geistes-Bildung‘ des (Land)volkes nicht auf das Ideal der mündigen Person, die nach dem bekannten Hegelschen Wort die Welt auf den Kopf zu stellen vermochte, sondern auf den ebenso leistungsbereiten wie gefügigen Untertan gerichtet war[92]. Mit wenigen Ausnahmen dürfte für die damaligen Reformbestrebungen, die ‚die moderne Pädagogik‘ konstituierten, eine Charakterisierung gelten, die zunächst auf die Aktivitäten des Kreises um den bekannten Züricher Stadtarzt Hirzel[93] gemünzt war: Die ‚armen Leute‘, deren man sich „mit beinahe herablassender Besorgtheit“ annahm, wollte man grundsätzlich „nur wißbegierig . . ., aber nicht vorwitzig, fortschrittlich, aber nicht neuerungssüchtig, aufgeklärt, aber folgsam und dankbar für jegliche Belehrung“ machen (Hauser, o. J., S. 40).

Anders als durch die Versicherung, daß die „Thronen nie fester stehen als auf den Schultern aufgeklärter, wohlgesinnter und in ihren Regenten, Gottes Ordnung verehrender Untertanen“ (Rochow, 1909, Bd. 3, S. 437), hätte man auch kaum von vornherein mit der Zustimmung staatlicher Stellen zu derartigen Projekten oder gar mit einer staatlich verfügten Ausweitung rechnen können. Die engen Grenzen, die Friedrich II. für die Volksbildung gesetzt hatte[94], waren mit diesen Entwürfen ohnehin bereits überschritten; doch bestand selbst der liberalere Zedlitz darauf, „das (sic!) der Landmann nur in seiner Sphäre bleiben, folglich nicht Schulweisheit einsaugen, son-

---

[92] Krünitz, 1793, Bd. 60, S. 362–365; 1793, Bd. 61, S. 133, S. 625–627; A. Wagemann, 1791, S. 16–20. Vgl. auch Becker, 1785, insbesondere S. 21 ff. – Aus dem Kreis brandenburgisch-preußischer Schulreformer siehe auch die Aufsätze des erwähnten Inspektors Bauer, 1799a und b (vgl. oben, Anm. 54, S. 318). – Dazu vgl. auch Sauder, 1974. Sauders Ausführungen können allerdings nur mit Vorbehalt aufgenommen werden. Seine Differenzierung zwischen der Gruppe kritischer Aufklärer und einer auf bloße Anpassung des Volkes bedachten Partei wirkt schematisch und wegen fehlender Berücksichtigung allmählicher Veränderungen und unzureichender inhaltlicher Auseinandersetzung willkürlich. Resewitz und Villaume als ‚zynische‘ Handlanger des friderizianischen Untertanenstaates den Volkspädagogen Becker und Rochow zu konfrontieren, die praktisch in einer Reihe mit den ungleich radikaleren Geistern Frölich und Ziegenhagen erscheinen, kann wenig befriedigen und gar nichts erhellen. (Vgl. Steiner, 1962.)

[93] Vgl. oben, Anm. 52, S. 313.

[94] Vgl. oben die Hinweise in Kapitel 2.3.

dern seinen Verstand (nur) auf die Gegenstände um ihn anwenden" dürfe[95]. So war der Widerhall, den Rochows Vorschläge, vor allem seine praktischen Versuche in der Öffentlichkeit und auch bei den zuständigen Instanzen in Berlin fanden, nicht unabhängig von der Tatsache, daß sein Aufklärungsprogramm die Dynamik wirtschaftlicher Eigeninitiative an die unverrückbare Pflicht zum Gehorsam rückzubinden versprach.

Seine Schulen, die mit der Zeit alle in den Kreis der aus königlichen Mitteln besonders geförderten Gnadenschulen[96] aufgenommen wurden, entwickelten sich – ähnlich wie später die Anstalten Pestalozzis – geradezu zum unvermeidlichen Reiseziel der pädagogisch interessierten Welt, die Rang und Namen hatte. Von höchster Bedeutung waren unter praktisch-politischem Gesichtspunkt die Besuche der Oberkonsistorialräte Spalding, Teller, Dietrich, Sack und Büsching sowie des Ministers selbst, wobei die letzten beiden der Reckahnschen Schule öffentlich jeweils glänzende Zeugnisse ausstellten (Büsching, 1775, S. 287–295; Zedlitz am 26. 5. 1779. In: Rochow, 1909, Bd. 3, S. 36). Daneben kamen hohe Offiziere, Geistliche, Gutsherrn und schließlich jüngere Leute, die sich von dem Aufenthalt in Reckahn eine Vorbereitung auf die eigene Unterrichtstätigkeit erwarteten. So zahlreich strömten zeitweise die Besucher, daß, wie Rochow konstatieren mußte, darüber der Schulbetrieb selbst in Mitleidenschaft gezogen zu werden drohte[97]. Doch führte die Menschen nicht allein enthusiastische Zustimmung in die Rochowsche Schule; die ihr „nur zu oft schädliche Zelebrität" verdankte sie nach Rochows eigenen Worten auch der bleibenden Skepsis, ob eine derartig ‚weit angelegte' Schulbildung des ‚gemeinen Mannes' entgegen den Beteuerungen ihres Begründers nicht doch das soziale Gleichgewicht gefährde (Rochow, 1907, Bd. 1, S. 350 f.).

Nicht ganz zu Unrecht konnten die Standesgenossen den Eindruck gewinnen, daß das Rochowsche Programm von den Herrschenden eine Neuorientierung gegenüber den durch diese Schule gegangenen Untertanen verlangte: Wollte die Herrschaft am Ruder bleiben, mußten neue, kompli-

---

[95] Zedlitz an Rochow am 6. 5. 1779. In: Rochow, 1910, Bd. 4, S. 227. Ein besonders markantes Beispiel für die Verbindung des staatlichen Interesses an einer Besserung des ländlichen Wirtschaftsverhaltens mit dem an politischer Ruhe und Unterordnungsbereitschaft bietet das Unternehmen der oben erwähnten „Schlesischen Volkszeitung", die auf Initiative des zuständigen Provinzialministers während der neunziger Jahre erschien. Zu ihren Zielsetzungen gehörte neben der Verbreitung wirtschaftlicher Neuerungen ausdrücklich der Auftrag, „die Liebe für Ordnung und Ehrfurcht für die Gesetze", die durch Flugblätter, Journale und literarische Zeitschriften gefährdet werde, wieder zu stärken (zitiert nach Grathoff, 1937, S. 51).

[96] Vgl. oben, S. 114.

[97] Rochow im Vorwort zur 1. Auflage der Riemannschen Darstellung. Riemann, 1781; auch Rochow, 1907, Bd. 1, S. 349–353, S. 351 f. Vgl. die Besucherliste aus dem Pfarrarchiv von Krahne, die abgedruckt ist bei Rochow, 1910, Bd. 4, S. 437–463.

ziertere und somit störanfälligere Mechanismen die Macht sichern. Dennoch zeitigte der Rochowsche Ansatz weitere unmittelbare praktische Konsequenzen. Es war durchaus der Ausdruck eines inneren Zusammenhangs, daß Rochow in den Anhang der „Geschichte meiner Schulen“ (in der er über den Anlaß ihrer Begründung und seine Motive Auskunft gab) die Unterrichtsinstruktion des Berliner Oberkonsistoriums für die königlichen Gnadenschullehrer aufnahm (Rochow, 1909, Bd. 3, S. 34–55). Diese Instruktion war, was die Bestimmung der Lernziele oder der Unterrichtsmethode anging, in der Festlegung des (erweiterten) Fächerkanons sowie in der didaktischen Organisation des wichtigsten Unterrichtsinhalts, der Religion, nicht ohne die Bemühungen Rochows zu denken, auf dessen Schulbuch sie denn auch häufig den einzelnen Lehrer verwies (zum Beispiel S. 38, S. 46, S. 55). Die Verbreitung der Rochowschen Unterrichtsbücher, allen voran sein Lesebuch „Der Kinderfreund“[98], steht als ein weiteres gewichtiges Indiz für die Breitenwirkung, die seine Gedanken erzielten: Er selbst konnte zum Beispiel schon im Jahre 1781 berichten, daß der erste Teil dieses Buches fünf Jahre nach Erscheinen „vielleicht vierzig und mehrere tausendmal gedruckt und verkauft“ worden sei, vom zweiten Teil in zwei Jahren allerdings nicht einmal 2000 Exemplare (Rochow, 1907, Bd. 1, S. 358).

In der näheren Umgebung fand das Modell seiner Schulen häufig dadurch Verbreitung, daß zahlreiche Lehrer, selbst wenn Rochow diese Praxis nur mit gemischten Gefühlen sah, von ihren Patronen oder geistlichen Stellen für einige Zeit als ‚Auskultanten‘ an die Reckahnsche Schule geschickt wurden: Auf diese Weise wurden nicht wenige der Gnadenschullehrer praktisch Rochows Schüler; aber auch an anderen Schulen, wie etwa der Industrieschule, die der Prediger Dapp in der Nähe Berlins einrichtete, fanden sich Lehrer, die auf einen Aufenthalt in Reckahn zurückblicken konnten (Rochow, 1910, Bd. 4, S. 443). Und Riemann, dem wir die genaueste Beschreibung der Rochowschen Pädagogik verdanken, war ebenfalls ursprünglich zu Ausbildungszwecken vom ‚Potsdamischen Großen Waisenhaus‘ an die Schule in Reckahn delegiert worden (Rochow, 1907, Bd. 1, S. 350); zu dieser Einrichtung sollte übrigens auch später die Verbindung nicht abreißen, weil einer der ersten Lehrer Rochows in das dortige Schulamt berufen wurde (Rochow, 1909, Bd. 3, S. 469). Bei vielen Berichten einzelner Zeitgenossen über vergleichsweise gute Elementarschulen beziehungs-

[98] Spätere Ausgaben dieses Schulbuchs wurden freilich von anderen Verfassern mehr oder minder starken Modifikationen unterzogen. Dazu Bünger, 1899; Fechner, 1889. Teilweise war „Der Kinderfreund“ bis 1872 als Lesebuch in Gebrauch! – Natürlich kannte und verwandte man am Ende des 18. Jahrhunderts auch in Schaumburg-Lippe das Rochowsche Lesebuch (Wehrmann, 1972, S. 165 f.).

weise -lehrer auf dem Lande ergibt sich denn auch die Vermutung, daß die dort vorgefundene Schulpraxis jeweils auf einer mehr oder weniger guten Bekanntschaft mit dem Unterricht in den Rochowschen Schulen beruhte[99]. Dies war schließlich bei den Garnisons- und Soldatenschulen, die damals teils reorganisiert, teils erst gegründet wurden, ganz offensichtlich der Fall: Den Gründungen zumindest einiger der bekannteren Anstalten, wie beispielsweise in Treuenbrietzen und Frankfurt/Oder, ging vielfach der Aufenthalt des Predigers, Lehrers und gelegentlich auch des Kommandeurs in Reckahn vorher (Rochow, 1910, Bd. 4, S. 441 f., S. 444). Auf andere Regimentsschulen wirkte der Einfluß der Rochowschen Pädagogik über einen anderen Weg[100]: In Potsdam war auf Initiative des Feldpropstes Kletschke der Rochowschen Schule ein ihr aufs engste verwandtes Modell an die Seite getreten, das auf das gesamte Militärschulwesen wirken sollte (Gans, 1930, S. 116; Wienecke, 1907, S. 19 f.). So scheint es, daß die Rochowsche Pädagogik, da ihre Wirkungen bis ins staatliche Schulwesen hineinreichten, durchaus nicht ohne nennenswerten praktischen Erfolg geblieben ist.

3.7 Die realen Grenzen einer Pädagogik der Armut

Im folgenden werden wir versuchen, ein Resümee unserer Darstellung der einzelnen Schulreformansätze zu ziehen, die ja trotz aller damit verbundenen Hoffnungen nur sehr partiell die preußische Schulwirklichkeit am Ende des 18. Jahrhunderts verändert haben. An dem Schicksal, das den weit ausgreifenden Plänen Rochows zuteil wurde, läßt sich noch einmal – etwas intensiver – der Prozeß des Scheiterns studieren, den jedenfalls in Preußen auch die Industrieschulbewegung erleben mußte.

Im einzelnen bestanden zweifellos Unterschiede in den jeweiligen Plänen und den Chancen ihrer Verwirklichung, trotzdem scheint es nicht unberechtigt zu behaupten, daß die allen gemeinsame, wenngleich graduell unterschiedliche Erfolglosigkeit mit einer Reihe recht gleichartiger Mängel korrespondierte, mit denen die Entwürfe etwa Sextros, Wagemanns oder Rochows von vornherein belastet waren. Zwar waren letzten Endes kaum die Fehleinschätzungen oder Inkonsistenzen, die diesen Plänen gemeinsam waren, sondern die politischen und sozialen Gegebenheiten für das geringe Maß ihrer Realisierung ausschlaggebend, aber die den Pädagogen eigene Überschätzung der gesellschaftlichen Macht von Erziehung hätte sich vermeiden lassen. Wir werden die verschiedenen konzeptuellen Schwächen, die bei der Dar-

---

[99] Vgl. die Berichte in den Denkwürdigkeiten 3 (1797), S. 561–566, und 4 (1797), S. 853 bis 857 und S. 1102 über Visitationen in Dorfschulen der Berliner Umgebung.

[100] Vgl. die Berichte von Büsching (Büsching, 1775, S. 286 f.) und in den Denkwürdigkeiten 7 (1799), S. 478–486, über die Schule in Brandenburg, sowie 8 (1799), S. 997 bis 1008, über Anstalten in Berlin. Dazu umfassend Wienecke, 1907, S. 18 ff.

stellung der Reformansätze schon teilweise angesprochen wurden, im folgenden noch einmal zusammenfassen.
Dabei läßt sich schließlich in einem wesentlichen Punkt ein Unterschied zwischen der Pädagogik Rochows und den Industrieschulplänen ausweisen. Von dem objektiven Wandel bestimmter historischer Ausgangsbedingungen wurde der Rochowsche Entwurf, so deutlich er auf eine spezifische Situation hin angelegt war, weit weniger betroffen als die Industrieschulbewegung. Mit der strukturellen Krise in einigen (neben)gewerbsintensiven Regionen, deren Beschäftigungsstruktur und (begrenzte) ökonomische Stabilität das praktische Leitbild für das industriepädagogische Konzept hatten bieten können, schwanden nämlich bereits zu Beginn des 19. Jahrhunderts erkennbar die Voraussetzungen, die eine Realisierung der Industrieschulkonzepte überhaupt sinnvoll erscheinen ließen. Die Erfahrungen, die man mit den weitgehend hilflosen Menschen in den vom Niedergang betroffenen Gebieten machte, sollten in der preußischen Verwaltung gerade zu Erkenntnissen führen, in deren Richtung auch Rochows Überlegungen verwiesen hatten: Allein eine auf recht allgemeiner, grundlegender Ebene ansetzende Elementarbildung konnte – sofern dabei pädagogischen Mitteln überhaupt ein gewisser Erfolg zukam – die Flexibilität sichern, die die sogenannten niederen Schichten zur Bewältigung der wechselhaften Lebens- und Arbeitssituationen benötigten.
So erfuhr die Elementarschule schon am Anfang des Industriezeitalters aus der Reflexion ökonomischer Bedürfnisse die – lange Zeit postulatorische – Bestimmung, daß ihre gesellschaftliche Aufgabe nicht nur in der Vermittlung eines bestimmten sozialen Verhaltenskodex oder spezifischer Kenntnisse, sondern vor allem in der allgemeinen Sicherung einer rationalen Grundbildung bestehen müsse. Uns scheint diese Erkenntnis so wichtig, daß wir am Ende unserer Analyse des Zusammenhangs von wirtschaftlicher Entwicklung und Institutionalisierung der Elementarschule darauf noch einmal eigens hinweisen wollen.

Rochows beschränkte schulpolitische Wirkung

Die entscheidende Wirkung, die sich Rochow erhofft hatte, blieb seinen programmatischen Initiativen versagt. Statt Ausgangspunkt einer umfassenden staatlich geleiteten (Re)organisation des elementaren Schulwesens in Stadt und Land zu sein, waren seine Schulprojekte nur Muster für zwar wichtige, aber doch einzelne Schuleinrichtungen; sie basierten, auch wenn es sich dabei um staatliche Maßnahmen handelte, in der Regel lediglich auf dem besonderen Engagement der Beteiligten.

Und auch da, wo auf diese Weise Rochows Beispiel Schule machte, war letztlich unbestimmt, ob die jeweiligen Randbedingungen nicht die Realisierung der Rochowschen Vorstellungen in Frage stellen mußten: Die Verhältnisse im Potsdamer Waisenhaus etwa, das – mindestens bis in die Mitte der neunziger Jahre des 18. Jahrhunderts – in weiten Zügen einer kommerziell betriebenen Kindermanufaktur glich[1], boten ganz offensichtlich kaum einen geeigneten Rahmen für eine Intensivierung der Schulbildung, wie sie Rochows Plänen entsprach. Nur unwesentlich günstiger dürfte sich die Situation in verschiedenen Garnisonsschulen dargestellt haben, wenigstens soweit sie als ‚Industrieschulen' die Verteilung von Lern- und Arbeitszeit der Kinder im Sinne eines Kontrakts mit Unternehmern vornahmen. Wenn andererseits eine bereitwillige Übernahme der originalen oder modifizierten Rochowschen Handbücher zu beobachten war[2], dann bedeutete dies noch keineswegs, daß der betreffende Unterricht notwendig wie in Reckahn ablief: Wieviel die Umarbeitungen der Lesebücher beziehungsweise die tatsächliche Schulpraxis von Rochows eigentlichen Intentionen übrigließen, bedürfte jeweils – wo es möglich ist – genauerer Prüfung[3].

Schon mehrere Jahre vor der Wende zum 19. Jahrhundert konnte Krünitz über den unmittelbaren Effekt der Rochowschen Bemühungen ein Urteil fällen, das auch durch die folgende Entwicklung nicht mehr in Frage gestellt worden ist. „Man kann es zwar nicht verkennen", schrieb er, „daß die Reckansche Schule bisher recht starke und selbst auch fortdauernde Sensation gemacht, und auf die Verbesserung des Schulwesens einen ungemein günstigen Einfluß gehabt hat. ... Aber bey dem allen glaube ich, daß sie nach dem Verhältniß ihres großen Werthes und des allgemeinen Bedürfnisses der Schul-Verbesserung noch mehr Eindruck hätte machen müssen" (Krünitz, 1793, Bd. 61, S. 1020).

Indirekt und ohne es zu beabsichtigen, lieferte Krünitz in diesem Zusammenhang auch gleich eine Erklärung dafür, daß die angestrebte Breitenwirkung in der staatlichen Schulpolitik ausblieb. So vortrefflich schien ihm nämlich die Rochowsche Schule, daß man „nicht dabey (hätte) stehen bleiben müssen, die Landschulen nach einem solchen Muster zu verbessern, nein, man könnte mit allem Fuge und Rechte die untern Classen der Bürger- und Gelehrten-Schulen nach ihr umbilden" (Krünitz, 1793, Bd. 61, S. 1021). Genau in diese Richtung zielten ja auch die schulorganisatorischen Vorstellungen Rochows; aber was Krünitz als Indiz für die pädagogische Qualität des gesamten Projektes wertete, mußte aus der Sicht des Adels

---

[1] Vgl. oben, Anm. 57, S. 319.

[2] Vgl. dazu auch das Verzeichnis der „Nachdrucke, Übersetzungen und Bearbeitungen des Kinderfreunds". In: Rochow, 1909, Bd. 3, S. 503–515.

[3] Aus diesem Grunde erscheint es auch problematisch, die pädagogische Leistung Eberhard von Rochows anhand einer Ausgabe des „Kinderfreundes" zu charakterisieren, die „für katholische Landschulen ... von einem katholischen Pfarrer" (Koblentz 1786) bearbeitet worden ist. (Koneffke in der Einleitung zum Neudruck von A. Wagemann, 1791: S. XX f., beziehungsweise Heydorn/Koneffke, 1973, Bd. 1, S. 205–242, S. 220 f.) Die von Rochow autorisierte Ausgabe des „Kinderfreundes" ist darüber hinaus – dank der von Jonas/Wienecke, 1907–1910, besorgten Zusammenstellung der pädagogischen Schriften – wohl wesentlich leichter greifbar als die verschiedenen regionalen Nachdrucke und Bearbeitungen.

und der Landesherrn eher beweisen, daß mit einer derart anspruchsvollen Elementarbildung die Grenze des sozial Zulässigen erreicht, wenn nicht überschritten werde. Von den prägnanten Anweisungen, die der ‚alte Fritz' in dieser Sache gegeben hatte, wichen schließlich auch seine Nachfolger nur wenig ab. Für Friedrich Wilhelm III., auf den die Zeitgenossen, auch Rochow, nach dem bigott-reaktionären Regiment seines Vorgängers [4] Hoffnungen setzten, bildete gerade die Erkenntnis, daß die (natürlichen) Fähigkeiten des ‚gemeinen Mannes' in der Regel weiter reichten als die ihm eingeräumten Möglichkeiten, den Grund zu schulpolitischer Vorsicht beziehungsweise einzelnen Restriktionsmaßnahmen. „Ein zu weit ausgedehnter Unterricht", so bemängelte er einmal, würde, eben weil abzusehen sei, daß seine Saat nicht auf unfruchtbaren Boden falle, die Leute ihrem vorbestimmten sozialen Schicksal entfremden und darum störrisch und unbrauchbar machen. Es kennzeichnet die Situation, daß Friedrich Wilhelm III. gerade Vorgänge an den Garnisonsschulen [5], in denen die Rochowsche Pädagogik eine vergleichsweise beachtliche Resonanz zu finden schien (dazu auch Krünitz, 1793, Bd. 61, S. 1020) [6], den Anstoß zu seinen kritischen Bemerkungen und zu einer öffentlichen Ausschreibung eines geeigneten staatlichen Lesebuchs gaben. So mochte Rochow – im vermeintlichen Einverständnis mit den landesherrlichen Intentionen – eine revidierte Ausgabe seines „Kinderfreundes" als Muster für ein solches Schulbuch anpreisen [7]: Über eine knappe Belobigung hinaus hatte er nichts zu erwarten. Weder die erste Fassung seines Kinderlesebuchs aus den siebziger Jahren noch diese spätere wurden – wie Rochow gehofft hatte – als amtliches preußisches Schulbuch eingeführt [8].

Es mag aus heutiger Sicht leicht verwundern, daß ein Programm, das auf die spezifischen Bedürfnisse der Situation so exakt zugeschnitten und vor allem auch dem Interesse einer unumschränkten Herrschaftsausübung so weit entgegenzukommen schien, letztlich bei den entscheidenden Instanzen nur distanziertes Lob erntete, jedenfalls aber nicht zur verbindlichen Direktive schulpolitischen Handelns avancierte.

---

[4] Dazu die alte Darstellung von Philippson, 1880 ff., ferner die Arbeiten von Schultze, 1964 a und 1964 c.

[5] Zirkularverordnung vom 31. 8. 1799. Abgedruckt bei Rönne, 1855, Bd. 1, S. 89 ff.

[6] Vgl. im übrigen die Aufsätze von J. Stuve in der Berlinischen Monatsschrift 2 (1783), S. 254 ff., beziehungsweise 3 (1784), S. 422 ff.

[7] Rochow am 4. 11. 1799 an Friedrich Wilhelm III. In: Rochow, 1910, Bd. 4, S. 364 f.

[8] Vgl. die beiden Briefe, in denen Zedlitz jeweils den Rochowschen Vorschlag ablehnte, den „Bauernfreund" (den Vorläufer des Kinderlesebuchs) beziehungsweise den „Kinderfreund" zum gesetzlichen Schulbuch in Preußen zu machen. Zedlitz am 26. 12. 1773 sowie am 6. 1. 1776. In: Rochow, 1910, Bd. 4, S. 51, S. 127 ff. Über die Auseinandersetzungen im Berliner Oberkonsistorium, dem Rochow das Manuskript seines Lesebuchs vorgelegt hatte, unterrichtet der Briefwechsel Rochows mit Büsching (Rochow, 1910, Bd. 4, S. 97 f., S. 124 f., S. 132 f., S. 148 ff.) beziehungsweise (für den zweiten späteren Teil) mit Dieterich (Rochow, 1910, Bd. 4, S. 216 f.).

Die kritisch-bissige Bemerkung, mit der Friedrich Engels einmal am Rande die Bemühungen Rochows kommentiert hat, enthält ohne Zweifel ein hohes Maß an Wahrheit und Treffsicherheit: Als das eigentliche Ziel jenes Lesebuchs, durch das die Gedanken Rochows sicher am weitesten verbreitet wurden – so weit, daß Engels Rochow versehentlich nach Kursachsen verpflanzte –, identifizierte er nämlich kurzweg, daß „die jugendlichen Sprößlinge der Bauern und Handwerker über ihren Lebensberuf und ihre Pflichten gegen ihre gesellschaftlichen und staatlichen Vorgesetzten ... (belehrt wurden), ingleichen ihnen eine wohltätige Zufriedenheit mit ihrem Erdenlose, mit Schwarzbrot und Kartoffeln, Frondienst, niedrigem Arbeitslohn, väterlichen Stockprügeln, und andern derartigen Annehmlichkeiten ... (beigebracht werden sollte), und alles das vermittelst der damals landläufigen Aufklärung. Zu diesem Zweck wurde der Jugend in Stadt und Land vorgehalten, welch eine weise Einrichtung der Natur es doch sei, daß der Mensch sich seinen Lebensunterhalt und seine Genüsse durch Arbeit erwerben müsse, und wie glücklich sich demnach der Bauer und Handwerker zu fühlen habe, daß ihm gestattet sei, sein Mahl durch saure Arbeit zu würzen, statt wie der reiche Prasser an verdorbenem Magen, Gallenstockung oder Verstopfung zu laborieren und die ausgesuchtesten Leckerbissen nur mit Widerwillen hinunterzuwürgen" (Engels, 1962, S. 171 f.).

Während aus Engels Urteil vor allem die Verachtung für die Ziele sprach, die unter dem Deckmantel der ‚Aufklärung' angestrebt worden seien, beunruhigte Rochows skeptische Zeitgenossen etwas anderes: Suspekt war diesen das Mittel, durch das politische Verfassung und soziale Ordnung stabilisiert werden sollten; gegen Rochows Lehrprinzipien entwickelten sie eine gleichsam instinktive Ablehnung. Zwar erhob Rochow an keiner Stelle jene gottgewollte Vernunft, mit deren Autorität er vor den Augen der ‚gemeinen Leute' das bestehende System umkleidete, zum kritischen Korrektiv der sozialen Ordnung; aber allein darin, daß das Recht der vorgegebenen Ordnungsstrukturen überhaupt auf dieser Basis begründet und auch den einfachsten Mitgliedern des gesellschaftlichen Verbandes als legitim (weil rational) ausgewiesen werden sollte, witterte man etwas unerhört Neues, dessen Folgen zumindest schwer abzuschätzen waren. Es konnte den Anfang unwillkommener Veränderungen bedeuten, wenn die untertänige Masse lernte, daß die Regeln des gesellschaftlichen Verkehrs grundsätzlich elementaren (kausal)logischen Gesetzen folgten, die sie sich nach Rochows Rezept für ihr Denken und Tun im Interesse ihrer ökonomischen Handlungsfähigkeit zu eigen machen sollte.

Bezeichnenderweise richteten sich die Einwände, die gegen seine ‚Schulanstalten' vorgebracht wurden, wie Rochow berichtete, immer wieder auf diesen einen Punkt seiner Lehrart: „Alle diese besondere(n) Critici stoßen sich an Ursach und Wirkung, Wahrheit und Irrtum, Mittel und Zweck – *das*, meinen sie, könne keine Bauernseele vertragen." [9] Selbst Zedlitz, der

[9] Rochow am 23. 4. 1778 an das Philanthropin (in Dessau). In: Rochow, 1910, Bd. 4, S. 208.

gegenüber den Rochowschen Gedanken gewiß eine größere Aufgeschlossenheit an den Tag legte als die Mehrheit seiner Standesgenossen (oder die preußische Landesverwaltung), bekannte, daß in dieser Art Denkschulung für ihn die heikelste Stelle der Rochowschen Pädagogik lag. Seine Bedenken, bei denen er das Rochowsche Verfahren als „die metaphysische Erziehung der Bauern“ apostrophierte, lesen sich geradezu wie die Explikation einer stillen Befürchtung, die jede autoritäre Obrigkeit vor einer vollständigen Übernahme der Rochowschen Vorstellungen unbedingt warnen mußte. „Wenn der Bauer“, schrieb Zedlitz an Rochow, „von allem den Grund einsehen will, – was wird ihm von mancher Verordnung dünken, die er nur aus seinem Standort beurteilt, wozu ihm der Grund nicht zu passen scheint – er wird mit Widerwillen gehorchen, und wenn er's verhindern kann, gar nicht; denn selbst die Allmacht konnte den unmittelbar unterrichteten Menschen nicht den Gehorsam gegen die Befehle praktisch genug einschärfen“ (Zedlitz an Rochow am 5.12.1776. In: Rochow, 1910, Bd. 4, S. 172). Die Entfremdung, die nach der anfänglich begeisterten Übereinstimmung zwischen dem Minister und Rochow eintrat, weil Zedlitz seine Reserve auch öffentlich dokumentierte[10], war nur Ausdruck der prinzipiellen Schwierigkeiten, mit denen Rochow bei der Realisierung seiner Vorschläge zu rechnen hatte. Als Schwäche seines Konzepts wurde ihm angelastet, was doch für ihn zu beheben nicht war: Das komplexe Interesse von Staat und Herrschaft, das sowohl die Sicherung der gesellschaftlichen Ordnung als auch die Beseitigung der ökonomischen Not einschloß, stand einer eindeutigen, konsequenten Lösung selbst im Wege.
Angesichts der Zurückhaltung oder Kritik, auf die sein Programm vielfach stieß, wich Rochows anfänglicher Reformoptimismus darum schon recht bald resignativen Zügen. Erklärlicherweise schmerzten ihn die spürbaren Vorbehalte beziehungsweise direkten Angriffe um so mehr, als sie ihn subjektiv unerwartet, vor allem nach seinem Empfinden auch zu Unrecht trafen. Bereits im Jahre 1775, als er die zweite Auflage seines ersten pädagogischen Werkes, „Versuch eines Schulbuches“, vorbereitete, sah sich Rochow zu einer skeptischen Einschätzung der angezielten praktischen Wirkung seiner Arbeit genötigt. „Bei der Lage unserer Sachen (darf ich dieses) nicht hoffen“, schrieb er an seinen Freund und Verleger Nicolai, „da die Veredlung der Nation nicht allein nicht mehr interessiert, sondern gar alle Hoffnung dazu verloren zu sein scheint.“ Dabei wünschte er sei-

[10] Zedlitz hatte sich 1776 (bei einem Vortrag anläßlich seiner Aufnahme in die Preußische Akademie der Wissenschaften) in einer Anspielung, die allgemein auf Rochow bezogen wurde, über den „cosmopolite enthousiaste“ mokiert, der aus dem gemeinen Volk Philosophen machen wolle. (Vgl. die erbitterte Reaktion Rochows, der seinem Ärger in zwei Briefen Luft verschaffte. Rochow, 1910, Bd. 4, S. 172 ff. und S. 175 ff.)

nem Buche „viel lieber (noch) . . . den bittersten Tadel als ein ruhiges ponatur ad acta" (Rochow an Nicolai am 1. 7. 1775. In: Rochow, 1910, Bd. 4, S. 105).

Beidem ist er in der Folgezeit nicht entgangen [11], gerade weil er – trotz einzelner gegenteiliger Versicherungen (zum Beispiel Rochow an Nicolai am 11. 12. 1793. In: Rochow, 1910, Bd. 4, S. 331) – nicht davon abließ, seine Ideen zu propagieren und bei den staatlichen Stellen um Zustimmung zu werben. Doch schraubte er notgedrungen den Geltungsanspruch seiner Bemühungen herunter: Ursprünglich gedacht als wegweisendes Modell einer entscheidenden Schulreform, gaben seine Schulanstalten – auch in seiner Sicht – nur noch das Beispiel für einen einzelnen Schulversuch ab, der in Konkurrenz zum bestehenden Schulsystem seine Praktikabilität und seinen – politisch unbedenklichen – Nutzen erweisen sollte. Im Vorwort der dritten Auflage seines „Versuchs" schrieb Rochow (1790), als seine Schulen bereits 18 Jahre lang bestanden, dementsprechend:

„Erfahrung und Alter sowohl als meine natürliche Willigkeit, Rat und Belehrung der Weiseren nicht zu verachten, haben freilich in der verflossenen Zeit mein Hoffnungsideal, daß so etwas (wie seine Einrichtungen, d. Verf.) *bald* allgemein werden könnte, sehr reduziert. Ich begnüge mich vielmehr allmählich mit dem Gedanken, die überall *unschädliche* Möglichkeit in Wirklichkeit gezeigt zu haben, daß auch die niedrigste Klasse der Menschen so unterwiesen werden *kann,* daß bei ihnen Verstand die sicherste Grundlage zu ihrer Glückseligkeit wird" (Rochow, 1909, Bd. 3, S. 229).

Rochow wurde nicht allein dadurch zu Abstrichen gezwungen, daß sich unter dem Eindruck der Französischen Revolution, die auch in Deutschland einzelne oppositionelle Reaktionen ausgelöst hatte, die Stimmen mehrten, die vor leichtfertigen Reformen warnten [12]. Mit ihren Vorschlägen, die häufig in der aporetischen Forderung gipfelten, daß die Erweiterung des ökonomischen Kenntnishorizonts der Landleute mit einer strikten Reduktion ihrer übrigen – selbst elementarsten – Befähigungen zu verbinden sei, hat Rochow sich (recht vorsichtig) gelegentlich selbst auseinandergesetzt [13]. – Viel stärker wurden seine Wirkungsmöglichkeiten jedoch da-

---

[11] Einer der massivsten Angriffe auf Rochows Schulen ging von dem „Leipziger Intelligenzblatt" aus, in dem ein anonymer Aufsatz mit einer Reihe schwerer Anschuldigungen gegen die Wirkung der Rochowschen Aufklärung erschien (Nr. 27, S. 223–227). Vgl. dazu Rochows Brief an Nicolai vom 5. 5. 1787. In: Rochow, 1910, Bd. 4, S. 308 f.; auch Krünitz, 1793, Bd. 61, S. 1022; dort findet sich auch die bereits erwähnte Antwort von J. Stuve aus der Berlinischen Monatsschrift 10 (1787), S. 330 ff.

[12] Vgl. zum Beispiel die Schriften von Snethlage, 1798; F. S. G. Sack, 1799. Auszüge davon finden sich abgedruckt bei Kuczynski und Hoppe, 1969, Bd. 20, S. 11–15. Dazu auch Gans, 1930, S. 145–148.

[13] Vgl. die oben bereits erwähnte Anmerkung Rochows zur Schrift des Oberkonsistorialrats F. S. G. Sack: „Noch ein Wort über die Verbesserung der Landschulen". (1799). In: Rochow, 1909, Bd. 3, S. 166–169.

durch beeinträchtigt, daß jener Aufschwung, den die staatliche Elementarschulpolitik zu Beginn der siebziger Jahre mit der Bereitstellung einiger staatlicher Mittel zu nehmen schien, sich bald als eine einmalige Aktion erwies. Dadurch wurden nicht nur Rochows Erwartungen hinsichtlich finanzieller Zuwendungen enttäuscht[14], auch über pragmatischer gehaltene Reformprojekte war aufgrund dieses (notorischen) Mangels an staatlichen Zuwendungen – noch vor aller inhaltlichen Diskussion – das Urteil gesprochen. In einem Brief an den Berliner Oberkonsistorialrat Büsching sprach Rochow daher bitter von „der angefangenen, aber wo nicht mehr geschieht, wieder mit uns aussterbenden Schulsache“ [15].

Insofern bedarf die Darstellung, die wir von den – bis weit ins 19. Jahrhundert – desolaten Schulverhältnissen gegeben haben[16], keiner Korrektur. Aus Berichten wie dem, den Büsching (als Mitglied des Berliner Oberkonsistoriums) über das Elementarschulwesen in der Umgebung Berlins in seiner Reiseschilderung gab, geht zweifelsfrei hervor, daß die Rochowschen Schulanstalten selbst in ihrem näheren Umkreis insgesamt ein „unbefolgtes“ beziehungsweise unerreichbares „Vorbild“ blieben (Büsching, 1780, S. 49 ff., S. 116, S. 174). So wenig wie die Industrieschulbewegung (in Preußen) konnte auch Rochow mit seinen Bemühungen jene Schwelle überwinden, an die optimistische Planungen in der Realität gewöhnlich geraten. In beiden Fällen scheiterte eine wirkungsvolle Realisierung am mehrfachen Zwang der objektiven Umstände, deren Überwindung doch gerade das Ziel dieser Maßnahmen war. Trotzdem wäre es falsch, diesen Versuchen, für allseits empfundene wirtschaftliche und soziale Bedürfnisse entsprechende pädagogische Lösungen zu entwickeln, nun jede Bedeutung abzusprechen. Sie konstituierten – nicht zuletzt auch durch die verschiedenen Erfahrungen des Scheiterns – allmählich eine pädagogische Theorie, die langfristig auf die reale Schulentwicklung nicht ohne Einfluß blieb. Selbst wenn die Rochowschen Vorstellungen und der schulische Alltag an den meisten preußischen Elementarschulen kaum irgendwelche Gemeinsamkeiten aufwiesen, bargen erstere doch ein reales bildungspolitisches Potential: Die Tatsache, daß Rochows Überlegungen immerhin auf die – wenngleich wenigen – Mustereinrichtungen des landesherrlichen Landschulwesens, die sogenannten Gnadenschulen, Einfluß übten, läßt erkennen, daß sie auch praktisch Normen für das schulpolitische Handeln setzten.

---

[14] Rochow an Zedlitz am 24. 1. 1773; er ging davon aus, daß allein für die Mark Brandenburg 500 000 Taler für Schulzwecke vom Landesherrn bereitzustellen wären. Rochow, 1910, Bd. 4, S. 37. Dazu auch oben, Anm. 33, S. 114.

[15] Rochow an Büsching am 13. 5. 1780. In: Rochow, 1910, Bd. 4, S. 259. Vgl. auch ähnliche Bemerkungen Rochows in Briefen an Nicolai am 26. 11. 1776 und an Iselin am selben Tag. In: Rochow, 1910, Bd. 4, S. 163 f., S. 167.

[16] Vgl. oben, Kapitel 2.3 und 2.4.

Die konzeptuelle Schwäche einer pädagogischen Lösung der Krise

Zunächst fällt freilich die grundsätzliche Schwäche ins Auge, die die skizzierten Projekte bei allen Unterschieden gleichermaßen betraf. Die einzelnen Autoren, die auf eine Intensivierung der Bildung des ‚gemeinen Mannes' drangen [17], wichen nur graduell in der Überzeugung voneinander ab, daß ökonomische Not und soziales Elend vornehmlich der Unfähigkeit der Bevölkerungsmehrheit zuzuschreiben seien. Auch da, wo die kritisierte geistige und charakterliche Disposition der ‚Armut' mit den objektiven Bedingungen in Zusammenhang gebracht wurde, war diesen gesellschaftlichen Faktoren ein viel zu geringes Gewicht zuerkannt. Die eigentliche Lösung sah man in pädagogischen Bemühungen, wobei gewisse Modifikationen der Sozial- und Wirtschaftsverfassung als flankierende Maßnahmen gedacht waren.

Allerdings neigten nicht nur die eigentlichen Protagonisten einer (Elementar)-schulreform zu dieser Überschätzung pädagogischer Möglichkeiten. Über die gesellschaftliche Macht der Erziehung täuschten sich auch andere Zeitgenossen, deren Einsichten im Grunde weiter reichten. Der ‚Charakter der Bauern' ließ sich – gewissermaßen materialistisch – aus den technischen sowie sozialen Arbeitsbedingungen des bäuerlichen Lebens und dem Status der Abhängigkeit von Adel beziehungsweise Landesherrn begreifen – dennoch konnte man in das Programm, das der Abstellung der dabei festgestellten Mängel diente, ‚Erziehung und Unterricht des Landmanns' als ein wesentliches Moment der Veränderung aufnehmen. Derartig verlief jedenfalls die Argumentation in einer der eindringlichsten Analysen der bäuerlichen Lage dieser Zeit, und zwar in einer Schrift des Popularphilosophen Christian Garve (1796); auch A. Wagemann hat bei seiner Bestimmung der bäuerlichen Eigenschaften offensichtlich einzelne Gedanken daraus entlehnt [18].
Sicher nicht zu Unrecht wurden verschiedene Verhaltenszüge, die Garve und andere Zeitgenossen an Bauern und Tagelöhnern mit Mißfallen wahrnahmen, auch mit deren weitgehender Unbildung erklärt; „Grobheit", „Unverständnis", „Eigensinn", zu einem gewissen Teil auch „Trägheit" und schließlich „die Gleichgültigkeit gegen die Verbesserung seines Zustandes" hätte man gewiß durch eine Verbesserung der Schulen positiv beeinflussen können (dazu Garve, 1796, S. 54, S. 63 f., S. 67 ff.). So konnte man immerhin versuchen, die Leistungsbereitschaft durch Bildungsmaßnahmen gezielt zu fördern. „Vielleicht trägt die Aufklärung des Bauern", erwog Garve, „nicht immer zu seiner moralischen Besserung bey; denn wir sehen ja, daß Güte des Charakters oft da fehlt, wo die Cultur am höchsten ist: aber das thut sie gewiß, daß sie ihm seine Gedankenlosigkeit benimmt, wodurch auch seine Unbeweglichkeit vermindert wird; daß, indem sie seinem Geist etwas mehr Beschäftigung giebt, sie ihn auch zur äußern Geschäftigkeit aufgelegter macht" (Garve, 1796, S. 25 f.). Überdies bildeten jene katastro-

[17] Vgl. die Ausführungen zur „Strategie der Veränderung" in Kapitel 3.3.
[18] A. Wagemann, 1791, S. 30–118. Darauf verweist auch Koneffke in seiner Einleitung zu Wagemanns Schrift, S. XXXI f.; ferner Heydorn und Koneffke, 1973, Bd. 1, S. 233. – Vgl. im übrigen dazu auch die Darstellung der Wagemannschen Argumentation in Kapitel 3.3.

phalen Schulverhältnisse, die Garve nur kurz erwähnte (Garve, 1796, S. 11), selbst letztlich eine Konsequenz aus dem sozialen Faktum der (Erb)untertänigkeit, deren direkter Einfluß auf den Sozialcharakter der ländlichen Masse Ausgangspunkt von Garves Analyse war (Garve, 1796, S. 8–10).

Die kontinuierliche und fast vollständige Abhängigkeit von der Herrschaft mußte nämlich – neben den Begleiterscheinungen der schweren, meist gemeinschaftlich verrichteten Arbeit –, wie in Garves Befunden richtig zum Ausdruck kam, das Wesen der Menschen noch weitaus grundsätzlicher prägen als die Mängel des ländlichen Schulwesens. Wenn auch nicht alle kritikwürdigen Eigenschaften der ‚gemeinen Leute' deren Lebensbedingungen zuzuschreiben waren, so konnten doch die mit der Hörigkeit gegebenen materiellen Umstände nach Garves Erkenntnis zumindest eine ‚Verschlimmerung' des bäuerlichen Charakters bewirken (Garve, 1796, S. 46, S. 55 f.). In dem schwer überwindbaren „Hang zum Alten", im tiefen Mißtrauen gegen die Vorschläge oder Anweisungen der höhergestellten Personen, in der Initiativelosigkeit und schließlich auch in der „Tücke" der Leute waren auch die teils unbewußten, teils willentlichen Reaktionen auf den Zustand der oft schrankenlosen ‚Knechtschaft' zu erkennen, in dem sich die Masse der Landbevölkerung in Preußen befand (Garve, 1796, S. 14 f., S. 56 ff., S. 71 ff.). Statt die Indolenz der untertänigen Leute nur anzuprangern, analysierte er diese Haltung wenigstens teilweise als eine „erzwungene Faulheit", die dadurch entstehe, daß die Energie der Menschen durch Mangel an Arbeit, vor allem aber durch das Übermaß herrschaftlicher Abgaben und Fronen gänzlich verbraucht werde. „Der Bauer, da er alle Wünsche aufgeben muß, sucht endlich das einzige Vergnügen, das dem ohnmächtigen Menschen übrig bleibt, die Ruhe" (Garve, 1796, S. 29). So entging ihm, wie einzelne Äußerungen belegen, schließlich auch nicht die Einsicht, daß jene kritisierte Untüchtigkeit und das ungebärdige Verhalten, das Bauern und Landarmut vielfach an den Tag legten, einen prinzipiellen Interessenkonflikt signalisierten: Zwischen dem Interesse der Herrschaft und dem der Bauern beziehungsweise Tagelöhner waltete ein Widerspruch, auf den diese durch ihre alltäglichen Erfahrungen immer wieder gestoßen würden. Zwar beeilte sich Garve, gleichzeitig von dem Band zu sprechen, das Gutsherrn und Untertanen vereinige; aber zumindest in einem – gravierenden – Punkt: „sofern (nämlich) die Vortheile des Arbeiters und dessen, der die Arbeit bezahlt, entgegen gesetzt sind", diagnostizierte er eine tiefe Kluft zwischen beiden Parteien (Garve, 1796, S. 15 und S. 55 f.), die dadurch noch einschneidender wurde, daß die ‚Herrschaft' außer ihren wirtschaftlichen (Vor)rechten auf ihre Person auch noch die politische und jurisdiktionelle Gewalt über die Landleute vereinigte (Garve, 1796, S. 144 ff.). Nur dann, wenn dieses Übergewicht beseitigt würde, das gewissermaßen nur einen depravierten Widerstand zuließ – so hätte Garves Gedankengang konsequenterweise enden können –, wäre darauf zu hoffen, daß die unliebsamen Eigenschaften des Landvolks auf Dauer Aufgeschlossenheit und Brauchbarkeit Platz machen beziehungsweise pädagogischen Aktionen der Boden bereitet würde. Faktisch begnügte Garve sich mit Appellen an Guts- und Landesherrschaft, auf deren Gesinnungswandel er setzte (Garve, 1796, S. 123 f., S. 155 f., S. 167), und unter anderem auch mit der Empfehlung, den Unterricht der Landleute zu verbessern; die Aufklärung werde das Volk nicht zur gefürchteten Rebellion treiben (Garve, 1796, S. 199 ff.). Unauffällig offenbarte Garve, was ihn davon abhielt, aus seiner strukturellen Analyse die entsprechenden Konsequenzen zu ziehen: „eine plötzliche Umkehrung der Dinge, wodurch die Gewalt aller Gutsbesitzer eingeschränkt, die Freyheit der Bauern vermehrt würde", für nützlich zu erklären, lag ihm ganz fern. „Ich fürchte", so bekannte er, „nichts so sehr in einem Staate, als plötzliche Veränderungen" (Garve, 1796, S. 155, S. 125).

Insgesamt waren es im wesentlichen wohl immer politische Motive, die die Formulierung jener radikalen Schlußfolgerungen vereitelt haben, die allein den erhofften Umschwung hätten einleiten können; sie ließen sich erst in einer besonderen politischen Krisensituation auf den staatlichen Handlungskatalog setzen. Die Pädagogik, auf deren Wirkungen man vorzüglich setzte, erschien als geeignetes Instrument zur Verbesserung der Verhältnisse, gleichzeitig aber, wie Rochows oder A. Wagemanns Aussagen etwa verdeutlichten, als Mittel der Systemstabilisierung. So enthielten schon die Zielsetzungen des Schulprogramms Implikationen, die seine gesamte Wirksamkeit beeinträchtigen mußten. Vereinzelt artikulierte sich unter den Schulreformern wohl die Erkenntnis, daß die Macht der Erziehung anderen Faktoren nachgeordnet sei: Rochow zum Beispiel sprach Zedlitz gegenüber selbst einmal davon, daß der Einfluß von Handel und Reichtum sowie des häuslichen Milieus auf das Verhalten der Menschen sicher mehr ausrichte als der Schulunterricht (Rochow an Zedlitz am 27. 2. 1773. In: Rochow, 1910, Bd. 4, S. 41); dies hat ihn aber offensichtlich so wenig wie die anderen daran gehindert, auf den Ausbau des Elementarschulwesens große Hoffnungen zu setzen.

Damit, daß man in sozialer und ökonomischer Hinsicht den krisenglättenden Effekt einer (Re)organisation des Schulwesens überbewertete, hing eng zusammen, daß man auch über die Bedingungen für deren Realisierung keine hinreichende Klarheit besaß. Den verschiedenen Hindernissen, die sich einer Verwirklichung ihrer Konzeptionen entgegenstellten, standen die Wortführer der Schulverbesserung von vornherein hilflos gegenüber. Schon die eigentlich pädagogischen beziehungsweise bildungsorganisatorischen Prämissen eines gleichzeitig verbreiterten und intensivierten Volksunterrichts schienen vielfach nicht ausreichend berücksichtigt. Allerdings war es angesichts des vorgefundenen Entwicklungsniveaus des ‚Schulwesens', dem es fast an allem mangelte, was wir heute mit dem Begriff von Schule verbinden, auch objektiv schwierig, alle Vorkehrungen, die eine Schule funktionsfähig machen, mitzubedenken. Schulbau[19] und Schulausstattung oder auch Schulaufsicht und Schulverwaltung, um nur einige grundsätzliche Erfordernisse zu benennen, waren änderungsbedürftig, wenn auch die niederen Bildungsinstitutionen die Gestalt annehmen sollten, wie sie an einzelnen Schulen von engagierten ‚Patrioten' modellhaft verwirklicht

[19] Vgl. dazu neben der Arbeit von Lange, 1967, die Schrift von Schmidt, 1967.

worden war[20]. Den wichtigsten Punkt bildete aber zweifellos die Rekrutierung und Bildung qualifizierter Lehrer; unter den gegebenen Bedingungen waren sie fast durchweg für eine Erweiterung ihres Aufgabenkreises denkbar schlecht gerüstet. Diesem Problem hat gerade Rochow, weil er wohl fühlte, daß sich an der Frage der Lehrkräfte die gesamte Schulreform entschied, besondere Aufmerksamkeit gewidmet; in einzelnen Schriften (zum Beispiel Rochow, 1907, Bd. 1, S. 326 ff.)[21], insbesondere aber in seinem Briefwechsel mit dem Minister Zedlitz kam er häufig auf die Situation der Elementarschullehrer zu sprechen (Rochow, 1910, Bd. 4, S. 33 f., S. 35 f., S. 40, S. 57, S. 223, S. 240). Eine Institutionalisierung der von ihm befürworteten Art der Lehrerbildung hat er aber – soweit nicht die Reckahnsche Anstalt diese Aufgabe miterfüllte – nicht erreichen können.

Je genauer man die institutionellen Bedingungen für das Gelingen einer Schulverbesserung ins Auge faßte, desto weniger ließen sich – paradoxerweise – die politischen Voraussetzungen ihrer Realisierung zureichend mitbedenken. Die Ansprüche an die Leistungsbereitschaft von Adel und Landesherr wurden dadurch unversehens auf eine Höhe gesteigert, die geradezu illusionär anmuten mußte. Die nüchtern denkende preußische Fiskalverwaltung erstellte für alle Projekte staatlichen Handelns eine Kosten-Nutzen-Kalkulation, bei der bildungspolitische Maßnahmen aufgrund ihres kaum bezifferbaren und nur langfristigen Effekts von vornherein benachteiligt sein mußten; darüber hinaus wurden sie von Kammern und Ämtern – nicht ganz zu Unrecht – teilweise auch strukturpolitischen Aktivitäten nachgestellt, die eine wirksamere Abhilfe für das Elend der Bevölkerung bieten konnten. So verhallten die Appelle ungehört, mit denen sich die Initiatoren einer Reform an die Instanz ihres obersten Herrn und der einzelnen (in dieser Hinsicht quasi souveränen) Gutsbesitzer wandten. Ihre Ratschläge oder Bitten fruchteten dabei um so weniger, als sie letztlich auf einer Selbsttäuschung über die soziale Interessenbasis der staatlichen Ausgabenpolitik beruht haben dürften. Eine mit staatlicher Hilfe betriebene Förderung des ‚gemeinen Mannes' im Sinne der Reformer war illusorisch, weil das gesellschaftliche System eben im wesentlichen auf seiner Übervorteilung begründet war (Büsch, 1962, S. 72; Hinze, 1963, S. 245 f.). Anders jedenfalls, als es hin und wieder aus der

---

[20] Vgl. den Artikel von Krünitz über die „Landschule" (1793, Bd. 61, S. 625–1028), der zu all den genannten Komplexen Aussagen und Vorschläge enthält. Wer reformieren wollte, mußte „überaus vieles" erwägen, um auch nur „ein weniges" vorwärtszubringen.

[21] Markant ist vor allem der Vorschlag Rochows bereits in seiner ersten pädagogischen Veröffentlichung, dem „Versuch" von 1772: Für den Lehrerberuf, den er am liebsten zum Durchgangsstadium für Kandidaten der Theologie gemacht sehen wollte, forderte er, seiner Zeit weit voraus, als jährliches Mindestgehalt 100 Taler (Rochow, 1907, Bd. 1, S. 8).

Einschätzung der ‚pädagogischen Kritiker' herausklang, ging der Mangel an besseren Elementarschulen nicht nur auf einzelne Versäumnisse oder konservative Vorurteile gegen die Aufklärung zurück, er war mit allen seinen Begleiterscheinungen (und Rechtfertigungen) ebenso wie die soziale Misere am Ausgang des 18. Jahrhunderts in erster Linie ein strukturelles Problem.

Das gravierendste Hindernis, an dem die Schulreformer scheiterten, war die wirtschaftliche und soziale Misere, deren Behebung gerade das Ziel der pädagogischen Überlegungen war. Ökonomische Zwänge waren durch gutgemeinte Appelle noch weniger zu überwinden als der sprichwörtliche Geiz des preußischen Fiskus. Selbst im eigenen Handlungsbereich derjenigen, die exemplarisch den von ihnen befürworteten intensivierten Volksunterricht institutionalisiert hatten, waren die Wirkungen, die aus der Elendslage der Bevölkerung resultierten, nicht auszuschalten. Mit dem Problem der Kinderarbeit, auf die die Armut auf dem Lande fast weniger noch als die der Stadt verzichten konnte, wurde nach seinem eigenen Eingeständnis auch Rochow nicht fertig: Nicht einmal seine besonderen Vorkehrungen, unter anderem die Einführung der Schulgeldfreiheit, beziehungsweise seine gutsherrliche Macht reichten hin, um zwei geläufige Hemmnisse des Schulbesuchs, das Viehhüten und Kindermädchendienste, abzubauen (Rochow im Jahre 1775 an Zedlitz. In: Rochow, 1910, Bd. 4, S. 90 f.). Schon aufgrund der ersten Lektüre des Programms, das Rochow in seinem „Versuch" vorlegte, meldete der Abt Felbiger, selbst engagierter Schulmann (vgl. Scheveling, 1958), diesbezüglich Zweifel an der Realisierbarkeit der gesteckten Unterrichtsziele an. Seiner Ansicht nach mußten die sichere Beherrschung der elementaren Kulturtechniken, erst recht die Fähigkeit, einem Vortrag verständig zu folgen, unerreichbare Ziele bleiben; denn seine (vom schlesischen Lande bezogenen) Erfahrungen lauteten darauf, „daß Dorfkinder 8 bis 10 Wochen im Winter vom 5. bis 13. Jahre zur Schule kommen, und . . . man immer findet, daß sie während des Sommers das meiste wieder vergessen haben" (Felbiger an Rochow am 15. 1. 1773. In: Rochow, 1910, Bd. 4, S. 25 f.).

Zahlreiche andere Aussagen von Zeitgenossen ließen sich diesem Zeugnis von der allgemein verbreiteten Kinderarbeit an die Seite stellen[22]; zu

[22] Vgl. dazu auch die Darstellung und den Dokumentenband von Kuczynski und Hoppe, 1968. – Die meisten Darstellungen zur Kinderarbeit beschränken sich auf das Problem der Beschäftigung von Kindern in Fabriken; dazu am frühesten und grundlegend: Anton, 1891; Ludwig, 1965; A. H. G. Meyer, 1971; Schulze, 1958; daraus ist – weniger von den genannten Autoren als von vielen, die sich auf ihre Arbeiten beziehen – die Fehlmeinung abgeleitet worden, die Arbeit (und Ausbeutung) von Kindern sei ausschließlich ein Problem der kapitalistischen Industrie. Auf dem Lande war dagegen schon lange vorher, gleichzeitig und weitaus länger als in der Industrie die Nutzung

diesem Problem bezogen auch die staatlichen Schulinstanzen nur eine resignative Position (zum Beispiel Zedlitz an Rochow am 16.4.1773. In: Rochow, 1910, Bd. 4, S. 44), vor deren allzu offenem Eingeständnis sie nicht zuletzt die Tatsache bewahrt haben mag, daß allein schon der Mangel an Ressourcen oder der Widerstand des Adels die Schulpläne zunichte machte. „Gegen Mangel und Bedürfnisse vermögen Verordnungen und Straf-Gesetze nichts", faßte Krünitz sein Urteil zu diesem Übel zusammen, das der Landjugend nach seiner Einschätzung mehr als die Hälfte des ihr zugedachten Unterrichts raube, „wo nichts ist, da hat auch der Kaiser sein Recht verloren. Vernünftige Obrigkeiten sehen es auch ein, daß mit Befehlen und Strafen gegen das Unvermögen nichts geschaffen werden könne, und bedauern das Uebel, dem sie nicht abzuhelfen wissen" (Krünitz, 1794, Bd. 62, S. 8)[23].

Von diesem Problem war auch die Industrieschule betroffen, obgleich ja in ihre Begründung gerade die Absicht einging, Arbeit und Unterricht der Kinder produktiv miteinander zu verbinden: Jene gewöhnliche sommerliche Unterbrechung des Schulbetriebs, während der die Kinder ihren Eltern oder deren Herrschaft bei der Ernte zur Hand zu gehen hatten, erst recht die verschiedenen gewerblichen Betätigungen, zu denen sie das ganze Jahr über herangezogen wurden, ließen sich der Theorie nach noch als Teil des pädagogischen Programms der Erziehung zur ‚Industriosität' betrachten. So standen diese Anstalten formal nicht vor der Schwierigkeit, mit Eltern und Unternehmern um die Zeit der Kinder konkurrieren zu müssen; in Art und Ausmaß der Arbeiten, die vielfach von Verlagsherren in Auftrag gegeben wurden, kam jedoch häufig genug zum Ausdruck, daß in erster Linie ökonomische Zwänge die pädagogischen Möglichkeiten determinierten. Während der vorgesehene Lehrkanon stark eingeengt wurde, stieg die Belastung der Kinder aufgrund der ihnen abverlangten Tätigkeiten oft auf ein geradezu unerträgliches Maß[24].

Der Wandel der gesellschaftlichen Ausgangsbedingungen

Im Zusammenhang mit der Beschäftigung der Kinder offenbarte sich freilich eine noch grundsätzlichere Schwäche der Industrieschule: Die wirt-

---

der kindlichen Arbeitskraft eine gewöhnliche Erscheinung. Unter Berücksichtigung dieser Tatsache wird über die Wirkungen von Kinder- und Frauenarbeit in der Fabrik des 19. Jahrhunderts von Gruner, 1968; 1973, S. 138–141, ein recht vorsichtiges Urteil formuliert. – Neuerdings zur industriellen Kinderarbeit vgl. Hartmann, 1974. – Siehe dazu auch Anm. 15, S. 143.

[23] Dazu zum Beispiel die Ausführungen des preußischen Ministers Massow, 1800, S. 192 f., S. 368 f.

[24] Vgl. Kapitel 3.4.

schafts- beziehungsweise sozialpolitischen Annahmen, auf denen ihr Konzept basierte, erwiesen sich als überaus problematisch. Mit – vorwiegend textilen – Nebenarbeiten, deren Übung die Industrieschule den Kindern zur Gewohnheit machte, war diesen letztlich nur ein sehr fragwürdiges Mittel an die Hand gegeben, um als landarmer Tagelöhner oder untertäniger Bauer später das Leben zu meistern. Praktisch lief diese Lösung darauf hinaus, die Zahl derer zu erhöhen, die nach entsprechenden (einkommensergänzenden oder gar -tragenden) Arbeiten nachfragten, ohne daß gleichzeitig dafür Sorge getragen werden konnte, daß auch in gleichem Maße entsprechende Beschäftigungsmöglichkeiten offenstanden. Für die teilweise recht simplen Bekleidungsstücke, die dabei unter anderem gefertigt wurden, war die Marktsituation nicht gerade günstig. Wie wenig tauglich dieses Beschäftigungskonzept insgesamt war, zeigte sich schon daran, daß selbst die Industrieschulen mit schlechten Absatzmöglichkeiten für die von den Kindern produzierten Artikel zu kämpfen hatten. Von Einrichtungen in Lippe etwa wissen wir, daß der Verkauf der Waren, obwohl mit staatlicher Hilfe auch weit außer Landes betrieben, mangels Nachfrage auf große Hindernisse stieß (Wehrmann, 1972, S. 350 f.). Und auch die jährlichen Auktionen, die von der Verwaltung der ‚Berliner Erwerbsschulen' (im letzten Jahrzehnt des 18. Jahrhunderts) veranstaltet wurden, scheinen, wie schon der gleichbleibend große Umfang der Lagerbestände des ‚Unternehmens' vermuten läßt, weniger ein Ort des Handelns als vielmehr gehobener Wohltätigkeit gewesen zu sein[25].
Auf derartige Gefühle beziehungsweise karitative Hilfe, wie sie diesen Schulinstitutionen vielleicht noch entgegengebracht wurde, konnte der einzelne in seiner Notlage aber nicht zählen; die ihm vermittelte Bildung zur ‚Industrie' sollte ihn ja vielmehr von der – mageren – Unterstützung durch die Obrigkeit unabhängig machen. Gerade in Krisenjahren dürfte sich die geringe Sicherheit, die diese Zusatzbeschäftigungen gewährten, als besonders schmerzlich erwiesen haben; denn mit der vom Ernteergebnis dirigierten kurzfristigen Konjunktur des agrarwirtschaftlichen Systems schwankten ja auch die gewerblichen Markt- und Absatzbedingungen[26]. Das heißt, die Möglichkeiten eines (Zusatz)verdienstes versiegten oder verringerten sich

[25] Vgl. die Berichte in der – oben bereits erwähnten – Geschichte der Erwerbsschulen, 1843, sowie in den Denkwürdigkeiten. Es ist nicht unwahrscheinlich, daß die preußischen Industriegarnisonsschulen diesem Problem, soweit sie nicht Kontrakte mit Unternehmern schlossen, dadurch entgingen, daß sie für den Regimentsbedarf lieferten. Vgl. Gans, 1930, S. 123. Entsprechend war auch der Absatz der Braunschweigischen Industrieschule gesichert, auf deren Erfolge sich der Prediger Lachmann in seinen Vorschlägen berief (Lachmann, 1802, S. 261 f.).

[26] Vgl. Kapitel 3.1.

zumindest gerade dann, wenn dieser am dringendsten benötigt wurde[27]. Allenfalls dann, wenn die Betroffenen bereit waren, ganz und gar subalterne Aushilfs- und Notbeschäftigungen zu übernehmen[28], oder etwas zuzusetzen hatten, konnten sie hoffen, sich durchzubringen. Auf eine grundlegende Besserung des desolaten Zustands, in dem die Masse der Bevölkerung am Ausgang des 18. Jahrhunderts vegetierte, bestand auf diesem Wege jedenfalls keine Aussicht.

Nun wäre es falsch, die Inkonsistenz der Nebenerwerbslösung ausschließlich den Vertretern der Industrieschule als Versagen anzulasten. Eine praktikable Alternative zeichnete sich für die Zeitgenossen, auch unter den ‚fortgeschritteneren' Umständen im beginnenden 19. Jahrhundert, kaum ab, soweit man sich dabei nicht auf eine grundlegende Veränderung der bestehenden Agrarverfassung bezog. Mit größerem Recht ließe sich gegen die Verfechter der Industrieschule vorbringen, daß sie sich (und andere) so sehr über die wahren Wirkungen täuschten, die die unausgesetzte Beschäftigung mit meist einförmigen und anspruchslosen gewerblichen Arbeiten auf die Menschen hatte. Insbesondere wenn die Tätigkeiten der Kinder nach kommerziellen Zielen ausgewählt und geregelt wurden, forcierten noch die Schulen durch das Erzeugen eines anhaltenden Gewöhnungseffekts an die gleichbleibenden, stumpfsinnigen Tätigkeiten letztlich geistige Verengung und Unbeweglichkeit, die ohnehin das Schicksal derer war, die ihren Lebensunterhalt auf diese Weise zu bestreiten hatten. Für jene umfassendere Bildung der menschlichen Fähigkeiten beziehungsweise die Förderung der Flexibilität, die die Industrieschule dem Anspruch nach doch *auch* fördern sollte, bildete die Aufnahme der in Frage kommenden Arbeiten in den Lehrplan angesichts ihres geringen technischen Niveaus prinzipiell keinerlei Garantie; in dieser Hinsicht scheint die Konzeption Rochows, die etwas früher entwickelt wurde, der Industrieschule überlegen[29]. Mit dem scharfen Auge des Konservativen, der von mitfühlender

---

[27] Zum Beispiel Abel, 1972, S. 50 f.; 1974, S. 185, S. 209 ff. Selbst wenn die – teilweise recht fernen – Absatzgebiete nicht von der Krise betroffen waren, die das Produktionsgebiet heimsuchte, der Absatz demnach ungefährdet konstant blieb, bewahrte der (Zusatz)verdienst nicht vor Hunger und Elend: Die Nahrungsmittelpreise stiegen überproportional bei gleichgleibenden Arbeitslöhnen, die auch in guten Jahren nur das Lebensminimum gewährten. (Dieses Problem wird diskutiert von Kriedte, Medick und Schlumbohm, 1974, S. 76 f.)

[28] Vgl. die oben angeführte, von Krünitz wiedergegebene Liste entsprechender Tätigkeiten, Anm. 50, S. 312.

[29] Entsprechend zweifelhaft scheint uns die Berechtigung von Koneffkes Urteil, daß – im Sinne der Chronologie – die industriepädagogische Lösung die landpädagogische Rochows geschichtlich überholt habe. Koneffke in seiner Einleitung des Nachdrucks von A. Wagemann, 1791, S. XXII; siehe auch Heydorn und Koneffke, 1973, Bd. 1, S. 222 f. – In einzelnen Industrieschulplänen bildete sich der skizzierte Widerspruch übrigens von vornherein recht deutlich ab. So klagte Lachmann einerseits über den Mangel „an

Teilnahme hinreichend ,unbelastet' war, hatte bereits Justus Möser (1771) die wahren Effekte – und seiner Meinung nach auch notwendigen Erziehungsprinzipien – der ,Kultur der Industrie' charakterisiert, die den Menschen in seiner (partialisierten) Beschäftigung festschmiedete anstatt ihn allgemein zu mobilisieren. Dort zeigte sich für ihn das wahre Erscheinungsbild ,industriösen' Lebens, wo dem Volk „gleichsam alle anderen Sinne ... (genommen) und ihm nur ... (der) einzige, den es gebraucht, gelassen ... (sei), um es zu einem beständigen Sklaven seines einzigen Berufes zu machen, um ihm die Geschicklichkeit, die Lust und die Kräfte zu benehmen, jemals ein ander Handwerk ergreifen zu können und um es solchergestalt zu zwingen, ewig in seinen Fesseln zu bleiben ..." [30]. Sicher bezog Möser sein Urteil auf den Fall, in dem die gewerbliche Beschäftigung tragendes oder ausschließliches Element des Lebensunterhalts war, aber in der Tendenz galt es zweifellos auch für die Existenzen, die in einer gleichbleibenden gewerblichen Tätigkeit den notwendigen Zusatzverdienst suchten: Die rastlose Betriebsamkeit, in die die Menschen durch die Not gezwungen wurden, ging im Gegensatz zu den Erwartungen der Industrieschulpädagogen in der Tat mit einer Verkümmerung der geistigen, seelischen und zum Teil auch körperlichen Fähigkeiten einher.

Eine derartige Wirkung widersprach nicht nur den humanen Zielsetzungen der Industrieschulbewegung; im Gegensatz zu Mösers Auffassung erwies sie sich darüber hinaus auch in ökonomischer Hinsicht als dysfunktional. Der ,gemeine Mann' blieb passiv und unbeweglich auch und gerade in Momenten, in denen er sich zur Erhaltung seiner Existenz flexibel hätte verhalten müssen. Dies war um so gravierender, als sich allmählich die Bedingungen änderten, unter denen die heimgewerbliche Betätigung – vor allem Spinnen und Weben – eine halbwegs einträgliche zusätzliche Erwerbsquelle für die kleinen Leute auf dem Lande war. Unter dem Einfluß des Bevölkerungswachstums, das sich insbesondere durch raschen Geburtenanstieg in den Schichten der Landarmut beschleunigte, stieg noch die Zahl derer, die hauptsächlich oder ausschließlich auf das Einkommen angewiesen waren, das ihnen diese Tätigkeiten gewähren konnten. Gleichzeitig verringerten sich aber – zumindest relativ – aufgrund technischer Verände-

---

Kunstlust und an Erfindungstrieb" bei der Masse der Landleute, denen durch die Industrieschule in dieser Beziehung nachgeholfen werden sollte (Lachmann, 1802, S. 30 f.). Schon wenige Seiten später pries er andererseits als das entscheidende Medium einer richtigen und erfolgreichen Industrieschulerziehung die Macht früher Gewöhnung: Durch sie ließe sich schon das Kind auf eine Bahn bringen, die nicht der Jüngling und noch viel weniger der Mann wieder verlassen könne – so wie ein blind gewordener, arbeitsuntauglicher Zimmermann, den er einmal gesehen hatte, noch immer in ungestörten Momenten die Bewegungen vollführte, mit denen er früher das Holz im Sägeblock bearbeitet hatte (Lachmann, 1802, S. 32).

[30] Möser, 1945, S. 110–114, S. 112.

rungen (zum Beispiel der Mechanisierung der Spinnerei und später auch der Weberei) beziehungsweise der Zentralisierung der Produktion, die den Übergang zur Industrialisierung markierten, die hausindustriellen Beschäftigungs- und Erlöschancen; diese wurden schließlich auch noch dadurch entscheidend gemindert, daß sich Welt- und Binnenmarktlage unter dem Druck der überlegenen englischen Industrie veränderten (Sombart, 1927, Bd. 3, S. 338 ff.)[31]. Das tiefe Elend der landwirtschaftlichen und gewerblichen Grenzexistenzen, denen das expandierende Industriesystem, nachdem sie schon zuvor nur am Rande des Existenzminimums gelebt hatten, durch die Zerstörung ihrer Subsistenzbasis einen überaus grausamen Tribut abforderte, sollte zu einem der bestimmenden und die Zeitgenossen am meisten beunruhigenden Phänomene der industriellen Entwicklung in Deutschland zu Beginn des 19. Jahrhunderts werden (Jantke und Hilger, 1965)[32].

In der sich verändernden Einschätzung, mit der die zeitgenössische Welt auf die heim- und nebengewerblichen Ballungszentren wie die westfälischen, sächsischen und insbesondere schlesischen Gebiete blickte, spiegelten sich die tiefgreifenden Strukturwandlungen nur zu deutlich wider; die Verschiebung des Urteils ging vermutlich auch mit der (mehr oder weniger deutlich registrierten) Abkehr von dem Industrieschulkonzept einher, das angesichts der Verhältnisse – je länger, je mehr – obsolet wurde. Noch für Zedlitz etwa boten in den siebziger Jahren des 18. Jahrhunderts die (entsprechenden) Teile von Sachsen und die Gebirgsregionen von Schlesien, weil die Menschen dort „aufgeklärter" und „brauchbarere Leute in allen Arten des Gewerbes" seien, als man sie gemeinhin antreffe, ein überaus attraktives Bild. Von daher rührte auch sein Plan, Lehrer aus ‚Sachsen' in die preußische Kurmark zu verpflanzen (Zedlitz an Rochow am 23. 2. 1773. In: Rochow, 1910, Bd. 4, S. 38), den ihm nicht zuletzt Rochow mit seinen teils ‚nationalen', teils pädagogischen Bedenken ausgeredet haben dürfte. Hinsichtlich des Urteils über die überlegene „Bildung und Politur" der schlesischen beziehungsweise sächsischen Landleute hat ihm Rochow freilich nicht widersprochen (Rochow an Zedlitz am 27. 2. 1773. In: Rochow, 1910, Bd. 4, S. 41); noch in den neunziger Jahren galten diesem selbst, wie er in einem Vortrag vor der Märkischen ökonomischen Gesellschaft betonte, „der erzgebirgische Kreis in Sachsen und der gebirgige Teil Schlesiens" als vorbildliches Beispiel dafür, wie dem Problem der Armut am wirksamsten

[31] Über die hier nur angedeuteten Wandlungen unterrichtet die wirtschaftsgeschichtliche Standardliteratur, vgl. zum Beispiel Mottek, 1969, Bd. 2. Zu diesem Komplex enthält übrigens gerade das oben erwähnte (unveröffentlichte) Manuskript von Kriedte, Medick und Schlumbohm, 1974, S. 101–106, eine Fülle von weiterführenden Hinweisen.

[32] Vgl. dazu auch die ältere Arbeit von Conze, 1954, sowie W. Fischer, 1963.

begegnet werden könnte: Der regsame Geist und die unablässige Beschäftigung der Bewohner, insgesamt ihre ,Industrie', schienen ihm maßgeblich dafür, daß „in beiden genannten Gegenden . . . in Verhältnis der Volksmenge weit *weniger* Arme (das heißt Unterstützungsbedürftige beziehungsweise Bettler, d. Verf.) als allenthalben sonst" gefunden wurden (Rochow, 1909, Bd. 3, S. 62)[33].
Für die Industrieschulbewegung waren diese Regionen fast so etwas wie Musterländer, das heißt, sie konnten den anschaulichen Beweis der Richtigkeit und des Erfolges ihrer Konzeption bieten; wenn überhaupt irgendwo, so fand man in der dortigen Realität auf breiterer Ebene ein Verhalten vor, das dem Ideal der ,Industriosität' zumindest nahekam. Kindermann beispielsweise, der einflußreiche Begründer des böhmischen Industrieschulwesens, das auch auf die göttingische und preußische Bewegung nicht ohne Wirkung war, nahm in der Werbung für seine Ideen ausführlich Bezug auf das Vorbild des „deutsche(n) Bauern an den schlesischen und sächsischen Grenzen": Seine vielseitige, ,industriöse' Wirtschaft schütze ihn zum eigenen Vorteil und zum Wohle der Allgemeinheit vor den Gefahren, denen der kleine Mann insbesondere bei Mißernten sonst gänzlich hilflos ausgesetzt sei (Kindermann, 1906, S. 493). Noch deutlicher wurde das Schreiben des preußischen Generaldirektoriums, in dem (1793) die exemplarische ,Einführung der Industrie- und Arbeitsschulen' auf dem Lande der Kurmark begründet wurde. Die Zielvorstellungen der Aktion wurden vor allem mit dem Hinweis auf „die Beispiele von nachahmungswürdiger Emsigkeit und Industrie" konkretisiert, die man außer in Westfalen insbesondere in Schlesien und einem Teil Sachsens verwirklicht fand; denn dort seien, wie es in der Verlautbarung hieß, „die Landleute neben ihrem Hauptgewerbe, welches sie mit großer Anstrengung und Aufmerksamkeit betreiben, (gewohnt) mit der Spinnerei und andern nützlichen Arbeiten sich zu beschäftigen . . . und (finden) bei einem mäßigen Gewerbszustande doch Mittel . . ., sich gut und reichlich zu ernähren . . ." (Voß bei Gedike, 1800, S. 40). Es dauerte freilich keine 25 Jahre, bis sich dieses positive Urteil der politisch Verantwortlichen über die schlesischen Gebirgsregionen gerade ins Gegenteil verkehrt hatte und aus dem fast vollkommen scheinenden Vorbild der industriepädagogischen Reform ein Schreckbild geworden war, das nun aufgrund seiner offensichtlichen Mängel zum bildungspolitischen Handeln stimulierte.

[33] Derartige Äußerungen enthielten freilich ein Gutteil ideologischer Schönfärberei; im heutigen Sinne war nicht die Armut, sondern – für eine Zeitspanne – allenfalls das nach außen hin offenbare und der Herrschaft zur Last fallende Elend zurückgedrängt, und dies um den Preis einer eher noch intensivierten Ausbeutung. Vgl. etwa die Hinweise bei Ziekursch, 1927, S. 112 f., S. 140 f., über Situation und Gesundheitszustand der schlesischen Leineweber.

Gerade die extreme Not der schlesischen Textilheimarbeiter, zugleich aber auch die hilflose Hartnäckigkeit, mit der sie fast durchweg auf den Verlust ihrer Arbeitsmöglichkeiten reagierten, gaben der preußischen Regierung unter Hardenberg in den Jahren 1816/17 nämlich den Anstoß zu intensivierten Überlegungen; sie galten den Ursachen des wachsenden Elends und vor allem der Frage, wie dieses durch staatliche Maßnahmen grundsätzlich zu beheben sei. Dazu wurden nicht zuletzt auch Veränderungen der Elementarschule und der familiären Erziehung gerechnet. Wie zu Beginn der siebziger Jahre des 18. Jahrhunderts bildete auch diesmal eine Wirtschaftskrise, die durch besonders schwere Mißernten ausgelöst wurde[34], den Ausgangspunkt für eine pädagogische Initiative, der sozialpolitische Motive zugrunde lagen.

Es ist jedoch nicht zu verkennen, daß sich die gesellschaftlichen Rahmenbedingungen inzwischen wesentlich verändert hatten. Vor allem war die wichtige Reform der Agrarverfassung auf der Basis der gesetzlichen Verordnungen von 1807 und 1811 in Preußen allgemein eingeleitet worden. Sie vollzog sich freilich in einer Weise, die gerade zu Lasten der kleinen Stellenbesitzer und Landarmen ging, da die Regulierung der Eigentumsverhältnisse für sie meist den Verlust von Boden und Wirtschaft bedeutete[35].

Der seither eingetretene allgemeine Wandel kam unter anderem darin zum Ausdruck, daß der Charakter dieser wirtschaftlichen Krise bereits in starkem Maße durch neuartige Faktoren bestimmt wurde. Besonders bitter machte die Erscheinungen der Krise im gewerblichen Bereich nämlich die handelspolitische Veränderung, die damals nach dem Abschluß der napoleonischen Kriege mit der Aufhebung der Kontinentalsperre eintrat. Nachdem die englische Konkurrenz unter dem Schutz dieser (eigentlich gegen sie gerichteten) Abschließung des europäischen Festlands dem kontinentalen Gewerbe dessen auswärtige Absatzmärkte genommen hatte, überschwemmte sie nun mit ihren Waren auch den ‚deutschen' Markt, den die einheimische Produktion weder durch Art noch Preis noch Qualität des Angebots zu behaupten vermochte[36]. Es war auf diese dauerhaft veränderten Umstände zurückzuführen, daß jene Arbeiten, mit deren Hilfe die Masse der Bevölkerung gerade in den schlesischen Gebirgszonen immerhin ihren Un-

---

[34] Abel, 1966 a, S. 209; 1972, S. 54 f.; 1974, S. 317–343. Vgl. dazu auch oben S. 240 f.

[35] Zur Agrargesetzgebung vgl. außer den Übersichten, die zum Beispiel Henning, 1973; Kulischer, 1971, Bd. 2; Mottek, 1969, Bd. 2, geben, die Darstellungen von Knapp, 1887; Koselleck, 1967, S. 487 ff.; Ipsen, 1972; Lütge, 1967, insbesondere S. 222 ff.; Klein, 1965; ferner die Quellensammlung von Conze, 1957.

[36] Vgl. dazu allgemein die Arbeit von Kutz, 1974. – Speziell über Schlesien informieren Kossok, 1961; Lewald, 1961, sowie insbesondere die Arbeit von Zimmermann, 1885; dazu auch Kisch, 1959.

terhalt sichern konnte, keine Existenzbasis mehr boten[37]. So fiel das Urteil hart aus, das im preußischen Staatsministerium über diese Bevölkerungsgruppe gefällt wurde, die verzweifelt an ihrer hergebrachten Beschäftigung festhielt. Bei aller Anerkennung, die man dem „Fleiß" und der „Genügsamkeit" der Leute zollte, erkannte man, daß durch die aus der Natur dieses Gewerbes hervorgehenden Lebensverhältnisse die katastrophalen Folgen eines Zusammenbruchs noch potenziert werden mußten: Denn diese Tätigkeit versetzte die Menschen in eine Lage, „worin sie nie – auch in den besten Zeiten nicht – mit . . . (ihren) rühmlichen Eigenschaften zu einem Wohlstande gedeihen, der ihnen den Genuß kräftiger Lebensmittel und mit diesem die Möglichkeit gestatten könnte, sich zu eifrigen Vertheidigern ihres Vaterlandes, und überhaupt zur Übernehmung schwerer Arbeiten auszubilden"[38]. Die offenkundige (subjektive und objektive) Schwäche derer, die zuvor noch als praktisches Vorbild einer zwar schweren, aber doch wenigstens lebensfähigen, halbwegs selbständigen Existenz des ‚armen Mannes' angeführt wurden, machte deutlich, daß das sozialpolitische und pädagogische Problem von neuem grundsätzlich überdacht werden mußte. Dabei blieb das Ziel, wie schon aus dieser Kritik zu erkennen war, nach wie vor unverändert: Die Menschen mußten sich jene Beweglichkeit, die sie mit den wechselnden Erfordernissen ihrer Lage nach Möglichkeit selber fertig werden ließ, wirklich zu eigen machen.

Noch deutlicher als aus den auf die schlesischen Zustände gemünzten Bemerkungen war diese Absicht aus der Umfrage herauszulesen, mit der sich wenig später das preußische Staatsministerium an die untergeordneten Provinzialinstanzen wandte. Elend und Hilflosigkeit der Bevölkerung beschränkten sich, mochten sie auch in den erzgebirgischen Kreisen besonders kraß in Erscheinung treten, schließlich nicht nur auf diese Gebiete. Bevor man zu grundsätzlichen Maßnahmen schritt, forderte man von den – dem Geschehen näheren – Staatsbehörden deren Meinung „über die Mittel, wodurch es überhaupt zu verhindern ist, daß die Fabrikation, von welcher die Kultur und der Wohlstand der blühendsten Länder ausgeht, nicht eine zahlreiche Menschenklasse erzeuge, die in den besten Jahren dürftig und bei jeder Mißernte oder jeder Stockung des Absatzes dem

[37] Gut 50 Jahre zuvor waren die Bedingungen noch wesentlich günstiger gewesen: Zwar hatte die Krise auch in den siebziger Jahren in diesen Regionen schwere Opfer gefordert, aber dadurch, daß die Exportmöglichkeiten für schlesische Leinwand damals ungefährdet weiterbestanden, dürfte sich die Bevölkerung insgesamt weit schneller von dem schweren Schlag erholt haben, als es in anderen (gewerbsärmeren) Gebieten der Fall sein konnte. – Diese Hypothese wird nahegelegt durch die Darstellung Kriedtes, Medicks und Schlumbohms, 1974, S. 76.

[38] So J. G. Hoffmann, Mitarbeiter Hardenbergs, im Jahre 1817 in einem Bescheid an die Regierungsbehörde im schlesischen Reichenbach. Zitiert nach A. H. G. Meyer, 1971, S. 79.

tiefsten Elende preisgegeben ist“ [39]. Die Situationsanalyse, die der für diese Aktion verantwortliche Beamte, der uns als späterer Direktor des statistischen Bureaus bekannte Hoffmann, der Umfrage beigab, ist freilich von keiner der befragten Stellen – so wenig wie der darin angedeutete bildungspolitische Lösungsvorschlag – an Scharfsinn erreicht oder übertroffen worden [40]. Dies ist auch darauf zurückzuführen, daß die realen Ausgangsbedingungen für das Verständnis des Problems entsprechend dem unterschiedlichen Entwicklungsstand der einzelnen Provinzen divergierten; in den westlichen Landesteilen Preußens wurde vor dem Hintergrund der (in Teilbereichen) bereits kapitalistisch-industriellen Produktionsweise die Umfrage – mit Recht – so gut wie ausschließlich auf die Arbeit der Kinder in den Fabriken bezogen, so wie man die Zielrichtung dieser Initiative übrigens bis heute vielfach interpretiert. J. G. Hoffmanns Aussagen über das Schicksal der Arbeiter, vor allem der Jugend, die in den Arbeitsprozeß frühzeitig eingespannt wurde, schienen ja in der Tat sowohl die Erscheinungen, die sich mit der Entfaltung der ‚großen Industrie‘ verbanden, als auch die Situation des im Niedergang befindlichen vorindustriellen Heimgewerbes zu treffen.

Nach seiner Ansicht wurde die Lage des einfachen Volkes nämlich in erster Linie von dem Widerstreit zweier zusammenhängender, aber gegensätzlicher Tendenzen bestimmt, zwischen denen die Hoffnung des kleinen Mannes wie zwischen zwei Mahlsteinen zerrieben werden müsse – insbesondere seine Erwartung, mit der einmal erlernten, zum Teil vom Vater übernommenen Arbeit sein Leben auf Dauer fristen zu können. Laufend vermehre sich die Zahl der Arbeiter, deren rasche Zunahme durch das dieser Schicht eigene generative Verhalten bedingt sei: Mit einer großen Kinderzahl (die unter den gegebenen Arbeitsbedingungen wie ein Produktionsfaktor zu kalkulieren war) lasse sich das kärgliche Einkommen aufbessern, das die Tätigkeit des Familienhaupts gewähre [41]. Gleichzeitig aber mache sich eine laufende Gefährdung der Arbeitsplätze geltend, die durch die permanente Revolutionierung der Produktionsverfahren, die handelspolitischen Auseinandersetzungen der Nationen und ökonomisch bedingte

---

[39] Der Text dieser (in Form eines Runderlasses des Staatskanzlers an einige Oberpräsidenten erfolgenden) Umfrage vom 5. 9. 1817 ist abgedruckt bei Kuczynski, 1960, Bd. 8, S. 23–26, hier S. 23. – Zur Interpretation vgl. vor allem A. H. G. Meyer, 1971, S. 73 ff., der auch auf die Verbindung dieser Umfrage mit dem Notstand in Schlesien hingewiesen hat. Vgl. auch Koselleck, 1967, S. 624 f.

[40] Vgl. den Abdruck der eingehenden Antworten bei Kuczynski, 1960, Bd. 8, S. 27–108. Eine Ausnahme bildet allenfalls die ausführliche Darstellung der Berliner (Bezirks-) regierung, deren kritischer Tenor vom übergeordneten Oberpräsidenten verharmlost und sogar umgedreht wurde (Kuczynski, 1960, Bd. 8, S. 70–108, hier S. 54 f.).

[41] Vgl. dazu auch über die englischen Verhältnisse die Ausführungen von Musgrove, 1968, S. 65 ff. (auch abgedruckt in Musgrove, 1970, S. 42 ff.). – Dazu auch Medick, 1974.

Absatzschwankungen hervorgerufen werde. So könnten sich die Lebensbedingungen der (gewerblichen) Arbeiter unter dem Druck der von ihnen selbst forcierten Konkurrenz nur zunehmend verschärfen, und dies um so mehr, als sie in ihrer Mehrheit durch die ihnen in diesem Prozeß aufgezwungene ‚Sozialisation' noch um die (subjektiven) Voraussetzungen gebracht würden, mit denen sie dabei einzig überleben könnten. Wem durch die „frühe Gewöhnung" an eine gleichbleibende, überaus eintönige Beschäftigung „Neigung" und „Fähigkeit" abhanden gekommen waren, sich wenn nötig jederzeit auf eine „andere Lebensart" einzustellen, der wurde zu seinem eigenen Schaden und zum Nachteil des Staates ein hilfloses Opfer der Verhältnisse (Kuczynski, 1960, Bd. 8, S. 23 f.). Dabei wog in Preußen, dessen militärischer Zuschnitt durch Heeresreform und Befreiungskriege nicht unwesentlich modifiziert worden war, charakteristischerweise die Gefährdung der militärischen Tauglichkeit, die man ebenfalls aus der frühzeitigen Vereinseitigung resultieren sah, nicht am geringsten (Kuczynski, 1960, Bd. 8, S. 24 f.).

Eine sich abzeichnende Katastrophe war – so schien es Hoffmann – nur dann abzuwenden, wenn jener sich reproduzierende und immer weitere Kreise ziehende Zirkel der Verelendung an der richtigen Stelle unterbrochen würde. Seine objektiven Bedingungen mußten als unaufhebbar gelten, jedenfalls lag die Möglichkeit ihrer Veränderung außerhalb der Macht eines (sich liberal verstehenden) Staatswesens. Eher sah J. G. Hoffmann – und auch dies blieb nicht unbestritten – die staatliche Aufgabe und Kompetenz auf dem Gebiet pädagogischer Maßnahmen. So enthielt seine Analyse schließlich die offene Erklärung, es sei „eine unerläßliche und bisher zu großem Nachteil versäumte Pflicht, zu verhindern, daß die frühe Gewöhnung zur Fabrikation in eine Verwöhnung ausarte, daß die Erziehung zum Fabrikarbeiter auf Kosten der Erziehung zum Menschen und Staatsbürger betrieben werde und daß der Mensch genötigt werde, die höchste mechanische Fertigkeit in einem einzelnen Handgriff mit dem Verlust seiner moralischen Freiheit zu erkaufen, selbst ehe er erkennen kann, wieviel dieser Kauf ihn koste" (Kuczynski, 1960, Bd. 8, S. 25).

Mit einigem Pathos war hier die Notwendigkeit einer breiteren allgemeinen Schulbildung gefordert und begründet, die an die Stelle der üblichen Verpflichtung zur Kinderarbeit treten sollte. Der Ton kann freilich nicht darüber hinwegtäuschen, daß die ‚moralische Freiheit' des Menschen, von der dabei die Rede war, bei unveränderten Lebensbedingungen und Ausbeutungsverhältnissen des Volkes realiter auf ein Minimum zusammenschrumpfte. Nüchterne sozialpolitische und ökonomische Motive standen hinter dem Postulat einer verbesserten elementaren Grundbildung des Menschen, das nun freilich, da es von einer wichtigen staatlichen Instanz formuliert wurde, einen recht deutlichen Wandel in der preußischen Elementarschulpolitik signalisierte. Aus ähnlichen Erwägungen, aber zweifellos unter anderen Umständen hatte auch Rochow eine im Kern rationale Bildung des Volkes als notwendig erkannt und betrieben: Der übergroßen Abhängigkeit der Menschen von den vorgefundenen Verhältnissen, deren raschen Veränderungen sie im Status passiver Hinnahme begegneten, war nur beizukommen, wenn der einzelne sich wenigstens geistig über die Grenzen seiner unmittelbaren Erfahrungswelt zu erheben verstand. Es scheint daher angemessen, wenn man die Anstrengungen Rochows, die bei der staatlichen Obrigkeit seinerzeit bestenfalls Anerkennung, kaum aber aktive Unterstützung gefunden hatten, als Vorarbeit dieser nun von staatlicher Seite formulierten Programmatik gelten läßt. (Dem widerspricht nicht die Tatsache, daß die – hier übergangene – bildungspolitische Initiative nach dem preußischen Zusammenbruch von 1806, in deren Zusammenhang auch Hoffmanns Aussage gesehen werden muß, ebenso wie die gesamte preußische Reform wesentlich von dem Einfluß des ‚deutschen Idealismus' bestimmt worden sind.)

Durch J. G. Hoffmanns Erklärung, die aus den Veränderungen der ökonomischen Rahmenbedingungen die Konsequenz zog, wurde aber die Lösung, die die Industrieschule bot, offenkundig obsolet. Die Übernahme der monotonen Beschäftigungen, die die Kinder gewöhnlich auszuführen hatten, in den Schulbetrieb schien schwerlich geeignet, gegen jene der Kinderarbeit zur Last gelegten Wirkungen des Immobilismus zu schützen und den Grund für die prinzipielle Disponibilität zu legen, die nach J. G. Hoffmanns Analyse die ‚Arbeiter' aufweisen mußten, wenn sie bestehen wollten[42].

Freilich wäre es falsch, wenn man aus dieser einen Aussage die Schlußfolgerung ableiten wollte, daß sich diese Erkenntnis damals allgemein in der staatlichen Bürokratie durchgesetzt hätte. Wie schon aus den Gutachten hervorgeht, die auf das Rundschreiben hin eingingen, wurde die Konsequenz der Aussagen J. G. Hoffmanns (wenn überhaupt) von wenigen Instanzen in ihrer ganzen Tragweite begriffen oder gebilligt. Aus der Sicht einiger Provinzbehörden waren sowohl das Konzept der nebenerwerb-

[42] Zudem verringerten sich ja auch für die Industrieschulen – nicht anders als für das schlesische Textilgewerbe – die Beschäftigungsmöglichkeiten. Ein Lachmann oder Wagemann hatten seinerzeit unter anderem gerade „Arbeiten der ersten Hand", das heißt die Vorbereitungsarbeiten für eine mechanische Bearbeitung des Materials (L. G. Wagemann im Göttingischen Magazin, Bd. 5, S. 110) beziehungsweise die „Zwischenarbeiten" im maschinellen Fertigungsprozeß (Lachmann, 1802, S. 109), als eine wesentliche Betätigungsmöglichkeit der Kinder in der Industrieschule benannt. Sie täuschten sich aber in der Einschätzung, daß auf diese Weise immer für Arbeit in der Schule gesorgt sein würde.

lichen Tätigkeit der ländlichen Bevölkerung – obwohl sie selbst zum Teil, wie im westfälischen Gebiet, das Elend dieser Bevölkerungskreise beklagten – als auch der Ausbau eines ‚Industrieschulwesens' noch keineswegs eine überholte, unzureichende Maßnahme gegen die Not[43]. Überwiegend aber wurde gegen die Intention der Umfrage, die auf staatliche Maßnahmen abstellte, das liberale Bedenken erhoben, daß weder Macht noch Interesse noch auch das Recht des Staates ausreichten, die Freiheit der Untertanen, die in diesem Falle in erster Linie die Freiheit der Unternehmer bedeutete, durch Restriktionen der Kinderarbeit zu beschneiden. Somit sind diesem Vorstoß auch keine unmittelbaren Aktionen gefolgt.
In den Ausführungen über die Entwicklung der Elementarschule im 19. Jahrhundert (vgl. Kapitel 2.4) wurde verdeutlicht, wie lange es dauerte, bis die Grundstufe des staatlichen Bildungswesens rein institutionell einen geschlossenen Charakter annahm; der Lehrplan bewegte sich noch lange Zeit unter dem Niveau, das J. G. Hoffmanns Votum im Grunde entsprach. Immerhin aber waren, wie die Umfrage wohl deutlich dokumentiert, bei staatlichen Instanzen am Anfang des 19. Jahrhunderts die Überlegungen – gerade auch in ökonomischer Beziehung – zu einem Konzept gediehen, das die ‚Volksschule' zweifelsfrei zu einer Institution der Allgemeinbildung werden ließ.

Das Postulat einer allgemeinen rationalen Grundbildung

Unsere Beschäftigung mit ‚der preußischen Elementarschule im Zusammenhang der wirtschaftlichen Entwicklung' soll an diesem Punkt, der den Blick auf das 19. Jahrhundert freigibt, nicht enden, ohne der auf den letzten Seiten geübten Kritik noch den ausdrücklichen Hinweis auf die entscheidenden Vorleistungen hinzuzufügen, die in den Konzeptionen sowohl der Industrieschulpädagogen als auch eines Rochow für die tatsächliche Entwicklung der allgemeinen Schule erbracht worden sind. Auch die Lösung der Industrieschulbewegung war nicht einfach, wie es nach dem zuletzt Gesagten scheinen könnte, ein abgebrochener Irrweg der Erziehungspraxis; mochten die Mittel geschichtlich hinfällig und (aufgrund des technischen Niveaus der in die Schule eingeführten Beschäftigungen) untauglich sein, so barg doch das in diesem Zusammenhang formulierte Ziel der ‚Industriosität' im Kern das Postulat der Rationalität, das auch allen späteren kriti-

[43] Vgl. die Berichte aus Münster (dazu auch der Hinweis bei A. H. G. Meyer, 1971, S. 153) sowie der Bezirksregierungen zu Potsdam und Frankfurt/Oder. Kuczynski, 1960, Bd. 8, S. 50–53, S. 56–69. – Interessanterweise löste in Württemberg die Krise, die in Preußen den Anlaß zur genannten Umfrage gab, gerade einen breiteren Ausbau der Industrieschulen aus. Vgl. Neukamm, 1956, S. 92 ff.

schen Schulplänen zu eigen war. Und wenn wir die Programmatik eines Campe oder Wagemann ebenso wie die Rochows als illusionär bezeichnet haben, so ist dabei nicht zu übersehen, daß die von ihnen entwickelten Vorstellungen, wie unsere Schilderung des sozialen und ökonomischen Hintergrunds zeigen sollte, ja dennoch in enger Beziehung zur gesellschaftlichen und wirtschaftlichen Situation zustande gekommen sind. Der Katalog notwendiger Fähigkeiten und Kenntnisse des einzelnen, die sie als Norm ihren Bemühungen zugrunde legten, fügte sich recht gut in das Bild, das wir von den sozialen, vor allem wirtschaftlichen Bedürfnissen der damaligen Gesellschaft zu zeichnen versucht haben.

Zunächst einmal reflektierten die scharfe Kritik an den vorhandenen Schulen beziehungsweise die positiven Vorschläge die Erkenntnis, daß die beobachteten gesellschaftlichen Strukturveränderungen überhaupt eine erhebliche Verbesserung des elementaren Schulwesens erforderlich machten. Die verschiedenen Zeitgenossen mochten, wie wir hervorgehoben haben, durch ‚sachfremde' Motive gerade zu der pädagogischen Formulierung der wahrgenommenen Probleme gedrängt werden; doch wäre es offensichtlich falsch, ihren Ansatz zu einer pädagogischen Lösung darum für ein bloßes interessengebundenes Artefakt zu erklären, das über die eigentlich notwendigen Maßnahmen nur hinwegtäuschte beziehungsweise an den wahren Erfordernissen überhaupt vorbeiging. Da mit den einschneidenden Veränderungen in der – noch vorindustriellen – sozialen und wirtschaftlichen Umwelt sich auch die Anforderungen an das politische und ökonomische Individuum grundlegend wandelten, mußte es die Schwierigkeiten der Menschen noch entscheidend vergrößern, daß sie dem sich meist auf ihre Kosten vollziehenden Prozeß des ‚gesellschaftlichen Fortschritts' praktisch ohne die Hilfe einer angemessenen schulischen Vorbereitung ausgesetzt waren.

Die im einzelnen angestellten programmatischen Überlegungen zur Schulreform hatten dabei, wie uns scheint, Bestand auch über die Zeit ihrer unmittelbaren Formulierung hinaus. Wohl ‚veraltete' bald der breitere Geltungsanspruch für die verschiedenen ‚industriösen' Fertigkeiten und auch für die agrarischen Kenntnisse, die im Lehrplan der Rochowschen Schule standen. Aber die Forderung einer Anhebung des allgemeinen kulturellen Standards in der Bevölkerung, wie ihr mit der Intensivierung des Unterrichts in den elementaren Grundfertigkeiten und dem Ansatz zu einer Ausweitung des Lehrplans Rechnung getragen wurde, behielt ihren Sinn ebenso wie der Versuch, das Orientierungs- und Urteilsvermögen der Menschen auf der Basis ihrer rationalen Denkfähigkeit zu stärken (oder überhaupt erst in Gang zu setzen). Uns scheint an den skizzierten Plänen besonders bedeutsam, daß gerade unter dem Einfluß wirtschaftlicher Erwägungen ein breiterer Kanon allgemeiner, wie es scheinen könnte, nicht unmittelbar ökonomisch relevanter Unterrichtsinhalte postuliert wurde. In den Vorschlägen am Ende des 18. Jahrhunderts realisierte sich, wie gerade die Rochowsche Pädagogik zeigt, zunehmend die Einsicht, daß im Interesse der wirtschaftlichen Leistungsfähigkeit eine elementare Bildung der allgemeinen geistigen Fähigkeiten des Menschen unumgänglich wurde. Sicherlich geriet darüber an keiner Stelle die ‚Notwendigkeit' der politischen Disziplinierung beziehungsweise der Vermittlung integrativer sozialer Wertmuster aus dem Blick; aber jener erste Aspekt sollte deswegen nicht, wie es leicht geschieht, in den Hintergrund gedrängt werden: Selbst die politische Indoktrination, die die Anpassungsbereitschaft des einzelnen garantieren sollte, wurde von Rochow schließlich auf eine Weise geleistet, bei der das Postulat der einsehbaren Rationalität der Verhältnisse unentbehrlich war. Die Schule erfüllte danach – jedenfalls insgesamt – ihre wirtschaftliche Aufgabe am besten, wenn sie ihre Schüler mit bestimmten allgemeinen Fähigkeiten ausstattete und gerade nicht zu eng auf die unmittelbaren Erfordernisse der jeweiligen Arbeitsvollzüge fixiert war.

Allerdings wurde in den Plänen, mit denen wir uns beschäftigt haben, nur latent der Anspruch erhoben, gerade durch eine allgemeine rationale Bildung auch inhaltlich die universalen Grundlagen aller produktiven Tätigkeiten zu erfassen und vermitteln zu können. Bei dem Stande der Technologie, die – trotz zahlreicher Bemühungen – noch weit von einer Verwissenschaftlichung entfernt war[44], bedeutete diese Forderung auch einen höchst ungewissen Wechsel auf die Zukunft. Dennoch ist sie zu Beginn des 19. Jahrhunderts für die ‚Volksschule' erhoben worden; in dem Konzept der Elementarbildung Pestalozzis läßt sich durchaus der Ansatz erblicken, die Entfaltung der menschlichen Fähigkeiten in eine allgemeine systematische ‚Berufsgrundbildung' münden zu lassen.
Dies geht unter anderem aus einer Schrift hervor, die Pestalozzi offenbar unter dem Eindruck einer ökonomischen (Hunger- und Absatz-)Krise kurz nach der Jahrhundertwende verfaßt hat: Auch auf ihn blieben die Noterscheinungen wirtschaftlicher Einbrüche zu Beginn des 19. Jahrhunderts charakteristischerweise nicht ohne Wirkung[45]. Ähnlich wie vom Autor der preußischen Umfrage wurde auch von Pestalozzi für die allgemeine Hilflosigkeit und Not der Leute der Umstand verantwortlich gemacht, daß die Menschen bislang in „routinemäßiger, gedankenloser Besorgung" ihrer Wirtschaft beziehungsweise „eingeengt in die Zwerggestalt einer einzelnen Kunstfertigkeit" (Pestalozzi, 1943, Bd. 18, S. 141) dahinvegetiert hätten. Doch schien ihm ‚Industrie' noch immer einen Ausweg aus der Not zu bieten; andererseits war nicht zu übersehen, daß sich dieser Begriff in seinem Verständnis wesentlich gewandelt hatte. So lautete denn seine Forderung auf „Elementarbildung zur Industrie": Sie macht „die Mannigfaltigkeit der mensch-

---

[44] Vgl. dazu auch die Bemerkungen zum Scheitern der Realschule im 18. Jahrhundert und die dortigen Literaturhinweise (Kapitel 2.5). Dazu auch Sombart, 1921, Bd. 1, S. 463 ff.; 1927, Bd. 3, S. 78 ff.

[45] Vgl. Pestalozzi, 1943, Bd. 18, S. 145 f. Zum folgenden auch ders., 1963, Bd. 20, S. 195–247.

lichen Veredlung zum Ziel ihrer industriösen Bildung. Und so wie gewohnte Bildung zur Industrie das Ziel des Broterwerbs auch mit Aufopferung der Veredlung unserer Natur sucht, so kennt die elementarische Bildung zur Industrie keinen Weg zum Broterwerb als durch die gemeinsame Entfaltung aller Anlagen unserer Natur, deren gewecktes Leben ihre Veredlung ausmacht. Sie ist also von dieser Seite das eigentliche Humanisierungsmittel der Industrie" (Pestalozzi, 1943, Bd. 18, S. 150). Dabei sollte sich die Pädagogik nicht allein auf die formale Seite beschränken; mit seiner Methode hoffte Pestalozzi eine Elementarisierung zu leisten, die die schrittweise Entfaltung der geistigen und körperlichen Fähigkeiten mit der systematischen Einführung in die (kognitive und motorische) Grundstruktur der zahlreichen ‚industriösen Fertigkeiten' zu vereinen erlaubte.
Es könnte somit fast als das Ergebnis einer stillen historischen Logik erscheinen, daß in der bildungspolitischen Reform Preußens zu Beginn des 19. Jahrhunderts Name und Lehre Pestalozzis die Rochows verdrängt haben. Aber es muß hier offenbleiben, wieweit gerade diese Intentionen Pestalozzis maßgeblich waren, wenn man nach seinem Vorbild dem Rechnen, Zeichnen und der Formenlehre, in denen er das ‚Fundament' seiner Methode sah (zum Beispiel Pestalozzi, 1943, Bd. 18, S. 149), im programmatischen Lehrplan der preußischen Volksschule einen neuen Platz einräumte[46].

Wenig ist von den verschiedenen Plänen direkt in die Realität eingedrungen; die ‚Schule' der sich entwickelnden Industriegesellschaft scheinen fast mehr die Lebensumstände, auch die Fabrik, gewesen zu sein als die (Elementar)schule[47]. Aus der Retrospektive scheinen aber in den skizzierten Plänen und entsprechenden Versuchen wesentliche Einsichten in die Funktionen der Schule in der – sich damals ankündigenden – industriellen Gesellschaft realisiert; es ist nicht übertrieben, in diesen Konzepten zugleich Weichenstellungen für die folgende schulische Entwicklung zu sehen: insofern sollte man ihre praktische und theoretische Relevanz nicht unterschätzen.

---

[46] Vgl. dazu Wienecke, 1915, S. 194 f. – Als eines der wesentlichsten Organe der preußischen Pestalozzianer sei hier nur die Zeitschrift Harnischs genannt, die unter dem Titel „Der Schulrat an der Oder" (1814–18) bekannt ist. Vgl. W. Harnisch, 1900. – Vielleicht die entscheidende Kraft, die in der Kurmark, und in ihrer Wirkung weit darüber hinaus, für die Einführung der Pestalozzischen Methode in die (vielfach neu gegründeten) Lehrerseminare und insofern auch in die Elementarschulen sorgte, war der Oberkonsistorial- und Schulrat B. C. L. Natorp. Dazu Thiele, 1912; F. Fischer, 1939, S. 251–295, sowie König, 1973, Bd. 2, S. 120 ff.

[47] Vgl. dazu die Bemerkungen von Pollard, 1963/64; ders., 1965, S. 174 ff.; ferner Gruner, 1973, S. 129 ff.; Thompson, 1973.

4. Systematische Analysen der Funktion der Schule

Unsere historische Untersuchung zum preußischen Elementar- und Mittelschulwesen ist von der systematischen Fragestellung nach dem Zusammenhang zwischen gesellschaftlichen Bedürfnissen und Normen und dem Bildungswesen ausgegangen. Sie hat zu Ergebnissen in der Form von Behauptungen über die Funktion dieser Institutionen im Zusammenhang bestimmter ökonomischer und politischer Entwicklungen und bestimmter Herrschaftsformen geführt. Diese Zusammenhänge sollen allgemein thesenhaft formuliert werden.

Ergebnisse der historischen Analyse

Zunächst haben wir uns vor allem auf die Rolle des Staates in der Entwicklung des Elementarschulwesens konzentriert, das heißt, es kam uns im ersten Teil darauf an zu zeigen, daß die Entwicklung des öffentlichen Schulwesens Teil des Prozesses ist, in dem sich der moderne zentralistische Staat herausbildet. Schon die Schulordnungen des 16. Jahrhunderts deuten darauf hin, daß die landesherrliche Schulpolitik Teil umfassender politischer Anstrengungen ist, die sich auf Durchsetzung der Zentralgewalt gegenüber den Privilegien und Herrschaftsrechten ständischer Gruppen richten. Der schulpolitische Wille äußert sich hier im Rahmen der Kirchenordnung; er respektiert gewissermaßen, daß die Elementarschule traditionell ein annexum religionis ist. Jedoch ist es bereits der Landesherr, der anordnet, der mit der Elementarschule eine der wichtigsten Bedingungen „guter Policey", das heißt der Möglichkeit zentraler Verwaltung seines Territoriums, schaffen will.

Dabei läßt sich bis ins 19. Jahrhundert hinein beobachten, daß die staatliche Zentralgewalt sich in ihrer Schulpolitik (wie in ihrer Gewerbepolitik) nicht einfach an die Stelle der Institutionen setzte, denen dieser Aufgabenbereich traditionell zugewiesen war. Vielmehr suchte sie diese Institutionen im Sinne ihrer eigenen Schulpolitik zu funktionalisieren. Das ging, wie die Entwicklung der Schulpflicht deutlich zeigt, nicht ohne Widerstand der betroffenen, bis dahin privilegierten Gruppen ab. Adelige Patrone und gelegentlich auch Magistrate setzten den landesherrlichen Verordnungen hinhaltenden Widerstand entgegen.

Es ist verständlich, daß in den Anfängen dieser Entwicklung gerade der Kirche als der einzigen gesamtstaatlichen Institution, die geistig und prak-

tisch tief in die ständischen Institutionen und unmittelbar in die Bevölkerung hineinwirkt, besondere Bedeutung zukommt. Durch Kirchenordnungen regelt der Landesherr – neben der Schule – weite Bereiche gesellschaftlichen Lebens. Die von der Kirche betonte Analogie zwischen göttlicher und weltlicher Herrschaft wird zu einer unmittelbaren Rechtfertigung und Stütze fürstlicher Gewalt. Kirchliche Funktionsträger sind es zunächst, die der Landesherr als weltliches Oberhaupt der Kirche zur Kontrolle der Durchsetzung seiner Schulpolitik anhält. Erst im 18. Jahrhundert beginnen staatliche Beamte diese Funktion zu übernehmen (trotzdem behält die Kirche bis ins 20. Jahrhundert hinein Funktionen der Leitung und Aufsicht im staatlichen Schulwesen); erst am Ende dieses Jahrhunderts entsteht eine eigene Behörde zur zentralen Lenkung und Aufsicht über die Schule.
Auf eine kurze Formel gebracht, ist also die staatliche Schulpolitik in der betrachteten Epoche ein Teil jenes historischen Prozesses, in dem aus der Feudalgesellschaft der frühen Neuzeit in allmählicher Überformung ständischer Privilegien durch zentralstaatliche Hoheitsrechte der absolute Staat entsteht, und mit ihm als sein notwendiges Gegenüber die moderne ‚Gesellschaft'. Diese Formel ist in erster Linie eine deskriptive Aussage. Genauer: das einzige erklärende Moment, auf das sie verweist, ist das Bestreben des Landesherrn, seine politische Macht über die Grenzen der eigenen partikularen und feudalen Privilegien hinaus zur unmittelbaren Verfügungsmacht über das gesamte Territorium auszudehnen.
Vor diesem Hintergrund wird allerdings ein wesentliches Motiv der fürstlichen Elementarschulgesetzgebung deutlicher, das die wirtschaftspolitische Funktion der Schule betrifft: Es geht dem landesherrlichen Gesetzgeber nicht um die Vermittlung unmittelbar wirtschaftlich nutzbringend zu verwertender Kenntnisse, wie die Bestimmungen zum Lehrplan ausweisen – ohnehin wären die Lehrer damals in ihrer Mehrzahl zur Vermittlung solcher Kenntnisse gar nicht in der Lage gewesen –, sondern darum, die Bevölkerung (auch) im Sinne eines neuen rationalen Wirtschaftsverhaltens „regierbar" zu machen. Die Schulen sind – ähnlich wie das Militär – Stätten der Disziplinierung, der Erziehung zu Fleiß und Arbeitsamkeit, und schließlich der Ort des Lesenlernens, das den Untertanen befähigt, die Anweisungen der fürstlichen Verwaltung selbst zu entschlüsseln.
Religiöse Indoktrination und die Betonung von Tugenden der Hinnahmebereitschaft, die die Elementarschule vor den wirklichen ökonomischen und sozialen Problemen der Zeit versagen lassen mußten, sind der negative Ausgangspunkt für die beiden bedeutenden Ansätze zu ihrer Reform: die Industrieschulpädagogik und – über sie hinausweisend – Rochows Theorie und Praxis einer rationalen Elementarbildung. Die Industrieschulbewegung sah noch in der direkten Vorbereitung auf (neben-)gewerbliche Tätig-

keiten und – in Verbindung damit – in der Vermittlung einer planenden und ökonomisch bewußten Haltung zur Arbeit eine wesentlich neue Funktion der Elementarschule. Demgegenüber entwickelte Rochow ein in Traditionen der aufklärerischen Philosophie und Theologie begründetes allgemeineres Konzept einer Bildung der Beobachtungsfähigkeit, des Verstandes und des moralischen Bewußtseins. Diese Bildung sollte die Landbevölkerung befähigen, ihre bedrängte ökonomische Situation zu meistern, und ihr damit – freilich in den Grenzen des gegebenen politisch-sozialen Systems – erst ein menschenwürdiges Dasein ermöglichen. Mit diesem pädagogischen Programm war selbstverständlich die Hoffnung verknüpft, dem Staat ein ökonomisches Potential zu erschließen, das bisher unter Not, Unwissenheit und ‚Rohheit' verschüttet war.

Die praktische Wirkung dieser Reformansätze ist in Preußen gering geblieben, wie schon die außerordentliche Schwierigkeit einer Durchsetzung der Schulpflicht belegt. Ihre Bedeutung lag eher in ihrer Fernwirkung. Sie sind dennoch heute als ein Nachweis für die spezifisch positiven Zusammenhänge von wirtschaftlicher Entwicklung und Verbesserung des Elementarschulwesens zu betrachten, da das Postulat einer allgemeinen rationalen Grundbildung gerade aus den ökonomischen Veränderungen abgeleitet wurde, die am Beginn des Industriezeitalters stehen.

Sicher ist in der zweiten Hälfte des 18. Jahrhunderts und vor allem in der ersten Hälfte des 19. Jahrhunderts Wesentliches für die Elementarschule getan worden, insbesondere für die Intensivierung und Verbesserung des Unterrichts. 1840, am Ende der Schulverwaltungsära Altenstein, verfügte Preußen immerhin über 38 Seminare und 7 Hilfsseminare – unter ihren Leitern waren so bedeutende Männer wie Diesterweg und W. Harnisch. Der Unterschied zwischen den hier ausgebildeten Lehrern und den Schulmeistern des 18. Jahrhunderts kann kaum groß genug eingeschätzt werden. Unter den preußischen Reformern hatte die klassische Pädagogik – vor allem die Pestalozzis – auch auf die Volksschule Einfluß gewinnen können. Diese Pädagogik sah den Elementarschüler nicht mehr bloß als Objekt staatlicher Wirtschafts- und Gesellschaftspolitik, sie ging vielmehr davon aus, daß auch ihm als einem vernünftigen Wesen das Recht auf die Entfaltung seiner Vernunft und Selbständigkeit zukam. Noch Diesterwegs Pädagogik ist von derartigen Motiven der Aufklärung bestimmt.

Trotz solcher unverkennbaren Bemühungen und Fortschritte erscheint die preußische Schulpolitik insgesamt eher schwankend zwischen Förderung und Eindämmung des Elementarschulwesens. Nicht nur hat die klassische Pädagogik ihren Einfluß auf Seminare und Schulen nur für wenige Jahre ausüben können, um dann wieder auf die rudimentären Anforderungen einer christlichen Untertanenerziehung zurückgestutzt zu werden. Auch die zur quantitativen Ausweitung des Elementarunterrichts erforderlichen finanziellen Mittel wurden nicht in zureichender Höhe bereitgestellt. Gesetzliche Regelungen – zum Beispiel zur Eindämmung der Kinderarbeit – erfolgten nur zögernd.

Das Interesse des preußischen Staates an der Volksschule hatte offenbar zwei unüberschreitbare Grenzen: eine politisch-ideologische und eine ökonomische. Die Volksschule durfte in ihrer inhaltlichen Zielsetzung und den durch sie vermittelten Sozialchancen nur so weit gefördert werden, daß das politische System und die soziale Gliederung unangetastet blieben. In den Zeiten der Reaktion (und sie erstreckten sich fast über das ganze 19. Jahrhundert) bedeutete das positiv: der Hauptzweck der Elementarbildung ist es, die breite Masse der Bevölkerung in der Jugend auf dieses soziale und politische System zu verpflichten. Dieser Politik entspricht, daß der Staat zur gleichen Zeit die Schulen des Bürgertums, Gymnasium und Universität, anteilmäßig erheblich stärker förderte als das Elementarschulwesen und schließlich sowohl durch seine Schulgeldpolitik als auch durch schulorganisatorische Maßnahmen, wie etwa die Gründung der Mittelschule, dazu beitrug, daß das höhere Bildungswesen für die Kinder der Unterschicht unerreichbar blieb.

Die zweite Grenze, die ökonomische, ist weniger klar zu bestimmen. Sie ist in der Frage angesprochen: Wäre Preußen bis zur Mitte des 19. Jahrhunderts ökonomisch in der Lage gewesen, die allgemeine Schulpflicht durchzusetzen? Die zitierten Schätzungen preußischer Statistiker sprechen dafür, daß eine vollständige Finanzierung des Elementarschulwesens durch den Staat nicht möglich gewesen wäre. Oder vielmehr – so können wir hinzufügen –, sie hätte eine völlige Umkehrung der Prioritäten des Staatshaushalts (nach der Seite der Ausgaben wie auch der Einnahmen) erfordert, eine Umkehrung, die unter den hiesigen Verhältnissen bis heute nicht in dem erforderlichen Umfang erreicht ist.

Diese Überlegung ist insofern hypothetisch, als der preußische Staat in seiner Schulpolitik davon ausging, daß die materiellen Lasten für die Schule und insbesondere für die Elementarschule von den unmittelbar Beteiligten selbst, den Eltern und Gemeinden, aufzubringen waren. Die Schwierigkeit, die allgemeine Schulpflicht durchzusetzen, führt deshalb auch auf die Frage nach der ökonomischen Situation der Masse der Bevölkerung um 1800 und nach dem sich daraus ergebenden Verhältnis zum Schulbesuch. Gerade die wirtschaftliche Not breiter Bevölkerungsschichten tat das Ihre, die Realisierung jener pädagogischen Reformprogramme zu verhindern, die als Antwort auf die sich in den Hungerkrisen besonders deutlich offenbarende desolate Situation dieser Schichten konzipiert worden waren.

Entwicklung und Struktur des Schulwesens sind jedoch nicht allein aus den Initiativen und spezifischen Schwächen der staatlichen Schulpolitik zu verstehen. Besonders eindrucksvoll zeigte sich die Priorität gesellschaftlicher vor staatlichen Initiativen in der Entwicklung der Real- und Mittelschule. In ihre Programmatik gingen fast alle jene Faktoren und Impulse ein, die dem Bürgertum zu seiner zentralen Stellung im Europa des 19. Jahrhunderts verhalfen: Revolutionierung der Produktion durch Einsatz von Naturwissenschaft und Technologie; Reform des gesellschaftlichen Lebens nach den Prinzipien einer rationalen Moral und Politik; das Selbstbewußtsein, der eigentliche Garant sozialer Ordnung und wirtschaftlicher Blüte eines Staates zu sein.

Die als umfassende Vorbereitung auf diese zentrale soziale und ökonomische Funktion gedachte Realschule ist in dieser Form nie Realität geworden. Das dürfte nicht nur daran gelegen haben, daß ihr Programm durchaus utopische Züge enthielt, Versprechen, die didaktisch und methodisch nicht einzulösen waren. Vielmehr hing es wohl damit zusammen, daß das Bürgertum zumindest in den deutschen Ländern politische Selbständigkeit und damit die zentrale Stellung im Staat noch lange nicht erringen sollte. Besonders in Preußen dürfte ihm auch die ökonomische Basis gefehlt haben, die einem solchen Anspruch Nachdruck verleihen konnte. Soweit Bürger überhaupt an der politischen Ordnung dieses Staates teilhatten, geschah das über ihren Aufstieg in die kleine Schicht der hohen Staatsbeamten.

Zur Regulierung dieses Aufstiegs wiederum bediente sich der Staat der – allerdings energisch reformierten – traditionellen Gelehrtenschule. Das Gymnasium und die ihm weitgehend angeglichene Realschule (seit 1882 offiziell „Realgymnasium") sind die Schulen, die das besitzende Bürgertum aus Handel, Gewerbe, Industrie ebenso wie die gehobene Beamtenschaft frequentiert, finanziell mitträgt und gegen die Unterschicht abschirmt. Diese Abschirmung richtet sich nicht nur in zunehmendem Maße gegen die Kinder von Arbeitern, sondern auch gegen die des Kleinbürgertums, das mit der Mittelschule von 1872 beziehungsweise ihren Vorläufern eine wiederum gegen das ‚Proletariat' durch Vorschulen und Schulgeld abgesicherte Schule erhält, mit ihr jedoch keinen Zugang zu höheren Stufen des staatlichen Bildungswesens.

Die Entsprechungen zwischen der Organisation dieses Schulwesens und der Struktur der Klassengesellschaft des 19. Jahrhunderts sind eindrucksvoll, und die in diese Organisation investierten Interessen werden offen genug ausgedrückt, um nicht erst aus der Struktur des Bildungswesens erschließbar zu werden. Dennoch wäre es wohl zu einfach, in der staatlichen Schulpolitik nichts als die Realisierung besitzbürgerlicher Interessen zu sehen.

Dagegen spricht zum Beispiel die langanhaltende Opposition der Behörde gegen die Bemühungen der Gemeinden um den Aufbau von Realschulen und gegen eine Öffnung dieser Schulen zur Universität hin. Diese Opposition war mit motiviert durch den Verdacht, in den Realschulen würden die bürgerlichen Gegner des monarchischen Systems und seiner Stützen – großagrarischer Adel, Offizierskaste und Kirche – herangebildet. Das Bürgertum selbst hat sich den Grundlinien der staatlichen Schulpolitik offenbar bis zu einem gewissen Grade angepaßt, die dafür allerdings seine Interessen gegen die Masse der Bevölkerung entschieden wahrte. Es handelte sich also um einen Kompromiß, in dem die Interessen des Bürgertums sich durchsetzten, soweit sie mit denen der privilegierten Trägergruppen eines vorbürgerlich verfaßten Herrschaftssystems in Einklang zu bringen waren.
Im Rückblick auf die Geschichte der Realschule und Mittelschule von der umfassenden Programmatik des frühen 18. Jahrhunderts bis zum Ausgang des 19. Jahrhunderts seien drei Entwicklungszüge hier hervorgehoben:

1. die Auflösung der Einheit von wissenschaftlicher, beruflicher und moralisch-politischer Bildung;
2. die Entwicklung einer gegenüber dem Gymnasium durch Aufnahme moderner Fremdsprachen und stärkere Betonung der Naturwissenschaften modernisierten Institution allgemeiner Bildung;
3. schließlich der sowohl bei den Institutionen der gewerblichen Berufsbildung, die nun enger spezialisiert werden, als auch bei den allgemeinbildenden Schulen zu beobachtende Trend der Höherstufung (Realschulen 2. Ordnung werden zu solchen 1. Ordnung und gleichen sich dabei noch stärker dem Gymnasium an, Gewerbeschulen steigen auf zu Realgymnasien beziehungsweise zu technischen Hochschulen).

Dieser Trend ist wohl nicht allein als Konsequenz des Berechtigungswesens zu sehen, das die mittleren Schulen zum Ausbau zwang, wenn sie ihren Schülern die begehrten Berechtigungen vermitteln wollten. Man wird ihn auch nicht ausschließlich daraus erklären können, daß eine wachsende Schicht wohlhabender Bürger eine ihren gesteigerten sozialen und Bildungsansprüchen entsprechende Schulform neben der „Gelehrtenschule" erstrebte. Es spricht vielmehr darüber hinaus einiges für die These, daß die neuen Schulformen Entwicklungstendenzen Rechnung trugen, die im 18. Jahrhundert noch nicht zu erkennen waren: Realwissenschaften und Technologie, deren richtige Nutzung den Programmatikern der Realschule als Garantie für eine besser geordnete, wohlhabendere Gesellschaft schien, hatten im 19. Jahrhundert einen enormen Aufschwung genommen. Die Technologie war in einem Maße spezialisiert und verwissenschaftlicht worden, daß ihre Beherrschung intensivere und umfassendere Studien voraussetzte, als dies zuvor geahnt werden konnte. Dieses Studium selbst bedurfte jedoch einer allgemeinen wissenschaftspropädeutischen Vorbildung, die nicht nur die neu entstandenen höheren Schulen, sondern auch das Gymnasium selbst durch Aufnahme von Naturwissenschaften und stärkere Betonung des mathematischen Unterrichts zu vermitteln strebten. Selbst der Lehrplan der Mittelschule von 1872 läßt noch diese Entwicklung zu einem den Bedürfnissen der Industriegesellschaft angemessenen Kanon einer allgemeinen Grundbildung erkennen.

Vor allem auf dem Sektor der beruflichen Bildung ließ die Höherstufung der Gewerbeschulen eine Lücke, die erst um 1900 allmählich geschlossen wurde: Es fehlten Institutionen der beruflichen Grundbildung für gewerbliche und industrielle Berufe diesseits einer spezialisierten technologischen Ausbildung. Diese ‚Fehlentwicklung' kündigt sich schon in den programmatischen Aussagen zur Bildung des Bürgers um 1800 an, als nämlich innerhalb des Bürgertums selbst die Scheidung zwischen geistiger und körperlicher Arbeit zum entscheidenden Kriterium für die Abgrenzung der „Bürgerschule" von der Elementarschule erklärt wird. Die Idee einer allgemeinen und berufswissenschaftlichen Grundbildung wird im 19. Jahrhundert jedenfalls nur für das besitzende Bürgertum annähernd realisiert (Lundgreen, 1971).

Modelle der Interpretation der Schulgeschichte

Die soeben ausgeführten Thesen über die Entwicklung der Elementar- und Mittelschule im Wechselspiel ökonomischer und politisch-sozialer Interessen und Bedürfnisse sind in der Untersuchung wohl so weit belegt worden, daß sie dem Historiker als brauchbare Ansatzpunkte für weitere Analysen dienen können. Ungeklärt ist dagegen ihre Aussagekraft im Hinblick auf die systematische Fragestellung, die im Eingangskapitel entfaltet worden ist, ausgehend von dem Meinungsgegensatz zwischen radikaler Kritik der Funktionen des Bildungswesens, ja völliger Ablehnung der Institution einerseits und auf der anderen Seite dem uneingeschränkten Vertrauen darauf, daß politische, soziale und ökonomische Probleme sich mit Hilfe der Expansion und Verbesserung des Bildungswesens lösen lassen. Nicht zuletzt die Unversöhnlichkeit dieser Kontroverse zu einem Zeitpunkt, an dem das Bildungswesen zumindest quantitativ ein außerordentliches gesellschaftliches Gewicht gewonnen hat, hat uns zu historischen Studien angeregt. Deren eigentliche Rechtfertigung sehen wir jedoch darin, daß Gesellschaften und ihre Institutionen sich entwickelnde Systeme und damit historische Tatbestände sind. Ihr Funktionieren ist nie allein aus dem Zusammenspiel aktuell einflußnehmender Faktoren zu verstehen, sondern auch aus ihrem geschichtlich entstandenen ‚Reaktionspotential'.

Dieser zunächst auf die Biographie des einzelnen bezogene Begriff ist wohl nicht nur bildlich auf soziale Institutionen zu übertragen. Auch Institutionen bilden in ihrer Entwicklung Deutungsmuster und Reaktionsweisen aus, die ihren Austausch mit den umgebenden sozialen Systemen lenken; sie bringen Entwicklungstendenzen hervor, an denen sich die Einwirkung externer Faktoren bricht beziehungsweise über deren Veränderung sie erst effektiv werden kann. Auch systematische Aussagen über Institutionen haben demnach historische Implikationen, deren Klärung einem besseren Verständnis dienlich sein kann.

Sicherlich besteht dabei stets die Gefahr, daß die pädagogischen und politischen Leitvorstellungen des Untersuchenden in die Geschichte hineinprojiziert werden. Auch Paulsen, mit dem wir uns in diesem Zusammenhang auseinandersetzen müssen, scheint ihr nicht ganz entgangen zu sein. Seine These lautet, im Laufe des 18. Jahrhunderts sei unter dem Einfluß der Aufklärung das Schulwesen aus einem ‚ecclesiasticum' in ein ‚politicum' verwandelt worden. Hier wird offenbar die Herausbildung des staatlichen Schulwesens in einen allgemeinen historischen und insbesondere geistesgeschichtlichen Prozeß der Verweltlichung und der Verstaatlichung gestellt.

Im Verlauf dieses Prozesses hätte der Staat zunehmend soziale Funktionen übernommen, die traditionell von anderen Instanzen, vor allem von der Kirche, ausgeübt wurden. Als treibende Kraft wird dabei die allmähliche Abkehr von religiösen Deutungen der Welt und die Hinwendung zu rationalen, wissenschaftlichen Interpretationen gesehen. „Die Wurzeln der deutschen Volksschule der Gegenwart liegen in dem Zeitalter der Aufklärung", schrieb Paulsen über die sich erst im 19. Jahrhundert konsolidierende preußische Volksschule; „die große pädagogische Reformbewegung des ausgehenden 18. Jahrhunderts hat hier ihre besten Früchte getragen: Pestalozzi hat ihrer Entwicklung Wege und Ziele gewiesen. Das Ziel: Emporbildung jedes Menschenkindes zu einer freien, geistig und sittlich selbständigen Persönlichkeit . . ." (Paulsen, 1912, S. 149). Die Volksschule – zumindest der ersten Hälfte des 19. Jahrhunderts – verdankte nach Paulsen ihre Gestalt dem Reformwillen von leitenden Staatsbeamten und Politikern, die die Postulate von Aufklärung und klassischer Pädagogik in ihr zu realisieren trachteten.

Es ist sicher nicht abzuleugnen, daß Philosophie der Aufklärung und klassische Pädagogik, zum Beispiel über die Lehrerseminare, auch die Elementarschule beeinflußt und daß die preußischen Reformer um die Wende zum 19. Jahrhundert diesen Einfluß gefördert haben. Die Gestalt der Volksschule im 19. Jahrhundert ist tatsächlich jedoch viel stärker von anderen Kräften bestimmt worden, und das ihr offiziell gesetzte Ziel unterscheidet sich wesentlich von dem, das Paulsen ihr zuschreibt. Wir haben

dies an einigen Belegen verdeutlicht. Demnach hätte seine These nur geringen Erklärungswert für den tatsächlichen geschichtlichen Verlauf.
Ein umfassenderes Modell zur Interpretation der geschichtlichen Entwicklung, Funktion und Aufgabe der Volksschule hat W. Flitner in seinen „Vier Quellen des Volksschulgedankens“ (1949) vorgelegt. Seine Darstellung betont die Kontinuität in der Entwicklung des Elementarschulwesens von der spätmittelalterlichen Schreib-, Lese- und Rechenschule über die katechetische kirchliche Laienschule der Reformationsepoche, die Programme einer realistischen Muttersprachschule zum Beispiel eines Comenius bis hin zur Schule der Nationalerziehung und der volkstümlichen Bildung im ausgehenden 18. und 19. Jahrhundert. Flitner vertritt die These, daß diese vier „Ursprungsgedanken“ der Volksschule nicht einfach einander abgelöst hätten, sondern daß jede ältere in der neuen Gestalt aufgehoben sei: „In jeder Form wohnt ihr eine Aufgabe inne, die ihren geschichtlichen Ursprung festhält, was nur so lange möglich ist, als auch im Gemeinwesen dieser Ursprung noch festgehalten wird. Die Vereinigung aller jener Formen erst ergab im 19. Jahrhundert die ausgebildete Volksschule“ (Flitner, 1949, S. 26).
Flitner beabsichtigt offenbar nicht, die empirische Geschichte der Volksschule darzustellen, denn sie entspricht dieser Konstruktion nicht: Von den Ursprungsgestalten, die im historischen Prozeß ineinander aufgehen sollen, ist die „realistische Muttersprachschule“ – zumindest im Hinblick auf die Volksbildung – Programm geblieben; und noch in der preußischen Landschule der Mitte des 18. Jahrhunderts hat das „Rechnen“ offenbar nur eine ganz untergeordnete Rolle gespielt; der Gedanke der Nationalerziehung hat die Volksschule des 19. Jahrhunderts schließlich nur in pervertierter Form erreicht. Die Darstellung Flitners ist eher als die Geschichte einer Idee zu verstehen. Sie hat das Ziel, die aktuellen Aufgaben zu formulieren, die der Volksschule aus ihrer Geschichte gewissermaßen zugewachsen sind: „Die Einheit der vier Bestandteile ist daher nicht gegeben“, so heißt es etwas später an der zitierten Stelle, „sondern wird gestiftet und steht immer wieder in Frage. Sie ist selber eine geschichtliche Leistung, die veränderlich bleibt“ (Flitner, 1949, S. 26).
Unserer eigenen Fragestellung kommt eine These Kobs über strukturelle Notwendigkeit eines öffentlichen allgemeinbildenden Schulwesens in der sich entwickelnden Industriegesellschaft näher: Als Ursachen für die „Institutionalisierung von Erziehung“ nennt Kob den Abbau von „Traditionsbestimmtheit“ und ein „Allgemeinwerden der Rationalität im Gesellschaftsaufbau“ (Kob, 1963, S. 3 ff.). Diese sehr allgemeine und interpretationsbedürftige Formulierung scheint auf einen konkreten historischen Vorgang zu verweisen. Die Ausdehnung der landesherrlichen Verfügungs-

gewalt etwa führt in der Tat zu einem Abbau von „Traditionsbestimmtheit“, insofern sie nämlich tief in die traditionellen Bestimmungen des sozialen Lebens in der Feudalordnung eingreift und den Untertan hervorbringt, der nicht mehr nur der lokalen „Erbobrigkeit“, sondern dem Landesherrn selbst verpflichtet ist. Man kann im „Allgemeinwerden der Rationalität im Gesellschaftsaufbau“ eine andere Seite des gleichen historischen Vorgangs sehen – vor allem, wenn man das instrumentelle Moment in diesem Begriff der Rationalität hervorhebt: Verfügung über die menschlichen und materiellen Ressourcen des gesamten Territoriums nach den Regeln des Verstandes mit den Mitteln allgemeiner Gesetzgebung und Verwaltung.

Entscheidende Bedeutung mißt Kob der geographischen und sozialen Mobilisierung der Bevölkerung nicht nur für die Ausbreitung institutionalisierter Erziehung überhaupt, sondern für die Herausbildung eines neuen Begriffs allgemeiner Grundbildung zu: Mit dieser Mobilisierung „geraten die Bestimmungsgründe des einzelnen in den konkreten Sozialbereichen und -funktionen in Bewegung, und zwar nicht, um neuen Traditionskonstanten Platz zu machen und wieder fest zu werden; die Beweglichkeit wird vielmehr in Permanenz gefordert: ‚Mobilität‘ oder zum mindesten prinzipielle Mobilisierbarkeit sind Forderungen der Rationalität. Nur insofern löst sie nicht etwa nur diese oder jene bestimmten Traditionen, sondern Traditionsbestimmtheit überhaupt ab“ (Kob, 1963, S. 5). „Die in den neuen Strukturen notwendig gewordene Grundbildung muß einen hohen Grad von Allgemeinheit haben . . . Angesichts der Sonderung der Sozialstrukturen, der Distanz zwischen der Welt des Heranwachsenden und der seines künftigen sozialen Lebens, angesichts auch der hohen Differenziertheit der Funktionen und des Allgemeinwerdens der Mobilität im regionalen und sozialen Sinn wird ja die erzieherische Ausrichtung des einzelnen auf umweltnahe und konkrete Normen und Bewußtseinsformen prinzipiell sinnlos“ (Kob, 1963, S. 8 f.).

Auch diese Aussagen sollen offenbar – ähnlich wie die W. Flitners – nicht einen historischen Prozeß beschreiben. Sie sind vielmehr als These über die strukturelle Notwendigkeit institutionalisierter Allgemeinbildung unter bestimmten sozialökonomischen Bedingungen zu verstehen. Andererseits erscheint es notwendig, solche Thesen am historischen Prozeß zu messen und – wo notwendig – zu problematisieren. So ist etwa zu bedenken, daß ein moderner Begriff der Allgemeinbildung schon in Rousseaus „Emile“ in der Gegenüberstellung von Bürger- und Menschenbildung angelegt ist, daß das Prinzip der Allgemeinbildung mit Beginn des 19. Jahrhunderts deutschen Schulprogrammen wie Niethammers „Normativ“ (Schulorganisationsplan) von 1808 und Süverns Entwurf eines Unterrichtsgesetzes von 1819 zugrunde liegt und daß dieses Prinzip schließlich die Schulen selbst konkret beeinflußte, so zum Beispiel das preußische Gymnasium der Wende zum 19. Jahrhundert.

Damit erhebt sich die Frage, ob schon zu diesem Zeitpunkt ein signifikanter Teil der Bevölkerung von jenem Vorgang ergriffen war, den wir nach heutigem Verständnis als geographische und soziale Mobilisierung bezeichnen. Das Übergewicht des Agrarsektors bis weit ins 19. Jahrhundert läßt das zumindest zweifelhaft erscheinen. Sicher hat es auch in diesem Sektor bereits im letzten Drittel des 18. Jahrhunderts und erst recht nach der sogenannten Bauernbefreiung ‚Mobilisierung' gegeben. Sie verlief jedoch für die betroffenen Kleinbauern durchaus krisenhaft: vorindustrielle und frühindustrielle Massenarmut (verbunden mit Kinderarbeit) als Konsequenz und charakteristische Erscheinung solcher ‚Mobilisierung' war sicher keine förderliche Bedingung für die Verwirklichung der damaligen Schulpläne, wenngleich andererseits aus dieser Krisensituation entscheidende Anstöße für die Reform der Elementarschule in Richtung auf eine Institution allgemeiner Grundbildung (Rochow, Pestalozzi) kamen. Unsere Darstellung dürfte darüber hinaus verdeutlicht haben, daß die verschiedenen Schularten keineswegs in gleicher Weise und zu gleichen Zeitpunkten durch Prinzipien der Allgemeinbildung bestimmt wurden, sondern daß dieser Prozeß sich nur sehr allmählich – durch antagonistische gesellschaftliche Interessen gebrochen – durchsetzte. Schließlich zeigt besonders die Geschichte der Elementarschule, daß hier nicht von einer völligen Auflösung von „Traditionsbestimmtheit" die Rede sein kann, daß vielmehr ständisch-absolutistische und kirchliche Traditionen die Funktion dieser Schule bis ans Ende des 19. Jahrhunderts wesentlich geprägt haben.

Nicht zu verkennen ist andererseits, daß ‚Auflösung von Traditionsbestimmtheit' eine wesentliche Zielsetzung der Realschulpläne des 18. Jahrhunderts war. Bei aller Schwierigkeit, Kobs abstrakte Charakterisierung der sozialen Bedingungen für die Entwicklung des allgemeinbildenden Schulwesens an konkreten historischen Vorgängen festzumachen, scheinen die von ihm angebotenen (und, wie noch zu zeigen ist, in der Tradition der Parsonsschen Systemtheorie stehenden) Kategorien geeignet, wichtige Momente dieses Prozesses sichtbar zu machen. Die Thesen sind jedoch zu wenig ausgeführt, um im folgenden weiter als Grundlage für die systematische Analyse der Funktion der Schule dienen zu können.

Soziologische Theorien der Schule

Angesichts der Fülle neuerer Versuche, die gesellschaftliche Funktion der Schule systematisch zu analysieren, bedarf unsere Entscheidung für die

Ansätze von Talcot Parsons sowie Pierre Bourdieu und Jean-Claude Passeron einer kurzen Begründung. Für Parsons spricht zunächst, daß sich die Fruchtbarkeit einiger von ihm entwickelter Konzepte in einer Anzahl historischer und empirischer Untersuchungen bewährt hat, deren Fragestellung durchaus Berührung mit unserer eigenen hat[1], so daß sich eine erneute Überprüfung ihrer Tragfähigkeit geradezu aufdrängte. Der wichtigste Grund für die Prominenz des Parsonsschen Ansatzes dürfte wohl darin zu sehen sein, daß er sozialisationstheoretische, handlungstheoretische und auf die Struktur sozialer Systeme bezogene Erwägungen systematisch verbindet und gerade deshalb für eine Analyse solcher Institutionen wie Schule oder Familie in besonderem Maße geeignet erscheint.

Dieser Vorzug, die gesamtgesellschaftliche Analyse mit der Struktur der Institutionen des Bildungswesens und der in ihnen ablaufenden Prozesse zu verbinden, zeichnet – bei allen Unterschieden des theoretischen Ansatzes – auch die Arbeiten von Bourdieu und Passeron aus. In ihrer spezifischen Verbindung von gesellschaftstheoretischer, ideologiekritischer und empirischer Forschung scheinen sie uns die Erörterung der sozialen Funktion von Bildungsinstitutionen weiter und differenzierter gefördert zu haben als alle uns sonst bekannten Untersuchungen dieser Frage.

Eine Auseinandersetzung mit derart breit angelegten Theorien muß besonders lohnend und – ausgehend von einer sehr viel begrenzteren historischen Analyse – auch prinzipiell möglich sein, da mit systematischen Aussagen über gesellschaftliche Strukturen und soziale Funktionen notwendig historische Implikationen verbunden sind. Dabei wird es uns insbesondere darum gehen, die Ergebnisse unserer historischen Analyse und einige zentrale Aussagen der systematischen Konzepte von Parsons sowie Bourdieu und Passeron wechselseitig in Beziehung zu setzen: Einerseits wird also nach der Erklärungskraft dieser Theorien auch für Entwicklungsbedingungen und Funktionen des Schulsystems im 18. und 19. Jahrhundert gefragt, andererseits aber nochmals nach der Relevanz historischer Untersuchungen für das Verständnis der aktuellen Systembedingungen. Die folgenden Passagen werden demnach der Einordnung und sicherlich auch Relativierung unserer historischen Arbeit dienen.

Damit ist allerdings der Zweck unserer Auseinandersetzung mit den genannten Theorien nicht erschöpft; es geht zugleich auch noch um eine Art Fortsetzung der Untersuchung mit anderen Mitteln. Von wesentlichen Funktionen, die den gegenwärtigen Status des öffentlichen Bildungswesens offenbar bezeichnen, war in den untersuchten Phasen seiner Konstituierung noch nicht die Rede. Die kritische Erörterung dessen, was in den Theorien

---

[1] Vgl. J. Bergmann, 1971. McClelland, o. J. (1961); Hoselitz, 1969; Lundgreen, 1970.

eines Parsons, insbesondere aber von Bourdieu und Passeron in dieser Beziehung herausgestellt wird, gibt uns somit Gelegenheit, einige aktuelle Probleme zu diskutieren, die diese systematischen Analysen der gesellschaftlichen Funktion der Schule ja erklärtermaßen zum Gegenstand haben. Damit nehmen wir zugleich die Frage nach der Legitimität öffentlicher Schuleinrichtungen, die wir am Anfang unserer Arbeit aufgerollt haben und die allein durch den Hinweis auf die historische Genese des Schulwesens nicht zureichend beantwortet ist, wieder auf.

T. Parsons' Strukturanalyse der Funktion der Schule

Bevor wir näher auf Parsons eingehen, ist noch genauer zu bestimmen, welchen Ertrag wir hier von seiner Analyse der gesellschaftlichen Funktion der Schule erwarten können: Sicher ist es nicht der Nachweis, daß die preußische Elementarschule genau die gleichen Funktionen bereits erfüllte, die die amerikanische Primarschulklasse nach Parsons heute erfüllt. Zu erwarten ist aber erstens, daß sie einige dieser Funktionen im Prinzip bereits erkennen läßt, wenn Parsons nicht ganz an der Realität der Schule vorbeianalysiert hat und wenn der Begriff Schule auf die preußische Elementarschule bereits anwendbar ist. Zweitens erwarten wir, daß gerade aus dem Kontrast zwischen Vergangenheit und Gegenwart die jeweilige Funktion der Schule genauer bestimmt werden kann. Schließlich liefert drittens diese Konfrontation vielleicht auch Aspekte zur Kritik des systematischen Ansatzes von Parsons.

Parsons befaßt sich, wie der Titel seiner hier vor allem relevanten Abhandlung (Parsons, 1968) schon sagt, mit der amerikanischen Schule, und zwar insbesondere mit der Grundschulklasse. Die Strukturen, die er hervorhebt, sind jedoch so allgemein, daß die Ergebnisse seiner Analyse mit geringen Einschränkungen auf andere moderne Bildungsinstitutionen übertragbar sind[2]. Er untersucht die Schule als „Instanz der Sozialisation und Verteilung" von Erwachsenenrollen beziehungsweise -status und konzentriert sich auf die Schulklasse, weil sie der Ort ist, „wo das ‚Geschäft' der formalen Erziehung tatsächlich besorgt wird" (1968, S. 161). Parsons interessiert die Frage, wie hier die „Persönlichkeiten ausgebildet werden, um der Erfüllung von Erwachsenenrollen motivationsmäßig und technisch gewachsen zu

[2] Einer der nicht unwesentlichen Unterschiede zu unserer Grundschule liegt darin, daß in ihr die Zahl der männlichen Lehrkräfte größer ist als in den amerikanischen – womit offenbar andere Bedingungen für die Identifikation des Schülers mit dem Lehrer, für sein Rollenlernen und die „Reorganisation des Persönlichkeitssystems des Schülers" gegeben sind – Bedingungen, denen Parsons sicher zu Recht beträchtliche Bedeutung für das schulische Lernen zuschreibt (1968, S. 178 f.).

sein" (1968, S. 162), also der Beitrag der Schule als Sozialisationsinstanz zur Erhaltung der sozialen Struktur und des Wertsystems der amerikanischen Gesellschaft.

Die Strukturvariablen, die diese Leistung der Schulklasse ermöglichen, werden im Kontrast zur Struktur der Familie und ihren spezifischen Sozialisationsleistungen herausgearbeitet: Der familiale Status wird auf der Grundlage von Lebensalter und Geschlecht „zugeschrieben", nicht erworben; die Rollenbeziehungen sind durch eher „partikularistische" Orientierungen zum Beispiel an individuellen Besonderheiten der Familienmitglieder bestimmt; wichtigste Ergebnisse der primären Sozialisation in der Familie sind die Herausbildung der Geschlechtsrolle auf der Grundlage der Identifikation mit den Eltern und die Entwicklung eines bestimmten Niveaus von Unabhängigkeit (1968, S. 166).

Die Schule ist bei Parsons demgegenüber „die erste Sozialisationsinstanz in der Erfahrung des Kindes, die eine Statusdifferenzierung auf nichtbiologischer Basis institutionalisiert. Darüber hinaus handelt es sich dabei nicht um einen askriptiven, sondern um einen erworbenen Status, der durch unterschiedliche Erfüllung der vom Lehrer gestellten Aufgaben ‚verdient' wird" (1968, S. 166 f.).

Die Grundschulklasse wird in der Regel für die Dauer eines Jahres von einer Klassenlehrerin unterrichtet. „Die Klasse besteht aus etwa 25 Gleichaltrigen beiderlei Geschlechts, die aus einem verhältnismäßig kleinen geographischen Gebiet stammen, das heißt aus der Nachbarschaft. Es gibt zunächst keine formelle Basis der Statusdifferenzierung, außer, in gewisser Hinsicht, dem Geschlecht. Die wesentliche strukturelle Differenzierung erfolgt erst allmählich auf der einzigen, oben als Leistung bezeichneten Hauptachse. Daß die Differenzierung wirklich auf einer einzigen Hauptachse erfolgt, wird durch vier primäre Merkmale der Situation gewährleistet. Das erste ist die anfängliche Gleichheit des Status der ‚Wettbewerber' nach Alter und Familiensituation, da die Nachbarschaft typischerweise weitaus homogener ist als die ganze Gesellschaft. Zweitens wird eine Reihe gemeinsamer Aufgaben gestellt, die im Vergleich zu anderen Aufgabenbereichen verblüffend undifferenziert sind. ... Drittens gibt es eine scharfe Polarisierung zwischen den Schülern in ihrer ursprünglichen Gleichheit einerseits und dem einzelnen Lehrer andererseits, der ein Erwachsener ist und die Welt der Erwachsenen ‚repräsentiert'. Und viertens gibt es einen verhältnismäßig systematischen Prozeß der Bewertung der Schulleistungen" (1968, S. 167 f.). „Die Schulklasse ist so strukturiert, daß die Möglichkeit partikularistischer Behandlung stark eingeschränkt ist" (1968, S. 170). Der Lehrer ist in Handlungen und Bewertungen überwiegend durch „universalistische" Kriterien gebunden.

Im Laufe des Schulbesuchs erweitert sich zugleich „der Bereich der Assoziation mit Gleichaltrigen ohne besondere Beaufsichtigung durch Erwachsene“ (1968, S. 173). Die besondere Sozialisationsfunktion der „peer group“ sieht Parsons darin, daß der Schüler in ihr lernt, „mit Individuen von gleichem oder beinahe gleichem Status“ zusammenzuarbeiten (1968, S. 174), was einen wesentlichen Teil seines Arbeitslebens als Erwachsener bestimmen wird, während er in der Interaktion mit den Eltern, aber auch mit der Lehrerin, den „Typus der hierarchischen Statusdifferenzierung“ erfahren hat (ebenda).
Die Leistung, die der Auslese in der Schule zugrunde liegt, hat nicht nur die kognitive Komponente des Lernens von Informationen und Fähigkeiten, sondern zugleich eine „moralische“, nämlich das Erlernen von Arbeitsgewohnheiten und -tugenden, von Initiative, Rücksichtnahme, Zusammenarbeit. Beide Komponenten sind gerade in den Anfangsjahren der Grundschule noch wenig geschieden (1968, S. 171). Die Motivation für solche Leistungen wird nach Parsons über die Identifikation mit dem Lehrer erworben (1968, S. 175). Daß der Lehrer eine Frau ist, schafft ein Moment der Kontinuität zur Primärsozialisation, nämlich zur prä-ödipalen Bindung an die Mutter, und erleichtert damit den Aufbau von Leistungsmotivation (1968, S. 178). Die Tatsache, daß zwischen Familie und Schule ein weitgehender Konsens über den Wert der schulischen Leistungen und die Gerechtigkeit ihrer Bewertung besteht, wird als wichtiger Faktor für die Integration der amerikanischen Gesellschaft hervorgehoben, für die die Grundschule „eine Verkörperung des fundamentalen amerikanischen Wertes der Chancengleichheit“ ist, „indem sie sowohl auf ursprüngliche Gleichheit als auch auf unterschiedliche Leistung Wert legt“ (1968, S. 180 f.).
Selbstverständlich weiß Parsons, daß von Gleichheit der „Wettbewerber“ nicht in einem sehr strengen Sinne die Rede sein kann, daß schon das in der Familie entwickelte Niveau der Unabhängigkeit ein wichtiger prädisponierender Faktor ist, „mit dem das Kind in die Schule eintritt“ (1968, S. 166); und er belegt anhand einer eigenen Untersuchung, daß „vorgegebene (askriptive) und erworbene Faktoren“, so der sozio-ökonomische Status der Familie, das Ergebnis beeinflussen. Er hält dennoch an der mit seinem Leistungsbegriff auch durchaus zu vereinbarenden These fest, daß sich in der Grundschule ein ‚echter‘, primär an Leistung orientierter Selektionsprozeß vollzieht (1968, S. 164).
Die Funktion der Sekundarstufe wird von Parsons nur sehr knapp charakterisiert: Der Akzent liegt hier nicht mehr auf der Selektion nach dem allgemeinen Leistungsniveau, sondern „auf der Differenzierung qualitativer Typen der Leistung“ (1968, S. 186). Der Schüler wird „systematischer der Assoziation mit anderen Menschen, Erwachsenen und Gleichaltrigen“ aus-

gesetzt (1968, S. 187). Nicht zuletzt in der Zunahme außerschulischer Aktivitäten bildet sich eine spezifische Jugendkultur aus, die ihrerseits in der amerikanischen Gesellschaft wichtige sozialisatorische Funktionen übernimmt. Die soziale Schichtung dieser Gruppen „ist eine Brücke zwischen der Leistungsordnung und dem Schichtungssystem der Erwachsenen in der Gemeinde" (1968, S. 189).

Wir können hier nicht untersuchen, inwieweit die Wirklichkeit der amerikanischen Schule dem Parsonsschen Modell entspricht. Wenigstens in einer Anmerkung sei auf zwei neuere Untersuchungen verwiesen, die aufgrund zahlreicher empirischer Studien zu belegen suchen, daß der Beitrag der amerikanischen Schule zur Realisierung des ‚fundamentalen Wertes der Chancengleichheit' gering ist, daß es der Schule weder gelingt, so etwas wie eine ursprüngliche Gleichheit der Wettbewerber herzustellen, noch sie deutlich nach in ihr erworbenen Fähigkeiten zu differenzieren noch gar aufgrund dieser Selektion die Verteilung von sozialem Status in der Erwachsenenwelt wesentlich zu beeinflussen:
Jencks u. a. (1972) versuchen, aufgrund von statistischen Reanalysen einer Vielzahl zum Teil repräsentativer Untersuchungen den Nachweis zu führen, daß erstens die Zuteilung schulischer Ressourcen zu ungleich ist, um ‚ursprüngliche Ungleichheit' wirkungsvoll auszugleichen, daß zweitens kognitive und schulische Leistungen durch eine Anzahl von Variablen bestimmt sind, unter denen schulischen Faktoren ein relativ geringes Gewicht zukommt: Nach Jencks gehen 35 bis 50 Prozent der Unterschiede in Schul- und Intelligenztestleistungen auf erbliche Begabungsunterschiede zurück. Auf Kosten des Faktors Umwelt (ökologische Bedingungen) gehen etwa 25 bis 40 Prozent, ein Angleichen des ökonomischen Status der Familien würde die Varianz der Testleistungen um höchstens 6 Prozent reduzieren; die Angleichung der Zahl der Schuljahre um weitere 5 bis 15 Prozent, und die unterschiedliche Qualität der Schulen ist nach Jencks nur für 4 Prozent der Varianz verantwortlich. (Zu beachten ist, daß es sich hier um Schätzungen handelt, die allenfalls grobe Annäherungen an ‚wahre Werte' zulassen; heftig umstritten ist insbesondere, ob die bisher verfügbaren Methoden, den Anteil ‚ererbter Begabung' zu bestimmen, überhaupt zu gültigen Ergebnissen führen können.) Drittens: Der berufliche Status der Erwachsenen hängt dagegen eng mit der Dauer des Schulbesuchs zusammen, nicht jedoch das Einkommen. Jencks schließt aus seiner Analyse, daß die Schule nicht nur die Intelligenztestleistungen, sondern auch die Unterschiede zwischen mit standardisierten Tests gemessenen Schulleistungen im Vergleich zum Familienhintergrund nur geringfügig beeinflußt.
Diese in den Vereinigten Staaten gewonnenen Ergebnisse sind sicher nicht ohne weiteres auf unser Bildungswesen zu übertragen, wohl aber auf Parsons' Modell der Struktur und Funktionen der amerikanischen Schulklasse. Folgt man ihnen, so kann die amerikanische Schule die ihr von Parsons zugewiesene Funktion des Ausgleichs ursprünglicher Ungleichheit nur sehr eingeschränkt erfüllen. Der öffentliche Konsens, daß ihr das gelinge, wäre demnach eine systemstabilisierende Ideologie; denn nicht der reale ökonomische Status, sondern der berufliche, dessen Einschätzung offenbar durch den der Schulbildung zugeschriebenen Wert bedingt ist, korreliert mit der Dauer des Schul- und Hochschulbesuchs.
Die Untersuchung von Gintis (1971) ist darauf angelegt, die Art der hier wirksamen Mechanismen näher zu bestimmen: Gintis argumentiert aufgrund einer

Sekundäranalyse von neun Untersuchungen über den Zusammenhang zwischen Schulbildung und Einkommen (allerdings mit spekulativen Annahmen über Komponenten dieses Zusammenhangs), daß diese Korrelation kaum durch die Ausbildung kognitiver Fähigkeiten in der Schule erklärt werden kann, sondern in wesentlich höherem Maße durch die Herausbildung eines „affektiven" Reaktionspotentials in der spezifisch schulischen Sozialstruktur der Interaktionen. (Daß die von Gintis herangezogenen Untersuchungen im Gegensatz zu Jencks einen Zusammenhang zwischen Schulbildung und Einkommen feststellen, hängt wohl damit zusammen, daß bei Jencks neben Schulbildung noch andere Variablen zur Erklärung von Einkommensunterschieden herangezogen werden.) Die Struktur der sozialen Beziehungen in der Schule begünstigt die Entwicklung jener Persönlichkeitszüge und Sozialfähigkeiten, die auch der kapitalistische Betrieb hoch bewertet, dessen bürokratisierter Struktur sich die Schule angenähert hat. Hier wie dort werden dagegen Originalität, Unabhängigkeit, Selbstvertrauen gering eingeschätzt oder behindert[2a].

Die Analyse von Gintis hat in ihrem Ansatz Ähnlichkeiten mit der von Parsons, insofern beide strukturelle Bedingungen analysieren, die die Leistung der Schule für andere soziale Systeme ermöglichen. Sein Interesse gilt jedoch nicht den auf hohem Abstraktionsniveau klassifizierten allgemeinen Bedingungen für das Funktionieren des sozialen Systems der USA, sondern den spezifischen Bedingungen des Zusammenhangs zwischen der Ausbildung der ‚Arbeitskraft' und ihrer Verwertung im kapitalistischen System. Von seinen Ergebnissen her, deren hypothetischen Charakter man allerdings nicht verkennen sollte, erscheinen die normativen Orientierungen, die nach Parsons entscheidend für das moderne soziale System sind (insbesondere die Leistungsorientierung), als wirksame ideologische Verschleierung dessen, was eigentlich die Leistung des Ausbildungssystems für das Beschäftigungssystem ausmacht: Disziplinierung, Anpassung an ein differenziertes System von Belohnung und Bestrafung, an eine Struktur hierarchischer Beziehungen, Abbau von Selbständigkeit und Kreativität.

Parsons' Analyse und die preußische Schule

Der Kontrast zwischen Parsons' Modell und der vermutlichen Realität der preußischen Elementarschule wird unmittelbar deutlich. Er zeigt sich schon darin, daß die Elementarschule in der Regel einklassig ist, in ihr also, ähnlich wie in der Familie, eine Altersdifferenzierung der möglichen Differenzierung nach Leistung vorausgeht. Im Gegensatz zur Jahrgangsklasse heute wird die Struktur der Schulklasse damit durch ein hierarchisches Moment bestimmt, dessen Sozialisationswirkung wohl noch dadurch verstärkt wurde, daß sich mit den Lebensaltersunterschieden Leistungsunterschiede verbinden. Weiterhin fällt es schwer, sich den preußischen Elementarschullehrer, zumindest den des 18. Jahrhunderts, als ein Objekt der Identifikation für die Schüler vorzustellen. Schon seine ökonomische Position, schlechter

[2a] Vgl. die überzeugende Kritik an den Schlußfolgerungen von Gintis durch Nunner-Winkler, 1974.

und ungesicherter jedenfalls als die eines Teils seiner bäuerlichen Klientel, und sein geringes Ansehen prädestinierten ihn eher zu einem Objekt des Spottes. Die Härte der körperlichen Disziplinierung, vor deren Übermaß schon die frühen Schulordnungen warnen (Die Lehrer sollen Gott „anflehen, daß er ihnen ein väterlich gesinntes, mit Ernst und Liebe temperirtes Herz gegen die anvertraute Kinder verleihe", bestimmt der § 17 des „General-Landschulreglements"), dürfte die Schule für viele Kinder zu einer Stätte der Furcht gemacht haben. War der Lehrer dagegen ein gebildeter Mann und sittlich gefestigt genug, „mit seinem Wandel nicht wiederum nieder(zu)reisse(n), was er mit seiner Lehre gebauet hat" (§ 12), so konnte die kulturelle Kluft zwischen ihm und den Elternhäusern seiner Schüler auch ein erschwerendes Moment für seine Arbeit sein. Diese Bemerkung läßt sich wahrscheinlich sehr weitgehend auf das Verhältnis zwischen Elternhäusern oder überhaupt der Erwachsenenwelt der Bauern und Arbeiter einerseits und der Schule andererseits verallgemeinern: Jener Konsens zwischen Elternhäusern beziehungsweise Erwachsenenwelt und Schule über die Bedeutung der in der Schule vermittelten Werte und Fähigkeiten, der nach Parsons grundlegend für die integrative Funktion der Schule ist, dürfte im Preußen des 18. und beginnenden 19. Jahrhunderts nur sehr unvollkommen ausgebildet gewesen sein.

Für den großen Teil der Bevölkerung, der dauernd am Rande des Existenzminimums lebte, konnten die in der Schule vermittelten Fähigkeiten und Inhalte, deren unmittelbare ökonomische Nutzbarkeit ohnehin zweifelhaft sein mußte, keine Priorität vor dem möglichst frühen Einsatz der kindlichen Arbeitskraft im Dienste der baren Existenz der Familie erlangen. Die Unmöglichkeit, die Schulpflicht durchzusetzen, ist der konkreteste Beleg dafür. Erst wo Religiosität oder kirchliche Gesinnung des Elternhauses dem Erlernen des Katechismus, dem Singen von Kirchenliedern und dem Bibellesen einen Sinn verliehen – die große Zahl der Sekten zeigt, daß man davon nicht als von einer Ausnahme sprechen kann[3] – beziehungsweise wo eine soziale und ökonomische Nutzung der in der Schule vermittelten Fähigkeiten zumindest möglich schien, waren Grundlagen für einen Konsens über den Wert schulischer Inhalte und Verfahren gelegt.

Erst um die Mitte des 19. Jahrhunderts – zu einem Zeitpunkt, an dem die letzten agrarischen Hungerkrisen überwunden sind, die Kinderarbeit rechtlich und bis zu einem gewissen Grade wohl auch faktisch eingeschränkt ist – beginnen die eigenen Organisationen der Arbeiterschaft die Bedeutung einer allgemeinen Grundbildung öffentlich zu betonen. Ihre Forderung

[3] Vgl. Engelsing, 1968, S. 342 f., S. 350 ff.; zu den Sekten die Angaben bei H. Krüger, 1958, S. 393 ff. Vgl. auch Möller, 1969, S. 214–230.

nach unentgeltlicher allgemeiner Schulbildung und technischer Grundbildung ist in der Regel mit einer Kritik der bestehenden Elementarschule verbunden. Trotz der in der Literatur häufig anzutreffenden Versicherungen, für die Arbeit in der Fabrik sei Elementarbildung eine notwendige Voraussetzung[4], wissen wir zu wenig Konkretes darüber, wie die in der Schule vermittelten Qualifikationen dort eingesetzt werden konnten beziehungsweise welche Aufstiegsmöglichkeiten sie eröffneten. Die soziale Bedeutung der Elementarbildung für die Arbeiter, schon allein als Vorbedingung einer umfassenden politischen Kommunikation innerhalb der eigenen Klasse, scheint jedoch im Laufe des 19. Jahrhunderts schnell zu wachsen und damit den Konsens über den Wert einer solchen Bildung (nicht aber über den Inhalt des über die Vermittlung der ‚Kulturtechniken' hinausgehenden Unterrichts) endgültig zu konsolidieren.

Eine weitere Diskrepanz zwischen Parsons' Modell und der preußischen Elementarschule betrifft die von ihm als grundlegend hervorgehobene Funktion der Differenzierung der Schüler auf einem Kontinuum schulischer Leistungen. Es ist wohl nicht auf die Begrenztheit unserer Kenntnisse über die praktische Arbeit der Elementarschule zurückzuführen, wenn wir den Eindruck haben, daß in ihr der Leistungsbewertung lange Zeit kein besonderes Gewicht zukam. Für die Anfänge läßt sich das sicher aus den ohnehin niedrigen Leistungszielen der Schule erklären, die zufrieden sein durfte, wenn ihre Schüler sie mit notdürftig ausgebildeter Fähigkeit zum Lesen, Schreiben und – seltener noch – Rechnen sowie einiger Kenntnis des Katechismus und der Bibel verließen. Die einzig relevante Leistungsdifferenzierung mußte hier wohl zwischen den Schülern verlaufen, die diesen Kursus einigermaßen regelmäßig und ‚brav' absolvierten, und jenen, die die Schule nur sehr unregelmäßig und kurzfristig besuchten und deshalb nicht einmal die elementaren Lernziele erreichen konnten. Die einzige Form der Leistungskontrolle dürften die mehr oder weniger regelmäßigen „Prüfungen" anläßlich von Visitationen oder durch den mit der lokalen Schulaufsicht betrauten Geistlichen gewesen sein – Prüfungen, die eher dem Lehrer galten.

Zweifellos erforderte die in den ersten Jahrzehnten des 19. Jahrhunderts zu relativ hoher Differenziertheit entwickelte Methodik des Volksschulunterrichts eine wesentlich sorgfältigere Berücksichtigung des individuellen Leistungsstands der Schüler, und die von den guten Seminaren kommenden Lehrer dürften besser in der Lage gewesen sein, ihren Unterricht den Lehrbüchern der Methodik entsprechend zu stufen und zu individualisieren.

---

4 Vgl. zum Beispiel die von F. Arlt zusammengetragenen Äußerungen von Unternehmern zu dieser Frage, Arlt, 1968, sowie Landes, 1965, 1973.

In den mehrklassigen Schulen wird man des öfteren Prüfungen vor den Übergang in die nächsthöhere Klasse gesetzt haben, so wie es W. Harnisch (1900, S. 117) aus der Übungsschule des Breslauer Seminars um 1815 berichtet. Ein stärker formalisiertes Leistungsbeurteilungs- und Zensurensystem scheint sich als wesentliches Strukturelement der Institution Schule jedoch erst gegen Ende des 19. Jahrhunderts ausgebildet zu haben. Der 26 Seiten lange Artikel „Schulzeugnisse" im 8. Band der „Encyclopädie des gesammten Erziehungs- und Unterrichtswesens" (Schmid, 1870) erwähnt die „Volks-(Elementar-)Schulen" nur mit wenigen Sätzen, in denen von einem Gesetz*entwurf* über ein Abgangszeugnis die Rede ist und die folgende Begründung für den Entwurf zitiert wird (S. 356 f.): „Von der hier vorgesehenen allgemeinen Einführung der Schulzeugnisse und deren allmählich dann mehr und mehr in Aufnahme kommenden Bedeutung für alle späteren Lebensverhältnisse ist eine besonders gute Rückwirkung auf den Schulbesuch und den Fleiß in der Schule zu erwarten." Im übrigen ist fast ausschließlich von der höheren Schule die Rede, und auch das in einer Weise, die erkennen läßt, daß der Prozeß der Formalisierung der Leistungsbeurteilung selbst hier noch nicht abgeschlossen war.

Um ein letztes Beispiel zu geben: In der „Methodik der Volksschule auf geschichtlicher Grundlage" (1874) von Friedrich Dittes wird das Problem der Leistungsbeurteilung mit einer kurzen negativen Antwort auf die Frage erledigt, „ob in der Volksschule eine Rangordnung der Kinder nach ihren Leistungen und ihrem Verhalten stattfinden solle" (S. 59). Immerhin weist diese Erörterung auf eine Praxis der Sanktion von Schulleistungen hin, deren Verbreitung in der Elementarschule wir allerdings nicht kennen.

Gerade der langwährende Verzicht auf formalisierte Leistungskontrollen ist weniger als strukturelles Defizit gegenüber der modernen Grundschule zu werten, sondern als Indiz dafür, daß die preußische Elementarschule – mindestens teilweise – andere Funktionen in einem anderen Bildungs- und Gesellschaftssystem erfüllte. (Das ist zugleich auch ein Beleg für die Brauchbarkeit des Parsonsschen Ansatzes.) Anders als in der Grundschule gab es hier keinen formalisierten Übergang in ein differenziertes Sekundarschulwesen. Welche Funktion hätte also eine formalisierte Leistungsbewertung haben sollen? Sie mußte auch im Hinblick auf das Beschäftigungssystem funktionslos bleiben, solange sie nicht mit einer „Berechtigung" verbunden war. Ob und wie jemand schreiben und rechnen konnte, das ließ sich ohnehin im Bedarfsfall durch den Arbeitgeber sehr schnell feststellen. Eine ‚Verteilungsfunktion' im Rahmen des Bildungswesens erfüllte die Elementarschule also nicht. Wieweit sie eine solche Funktion trotz fehlender „Berechtigungen" gegenüber dem Beschäftigungssystem hatte, können wir nicht abschätzen. Man kann vermuten, daß die Stellen von Vorarbeitern und die weniger ‚kündigungsanfälligen' und etwas besser entlohnten Arbeiten eher von jenen erreicht wurden, die die Elementarschule erfolgreich durchlaufen hatten und dabei nicht nur Kenntnisse erworben, sondern auch Arbeitstugenden habitualisiert hatten, die sie zum erfolgreichen Durchlaufen einer Lehre befähigten und damit auch für das Beschäftigungssystem verwertbar waren. Selbst wenn das zutrifft, kann man jedoch nur in einem sehr eingeschränkten Sinne von einer ‚Verteilung' der Erwachsenenrollen durch die Elementarschule sprechen, denn die strenge Abschottung zwischen ihr und den übrigen Institutionen des Bildungswesens spiegelte und reproduzierte nur die scharfe Trennung zwischen den sozialen Klassen.

Es ist gezeigt worden, daß auch die preußische Mittelschule keineswegs zur Milderung oder gar zum Abbau dieser Klassentrennung beitragen sollte. Zielte die Konzeption der ursprünglichen Realschule noch auf die Gesamtheit des gewerblich, technisch, kaufmännisch und verwaltend tätigen Bürgertums, so institutionalisierte die Mittelschule im Bildungswesen die Abspaltung des Kleinbürgertums vom gehobenen Bürger einerseits und seine Abhebung von der Masse des Volkes andererseits. Mittelschuleigene Vorschule und Schulgeld festigten die Abschottung gegenüber der Volksschule, auf deren Lehrplan der der Mittelschule zugleich aufbaute. Tatsächlich kann man aus der inhaltlichen Nähe zum Lehrplan der ausgebauten Volksschuloberstufe die These ableiten, daß das ‚soziale Dreiklassensystem' im Schulwesen – die Trennung zwischen Elementar-, Mittel- und höherer Schule – in Wirklichkeit ein ‚Zweiklassensystem' war, bei dem die entscheidende Grenze zwischen den höheren Schulen des gehobenen Bürgertums und den übrigen Institutionen für die Kinder des gewerblich tätigen Kleinbürgertums und der Masse der Bevölkerung verlief. Die größere Nähe der Mittelschule zum Elementarschulwesen läßt sich mit weiteren Kriterien belegen, zum Beispiel an der Lehrerqualifikation oder der Tatsache, daß keine der beiden Institutionen „Berechtigungen" verlieh. Dem ‚unteren Mittelstand' war mit der Begründung der Mittelschule das Bewußtsein einer von der Unterschicht abgehobenen sozialen Stellung institutionell erleichtert und nahegelegt worden, zugleich aber hatte die Mittelschule nicht zuletzt die Funktion, seine Kinder von den Schulen des gehobenen Bürgertums fernzuhalten.

Wie ausgeführt, hatten schon die Zeitgenossen erkannt, daß die Mittelschule dank günstigerer sozialer und ökonomischer Voraussetzungen in die Wirklichkeit umsetzen sollte, was nach 1872 der Lehrplan einer modernen ausgebauten Volksschuloberstufe vorsah. Dieses Argument der höheren Leistungsfähigkeit ist bis in die Gegenwart von ihren Befürwortern immer wieder hervorgehoben worden, und mit ihm beginnt – noch in den Grenzen der Klassenschule des 19. Jahrhunderts – die Funktion der Zuweisung sozialen Status nach Maßgabe schulischer Leistung in freilich extrem ideologischer Form hervorzutreten. Ideologisch erscheint diese Funktion insbesondere deshalb, weil der soziale Status des gewerblichen Kleinbürgertums zur Begründung für die Notwendigkeit einer Mittelschule herangezogen wurde.

Unabhängig von der nur in Einzelfällen überwindbaren Schranke zwischen sozialen Klassen und zwischen ihren Bildungsinstitutionen hatte die Elementarschule, wie ausgeführt, spezifische Integrationsfunktionen zu erfüllen. Sie betrafen erstens die Herauslösung der Bevölkerung aus partikularen Herrschaftsbindungen und die allmähliche Einordnung in ein gesamtstaatliches Herrschaftssystem, zweitens die Assimilation fremdsprachlicher Minoritäten[5]. Die dritte Funktion war die der ideologischen Integration: zunächst über eine Religion, die die Macht des Landesherrn legitimierte und die Moralität stützte, dann in zunehmendem Maße über die unmittelbare Verbreitung der Hohenzollernverehrung und schließlich über den Mythos der Nation, der vor allem innenpolitische Funktionen hatte, wie das bis in die jüngste Vergangenheit so wirksame Schimpfwort von den „vaterlandslosen Gesellen" (Sozialdemokraten) belegt[6]. Viertens erfüllte die Elementarschule zunehmend durch ihr bloßes Bestehen eine Legitimations- und damit Integrationsfunktion in den Grenzen der Klassengesellschaft. Seit die Philosophie und Pädagogik ‚Bildung' zu einer mit dem Vernunftwesen Mensch schon anthropologisch begründeten Forderung erhoben hatten, konnte die Regierung ihre nicht nur selbstlosen (und wie ausgeführt meist nicht sehr nachdrücklichen) Bemühungen zugleich dem eigenen moralischen Konto einer christlich-humanen Herrschaft gutschreiben. Der entschiedenere Ausbau der Volksschule seit den siebziger Jahren fällt zusammen mit dem Kulturkampf sowie mit Anwachsen und Verfolgung der Sozialdemokratie und schafft ein wichtiges Instrument für

---

[5] Eine Aufgabe, die W. Harnisch schon 1816 unter dem Begriff des Volkes formulierte: „Wir haben Gegenden, wo polnisch, lithauisch und französisch, oder ein Sprachmischmasch von dem Volke gesprochen wird. Diese Nebensprachen, welche den Bildungsgang des Volkes hemmen und diese Volksstämme trennen von dem gemeinsamen preußischen Volk, diese allmählich nicht durch Gewalt, sondern durch Bildung zu verdrängen, ist längst des Staates Absicht gewesen, sowie es Recht und Pflicht mit sich bringen. Allein hierin sind noch sehr geringe Fortschritte gemacht. Der Grund liegt größtenteils in den Volksschullehrern und in den Bildungsanstalten, worin sie unterrichtet werden" (1900, S. 121). Die Stelle zeigt u. a., wie sehr sich Vertreter des Bildungswesens schon am Beginn des 19. Jahrhunderts mit dieser politischen Aufgabe identifizieren konnten.

[6] Wie weit die Hohenzollernverehrung selbst bis in sozialdemokratische Arbeiterkreise hinein verbreitet war und welchen Anteil daran auch die Schule hatte, illustriert Roth, 1973.

diese Kämpfe. Zugleich werden die inzwischen auch von der Arbeiterpartei erhobenen Forderungen nach Expansion und Verbesserung des Volksschulunterrichts ‚erfüllt'; die Regierung legitimiert sich damit als eine fürsorglich-sozialstaatliche. Auch die Begründung der Mittelschule konnte als Akt der Fürsorge verstanden werden, jedenfalls für das gewerbliche Kleinbürgertum, das sich durch die industrielle Entwicklung wie durch das Selbstbewußtsein der Arbeiter und ihre politische Programmatik bedroht fühlte.

Es fällt auf, daß die spezifischen Integrationsleistungen der Elementarschule zunächst in der Periode der Festigung des Absolutismus, dann unter den Bedingungen der scheinkonstitutionellen Herrschaft im 19. Jahrhundert, durch das strukturfunktionale Modell Parsons' nur teilweise erfaßt werden. Das ist wohl nicht allein durch den plausiblen Hinweis zu erklären, Parsons befasse sich mit der amerikanischen Schule, die ihre Funktion unter anderen gesellschaftlichen Randbedingungen erfülle. Es scheint uns vielmehr durch seinen systematischen Ansatz selbst bedingt, der die Gesamtgesellschaft als ein dynamisches System beschreibt, das sich durch ein komplexes System von Kontrollen in seiner Existenz erhält und in dem die sozialen Subsysteme ihre spezifischen Funktionen für den Selbsterhaltungsprozeß des Gesamtsystems ausüben, zum Beispiel durch die Produktion der notwendigen Fähigkeiten, Ausbildung von Berufsrollen, Sicherung von Konsens über Werte, Sicherung der Identifikation mit ihnen usw. Man kann sich das nach einem kybernetischen Modell vorstellen, in dem eine Vielzahl von Systemen Informationen und Leistungen derart austauschen, daß das Gesamtsystem erhalten bleibt (vgl. Parsons, 1971). Die Analyse gilt den „grundlegenden und existenznotwendigen Funktionen" sozialer Systeme (Parsons, 1968, S. 35) und den grundlegenden Strukturen, die es den Subsystemen beziehungsweise Institutionen ermöglichen, ihren Beitrag zur Erhaltung und Wandlung des Gesamtsystems zu leisten. Daß in die Strukturen und Funktionen sozialer Institutionen antagonistische Interessen von gesellschaftlichen Teilgruppen investiert sind, daß Stabilisierung und Wandlung von Systemen sich in politischen Kämpfen vollziehen und die Institutionen Instrumente der Ausübung von Herrschaft sind, bleibt am Rande des durch diese Analyse eröffneten Blickfeldes.

So erscheint die Schule bei Parsons reibungslos bezogen auf eine Gesamtgesellschaft, die im wesentlichen charakterisiert ist durch eine bestimmte Ausprägung der Geschlechtsrollen und die qualitativ unterschiedenen Berufsrollen, die ihrerseits auf einer gleichmäßig ansteigenden Leiter sozialen Status angesiedelt sind. Die gemeinsame Orientierung an den Werten der Chancengleichheit und der gerechten Belohnung von Leistungen liefert die normative Stütze für diesen funktionalen Zusammenhang. Die Schule wird nicht erkennbar als Objekt von Herrschaftsinteressen, und wenngleich dieser Objektcharakter bei der amerikanischen Schule sicher nicht so eindeutig hervortritt wie bei der preußischen Elementarschule – vor allem in deren Anfängen –, so ist doch zu bezweifeln, daß sie von der Prägung durch partikulare Machtinteressen gänzlich frei sein soll[7].

Den in diesen kritischen Bemerkungen hervorgehobenen analytischen Zugang zur Untersuchung der gesellschaftlichen Funktion der Schule haben insbesondere Pierre Bourdieu und Jean-Claude Passeron entwickelt. Bevor wir uns ihnen zuwenden, sei jedoch auf einen ebenfalls auf Parsons zurückgehenden systematischen Ansatz zur Untersuchung des Beitrags der Schule im Prozeß der ‚Modernisierung' der traditionellen Agrargesellschaft verwiesen.

Der Beitrag der Schule zur Modernisierung der Gesellschaft

Parsons hatte die Unterschiede zwischen modernen und traditionalen Gesellschaften in einigen antithetischen Begriffen zusammenfassend zu charakterisieren versucht, die nach seiner Auffassung entscheidende Abweichungen in den jeweiligen Rollenerwartungen und damit grundlegende Strukturmerkmale von sozialen Systemen bezeichneten: Die Dichotomie ‚durch Leistung erworbener Status' gegenüber ‚askriptiver (aufgrund von Geburt, Geschlecht usw. zugewiesener) Status' ist bereits anhand von Parsons' Analyse der Schule erläutert worden, wo sie auf den strukturellen Unterschied zwischen Familie und Schule angewandt wird. Die Antithese von ‚universalistischer' gegenüber ‚partikularistischer' Orientierung steht hinter der von J. Kob gegebenen Begründung für die historische Notwendigkeit institutionalisierter Allgemeinbildung; „Abbau von Traditionsbestimmtheit" bedeutet unter anderem Abbau partikularer, das heißt für eng begrenzte soziale Systeme jeweils gesondert geltender Regelungen (zum Beispiel Zunftregeln); „Allgemeinwerden von Rationalität im Gesellschaftsaufbau" bedeutet auch eine Wendung zur Orientierung des Handelns an universellen Regeln. Für die Dichotomie ‚Diffusität – Spezifität' (Besonderung) kann die Institutionalisierung der Erziehung selbst als erläutern-

---

[7] Es soll wenigstens angemerkt werden, daß diese Kritik die Position Parsons' stark vereinfacht. Auch ihm ist selbstverständlich bewußt, welche Bedeutung Macht und Herrschaft für die Entwicklung sozialer Systeme haben (vgl. Parsons, 1951, S. 157–163). Seine Analyse geht jedoch – mit Recht – davon aus, daß diese Existenz nicht durch die bloße Ausübung von Herrschaft dauerhaft zu sichern ist, sondern bestimmte Strukturen sozialer Beziehungen voraussetzt und Handlungsorientierungen, über die ein sozial wirksamer Grad an Konsens hergestellt werden kann. Es ist eine notwendige Konsequenz seiner Suche nach solchen sozialen Universalien, daß deren historisch-konkret ideologischer Charakter, ihre aktuelle politische Funktion fast völlig zurücktreten, daß also etwa auch die Art und Weise, wie Konsens im Dienste von Herrschaft hergestellt, gestützt und ausgenutzt wird, unanalysiert bleibt.

des Beispiel dienen, als Fall nämlich der Ausdifferenzierung einer sozialen Funktion zu einer spezifischen Berufsrolle, die zuvor in ‚diffuser' Weise mit den anderen Funktionen der Eltern in der Familie verbunden war (Parsons, 1951, S. 58–67, S. 180–200).

Mit diesen „pattern variables", die mit hohem Allgemeinheitsgrad in einem sozialen System vorherrschende Handlungsorientierungen bezeichnen, hat J. Bergmann (1971) die das „alte Handwerk" bestimmenden Handlungsorientierungen und ihre allmähliche Überwindung beschrieben. Er schließt damit an die Untersuchung über den Zusammenhang von „Sozialstruktur und Wirtschaftswachstum" an, in der Bert F. Hoselitz gezeigt hatte, daß sich mit Hilfe der Parsonsschen Kategorien grundlegende Unterschiede in der Gestaltung sozialer Beziehungen und in den Handlungsorientierungen zwischen wirtschaftlich unterentwickelten traditionalen Gesellschaften und modernen Industrieländern charakterisieren lassen – Unterschiede, die in enger Beziehung zu der unterschiedlichen wirtschaftlichen Produktivität stehen. Hoselitz (1969 a, S. 20 f.) erörtert auch zwei weitere von Parsons entwickelte „gesellschaftliche Alternativen": „Affektivität versus affektive Neutralität" und „private versus kollektive Orientierung", von denen nach seiner Auffassung aber nur die letztere „für die Klassifizierung von Sozialstrukturen nach ihrer wirtschaftlichen Entwicklungsstufe" geeignet ist. Als Beispiel für private oder „Selbstorientierung" werden die politischen und wirtschaftlichen Eliten lateinamerikanischer Entwicklungsländer genannt, als „Beweis für die Verbreitung der Kollektivorientierung in fortgeschrittenen Ländern ... der zunehmende Ausbau der Sozialgesetzgebung" (Hoselitz, 1969 a, S. 23). Diese Alternative steht, wie Hoselitz bemerkt, in engem Zusammenhang mit der zwischen partikularistischer und universalistischer Orientierung.

Einen expliziten Bezug zu Funktionen des Bildungswesens stellt Hoselitz in dieser Arbeit nur bei der Erörterung des Leistungsprinzips her. Die Schule kann in fortgeschrittenen Gesellschaften gewissermaßen als institutionelle Fixierung der Geltung von Leistungsnormen angesehen werden. Der Hinweis auf die in diesen Ländern „wachsende Betonung der Berufsausbildung" und die Ausbildung „spezialisierter Fertigkeiten" in ihren Institutionen enthält implizit den Bezug auf die Strukturvariable ‚Diffusität – Spezifität' (Hoselitz, 1969 a, S. 17). In einer anderen Arbeit (Hoselitz, 1969 c) charakterisiert Hoselitz indessen den Beitrag des Bildungswesens zur ‚Bildung von Nationen' in den Entwicklungsländern in Formulierungen, die den impliziten Bezug auf die Parsonsschen Kategorien „Partikularismus – Universalismus" und „Kollektivorientierung" verraten, und die zugleich – mit wenigen Änderungen – auch zur Kennzeichnung von Funktionen der preußischen Elementarschule verwandt werden könnten:

„Viele Gesellschaften stehen in ihrem Entwicklungsprozeß gegenwärtig vor der Aufgabe, zur Nation zu werden. Dabei geht es vor allem um die Formierung einer nationalen Elite, deren Macht über alle Landesteile reicht, zum anderen um die Ausbildung einer einheitlichen nationalen Ideologie, die in ihrem wesentlichen Bestand von der gesamten Bevölkerung geteilt wird ... Für diesen Prozeß der inneren Staatsbildung wird es entscheidend darauf ankommen, noch bestehende partikularistische Elemente im Bereich der Politik zu beseitigen. Mit anderen Worten: Bezog sich in der Vergangenheit die Loyalität der Massen auf vertraute Organisationsformen wie Stämme, Dorfgemeinschaften, Kasten, Familienverbände oder andere Kleingruppen, müssen die Massen nun zur politischen Mitarbeit im größeren Rahmen und zur politischen Bindung an größere Einheiten erzogen werden" (Hoselitz, 1969 c, S. 242 f.).

Unsere bisherigen Ausführungen dürften verdeutlicht haben, daß es sinnvoll sein kann, ‚Staatenbildung' und ‚Nationenbildung' zu unterscheiden. Für den deutschen Territorialstaat Preußen sind die Aussagen von Hoselitz aus naheliegenden Gründen insofern zu modifizieren, als der Begriff der Nation den Untersuchungsrahmen sprengen würde und daher aus dem Spiel bleiben muß. Sinngemäß anwendbar sind die Formulierungen dann, wenn man ‚Nationenbildung' unter Ausschluß aller auf die ‚deutsche Nation' bezogenen Bedeutungsdimensionen versteht und auf den Prozeß der ‚inneren Staatsbildung' Preußens einschränkt[8]. Die der Elementarschule zugedachte Funktion in diesem Prozeß der allmählichen Festigung zentraler Herrschaft über das Territorium, der Abbau traditioneller Strukturen partikularer Herrschaft und die Verpflichtung der Bevölkerung auf den Untertanenstatus sind in der Untersuchung dargestellt worden. In diesen Rahmen gehören auch noch die behandelten Versuche, die kulturelle Assimilation in den Gebieten mit nichtdeutscher Bevölkerung zu fördern. Die Rolle der Schule in der Ausbildung eines nicht mehr preußisch defi-

[8] Die systematische Trennung zwischen den Aspekten der Staaten- und der Nationenbildung nimmt – gestützt auf amerikanische Vorarbeiten – auch P. Flora (1973) in einer Untersuchung der Entwicklung des Bildungswesens in vier europäischen Staaten vor. Für Preußen hatte Flora zuvor (1972, S. 99) auch die – allerdings durch seine umfangreichen statistischen Untersuchungen nicht zu sichernde – These aufgestellt, daß sich die Entwicklung des Bildungswesens zu einem Teil durch Preußens Stellung „im internationalen System" erklären läßt, die die Entwicklung einer leistungsfähigen zivilen und militärischen Bürokratie und damit auch die Alphabetisierung zu einer „Notwendigkeit nationaler Selbstbehauptung" werden ließ. Diese Feststellung wird in der späteren Untersuchung differenziert. Floras Untersuchung belegt unter anderem, daß sich die Entwicklung des Bildungswesens in den Ländern der Dritten Welt heute unter wesentlich anderen Bedingungen vollzieht als in den „alten Staaten" (dies auch zur Einschränkung unseres an das Hoselitz-Zitat anknüpfenden Vergleichs mit Preußen): Während dort die Alphabetisierung der beschleunigten Urbanisierung vorausging, folgt in den „neuen Nationen" die Alphabetisierung auf die Mobilisierung der Bevölkerung durch Urbanisierung und die Verbreitung der Massenmedien. Damit wird es nach Flora in diesen Staaten schwieriger, die sozialen und politischen Konsequenzen der Alphabetisierung unter Kontrolle zu halten.

nierten, sondern deutschen Nationalbewußtseins, vor allem dann im letzten Drittel des 19. Jahrhunderts, bleibt hingegen hier außer Betracht.

Kehren wir noch einmal zu den auf Parsons' Systematik beruhenden Analysen der möglichen Rolle der Schule im Rahmen der ökonomischen Entwicklung zurück. Ihnen war gemeinsam, daß sie der Verbreitung abstrakt charakterisierter allgemeiner Wert- und Handlungsorientierungen eine grundlegende Bedeutung im Übergang von der traditionalen zur modernen Gesellschaft zusprachen. Es scheint, daß Schule und Kirche schon durch die mit ihrer Arbeit verbundene Disziplinierung (deren Ausmaß man freilich nicht überschätzen sollte; denn wenn schon die Regel des Schulbesuchs nur begrenzt durchzusetzen war, kann auch die Regelhaftigkeit und soziale Ordnung schulischen Lernens nur einen Teil der Bevölkerung geprägt haben) dazu beigetragen haben, die Bereitschaft zur Anpassung an solche allgemeinen Handlungsregelungen zu schaffen.

Wie sich nun konkret die Identifikation der Individuen mit den neuen, die ökonomische Mobilisierung fordernden Werten unter Mithilfe der Schule vollzogen haben könnte, dieser Frage ist – im Anschluß unter anderem an Parsons und Hoselitz – David McClelland (1961) nachgegangen, und zwar zum ersten Male mit den Methoden der quantitativen empirischen Analyse. Er untersuchte systematisch, wie häufig in literarischen Werken, vor allem aber in Kinderbüchern und Schulbüchern Leistungsmotive und bestimmte Wertorientierungen, die anhand der Parsonsschen Systematik klassifizierbar sind, thematisiert wurden. Der Vergleich der Häufigkeiten in unterentwickelten und entwickelten Ländern beziehungsweise Ländern mit stagnierender Industrie und solchen mit hoher Produktivität, auch der Vergleich der Häufigkeiten in Phasen ökonomischen Niedergangs und Phasen des Aufschwungs beziehungsweise der erreichten Blüte in ein und demselben Land führten in vielen Fällen zu statistisch signifikanten Unterschieden. Durch sie sah McClelland seine Ausgangshypothese bestätigt, daß nämlich ökonomische Entwicklungen in starkem Maße durch psychologische Prozesse der Ausbildung von Leistungsmotivation und anderen Wert- und Handlungsorientierungen, wie sie Parsons systematisiert hatte, determiniert seien.

Die von McClelland entwickelte Methode der Analyse ist von Peter Lundgreen auf vier preußische Schulbücher angewandt worden, von denen zwei in den Jahren 1776 (Rochows „Kinderfreund“) und 1787 (Ludwigs „Bürgerfreund“) veröffentlicht wurden, die beiden anderen dagegen um 1840. Ziel der Analyse Lundgreens ist die Klärung der Frage, „welche Verhaltensnormen das Volksschullesebuch in vor- und frühindustrieller Zeit indoktrinierte und welche Rückschlüsse sich daraus auf die intendierte Stellung des Volksschulabsolventen in einer Gesellschaft ergeben, die im

Industrialisierungsprozeß steht" (Lundgreen, 1970, S. 89). Die Ergebnisse der quantitativen Untersuchung lassen auch hier „eine Einordnung in McClellands Befunde zu, daß ein Ansteigen des Niveaus an ‚Leistungsbedürfnis' einem wirtschaftlichen Wachstum vorausgeht": in den Lesebüchern von 1840 taucht die Leistungsthematik fast doppelt so häufig auf wie in den älteren; auch die Wertorientierungen ändern sich zumindest teilweise signifikant in der erwarteten Richtung auf häufigere Ablehnung traditioneller Verbindlichkeiten, stärkere Orientierung an universalistischen Verhaltensnormen, Darstellung sozialer Beziehungen als funktionsspezifischer, häufigere Betonung von Rationalität und Planung, optimistischeres Vertrauen in die eigene Fähigkeit (Lundgreen, 1970, S. 89). In einer qualitativen Inhaltsanalyse zeigt Lundgreen zugleich, wie in diesen Lesebüchern die Hervorhebung ‚moderner' Werte mit der Vorbereitung auf die Rolle des Arbeitnehmers und des Untertanen einhergeht.

Wichtigstes Ergebnis der Untersuchung bleibt aber wohl der Beleg der These, daß die Leistung der Schule im Prozeß gesellschaftlicher Modernisierung und ökonomischer Entwicklung in dieser Phase weniger in der Vermittlung spezifischer, unmittelbar verwertbarer Qualifikationen liegt, sondern in der Einübung von Normen und Handlungsorientierungen, die diesen Prozeß stützen und erleichtern. Es stellt sich allerdings die Frage, ob Lundgreen in seinem Interesse an den Bedingungen der Industrialisierung im 19. Jahrhundert nicht etwas anderes übersehen hat: Die Entwicklung von den Fibeln und religiösen Lesestoffen in der Elementarschule des 18. Jahrhunderts zu einem Lesebuch wie dem Rochowschen „Kinderfreund" bedeutet gegenüber der von Lundgreen belegten quantitativen Differenz einen qualitativen Sprung, dem möglicherweise größeres Gewicht beizumessen ist als der Entwicklung von Rochow bis zu den Lesebüchern um 1840[9]. Diese Überlegung gewinnt an Plausibilität, wenn man berücksichtigt, daß zwischen 1770 und 1840 die ‚technische', ökonomische und soziale Entwicklung im Agrarsektor gesamtgesellschaftlich wahrscheinlich bedeutsamer gewesen ist als die im gewerblichen Sektor. Die ökonomischen Bezugsgrößen (Produktivitätsentwicklung) für Änderungen der Einstellungen und sozialen Beziehungen wären dann nach der Hypothese McClellands in diesem Zeitraum vor allem im Agrarbereich zu suchen.

Lundgreen hat in seiner qualitativen Interpretation der Lesestücke herausgearbeitet, daß hier nicht nur universelle Wert- und Handlungsorientierungen angeboten werden, sondern daß diese inhaltlich bezogen und eingeschränkt werden auf die Untertanenklasse der Bauern, Dienstleute und

---

[9] Vgl. Kapitel 3.6. Dafür spräche auch, daß im Hinblick auf einige der Hypothesen über die Bewertung von Norm-Alternativen die Häufigkeiten bei Rochow und Ludwig diejenigen in den späteren Lesebüchern bereits erreichen oder gar übersteigen.

Arbeiter. Die von Parsons, Hoselitz und McClelland übernommenen Kategorien der quantitativen Analyse erlauben eine solche Spezifizierung nicht. Sie heben im Gegenteil auf den für alle verbindlichen Charakter der klassifizierten Orientierungen und Formen sozialer Beziehungen ab (wenngleich McClelland sich primär für die Gruppe der Unternehmer interessiert). Auf die Form politischer und ökonomischer Herrschaft beziehen sie sich nur, insofern sie ein System bezeichnen, das sich nicht oder nicht in erster Linie durch physische Gewalt erhält, sondern gerade durch den Konsens über jene Orientierungen und durch die Schaffung beziehungsweise Stützung von Institutionen, die sie vermitteln.

Wie ausgeführt, gilt dasselbe auch für Parsons' Analyse der Struktur und Funktionen der Schulklasse. Gerade diese in seinem systematischen Ansatz begründete Einschränkung hat Bourdieu und Passeron zu der Kritik veranlaßt, Parsons schreibe „den Subsystemen die anthropomorphe Gestalt von Handlungsträgern zu . . ., die untereinander Dienste austauschen und damit zum guten Funktionieren eines Systems beitragen, das das bloße Produkt ihres abstrakten Verhältnisses ist" (Bourdieu und Passeron, 1971, S. 221). Statt dessen gelte es zu erkennen, „daß die Relation zwischen den verschiedenen Subsystemen sich nur vermittelt durch die Klassenzugehörigkeit herstellt" (ebenda).

Wenn wir nun auf die Funktionsanalyse dieser Autoren eingehen, müssen wir zunächst betonen, daß sie sich konkret auf das französische Bildungssystem und die in seiner empirischen Analyse gewonnenen Daten beziehen, ihre Ergebnisse also nicht ohne weiteres auf ein anderes und gar auf das frühere preußische Bildungswesen zu übertragen sind. Das würde den eigenen methodischen Forderungen Bourdieus und Passerons widersprechen, nach denen „die unterschiedliche Form beschrieben werden" muß, „die die Relationen zwischen dem Bildungssystem und den verschiedenen Subsystemen für jede soziale Klasse in einer durch eine bestimmte Struktur von Klassenbeziehungen charakterisierten Gesellschaft annehmen" (1971, S. 192). Weitere Einschränkungen ergeben sich daraus, daß Bourdieu und Passeron ihren Theorieansatz vor allem auf der empirischen Grundlage einer Analyse der französischen Universitäten entwickeln.

Das ‚autonome' Bildungswesen in der Klassengesellschaft (Bourdieu/Passeron)

Die empirischen Untersuchungen, die die Autoren heranziehen, betreffen im wesentlichen die Studentenschaft an den Hochschulen, wobei zwischen den besonders prestigereichen Grandes Ecoles und den übrigen Universitäten unterschieden wird. Analysiert werden ihre soziale Zusammensetzung, die Sozialschichtung und Verteilung der Geschlechter in den Fakultäten, und auf dieser Grundlage wird die mit der sozialen Herkunft verbundene unterschiedliche Wahrscheinlichkeit des Hochschulbesuchs ermittelt. Untersucht werden außer dem Studienerfolg von Studenten unterschiedlicher sozialer Herkunft schließlich eine Reihe von Indikatoren für unterschiedliche kulturelle Vorlieben und Gewohnheiten, die mit der sozialen Herkunft zusammenhängen.

Bourdieu und Passeron ziehen darüber hinaus vielfältige Beobachtungen über das Funktionieren des französischen Bildungswesens heran, zum Beispiel über das Selbstverständnis der Studenten. Die Interpretation, die sie entwickeln, ist – sehr verkürzt – die folgende: Die hohe, nach sozialen Schichten unterschiedliche Rate des Scheiterns im Bildungssystem zeigt, daß dieses insbesondere auf dem Niveau der Universität eine rationale Technik des Lehrens und Lernens nicht entwickelt hat, obgleich und weil „eine Rationalisierung der Mittel und pädagogischen Institutionen unmittelbar im Interesse der unterprivilegierten Studenten" läge (1971, S. 81). Vielmehr „verachten Professoren und die, die es werden sollen, fast einhellig die Pädagogik und in ihr ein Wissen, das sich unmittelbar auf das bezieht, was sie tun und tun werden. Ebenso wird jeder Versuch, ‚schulische' Disziplin an der Hochschule einzuführen, von Studenten und Professoren unverzüglich als Angriff auf die Würde des einen und als unvereinbar mit der ‚Meisterschaft' des anderen betrachtet" (1971, S. 78 f.).

Dieser als das Wesen der akademischen Arbeitsweise verteidigte Mangel hat zur Konsequenz, daß zum Erfolg im Bildungswesen nicht dessen pädagogische Leistung, sondern im wesentlichen die kulturelle Vorleistung der Familie und deren mit dem Sozialstatus verbundene (realistische) Einschätzung der Erfolgschancen beitragen. Erfolg wird als Ausdruck von Begabung ideologisch gerechtfertigt (1971, S. 83), ist aber in Wirklichkeit der Übereinstimmung zwischen der Kultur der privilegierten Familie und der des Bildungssystems primär zu verdanken: „Die Pädagogik traditionellen Typs verläßt sich auf die Familiarisierungserziehung und verzichtet damit auf jede eigentlich pädagogische Ambition. Sie übernimmt damit eine konservative Funktion, da sie, sowohl durch das, was sie tut, als auch durch das, was sie unterläßt, automatisch jenen Klassen dient, die das Bildungswesen brauchen, um das Monopol für eine Einstellung zu Bildung und Kultur, die sie niemals bloß in der Schule erwerben, durch die Schule zu legitimieren" (1971, S. 127)[10].

---

[10] Dies war auch einer der zentralen Punkte der Kritik Illichs (vgl. Kapitel 1.2). Im Gegensatz zu Illich aber bleiben Bourdieu und Passeron von der objektiven Notwendigkeit der Bildungsinstitutionen überzeugt. Ihre Kritik mündet nicht in die Forderung

Legitimiert wird dabei nicht nur dieses Monopol auf „kulturelles Kapital" (Bourdieu und Passeron, 1973, S. 106), das durch ein zusätzlich privilegierendes Bildungswesen den kulturell bereits Privilegierten verschafft wird und das seinerseits nicht unabhängig vom Vorhandensein materiellen Kapitals ist. Freilich ist es nicht vollständig damit verbunden, sonst wäre der für die Legitimationsfunktion notwendige Schein der Gerechtigkeit in der schulischen Auslese nicht zu wahren. Legitimiert wird damit aber vor allem auch die Klassenstruktur einer Gesellschaft, deren Privilegien so als Ergebnis individueller Leistung und gerechter Auslese durch das mit Statuszuweisung beauftragte Bildungswesen gerechtfertigt werden können.

Eine strukturelle Bedingung für die Erfüllung dieser Legitimationsaufgabe sehen Bourdieu und Passeron in der „relativen Autonomie" der Institution selbst[11]. „Das Bildungswesen ist aufgrund der Trägheit, die für eine Institution charakteristisch ist, welche die Aufgabe hat, die Kultur einer Gesellschaft zu bewahren und weiterzugeben, und aufgrund des Privilegs der Selbstreproduktion, die das Recht einschließt, das eigene Personal allein zu schulen und nach immanenten Kriterien auszuwählen, in der Lage, alle von außen gestellten Forderungen in seine eigene Logik zu übersetzen" (1971, S. 165 f.).

Diese Selbstreproduktion ist nicht nur quantitativ ein Problem[12]. Der Begriff impliziert, daß auch die Kriterien, nach denen sich das Bildungswesen reproduziert, innerhalb der Institution relativ selbständig bestimmt werden. Das geschieht nicht nur durch die dem Anspruch nach völlig neutralen Examina, denen im französischen Bildungswesen mehr Gewicht zukommt als in allen anderen Bildungssystemen Europas. Nicht weniger wichtig ist, daß der ‚brillante Professor', als das vollkommenste Produkt der Institution, die Studenten gewissermaßen nach seinem Bilde beurteilt und selegiert. „Als ehemaliger guter Student wendet er sich nur an gute Studenten und wünscht sich als Schüler nur künftige Professoren" – deren Erfolg trotz

---

nach Entschulung, sondern in ein „Plädoyer für eine rationale Didaktik" (Bourdieu und Passeron, 1972, S. 82 ff.), die sie andererseits in den Bereich der Utopie rücken. Siehe dazu auch Bourdieu und Passeron, 1973, S. 106.

[11] Bourdieu und Passeron, 1971, S. 190 ff. Daß die Legitimationsfunktion auch den Verzicht auf eine rationale Methodik und Didaktik zur Voraussetzung hat, ist schon angedeutet worden.

[12] Die Selbstreproduktion des Bildungswesens als eine der wichtigsten Aufgaben der Institution belegt für die USA I. Berg, Education and Jobs. The Great Training Robbery. New York 1971. Danach ist neben dem militärischen Sektor das Bildungswesen der gewichtigste Bereich staatlicher Aktivität. „Sein Wachstum wurde von einem dramatischen Wandel im akademischen Status der Lehrer begleitet – so dramatisch, daß heute dreiviertel aller Berufe, die einen College-Abschluß erfordern, Lehrberufe sind" (1971, S. 178). Für die BRD wurde 1964/65 errechnet, daß eigentlich sämtliche Abiturienten Lehrer werden müßten, um den Lehrerbedarf zu decken (Picht, 1965, S. 13 f.).

seines Verzichts auf pädagogische Anstrengungen gewiß ist (Bourdieu und Passeron, 1971, S. 105).

„Dadurch, daß das Bildungssystem eine Kultur und die gebildete Einstellung zur Kultur einübt und bestätigt, sorgt es für die Weitervererbung des kulturellen Kapitals und erfüllt gleichzeitig mit seiner sozialen Funktion der Reproduktion der Klassenbeziehungen seine ideologische Funktion der Verschleierung dieser Reproduktionsfunktion, indem es die Illusion der absoluten Autonomie hervorbringt ... Gerade weil das Bildungswesen die besondere Fähigkeit besitzt, sich selbst autonom zu setzen und sich, indem es die Vorstellung von seiner Neutralität verbreitet, Legitimität zu verschaffen, ist es in der Lage, den Beitrag, den es zur Reproduktion der bestehenden kulturellen Ordnung leistet, zu tarnen. Die Verschleierung dieser Leistung stellt selbst einen nicht geringen Dienst dar, den das Bildungssystem aufgrund seiner relativen Autonomie zur Erhaltung der Sozialordnung leistet" (Bourdieu und Passeron, 1971, S. 215).

Die Beziehungen zwischen den Strukturmerkmalen des Bildungssystems (Selbstreproduktion, Inhalt und Handhabung der Selektion, Verzicht auf rationale Didaktik, Hierarchie der Institutionen, relative Autonomie) und der sozialen Praxis versuchen Bourdieu und Passeron im Begriff des „Habitus" zu erfassen. Er ist das Produkt der „pädagogischen Arbeit" und eine wesentliche Bedingung dafür, daß die Strukturen des Bildungssystems und die Beziehungen zwischen den sozialen Klassen erhalten bleiben:

„Im besonderen Fall der Relationen zwischen dem Bildungswesen und den sozialen Klassen scheint die Harmonie vollkommen, weil die objektiven Strukturen selbst den Klassenhabitus und vor allem Einstellungen produzieren, die, indem sie diesen Strukturen angepaßte Verhaltensweisen erzeugen, für das Funktionieren und die Perpetuierung der Strukturen bürgen. So entsprechen beispielsweise die Bereitschaft, sich des Bildungswesens zu bedienen, und die Möglichkeiten, dort auch Erfolg zu haben, den objektiven Bildungs- und Erfolgschancen der verschiedenen sozialen Klassen; dies wiederum ist der wichtigste Faktor für die Perpetuierung der Struktur der Bildungschancen als objektiv greifbarem Ausdruck der Relationen zwischen dem Bildungssystem und der Struktur der Klassenbeziehungen. Selbst mangelnde Möglichkeiten und negative Einstellungen, wie der soziale Minderwertigkeitskomplex, die Abwertung des Bildungswesens und seiner Sanktionen oder die vorweggenommene Hinnahme des Scheiterns und Ausgeschlossenseins, die zur Selbsteliminierung führen, sind nur als unbewußte Vorwegnahme der Sanktionen verständlich, die das Bildungswesen objektiv über die unterprivilegierten Klassen verhängt. Nur eine adäquate Theorie des Habitus als Ort der Verinnerlichung der äußeren Ansprüche und der Veräußerlichung der inneren Ansprüche kann die sozialen Bedingungen erhellen, aufgrund derer das Bildungswesen die von allen seinen ideologischen Funktionen am besten getarnte Funktion der Legitimierung der Sozialordnung erfüllen kann. Das traditionelle Bildungssystem verbreitet erfolgreich die Illusion, der gebildete Habitus sei ausschließlich das Ergebnis seiner Lehrtätigkeit und sei damit von allen sozialen Determinanten unabhängig, während es im Extremfall nur einen Klassenhabitus, der außerhalb des Bildungswesens entstanden ist und die Grundlage alles schulischen Lernens bildet, benutzt und sanktioniert. Es trägt deshalb entscheidend zur Perpetuierung der Struktur der Klassenbeziehungen bei und legitimiert sie, indem es verbirgt, daß die von ihm produzierten Bildungshierarchien soziale Hierarchien reproduzieren" (Bourdieu und Passeron, 1971, S. 221 f.).

Dieser Passus faßt wesentliche Aspekte der Analyse von Bourdieu und Passeron zusammen. Es ist hinzuzufügen, daß die Autoren ihre Ergebnisse in einer expliziten Kritik jener Theorien entwickeln, die die soziale Funktion des Bildungssystems einseitig, sei es in der Überlieferung der Nationalkultur, sei es in der Vorbereitung ökonomischen Fortschritts durch Vermittlung von Qualifikationen und Wertorientierungen, sei es schließlich in der unmittelbaren Indoktrination der Jugend mit den Inhalten der herrschenden Ideologie, erkennen wollen – Theorien, die hier zumindest teilweise skizziert worden sind. Solche Funktionen kann nach ihrer Auffassung das Bildungswesen nur in einer Form erfüllen, die durch seine eigenen, relativ autonomen Strukturen und Verfahrensweisen modifiziert wird, vor allem aber nur vermittelt durch die „Struktur der Klassenbeziehungen" (1971, S. 215), die unmerklich zu legitimieren seine primäre Leistung ist. Diese Legitimation erfolgt durch „symbolische Gewalt", die gleichzeitig als Gewalt unkenntlich gemacht ist.

Die preußische Schule im Licht der Analyse von Bourdieu/Passeron

Der Versuch, den theoretischen Ansatz von Bourdieu und Passeron auf die preußische Elementar- und Mittelschule anzuwenden, stößt zunächst auf den in unserer Darstellung sehr offen zutage tretenden Tatbestand, daß auch die Entwicklung dieses Bildungssystems nicht zu verstehen wäre, wollte man von der „Struktur der Klassenbeziehungen" in Preußen abstrahieren. Für die Anfänge der Elementarschule freilich trifft der Begriff der Klassenbeziehungen nur bestimmte Seiten des Phänomens, die nämlich, daß es sich sehr eindeutig um eine Schule für die Kinder der ländlichen und städtischen Unterschichten handelt, deren Loyalität, Regierbarkeit und Brauchbarkeit durch religiöse Unterweisung, schulische Disziplinierung und Vermittlung von Elementarfertigkeiten und -kenntnissen zu sichern waren. Im übrigen ist die anfängliche Entwicklung dieser Schulen positiv wie negativ entscheidend durch die Stärke und Zielrichtung landesherrlicher Initiativen bestimmt worden. Diese Initiativen aber stehen zugleich im Zusammenhang mit der Auseinandersetzung zwischen dem Landesherrn und den ständischen Gewalten um die Stärkung der Zentralgewalt und mit der Bemühung um Loyalisierung der teils fremdsprachigen Bevölkerung eroberter Gebiete. Als Teil einer Auseinandersetzung zwischen sozialen Klassen wären diese Vorgänge nur unzureichend charakterisiert. Deutlich wird der Klassencharakter der Elementarschule darin, daß Gegner wie Protagonisten – bis auf wenige Ausnahmen – in dem Interesse einig waren, Mobilisierung und Aufklärung der Masse der ländlichen Untertanen zu begrenzen.

Vor allem in der nachfriderizianischen Zeit werden dann Ausbau und Inhalte der Elementarbildung deutlicher und in hohem Maße bestimmt durch den Antagonismus zwischen sozialen Klassen, der nun zugleich auch die Rolle des Staates in dieser Entwicklung mitbestimmt. Das zeigt sich im Scheitern von Reformprogrammen wie dem Süvernschen „Entwurf eines allgemeinen Gesetzes über die Verfassung des Schulwesens im preußischen Staat" von 1819. Die Elementarbildung war in diesem Entwurf als Teil eines „öffentlichen allgemeinen" Schulwesens konzipiert, das „die Grundlage der gesamten Nationalerziehung bilden" sollte, indem es „die Erziehung der Jugend für ihre bürgerliche Bestimmung auf ihre möglichste allgemein-menschliche Ausbildung" gründete (Schweim, 1966, S. 124). Dieses bildungspolitische Programm, das die Einheit der verschiedenen Institutionen des Bildungswesens unter den Leitideen der Nationalbildung, bürgerlichen Erziehung und allgemeinen Menschenbildung herstellen sollte, mußte den Widerspruch zur tatsächlichen Klassengliederung der preußischen Gesellschaft offenbar werden lassen. Erst auf der Basis derartiger Konzeptionen wurde der Zusammenhang zwischen Struktur des Bildungswesens und Struktur der Klassenbeziehungen systematisch und auch bildungspolitisch diskutierbar.

Beckedorf, ein preußischer Ministerialbeamter, hat damals in einer scharfen Kritik sogleich die Punkte hervorgehoben, die das Scheitern des Entwurfs wesentlich mitbedingten: Er sei weder mit dem „monarchischen System" noch mit der Tatsache der „natürlichen Ungleichheit" der Menschen zu vereinbaren – letztere sollte noch lange Zeit als Erklärung für die gesellschaftliche Ungleichheit ausreichen (A. H. G. Meyer, 1971, S. 225 ff.). Wie die reale Entwicklung der Elementarschule im 19. Jahrhundert durch Klassengegensätze bestimmt wurde, ist an einigen Beispielen dargestellt worden: Die Konkurrenz zwischen Fabrik und Schule um die kindliche Arbeitskraft verhinderte eine wirksame Durchsetzung der Schulpflicht lange Zeit; über Jahrzehnte hinweg weigerte sich die preußische Regierung, energisch und gesetzlich gegen die Kinderarbeit vorzugehen; ganz bewußt wurde der Lehrplan auf Religionsunterricht und Elementarkenntnisse beschränkt, über die die Mehrzahl der Landschulen wohl erst im letzten Drittel des Jahrhunderts hinausgelangte, usw.

Auch für die Mittelschule ist aufgewiesen worden, daß und wie sie in ihrer Programmatik und Entwicklung durch die Stellung von Bürgertum und Kleinbürgertum in der sozialen und politischen Struktur Preußens bestimmt worden ist. Ebenso deutlich wie die Tatsache selbst dürfte aber auch geworden sein, daß Elementar- und Mittelschule ihre zentralen gesellschaftlichen Funktionen nicht in der Form erfüllten, wie sie für das französische Bildungssystem skizziert worden ist. Das ist nach den eigenen methodischen Prämissen Bourdieus und Passerons, die keinen Vergleich ohne Berücksichtigung der besonderen historischen Bedingungen sozialer Systeme zulassen, nicht anders zu erwarten und daher eher geeignet, ihre Analyse zu bekräftigen als sie zu widerlegen [13].

Gerade im Lichte dieser Analyse drängt sich zunächst die Frage auf, ob beziehungsweise in welchem Sinne auch für die preußische Schule über den hier betrachteten Zeitraum hinweg die Feststellung zutrifft, ihre primäre gesellschaftliche Funktion sei die der Legitimation und damit Reproduktion der Struktur der Klassenbeziehungen gewesen. Sicher trifft dies zunächst nicht in dem für Bourdieu und Passeron entscheidenden Sinne zu, daß die Schule diese „äußere Funktion“ dank der „relativen Autonomie“, mit der sie ihre „Eigenfunktion“ reguliert, zu verschleiern in der Lage ist. Im Gegenteil, welche Legitimations- und Reproduktionsfunktionen die preußische Schule erfüllt haben mag, sie sind ihr mit ausreichender Klarheit und Offenheit bereits ins offizielle Programm geschrieben worden. Das gilt jedenfalls bis über die Mitte des 19. Jahrhunderts hinaus.

Die Ungleichverteilung politischer Macht war zumindest gegenüber der breiten Masse der Bevölkerung so eindeutig, daß für die herrschenden Gruppen der Zwang entfiel, Herrschaft und soziale Ungleichheit durch Verschleierung des Tatbestandes selbst rechtfertigen zu müssen. Not und Ohnmacht dieser Bevölkerung waren auch so offenkundig, daß ihre Verschleierung kaum möglich gewesen wäre. Man empfand sie weitgehend als ein nur mühsam und nie durchgreifend zu milderndes Schicksal – so lange jedenfalls, bis Aufklärung und Sozialismus eine ganz weltliche, ‚soziologische‘ Erklärung für diesen Zustand fanden und dieser Erklärung schließlich auch politisches Gewicht verleihen konnten. So wie Staat und Fürstenhaus ihre wachsende Macht und Größe in hohem Maße äußeren militärischen Erfolgen verdankten, so konnte auch nach innen die Erhaltung des

[13] Die historische Bedingtheit der Weise, in der die Schule ihren Beitrag zur Legitimation von Herrschaft leistet, wird von Bourdieu und Passeron durchaus theoretisch berücksichtigt: „Die relative Kraft der Verstärkung, welche die symbolischen Beziehungen, die diese Kräfteverhältnisse zum Ausdruck bringen, dem Kräfteverhältnis zwischen den Gruppen oder den Klassen sichern, ist desto größer, das heißt das Gewicht der Legitimitätsvorstellungen in der vollständigen Bestimmung des Kräfteverhältnisses zwischen den Klassen ist desto größer, erstens je weniger der Zustand des Kräfteverhältnisses es den herrschenden Klassen erlaubt, sich auf die nackte und brutale Tatsache der Herrschaft als Legitimationsprinzip ihrer Herrschaft zu berufen, und zweitens je vereinheitlichter der Markt ist, auf dem sich der symbolische und ökonomische Wert der Produkte der verschiedenen pädagogischen Aktionen herstellt . . .“ (Bourdieu und Passeron, 1973, S. 24 f.).

politischen und sozialen Systems sich letztlich noch lange aufs Militär, also die offene, nicht die symbolische Gewalt, stützen, wie der Weberaufstand und die Revolution von 1848 belegen.
Für die ideologische Rechtfertigung des bestehenden Systems ist schließlich bis ins 19. Jahrhundert hinein die Kirche bedeutsamer und wirkungsvoller gewesen als die Schule, die im übrigen lange Zeit – jedenfalls gilt dies weithin für die Elementarschulen – von dieser traditionell ungleich stärker ausgebauten und gegenüber der Herrschaft ihrerseits nur bedingt autonomen Institution unmittelbar abhängig war. Die nicht nur ideologische, sondern auch administrativ instrumentale Bedeutung der Landeskirche für den Landesherrn ist gerade im Falle der Elementarschule deutlich gemacht worden.
Die damals unzweideutige Klassentrennung und einseitige Verteilung politischer Macht spiegelten (und reproduzierten) sich unverhüllt in der Tatsache, daß es das „öffentlich allgemeine" Bildungssystem des Süvernschen „Entwurfs" nicht gab, daß vielmehr Elementarbildung oder Volksschulerziehung als ein spezifischer Kanon von Inhalten und Erziehungszielen in einer von dem übrigen Bildungswesen scharf getrennten Institution sich entwickelten. Von einer selbst nur „relativen" Autonomie dieser Institution kann lange Zeit keine Rede sein. Auch die ursprünglich als Institution der allgemeinen Vorbildung auf die sozialen und ökonomischen Aufgaben des Bürgers konzipierte Realschule ist in dieser Gestalt nie Realität geworden. Die Realschule als Institution des mittleren städtischen Bürgertums hat bis zum Ende des 19. Jahrhunderts um den Status einer anerkannten höheren Schule kämpfen müssen. Die preußische Mittelschule war von vornherein auf die sozialen Bedürfnisse des Kleinbürgertums zugeschnitten. Vom Lehrplan her kaum von einer gut ausgebauten Volksschule unterschieden, schloß sie dennoch die ärmeren Bevölkerungsklassen mit Hilfe der Vorschule und des Schulgelds aus. Der ihr auferlegte Verzicht auf jede „Berechtigung" ließ sie für das gehobene Bürgertum vollends unattraktiv werden. Die Mittelschule blieb gegen die übrigen Institutionen des Bildungswesens ebenso streng abgeschottet wie die Elementarschule.
Mit dem Aufzeigen dieser Gegensätze zu den Ergebnissen der Analyse Bourdieus und Passerons ist nichts von dem zurückgenommen worden, was über die – offene – Disziplinierungsfunktion der preußischen Elementarschule gesagt wurde, oder auch über die politisch nutzbare Legitimationsleistung, die sie als Dokument der ‚aufgeklärten' Herrschaft durch ihre bloße Existenz erbrachte. Doch scheint es sehr fraglich, ob mit dem Legitimationsbegriff ihre zentralen Funktionen bezeichnet sind. Abgesehen davon, daß Legitimierungsfunktionen offensichtlich in beträchtlichem Umfang von der Landeskirche wahrgenommen wurden, war lange Zeit die

Verteilung ökonomischer und politischer Macht so, daß die Entwicklung subtiler Formen der Legitimation nicht erforderlich war und das System sich mit Hilfe der bloßen Disziplinierung der Bevölkerung durch die Arbeitsverhältnisse (zum Beispiel Kinderarbeit statt Schule), den Militärdienst und die Drohung mit dem Militär beziehungsweise durch dessen Einsatz sichern konnte. Der offen hierarchische Aufbau des gesellschaftlichen Systems und die faktische Schwäche und Abhängigkeit der niederen Schulen in Preußen schlossen für die Schule weitgehend die Möglichkeit und die Notwendigkeit aus, in der Weise Legitimationsfunktionen zu erfüllen, wie sie Bourdieu und Passeron für die demokratische politische Ordnung Frankreichs beschreiben, in der die Struktur und Funktion des Bildungswesens selbst zum Prüfstein für die Legitimität des Systems geworden sind.
In Preußen äußerte sich demgegenüber häufig genug die Furcht, daß die traditionellen Formen der Machtausübung und die ihnen zugrundeliegenden Herrschaftsstrukturen durch eine Verbreitung von Schulbildung geradezu gefährdet würden. Gerade das erwies sich als ein keineswegs wirkungsloses Argument gegen die Expansion der Schule und gegen eine Steigerung ihrer Anforderungen. Zahllose Belege lassen sich dafür beibringen, daß jeder Schritt der Ausbreitung und Verbesserung der Elementarbildung und Lehrerbildung von Warnungen begleitet war, daß damit die Frömmigkeit, die Autorität der Obrigkeit, das genügsame oder stumpfe Sich-Abfinden mit kaum erträglichen Lebens- und Arbeitsbedingungen untergraben würden. Und wer sich tatkräftig für die Elementarbildung einsetzte, mußte regelmäßig den Beweis antreten, daß genau das Gegenteil der Fall sei, daß also Fleiß, Frömmigkeit, Ordnungs- wie Vaterlandsliebe und Königstreue – gewissermaßen auf einem höheren Niveau der Funktionsfähigkeit – durch Schulbildung verbreitet und gefestigt würden. Die allmähliche Erweiterung des Lehrplans der Elementarschule und des Lehrerseminars, die sich – von schweren Rückschlägen begleitet – an vielen Stellen schon vor den Falkschen „Allgemeinen Bestimmungen“ beobachten läßt, ist zwar sicher auch als ein Zuwachs an Legitimationskraft, und in gewissem Sinne Autonomie, zu deuten. Mindestens ebenso auffällig sind jedoch die traditionelle Furcht, durch solche Erweiterungen Legitimation auszuhöhlen, und das konsequente Bemühen, alle legitimationsgefährdenden Inhalte, die mit den neuen Fächern (Erdkunde, Geschichte, Naturkunde, Naturlehre, Musik, Turnen) in die Schule eindringen konnten, auszuschließen, dafür aber die mit ihnen gegebenen Möglichkeiten der direkten Indoktrination zu nutzen.
Gerade für die Anfänge der Elementarschule ist zudem vielleicht deutlich geworden, daß die primär auf den Landesherrn und erst sekundär auf die lokale Obrigkeit gerichtete Loyalisierung der Bevölkerung durch Elemen-

tarbildung nicht in erster Linie auf die Erhaltung der traditionellen Herrschaftsformen abzielte. Obwohl sie diese Funktion unter den gegebenen sozialen, politischen und rechtlichen Bedingungen notwendig miterfüllen mußte, wurde die Elementarschule vielmehr bewußt in den Dienst der allmählichen Errichtung einer neuen Herrschaftsform gestellt. Offensichtlich waren die herrschenden Gruppen von allzu divergierenden Interessen bestimmt, um der Schule eine einheitliche Legitimierungsfunktion zuweisen zu können. Ob unter den heutigen Verhältnissen in dieser Hinsicht eine größere Homogenität unterstellt werden kann, sei hier als kritische Frage zumindest angemerkt. Und so zutreffend die These von Bourdieu und Passeron erscheint, daß die gesellschaftliche Funktion der Schule nicht einfach als vorwiegend ökonomisch bestimmt werden kann, so wenig wird man auch vernachlässigen können, daß mit der Einrichtung und Verbesserung der Elementarbildung zugleich ökonomische Zielsetzungen verbunden waren, die nicht gänzlich hinter dem Primat der Legitimation von Klassenstrukturen und politischer Herrschaft verschwinden. Es war zweifellos nicht nur ideologische Verblendung, wenn die Zeitgenossen Schulbildung und die Möglichkeiten, einerseits das Staatsgebiet zu einigen und verwaltbar zu machen, andererseits die Armut durch Vermittlung rationaler Einstellungen zum Wirtschaften und neuer landwirtschaftlicher Erkenntnisse zu mildern, in einem Zusammenhang sahen[14].

Der konkrete Aufweis solcher Wirkungen als objektive und nicht nur intendierte Funktionen der Schule im Prozeß gesellschaftlicher Entwicklungen stößt jedoch, wie auch unsere Untersuchung gezeigt hat, auf große Schwierigkeiten. Nicht zuletzt deshalb liegt es wohl nahe, das Bildungswesen als ein funktionales Subsystem im Rahmen der jeweiligen sozialen und politischen Situation einer Gesellschaft zu interpretieren und damit notwendig auf seine stabilisierenden und legitimierenden Funktionen zu stoßen. Inwieweit es dagegen Individuen und soziale Gruppen mit neuen Handlungspotentialen ausstattet, die gewandelte Reaktionsweisen gegenüber den materiellen und sozialen Lebensbedingungen ermöglichen und ihrerseits neue Bedingungen für das Ausüben von Herrschaft und für die Bewältigung ökonomischer Prozesse hervorbringen, wieweit es schließlich durch seine Existenz neue Probleme hervorbringt, ist – gerade auf der Ebene des Elementarschulwesens – unter diesem Aspekt kaum mehr erkennbar.

Man muß jedoch annehmen, daß der historische Weg, an dessen vorläufigem Ende die von Bourdieu und Passeron analysierten Beziehungen zwischen sozialen Klassen und Bildungssystem stehen, nicht ohne Berücksich-

---

[14] Vgl. dazu die Kapitel 3.3 bis 3.6.

tigung gerade der Wechselwirkung zu verstehen ist, die sich zwischen dem wachsenden Gewicht dieser Institution und den übrigen gesellschaftlichen Bedingungen einstellt. Das gilt wohl nicht nur, wie angedeutet, in dem allgemeineren Sinne, daß Wandlungen in der Qualifikation der Bevölkerung veränderte Bedingungen für Politik und Ökonomie schaffen, sondern auch speziell in der Weise, daß das Bildungssystem neue Kriterien der Legitimation und neue Legitimationszwänge hervorbringt beziehungsweise ins öffentliche Bewußtsein vermittelt. Die erwähnte Furcht der Konservativen weist immer wieder in diese Richtung. Und über der Tatsache, daß besonders die Elementarschule so stark für die Zwecke der preußischen Politik instrumentalisiert wurde, darf nicht übersehen werden, daß auch für sie seit dem Beginn des 19. Jahrhunderts die Idee der allgemeinen Menschenbildung, die Pestalozzische Pädagogik der Selbständigkeit und Ausbildung der Kräfte, nie vollständig in den Hintergrund getreten ist. Diese Idee blieb eines der Kriterien, an denen zumindest fortschrittliche Pädagogen und Politiker ihre Entwicklung und die offizielle Schulpolitik maßen. Ein Indiz dafür ist, daß die Instrumentalisierung im 19. Jahrhundert nicht mehr konfliktlos verlief, wie etwa die erbitterte Auseinandersetzung um die Stiehlschen Regulative zeigte, in die nun auch die Vertreter der Volksschulpädagogik selbst eingriffen. Hier spätestens beginnt also der Prozeß sich zu dokumentieren, in dem auch die Elementarschule allmählich eine relative Autonomie gewinnt, die ihre Instrumentalisierung durch die herrschenden Schichten zunehmend an Verfahrensweisen und Standards bindet, die in der Institution selbst entwickelt worden sind. Dieser Prozeß ist selbst nur bedingt autonom, er ist in seiner zögernden und krisenhaften Entwicklung an gesellschaftliche Faktoren gebunden, wie zum Beispiel an die allmähliche Verschiebung der Machtverhältnisse seit der Erstarkung der Sozialdemokratie, an die im Kulturkampf und mit dem Ziel der Prussianisierung in die Schule investierten politischen Interessen, an ein ökonomisches Niveau, das eine Expansion der Elementarbildung forderte und ihre Verbesserung zuließ.

Es ist hier nicht möglich gewesen, diesen Prozeß der allmählichen Entwicklung relativer Autonomie und eines Kanons von pädagogischen Kenntnissen, Wertorientierungen und Verfahrensweisen zu beschreiben, der selbst in den engen Schranken der Klassenschule des 19. Jahrhunderts stattfinden konnte. Da wir keine Geschichte des pädagogischen Denkens, der Didaktik und Unterrichtsmethodik geschrieben, sondern uns auf die offizielle Schulpolitik und ihren gesellschaftlichen Rahmen konzentriert haben, sind notwendig die restriktiven und herrschaftssichernden Intentionen der Regierungen und der herrschenden Schichten in den Vordergrund getreten. Deren Maßnahmen sind im 19. Jahrhundert jedoch zunehmend auch als Reaktionen auf Entwicklungen im Bildungswesen selbst zu sehen, die über diese Intentionen hinausgingen. Die von staatlicher Seite gelenkte Auseinandersetzung mit der Pädagogik und Lehrerbildung Diesterwegs ist ein charakteristisches Beispiel dafür. Es kann hier freilich ebensowenig beschrieben werden wie die zahlreichen weiteren Indizien für eine Eigendynamik, die staatliche Reaktionen hervorrief. Wir beschränken uns deshalb bei dem Versuch, die Gültigkeit der Aussagen Bourdieus und Passerons über die gesellschaftliche Funktion des Bildungswesens allgemeiner zu erörtern, auf einige thesenhafte Ausführungen.

Grenzen des schulischen Legitimationspotentials

Nach unserer ersten These bedeuten die Expansion und relative Autonomisierung der Elementarschule nicht nur die Entwicklung subtilerer Formen der Gewaltausübung und feinerer Mechanismen der Integration und Legitimation von Herrschaft. Vielmehr dokumentiert die Tatsache selbst, daß der Schule heute eine so wesentliche Funktion der Legitimierung des sozialen Systems zugesprochen wird, erst einen (in Deutschland nicht zuletzt durch die Revolution von 1918) mühsam erkämpften Zustand und eine neue Stufe der sozialen Auseinandersetzung. Die Entwicklung läßt auch legitimationsgefährdende Wirkungen der Schule erkennen.
Die These gründet sich erstens auf die angedeutete Beobachtung, daß die Instrumentalisierung der Schule für Herrschaftszwecke nicht reibungslos verlief, sondern zunehmend die Auseinandersetzung mit Gegenkräften verlangte, die in der Institution selbst stärker wurden, wenn sie diese auch im 19. Jahrhundert nie beherrschen konnten. Diese Kräfte suchten Ziele, Inhalte und Verfahrensweisen der Institution nach allgemeinen Wertorientierungen und unter Rückgriff auf die spezifische pädagogische Erfahrung, Tradition und Aufgabe selbständig zu bestimmen[15]. Zweitens liegt gerade heute die Feststellung nahe, dem Bildungswesen gelinge es auf allen über die Grundschule hinausreichenden Stufen zunehmend weniger, die Legitimität seiner eigenen Arbeit und die der gesellschaftlichen Institutionen, die es stützen, zu behaupten.
Die Bedeutung der verbreiteten und zum Teil massiven Abwehr schulischer Normen und Anforderungen, die von radikaler Kritik der pädagogischen und politischen Grundlagen des Systems bis zur bloß negativ bestimmbaren

[15] In diesem Zusammenhang sei noch einmal daran erinnert, daß Bourdieu und Passeron selbst einer rationalen Didaktik und Technik der Wissensvermittlung für das Durchbrechen der puren Reproduktionsfunktion besondere Bedeutung beimessen. Die Konzentration auf die Universität hat wahrscheinlich dazu geführt, daß sie die anderweitige Entwicklung dieser Didaktik und Methodik in ihrer Analyse nicht verarbeitet haben.

Verweigerung jeder Identifikation und Leistung reicht, läßt sich schwer abschätzen. Die Befunde darüber sind zumindest widersprüchlich: Die Untersuchung von Helmut Fend u. a. über „Sozialisationseffekte unterschiedlicher Schulformen“ (1973) kommt gerade für die Hauptschule zu Ergebnissen, die die Aussagen Bourdieus und Passerons zu stützen geeignet sind. Im Vergleich zu Gesamtschülern und Gymnasiasten wird danach der disziplinarische Druck der Schule von Hauptschülern und Realschülern am intensivsten empfunden. Hauptschüler stimmen zugleich den Orientierungsmustern der Leistungsgesellschaft noch uneingeschränkter zu als Schüler der übrigen Schulen und orientieren sich stärker als diese an den traditionellen Berufswerten. Zusammenfassend interpretieren die Autoren ihre Ergebnisse so: „Je niedriger die Qualifikationshöhe, die eine Schulform vermittelt, um so bedeutsamer wird eine an Konformität orientierte Werteinstellung mit Standards wie sozialer Sicherheit, sozialer Anerkennung und Konsum. Das gilt auch für die Betonung der Arbeitsmoral ... Die stärkere Konformitätsorientierung dokumentiert sich auch in solchen Meinungsmustern wie der Leistungsideologie, die in unserer Gesellschaft eine legitimatorische Funktion haben“ (Fend u. a., 1973, S. 902).

Die Untersuchung reicht sicher (schon weil die Stichprobe zu klein ist) nicht aus, die Beobachtung verbreiteter Verweigerung von Konformität zu entkräften. Immerhin ist sie als Warnung wertvoll, solche Beobachtungen vorschnell zu verallgemeinern, für die sich allerdings eine Fülle von Belegen beibringen läßt, nicht zuletzt der aus Fends Untersuchung abzuleitende Hinweis auf die geringeren Legitimationswirkungen in Gesamtschule und Gymnasium. Am eindringlichsten hat vielleicht Paul Goodman, der selbst die Schule als ein Lernen verhinderndes und für Lernen überflüssiges System der Disziplinierung denunziert hatte, die Erfahrung der Entfremdung der Jugend von den Normen und Inhalten des Bildungssystems aus der Perspektive des Hochschullehrers geschildert:

„Plötzlich wurde mir klar, daß sie (seine Studenten) an etwas wie eine Natur der Dinge gar nicht wirklich glaubten. Irgendwie konnten alle Funktionen auf zwischenmenschliche Beziehungen und Macht reduziert werden. Es gab kein Wissen, sondern nur die Wissenssoziologie. Sie hatten so gut gelernt, daß physikalische und soziologische Forschung zum Besten der herrschenden Klasse unterstützt und durchgeführt werden, daß sie nicht glaubten, es gebe so etwas wie die einfache Wahrheit. Die Forderung, etwas zu lernen, war eine Falle, mit der die Jugend niedergehalten und eingeordnet wurde. Ich wußte nun, daß ich nicht zu ihnen durchdringen konnte.“ [16]

---

[16] P. Goodman, The New Reformation. New York Times Magazin. September 14, 1969. Zitiert und übersetzt nach Silberman, 1970, S. 27. Vgl. auch Goodman, 1969.

Auch wenn man die Reichweite solcher Erfahrungen nicht überbewertet, führen sie doch zu der Frage, ob Autoren wie Bourdieu und Passeron, Gintis und andere die Erscheinungen des Widerstandes und der Gleichgültigkeit gegenüber der Schule zu Recht ignorieren oder jedenfalls als marginal für deren zentrale Funktion behandeln. Zumindest besteht Anlaß für die Überlegung, ob Integration und Legitimation durch das Bildungssystem so reibungslos zu erreichen sind, wie es diese Modelle postulieren, und ob die bestehenden Systeme noch in der Lage sind, einen prägnanten ‚Klassenhabitus' zu perpetuieren. Nichts ist auffälliger in den höheren Lehranstalten und Hochschulen als gerade die Wandlungen des Habitus und der ‚gebildeten Einstellung zur Kultur'.

Ist es richtig, sich auf die Erforschung der Struktur schulischer Beziehungen im Hinblick darauf zu beschränken, wie die Schule die Beziehungen vorbereitet, die in den außerschulischen sozialen Systemen herrschen, und wie sie die Einstellungen vermittelt, die eine Anpassung an die Zwänge dieser Systeme erleichtern? Darf die Forschung jene Strukturmomente und Qualitäten sozialer Beziehungen zwischen den Schülern und zwischen Schülern und Lehrern vernachlässigen, die nicht mit der Struktur der Beziehungen in außerschulischen Systemen übereinstimmen und die wahrscheinlich eine der Bedingungen für einen Wandel dieser Systeme schaffen?

Zum Besonderen der Schule gehört es, daß ihre Ziele sich weder durch puren Zwang noch durch vollständige Ritualisierung erreichen lassen, sondern daß dazu ein mehr oder weniger großes Maß subjektiver Bereitschaft und eigener Anstrengung der Schüler erforderlich ist. Diese Bereitschaft (Lernmotivation) ist sicher nicht allein das Ergebnis schulischer Arbeit. Aber soweit sie es ist, wird sie mit zunehmendem Alter des Lernenden immer weniger als Unterwerfung unter die institutionelle Autorität zu verstehen sein, sondern sich in subjektiver Auseinandersetzung mit schulischen Anforderungen in einer Beziehung sach- und personenbezogener Kommunikation bilden.

Die Abhängigkeit der Schule von der Kooperationsbereitschaft des Lernenden hat N. Luhmann aus der Strukturanalogie zwischen Schule und Dienstleistungsbetrieb abgeleitet: „Wie alle typischen Dienstleistungsbetriebe erreichen Erziehungsorganisationen ihren Erfolg durch Arbeit an der Person ihres ‚Kunden' und hängen damit von dessen Kooperationswillen ab. Diese Kooperation kann nicht befohlen, die erfolgsnotwendigen Mittel können von der Organisation nicht bereitgestellt werden. Der Erfolg muß in elementarer Interaktion von Angesicht zu Angesicht erwirkt werden. Damit sind der Zentralisierbarkeit und Bürokratisierbarkeit des Betriebes unübersteigbare Schranken gesetzt. Jede Reglementierung, die darauf nicht Rücksicht nimmt, würde zu formal illegalen Verständigungen zwischen

Lehrern und Schülern führen oder den Erfolg gefährden."[17] Parsons hatte, wie angedeutet, die Identifikation mit dem Lehrer, die ihrerseits nicht durch bloßen Zwang aufzubauen ist, als Basis der Lernmotivation zumindest des Grundschülers bezeichnet.

Man darf diese Feststellungen sicher nicht dahin mißverstehen, daß Zwänge im schulischen Lernen keine Rolle spielen, daß nicht Kooperationsbereitschaft bis zu einem gewissen Maße auch durch Zwang erreichbar ist und tatsächlich erreicht wird. Festzuhalten ist jedoch, daß langdauernde komplexe Lernprozesse nicht durch puren Zwang zu sichern sind; denn auch die Anerkennung der Legitimität von Zwängen durch den Lernenden kann nicht selbst wieder Ergebnis bloßen Zwangs sein.

Diese Struktur schulischer Beziehungen hat sich selbst erst in der Geschichte der Schule und zweifellos nicht unabhängig von allgemeineren politischen Entwicklungen herausgebildet, wenngleich ihre Prinzipien schon in der Pädagogik der Aufklärung formuliert worden waren. In unserem Zusammenhang ist wichtig, daß sie dem Lernenden ein gewisses Maß der Distanzierung von den Anforderungen und Wertungen der Schule ermöglicht, das um so größer zu sein scheint, je mehr der Lehrer sich in die kommunikative Auseinandersetzung darüber einläßt, statt sich auf die institutionelle Autorität zurückzuziehen. Dem entspricht, daß die Legitimität schulischer Anforderungen und Werte für das Bewußtsein des Lernenden in zunehmendem Maße davon abhängt, wie weit der Lehrer sich auf diese kommunikative Beziehung einstellt und vor allem, wie weit es ihm gelingt, in ihr die Legitimität von Anforderungen und Wertungen persönlich zu behaupten.

Eine solche Struktur sozialer Beziehungen scheint dort notwendig zu sein, wo die Autonomie des Lernenden selbst zu den institutionellen Zielen gehört. Offensichtlich ist es aber ein Risiko, die Legitimität der Anforderungen bis zu einem gewissen Grade auf das Gelingen kommunikativer Beziehungen in der Schule zu stützen: Es bedeutet eine Gefährdung der Legitimität der Institution selbst, die ja, wie die Geschichte der Schule zeigt, keineswegs etwas selbstverständlich Gegebenes ist. Nicht nur jene von den formellen Lernzielen her erwünschte kritisch engagierte Distanz zu und Identifikation mit den Anforderungen, Inhalten und Werten des Unterrichts können das Ergebnis des Unterrichts sein, sondern – wie die zitierten Beobachtungen zeigen – auch massive Abwehr und gleichgültige Entfremdung.

Mindestens ein Grund dafür ist wiederum in den institutionellen Bedingungen der Schule selbst zu suchen: Die auf die Autonomie des Lernenden

---

[17] Vgl. Luhmann, 1969, S. 403. Vgl. zu dieser Frage auch Fingerle, 1973.

gerichtete kommunikative Beziehung ist keineswegs das einzige und in der Regel nicht das bestimmende Moment der Struktur sozialer Beziehungen in der Schule. Sie setzt nämlich voraus, daß über die Inhalte und Ziele solcher Beziehungen nicht bereits vorweg entschieden worden ist. Eben das aber ist für die Schule weitgehend der Fall; sie ist ohne solche Vorentscheidungen gar nicht zu denken, und die Grenzen, in denen diese im Hinblick auf die aktuellen Interessen der Lernenden modifiziert werden können, sind in den verschiedenen Gegenstandsbereichen zwar unterschiedlich weit, aber auf jeden Fall gegeben. Das heißt, daß eine kommunikative Beziehung zwischen Lehrendem und Lernendem sich in der Schule erst auf der Grundlage einer prinzipiellen Anerkennung schulischer Forderungen und Wertungen aufbauen kann, daß die Kommunikation über die Inhalte und Handlungsziele der Beziehung einen minimalen Konsens über den Sinn der die Schule begründenden Vorentscheidungen voraussetzt.
Wie schwierig eine solche Balance der Beziehungen zwischen institutioneller und persönlicher Autorität, zwischen Vorentscheidung und je aktueller Entscheidung über die Inhalte des Unterrichts, den institutionalisierten Ritualen der Masseninstitution und offener Kommunikation zwischen Subjekten zu halten ist, manifestiert sich gerade in ihrem häufigen Scheitern. Die Annahme, daß Habitualisierung oder gar Identifikation und Verinnerlichung sich selbstverständlich und reibungslos vollziehen, scheint unter diesen Bedingungen kaum haltbar. Eine Institution, die sich nach den Regeln ihrer eigenen Theorie Legitimität im wesentlichen durch ihre Arbeit erst verschaffen soll und die beginnt, diese Theorie ernst zu nehmen, ist sicher nicht das geeignetste Instrument, die Legitimität des sie umgebenden sozialen Systems zu stützen.
Die Frage, welche Funktion jene Inhalte des Unterrichts haben, deren Nutzen offensichtlich nicht im Hervorbringen einer ‚gebildeten Einstellung zur Kultur‘ liegt, führt zu unserer zweiten These: Die Funktion der Schule ist nicht angemessen zu verstehen, wenn man von den Kenntnissen und kognitiven Potentialen absieht, die sie vermittelt. Das aber ist der Fall bei den meisten der hier herangezogenen Analysen. Für sie ist – zu Recht – bedeutsam, daß die Schule selegiert (im 19. Jahrhundert ging ihr die Selektion im wesentlichen noch voraus, wie wir sahen) und daß diese Selektion die vorgefundene Ungleichheit zu einem beträchtlichen Teil reproduziert und über die Verinnerlichung der Leistungsmoral als gerecht erscheinen läßt. Nebensächlich sind diesen soziologischen Interpretationen aber zu Unrecht die Kenntnisse etwa der Naturwissenschaften, die einem interessierten Schulabgänger die Institution – freilich nicht ohne die wirksame Stützung durch außerschulische Bedingungen – vermittelt hat.
In gewissem Sinne gilt für diese Analysen nichts anderes als das, was

Goodman von seinen Studenten sagte, die kein Wissen mehr, sondern nur noch Wissenssoziologie kennen. Und zwischen beiden Phänomenen besteht auch ein Zusammenhang. Wenn es Goodman unmöglich ist, einer Studentin klarzumachen, „daß Kinder ein historisches Recht darauf haben, die Gleichung zu verstehen, die die Beziehungen zwischen der Sonne und der Venus mathematisch formuliert“, dann liegt der Einstellung dieser Studentin doch eine Interpretation der Funktionen und Inhalte des Schulsystems zugrunde, an deren Formulierung die Wissenschaft zunehmend beteiligt ist, die also teilweise im Bildungssystem selbst erzeugt wird[18].

Der Lehrplan als „kulturelle Willkür“

Die Auseinandersetzung um die Inhalte des Unterrichts ist in der Geschichte der Schule unter vielen Aspekten und mit sehr unterschiedlichen Zielsetzungen geführt worden. Der Kampf um die Ausdehnung des Elementarunterrichts wurde historisch nicht zuletzt unter dem Aspekt des Rechts der Kinder auch der sogenannten unteren Volksklassen auf die Kenntnis der Literatur, Geschichte und Verfassung ihres Volkes und Staates geführt. Die Einführung des naturwissenschaftlichen Unterrichts wurde unter Hinweis auf die technologische Entwicklung gefordert, aus der sich die objektive Notwendigkeit ergebe, wenigstens einen Einblick in die Prinzipien dieser Entwicklung zu ermöglichen. Die Pädagogik selbst hat insbesondere den Aspekt der Bedeutung von Unterrichtsinhalten im Bildungsprozeß entfaltet. Immer wieder ist die politische Funktion der Inhalte Gegenstand der Auseinandersetzung gewesen, die Funktion der religiösen oder nationalen Gesinnungsbildung, der loyalisierenden Indoktrination durch den Religions-, Geschichts- und Deutschunterricht zum Beispiel; immer wieder sind Inhalte, deren aufklärende Kraft man fürchtete, von der Schule ferngehalten worden. In der Gegenwart machen die Diskussionen um neue Richtlinien und den sogenannten Radikalen-Erlaß deutlich, daß man in der Verbreitung ‚systemgefährdender‘ Inhalte durch das Bildungssystem die Grundlagen der politischen und sozialen Ordnung bedroht sieht, zugleich aber auch, wieviel schwieriger es geworden ist, das Bildungswesen auf eine enge Legitimierungsfunktion festzulegen.

Die erwähnten Auseinandersetzungen wurden um konkrete inhaltliche Bestimmungen des Lehrplans geführt. Sowohl die im Eingangskapitel skizzierte ‚radikale Schulkritik‘ als auch die Analysen von Bourdieu und Passeron, Jencks, Gintis und anderen setzen jedoch auf einer Ebene an, auf

---

[18] Vgl. Silberman, 1970, S. 26; Silberman selbst weist auf diesen Zusammenhang zwischen der radikalen Schulkritik Goodmans und der von ihm beschriebenen Erfahrung hin.

der die Frage nach inhaltlichen Alternativen bedeutungslos zu werden scheint. Inhalte sind auf dieser Ebene nur noch als Momente in der Habitualisierung jenes Persönlichkeitstypus erkennbar, der einem außerschulischen System sozialer Beziehungen – sei es mit dem Status des Herrschenden, sei es mit dem des Beherrschten – sich funktional einordnet. Die Frage nach inhaltlichen Alternativen des Lehrplans entfällt, wenn in der schulischen Struktur sozialer Beziehungen unter dem Einfluß des ‚verborgenen Lehrplans' alle Inhalte sich nur in der Richtung auf Ausprägung des jeweiligen ‚Klassenhabitus' auswirken können. Das Erlernen der Integralrechnung dient dann nur noch dem Stolz, etwas zu können, was andere nicht gelernt haben, und der Ausbildung des Bewußtseins, damit einen höheren Status zu verdienen (Gorz, 1972, S. 37). Literatur und Musik erscheinen nicht mehr als Möglichkeiten, den Horizont der Erfahrung, der Orientierung, der Reflexion im Bildungsprozeß zu erweitern und zu differenzieren, sondern nur noch als leicht ironisierbare Instrumente zur Einübung gebildeter Einstellungen.

In der Untersuchung von Jencks ist der Punkt leicht auszumachen, an dem die Wahrnehmung einer spezifischen kognitiven und inhaltlichen Qualifikationsleistung der Schule weitgehend ausgeschlossen wird, so daß sich der Anschein verbreiten läßt, der Unterricht füge den Wirkungen außerschulischer Faktoren nichts Wesentliches hinzu. (So jedenfalls ist seine Argumentation vielfach verstanden worden, obgleich Jencks nicht untersucht, *welche* Kenntnisse und Fertigkeiten in welchem Maße vermittelt werden, sondern ob *Unterschiede* in den kognitiven und Schulleistungen sich durch Unterschiede in schulischen oder durch Ungleichheit in außerschulischen Faktoren erklären lassen. Doch mögen manche seiner Formulierungen zu solchen Mißverständnissen Anlaß gegeben haben.) Hier verhindert die Auswahl der Tests, daß jenseits elementarer mathematischer und muttersprachlicher Leistungen und eines gewissen Allgemeinwissens überhaupt die Fähigkeiten und Fertigkeiten erfaßt werden, die durch die Schule – und im wesentlichen nur durch sie – vermittelt werden (Jencks u. a., 1972, S. 54 ff.). Das gilt zum Beispiel für Leistungen im fremdsprachlichen oder im fortgeschrittenen mathematisch-naturwissenschaftlichen Unterricht.

In der Tat läßt sich mit den verfügbaren Meßinstrumenten der psychologischen und der Unterrichtsforschung kaum feststellen, welche Bedeutung schulische Lernvorgänge über die Vermittlung von Elementarkenntnissen hinaus für Wertorientierung, Differenzierung und Identitätsfindung im Bildungsprozeß haben. Nicht zuletzt darum liegt die Versuchung nahe, ihre Bedeutung auf eine einfache allgemeine Funktion zu reduzieren. Nicht minder schwierig ist der konkrete Nachweis der objektiven Bedingungen, die bestimmte Qualifikationen erforderten und ihre Vermittlung ermöglichten, beziehungsweise die genauere Bestimmung des tatsächlichen Anteils, den die im Bildungswesen erworbenen Qualifikationen an der Erhaltung und Entwicklung des wirtschaftlich-technischen Standes einer Gesellschaft haben. Das mag für die Gegenwart, da zumindest in den entwickelten Ländern durch die Bildungsinstitutionen ein breites Angebot an Qualifikationen hervorgebracht wird, eher noch schwieriger sein als für den Untersuchungszeitraum, den wir gewählt haben: Damals erschien es den aufgeklärten Beobachtern evident, daß zum Beispiel die Produktivität der Landwirtschaft nur erhöht und die „Nahrungsnot" nur gemildert werden könne, wenn es gelänge, auch durch die Schule entsprechende Kenntnisse und rationale Einstellungen zu verbreiten; und der Bedarf an Fachkräften verlangte den – manchmal gewaltsam betriebenen – Import von Facharbeitern, wie zunächst in der Weberei, dann im Maschinenbau.

Auch mit dem hohen Grad, in dem ein ausgebautes Bildungswesen inzwischen die minimal notwendigen Qualifikationen für die Erhaltung des wirtschaftlich-technischen Entwicklungsstandes garantiert, dürfte es zusammenhängen, daß die Bildungsökonomie vom Bedarf des Beschäftigungssystems her keine zuverlässige Prognose als Planungsgrundlage für das Bildungssystem liefern kann. In diesem Sinne ist auch das Ergebnis von Gintis wohl auf einem Hintergrund zu sehen, in dem ein mehr als ausreichendes Angebot gleichwertiger schulischer Qualifikationen die Selektion für ungleich belohnte berufliche Positionen auf andere Dimensionen als die der kognitiven Leistung verweist. Daß in dieser Weise die objektiven Funktionen des Unterrichts für die Erhaltung und Entwicklung einer Gesellschaft teilweise unkenntlich werden, macht es offenbar zugleich auch möglich, seine Inhalte unter dem Begriff der „kulturellen Willkür" zu subsumieren: „Die Auslese der Bedeutungen, die die Kultur einer Gruppe oder einer Klasse objektiv als symbolisches System definiert, ist insofern willkürlich, als sich die Struktur und die Funktionen dieser Kultur von keinem universellen, physischen, biologischen oder geistigen Prinzip herleiten lassen, da sie durch keine der ‚Natur der Dinge' oder einer menschlichen Natur innewohnende Beziehung verbunden sind" (Bourdieu und Passeron, 1973, S. 17).

Das Konstrukt der „kulturellen Willkür" soll im Sinne von Bourdieu und Passeron nicht darüber hinwegtäuschen, daß „die Auslese von Bedeutungen ... insofern sozio-logisch notwendig (ist), als diese Kultur ihre Existenz den sozialen Bedingungen verdankt, deren Produkt sie ist" (ebenda). Vielmehr soll der Begriff darauf aufmerksam machen, daß es keine „pädagogische Aktion" gibt, die nicht auch willkürlich ausgewählte Bedeutungen einprägt (Bourdieu und Passeron, 1973, S. 19).

Das Problem dieser Theorie der „pädagogischen Aktion" als Ausübung symbolischer Gewalt und Durchsetzung kultureller Willkür zugunsten der herrschenden Klassen oder Gruppen scheint uns nicht in der Aussage zu liegen, daß die Auslese schulisch zu vermittelnder Bedeutungen immer wieder aus Herrschaftsinteressen willkürlich getroffen wird. Dieses Phänomen läßt sich in der Geschichte gerade der Elementarschule sehr deutlich nachweisen; allerdings ergibt sich dabei auch zunehmend ein Konflikt mit den in der Institution selbst entwickelten Kriterien der Auslese. Problematisch ist vielmehr, daß in dieser Theorie trotz der zitierten Präzisierung so verfahren wird, als sei die zentrale Funktion der Schule eben durch die herrschaftliche Willkür der Auswahl von Bedeutungen determiniert, während die soziologische Notwendigkeit dieser Auswahl allenfalls im Hinblick auf die Sicherung und Reproduktion der Struktur der Beziehungen zwischen den Klassen weiterhin beachtet wird.

Sicher ist es richtig, daß gerade die Einstellung zu Sprache und Kultur, die im familiären Umgang mehr oder weniger selbstverständlich eingeübte Kommunikationsweise und kulturelle Praxis den Habitus des bürgerlichen Gebildeten bestimmen oder bestimmten. Zweifellos kommt ihnen auch als Kriterien für die schulische Selektion in dem hier betrachteten Zeitraum (beziehungsweise in der Geschichte der preußischen Schule als Kriterien für die unterschiedliche Auswahl und Bedeutung kultureller Inhalte für die verschiedenen Schularten) entscheidendes Gewicht zu, was mit Recht immer wieder kritisiert worden ist. Das berechtigt jedoch erstens nicht, von den Funktionen abzusehen, die die Schule durch Vermittlung von Kenntnissen, Einstellungen und Fähigkeiten in den nicht im engeren Sinne ‚kulturkundlichen' Lernbereichen erfüllt. Zweitens sagt die allgemeine Feststellung der Willkür solcher kultureller Entscheidungen, die sich im Habitus des Gebildeten manifestieren, nichts über die Möglichkeit realer Alternativen aus, um die die Auseinandersetzung jener geht, die produktiv Kultur hervorbringen, oder derer, die an der Entscheidung über die Inhalte des Lehrplans und ihrer Kritik beteiligt sind. Von der Metaebene des logischen Konstrukts her muß die jeweilige historische Gestalt der Deutung subjektiver und gesellschaftlicher Erfahrung, zum Beispiel in der Kunst, als willkürlich erscheinen. Für die an ihrer Hervorbringung ernsthaft Beteiligten gewinnt sie dagegen auf dem Hintergrund der Tradition offenbar einen Grad an Notwendigkeit, der Entscheidungen begründbar macht – wenigstens solange überhaupt ein Mehr an Erfahrung und an Möglichkeiten, sie zu deuten, durch den ästhetischen Ausdruck zu gewinnen möglich scheint.

Das Problem stellt sich in analoger Weise für den Bildungsprozeß selbst: Die Auseinandersetzung des Lehrenden und besonders des Lernenden mit kulturellen Inhalten, in der Deutungen menschlicher Erfahrung subjektiv ernsthaft geprüft, Identifikationsangebote angenommen und verworfen werden können, ist prinzipiell unmöglich auf dem Boden des Bewußtseins, daß die angebotenen Deutungen und Modelle im Grunde nichts anderes seien als Ergebnis grundsätzlich willkürlicher und deshalb im Herrschaftsinteresse beliebig manipulierbarer kultureller Entscheidungen. Offenbar ist vielmehr die Herausbildung einer inhaltlich bestimmten Identität der Person an die Grundannahme gebunden, daß die Geschichte der Menschen und in ihr die eigene in der kulturellen Überlieferung ernsthafte (nicht notwendig wahre) Deutungen erfährt, so daß sich in der Auseinandersetzung mit diesen die eigene Erfahrung deuten und erweitern läßt und bestimmte Handlungsorientierungen einen verpflichtenden Sinn erhalten. Auch die Kritik der herrschaftlich willkürlichen Auswahl von kultureller Bedeutung ist erst auf der Grundlage dieser Auseinandersetzung konkret möglich, nicht aber auf der Basis des logischen Konstrukts prinzipieller Willkür kultureller Deutungen.

Mit dieser Kritik sollen nicht die Einsichten wieder verschüttet werden, die durch die Analyse von Bourdieu und Passeron eröffnet wurden. Das Dilemma der Kritik ist von ihnen sehr genau bezeichnet worden: Sie kann nicht davon absehen, daß kulturelle Phänomene keine Notwendigkeit außerhalb jener sozialen Prozesse haben, in denen sie hervorgebracht werden, und daß sie selbst durch die jeweilige historische Form sozialer Beziehungen geprägt sind. Die Vermittlung kultureller Inhalte und die Auswahlentscheidungen, die ihr vorangehen (zum Beispiel in der Erstellung des Lehrplans), sind nicht unabhängig von aktuellen Formen sozialer Beziehungen und von Herrschaftsverhältnissen, und schließlich werden die Wahrnehmung dieser kulturellen Gestalten und die Möglichkeit, sie zu deuten und subjektiv zu verarbeiten, in hohem Maße von der sozialen Situation dessen bestimmt, der mit ihnen konfrontiert wird.

Von all dem hatte eine Kulturpädagogik abgesehen, die die ‚Nationalkultur' unbesehen als ein (zuvor durch Ausschluß alles ‚Fremden' bereinigtes) Gesamt verpflichtender Werte und Traditionen verstand, aus dem nach weiterer politischer und moralischer Bereinigung und Kürzung der schulische Lehrplan destilliert wurde. Der Lernende, was immer seine Erfahrungen, Probleme und Bedürfnisse sein mochten, stand vor der Aufgabe, in diese verschnittene Nationalkultur hineinzuwachsen, sich das „Erbe" anzueignen, in dem häufig genug seine eigenen Erfahrungen nicht wiederzuerkennen und zu verstehen waren, so daß auch bei gelungener Assimilation von Werten und kulturellen Gestalten allenfalls der aufgesetzte Habitus ‚gebildeter Einstellungen' Ergebnis sein konnte. Die entfremdete Beziehung zur Kultur muß dadurch, daß sie im Bildungswesen ein wichtiges Selektionskriterium wird, vollends als Ausübung symbolischer Gewalt gegen die erscheinen, die aus ihrer Primärsozialisation dieser

Kultur eher fremd gegenüberstehen, und als Privilegierung jener, die schon dort mit ihr vertraut gemacht werden.

Nicht der Realitätsgehalt und die Notwendigkeit einer solchen Kritik sollen also hier bestritten werden. Der Einwand richtet sich gegen die generalisierende Ausdehnung der Kritik bis zu jenem Punkt, an dem vor ihren Kategorien die Unterschiede je historisch möglicher kultureller Entscheidungen irrelevant werden, so daß sie einer positiven Auseinandersetzung mit kulturellen Inhalten und Gegebenheiten, die die Voraussetzung für Lehren und Lernen, für Identitätsfindung und auch für jede inhaltlich bestimmte Kritik bildet, den Boden entzieht. In der Kritik von Bourdieu und Passeron erfährt der Gegenstand ‚Bildungswesen' eine Anzahl folgenschwerer Reduktionen: Die Inhalte des Unterrichts werden auf das kulturelle Substrat reduziert, an dem sich der Habitus der herrschenden bürgerlichen Klasse einprägt. Abgeschnitten wird durch die Analyse alles, was die bürgerliche Kultur mit dem ganzen Reichtum ihrer Interpretation und Erweiterung des Horizonts menschlicher Erfahrung an ‚Material' für den (sicher nicht nur schulischen) Bildungsprozeß bereitstellt. Die nicht im engeren Sinne kulturellen Inhalte des Unterrichts und die mit ihnen vermittelten mathematisch-naturwissenschaftlich und technologisch verwertbaren Qualifikationen bleiben ganz ausgeblendet und damit auch alle Funktionen der Schule jenseits der verschleiernden Legitimation der Struktur gesellschaftlicher Beziehungen. Dabei ist anzunehmen, daß die Legitimation des Bildungswesens selbst in hohem Maße auf diese Funktion kognitiver und sozialer Qualifikation gegründet ist und daß es erst auf dieser Grundlage eine – im übrigen zunehmend erschwerte – Legitimationsfunktion erfüllen kann.

Im Rahmen dieser Theorie – so läßt sich unsere Kritik pointiert zusammenfassen – haben Wissen und Kompetenz ihre Realität nur noch als Strukturmoment von Herrschaftsbeziehungen; es fehlt jeder Bezug zur existenzsichernden Arbeit des Menschen und seiner Auseinandersetzung mit der Natur; die reflexive Auseinandersetzung mit kulturellen Inhalten und sozialen Gegebenheiten, in der Identität sich bildet, verschwindet hinter dem Einüben von Gewohnheiten, die nichts sind als Instrumente, sozialen Status zu erwerben und zu erhalten. Die Theorie der Einprägung willkürlich ausgelesener Bedeutungen durch pädagogische Arbeit kann in dieser Hinsicht als die systematische Formulierung jenes von Goodman formulierten Bewußtseins verstanden werden, das alle Funktionen auf Interaktionen und auf Macht reduziert, für das das Problem der Wahrheit ganz verschwindet (Bourdieu und Passeron, 1973, S. 39). Gerade mit dem Konstrukt der „kulturellen Willkür", das gegenüber der jeweils herrschenden nur alternative Willkür zuläßt, entzieht die „Theorie der symbolischen

Gewalt“ den Bildungsinstitutionen jede mögliche Legitimität und rechtfertigt den universellen Verdacht, „jede Forderung, etwas zu lernen, könne nur eine Falle sein“.

Man kann schließlich konstatieren, daß die empirische und theoretische Analyse Bourdieus und Passerons selbst Produkt und Teil des Bildungswesens ist – in der Anwendung dort entwickelter Methoden, im Rekurs auf dort überlieferte Erkenntnisse und als Gegenstand der soziologischen und pädagogischen Lehre. Diese Feststellung läuft weder auf die Leugnung realer wie symbolischer Gewaltausübung und verschleiernder Legitimation von Ungleichheit – auch mit Hilfe des Bildungssystems – hinaus noch auf eine Widerlegung dieser Theorie mit Hilfe des Arguments, ihre Verbreitung zeige selbst, daß alles gar nicht so übel stehe. Vielmehr soll der Hinweis zu dem Phänomen der Autonomie zurückführen, die das Bildungssystem in seiner Geschichte zunehmend gewonnen (und miterkämpft) hat, die mit einer Differenzierung und Methodisierung seiner Funktionen verbunden war und die schließlich kaum unabhängig von dem allmählich erreichten quantitativen Gewicht der Institutionen ist.

Dieser Autonomiezuwachs kann nicht nur als Zuwachs des Potentials verstanden werden, die Funktion der Stabilisierung sozialer Ungleichheit besser zu erfüllen als je zuvor. Die Ideologiekritik, der nur noch diese Funktion erkennbar bleibt, löst den Gegenstand selbst in Ideologie auf und geht damit an der Vielfalt seiner realen Funktionen vorbei, zu denen die Ideologiebildung und die Ideologiekritik in Verbindung mit anderen gehören. Mit Expansion, Zuwachs an und Ausdifferenzierung von Funktionen sowie relativer Autonomisierung erreicht das Bildungssystem nicht nur einen Grad von schierer Masse und Komplexität, der seine direkte Funktionalisierung zunehmend schwieriger werden läßt. Es entwickelt zugleich ein Maß an Reflexivität – das heißt systeminterner Kritik an seinen Strukturen und Funktionen, für die die Arbeiten von Bourdieu und Passeron hier als Exempel stehen –, das auch die eigenen verdeckten Funktionen und Verhältnisse, die es verschleiern soll, ans Licht bringt. Diese Reflexion greift schließlich – wie es die radikale Schulkritik forderte[19] – die Basis der Legitimität des Systems selbst an, freilich um den Preis einer zu weit gehenden Reduktion des Gegenstandes.

Dem entspricht allerdings, zumindest bei einem Teil der Lernenden, eine Weigerung, die Forderungen des Systems zu akzeptieren. Diese Verweigerung gründet sich nicht auf ein Abwägen der Rationalität und Legitimität von Lernzwängen und -angeboten, sondern auf einen prinzipiellen Legitimitätsentzug. Die Reflexivität des Bildungswesens hat beim gegenwärtigen

[19] Vgl. Kapitel 1.1.

Stand seiner eigenen und der gesellschaftlichen Entwicklung deshalb nicht nur eine Seite: die der Aufklärung über offene und verdeckte überflüssige Gewalt, sondern sie birgt auch die Gefahr einer alternativlosen Auflösung rationaler Legitimation für institutionalisiertes Lernen überhaupt. Das aber gefährdet zugleich für die Individuen die Möglichkeiten normativer Orientierung und substantieller Identitätsbildung auf der historisch erreichten Stufe menschlichen Bewußtseins. Eine realitätsnahe Analyse der tatsächlichen und möglichen sozialen und auf das Individuum gerichteten Funktionen des Bildungssystems erscheint deshalb nötiger denn je. In dieser Richtung sollte die historische Arbeit vor kurzschlüssig dogmatischen Ableitungen ebenso wie vor Idealisierungen bewahren.

5. Anhang

5.1 Tabellen zu den Bildungsausgaben in Preußen 1849–1931 und zum Schulbesuch 1871–1968/69

Tabelle 1: **Staatliche Bildungsausgaben im Rahmen des staatlichen Etats in Preußen (in 1000 M)**

	1849 [a]	1854	1858	1864	1878 [g]	1888
Ord. Gesamtetat [b]	265 441	309 205	360 603	411 584	640 560	1 362 124
Staatl. Bildungsausgaben	5 685	5 773	6 041	7 582	38 441	62 230
% des Gesamtetats	2,14	1,86	1,67	1,84	6,0	4,57
davon						
Elementarschulen [c]	1 271	1 203	1 336	1 625	18 896	36 215
% der Bildungsausgaben [d]	22,35	20,83	22,12	21,43	49,15	58,20
% des Gesamtetats	0,47	0,38	0,37	0,39	2,95	2,66
Höheren Schulen	838	916	943	1 048	4 554	5 163
% der Bildungsausgaben [d]	15,09	15,87	15,60	13,82	11,85	8,30
% des Gesamtetats	0,32	0,29	0,26	0,25	0,71	0,38
Universitäten	1 473	1 440	1 461	1 752	5 430	7 261
% der Bildungsausgaben [d]	25,91	24,94	24,18	23,10	14,12	11,67
% des Gesamtetats	0,55	0,46	0,40	0,43	0,85	0,53
Technisches Schulwesen [e]	•	•	•	•	•	•
% der Bildungsausgaben [d]	•	•	•	•	•	•
% des Gesamtetats	•	•	•	•	•	•
Militärausgaben [f]	77 433	84 102	92 555	116 973	•	•
% des Gesamtetats	29,17	27,19	25,66	28,42	•	•

	1891	1901	1911	1921	1931
Ord. Gesamtetat [b]	1 670 979	2 431 803	3 872 184	14 206 285	3 631 271
Staatl. Bildungsausgaben	88 538	134 861	223 972	2 118 573	630 146 [h]
% des Gesamtetats	5,30	5,55	5,78	14,91	17,35
davon					
Elementarschulen [c]	59 438	85 265	165 906	1 751 960	464 992
% der Bildungsausgaben [d]	67,13	63,22	74,07	82,70	73,79
% des Gesamtetats	3,56	3,51	4,28	12,33	12,81
Höheren Schulen	5 880	13 021	21 734	203 953	46 502
% der Bildungsausgaben [d]	6,64	9,65	9,70	9,63	7,38
% des Gesamtetats	0,35	0,54	0,56	1,44	1,28
Universitäten	7 954	10 707	16 551	79 159	56 573
% der Bildungsausgaben [d]	8,98	7,94	7,39	3,74	8,98
% des Gesamtetats	0,48	0,44	0,43	0,56	1,56

	1891	1901	1911	1921	1931
Technisches Schulwesen [e]	1 550	2 343	5 622	33 753	13 366
% der Bildungsausgaben [d]	1,75	1,74	2,51	1,59	2,12
% des Gesamtetats	0,09	0,10	0,15	0,24	0,37
Militärausgaben [f]	•	•	•	•	•
% des Gesamtetats	•	•	•	•	•

Errechnet nach den gesetzlichen Voranschlägen. (Preußische Gesetzessammlungen der jeweiligen Jahre.)

Anmerkungen zu Tabelle 1:

a) Von 1849 bis 1864 sind die Talerangaben in Mark umgerechnet, und zwar nach der offiziellen Währungsparität von 1873. (Reichsgesetzblatt 1873, S. 233.)

Bei den Angaben für das Jahr 1849 sind die Aufschlüsselungen der staatlichen Bildungsausgaben nicht dem – zu wenig differenzierten – Voranschlag, sondern den später festgestellten Rechnungen entnommen. Wie sich denken läßt, differieren die Etatzahlen von den Rechnungsbeträgen; zusammengenommen lagen die staatlichen Bildungsausgaben im Jahre 1849 bei 5 893 000 Mark, also um rund 200 000 Mark über dem Voranschlag. Viel gravierender sind die Differenzen beim Militärhaushalt; statt der veranschlagten knapp 80 Mio. Mark weisen die Rechnungen einen Ausgabebetrag von 104 Mio. Mark aus, das wären etwa 37 Prozent des ordentlichen Gesamtetats, wie er gesetzlich geplant war.

(Vgl. die Angaben in dem Bericht über den Entwurf zum Staatshaushalts-Etat pro 1865. In: Stenographische Berichte über die Verhandlungen der ... beiden Häuser des Landtags. Haus der Abgeordneten 1864/65. Bd. 5, Anlagen II, S. 433–523; S. 508 f., 514 f., 518 f.)

Um die Tabelle nicht uneinheitlich werden zu lassen, sind alle Prozentwerte in der Spalte für das Jahr 1849 wie in den anderen Spalten auf die Summe des ordentlichen Gesamtetats beziehungsweise den Voranschlag der staatlichen Bildungsausgaben bezogen. Sinnvoller wäre es in diesem Falle aber wohl, wenigstens die relative Aufteilung des eigentlichen Bildungsetats ausschließlich auf der Basis der Rechnungsausgaben zu berechnen. Danach sind 1849 21,57 Prozent der Bildungsausgaben des Staates auf das Elementarschulwesen, 14,56 Prozent auf die höheren Lehranstalten entfallen und 25,0 Prozent für die Universitäten verwandt worden.

Für das Jahr 1864 ist ein gesetzlicher Voranschlag nie zustandegekommen; wie die Etats der übrigen Jahre des preußischen Verfassungskonflikts 1862–1865 hat der Haushalt 1864 im nachhinein die pauschale Billigung einer Mehrheit des preußischen Abgeordnetenhauses gefunden, die gegenüber dem militärischen Erfolg der ‚nationalen' Politik Bismarcks ihre liberalen Prinzipien zurückstellte. Unsere Angaben sind dem Regierungsentwurf entnommen.

(Vgl. den obengenannten Bericht über den Entwurf zum Staatshaushalts-Etat pro 1865.)

b) Der sogenannte A. O. Etat ist ausgespart – da die außerordentlichen oder einmaligen Ausgaben im Bildungs- und Kultusbereich nicht hinreichend spezifiziert sind.

c) Elementarschulen mit Mittelschulen und Sonderschulen sowie den Lehrerbildungsseminaren.

Der Versuch einer näheren Aufschlüsselung ist – für die ersten beiden Jahrzehnte – in der Zusatztabelle 1 a unternommen, um die Mittelzuweisung für die verschiedenen Institutionen des allgemeinbildenden Schulwesens (Elementar- und Mittelschulen gegenüber den Höheren Lehranstalten) besser erfassen zu können.

d) Die Prozentangaben, bezogen auf die staatlichen Bildungsausgaben, addieren sich nicht auf 100, weil die Kosten für Schulverwaltung, Prüfungswesen usw. fehlen. Dazu kommt, daß alle Ausgaben, die „für Kultus und Unterricht gemeinsam" bewilligt wurden, bei dieser Aufschlüsselung (in die Aufwendungen für Elementarschulwesen, Höhere Lehranstalten und Universitäten) unberücksichtigt geblieben sind (vgl. dazu auch die Anmerkungen zu Tabelle 1 a). Dagegen sind sie in voller Höhe in unsere Angabe der **gesamten** staatlichen Bildungsausgaben eingegangen, die damit eher zu hoch als zu niedrig berechnet worden sind. (Die Kosten für eigentliche Ministerialverwaltung des Ministeriums für die geistlichen, Unterrichts- und Medicinalangelegenheiten sind dafür außer acht geblieben.)

e) Fachschulen und technisches Unterrichtswesen ressortieren zu einem großen Teil unter den jeweiligen Fachministerien (Landwirtschaft, Handel usw.); als eigener Titel existiert die Angabe für uns erst ab 1891. (1921 und 1931: nur TH-Kosten.)

f) Die Militärausgaben lassen sich für die spätere Zeit, genauer seit der Reichsgründung von 1871, nicht mehr innerhalb eines Landesetats nachweisen.
Mit dem Übergang so wesentlicher Posten wie auch ganzer Steuern auf den Norddeutschen Bund (nach 1866) beziehungsweise auf das Reich hat sich die gesamte Budgetstruktur verändert. Der relative Bedeutungszuwachs des Bildungsetats, wie ihn die Zahlen in der Tabelle ausweisen, ist sicher nicht unabhängig von dieser Entwicklung zu sehen.

g) Infolge der Gebietserweiterungen des preußischen Staates nach 1864 lassen sich die absoluten Zahlen für die Jahre 1864 und 1878 nicht miteinander vergleichen.
Überhaupt wird man mit einem derartigen Vergleich äußerst vorsichtig sein müssen, da die allgemein zu beobachtende Steigerung der Etatmittel, wie für das Inflationsjahr 1921 besonders deutlich wird, ganz oder jedenfalls teilweise auf den Kaufkraftschwund der Währung zurückzuführen ist. Streng genommen wäre also für einen Vergleich der absoluten Summen eine Indexbildung erforderlich.
Ein Interpretationsbeispiel: Im Jahre 1854 sind nach dem gesetzlichen Voranschlag 5,8 Mio. Mark beziehungsweise 1,86 Prozent des ordentlichen Haushalts, der ein Gesamtvolumen von 309 Mio. Mark hatte, für das öffentliche Bildungswesen bewilligt worden. Gerade 0,4 Prozent der Haushaltsmittel, nämlich 1,2 Mio. Mark, entfielen dabei auf den Bereich des elementaren Unterrichtswesens (vgl. Anmerkung c). Das war ziemlich genau ein Fünftel der etatmäßigen Bildungsaufwendungen.

h) Für das Haushaltsjahr 1931 sind uns hinlänglich differenzierte Angaben aus dem gesetzlichen Voranschlag nicht zugänglich gewesen. Die hier aufgeführten Werte sind darum der Haushaltsvorlage der Regierung entnommen, die – nach der Höhe des Gesamtabschlusses für das zuständige Ministerium zu urteilen – auf dem Wege zum Budgetgesetz nur geringeren Veränderungen unterworfen worden ist. Denn statt der vorgesehenen 712 240 870 Mark bezifferte sich der gesetzliche Gesamtetat des Ministeriums für Wissenschaft, Kunst und Volksbildung (mit Einschluß der Kulturmittel) schließlich auf etwas über 710 Mio. Mark, so daß sich bei der Relation der verschiedenen Bildungsausgaben auf das gesamte ordentliche Budget keine wesentlichen Verschiebungen ergeben dürften.
Für einen Vergleich mit den relativen Zahlen aus dem Jahre 1921 sind zwei Bemerkungen nötig:
Die gegenüber 1921 zu beobachtende Verringerung des relativen Anteils der Elementarschulmittel am Bildungs- und Gesamtetat ist zum – kleineren – Teil darauf zurückzuführen, daß in die Zahlen von 1921 auch die Aufwendungen für die Schulverwaltung beziehungsweise -aufsicht im Elementarschulbereich eingegangen sind. Bezöge man die entsprechenden Ausgaben auch im Jahre 1931 in die Rechnung mit ein, erhöhte sich der Aufwand für die Elementarschulen auf rund 472 Mio. Mark, das heißt 13 Prozent des Gesamt- und etwa 75 Prozent des Bildungsbudgets. Demgegenüber ist die Steigerung des Aufwands für die technischen Hochschulen im Vergleich zum Jahre 1921 wahrscheinlich noch ein wenig höher als aus der Tabelle ersichtlich. Legt man denselben (globaleren) Ausgabeposten wie 1921

zugrunde, sind 1931 14 604 000 Mark für diesen Bereich veranschlagt worden, also 0,4 Prozent des Gesamtetats beziehungsweise 2,32 Prozent der gesamten Bildungsausgaben.

Tabelle 1 a: **Ausgaben für den Elementarschulbereich im Rahmen des staatlichen Bildungsetats in Preußen (1000 M)**

	1849[a]	1854	1858	1864	1878
Elementar- und Mittelschulen	695	572	687	720	13 908
% der Bildungsausgaben	12,23	9,90	11,36	9,50	36,17
mit Lehrerseminaren	1 033	932	1 085	1 358	18 616
% der Bildungsausgaben	18,14	16,14	17,95	17,91	48,42
mit Taubstummen-, Blinden-, Waisen-, Wohltätigkeits-, zum Teil auch Fortbildungsanstalten	1 271	1 203	1 336	1 625	18 896
% der Bildungsausgaben	22,35	20,83	22,12	21,43	49,15
Schulrelevante Kultusausgaben[b]	1 215	1 112	1 109	1 723	5 107
% der Bildungsausgaben	21,37	19,26	18,35	22,72	13,28

Errechnet nach den Voranschlägen beziehungsweise amtlich festgestellten Rechnungen.

Anmerkungen zu Tabelle 1 a:

a) Die Angaben für das Jahr 1849 basieren, wie zum Teil schon in Tabelle 1, auf den Rechnungen; um die Einheitlichkeit zu wahren, sind trotzdem die Prozentwerte auf die etatmäßig vorgesehene (geringere) Summe der staatlichen Bildungsausgaben bezogen. Legte man den entsprechenden Rechnungsbetrag von 5 893 000 Mark zugrunde, ergäben sich die folgenden Zahlen: 11,79 Prozent der staatlichen Bildungsausgaben sind dann dem Elementarschul- und Mittelschulwesen zugeflossen; 17,52 Prozent waren es mit den Lehrerseminaren; auf das gesamte niedere Unterrichtswesen entfielen 21,57 Prozent. Die für „Kultus und Unterricht gemeinsam" ausgeworfenen Mittel, in die sehr wahrscheinlich Ausgaben für den Elementarschulbereich eingeschlossen sind, machen 20,62 Prozent der staatlichen Bildungsaufwendungen aus.
Mangels genauerer Angaben im gesetzlichen Etat sind die Zahlen über die Summen, die im Jahre 1854 und 1858 für die Elementar- und Mittelschulen beziehungsweise für diese Anstalten und die Lehrerseminare zusammen ausgegeben wurden, auf der Grundlage der später amtlich festgestellten Rechnungen errechnet. (Die Verschiebungen in den Prozentzahlen, die sich daraus ergeben, scheinen aber sehr gering.)
Für 1864 und 1878 bieten die Voranschläge, einmal die Regierungsvorlage, im anderen Fall der gesetzliche Etat, eine hinreichende Basis für die in der Tabelle vorgenommene Aufstellung.

b) Nach der engen Verflechtung von Kirche und Elementarschulwesen zu schließen, sind in den Ausgaben, die in den Etats, unter der Überschrift „für Kultus und Unterricht gemeinsam" zusammengefaßt sind, sicher Aufwendungen für die Elementar- und wohl auch Mittelschulen enthalten. Um einen ungefähren Eindruck von der Bedeutung dieses Ausgabekomplexes für das Schulwesen zu geben – ausnahmslos ist er von uns den staatlichen Bildungsausgaben **im ganzen** zugerechnet – sind an dieser Stelle die Summen der beiden Titel „zur Verbesserung der äußeren Lage von Geistlichen und Lehrern" beziehungsweise des „Patronatsbaufonds" zusammengerechnet, da sie wohl von allen derartigen Aufwendungen den größten Teilbetrag dem Schulwesen zuwiesen. Falsch wäre es aber anzunehmen, daß diese Mittel ausschließlich oder vorwiegend der Schule zugeflossen sind.

Tabelle 2: **Gesamtaufwendungen für das öffentliche Bildungswesen in Preußen (1000 M)**

	1864	1878[b]	1888	1891	1911
Gesamtaufwand Bildungswesen	•	•	206 172	232 526	•
% des Gesamtetats	•	•	15,14	13,92	•
davon					
Elementarschulen	33 119	101 017	155 900	177 100	446 633
% des Gesamtetats	8,05	15,77	11,45	10,60	11,53
staatliche Mittel	1 166	12 368	39 162	59 713	138 134
%	3,52	12,24	25,12	33,71	30,93
Gemeinden	24 399	66 941	88 607	89 891	278 812
%	73,67	66,27	56,84	50,75	62,43
Eigeneinnahmen [a]	7 556	21 708	28 130	27 497	39 676
%	22,81	21,49[c]	18,04	15,54	8,88
Höhere Schulen	7 720	•	28 771	31 309	88 090
% des Gesamtetats	1,88	•	2,21	1,87	2,27
staatliche Mittel	1 573	•	6 237	6 933	19 559
%	20,37	•	21,68	22,14	22,20
Gemeinden	1 203	•	7 100	7 900	30 205
%	15,59	•	24,68	25,23	34,28
Eigeneinnahmen	3 579	•	15 434	16 476	38 326
%	46,36	•	53,64	52,63	43,50
Universitäten	•	10 555	12 946	14 117	25 052
% des Gesamtetats	•	1,64	0,95	0,84	0,64
staatliche Mittel	•	8 620	10 218	11 140	19 767
%	•	81,67	78,93	78,91	78,90
Gemeinden	—	—	—	—	—
%	—	—	—	—	—
Eigeneinnahmen	•	1 935	2 728	2 977	5 286
%	•	18,32	21,07	21,09	21,10[d]
Technisches Schulwesen	•	•	8 555	10 000	•
% des Gesamtetats	•	•	0,63	0,60	•
staatliche Mittel	•	•	5 552	6 120	•
%	•	•	64,90	61,19	•
Gemeinden	•	•	1 143	1 330	•
%	•	•	13,36	13,30	•
Eigeneinnahmen	•	•	1 860	2 550	•
%	•	•	21,74	25,51	•

Errechnet nach preußischen Statistiken (Engel, Preußische Statistik, H. 120 und H. 236). Die Abweichungen, die sich gegenüber Tab. 1 in der Höhe des staatlichen Beitrags zu den Gesamtaufwendungen für das öffentliche Bildungswesen ergeben, erklären sich unter anderem daraus, daß hier auch die außerordentlichen und einmaligen Etatausgaben berücksichtigt sind.

Anmerkungen zu Tabelle 2:

a) Darin sind verschiedene Geldquellen enthalten, u. a. das Schulgeld. Für das Jahr 1864 beziehen sich die Werte ausschließlich auf das Schulgeld.

b) Die Angaben für 1878 sind aus den Aufwendungen der Jahre 1876–78 errechnete Durchschnittswerte. Für den alten Gebietsstand von 1864 betrug der Gesamtaufwand für den Elementarschulbereich 1878 80 809 000 Mark.

c) Dabei allein das Schulgeld 12,84 Prozent.

d) Anders als in den voraufgehend genannten Jahren allein aus den Kolleggeldern, deren Ertrag somit anstieg, 16,04 Prozent.

Interpretationsbeispiel:

Im Jahre 1888 sind 206 Mio. Mark insgesamt für das öffentliche Bildungswesen ausgegeben worden, das entsprach, um einen Anhaltspunkt zu geben, einer Summe in Höhe von 15,14 Prozent des ordentlichen Gesamtetats dieses Jahres, wie er vom Preußischen Landtag verabschiedet worden ist (vgl. Tab. 1). Vom Staat selbst stammte allerdings nur der kleinere Teil dieser Mittel, wobei sich die relative Höhe seines Beitrags zu der Unterhaltung der verschiedenen Bildungsinstitutionen (Elementarschulbereich, Höhere Lehranstalten, Universitäten, technisches Schulwesen) zum Teil recht bedeutsam unterschied. Von den rund 156 Mio. Mark, die in diesem Jahre dem Elementarschulbereich zuflossen, beispielsweise trug der Staat 39 Mio. beziehungsweise 25,12 Prozent, während die Gemeinden 56,84 Prozent übernahmen und aus den eigenen Einnahmen (wozu auch Stiftungen zählen, sowie das in diesem Jahr kaum mehr ins Gewicht fallende Schulgeld) ein knappes Fünftel der Kosten abgedeckt wurden.

Tabelle 3: **Relativer Schulbesuch in Preußen 1871**

Geburts-jahrgänge	Alter (Jahre)	Wohn-bevölk.	Allg.-bild. Schulen abs.	%	Hochschulen abs.	%	Fachschulen abs.	%
1866–1858	5–14	5 005 063	4 090 372[a]	81,72	—	—	—	—
1857–1852	14–20	2 816 047	37 045[b]	1,31	5 069[c]	0,18	13 295	0,49[e]
1866–1852	5–20	7 821 110	4 127 417	52,77[d]	5 069	0,06	13 295	0,17
1851–1847	20–25	2 122 501	—	—	7 853	0,37	3 608	0,17[e]
1866–1847	5–25	9 943 611	4 127 417	41,50	12 922	0,13	16 903	0,17

Termin Frühjahr 1871

Quellen: Preußische Statistik, H. 30, Berlin 1875, S. 172 ff.; Jahrbuch für die amtliche Statistik des preußischen Staates, Jahrgang IV, 2. Hälfte, Berlin 1876, S. 7 ff., 56 f., 75, 116 ff., 134; Centralblatt für die gesamte preußische Unterrichtsverwaltung 1871, S. 692; 1872, S. 262 f., S. 728 ff.

Anmerkungen zu Tabelle 3:

a) Offizielle Angabe, die in etwa mit der Zahl übereinstimmt, die sich ergibt, wenn man die Schüler von Volksschulen, Sonderschulen, Mittelschulen insgesamt und von den höheren Knabenlehranstalten bis zur Tertia, wenn möglich Untertertia, einschließlich zusammennimmt (Berechnungsmodus für 1891 und 1911). Übrigens sind die Schülerinnen der Mädchen-Mittel- und höheren Schulen in den damaligen Statistiken ausnahmslos dem sogenannten niederen Unterrichtswesen zugeschlagen – sind also ebenfalls in dieser Zahl enthalten –, weil sie keine Berechtigungen verliehen, den höheren Lehranstalten der Knaben insofern nicht gleichzustellen waren.

b) Ohne höhere Töchterlehranstalten und Lehrerpräparandenanstalten.

c) Extrapoliert aus Daten über die Lehrerseminare vom Oktober 1870 und Oktober 1874.

d) Nimmt man die Zahlen für die höheren Töchteranstalten aus dem Jahre 1874 hinzu, steigt der Prozentwert auf 53,22 Prozent; für die Rubrik der 5–25jährigen auf 41,94 Prozent.

e) Die Angaben für das Fachschulwesen sind unvollständig, heterogen und nach dem Alter schwer aufzugliedern. Die vorgenommene Trennung ist gemäß der nur ungefähren Unterscheidung in höheres und niederes Fachschulwesen erfolgt.

Tabelle 4: **Relativer Schulbesuch in Preußen 1891**

Geburts-jahrgänge	Alter (Jahre)	Wohn-bevölk.[a]	Allg.-bild. Schulen abs.	%	Hochschulen abs.	%	Fachschulen abs.	%
1885–1877	5–14	6 057 924	5 297 580[b]	87,44	—	—	—	—
1876–1811	14–20	3 588 002	51 886	1,44	13 141[c]	0,36	9 394	0,26
1885–1871	5–20	9 645 926	5 349 466	55,45	13 141	0,13	9 394	0,09
1870–1866	20–25	2 569 439	—	—	12 980	0,50	4 780[d]	0,18
1885–1866	5–25	12 215 365	5 349 466	43,79	26 121	0,21	14 174	0,11

Termin Frühjahr 1891

Quellen: Preußische Statistik, H. 121, Teil 1, S. 2 ff.; H. 148, Teil 2, S. 2 ff.; H. 120, Teil 1, S. 69 ff., 308 ff.; Statistisches Handbuch für den preußischen Staat, 2, Berlin 1893, S. 524 ff.; Statistische Mitteilungen über das höhere Unterrichtswesen im Königreich Preußen 1892.

Anmerkungen zu Tabelle 4:

a) Daten extrapoliert aus den Jahrgangsangaben in den Volkszählungen vom 1. 12. 1890 und 1. 12. 1895.

b) einschließlich Sonder- und Mittelschulen; höhere Lehranstalten dagegen nur bis Untertertia einschließlich.

c) Lehrerseminare. Zahlen von 1892.

d) Darunter Studenten der TH: 2162.

Tabelle 5: **Relativer Schulbesuch in Preußen 1911**

Geburts-jahrgänge	Alter (Jahre)	Wohn-bevölk.[a]	Allg.-bild. Schulen abs.	%	Hochschulen abs.	%	Fachschulen abs.	%
1905–1897	5–14	8 153 608	7 163 288[b]	87,85	—	—	—	—
1896–1891	14–20	4 814 921	142 497[c]	2,95	49 073	1,01	571 755[d]	11,87
1905–1891	5–20	12 968 529	7 305 705	56,33	49 073	0,37	571 755	4,40
1890–1886	20–25	3 510 744	—	—	28 390	0,80	8 667[e]	0,24
1905–1886	5–25	16 479 273	7 305 785	44,33	77 463	0,47	659 691	4,00

Termin Frühjahr 1911

Quellen: Preußische Statistik, H. 206, Teil 1, S. 88 ff.; H. 234, Teil 1, S. 74 ff.; H. 231, Teil 1, S. 80*; Statistisches Jahrbuch für den preußischen Staat 1912, Berlin 1913, S. 402 f.; Statistische Mitteilungen über das höhere Unterrichtswesen 1911, S. 58 ff.; Zentralblatt für die preußische Unterrichtsverwaltung 1911, S. 544 ff.

Anmerkungen zu Tabelle 5:

a) Daten extrapoliert aus den Tabellen für die Geburtsjahrgänge bei den Volkszählungen vom 1. 12. 1905 und 1. 12. 1910.

b) Nach einer anderen Berechnung 7 161 140. Differenz möglicherweise erklärlich bei Berücksichtigung der Sonderschüler. Einschließlich Mittelschulen.
c) Enthalten sind Daten über die Besucher der höheren Mädchenschulen vom 1. 2. 1912. (Die Zahl wurde nach dem Schlüssel der höheren Knabenlehranstalt auf die Altersgruppen der 5–14jährigen und 14–20jährigen zerlegt.)
d) Zusammengetragen aus einer Vielzahl heterogener Zahlenangaben.
e) Darunter Studenten der TH : 4 064.

Tabelle 6: **Relativer Schulbesuch in Preußen 1931**

Geburts-jahrgänge	Alter (Jahre)	Wohn-bevölk.[a]	Allg.-bild. abs.	Schulen %	Hochschulen abs.	%	Fachschulen abs.	%
a	5–14	6 081 850	5 073 749[b]	83,42	—	—	—	—
a	14–20	3 393 976	316 690	9,33	—	—	1 004 715[c]	29,60
a	5–20	9 475 826	5 390 439	56,88	—	—	1 004 715	10,60
a	20–25	3 744 041	—	—	62 496[d]	1,85	17 787[e]	9,47
a	5–25	13 219 867	5 390 439	40,77	69 496	0,52	1 022 502	7,73

Termin Frühjahr 1931
Quellen: Statistik des Deutschen Reiches, H. 438, Berlin 1933; Statistisches Jahrbuch für den Freistaat Preußen 1932, Berlin 1932, S. 141 ff.; Statistik des Deutschen Reiches, H. 401, Teil 1, Berlin 1928, S. 176 ff., 340; H. 451, Teil 2, Berlin 1934, S. 4 f., 104.

Anmerkungen zu Tabelle 6:

a) Daten für die Alterskohorten der Wohnbevölkerung sind extrapoliert aus den Alterszählungen der beiden Volkszählungen vom 16. Juni 1925 und 16. Juni 1933. Gegenüber den anderen Tabellen zum relativen Schulbesuch ist diesmal nicht die amtliche Auszählung nach Geburtsjahren Berechnungsgrundlage, da Zähltermin und Jahresende in diesen Jahren weiter als sonst auseinanderliegen, der Fehler also noch größer geworden wäre.
b) Volksschulen, Sonderschulen insgesamt; Mittel- und höhere Schulen dagegen nur bis zur 8. Klasse.
c) Darunter Berufsschüler allein 908 008; das wären 26,75 Prozent aller 14–20jährigen, 9,58 Prozent der 5—20jährigen und 6,86 Prozent der 5—25jährigen. Die Zahlen sind vom 1. 6. 1931. Im übrigen sind von den eigentlichen Fachschulen nur die öffentlichen berücksichtigt.
d) Universitäten und Pädagogische Akademien vom SS 1931.
e) Darunter die Studenten der Technischen Hochschulen: 9 335; das wären 0,24 Prozent der 20–25jährigen beziehungsweise 0,07 Prozent der Bevölkerung im Alter von 5–25 Jahren.

Tabelle 7: **Relativer Schulbesuch in der Bundesrepublik 1958/59 (in 1000)**

Geburts-jahrgänge	Alter (Jahre)	Wohn-bevölk.	Allg.-bild. abs.	Schulen %	Berufliche Ausbildung abs.	%	Hochschulen Fortbildung abs.	%
1953–1945	5–14	6 565,2	5 246,5	79,91	2,79	0,04	—	—
1944–1939	14–20	5 289,0	1 106,12	20,91	1 871,9	35,39	77,05	1,45
1953–1939	5–20	11 854,2	6 352,62	53,58	1 874,69	15,81	77,05	0,64
1938–1934	20–25	4 442,2	26,65	0,6	44,42	1,0	217,67	4,9
1953–1934	5-25	16 296,4	6 379,27	39,14	1 919,11	11,77	294,72	1,80

Dezember/Januar 1958/59
Quelle: Jahrbuch für Wissenschaft, Ausbildung und Schule, Frankfurt 1971, S. 152.

Tabelle 8: **Relativer Schulbesuch in der Bundesrepublik 1968/69 (in 1000)**

Geburts-jahrgänge	Alter (Jahre)	Wohn-bevölk.	Allg.-bild. Schulen abs.	%	Berufliche Ausbildung abs.	%	Hochschulen, Fortbildung abs.	%
1963–1955	5–14	8 259,0	6 772,75	82,00	7,21	0,08	—	—
1954–1949	14–20	4 787,1	1 381,11	28,85	1 943,68	40,60	103,65	2,16
1963–1949	5–20	13 046,1	8 153,86	62,50	1 950,89	14,95	103,65	0,79
1948–1944	20–25	3 664,3	25,65	0,7	65,96	1,8	274,82	7,5
1963–1944	5–25	16 710,4	8 179,51	48,94	2 016,85	12,06	378,47	2,26

Dezember/Januar 1968/69.
Quelle: Jahrbuch für Wissenschaft, Ausbildung und Schule, Frankfurt 1971, S. 153.

Tabelle 9: **Anteil der Schüler/-innen in den verschiedenen Schularten nach Ausbildung, Beruf, Schichtzugehörigkeit des Vaters für Baden-Württemberg im Jahre 1967/68**

Soziale Stellung der Eltern	Realschule	Hauptschule	Gymnasium	Grundschule[b]
Akademiker	2,44	0,87	17,57	4,75
Nichtakademiker	95,47	96,96	79,75	93,32
Beamte	9,47	3,82	18,74	5,73
Angestellte	33,44	15,39	37,28	23,07
Arbeiter	33,28	51,41	13,08	45,22
Selbst. Gewerbetreibende und freiberuflich Tätige	14,91	10,59	23,54	13,30
Selbständige Landwirte	4,53	12,71	3,03	9,07
Nicht Erwerbstätige	3,93	5,46	3,92	3,40
Oberschicht[a]	2,39	0,71	18,33	4,58
Mittelschicht	57,65	30,77	64,53	38,60
Unterschicht	39,96	68,53	17,14	56,81

Quelle: H. L. Freytag und C. C. v. Weizsäcker (Hrsg.): Schulwahl und Schulsystem. Mcdelltheoretische Entwürfe – Verlaufsstatistische Analysen, 2 Bd., Weinheim 1969, Bd. 1, Tabellenband, S. 74 und 75.

Anmerkungen zu Tabelle 9:

a) Oberschicht = akademisch ausgebildete Beamte, Angestellte, Selbständige; Mittelschicht = nicht akademisch ausgebildete Beamte, Angestellte und Selbständige; Unterschicht = Arbeiter, selbständige Landwirte.

b) Die Sozialstruktur der Grundschule gibt zugleich einen gewissen Hinweis auf die Sozialstruktur der Gesamtbevölkerung.

5.2 Exkurs 1: Einige kritische Bemerkungen zur neueren Literatur

In letzter Zeit sind in der Bundesrepublik, wo im Zusammenhang mit der ‚realistisch-empirischen Wende' der Pädagogik über viele Jahre das Interesse an der Schul- und Erziehungsgeschichte ganz versiegt schien, eine Vielzahl von Arbeiten publiziert worden, in denen ähnlich wie in unserer Darstellung der Versuch unternommen worden ist, das Verhältnis von Bildungsinstitutionen und gesellschaftlichem System mit Hilfe einer sachlich und zeitlich eingegrenzten historischen Analyse zu bestimmen. Keiner der Autoren hat dabei seinen Anspruch darauf beschränkt, einzelne Abschnitte der Bildungsgeschichte nur möglichst wirklichkeitsgetreu nachzuzeichnen beziehungsweise im Sinne antiquarischer Historiographie die Vergangenheit unseres Schulwesens um ihrer selbst willen zu rekonstruieren. Im eingestandenen aktuellen Interesse soll die historische Betrachtung vielmehr in der Regel grundlegende und insoweit generalisierbare Einsichten in den funktionalen Zusammenhang von Schulsystem und sozialen, ökonomischen oder politischen Momenten des gesellschaftlichen Verbandes ermöglichen.

Die Arbeiten lassen sich freilich nach ihrem Abstraktionsgrad und der Richtung unterscheiden, in die ihre mehr systematischen Überlegungen gehen; nicht immer mündet die Darstellung in ein allgemeineres, möglichst geschlossenes und in sich stimmiges Theoriekonstrukt, das seinerseits auch der Interpretation der historischen Tatbestände zugrunde liegt. Dementsprechend nehmen wir im folgenden eine etwas schematische Typologisierung einiger neuerer Arbeiten vor, da es hier nicht möglich ist, jede Untersuchung angemessen für sich zu würdigen. Mit unseren kritischen Bemerkungen ist darum auch nie der Anspruch erhoben, den Wert der einzelnen Arbeit insgesamt zu bemessen. Der Überblick soll eher dazu dienen, an einigen neuralgischen Punkten oder auf der Ebene einer Kritik der jeweils generierten ‚Darstellungsmuster' die Forschungslücken aufzuzeigen, die unsere eigene Untersuchung in einigen Fällen zu füllen helfen sollte.

In starker Vereinfachung lassen sich – für den Zweck einer Übersicht – die einschlägigen Veröffentlichungen der letzten Jahre in drei Gruppen einteilen. Da sind zunächst die Arbeiten, deren Aussagen sich nur begrenzt vom Gegenstand der historischen Analyse lösen und kaum zu einer umfassenderen ‚Systematik' zusammenfügen; nicht zufällig ist gerade in diesen Darstellungen häufig eine Fülle von bislang unbekanntem Material verarbeitet worden. Andere Untersuchungen stellen dagegen von vornherein die historischen Ausführungen auf die möglichst konsistente Explikation einer generellen These ab, die sowohl wesentliche Abschnitte der vergangenen Schulentwicklung aufhellen als auch – in aktueller Modifikation – über die gegenwärtige Situation belehren soll. Im Mittelpunkt steht dabei der Versuch, den Gestaltwandel sowie den allgemeinen Bedeutungsgewinn des Bildungswesens im Zusammenhang mit den Prozessen der sozialen Differenzierung und den Klassenauseinandersetzungen zu erklären, die insbesondere das 19. Jahrhundert kennzeichneten, aber auch noch für die heutige westliche Industriegesellschaft als konstitutiv begriffen werden. Noch einen weiteren Schritt, der nach dem meist marxistischen Selbstverständnis der betreffenden Autoren unumgänglich erscheint, gehen schließlich jene Arbeiten, die sich der entscheidenden Determinante der gesellschaftlichen Struktur, mithin auch der bildungspolitischen Entwicklung, über die Analyse der Vorgänge im Produktionsbereich versichern wollen. Wie die gegenwärtigen Veränderungen im Bildungswesen werden auch die voraufgegangenen Epochen der Schulgeschichte nach Möglichkeit einer kritisch gewendeten ökonomischen Betrachtung unterzogen; sie führt dazu, Entstehung, Ausbau und Wandel der schulischen Institutionen in erster Linie von der Funktion aus zu bestimmen, die sie als Instanzen der qualifizierenden oder dequalifizierenden Vorbereitung auf den Arbeitsprozeß ausüben.

Ohne Zweifel sind bei der Unterscheidung der drei Gruppen die Kriterien nicht vollkommen homogen. Es wäre ein Mißverständnis, wenn man aus der vorgenommenen Einteilung die Aussage herauslesen würde, daß in der zuerst charakterisierten ‚materialorientierten' Forschungsliteratur gänzlich oder weitgehend auf ein begriffliches Konzept zur Strukturierung der Darstellung verzichtet worden wäre. Genausowenig wird behauptet, die mehr ‚theoriebezogenen' Arbeiten verzichteten ganz auf eigene Quellenstudien – auch wenn tatsächlich zu beobachten ist, daß sie sich in ihrer Analyse häufig auf die erstgenannten Untersuchungen oder ältere historische Werke stützen.

Der hauptsächliche Wert (und meist auch das Ziel) der vergleichsweise empirienahen Darstellungen zur Sozialgeschichte der Schule besteht gleichwohl vor allem darin, daß sie für die Diskussion der Relationen von gesellschaftlichem System und Bildungsinstitutionen neues, bisher nicht verfügbares Material erschließen. Ob sie sich des näheren mit der Konstituierung der staatlichen Schulverwaltung (in einer bestimmten Teilphase) beschäftigten oder die Entwicklung eines spezifischen Schultyps nachzeichnen oder schließlich auch für einen begrenzten Bereich einen Gesamtüberblick über die verschiedenen Institutionen der Schule zu geben versuchen, sie bilden jeweils notwendige Vorstufen für eine allgemeine Theorie der Schulfunktionen, zu der bislang eine Reihe von Ansätzen vorliegt, die aber nirgendwo eine voll überzeugende Gestalt hat gewinnen können. Darüber hinaus läßt sich wegen der Vielzahl der behandelten Einzelaspekte wenig Allgemeines über diese Arbeiten des ersten Typus sagen, abgesehen von einigen kursorischen Bemerkungen, mit denen wir im folgenden auf die grundsätzlichen Probleme dieser Art Untersuchungen sowie auf einige besonders relevant erscheinende Darstellungen Bezug nehmen.

Ein Musterbeispiel für den Ertrag der im engeren Sinne erziehungsgeschichtlichen Forschungsarbeiten, zugleich aber auch ein Exempel für den Preis, den der Anspruch auf Detailgenauigkeiten der Theorieentfaltung kostet, bietet die Untersuchung von V. Wehrmann (1972): Für eines der kleinsten Territorien des Heiligen Römischen Reiches Deutscher Nation, das spätere Fürstentum Lippe, wird hier eingehend die Entwicklung der verschiedenen Institutionen des Schulwesens vom letzten Drittel des 18. bis zur Mitte des 19. Jahrhunderts nachgezeichnet. Dabei ermöglicht es die enge räumliche Begrenzung, die sozialen und ökonomischen Rahmenbedingungen der Schulentwicklung recht genau zu erfassen und bis in Einzelheiten hinein den konkreten Zusammenhang von ökonomischen Prozessen, sozialer Krise oder politischen Ereignissen und pädagogischen Initiativen zu erhellen. Auch bei solcher Einschränkung lassen sich offenbar generalisierbare Ergebnisse gewinnen; viele unserer mehr auf Preußen bezogenen Aussagen über Ausgangspunkt und Ziel der pädagogischen Aktivitäten, insbesondere der Industrieschulbewegung, am Ende des 18. Jahrhunderts finden in den Befunden Wehrmanns eine Stütze: mit intensivierten pädagogischen Maßnahmen, so zeigt auch diese Darstellung der Verhältnisse in Lippe, suchte man Ende des 18. Jahrhunderts in erster Linie der ökonomischen Gefährdung des gesellschaftlichen Überlebens abzuhelfen, wie sie in Hungerkrisen und wachsender Not der Bevölkerung spürbar wurde; die Vision einer modernen Industriegesellschaft war dabei weder maßgeblich noch auch überhaupt nur in Sicht.

An Wehrmanns Arbeit ist erstaunlich, daß sie trotz weitgehender Übereinstimmung in den diesbezüglichen Aussagen ohne Berücksichtigung der neueren sozial- und wirtschaftsgeschichtlichen Literatur zustande gekommen scheint. (Keine der von uns in den Kapiteln 3.1–3.3 herangezogenen Darstellungen ist, soweit sie bis 1971 publiziert worden sind, bei Wehrmann genannt oder zitiert.) In der Regel bedürfen derartige Untersuchungen als Gegengewicht zu der Einengung durch ihre Materialnähe des weiteren Problemhorizontes, die die allgemeinere historiographische Fachliteratur vermittelt. An dem entsprechenden Mangel, der wohl eher dem Umstand anzulasten ist, daß bis vor wenigen Jahren kaum hinreichende Vorstudien vorlagen, krankt darum auch der Versuch von W. Werres (1965), die „Begründung der modernen Landschule in Deutschland“ sozialgeschichtlich zu analysieren.

Werres' Darstellung der sozialen und ökonomischen Entwicklung zum Ende des 18. Jahrhunderts, bezogen hauptsächlich auf das westfälische Gebiet, ist mit einer Reihe von Fehleinschätzungen und inneren Unstimmigkeiten belastet: Wie die Feststellungen über das massive Bevölkerungswachstum und zugleich über eine ‚Entvölkerung‘ verschiedener Landstriche stehen auch die Schilderungen steigender Not und das Urteil über die angebliche wirtschaftliche Aufwärtsentwicklung auf dem Lande recht unvermittelt nebeneinander (S. 112ff., S. 116ff., S. 35, S. 95ff., S. 46f., S. 87ff.). Sicherlich traten diese Phänomene tatsächlich nebeneinander auf, Werres' Darstellung läßt jedoch ihre jeweiligen Bedingungsfaktoren im ungewissen; sie werden nicht als die differenzierten Konsequenzen oder Besonderungen *eines* allgemeinen ökonomischen Prozesses erkannt, aus dem auch die Impulse für eine pädagogische Initiative zu erklären sind. Darüber hinaus hat Werres nicht durchgängig den – ihm selbst verdächtigen – ‚zivilisationskritischen' Tenor der traditionellen Agrarliteratur vermieden (S. 13 f., S. 22ff., S. 162, S. 267ff.), auf den jeder stößt, der sich historisch mit den Verhältnissen auf dem Lande beschäftigt. Die (in ihrer Wirksamkeit überschätzten) schulischen Bemühungen hat er so letztlich nicht mit den sozioökonomischen Veränderungen vor der Wende zum 19. Jahrhundert zusammenschließen können; es scheint insofern nicht überflüssig, sich derselben Aufgabe zum Teil noch einmal – mit dem Hilfsmittel fortgeschrittener sozialhistorischer Erkenntnis – zu unterziehen.

Nicht selten zeigen die Arbeiten, in denen handelnde Personen und ihre Absichten nicht konsequent in den gesellschaftlichen und politischen Kontext gestellt sind, eine Tendenz zu etwas unkritischen oder konservativen Bewertungen. Davon macht Werres' Untersuchung, etwa in seiner idealisierenden Einschätzung der Motive des preußischen Gutsherrn und Pädagogen Rochow (Werres, 1965, S. 264f., S. 288), keine Ausnahme. Von diesem Vorwurf ist auch eine neuere schulgeschichtliche Darstellung, die Arbeit von M. Heinemann (1974) über die „Entwicklung der preußischen Unterrichtsverwaltung" vor der Wende zum 19. Jahrhundert, nicht ganz freizusprechen. Allerdings geht die Problematik dieser Untersuchung nicht nur auf die Vernachlässigung der allgemeinen sozialen und wirtschaftlichen Rahmenumstände zurück, sondern auf bestimmte Grundannahmen, die der Autor auf den Gegenstand überträgt. In wesentlichen Partien dienen Heinemann nämlich (etwa S. 86f.) das ideale Modell politischer Entscheidungsfindung, das die Zeitgenossen im 18. Jahrhundert für eine ‚bürgerliche Gesellschaft' im mehr oder weniger offenen Gegensatz zum bestehenden System entwarfen, sowie (etwa S. 33ff.) das Konstrukt einer das Allgemeinwohl repräsentierenden Staatsmacht dazu, die Realität und die bildungspolitischen Aktivitäten des monarchistischen Absolutismus am Ende des 18. Jahrhunderts zu interpretieren. Die Geschichte der Gründung des Oberschulkollegiums, in dem 1787 die erste eigentliche Zentralbehörde des preußischen Staates für die pädagogischen Belange entstand, und auch die Darstellung der verschiedenen, meist wirkungsschwachen Schulprogramme beziehungsweise -versuche zu jener Zeit lesen sich bei

Heinemann, als seien diese Maßnahmen, oder besser Anläufe, aus einem planvoll von Stufe zu Stufe seinem Ziel zustrebenden Prozeß öffentlicher Willensbildung hervorgegangen (S. 49 f., S. 70, S. 85 ff., S. 106 f., S. 150 f., S. 152, S. 185). Dagegen erscheinen die zu beobachtenden Bildungsrestriktionen beziehungsweise die sorgsame Ausrichtung der niederen Schulen auf die Erziehung des Untertans, die im Zusammenhang mit der gesamten Sozialverfassung dieses (wohl kaum bürgerlichen) Staatsgebildes gesehen werden müssen, fast als zeitbedingte Imponderabilien, die der objektiven Vernunft des sich entfaltenden staatlichen Verwaltungshandelns prinzipiell keinen Abbruch getan hätten (S. 71 ff., S. 344 ff.)[1]. Für eine Fülle der mit der Entstehung der Schulverwaltung entstehenden Fragen liefert die Arbeit Heinemanns zweifellos wertvolle Hinweise; gegen den Gesamttenor einer derartigen Darstellung bestehen aber Bedenken.

Von der legendenhaft realitätsfernen Staatsauffassung, wie sie für die Mehrzahl der älteren historisch-pädagogischen Arbeiten konstitutiv war, haben sich die Untersuchungen erkennbar losgesagt, die nach unserer Einteilung dem zweiten Typus zuzuordnen sind. Auch wenn nicht alle Autoren in den staatlichen Organen nur den ‚geschäftsführenden Ausschuß der herrschenden Klasse' sehen, so ist es ihnen doch kaum mehr möglich, hinter einem öffentlichen Bildungswesen, das die sozialen Gegensätze verschärft und sanktioniert, anstatt sie abzubauen, noch den neutralen Sachwalter des allgemeinen Interesses zu entdecken. Der Untersuchungsbereich dieser Arbeiten liegt im Gegensatz zu den bisher genannten hauptsächlich im späten 19. Jahrhundert: Die sozialen Differenzierungen und Konflikte dieser Zeitspanne fordern geradezu dazu heraus, die schulischen Institutionen, die erst jetzt auf der Ebene des Elementarschulwesens einen geschlossenen Charakter angenommen hatten und zudem in rascher Ausdehnung begriffen waren, vornehmlich unter dem Aspekt ihrer sozialen status- beziehungsweise herrschaftslegitimierenden Funktion zu betrachten.

Die Untersuchungen mit ihrer verschiedentlich variierten, meist geschickt belegten Generalthese von der Entsprechung zwischen Klassengesellschaft und Organisation des Bildungswesens sind recht gut geeignet, ein kritisches Korrektiv für die lang verbreitete, überaus optimistische Einschätzung vom Ausbau des Schulwesens zu bilden. Verschiedentlich taucht anstelle des Interpretationsmusters von der allmählich fortschreitenden Aufwärtsentwicklung schließlich sogar die Gegenthese vom kontinuierlichen Nieder-

[1] Eine derartige Auffassung erinnert an das Bild, das schon Dilthey vom politisch-institutionellen Rahmen der preußischen Elementarschule gezeichnet hat: Auch er glaubte aus dem ‚aufklärerischen' Charakter des friderizianischen Staates Aufbau und Existenz eines angeblich weitreichenden Unterrichtswesens ableiten zu können (Dilthey, Bd. 3, 1962, S. 158–170, Kapitel: Der Staat als Erzieher).

gang auf, in dessen Verlauf die Schule pädagogische Qualität und ehemals ausgeübte oder beanspruchte emanzipative Funktionen eingebüßt haben soll. Wo es freilich so weit kommt – und keine der hier zu nennenden Arbeiten ist von solchen Vorstellungen gänzlich frei – besteht die Gefahr, daß das traditionelle affirmative Bild lediglich durch eine kritischere Art von einseitiger Fehlorientierung ersetzt wird. Die Modelle vom Fortschritt und vom Niedergang teilen nicht nur grundsätzlich gewisse formale Eigenschaften; in diesem konkreten Fall ergeben sich ungewollt auch inhaltliche Übereinstimmungen. Die ‚Indienstnahme' der Schule für die Zwecke der politischen und sozialen Systemstabilisierung ist nicht, wie in den betreffenden Arbeiten unterstellt wird, erst das Ergebnis der Einflüsse, unter die das Bildungswesen im Zuge des Übergangs zur kapitalistischen Industriegesellschaft am Ende des 19. Jahrhunderts geriet; eine derartige Aufgabenstellung bestimmte schon den Konstituierungszusammenhang des Elementarschulwesens. Darüber belehren die Anfänge der preußischen Elementarschulpolitik, die in den entsprechenden Darstellungen, kaum anders als von der borussischen Tradition, zumeist verharmlost oder beschönigt werden.

Nicht direkt, aber doch mittelbar nimmt D. Müller (1971) in dem Exposé eines Untersuchungsprojekts mit dem Ziel, die Beziehungen zwischen Sozialstruktur und Schulentwicklung innerhalb der letzten 150 bis 180 Jahre zu analysieren, Bezug auf die Situation des frühen preußischen Elementarschulwesens, wenn er für das ausgehende 18. Jahrhundert vom Bestand „integrierter Gesamtschulsysteme" ausgeht (S. 216 ff.). Während bis in die erste Hälfte des 19. Jahrhunderts Lateinschulen und Gymnasien auch den Kindern der städtischen Mittel- und Unterschicht offengestanden hätten, sei in der Folgezeit und bis in die Weimarer Zeit eine rigorose Abschließung der entsprechenden Schultypen zu beobachten, die damit Bestandteile eines „immer stärker vertikal gliedernden Schulsystems" geworden wären.

Es ist zweifellos richtig, wenn den höheren Schulen für die Phase ihrer Entfaltung ein stark sozial exklusiver Charakter zugesprochen wird, den sie ja bis heute nicht verleugnen können. Zu den Kennzeichen der preußisch-deutschen Bildungsentwicklung im 19. Jahrhundert gehört darüber hinaus der mehrfach wiederholte Vorgang, daß ursprünglich für die Weiterbildung von Handwerkern oder Arbeitern eingerichtete Schulanstalten ihrem Zweck entfremdet und zu Schulen einer gehobenen Allgemeinbildung gemacht wurden. Schließlich soll auch die Tatsache nicht bestritten werden, daß der Einzugsbereich der ‚Oberschule' in der älteren Zeit bis in die Kreise des zünftischen und handelnden Kleinbürgertums reichte. Es scheint uns aber vorschnell und angreifbar, deshalb von der Existenz „differenzierter Einheitsschulen" um die Wende zum 19. Jahrhundert zu sprechen.

Weder ist dieser Vergleich heutigen Gesamtschulkonzeptionen angemessen noch werden damit innere Gestalt und Funktion der damaligen Schulen zutreffend bezeichnet. Die Klagen der Zeitgenossen lassen keinen Zweifel daran, daß die Söhne des Handwerkers oder Kleinhändlers, die die Lateinschulen gewöhnlich schon in den niedrigeren Klassen wieder verließen – Mädchen und die Kinder der überwiegend illiteraten Armut hatten dort ohnehin keinen Zutritt – gerade kein differenziertes Lehrangebot vorfanden, das ihren Zwecken entsprochen hätte. Zudem änderte der Besuch dieser Schulen mutmaßlich kaum etwas an der durch andere Mechanismen geregelten Verteilung der Sozial- und Erwerbschancen, die später der Ausschluß der unteren beziehungsweise mittleren Bevölkerungskreise vom Besuch des weiterführenden Schulwesens garantierte. Wieweit also ein derartiges Erklärungsschema ein tragfähiges Interpretationsgerüst für die Analyse der Schulentwicklung abzugeben vermag, muß fraglich bleiben.

Nicht alle Arbeiten, die sich mit der Organisation des Schulwesens im 19. Jahrhundert befassen, gehen so ausführlich wie bei Müller beabsichtigt auf die Ausgangsbedingungen ein, die vor dem eigentlichen Untersuchungszeitraum bestanden haben. Was andere Autoren über die Ursprünge oder anfänglichen Stadien des öffentlichen Bildungssystems voraussetzen, weicht auch inhaltlich von der skizzierten Vorstellung ab; es ist jedoch nicht minder von der Tradition vorbelastet. So vermittelt die Darstellung, die C. Berg (1973) von den Rahmenveränderungen beziehungsweise der Binnenstruktur der preußischen Volksschule im letzten Drittel des 19. Jahrhunderts gibt, den problematischen Eindruck, als sei das sogenannte niedere Schulwesen dort erst zu Beginn der siebziger Jahre, mit dem Akt des Schulaufsichtsgesetzes, aus seiner bislang kirchlichen Form in staatliche Hand übergegangen (zum Beispiel S. 13 f.). Dabei beurteilt Berg diesen Vorgang durchaus nicht besonders optimistisch: Als wesentlicher Inhalt der Veränderung, die sich mit der formellen Umgestaltung der Schulaufsicht vollzieht, erscheint bei ihr die Ablösung der kirchlichen Okkupation der Schule durch die politisch-staatliche, bei der die Bildungsinstitutionen wiederum und stärker noch als vorher unter dem Einfluß ‚sachfremder' politischer und sozialer Zwecke gebeugt werden (S. 185 f.). Bergs gründliche Studien ergeben freilich darüber hinaus, daß hinter diesem Gesetzgebungsakt bei den politisch entscheidenden Instanzen keinerlei grundsätzliche Motive standen (S. 26 ff., S. 31 ff.); auslösend und lange Zeit auch für den Effekt dieser Aktion bestimmend war allein – wie bereits früher J. Tews (1914) dargestellt hat –, daß die bisherige ‚Auftragsverwaltung' durch die Geistlichkeit in den katholischen Gebieten des besetzten Polens (übrigens auch in einigen deutschen Regionen wie dem ehemals welfischen Hannover) ihren Dienst versagt hatte.

Statt einer prinzipiellen Lösung wurde somit nur eine pragmatische (lokal und zeitlich beschränkte) Veränderung angestrebt, die vor der Öffentlichkeit damals lediglich in manipulativer Absicht hochgespielt und aufgebauscht worden ist. Diese Erkenntnis hat Berg indessen nicht davon abgehalten, im Schulaufsichtsgesetz eine wirkliche Zäsur der schulpolitischen Entwicklung zu sehen. Der starke Einfluß, den die Geistlichen in der Schulinspektion bis zur Weimarer Zeit wahrten, sowie die hohe Bedeutung des Religionsunterrichts im Lehrplan der preußischen Volksschule während des Kaiserreichs erscheinen danach fast als Inkonsequenz (Berg, 1973, S. 58, S. 82, S. 91 ff., S. 219). Der traditionelle politische Charakter kirchlicher Schulgewalt, die Durchdringung religiöser und politischer Zielsetzung, die für die Elementarschule von Anfang an charakteristisch waren, werden unterschätzt. Die berechtigte Kritik der preußischen Elementarschulpolitik einer späteren Zeitspanne steht aber auf unsicheren Füßen, wenn sie auf einer problematischen Einschätzung der Vorgeschichte aufbaut.

Der traditionelle enge Zusammenhang von Politik, Religion und Schule findet dagegen in der thematisch eng verwandten Untersuchung, die H. Titze (1973) der Entwicklung der Bildungsinstitutionen im 19. Jahrhundert gewidmet hat, eine angemessenere Berücksichtigung. Schon weil die Darstellung hier – unter Verzicht auf detailliertes Aktenstudium – von vornherein weiter ausgreift, bleibt dieser charakteristische Zug der älteren Elementarschulgeschichte nicht außer acht. Die Mängel dieser Analyse liegen darin, daß Titze weniger auf den komplexen Ursprung der kirchlichen Schulverwaltung und politischen Schulinitiative im 18. Jahrhundert eingeht, sondern eher eine gegenläufige Tendenz konstruiert, so daß die Instrumentalisierung der religiösen Erziehung für den Zweck gesellschaftlicher und staatlicher Integration erst als Errungenschaft des späten 18. beziehungsweise 19. Jahrhunderts erscheint (S. 173 ff., S. 268 f.). In dem Prozeß der zunehmenden Inanspruchnahme der Schulorganisation für die Sicherung der politischen beziehungsweise gesellschaftlichen Machtverteilung, wie ihn Titze für das 19. Jahrhundert zeichnet (S. 179 ff., S. 266 ff.), ist die religiöse Indoktrination ein bewährtes Mittel, das aber scheinbar erst nach und nach systematisch genutzt wird. Titze beschreibt zwar auch den Beginn beziehungsweise die verschiedenen Vorformen der öffentlichen Elementarbildung, die mit dem kirchlichen Leben eng verbunden waren. Leitender Gesichtspunkt für seine Interpretation ist dabei aber der Entwicklungstrend zur „Säkularisierung“ (S. 20 ff.), in dessen Konsequenz er das „gesamte Bildungswesen“ Preußens bereits am Ende des 18. Jahrhunderts zielstrebig zentralisiert und verstaatlicht sieht (S. 39 f.).

Von dem hohen Niveau, das das Bildungssystem nach Titze unter dem Einfluß der Aufklärung damals angeblich erreicht hatte, erscheint es hernach durch den Verlauf der weiteren gesellschaftlichen Entwicklung in einen Zustand herabgedrückt, in dem es nicht mehr als korrektive Instanz der sozialen Klassenverhältnisse, sondern nur als ihr integrierter Bestandteil zu fungieren vermochte (Titze, 1973, S. 261). Wohl bei keinem anderen Autor ist die Perspektive so stark von der Annahme einer schulgeschichtlichen Abwärtsbewegung geprägt wie bei Titze. Wenn in dieser Weise die Schulorganisation am Ende und zu Beginn des 19. Jahrhunderts verglichen wird, bleibt ein entscheidendes Kriterium unbeachtet: Man übersieht dabei, daß gegen eine problematische Realität ausschließlich programmatische Konzepte ausgespielt werden, die in ihrer Zielrichtung seinerzeit, was Zustand und Funktion anlangt, gegen eine noch trostlosere Schulwirklichkeit formuliert worden waren.

Der tatsächliche Verlauf der Elementarschulentwicklung in Preußen ließe sich demgegenüber für eine lange Periode eher noch unter dem Gesichtspunkt der Kontinuität der Aufgabenstellung und ihrer Erfüllung durch die Institutionen der Schule interpretieren. Wäre nicht der allmähliche Ausbau der Schule während des 19. Jahrhunderts, vor allem die merkliche Expansion seit den siebziger Jahren zu konstatieren, die in den Darstellungen Titzes und Bergs unseres Erachtens zu kurz kommt, so ließe sich diese Aussage auf das gesamte Jahrhundert ausdehnen. Die erhebliche Erweiterung des Bildungssystems zwingt aber dazu, von einem Wandel zu sprechen, freilich nicht ausschließlich in der Richtung, in der die genannten Autoren eine Veränderung sehen.

Die nicht unbeträchtliche Steigerung der Bildungsaufwendungen und die – uns anfangs immer bescheiden anmutende – Verbesserung der internen Schulverhältnisse können als Ausdruck der wachsenden Bedeutung angesehen werden, die die Schule im Verlauf des 19. Jahrhunderts für den Prozeß der materiellen und sozialen Reproduktion der Gesellschaft gewann. Die dabei zu beobachtende Affinität von sozialem Status und Bildungsniveau weist so nicht nur auf die Abhängigkeit der Bildung vom Besitz hin, sondern zugleich darauf, daß die Rangfolge der sozialen Positionen zunehmend auch durch den Grad an Schulbildung ausgedrückt oder definiert wurde. Im Zuge des von verschiedenen Faktoren bedingten Erweiterungprozesses wurde das Schulwesen schließlich zu einem System, das wegen seines quantitativen Gewichts, seiner Komplexität und nicht zuletzt seiner zunehmend ausgeprägten eigenen Mechanismen nur begrenzt der Steuerung von außen zugänglich ist. Mit Recht wird man die so gewonnene ‚Autonomie' des Bildungswesens als nur relativ bezeichnen können, mit Recht wird man auch gerade den Anschein einer völligen pädagogischen Eigengesetzlichkeit als das entscheidende Medium bestimmen können, durch das die Schulinstitutionen ihren Beitrag zur Stabilisierung des sozia-

len Systems leisten. Doch sollte man darüber nicht dem anderen Effekt seine Aufmerksamkeit versagen, daß nämlich die umfassenden organisierten Lernprozesse in der Schule für die Individuen und die Gesellschaft eine qualitativ andere Stufe der ‚Unterdrückung' bedeuten und die Schule insgesamt ein wesentlich unsicherer Faktor der Herrschaftssicherung sein dürfte als ‚Stockprügel' und ‚Aberglauben', die die Masse der Bevölkerung in den vorgängigen Gesellschaftsformationen niederhielten.
Indem wir als einen wesentlichen Zug in der Entwicklung des Bildungswesens den Trend zu einer – begrenzten – Autonomisierung unterstellen, setzen wir uns nicht nur gegen die zuletzt skizzierten Untersuchungen ab. Wir entfernen uns damit wohl auch weit von der Auffassung jener Autoren, die, soweit sie von marxistischen Vorstellungen ausgehen[2], die eigentlichen Impulse für die Entwicklung des Schulsystems in der Produktionssphäre festmachen. Diesen Untersuchungen ist in der Regel gemeinsam, daß sie die relative Selbständigkeit der Bildungsinstitutionen vergleichsweise gering einschätzen. Wenn man die gesamten Funktionen staatlichen Handelns primär von den Interessen des Kapitals beziehungsweise von ökonomischen Gesetzen diktiert sieht, so kann man in der Tat auch dem öffentlichen Bildungswesen kaum die Fähigkeit zutrauen, selbst auf die Definition seiner Aufgaben und Möglichkeiten nennenswerten Einfluß zu nehmen. Das Problem der institutionellen Eigendynamik komplexer Systeme wie des Bildungswesens entfällt weitgehend bei der Annahme einer engen ökonomischen Determiniertheit des staatlichen Verbandes, zu dessen Leistungen ja auch die Organisation der Schulen und Universitäten gehört. Freilich wird in keiner ernstzunehmenden Untersuchung diese deduktive Lösung der Frage für endgültig oder ausreichend gehalten; mit den Schwierigkeiten einer empirischen Bestätigung der eigenen These ist aber auch

[2] Keineswegs alle Arbeiten, die sich mit dem Zusammenhang von wirtschaftlicher Entwicklung und Bildungssystem befassen, sind von marxistischen Positionen aus geschrieben; die Analyse von P. Lundgreen (1973) zum Thema „Schulbildung und Industrialisierung" etwa verwendet die Methoden der modernen, ‚bürgerlichen' Bildungsökonomie. Es gehört freilich zu den Hauptergebnissen dieser aufwendigen Studie – sie bietet darüber hinaus auch eine Fülle von materiellen Befunden –, daß die verschiedenen (als Planungsinstrumente) entwickelten Verfahren aufgrund ihrer methodischen und inhaltlichen Voraussetzungen nur begrenzt für die Analyse der Rolle taugen, die Bildung im historischen Wachstumsprozeß gespielt hat. Die Hoffnung auf eine präzise Erfassung der Relationen von Schule und wirtschaftlicher Entwicklung während des 19. Jahrhunderts scheitert schon an dem Mangel an quantifizierbarem Material, der durch Extrapolationen nicht auszugleichen ist. – So wenig wie bei den anderen Gruppen von Arbeiten erhebt unser Überblick für den im folgenden skizzierten Typus von Untersuchungen den Anspruch auf Vollständigkeit. Eine Arbeit wie die von B. Voigt (1973), die sich in der Darstellung der Schulgeschichte des 18. und 19. Jahrhunderts weitgehend auf eine grobmaschige Übersicht beschränkt (Handbücher wie etwa die von K. H. Günther u. a. [1969] herausgegebene „Geschichte der Erziehung" dürften diesen Zweck besser erfüllen), ist von uns unberücksichtigt geblieben.

keine von ihnen wirklich fertig geworden, weder in der allgemeinen Bestimmung der Staatsfunktionen noch hinsichtlich der spezifischen Rolle der Schule. So ist gewiß in einer der gründlichsten politökonomischen Studien zur neueren Bildungspolitik der Nachweis überaus einleuchtend, daß die Bewegungsfreiheit des Staates und auch seine bildungspolitischen Aktivitäten durch die Art und Herkunft seiner Einnahmen sowie die wirtschaftlichen Wechsellagen (mit ihren zugehörigen Programmen antizyklischer Krisenpolitik) außerordentlich eingeengt werden. Aber die Analyse kann nicht mehr überzeugen, wo aus diesen Tatsachen in einer Weise auf Selbstverständnis und Zielsetzungen der staatlichen Organe geschlossen wird, die diese umstandslos mit dem Interesse kapitalistischer Profitmaximierung identifiziert[3]. Über diesen Mangel sind auch andere, spätere Arbeiten im Grunde nicht hinweggekommen; wir beschränken uns dazu im folgenden auf einige konkrete, historisch argumentierende Einwände, dies scheint um so eher möglich, als wir der allgemeinen Kritik der grundlegenden Arbeiten durch F. Haug (1974) wenig hinzufügen könnten.

Was bei der gegenwärtigen Formation des bürgerlichen Staates kaum gelingt, stößt bei den historischen Vorstadien, dem Staat des 18. und 19. Jahrhunderts in Preußen-Deutschland, auf noch größere Schwierigkeiten: Der Versuch, die Bildungsmaßnahmen des monarchischen Absolutismus während des 18. Jahrhunderts als die Aktionen einer ‚Agentur der kapitalistischen Entwicklung' darzustellen, glückt wohl nur um den Preis einer Vergewaltigung geschichtlicher Tatbestände. Ein Beispiel dafür bietet die Interpretation, die D. Otten (1973) in einer Arbeit über den Wandel der Qualifikationsstruktur von den Anfängen der preußischen Elementarschulpolitik zu Beginn des 18. Jahrhunderts gibt. Otten bezieht die ostpreußische Schulinitiative unter Friedrich Wilhelm I. (1713–1740) zu Recht wie die gesamte damalige Schulpolitik primär auf die Landbevölkerung; um sie aber vornehmlich mit wirtschaftlichen Fakten erklären zu können, zieht er Tatbestände heran, die deutlich einem anderen zeitlichen Kontext entstammen (S. 50 ff.).

Die agrikulturellen Veränderungen, aus denen Otten ein Qualifikationsbedürfnis für die bäuerliche Bevölkerung ableitet, kennzeichneten fast ausnahmslos erst die zweite Hälfte des 18. Jahrhunderts, nicht seinen Anfang. Und durch eine Agrardepression im 17. Jahrhundert wurde verhindert, daß sich die Wirkungen der spätmittelalterlichen Wüstungen beziehungsweise der Exporthausse für Getreide während des 16. Jahrhunderts so kontinuierlich ins 18. Jahrhundert fortsetzten,

---

[3] Huisken, 1972, S. 253 ff.; S. 283 ff., S. 294; S. 336 ff. – Vgl. die kritische Auseinandersetzung mit verschiedenen Theorien zur Bestimmung des ‚kapitalistischen Staates' von C. Offe, 1972, darin insbesondere die Aufsätze: „Tauschverhältnis und politische Steuerung. Zur Aktualität des Legitimationsproblems" sowie „Klassenherrschaft und politisches System. Die Selektivität politischer Institutionen".

wie Otten vorgibt. Im übrigen erklären diese beiden letzten Faktoren, in denen Anreiz und Möglichkeit zu einer Ausweitung der agrarischen Marktproduktion lagen, mehr die Entstehung der ostdeutschen Gutsherrschaft als die kümmerlichen Anfänge der späteren schulpolitischen Maßnahmen seitens des Landesherrn.

Besonders fatal in unserem Zusammenhang ist aber Ottens Behauptung über die schulpolitische Aufgeschlossenheit der adligen Gutsbesitzer jener Zeit; alle Quellen über die ‚Bildungsfeindlichkeit' dieser mächtigen Gruppe bezögen sich erst auf die Periode seit der Mitte des 19. Jahrhunderts (Otten, 1973, S. 51). Ein derartiges Plädoyer für den Adel findet sich wohl selbst kaum in der Tradition der borussischen Schulgeschichtsschreibung – nicht nur, weil diese älteren Arbeiten im Sinne der Hohenzollernlegende die Verdienste des Herrscherhauses herausstellten, sondern auch, weil sie die vorhandenen Zeugnisse beziehungsweise die Literatur nicht so vollständig mißachten mochten.
Auch die wesentlich gründlichere Arbeit von U. Aumüller (1974) über die Industrieschulen im Preußen des 18. Jahrhunderts kommt ohne Anleihen bei der vielfach unkritischen Historiographie des Kaiserreichs nicht aus[4]. Es scheint nur zu gut den behaupteten Kausalzusammenhang zwischen Ausweitung der kapitalistischen Produktionsformen, ökonomisch vordefinierter Reaktion des Staates und Bildungswesen zu bestätigen, wenn schon für diesen frühen Zeitraum nachgewiesen werden kann, daß der Staat eine – trotz Hindernissen – aktive Schulpolitik betreibt und vor allem ein deutlich auf wirtschaftliche Zwecke orientiertes elementares Schulwesen errichtet. An beweiskräftigen Indikatoren dafür mangelt es aber – gerade, was die preußische Realität vor der Wende zum 19. Jahrhundert angeht. Bei Aumüllers Aussage, die Industrieschulen hätten sich damals dank entschiedener staatlicher Förderung, wenigstens in den mittleren und östlichen Provinzen Preußens, „allgemein auf dem Lande durchgesetzt" (S. 59, S. 73, S. 76; demgegenüber aber auch S. 144), werden darum bloße Absichtserklärungen und Anordnungen, die im Grunde den wahren Zustand durchblicken lassen, für die Wirklichkeit selbst genommen. Und auch die fabelhafte Summe von jährlich 1000 Talern, die vom preußischen König für die Finanzierung der Industrieschulen auf dem Lande der Kurmark (1798) bewilligt wurde, sollte man nicht anführen (S. 138 f.), ohne auf die Relationen zum Gesamt- beziehungsweise Militäretat hinzuweisen: Sie erscheint dann mehr als Zeichen für die hemmende Funktion des preußisch-absoluti-

[4] Aus Gründen des Platzes und der Übersichtlichkeit muß es hier unterbleiben, auch auf die anderen Beiträge des entsprechenden Sammelbandes (Hartmann u. a., 1974) einzugehen, die zum Teil den Darstellungen bereits erwähnter Autoren thematisch parallel laufen: Vgl. etwa die Abhandlung von F. Wenzel, 1974. Für uns lag es nahe, die Arbeit von U. Aumüller besonders zu erwähnen, weil wir selbst den ‚Industrieschulen' ein längeres Kapitel gewidmet haben.

stischen Systems denn als Beweis einer von diesem tatkräftig vorangetriebenen Qualifizierung der Arbeitskraft wie in Aumüllers Beurteilung.

Offenbar weist die allgemeine Situation vor dem Beginn der Phase, die als die eigentliche ‚Industrielle Revolution' bezeichnet wird, eine recht komplexe Struktur auf, die sich schematischen Interpretationsmustern nicht ohne weiteres erschließt. Wie schon in dem damals eher marginalen Sektor der Schulpolitik mit dem Zwiespalt zwischen landesherrlicher Initiative und Verweigerung notwendiger Mittel deutlich wird (in anderen Bereichen wie der Gewerbepolitik zeigte das staatliche Handeln noch schärfere Widersprüche), waren die Aktionen der politischen Zentralgewalt durchaus nicht eindeutig und folgerichtig. Vor allem besaß die staatliche Macht damals weder in den Kompetenzen noch in der bürokratischen Apparatur die innere Geschlossenheit, mithin auch Bestimmtheit und Durchsetzungskraft, wie sie heute zu ihren mehr oder weniger selbstverständlichen Attributen gehören. Aumüller sieht dies zwar, doch hat das Wissen sie nicht vor einer Überschätzung der landesherrlichen Tatkraft im Schulbereich bewahrt. Dafür mag allerdings noch ein anderes Problem mitverantwortlich sein, das sicher nicht nur ihre Darstellung betrifft, sich bei dieser Art Untersuchungen anscheinend aber besonders stark auswirkt.

Man wird immer geneigt sein, für die Interpretation vergangener Epochen die Perspektive der Entwicklung zum gegenwärtigen Gesellschaftssystem zugrunde zu legen; dies entspricht in gewisser Weise dem eigenen, mit Recht aktuell bezogenen Forschungs- und Erkenntnisinteresse. Ohne bestimmte Vorsichtsmaßregeln führt dieses Verfahren aber zu fragwürdigen Ergebnissen. Gefahren liegen darin, daß die älteren Gesellschaftsformationen nur als Vorformen begriffen werden, die zielgerichtet der eigenen Gegenwart zustreben, und daß sie umstandslos den Kategorien der aktuellen Erfahrungswelt subsumiert werden. In dieser Weise ist, um ein bekanntes Beispiel zu nennen, das Bild von der Verfassungsstruktur des Mittelalters beziehungsweise der Genese des ‚modernen' Staates lange Zeit überaus wirksam durch die – dafür untauglichen – Begriffe der Staatswissenschaft des 19. Jahrhunderts geprägt worden. Ein anderes Beispiel dürfte die Art der Betrachtung bieten, der das noch deutlich vorindustrielle ökonomische Gesamtsystem im Preußen des späten 18. Jahrhunderts von bestimmten marxistisch argumentierenden Autoren unterzogen wird. Nirgends wird durch eine Analyse von Struktur und Funktionen der in Erosion begriffenen Agrargesellschaft das historische Ausgangsstadium ernsthaft zur Grundlage des Verständnisses; vielmehr wird häufig die Perspektive der Industrialisierung bereits in die Köpfe der damaligen Zeitgenossen hineinprojiziert, und Maßnahmen beziehungsweise Institutionen wird eine Funktionsweise unterstellt, die sie im damaligen Rahmen schwerlich gehabt haben können. Im Sinne einer teleologischen Interpretation, zu dem im schulgeschichtlichen Bereich schon aufgrund der Bezeichnung gerade die ‚Industrieschulen' reizen, sind Schulorganisation und kapitalistische Industrialisierung nicht selten pauschal und allzu unvermittelt aufeinander bezogen. Dieses Verfahren ist bereits in den historisch argumentierenden Aufsätzen des ersten einschlägigen Sammelbandes ausgeprägt, in den „Materialien zur politischen Ökonomie des Ausbildungssektors" [5]. Ein Ausdruck solcher Probleme könnte auch – sofern hier nicht einfach ein Druckfehler vorliegt – die Behauptung von Aumüller (1974, S. 49) sein, in der Mitte des 17. Jahrhunderts hätten „nahezu" 60 Prozent der Bevölkerung Preußens auf dem Lande gelebt: Es zählten, wie aus der (der Autorin bekannten) Literatur hervorgeht, noch am Ende des 18. Jahrhunderts im Gesamtdurchschnitt der Monarchie vier Fünftel der Menschen zu den Bewohnern des sogenannten platten Landes! Dieses demographische Faktum ist nur ein Indiz von vielen für die tatsächliche Differenz zwischen der damaligen Realität und einem Status, den wir bereits einer industriellen Gesellschaft zurechnen könnten. Man tut demnach gut daran, die Kontextbestimmungen in dieser im übrigen eingehenden Darstellung der inneren Gestalt der Industrieschulen mit Vorsicht aufzunehmen.

Ungenaue Kenntnis beziehungsweise mangelnde Berücksichtigung der sozialen und ökonomischen Bedingungen am Vorabend der industriellen Wende dürften schließlich mitspielen, wenn auch bei diesen marxistisch argumentierenden Verfassern Auffassungen geäußert werden, die in der Funktionsbestimmung des ‚Ausbildungssektors' einen negativen Entwicklungstrend unterstellen. Zwar werden dabei Beginn und Inhalt des Prozesses anders bestimmt als in den Arbeiten, die in unserem Schema der zweiten Gruppe zugeordnet wurden. Aber zu dem Modell des Niedergangs gehört auch die Vorstellung, Anforderungsstruktur und Fähigkeitskanon hätten sich im Durchschnitt im Zuge der Veränderung des Arbeitsprozesses mit dem Beginn der kapitalistischen Industrialisierung reduziert.

Die These von der ‚Dequalifikation der menschlichen Arbeitskraft' kann zwar vordergründig insbesondere auf die Fabrikverhältnisse während und kurz nach der industriellen Umwälzung gestützt werden, die bekanntlich für die Vielzahl der Menschen insgesamt eine tiefe Krise ihrer ohnehin schwierigen Existenz bedeutete. Wo aber global der qualitative Sprung geleugnet wird, den die Durchsetzung der industriellen Produktionsweise gegenüber bisherigen Formen der Produktion brachte, und wo die damit

[5] Altvater und Huisken, 1971. Vgl. darin die Aufsätze von E. Altvater: „Der historische Hintergrund des Qualifikationsbegriffs" sowie „Industrieschulen und Fabrikschulen im Frühkapitalismus" beziehungsweise insbesondere auch die Arbeit von T. Schäffer: „Das Ausbildungssystem in Deutschland in der ersten Hälfte des 19. Jahrhunderts".

eröffnete allmähliche Ausweitung des technischen Potentials (das freilich von seiner Realisierung zu unterscheiden ist) beziehungsweise entsprechende positive Auswirkungen auf das allgemeine Ausbildungsniveau in Abrede gestellt werden, gleitet die Beweisführung ins Unglaubwürdige ab. Die Folgen dieser Argumentation sind auch für die Autoren nicht unerheblich, insofern sie dabei Gefahr laufen, im Gegensatz zu ihrem gleichzeitig praktischen Anspruch die Ansatzpunkte für ein politisches Handlungskonzept zu verfehlen (dazu Haug, 1974, S. 898, S. 909).

Als Beispiel sei hier auf die Arbeit von G. Lenhardt (1974) verwiesen, der sich im Zusammenhang mit Weiterbildungsproblemen auch eingehender mit der Entwicklung der Qualifikationsstruktur befaßt: seine Darstellung fällt nur zu einem Teil in unser Untersuchungsfeld, aber sie ist einer der jüngsten, geschlossenen Versuche zum Thema, der sich zudem – unter einigen Kautelen – auch auf historische Sachverhalte einläßt. Nur unter Schwierigkeiten gelingt es Lenhardt allerdings, sich von den zahlreichen Autoren überzeugend abzusetzen, die aus der Tatsache des technischen Fortschritts langfristig auch auf die Notwendigkeit einer Verbesserung des Bildungssystems folgern (S. 13 ff.). Wenige Autoren dürften dabei, wie Lenhardt mehr oder weniger unterstellt, von einer Selbsttätigkeit oder Eigenständigkeit des technischen Wandels ausgehen. Es ist eine Sache, die technische Entwicklung zum autonomen Wirkungsfaktor von Arbeitsplatzstruktur und Bildungsniveau zu verklären, und es ist eine andere, den technischen Veränderungen, die im (von Lenhardt zu Recht hervorgehobenen) Zusammenhang sozialer Interaktion zustande kommen und definiert werden, ihrerseits auch einen wichtigen Einfluß auf die Veränderung von Bildungseinrichtungen zuzubilligen. Mit dem Versuch, dem technischen Rationalisierungsprozeß der Produktion eine gewissermaßen eigene Qualität abzusprechen und ihn aufgrund seines Begründungszusammenhangs in allen Schritten vollends in Akte der sozialen Repression aufzulösen (S. 64 f., S. 73 f., S. 78, S. 81 f.), verfällt Lenhardt praktisch ins entgegengesetzte Extrem, das mit der angegriffenen Position eine wesentliche Implikation teilt: es bedeutet die Reduktion auf eine eindimensionale, undialektische Betrachtungsweise von Arbeitswelt und Bildungswesen.
Beim Nachweis der historisch angeblich abnehmenden Arbeitsplatzerfordernisse beziehungsweise der Dequalifizierung der menschlichen Arbeitskraft bedient sich Lenhardt einer problematischen Argumentationsweise. Zwei Maßstäbe werden nicht deutlich voneinander geschieden beziehungsweise in eine klar definierte Beziehung zueinander gebracht: Faßt man den Qualifikationsbegriff, wie es Lenhardt an manchen Stellen tut (zum Beispiel S. 36 f.), praktisch in dem weiten, anspruchsvollen Sinne, der von dem Postulat der ‚Übereinstimmung von persönlicher und sozialer Identität' oder dem Ideal des ‚autonomen handlungsfähigen mit sich selbst identischen Subjekts' umschrieben wird, dann ist es in der Tat berechtigt, die Dequalifikation der Menschen in ihrem Arbeitsprozeß zu konstatieren (S. 102 f.). Freilich bezieht sich dieses Urteil dann weniger auf eine Entwicklung als auf eine – allenfalls in ihren Erscheinungsformen variierende – historische Konstante. Nur einer Minderheit dürften Arbeit und Existenz je die Möglichkeit zur Selbstverwirklichung geboten haben. Mit einem engeren Verständnis von Qualifikation – die sich zunächst auch einmal als Summe von Wissensniveau, Verständnishorizont und bestimmten Fertigkeiten begreifen läßt und die Lenhardt gleichfalls nicht fremd ist (S. 82 f., S. 86 f., S. 102) – muß es aber viel schwerer fallen, die ent-

sprechende These zu untermauern. Die Aussage, daß inzwischen die Qualifikationsansprüche der Arbeitsplätze vielfach nicht mehr über das durchschnittliche Maß an kulturellen Fähigkeiten hinausgingen (S. 93, S. 96, S. 102), wirkt schlicht irreführend, wenn ihr nicht der Hinweis darauf und die Erklärung dafür folgt, daß eben dies Niveau der Massenbildung innerhalb der letzten 150 Jahre gewaltig gestiegen ist. Es ist fraglich, ob ein Denkmodell, in dem der Niedergang eines imaginären, zwischen den Zeiten angesiedelten Handwerkeridylls bedauert wird (S. 43 ff.), wirklich eine hinreichende theoretische und praktische Basis für die Lösung aktueller Bildungsprobleme abgibt. Weniger die rückwärtsgewandte Perspektive als solche scheint dabei der Mangel, schwerer wiegt, daß Lenhardt sich nur unzureichend der Tatsache stellt, daß uns von derartigen vermeintlich integrierenden Produktionsformen so etwas wie eine historische Wasserscheide trennt: Die geschichtsmächtigen Postulate des Frühliberalismus, die Rationalität eines sich selbst regulierenden Marktmechanismus und die Vernunft einer von öffentlichem Konsens statt Herrschaft bestimmten politischen Ordnung, hatten gerade nicht, wie es bei Lenhardt erscheint, in der Produktionsweise des Handwerkers, sondern eher in den Prinzipien ihr ökonomisches Pendant, die faktisch zum Ausgangspunkt der ‚großen Industrie' werden sollten. Davon findet sich bei den Zeitgenossen, die Organisation und Vollzug der handwerklichen Arbeit ob ihrer unverständigen Borniertheit und Theoriearmut mit scharfer Kritik bedachten, noch ein deutliches Bewußtsein.

5.3. Exkurs 2: Zum preußischen Finanzgebaren (vgl. Tabelle 1)

Nicht zufällig setzt eine Tabelle, die über die Entwicklung des staatlichen Bildungsetats in Preußen einen kursorischen Überblick geben soll, erst zur Mitte des 19. Jahrhunderts ein, im Jahre nach der verspäteten bürgerlichen Revolution in Deutschland. Eine hinlänglich detaillierte, präzise und offengelegte – das heißt auch kontrollierbare – Haushaltsführung des Staates, wie sie Voraussetzung für derartige Angaben ist, entstand nicht als zwangsläufiges Ergebnis zunehmend perfektionierter staatlicher Finanzverwaltung, sondern ging aus schweren politischen Auseinandersetzungen hervor. Der Idee nach ist in ihnen um nichts Geringeres als die Auflösung staatsfürstlicher Herrschaft in der Selbstregierung der ‚Nation' gekämpft, faktisch allerdings nur eine schmale Beteiligung des Bürgertums am staatlichen Regierungsgeschäft erreicht worden. Gerade das parlamentarische Budgetrecht, das heißt Kontrolle und Bewilligung der staatlichen Einnahmen- und Ausgabenpolitik, galt dabei nach der Revolution – je engere Grenzen den Machtbefugnissen der Volksvertreter gegenüber der Obrigkeit gezogen waren, um so mehr – als der eigentliche und einzige Hebel, um Einfluß auf Umfang, Art und Gewicht der Regierungstätigkeiten zu nehmen, so daß Konstitution und Haushaltsrecht im konservativ-reaktionären Preußen für lange Zeit geradezu synonym wurden. Angesichts der geringen Chance, das Budget vom Landtag aus zu gestalten, und der erfolgreichen

Praxis der Regierung, parlamentarische Ansprüche dieser Art zu mißachten (zum Beispiel in der sogenannten Konfliktzeit 1862–1865), nimmt sich das konstitutionelle Haushaltsrecht allerdings weniger als Palladium der Freiheit aus denn als ideologisches Palliativ für die wirklichen Machtverhältnisse.

Die Anfänge einer staatlichen Etatführung, das heißt einer geordneten Übersicht und Aufstellung zentralstaatlicher Einnahmen und Ausgaben, reichen gewiß kaum weniger weit zurück als der Ausbau der souveränen territorialstaatlichen Macht selbst. In die Regierungszeit der preußischen Fürsten, die wegen ihrer militärischen und politischen Leistungen als die Stammväter des preußischen Staates gelten, fallen auch die wesentlichen Maßnahmen, die zunächst überhaupt zur Einrichtung eines eigenen Finanzwesens, das für regelmäßige Einkünfte sorgte, führten und schließlich eine einigermaßen sorgsame Registrierung der verschiedenen Einnahmequellen und Ausgaben zur Folge hatten. Die militärische Dominanz, der Ausbau innerer staatlicher Macht und die politische Expansion beruhten zuallererst auf der eigenständigen, unabhängigen Verfügung des Landesherrn über ausreichende Geldmittel. Die Sicherung möglichst vieler ertragreicher und dauerhafter Einnahmequellen und, Hand in Hand damit, die Möglichkeit eines gewissen Überblicks über die Ressourcen der eigenen Macht mußten im elementaren Interesse des auf Souveränität bedachten Landesfürsten liegen.

Aus dieser zentralen Bedeutung des Finanzwesens für die staatliche Machtbildung scheint sich umgekehrt allerdings auch zu ergeben, daß die staatliche Etatführung bis weit ins 19. Jahrhundert hinein nur schleppende Fortschritte machte. Gesamtvolumen, Einnahmestruktur, Ausgabenverteilung innerhalb des Haushalts sind bis zur Revolution weitgehend nicht nur dem retrospektiven Einblick des Historikers entzogen, vielmehr blieb das gesamte, höchst kompliziert gehaltene System des „Staatshaushaltsetats" insbesondere den Zeitgenossen ein streng gehütetes Staatsgeheimnis. Der absolutistischen Staatsräson konnten noch so schreiende Mängel, wie das verwirrende Nebeneinander unterschiedlicher Kassen, die fiktive Beibehaltung längst überholter Ausgabeposten oder die Ausweisung vager, in sich inhomogener Einnahme- beziehungsweise Ausgabetitel nicht unbedingt von Nachteil scheinen: Eine derartige Praxis der Finanzwirtschaft war bereits innerhalb der staatlichen Verwaltung eine Garantie für die erwünschte Geheimhaltung, die durch eine technisch perfekte, straff vereinheitlichte Etatführung gefährdet werden konnte. Von Friedrich II. ist beispielsweise bekannt, daß er die Aufsicht über seine königliche Dispositionskasse, die während seiner Regierungszeit gegenüber den anderen Hauptkassen immer bedeutendere Mittel an sich zog, lediglich der Aufsicht eines einzigen Beamten, und zwar im Nebenamt, anvertraute; von den entsprechend primitiven Kassennachweisungen ist dazu der größte Teil – kaum unbeabsichtigt – vernichtet worden (Riedel, 1866, S. 112–120; Schmoller, 1898 b, S. 185; Borchard, 1968, S. 21, S. 157; Klein, 1974, insbesondere S. 41–63).

Es wäre aussichtslos, hier die kassentechnischen Usancen und die Entwicklungsstadien der älteren preußischen Finanzpolitik, in der Rationalisierungstendenzen sich mit solchen eines forcierten Traditionalismus kreuzten, im einzelnen darzustellen. Abgeholfen wurde der unbefriedigenden Art staatlicher Rechnungslegung und der „Zerfahrenheit" in der finanzwirtschaftlichen Kompetenzverteilung, wie sie bis in die ersten Jahrzehnte des 19. Jahrhunderts fortdauerten (Schmoller, 1898 b, S. 211), erst im Zusammenhang einer umfassenden staatlichen Reorganisation. Im Ausklang der ‚Reformära' – zu einem Zeitpunkt, als die süddeutschen Staaten wie Baden, Bayern und Württemberg bereits zu einem konstitutionell geregelten Staatshaushaltswesen übergegangen waren (Borchard, 1968, S. 122, S. 144, S. 167 f.) – erfolgte in Preußen endlich ein so wesentlicher Schritt wie die Auflösung der zahlreichen selbständigen Hauptkassen in einer einzigen Generalstaatskasse beziehungsweise die Überleitung von den provinziell gesonderten Etats zu einer umfassenden zentralen Budgetanlage. Etwa gleichzeitig begann die preußische Regierung auch, genötigt durch das 1815 gegebene Verfassungsversprechen, gewisse Jahresetats in der Form von Gesetzen zu publizieren, den ersten im Jahre 1821, ab 1829 jeweils in dreijährigem Abstand, in jährlicher Folge schließlich seit 1847. Den konstitutionellen Anforderungen öffentlicher Kontrolle entsprachen diese Haushaltsaufstellungen, die kaum mehr als einige Anhaltspunkte über Art und Gewicht der staatlichen Einnahmen, erst recht über die Ausgabenstruktur liefern, allerdings noch lange nicht: schon die Praxis, die Budgetansätze nicht im Detail beziehungsweise nach funktioneller Aufgliederung, sondern nur in einem untrennbaren Konglomerat verschiedener Ausgabezweige unter einem Posten auszuweisen, verwehrte den wirklichen Einblick. Neben den veröffentlichten offiziösen Haushaltsanschlägen bestanden auch geheime Etats fort, die nach zeitgenössischen Schätzungen immerhin um etwa 12 Prozent über dem angegebenen Haushaltsvolumen lagen (Borchard, 1968, S. 35, S. 163). Erst die Revolution schuf wenigstens hierin mit der verfassungsmäßig ausgesprochenen Verpflichtung zu einer umfassenden und spezifizierten öffentlichen Haushaltsführung einen grundlegenden Wandel. Zu den einschneidenden finanztechnischen Veränderungen infolge der Revolution zählte insbesondere auch der Wechsel von den sogenannten Nettohaushaltsaufstellungen zum uns geläufigen Bruttoetat. Soweit man zuvor überhaupt eine staatliche Rechnungsführung kannte, war es stets üblich gewesen, von den einzelnen Einkommenszweigen (beispielsweise der Domänen- oder der Steuerverwaltungen) von vornherein nur die reinen Überschüsse, die die für die allgemeinen staatlichen Aktivitäten disponiblen Mittel darstellen, auf die verschiedenen Hauptstaatskassen zu überschreiben. Und auf der Ausgabenseite kam bei derartigen Nettorechnungen offenbar lediglich in Abzug, was durch die selbständigen Einnahmen der einzelnen Ausgabenressorts (zum Beispiel durch die Gerichtsgebühren im Justizbereich) unabgedeckt blieb [1]. Wenn man nach mehreren vergeblichen früheren Anläufen nun im Zuge der Revolution zu Bruttohaushalten überging – das heißt zu dem Verfahren, sämtliche Einnahmen rechnerisch zunächst in einer Generalstaatskasse vereinigen und alle Ausgaben aller Ressorts erst von dieser Gesamtsumme abtragen zu lassen –, so gab es nicht nur finanztechnische Gründe für diesen Schritt. Denn erst dadurch, daß die öffentlichen Etats die Mittel in den einzelnen Ausgabezweigen unabhängig von den jeweiligen Eigeneinnahmen in voller Höhe erfaßten – beziehungsweise die erheblichen Betriebs- und Erhebungskosten für die Gewinnung der staatlichen Einkünfte (zum Beispiel die Verwaltungskosten der Steuerbehörden) auswiesen –, ermöglichten sie tatsächlich einen Gesamtüberblick über die Struktur des staatlichen Handelns, vor allem: eröffneten sie die Chance zur Kontrolle der staatlichen Verwaltung.

So besitzen alle Angaben, die wir heute zum preußischen Staatshaushalt und seiner Aufteilung in der Zeit vor der Revolution haben, nur einen beschränkten Aussagewert. Zu den Lücken im Material beziehungsweise der Unzuverlässigkeit der einzelnen Daten, wie sie sich leicht aus der undurchsichtigen Finanzwirtschaft des Absolutismus erklärt, kommt der Mangel, daß aufgrund der eigenartigen Rechnungslegung die Haushaltszahlen das wirkliche finanzielle Gewicht einzelner Ausgabezweige nur unzureichend wiedergeben und ein so beträchtlicher Faktor wie die Betriebs- und Erhebungskosten ungewiß und grundsätzlich unberücksichtigt bleibt. Damit stößt nicht nur der Versuch eines direkten zahlenmäßigen Vergleichs vor- und nachrevolutionärer Etatverhältnisse auf einige Schwierigkeiten, schon die Interpretation der jeweiligen Mittelaufteilung innerhalb der älteren Etats ist dadurch ziemlich behindert.

Welche Relationsverschiebungen sich ergeben, je nachdem, ob man die Nettozahlen zugrunde legt oder vom Bruttoetat ausgeht, läßt sich am Beispiel des Staatshaushalts von 1865 demonstrieren, dessen Volumen uns auch in seinem Nettoumfang – aufgrund einer Berechnung Schmollers (1898b, S. 224f.) – bekannt ist. Während die rund 44,5 Mio. Taler (133, 5 Mio. Mark) Militärausgaben im etatmäßigen (Brutto-)Voranschlag

[1] Vgl. dazu außer der erwähnten Literatur auch Gerloff, Bd. 3, 1929, S. 5.

der Regierung, der sich auf eine Höhe von etwa 151 Mio. Talern (453 Mio. Mark) belief, einen Anteil von knapp 30 Prozent ausmachen, verschlingen sie von den ‚reinen' Einnahmen, die Schmoller auf 91 Mio. Taler (273 Mio. Mark) schätzt, beinahe die Hälfte[2]. Zwar scheint die Spanne zwischen dem Brutto- und Nettovolumen im Laufe der Zeit mit dem Wachstum der Haushalte zugenommen zu haben[3] beziehungsweise ist die relative Bedeutung der sogenannten Betriebs- und Gewinnungskosten in den früheren, wesentlich niedrigeren Etats geringer. Trotzdem sind die folgenden Angaben, die einen Eindruck von den preußischen Haushaltsverhältnissen und staatlichen Aufwendungen im 18. und am Anfang des 19. Jahrhunderts – für die Zeit, bevor unsere Tabelle einsetzt – liefern sollen, nur mit Vorsicht, jedenfalls nicht einfach analog den Tabellenwerten zu interpretieren. Um weitere Anhaltspunkte für einen Vergleich zu geben, der ja auf der Basis des jeweils unterschiedlich berechneten Haushaltsumfangs nur eine stark eingeschränkte Gültigkeit beanspruchen kann, sind im folgenden die Zivilaufwendungen beziehungsweise staatlichen Kultus- und Bildungsausgaben auch in Prozent der Militäretats ausgedrückt[4].

Als Friedrich Wilhelm I. im Jahre 1740 starb, verzeichneten seine verschiedenen Staatshauptkassen an jährlichen ‚reinen' Einnahmen einen Gesamtbetrag von 6,9 Mio. Talern[5]. Die Aufteilung dieser Summe gibt bündiger als jeder andere Hinweis die Priorität und den Charakter zu erkennen, der seit der Regierungszeit des ‚Soldatenkönigs' für die preußische Politik

---

[2] Dieser erstaunlich hohe Prozentsatz von militärischen Aufwendungen im Nettohaushalt verringert sich nur unwesentlich, wenn man, wie bei Nettoaufstellungen denkbar, die vergleichsweise geringen selbständigen Einnahmen im Militärbereich – in Höhe von 0,7 Mio. Talern (2,1 Mio. Mark) – noch von den Ausgaben abzieht. – Die Haushaltsangaben, in die ordentlicher und außerordentlicher Etat – erst in konstitutionellen Zeiten regelrecht unterschieden – eingegangen sind, wurden entnommen dem „Bericht der Kommission zur Prüfung des Staatshaushalts-Etats, betreffend die Feststellung des Etats pro 1865", in: Stenographische Berichte über die Verhandlungen der . . . beiden Häuser des Landtags. Das Abgeordnetenhaus, 1864/65, Bd. 8 (Anlagen Bd. V), S. 1893–1895.

[3] Nach Schmollers Angaben (1898 b, S. 224 f.) erreichten die Nettoeinkommen und -ausgaben im Jahre 1849 mit 63 Mio. Talern (189 Mio. Mark) noch mehr als zwei Drittel des auf 94 Mio. Taler (282 Mio. Mark) veranschlagten gesamten Bruttoumfangs.

[4] Eine wirklich haltbare Vergleichsgrundlage bieten auch diese Berechnungen nicht. Denn anders als später sind in den Nettoaufstellungen die Kultus- und Bildungsausgaben wohl nicht in ihrem vollen Betrag enthalten, da die selbständigen Ressorteinnahmen, die in diesem Bereich zudem einen größeren Ausgabenteil abdecken konnten als die entsprechenden Einkünfte im Militärsektor, möglicherweise von vornherein ganz oder teilweise in Abzug gebracht wurden. Dazu kommt, daß eine Unterscheidung von einmaligen, außerordentlichen und ordentlichen Ausgaben, die allein in der Tabelle 1 berücksichtigt worden sind, sich für die Zeit vor der Revolution nicht durchführen läßt.

[5] Da die Taler in früherer Zeit nach Schmollers Auskunft mehr Wert besaßen als die spätere Währung, wird an dieser Stelle auf die ohnehin problematische Umrechnung in Mark verzichtet; Schmoller, 1898, S. 180.

bestimmend blieb. Denn über 5 Mio. Taler, das heißt etwa fünf Siebtel (Riedel spricht irrtümlich von sechs Siebteln) der gesamten Einnahmen, wurden für das Militär verwendet, während auf Hof- und Zivilzwecke gemeinsam gerade eine Million Taler, also ein Fünftel der Militäraufwendungen, entfiel. Bei der Vielzahl von Verwaltungsbereichen und Unternehmungen, deren Kosten nach einem nicht bis ins einzelne erkennbaren Schlüssel aus diesen vergleichsweise dürftigen Mitteln zu bestreiten waren – auch die ‚exorbitanten' 6 Mio. Taler für den Wiederaufbau Ostpreußens sind zweifellos dem Ziviletat entnommen –, läßt sich von vornherein sagen, daß einem Posten wie dem Aufbau des allgemeinen Schulwesens keine nennenswerte Bedeutung zukommen konnte. In der Tat ist ja die Spende des mit 50000 Talern dotierten ‚mons pietatis' eine singuläre, ganz und gar aus dem Rahmen fallende Zuwendung für das Bildungswesen unter Friedrich Wilhelm I. geblieben. Dem gesamten Hof- und Zivilbereich stand zu seiner Zeit etwa gleich die Bemühung, den Staatsschatz zu vergrößern; gut 914000 Taler wurden 1740 an den Tresor abgeführt, wesentlich dazu, um notfalls wiederum für militärische Vorhaben zur Verfügung zu stehen (A. F. Riedel, 1866, S. 71 f. und Beilagen XI, XII, XIII).

Sein erdrückendes Übergewicht im preußischen Staatshaushalt hat der militärische Ausgabensektor während der Regierungszeit Friedrichs II. keineswegs eingebüßt. Aufgrund der disparaten staatlichen Rechnungslegung ist es allerdings schwierig, präzise Zahlen zu nennen; so fehlen wie erwähnt lange Zeit die Belege über Höhe und Verwendung der Einnahmen der königlichen Dispositionskasse. Doch dürfte über weite Strecken der friderizianischen Zeit, mindestens bis zum Ausgang des Siebenjährigen Krieges (1756–63), ein Anteil von sicher 80 Prozent der gesamten jährlichen Einnahmen direkt dem Militäretat überwiesen worden sein[6]. Dabei ist zu berücksichtigen, daß unter Friedrich II. das Nettovolumen des Staatshaushalts sich wesentlich erweitert hat; zum Ende seiner Regierung war, bezieht man alle Kassen einschließlich der königlichen Dispositionskasse ein, der Umfang der staatlichen Einnahmen und Ausgaben gegenüber dem Etat seines Vaters etwa auf das Dreifache, auf knapp 20 Mio. Taler angewachsen. Dieser gewaltigen Steigerung der preußischen Finanzkraft dürfte es auch zuzuschreiben sein, daß der Staatsschatz bei regelmäßigen Zuweisungen, die durchschnittlich mindestens 6 Prozent, wahrscheinlich über 10 Pro-

[6] A. F. Riedel, 1866, S. 132 f. und Beilagen XIV, XV, XVI. Borchard (1968, S. 157–160) gibt für die drei Abschnitte der Regierung Friedrichs II., die sich durch den Siebenjährigen Krieg unterteilen läßt, zum Teil noch höhere Prozentwerte. Denn er bezieht sich lediglich auf die Summe der gesamten *nachgewiesenen* Ausgaben, die in ihrer Höhe nicht unerheblich unter den Einnahmen bleiben. Vgl. auch Behre, 1905, S. 98. Riedel scheint der Auffassung zu folgen, daß der Differenzbetrag dem Tresor zugute gekommen ist.

zent der jährlichen Haushaltsmittel betrugen – trotz der Kriegsbelastungen –, schließlich eine Summe von mehr als 50 Mio. Talern erreichte (Behre, 1905, S. 99; A. F. Riedel, 1866, S. 120 f.; Schmoller, 1898 b, S. 174, S. 180). Neben derartigen Beträgen nimmt sich der Aufwand für Hof- und Zivilzwecke, denen pro Jahr durchschnittlich etwa 10 Prozent der Gesamteinnahmen, das heißt ein Achtel des Militäretats (!), zugebilligt wurde, vergleichsweise schmal aus. Erst in den letzten Regierungsjahren nahm das Gewicht dieser Ausgabeposten nennenswert zu: 1786, im Todesjahr Friedrichs, schloß der staatliche Haushalt mit einer Summe von etwa 20 Mio. Talern ab und davon flossen dem Hof und den verschiedenen Zivilaufgaben etwa 23 Prozent zu, das heißt ein Betrag von 4,5 Mio. Talern, während der Militäretat mit einer Höhe von 12,3 Mio. Talern auf rund zwei Drittel des gesamten Einnahmevolumens ‚zusammengeschrumpft' war. Der Rest wurde im Tresor verwahrt[7]. Immerhin, so folgert A. F. Riedel aus seinen Übersichten, ließ „König Friedrich II. selbst noch in den letzten friedlichen Zeiten seiner Regierung von dem Staatseinkommen, das er den laufenden Ausgaben widmete, für Militärzwecke ungefähr *drei* Mal so viel verwenden . . ., als davon für seine Person und seinen Hof, sowie für die gesamte Staatsverwaltung, die Vertretung der Interessen des Staates im Auslande und die Verfolgung von Friedenszwecken im Inlande, in Anspruch genommen wurde" (A. F. Riedel, 1866, S. 134 f.).
Zu dem letztgenannten Verwendungsbereich zählte zweifellos auch eine Aufgabe wie die Organisation des Bildungswesens; doch enthüllt schon Riedels grobe Aufstellung der sogenannten Hof- und Zivilzwecke, daß der Rahmen für die Finanzierung derartiger Unternehmungen auch noch unter dem ‚alten' Fritz viel zu eng bemessen war. Dem entspricht, was wir über die Höhe der tatsächlichen Zuwendungen für das preußische Landschulwesen während seiner ganzen Regierungszeit wissen: Die etwa 18 000 bis 19 000 Taler, die Friedrich im Verlauf der siebziger Jahre des 18. Jahrhunderts in Form von Kapitalzinsen pro Jahr für die kurmärkischen, pommerschen und westpreußischen Elementarschulen auf dem Lande bereitstellte, bedeuten zwar gegenüber der Schulstiftung seines Vaters (von jährlich 4000 Talern Zinsen) eine Steigerung, den Ruf Preußens als des Landes der Kasernen *und* der Schulen rechtfertigen sie nicht (Vollmer, 1918, S. 300).
Zum Ende des 18. Jahrhunderts hin zeichneten sich gravierende Wandlungen in der Verwendung der staatlichen Haushaltsmittel nicht mehr ab. Bis

[7] Es ist nicht auszuschließen, daß der Effekt dieser Relationsverschiebung dadurch vergrößert erscheint, daß von 1780 ab die Ausgabenverteilung der königlichen Dispositionskasse in die Berechnung mit einbezogen werden kann. – Zum preußischen Staatsschatz vgl. Henning, 1974.

zum Jahre 1806, dem Jahr des preußischen Zusammenbruchs, vermehrte sich die Summe der staatlichen Einkünfte auf knapp 27 Mio. Taler, etwa entsprechend stiegen aber auch die Beträge, die auf die verschiedenen Hauptausgabenbereiche verwandt wurden. Die Militärkosten zu decken, erforderte allein 64 Prozent der Gesamteinnahmen, auf weitere 11 Prozent des Haushaltsvolumens beliefen sich die Tresorzahlungen beziehungsweise die Abtragungsraten für die inzwischen aufgenommene Staatsschuld, so daß etwa ein Viertel des Etats den Hof- und Zivilausgaben vorbehalten blieb (Behre, 1905, S. 107; A. F. Riedel, 1866, S. 234 f. und Beilagen XIX, XX; Borchard, 1968, S. 158, S. 162). Wie aus einzelnen Aufstellungen der inzwischen übersichtlicher gewordenen Haushaltsführung hervorgeht, teilten sich um die Jahrhundertwende der Hof und der Bereich der Zivilverwaltung jeweils zur Hälfte in die entsprechenden rund 5½ bis 6½ Mio. Taler (A. F. Riedel, 1866, S. 235 ff.; vgl. auch Henning, 1971 b, S. 162). Wenn man die Vielfalt der Aufgaben, vor allem die unendlich viel größere Zahl von Menschen berücksichtigt, für die die Mittel des Ziviletats aufzukommen hatten, so war hier eine höchst verzerrte Gewichtung zwischen einem luxurierenden Hofleben und dem vorgenommen, was wir heute als das eigentliche Feld der Staatstätigkeit bezeichnen. Freilich hatte abgesehen davon, daß der Aufwand für den Hof volkswirtschaftlich nicht ganz und gar ohne Nutzen war (Henning, 1971 b, S. 162 f.)[8], gerade hinsichtlich seines Hofetats der preußische Staat den Vergleich mit anderen Staaten nicht zu scheuen.

Je kleiner nämlich die Herrschaften waren, desto größer war regelmäßig der Anteil der staatlichen Einkünfte, der für ein repräsentatives Hofleben beziehungsweise fürstliche Prachtentfaltung aufgewandt wurde. Selbst im Königreich Bayern ging um die Jahrhundertwende ein Sechstel der gesamten Staatseinnahmen zu den Hofkassen (Borchard, 1968, S. 112–115). Erst recht bietet die Ausgabenverteilung in Baden, wo 1770 noch 63,4 Prozent, in den folgenden Jahrzehnten die Hälfte aller Staatsausgaben allein der Hofstaat in Anspruch nahm, auf das Militär aber lediglich ein Achtel von 12,5 Prozent beziehungsweise schließlich 20,7 Prozent entfiel, ein Gegenbeispiel zu den preußischen Verhältnissen (Borchard, 1968, S. 136–138). In Preußen wurde das Gepräge des Staatshaushalts über das ganze 18. Jahrhundert hin von immensen Militäraufwendungen bestimmt, die auch damals alles andere als die Regel waren. In dem extrem hohen Militäretat dokumentiert sich gewissermaßen jener spezifisch preußische, von den Zeitgenossen mit Schrecken und Bewunderung zugleich verfolgte Weg zur

---

8 Vgl. dazu auch die Ausführungen bei Sombart, 1921, Bd. 2, S. 858 ff., über Luxusbedarf und gewerblich-kapitalistische Entwicklung.

Macht, der bereits 1740 darin seinen Ausdruck fand, daß die preußische Monarchie „unter den europäischen Mächten des Ancien Régime nach Stärke ihrer Armee an dritter bis vierter Stelle (rangierte), obwohl sie an Fläche erst der zehnte, an Einwohnerzahl gar nur der dreizehnte Staat in Europa war“ (Büsch, 1962, S. 2). Am Ende des Jahrhunderts standen statt der knapp 80 000 Mann, über die Friedrich Wilhelm I. geboten hatte (A. F. Riedel, 1866, S. 62), 250 000 Soldaten unter Waffen; kaum unabhängig davon hatte sich Fläche und Bevölkerungszahl der preußischen Lande vervielfacht, so daß am Anfang des 19. Jahrhunderts im Zuge der erneuten Auseinandersetzungen mit dem revolutionären Frankreich schließlich eine Großmacht, die über eine Fläche von mehr als 300 000 km^2 und 10 Millionen Menschen verfügte, in den Krieg gegen Napoleon eintrat (Borchard, 1968, S. 158; Schmoller, 1898 b, S. 180).
Die Niederlage Preußens bei Jena und Auerstedt im Jahre 1806 bedeutete einen tiefen Einschnitt in dieser Entwicklung, allerdings weniger wegen des starken Gebietsverlustes, der den preußischen Staat vorübergehend auf die Hälfte seines Umfangs reduzierte. Viel entscheidender sind die grundlegenden politischen und sozialen Veränderungen geworden, die der nicht nur militärische Zusammenbruch ‚Altpreußens‘ auslöste und die dann, wenigstens für eine gewisse Zeitspanne, Preußen als ‚das fortgeschrittenste deutsche Land‘ (Engels) erscheinen ließen. Nicht zuletzt die gewaltigen finanziellen Forderungen des französischen Siegers schufen einen unausweichlichen Zwang zur radikalen Umgestaltung der Verfassungs- und Verwaltungsstruktur – zu nennen sind hier nur die Städtereform, die Agrarreformen, die militärische Reorganisation und der Behördenausbau –, so daß in eigenartiger Verkehrung der Wirkungen der preußische Staat, was seine interne Potenz anlangt, ganz erheblich gestärkt aus der schweren Krise der französischen Fremdherrschaft hervorging. Schon die Summe von 50 Mio. Talern, mit der der erste publizierte Etat aus dem Jahre 1821 abschloß (Gesetzsammlung für die Königlichen Preußischen Staaten, 1821, S. 50), zeigt die erhöhte Leistungsfähigkeit des nach dem Wiener Kongreß praktisch (wenn auch nicht in den alten Grenzen) retablierten Preußens. In den 26 Jahren bis zum Vorabend der Revolution registrierten allein die offiziösen Etats eine weitere Steigerung der staatlichen Einkünfte auf 64 Mio. Taler (Gesetzsammlung, 1847, S. 150 f.) – obwohl anscheinend geheime Etats den wesentlichen Zuwachs an Einnahmen aufgenommen und verausgabt haben (Borchard, 1968, S. 163).
Gegenüber dem Anfang des Jahrhunderts war aber nicht nur eine Erhöhung der Einnahmekapazität zu verzeichnen. Der ganze Zuschnitt des staatlichen Haushalts schien einer gravierenden Veränderung unterworfen, denn zum ersten Mal in der preußischen Geschichte sank im Vormärz das

Armeebudget unter die Hälfte der etatmäßigen Gesamtausgaben: Von einem Anteil von rund 46 Prozent, der (mit rund 23 Mio. Talern) dem Militär im Jahre 1821 überwiesen worden war, fiel der Militäretat bis 1847 noch auf zwei Fünftel der Haushaltssumme, soweit die Angaben in den veröffentlichten Etats nicht irreführend sind, was in der Tat – zumal beim militärischen Ausgabenbereich – nicht unwahrscheinlich ist. Was nämlich die geheimgehaltenen Nebenetats, die wie erwähnt bis zur Revolution fortbestanden, an zusätzlichen Beträgen für das Militär oder für andere Ausgabezweige beisteuerten, denen von Regierungsseite besondere Bedeutung beigemessen wurde, ist bis heute Geheimnis geblieben. Insofern gelten auch Aussagen über die Höhe beziehungsweise den Anteil des Schuldenetats oder der Ausgabeposten für Hof- und Zivilzwecke am wirklichen Ausgabevolumen des preußischen Vormärz-Haushalts nur unter Vorbehalt; allenfalls läßt sich sagen, daß wahrscheinlich die Zuverlässigkeit der Zahlen in den publizierten Etats dieser Zeit in dem Maße steigt, in dem sich die jeweiligen Ausgabebereiche vom Gravitationszentrum des staatlichen Machtinteresses entfernen.
Anfangs, das heißt im Anschluß an die Napoleonischen Kriege, ließ sich der relativ eingeschränkte Militäraufwand unter anderem auch auf die aus jener Zeit herrührende riesige Schuldenlast zurückführen (Schmoller, 1898 b, S. 220), die den preußischen Staat zu hohen Tilgungsraten zwang. Doch versagt eine derartige Erklärung für die dreißiger und vierziger Jahre, in denen die Belastung des staatlichen Haushalts durch das Militär kontinuierlich weiter zurückzugehen schien. Denn bis 1847 verringerte sich der Anteil der Ausgaben für den Schuldendienst, der 1821 bei einer Summe von gut 11 Mio. Talern etwa 23 Prozent des Haushaltsvolumens ausgemacht hatte, auf ein Neuntel der etatmäßigen Gesamtausgaben. Nach den offiziellen Angaben war es also in erster Linie der Ziviletat, der in dieser Zeitspanne an Gewicht gewann und dem militärischen Ausgabensektor an Bedeutung gleichkam, ihm schließlich sogar vorzugehen schien. Die in diesen Bereich fallenden Ausgaben hatten 1821 knapp 16 Mio. Taler, das heißt noch nicht ein Drittel des Gesamtbudgets betragen; nach dem Voranschlag von 1847 war schon fast die Hälfte des Haushalts, eine Summe von mehr als 30 Mio. Talern, den Ausgaben für Zivilzwecke vorbehalten [9].

[9] Zu berücksichtigen ist allerdings, daß in den publizierten Nettovoranschlägen dieser Zeit der eigentliche Hofetat nicht mehr enthalten ist. Die sogenannte Kronfideikommißrente in der gleichbleibenden Höhe von 2,5 Mio. Talern wurde bis zum Jahre 1848 auf der Einnahmeseite, von den Domäneneinkünften, vorweg in Abzug gebracht. Borchard, 1968, S. 159. Da Borchard diese Ausgaben zu dem offiziellen Etat jeweils – allerdings offenbar nicht immer in voller Höhe – addiert, differieren seine Angaben leicht von den hier genannten Prozentwerten. Borchard, 1968, S. 158 ff.

Bei aller Fragwürdigkeit besitzen die Nettovoranschläge der preußischen Regierung aus dieser Zeit ihren Wert vor allem darin, daß sie erstmals über die Aufteilung dieser Summe unterrichten, das heißt zur Höhe der einzelnen ministeriellen Budgets oder wenigstens zu den Relationen, in denen die verschiedenen Ressorts der Zivilverwaltung am Gesamthaushalt partizipierten, präzisere Angaben enthalten. Vorsichtiger gesagt – wenn man die Tatsache geheimgehaltener Rechnungsabschlüsse berücksichtigt –, liefern sie ein Bild von der Haushaltsaufgliederung, das der preußische Staat einer zunehmend opponierenden Öffentlichkeit gegenüber noch für vertretbar hielt. Danach entfielen im Jahre 1821 4 Prozent der Haushaltsmittel auf das junge ‚Ministerium für geistliche, Unterrichts- und Medicinalangelegenheiten', das zur Bewältigung seiner (nicht gerade homogenen) Aufgaben über einen Etat von 2 Mio. Talern verfügte. Im Vergleich zur Höhe des Armeebudgets, das einen mehr als elfmal so hohen Betrag umschloß, nahm sich diese Summe recht bescheiden aus, und doch lag sie absolut wie auch nach ihrem relativen Gewicht um vieles über den Mitteln, die während des 18. Jahrhunderts von der zentralstaatlichen Seite sporadisch für diese Zwecke aufgewandt worden waren. Bis zum Vorabend der Revolution schien der Etat dieses Ministeriums sogar schneller zu wachsen als das gesamte Haushaltsvolumen; denn die 3,3 Mio. Taler, die ihm im Jahre 1847 zugewiesen waren, nahmen gut 5 Prozent der Gesamteinnahmen, das entspricht etwa einem Neuntel der Militäraufwendungen (soweit sie der offiziöse Etat auswies), in Anspruch. Für die eigentlichen Bildungsinstitutionen waren nach der erstmals in diesem Haushaltsjahr hinreichend spezifizierten Aufstellung etwa 1,9 Mio. Taler (5,7 Mio. Mark) vorgesehen. Folgt man dieser Zahl, so kommt man zu dem erstaunlichen Ergebnis, daß damit nach ihrer absoluten Höhe, aber auch relativ (gemessen an den Militäraufwendungen) bereits die Bildungsetats des nachrevolutionären Jahrzehnts erreicht, wenn nicht übertroffen waren!

Allerdings ist es nicht gerade unwahrscheinlich, daß das Ausmaß dieses Wachstums, dessen sich das Bildungsbudget während des Vormärz erfreut haben soll, bei der allgemeinen Haushaltsmanipulation lediglich auf fiktiven Daten beruht. Zu wenig stimmt eine fortlaufende Steigerung der staatlichen Bildungsaufwendungen zu dem vielfältig spürbaren Einbruch in der preußischen Bildungspolitik, die seit den zwanziger Jahren, erst recht mit dem Beginn des vierten Jahrzehnts in den Bann restriktiver konservativer Bestrebungen geriet. Und sicherlich wäre es auch falsch, jene finanzielle Stagnation im Bildungshaushalt der nachrevolutionären Jahre (vgl. Tabelle 1) allein der ‚Reaktion' zuzuschreiben und nicht auch mit der Tatsache in Verbindung zu bringen, daß der seit der Revolution bestehende Zwang zur rückhaltlosen Offenlegung der staatlichen Finanzwirtschaft die bislang kaschierbaren wirklichen Relationen in der Mittelverteilung ans Licht brachte.

Gleichgültig inwieweit man dem zahlenmäßigen Anstieg des Bildungsaufwands während des Vormärz einen realen Kern zuerkennt: auf längere Sicht, über die gesamte erste Hälfte des 19. Jahrhunderts hinweg, blieb der Stellenwert der schul- und kulturpolitischen Ausgaben im preußischen Haushalt verschwindend gering. Konfrontiert man einmal auf der Grundlage von Berechnungen Schmollers (dem man schwerlich eine besondere Preußenfeindlichkeit wird nachsagen können) die Netto-Etats der Jahre 1820 und 1865, so zeigt sich, daß von dem Einkommenszuwachs von rund 41 Mio. Taler (123 Mio. Mark) der weitaus größte Posten, nämlich 22 Mio. Taler (66 Mio. Mark), dem Militär zugewiesen war. Je 5 Mio. Taler (15 Mio. Mark) betrug das Haushaltswachstum für Haushalt von Justiz, Handelsministerium und den sogenannten Schuldendienst. Dagegen hatten sich in den Rest von 4 Mio. Talern (12 Mio. Mark) die innere Verwaltung, die Landwirtschaft und die Schul-, Kultus- und Medizinalverwaltung zu teilen, für die, wie Schmoller behutsam formuliert, „der Mehrbedarf bis 1865 ein sehr geringer war“ (Schmoller, 1898 b, S. 224 f.). Die geringe – weder durchschlagende noch anhaltende – Wirkung der Impulse aus der Reformära, die sich auch finanziell im Bildungssektor spürbar gemacht hatten, ließe sich kaum wirkungsvoller demonstrieren: Der preußische Staat, der zu diesem Zeitpunkt (1859–1866) eine weitangelegte Reorganisation seines Militärapparates durchführte, hatte seinen Charakter als Militärmacht auch im 19. Jahrhundert nicht abgelegt.

6. Literaturverzeichnis

Abel, W.: „Die Lage in der deutschen Land- und Ernährungswirtschaft um 1800". In: Jahrbücher für Nationalökonomie und Statistik, Bd. 175 (1963), S. 319 bis 334.

Abel, W.: Agrarkrisen und Agrarkonjunktur. Eine Geschichte der Land- und Ernährungswirtschaft Mitteleuropas seit dem hohen Mittelalter. 2. neubearb. und erw. Aufl., Hamburg und Berlin 1966 a.

Abel, W.: „Der Pauperismus in Deutschland. Eine Nachlese zu Literaturberichten". In Abel, W., u. a. (Hrsg.): Wirtschaft, Geschichte und Wirtschaftsgeschichte. Festschrift zum 65. Geburtstag von F. Lütge. Stuttgart 1966 b, S. 284–298.

Abel, W.: Geschichte der deutschen Landwirtschaft. 2. neubearb. Aufl., Stuttgart 1967.

Abel, W.: „Landwirtschaft 1648–1800". In: Aubin, H., und Zorn, W. (Hrsg.): Handbuch der deutschen Wirtschafts- und Sozialgeschichte. Bd. 1, Stuttgart 1971, S. 495–530.

Abel, W.: Massenarmut und Hungerkrisen im vorindustriellen Deutschland. Göttingen 1972.

Abel, W.: Massenarmut und Hungerkrisen im vorindustriellen Europa. Versuch einer Synopsis. Hamburg und Berlin 1974.

Abel, W., u. a.: Handwerksgeschichte in neuer Sicht. Göttingen 1970.

Achilles, W.: „Die Auswirkungen der Getreidepreissteigerungen gegen Ende des 18. Jahrhunderts auf das Realeinkommen von Erzeuger und Verbraucher". In: Bog, I., u. a. (Hrsg.): Wirtschaftliche und soziale Strukturen im Wandel. Festschrift für W. Abel zum 70. Geburtstag. Bd. 1, Hannover 1974, S. 112–130.

Alt, R.: Die Industrieschulen. Ein Beitrag zur Geschichte der Volksschulen. Berlin und Leipzig 1948.

Alt, R. (Hrsg.): Erziehungsprogramme der französischen Revolution. Mirabeau, Condorcet, Lepeletier. Berlin und Leipzig 1949.

Alt, R.: Kinderausbeutung und Fabrikschulen in der Frühzeit des industriellen Kapitalismus. Berlin 1958.

Alt, R.: „Die Arbeitserziehung in den Industrieschulen". In: Alt, R., u. a.: Zur Geschichte der Arbeitserziehung in Deutschland. Teil 1. Von den Anfängen bis 1900. Berlin 1970 a, S. 62–77.

Alt, R., u. a.: Zur Geschichte der Arbeitserziehung in Deutschland. Teil 1. Von den Anfängen bis 1900. Berlin 1970 b.

Altvater, E.: „Industrieschulen und Fabrikschulen im Frühkapitalismus". In: Altvater, E., und Huisken, F. (Hrsg.): Materialien zur politischen Ökonomie des Ausbildungssektors. Erlangen 1971, S. 91–100.

Altvater, E., und Huisken, F. (Hrsg.): Materialien zur politischen Ökonomie des Ausbildungssektors. Erlangen 1971.

Anderson, E. N.: „The Prussian Volksschule in the Nineteenth Century". In: Ritter, G. A. (Hrsg.): Entstehung und Wandel der modernen Gesellschaft. Festschrift für H. Rosenberg. Berlin 1970, S. 261–279.

Andacht, W.: Die Schleswig-Holsteinische Industrieschule. Neumünster 1938.

André, D.: Indikatoren des technischen Fortschritts. Eine Analyse der Wirtschaftsentwicklung in Deutschland von 1850 bis 1913. Hamburg 1971.

Andreae, C.: „Volksschullehrerbildung". In: Rein, W. (Hrsg.): Encyclopädisches Handbuch der Pädagogik. Bd. 9, 2. Aufl., Langensalza 1909, S. 805–853.

Aner, K.: „Zwei märkische Landgeistliche aus der Aufklärungszeit". In: Jahrbuch für Brandenburgische Kirchengeschichte, Bd. 17 (1919), S. 81–113; Bd. 18 (1920), S. 20–34.

Aner, K.: Theologie der Lessingzeit. Halle 1929 (Nachdruck Hildesheim 1964).

Angermann, E.: „Das ‚Auseinandertreten von Staat und Gesellschaft' im Denken des 18. Jahrhunderts". In: Zeitschrift für Politik NF, Bd. 10 (1963), S. 89–101.

Annalen der Märkischen ökonomischen Gesellschaft zu Potsdam. 3 Bde., Berlin 1792–1801.

Annalen der Niedersächsischen Landwirthschaft (hrsg. von A. Thaer). Celle 1799 ff.

Annalen des Ackerbaus (hrsg. von A. Thaer). Berlin 1805 ff.

Anton, K.: Geschichte der preußischen Fabrikgesetzgebung bis zu ihrer Aufnahme durch die Reichsgewerbeordnung. Leipzig 1891.

Aretin, K. O. Freiherr von (Hrsg.): Der aufgeklärte Absolutismus. Köln 1974.

Arlt, F.: „Zur Tradition unternehmerischer Bildungspolitik und Bildungsarbeit". In: Unternehmer und Bildung. Festschrift zum 60. Geburtstag von L. Vaubel. Köln 1968, S. 121–149.

Aubin, H., und Zorn, W. (Hrsg.): Handbuch der deutschen Wirtschafts- und Sozialgeschichte. Bd. 1, Stuttgart 1971.

Aumüller, U.: „Industrieschule und ursprüngliche Akkumulation in Deutschland. Die Qualifizierung der Arbeitskraft im Übergang von der feudalen in die kapitalistische Produktionsweise". In: Hartmann, K., Nyssen, F., und Waldeyer, G. (Hrsg.): Schule und Staat im 18. und 19. Jahrhundert. Zur Sozialgeschichte der Schule in Deutschland. Frankfurt a. M. 1974, S. 9–145.

Bahrdt, K. F.: Über das theologische Studium auf Universitäten. Berlin 1785.

Balser, F.: Die Anfänge der Erwachsenenbildung in Deutschland in der ersten Hälfte des 19. Jahrhunderts. Stuttgart 1959.

Balser, F.: Sozialdemokratie 1848/49–1863. Die erste deutsche Arbeiterorganisation „Allgemeine deutsche Arbeiterverbrüderung" nach der Revolution. Stuttgart 1962.

Bauer: „Etwas über die Einkünfte der Dorfschulmeister in der Zossenschen Inspektion". In: Denkwürdigkeiten und Tagesgeschichte der Mark Brandenburg, Bd. 5 (1798), S. 695–709.

Bauer: „Einige Gedanken eines Schulfreundes bei dem Anfang des Jahres 1799". In: Denkwürdigkeiten und Tagesgeschichte der Mark Brandenburg, Bd. 7 (1799 a), S. 55–70.

Bauer: „Einige Gedanken über die Frage: Was ist zu thun, um sich von Untergebenen Befolgung der Befehle und Anordnungen ihrer Vorgesetzten versprechen zu dürfen?!" In: Denkwürdigkeiten und Tagesgeschichte der Mark Brandenburg, Bd. 8 (1799 b), S. 1253–1264.

Baumeister, G. (Hrsg.): Handbuch für höhere Schulen. Bd. 1, 2. Abt.: Die Einrichtung und Verwaltung des höheren Schulwesens. Berlin 1897.

Baumgart, P.: „Zur Geschichte der kurmärkischen Stände im 17. und 18. Jahrhundert". In: Gerhard, D. (Hrsg.): Ständische Vertretungen in Europa im 17. und 18. Jahrhundert. Göttingen 1969, S. 131–161.

Beck, C.: Zur Frühgeschichte der Berufs- und Realschulen in Franken nebst einem Abdruck eines Realschulplanes vom Jahre 1739. Neustadt a. d. Aisch 1932.

Beckedorff, L.: „Über den Begriff der Volksschule“. In: Ders. (Hrsg.): Jahrbücher des Preußischen Volksschulwesens. Bd. 1 (1825), S. 24–39.

Becker, R. Z.: Versuch über die Aufklärung des Landmannes nebst Ankündigung eines für ihn bestimmten Handbuchs. Dessau 1785.

Becker, R. Z.: Noth- und Hülfsbüchlein für Bauersleuthe. Teil 1. Gotha 1788.

Beckmann, J.: „Preisschrift über die von der k.k. Gesellschaft des Ackerbaues und der nützlichen Künste zu Laybach in Krain aufgegebenen Frage: Welche sind die schicklichsten Neben-Gewerbe für die Landleute überhaupt, vornehmlich aber im Herzogthum Krain?“ In: Beyträge zur Oekonomie (hrsg. von J. Beckmann), Bd. 1 (1779), S. 81 ff. Auch in: Krünitz, J. G.: Oekonomisch-technologische Encyclopädie oder allgemeines System der Stats- Stadt- Haus- und Landwirthschaft und der Kunstgeschichte in alphabetischer Ordnung. 60. Theil, Berlin 1793, S. 495–514.

Behre, O.: Geschichte der Statistik in Brandenburg-Preußen bis zur Gründung des königlichen Statistischen Bureaus. Berlin 1905.

Bendix, R.: „Modernisierung und soziale Ungleichheit“. In: Fischer, W. (Hrsg.): Wirtschafts- und sozialgeschichtliche Probleme der frühen Industrialisierung. Berlin 1968, S. 179–246.

Bendokat, B.: Industriepädagogik bei den Philanthropen und bei Pestalozzi. Halle 1934.

Berg, C.: Die Okkupation der Schule. Eine Studie zur Aufhellung gegenwärtiger Schulprobleme an der Volksschule Preußens (1872–1900). Heidelberg 1973.

Berg, C.: „Volksschule im Abseits von ‚Industrialisierung‘ und ‚Fortschritt‘“. In: Pädagogische Rundschau, Bd. 28 (1974), S. 385–406.

Bergmann, J.: „Das ‚Alte Handwerk‘ im Übergang. Zum Wandel von Struktur und Funktion des Handwerks im Berliner Wirtschaftsraum in vor- und frühindustrieller Zeit“. In: Büsch, O. (Hrsg.): Untersuchungen zur Geschichte der frühen Industrialisierung vornehmlich im Wirtschaftsraum Berlin/Brandenburg. Berlin 1971, S. 225–269.

Bergmann, J.: Das Berliner Handwerk in den Frühphasen der Industrialisierung. Berlin 1973.

Bergmann, T.: „Die Landwirtschaft in der Bundesrepublik. Entwicklungstendenzen und Probleme“. In: Meschkat, K., und Negt, O. (Hrsg.): Gesellschaftsstrukturen. Frankfurt a. M. 1973, S. 161–187.

Berthold, R.: „Die Lage der Bauern im 18. Jahrhundert und die bäuerlichen Einkommen“. In: Jahrbuch für Wirtschaftsgeschichte (1970), Teil I, S. 185–190.

Berthold, R.: „Bemerkungen zu den Wechselbeziehungen zwischen der industriellen Revolution und der kapitalistischen Intensivierung der Feldwirtschaft in Deutschland im 19. Jahrhundert“. In: Jahrbuch für Wirtschaftsgeschichte. 1972, Teil I, S. 261–266.

Bichsel, P.: „Rassismus und Faulheit“. In: Scuola di Barbiana: Die Schülerschule. Brief an eine Lehrerin. Berlin 1970, S. 9–17.

Biedermann, K.: Deutschland im 18. Jahrhundert. 2. Aufl., 4 Bde., Leipzig 1880 (Nachdruck Aalen 1969).

Bigler, R. M.: „The Social Status and Political Role of the Protestant Clergy in Pre-March Prussia“. In: Wehler, H.-U. (Hrsg.): Sozialgeschichte heute. Festschrift für H. Rosenberg zum 70. Geburtstag. Göttingen 1974, S. 175–190.

Birker, K.: Die deutschen Arbeiter-Bildungsvereine 1840–1870. Berlin 1972.

Birtsch, G.: „Zum Konstitutionellen Charakter des Preußischen Allgemeinen Landrechts von 1794“. In: Kluxen, K., und Mommsen, W. J. (Hrsg.): Politische Ideologien und nationalstaatliche Ordnung. Studien zur Geschichte des 19. und 20. Jahrhunderts. Festschrift für T. Schieder zu seinem 60. Geburtstag. München und Wien 1968, S. 97–115.

Birtsch, G.: „Zur sozialen und politischen Rolle des deutschen vornehmlich preußischen Adels am Ende des 18. Jahrhunderts". In: Vierhaus, R. (Hrsg.): Der Adel vor der Revolution. Göttingen 1971, S. 77–95.

Blankertz, H.: Berufsbildung und Utilitarismus. Düsseldorf o. J. (1963).

Blankertz, H.: Bildung im Zeitalter der großen Industrie. Pädagogik, Schule und Berufsbildung im 19. Jahrhundert. Hannover 1969.

Bleuel, H. P.: Kinder in Deutschland. München 1971.

Block, J. A. F.: Lehrbuch der Landwirtschaft. 4 Theile, Leipzig 1774.

Blumenberg, H.: Die Legitimität der Neuzeit. Frankfurt a. M. 1966.

Blumenberg, H.: Säkularisierung und Selbstbehauptung. Frankfurt a. M. 1974.

Böckenförde, E. W.: „Die Bedeutung der Unterscheidung von Staat und Gesellschaft im demokratischen Sozialstaat der Gegenwart". In: Aus Politik und Zeitgeschichte, Bd. 49 (November 1971).

Böckenförde, E. W. (Hrsg.): Moderne deutsche Verfassungsgeschichte (1815–1918). Köln 1972.

Böhme, H.: „Die Entwicklung der Landwirtschaft zur selbständigen Wissenschaft und die Idee ihres Studiums an besonderen Instituten und Schulen". In: Zeitschrift für Geschichte der Erziehung und des Unterrichts. Bd. 16 (1926), S. 24–50.

Böhme, H.: Prolegomena zu einer Sozial- und Wirtschaftsgeschichte Deutschlands im 19. und 20. Jahrhundert. Frankfurt a. M. 1968.

Bona-Meyer, J. (Hrsg.): Friedrichs des Großen Pädagogische Schriften und Äußerungen. Langensalza 1885.

Borchard, K.: Staatsverbrauch und öffentliche Investitionen in Deutschland 1780–1850. Göttingen: Diss. rer. pol. 1968.

Borchardt, K.: „Zum Problem der Erziehungs- und Ausbildungsinvestitionen im 19. Jahrhundert". In: Aubin, H., u. a. (Hrsg.): Beiträge zur Wirtschafts- und Stadtgeschichte. Festschrift für H. Ammann. Wiesbaden 1965, S. 380–392.

Borchardt, K.: „Zur Frage des Kapitalmangels in der ersten Hälfte des 19. Jahrhunderts in Deutschland". In: Braun, R., u. a. (Hrsg.): Industrielle Revolution. Wirtschaftliche Aspekte. Köln 1972 a, S. 216–236.

Borchardt, K.: Die Industrielle Revolution in Deutschland. (Mit einer Einführung von C. M. Cipolla.) München 1972 b.

Borkenau, F.: „Zur Soziologie des mechanistischen Weltbildes". In: Zeitschrift für Sozialforschung, Bd. 1 (1932), S. 311–335.

Borrmann, W.: Das Eindringen des Pietismus in die ostpreußische Landeskirche. Ein Beitrag zur ostpreußischen Kirchengeschichte des ausgehenden 17. und beginnenden 18. Jahrhunderts. Königsberg 1913.

Boserup, M.: „Agrarstruktur und take-off". In: Braun, R., u. a. (Hrsg.): Industrielle Revolution. Wirtschaftliche Aspekte. Köln 1972, S. 309–330.

Bourdieu, P., und Passeron, J.-C.: Die Illusion der Chancengleichheit. Untersuchungen zur Soziologie des Bildungswesens am Beispiel Frankreich. Stuttgart 1971.

Bourdieu, P., und Passeron, J.-C.: Grundlagen einer Theorie der symbolischen Gewalt. Frankfurt a. M. 1973.

Bowles, S., und Gintis, H.: „Intelligenzquotient und Klassenstruktur in den USA". In: Leviathan, Bd. 2 (1974), S. 27–52.

O'Boyle, L.: „Klassische Bildung und soziale Struktur in Deutschland zwischen 1800 und 1848". In: Historische Zeitschrift, Bd. 207 (1968), S. 584–608.

Bräker, U.: Lebensgeschichte und natürliche Ebenteuer des Armen Mannes in Tockenburg. Stuttgart 1969. In Auszügen abgedruckt in: Emmerich, W. (Hrsg.): Proletarische Lebensläufe. Autobiographische Dokumente zur Entstehung der Zweiten Kultur in Deutschland. Bd. 1: Anfänge bis 1914. Reinbek 1974, S. 47–53.

Brämer, K.: „Die Schulbildung der Ersatzmannschaften in Preußen mit Rücksicht auf ihre Familiensprache". In: Zeitschrift des königlich preußischen statistischen Bureaus, Bd. 11 (1871), S. 371–373.

Brandau, H. W.: Die mittlere Bildung in Deutschland. Historisch-systematische Untersuchung einiger ihrer Probleme. Weinheim und Berlin 1959.

Braun, R.: Industrialisierung und Volksleben. Die Veränderungen der Lebensformen in einem ländlichen Industriegebiet vor 1800 (Zürcher Oberland). Erlenbach, Zürich und Stuttgart 1960.

Braun, R., u. a. (Hrsg.): Industrielle Revolution. Wirtschaftliche Aspekte. Köln 1972.

Braun, R., u. a. (Hrsg.): Gesellschaft in der industriellen Revolution. Köln 1973.

Brödel, H.: „Die Arbeits- und Industrieschulen vor Ferdinand Kindermann. Ein Überblick und zugleich ein Beitrag zur Geschichte der Arbeitsschulbewegung". In: Zeitschrift für Geschichte der Erziehung und des Unterrichts, Bd. 21 (1931), S. 308–319; Bd. 22 (1932), S. 35–49.

Broszat, M.: 200 Jahre deutsche Polenpolitik. München 1963 (2. Aufl., Frankfurt a. M. 1972).

Brunkhorst, H. E.: Die Einbeziehung der preußischen Schule in die Politik des Staates. Düsseldorf 1956.

Brunner, O.: Land und Herrschaft. 5. Aufl., Wien 1965.

Brunner, O.: Neue Wege der Verfassungs- und Sozialgeschichte. 2. vermehrte Aufl., Göttingen 1968.

Brunner, O., Conze, W., und Koselleck, R. (Hrsg.): Geschichtliche Grundbegriffe. Historisches Lexikon zur politisch-sozialen Sprache in Deutschland. Bd. 1, Stuttgart 1972.

Bucher, W. L.: Ueber die jetzige Theurung des Getraides mit besonderer Anwendung auf die preußischen und sächsischen Staaten. Gotha 1805.

Bünger, F.: Entwicklungsgeschichte des Volksschullesebuchs. Leipzig 1899. (Nachdruck Aalen 1972).

Büsch, O.: Militärsystem und Sozialleben im Alten Preußen. Berlin 1962.

Büsch, O.: Industrialisierung und Gewerbe im Raum Berlin/Brandenburg 1800–1850. Eine empirische Untersuchung zur gewerblichen Wirtschaft einer hauptstadtgebundenen Wirtschaftsregion in frühindustrieller Zeit. Berlin 1970.

Büsch, O.: „Das Gewerbe in der Wirtschaft des Raumes Berlin/Brandenburg 1800–1850". In: Ders. (Hrsg.): Untersuchungen zur Geschichte der frühen Industrialisierung vornehmlich im Wirtschaftsraum Berlin/Brandenburg. Berlin 1971 a, S. 3–105.

Büsch, O. (Hrsg.): Untersuchungen zur Geschichte der frühen Industrialisierung vornehmlich im Wirtschaftsraum Berlin/Brandenburg. Berlin 1971 b.

Büsching, A. F.: Beschreibung seiner Reise von Berlin über Potsdam nach Reckahn unweit Brandenburg, welche er vom 3. bis 8. Junius 1775 gethan hat. Leipzig 1775.

Büsching, A. F.: Beschreibung seiner Reise von Berlin nach Kyritz in der Prignitz, welche er vom 26. September bis zum 2. Oktober 1779 verrichtet hat. Leipzig 1780.
Bungardt, K.: Die Odyssee der Lehrerschaft. Sozialgeschichte eines Standes. (Ein Versuch). Frankfurt a. M. 1959.
Busshoff, H.: „Die preußische Volksschule als soziales Gebilde und politischer Bildungsfaktor in der ersten Hälfte des 19. Jahrhunderts". In: Geschichte in Wissenschaft und Unterricht, Bd. 22 (1971), S. 385–396.
Campe, J. H.: Über einige verkannte wenigstens ungenützte Mittel zur Beförderung der Industrie, der Bevölkerung und des öffentlichen Wohlstands. In zwei Fragmenten. Wolfenbüttel 1786 (Nachdruck: Hrsg. von H. J. Heydorn und G. Koneffke. Mit einer Einleitung von G. Koneffke. Frankfurt a. M. 1969).
Carsten, F. L.: Die Entstehung Preußens. Köln 1968.
Cassirer, E.: Die Philosophie der Aufklärung. 2. Aufl., Tübingen 1932.
Central Advisory Council for Education. Early Leaving. London 1954.
Central Advisory Council for Education. Half our Future. London 1963.
Centralblatt für die gesamte Unterrichtsverwaltung in Preußen. (Hrsg. in dem Ministerium der geistlichen, Unterrichts- und Medicinalangelegenheiten). Berlin 1859 ff.
Clausnitzer, E.: „Zur Geschichte der preußischen Volksschule unter Friedrich dem Großen". In: Die deutsche Schule, Bd. 5 (1901), S. 342–366 und S. 411–428.
Coleman, J. S., u. a.: Equality of Educational Opportunity. Washington, D. C., 1966.
Conrad, H.: „Staat und Kirche im aufgeklärten Absolutismus". In: Der Staat, Bd. 12 (1973), S. 45–63.
Conze, W.: Quellen zur Geschichte der deutschen Bauernbefreiung. Göttingen, Berlin und Frankfurt 1957.
Conze, W.: „Bauer, Bauernstand, Bauerntum". In: Brunner, O., Conze, W., und Koselleck, R. (Hrsg.): Geschichtliche Grundbegriffe. Historisches Lexikon zur politisch-sozialen Sprache in Deutschland. Bd. 1, Stuttgart 1972, S. 407–439.
Conze, W.: „Vom ‚Pöbel' zum ‚Proletariat'. Sozialgeschichtliche Voraussetzungen für den Sozialismus in Deutschland". In: Vierteljahresschrift für Sozial- und Wirtschaftsgeschichte, Bd. 41 (1954), S. 333–364. (Auch abgedruckt in: Wehler, H.-U. (Hrsg.): Moderne deutsche Sozialgeschichte. Köln 1973, S. 111–136).
Czok, K.: „Charakter und Entwicklung des feudalen deutschen Territorialstaates". In: Zeitschrift für Geschichte, Bd. 21 (1973), S. 926–949.
Dedner, B.: „Vom Schäferleben zur Agrarwirtschaft. Poesie und Ideologie des ‚Landlebens' in der deutschen Literatur des 18. Jahrhunderts". In: Jahrbuch der Jean-Paul-Gesellschaft. Bd. 7, München 1972, S. 40–83.
Denkwürdigkeiten und Tagesgeschichte der Mark Brandenburg. Berlin 1796–1800.
Dennison, G.: Lernen und Freiheit. Aus der Praxis der First Street School. Frankfurt a. M. 1971.
Deppermann, K.: Der Hallesche Pietismus und der preußische Staat unter Friedrich III. (I.). Göttingen 1961.
Derbolav, J. (Hrsg.): Wesen und Werden der Realschule. Bonn 1960.
Deutscher Bildungsrat: Empfehlungen der Bildungskommission. Zur Verbesserung der Lehrlingsausbildung. Stuttgart 1969.
Deutscher Bildungsrat: Empfehlungen der Bildungskommission. Strukturplan für das Bildungswesen. Stuttgart 1970.

Dick, R.: Die niedersächsischen Bauern und ihre berufsbildenden Schulen seit Anfang des 19. Jahrhunderts. Hildesheim 1963.

Dieterici, F. W. G. (Hrsg.): Mittheilungen des statistischen Bureau's in Berlin 1 (1848).

Dietzel, H.: Kornzoll und Sozialreform. Berlin 1901.

Dilthey, W.: Studien zur Geschichte des deutschen Geistes (Hrsg. von P. Ritter). 3. Aufl., Stuttgart und Göttingen 1962 (Gesammelte Schriften, Bd. 3).

Dittes, F.: Methodik der Volksschule. Auf geschichtlicher Grundlage. Leipzig 1914.

Dobb, M.: Studies in the Development of Capitalism. 2. Aufl., London 1963.

Döbert, R.: Systemtheorie und die Entwicklung religiöser Deutungssysteme. Frankfurt a. M. 1973.

Eichler, A.: Die Landbewegung des 18. Jahrhunderts und ihre Pädagogik. Langensalza 1933.

Eichler, H.: „Zucht- und Arbeitshäuser in den mittleren und östlichen Provinzen Brandenburg-Preußens. Ihr Anteil an der Vorbereitung des Kapitalismus. Eine Untersuchung für die Zeit vom Ende des 17. bis zum Ausgang des 18. Jahrhunderts". In: Jahrbuch für Wirtschaftsgeschichte (1970), Teil I, S. 127–147.

Elias, N.: Über den Prozeß der Zivilisation. Soziogenetische und psychogenetische Untersuchungen. 2 Bde., 2. erw. Aufl., Bern und München 1969.

Emmerich, W. (Hrsg.): Proletarische Lebensläufe. Autobiographische Dokumente zur Entstehung der Zweiten Kultur in Deutschland. Bd. 1: Anfänge bis 1914. Reinbek 1974.

Engel, E.: „Beiträge zur Geschichte und Statistik des Unterrichtes, insbesondere des Volksschulunterrichtes im preußischen Staate". In: Zeitschrift des königlich preußischen statistischen Bureaus, Bd. 9 (1869), S. 99–116 und S. 153–211.

Engel, L. H. H. von: Versuch zur Beantwortung der Frage: Welche Vorteile hat die Landwirtschaft von der Aufklärung im 18. Jahrhundert? und welcher Nutzen ist und kann davon erwartet werden? Leipzig 1797.

Engels, F.: Herrn Eugen Dührings Umwälzung der Wissenschaft. 3. Aufl. (1894), Berlin 1962 (Marx-Engels-Werke, Bd. 20).

Engelsing, R.: „Zur politischen Bildung der deutschen Unterschichten. 1789–1863". In: Historische Zeitschrift, Bd. 206 (1968), S. 337–369. (Auch abgedruckt in: Ders.: Zur Sozialgeschichte deutscher Mittel- und Unterschichten. Göttingen 1973 a, S. 155–179).

Engelsing, R.: Analphabetentum und Lektüre. Stuttgart 1973 b.

Engelsing, R.: Zur Sozialgeschichte deutscher Mittel- und Unterschichten. Göttingen 1973 c.

Enzensberger, H. M., Nitsche, R., Rochler, K., und Schafhausen, W. (Hrsg.): Klassenbuch. Ein Lesebuch zu den Klassenkämpfen in Deutschland. 3 Bde., Darmstadt und Neuwied 1972.

Erlinghagen, K.: Die Säkularisierung der deutschen Schule. Hannover 1972.

Eulen, F.: Vom Gewerbefleiß zur Industrie. Ein Beitrag zur Wirtschaftsgeschichte des 18. Jahrhunderts. Berlin 1967.

Fechner, H.: „Geschichte des Volksschullesebuchs". In: Kehr, C. (Hrsg.): Geschichte der Methodik des deutschen Volksschulunterrichts. Bd. 1, 2. Aufl., Gotha 1889, S. 122–251.

Feidel-Mertz, H.: Zur Ideologie der Arbeiterbildung. Frankfurt a. M. 1972.

Fend, H., Knörzer, W., Nagl, W., Specht, W., und Väth-Szusdziara, R.: „Aspirationsbildung und Lernverhalten in unterschiedlichen Schulsystemen". In: Zeitschrift für Pädagogik, Bd. 19 (1973 a), S. 905–917.

Fend, H., u. a.: „Sozialisationseffekte unterschiedlicher Schulformen". In: Zeitschrift für Pädagogik, Bd. 19 (1973 b), S. 887–903.
Fend, H., u. a.: Gesamtschulsystem oder traditionelles Schulsystem. Ein Vergleich. Die sozialen und psychischen Folgen der Verteilung und Selektion im Schulsystem. Gutachten für den Deutschen Bildungsrat. Manuskript 1974.
Fingerle, K.: Funktionen und Probleme der Schule. Didaktische und systemtheoretische Beiträge zu einer Theorie der Schule. München 1973.
Fischer, F.: L. Nicolovius. Rokoko, Reform, Restauration. Stuttgart 1939 (Forschungen zur Kirchen- und Geistesgeschichte, Bd. 19).
Fischer, K.: Geschichte des Deutschen Volksschullehrerstandes. 2 Bde., 2. erw. Aufl., Hannover und Berlin 1898.
Fischer, W.: „Der Volksschullehrer. Zur Sozialgeschichte eines Berufsstandes". In: Soziale Welt, Bd. 12 (1961), S. 37–47.
Fischer, W.: „Soziale Unterschichten im Zeitalter der Frühindustrialisierung". In: International Review of Social History, Bd. 8 (1963), S. 415–435. (Auch abgedruckt in: Ders.: Wirtschaft und Gesellschaft im Zeitalter der Industrialisierung. Göttingen 1972, S. 242–257).
Fischer, W. (Hrsg.): Wirtschafts- und sozialgeschichtliche Probleme der frühen Industrialisierung. Berlin 1968.
Fischer, W. (Hrsg.): Beiträge zum Wirtschaftswachstum und Wirtschaftsstruktur im 16. und 19. Jahrhundert. Berlin 1971.
Fischer, W.: Wirtschaft und Gesellschaft im Zeitalter der Industrialisierung. Göttingen 1972.
Fischer, W., und Bajor, G. (Hrsg.): Die soziale Frage. Neuere Studien zur Lage der Fabrikarbeiter in den Frühphasen der Industrialisierung. Stuttgart 1967.
Fischlein, W.: Die Arbeit der deutschen Industrie- und Handelskammern auf dem Gebiet der Jugendbildung bis 1933. Erlangen/Nürnberg: Diss. 1968.
Flora, P.: „Historische Prozesse sozialer Mobilisierung, Urbanisierung und Alphabetisierung 1850–1965". In: Zeitschrift für Soziologie, Bd. 1 (1972), S. 85–117.
Flora, P.: „Die Bildungsentwicklung im Prozeß der Staaten- und Nationenbildung. Eine vergleichende Analyse". In: Ludz, P. C. (Hrsg.): Soziologie und Sozialgeschichte. Aspekte und Probleme. In: Kölner Zeitschrift für Soziologie und Sozialpsychologie (1973), Sonderheft 16, S. 294–319.
Flora, P.: Modernisierungsforschung. Zur empirischen Analyse der gesellschaftlichen Entwicklung. Opladen 1974.
Floud, J.: „Der Einfluß schichtspezifischer Faktoren auf den Schulerfolg". In: OECD (Hrsg.): Begabung und Bildungschancen. Deutsche Ausgabe hrsg. und eingeleitet von H. P. Widmaier. Frankfurt a. M. 1967, S. 61–83.
Flygt, S. G.: Notorious Dr. Barth. Nashville 1963.
Fontane, T.: Wanderungen durch die Mark Brandenburg. 3 Bde., München 1966.
Fooken, E.: Die geistliche Schulaufsicht und ihre Kritiker im 18. Jahrhundert. Wiesbaden 1967.
Franz, G.: Geschichte des deutschen Bauernstandes. Stuttgart 1970.
Franz, G., und Haushofer, H. (Hrsg.): Große Landwirte. Frankfurt a. M., o. J. (1970).
Freire, P.: Die Pädagogik der Unterdrückten. Reinbek 1973.
Freytag, H. L., und Weizsäcker, C. C. v. (Hrsg.): Schulwahl und Schulsystem. Modelltheoretische Entwürfe – Verlaufsstatistische Analysen. 2 Bde., Weinheim 1969.

Freytag, H.-P.: Zur Problematik mittlerer Bildungsqualifikationen. Eine historische und bildungsökonomische Untersuchung. Weinheim, Berlin und Basel 1969.

Friedrich, L.: Eigentum und Erziehung bei Pestalozzi. Geistes- und religionsgeschichtliche Voraussetzungen. Bern und Frankfurt 1972.

Froese, L., und Krawietz, W. (Hrsg.): Deutsche Schulgesetzgebung. Bd. 1, Weinheim 1968.

Froese, L., u. a.: Zur Diskussion: Der politische Pestalozzi. Weinheim 1972.

Füsser, G.: Bauernzeitungen in Bayern und Thüringen von 1818–1848. Ein Beitrag zur Geschichte des deutschen Bauernstandes und der deutschen Presse. Hildburghausen 1934.

Gagliardo, J. G.: „Moralism, Rural Ideology, and the German Peasant in the Late Eighteenth Century". In: Agricultural History, Bd. 42 (1968), S. 79–102.

Gans, A.: Das ökonomische Motiv in der preußischen Pädagogik des 18. Jahrhunderts. Halle 1930.

Garve, C.: Über den Charakter der Bauern und ihr Verhältniß gegen die Gutsherrn und gegen die Regierung. Drey Vorlesungen in der Schlesischen Ökonomischen Gesellschaft. Breslau 1786. Neue verbesserte Auflage. Breslau 1796. (Nachdruck in: Garve, C.: Popularphilosophische Schriften über literarische, ästhetische und gesellschaftliche Gegenstände. [Hrsg. von K. Wölfel]. Bd. 2, Stuttgart 1974, S. 799–1026).

Gedike, F. (Hrsg.): Annalen des preußischen Schul- und Kirchenwesens (1), Berlin 1800.

Geißler, E., Krenzer, R., und Rang, A.: Fördern und Auslesen. Eine Untersuchung an hessischen Schulen mit Förderstufe. Frankfurt a. M. 1967.

Gerlach, K.: Der Entwicklungsbeitrag von Bildungsinvestitionen unter Berücksichtigung verschiedener Entwicklungsstadien und -konzeptionen. Göttingen 1969.

Gerlach, K.: „Prognosen des Arbeitskräftebedarfs als Bildungsplanungsregel. Ein Vergleich zwischen Industrie- und Entwicklungsländern". In: Zeitschrift für Pädagogik, Bd. 18 (1972), S. 63–73.

Gerlach, O.: Die Idee der Nationalerziehung in der Geschichte der preußischen Volksschule. Langensalza 1932.

Gerloff, W.: „Der Staatshaushalt und das Finanzsystem Deutschlands". In: Gerloff, W., und Meisel, F.: Handbuch der Finanzwissenschaft. Bd. 3, Tübingen 1929, S. 1–69.

Germershausen, C. F.: Die Hausmutter in allen ihren Geschäften. 5 Bde., Berlin 1778–1781.

Germershausen, C. F.: Der Hausvater in systematischer Ordnung. 6 Teile, Berlin 1783–1786.

Germershausen, C. F.: Oekonomisches Reallexikon, worin alles, was nach den Theorien und erprobten Erfahrungen der bewährtesten Oekonomen unserer Zeit zu wissen nöthig ist, in alphabetischer Ordnung zusammengetragen, berichtigt und mit eigenen Zusätzen begleitet wird. Leipzig 1795–1799.

Geschichte der im Jahre 1793 gegründeten Erwerbsschulen in Berlin. Eine Jubelschrift, den Gönnern, Beförderern und Freunden der Anstalt gewidmet. Berlin 1843.

Giese, G. (Hrsg.): Deutsche Schulgesetzgebung. Berlin, Langensalza und Leipzig o. J. (1931).

Giesecke, H.: Jung sein in Deutschland. München 1967.

Gintis, H.: „Education, Technology, and the Charakteristics of Worker Productivity". In: American Economic Review, Bd. 61 (1971), S. 266–279.

Gintis, H.: „Towards a Political Economy of Education: A Radical Critique of Ivan Illich's Deschooling Society". In: Harvard Education Review, Bd. 42 (1972), S. 70–96.

Gintis, H.: „Zu einer politischen Ökonomie der Erziehung. Eine radikale Kritik an Ivan Illich's ‚Entschulung der Gesellschaft'". In: betrifft: erziehung, Bd. 6 (1973), S. 54–65.

Gloria, E.: Der Pietismus als Förderer der Volksbildung und sein Einfluß auf die preußische Volksschule. Halle: phil. Diss. 1933.

Godefroid, S., Kölling, Chr., Timm, W., und Tristam-Düsterbeck, D.: Das Bildungswesen in Preußen vom Ausgang des 18. Jahrhunderts bis zur bürgerlichen Revolution von 1848/49. – Eine historisch-materialistische Analyse seiner Entstehungsbedingungen. Gießen 1974.

Götze, W.: Die Begründung der Volksbildung in der Aufklärungsbewegung. Langensalza 1932.

Goodman, P.: „Freiheit und Lernen". In: Neue Sammlung, Bd. 9 (1969), S. 419–427.

Gorz, A.: „Technologie. Techniker und Klassenkampf". In: Ders. (Hrsg.): Schule und Fabrik. Berlin 1972, S. 14–58.

Graßmann, G. L.: „Über das Nutzbare und Fehlerhafte bei der Einteilung des unter dem Pflug stehenden Ackers in drei Feldern". In: Neue Berliner Beyträge zur Landwirtschaftswissenschaft. Bd. 1, Berlin 1792.

Grathoff, E.: Deutsche Bauern- und Dorfzeitungen des 18. Jahrhunderts. Ein Beitrag zur Geschichte des Bauerntums, der öffentlichen Meinung und des Zeitungswesens. Heidelberg: phil. Diss. 1937.

Groethuysen, B.: Die Entstehung der bürgerlichen Welt- und Lebensanschauung in Frankreich. 2 Bde., Halle 1927, 1930.

Gropp, V.: Der Einfluß der Agrarreformen des beginnenden 19. Jahrhunderts in Ostpreußen auf Höhe und Zusammensetzung der preußischen Staatseinkünfte. Berlin 1967.

Groß, J. G.: Entwurf eines mit leichten Kosten zu errichtenden Seminarii oeconomico politici, d. i. einer solchen Schulanstalt, darinne die zu Hof-, Civil-, Cameral- und Militair-Bedienungen, zur Handlung, Marine, Oeconomie, zu Künsten und anderen Lebensarten gewidmete, nicht studirende Jugend zu erziehen seyn mögte. Erlangen und Nürnberg 1739.

Grüner, J.: Das Schulwesen des Netzedistrikts zur Zeit Friedrichs des Großen (1772–1786). Ein Beitrag zur Schul- und Kulturgeschichte des 18. Jahrhunderts. Breslau 1904.

Gruner, E.: Der Arbeiter in der Schweiz im 19. Jahrhundert. Bern 1968.

Gruner, E.: „Die Stellung des Schweizer Arbeiters in Fabrik und Familie während des 19. Jahrhunderts". In: Braun, R., u. a. (Hrsg.): Gesellschaft in der industriellen Revolution. Köln 1973, S. 127–146.

Günther K. H., u. a. (Hrsg.): Geschichte der Erziehung. 9. Aufl., Berlin 1969.

Habakkuk, J.: „Bevölkerungsproblem und Wirtschaftswachstum Europas im späten 18. Jahrhundert". In: Braun, R., u. a. (Hrsg.): Gesellschaft in der industriellen Revolution. Köln 1973, S. 207–218.

Habermas, J.: Strukturwandel der Öffentlichkeit. 2. Aufl., Neuwied 1965.

Harles, G. C.: Gedanken von den Realschulen. Bremen 1766.

Harnack, A. von: Geschichte der Königlich Preußischen Akademie der Wissenschaften zu Berlin. 2 Bde., Berlin 1900.

Harnisch, H.: „Die Gutsherrschaft in Brandenburg“. In: Jahrbuch für Wirtschaftsgeschichte. 1969. Teil IV, S. 117–148.

Harnisch, H.: „Bauerneinkommen, feudale Ausbeutung und agrarischer Fortschritt in der Mark Brandenburg gegen Ende des 18. Jahrhunderts“. In: Jahrbuch für Wirtschaftsgeschichte (1970), Teil I, S. 191–197.

Harnisch, H.: „Bevölkerung und Wirtschaft. Über die Zusammenhänge zwischen sozialökonomischer und demographischer Entwicklung im Spätfeudalismus“. In: Jahrbuch für Wirtschaftsgeschichte. 1975. Teil II, S. 57–87.

Harnisch, W.: Der Schulrat an der Oder. Überarbeitet und neu herausgegeben von J. Plath. Leipzig 1900.

Hartmann, K. L.: „Schule und ‚Fabrikgeschäft‘. Zum historischen Zusammenhang von Kinderarbeit, Kinderschutzgesetzgebung und allgemeiner Elementarbildung“. In: Hartmann, K. L., Nyssen, F., und Waldeyer, H. (Hrsg.): Schule und Staat im 18. und 19. Jahrhundert. Zur Sozialgeschichte der Schule in Deutschland. Frankfurt a. M. 1974, S. 171–253.

Hartmann, K. L., Nyssen, F., und Waldeyer, H. (Hrsg.): Schule und Staat im 18. und 19. Jahrhundert. Zur Sozialgeschichte der Schule in Deutschland. Frankfurt a. M. 1974.

Hartung, F.: „Der aufgeklärte Absolutismus“. In: Hofmann, H. H. (Hrsg.): Die Entstehung des modernen souveränen Staates. Köln 1967, S. 152–172.

Hartwell, R. M.: „Die Ursachen der Industriellen Revolution. Ein Essay zur Methodologie“. In: Braun, R., u. a. (Hrsg.): Industrielle Revolution. Wirtschaftliche Aspekte. Köln 1972, S. 35–58.

Hartwell, R. M.: „Interpretationen der Industriellen Revolution in England: eine methodologische Untersuchung“. In: Braun, R., u. a. (Hrsg.): Gesellschaft in der industriellen Revolution. Köln 1973, S. 271–290.

Haug, F.: „Zum Streit um die Bildungsökonomie. Altvater und die Folgen“. In: Das Argument, Bd. 16 (1974), H. 88, S. 883–909.

Hauser, A.: „War ein Kleinjogg ein Musterbauer?“ In: Zeitschrift für Agrargeschichte und Agrarsoziologie, Bd. 9 (1961), S. 211–217.

Hauser, A.: „Kleinjogg, der Philosophische Bauer (1716–1785). In: Franz, G., und Haushofer, H. (Hrsg.): Große Landwirte. Frankfurt a. M., o. J. (1970), S. 39–47.

Haushofer, H.: Die deutsche Landwirtschaft im technischen Zeitalter. Stuttgart 1963.

Haushofer, H.: „Bauer und Schule in der Geschichte“. In: Zeitschrift für Agrargeschichte und Agrarsoziologie, Bd. 18 (1970), S. 1–15.

Haussherr, H.: Wirtschaftsgeschichte der Neuzeit vom Ende des 14. bis zur Höhe des 19. Jahrhunderts. 3. verb. Aufl., Köln und Graz 1960.

Hazard, P.: Die Herrschaft der Vernunft. Das europäische Denken im 18. Jahrhundert. Hamburg o. J. (1949).

Hecker, J. J.: Sammlung der Nachrichten von den Schulanstalten by der Dreyfaltigkeitskirche auf der Friedrichstadt in Berlin wie auch von gegenwärtiger Verfassung derselben. Berlin 1749.

Heckert, A. (Hrsg.): Handbuch der Schulgesetzgebung Preußens. Berlin 1847.

Heffter, H.: Die deutsche Selbstverwaltung im 19. Jahrhundert. 2. Aufl., Stuttgart 1969.

Heimpel-Michel, E.: Die Aufklärung. Eine historisch-systematische Untersuchung. Langensalza 1928.

Heinemann, M.: „Die Bildungsverwaltung am Ende einer Epoche". In: Zeitschrift für Pädagogik, Bd. 18 (1972), S. 339–356.

Heinemann, M.: Schule im Vorfeld der Verwaltung. Die Entwicklung der preußischen Unterrichtsverwaltung von 1771–1800. Göttingen 1974.

Heinemann, M.: „Die Assimilation fremdsprachiger Schulkinder durch die Volksschule in Preußen seit 1880". In: Bildung und Erziehung, Bd. 28 (1975), S. 53–69.

Henning, F. W.: Herrschaft und Bauernuntertänigkeit. Würzburg 1964.

Henning, F. W.: „Stadien und Typen in der Entwicklung der Landwirtschaft in den heutigen Industrieländern". In: Die Landwirtschaft in der volks- und weltwirtschaftlichen Entwicklung. München 1968 (Schriften der Gesellschaft für Wirtschafts- und Sozialwissenschaften des Landbaus e.V., Bd. 5), S. 41–81.

Henning, F. W.: Bauernwirtschaft und Bauerneinkommen in Ostpreußen. Würzburg 1969 a.

Henning, F. W.: „Die Betriebsgrößenstruktur der mitteleuropäischen Landwirtschaft im 18. Jahrhundert und ihr Einfluß auf die ländlichen Einkommensverhältnisse". In: Zeitschrift für Agrargeschichte und Agrarsoziologie, Bd. 17 (1969 b), S. 171–193.

Henning, F. W.: Dienste und Abgaben der Bauern im 18. Jahrhundert. Stuttgart 1969 c.

Henning, F. W.: „Die Bestimmungsfaktoren der bäuerlichen Einkommen im 18. Jahrhundert". In: Jahrbuch für Wirtschaftsgeschichte (1970 a), Teil I, S. 165–183.

Henning, F. W.: „Die Differenzierung der landwirtschaftlichen Produktion in Ostpreußen im 18. Jahrhundert". In: Zeitschrift für Agrargeschichte und Agrarsoziologie, Bd. 18 (1970 b), S. 197–220.

Henning, F. W.: „Die Einführung der Gewerbefreiheit und ihre Auswirkung auf das Handwerk in Deutschland". In: Abel, W., u. a.: Handwerksgeschichte in neuer Sicht. Göttingen 1970 c, S. 142–172.

Henning, F. W.: „Kapitalbildungsmöglichkeiten der bäuerlichen Bevölkerung in Deutschland am Anfang des 19. Jahrhunderts". In: Fischer, W. (Hrsg.): Beiträge zu Wirtschaftswachstum und Wirtschaftsstruktur des 16. und 19. Jahrhunderts. Berlin 1971 a, S. 57–81.

Henning, F. W.: „Die Wirtschaftsstruktur mitteleuropäischer Gebiete an der Wende zum 19. Jahrhundert unter besonderer Berücksichtigung des gewerblichen Bereichs". In: Fischer, W. (Hrsg.): Beiträge zu Wirtschaftswachstum und Wirtschaftsstruktur im 16. und 19. Jahrhundert. Berlin 1971 b, S. 101–167.

Henning, F. W.: Die Industrialisierung in Deutschland 1800 bis 1914. Paderborn 1973.

Henning, F. W.: „Die preußische Thesaurierungspolitik im 18. Jahrhundert". In: Bog, I., u. a. (Hrsg.): Wirtschaftliche und soziale Strukturen im Wandel. Festschrift für W. Abel zum 70. Geburtstag. Bd. 2, Hannover 1974, S. 399–416.

Hentig, H. von: Cuernavaca oder: Alternativen zur Schule? Stuttgart und München 1971.

Heppe, H.: Geschichte des deutschen Volksschulwesens. Gotha 1858–1860. (Nachdruck: Hildesheim 1971).

Herrmann, U.: „Modell der Schulreform: Das Braunschweigische Schuldirektorium 1786–1790". In: Braunschweigisches Jahrbuch, Bd. 52 (1971), S. 163–181.

Heubaum, A.: „Die Geschichte des ersten preußischen Schulgesetzentwurfs". In: Monatsschrift für höhere Schulen, Bd. 1 (1902), S. 20–40, S. 111–122, S. 145–154, S. 209–220, S. 305–321.

Heubaum, A.: „Die Reformbestrebungen unter dem preußischen Minister Julius v. Massow". In: Mitteilungen der Gesellschaft für deutsche Erziehungs- und Schulgeschichte, Bd. 14 (1904), S. 186–225.

Heubaum, A.: Das Zeitalter der Standes- und Berufserziehung. Berlin 1905.

Heydorn, H. J., und Koneffke, G.: Studien zur Sozialgeschichte und Philosophie der Bildung. 2 Bde., München 1973.

Hildebrand, B.: Die Nationalökonomie der Gegenwart und Zukunft (1848). Jena 1922.

Hinrichs, C.: „Der Hallische Pietismus als politisch-soziale Reformbewegung des 18. Jahrhunderts". In: Ders.: Preußen als historisches Problem. Gesammelte Abhandlungen. (Hrsg. von G. Oestreich). Berlin 1964, S. 171–184.

Hinrichs, C.: Preußentum und Pietismus in Brandenburg-Preußen als religiös-soziale Reformbewegung. Göttingen 1971.

Hintze, O.: „Einleitende Darstellung der Behördenorganisation und allgemeinen Verwaltung in Preußen beim Regierungsantritt Friedrich II.". In: Acta Borussica. Denkmäler der preußischen Staatsverwaltung im 18. Jahrhundert. Hrsg. von der Königlichen Akademie der Wissenschaften. Die Behördenorganisation und die allgemeine Staatsverwaltung im 18. Jahrhundert. Bd. 6, 1. Hälfte, Berlin 1901.

Hintze, O.: Die Hohenzollern und ihr Werk. Berlin 1915.

Hintze, O.: Der österreichische und der preußische Beamtenstaat im 17. und 18. Jahrhundert. In: Ders.: Staat und Verfassung. Gesammelte Abhandlungen zur allgemeinen Verfassungsgeschichte. (Hrsg. von G. Oestreich, mit einer Einleitung von F. Hartung); 2. um 4 Beiträge erw. Auflage, Göttingen 1962 (Gesammelte Abhandlungen, Bd. 1), S. 321–358.

Hintze, O.: „Der Beamtenstand". In: Ders.: Soziologie und Geschichte. Gesammelte Abhandlungen zur Soziologie, Politik und Theorie der Geschichte. 2., stark erw. Aufl. (mit einer Einleitung von G. Oestreich), Göttingen 1964 (Gesammelte Abhandlungen, Bd. 2), S. 66–125.

Hintze, O.: „Die Epochen des evangelischen Kirchenregiments in Preußen". In: Ders.: Regierung und Verwaltung. Gesammelte Abhandlungen zur Staats-, Rechts- und Sozialgeschichte Preußens. 2. durchgesehene Aufl. (hrsg. von G. Oestreich), Göttingen 1967 a (Gesammelte Abhandlungen, Bd. 3), S. 56–96.

Hintze, O.: „Die Hohenzollern und der Adel". In: Ders.: Regierung und Verwaltung. Gesammelte Abhandlungen zur Staats-, Rechts- und Sozialgeschichte Preußens. 2. durchgesehene Aufl. (hrsg. von G. Oestreich), Göttingen 1967 b (Gesammelte Abhandlungen, Bd. 3), S. 30–55.

Hintze, O.: Regierung und Verwaltung. Gesammelte Abhandlungen zur Staats-, Rechts- und Sozialgeschichte Preußens. 2. durchgesehene Aufl. (hrsg. von G. Oestreich), Göttingen 1967 c (Gesammelte Abhandlungen, Bd. 3).

Hinze, K.: Die Arbeiterfrage zu Beginn des modernen Kapitalismus in Brandenburg-Preußen. 1685–1806. 2. Aufl., Berlin 1963.

Hippel, O. von: Die pädagogische Dorf-Utopie der Aufklärung. Langensalza 1939.

Hömberg, A. K.: Wirtschaftsgeschichte Westfalens. Münster 1968.

Hoffmann, H.: Handwerk und Manufaktur in Preußen 1769. (Das Taschenbuch Knyphausen.) Berlin 1969.

Hoffmann, J. G.: Die Bevölkerung des preußischen Staates nach dem Ergebnisse der zu Ende des Jahres 1837 amtlich aufgenommenen Nachrichten in staatswirtschaftlicher, gewerblicher und sittlicher Beziehung. Berlin 1839.

Hoffmann, J. G.: Sammlung kleiner Schriften. Berlin 1843.

Hoffmann, W. G.: „Erziehungs- und Forschungsausgaben im wirtschaftlichen Wachstumsprozeß". In: Hess, G. (Hrsg.): Eine Freundesgabe der Wissenschaft für E. H. Vits. Frankfurt a. M. 1963, S. 101–133.

Hoffmann, W. G.: Das Wachstum der deutschen Wirtschaft seit der Mitte des 19. Jahrhunderts. Berlin, Heidelberg und New York 1965.

Hoffmann, W. G., und Müller, W.: Das deutsche Volkseinkommen. Tübingen 1959.

Hofmann, H. H. (Hrsg.): Die Entstehung des modernen souveränen Staates. Köln und Berlin 1967.

Holzkamp, K.: „Die historische Methode des wissenschaftlichen Sozialismus und ihre Verkennung durch J. Bischoff". In: Das Argument, Bd. 16 (1974), H. 84, S. 1–75.

Hopf, D.: Übergangsauslese und Leistungsdifferenzierung. Frankfurt a. M. 1969.

Horn, K.: Dressur oder Erziehung. Frankfurt a. M. 1967.

Hoselitz, B. F.: „Sozialstruktur und Wirtschaftswachstum". In: Ders.: Wirtschaftliches Wachstum und sozialer Wandel. Berlin 1969 a, S. 11–31.

Hoselitz, B. F.: Wirtschaftliches Wachstum und sozialer Wandel. Berlin 1969 b.

Hoselitz, B. F.: „Zur politischen Wirkungsmöglichkeit von Bildungsinvestitionen". In: Ders.: Wirtschaftliches Wachstum und sozialer Wandel. Berlin 1969 c, S. 227–251.

Hubatsch, W. (Hrsg.): Absolutismus. Darmstadt 1973.

Hubrig, H.: Die patriotischen Gesellschaften des 18. Jahrhunderts. Weinheim 1957.

Huisken, F.: Zur Kritik bürgerlicher Didaktik und Bildungsökonomie. München 1972.

Husén, T.: „The Influence of Schooling upon IQ". In: Theoria, Bd. 17 (1951), S. 61–88.

Husén, T., und Boalt, G.: Bildungsforschung und Schulreform in Schweden. Stuttgart 1968.

Husén, T., u. a.: Talent, Opportunity und Career. A twenty-six Year Follow-up of 1500 Individuals. Stockholm 1969.

Illich, I. D.: Almosen und Folter. München 1970. Auch erschienen unter dem Titel: Schulen helfen nicht. Über das mythenbildende Ritual der Industriegesellschaft. Reinbek 1972.

Illich, I. D.: „Plädoyer für die Abschaffung der Schule". In: Kursbuch, Bd. 24 (1971), S. 1–16.

Illich, I. D.: „Vorlesung in Lima 18. Juli 1971". In: Neue Sammlung, Bd. 11 (1971), S. 599–606.

Illich, I. D.: Die Entschulung der Gesellschaft. Entwurf eines demokratischen Bildungssystems. Reinbek 1973.

Ipsen, G.: „Die preußische Bauernbefreiung als Landesausbau". In: Böckenförde, E. W. (Hrsg.): Moderne deutsche Verfassungsgeschichte (1815–1918). Köln 1972, S. 356–384.

Iven, K.: Die Industriepädagogik des 18. Jahrhunderts. Eine Untersuchung über die Bedeutung des wirtschaftlichen Verhaltens für die Erziehung. Berlin und Leipzig 1929.

Jacobeit, W.: „Traditionelle Verhaltensweisen und konservative Ideologie. Marginalien aus dem Bereich der bäuerlichen Arbeit und Wirtschaft“. In: Bausinger, H., und Brückner, W. (Hrsg.): Kontinuität? Geschichtlichkeit und Dauer als volkskundliches Problem. Berlin 1969, S. 67–85.

Jahrbuch für die amtliche Statistik des preußischen Staates. IV. Jg. Berlin 1876.

Jahrbuch für Wissenschaft, Ausbildung und Schule. Frankfurt a. M. 1971.

Jantke, C., und Hilger, D. (Hrsg.): Die Eigentumslosen. Der deutsche Pauperismus und die Emanzipationskrise in Darstellung und Deutungen der zeitgenössischen Literatur. Freiburg und München 1965.

Jeismann, K. E.: „Die Stiehlschen Regulative. Ein Beitrag zum Verhältnis von Politik und Pädagogik während der Reaktionszeit in Preußen“. In: Vierhaus, R., und Botzenhart, M. (Hrsg.): Dauer und Wandel der Geschichte. Aspekte europäischer Vergangenheit. Festgabe für K. von Raumer. Münster 1966, S. 423–447.

Jeismann, K. E.: Das Erziehungswesen in seiner Bedeutung für die Entwicklung des modernen Staats und der bürgerlichen Gesellschaft. In: Westfälische Forschungen, Bd. 24 (1972), S. 64–76.

Jeismann, K. E.: „Volksbildung und Industrialisierung als Faktoren des sozialen Wandels im Vormärz“. In: Zeitschrift für Pädagogik, Bd. 18 (1972), S. 315–337.

Jencks, C., u. a.: Inequality. A Reassessment of the Effects of Family and Schooling in America. New York 1972, deutsch: Chancengleichheit. Hamburg 1973.

Jonas, F.: „F. E. von Rochow“. In: Jonas, F., und Wienecke, F. (Hrsg.): F. E. von Rochows Sämtliche pädagogische Schriften. Bd. 3, Berlin 1909, S. 386–436.

Jonas, F., und Wienecke, F. (Hrsg.): F. E. von Rochows Sämtliche pädagogische Schriften. 4 Bde., Berlin 1907–1910.

Jonas, W.: „Über das Problem der Gesetzmäßigkeit der Produktivkräfte“. In: Jahrbuch für Wirtschaftsgeschichte (1963), Teil I, S. 24–40.

Jones, E. L.: „Agricultural Origins of Industry“. In: Past and Present, Bd. 40 (1968), S. 58–71.

Kaufhold, K. H.: „Umfang und Gliederung des deutschen Handwerks um 1800“. In: Abel, W., u. a.: Handwerksgeschichte in neuer Sicht. Göttingen 1970, S. 26–64.

Kaufhold, K. H.: „Das preußische Handwerk in der Zeit der Frühindustrialisierung. Eine Untersuchung nach den preußischen Gewerbetabellen 1815–1858“. In: Fischer, W. (Hrsg.): Beiträge zu Wirtschaftswachstum und Wirtschaftsstruktur im 16. und 19. Jahrhundert. Berlin 1971, S. 169–193.

Keck, R. W.: Geschichte der Mittleren Schule in Württemberg. Motive und Probleme ihrer Entwicklung von der Reformation bis zur Gegenwart unter besonderer Berücksichtigung von Stuttgart und Ulm. Stuttgart 1968.

Keeser, G.: „Das mittlere Bildungswesen in der Bundesrepublik. Entwicklung, Stand und Probleme“. In: Zeitschrift für Pädagogik, Bd. 9 (1963), S. 59–72.

Kehr, C. (Hrsg.): Geschichte der Methodik des deutschen Volksschulunterrichts. 4 Bde., 2. Aufl., Gotha 1888/89.

Kehr, E.: „Zur Genesis der preußischen Bürokratie und des Rechtsstaates. Ein Beitrag zum Diktaturproblem (1932)“. In: Ders.: Der Primat der Innenpolitik. Gesammelte Aufsätze zur preußisch-deutschen Sozialgeschichte im 19. und 20. Jahrhundert. (Hrsg. und eingeleitet von H.-U. Wehler) Berlin 1965, S. 31–52. (Auch abgedruckt in: Wehler, H.-U., [Hrsg.]: Moderne deutsche Sozialgeschichte. Köln 1973, S. 37–54.)

Kieser, R.: „Die Aufklärung und die Landschulreform des Domherrn von Rochow. Zur 150. Wiederkehr des Todestages von Friedrich Eberhard von Rochow". In: Westermanns Pädagogische Beiträge, Bd. 7 (1955), S. 217–226.

Kindermann, F.: „An die Herren Schulenfreunde besonders an Geistliche, so sich um die Verbreitung der vaterländischen Industrien verdient machen wollen (1785). Abgedruckt bei A. Weiß. Geschichte der Theresianischen Schulreform in Böhmen, zusammengestellt aus den halbjährigen Berichten der Schulen-Oberdirektion, 17. September 1777 bis 14. März 1792". In: Beiträge zur Österreichischen Erziehungs- und Schulgeschichte. Hrsg. von der österreichischen Gruppe der Gesellschaft für deutsche Erziehungs- und Schulgeschichte. H. 7. Wien und Leipzig 1906, S. 489–498.

Kisch, H.: „The Textile Industries in Silesia and the Rhineland. A Comparative Study in Industrialization". In: Journal of Economic History, Bd. 19 (1959), S. 541–564.

Klein, E.: Von der Reform zur Restauration. Finanzpolitik und Reformgesetzgebung des preußischen Staatskanzlers Karl August von Hardenberg. Berlin 1965.

Klein, E.: Geschichte der öffentlichen Finanzen in Deutschland (1500–1870). Wiesbaden 1974.

Klemm, V., und Meyer, G.: Albrecht Daniel Thaer. Pionier der Landwirtschaftswissenschaften in Deutschland. Halle a. d. Saale 1968.

Klöden, K. F. von: Jugenderinnerungen (nach der ersten von M. Jähns besorgten Ausgabe neu bearbeitet von K. Koetschau). Leipzig 1911.

Knabe, K.: „Realschulwesen in Deutschland". In: Rein, W. (Hrsg.): Encyclopädisches Handbuch der Pädagogik. Bd. 7, 2. Aufl., Jena 1908, S. 243–289.

Knapp, G. F.: Die Bauernbefreiung und der Ursprung der Landarbeiter in den älteren Teilen Preußens. 2 Bde., Leipzig 1887.

Kob, J.: Elternhaus und Schule. Stuttgart 1963.

Kocka, J.: Unternehmensverwaltung und Angestelltenschaft am Beispiel Siemens 1847–1914. Zum Verhältnis von Kapitalismus und Bürokratie in der deutschen Industrialisierung. Stuttgart 1969.

König, H.: Zur Geschichte der Nationalerziehung in Deutschland im letzten Drittel des 18. Jahrhunderts. Berlin 1960.

König, H.: Der Kaisererlaß vom 1. Mai 1889 – eine Studie zu seiner Stellung und Funktion in der antikommunistischen Bildungspolitik und Pädagogik des imperialistischen Deutschlands. In: Jahrbuch für Erziehungs- und Schulpolitik. Bd. 12 (1972), S. 53–104.

König, H.: Zur Geschichte der bürgerlichen Nationalerziehung in Deutschland zwischen 1807 und 1815. 2 Bde., Berlin 1972/73.

Korth, R.: Die preußische Schulpolitik und die polnischen Schulstreiks. Würzburg 1963.

Koselleck, R.: Preußen zwischen Reform und Revolution. Allgemeines Landrecht, Verwaltung und soziale Bewegung von 1791 bis 1848. Stuttgart 1967.

Koselleck, R.: Kritik und Krise. Eine Studie zur Pathogenese der bürgerlichen Welt. 2. Aufl., Frankfurt a. M. 1973.

Kossok, M.: „Die Bedeutung des spanisch-amerikanischen Kolonialmarktes für den preußischen Leinwandhandel am Ausgang des 18. und zu Beginn des 19. Jahrhunderts". In: Hansische Studien. H. Sproemberg zum 70. Geburtstag. Berlin 1961, S. 210–218.

Krämer, J.: Erziehung als Antwort auf die soziale Frage. Ratingen bei Düsseldorf o. J. (1963).

Krause-Vilmar, D.: J. H. Pestalozzi und die Stäfner Volksbewegung. Marburg: phil. Diss. 1975.

Kriedtke, P., Medick, H., und Schlumbohm J.: Proto-Industrialisierung als Übergangsphase von Agrargesellschaften zum industriellen Kapitalismus. Göttingen: Max-Planck-Institut für Geschichte 1974 (unveröffentlichtes Manuskript).

Krueger, B.: Stiehl und seine Regulative. Ein Beitrag zur preußischen Schulgeschichte. Weinheim 1970.

Krüger, H.: Zur Geschichte der Manufakturen und der Manufakturarbeiter in Preußen. Die mittleren Provinzen in der zweiten Hälfte des 18. Jahrhunderts. Berlin 1958.

Krüger, J. C.: Die Geistlichen auf dem Lande. (1743). Nachdruck mit einem Vorwort von J. Jacobs. Stuttgart 1970.

Krünitz, J. G.: Oekonomisch-technologische Encyclopädie oder allgemeines System der Stats- Stadt- Haus- und Landwirthschaft und der Kunstgeschichte in alphabetischer Ordnung. 242 Bde., Berlin 1770 ff.

Krug, L.: Betrachtungen über den National-Reichthum des preußischen Staates und über den Wohlstand seiner Bewohner. 2 Teile, Berlin 1805.

Krumm, V.: „Lehrlinge urteilen über ihre betriebliche Ausbildung". In Wirtschaft und Berufserziehung, Bd. 19 (1967), S. 492–499.

Kuczynski, J.: Hardenbergs Umfrage über die Lage der Kinder in den Fabriken und andere Dokumente aus der Frühgeschichte der Lage der Arbeiter. Berlin 1960 (Die Geschichte der Lage der Arbeiter unter dem Kapitalismus, Bd. 8).

Kuczynski, J., und Hoppe, R.: Studien zur Geschichte des arbeitenden Kindes in Deutschland von 1700 bis zur Gegenwart. Berlin 1968/69 (Die Geschichte der Lage der Arbeiter unter dem Kapitalismus, Bd. 19/20).

Kulischer, J.: Allgemeine Wirtschaftsgeschichte des Mittelalters und der Neuzeit. 2 Bde., Darmstadt 1971.

Kutz, M.: Deutschlands Außenhandel von der Französischen Revolution bis zur Gründung des Zollvereins. Eine statistische Strukturuntersuchung zur vorindustriellen Zeit. Wiesbaden 1974 (Beihefte der Vierteljahrsschrift zur Sozial- und Wirtschaftsgeschichte, H. 31).

Kuznets, S.: „Die wirtschaftlichen Vorbedingungen der Industrialisierung". In: Braun, R., u. a. (Hrsg.): Industrielle Revolution. Wirtschaftliche Aspekte. Köln 1972, S. 17–34.

Labrousse, C. E.: Esquisse du mouvement des prix et des revenus en France au XVIIIe siècle. Paris 1933.

Labrousse, C. E.: La crise de l'économie française à la fin de l'Ancien Régime et au début de la Révolution. Paris 1944.

Lachmann, C. L. F.: Das Industrieschulwesen, ein wesentliches und erreichbares Bedürfniss aller Bürger- und Landschulen. Braunschweig und Helmstädt 1802. (Nachdruck mit einer Einleitung von G. Koneffke. Glashütten/Taunus 1973.)

Lamers, J.: Die Industrieschulen des Herzogtums Westfalen um die Wende des 18. Jahrhunderts. Paderborn 1918.

Landes, D. S.: „The Statistical Study of French Crises". In: Journal of Economic History, Bd. 10 (1950), S. 195–210.

Landes, D. S.: „Technological Change and Development in Western Europe 1750–1914". In: The Cambridge Economic History of Europe. Bd. 6, Cambridge 1965.

Landes, D. S.: „Die Industrialisierung in Japan und Europa. Ein Vergleich". In: Fischer, W. (Hrsg.): Wirtschafts- und sozialgeschichtliche Probleme der frühen Industrialisierung. Berlin 1968, S. 29–117.

Landes, D. S.: Der entfesselte Prometheus. Technologischer Wandel und industrielle Entwicklung in Westeuropa von 1750 bis zur Gegenwart. Köln 1973.

Lange, H.: Schulbau und Schulverfassung der frühen Neuzeit. – Zur Entstehung und Problematik des modernen Schulwesens. Weinheim 1967.

Lemberg, E., Bauer, A., und Klaus-Roeder, R.: Schule und Gesellschaft. Forschungsprobleme und Forschungsergebnisse zur Soziologie des Bildungswesens. München 1971.

Lemm, W.: „Zum Eindringen des Kapitalismus in die Landwirtschaft und dessen Auswirkungen auf die Arbeitserziehung gegen Ende des 18. Jahrhunderts". In: Alt, R., u. a.: Zur Geschichte der Arbeitserziehung in Deutschland. Teil 1. Von den Anfängen bis 1900. Berlin 1970, S. 78–82.

Lempert, W.: „Neuere Untersuchungen zur Qualität der betrieblichen Lehre in der Bundesrepublik". In: Die Deutsche Berufs- und Fachschule, Bd. 70 (1974), S. 68–84.

Lempert, W., und Ebel, H.: Lehrzeitdauer, Ausbildungssystem und Ausbildungserfolg. Grundlagen für die Bemessung des Zeitraums der Ausbildung bis zum Facharbeiterniveau. Freiburg i. Br. 1965.

Lenhardt, G.: Berufliche Weiterbildung und Arbeitsteilung in der Industrieproduktion. Frankfurt a. M. 1974.

Lewald, U.: „Die Entwicklung der ländlichen Textilindustrie im Rheinland und in Schlesien". In: Zeitschrift für Ostforschung, Bd. 10 (1961), S. 601–630.

Lewin, H.: Geschichte der Entwicklung der preußischen Volksschule und die Förderung der Volksbildung durch die Hohenzollern. Leipzig 1910.

Lexis, W.: Das Unterrichtswesen im Deutschen Reich. Aus Anlaß der Weltausstellung in St. Louis unter Mitwirkung zahlreicher Fachmänner herausgegeben. Bd. 3: Das Volksschulwesen und das Lehrerbildungswesen. Berlin 1904.

Liebknecht, W.: Wissen ist Macht – Macht ist Wissen und andere bildungspolitisch-pädagogische Äußerungen. (Ausgewählt, eingeleitet und erläutert von H. Brumme) Berlin 1968.

List, F.: Das natürliche System der politischen Ökonomie (1840). Berlin 1961.

Loening, E.: „Die Unterhaltung der öffentlichen Volksschulen und der Schulverbände in Preußen". In: Jahrbuch des öffentlichen Rechts der Gegenwart, Bd. 3 (1909), S. 68–138.

Ludwig, K. H.: „Die Fabrikarbeit von Kindern im 19. Jahrhundert. Ein Problem der Technikgeschichte". In: Vierteljahrsschrift für Sozial- und Wirtschaftsgeschichte, Bd. 52 (1965), S. 63–85.

Lüders, P. E.: Kurze Nachricht von dem Kleverbau. Flensburg 1761.

Lüders, P. E.: Gespräche zwischen einem Prediger und Landmann. 3 Teile, Flensburg 1763.

Lüders, P. E.: Drey Bedenken über die Erforschung, die Beurtheilung und den Gebrauch der Erdarten. Flensburg 1764.

Lüders, P. E.: Erzählungen und Geschichte der Kgl. Dänischen Acker-Academie. Flensburg 1767.

Lüders, P. E.: Grundriß einer zu errichtenden Ackerschule. Flensburg 1769.

Lütge, F.: Geschichte der deutschen Agrarverfassung vom frühen Mittelalter bis zum 19. Jahrhundert. 2. Aufl., Stuttgart 1967.

Luhmann, N.: „Gesellschaftliche Organisation". In: Ellwein, T., u. a. (Hrsg.): Erziehungswissenschaftliches Handbuch. Bd. 1: Das Erziehen als gesellschaftliches Phänomen. Berlin 1969, S. 387–407.

Lundgreen, P.: „Analyse preußischer Schulbücher als Zugang zum Thema ‚Schulbildung und Industrialisierung'". In: International Review of Social History, Bd. 15 (1970), S. 85–121.

Lundgreen, P.: „Schulbildung und Frühindustrialisierung in Berlin/Preußen. Eine Einführung in den historischen und systematischen Zusammenhang von Schule und Wirtschaft". In: Büsch, O. (Hrsg.): Untersuchungen zur Geschichte der frühen Industrialisierung vornehmlich im Wirtschaftsraum Berlin/Brandenburg. Berlin 1971, S. 562–610.

Lundgreen, P.: Bildung und Wirtschaftswachstum im Industrialisierungsprozeß des 19. Jahrhunderts. Methodische Ansätze, empirische Studien und internationale Vergleiche. Berlin 1973.

Maassen, N., und Schöler, W. (Hrsg.): Quellen zur Geschichte der Mittel- und Realschulpädagogik. 3 Bde., Hannover, Berlin und Darmstadt 1958, 1959.

Maassen, N., und Schöler, W.: Geschichte der Mittel- und Realschulpädagogik. 2 Bde., Hannover 1960/61.

Machule, P.: Die Entwicklung des öffentlichen Schulwesens der Alten Provinzen des preußischen Staates von 1816–1901. Statistische und andere Notizen. 2. Teil: Historisch-statistische Übersichten über die Entwicklung des Volksschulwesens. Ratibor 1907.

Martens, W.: Die Botschaft der Tugend. Die Aufklärung im Spiegel der deutschen moralischen Wochenschriften. Stuttgart 1971.

Martiny, F.: Die Adelsfrage in Preußen vor 1806 als politisches und soziales Problem. Erläutert am Beispiel des kurmärkischen Adels. (Beihefte zur Vierteljahrsschrift für Sozial- und Wirtschaftsgeschichte, Bd. 35.) Stuttgart und Berlin 1938.

Marx, K.: Das Kapital. Marx-Engels-Werke. (Hrsg. vom Institut für Marxismus-Leninismus beim ZK der SED). Bd. 23–25, Berlin 1973. Auch in: Lieber, H. J., und Kautsky, B. (Hrsg.): K. Marx. Werke. Bd. 4–6, Darmstadt 1962–64.

Massow, J. E. W. von: „Ideen zur Verbesserung des öffentlichen Schul- und Erziehungswesens mit besonderer Rücksicht auf die Provinz Pommern". In: Annalen des preußischen Schul- und Kirchenwesens (Hrsg. von F. Gedike), Bd. 1 (1800), S. 76–143, 181–260, 361–395.

Maupeon-Léplâtre, N. de: „Der jugendliche Arbeiter im Betrieb". In: Friedeburg, L. von (Hrsg.): Jugend in der modernen Gesellschaft. 2. Aufl., Köln 1965, S. 486–498.

Maurer, W.: „Die Entstehung des Landeskirchentums in der Reformation". In: Fuchs, W. P. (Hrsg.): Staat und Kirche im Wandel der Jahrhunderte. Stuttgart 1966, S. 69–78.

Mayer, J. F.: Beyträge und Abhandlungen zur Aufnahme der Land- und Hauswirthschaft nach den Grundsätzen der Naturlehre und der Erfahrung entworfen. 10 Bde., Frankfurt a. M. 1769–1786.

Mayer, J. F.: Kupferzell durch die Landwirthschaft im besten Wohlstande. Frankfurt a. M. 1793.

McClelland, D. C.: The Achieving Society. Princeton o. J. (1961); deutsch: Ders.: Die Leistungsgesellschaft. Stuttgart 1966.

Medick, H.: „Bevölkerungsentwicklung, Familienstruktur und Proto-Industrialisierung". In: Sozialwissenschaftliche Informationen, Bd. 3 (1974), S. 33–38.

Mehring, F.: Die Lessing-Legende (mit einer Einleitung von R. Gruenter). Frankfurt a. M. 1972.

Menck, P.: Die Erziehung der Jugend zur Ehre Gottes und zum Nutzen des Nächsten. Wuppertal, Ratingen und Düsseldorf 1969.

Menzel, R.: Die Anfänge der Volksschule in Deutschland. Berlin 1958.

Mertineit, W.: Die fridericianische Verwaltung in Ostpreußen. Ein Beitrag zur Geschichte der preußischen Staatsbildung. Heidelberg 1958.

Meyer, A.: „Mechanische und organische Methaphorik politischer Philosophie“. In: Archiv für Begriffsgeschichte, Bd. 13 (1969), S. 128–199.

Meyer, A. H. G.: Schule und Kinderarbeit. Das Verhältnis von Schul- und Sozialpolitik in der Entwicklung der preußischen Volksschule zu Beginn des 19. Jahrhunderts. Hamburg: phil. Diss. 1971.

Meyer, G.: Lehrbuch des deutschen Staatsrechts. 7. Aufl. (Bearb. von G. Anschütz) Berlin 1919.

Meyer, R.: „Das Berechtigungswesen in seiner Bedeutung für Schule und Gesellschaft im 19. Jahrhundert“. In: Zeitschrift für die gesamte Staatswissenschaft, Bd. 124 (1958), S. 763–776.

Michalkiewicz, S.: „Das Bauernproblem in Schlesien in der Publizistik und in den Quellen an der Wende vom 18. zum 19. Jahrhundert“. In: Berindei, D., u. a. (Hrsg.): Der Bauer Mittel- und Osteuropas im sozio-ökonomischen Wandel des 18. und 19. Jahrhunderts. Beiträge zu seiner Lage und deren Widerspiegelung in der zeitgenössischen Publizistik und Literatur. Köln und Wien 1973, S. 293–306.

Mieck, J.: „Preußischer Seidenbau im 18. Jahrhundert“. In: Vierteljahrsschrift für Sozial- und Wirtschaftsgeschichte, Bd. 56 (1969), S. 478–498.

Möller, H.: Die kleinbürgerliche Familie im 18. Jahrhundert. Verhalten und Gruppenkultur. Berlin 1969.

Möller, H.: Aufklärung in Preußen. Der Verleger, Publizist und Geschichtsschreiber Friedrich Nicolai. Berlin 1974.

Möser, J.: „Patriotische Phantasien“. In: J. Mösers sämtliche Werke. Historisch-kritische Ausgabe in 14 Bänden. (Hrsg. von der Akademie der Wissenschaften zu Göttingen.) Oldenburg 1942 ff.

Mommsen, W. (Hrsg.): Deutsche Parteiprogramme. München 1960 (Deutsches Handbuch der Politik, Bd. 1).

Mottek, H.: Wirtschaftsgeschichte Deutschlands. Ein Grundriß. 2 Bde., Berlin 1968/69.

Müller, C.: Grundrisse der Geschichte des preußischen Volksschulwesens. Osterwieck i. Harz 1902.

Müller, D.: „Sozialstruktur und Schulsystem. Forschungsbericht über eine mehrdimensionale Analyse des Schulwesens im 19. Jahrhundert. Modellfall Berlin“. In: Rüegg, W., und Neuloh, O. (Hrsg.): Zur soziologischen Theorie und Analyse des 19. Jahrhunderts. Göttingen 1971, S. 213–237.

Müller, H. H.: „Eine bäuerliche Preisschrift“. In: Jahrbuch für Wirtschaftsgeschichte (1963), Teil IV, S. 244–262.

Müller, H. H.: „Der agrarische Fortschritt und die Bauern in Brandenburg vor den Reformen 1807“. In: Zeitschrift für Geschichtswissenschaft, Bd. 12 (1964), S. 629–648.

Müller, H. H.: „Domänen und Domänenpächter in Brandenburg-Preußen im 18. Jahrhundert“. In: Jahrbuch für Wirtschaftsgeschichte. (1965), Teil IV, S. 152–192.

Müller, H. H.: Märkische Landwirtschaft vor den Agrarreformen von 1807. Entwicklungstendenzen des Ackerbaus in der zweiten Hälfte des 18. Jahrhunderts. Potsdam 1967.

Müller, H. H.: Zu Problemen der Entwicklung der Produktivkräfte in der Landwirtschaft des 18. Jahrhunderts und ihrer Widerspiegelung in den Preisschriften der Preußischen Akademie der Wissenschaften. Agrarökonomische Preisaufgaben und Preisschriften. Versuch, Tendenzen und Überblick. Berlin: ökon. Habilitationsschrift 1969 (hektographiertes Manuskript). (Inzwischen veröffentlicht: Akademie und Wirtschaft im 18. Jahrhundert. Agrarökonomische Preisaufgaben und -schriften der Preußischen Akademie der Wissenschaften. Versuch, Tendenzen, Überblick. Berlin 1975.)

Müller, H. H.: „Einige Aspekte der Viehhaltung im ausgehenden 18. Jahrhundert. Eine Analyse auf Grund von Preisschriften der Preußischen Akademie der Wissenschaften über die Einführung der Stallfütterung aus dem Jahre 1788". In: Jahrbuch für Wirtschaftsgeschichte. (1972 a), Teil III, S. 77–105.

Müller, H. H.: „Wirtschaftshistorische und agrarökonomische Preisaufgaben der Deutschen Akademien der Wissenschaften im 18. Jahrhundert". In: Jahrbuch für Wirtschaftsgeschichte. (1972 b), Teil I, S. 183–206.

Musgrave, P. W.: Technical Change, the Labour Force and Education. A Study of the British and German Iron and Steel Industries 1860–1964. Oxford 1967.

Musgrave, P. W. (Hrsg.): Sociology, History and Education. A Reader. London 1970.

Musgrove, F.: Youth and the Social Order. 2. Aufl., London 1968.

Musgrove, F.: „Population Changes and the Status of the Young". In: Musgrave, P. W. (Hrsg.): Sociology, History and Education. A Reader. London 1970, S. 36–57.

Muth, H.: „‚Bauer' und ‚Bauernstand' im Lexikon des 19. und 20. Jahrhunderts". In: Zeitschrift für Agrargeschichte und Agrarsoziologie, Bd. 16 (1968), S. 72–98.

Neidhardt, F.: Die junge Generation. Opladen 1970.

Neukamm, F.: Wirtschaft und Schule in Württemberg von 1700 bis 1836. Heidelberg 1956.

Nicolai, F.: Das Leben und die Meinungen des Herrn Magisters Sebaldus Nothanker. (Hrsg. von F. Brüggemann.) Darmstadt 1967.

Niethammer, F. J.: Der Streit des Philanthropinismus und Humanismus in der Theorie des Erziehungsunterrichts unserer Zeit. Jena 1808. (Nachdruck in: Niethammer, F. J.: Philanthropinismus – Humanismus. Texte zur Schulreform. Bearbeitet von W. Hillebrecht. Weinheim, Berlin und Basel 1968).

Nipperdey, T.: „Geschichte der Erziehung, allgemeine Geschichte, historische Anthropologie. Bemerkungen zu: Wilhelm Roessler: Die Entstehung des modernen Erziehungswesens in Deutschland (1961)". In: Göttingische Gelehrte Anzeigen 216 (1964), S. 249–272.

Nipperdey, T.: „Volksschule und Revolution im Vormärz". In: Kluxen, K., Mommsen, W. J. (Hrsg.): Politische Ideologien und nationalstaatliche Ordnung. Studien zur Geschichte des 19. und 20. Jahrhunderts. Festschrift für T. Schieder zu seinem 60. Geburtstag. München und Wien 1968, S. 117–142.

Nitschke, A. (Hrsg.): Verhaltenswandel in der Industriellen Revolution. Beiträge zur Sozialgeschichte. Stuttgart, Berlin, Köln und Mainz 1975.

Notbohm, H.: Das evangelische Kirchen- und Schulwesen in Ostpreußen während der Regierung Friedrichs des Großen. Heidelberg 1959.

Nunner-Winkler, G.: „Nachbemerkung zu ‚Intelligenzquotient und Klassenstruktur in den USA' von S. Bowles und H. Gintis". In: Leviathan, Bd. 2 (1974), S. 53–59.

O'Boyle, L.: „Klassische Bildung und soziale Struktur in Deutschland zwischen 1800 und 1848". In: Historische Zeitschrift, Bd. 207 (1968), S. 584–608.

Offe, C.: Strukturprobleme des kapitalistischen Staates. Aufsätze zur Politischen Soziologie. Frankfurt a. M. 1972.

Otten, D.: Kapitalentwicklung und Qualifikationsentwicklung. Zum logischen und historischen Verhältnis von wirtschaftlich-technischer Entwicklung und Ausbildung des Arbeitsvermögens. Berlin 1973.

Parsons, T.: The Social System. New York 1951.

Parsons, T.: „Die Schulklasse als soziales System: Einige ihrer Funktionen in der amerikanischen Gesellschaft". In: Ders.: Sozialstruktur und Persönlichkeit. Frankfurt a. M. 1968, S. 99–139.

Parsons, T.: „Das Problem des Strukturwandels: eine theoretische Skizze". In: Zapf, W. (Hrsg.): Theorien des sozialen Wandels. 3. Aufl., Köln 1971, S. 35–54.

Paulsen, F.: Das deutsche Bildungswesen in seiner geschichtlichen Entwicklung. 3. Aufl., Leipzig 1912.

Paulsen, F.: Geschichte des gelehrten Unterrichts auf den deutschen Schulen und Universitäten vom Ausgang des Mittelalters bis zur Gegenwart. Mit besonderer Rücksicht auf den klassischen Unterricht. 3. und erw. Aufl., 2 Bde., Leipzig 1919/21.

Peisert, H., und Dahrendorf, R.: Der vorzeitige Abgang vom Gymnasium. Villingen 1967 (Bildung in neuer Sicht, Reihe A, Nr. 6).

Pestalozzi, J. H.: „Aufsätze über den Bauern. Aus: Ein Schweizerblatt". In: Buchenau, A., Spranger, E., und Stettbacher, H. (Hrsg.): J. H. Pestalozzi. Sämtliche Werke. Bd. 8, Berlin 1927, S. 47–64 und S. 193–208. Auch abgedruckt in: Flitner, W. (Hrsg.): Pestalozzi. Ausgewählte Schriften. 2. neubearb. Aufl., Düsseldorf 1954, S. 68–92.

Pestalozzi, J. H.: „Über Volksbildung und Industrie". In: Buchenau, A., Spranger, E., und Stettbacher, H. (Hrsg.): J. H. Pestalozzi. Sämtliche Werke. Bd. 18, Berlin 1943, S. 139–163.

Pestalozzi, J. H.: „Elementarbildung zur Industrie". In: Buchenau, A., Spranger, E., und Stettbacher, H. (Hrsg.): J. H. Pestalozzi. Sämtliche Werke. Bd. 20, Zürich 1963, S. 295–303.

Pestalozzi, J. H.: „Ansichten über Industrie, Politik und Erziehung". In: Buchenau, A., Spranger, E., und Stettbacher, H. (Hrsg.): J. H. Pestalozzi. Sämtliche Werke. Bd. 20, Zürich 1963, S. 195–247.

Petersilie, A.: „Zur Statistik der höheren Lehranstalten in Preußen, gleichzeitig ein Beitrag zur Realschulfrage". In: Zeitschrift des königlich preußischen statistischen Bureaus, Bd. 17 (1877), S. 95–119.

Petersilie, A.: Die öffentlichen Volksschulen in Preußen (einschl. Mittel- und höhere Mädchenschulen) und die zur Unterhaltung derselben erforderlichen persönlichen und sächlichen Gesamtaufwendungen im Jahre 1878. (Im Auftrage des Herrn Ministers der geistlichen, Unterrichts- und Medicinalangelegenheiten bearbeitet). (X. Ergänzungsheft zur Zeitschrift des königlich preußischen statistischen Bureaus). Berlin 1882.

Petersilie, A.: „Preußens öffentliche Volksschulen". In: Zeitschrift des königlich preußischen statistischen Bureaus, Bd. 23 (1883), S. 45–89.

Petersilie, A.: „Das Schulgeld". In: Zeitschrift des königlich preußischen statistischen Bureaus, Bd. 26 (1886), S. 191–213.

Petrat, G.: Reifenormen der öffentlichen Schulen Preußens. Eine historisch-systematische Untersuchung. Hamburg: phil. Diss. 1962.

Pfeifer, J. F. von: Lehrbegriff sämtlicher oeconomischer und Cameralwissenschaften. 4 Theile, Mannheim 1776.

Philipp, W.: Das Werden der Aufklärung in theologiegeschichtlicher Sicht. Göttingen 1957.

Philipp, W.: Christus in der Sicht der Aufklärungsepoche. In: Jesus Christus – Das Christusverständnis im Wandel der Zeiten. Eine Ringvorlesung der theologischen Fakultät der Universität Marburg. Marburg 1963.

Philippson, M.: Geschichte des preußischen Staatswesens vom Tode Friedrichs des Großen bis zu den Freiheitskriegen. 2 Bde., Leipzig 1880 ff.

Picht, G.: Die deutsche Bildungskatastrophe. München 1965.

Pinloche, A.: Geschichte des Philanthropinismus. 2. Aufl., Leipzig 1914.

Pollard, S.: „Factory Discipline in the Industrial Revolution". In: Economic History Review, Bd. 16 (1963/64), S. 254–271.

Pollard, S.: The Genesis of Modern Management. A Study of the Industrial Revolution in Great Britain. London 1965.

Pollard, S.: „Die Bildung und Ausbildung der industriellen Klassen Britanniens im 18. Jahrhundert". In: Jahrbuch für Wirtschaftsgeschichte (1966), Teil IV, S. 12–27.

Postlethwaite, T. N.: IEA Leistungsmessung in der Schule. Eine internationale Untersuchung am Beispiel des Mathematikunterrichts. Frankfurt a. M. 1968.

Preuß, O.: Soziale Herkunft und die Ungleichheit der Bildungschancen. Eine Untersuchung über das Eignungsurteil des Grundschullehrers. Weinheim 1969.

Proesler, H.: Das gesamtdeutsche Handwerk im Spiegel der Reichsgesetzgebung von 1530 bis 1806. Berlin 1954.

Quaritsch, H.: Staat und Souveränität. Bd. 1, Frankfurt a. M. 1970.

Rang, A.: Der politische Pestalozzi. Frankfurt a. M. 1967.

Redlich, F.: „Frühindustrielle Unternehmer und ihre Probleme im Lichte ihrer Selbstzeugnisse". In: Fischer, W. (Hrsg.): Wirtschafts- und sozialgeschichtliche Probleme der frühen Industrialisierung. Berlin 1968, S. 339–412.

Reicke, E.: Die Schulreorganisation Friedrich Wilhelms I. in den samländischen Hauptämtern Fischhausen und Schaaken. Königsberg: phil. Diss. 1910.

„Religionsbekenntnis und Schulbildung der Bevölkerung des preußischen Staates". In: Zeitschrift des königlich preußischen statistischen Bureaus, Bd. 14 (1874), S. 143–152.

Resewitz, F. G.: Die Erziehung des Bürgers zum Gebrauch des gesunden Verstandes und zur gemeinnützigen Geschäftigkeit. Kopenhagen 1773.

Reuß, A.: Die Industrieschulen um die Wende des 18. Jahrhundert. Frankfurt a. M.: phil. Diss. 1926.

Ricardo, D.: Über die Grundsätze der politischen Ökonomie und der Besteuerung. Übersetzt und mit einer Einleitung versehen von G. Bondi. Berlin 1959.

Riedel, A. F.: „Übersicht der Einrichtungen, welche König Friedrich II. für das Gedeihen des landwirtschaftlichen Gewerbes in der Mark Brandenburg getroffen". In: Märkische Forschungen, Bd. 2 (1843), S. 135–176.

Riedel, A. F.: Der Brandenburgisch-Preußische Staatshaushalt in den beiden letzten Jahrhunderten. Berlin 1966.

Riedel, M.: „Bürger, Staatsbürger, Bürgertum". In: Brunner, O., Conze, W., und Koselleck, R. (Hrsg.): Geschichtliche Grundbegriffe. Historisches Lexikon zur politisch-sozialen Sprache in Deutschland. Bd. 1, Stuttgart 1972, S. 672–725.

Riedel, M.: „Bürgerliche Gesellschaft". In: Brunner, O., Conze, W., und Koselleck, R. (Hrsg.): Geschichtliche Grundbegriffe. Historisches Lexikon zur politisch-sozialen Sprache in Deutschland. Bd. 2, Stuttgart 1975, S. 719–800.

Riemann, C. F.: Versuch einer Beschreibung der Reckanschen Schuleinrichtung. Berlin und Stettin 1781.

Riemann, C. F.: Beschreibung der Reckanschen Schule. Dritte, ganz umgearbeitete und mit durchgängigen Erläuterungen, praktischen Anweisungen und Beyspielen für Lehrer in niedern Bürger- und Landschulen, vermehrte Ausgabe. Berlin und Stettin 1798.

Ritter, H.: Die pädagogischen Strömungen im letzten Drittel des 18. Jahrhunderts in den gleichzeitigen deutschen pädagogischen Romanen und romanhaften Darstellungen. Halle: phil. Diss. 1938.

Rittershausen, D.: Beiträge zur Geschichte des Berliner Elementarschulwesens. Berlin 1864 (Märkische Forschungen, Bd. 9).

Robinsohn, S. B., u. a.: Schulreform im gesellschaftlichen Prozeß. Bd. 1, Stuttgart 1970.

Rochow, F. E. von: Versuch über Armen-Anstalten und Abschaffung aller Betteley. Berlin 1789.

F. E. v. Rochows Sämtliche pädagogische Schriften. (Hrsg. von F. Jonas und F. Wienecke). 4 Bde., Berlin 1907–1910.

Roeder, P. M.: Zur Geschichte und Kritik des Lesebuchs der höheren Schule. Weinheim 1961.

Roeder, P. M.: „Gemeindeschulen in Staatshand. Zur Schulpolitik des Preußischen Abgeordnetenhauses". In: Zeitschrift für Pädagogik, Bd. 12 (1966), S. 539–569.

Roeder, P. M.: Erziehung und Gesellschaft. Ein Beitrag zur Problemgeschichte unter besonderer Berücksichtigung des Werkes von Lorenz von Stein. Weinheim 1968.

Roeder, P. M., Pasdzierny, A., und Wolf, W.: Sozialstatus und Schulerfolg. Heidelberg 1965.

Rönne, L. von: Das Unterrichtswesen des preußischen Staates; eine Sammlung aller gesetzlichen Bestimmungen. 2 Bde., Berlin 1855.

Roessler, W.: „Die Entstehung der Realschule innerhalb des modernen Erziehungswesens". In: Derbolav, J. (Hrsg.): Wesen und Werden der Realschule. Bonn 1960, S. 43–80.

Roessler, W.: Die Entstehung des modernen Erziehungswesens in Deutschland. Stuttgart 1961.

Rolff, H. G.: Sozialisation und Auslese durch die Schule. (Fünfte überarb. und erw. Aufl.). Heidelberg 1972.

Rosenberg, H.: Bureaucracy, Aristocracy and Autocracy. The Prussian Experience 1660–1815. Boston 1966.

Rosenberg, H.: Große Depression und Bismarckzeit. Wirtschaftsablauf, Gesellschaft und Politik in Mitteleuropa. Berlin 1967.

Rosenberg, H.: „Deutsche Agrargeschichte in alter und neuer Sicht". In: Ders.: Probleme der deutschen Sozialgeschichte. Frankfurt a. M. 1969, S. 81–147.

Rosenberg, H.: „Die Pseudodemokratisierung der Rittergutsbesitzerklasse". In: Wehler, H. U. (Hrsg.): Moderne deutsche Sozialgeschichte. Köln 1973, S. 287–308.

Rosenberg, H.: „Die Überwindung der monarchischen Autokratie". In: Aretin, K. O. Freiherr von (Hrsg.): Der aufgeklärte Absolutismus. Köln 1974, S. 182–204.

Roth, G.: „Die kulturellen Bestrebungen der Sozialdemokratie im kaiserlichen Deutschland". In: Wehler, H. U. (Hrsg.): Moderne deutsche Sozialgeschichte. Köln 1973, S. 342–365.

Rubner, H.: „Forstwirtschaft und Industrialisierung (besonders in Frankreich)". In: Fischer, W. (Hrsg.): Wirtschafts- und sozialgeschichtliche Probleme der frühen Industrialisierung. Berlin 1968, S. 449–476.

Rückriem, G. M.: „Der politische Pestalozzi – progressiv oder konservativ? Eine Auseinandersetzung mit A. Rang". In: Froese, L., u. a.: Zur Diskussion: Der politische Pestalozzi. Weinheim 1972, S. 21–61.

Saalfeld, D.: „Die Bedeutung des Getreides für die Haushaltsausgaben städtischer Verbraucher in der zweiten Hälfte des 18. Jahrhunderts". In: Landwirtschaft und ländliche Gesellschaft in Geschichte und Gegenwart. Festschrift für W. Abel. Göttingen 1964, S. 26–38.

Saalfeld, D.: „Die Produktion und Intensität der Landwirtschaft in Deutschland und angrenzenden Gebieten um 1800". In: Zeitschrift für Agrargeschichte und Agrarsoziologie, Bd. 15 (1967), S. 137–175.

Saalfeld, D.: „Handwerkereinkommen in Deutschland vom ausgehenden 18. bis zur Mitte des 19. Jahrhunderts. Ein Beitrag zur Bewertung von Handwerkerlöhnen in der Übergangsperiode zum industriellen Zeitalter". In: Abel, W., u. a.: Handwerksgeschichte in neuer Sicht. Göttingen 1970, S. 65–115.

Saalfeld, D.: „Lebensstandard in Deutschland 1750–1860. Einkommensverhältnisse und Lebenshaltungskosten städtischer Populationen in der Übergangsperiode zum Industriezeitalter". In: Bog, I., u. a. (Hrsg.): Wirtschaftliche und soziale Strukturen im Wandel. Festschrift für W. Abel zum 70. Geburtstag. Bd. 2, Hannover 1974, S. 417–443.

Sack, E.: Die preußische Schule im Dienste gegen die Freiheit. Schulpolitische Kampfschriften. (Ausgewählt, eingeleitet und erläutert von K. H. Günther.) Berlin 1961.

Sack, F. S. G.: Über die Verbesserung des Landschulwesens, vornehmlich in der Churmark Brandenburg. Berlin 1799.

Sander, T., Rolff, H. G., und Winkler, G.: Die demokratische Leistungsschule. Berlin 1967.

Sauder, G.: „‚Verhältnismäßige Aufklärung'. Zur bürgerlichen Ideologie am Ende des 18. Jahrhunderts". In: Jahrbuch der Jean-Paul-Gesellschaft, Bd. 9 (München 1974), S. 102–126.

Sauer, B.: Aus dem Leben eines märkisch-pommerschen Dorfschullehrers um 1800. Marburg 1970.

Schäfer, R.: „Die gesellschaftliche Bedingtheit des Fibelinhalts. Ein Beitrag zur Geschichte des Erstlesebuchs". In: Jahrbuch für Erziehungs- und Schulgeschichte, Bd. 8 (1968), S. 3–71; Bd. 9 (1969), S. 3–113; Bd. 11 (1971), S. 69–180.

Schäffer, T.: „Das Ausbildungssystem in Deutschland in der 1. Hälfte des 19. Jahrhunderts". In: Altvater, E., und Huisken, F. (Hrsg.): Materialien zur politischen Ökonomie des Ausbildungssektors. Erlangen 1971, S. 101–112.

Scheveling, J.: Johann Ignaz Felbiger. Sein Leben und sein Werk. Paderborn 1958.

Schlez, J. F.: Gregorius Schlaghart und Lorenz Richard oder die Dorfschulen zu Langenhausen und Traubenheim. Ein Erbauungsbuch für Landschullehrer. Nürnberg 1795. Neudruck des kritischen Teils: Leipzig 1890.

Schlögel, A.: Bayrische Agrargeschichte. München 1954.
Schmid, K. A. (Hrsg.): Encyclopädie des gesammten Erziehungs- und Unterrichtswesens. 10 Bde., Gotha 1859–1875.
Schmidt, R.: Volksschule und Volksschulbau von den Anfängen des niederen Schulwesens bis in die Gegenwart. Wiesbaden 1967.
Schmoller, G.: Zur Geschichte der deutschen Kleingewerbe im 19. Jahrhundert. Halle 1870.
Schmoller, G.: „Die Verwaltung Ostpreußens unter Friedrich Wilhelm I.". In: Historische Zeitschrift, Bd. 30 (1873), S. 40–71.
Schmoller, G.: „Das untere und mittlere gewerbliche Schulwesen in Preußen (1881)". In: Ders.: Zur Sozial- und Gewerbepolitik der Gegenwart. Leipzig 1890, S. 247–276.
Schmoller, G.: „Die preußische Einwanderung und ländliche Kolonisation des 17. und 18. Jahrhunderts". In: Ders.: Umrisse und Untersuchungen zur Verfassungs-, Verwaltungs- und Wirtschaftsgeschichte besonders des Preußischen Staates im 17. und 18. Jahrhundert. Leipzig 1898 a, S. 562–627.
Schmoller, G.: „Die Epochen der preußischen Finanzpolitik bis zur Gründung des Deutschen Reiches". In: Ders.: Umrisse und Untersuchungen zur Verfassungs-, Verwaltungs- und Wirtschaftsgeschichte besonders des Preußischen Staates im 17. und 18. Jahrhundert. Leipzig 1898 b, S. 104–246.
Schmoller, G.: „Das brandenburgisch-preußische Innungswesen von 1640–1806". In: Ders.: Umrisse und Untersuchungen zur Verfassungs-, Verwaltungs- und Wirtschaftsgeschichte besonders des Preußischen Staates im 17. und 18. Jahrhundert. Leipzig 1898 c, S. 314–456.
Schmoller, G., Umrisse und Untersuchungen zur Verfassungs-, Verwaltungs- und Wirtschaftsgeschichte besonders des Preußischen Staates im 17. und 18. Jahrhundert. Leipzig 1898 d.
Schmoller, G.: „Die Tatsachen der Lohnbewegung in Geschichte und Gegenwart". In: Schmollers Jahrbuch für Wirtschafts- und Sozialwissenschaften, Bd. 38 (1914), S. 1–32.
Schmoller, G.: Preußische Verfassungs-, Verwaltungs- und Finanzgeschichte. Berlin 1921.
Schmoller, G., und Hintze, O. (Hrsg.): „Die preußische Seidenindustrie im 18. Jahrhundert und ihre Begründung durch Friedrich den Großen". In: Acta Borussica. Denkmäler der preußischen Staatsverwaltung im 18. Jahrhundert. Hrsg. von der Königlichen Akademie der Wissenschaften. Die einzelnen Gebiete der Verwaltung. 3 Bde., Berlin 1892.
Schöffler, H.: Protestantismus und Literatur. Neue Wege der englischen Literatur des 18. Jahrhunderts. Göttingen 1958.
Schöffler, H.: Deutscher Geist im 18. Jahrhundert. Essays zur Geistes- und Religionsgeschichte (hrsg. v. G. von Selle). 2. Aufl., Göttingen 1967.
Scholder, K.: „Grundzüge der theologischen Aufklärung in Deutschland". In: Geist und Geschichte der Reformation. Festgabe Hanns Rückert zum 65. Geburtstag. Dargebracht von Freunden, Kollegen und Schülern. Berlin 1966, S. 460–486.
Schröder-Lembcke, G.: Die Einführung des Kleebaues in Deutschland vor dem Auftreten Schubarts von dem Kleefelde. Berlin 1954.
Schröder-Lembcke, G.: „Johann Christian Schubart, Edler von Kleefeld (1734 bis 1787)". In: Franz, G., und Haushofer, H. (Hrsg.): Große Landwirte. Frankfurt a. M., o. J. (1970), S. 48–58.

Schubart, J. C.: Ökonomischer Briefwechsel. Leipzig 1786.

Schultze, J.: „Hans Rudolf von Bischoffswerder". In: Ders.: Forschungen zur brandenburgischen und preußischen Geschichte. Ausgewählte Aufsätze. Berlin 1964 a, S. 266–286.

Schultze, J.: „Die Märkische Ökonomische Gesellschaft". In: Ders.: Forschungen zur brandenburgischen und preußischen Geschichte. Ausgewählte Aufsätze. Berlin 1964 b, S. 231–239.

Schultze, J.: „Die Rosenkreuzer und Friedrich Wilhelm II.". In: Ders.: Forschungen zur brandenburgischen und preußischen Geschichte. Ausgewählte Aufsätze. Berlin 1964 c, S. 240–265.

„Über das Schulwesen in der Kurmark. Zwei Berichte des Kurmärkischen Oberkonsistoriums als Provinzial-Schulkollegium". In: Annalen des Preußischen Schul- und Kirchenwesens (hrsg. von F. Gedike), Bd. 1, Berlin 1800, S. 1–38.

Schulze, W.: „Kinderarbeit und Erziehungsfragen in Preußen zu Beginn des 19. Jahrhunderts". In: Soziale Welt, Bd. 9 (1958), S. 299–309.

Schwartz, P.: Die neumärkischen Schulen am Ausgang des 18. und am Anfang des 19. Jahrhunderts. Landsberg 1905.

Schwartz, P.: „Die Schulen der Provinz Westpreußen unter dem Oberschulkollegium 1787–1806". In: Zeitschrift für Geschichte der Erziehung und des Unterrichts, Bd. 16 (1926), S. 51–123.

Schwartz, P.: „Die Schulen der Provinz Ostpreußen unter dem Oberschulkollegium 1787–1806". In: Zeitschrift für Geschichte der Erziehung und des Unterrichts, Bd. 20 (1930), S. 54–78.

Schweim, L. (Hrsg.): Schulreform in Preußen 1809–1819. Entwürfe und Gutachten. Weinheim 1966.

Scuola di Barbiana: Die Schülerschule. Brief an eine Lehrerin. Berlin 1970.

Sée, H.: Französische Wirtschaftsgeschichte. 2 Bde., Jena 1930, 1936.

Sextro(h), H. P.: Über die Bildung der Jugend zur Industrie. Ein Fragment. Göttingen 1785. (Nachdruck: Hrsg. von H. J. Heydorn und G. Koneffke. Mit einer Einleitung von G. Koneffke. Frankfurt a. M. 1968.)

Seyfarth, C., und Sprondel, W. (Hrsg.): Seminar: Religion und gesellschaftliche Entwicklung. Studien zur Protestantismus-Kapitalismus-These Max Webers. Frankfurt a. M. 1973.

Silberman, C. E.: Crisis in the Classroom. New York 1970.

Skalweit, A.: Die ostpreußische Domänenverwaltung unter Friedrich Wilhelm I. und das Retablissement Litauens. Leipzig 1906.

Skalweit, A.: Das Dorfhandwerk vor Aufhebung des Städtezwanges. Frankfurt a. M. 1942.

Skalweit, A.: „Die Getreidehandelspolitik und Kriegsmagazinverwaltung Preußens 1756–1806". In: Acta Borussica. Denkmäler der preußischen Staatsverwaltung im 18. Jahrhundert. Hrsg. von der Königlichen Akademie der Wissenschaften. Die einzelnen Gebiete der Verwaltung. Die Getreidehandelspolitik. Bd. 4, Berlin 1931.

Skalweit, A.: „Vom Werdegang des Dorfhandwerks". In: Zeitschrift für Agrargeschichte und Agrarsoziologie, Bd. 2 (1954), S. 1–17.

Snethlage, B. M.: Über den gegenwärtigen Zustand der niedern Schulen und ihre zweckmäßigere Einrichtung nebst einigen Bemerkungen über Aufklärung in Rücksicht der Bestimmung der Grenzen derselben für die niedern Schulen. Münster 1798.

Sombart, W.: Der moderne Kapitalismus. Historisch-systematische Darstellung des gesamteuropäischen Wirtschaftslebens von seinen Anfängen bis zur Gegenwart. 3 Bde., 4. Aufl., Berlin 1921–1927.

Sonnenfels, J. von: Die Grundsätze der Policey, Handlung und Finanzwissenschaft. Wien 1765 ff.

Statistisches Handbuch für den preußischen Staat. Bd. 2, Berlin 1893.

Statistisches Handbuch für den preußischen Staat. 2. Aufl., Neuwied 1965.

Statistisches Jahrbuch für den Freistaat Preußen 1932. Berlin 1932.

Statistisches Jahrbuch für den preußischen Staat 1912. Berlin 1913.

Statistische Nachrichten über das Elementarschulwesen in Preußen für die Jahre 1859 bis 1861. Veröffentlicht vom Königlich preußischen Ministerium der Unterrichtsangelegenheiten. Berlin 1864.

Spranger, E.: Zur Geschichte der deutschen Volksschule. Heidelberg 1949.

Stein, L. von: Die Verwaltungslehre 5. Teil. Die innere Verwaltung. 2. Hauptgebiet. Das Bildungswesen. 3 Teile. 2. neu bearb. Aufl., Stuttgart 1883/84.

Steiner, G.: Franz Heinrich Ziegenhagen und seine Verhältnislehre. Ein Beitrag zur Geschichte des utopischen Sozialismus in Deutschland. Berlin 1962.

Steinkamp, A.: Stadt- und Landhandwerk in Schaumburg-Lippe im 18. und beginnenden 19. Jahrhundert. Rinteln 1970.

Sterne, L.: Leben und Meinungen des Tristram Shandy. Frankfurt a. M. 1962.

Stöcklein, A.: Leitbilder der Technik. Biblische Tradition und technischer Fortschritt. München 1969.

Stratmann, K.: Die Krise der Berufserziehung im 18. Jahrhundert als Ursprungsfeld pädagogischen Denkens. Ratingen 1967.

Stratmann, K.: Quellen zur Geschichte der Berufserziehung. Wuppertal, Ratingen und Düsseldorf 1969.

Strzelewicz, W., Raapke, H. W., und Schulenberg, W.: Bildung und gesellschaftliches Bewußtsein. Stuttgart 1966.

Stuke, H.: „Aufklärung". In: Brunner, O., Conze, W., und Koselleck, R. (Hrsg.): Geschichtliche Grundbegriffe. Historisches Lexikon zur politisch-sozialen Sprache in Deutschland. Bd. 1, Stuttgart 1972, S. 243–342.

Süßmilch, J. P.: Die göttliche Ordnung in den Veränderungen des menschlichen Geschlechts, aus der Geburt, dem Tode und der Fortpflanzung desselben erwiesen. 4. verb. Aufl., Berlin 1775.

Terveen, F.: Gesamtstaat und Retablissement. Der Wiederaufbau des nördlichen Ostpreußen unter Friedrich Wilhelm I. 1714–1740. Göttingen 1954.

Teuteberg, H. J., und Wiegelmann, G.: Der Wandel der Nahrungsgewohnheiten unter dem Einfluß der Industrialisierung. Göttingen 1972.

Teuteberg, H. J.: „Zur Frage des Wandels der deutschen Volksernährung durch die Industrialisierung". In: Braun, R., u. a. (Hrsg.): Gesellschaft in der industriellen Revolution. Köln 1973, S. 321–339.

Tews, J.: Ein Jahrhundert preußischer Schulgeschichte. Leipzig 1914.

Thaer, A.: Einleitung zur Kenntnis der englischen Landwirtschaft und ihrer praktischen und theoretischen Fortschritte in Rücksicht auf Vervollkommnung deutscher Landwirtschaft für denkende Landwirte und Kameralisten. 3 Bde., 2. Aufl., Berlin 1801.

Thaer, A.: Geschichte meiner Wirtschaft zu Möglin. Nebst einer Nachricht von dem Zweck und der jetzigen Einrichtung des landwirtschaftlichen Unterrichts-Instituts. Berlin und Wien 1815.

Thiele, G.: Die Organisation des Volksschul- und Seminarwesens in Preußen 1809–1819. Leipzig 1912.

Thilo, W.: Preußisches Volksschulwesen nach Geschichte und Statistik. Gotha 1867.

Thilo, W.: „F. E. von Rochow". In: Schmid, K. A. (Hrsg.): Encyclopädie des gesamten Erziehungs- und Unterrichtswesens. Bd. 7, Gotha 1869, S. 203–218.

Thompson, E.: „Zeit, Arbeitsdisziplin und Industriekapitalismus". In: Braun, R., u. a.: Gesellschaft in der industriellen Revolution. Köln 1973, S. 81–112.

Thünen, J. H. von: Der isolierte Staat in Beziehung auf Landwirtschaft und Nationalökonomie. Neudruck nach der „Ausgabe letzter Hand". Jena 1910.

Titze, H.: Die Politisierung der Erziehung. Untersuchungen über die soziale und politische Funktion der Erziehung von der Aufklärung bis zum Hochkapitalismus. Frankfurt a. M. 1973.

Treue, W.: Wirtschaft, Gesellschaft und Technik vom 16. bis zum 18. Jahrhundert. München 1974.

Treue, W.: Wirtschaftsgeschichte der Neuzeit. 3. erw. Aufl., Stuttgart 1973.

Trost, F.: Die Göttingische Industrieschule. Berlin 1930.

Ulbrecht, G.: „Die Industrieschulen der Kurmark". In: Zeitschrift für Geschichte der Erziehung und des Unterrichts, Bd. 1 (1911), S. 86–95.

Vahlbruch, K.: Das soziale Lebenswerk F. E. von Rochows. Langensalza 1928.

Verein für Socialpolitik (Hrsg.): Die Einwirkung der Organisation unserer höheren und mittleren Schulen auf das soziale Leben und die Erwerbstätigkeit der Nation. Protokoll von der Generalversammlung des Vereins für Socialpolitik, 1884. Leipzig 1884. (Schriften des Vereins für Socialpolitik, Bd. 28.)

Vernon, P. E.: Intelligence and Attainment Tests. London 1962.

Vetter, K.: „Die soziale Struktur brandenburgischer Kleinstädte im 18. Jahrhundert, untersucht am Beispiel der landesherrlichen Mediatstädte des ehemaligen kurmärkischen Kreises Lebus". In: Jahrbuch für Wirtschaftsgeschichte. (1969), Teil II, S. 225–263.

Vierhaus, R.: „Ständewesen und Staatsverwaltung in Deutschland im späteren 18. Jahrhundert". In: Vierhaus, R., und Botzenhart, M. (Hrsg.): Dauer und Wandel der Geschichte. Festgabe für K. von Raumer. Münster 1966, S. 337–360.

Vierhaus, R. (Hrsg.): Der Adel vor der Revolution. Göttingen 1971.

Vierhaus, R.: „Bildung". In: Brunner, O., Conze, W., und Koselleck, R. (Hrsg.): Geschichtliche Grundbegriffe. Historisches Lexikon zur politisch-sozialen Sprache in Deutschland. Bd. 1, Stuttgart 1972, S. 508–551.

Vogler, G.: Zur Geschichte der Weber und Spinner von Nowawes 1751–1785. Potsdam 1965.

Voigt, B.: Bildungspolitik und politische Erziehung in den Klassenkämpfen. Frankfurt a. M. 1973.

„Das gesamte Volksschulwesen im preußischen Staate im Jahre 1891". Im Auftrage des Herrn Ministers der geistlichen, Unterrichts- und Medicinal-Angelegenheiten bearb. vom Königlichen Statistischen Bureau. In: Preußische Statistik, H. 120, Teil I, Berlin 1893.

„Das gesamte Volksschulwesen im preußischen Staate im Jahre 1911". Im Auftrage des Herrn Ministers der geistlichen, Unterrichts- und Medicinal-Angelegenheiten bearb. vom Königlichen Statistischen Bureau. In: Preußische Statistik, H. 23, Teil I, Berlin 1913.

Vollmer, F.: Friedrich Wilhelm I. und die Volksschule. Göttingen 1909.

Vollmer, F.: Die preußische Volksschulpolitik unter Friedrich dem Großen. Berlin 1918.

Vormbaum, R.: Evangelische Schulordnungen des 16., 17. und 18. Jahrhunderts. Gütersloh 1860–1864.

Wagemann, A.: Über die Bildung des Volkes zur Industrie. Göttingen 1791. (Nachdruck: Hrsg. von H. J. Heydorn und G. Koneffke. Mit einer Einleitung von G. Koneffke. Glashütten im Taunus 1971.)

Wagemann, L. G. (Hrsg.): Göttingisches Magazin für Industrie und Armenpflege. 5 Bde., Göttingen 1788 ff.

Wallner, J.: „Das Großsche Projekt einer Mittelstandsschule und dessen Behandlung in der Steiermark. Ein Beitrag zur Geschichte der Schulreformbestrebungen in Österreich um die Mitte des 18. Jahrhunderts". In: Beiträge zur österreichischen Erziehungs- und Schulgeschichte. (Hrsg. von der österreichischen Gruppe der Gesellschaft für deutsche Erziehungs- und Schulgeschichte.) H. 11, Wien und Leipzig 1909, S. 60–106.

Weber, M.: Die protestantische Ethik. Eine Aufsatzsammlung. München und Hamburg 1965.

Wehler, H.-U.: „Die Polenpolitik im Deutschen Kaiserreich 1871–1918". In: Kluxen, K., und Mommsen, W. J. (Hrsg.): Politische Ideologien und Nationalstaatliche Ordnung. Studien zur Geschichte des 19. und 20. Jahrhunderts. Festschrift für T. Schieder zu seinem 60. Geburtstag. München und Wien 1968, S. 297–316. Auch abgedruckt in: Böckenförde, E. W. (Hrsg.): Moderne deutsche Verfassungsgeschichte (1815–1918). Köln 1972, S. 106–124.

Wehler, H.-U.: Bismarck und der Imperialismus. Köln und Berlin 1969.

Wehler, H.-U. (Hrsg.): Moderne deutsche Sozialgeschichte. 4. Aufl., Köln 1973.

Wehrmann, V.: Die Aufklärung in Lippe. Ihre Bedeutung für Politik, Schule und Geistesleben. Detmold 1972.

Weigel, E.: Extractio Radicis, oder Würtzl-Zug des so schlechten Christenstaats / samt einer Rolle von 45 Lastern / welche in gemeinen Schule unseren Kindern angewehnet werden. Nechst Andeutung einer bessern Lehr-Art so genannter Tugend-Schul. Und mit dem Anhang des Beweises / daß die ersten Christen anders / als bißher geschehen / ihre Kinder informiret haben. Jena 1689.

Weigl, E.: Zwischen Aufklärung und Skeptizismus. Der junge Jean Paul (Arbeitstitel). (Unveröffentlichtes Manuskript.)

Wenzel, F.: „Sicherung von Massenloyalität und Qualifikation der Arbeitskraft als Aufgabe der Volksschule". In: Hartmann, K., Nyssen, F., und Waldeyer, G. (Hrsg.): Schule und Staat im 18. und 19. Jahrhundert. Zur Sozialgeschichte der Schule in Deutschland. Frankfurt a. M. 1974, S. 323–386.

Werres, W.: Die sozialgeschichtliche Begründung der modernen Landschule in Deutschland. Münster: phil. Diss. 1965.

Wessenberg, J. H. von: Die Elementarbildung des Volkes in ihrer fortschreitenden Ausdehnung und Entwicklung. Neue, ganz umgearbeitete und doppelt vermehrte Auflage. Constanz 1835.

West, E. G.: Economics, Education, and the Politician. Hobart Paper 42. 1968.

Weyermann, M.: Zur Geschichte des Immobiliarkreditwesens in Preußen. Karlsruhe 1910.

Wienecke, F.: Das preußische Garnisonsschulwesen. Berlin 1907 (Beihefte zu den Mitteilungen der Gesellschaft für deutsche Erziehungs- und Schulgeschichte, H. 14).

Wienecke, F.: „Die Begründung der evangelischen Volksschule in der Kurmark und ihre Entwicklung bis zum Tode König Friedrichs I. 1540–1713“. In: Zeitschrift für Geschichte der Erziehung und des Unterrichts, Bd. 3 (1913), S. 16–69.

Wienecke, F.: „Die Einführung der Pestalozzischen Methode in die Schulen der Kurmark (1809–16)“. In: Zeitschrift für Geschichte der Erziehung und des Unterrichts, Bd. 5 (1915), S. 168–201.

Wiese, L. (Hrsg.): Das höhere Schulwesen in Preußen. Historisch-statistische Darstellung im Auftrage des Ministeriums der geistlichen, Unterrichts- und Medicinal-Angelegenheiten. 4 Bde., Berlin 1864 ff.

Winkel, H.: „Kapitalquellen und Kapitalverwendung am Vorabend des industriellen Aufschwungs in Deutschland“. In: Schmollers Jahrbuch für Wirtschafts- und Sozialwissenschaften, Bd. 90 (1970), 1. Halbband, S. 275–301.

Winkel, H.: „Höhe und Verwendung des im Rahmen der Grundlastenablösung bei Standes- und Grundherren angefallenen Ablösungskapitals“. In: Fischer, W. (Hrsg.): Beiträge zu Wirtschaftswachstum und Wirtschaftsstruktur im 16. und 19. Jahrhundert. Berlin 1971, S. 83–99.

Winkler, H. A.: „Der rückversicherte Mittelstand: Die Interessenverbände von Handwerk und Kleinhandel im deutschen Kaiserreich“. In: Rüegg, W., und Neuloh, O. (Hrsg.): Zur soziologischen Theorie und Analyse des 19. Jahrhunderts. Göttingen 1971, S. 163–179.

Wissell, R.: Des alten Handwerks Recht und Gewohnheit. 2 Bde., 2. erw. und bearb. Aufl. (Hrsg. von E. Schraepler), Berlin 1971/1974.

Witt, P. C.: „Finanzpolitik und sozialer Wandel. Wachstum und Funktionswandel der Staatsausgaben in Deutschland, 1871–1933“. In: Wehler, H.-U. (Hrsg.): Sozialgeschichte Heute. Festschrift für H. Rosenberg zum 70. Geburtstag. Göttingen 1974, S. 565–574.

Wittmann, R.: „Der lesende Landmann. Zur Rezeption aufklärerischer Bemühungen durch die bäuerliche Bevölkerung im 18. Jahrhundert“. In: Berindei, D., u. a. (Hrsg.): Der Bauer Mittel- und Osteuropas im sozio-ökonomischen Wandel des 18. und 19. Jahrhunderts. Beiträge zu seiner Lage und deren Widerspiegelung in der zeitgenössischen Publizistik und Literatur. Köln und Wien 1973, S. 142–196.

Wolfle, D.: Wie kann ein Land seine Begabungen besser nutzen? In: OECD (Hrsg.): Begabung und Bildungschancen. (Deutsche Ausgabe hrsg. und eingeleitet von H. P. Widmaier.) Frankfurt a. M. 1967, S. 19–37.

Zenke, K. G.: Pädagogik-kritische Instanz der Bildungspolitik? Zur technischen und emanzipatorischen Relevanz der Erziehungswissenschaft. München 1972.

Ziekursch, J.: Hundert Jahre schlesischer Agrargeschichte. Vom Hubertusburger Frieden bis zum Abschluß der Bauernbefreiung. 2. vermehrte und verb. Aufl., Breslau 1927.

Zimmermann, A.: Blüte und Verfall des Leinengewerbes in Schlesien. Breslau 1885.

Zorn, W.: „Gewerbe und Handel 1648–1800“. In: Aubin, H., und Zorn, W. (Hrsg.): Handbuch der deutschen Wirtschafts- und Sozialgeschichte. Bd. 1, Stuttgart 1971 a, S. 531–573.

Zorn, W.: „Sozialgeschichte 1648–1800“. In: Aubin, H., und Zorn, W. (Hrsg.): Handbuch der deutschen Wirtschafts- und Sozialgeschichte. Bd. 1, Stuttgart 1971 b, S. 574–607.

Bitte beachten Sie
auch die folgenden Seiten

Joy Chant

Roter Mond und Schwarzer Berg

Ullstein Buch 39034

Die drei jugendlichen Helden in Joy Chants märchenhaft-phantastischem Erstlingsroman geraten bei einem Wochenendausflug durch überirdische Kräfte unversehens in das »Land des Sternenlichts«. Sie haben in dieser Phantasiewelt, die, vom berühmten Tolkien inspiriert, durch Könige und Zauberer, Hexen, Prinzessinnen, Krieger und wilde Tiere bevölkert wird, aufregende Abenteuer zu bestehen.

Klett-Cotta im
Ullstein Taschenbuch

J. R. R. Tolkien

Die Briefe vom Weihnachtsmann

Ullstein Buch 39024

Klett-Cotta im Ullstein Taschenbuch

Auch als Weihnachtsmann hat J. R. R. Tolkien Meriten, denn als dieser hat er jahrelang, von 1925 bis 1938, seinen vier Kindern weihnachtliche Privatbriefe vom Nordpol geschrieben. Sie waren mit W. M. signiert, mit phantasievollen Zeichnungen ausgeschmückt und mit Briefmarken der Nordpolpost ordnungsgemäß frankiert. Meist gibt er in ihnen kauzige Berichte über den vorweihnachtlichen Hochbetrieb am Nordpol und macht seinem Ärger über böse Kobolde und sonstige Quälgeister Luft. Kein Wunder, daß bei all diesen Aufregungen die Schrift vom Weihnachtsmann ganz zittrig ist.

Die Hobbit Presse bei Klett-Cotta:

Gustavo Adolfo Bécquer: Die grünen Augen
230 Seiten, kart. im Schuber, ISBN 3-12-900541-2

Peter S. Beagle: He! Rebeck!
376 Seiten, kart. im Schuber, ISBN 3-12-900621-4

Peter S. Beagle: Das letzte Einhorn
Von Heinz Edelmann völlig neu gestaltete Ausgabe
183 Seiten, engl. brosch., ISBN 3-12-900571-4

Dahlov Ipcar: Der Ruf ins andere Land
297 Seiten, kart. im Schuber, ISBN 3-12-903621-0

Nikolai Gogol: Abende auf dem Weiler bei Dikanka
327 Seiten, kart. im Schuber, ISBN 3-12-902961-3

Colin Andrew McLaren: Rattus Rex
256 Seiten, kart. im Schuber, ISBN 3-12-905541-X

Henri Bosco: Der Esel mit der Samthose
250 Seiten, kart. im Schuber, ISBN 3-12-900591-9

W. H. Hudson: Das Vogelmädchen
364 Seiten, kart. im Schuber, ISBN 3-12-903780-2

Peter Marginter: Der Baron und die Fische
360 Seiten, kart. im Schuber, ISBN 3-12-905581-9

Ueda Akinari: Unter dem Regenmond
170 Seiten, engl. brosch., ISBN 3-12-900460-2

H. P. Lovecraft: Die Traumfahrt zum unbekannten Kadath
208 Seiten, engl. brosch., ISBN 3-12-904930-4

Evangeline Walton: Die vier Zweige des Mabinogi
1100 Seiten in zwei Bänden, kart. im Schuber, ISBN 3-12-908540-8

Ariano Suassuna: Der Stein des Reiches
916 Seiten, 2 Bände, kart. im Schuber, ISBN 3-12-907520-8

J. R. R. Tolkien: Der Herr der Ringe

Normalausgabe
mit den »Anhängen«. Neu gestaltet von Heinz Edelmann.
Drei Bände, Leinen mit SU, zusammen 1397 Seiten,
ISBN 3-12-907921-1 · ISBN 3-12-907931-9 · ISBN 3-12-907941-6

Luxusausgabe
Drei Bände, Halbleder, zusammen 1397 Seiten,
ISBN 3-12-907981-5

Wohlfeile kartonierte Ausgabe
Drei Bände im Schuber, 1257 Seiten, ISBN 3-12-908000-7

Barbara Strachey: Frodos Reisen
Der Atlas zu »Der Herr der Ringe«
110 Seiten, 52 Karten, zweifarbig, kart., ISBN 3-608-95006-0

Der Herr der Ringe, Anhänge
128 Seiten, kart. im Schuber, ISBN 3-12-907980-7

Humphrey Carpenter: J. R. R. Tolkien/Eine Biographie
324 Seiten, 16 einfarbige Tafeln, Leinen mit Schutzumschlag, ISBN 3-12-901460-8

Das Silmarillion
Herausgegeben von Christopher Tolkien
386 Seiten, Leinen, ISBN 3-12-907970-X

Fabelhafte Geschichten
Von Heinz Edelmann gestaltete Neuauflage
160 Seiten, broschiert, ISBN 3-12-908050-3

Die Briefe vom Weihnachtsmann
48 Seiten mit vielen farbigen Bildern, Großformat, Pappband mit vierfarbigem Überzug, ISBN 3-12-907990-4

T. H. White: Der König von Camelot
Band 1: 308 Seiten, ISBN 3-12-908690-0
Band 2: 336 Seiten, ISBN 3-12-908731-1

Joy Chant: Roter Mond und Schwarzer Berg
356 Seiten, kart. im Schuber, ISBN 3-12-901470-5

Lord Dunsany: Die Königstochter aus Elfenland
286 Seiten, kart. im Schuber, ISBN 3-12-901880-8

George MacDonald: Lilith
347 Seiten, kart. im Schuber, ISBN 3-12-906040-5

William Goldman: Die Brautprinzessin
332 Seiten, kart. im Schuber, ISBN 3-12-902960-5

Garcí Ordoñez de Montalvo: Amandís von Gallien
Zwei Bände, kart. im Schuber, zusammen 619 Seiten, ISBN 3-12-905790-0

Klett-Cotta